KB109196

덩샤오핑
평전

현대 중국의 건설자

덩샤오핑 평전
鄧小平

에즈라 보걸

심규호 유소영 옮김

민음사

나의 아내 샬럿 이켈스와
한 외국인의 이해에 도움을 주기로 결심한
나의 중국인 친구들에게
이 책을 바칩니다

한국어판 서문

덩샤오핑과 중국의 변화에 관한 나의 책이 한국어로 번역되어 출간된다는 소식이 나에게 큰 기쁨이 아닐 수 없다. 비록 덩샤오핑이 한국과 중국이 화해하고 교류하는 모습을 직접 지켜볼 수는 없었지만 그가 중요한 첫걸음을 떼어 놓은 것은 분명하다. 중국의 변화는 한반도에 큰 영향을 끼쳤다. 중국 변화의 본질을 한국인들이 이해하는 데 이 책이 이바지할 수 있기를 바란다.

나는 1965년 처음 한국을 방문한 이래로 자주 찾았다. 하버드대학에서 동아시아의 산업화에 대해 가르치는 동안 나는 한국의 근대화에 대한 이야기를 소개한 적이 있다. 나는 하버드대학에서 김대중, 반기문, 김준엽, 김경원, 정종욱 등 뛰어난 한국의 지도자들과 접할 좋은 기회가 있었다. 또한 한국의 뛰어난 젊은 세대 사회학자들과 함께 연구할 수 있는 기쁨을 누리기도 했으며, 삼성전자를 이끌고 있는 이재용을 포함한 한국의 젊은 학생들을 만나기도 했다.

나는 특히 내 학생이기도 한 김병국 교수와 함께 박정희에 관한 책(『박정희 시대(*The Park Chung Hee Era: The Transformation of South Korea*)』)을 공동 편집하면서 각별하게 친밀한 관계를 맺고 있다. 사실 그는 집필 작업의 대부분을 맡았으며, 나는 작업 과정에서 그를 포함한 여러 한국 학자들에게 많은 것을 배웠다.

덩샤오핑에 관한 나의 책이 번역 출간됨으로써 한국인 친구들과 만나 미국, 중국, 일본, 그리고 한국의 관계에 관한 주제를 논의할 수 있는 좋은 기회를 얻게 되어 정말 기쁘다. 이 책을 번역한 심규호, 유소영 교수, 그리고 민음사에게 감사의 뜻을 전한다.

에즈라 보걸

차 례

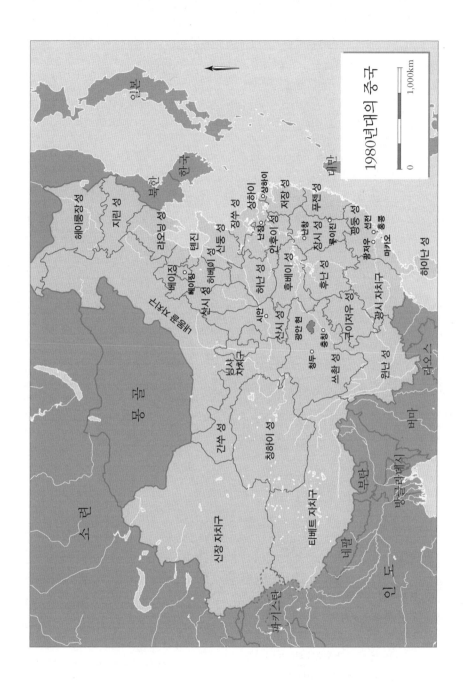

1980년대의 중국

0 ———— 1,000km

일러두기

1. 본문에 있는 각주는 모두 옮긴이 주다.
2. 인·지명 및 고유 명사는 외래어 표기법을 따랐으며
   일부 관례로 굳어진 것은 예외로 두었다.
3. 본문에 사용된 문장 부호의 의미는 다음과 같다.
   『　』: 전집이나 총서 또는 단행본
   「　」: 단행본에 수록된 개별 작품 또는 논문
   《　》: 신문 또는 잡지

덩샤오핑을 찾아서

2000년 여름, 제주도에서 나는 한가로이 야외에서 저녁 식사를 마친 후, 20세기 가장 뛰어난 동아시아 전문 기자 중 한 사람인 내 친구 돈 오버도퍼 (Don Oberdorfer)에게 교직에서 은퇴하면 미국인들이 아시아의 발전을 이해하는 데 도움이 되는 책을 쓰고 싶다고 말했다. 나는 1979년 『넘버원 일본 (*Japan as Number One*)』이라는 책을 쓴 적이 있다. 1980년대 일본의 부흥은 서구 사회에 큰 충격을 가져다주었다. 당시 이 책은 미국의 일부 상계, 정계 지도자들이 1980년대 일본의 부흥을 준비하는 데 도움이 되었다. 21세기를 시작하면서 앞으로 미국인들이 아시아에서의 발전을 이해하는 데 가장 도움이 되는 것은 무엇일까? 반세기 동안 아시아를 두루 섭렵한 돈 오버도퍼는 추호의 망설임도 없이 말했다. "덩샤오핑에 대해 써야 해." 몇 주 동안 심사숙고한 끝에 나는 그의 말이 옳다고 인정했다. 아시아의 최대 화제는 중국이다. 또한 이러한 현대 중국의 궤적에 가장 큰 족적을 남긴 사람이 바로 덩샤오핑이다. 덩샤오핑의 삶과 경력을 샅샅이 분석하면 중국의 사회, 경제 발전의 틀을 마련한 잠재적 힘을 조명할 수 있을 것이다.

덩샤오핑에 대해 글을 쓰는 것은 쉬운 일이 아니다. 1920년대에 파리와 상하이에서 지하 운동을 벌일 때도 그는 오로지 자신의 기억력에 의존했을 뿐, 후에 아무런 기록도 남기지 않았다. 문화 대혁명 시절에도 비판가들은 그의 과오를 기록한 서면 자료를 찾으려 했지만 아무런 흔적도 발견할 수 없었다. 공식적인 모임을 위한 연설은 주로 초안자들이 작성한 기록에 남아 있지만 그 외 대부분의 이야기와 회의 발언에 대한 원고는 남아 있지 않다. 덩샤오핑은 긴 시간 동안에도 조리가 분명하게 오직 기억에만 의존해 이야기를 할 수 있었다. 이 밖에 다른 고위층 지도자들과 마찬가지로 그는 당 기율을 엄수했다. 문화 대혁명 시절에 아내, 자녀와 함께 장시(江西) 지역으로 하방(下放)되었을 때도 그는 당원이었던 가족의 신분에도 불구하고 당내 고위층에 대한 이야기를 가족과 나눈 적이 없었다.

덩샤오핑은 자화자찬 식의 자서전을 싫어했다. 그는 자서전을 기록한 적이 없으며 또한 자신에 대해 다른 이들이 '지나치게 과장하거나, 지나치게 높이' 평가하는 것을 좋아하지 않았다.[1] 사실상 덩샤오핑은 공개적인 장소에서 예전의 일을 회고한 적이 드물었다. 그는 말수가 적고, 말을 할 때도 매우 신중했다. 이 때문에 일반적으로 다른 어떤 국가 지도자를 연구하는 것에 비해 덩샤오핑과 그의 시대에 대해 쓴다는 것은 나에게는 힘든 도전이었다.

유감스럽게도 나는 덩샤오핑을 개인적으로 만나 이야기를 나눌 기회가 별로 없었다. 1973년 5월, 미국국립과학원(National Academy of Science, NAS)의 후원으로 결성된 대표단 구성원으로 처음 베이징을 방문했을 때 저우언라이(周恩來)와 일부 고위급 지도자들을 만났지만 덩샤오핑은 만날 수 없었다. 당시 방문을 통해 가장 깊게 받았던 인상 가운데 하나는, 덩샤오핑이 문화 대혁명으로 인해 하방되었다는 사실이다. 베이징으로 돌아온 지 얼마 되지 않은 덩샤오핑을 두고 고위층 내부에서 의논이 분분한 상황이었다. 그들은 덩샤오핑이 장차 어떤 역할을 할지, 어떤 중대한 변화를 몰고 올지에 대해 기대를 모았다. 어떤 역할을 할 것인가? 어떤 변화가 일어날까? 우리 서양인의 시선으로 추측해 보았지만, 이후 20년 동안 중국에 발생할 거대한 변화 그리고 중국 미래 사회에 대한 이 비범한 지도자의 무게에 대해서는 아무도 예상할 수 없었다.

나는 단 한 차례, 몇 발짝 떨어진 근거리에서 덩샤오핑을 본 적이 있다. 1979년 1월 워싱턴 국립미술관에서 열린 리셉션 자리였다. 정계, 언론 매체, 상계의 중국 문제 미국 전문가들이 한데 모여 미중 양국의 정식 수교를 축하하는 성대한 자리였다. 당시 리셉션에 참가한 사람들 대다수는 이미 오래전부터 알고 지내던 사이였다. 우리는 홍콩에서 자주 만났더랬다. 중국이 대다수 서양 사회에 문을 닫고 있던 시절에 홍콩은 중국 분석가들이 만나는 주요 지역이었다. 그곳에서 우리는 새로운 정보나 소문을 나누고 죽(竹)의 장막 뒤에서 벌어지고 있는 일들을 파악하려 했다. 우리 중 일부는 오랜만에 만나 친근하게 옛이야기를 나누고 있었다. 리셉션이 열린 국립미술관은 음향 효과가 엉망이라 연설을 하기에는 부적합한 장소였다. 확성기를 통해 흘러나오는 덩샤오핑과 통역사의 소리를 정확하게 들을 수 없었다. 나를 비롯해 그곳에 모인 중국 분석가들은 계속해서 우리끼리 이야기를 나누었다. 덩샤오핑과 가까이 자리했던 사람이 말하길, 그렇게 시끄럽고 산만한 사람들의 모습에 덩샤오핑은 화가 났다고 한다. 그러나 자리에 있던 대다수 우리는 덩샤오핑이 마치 정좌하고 그에게 귀를 기울인 중국 청중 앞에서처럼 연설을 하고 있는 것 같은 인상을 받았다.

이에 나는 덩샤오핑을 파악하기 위해 마치 역사학자가 연구 주제를 이해할 때처럼 문자 자료에 의존할 수밖에 없었다. 덩샤오핑의 다양한 삶에 대해서는 여러 가지 서로 다른 기록이 남아 있었다. 덩샤오핑은 자서전 작가에게 지나친 찬양은 하지 말도록 경고했지만 중국의 공식 또는 비공식적 역사 기록에는 여전히 영웅을 찬양하고 타인을 폄하하는 전통이 많이 남아 있었다. 일부 관리 역시 비서나 가족들이 찬양 일색의 기록을 남기기 때문에 세심한 독자들은 이런 다양한 기록을 비교할 수 있을 것이다. 당사(黨史) 전문가 중에도 직업적 책임감에 따라 실제 일어났던 일들만 기록하는 이들이 있다.

많은 당내 문서가 공개될수록 앞으로 덩샤오핑에 대한 책들이 쏟아져 나올 것이다. 그러나 나는 덩샤오핑을 연구하는 학자들에게 지금이 그 어느 때보다도 그에 관한 글을 쓰기에 적합한 때라고 믿는다. 기본적인 연보 자료는 이미 정리되어 발표된 상태이고, 대량의 회고록도 이미 출판되었다. 게다가 나는 이후 역사학자들이 갖지 못할 소중한 기회를 얻었다. 덩샤오핑의 가족과 동료, 그리고 그 동료들의 가족과 만나 이야기를 나눌 수 있었던 것이다. 그들은 문자 기록을 통해 얻을 수 없는 생각과 세부적인 일에 대한 자료를 제공했다. 지난 몇 년간 나는 대략 12개월 정도 중국에 머물며, 덩샤오핑과 당시 시대적 상황을 잘 알고 있는 사람들을 중국어로 취재했다.

덩샤오핑의 사적을 연구하는 객관적인 기록은 다음과 같다. 가장 기본적인 문헌은 『덩샤오핑 연보(鄧小平年譜)』로 2004년에 출간되었다. 총 두 권에 1383쪽 분량으로 1975년에서 1997년 그가 사망하기 전 거의 매일 그의 활동을 기록한 정부 측 기록이다. 2009년에는 1904년에서 1974년까지 덩샤오핑의 생평을 기록한 총 2079쪽의 저술이 세 권으로 출간되었다. 당(黨) 사학자들로 구성된 연보 필진은 대량의 당 문서를 접촉할 수 있었고, 비교적 정확한 기록을 남겼다. 연보는 설명을 덧붙이지 않고, 내용을 포폄하거나 추측성 기술을 하지 않았다. 또한 일부 민감한 주제에 대해 언급하지 않으며 정치적 투쟁에 대해서도 기록하지 않았다. 그러나 이는 덩샤오핑이 어디서 누구와 이야기를 나누었는지, 많은 경우 그들 사이에 어떤 이야기가 다루어졌는지를 이해하는 데 큰 도움이 되었다.

덩샤오핑의 많은 연설은 편집 정리된 후 정부에서 발행한 『덩샤오핑 문선(鄧小平文選)』에 수록되었다. 세 권 분량의 이 저서는 물론 당시 국내외 사건을 참조하여 비판적인 해석이 필요하지만 덩샤오핑의 수많은 주요 정책에 관한 유용한 기록을 제공했다. 천윈(陳雲)과 예젠잉(葉劍英), 그리고 저우언라이의 연대별 주요 연설과 글 역시 마찬가지로 큰 도움이 되었다.

덩샤오핑 개인의 생각을 깊이 이해하는 데 가장 큰 도움이 되었던 자료는 덩샤오핑의 막내딸 덩룽(鄧榕, 毛毛)이 복권되기 전의 덩샤오핑에 대해 쓴 두 권의 책이다. 덩룽의 개인적 회상에다 당의 자료와 덩샤오핑을 알고 있는 사람들을 취재하여 탄생한 기록이다. 1989년, 톈안먼 사건 이후 덩샤오핑의 건강이 날로 악화되자 덩룽이 대부분 아버지를 모시고 외출했다. 덩샤오핑은 가족들과 고위층 정치에 대한 이야기를 나누지 않았지만 가족들은 덩샤오핑을 잘 알고 있는 데다 국가 정세 또한 잘 파악하고 있었기 때문에 그의 관심사, 그가 문제를 생각하는 방법에 대해 잘 이해하고 있었다. 그중 일부는 가족들만 볼 수 있는 것들도 있었다. 그중 『나의 아버지, 덩샤오핑(我的父親鄧小平)』에서는 1949년 전의 덩샤오핑의 경력에 대한 내용이, 또 다른 책인 『덩샤오핑: 문화 대혁명의 세월(鄧小平: 文革歲月)』에는 1969년에서 1973년까지 덩룽이 부모를 따라 베이징에서 장시 성으로 하방되었던 시절의 내용이 담겨 있다. 덩룽은 책에서 아버지에 대한 감성과 존경을 잘 드러내고 있다. 그녀는 매우 긍정적인 이미지로 아버지를 기록하면서 매우 구체적인 부분을 통해 덩샤오핑의 인격과 태도에 대해 많은 것을 보여 주었다. 사실 당의 정책적 제한을 생각해 긍정적인 이미지로 아버지를 그려 내려 노력했지만 이미 그 정도로도 매우 놀라울 정도로 솔직하고 개방적이며 구체적이었다. 덩룽은 이들 책을 저술할 때 당 사학자들의 협조 아래 날짜와 인명, 사건 등을 대조했다. 덩룽의 저술은 여전히 계속되고 있다. 현재는 건국 초기 덩샤오핑의 활동에 대해 쓰고 있지만, 1973년 이후 논쟁의 여지가 많은 시기에 대해서는 아직 손을 대지 못하고 있다. 덩룽은 수차례, 그것도 긴 시간에 걸쳐 나의 취재 방문을 흔쾌히 수락했으며, 자신이 쓴 내용에 대해 보충 설명을 해 주었다.

대량의 중국어 문헌 연구로 들어가기 전, 일부 영문 저서는 덩샤오핑 시대를 연구하는 데 좋은 시발점이 되었다. 워런 순(Warren Sun, 孫萬國)과 프레더릭 티위스(Frederick Teiwes)의 저술 이외에는 대부분 덩샤오핑 탄생 100주년을 기념하기 위해 출판된 연보와 회고록이 세상에 나오기 전이다. 리처드 바움(Richard Baum), 리처드 에번스(Richard Evans), 조지프 퓨스미스(Joseph Fewsmith, 傅士卓), 멀 골드먼(Merle Goldman, 谷梅), 로더릭 맥파쿠하(Roderick MacFarquhar), 마이클 셴할스(Michael Schoenhals), 모리스 마이스너(Maurice Meisner), 첸치천(錢其琛), 로버트 로스(Robert Ross), 롼밍(阮銘), 해리슨 솔즈베리(Harrison Salisbury), 위광위안(于光遠) 등 연구자들의 저서 역시 많은 도움이 되었다.

리처드 에번스 대사는 매우 영리하고 능력 있는 영국 외교관이다. 그는 1984년에서 1988년까지 주중 영국 대사를 지냈다. 그는 덩샤오핑과 가진 회담 및 영국 정부 문서를 바탕으로 『덩샤오핑과 현대 중국 만들기(*Deng Xiaoping and the Making of Modern China*)』를 저술했다. 교육 수준이 높은 독자들을 대상으로 1973년 이전 덩샤오핑의 경력을 뛰어난 문체로 개괄한 유용한 자료다. 서양 정치학자 가운데 리처드 바움은 덩샤오핑 시대의 정치를 매우 상세하게 연구하여 『마오쩌둥을 묻다(*Burying Mao*)』를 저술했다. 그는 1994년 이 저서를 출판하기 전 볼 수 있었던 중국 자료와 홍콩 분석가들의 저서를 이용했다. 그는 홍콩 보도를 신중하게 이용했는데 나는 별로 이용하지 않는 편이다. 출처가 불분명하기 때문에 신뢰성이 떨어지기 때문이다. 모리스 마이스너는 마르크스 이론에 대해 일가견이 있는 매우 사상적 깊이가 있는 학자다. 그의 『덩샤오핑 시대(*The Deng Xiaoping Era*)』는 마르크스주의의 이론 문제를 배경으로 덩샤오핑을 연구했다. 하버드대학 페어뱅크센터에서 오랫동안 나와 함께 일한 동료 멀 골드먼은 자신의 『중국에서 민주의 싹을 보다: 덩샤오핑 시대의 정치 개혁(*Sowing the Seeds of Democracy in China: Political Reform in the Deng Xiaoping Era*)』에서 덩샤오핑 시대에 끊임없이 변화했던 사상 조류를 회고했다. 멀 골드먼이 이용한 자료는 출판물뿐 아니라 책에 기록된 수많은 지식인, 특히 각기 다른 정견을 가진 사람들과 나눈 이야기들도 포함되어 있다. 『덩샤오핑: 제국 연대기(*Deng Xiaoping: Chronicle of an Empire*)』(중국어판, 『鄧小平帝國』)의 저자 롼밍은 1983년 당내 보수파에 의해 당적을 박탈당하기 전 중앙당교 연구원으로 있었다. 그는 미국으로 망명한 후 개혁의 뒷덜미를 잡는 보수파 이데올로기 선전가들을 혹독하게 비판했다.

『외교십기(外交十記)』의 저자 첸치천은 덩샤오핑 시대 대부분의 시간 동안 외교부장과 부총리를 역임했다. 그의 저서에는 당시 외교 정책에 대해 매우 적절하고 풍부한 기록이 들어 있다. 덩샤오핑을 도와 3중전회 연설문의 초안을 작성했던 위광위안은 『덩샤오핑 세계를 흔들다(*Deng Xiaoping Shakes the*

World)』(중국어판,『1978: 我親歷的那次歷史大轉折 ── 十一屆三中全會的臺前幕後』)에서 역사의 전환점에 대해 이야기했다. 나는 이 두 책의 영역본 편집에 참여했기 때문에 덩샤오핑과 밀접한 업무 관계를 형성한 이 두 명의 전직 관리와 보충 토론을 할 기회가 있었다.

이미 작고한 해리슨 솔즈베리 기자는『새로운 황제들: 마오쩌둥과 덩샤오핑 시대의 중국(*The New Emperors: China in the Era of Mao and Deng)*』의 저자이기도 하다. 마오쩌둥(毛澤東)이 세상을 떠난 후 얼마 되지 않아 그는 중국의 몇몇 주요 지도자를 만날 기회가 있었다. 비록 그의 일부 묘사(예를 들면 덩샤오핑과 삼선 산업(三線産業, 1964년 중국 정부가 중국 중서부 지역 열세 개 성, 자치구에서 실시한 전쟁 준비를 지도 사상으로 한 대규모 국방, 과학 기술, 산업, 교통 인프라, 건설 사업)'의 경우)에서 심각한 오류를 드러냈지만 다른 기자들과 비교해 볼 때 더 많은 자료를 접촉할 수 있었고 당시 사람들이 모르고 있던 신선한 관점을 보여 주었다.

선다웨이(沈大偉, 영문명 데이비드 샘보(David Shambaugh))는 덩샤오핑이 정권을 잡은 후《중국 계간(中國季刊, *The China Quarterly*)》의 주필을 맡았다. 1992년 덩샤오핑이 정권에서 물러난 후 얼마 되지 않아 그는 일부 학자들을 소집해 덩샤오핑과 그의 시대에 대해 평가하는 자리를 마련하는 한편 이러한 평가들을 그의 저서『덩샤오핑(*Deng Xiaoping*)』에 수록했다.

프레더릭 티위스와 워런 순은 세 권의 저술을 준비하면서 다른 모든 서구학자에 비해 1974년에서 1982년까지의 중국어 문헌을 훨씬 많이 참고했다. 그들이 출판한 첫 번째 저서『마오쩌둥주의자 시대의 종말(*The End of The Maoist Era*)』은 1974년에서 1976년까지 활동에 관한 것이다. 그들은 각종 사건에 대한 여러 가지 해석을 자세하게 평가했다. 이는 지극히 세밀한 방식으로 기본적 사실을 정리하는 데 취지를 두고 있다. 워런 순은 과거 20년 동안 이 시기의 모든 주요 사실을 연구 검토하는 데 집중했으며, 그의 그러한 끊임없는 노력은 내가 아는 모든 사람을 능가하고도 남는다. 이후 그는 다시 2개월 넘게 내가 쓴 다른 판본을 대조하여 오류를 수정하고 보충 설명하고 중요한 저서를 추천해 주었다.

조지프 퓨스미스의 저서 『중국 개혁의 딜레마(*Dilemmas of Reform in China*)』는 이 시기 경제에 대한 논쟁을 기록한 최고의 책이다. 로버트 로스는 이 시기 외교 관계를 연구한 몇 권의 걸작을 내놓았다. 수십 년 동안 중국 엘리트 정치와 문화 대혁명을 연구한 로더릭 맥파쿠하는 세 권짜리 『문화 대혁명의 기원(*The Origins of the Cultural Revolution*)』을 저술했고, 마이클 셴할스와 함께 문화 대혁명의 역사인 『마오쩌둥의 마지막 혁명(*Mao's Last Revolution*)』을 공동 저술했다. 나는 이 저자들과 함께 덩샤오핑과 그의 시대에 대해 이야기를 나누었다. 그들은 언제나 열정적으로 자신들의 저서에 기록한 내용을 보충 설명해 주었고, 나는 이를 통해 일부 주요 관련 문제들을 분명하게 인식할 수 있었다.

이미 세상에 나온 중국어 자료들은 매우 방대하다. 아무리 뛰어난 중국학자라 해도 모든 자료를 읽을 수는 없을 것이다. 1990년대부터 시작해서 또한 중문 인터넷 사이트를 통해 폭발적으로 많은 정보가 흘러나왔다. 나는 계속해서 수많은 연구 조교의 협조를 받았다. 그중 특히 언급하고 넘어가야 할 사람이 런이(任意)와 더우신위안(竇新元)이다. 런이의 할아버지는 전 광둥성위원회 제1서기 런중이(任仲夷)로, 대단한 광둥 개혁파 지도자다. 더우신위안은 광둥성경제위원회에서 수년 동안 업무를 수행했다. 그는 개인적 경험뿐 아니라 역사 문헌을 통해 진실을 파악하는 학자로서 의지력이 대단한 사람이다. 런이와 더우신위안 두 사람은 1년 이상 나를 도와 방대한 자료를 수집해 주었다. 또한 다양한 입장을 지닌 중국인들의 느낌과 행동을 깊이 이해하고자 했다. 야오젠푸(姚監復)는 자오쯔양(趙紫陽) 지도하의 농촌발전연구소 관리였다. 그 역시 몇 주 동안 내 원고 가운데 경제 관련 글을 읽어 주었다.

중문 사이트는 인명과 날짜 같은 내용을 찾을 때 매우 좋은 정보 출처다. 그러나 그 외에는 종종 사실 여부나 억측, 가십거리 여부를 판가름하기 힘들다. 인터넷 사이트의 경우 중요한 정보라 할지라도 출처가 분명하게 명시되어 있지 않으면 되도록 출처를 찾거나 적어도 인용하기 전에 다른 자료들과 비교했다. 이러한 작업 도중, 나는 'China Vitae'라는 생존해 있는 중국 관리들에 관한 매우 유용한 영문 사이트를 발견했다.

덩샤오핑과 함께 일했던 관리들이 쓴 회고의 글은 엄청나게 많다. 세 권짜리 『덩샤오핑을 회고하며(回憶鄧小平)』는 이러한 문헌 가운데 가장 뛰어난 문집 중 하나다. 이와 유사한 문집으로 세 권짜리 『덩샤오핑 인생 실록(鄧小平人生紀實)』이 있다. 《염황춘추(炎黃春秋)》와 《백년조(百年潮)》라는 두 종의 잡지는 덩샤오핑과 일한 적이 있는 사람들이 쓴 글을 대거 발표했다. 보수파 관리 덩리췬(鄧力群)이 저술하고 홍콩에서 출판한 『12번의 춘추(十二個春秋, 1975-1987)』 및 그가 당대중국연구소(그가 설립한 연구소로, 건국 이후 중대 사건에 대한 역사 저술에 기반이 되었다.)의 미발표 연설 중에서도 다른 관점을 엿볼 수 있다.

이 밖에도 천윈, 구무(谷牧), 후야오방(胡耀邦), 완리(萬里), 예젠잉, 자오쯔양을 포함한 이 시대 모든 주요 인물에 대한 문헌들이 종종 우수한 기자들의 펜을 통해 탄생했다. 그들은 각기 다양한 시각을 제공했다. 가장 뛰어난 기자가 쓴 덩샤오핑 관련 저서는 양지성(楊繼繩)의 『덩샤오핑 시대: 중국 개혁 개방 20년 실록(鄧小平時代: 中國改革開放二十年紀實)』이란 책이다. 『천윈 전기(陳雲傳)』와 같은 정부 측 역사는 비록 정성껏 편집이 되어 있었지만 문헌 자료를 토대로 삼은 것이다. 주자무(朱佳木)가 천윈에 대해 말한 책(주자무·츠아이핑(遲愛萍)·자오스강(趙士剛) 저, 『천윈』)은 내용은 간결하긴 하나 당시 5년 동안 천윈의 비서로 일했던 경력에 본인의 세심한 연구가 덧붙여져 큰 도움이 되었다. 『덩샤오핑 연보』 이외에 천윈, 저우언라이, 예젠잉 및 기타 덩샤오핑과 밀접한 업무 관계에 있었던 고위급 관리들의 연보가 정부 차원에서 제작되었다.

매우 가치 있는 저서로 1949년 이후 중국 역사에 관한 열 권짜리 『중화인민공화국사』가 있다. 이 책은 이미 일곱 권이 출판되었으며 나머지 세 권의 출간을 기다리고 있다. 중국 대륙의 학자들로 구성된 필진에 가오화(高華, 작고), 천둥린(陳東林), 한강(韓鋼), 선즈화(沈志華), 쑤둥롄(蕭冬連) 등이 포함되어 있다. 이정표적 의미를 지닌 이 저서는 홍콩 중문대학 당대중국연구소 중심으로 출판되었으며, 이 시기에 대한 객관적이며 전면적인 학술 연구에 새로운 표준이 되었다.

비록 중국 정부가 이미 대대적으로 역사가들의 저술 공간은 확대시켜 주었지만 대륙의 상황을 잘 알고 있는 일부 내부 사람들이 쓴 기록은 여전히 큰 논쟁거리가 되고 있어 대륙에서 출판은 불가능하다. 홍콩의 출판업은 개방의 폭이 넓기 때문에 이와 유사한 저술이 홍콩에서 출판되고 있다. 그중 정보가 가장 풍부한 것은 덩리췬, 후지웨이(胡績偉), 양지성, 자오쯔양과 쭝펑밍(宗鳳鳴)의 저술이다. 회고록을 집필한 개혁파 관리 가운데 전《인민일보》주필인 후지웨이가 있다. 그는『화궈펑 하야 이후 후야오방 하야까지(從華國鋒下臺到胡耀邦下臺)』라는 책을 저술했다.

후야오방의 연보는 중국 대륙에서 출판되지 않았다. 그러나 그의 대륙 친구가 홍콩에서 방대한 양의 두 권짜리 연보를 출판했다. 하나는 성핑(盛平)의『후야오방 사상 연보(胡耀邦思想年譜, 1975-1989)』, 다른 하나는 정중빙(鄭仲兵)의『후야오방 연보 자료 장편(胡耀邦年譜資料長編)』이다. 또한 장리췬(張黎群) 등이 지은 세 권짜리『후야오방 전기(胡耀邦傳)』는 아직까지 출판이 되지 않은 상태다. 후야오방의 친구 장리췬 등은 네 권짜리 문집『야오방을 회고하며(懷念耀邦)』를 홍콩에서 출판했다. 대륙에서는 후야오방의 딸이 '만메이(滿妹)'라는 필명으로『영원한 그리움으로: 아버지 후야오방을 회고하며(思念依然無盡: 回憶父親胡耀邦)』를 발표했다.

자오쯔양은 1989년 이후 가택 연금 기간 동안 자신의 개인적 경력과 관점을 기록하려 애썼고, 이를 영문으로 번역해『국사범: 자오쯔양 주석의 비밀 저널(Prisoner of State: The Secret Journal of Premier Zhao Ziyang)』이란 제목으로 출판했다. 편집자는 바오푸(鮑朴), 르네 창(장웨레이(蔣悅磊), 영문명 Renee Chiang), 아디 이그네셔스(인아디(殷阿笛), 영문명 Adi Ignatius)다. 1989년 후, 자오쯔양이 가장 긴 시간 동안 이야기를 나눈 외부 인사는 쭝펑밍이다. 그는『연금 상태인 자오쯔양과의 대화(趙紫陽: 軟禁中的談話)』라는 저서를 집필한 인물이다. 자오쯔양은 쭝펑밍에게 당시의 회고를 글로 적어도 좋다는 권한을 주지 않았지만 그는 이를 출판했을 뿐 아니라 세 차례에 걸쳐 자오쯔양이 특정한 주제에 대해 양지성 기자와 나누었던 이야기를 직접 읽은 후 그 기록을 『중국 개혁 연대의 정치 투쟁(中國改革年代的政治鬪爭)』이란 책으로 발표했다. 이들 저서는 덩샤오핑의 행동에 대한 혹독한 비판도 포함하고 있어 대륙에서 출판된 문헌과 다른 매우 가치 있는 시각을 제공한다.

나는 또한 덩샤오핑의 연설, 회견, 해외 순방 및 가족과 나눈 한담 등에 대한 다큐멘터리를 본 적이 있다. 내 연구 조교는 또한 내 요구대로 일부 러시아 문헌을 번역하기도 했다.

앞에서 말한 덩샤오핑 시대와 관련한 일반적인 저서 이외에 나는 이 책의 특정한 문제와 관련 있는 전문 서적을 인용했다(주석 및 영어, 중국어, 일본어 서적 온라인 목록 참고, http://scholar.harvard.edu//ezravogel).

나는 수차례 중국을 단기 방문했을 뿐 아니라 여러 차례 베이징에서 긴 시간 동안 체류하기도 했다. 2006년 5개월, 2007년 1개월, 2008년 몇 주, 2009년 1개월, 2010년 몇 주간 말이다. 나는 베이징 체류 기간 동안 내부 정황을 잘 알고 있는 세 가지 유형의 사람을 취재할 기회가 있었다. 당사 연구가와 고위층 자녀들, 그리고 덩샤오핑 밑에서 일했던 간부 등이다. 몇몇 영어를 할 줄 아는 중국인을 제외하면 그 밖의 다른 취재에서는 모두 통역사를 대동하지 않고 중국어로 소통했다. 구체적으로 말하면 주자무, 청중위안(程中原), 천둥린, 한강은 모두 당사를 연구하는 뛰어난 역사학자로, 그들과 심도 있는 대화를 통해 많은 도움을 받았다. 나는 또한 덩샤오핑의 두 딸인 덩룽과 덩린(鄧林), 천윈의 두 자녀인 천위안(陳元)과 천웨이리(陳偉力), 후야오방의 두 아들인 후더핑(胡德平)과 후더화(胡德華) 등을 만나 이야기를 들었다. 이외에도 천이(陳毅), 지덩쿠이(紀登奎), 쑹런충(宋任窮), 완리, 예젠잉, 위추리(余秋里)와 자오쯔양 등의 자녀도 취재했다. 그들은 모두 영특하고 머리가 뛰어난 인물로, 표현에 신중하고 효심이 깊어 보였다. 그들의 구체적인 회고 내용에서 나는 그들 부모, 부모의 동료들의 숨결을 느낄 수 있었다.

내가 취재한 전임 관료 중에는 덩샤오핑을 추앙한 사람도, 그를 호되게 비판한 사람도 있었다. 후자는 덩샤오핑이 후야오방과 지식인들을 적극 지지하지 않음으로써 정치 개혁을 추진할 수 있는 호기를 놓쳐 버렸다고 생각했다. 일부는 덩샤오핑과 함께 일을 했거나 그의 수하에서 일을 했던 유명 관리들로, 전 외교부장 황화(黃華), 전 국가주석 장쩌민(江澤民), 전 중앙조직부 부부장 리루이(李銳), 전 부총리 첸치천, 전 광둥성위원회 제1서기 런중이가 포함되어 있다. 모두 퇴직한 이들로 재임 당시보다 훨씬 가벼운 마음으로 그들과 대화를 나눌 수 있었다.

이 밖에도 일부 재능 있는 퇴직 관리에 대한 취재를 통해 많은 도움을 얻을 수 있었다. 그들은 덩샤오핑을 위해 일을 한 적이 있던 인물로 그중 일부는《염황춘추》에 글을 쓰는 이들도 있었다. 두다오정(杜導正), 펑란루이(馮蘭瑞), 쑨창장(孫長江), 우밍위(吳明瑜), 양지성과 이미 작고한 주허우쩌(朱厚澤) 등이 있다. 이들 중에는 과감한 발언으로 한때 비판이나 경고를 받은 사람도 있지만 대체적으로 의사 표현의 자유를 누리고 있었다. 이 밖에 중국의 몇몇 연구 기관과 대학 학자들을 방문할 기회도 있었다. 덩샤오핑 아래에서 일을 했던 당정 간부들과 비교하면 설사 신분이 당원일지라도 일반적으로 당내 상황에 대한 이해는 부족한 편이었다. 그러나 그들은 일부 요인(要人)을 알고 있었고, 일부는 열람이 가능한 문건을 광범위하게 읽고 자세하게 연구한 적이 있었다.

일부 연구 기관의 전문가 학자들은 주로 중앙당교, 몇몇 대학, 당대중국연구소 등에서 연구하고 있었지만, 연구자 수가 많고, 문헌이 풍부하며, 당내 자료를 접촉하기 편리한 부서는 역시 중공중앙위원회 산하 중앙문헌연구실이었다. 이 기관은 대략 열다섯 명의 직원이『덩샤오핑 연보』를 집필하고 있었다. 이 밖에 대략 열다섯 명의 사람이 정부 측 덩샤오핑 전기를 준비 중에 있는데, 수년 내에 완성될 예정이다.

수년간, 나는 하버드를 방문한 중국 관리나 학자들과 이야기를 나눌 기회가 있었다. 일부는 베이징의 정치 상황을 잘 알고 있었고, 뛰어난 반체제 인사도 있었다. 그들은 매우 헌신적이며 능력이 뛰어난 이상주의자들로 1980년대 당의 정통과 마찰을 일으켰다. 천이쯔(陳一諮), 다이칭(戴晴), 가오원첸(高

文謙), 롼밍, 작고한 류빈옌(劉賓雁)과 왕뤄수이(王若水) 등과 나눈 대화를 통해 나는 많은 것을 얻을 수 있었다. 또한 톈안먼 '6·4' 사건의 학생 지도자 왕단(王丹), 1978년 민주의 벽에 유명한 대자보 「다섯 번째 현대화를 논하다(論第五個現代化)」를 붙여 15년형을 받았던 웨이징성(魏京生)과 이야기를 나누었다. 이밖에도 중앙 기관에서 일했던 비교적 젊은 전직 관리 우궈광(吳國光)과 우자샹(吳稼祥, 이후 베이징으로 돌아왔다.), 그리고 위치훙(鬱奇虹) 등과도 이야기를 나누었다. 베이징과 하버드에서 알게 된 경제학자, 특히 판강(樊綱), 루마이(盧邁), 첸잉(錢潁)에게도 많은 도움을 받았다.

이상 언급한 사람들 외에 나는 바오푸, 크리스 버클리(Chris Buckley), 천핑안성(陳方安生, 영문명 앤슨 찬(Anson Chan)), 천광저(陳廣哲), 천하오쑤(陳昊蘇), 천카이즈(陳開枝), 천웨이리, 천셴쿠이(陳先奎), 천샤오루(陳小魯), 천위안(陳元), 천즈야(陳知涯), 정짜이하오(鄭在浩), 덩잉타오(鄧英淘, 작고), 존 돌핀(John Dolfin), 피터 드라이스데일(Peter Drysdale), 두푸(杜蒲), 두루이즈(杜瑞芝), 두룬성(杜潤生), 가오화, 가오상취안(高尙全), 가오시칭(高西慶), 공위즈(龔育之, 작고), 레오 굿스타트(Leo Goodstadt), 허팡(何方), 허리량(何理良), 후샤오장(胡曉江), 황핑(黃平), 황런웨이(黃仁偉), 지후민(紀虎民), 장몐헝(江綿恒), 진충지(金冲及), 류쭌이(劉遵義), 렁룽(冷溶), 량전잉(梁振英), 리더취안(李德全), 리제(李捷), 리쥔루(李君如), 리푸(李普), 리성핑(李盛平), 리선즈(李愼之, 작고), 리샹첸(李向前), 린징야오(林京耀), 류수칭(柳述卿), 류야웨이(劉亞偉), 루궁후이(陸恭蕙), 룽융투(龍永圖), 루야오강(盧躍剛), 뤄위안(羅援), 마리청(馬立誠), 마페이원(馬沛文), 찰스 마틴(Charles Martin), 디데 니커슨(Dede Nickerson), 크리스 패튼(Chris Patten), 마리오 피니(Mario Pini), 사쭈캉(沙祖康), 단사오제(單少杰), 선짜이왕(申再望), 쑹커황(宋克荒), 쑹이핑(宋一平), 쑨강(孫剛), 쩡인취안(曾陰權), 완수펑(萬叔鵬), 왕젠(王建), 왕쥔타오(王軍濤), 왕옌난(王雁南), 왕이(王毅), 우징롄(吳敬璉), 우난성(吳南生), 샤오둥롄(蕭冬連), 슝화위안(熊華源), 옌자치(嚴家其), 양청쉬(楊成緒), 양치셴(楊啓先), 양톈스(楊天石), 예쉬안지(葉選基), 예쉬안렌(葉選廉), 예류수이(葉劉淑儀), 위샤오샤(余曉霞), 쩡옌슈(曾彦修), 자이

즈하이(翟志海), 장바이자(章百家), 장궈신(張國新), 장셴양(張顯揚), 장싱싱(張星星), 장신성(張新生), 장잉(張穎), 장윈링(張蘊嶺), 자오수카이(趙樹凱), 정비젠(鄭必堅), 정중빙(鄭仲兵), 저우밍웨이(周明偉), 저우무즈(周牧之), 저우치(周琪), 주치전(朱啓禎) 등을 만났다. 한 외국인이 중국을 이해할 수 있도록 도와준 중국 친구들과 지인들에게 깊이 감사드린다. 나는 내가 접촉한 각종 자료를 통해 가장 적절한 판단을 내렸다고 감히 생각한다.

덩샤오핑이 경험했던 환경을 잘 느끼기 위해 나는 덩샤오핑의 삶에서 가장 중요했던 곳을 찾아 며칠씩 머물렀다. 그가 태어난 쓰촨 성 광안 현(廣安縣)과 8년 동안 게릴라전을 벌인 산시(山西) 성 타이항 산(太行山), 그리고 1949년에서 1952년까지 서남국(西南局) 책임자를 맡았을 당시 기지인 충청과 청두 및 1930년대 초 수년간 생활했던 장시 성 루이진(瑞金) 등이다. 나는 상하이 근처 천원의 출생지인 칭푸(靑浦)도 방문했다. 매번 이들 지역을 방문할 때마다 그 지역 학자와 간부들이 박물관 자료와 실물에 대해 자세하게 설명해 준 덕분에 지역 환경에서 덩샤오핑의 역할을 이해하는 데 도움이 되었다.

나는 싱가포르에서 리콴유(李光耀) 전 총리와 나눈 이야기를 통해 덩샤오핑에 대한 그의 이해가 다른 어떤 외국 지도자들에게 손색이 없음을 알 수 있었다. 나는 또한 고촉통(吳作棟) 전 총리, 고켕쉬(吳慶瑞) 전 중국 연해경제개발구 고문과 나산(S. R. Nathan) 대통령 등 관리를 만났다. 일부 학자, 특히 왕공우(王賡武), 황차오한(黃朝翰)과 정융녠(鄭永年) 등과 긴 시간 동안 이야기를 나누기도 했다. 홍콩에서는 양전닝(楊振寧)과 정웨이젠(鄭維健)을 만났다. 정웨이젠은 그의 장인 바오위강(包玉剛)과 함께 중국 대륙에 갔을 때 여러 차례 덩샤오핑을 만났다고 한다. 홍콩의 선박왕 바오위강은 중국 대륙 밖에 있는 그 누구보다도 덩샤오핑을 훨씬 더 많이 만났다.

호주에서는 전 총리 로버트 호크(Robert Hawke), 전 중국 호주 대사 로스 가노트(Ross Garnaut), 전 외교부 관리 리처드 릭비(Richard Rigby), 로저 유렌(Roger Uren) 등을 만나 이야기하는 행운을 얻었다. 이 밖에 모스크바에 갔을 때는 레프 딜류신(Lev Deliusin)을 만났다. 그는 여러 해 중국에 머물며 모스크바 동양학연구소 책임자로 일하면서 덩샤오핑에 대한 저서를 펴냈다. 세심하고 엄격한 학자 알렉산드르 판초프(Alexander Pantsov)는 현재 미국에서 교편을 잡고 있다. 그는 마오쩌둥과 덩샤오핑 및 세르게이 티흐빈스키(Sergei Tikhvinsky)의 러시아어 문헌에 대해 잘 알고 있기 때문에 그와 토론을 통해 나는 특히 많은 것을 배울 수 있었다.

나는 또한 여러 차례 영국을 방문해 덩샤오핑에 대해 잘 알고 있는 사람들, 앨런 도널드(Alan Donald) 전 주중 영국 대사, 리처드 에번스, 전 홍콩 총독 데이비드 윌슨(David Wilson)과 만나 이야기를 나누었다. 또한 베이징에서 앤서니 골즈워디 경(Sir Anthony Galsworthy) 전 주중 대사를 만났고, 둥젠화(董建華) 전 홍콩 행정 장관과도 이야기를 나누었으며, 여러 차례 홍콩 및 베이징 회담 소조의 구성원 가운데 한 사람이었던 사오산보(邵善波)와 만났다.

일본에서 만난 사람 가운데는 나카소네 야스히로(中曾根康弘) 전 총리, 아나미 고레시게(阿南惟茂) 전 주중 대사, 구니히로 미치히코(國廣道彦), 다니노 사쿠타로(谷野作太郎), 하타게나카 아츠시(畠中篤), 가토 고이치(加藤弘一), 시모코지 슈지(下荒地修二) 등 일본 외무성의 일부 중국 문제 전문가 및 일본 외교 정책에 대한 이해도가 높은 가와시마 유타카(川島裕), 도고 가츠히코(東郷克彦), 와타나베 고지(渡邊宏二) 등 박학다식한 인물들이 포함되어 있다. 또한 나는 히라노 겐이치로(平野健一郎), 가와시마 신(川島眞), 고쿠분 료세(國分良成), 모리 가즈코(毛里和子), 소에야 요시히데(添谷芳秀), 다카기 세이치로(高木誠一郎), 다카하라 아키오(高原明生), 다나카 아키히코(田中明彦), 츠지 코고(辻康吾), 야부키 스스무(矢吹晋), 야마다 다츠오(山田辰雄) 등 중국의 대외 관계를 연구하는 일본 전문가와 이야기를 나누었다. 마스오 치사코(益尾知佐子)와 스기모토 다카시(杉本孝這)는 덩샤오핑의 외교 정책에 대해 논술한 걸작을 저술한 적이 있다. 마스오 치사코는 나를 위해 일본 정부 기밀 해제 문서를 포함한 일본어 문헌을 찾아 주었다.

덩샤오핑을 만난 적이 있던 미국 관리와 만나 이야기를 한 것도 행운이었다. 예를 들면 지미 카터(Jimmy Carter) 전 대통령, 월터 먼데일(Walter

Mondale) 전 부통령, 헨리 키신저(Henry Kissinger), 브렌트 스코크로프트(Brent Scowcroft) 등이다. 나는 또한 즈비그뉴 브레진스키(Zbigniew Brzezinski)와 이미 작고한 미셸 옥센버그(Michel Oksenberg)와 이야기를 나누었다. 그들은 중미 관계 정상화를 책임지던 백악관 요원들이다. 리처드 닉슨(Richard Nixon)의 사위로 닉슨과 함께 덩샤오핑을 만났던 에드워드 콕스(Edward Cox)는 내게 예전 일들을 회고하며 이야기해 주었다. 나는 또한 몇몇 주중 미국 대사와 이야기를 나누었다. 아서 험멜(Arthur Hummel, 작고), 짐 릴리(Jim Lilley, 작고), 윈스턴 로드(Winston Lord), 조 프루어(Joe Prueher), 샌디 란트(Sandy Randt), 스테이플턴 로이(Stapleton Roy), 짐 새서(Jim Sasser), 레너드 우드콕(Leonard Woodcock, 작고) 등이 그들이다. 우드콕 대사의 미망인 샤론 우드콕(Sharon Woodcock)은 매우 친절하게 남편의 문서를 보여 주었다. 백악관과 국무원 또는 기타 미국 정부 부서의 중국 문제 전문가와 만난 것도 도움이 되었다. 마이크 아머코스트(Mike Armacost), 크리스 클라크(Chris Clarke), 리처드 피셔(Richard Fisher), 차스 프리먼(Chas Freeman), 데이비드 그리스(David Gries), 찰스 힐(Charles Hill), 돈 카이저(Don Keyser, 凱德磊), 폴 크라이스버그(Paul Kreisberg), 허브 레빈(Herb Levin), 켄 리버설(Ken Lieberthal), 빌 맥카일(Bill McCahill), 더글러스 팔(Douglas H. Paal), 닉 플랫(Nick Platt), 앨런 롬버그(Alan Romberg), 리처드 솔로몬(Richard Solomon), 더그 스펠먼(Doug Spellman), 로버트 슈팅거(Robert Suettinger), 로저 설리번(Roger Sullivan), 로버트 슈터(Robert Sutter), 해리 세이어(Harry Thayer), 존 톰슨(John Thomson) 등이다. 예전 학생이었던 수전 로렌스(Susan Lawrence)와 멜린다 류(Melinda Liu) 두 사람은 수년 동안 베이징에서 리포터 일을 했다. 그들은 매우 흥쾌하게 나에게 시간을 내주고 자신들의 견해를 이야기해 주었다. 나에게 미중 관계 전국위원회의 얀 베리스(Jan Berris)는 각종 관련자와 일에 대한 정보를 얻는 가장 탁월한 원천이었다. 나는 덩샤오핑의 통역사 네 명, 지차오주(冀朝鑄)와 스옌화(施燕華), 탕원성(唐聞生)과 장한즈(章含之, 작고)를 방문했다.

나는 이 책의 모든 원고를 꼼꼼하게 읽어 준 폴 코언(Paul Cohen), 조지프 퓨스미스, 멀 골드먼, 샬럿 이켈스(Charlotte Ikels), 돈 카이저, 앤드루 네이선(Andrew Nathan), 토니 사이치(Tony Saich)와 선다웨이에게 많은 도움을 받았다. 또한 영광스럽게도 원고 일부를 읽어 준 이들도 있다. 존 베르닝하우젠(John Berninghausen), 애슐리 에사레이(Ashley Esarey), 멜 골드스타인(Mel Goldstein), 아서 클라인만(Arthur Kleinman), 마이크 램턴(Mike Lampton), 다이애나 래리(Diana Lary), 수전 로렌스, 리청(李成), 에드윈과 시릴 림(Edwin and Cyril Lim) 부부, 페리 링크(Perry Link), 빌 맥카일, 로렌스 리어든(Lawrence Reardon), 리처드 새뮤얼스(Richard Samuels), 리처드 솔로몬, 마이크 스조니(Mike Szonyi), 마틴 화이트(Martin Whyte), 달레나 라이트(Dalena Wright) 등이다. 천둥린, 청중위안, 한강, 치웨이핑(齊衛平), 선즈화, 샤오옌중(蕭延中), 양쿠이쑹(楊奎松), 주자무 등 일부 당사 전문가들 역시 중국어로 번역된 원고를 읽고 일부 잘못된 부분을 지적해 주었다. 그러나 아직 교정이 되지 않았거나 모든 분들이 읽은 후 발견하지 못했던 오류에 대해서는 전적으로 내가 책임을 진다.

하버드대학 동료와 나눈 토론도 내게 많은 도움이 되었다. 윌리엄 앨퍼드(William Alford), 피터 볼(Peter Bol), 줄리언 창(Julian Chang), 폴 코언, 팀 콜턴(Tim Colton), 나라 딜런(Nara Dillon), 마크 엘리엇(Mark Elliott), 조지프 퓨스미스, 멀 골드먼, 스티브 골드슈타인(Steve Goldstein), 로위나 허(Rowena He), 서배스천 하일먼(Sebastian Heilmann), 윌리엄 샤오(William Hsiao), 이언 존스턴(Iain Johnston), 빌 커비(Bill Kirby), 아서 클라인만(Arthur Kleinman), 로더릭 맥파쿠하, 수전 오그던(Suzanne Ogden), 빌 오버홀트(Bill Overholt), 드와이트 퍼킨스(Dwight Perkins), 리즈 페리(Liz Perry), 로버트 로스, 토니 사이치, 마이크 스조니, 탐 타이(Tam Tai), 두웨이밍(杜維明), 왕닝(王寧), 제임스 왓슨(James Watson), 존과 앤 와트(John and Anne Watt) 부부, 마틴 화이트, 제프 윌리엄스(Jeff Williams), 엔디미온 윌킨슨(Endymion Wilkinson), 데이비드 울프(David Wolff) 등이다. 다른 지역 학자들과도 관련 문제를 토론하기도 했

다. 존 베르닝하우젠, 톰 번스타인(Tom Bernstein), 천광저(陳廣哲), 데버러 데이비스(Deborah Davis), 존 돌핀, 톰 골드(Tom Gold), 멜 골드스타인, 구이번칭(桂本靑), 마이크 램턴, 페리 링크, 리처드 매드센(Richard Madsen), 진 오이(Jean Oi), 조너선 폴락(Jonathan Pollack), 루시안 파이(Lucian Pye), 딕 새뮤얼스(Dick Samuels), 수전 셔크(Susan Shirk), 도리 솔링거(Dorie Solinger), 에드 스타인펠드(Ed Steinfeld), 앤드루 월더(Andrew Walder) 등이 그들이다.

이 밖에 도움을 받은 사람들로, 홀리 에인절(Holly Angell), 데어드르 체담(Deirdre Chetham), 조르지 에스파다(Jorge Espada), 가오선펑(高申鵬), 엘리자베스 길버트(Elizabeth Gilbert), 애나 로라 로소(Anna Laura Rosow), 케이트 사우어(Kate Sauer), 스원잉(石文嬰), 장예(張燁) 등이 있다. 하버드대에서 1949년 이후 자료를 열람한 모든 학자와 마찬가지로 나 역시 페어뱅크 컬렉션 펑한주(馮漢柱) 도서관장인 낸시 허스트(Nancy Hearst)에게 감탄을 금할 수가 없다. 낸시 허스트는 자료에 대한 숙지와 무한한 열정으로 학자들에게 필요한 정보를 찾아 주었다. 또한 여러 차례 내 기록을 교정하고, 원고와 대조해 주었다. 21세기 중국의 위상이 날로 중요해짐에 따라 하버드 내 우리의 자리가 점점 더 두각을 나타내고 있다. 우리는 하버드대학 페어뱅크 컬렉션 펑한주 도서관의 특별 자료를 이용할 수 있었고, 이는 당대 중국을 연구하는 데 아주 중요한 가치를 지니고 있다. 그중 많은 문헌이 서구의 다른 도서관뿐 아니라 중국에서도 접할 수 없는 자료다.

슝징밍(熊景明)에게도 감사를 드린다. 그녀 역시 친절하게 홍콩 중문대학 중국복무센터에서 자료를 수집하고 중국 대륙 외에 존재하는 이 시기 가장 완벽한 문헌 자료를 정리해 주었다. 또한 애틀랜타의 카터 도서관 직원은 카터 정부의 문서를 찾아 사용하도록 도와주었으니 이 또한 매우 기쁜 일이었다. 편집인 얼 하버트(Earl Harbert)는 중국 전문가가 아닌 사람들도 이해하기 쉽도록 매우 세세하게 자구 하나하나를 따져 가며 작업해 주었다. 내 원고의 교정을 맡아 준 편집자 줄리 칼슨(Julie Carlson)은 매우 창의적이며 열정적으로 원고의 마지막 틀을 잡아 주었다. 하버드대학 출판사의 편집자 캐슬린 맥더못

(Kathleen McDermott) 역시 창의력을 한껏 발휘해 열정적으로 이 책의 출판과 관련한 여러 가지 일을 처리해 주었다.

내 아내 샬럿 이켈스는 중국 인류학 전문가로 이 책을 집필하는 동안 나의 사상적 반려자였다. 아내는 최대의 인내심으로 누구도 말리지 못하는 일벌레인 나의 정신적 균형을 잘 잡아 주었다.

나는 1993년에서 1995년까지 동아시아 사무와 관련한 미국 국가 정보 관리를 지냈지만 이번 연구 과정에서 그 어떤 비밀 자료도 접한 적이 없다. 사실에 대한 표현과 의견, 분석은 모두 내가 작성한 것이다. 이 책에서 제공하는 어떤 자료도 미국중앙정보국(CIA) 또는 다른 미국 정부 부서의 정부 측 입장이나 관점을 반영한 것이 아니다. 책에 수록된 내용 어디에도 미국 정부가 나의 관점에 대해 정보 인증 또는 보증을 했다는 뜻을 나타내거나 암시하려고 한 부분은 없다. 이 자료는 이미 비밀 정보 누설을 방지하기 위한 미국중앙정보국의 심사를 통과했다.

시대의 유산 그리고 사명

1979년 3월, 머리 맥클레호스(Sir Murray MacLehose) 홍콩 총독은 홍콩 문제를 설명하기 위해 베이징으로 날아갔다. 유창한 중국어 실력만큼이나 대중의 존경을 받는 인물이었다. 고위급 간부 한 사람을 만나게 될 것이라는 사전 고지를 받았던 그는 도착 후 그 사람이 바로 얼마 전 최고 지도자로 임명된 덩샤오핑이라는 사실을 알고는 크게 기뻐했다.[1] 당시 인민대회당에서 이루어진 비공개 접견을 통해 맥클레호스는 덩샤오핑에게 현재 날로 심각해지는 홍콩 문제에 대해 이야기했다. 두 사람 모두 아편 전쟁 이후 줄곧 영국이 통치하던 식민지 홍콩의 대부분 지역에 대한 조차 조약이 1997년 만료된다는 사실을 알고 있었다. 맥클레호스 총독은 외교적 표현을 동원해 신중하게, 1997년 중국에 반환된 이후의 상황에 대해 홍콩 사람들이 많은 불안을 느끼고 있으니 이들을 안심시킬 필요가 있다고 말했다. 덩샤오핑은 맥클레호스 총독의 우려 섞인 이야기를 경청했다. 접견이 끝난 후 문 쪽을 향해 나가던 덩샤오핑은 맥클레호스에게 손짓을 했다. 180센티미터가 넘는 총독이 150센티미터가 조금 넘는 주인의 말을 듣기 위해 몸을 구부렸다. "만약 총독께서 홍콩을 통치하는 것이 어렵

다고 생각한다면 중국을 한번 통치해 봐야 할 것이오."²

덩샤오핑은 당시 중국의 상황이 재앙 그 자체라는 것을 절실하게 인식했다. 이전 10년이 시작되던 당시, 대약진 운동 시절에 3000만 명이 넘는 사람들이 아사했고, 국가는 여전히 문화 대혁명의 혼란으로 휘청거리고 있었다. 문화 대혁명 동안에 동원된 젊은이들은 고위급 간부를 비판하고 마오쩌둥의 지지 속에 그들을 권력에서 끌어내려 10억 명 가까운 인구를 가진 나라를 혼란에 빠뜨렸다. 전체 중국 인구의 80퍼센트를 차지하고 있는 중국 농촌의 1인당 평균 소득은 연간 미화 40달러에 불과했다. 1인당 식량 생산량은 1957년 수준에도 미치지 못했다.

자리에서 밀려난 당 원로 간부들을 군 간부와 혁명 조반파가 대신했지만 그들은 자신이 차지한 자리에 대해 전혀 준비가 되어 있지 않았으며 그럴 만한 소양도 갖추지 못했다. 군대는 지나치게 비대해진 상태로 병무에 소홀했고, 일부 지방의 군대 간부들은 관료의 특권만 누린 채 업무를 게을리했다. 운송과 통신 등 기반 시설도 엉망이었다. 대규모 공장들은 여전히 1950년대 소련에서 들여온 기술에 의존했으며, 설비 또한 거의 못쓸 정도였다.

대학은 기본적으로 거의 10년 동안 문을 닫은 상태였다. 지식 청년(知靑)들은 농촌 지역으로 강제 하방을 당했지만, 청년들을 그곳에 계속 머물도록 하는 일도 날이 갈수록 곤란해졌다. 도시 역시 그들에게 일자리를 제공할 수 없었으니, 도시로 들어오고 싶지만 감히 그런 꿈을 꿀 수 없는 수많은 농민은 더 말할 필요가 없었다. 게다가 도시에 살고 있던 사람들마저도 자신의 일자리를 걱정하고 있었으니, 새로운 사람들을 환영할 만한 상황이 아니었다.

몇몇 관리는 대담하게 중국이 직면하고 있는 문제의 진짜 원인이 마오쩌둥에게 있다고 말했지만, 덩샤오핑은 지난 20년간의 과오를 모두 한 사람에게 돌릴 수는 없으며 "우리 모두에게 책임이 있다."라고 말했다. 마오쩌둥이 확실히 중대한 과오를 저지르기는 했지만, 덩샤오핑이 보기에 더 큰 문제는 여러 가지 착오를 몰고 온 제도적 결함에 있었다. 가가호호까지 통제하는 정치 체제는 도가 지나쳐 공포를 불러와 자발적 정신을 잃게 만들었고, 경제 체제의 통제 역시 도가 지나쳐 활력을 잃고 경직된 사회를 만들었다. 그렇다면 중국 지도자들은 어떻게 해야 국가를 안정시키고 이를 유지하는 동시에 통제를 풀고 제약을 완화할 수 있을까?

문화 대혁명 이전 십수 년 동안 오래된 체제를 구축하고 운영하는 일에 덩샤오핑보다 더 많은 책임을 진 사람은 없었다. 1969년부터 1973년까지 농촌에 하방되었던 3년 6개월 동안 고위급 간부로서 덩샤오핑처럼 중국의 오래된 체제가 도대체 무엇이 잘못되었으며, 무엇을 해야만 하는가에 대해 깊이 고민한 사람도 없었다.

1978년까지만 해도 덩샤오핑에게는 인민들을 풍요롭게 하고 국가를 부강하게 만들 수 있는 명확한 청사진이 없었다. 대신에 그는 "돌다리도 두드려 가며 강을 건널 수밖에 없다.(摸着石頭過河)"라고 인정하면서 지금은 모두에게 알려진 이 말만을 되풀이했다.³ 그러나 그는 어떻게 업무를 펼쳐 나갈 것인가에 대해서는 확실한 틀을 가지고 있었다.

그는 상대국의 정치 제도가 어떻든지 간에 과학과 기술, 관리 체계 및 새로운 사상에 대해 문호를 개방하고자 했다. 그는 한국, 일본, 대만, 홍콩, 싱가포르 등 아시아의 새로운 발전 동력이 그 어떤 대륙의 나라들보다 빠르게 성장하고 있음을 잘 알고 있었다. 그러나 그는 다른 나라의 제도 전체를 그대로 들여올 수는 없다고 생각했다. 어떤 나라의 제도도 풍부한 문화적 유산에 거대한 국토와 거대한 지역적 차이를 가진 동시에 극도로 궁핍한 중국의 특별한 요구를 만족시킬 수 없었기 때문이었다. 그는 자유 시장 경제학자들이 인지하지 못하는 문제를 인식하고 있었다. 단순히 시장 개방만으로 문제를 해결할 수 없으며, 점차 여러 가지 제도를 건설할 필요가 있었다. 그는 간부들이 시야를 넓히고 여러 나라에 나가 성공적인 경험을 학습하여 전도유망한 기술과 관리 방식을 들여와 실험을 통해 국내에 활용할 수 있는 방법을 확정하도록 적극 격려했다. 그는 다른 나라들과 우호적인 관계를 통해 그들이 중국과 협력하길 원하도록 많은 역할을 했다.

질서 정연한 재건 업무를 위해 그는 이러한 과정을 관리할 수 있는 유일한 조직이 공산당이라고 믿었다. 1978년 중국에서 경험이 가장 풍부한 지도자들은 1950년대와 1960년대 초반에 지도 업무를 맡았던 간부들이었다. 그들을 다시 불러 업무를 맡겨야 했다. 젊은 인재들을 해외로 보내 최고의 사상과 최고의 과학, 그리고 최고의 과학 기술을 도입할 필요가 있었다. 새로운 방식을 도입한다는 것은 대단히 파괴적인 일일 수 있었다. 공산당조차도 근본적으로 자신들의 목표와 업무 방식을 변화시켜야만 했다.

최고 영도자로서 덩샤오핑은 새로운 사상을 내놓는 것이 자신의 역할이라고 생각하지 않았다. 그는 자신의 역할은 새로운 시스템을 계획하고 추진하는 전복적(顚覆的) 과정을 설계하고 만들어 가는 것이라고 여겼다. 그는 궁극적인 책임을 져야 했고, 개인적인 판단으로 스스로 결정을 내려야 했다. 그는 이러한 체제를 이끌어 가기 위해 자신과 책임을 분담할 수 있는 핵심 지도부를 선발하고, 그들이 효과적으로 함께 일할 수 있도록 하루 빨리 조직을 구성해야만 했다. 또한 그는 국민들에게 희망을 주어야 했지만 또한 1958년 마오쩌둥처럼 비현실적인 기대를 하게 할 수는 없었다. 그는 중국인들이 받아들이고, 국가가 분열되지 않도록 간부와 국민들에게 상황을 설명하고, 변혁의 속도를 조절해야 했다. 비록 그는 대권을 쥐고 있었지만 동료들 간의 정치적 분위기를 면밀히 살펴야 했다. 어쨌거나 그들을 통해 자신의 지시를 이행해야 하기 때문이었다. 체제가 근본적으로 변화한다 해도, 그는 일자리와 일상생활에 어느 정도의 안정을 유지할 필요가 있었다. 간추려 말하면, 덩샤오핑은 매우 가혹하고 유사 이래 전례를 찾아볼 수 없는 임무에 직면해 있었다. 요컨대 덩샤오핑은 지금까지 한 번도 시도된 적이 없는 무리한 주문에 직면해 있었던 것이다. 당시 그 어떤 사회주의 국가도 경제 체제 개혁을 성공적으로 완성하고 지속적인 발전을 이룬 곳은 없었다. 하물며 혼란에 빠진 인구 10억의 국가는 더 말할 나위가 없었다.

준비된 지도자

덩샤오핑은 키가 아주 작았지만 그럼에도 불구하고 최고 지도자인 그가 방에 들어서면 좌중을 압도하는 기운으로 자연스럽게 사람들의 이목을 집중시켰다. 그가 나타나면 방에 전류가 흐르는 것 같다고 많은 이가 입을 모았다. 그는 중요한 문제를 해결할 때면 집중력이 뛰어나고 과감했다. 전시 군사령관의 천성적인 침착함과 반세기 동안 권력의 핵심부에서 사활이 걸린 매우 중대한 문제를 처리하며 길러진 자신감을 지니고 있었다. 여러 가지 우여곡절을 겪고 아내와 자녀, 가까운 동료의 도움으로 재기한 그는 자신의 처지에 대해 평정심을 유지할 수 있었다. 그는 자신이 잘 모르는 일에 대해서는 언제나 기꺼이 인정하고 배울 자세가 되어 있었다. 지미 카터 전 미국 대통령은 덩샤오핑에 대해 언급하면서 소련 지도자들과 달리 실질적인 주제로 곧바로 들어가게 만드는 내면의 자신감을 지닌 인물이라고 평한 적이 있다. 덩샤오핑은 지난 과오나 이에 대한 책임 공방에 얽매이지 않았다. 그는 자신이 취미 삼아 정기적으로 즐겼던 브리지 게임(카드놀이의 일종)의 경우처럼 언제나 자신이 잡은 패만 가지고 생각했다. 그는 권력의 현실을 인식할 줄 알았고 가능한 범위에서만 일을 했다. 일단 마오쩌둥이 배후에서 그를 지켜보지 않으면 덩샤오핑은 자신과 자신의 권위에 매우 자신 있어 했고 손님들 앞에서 매우 자유롭고 솔직하면서도 재치가 넘쳤고 직언도 서슴지 않았다. 1979년 1월 워싱턴에서 국빈 만찬이 열렸을 때 미국 영화배우인 셜리 매클레인(Shirley MacLaine)은 중국의 문화 대혁명 동안에 농촌에 하방되었던 한 지식인이 토마토를 심던 시절 배웠던 것들에 감사했었다는 식으로 말했다. 그러자 덩샤오핑은 더는 참을 수 없다는 듯이 그녀의 말을 가로채면서 "그는 거짓말을 한 겁니다."라고 말했다. 그는 계속해서 그녀에게 문화 대혁명이 얼마나 참혹하고 무시무시했는지에 대해 말해 주었다.

1978년 일흔네 살이 된 덩샤오핑은 여전히 정력이 넘치고 기민했다. 아침에 일어나면 그는 집 마당을 잰걸음으로 30분 정도 산책을 했다. 그의 사무실은 집 안에 있었다. 대부분 중국 지도자들은 자신을 방문한 손님과 대화할 때 주로 나란히 자리한 소파에 앉아 전방을 주시한 채 이야기를 했지만 덩샤오핑은 몸을 돌려 상대방을 보며 이야기하는 것을 좋아했다. 그는 즐겨 생각하고 물었으며, 남의 이야기에 진지하게 귀를 기울였다. 외국 관리는 외국의 정책에 반대할 때 덩샤오핑의 모습을 거침없고 "무자비한 인물"이라고 묘사했다. 덩샤오핑은 제국주의, 식민주의, 무력을 이용해 사적 욕심을 채우는 국가들을 많이 접했기 때문에 자칭 우호적이라는 외국 지도자에 대해 순진무구한 희망을 품지 않았다. 그러나 나라의 규모에 상관없이 외국에서 온 다양한 지위와 다양한 정당의 손님들은 결국 그와 만난 자리를 매우 편안하고 유쾌하게 여겼다. 그들이 덩샤오핑의 말을 좋아하지 않는다 해도 마찬가지였다. 그들은 덩샤오핑이 사교 감각이 뛰어난 사람이라고 생각했다.

일부 서양인들은 덩샤오핑의 단순 명쾌한 성격과 실용주의에 깊은 인상을 받았다. 그들은 내심 덩샤오핑이 자본주의를 신봉하여 중국을 서구 스타일의 민주주의로 이끌 것이라고 오해하곤 했다. 그는 언제나 배움을 즐겼다. 그러나 그는 중국에 좋은 것이 무엇인가를 서구인들보다 더 잘 알고 있었으며, 그건 결코 자본주의나 서구 스타일의 민주주의가 아니라는 사실을 확신하고 있었다.

1978년 무렵부터 덩샤오핑은 오른쪽 귀가 잘 들리지 않았기 때문에 여러 사람이 참석하여 자신들의 의견을 주장하는 회의에 동석하기가 불편했다. 그는 신문을 즐겨 보고 매일 오전 혼자 앉아 각종 보고서를 읽었다. 그의 사무실 주임은 매일 그에게 신문 열다섯 부와 중요한 보고서를 모두 가져다주었고, 덩샤오핑은 그중에 읽을 만한 가치가 있다고 생각되는 것을 선택해 읽었다. 외빈을 만나는 일은 좀 더 편했다. 통역사가 직접 그의 왼쪽 귀에 대고 이야기를 해주었기 때문에 손님과 자연스럽게 대화를 나눌 수 있었다. 덩샤오핑은 쓰촨 억양이 많이 섞인 표준어를 구사했지만, 표준어를 쓰는 사람이라면 그리 어렵지 않게 알아들을 수 있었기 때문에 말을 천천히 할 필요는 없었다. 덩샤오핑에게 주어진 임무는 감탄이 절로 나올 정도로 벅찬 것이었다. 그러나 그보다 더 충분한 준비를 하거나 기질이나 습관으로 볼 때 그보다 잘 임무를 수행할 사람을 생각해 내는 것은 어려운 일이다.

덩샤오핑은 본능적인 애국심과 당을 위한 헌신적인 정신을 지닌 인물이다. 그의 동료들 역시 그의 이러한 정신에 고무되었다. 덩샤오핑의 애국 사상은 열네 살 되던 해에 형성되었는데 광안 현에 있는 중학교에 다니던 시절 거리에 나가 시위에 참가하면서 대중 민족주의 정신을 키우게 되었다. 이어 5년 후 프랑스에서 중국인에게 배정된 고된 노동에도 불구하고 공부할 기회가 사라지자 크게 실망했다. 이에 그는 중국공산당 프랑스 지부에 입당했다. 그 후 70여 년이 지나 죽을 때까지 그는 언제나 열성적인 공산주의자였다.

프랑스에서 5년, 소련에서 1년을 보내는 동안 덩샤오핑은 마오쩌둥보다 세계 발전의 흐름에 관해 더 많은 것을 얻을 수 있었고, 중국에 대해 더 많은 것을 이해할 수 있게 되었다. 그는 현대 국가의 상공업을 관찰할 기회가 있었다. 소련에서 지낸 1년 동안 그는 최초의 사회주의 국가가 어떻게 현대화에 대응하는지 관찰할 수 있었다.

프랑스에서 지내는 동안 덩샤오핑은 공산주의 청년운동을 위한 전반적인 전략을 숙고하던 소규모 지식인 그룹에 참가할 기회를 얻었다. 그때부터 덩샤오핑은 중국 혁명의 대전략가들과 교류하면서 스스로 문제를 파악하는 독특한 안목을 키워 '전체를 통찰할 수 있는' 높이에서 이론을 실천하고, 이론을 통해 사회에 영향을 줄 수 있는 방법을 생각하기 시작했다. 프랑스에서 덩샤오핑은 공장 일을 그만두고 여섯 살 연상의 저우언라이가 이끄는 소규모 중국공산당 지부에서 잡다한 일을 했는데 프랑스의 중국 유학생들에게 좌파 사상을 전파하는 선전 책자를 만드는 일을 하면서 '등사 박사'라는 별명을 얻기도 했다. 일본과 영국에서 지낸 경험을 바탕으로 동년배 중국 청년들의 리더로 활약하고 있던 저우언라이의 도제로 일하면서 그는 저우언라이가 조직을 구성해 가는 모습을 관찰할 수 있었다. 비록 덩샤오핑은 조직에서 가장 나이가 어린 축에 속했지만 곧 유럽공산당 청년 조직의 집행위원회 일원이 되었다. 당시 소련은 모스크바 중산(中山)대학에서 국제 공산주의 운동의 확산을 위해 중국의 젊은이들을 모아 교육시키기 시작했는데, 그는 국제 공산주의 운동을 위해 중국의 최고급 리더를 교육하는 7조에 배정되었다. 중산대학에서 덩샤오핑은 소련이 어떻게 공산주의 운동을 전개했는지 이해하고, 중국에서 어떻게 운동을 펼쳐야 하는지에 대한 그들의 견해를 배우게 되었다.

덩샤오핑은 잠시 중단되었던 시기를 제외하면 평생 최고 권력에 가까운 자리에 있었다. 이를 통해 그는 내부적으로 최고 지도자가 각기 다른 상황에 어떻게 대처하는가를 지켜볼 수 있었다. 1927년 귀국한 지 얼마 되지 않아 그는 또다시 저우언라이 밑에서 상하이 지하 운동에 적극 참가했다. 당시 중국공산당은 한때 덩샤오핑이나 저우언라이의 동료였던 장제스(蔣介石)가 섬멸 공격을 감행하는 상황에서 생존 전략을 모색했다. 덩샤오핑은 도시 폭동 준비에 참가했을 뿐 아니라 스물다섯 살 때에는 광시에 파견되어 도시 폭동을 이끌었다. 마오쩌둥이 장시에 소비에트 근거지를 건설하기 시작했을 때 덩샤오핑 역시 그곳에 가서 루이진현위원회 서기직을 맡고, 마오쩌둥이 어떻게 농촌 근거지를 건설하는지를 배웠다. 대장정 기간 동안 덩샤오핑은 마오쩌둥이 최고 지도자로 부상하는 데 중요한 쭌이(遵義)회의에 참가했다. 대장정이 끝나기 전에 덩샤오핑은 다행히 마오쩌둥의 신임을 얻을 수 있었다. 마오쩌둥은 중국 북방에 자신의 근거지를 수립하고 얼마 되지 않아 덩샤오핑에게 군부 내에서 정치적 지도력을 발휘할 수 있는 정치국원이라는 중요한 책무를 맡겼다. 국공 내전이후에 그는 상하이를 접수하여 공산주의 체제로 이행할 수 있도록 지도하는 책임을 맡았다. 그리고 중국의 여섯 군데 주요 지역 가운데 한곳을 지도하기위해 서남쪽으로 보내졌다.

1952년부터 1966년까지 덩샤오핑은 베이징의 권력 상층부에서 마오쩌둥과 함께 중국의 발전과 외국과의 관계를 처리하는 전략을 수립했다. 당시 마오쩌둥은 그를 자신의 잠재적 후계자 가운데 한 명으로 인정했으며, 덩샤오핑은 1956년 중국공산당 상임위원회에 들어간 이후로 중국의 다른 다섯 명의 고위급 관리들과 함께 중앙위원회 위원으로 참석했다. 그는 사회주의 체제 농업 집체화와 산업 국유화를 특징으로 하는 사회주의 체제를 계획하고 구축하는 데 주요 참가자였으며, 서남부의 토지를 개혁하는 데에도 중요한 역할을 했다.

1959년부터 1961년까지 그는 대약진 운동이 실패로 끝난 후 사회주의 구조에 조정을 이끌어 내는 데 중요한 역할을 했다. 간단히 말해서 1978년에 이르러 덩샤오핑은 중국을 이끌 수 있는 최고 지도자가 행해야 할 전략에 대해 심사숙고할 수 있는, 거의 반세기에 걸친 경험을 두루 거쳤다고 할 수 있다.

덩샤오핑은 12년간 군사 지도자로 있었으며 나중에는 자신을 군인이라고 말할 정도였다. 그는 군사 지휘관이라기보다 정치국원이었으나 공산당 서기로서 군사 행동을 승인하는 책임을 맡은 인물이었다. 그는 군사 지휘관들과 긴밀한 협력 관계를 유지하면서 처음에는 소규모 게릴라 전투부터 시작했지만 국공 내전 당시에는 대규모 전투에도 참가했다. 1948년 말 그는 중국 군사사에서 가장 큰 전투 가운데 하나로 국공 내전의 전환점이 된 것으로 알려진 화이하이 전투(淮海戰役)에서 야전 사령부의 당서기로 참가하여 50만 대군을 지휘하는 책임을 맡았다.

그는 평생에 걸쳐 이론보다는 실제 행동을 책임졌다. 그의 책임은 비교적 작은 장시 소비에트를 지도할 때부터 시작하여 제2차 세계 대전 시절 정치국원으로 타이항 산맥 주변의 몇몇 지방을 지도하면서 점차 높아졌으며, 이후 몇 개의 성(省)을 가로지르는 넓은 지역을 관할하면서 점차 확대되었다. 그리고 1949년 이후에는 전체 서남 지역을 총괄하고 마침내 국가 전체를 이끌면서 더더욱 커졌다.

1950년대 중국공산당은 서구와 거의 관계를 맺지 않고 있었는데, 당시 덩샤오핑은 중국공산당의 대외 업무, 특히 다른 나라의 공산당과 관계를 수립하는 책임을 맡았다. 문화 대혁명으로 쫓겨난 후 다시 돌아오게 된 그는 다시 한번 저우언라이의 도제로서 중국의 대외 협력 관계를 책임지는 역할을 맡았다.

혹자는 덩샤오핑은 경제 업무에 대한 경험이 거의 없다고 말한다. 그러나 경제 활동은 공산당 전문가들의 중요한 책임이기도 했다. 무엇보다도 1953년부터 1954년까지 덩샤오핑은 중국이 사회주의 경제 체제를 수립해야 하는 가장 중요한 시기에 1년간 재정 책임자로 있었다.

공산주의자들의 활동 가운데 중요한 부분은 언제나 선전이다. 프랑스에서 덩샤오핑은 공산당 선전 책자를 발행하는 책임을 맡았으며, 장시 소비에트에서 비판을 받은 후에도 그는 전체 장시 소비에트 지역의 선전을 책임지게 되었다. 그리고 대장정 시절에도 선전 업무를 맡았다. 군부의 정치국원으로서 덩샤오핑은 자신이 군대를 감독하면서 거시적 전망을 제공하고 아울러 그들의 노력을 전체적인 상황과 임무로 연결시키는 데 가장 설득력이 있다는 것을 발견했다.

간단히 말해 덩샤오핑은 소규모 지역이나 성은 물론이고 국가에서도 다양한 형태의 관리 경험을 지닌 인물이라는 것이다. 거의 반세기 동안 그는 당의 지도자들의 폭넓은 전략적 사고에 동참했다. 그는 당과 정부, 그리고 군부 내에서 최고위급 자리를 차지했다. 1950년대에 그는 소련에서 새로운 산업과 기술을 이전하는 작업을 맡았으며, 마찬가지로 1980년대에 서구로부터 새로운 산업을 도입하는 책임을 맡았다.

덩샤오핑은 어린 시절 반에서 항상 1등을 차지할 정도로 영민했다. 그는 1920년 당시 쓰촨 성에서 프랑스로 유학을 보내 주는 시험에 합격한 여든네 명의 학생 가운데 가장 어렸다. 그는 기억력만으로 교과서의 긴 문장을 반복해서 외우는 유교식 학습 방법에 능숙했기 때문에 지하 운동을 할 당시 문서 흔적을 남기지 않고 중요한 정보를 쉽게 암송하곤 했다. 그는 생각을 잘 정리하여 원고 없이도 한 시간 분량의 강연을 조리 정연하게 행할 수 있었다. 그런 까닭인지 마오쩌둥은 한때 그를 걸어 다니는 사전이라고 부른 적이 있다. 덩샤오핑은 중요한 행사를 앞두었을 때, 시간이 되어 보다 명료하고 과감하게 말할 수 있도록 자신이 하고자 하는 이야기를 혼자서 조용히 생각하는 시간을 갖는 것을 좋아했다.

덩샤오핑은 전쟁과 당내 숙청으로 동료들이 죽어 가는 것을 지켜보면서 더욱 단련되었다. 그는 한때 동료였던 인물이 적으로 변하고, 적이 다시 동료가 되는 것을 목격하기도 했다. 덩샤오핑은 평생 세 차례 숙청을 당했다. 첫 번째는 장시 소비에트에서, 두 번째는 1966년 그가 맹렬한 비판의 대상이 되었던 문화 대혁명 시절에 일어났다. 마지막 세 번째는 1976년인데, 그때 그는 강철 같은 의지를 길러 낼 수 있었다. 그는 노골적으로 분노나 불만을 드러내지 않으며, 감정에 따르기보다는 당과 국가가 필요로 하는 것이 무엇인가에 대해 조심스러운 분석에 따라 결정할 수 있도록 스스로를 단련시켰다. 언젠가 마오쩌둥은 덩샤오핑을 솜뭉치 안에 있는 바늘과 같은 존재라고 말한 적이 있다. 말인즉슨 외유내강의 성격을 지녔다는 뜻이다. 그러나 덩샤오핑의 수많은 동료는 그에게 솜뭉치 같은 느낌을 받는 경우는 매우 드물었다.[4] 그의 동료들은 그가 불공평하다고 생각하지 않았다. 마오쩌둥과 달리 덩샤오핑은 누군가에게 앙심을 품거나 보복하지 않았다. 반면 덩샤오핑이 판단하기에 당을 위해 필요한 일이라 여겨질 때는 자신과 자신의 과업에 헌신하는 이들조차 가차 없이 내몰곤 했다.

덩샤오핑은 아내나 가족과의 따뜻하고 친근한 관계, 그리고 과거의 어려움을 극복하면서 얻은 확고한 내적 자신감을 통해 여러 가지 힘든 일을 어느 정도 견뎌 낼 수 있었다. 그러나 1976년까지만 해도 그를 지탱해 준 힘은 중국 혁명의 지배적인 인물인 마오쩌둥 주석과의 특별한 관계에서 비롯했다. 마오쩌둥은 그의 동료들 가운데 많은 이를 파멸로 몰고 갔다. 그러나 마오쩌둥은 덩샤오핑이 당내에서 마오쩌둥 당파에 속하는 인물이라는 이유로 첫 번째 숙청을 당한 1930년대부터 지속적으로 그와 특별한 관계를 유지했다. 물론 마오쩌둥은 덩샤오핑을 두 차례나 숙청한 적이 있다. 그렇지만 결코 그를 완전히 파멸시키지는 않았다. 마오쩌둥은 덩샤오핑을 나중에 자기 사람으로 쓰기 위하여 따로 챙겨 두었던 것이다.

덩샤오핑의 동료들은 그가 중국을 다스리는 일을 심각한 사업으로 여기고 있다고 이해했다. 그는 재치 있는 사람으로, 언제나 동료들을 정중하게 대했다. 덩샤오핑은 자기 자신의 개인적 삶에는 그다지 관심이 없었다. 그는 사소한 관심에서는 벗어나 있었으며, 대신 중국에 무엇보다 필요한 것이라고 느꼈던 강력한 리더십을 제공하는 문제와 그들이 공유하고 있는 대의명분을 위한 방향 감각을 유지하는 데 중점을 두었다. 그는 분명하고 논리적이며 예측이 가능한 사람이었다. 그는 세부적인 사항은 일단 차치하고 주로 큰 주제부터 생각하는 사람으로 알려져 있다. 사소한 일까지 챙기는 인물은 아니었다.

그러나 덩샤오핑은 일반인들 사이에서 신과 같은 마오쩌둥 주석보다 훨씬 더 가깝게 다가설 수 있는 사람이었다. 사람들은 마오쩌둥을 부를 때 경건하게 '마오 주석(毛主席)'이라고 했지만, 덩샤오핑은 '샤오핑(小平)'이라고 불리길 좋아했다. 그는 또한 자신의 좋지 않은 습관에 대해서도 관대한 편이었다. 그는 자신을 방문한 이들에게 자기는 세 가지 습관이 있는데, 끽연과 음주, 그리고 자기 옆에 항상 놓여 있는 타구에 침 뱉기라고 말하곤 했다. 그는 확실히 그 세 가지를 즐겼던 듯하다.

덩샤오핑은 자신의 친구들에게 좋은 것이 아니라 당과 국가에 좋은 것을 하기로 마음을 먹었다. 열여섯 살에 고향을 떠난 후 덩샤오핑은 한 번도 부모나 고향을 찾은 적이 없었다. 그는 자신이 한 지역이나 당파 또는 동료 그룹을 대변하지 않는다는 것을 분명히 했다. 그의 가장 가까운 동료들도 오랜 세월 공통의 대의명분을 위해 함께 일해 온 동지들이지, 조직의 필요와 관계없이 무조건 자신에게 충성심을 지닌 이들이 아니었다. 물론 그 역시 아내나 자녀들에게 특별한 애정을 지니고 있었지만 당의 규율에 충실하여 자신의 가족에게 대외비를 발설하지 않았다. 부인과 네 명의 자녀 모두 당원이었음에도 불구하고, 그는 잘 훈련받은 군대 장교로서 일단 명령이 떨어지면 심각한 희생이 따르고 있음을 알고 있을지라도 전혀 주저하지 않고 과감히 돌격했다.

덩샤오핑이 모든 중국인에게 존경을 받은 것은 아니었다. 그가 너무 많은 책임을 도맡아 다른 이들의 의견을 묵살한다고 하여 심하게 독재적이라고 생각하는 이들도 있었다. 특히 지식인들은 그가 1957년 반우파 투쟁 당시 거침없이 자신의 생각을 이야기했던 이들을 엄중하게 단속한 것에 대해 불만족스러워했다. 그를 무모하다고 여기는 이들도 있었다. 너무 쉽게 돌진하고 지나치게 규율을 강제한다는 이유 때문이다. 다른 군대 장교들과 마찬가지로 그 역시 자신의 부하들이 명령을 제대로 이행하기를 기대했다. 그는 여러 문제를 해결하기 위한 건설적인 제안은 언제든지 환영했지만 외국인이나 반체제 인사들이 당을 비난하는 것에 대해서는 발끈 화를 냈다. 그는 국공 내전이나 문화 대혁명 시절의 혼란을 생생하게 기억하고 있었으며, 중국의 사회 질서는 언제든지 깨질 수 있을 정도로 취약하다고 믿었다. 그래서 위험하다는 판단이 들 때면 즉시 강력하게 대응했다. 최고 지도자로서 그는 또한 대담한 개혁에 착수하여 예정대로 진행할 만반의 준비를 갖추었다. 결론적으로 말해 탁월한 지도자로 등장할 때까지 덩샤오핑은 당과 국가의 필요에 따라 복무해야 하는 경험이 풍부한 고위 관료로 훈육되었다는 뜻이다.

중국 부강하게 만들기

1978년 이전 두 세기에 걸쳐 중국의 다른 지도자들 역시 덩샤오핑과 마찬가지로 중국을 부강하게 만들기 위한 방법을 찾느라 고심했다.[5] 로마 제국과 거의 동시대에 수립된 제국 체제는 이례적으로 성공적이었다. 몇 차례의 중단과 변화가 없지는 않았지만 그것은 중국의 지도자들이 지구상의 그 어떤 나라보다 오랜 시간 동안 거대한 인구를 관리할 수 있도록 해 주었을 뿐 아니라 위대한 문명을 창조할 수 있도록 만들어 주었다. 제국의 한쪽에서 다른 한쪽으로 가려면 거의 한 달 넘는 시간이 걸릴 정도로 방대한 땅덩어리로 인해 경사(京師)의 관리들은 국가의 법률과 규정이 모든 도시나 향촌에서 어떻게 시행되고 있는지 지휘 감독할 수 없었다. 그런 가운데 뛰어난 지도자들은 시험을 통해 능력을 갖춘 관리를 선발하고, 그들을 훈련시켜 그들에게 지역 자치권을 부여하는 동시에 강력한 지휘 감독권을 제공하는 탁월한 제도를 개발했다.

18세기 말엽까지 급격한 인구 증가와 일부 지역의 상업 발달, 그리고 중국 해안가에 밀려들어 온 서구 제국주의 세력이 점차 제국의 체제를 압박하기 시작했다. 대략 1500개에 달하는 군현(郡縣)은 평균적으로 20만 명에 하나꼴인 작은 관아에 의해 관리되고 있었다. 군사와 통신, 제조업, 그리고 운송 등의 기술에 대한 새로운 진전, 예를 들어 총기나 선박 등의 발전은 관료 체제가 다 받아들일 수 없는 경제 개발과 사회적 역량을 불러왔다. 지난 세기의 통치자들은 지역을 제국의 통제 범위 안에 두기 위해 지역의 경제 성장을 제한했다. 그러나 새로운 시대에 직면한 베이징의 통치자들은 일련의 변화에 대처하기 위해 제국의 체제를 조정하는 힘겨운 싸움을 벌이고 있었다.

그들의 노력을 어렵게 만드는 것은 순전히 중국이라는 나라의 땅덩어리였다. 당시에도 중국은 세계에서 인구가 가장 많았다. 게다가 이전 두 세기 동안 거의 두 배나 증가한 인구는 당시에도 여전히 급속도로 팽창하고 있었다. 또한 지리적 영역 역시 서쪽과 서남쪽으로 더욱 확장되고 있었다. 해안가는 물론이고 일부 변경에서조차 중국 군대는 외국인의 진군을 막을 수 없었으며, 문관들 역시 확장 일로에 있는 상업 활동을 중단시킬 수 없었다.

체제에 대한 도전이 점점 심각해지고 있었지만 베이징의 통치자들에게 거의 200여 년이나 지속되어 온 제국의 체제가 심각한 위험에 처해 있다는 것을 설득하기에는 아직까지 어려움이 남아 있었다. 1861년부터 1875년까지, 덩샤오핑의 할아버지가 가족 소유의 토지를 좀 더 늘리기 위해 재산을 모으고 있을 때, 동치제(同治帝, 1856~1874) 휘하의 관리들은 날로 심각해져 가는 사회적 혼란을 수습하려고 애쓰고 있었다. 그들은 국내 신흥 사회 세력과 호시탐탐 국가를 위협하는 외적에 대응하기 위해 얼마나 큰 변혁이 필요한지 알 수 없었다. 그들은 그저 전통의 위엄을 유지하기 위해 군대를 보내 반란을 평정하고, 과거 제도를 정돈하며, 유교 교육을 강화하고 종묘를 대거 보수하는 데 최선을 다할 뿐이었다.

동치제의 후임자들은 전통 체제가 이미 흔들리고 있다는 것을 눈치챘다. 특히 갑오해전(甲午海戰, 중일 전쟁)에서 작은 섬나라 일본에게 패하자 그들은 큰 충격을 받았다. 1898년, 스물일곱 살이 된 광서제(光緖帝, 1871~1908)의 전폭적인 지지를 받으며 유신(維新) 사상에 고무된 관리들이 100일 동안 마흔 개의 변법 조서와 유지를 연달아 공포하면서 새로운 질서를 수립하기 위해 애썼다. 그들은 새로운 학문을 배우고 서양에 사람을 보내 현대적인 학문을 익히도록 했다. 그러나 일본인은 서양을 배워 제도를 개혁하는 데 20~30년이 걸렸다. 짧은 시간에 많은 것을 해야만 했던 무술변법(戊戌變法)의 주역 유신파는 변법을 유지할 수 있는 정치적 또는 제도적 토대를 수립할 수 없었다. 변법에 놀란 자희 태후는 광서제를 영대(瀛臺)에 구금하고 변법을 취소했다. 비록 자희 태후도 이후 과거 제도를 폐지하고 신군(新軍)을 훈련시키고, 입헌제를 준비했지만 이 또한 효과적인 제도를 마련하는 데 실패했다. 원래 해군을 확장하는 데 사용하려던 자금은 석방(石舫) 등 이허위안(頤和園)을 꾸미는 데 모두 쓰였다. 기존의 관습과 제도의 제약으로 인해 복잡한 제국 체제는 변화하기 힘들었다.

1904년 덩샤오핑이 태어났을 당시, 중국 마지막 왕조인 청 제국은 이미 나약해질 대로 나약해져 내우외환에 속수무책이었다. 1911년, 일부 혁명파들은 우창(武昌)에서 후광(湖廣) 총독과 제8진이 통솔하던 관청을 점령했다. 그리고 이에 대한 연쇄 반응으로 마침내 제국 체제가 무너졌다. 같은 해 발생한 이 사건을 '신해혁명(辛亥革命)'이라고 하는데, 이는 '혁명'이 아니라 '붕괴'라고 부르는 것이 타당하다. 조직적인 혁명 역량으로 인한 결과가 아니라 제국 체제가 제 역할을 제대로 하지 못하면서 드러난 현상이기 때문이다. 일부 능력 있는 조정 관리들은 중국이 직면한 문제를 정확하게 분석하고 이에 대해 창의적인 의견을 제시했지만, 전체적으로 볼 때, 통치자는 도전에 응대해야 하는 제국의 사명을 완성할 역량이 없었다.

천황을 그대로 둔 일본이나 여전히 국왕을 인정하는 영국과 달리 신해혁명은 철저하게 군주제를 폐지하고 명목상의 공화국 수립을 목적으로 삼았다. 그러나 실제로 중국에는 효과적으로 군주제 통치를 대체할 정부 구조가 없었다. 신해혁명 이후 등장한 지도자들, 예를 들어 위안스카이(袁世凱), 쑨중산(孫中山, 쑨원), 장제스와 마오쩌둥 등은 모두 중국이 부강하도록 새로운 체제를 수립하고자 노력했다.

위안스카이는 신해혁명 당시 가장 명망을 갖춘 군사 영도자였다. 그는 군사적 수단으로 중국을 통일하고자 했다. 그러나 민간 지도층의 옹호를 받을 수 없었으며, 또한 군주제가 쇠락했을 당시 지역의 평안을 위해 무장을 풀지 않았던 각지의 지방 군벌을 제압할 능력이 없었다.

쑨중산은 일찍이 형과 함께 탄샹 산(檀香山)에서 수년간 공부한 적이 있었다. 이후 그는 매우 탁월한 선전가이자 자금 조달자가 되었다. 그는 혁명을 고무시켜 이후 통일된 정부를 세우고자 했다. 신해혁명 이후 그가 처음으로 맡은 역할은 위안스카이와 협력하여 정부를 건설하는 것이었는데, 이로 인해 그는 1940년 중화민국 국부로 존칭받게 되었다. 그러나 그는 위안스카이에게 패배하고 말았다. 위안스카이가 하야한 후 쑨중산은 1923년 광저우에 정부를 수립하여 그곳이 전국적인 정부가 될 수 있기를 희망했다. 그는 또한 국민당을 조직하고 국가의 정치적 영도자를 배출하여 명목상으로 민주적 틀을 갖춘 국민 정부(國民政府)를 수립했다. 국민 정부는 뛰어난 애국 청년들을 흡수했다. 그중에는 이후 중국공산당 영도자가 된 마오쩌둥, 저우언라이, 예젠잉, 린뱌오(林彪) 등도 포함되어 있었다. 당시에는 그들 역시 국민당 당원이었다. 쑨중산은 민족주의를 강화하고 청년들의 해외 유학을 장려했으며 대중 매체의 발전을 촉진시켰다. 그러나 혼란한 정국 속에서 그는 조직 능력이 부족했으며, 효과적인 정치 체제의 수립을 이룰 수 없었다. 결국 그는 1925년 이루지 못한 꿈을 간직한 채 세상을 떠났다.

장제스는 일본에서 훈련을 받은 젊은 군관이었다. 쑨중산이 그를 광저우로 데려와 이제 막 세운 황푸(黃埔)군관학교 교장에 임명했다. 장제스는 그곳에서 신식 군관을 육성했으며, 휘하 군관들과 함께 군대를 이끌고 전국을 통일했다. 장제스는 1925년 쑨중산의 자리를 이어받았지만 국민당 내부의 좌익(공산주의자)과 우익 사이에 날로 치열해지는 투쟁을 통제할 수 없었다. 당시 국민당 내부의 당쟁은 이후 심각한 반목을 형성했다. 1927년 4월, 장제스는 단호하게 당의 숙청을 감행하여 공산주의를 포기하지 않거나 국민당에 충성을 거부하는 당원을 처형했다. 장제스는 재능 있는 군인이었지만 자신의 통치를 위해 매판 자본과 지주, 군벌 등과 손을 잡았다. 하지만 그들은 이미 일반 대중의 지지를 잃었다. 불안정한 군벌 동맹의 지지를 얻어 중국 정부의 최고 통치자가 되었지만 그는 부패와 인플레이션을 통제할 수 없었다. 결국 민심을 잃게 된 그는 국공 내전에서 훨씬 단결된 역량을 보여 준 공산당에게 패배할 수밖에 없었다. 공산당은 제2차 세계 대전 동안에 강력한 당과 군대를 조직하고, 물가 폭등에 대한 도시 주민의 두려움과 새로운 토지 분배를 꿈꾸는 농민들의 열망을 이용하여 광범위한 지지를 얻는 데 성공했다.

마오쩌둥은 매우 매력적이고 거시적 안목과 지혜를 갖춘 탁월한 전략가였다. 그는 또한 영리하고 교활한 권모술수의 대가이기도 했다. 마오쩌둥은 중국 공산당을 이끌고 내전에서 승리하여, 1949년 전국을 통일하고 외국에게 점령당했던 대부분의 영토를 수복했다. 그는 내전 기간에 군대의 역량을 강화하고, 공산당 조직의 기율과 선전을 활용하여 1950년대 초 정치 체제를 확립했으며, 이를 통해 군주제보다 더욱 깊이 농촌과 도시로 파고들었다. 그는 공산당이 지도하는 통일 정권 수립 이후 소련의 도움 아래 현대적인 공업 건설에 착수했다. 1956년에 이르러 국가는 안정과 질서를 찾았다. 마오쩌둥에게는 중국에 부와 힘을 가져다줄 수 있는 기회가 있었다. 그러나 그는 국가를 터무니없는 이상향으로 끌고 들어가 심각한 식량 부족을 초래했고, 이로 인해 수많은 인민이 비정상적인 죽음을 맞이했다. 27년의 통치 기간 중에 마오쩌둥은 자본가와 지주는 물론이고 수많은 지식인과 휘하 원로 간부들을 파멸시켰다. 1976년 그가 세상을 떠났을 때에도 국가는 여전히 혼란과 빈곤 속에 허덕이고 있었다.

1978년 권력을 거머쥔 덩샤오핑은 그의 선임들에게는 찾아볼 수 없는 장점이 있었다. 19세기 중엽, 새로운 기술과 연해 지역의 발전이 중국 체제에 얼마나 엄준한 도전을 초래할 것인지에 대해 의식하는 이들은 거의 없었다. 청대 말기 유신파들은 새로운 관념을 실천하기 위해 어떤 제도적 변혁이 필요한지 정확하게 인식하지 못했다. 위안스카이와 쑨중산 시대에는 통일된 군대도 없었고 권력을 놓고 각축전을 벌이는 이들을 하나로 단결시킬 정치적 구조도 존재하지 않았다. 또한 해외 방문 경험이 거의 없는 마오쩌둥이 정권을 잡은 후 냉전으로 인해 서방 세계의 원조도 기대할 수 없었다.

덩샤오핑이 최고 영도자가 되었을 때, 중국은 이미 마오쩌둥에 의해 국가 통일이 이루어졌고 강력한 통치 체제를 수립했으며 현대 산업으로 진입한 상태였다. 이러한 모든 것이 바로 덩샤오핑이 활용할 수 있는 장점이었다. 수많은 당내 고위급 영도자들은 마오쩌둥의 군중 동원을 통해 체제 유지가 이미 힘을 잃었으며, 중국의 과학 기술이 외국에 크게 뒤처졌기 때문에 무엇보다 서구에서 많은 것을 배울 필요가 있다고 생각했다. 모든 체제에 근본적인 변혁이 필요했던 것이다. 덩샤오핑은 박해를 받고 현직에서 쫓겨난 원로 간부나 타도 대상이었던 이들의 도움을 받을 수 있었다. 복권되어 현업으로 돌아온 원로 혁명 간부들은 덩샤오핑과 당의 지도 아래 일치단결하여 자신이 지닌 능력과 열정을 모두 바쳐 현대 과학 기술과 행정 관리 교육을 받은 새로운 세대에 도움을 줄 수 있는 과도기를 열어 나가기를 갈망했다.

1978년 미국이 베트남에서 철군한 후 소련이 막강한 기세로 억압해 오자 서방 각국은 중국이 소련에서 한층 더 멀어질 수 있도록 도움을 주었다. 대외 무역이 확대됨에 따라 중국은 새로운 시장인 한국, 일본, 대만, 홍콩, 싱가포르에 진입하여 새로운 기술을 얻을 수 있었다. 그들은 중국에게 후진국이 신속하게 현대화를 실현하는 모델이었다. 동구 여러 나라와 달리 중국은 1960년대 이후 철저하게 소련에서 벗어났다. 이는 중국 영도자가 정책을 결정할 때 오직 중국에 가장 유리한 것이 무엇인지에 대해 생각했음을 의미한다.

하지만 국가 단결을 통해 전략적 방향을 제시할 강력한 지도자가 없었다면, 1978년 중국은 앞서 언급한 모든 유리한 조건을 갖추었음에도 불구하고 방대하고 여전히 혼란스러운 오래된 문명국가를 현대 국가로 탈바꿈시킬 수 없었을 것이다. 위안스카이, 쑨중산, 장제스 또는 마오쩌둥과 비교할 때, 덩샤오핑은 훨씬 훌륭하게 이를 준비했다. 그는 200년 가까이 다른 이들이 실현하고자 했던 사명, 바로 국가 부강의 길을 찾고자 했던 것이다.

사명을 완수하는 과정에서 덩샤오핑은 다양한 시기에 각기 다른 역할을 맡았다. 1949년 전까지 그는 혁명가였으며, 건국 이후에는 사회주의 국가 건설자가 되었다. 1967년부터 1973년까지 문화 대혁명 기간에 농촌으로 하방당했을 당시에 그는 개혁의 필요성에 대해 생각했다. 1974년에서 1975년까지 마오쩌둥은 그에게 국가 정돈의 책임을 맡겼다. 이는 이후 그의 작업에 토대를 마련해 주었다. 그는 1977년 개혁가가 되어 처음에는 화궈펑(華國鋒) 휘하에서 일했으며, 이후 1978년 최고 영도자 자리에 올랐다.

덩샤오핑은 1974년 미국 대학 대표단이 방문한 자리에서 다음과 같이 말했다. "난 대학을 다닌 적이 없습니다. 그러나 언제나 내가 태어난 그날부터 인생이라는 대학을 다녔다고 생각합니다. 그곳은 하느님을 만나러 갈 때까지 졸업이란 것이 없습니다."[6] 덩샤오핑은 평생 끊임없이 배우고 문제를 해결하고자 노력했다. 그는 돌다리도 두드려 가며 건넌다는 식으로 중국의 체제 전환을 이끌었으며, 이로써 1978년 그가 권력을 이양받았을 때와 비교하여 거의 알아보지 못할 정도로 중국을 탈바꿈시켰다.

1부 반생의 자취

1

혁명가에서 건설자, 개혁가로 ^{1904~1969년}

덩샤오핑은 1904년 쓰촨 성 광안 현 파이팡 촌(牌坊村)에서 태어났다. 시골 마을 소지주 가정에서 태어났지만 덩샤오핑의 친척 중에는 모든 마을의 자랑인 덩스민(鄧時敏)이란 사람이 있었다. 덩 씨 가문의 덩스민은 봉건 중국의 조정 고위 관리로, 중국 최고 통치자들을 위해 상주문을 적는 대리시(大理寺) 정경(正卿) 자리까지 올랐다.[1] 1774년 덩스민이 귀향하자 마을에 그를 위한 기념비가 세워지면서 마을 이름도 새롭게 '패방(牌坊)'으로 바뀌었다. 덩스민과 그의 형제들은 확실히 뛰어난 성과를 거두었다. 당시 3억 정도의 인구에서 매년 과거 시험을 통과하는 사람은 1000명에서 2000명뿐이었는데, 덩스민과 형제 둘이 모두 향시를 통과했으니 말이다. 실제 덩스민은 회시(會試)와 전시(殿試) 두 개 시험을 모두 통과하여 경성의 고위 관리가 되었다.[2]

1926년부터 1927년까지 덩샤오핑이 모스크바에 있을 당시 자신의 개인 이력을 이야기하면서 자신의 아버지는 그가 성공하여 고위 관리가 되길 희망했다고 말했다. 아마도 그 꿈은 덩샤오핑의 어머니로 인해 더욱 강해졌을지 모른다. 역시 어머니 친척 중에서도 과거 시험에 급제하여 현령이 된 사람이 있었다. 봉건 중국의 대부분 가정, 특히 친척이 관리를 지낸 적이 있는 가정에서는 집안에 영리한 아이가 있으면 가문의 영예와 부를 가져다줄 수 있는 관리가 될 수 있도록 집안 식구들이 모두 고생을 마다하지 않고 많은 것을 희생하는 일이 흔했다. 덩샤오핑이 바로 그런 집안의 영특한 아이였다. 그의 아버지 덩원밍 (鄧文明)은 아들과 함께 보낸 시간이 거의 없었지만 그 역시 아들의 더 나은 교육을 위해 많은 노력을 기울였다.

덩샤오핑의 아버지는 고향 마을 밖 일에 활동적으로 참가했지만 집안일에 대해서는 무관심했다. 첫 번째 부인이 자식을 두지 못하고 죽자 그는 열여섯 살의 나이에 두 살 연상의 여인과 재혼했다. 두 번째 부인은 첫딸을 낳고 그 다음에 덩샤오핑을 낳았다. 그리고 아들 둘과 딸 하나를 더 낳았다. 막내딸은 열 살에 요절했다. 덩원밍은 이어 세 번째 부인을 얻었는데, 아들을 낳고 얼마 후에 세상을 떠났다. 이에 그는 다시 샤보건(夏伯根)을 네 번째 부인으로 맞이했다. 그녀는 세 명의 딸을 낳았다. 덩샤오핑의 아버지는 한창때 마을 인근에 8000평(2만 6700제곱미터) 정도의 땅에 농사와 양잠을 돕는 하인 몇 명을 거느리고 있었다.

덩원밍이 죽기 전 가세가 기울기 시작했다. 그는 비밀 결사인 가로회(哥老會)의 우두머리로 대부분의 시간을 파이팡 마을에서 1~2킬로미터 정도 떨어진 셰싱 진(協興鎭)과 7킬로미터 정도 떨어진 현성(縣城, 지금의 현 정부 소재지)에서 보냈다. 1914년 그는 현의 경찰국 국장이 되었다. 덩원밍은 셰싱에 조그만 식당을 운영하면서 몇 사람과 함께 학교를 후원하고, 덩샤오핑을 그 학교에 다니게 했다. 그러나 도박으로 빚을 지면서 땅을 조금씩 내다팔아 거의 파산 지경에 이르고 말았다. 게다가 상관 한 명과 사이가 나빠지면서 결국 다른 지방으로 도피하고 말았다. 그래도 아들의 교육비만큼은 빠뜨리는 일이 없었다.

덩샤오핑의 딸 덩룽(鄧榕)의 말에 따르면, 덩샤오핑의 어머니는 아들 덩샤오핑에게 대단히 헌신적이었다. 덩샤오핑 역시 아버지가 돌아가신 후 집안을 돌봐야만 했던 어머니의 노고가 참으로 존경스럽다고 회고한 적이 있다. 덩샤오핑의 어머니는 1926년 마흔둘의 나이로 세상을 떠났다. 마오쩌둥은 아버지에게 상당히 반항적이었지만, 덩샤오핑은 다만 아버지와 소원했을 뿐 원망하지는 않았다. 세월이 흐른 후 덩룽은 아버지 덩샤오핑이 1936년에 세상을 떠난 할아버지에 대해 언급한 적이 없었다고 기억했다.

덩샤오핑이 성장할 당시만 해도 과연 어떤 종류의 학교 교육이 아이들의 미래를 위해 가장 바람직한 것인지 분명치 않았다. 제국의 과거 시험은 덩샤오핑이 태어난 그다음 해에 폐지되었고, 덩샤오핑이 일곱 살이었던 1911년, 신해혁명으로 인해 제국의 관료 제도가 해체되었다. 구시대 학문을 대체할 신식 교육이 겨우 걸음마를 떼던 시기였기 때문에 다섯 살배기 덩샤오핑 역시 당시 농촌의 수많은 총명한 아이들처럼 학식 있는 한 친척 집에서 유가 경전을 배우기 시작했다. 이듬해 그는 셰싱 진의 비교적 큰 사숙에 들어가 경전을 학습하며 경서를 암송하는 능력을 키울 수 있었다. 당시 광안 현은 인구가 20만여 명 정도였는데 현대적인 교과목으로 유망한 청소년을 육성하는 공립 초등학교가 단 한 군데밖에 없었다. 덩샤오핑은 그곳에서 성적이 좋은 편이었다. 열한 살이 된 덩샤오핑은 치열한 시험 경쟁을 통해 파이팡에서 7킬로미터 정도 떨어진 광안 현 고급 소학교에 들어갔다. 아버지가 학비를 조달해 주어 그곳 기숙 학생이 되었다. 열네 살 때 그는 또다시 광안에 있는 한 중고등학교 입학시험에 통과했다. 열다섯 살이 되어 충칭으로 가기 위해 학교를 그만둘 때까지 그는 유가 경전과 수학, 과학, 역사, 지리 등 현대 학과목은 물론이고 중국어 독해와 작문에 대한 기초적인 토대를 마련했다.[3]

몇몇 진보적인 교사들의 영향으로 덩샤오핑의 애국심은 고조되었다. 1919년 열네 살의 어린 나이에 그는 5·4운동의 한 시위에 참가했다. 전후 세계의 지형을 확정짓기 위해 베르사유에 모인 서구 정치 지도자들은 이전에 독일 조차지였던 산둥 성의 동쪽 일부를 중국에 돌려주는 대신 일본에 양도하기로 결정했다. 베이징대학과 옌칭대학의 학생들은 격분하여 1919년 5월 4일 베이핑(1949년 수도가 되면서 베이징으로 개칭되었다.) 시내로 나서기 시작했다. 중국을 무시하는 서구 열강에 대한 저항이자 자국의 이익을 보호하지 않는 무능한 정부에 대한 항의의 의미를 담고 있었다.

5 · 4운동의 소식이 순식간에 전국의 수많은 대학교와 고등학교로 퍼져 나가면서 국제적 발전과 새로운 민족주의에 대한 학생들의 의식을 일깨웠다. 광안 현은 중국의 다른 외진 지역보다 외부와 접촉이 많은 곳이었다. 광안 현을 가로질러 흐르는 너비 100미터의 취 강(渠江)은 다른 두 개의 강줄기를 통해 90킬로미터 밖 충칭과 연결되어 있었다. 충칭에서 증기선을 타고 5일이면 상하이에 닿을 수 있었다. 조숙했던 덩샤오핑도 운동에 참가하여 친구들과 함께 광안 시내에서 벌어진 시위에 나섰다. 그는 또한 1919년 가을 충칭의 일본 상품 불매를 위한 가두시위에 참가하기도 했다. 넓은 외부 세계에 대한 덩샤오핑의 깨달음은 중국 지식 청년들의 민족의식과 거의 동시에 싹트기 시작했다. 그 시기부터 덩샤오핑의 개인적인 정체 의식은 다른 나라의 손아귀 속에서 고통받던 중국이 굴욕적 상황에서 벗어나 과거의 거대한 위상을 되찾고 나라를 더욱 부강하게 만들어야 한다는 민족적 노력과 불가분의 관계를 맺게 된다.[4]

　더 넓은 세계에 대한 덩샤오핑의 초기 인식은 덩원밍의 노력으로 더욱 확대되었다. 덩원밍은 아들을 위해 외국에서 더 많은 교육과 훈련을 받을 수 있는 기회를 만들어 주었다. 제1차 세계 대전 동안에 많은 프랑스 젊은이가 전쟁터로 떠나면서 프랑스 국내 공장에 일시적으로 노동력 부족 현상이 야기된 적이 있었다. 이에 수만 명의 중국 노동자들이 그 공장의 빈자리를 메우게 되었다. 당시 서구에는 우수한 중국 학생들을 위해 장학금을 제공할 수 있는 나라가 거의 없었다. 다만 전쟁 전에 중국 학생들이 '근공검학(勤工儉學)'*할 수 있도록 학생들을 프랑스로 보내고자 몇몇 유명한 중국인이 설립한 전국적 조직이 하나 있었다. 이를 통해 학생들은 유학 기간 동안 생활비 마련을 위해 파트타임으로 일하면서 프랑스 대학에서 현대 과학이나 기술을 공부할 수 있었다. 당시 프랑스는 중국에 상당히 높은 문명을 지닌 나라로 알려져 있었기 때문에 학생들이 가장 선호하는 해외 유학지가 되었다. 하여 프랑스에서 공부한 적이 있는 쓰촨 출신의 부유한 사업가가 쓰촨 학생들이 프랑스에서 '근공검학' 프

---

* 근면하게 일하고 검약하게 공부한다는 의미다.

로그램에 참가할 수 있도록 특별 장학 기금을 설립했다. 1년 기간의 예비 학교가 충칭에 세워졌으며, 덩샤오핑은 입학시험을 치르고 합격하여 1919년부터 1920년까지 1년 동안 그곳에서 프랑스 유학을 준비했다. 그해 연말, 얼마 되지 않는 장학금이 마련되면서 일부 학생이 프랑스로 가게 되었다. 덩샤오핑은 특별히 외국어 훈련을 받지 않았기 때문에 프랑스어 시험을 통과하지 못했다. 그러나 덩원밍은 덩샤오핑의 유학 비용을 마련해 주었다. 덩샤오핑의 동급생으로 덩샤오핑보다 세 살 많은 그의 당숙이 함께 출발하여 프랑스에서 처음 몇 달 동안 생활을 함께했다.

혁명가의 탄생: 프랑스와 소련 시절, 1920∼1927년

1920년, 열여섯 살의 덩샤오핑은 충칭에서 상하이로 향하는 기선에 몸을 싣고 프랑스로 가는 첫 번째 여행을 시작했다. 그는 근공검학 프로그램에 참가한 쓰촨 출신 학생들 여든네 명 가운데 가장 나이가 어렸다. 여행은 자체만으로도 그의 성장에 매우 깊은 의미가 있었다. 프랑스로 가는 도중 일주일간 머물렀던 상하이에서 덩샤오핑은 중국 땅에서 중국인을 마치 노예처럼 부려 먹는 백인들을 보았다. 새롭게 보수한 '앙드레르봉'호를 타고 프랑스로 향하던 중 홍콩과 베트남, 싱가포르, 실론(스리랑카)에 잠시 정박했을 때도 마찬가지로 현지 노동자들과 백인 주인 사이의 불평등한 관계는 덩샤오핑과 다른 젊은 이들에게 깊은 인상을 남겼다.

10월 19일 중국 학생들이 마르세유에 도착했을 때 현지 신문은 양복에 넓은 차양의 모자를 쓰고 뾰족구두를 신은 학생들은 조용히 미동조차 하지 않은 모습이었지만 상당히 똑똑한 것 같았다고 기사를 내보냈다.[5] 그들은 버스를 타고 파리로 이동해 그다음 날 몇몇 고등학교로 배치되어 프랑스어 등 여러 과목을 배우기 시작했다. 덩샤오핑을 비롯한 열아홉 명은 노르망디에 있는 바이외 중등학교에 보내졌다.

1919년부터 1921년까지 중국 측 주최자들과 프랑스 측 파트너 사이에 이루어진 공동 협정에 따라 중국 학생 1600여 명이 프랑스에 도착했다. 그러나 그들의 프랑스행은 시기적으로 좋지 않았다. 1919년, 전쟁에서 귀환한 젊은 프랑스 청년들이 일터로 되돌아옴에 따라 프랑스는 취업 문제뿐 아니라 인플레이션도 심각했다. 1921년 1월 12일, 덩샤오핑과 그의 동료 학생들이 프랑스에 도착한 지 채 3개월이 되기도 전에 근공검학에 필요한 재정에 문제가 생기면서 쓰촨 기금회와 근공검학 프로그램 관계가 끊어졌다. 이로 인해 3월 15일 이후, 학생들에 대한 경비 지원도 중단되었다.[6] 프랑스 정부는 바이외에 있는 학교 당국에 프로그램을 계속할 수 있는 방안을 찾아볼 것을 권고했지만 학교 당국은 충분한 재원을 마련할 수 없다고 통보했다. 5월 13일 덩샤오핑과 그의 동료들은 바이외를 떠나 3주 후 크뢰조의 북쪽 도시에 있는 프랑스 최대의 군수품 공장인 슈나이더(Schneider & Cie)에서 일자리를 얻었다.

한편 파리의 중국인 유학생들은 자신들이 학업을 계속할 수 없다는 사실에 크게 실망하여 파리에 있는 중국 사무실 앞에서 시위를 벌였다. 그들은 자신들이 중국의 미래를 위해 과학과 기술 지식을 얻을 수 있을 때까지 중국 정부가 지원 방안을 찾아 줄 것을 요구했다. 그러나 파리 주재 중국 공관원들은 그들의 요구가 불가능하다고 말했으며, 프랑스 경찰은 시위 주동자들을 체포했다. 프랑스 전역의 중국 유학생들은 자신들의 학업 기회가 사라진 것에 대해 분개했다. 그들은 서로 연대를 강화하고 자체 조직을 만들어 중국과 프랑스 정부에 항의했다. 당시 프랑스에서 중국 학생 시위를 이끌었던 지도자인 차이허썬(蔡和森)과 이후 상하이 시장과 외교부장을 역임한 천이 등은 항의 시위에 참가했다는 이유로 1921년 여름 프랑스에서 추방되었다.

프랑스의 중국 유학생들은 최저 생활비를 벌기 위해 비천한 일을 마다하지 않았다. 그들은 공장 노동자들이 열악한 근무 조건에서 장시간 고된 노동에 시달리는 반면 프랑스의 부유한 사업가들은 안락한 생활을 누리는 것을 직접 목격할 수 있었다. 덩샤오핑이 쓰촨에서 본 것과 전혀 비교할 수 없는 부유한 삶이었다.[7] 당시 프랑스로 유학 온 중국 학생들은 부유한 집안 출신인 데다 학업

성적이 우수한 이들로, 현대 기술을 익혀 조국에 헌신하기 위해 선발된 영재들이었다. 그러나 그들이 얻을 수 있는 일자리는 프랑스 노동자들이 기피하는 업종으로, 주로 중공업·화학 공업 공장, 광산에서 기술력이 필요치 않은 막노동에 불과했다. 게다가 덩샤오핑과 동료들은 일반 노동자들보다 훨씬 낮은 임금을 받는 견습생으로 시작했다.

프랑스의 중국 학생 노동자들은 굴욕적인 환경에도 불구하고 중국 문화에 대한 자부심이 대단했으며 자신들이 미래 지도자가 될 것이라고 생각했다. 그들은 자체 공동체를 구성했다. 때문에 덩샤오핑은 프랑스어에 유창해지지 못했다. 그들은 몇몇 다양한 그룹으로 나뉘어 중국 정부의 유약한 모습과 불공평한 세상에 대해 토론했다. 그들의 모임 구성원 중 일부는 아나키스트가 되었지만 덩샤오핑과 몇몇은 나약하고 비겁한 중국 정부를 전복시킬 운동을 계획하기도 했다.

덩샤오핑이 프랑스에 온 것은 볼셰비키 혁명이 일어난 지 3년이 지난 때였다. 토론회에서 그는 학구적인 동료들에게서 자본주의나 제국주의, 소련에 대해 많은 지식을 얻게 되었고, 이는 프랑스 생활에서 보고 들은 것에 더 깊은 의미를 더해 주었다. 유럽의 제국주의는 중국에 굴욕을 안겼고, 자본가들은 노동자들을 착취했으며, 중국의 노동자들은 유럽 현지 노동자들보다 훨씬 열악한 대우를 받고 있었다. 무엇보다 이런 상황을 변화시킬 운동을 조직하는 일이 급선무였다. 프랑스의 중국 유학생들이 1921년 말 공장에서 일을 막 시작할 무렵, 그해 7월 중국공산당이 창립되었다는 소식이 전해졌다. 처음에는 아주 작은 모임이었다. 1921년 중국공산당원은 겨우 쉰여 명에 불과했으며, 1922년에도 200명이 채 되지 않았다. 그러나 중국공산당의 창립은 프랑스의 '근공검학' 학생들에게 깊은 영향을 주었다. 1922년 그들은 프랑스에서 조직을 구성하고, 성원들은 이를 '재유럽 중국소년공산당'이라 불렀다. 1922년 11월 학생 운동 지도자 가운데 한 사람인 리웨이한(李維漢)은 그들의 조직을 '중국사회주의청년단(중국공산주의청년단 전신)'에 귀속시키기 위해 프랑스에서 급히 귀국했다. 그들의 요구가 받아들여졌다. 1923년 2월, 덩샤오핑은 재유럽 중국소년공

산당 임시대표대회에 참가했다. 대회에서 그들은 자신이 '중국 사회주의 청년
단'의 일부라고 선언했고, 저우언라이가 총서기에 당선되었다.[8]

슈나이더 군수품 공장에 있을 때 덩샤오핑은 불꽃이 사방으로 튀기는 용
광로에서 벌겋게 달아오른 쇳덩이를 큰 강철 집게로 끄집어 내는 일을 맡았다.
아직 열일곱 살도 되지 않은 데다 키마저 작은 덩샤오핑은 일을 시작한 지 3주
만에 그만두고 파리로 돌아와 다른 일자리를 찾기 시작했다.(그의 당숙은 슈나이
더에서 한 달 정도 더 일했다.) 몇 주 후, 그는 파리의 작은 종이꽃 생산 공장에서
임시공으로 있다가 다시 샬레트쉬르루앙이라는 작은 마을의 허치슨 고무 공장
(당시 1000여 명의 노동자가 있었는데 주로 외국인이었다.)에서 안정적인 일자리를
얻을 수 있었다. 잠시 휴직을 하기도 했으나 덩샤오핑은 그곳에서 1922년 2월
13일부터 다음 해 5월 7일까지 고무 덧신 만드는 작업을 맡았다. 육체적으로
부담이 덜한 일이었다. 짧은 견습 기간이 끝난 후 그는 다른 노동자와 마찬가
지로 일한 만큼 품삯을 받았는데 재빠르면서도 긴 시간 동안 일하는 법을 습득
해서 일주일에 54시간씩 근무했다. 그는 공장에서 받은 돈의 일부와 아버지에
게 받은 돈을 모아 10월 17일 공장 일을 그만두고, 인근의 샤티옹쉬르센에 있
는 대학에 진학하고자 했다. 그러나 돈이 부족했던 덩샤오핑은 3개월 후 다시
허치슨으로 돌아왔다. 그는 5월에 두 번째로 공장을 떠났다. 공장 기록에는 그
가 "일하기를 거절했으며 이제 고용하지 않을 것"이라고 적혀 있었다.[9]

마지막 학습 기회가 수포로 돌아가자 덩샤오핑은 급진적인 생각에 몰입했
다. 두 번째로 허치슨에서 일하게 되었을 때 그는 몽타르지 인근의 비밀 중국
공산당 기층 조직이 만든 학습 소조에 참가했다. 당시 비밀 조직에는 과거 충
칭에 있을 때 예비 학교의 동급생들이 많이 포함되어 있었다. 학생들 가운데
몇몇은 중국공산당이 설립되기 이전부터 상당히 과격했다. 덩샤오핑은 특히
중국 학생들에게 급진적인 사상을 주입했던 잡지 《신청년(新靑年)》에 크게 감
동받았다. 그 잡지는 천두슈(陳獨秀)가 창간한 것으로, 그의 두 아들도 당시 프
랑스에서 공부하고 있었다.

덩샤오핑은 1923년 6월 11일까지 샬레트쉬르루앙에 살다가 이후 파리로

가서 재유럽 공산주의 조직의 자그마한 사무실에서 일했다. 허치슨과 몽타르지에서 일했던 그의 동료들과 급진파 친구들은 대부분 쓰촨 출신이었다. 파리에서 그는 다른 성에서 온 중국인들과 함께 전국적인 운동에 참가했다. 파리에 오자마자 덩샤오핑은 저우언라이가 지도하는 지부에서 잡일을 했다. 그의 주요 임무는 10쪽짜리 등사판 인쇄물인 단체 소식지를 인쇄하는 것이었다. 잡지 인쇄가 그의 중요한 업무였다. 그는 글씨를 잘 쓰고 등사를 잘해 '등사 박사'라는 별명을 얻기도 했다. 1924년 2월 이 잡지는《적광(赤光)》으로 이름을 바꾸었다.[10] 잡지는 군벌 통치와 제국주의에 대해 반대 의견을 공언했다. 잡지의 주요 독자층은 프랑스의 중국 유학생들로, 그중에는 여전히 아나키즘이나 우익의 보수적인 정책에 동조하는 이들도 있었다. 덩샤오핑은, 사무실 책임자로 그보다 여섯 살 연상인 저우언라이의 지시에 따라 업무에 임했다. 저우언라이는 일본과 영국에서 급진파들과 교류한 경험이 있고, 탁월한 전략적 감각과 다양한 사람과 함께 일하도록 만드는 데 뛰어난 능력을 소유하고 있어 자연스럽게 중국 젊은이들 사이에서 리더로 부상했다. 저우언라이의 지도를 받으며 덩샤오핑은 공산주의 운동에 대한 이해의 폭을 넓힐 수 있었다. 그는《적광》인쇄와 더불어 운동 전략 구상에 참여하기 시작했다.[11]

사무실에서 자신의 역량을 입증하면서 덩샤오핑은 재유럽 중국공산주의 청년단 집행위원회에 참여하게 되었다. 1924년 7월 회의에서 중국공산당의 결정에 따라 덩샤오핑을 포함한 집행위원회의 모든 위원은 자동적으로 중국공산당의 당원이 되었다. 당시 중국공산당의 전체 당원은 중국과 프랑스를 모두 합쳐 1000여 명이 채 되지 않았다. 당시 덩샤오핑의 나이는 스물도 되지 않았을 때였다.

프랑스에 있는 중국 학생들의 정치 투쟁은 중국 내 젊은 정치 지도자들과 행보를 같이했다. 1923년 6월 중국 공산주의자들이 쑨원의 지도하에 있는 국민당에 합류할 것이라고 선언하자마자 프랑스의 젊은 공산주의자들 역시 재프랑스 국민당에 합류할 것을 천명했다. 덩샤오핑 역시 국민당에 들어갔으며, 1925년 국민당 유럽 지부의 주요 지도자가 되었다.[12] 덩샤오핑은《적광》에 발표한 글을 통해 보수적인 국민당 지지자들을 반박하며, 더욱 급진적인 혁명적 변혁을 주장했다.

두 명의 프랑스 학자가 덩샤오핑이 프랑스에 체재했던 5년 동안의 활동에 대해 자세히 연구한 바가 있다. 그들은 이렇게 말했다. "프랑스에서 덩샤오핑은 서구와 마르크스주의, 노동자 세계, 당의 조직 작업, 중국의 지위, 사회 및 지역적 차별, 그리고 세상에서의 자신의 존재를 깨달은 것 같다."[13] 프랑스는 또한 그의 기호에도 영향을 끼쳤다. 그는 평생 커피와 와인, 치즈와 빵을 좋아했다. 무엇보다 중요한 것은 스물한 살의 나이로 그가 프랑스를 떠날 때 확고한 입장을 지닌 경험이 풍부한 혁명 지도자가 되었으며, 그의 개인적 정체성 또한 당과 그의 공산당 동료들과 불가분의 관계에 놓이게 되었다는 점이다. 그로부터 70년 후 세상을 떠날 때까지 중국공산당은 덩샤오핑에게 생활의 중심이 되었다.

1925년 봄, 그간 보여 준 능력과 신뢰로 그는 리옹당 조직의 지도자를 맡게 되었다. 1925년 5월 30일 중국 상하이에서 영국 경찰이 중국 학생 시위대에게 무차별 발포한 사건에 대항하는 거리 시위가 발생한 후, 덩샤오핑은 프랑스의 중국 학생들과 함께 학생들을 진압한 중국 정부와 지속적인 협력 관계를 유지하는 프랑스 정부에 항의했다.[14] 1925년 11월 덩샤오핑은 파리의 르노 자동차 공장에 배치되어 그곳에서 노동자 조직에 대한 선전 활동을 맡았다. 1925년 말, 중국 학생 시위대의 핵심 주동자들이 프랑스에서 추방되었을 때 덩샤오핑은 그룹 내에서 회의를 주재하거나 중요 연설을 담당하는 등 점차 중요한 역할을 맡게 되었다. 1926년 1월 7일, 덩샤오핑은 자신 역시 체포 대상이 되었다는 사실을 알고는 기차에 몸을 싣고 독일을 거쳐 소련으로 도주했다.

중국 이외에 프랑스보다 중국 당원이 많은 역할을 했던 나라는 없었다. 1949년 이후 프랑스에서 돌아온 이들은 중국을 재건하는 데 독특하고 중요한 역할을 맡았다. 그들은 1949년 이전까지 한 번도 중국 밖으로 나가 본 적이 없는 마오쩌둥을 포함한 대다수 중국공산당 수뇌부들보다 훨씬 더 넓은 국제적 시야를 지니고 있었다. 1937년부터 1949년까지 혁명 투쟁에서 높은 위치를 차지하지는 않았지만, 1949년부터 1966년까지 중화인민공화국을 건설하는 동안 저우언라이 총리와 덩샤오핑 이외에도 기타 프랑스에서 귀국한 이들은 경제 계획(리푸춘), 외교(천이), 과학 기술(녜룽전), 통일 전선 선전(리웨이한) 등 각 영역에서 핵심적인 역할을 했다. 중국공산당은 당내 파벌주의적 행동을 엄금했기 때문에 프랑스에서 돌아온 공산주의자들은 파벌주의자로 보이지 않기 위해 행동에 각별히 주의를 기울였다. 그러나 그들은 중국이 필요로 하는 것이 무엇인지 잘 이해하고 있었다.

파리에서 도망친 덩샤오핑은 1926년 1월 17일 모스크바에 도착했다. 2주 후 그는 중산대학에 들어갔다. 쑨중산이 1925년 3월 사망한 후 8개월 뒤에 코민테른은 모스크바에 중산대학을 설립했다. 이 학교의 유일한 목적은 국민당과 공산당의 당원을 육성하는 것이었다.

모스크바에 도착하고 일주일이 채 안 되어 덩샤오핑은 자아비판서를 작성했다. 모스크바의 모든 중국인과 마찬가지로 그도 프티 부르주아 지식인으로 간주되었다. 자아비판서에서 그는 자신의 계급 출신을 버리고, 평생 기율을 엄격하게 지키며 상급자에게 복종하는 프롤레타리아가 되겠다고 맹세했다. 얼마 후 대학 관계자들은 그의 능력을 인정했다. 300여 명에 달하는 전체 학생은 13개 소조로 나뉘었고, 덩샤오핑은 '이론' 소조인 7조에 소속되었다. 특별히 미래 정치 지도자로 기대되는 학생들로 이루어진 이 소조에는 장제스의 아들인 장징궈(蔣經國)뿐 아니라 군벌 펑위샹(馮玉祥)의 두 딸과 아들도 포함되어 있었다. 펑위샹은 보기 드물게 매우 진보적인 지역 지도자로, 당시 코민테른과 협력하며 코민테른으로부터 자금을 조달받고 있었다. 덩샤오핑은 학우들에 의해 공산당 대표로 선발되었다.[15]

중산대학에서 중국 학생들은 런줘쉬안(任卓宣, 예칭(葉青)이란 이름으로 더 잘 알려져 있다.)의 지도에 따라 조직 활동을 벌였다. 덩샤오핑은 프랑스에 있을 당시부터 런줘쉬안을 알았다. 런줘쉬안은 엄격한 복종과 군대식 규율을 요구했다. 이런 접근 방식은 많은 중국 학생과 학교 지도부의 반발을 불러왔고, 결국 그는 1926년 여름 학교에서 쫓겨나고 말았다. 얼마 후 코민테른은 소련

내 외국 학생들이 공산당 회의를 열지 못하도록 금지했으며, 소비에트 공산당의 견습 당원으로서 5년 이내에 정식 당원이 될 수 있는 기회를 부여받게 될 것이라고 공지했다.

많은 중국인은 중국공산당 회의 개최 불가를 통보받고는 크게 불만을 토로했다. 그러나 덩샤오핑은 예외였다. 소련공산당이 보관하고 있는 모스크바 중산대학의 보고서에 따르면, 덩샤오핑은 기율 준수 의식이 뛰어나고 반드시 지도자에게 복종해야 한다는 점을 잘 알고 있었다. 그는 처음에 런줘쉬안의 지도를 따르다가 그가 떠난 후 소련공산당의 지도에 따랐다. 소련에서의 생활이 끝나 갈 무렵인 11월 5일 소련공산당은 덩샤오핑을 이렇게 평가했다. "기율을 엄수하고 일관적이며 학습 능력이 뛰어난 인물이다. 그는 공산주의청년단(共産主義靑年團, 공청단)의 조직 사업을 통해 많은 경험을 쌓아 대단히 일에 능숙했다. 그는 정치 업무에 적극적으로 참여했다. 타인과의 관계에서는 동지의 모습으로 행동했다. 그는 가장 우수한 학생 가운데 한 명이다."[16]

모스크바에서 덩샤오핑은 일주일에 6일 동안 하루 8시간씩 수업을 들었다. 그는 마르크스, 엥겔스, 레닌의 저서 학습을 포함한 학과목은 물론이고 역사 유물주의, 경제 지리, 소련공산당사, 중국의 혁명 운동사 등도 모두 이수했다. 코민테른은 잠재적 중국 지도자들과 좋은 관계를 발전시키기 위해 그들에게 일반 러시아인들보다 훨씬 좋은 생활 조건을 마련해 주었다.

덩샤오핑이 모스크바에서 공부할 때까지만 해도 소련은 사회주의 체제를 수립하지 못한 채 여전히 신경제 정책(NEP, Novaya Ekonomicheskaya Politika) 체제하에 있었다. 신경제 정책은 소농과 소자본가, 심지어 비교적 큰 기업에게도 사회주의 경제가 중공업을 발전시킬 때까지 번창하도록 장려했다. 또한 외국인에게도 소련에 대한 투자를 장려했다. 덩샤오핑은 당시 다른 이들과 마찬가지로 공산당 체제하에 사기업을 허락하고 외국 투자를 권장하는 경제 체제가 자본주의 제도보다 훨씬 빠른 경제 발전을 촉진할 것이라고 믿었다.[17] 신경제 정책을 토대로 삼고 있는 공산당 지도하의 시장 경제는 덩샤오핑이 1949년부터 1952년까지 중국 서남부 지역을 담당하고 있을 때 취했던 경제 정책 및 1980년대에 그가 새롭게 도입한 경제 정책과 유사했다.

모스크바에서 지낼 당시 스물두 살의 덩샤오핑은 젊은이로서는 매우 특이한 생각을 하게 되었고, 이러한 생각은 평생토록 변하지 않았다. 예를 들면, 1926년 8월 12일, 덩샤오핑은 수업 과제물에 다음과 같이 적었다. "집중된 권력은 위에서 아래로 내려가야 한다. 상급자의 명령에 대한 복종은 절대적으로 필요하다. 어느 정도의 민주를 허락하는가는 주위 환경의 변화에 따라 결정되어야 한다."[18]

국민당에 대항하다: 1927~1930년

중산대학의 학제는 2년 과정이었지만 1년이 지난 1927년 1월 12일에 덩샤오핑은 코민테른에 의해 젊은 공산당 정치교도원 스무 명과 함께 펑위샹이 제공하는 기회를 이용할 수 있도록 당시 산시 성(陝西省) 황허 유역에 주둔해 있던 펑위샹에게 파견되었다. 국민당 내부, 공산당과 우익 간의 균열이 점차 심각해지고, 공산당의 군사 실력이 국민당 내 우익 세력보다 현저하게 약화되자 공산당은 불가피할 것으로 보이는 분열에 준비하기 위해 군사 동맹을 찾고 있었다. 때마침 펑위샹이 자신의 세 자녀가 유학하고 있는 모스크바의 중산대학을 방문했을 때 기회가 찾아왔다. 펑위샹은 공산당 정치교도원들이 자신의 부대에 목적의식을 고취할 수 있을 것이라 믿었다. 덩샤오핑처럼 유능한 지도자들이 군대에 전쟁에 대한 목적의식을 갖게 해 줄 것이라고 말이다. 1927년 4월 국민당과 공산주의자들이 분열되자 덩샤오핑 및 그의 공산당 동지들과 좋은 관계를 유지하던 펑위샹은 규모가 작은 공산당보다는 국민당이 강력하다고 생각하고 국민당을 지지하는 수밖에 다른 선택의 여지가 없다는 결론을 내렸다. 펑위샹은 점잖게 덩샤오핑과 그의 동지들에게 작별을 고하고 그들이 다른 출로를 모색하도록 했다.

산시에서 덩샤오핑은 당의 명령에 따라 상하이공산당 총본부에 지하공작에 동참하라는 보고서를 보냈다. 공산당과의 틈이 계속 벌어지자 공격을 받지나 않을까 두려웠던 장제스는 1927년 4월, 먼저 공산당 토벌에 들어가 대대적인 공격을 감행하여 수많은 공산당 지도자들을 살해했다. 상하이공산당 중앙위원회는 지난날의 동맹자와 반목하면서 노출의 위험성이 커짐에 따라 지하로 숨어들었다. 신분이 발각되지 않도록 덩샤오핑은 다양한 위장술을 동원하여 평생 그가 사용했던 능력을 연마했다. 그는 당내 활동을 절대 종이에 기록하지 않았으며 다른 당원들과 연루될 만한 어떠한 쪽지도 남기지 않았다. 사실그 후로도 그는 언제나 주요 인물의 이름과 주소를 기록으로 남기지 않았다.

덩샤오핑은 소련에서 처음 학우로 만난 아내와 함께 상하이로 갔다. 소련상급자의 말에 의하면 덩샤오핑은 장시위안(張錫媛)이란 여학생을 좋아하면서도, 끊임없이 여학생들에게 추파를 던지는 다른 학우들과 달리 언제나 적절한 행동으로 주로 학업과 당의 업무에 집중했다.[19] 귀국 후 두 사람은 우한의한 회의에서 다시 만나 잠시 연애한 후 결혼했다. 덩샤오핑과 장시위안은 저우언라이, 그의 부인 덩잉차오(鄧穎超)와 이웃이 되어 함께 지하 공작을 맡았다.

1927년 8월 7일, 스물한 명의 공산당 지도자들은 우한에서 긴급회의를 열고 국민당의 공산주의자 대량 학살에 대한 대응 방안을 논의했다. 당시 정식 당원이 아니었던 스물두 살의 덩샤오핑은 서기 겸 회의 문서 처리를 맡았다.(이후 공산당사에서는 그에게 '당의 서기장'이라는 그럴듯한 직함이 부여되었지만 사실 당시 그의 역할은 공산당원들의 회의 내용을 기록하는 지극히 평범한 업무였다.) 그 회의에서 덩샤오핑은 키가 크고 자신감 넘치며 강인한 마오쩌둥을 처음 만났다. 마오쩌둥이 당의 최고 지도자가 되기 전이었다.

1929년 당은 덩샤오핑을 상하이에서 광둥 성 서쪽에 위치한 가난한 성, 광시에 파견했다. 스물다섯 살의 덩샤오핑은 그곳의 소규모 군벌과 연합하여 중국공산당 근거지를 마련하는 역할을 맡았다. 덩샤오핑이 당시 임무를 맡게 된것은 당 지도자들이 혁명에 대한 그의 헌신과 급격한 정치 환경의 변화 속에서군벌과 지역 주민, 당 중앙의 복잡한 관계를 관리하는 그의 능력을 높이 평가했음을 반영한다. 국민당과 결별한 후, 당 중앙은 코민테른의 명령에 따라 지역 당원들에게 도시 폭동을 일으킬 것을 지시했다.

홍콩의 중국공산당 남방국 및 광시에서 덩샤오핑과 함께 일하던 당원들은 이미 장제스와 실력이 막강한 광시 군벌(그들은 전국 통일 북벌에 집중하던 장제스에게 협력한 적이 있었다.), 그리고 분열된 광시 소규모 군관인 리밍루이(李明瑞)와 위쭤위(兪作豫) 등과 협력의 토대를 마련했다. 막후에서 일을 하긴 했지만 덩샤오핑은 광시에서 거둔 단기적인 승리에 매우 중요한 역할을 해냈다. 덩샤오핑과 그의 맹우들은 윈난 인근 광시 서부의 바이써와 산시 서부의 룽저우 두 지역을 점거했다.

중국공산당사에 이러한 발전은 공산당 봉기로 기록되어 찬양받고 있다. 그러나 북벌에서 돌아온 광시 군벌 리중런(李宗仁)의 대군은 바이써와 룽저우를 차지하고 있던 덩샤오핑의 군대를 무너뜨렸다. 수많은 맹우가 살해되었고, 홍7군의 생존자 수백 명은 티베트족의 도움으로 북부로 도주했다가 이후 광시 북쪽과 광둥의 수백 킬로미터 산길을 따라 동쪽으로 도주했다. 그들은 지역 군대와 계속되는 전투로 인해 거의 모두 궤멸하고 말았다. 한차례 전투 이후 덩샤오핑은 군부대원이 뿔뿔이 흩어지자 홍7군을 떠나 상하이 당 중앙으로 돌아왔다. 상하이에 도착하자 덩샤오핑은 명령에 따라 광시에서의 실패에 대해 자아비판했다. 그는 자아비판에서 자신이 군대 자리를 이탈한 이유에 대해 홍7군의 지도자가 그에게 상하이로 돌아가 중앙에 업무를 보고하는 데 동의했기 때문이라고 설명했다. 이런 행동은 정식 승인을 받았다는 이야기였다. 그는 또한 위기 상황에서 부대를 이탈한 것은 자신의 정치적 판단력이 부족했기 때문임을 인정했다. 문화 대혁명 동안에 그는 다시 홍7군을 이탈하여 상하이로 돌아온 일로 비판을 받았다.

스물다섯 살 광시 시절, 덩샤오핑은 처음 군사 훈련을 받았다. 그의 동지들처럼 군사 학교에서 훈련받은 것이 아니라 훈련과 실전 경험을 모두 갖춘 동지들과 함께 직접 전투에 참여하면서 받은 훈련이었다. 광시에서 덩샤오핑은 다양하고 중요한 책임을 부여받았다. 군사 동맹을 구축하고, 군대에 식량을 보급하며, 무장 역량이 뛰어난 군벌을 피하고, 지역의 티베트족 지도자와 협력하는 등의 일이었다. 그러나 유명한 난창 봉기나 광저우 봉기를 포함하여 당시 공산당이 이끈 모든 도시의 폭동과 마찬가지로 광시 봉기 역시 철저하게 실패로 막을 내렸다. 덩샤오핑과 협력했던 대부분의 지도자들은 전투에서 죽거나 또는 적과 내통했다는 이유로 당내에서 숙청되었다.

덩샤오핑은 홍7군을 떠나 상하이의 한 병원으로 출산을 앞둔 아내를 찾아갔다. 그것은 그들이 함께한 마지막 만남이었다. 아내는 열악한 병원 환경 속에서 아이를 낳다가 산욕열에 걸려 며칠 만에 사망했다. 얼마 후 갓난아이도 세상을 떠났다. 덩샤오핑은 아내와 자식의 죽음에 매우 슬퍼했지만 곧 자신의 자리로 복귀하여 일을 시작했다. 비극적인 1년 동안 상하이로 돌아와 자리 배치를 기다리던 덩샤오핑은 자유로운 사상을 가진 총명한 여성 혁명가 진웨이잉(金維映, 아진)을 반려자로 맞이했다.[20]

'첫 번째 추락'과 대장정: 1930~1937년

상하이 당 중앙은 좀처럼 덩샤오핑에게 새로운 임무를 부여하지 않았다. 몇 개월 후 당 중앙은 장시(江西) 중앙 소비에트구로 가겠다는 덩샤오핑의 요청을 받아들였다. 그곳 험한 준령 사이에 마오쩌둥이 이끄는 군대가 이미 몇몇 현을 점령하고 지방 정부를 세운 채 소비에트구를 건설하여 토지 개혁을 실시하고 있었다. 그들은 충분한 무장 역량을 확보한 후 국민당과 군벌을 공격하길 희망했다. 중앙 소비에트구는 아름답기는 하지만 환경이 열악한 장시 성 북서부 징강 산(井岡山)에서 동남쪽의 평평한 농경지에 이르기까지 수백 리에 걸쳐 있었다. 동남부의 루이진으로 배치된 덩샤오핑은 둘째 부인인 아진과 함께 1931년 8월, 루이진에 도착했다.

루이진에 도착하고 몇 주가 지난 후, 덩샤오핑의 직속 상관은 덩샤오핑을 루이진현위원회 서기에 임명하기로 결정했다. 임명 초기 국민당은 공산당 섬멸 작전을 수행하고 있었으며, 양측 모두 상대방 진영에 스파이를 파견할 계획을 세우고 있었다. 1927년 국민당과 결별한 후, 공산당 간부들은 일부 당원들이 몰래 적에게 정보를 제공하고 있다고 우려했다. 덩샤오핑이 루이진에 도착하기 전에 이미 수백 명의 공산당원이 간첩 혐의를 받고 투옥되거나 처형당했다. 덩샤오핑은 자리에 오르자마자 수주 동안 이를 자세히 조사한 결과 대부분 혐의가 사실이 아님을 확신할 수 있었다. 감옥에 갇힌 이들은 자유의 몸이 되었고, 지역 당원들을 못살게 굴었던 지도자는 처형되었다. 덩샤오핑의 결정은 지역 공산주의자들에게 크게 환영받았다. 이에 그는 루이진에서 그들의 강력한 지지를 얻을 수 있었다.

장시에서 덩샤오핑은 마오쩌둥을 아주 존경하게 되었다. 당시 마오쩌둥은 일부 추종자들을 데리고 고향인 후난 성 군벌을 떠나 동쪽 산간 지대를 넘어 인근의 장시 성에 도착했다. 덩샤오핑은 광시에 공산당 근거지를 만들고, 이를 유지하려다가 실패로 끝난 경험이 있었기에 근거지를 세운 마오쩌둥의 성과를 잘 이해할 수 있었다. 마오쩌둥은 군대에 충분한 배급을 제공하는 동시에 적의 침입을 막고, 지역 주민의 지지도 얻어야 했다.

덩샤오핑이 루이진 당서기로 있을 당시 중앙 지도자들은 그곳에 전국적인 수도를 세우기로 결정했다. 수도를 세우기 전, 그들은 중국 각지 근거지에서 대규모 대표자 대회를 열었다. 비록 덩샤오핑은 회의에 참석한 대표 610명에 속하지는 못했지만 회의의 초석을 다지고 루이진 일대에 새로운 수도를 세우는 일에 중요한 역할을 담당했다. 루이진에서 1년을 보낸 후 덩샤오핑은 루이진 남쪽에 있는 후이창 현(會昌縣)으로 파견되어 당의 실제 책임자로 있었다. 또한 쉰우(尋烏)와 안위안(安遠) 두 현의 당 업무도 함께 관장하게 되었다.

마오쩌둥과 마찬가지로 덩샤오핑 역시 자신들이 적에게 대항할 수 있을 정도로 충분한 무장력을 갖출 때까지 도시가 아닌 농촌에 근거지를 세워야 한다고 생각했다. 그러나 중앙 지도자들은 덩샤오핑이 푸젠 출신의 간부 뤄밍(羅名)의 실패주의 정책을 따라 적에 대한 공격에 적극적이지 않다고 비난했다. 그는 결국 후이창 서기직에서 쫓겨나 다른 세 명의 관리(마오쩌둥의 친동생 마오쩌탄(毛澤覃), 셰웨이쥔(謝維俊), 구보(古柏))와 함께 혹독한 비판의 대상이 되어 처벌을 받고 다른 곳으로 보내졌다. 이후 사람들이 '덩샤오핑의 첫 번째 추락'이라고 불렀던 시련을 맛보게 된 셈이다. 실제로 덩샤오핑은 '마오파'의 리더가 되었다는 이유로 심한 공격을 받았다. 게다가 덩샤오핑의 둘째 부인인 아진 또한 그를 공격하는 무리들과 한패가 되었으며, 결국 그를 떠나 덩샤오핑을 고발한 당사자이자 그와 프랑스 시절부터 알고 지내던 리웨이한과 결혼했다. 그러나 다행히도 프랑스에서부터 알고 지내던 지인으로 장시 성의 당서기로 있던 리푸춘(李富春)이 몇 개월 후에 그를 다시 불러 장시성위원회 선전 간사로 임명했다.

덩룽에 의하면, 1930년부터 1931년까지 이어진 심각한 충격, 즉 첫째 부인과 아이의 죽음, 당내 심각한 비판과 비난, 둘째 부인과의 이혼 등을 겪기 전까지만 해도 덩샤오핑은 친구들에게 항상 쾌활하고 장난기 넘치는 외향적인 사람으로 비쳤다. 그러나 줄줄이 이어진 비극과 좌절 이후 그는 매우 내향적이며 과묵한 사람이 되었다. 당시 그는 '마오파'의 핵심이라는 이유로 비난받고 처벌까지 당한 것이 결국 자신의 경력에 축복이 될 것이라는 사실을 전혀 알 수 없었다. 이와 같은 행적이 이후 마오쩌둥에게 덩샤오핑의 충성에 대한 지속적인 믿음을 주었던 것이다. 마오쩌둥은 이후 급진주의자들에게 덩샤오핑을 공격하라 지시했을 때도 그를 당에서 완전히 제명하는 것까지는 결코 허락하지 않았다.

공산당이 소비에트구 근거지를 건설하자 장제스는 중국공산당의 위협을 아주 심각하게 걱정했다. 이에 그는 장시 소비에트구를 포위 섬멸하기 위해 군대를 파견했다. 공산당은 네 차례에 걸친 포위 섬멸 대항전에서 모두 국민당 군대를 격퇴시켰다. 그러나 다섯 번째 포위 공격에서 막강한 국민당은 근거지에서 공산당을 몰아냈다. 공산당은 그로부터 1년 넘게 '장정(長征)'이란 이름으로 잘 알려진 1만여 킬로미터의 고된 행군을 이어 가야 했다. 장정은 공산당이 북부 산시(陝西) 성에 새로운 근거지를 만들 때까지 지속되었다. 길고 긴 여정은 공산주의자들에게 막대한 피해를 주었다. 처음에 대략 8만 6000여 명의 병력으로 장정을 시작했지만 행군 과정에서 수많은 병사가 죽거나 떠나 버렸다. 산시와 간쑤(甘肅), 닝샤(寧夏) 등 세 성의 경계 지역까지 완주하여 1935년 10월 그 지역 소규모 공산당 부대의 환영을 받았을 때는 겨우 1만여 명밖에 남아 있지 않았다. 장정 기간 동안 마오쩌둥과 덩샤오핑의 관계에 대한 구체적인 기록은 남아 있지 않지만 장정 기간에 선전 책임을 맡아 군대 기율을 책임졌던 덩샤오핑은 그의 딸이 기록한 것처럼 생존한 병사들의 숫자가 점점 줄어들면서 마오쩌둥과 대화를 나눌 기회가 많았을 것이다.

장정이 시작되고 몇 주 후인 1935년 1월, 구이저우 성(貴州省) 쭌이(遵義)에서 매우 중요한 회의가 열렸다. 회의에서 마오쩌둥은 군대 지휘권을 부여받았다. 이는 중국공산당 최고 지도자가 되는 발판을 마련해 주었다. 덩샤오핑은 공식적인 참가자는 아니었지만 서기로 회의에 출석했다. 비록 당시 회의 기록은 남아 있지 않지만 이후 덩샤오핑에게는 회의의 '비서장(祕書長)'이란 영예로운 직함이 주어졌다.

장정 처음 몇 주 동안 덩샤오핑은 《홍성(紅星)》의 출판 책임을 맡았다. 몇 주 후 보급품 운반이 점점 힘겨워지자 결국 등사기를 버리고 말았다. 그러나 선전 책임자로서 덩샤오핑은 계속해서 투쟁을 이어 가기 위해 구두로 병사들을 격려했다. 장정 기간에 덩샤오핑은 장티푸스에 걸려 거의 죽을 뻔했다. 나중에 한 방문객에게 말한 것처럼 당시 덩샤오핑은 절반은 말을 타고 나머지 절반은 걸어서 장정을 끝냈다. 공산당이 서북 지역에 근거지를 마련한 후 국민당 대신 중국을 침범한 일본군이 그들의 주된 적이 되었다. 이에 그들은 전체 군벌에 대한 비판의 소리와 함께 애국주의에 대한 호소를 더하게 되었다.

1936년 12월 군벌 장쉐량(張學良)의 부대가 '시안 사건(西安事件)'을 일으켜 사령관 장제스를 구금한 사건은 공산당에게 기회를 가져다주었다. 자신의 석방을 위해 장제스는 어쩔 수 없이 일본과 싸우는 동안 공산당과 협력하는 데 동의했다. 새로운 협력으로 장제스의 군사적 압력에서 벗어나게 된 공산당은 1937년 1월 북부 산시 성 옌안(延安)에 위치한 좀 더 큰 근거지로 이동했다. 그곳에서 홍1군의 선전부장을 맡게 된 덩샤오핑은 병사들과 당 간부들을 가르치기 위한 연설 이외에도 문예 공작단을 지도하게 되었다. 덩샤오핑은 자신의 독특한 선전 방식을 활용했는데, 즉 국제 상황과 현재 업무를 연결시켜 간략하게 요점만 간추려 발언했다. 그가 말을 끝내면 사람들은 자신들의 책임이 무엇인지 좀 더 분명하게 인지할 수 있었다.

그해에 일본이 중국 전역을 침략하기 위해 만주를 넘어 주요 도시와 운송 루트를 장악했다. 오직 농촌 지역과 서남 지역 도시들만 중국의 통제하에 남아 있었다. 소규모 충돌은 계속되었지만 일본은 이미 점령군이 되어 있었다.

일본에 대한 항전: 1937~1945년

중국공산당은 국민당과 협력하여 일본에 대항하는 데 동의한 후 군대를 '팔로군(八路軍, 정식 명칭은 국민혁명군 제8로군)'으로 개편하여 전체 중국 군대의 일부가 되었다. 형식적으로 그들은 장제스의 지휘를 받았지만 공산당과 국민당 사이의 의심은 여전해서 거의 접촉을 하지 않았다.

공산당 팔로군 총본부는 옌안에서 동쪽으로 수백 킬로미터 떨어진 산시(山西)에 설치되었다. 그곳은 토지가 비옥하여 군대가 충분한 식량 보급을 받을 수 있었고 전선과 가까워 게릴라 공격으로 일본군을 압박할 수 있었다.

1937년 마오쩌둥은 가장 능력 있는 장군 류보청(劉伯承)을 팔로군의 핵심 부대인 129사단의 사단장에 임명했다. 얼마 후인 1938년 1월 다른 부서와 마찬가지로 류보청에게 정치위원을 배치했다. 바로 덩샤오핑이었다. 그러나 다른 정치위원과 달리 덩샤오핑은 제1당서기가 되고, 류보청은 제2당서기가 되었다. 이로써 덩샤오핑은 전투 참가 전에 정치적 준비 작업이나 주위 환경에 대한 판단을 내리는 등 더욱 큰 권한을 누리게 되었다. 류보청은 덩샤오핑보다 머리 하나 정도 키가 크고 나이도 열 살이나 더 많았다. 한쪽 눈은 전투 중 부상을 당해 실명한 상태였다. 두 사람은 긴밀하게 협력하여 업무를 처리해야 했다. 덩샤오핑이 처음 129사단이 자리하고 있는 타이항 산 지역 주둔지에 도착했을 당시 때마침 류보청이 잠시 출타 중이었기 때문에 그의 직권을 대리하여 곧 자신의 권위를 확립할 수 있었다.

1937년부터 1949년까지 덩샤오핑과 류보청은 한 팀이 되어 일본군에 대항했으며 제2차 세계 대전이 끝난 후 국민당과 대항할 때도 긴밀하게 협력했다. 이에 그들은 '류·덩'이라는 호칭이 생길 정도였다. 류보청은 부하들에게 친절하기로 유명했고, 덩샤오핑은 부하들에게 엄격하여 적과 싸울 때는 모든 것을 불사했다. 국민당 스파이로 의심되는 병사를 처리할 때에도 류보청은 덩샤오핑보다 훨씬 더 신중한 태도를 보였다.

1937년부터 1945년까지 129사단은 일본군의 공격을 피해 몇 차례 동쪽 산시 성 내 타이항 산 여러 곳으로 주둔지를 옮겨 다녔다. 그러나 지도자들이 중요한 회의에 참석하기 편하도록 주둔지는 언제나 말을 타고 하루 안에 갈 수 있는 곳에 위치했다. 어디에 있든지 그들은 수시로 장비 면에서 훨씬 월등한 일본군에게 게릴라전을 펼쳤고, 도시와 교통 요지를 장악하기 위해 분산 주둔하고 있는 소규모 일본 군대를 집중 공격했다. 근거지로서 옌안은 충분히 넓고 또한 적의 공격권 내에서 멀리 떨어져 있었기 때문에 마오쩌둥은 공산당 이론과 전반적인 전략을 세우면서도 역사나 철학, 시가 등 관심 있는 분야에 시간을 할애할 여유가 있었다. 이에 비해 전선에 가까운 타이항 산 소규모 근거지에 주둔하던 덩샤오핑은 이론을 연구할 시간이 거의 없었다. 그는 실질적 책임을 맡아 지역 주민에 관한 각종 문제를 처리해야 했다. 사실상 그는 거의 8년 동안 산시의 타이항 산 지역 최고 정치 지도자였다. 그는 수만 명의 지역 주민과 군대를 먹여 살릴 충분한 식량을 자급자족해야 하는 책임을 맡고 있었고, 또한 충분한 경제 작물을 생산하여 초라하나마 충분한 옷감과 기타 일용품을 생산하는 지역 산업을 운영해야 했다. 또한 정규군 병사를 모집하고 군사 행동의 정치적 의미를 평가해야 했다. 이 모두 광시에 있을 때 배운 능력이었다. 지역 경제를 장려하는 노력의 일환으로 그는 현지 생산을 고무하기 위한 세제 체계를 고안했다. 그는 다음과 같이 말했다. "최근 몇 년 동안 평균 생산량에 따라 세금을 매길 것이다. 평균을 넘어서는 세수액은 모두 생산자에게 되돌려 줄 것이다."[21] 정규군을 지원하는 지역 민병대를 언제든지 일본군 공격에 투입시

킬 수 있도록 그는 비밀리에 지역을 순시했다.[22]

1939년 옌안으로 다시 돌아온 덩샤오핑은 쥐린(卓林)과 결혼했다. 쥐린은 매우 똑똑한, 윈난 혁명 세 자매 가운데 하나였다. 쥐린의 아버지는 윈난 햄(雲南火腿)을 만들어 유명해진 부유한 사업가로, 이후 토지 개혁 기간에 살해되었다. 당시는 쥐린 연령대에 대학을 다니거나 교육을 받은 사람이 전체 인구의 1퍼센트도 되지 않던 시절이었다. 교육받은 여성은 더욱 희귀한 존재였다. 그러나 쥐린 자매는 모두 대학에 다녔으며 재학 시절 혁명에 참가했다. 특히 쥐린은 경쟁이 치열한 베이징대학에 입학하여 물리학을 전공했다. 언젠가 그녀는 대부분 좋은 교육을 받지 못한 당시 공산당 간부 가운데 덩샤오핑이 유난히 돋보였다고 말한 적이 있다.

쥐린은 덩샤오핑보다 열두 살이 어렸다. 간소하고 소박한 두 사람의 결혼식은 마오쩌둥과 류사오치(劉少奇, 1898~1969), 리푸춘 등 몇몇 사람이 모인 가운데 마오쩌둥의 동굴 앞에서 치러졌다. 중국 서북부에 있을 당시 마오쩌둥과 덩샤오핑이 얼마나 자주 만났는지에 대한 믿을 만한 기록은 없지만 그들이 덩샤오핑의 결혼식 때 이미 유대 관계가 깊었음은 분명하다. 이후 마오쩌둥은 '마오파'의 일원이라는 이유로 장시에서 수난을 당한 덩샤오핑에게 호감을 표현한 적이 있었다. 그는 덩샤오핑의 능력과 준비성뿐 아니라, 중국 농촌 지역에 초기 공산주의자 근거지를 건설할 때 보여 준 마오쩌둥의 성과에 덩샤오핑이 깊은 존경심을 가지고 있다는 것을 알고 있었기 때문이다. 근거지 건설은 덩샤오핑 자신도 시도하다 끝내 실패한 일이기도 했다.

덩샤오핑과 쥐린은 딸 셋(린(林), 난(楠), 룽(榕)으로, 모두 나무의 이름을 땄다.)과 아들 둘(푸팡(樸方)과 즈팡(質方))을 두었다. 덩샤오핑이 위험한 전투지에서 싸울 때를 제외하면 두 사람은 공산당 고위급 간부들 중에서 가장 안정적인 가정을 유지했다. 그들은 그로부터 58년 후 덩샤오핑이 죽을 때까지 함께했다. 덩샤오핑은 비록 아버지와는 친근한 관계를 유지하지 못했지만 덩샤오핑의 부인과 아이들은 그가 무거운 책임감으로 과중한 스트레스를 받을 때 피난처가 되어 주었다. 그러나 덩샤오핑은 당의 기율을 엄수하여 당내 중요한 문제를 가족에게 알리는 일이 없었다.

국공 내전: 1946~1949년

제2차 세계 대전이 끝난 후 덩샤오핑은 허베이, 산시, 산둥, 허난 등 네 성에 걸쳐 수백만 명이 살고 있는 변방 지역인 진지루위(晋冀魯豫)에서 최고 공산당 간부로 있었다. 그곳은 산악 지대로 국민당 군대가 주둔하고 있는 도시와 멀리 떨어져 있었다. 덩샤오핑은 피할 수 없는 국공 내전을 위해 만반의 준비를 하느라 여념이 없었다. 당시 그의 가장 중요한 임무는 유망한 젊은 공산주의 조직가를 발굴하는 일이었다. 그렇게 발굴한 이들 가운데 자오쯔양과 완리는 1978년 이후 큰 역할을 했다.

제2차 세계 대전이 끝나고 1년이 채 못 된, 국공 내전 발발 직후 류보청과 덩샤오핑은 화중 평원 옆 다베 산(大別山)으로 군대를 이동하라는 명령을 받았다. 이 군대 이동 명령은 옌안에 자리한 공산당 사령부를 위협하는 국민당 군대를 서북쪽에서 쫓아내기 위한 것이었다. 또한 마오쩌둥은 중국 역사상 언제나 병가들의 핵심 결전의 장소였던 그곳에 근거지를 마련하고 싶었다. 다베 산 행군은 엄청난 희생을 각오해야만 하는 일이었다. 당시 류보청과 덩샤오핑의 부대는 혹독한 겨울을 견딜 방한복을 포함한 여러 가지 군수품이 부족한 상태였고, 반대로 적의 화력은 막강했기 때문이다.

그러나 기율에 엄격하고 강인한 군인으로서 덩샤오핑은 막대한 손실이 불가피함에도 불구하고 과감하게 앞으로 나갔다. 실제로 류보청과 덩샤오핑 군대의 수많은 병사가 전사하거나 추위와 군량 부족으로 아사 혹은 동사했다. 요행히 살아남은 병사들도 험난한 환경에서 적의 공격에 취약했으며, 추위와 군량 부족으로 인해 많은 손실을 입어야만 했다. 이런 여러 가지 어려움에도 불구하고 남은 병력과 새로 충원된 병사들은 마오쩌둥의 구상대로 화중 평원이 내려다보이는 곳에 근거지를 세울 수 있었다. 제2차 세계 대전 당시의 게릴라 전투와 달리 내전 시기에는 양쪽 모두 막대한 병력이 투입되어 격렬한 전투를 벌였다. 류보청과 덩샤오핑은 3대 주요 국공 내전 전투 중 하나인 화이하이 전투에 대단히 중요한 거점을 확보한 셈이었다.

1948년 11월 초부터 1949년 1월까지 계속된 화이하이 전투는 세계 전투사상 최대 규모의 전투 중 하나로 기록된다. 국민당 참전 군인은 대략 60만 명으로 능력 있는 최고의 장군들이 지휘했고, 중국공산당은 50만 명의 병력이 참전한 가운데 100만여 명의 농민 부대가 군량을 포함한 군수품을 운반했으며 군수품을 실은 짐수레를 끌기 위해 70만여 마리의 가축이 징발되었다. 공산당은 이후 넓은 창 강을 건널 때 적의 저항을 덜 받기 위해 창 강 북쪽에서 국민당 섬멸전을 계획했다. 이 전략을 내놓은 사람은 당시 화둥 지역 야전군(이후 제3야전군) 지휘관인 천이(陳毅)의 부대장인 쑤위(粟裕) 장군이었다. 화이하이 전투 중에 덩샤오핑은 옌안과 긴밀한 연락을 취하고 있었지만 마오쩌둥은 지역 공산당 지휘관들에게 장제스가 자신의 장군들에게 허락한 것보다 훨씬 많은 재량권을 부여하여 나름의 결정을 할 수 있도록 했다. 당시 장제스는 공산당 군대들이 대부분 빈곤한 농민들로, 이후 공산당이 승리하면 자신들의 농토를 소유하게 될 것이라는 희망에 사기가 충천되어 있음을 심히 걱정했다. 장제스 군대는 둥베이에서 공산당 부대에 대패했고, 이는 내전 결과에 비관적 분위기를 형성했다.[23]

쑤위가 이끄는 화둥 지역 야전군은 수적으로 류 · 덩 대군보다 훨씬 많았으며 화이하이 전투에서의 섬멸전도 막강한 적군의 포위에 시달린 류 · 덩 대군보다 훨씬 성공적이었다. '중원 야전군'이라 불리던(얼마 후 제2야전군으로 개편) 류 · 덩 대군은 전투에 투입된 후 엄청난 피해를 입어 쑤위의 화둥 야전군과 포병의 지원을 받아야 했다. 화이하이 전투의 마지막 일전에서 마오쩌둥은 총전위(總前委)를 세우도록 명령하여 50만 중국공산당 군대가 덩샤오핑 총서기의 일괄 지휘를 받도록 했다.

화이하이 전투에서 덩샤오핑의 지도력에 전혀 잡음이 없었던 것은 아니다. 군사들의 안전을 걱정했던 류보청은 국민당의 우세한 화력을 방어하기 위해 훨씬 많은 참호와 진지를 구축하고자 했으나 덩샤오핑은 계속 전진할 것을 주장했다. 때문에 군사 작전 초기에 더 많은 방어 진지를 구축하지 않아 필요 이상으로 사상자를 내는 등 군대를 위험에 노출시켰다는 이유로 덩샤오핑은 비판을 받았다.

그러나 덩샤오핑 총전위 서기가 이끄는 50만 중국공산당 군대는 전투 후반기에는 우위를 차지했다. 당시 전투는 군사적 승리이자 군사들의 사기를 진작시키는 데 큰 효과를 거두었다. 이후 장제스의 군대는 수세에 몰리게 되면서 계속 남부와 서부로 밀려나게 되었다. 실제로 화이하이 전투 이후 국민당은 공산주의자들의 전진을 막을 만한 막강한 병력을 결집하기가 힘들었다. 중국공산당 군대는 창 강을 건너 적의 저항을 쉽게 물리치고 서부와 남부로 빠르게 진격하기 시작했다. 1984년 나카소네 야스히로 일본 총리가 덩샤오핑에게 일생 가장 기뻤을 때가 언제냐고 물었을 때, 그는 적보다 적은 병력과 열악한 장비라는 이중 장애물을 극복하고 전쟁을 승리로 이끌었던 당시 3년간이라고 말했다. 특히 창 강을 건넜던 순간이라고 말이다.[24]

공산당 군대는 전진하면서 하나둘씩 도시를 점령했으며, 부대 병력의 일부가 각 도시나 주요 지역에 남아 공산주의 체제로 이행하는 과도기 동안 지역 행정을 맡을 군사관리위원회를 설치했다. 상하이에서 공산주의자들이 군사적 승리를 얻은 후 덩샤오핑은 몇 주 동안 상하이 정부의 여러 부서를 인수하는 군사관리위원회를 지휘했다. 아직까지 자신의 신분을 숨기고 있던 공산당원들이나 공산주의를 선호하는 상하이의 '진보적인' 젊은이들이 인수 작업을 도왔다. 덩샤오핑은 다양한 지역 지도자를 만나 공산당 정책을 설명하고, 짧은 과도기 동안 지역 주민들의 지지를 받을 수 있도록 하급 부서의 지도자들을 선발하여 임명했다. 또한 상하이 지역 지도부를 보강하기 위해 새로운 당원 모집을 확대했다. 심각한 부패와 만연한 인플레이션으로 인해 국민당 정부에 등을 돌린 상하이 시민들은 대부분 공산당을 환영했다. 그러나 중국공산당은 몇 년 후에야 내전으로 인해 야기된 피해와 혼란을 극복할 수 있었다. 상하이에서 정권 과도기 작업을 지도한 후 덩샤오핑은 상하이를 떠나 자신의 부대로 돌아와 서남 지역으로 진군했다.

서남국을 맡아 이끌다: 1949~1952년

중국공산당은 1947년 동북부를 점령한 이후, 1949년 중국 전역을 통제할 때까지 2년이 조금 더 걸렸다. 매번 대구(大區)를 점령할 때마다 공산당은 하나의 '국(局)'을 설립하여 구를 지도했다. 1952년 전까지 베이징에 점차 당 중앙, 중앙 정부를 설립하는 동안 이 여섯 개 대구의 국이 중국 통치의 주요 책임을 맡았다. 이러한 대구의 중국공산당 통치의 기반을 마련하기 위해 마오쩌둥은 일반적으로 지역 출신자를 선발해 대구를 이끌도록 했다. 류보청과 덩샤오핑은 모두 쓰촨 출신이었다. 쓰촨은 서남 지역의 최대 성이다. 전시에는 정치위원이 사령관에게 복종해야 하지만 평화 시에는 사령관이 정치위원에게 복종해야 한다. 이에 덩샤오핑은 공산당이 수복한 여섯 개 대구 가운데 마지막 한곳으로 인구 1억인 서남국의 당위원회 제1서기가 되었다. 덩샤오핑은 1952년, 각 대구의 주요 지도자들이 베이징으로 옮겨 가고, 그 직책 역시 베이징으로 이전될 때까지 제1서기 권한을 수행했다.

서남국 제1서기를 맡았던 기간 동안, 덩샤오핑은 지역의 안정을 도모하고 국민당의 통치에서 벗어나 공산당 지도가 이루어지도록 지역을 관리했으며, 정부와 사회를 이끌 공산당원을 충원하고 훈련시켰다. 그는 또한 전시의 혼란을 극복하고 지역 전체의 경제 개발을 이끌어 갔다.[25] 공산당이 사회 전역에 뿌리를 내림에 따라 덩샤오핑은 치안과 경제, 상공업, 교통 운송, 문화 교육, 의료 보건 등 공공 생활 각 부분의 책임을 맡아야 했다.

서남 지역은 다른 곳보다 안정을 도모하기가 어려웠다. 제2차 세계 대전 이래, 줄곧 국민당 본부가 있던 서남 지역은 국민당 지지 세력이 많았다. 더구나 이곳으로 도망 오거나 이 지역 주민으로 유입된 국민당군에게는 최후의 방어선이었다. 그들 중에는 자의적 또는 타의적으로 공산주의 체제에 저항하는 이들도 있었다. 이처럼 골치 아픈 사람들을 일망타진하고 지역을 평정하기 위해 허룽(賀龍) 장군 및 제1야전군이 서북 지역에서 이동하여 류보청 군대를 지원했다. 공산당이 마지막으로 통제한 지역은 티베트였다. 1951년, 덩샤오핑은 서북과 서남 지역에 병력을 빼내 티베트의 질서를 회복했다. 티베트는 군사력이 미비한 데다 해방군이 티베트에 들어오기 전, 쓰촨 서부의 국민당 방어선 구축이 실패로 돌아감에 따라 티베트에 대한 군사 정복은 상대적으로 쉬운 편이었다.

덩샤오핑은 장기적으로 볼 때 서남 지역의 성패는 유능한 부하들을 선발, 보유할 수 있는가에 달려 있다고 생각했다. 그는 부대원의 사기를 높이고 부대와 지역민들의 관계를 조정하는 데 경험이 많은 제2야전군 출신 정치위원을 중용했다. 그러나 한편으로 국민당 정부 관리들도 그들만 협력하길 원한다면 남아 있도록 허용하여 지방 당정 기관의 기반을 든든히 하도록 했다.

덩샤오핑은 지역민들의 협력과 지원을 중요하게 생각했다. 그는 연설이나 글을 통해 지역 정부 관리나 일반 주민들에게 공산당 통치에 대해 설명했다. 또한 간부를 모집, 훈련시켜 지주 계급을 없애고, 토지를 농민에게 돌려주는 토지 개혁을 실시하도록 했다. 화남국(華南局)의 예젠잉은 지역 지주에게 너무 관대하다는 이유로 비판을 받은 적이 있었다. 그러나 예젠잉과 달리 덩샤오핑은 토지 개혁 성과가 매우 뛰어났다. 그는 지주에 맞서, 일부 대지주를 처형하여 토지를 농민에게 나누어 주고 지역 농민들을 동원하여 새로운 지도자를 지지하도록 함으로써 마오쩌둥에게 칭찬을 받았다.

덩샤오핑은 또한 서남부 발전에 매우 중요하다고 생각한 사업을 적극 지원했다. 바로 덩샤오핑의 부친 세대와 그의 지인들이 언제나 염원하던 일로 이 지역의 가장 큰 두 도시인 충칭과 청두를 잇는 청위(成渝) 철도 건설 사업이었다. 당시 열악한 건설 장비를 생각해 볼 때 철도 건설이 얼마나 힘겨운 사업이었는지 짐작할 수 있다. 그러나 덩샤오핑과 노동자들은 불굴의 의지로 건설을 추진했다. 1952년 덩샤오핑은 베이징으로 돌아가기 전 아주 자랑스럽게 철도 준공식에 참석했다.

대약진 운동과 사회주의 건설: 1952~1959년

1952년 각 대구의 지도자들이 중국 전체를 통치하게 된 중앙 정부로 자리를 옮기면서 덩샤오핑은 중앙 정부의 부총리에 임명되었다. 얼마 후 마오쩌둥은 당 중앙으로 전달되는 정부 문서는 최우선으로 덩샤오핑을 거치도록 지시했다. 이는 마오쩌둥이 덩샤오핑을 깊이 신뢰하고 있으며, 덩샤오핑이 베이징에 도착한 이후 각종 업무 협조에 핵심적인 역할을 맡게 되었다는 것을 의미했다. 1956년 덩샤오핑은 당의 일상 업무를 처리하는 핵심 위치인 당의 비서장과 정치국 상임위원 가운데 하나가 되었다. 먼저 덩샤오핑은 마오쩌둥과 함께 제1차 5개년 계획과 개체 농업, 소상공업의 집체화, 대규모 산업을 국유화하기 위한 '사회주의 개조' 방안을 연구, 제정하기 위한 회의에 참석했다.

1953년 보이보(薄一波) 재정부장이 자본가에 대한 과세에 너무 관대하다는 마오쩌둥의 비판을 받고 물러나자, 마오쩌둥은 그 자리에 덩샤오핑을 임명했다. 덩샤오핑이 재정부장으로 1년간 일했던 시기는 제1차 5개년 계획의 첫해였다. 그는 상부에 전달할 곡물과 세입 수준, 아울러 정부가 각 성에 지출할 재정을 결정하기 위해 각 성과 정치적 협상 과정을 감독했다. 물론 덩샤오핑이 마지막 결정을 한 것은 아니지만 당시 나라가 상당히 빈곤한 상태에서 각 성의 곡물 할당량과 세금 납부 능력을 마오쩌둥과 저우언라이에게 보고하는 데 매우 중요한 판단을 내려야 했다.[26] 당시 마오쩌둥은 고위급 간부들과 자주 회의를 가졌는데, 덩샤오핑은 매달 몇 차례 그와 함께 회의에 참가했다. 1953년 말, 덩샤오핑과 천윈(덩샤오핑 시대의 핵심 인물 975쪽 참조)은 마오쩌둥에게 공산당 통치 초기에 직면한 가장 심각한 인사 문제에 대해 보고했다. 바로 가오강(高崗)이 당을 분열시킬 위험이 있다는 것이었다. 마오쩌둥은 그들의 경고를 주의 깊게 받아들이는 한편 덩샤오핑과 천윈에게 그 사안을 처리하는 데 핵심적인 역할을 맡도록 했다.[27]

당의 일과를 이끄는 중요한 역할을 맡으면서 덩샤오핑은 마오쩌둥이 중국이 당면한 주요 문제를 판단하는 방법과 전국에 영향을 줄 정책 결정을 내리는 방법을 직접 관찰할 수 있었다. 말년에 치명적인 착오를 범하긴 했지만 당시 마오쩌둥은 뛰어난 재능과 과감한 전략을 지닌 뛰어난 정치 지도자였다. 또한 헨리 키신저가 자신이 만난 가장 위대한 지도자 가운데 한 명이라고 극찬한 저 우언라이의 경우도 마찬가지였다. 파리와 상하이 시절부터 저우언라이를 알 고 지내던 덩샤오핑은 이 대가가 외교 관계를 어떻게 처리하고 중국 전역의 정 부 활동을 어떻게 관리하는지 직접 목격할 수 있었다. 마오쩌둥과 저우언라이 가 참석하는 최고위급 회의에 동석하면서 덩샤오핑은 자기 세대의 가장 위대 한 두 지도자가 국가 대사를 어떻게 평가하는지 배울 기회를 가질 수 있었다. 게다가 새로운 조직 건설의 참여자로서 덩샤오핑은 중요한 결정을 내리는 이 유를 이해하고 근본적 변화의 거대한 틀을 숙고할 기회를 가질 수 있었다. 이 들 경험은 1980년대 그가 중국의 경제와 정치 체제를 재건하는 데 큰 도움이 되었다.

1960년대 마오쩌둥이 소련과 결별하면서 중국은 폐쇄적인 국가가 되었 다. 그러나 그는 열강에 대처하는 방법을 생각하는 데 많은 시간을 할애했다. 1952년부터 1955년까지 정부의 국무원 부총리직을 맡았던 덩샤오핑은 외교 관계 회의에 참석했다. 1956년부터 1966년까지 당 총서기로서 그는 각국 공산 당과의 관계를 처리했다.(비공산 국가는 포함되지 않는다.) 당시 중국과 외교 관 계가 있는 대부분의 국가가 공산주의 국가였다. 예를 들어 1956년 2월 그는 중 국공산당 대표단 단장으로 모스크바에서 열리는 제20차 소련공산당대회에 참 가했다. 대회 당시 니키타 흐루쇼프(Nikita Khrushchyov)가 이오시프 스탈린 (Iosif Stalin)을 비판했다. 대회에 참석한 다른 공산주의 국가 사람들과 마찬가 지로 덩샤오핑은 흐루쇼프가 연설하는 자리에 참석할 수 없었지만 다음 날 연 설 원고 열람이 허용되었다. 상황 판단이 빠른 덩샤오핑은 연설 내용이 단지 소련뿐 아니라 국제적으로도 영향을 줄 수 있다고 판단하고 즉각 두 명의 통역 사를 고용하여 연설 전문을 번역하도록 했다. 그러나 마오쩌둥이 어떻게 대응 할 것인지 결정을 내리기 전에 그는 연설에 대한 발언을 조심스럽게 회피했다. 그는 베이징으로 돌아가 마오쩌둥(스탈린에 대한 똑같은 비판을 피하기 힘든)에게 연설 내용을 보고했고, 마오쩌둥은 그것을 어떻게 처리할 것인가에 대해 결정했다.[28] 덩샤오핑은 스탈린에 대한 심각한 비판이 스탈린과 함께 일했던 사람들에게 영향을 줄 것이고, 아울러 소련공산당의 권위를 약화시킬 것이라고 그 즉시 깨달을 수 있었다.

농업과 수공업의 집체화, 산업 국유화가 시행된 후인 1956년 9월 15일부터 27일까지 중국공산당 제8차 전국대표대회가 개최되었다. 1945년 내전 직전, 당의 임무를 확정했던 제7차 전국대표대회 이후 처음 열리는 대표대회였다. 회의는 포괄적이고 세심하게 준비되었으며, 대국을 통치할 책임을 맡은 정당에 장기적 비전을 제공했다. 사회주의 초기 단계가 완성되고, 5개년 계획이 이미 실시된 가운데 부르주아지와 지주 계급이 더는 존재하지 않으며, 계급 투쟁이 종식되었음을 천명했다. 저우언라이와 덩샤오핑 등은 당이 이후로 정상적 궤도에 진입하여 순차적인 경제 발전을 추진해 나갈 것을 희망했다.[29]

덩샤오핑은 제8차 전국대표대회에서 핵심적인 역할을 맡았다. 그는 총서기로 승진되었으며, 정치국 상임위원이 되어 당의 최고 지도자 여섯 명(마오쩌둥, 류사오치, 저우언라이, 주더, 천원, 덩샤오핑) 가운데 한 명이 되었다. 1954년에 그가 맡았던 비서장직은 당내 살림을 처리하는 자리로, 중요한 정책 결정 과정 전반에 깊이 관여할 수 있었다. 그러나 1956년에 맡은 총서기직은 당의 일상 업무를 책임지는 지도자가 되었다는 의미였으며, 이 직책은 문화 대혁명 이전까지 이어졌다. 그는 베이징의 중앙지도기관의 일뿐 아니라 각 성의 지도자를 관리해야 했다. 마오쩌둥의 전체적인 지도하에 당의 제1부주석인 류사오치는 정치국 상임위원회의 업무를 지도하고, 정치국이 결정을 내리면 덩샤오핑이 이를 시행했다.

덩샤오핑이 마오쩌둥과 함께 1957년 11월 모스크바를 방문했을 때 마오쩌둥은 소련의 이론가인 미하일 수슬로프(Mikhail Suslov, 1902~1982)의 이론을 살벌하게 반박한 덩샤오핑의 모습에 찬사를 보냈다. 회의가 끝난 후 마오쩌둥은 덩샤오핑을 가리키며 이렇게 말했다. "저기 저 작은 남자 보이시오? 그는 대단히 지적이고 전도가 유망한 인물이오."[30] 흐루쇼프도 당시 "마오쩌둥이

지도자들 가운데 그를 가장 전도가 유망한 인물로 생각했다."라고 회상한 바 있다.[31]

　1957년 봄이 되자 '백화제방(百花齊放)·백가쟁명(百家爭鳴)'이라는 기치 아래 많은 지식인과 민주당파 사람들이 공개적으로 발언하기 시작했다. 그들의 강도 높은 비판에 마오쩌둥은 깜짝 놀랐다. 마오쩌둥은 자본주의가 사라졌음에도 불구하고 '부르주아지 지식인'들이 자신의 계급적 본성을 떨쳐 버리지 못한다고 질책했다. 1957년 여름 마오쩌둥은 당에 대해 비판적인 모든 이를 근절시키기 위한 '반우경 투쟁'에 착수했다. 마오쩌둥이 나서서 약 55만 명의 지식인들을 '우파'로 분류하여 비판했고, 덩샤오핑에게 이 운동에 대한 구체적인 지시를 내렸다. 백화제방·백가쟁명 기간에는 지역 당 간부들에게 비판을 듣기만 하고 이에 대한 보복을 금지했다. 그러나 반우경 투쟁에서 일부 지식인들이 오만하고 불공평한 태도로 노고를 마다하지 않고 열심히 임무를 수행하는 간부들을 비판하고 나서자 덩샤오핑은 매우 화가 났다. 반우경 투쟁 기간에 덩샤오핑은 마오쩌둥을 적극 지지하고 당의 권위를 보호했으며 노골적으로 비판을 늘어놓는 지식인들을 공격했다. 그렇기 때문에 중국 엘리트 지식인들은 공격과 박해, 그리고 이에 대한 덩샤오핑의 역할을 결코 잊을 수 없었다.

　반우경 투쟁은 중국 최고의 우수한 과학 기술 인재를 파멸시켰으며 수많은 이를 공산당에서 멀어지게 했다. 마오쩌둥의 대약진 운동 추진을 저지할 만한 비판자들도 모두 두려움에 떨게 되었다. 마오쩌둥의 어설픈 유토피아식 대약진 운동은 무모한 방식으로 불과 몇 년 사이에 중국 경제와 사회를 철저하게 탈바꿈시키리라 생각했다. 대약진 운동이 시작된 후 마오쩌둥은 더는 이전처럼 측근 간부들에게 의견을 구하는 일이 없었다. 마오쩌둥에게 충실했던 많은 사람이 모두 입을 다물었다.

　실천가로서 덩샤오핑은, 철학자이며 시인이자 몽상가인 마오쩌둥보다 훨씬 현실적이었다. 마오쩌둥이 덩샤오핑과 린뱌오 등을 소중히 생각했던 것은 그에게 자신들의 견해를 직설적으로 이야기하면서도 공개적인 발언은 거의

하지 않았기 때문이다. 대다수 당내 충성스러운 간부들과 마찬가지로 덩샤오 핑 역시 마오쩌둥이 대약진 운동 기간 동안 반대 의견에 대해 전혀 귀를 기울이지 않을 것임을 알고 있었기에 마오쩌둥을 비판하지 않았다. 게다가 국공 내전과 국가 통일 과정에서 언제나 마오쩌둥의 결정이 정확한 것으로 판명된 적이 많았기 때문에 덩샤오핑을 비롯한 많은 이는 자신들의 의심을 일단 유보하고 마오쩌둥의 명령을 수행했다. 덩샤오핑은 후에 딸 덩룽에게 당시 자신이 마오쩌둥이 그처럼 통탄할 만한 과오를 저지르지 않도록 좀 더 노력하지 못한 것이 후회된다고 말하기도 했다.

길을 잘못 든 대약진 운동은 중국 전역에 재앙을 몰고 왔다. 굶주림으로 아사하는 이들이 속출했다. 농민들은 공사에 소속되었고, 공사에서는 농민들을 어설프게 계획된 건설 공사나 들판으로 내몰았다. 그러나 일을 하지 않아도 다른 사람과 마찬가지로 밥을 먹게 되자 사람들은 일할 의욕을 잃었고 그 결과 수확량이 크게 감소하면서 수많은 식당에 식량이 떨어지는 일이 발생했다.

환경 파괴도 심각한 문제가 되었다. 각지에 '토고로(土高爐)'* 설치를 장려하면서 마을마다 뗄감을 구하기 위해 자연림을 심각하게 훼손했고 불량 철강을 만들어 냈다. 새로운 대형 건설에 시멘트를 사용하는 바람에 좀 더 완벽하게 준비한 건설에 사용할 시멘트가 부족했다. 각 지역의 당위원회 서기는 비현실적인 곡물 생산량 지표 달성을 강요받고, 결국 상급 기관에 납부할 곡물 생산량을 맞추기 위해 지역 주민들은 굶주리는 데도 불구하고 식량 창고의 식량을 동원할 수밖에 없었다. 1959년부터 1961년, 최악의 3년 동안 아사자가 얼마나 되는지는 알 수 없지만 중국 정부의 통계에 의하면 비정상적인 이유로 대략 1600만에서 1700만 명이 죽었다. 그러나 외국 분석가들은 적어도 4500만이 넘는 사람이 기아로 사망했을 것이라고 추산했다.[32]

1959년까지 덩샤오핑은 대약진 운동을 위한 마오쩌둥의 계획에 순종하여 공식적인 집행자 역할을 맡았다. 그러나 유토피아식 실험의 끔찍한 결과가 현

---

* 흙으로 만든 소규모 용광로.

실로 드러나자 덩샤오핑은 혼돈을 방지하고 지역 당 관리들에게 어떻게 해서든지 난관을 극복하도록 지시를 내리는 등 달갑지 않은 임무를 맡아야만 했다. 보통 덩샤오핑은 일과가 끝나면 저녁에 가족들과 휴식을 취하곤 했는데, 대약진의 혼란이 지속되던 기간에는 거의 휴식을 취할 여유가 없었다. 대약진 운동이 시작되고 1년이 지난 1959년 여름 어느 날, 덩샤오핑은 당구를 치다가 미끄러져 다리를 다쳤다. 담당 의사는 적어도 몇 개월 동안은 현업에 복귀할 수 없을 것이라고 진단을 내렸다. 일부 지식 청년들은 덩샤오핑이 의도적으로 회의에 참석하지 않기 위해 다쳤을 것이라고 생각했다. 대약진 운동을 이어 나가기 위한 마오쩌둥의 비현실적인 노력에 힘을 보태라는 요구를 받을 것이 분명했기 때문에 그런 상황에서 벗어나고 싶었을 것이라는 이유에서였다.

병가를 냈을 때부터 덩샤오핑의 생각은 변하기 시작했다.[33] 몇 개월이 지나 현업에 복귀한 후에도 그는 계속해서 마오쩌둥의 명령에 따르며 변함없는 충성심을 보여 주었다. 그러나 대약진 운동으로 인한 재앙은 낭만적인 몽상가와 실용주의적인 집행자 사이의 간격을 넓히기 시작했다. 마오쩌둥의 명령을 따르기는 했지만 덩샤오핑은 초기에 보여 준 것만큼 그 명령을 모두 시행하지는 않고 선회의 여지를 남겨 두었다. 1960년부터 1961년까지 덩샤오핑은 산업, 농업, 교육 및 다른 분야의 실무적인 조정을 통해 대약진 운동의 극단적인 행태를 만회하려 했다. 당시 마오쩌둥은 이러한 조치를 비판하진 않았으나 나중에 자신이 말할 때 덩샤오핑이 방 뒷자리에 앉아 자신의 말을 듣지 않았다고 불만을 털어놓았다. 때로 마오쩌둥은 자기 수하의 간부가 자신을 이미 세상에 없는 고인처럼 간주하며 존경은 하면서도 자신의 말을 듣지 않는다고 투덜거리기도 했다.

1960년대 초, 국내 문제에 있어 혁명적인 낭만파와 실무적인 집행자 사이에 간극이 날로 악화되고 있었지만 마오쩌둥은 여전히 소련과 벌인 논전을 덩샤오핑이 진두지휘하도록 적극 지지했다. 덩샤오핑은 1960년 8월과 10월에서 11월, 두 차례에 걸쳐 중국 대표단을 이끌고 소련을 방문하여 공산주의 운동에서 중국이 더 많은 자유를 얻을 수 있도록 했다. 그는 또한 '소련공산당 중앙

공개 서한에 대한 아홉 번의 비판(九評蘇共中央公開信)'* 작성을 주관하도록 했다. 1963년 7월 마오쩌둥은 미하일 수슬로프와 격렬한 논쟁을 주고받은 덩샤오핑에게 깊은 인상을 받아 귀국하는 그를 환영하기 위해 베이징 공항까지 직접 마중 나갈 정도로 드문 예우를 취했다. 실제로 덩샤오핑과 수슬로프 두 사람의 논쟁은 폭언이 오갈 정도로 지나치게 신랄하여 국제 공산주의 운동을 약화시킬 정도였다. 덩샤오핑에 대한 마오쩌둥의 신뢰는 국내 정책에 관한 시각차에도 불구하고 그들의 관계를 견고하게 유지하는 데 도움을 주었다.[34]

1964년 10월, 흐루쇼프가 동료들의 쿠데타로 실각한 후, 마오쩌둥은 자신이 바라는 것을 진심으로 추종하지 않는 사람들에 대해 불안을 느끼고 있었다. 이로 인해 그는 후계자에 대한 이야기를 자주하게 되었고 휘하 간부들에게 계속해서 절대적 충성심을 요구했다. 1965년 2월 마오쩌둥은 아내인 장칭(江靑)에게 자신의 혁명적 비전을 전적으로 지지하지 않는 당 관리들의 비판을 선동하도록 했다. 1966년 5월 중순, 그는 '자본주의 길을 걷는 당권파(走資派)'를 공격하기 위한 문화 대혁명에 착수하기 시작했다. 마오쩌둥에게 '자본주의 길을 걷는 이들'은 전적으로 그의 지도에 따르지 않고 독립적으로 생각하고 활동하는 이들을 뜻했다. 마오쩌둥은 홍위병(紅衛兵)과 조반파(造反派)를 조직화하여 당권파를 공격하도록 했다. 능숙한 솜씨로 고위급 간부들을 이간질시키는 동시에 군대를 장악하고 있는 린뱌오를 이용하여 수많은 원로 간부를 파면시키고, 이들을 노동과 재교육이라는 명목으로 시골로 하방시켰다.

마오쩌둥을 더욱 화나게 한 것은 그가 추진했던 대약진 운동에 대한 비난이었다. 예를 들어 1962년 류사오치는 7000여 명의 간부들이 모인 자리에서 대약진 운동의 실패에 대해 마오쩌둥을 비난하는 한편 당초 이를 지지한 자신은 모든 책임을 질 필요가 없다고 말했다. 이에 심하게 화가 난 마오쩌둥은 그를 파면시키기로 마음먹었다. 회의가 끝난 후에도 덩샤오핑이 류사오치와 계

---

* 1960년 블라디보스토크에서 열린 사회주의 국가 공산당 및 노동자 대표대회 이후 발생한 중소 마찰의 연장선상에서 1963년 9월 6일에서 1964년 7월 14일까지 《인민일보》와 《홍기》 편집부에서 소련공산당 중앙 '공개 서한'에 대해 발표한 아홉 편의 글.

속 긴밀하게 업무를 진행하자 그는 몹시 불쾌한 생각이 들었다. 그래서 마오쩌둥은 1966년 류사오치를 공격할 때 덩샤오핑에 대해서도 '자본주의 길을 걷는 당권파의 제2인자'[35]로 낙인찍어 비판의 표적으로 삼았다.

마오쩌둥의 공격은 살벌하고 보복성이 강했다. 1966년 말에 시작된 류사오치와 덩샤오핑에 대한 신랄한 비판은 몇 달 동안 거의 매일 신문과 방송 매체를 통해 이루어졌다. 당 부주석이자 마오쩌둥이 지명한 후계자였던 류사오치는 가족과 떨어져 카이펑(開封)의 한 집에 연금되어 있다가 제대로 치료도 받지 못한 채 죽고 말았다. 그의 부인 역시 감옥에 수감되었다.

1967년 마오쩌둥은 덩샤오핑과 그의 부인을 중난하이(中南海, 공산당 고위급 간부들이 거주하고 있는 톈안먼 주변의 주택 단지)에 있는 그들의 거처에 연금 조치했다. 자녀들은 내쫓겼고 그 후 2년 동안 덩샤오핑 부부는 외부와의 소식이 단절된 채 자녀들에 관한 소식조차 전혀 들을 수 없었다. 그들은 그저 신문이나 책을 읽고 라디오를 듣거나 앞마당을 쓸면서 시간을 보내야만 했다. 그러나 그들의 처지는 대중의 비판에 그대로 노출되어 있던 다른 간부들에 비해 훨씬 나은 편이었다. 그나마 중난하이에 거주하고 있어 홍위병들의 직접적인 공격에서 벗어날 수 있었기 때문이다. 그들은 요리사와 경호원 한 명을 부릴 수 있었으며 적은 봉급이나마 생활에 필요한 일용품을 살 수도 있었다. 마오쩌둥은 덩샤오핑이 자신에게 충성을 보일 수 있도록 교훈을 주는 한편, 이후 그를 재기용할 여지를 남겨 둔 것이었다.

그렇지만 덩샤오핑의 자녀들은 그의 부모와 상황이 달랐다. 그들은 홍위병의 무차별 공격에 무방비 상태였으며, 자신의 아버지가 저지른 범죄에 대해 털어놓도록 강요받았다. 큰딸인 덩린은 예술 학원에서 비판의 대상이 되었고, 베이징대학에서 물리학을 전공하고 있던 큰아들 덩푸팡(鄧樸方) 역시 학교에서 공격을 받았다. 1967년 나이가 어린 두 자녀, 덩룽과 덩즈팡(鄧質方, 덩샤오핑의 의붓어머니인 샤보건도 함께)은 베이징의 비좁은 노동자 숙소로 쫓겨나 부모와의 접촉이 금지되었다. 홍위병들은 사전 연락도 없이 불쑥 쳐들어와 그들에게 고개를 숙이고 허리를 굽힌 채 서서 아버지의 죄상에 대해 실토하도록 했으며, 큰 소리로 고함을 치고 담벼락에 대자보를 붙이고, 때로 물건을 때려 부수기도 했다. 이후 세 자매와 덩즈팡은 노동 개조를 하기 위해 농촌으로 하방되었다.

1968년 덩샤오핑의 '죄'를 조사하기 위해 '특별 안건 소조(專案組)'가 설립되었다. 소조는 덩샤오핑과 관련 있는 이들을 만나 홍7군을 이탈한 일, 마오쩌둥이 비판했던 펑더화이(彭德懷, 1898~1974)와 좋은 관계를 유지한 것 등에 대한 그의 죄를 조사했다. 조사의 일환으로 덩샤오핑은 여덟 살 이후 자신의 모든 개인 경력과 함께 자신의 개인적 인간관계까지 일일이 자술할 것을 강요받았다. 그러나 그는 다행히도 오래전부터 아무런 메모나 기록을 남기지 않는 습관을 들였으며, 그의 활동은 국민당 간부들과 밀접한 관련을 맺는 일이 거의 없었다. 1969년 중국공산당 제9차 전국대표대회에서 장칭은 덩샤오핑을 제명할 것을 요구했다. 그러나 마오쩌둥은 이를 거부했다. 마오쩌둥은 그를 급진주의자들로부터 보호했다.

1969년 3월 제1차 중소 국경 분쟁 이후, 10월에 마오쩌둥은 일부 고위급 간부들을 지방으로 보내 소련이 쳐들어올 경우에 대비해 지역에서 이에 대한 거점을 조직하고 저항하도록 했다. 이에 따라 주더(朱德)와 둥비우(董必武)는 광둥으로, 예젠잉은 후난으로, 녜룽전(聶榮臻)과 천이(陳毅)는 허난으로, 천윈과 왕전(王震),˙덩샤오핑은 각기 장시의 다른 지역으로 보내졌다. 그러나 그들은 해당 지역에 도착한 후 지역 방어망 구축에 대비한 어떤 일도 하지 않았다. 베이징의 약삭빠른 소식통들은 경쟁자들을 걱정하고 있던 린뱌오가 소련의 침공 위험성을 과장하여 마오쩌둥에게 자신의 권력을 위협하는 베이징의 고위 간부들을 외지로 보내도록 했다고 믿었다. 실제로 1971년 린뱌오가 죽자 여러 지역에 있던 지도자들은 베이징으로 되돌아오도록 허락을 받았다.

장시를 떠날 무렵, 덩샤오핑은 이미 중국의 문제가 단지 마오쩌둥의 과실만이 아니라 마오쩌둥을 낳고, 재앙에 가까운 대약진 운동과 문화 대혁명을 이끌게 만든 체제의 근본적인 결함에서 비롯된 것이라고 확신하게 되었다. 1949년 공산주의자들이 정권을 차지했을 때 혁명가였던 덩샤오핑은 이제 새로운 정치 체제와 사회주의 구조를 세우는 건설자가 되어야 했다. 장시를 떠나면서 그는 진실로 중국을 개혁할 수 있는 것이 무엇인가에 대해 진지하게 생각하기 시작했다. 당시 그는 이미 군사와 정부, 당의 고위급 자리를 두루 거치면서 매우 깊이 있는 남다른 경험을 쌓았으며, 국내외 주요 문제를 잘 파악하게 되었다. 이는 이후 중국을 어떻게 개혁할 것인가에 대한 그의 깊은 사고의 토대가 되었다.

2부 | 정상을 향한 험난한 길 <small>1969~1977년</small>

2

추방과 귀환 1969~1974년

1969년 10월 26일, 덩샤오핑은 아내 쥐린, 의붓어머니 샤보건과 함께 10년 넘게 살았던 중난하이를 떠났다. 그들은 장시 성에 있는 난창에 가기 위해 특별기를 탔다. 덩샤오핑은 난창에서 노동 개조에 참가하고 마오쩌둥 사상에 대한 재교육을 받을 예정이었다. 그들은 개인 물품과 가방 몇 개 분량의 책들을 소지해도 된다는 허락을 받았다. 떠나기 전 마오쩌둥을 만나고 싶다는 덩샤오핑의 의견은 무시되었다. 그러나 그는 중공중앙판공청 주임 왕둥싱(汪東興)에게 편지를 써도 된다는 통지를 받았고, 이에 그는 왕둥싱이 마오쩌둥에게 편지를 보여 줄 것이라고 믿었다. 난창행 비행기에 오른 덩샤오핑은 자신이 얼마나 장시에 머무르게 될지 전혀 알 수 없는 상태였다.

장시에서 덩샤오핑은 공식 문서를 보거나 지정된 지역 관리들 이외에 다른 관리들을 접촉할 수 없었다. 그러나 당원 자격은 유지되었기에 언젠가 마오쩌둥이 다시 일을 하도록 자신을 부르리라는 희망이 있었다. 1969년 4월, 덩샤오핑은 베이징을 떠나기 직전 자아비판서를 작성했다. 비록 마오쩌둥 주석이 여전히 그에 대한 재교육이 필요하다고 주장했지만 그와 가족들은 더 이상 계급의 적으로 취급당하지 않았다. 베이징을 떠나기 전날 밤, 왕둥싱과 나눈 대화에서도 그는 희망을 품을 수 있었다. 왕둥싱은 덩샤오핑과 그의 아내가 결국 다시 중난하이 집으로 돌아올 것이며, 덩샤오핑 가족이 떠나 있는 동안 집은 계속 비어 있을 것이라고 말했다. 이 모든 것이 그에게 희망을 주었음이 분명했다. 난창에 도착했을 때 덩샤오핑은 그의 안건을 맡은 난창 지역 대표에게 다음과 같이 말했기 때문이다. "난 다시 나와서 일을 할 겁니다. 아직도 당을 위해 10년은 더 일할 수 있습니다." 실제로 베이징으로 돌아온 덩샤오핑은 다시 당을 위해 거의 20년 동안 일했다.

덩샤오핑이 장시로 하방되기 전 저우언라이는 장시 지역 간부에게 전화를 걸어 덩샤오핑이 생활할 수 있도록 잘 준비하라고 지시했다. 조반파들의 공격에 대비해 안전하게 지낼 수 있도록 덩샤오핑 가족은 군사 지역 내에 거주했다. 집은 난창 시 근교로, 필요할 경우 재빨리 이동 수단을 이용할 수 있었다. 부근에 있는 공장에서 덩샤오핑과 쥐린은 노동 개조에 참가했다. 지역 간부는 전에 난창보병학교 교장이 거주하던 2층짜리 집을 골라 덩샤오핑 일가는 2층에 살고, 보안 요원과 다른 간부들은 1층에 살도록 배치했다. 당시 기준으로 보면 집은 고위급 간부가 살기에 그래도 적절한 편이었다. 소박했지만 넓고 편안했다. 공교롭게도 그곳은 난창 봉기가 발발한 곳에서 불과 몇 킬로미터 거리에 있었으며, 1927년 8월 1일, 공산주의자들(저우언라이, 주더, 천이, 류보청, 허룽 및 이후 많은 지도자)이 국민당과 처음으로 격전을 벌였던 중국 인민해방군의 탄생지이기도 했다.

장시 거주지에 자리를 잡은 후 덩샤오핑과 쥐린은 매일 아침 6시 30분에 일어났다. 군대에 있던 시절, 덩샤오핑은 매일 찬물 한 양동이를 머리부터 끼얹었다. 장시에서도 덩샤오핑은 손바닥만 한 수건을 얼음물에 적셔 머리와 얼굴을 닦았다. 이렇게 하면 추운 날씨에 대한 저항력이 생긴다고 믿었기 때문이다. 재교육 과정의 일환으로 덩샤오핑과 쥐린은 의무적으로 마오쩌둥 주석의 저서를 한 시간 동안 읽었다. 덩샤오핑은 마오쩌둥 사상 교육이 이루어지는 시간을 제외하면 지방 관리들과 정치에 대해 토론하지 않았다.

아침 식사 후, 덩샤오핑과 쥐린은 작은 시골 트랙터 수리 공장까지 걸어갔다. 오전 근무지였다. 덩샤오핑이 반세기 전 프랑스의 한 공장에서 일할 때와 마찬가지로 낮은 수준의 육체노동에 속하는 기계공 일이었다. 트랙터 수리 공장은 집에서 1킬로미터 정도 떨어진 곳에 있었다. 지역 주민들은 덩샤오핑과 쥐린이 매일 공장에 가는 길에 다른 사람들과 부딪치지 않도록 집에서 수리 공장까지 비밀 통로를 만들어 주었다.[2] 같이 일하는 작업 동료들은 덩샤오핑의 위상을 의식했지만 덩샤오핑은 그들에게 자신을 그냥 연배가 높은 사람에 대한 친근한 호칭처럼 '라오덩(老鄧, 덩 씨)'이라고 부르도록 했다. 작업을 하는 동안 덩샤오핑은 현재 작업이나 그들의 지역 생활에 대해 공장 작업자들과 그 어떤 이야기도 나누지 않았다.

덩샤오핑의 의붓어머니 샤보건은 집에서 식사를 준비하는 등 가사일을 맡았다. 점심 식사 후, 덩샤오핑과 쥐린은 잠시 낮잠을 자고 나서 『중국사』, 『홍루몽』, 『수호전』 같은 소설류, 러시아와 프랑스 번역서 등 자신들이 가져온 책을 읽었다. 텔레비전은 구할 수 없었으므로 그들은 라디오로 중앙인민방송 저녁 뉴스를 청취했다. 밤 10시가 되면 잠이 들 때까지 침대에서 한 시간 정도 책을 읽었다. 덩샤오핑의 자녀들이 한 명씩 집으로 돌아오면 바깥세상 소식을 들을 수 있었다. 1971년 여름, 난창에 온 큰아들 덩푸팡은 가족들이 단파 방송을 들을 수 있도록 라디오를 수리해 주었다.

덩샤오핑과 쥐린은 공장일뿐 아니라 채마밭도 가꾸었다. 덩샤오핑은 바닥을 닦거나 장작을 패는 일도 도와주었다.[3] 봉급이 예전보다 줄어들었기 때문에 덩샤오핑과 쥐린은 검소한 생활을 했다. 샤보건이 닭 몇 마리를 길러 달걀과 고기도 먹을 수 있었다. 덩샤오핑은 흡연량을 줄여 담배 한 갑을 가지고 며칠 동안 피웠다. 그는 공장에 있는 동안 아침 흡연을 포기하고 오후와 저녁에만 몇 개비를 피웠다. 포도주 역시 마시지 않았다. 다만 점심에 지역에서 생산하는 저렴한 술 한 잔 정도를 마실 뿐이었다.[4] 덩린과 덩난(鄧楠) 두 딸은 여전히 그들 직장에서 적지만 봉급을 받고 있었기 때문에 자신들의 봉급을 아직 일하지 않는 형제자매와 함께 나누었다.

문화 대혁명이 국가와 덩샤오핑 자신, 가정에 몰고 온 변화에 덩샤오핑은 마음이 아팠다. 그러나 장시의 마지막 두 해를 부모와 함께 보낸 덩룽은 이렇게 말했다. "아버지는 감정적으로 행동하지 않으셨어요. 절망하지도, 희망을 놓지도 않으셨습니다."[5] 이 부분에서 그는 자신의 동료들과 달랐다. 예를 들면, 1949년에서 1958년까지 상하이 부시장을 지냈으며, 1958년에서 1972년까지 외교부장을 역임했던 천이는 덩샤오핑의 프랑스 시절 친구이자 국공 내전 3대 전투의 하나인 화이하이 전투의 동료로, 허난(河南) 지역으로 하방되어 강제 노역을 하는 동안 무기력과 절망에서 헤어나지 못했다.[6]

한때 저우언라이의 비서였던 리선즈(李愼之)는 이후 중국사회과학원 간부 시절 덩샤오핑과 함께 미국을 방문했던 고문 가운데 한 명으로, 덩샤오핑이 장시 시절 얼마나 큰 변화를 겪었는지 마오쩌둥이 알지 못했다고 말했다.[7] 덩샤오핑은 베이징에 돌아온 후 여전히 마오쩌둥 아래에서 어쩔 수 없이 일을 해야 했다. 그러나 그는 중국에 보다 심층적인 변화가 필요하다고 굳게 믿고 있었으며, 또한 중국이 어떠한 방향으로 나아가야 할지 좀 더 분명한 견해를 지니고 있었다.

숙고의 시간

마오쩌둥이 덩샤오핑을 장시로 보낸 의도가 어떻든지 간에 의심을 받고 있는 사람들이 언제 닥칠지 모르는 다음 공격에 대비하느라 전전긍긍하고 있을 때 덩샤오핑은, 이 팽팽한 정치적 긴장감에서 벗어날 기회를 얻을 수 있었다. 처칠이나 드골, 링컨 그리고 다른 국가 원수들이 자리에서 밀려나 다시 지도자의 지위를 회복할 때까지 황무지에서 시간을 보냈듯이, 덩샤오핑은 정치적 일상에서 벗어날 수 있는 시간이 매우 중요하고 장기적인 국가적 목표를 좀 더 명쾌하게 인식할 수 있는 기회라는 점을 알아챘다. 덩샤오핑이 만약 중국에 필요한 개혁, 이에 대한 실천 방법을 그처럼 오랫동안 심사숙고하지 않았다면

1977년 이후 그처럼 능숙하고 강력하게 개혁을 실천할 수 있었을 것인가 상상하기 힘들다. 마오쩌둥이 고립된 옌안에서 이후 공산주의자들이 국가 정권을 잡았을 때 시행할 전체적인 전략을 세웠듯이, 덩샤오핑은 장시에서 개혁의 방향을 숙고했다. 그러나 옌안 시절 당시 마오쩌둥은 정책 구상을 위해 매일 동지나 비서들과 토의를 했고 그들의 도움을 받아 글을 쓴 반면 덩샤오핑은 장시에서 혼자 생각하고, 혼자 이런 생각들을 간직했다.

장시로 하방된 후 덩샤오핑은 곧바로 마음의 안정을 되찾을 수 있었다. 덩샤오핑은 쉽게 자신의 감정을 표출하지 않았지만 막내딸 덩룽은 그가 사실 매우 감성적인 사람이라고 말했다. 덩룽에 의하면 덩샤오핑은 베이징에서 공격당하던 3년 동안 체중이 줄고 매우 지친 모습이었는데 장시에서는 체중이 붙으면서 건강을 회복했다. 여러 해 동안 복용해 오던 수면제도 문화 대혁명 기간에 양이 더 늘어났지만 1970년 1월 1일, 장시에 도착한 지 두 달이 채 되지 않아 그는 수면제를 더는 먹지 않았다.[8] 덩룽은 또한 아버지가 장시에서 생활하는 동안 매일 오후 5000보를 걷고 뜰을 따라 집 주위를 마흔 번씩 돌았다고 말했다. "집 주위를 빠른 걸음으로 걷고…… 걸으면서 깊이 생각에 잠기고…… 매일 그렇게 해마다 걸으셨어요."[9] 베이징에서 다시 중요한 역할을 할 거라는 기대에 이런 그의 숙고는 더욱 의미가 있었다. 덩샤오핑은 아내나 자녀들에게 당 고위층 일에 대해 이야기를 한 적이 없었다. 그러나 아내나 딸인 덩룽은 매일 그와 함께 생활했고, 또한 베이징 정계에 대해 많은 것을 알고 있었기 때문에 덩샤오핑의 심정을 헤아리고 관심사가 무엇인지를 알 수 있었다.[10] 덩룽은 아버지가 산책을 할 때 아버지 자신의 미래, 중국의 미래, 또한 아버지가 베이징으로 돌아간 후 무엇을 할 것인가에 대해 생각하고 있다는 것을 잘 알고 있었다.[11]

덩샤오핑은 자신이 언제 돌아갈지, 베이징으로 돌아간 후 마오쩌둥이 자신에게 어떤 임무를 부여할지 또한 앞으로 나라가 구체적으로 어떤 상황이 될지 예상할 수 없었다. 그는 어떻게 하면 마오쩌둥의 호감을 얻어 다시 자리로 복귀할 수 있을지를 고민하면서 자신과 함께 일한 사람들의 삶과 죽음을 넘나든 드라마틱한 투쟁도 머릿속에 떠올렸을 것이다. 또한 덩샤오핑은 몇 가지 핵심적인 기본 문제를 생각했다. 당이 이미 말년에 접어든 마오쩌둥의 유산을 어떻게 다룰 것인가, 당이 마오쩌둥의 후계자들이 노선을 바꾸도록 하는 동시에 어떻게 당에 대한 인민의 존경을 유지할 것인가 등의 문제다. 덩샤오핑은 중국 지도층의 거대한 인맥을 통해 당의 모든 지도자가 발휘할 수 있는 역량을 평가할 수 있었다. 그는 저우언라이가 말했던 4개 현대화 목표의 실현 방법을 생각했고, 이미 그의 최측근과 함께 이를 실현시키기 위한 많은 작업을 했다.

무엇보다 중국은 재앙과도 같았던 문화 대혁명 이후 질서를 회복할 필요가 있었다. 덩샤오핑의 다섯 아이들 가운데 큰아들인 덩푸팡은 제일 마지막에 장시 방문이 허락되었다. 1968년 덩푸팡은 끊임없이 이어지는 홍위병의 괴롭힘을 견디지 못하고 건물 유리창에서 뛰어내려 척추가 부러졌다. 처음에 병원에서는 비판을 받고 있는 덩샤오핑의 존재로 인해 치료를 꺼려했고 이 때문에 덩푸팡의 상태는 점점 더 악화되었다. 이후 베이징 제3병원에 입원하게 되었는데, 그때 담당 의사는 덩푸팡의 척추가 부러져 가슴 등골뼈의 복합 골절에 시달리고 있음을 발견했다. 고열도 동반한 상황이었다. 병원에 입원한 덩푸팡은 3일 동안 의식 불명 상태였다. 의사는 덩푸팡의 생명은 건졌지만 심각한 마비를 막아 줄 외과 수술을 시행할 수 없었다. 그 결과 가슴 밑으로 감각을 잃고 장과 비뇨기 모두 제대로 기능할 수 없는 상태가 되었다. 이어 덩푸팡은 베이징대학병원으로 이송되었지만 여전히 그를 호전시켜 줄 만한 수술은 이루어지지 않았다. 덩푸팡의 여동생 덩룽과 덩난은 병원 근처로 거처를 옮겨 교대로 오빠를 돌봐 주었다. 1969년 중반, 홀로 장시를 방문한 덩난은 오빠의 일을 부모에게 말했다. 덩룽에 의하면 아들의 장애 소식을 들은 후 쥐린은 3일 밤낮 대성통곡을 했으며 덩샤오핑은 조용히 의자에 앉은 채 계속 담배를 피웠다.[12]

자녀 가운데 아버지와 가장 가까웠던 덩푸팡은 결국 1971년 6월, 장시의 부모 곁으로 가도 좋다는 허락을 받았다. 덩푸팡은 혼자서는 운신할 수 없었기 때문에 그의 거처는 이동이 쉽도록 건물 1층에 마련되었다. 그는 딱딱한 침대에 누워 욕창을 피하기 위해 두 시간에 한 번씩 몸의 방향을 바꿔야 했다. 덩샤오핑은 덩룽, 쥐린, 샤보건과 함께 돌아가며 덩푸팡을 돌봤다. 그는 아들의 목욕과 마사지도 도와주었다. 후에 한 외국인이 문화 대혁명 이야기를 꺼냈을 때 덩샤오핑은 격분하며 이를 '재앙'이라고 표현했다.

마오쩌둥은 개인적으로나 영도자로서 매우 강인한 인물이었다. 지대한 공헌도 세웠지만 동지를 무자비하게 공격할 수 있었고, 뛰어난 전략 전술을 펼치는 그에게 누구도 중립적 평가를 내리기는 쉽지 않았다. 이 부분은 평생 마오쩌둥과 밀접한 관계가 있었던 덩샤오핑에게 더욱 힘든 일이었다. 덩샤오핑은 마오쩌둥의 화려한 성과에 대해 무한한 존경심을 품고 있었고 거의 40년 동안 그를 충성심으로 떠받들었다. 그런데 이제 마오쩌둥의 정치가 나라 전체를 재앙으로 몰아넣고 있었다. 마오쩌둥은 홍위병을 보내 두 번째 국가의 적으로 덩샤오핑뿐 아니라 그의 가족까지 공격했다. 분명 이는 잔혹했지만 배신감을 느끼지는 않았다. 덩샤오핑은 상당히 인정적인 사람이었다. 덩샤오핑은 마오쩌둥이 다시 자신을 고위 공직으로 불러들인다면 어떻게 마오쩌둥을 따를 것인가 생각했다. 덩샤오핑은 마오쩌둥이 살아 있는 동안 마오쩌둥과 어떻게 일을 할 것인가뿐 아니라 마오쩌둥이 용인하는 한에서 어떻게 의사 결정권을 최대한 발휘할 것인가를 고민했다. 덩샤오핑이 장시로 하방되었을 때 마오쩌둥은 벌써 일흔다섯의 나이였으며 건강한 상태도 아니었다. 그가 영원히 살지는 않을 것이다. 마오쩌둥의 명망에 어떻게 대처할 것이며 마오쩌둥이 사라진 후 어떤 방침을 시행해야 하는가 생각해야 했다.

1956년 모스크바에서 흐루쇼프가 스탈린을 맹렬히 비난했을 때 덩샤오핑은 흐루쇼프의 감정적 행보가 소련공산당은 물론 스탈린과 함께 일했던 모든 사람을 재앙으로 몰아넣었음을 깊이 깨달을 수 있었다. 중국의 언론들이 덩샤오핑에 대한 비판을 쏟아 놓고 그를 중국의 흐루쇼프라고 묘사하고 있긴 하지만, 그는 오래전 장시로 하방되기 전에 이미 절대 중국의 흐루쇼프는 되지 않겠다고 결심했다. 문제는 마오쩌둥이 대중에게서 이끌어 낸 경외심과 존경, 마오쩌둥으로 인해 경력과 삶이 파괴된 사람들의 분노, 그리고 마오쩌둥이 저지른 잘못의 심각성에 대한 수많은 당 관리의 인식을 어떻게 감당할 것인가였다.

마오쩌둥의 경제, 사회 정책에 변화를 몰고 오는 동시에 어떻게 하면 당에 대한 사람들의 믿음을 유지시키고, 당의 옳은 지도자 모습을 보여 주며, 마오쩌둥을 위해 일했던 사람들을 다치지 않도록 할 수 있을까?

덩샤오핑이 장시에서 돌아왔을 때 기본적인 접근 방식을 그 스스로 해결했음을 보여 주는 증거는 충분하다. 중국 지도자들은 마오쩌둥을 찬양하며 계속해서 그를 존경해야 한다. 그러나 마오쩌둥의 교리는 엄격한 이데올로기가 아니라 시대적 환경에 따라 적절하게 적용되어야 한다. 이런 식의 해석만이 마오쩌둥의 후계자에게 새로운 환경에 적응하기 위해 선회할 수 있는 여유를 줄 수 있었다.

장시 하방 시절 덩샤오핑은 이미 서구와 중국의 관계에 변화가 싹트고 있음을 느낄 수 있었다. 한국 전쟁 이후 덩샤오핑이 '소련공산당 중앙 공개 서한에 대한 아홉 번의 비판'을 주도하던 1960년대 초, 중국은 그때까지 서구 사회에 폐쇄적인 상태였다. 그러나 1968년 8월 위협적인 브레즈네프 독트린은 공산주의 국가의 기본 체제가 위협을 받았을 때 내정에 간섭할 수 있음을 정당화했고, 여기에 이듬해 우수리 강을 둘러싸고 소련과 갈등이 빚어지자 중국은 소련의 위협에 대항하기 위해 다른 국가들과의 협력이 필요했다. 마오쩌둥이 천이, 네룽전, 쉬샹첸(徐向前), 예젠잉 등 네 명의 장군에게 소련의 위협에 대해 어떻게 대응해야 하는지 질문을 던졌을 때 그들은 마오쩌둥이 자신들에게 원하는 대답을 알고 있었다. 바로 서구 사회에 대한 접근을 시도한 것이었다.

장시에서 덩샤오핑은 신문을 받을 수 있었고, 덩푸팡이 온 후부터는 해외 라디오 방송을 들었다. 1970년 덩샤오핑은 중국과 캐나다가 외교 관계를 정상화했다는 사실을 알았다. 키신저가 후에 인정했던 것처럼 당시 미국 관리들이 정확히 몰랐던 사실, 즉 마오쩌둥이 에드거 스노(Edgar Snow)를 1970년 국경절 기념식에 초청한 것이 미국과의 관계를 확대할 준비 신호였다는 것을 그는 즉각 알 수 있었다. 1971년 덩샤오핑은 여전히 장시에 있었다. 그는 베이징이 유엔에서 중국 대표로 대만을 대신하게 되었다는 것, 또한 11개국이 중국을 공식 인정했으며, 키신저가 1972년 닉슨의 방문 준비를 위해 베이징을 방문했다는 사실도 알게 되었다. 다음 해 그는 일본이 공식적으로 중화인민공화국을 인정했다는 소식을 들었다.

1950년대 소련의 원조가 중국의 경제력과 기술력을 향상시키는 데 큰 도움이 되었다는 사실을 알고 있던 덩샤오핑은 자연히 중국의 현대화에 도움이 되도록 어떻게 서구 사회를 향해 문을 개방할 것인지 생각하게 되었다. 그러나 한편으로는 대외 개방을 했을 때 국내 보수 세력의 반대에 어떻게 대응할 것인지, 강력하면서도 탄력 있는 정치 구조를 어떻게 유지할 것인지 깊이 고민해야 했다.

일본은 서구 사회와 협력 관계를 통해 이익을 얻은 아시아 나라다. 장시에 있던 덩샤오핑은 일본의 1인당 국민 소득이 10년 사이에 두 배로 뛰는 사이, 중국은 폐쇄된 문 뒤에서 오히려 한걸음 더 후퇴했다는 사실을 알고 있었다. 서구 사회가 기꺼이 풀어놓은 기술 노하우와 장비는 일본의 현대화에 핵심적인 역할을 했다. 이와 유사한 성과를 얻기 위해 중국은 어떻게 미국과의 관계를 발전시켜 나갈 것인가?

1969년 한국뿐 아니라 중국 혈통의 대만, 홍콩 그리고 싱가포르 등 다른 아시아 나라들은 이미 경제적으로 도약을 시작한 상태였다. 일부 중국인들은 중국이 얼마나 유럽에 비해 뒤처지는지를 바라보며 전통적 중국 사회가 조화롭게 현대화를 추진할 수 있다는 데 대해 의구심을 드러냈다. 그러나 문화나 인종이 같은 다른 중국인 지역이 현대화를 실현할 수 있는데 중국은 왜 빠른 속도로 성장할 수 없단 말인가?

장시에서 지내는 동안 덩샤오핑은 중국이 얼마나 뒤떨어져 있고, 얼마나 변화가 필요한지에 대해 더욱 강한 확신을 갖게 되었다. 그는 경험을 통해 대약진 운동의 폐해가 얼마나 심각한지 잘 알고 있었다. 그러나 다른 당 지도자들은 언제나 과도하게 부풀려진 지역별 성과 보고서를 읽고 있었기 때문에 정확한 평가를 내리기가 힘들었다. 예를 들어, 덩룽에 따르면 덩푸팡이 1971년 6월 장시에 도착했을 때 아버지는 아들이 할 수 있는 일을 찾아 주기 위해 작업장 동료들에게 수선이 필요한 라디오가 없는지 물어보았다. 그러자 한 노동자가 어떤 노동자도 라디오를 살 만큼 돈이 있는 사람은 없다고 대답했다. 사회주의를 실시한 지 20년, 노동자 가족이 라디오 한 대조차 살 여유가 없다는 말에 덩샤오핑은 매우 마음이 아팠다고 한다.[13]

이 밖에 덩샤오핑은 자녀들의 경험을 통해서도 여러 가지 통찰을 할 수 있었다. 불구가 된 덩푸팡을 제외한 모든 자녀가 시골로 하방되어 노동 개조에 참여하거나 사상 재교육을 받았다. 산시 북부 지역 시골에서 노동 개조를 하고 돌아온 덩룽에게서 덩샤오핑은 아직도 시골에는 화장실과 돼지우리가 없다는 소리를 들었다. 다른 자녀들 역시 부모에게 여전히 배고프고 헐벗은 농부들의 처지를 전해 주었다. 그들은 덩샤오핑이 그토록 열심히 구축하려 했던 당 건설의 실패와 경제적 황폐함에 대해 이야기했다. 덩샤오핑은 자신이 들은 이야기에 큰 충격을 받았지만 아무런 대꾸도 하지 않고 잠자코 있었다.[14]

장시에 머물고 있던 덩샤오핑의 가족을 방문해도 좋다는 첫 번째 허락을 받은 이들은 리징취안(李井泉)의 세 자녀였다. 그들은 1972년 닷새 동안의 설 명절 동안 덩샤오핑의 가족을 방문했다. 리징취안은 서남 군사 지역에서 정치국 부관으로 덩샤오핑을 모셨고, 1952년에는 덩샤오핑을 대신해 서남국 서기를 맡았다. 당시 리징취안의 세 자녀는 리징취안의 고향 장시에서 일했다. 그들은 덩샤오핑에게 아버지가 비난을 받고 자리에서 축출당했고 어머니는 박해를 견디다 못해 자살했다고 말했다. 언제나 진실을 알고자 했던 덩샤오핑은 서남 지역 홍위병 투쟁의 세부 상황에 관심이 많았고 또한 리징취안의 자녀 중 하나가 보내졌던 농촌 지역에 대해서도 궁금한 점이 많았다. 덩샤오핑은 당시 거의 말을 하지 않았다. 그저 시골도 더 많은 교육이 필요하다고 말했을 뿐이었다.[15] 장시를 떠날 때 그는 중국 문제의 심각성이나 강도 높은 개혁의 필요성에 대해 어떤 환상도 품고 있지 않았다.

깊어진 가족의 유대

문화 대혁명 기간 중 덩샤오핑이 비판을 받고 몇 년 동안 그의 다섯 자녀는 모두 홍위병으로부터 끊임없는 비판의 대상이 되었다. 덩린과 덩난은 작업장에서, 다른 형제자매들은 학교에서 공격을 당했다. 그들이 집만 나섰다 하면 홍위병들은 그들을 알아보고 길을 가로막은 채 욕설을 퍼부었다. 가족들은 문화 대혁명 전에도 화목하게 지냈지만 공격을 받게 되자 전보다 더욱 애틋한 관계가 되었다. 그들은 아버지가 결백하다는 믿음에 흔들림이 없었으며 가족이 단결하여 이 지독한 시간을 헤쳐 나가고자 했다. 덩샤오핑은 자신의 아이들이 자신 때문에 고통받고 있다는 것을 잘 알고 있었다. 가족 이외 관리들과 그는 동지 관계로 개인적 관계보다 당의 정책이 우선이었다. 그러나 아내를 비롯한 자녀들과 그의 관계는 정책과 관련 있는 것이 아니었다. 그들 사이에는 깊은 애정과 믿음이 자리하고 있었다. 가족들의 마음은 언제나 함께였다. 덩샤오핑도, 자녀들도 서로 한 번도 관계를 단절시킨 적이 없었다. 그는 또한 운전사, 요리사, 청소부, 그의 개인 비서였던 왕루이린(王瑞林) 등 가족을 도와주던 사람들과도 친근한 정을 나누었다. 실제로 왕루이린은 1966년에서 1972년까지 덩샤오핑과 떨어져 있었던 기간을 제외하면 1952년부터 1997년 덩샤오핑이 사망할 때까지 비서로 일했다. 1952년 당시 그의 나이 스물이었다. 덩샤오핑은 동료들보다 더 친근하게 가족처럼 왕루이린을 대했다.

문화 대혁명 기간 중 자녀들의 괴로움은 1966년 10월 1일부터 시작되었다. '자본주의 노선을 걷는 제2의 당권파'라는 사설이 시작된 때부터다. 비록 덩샤오핑의 이름이 언급된 것은 아니었지만 그를 지칭하고 있음을 누구나 다 알 수 있었다. 덩샤오핑의 세 딸은 그 즉시 이러한 비난이 모두 사실이 아니라는 것을 확실히 알고 있었다. 그들은 아버지에게 불리한 어떤 증거도 홍위병을 비롯한 다른 사람에게 제공하지 않았다.[16] 이후 저우언라이는 자녀들이 압박 속에서도 아버지에 대한 공격을 하지 않았던 것에 칭찬을 아끼지 않았다.

덩샤오핑이 장시에서 쓴 거의 모든 편지 내용은 자녀들의 방문을 허락해 달라는 것, 그들에게 난창 가까운 곳에 일을 달라는 것, 덩푸팡이 필요한 의료 서비스를 받을 수 있도록 해 달라는 것이었다. 덩룽은 아버지 생애에 당시 자신들을 위해 썼던 편지만큼 많은 양의 편지를 써 본 적이 없다고 말했다. 마오쩌둥에게 보여질 것이라고 생각한 이 편지들은 또한 마오쩌둥에게 덩샤오핑이 아직 장시에 있다는 것, 마오쩌둥이 주는 어떤 임무도 받아들일 준비가 되어 있다는 것을 상기시키는 방편이 되었다. 그러나 편지 내용 자체는 모두 아이에 관한 것이었다. 이 편지들에 대해 베이징에서 답장이 오는 데는 때로 오랜 시간이 걸렸다.[17] 그러나 마침내 덩샤오핑의 모든 자녀가 장시에 있는 아버지를 방문해도 좋다는 허락이 떨어졌다. 최소한 2주에 한 번은 그를 만날 수 있었고, 그중 덩룽은 좀 더 오랜 시간 장시에 머무를 수 있었다. 1969년 12월, 첫 번째로 덩룽, 그 뒤를 이어 덩즈팡이 농한기에 장시에 머물러도 좋다는 허락을 받았다. 그러나 다시 파종기가 시작될 즈음 그들은 자신들의 농촌 여단으로 복귀해야 했다. 그다음 방문자는 덩난과 그의 남편이었다. 당시 중국과학기술협회에서 일하던 덩난은 1971년 새해 연휴 기간에 방문이 허락되었다. 장시에 있는 동안 덩난은 딸을 낳았다. 덩샤오핑의 첫 번째 손자였다. 덩샤오핑의 큰딸인 덩린도 새해 연휴 기간에 방문을 허락받았다. 이러한 방문이 가능했던 이유는 마오쩌둥이 여전히 류사오치나 다른 관료들보다 덩샤오핑을 더 친근하게 느끼고 있었기 때문이다.

다섯 자녀 가운데 덩푸팡은 상층의 정치적 변화에 대해 가장 잘 알고 있었다.[18] 덩푸팡이 장시에서 지내게 되면서 덩샤오핑은 학생들의 정치적 투쟁에 대해 좀 더 상세한 정보를 얻게 되었고, 베이징 상황에 대한 정치적 감각을 가질 수 있었다. 이후 덩샤오핑을 아는 사람들은 그가 사람들에 대한 처벌을 결정할 때 대부분 개인적 감정을 개입하지 않았다고 말하지만, 덩푸팡을 불구자로 만들고 대학 내 예순 명을 죽음으로 내몬 정치적 공격을 시도한 녜위안쯔(聂元梓)*의 10년 투옥을 결정할 때는 매우 단호한 모습을 보여 주었다.

---

* 조반파 학생 우두머리로, 당시 베이징대학 여강사.

문화 대혁명 이후, 1997년 덩샤오핑이 사망한 후까지도 덩샤오핑의 다섯 자녀는 그들의 배우자, 아이들과 함께 같은 곳에 거주했다. 덩푸팡은 장애인 관련 업무를 보는 한편, 사업도 하기 시작했다. 덩난은 과학 행정 분야에 참여해 이후 중국과학기술협회 부주석직을 맡았다. 덩샤오핑의 요구에 따라 덩룽은 난창의 덩샤오핑이 살았던 곳에서 멀지 않은 곳에서 의학을 공부했고, 덩즈팡은 그곳에서 물리학을 공부했다. 이후 덩룽은 1980년에 워싱턴 중국대사관에서 영사 업무와 함께 문화 교류 촉진에 힘썼다. 그의 경력으로 인해 덩룽은 가족사를 집필하는 작가가 되었으며, 국내외 지도자 간 교류를 촉진하고, 서양 음악 공연을 후원하는 기금회를 이끌어 갔다. 덩즈팡은 8년 동안 미국 유학 생활을 통해 로체스터대학에서 물리학 박사 학위를 받았다. 그 후 그는 기술 수출입 회사에 들어갔다가 다시 부동산 및 통신 장비 계열 회사를 차렸다. 1994년 이후 덩샤오핑은 이미 의식이 분명하지 않았다. 전하는 바에 의하면, 줘린은 덩즈팡의 부패 연루 비난으로 충격을 받아 음복 자살을 시도했지만 응급 조치로 목숨을 건졌으며, 결국 덩즈팡은 처벌되지 않았다.

1973년, 장시에서 돌아온 덩샤오핑은 이미 청력이 약해지기 시작한 상태였다. 그는 자녀, 손자들과의 일상적인 대화에 끼어들지 않았다. 그러나 손자들을 곁에 두고 함께 텔레비전 보는 것을 큰 즐거움으로 여겼다. 아버지와 대화를 하기 위해 덩샤오핑의 자녀들은 직접 아버지의 귀에 대고 자신들이 본 것과 더불어 의견을 말해 주었다. 그러나 덩룽에 의하면 아버지는 자신의 경험과 판단에 확실한 자신감이 있어서 자녀들의 의견에 거의 영향을 받지 않았다.[19]

린뱌오의 추락과 마오쩌둥에게 보낸 덩샤오핑의 편지

1950년대 후반에서 1960년대 전반까지 마오쩌둥은 린뱌오와 덩샤오핑을 자신을 이을 가장 유망한 후계자로 생각했다.[20] 실제로 1965년 가을, 저우언라이는 그의 측근인 왕자샹(王稼祥, 1906~1974)에게 마오쩌둥이 후계자로 두 명을 생각하고 있다고 말했다.[21] 두 사람이 마오쩌둥으로부터 최고의 축복을 받는 인물이 되기 위해 서로를 라이벌로 생각했음은 쉽게 이해할 수 있는 일이다.

덩룽은 자신의 아버지가 오직 한 명, 린뱌오를 제외한 10대 장군들과 절친하게 지냈다고 말했다. 마오쩌둥은 이러한 두 사람의 갈등을 알아차렸다. 덩샤오핑은 1966년 마오쩌둥이 자신을 부르더니 린뱌오를 만나 협력하라고 요구했다고 말했다. 덩샤오핑은 그의 요구대로 린뱌오를 만났지만 둘 사이의 문제를 해결하는 데는 실패했다. 이 일로 인해 그들은 오히려 각자의 길을 가게 되었다.[22] 1966년 마오쩌둥은 린뱌오를 자신의 '친밀한 전우'이자 후계자로 선택했고, 이에 린뱌오는 펑더화이를 대신해 1959년부터 이끌어 왔던 중국 인민해방군의 협력을 보장했다. 그렇긴 했지만 1967년, 마오쩌둥은 만일 린뱌오의 건강이 나빠지면 덩샤오핑을 돌아오게 할 거라고 속마음을 털어놓았다.[23]

린뱌오는 제2차 세계 대전 당시 척추 신경에 부상을 당한 후 성격이 내향적으로 변했고 의심이 많아졌다. 그는 마오쩌둥과 너무 가까이 있는 것은 위험하다는 것을 잘 알고 있었기 때문에 사실상 마오쩌둥이 그에게 자리를 주기 전 세 차례나 거절한 바 있었다. 마오쩌둥의 '친밀한 전우'가 된 이후에도 그는 변덕스러운 마오쩌둥의 성격에 매우 불안해했는데 이런 그의 걱정도 이유는 충분했다. 1970년, 언제나 그렇듯 의심 많은 마오쩌둥은 린뱌오가 자기가 죽기 전에 린뱌오가 권력을 장악하려 한다고 의심했다. 그 결과, 1971년 늦여름, 마오쩌둥은 그를 밀어낼 준비를 했다. 그는 군의 충성을 보장받기 위해 맨 처음 린뱌오 수하의 주요 군 간부들을 만났다. 1971년 9월 초, 마오쩌둥을 태우고 항저우에서 베이징으로 향하던 기차가 상하이에서 멈췄다. 개인적 안전에 각별히 주의를 기울였던 마오쩌둥은 린뱌오에 대한 경계를 게을리하지 않았다. 그는 기차에서 내리지 않고 상하이혁명위원회 부주임인 왕훙원(王洪文, 1935~1992), 린뱌오의 측근으로 난징 군사 구역 사령관인 쉬스유(許世友)를 기차에 오르도록 했다. 마오쩌둥은 그들의 지지를 얻었다고 확신한 후 그들에게 자신이 베이징으로 돌아가면 린뱌오 문제를 처리하겠다고 말했다. 9월 12일, 린뱌오의 아들 린리궈(林立果)는 마오쩌둥이 베이징으로 돌아왔다는 소식을 들었고, 린뱌오의 가족들은 불안해지기 시작했다. 린리궈는 비행사 한 사람과 비행기 한 대를 구해 밤늦게 린뱌오 부부와 일부 추종 세력을 태우고 소련으로 향했다. 그러나 비행기는 목적지에 도착하지 못한 채 몽골 상공에서 추락했고 기내 탑승자는 전원 사망했다.[24]

덩샤오핑은 단파 라디오로 소식을 들은 아들 덩푸팡을 통해 린뱌오의 추락 사실을 처음 알게 되었다. 그런데도 덩샤오핑은 추락 소식이 정식으로 발표될 때까지 거의 두 달 동안 아무런 행동도 취하지 않았다. 11월 6일, 추락 소식이 시골 지역까지 전해졌을 때 덩샤오핑과 줘린은 그들이 일하던 공장 노동자 여든 명과 함께 두 시간에 걸쳐 린뱌오 죄상에 대한 중앙위원회 공식 문서 발표에 귀를 기울였다. 귀가 좋지 않았던 그는 앞줄에 앉도록 허락을 받았고 또한 문서 복사본 한 부를 집으로 가져가 볼 수 있었다. 린뱌오가 사망한 후 많은 이가 마오쩌둥이 곧 덩샤오핑에게 중요한 자리를 줄 것이라고 예측했다. 덩샤오핑 역시 그렇게 생각했을 것이다. 린뱌오에 대한 공식 발표가 이루어지고 이틀 후, 더 이상 왕둥싱에게 편지를 쓰지 말라고 통지를 받긴 했으나 덩샤오핑은 과감하게 용기를 내 마오쩌둥 주석에서 편지를 보냈다.[25]

덩샤오핑은 어떤 종류의 편지가 마오쩌둥에게 가장 호소력이 있을지 잘 알고 있었다. 그는 자신의 두 어린 자녀를 장시에 있는 자신 가까이에 두고 싶다고 요청한 후 이렇게 말을 이었다.

린뱌오에 대한 소식은 상당히 충격이었습니다. 그처럼 야비한 행동에 많이 놀라고 화가 났습니다. …… 주석과 중앙위원회의 뛰어난 지도력이 없었다면, 이 일이 일찍 폭로되어 신속한 처리가 이루어지지 않았다면 린뱌오의 계획은 성공했을 수도 있습니다. 주석님의 지시에 따라 저는 학습과 노동을 통해 저를 개조하고 있습니다. …… 어느 날 당을 위해 조그만 일, 물론 전문 기술 같은 일을 할 수 있었으면 하는 바람 이외에 저 자신 아무런 요구도 없습니다. …… 제 빚을 갚을 수 있도록 열심히 노동할 수 있는 기회가 되기를 간절히 원합니다.[26]

겸손한 표현에도 불구하고 덩샤오핑은 마음속으로 뜻하는 바가 있었다. 마오쩌둥은 자신과 같은 과감하고 임기응변에 강한 간부에게 중임을 맡길 리가 없었다.

수개월 동안 덩샤오핑은 답장을 받지 못했다. 이후 덩샤오핑이 돌아오라는 답장을 받았을 때조차도 마오쩌둥은 그의 복귀 여부나 시기에 대해, 또한 그가 채울 자리가 어디인지에 대해 결정을 내리지 않은 상태였다. 마오쩌둥은 린뱌오 이후 정권을 구성하는 일이 아니라 1972년 2월 닉슨 방문에 대한 준비에 모든 정력을 쏟고 있었다.

저우언라이의 2인자 등극과 당 원로들의 복귀: 1971년 9월~1973년 5월

마오쩌둥이 자신의 계획대로 린뱌오의 해임을 진행했더라면 후계자 문제도 준비할 수 있었을 것이다. 그러나 갑작스러운 비행기 추락 사고로 인해 린뱌오 해임과 관련해 당내 간부들로부터 의견을 거두려던 마오쩌둥의 계획은 엉망이 되어 버렸다. 여전히 베일에 싸여 있는 린뱌오의 죽음 이후, 마오쩌둥이 그의 후계자이자 '친밀한 전우'로 껴안고자 했던 사람을 권력을 탈취하려 한 변절자로 만들어 버린 일에 대해 일반인들조차도 마오쩌둥의 판단에 의문을 품고 있었다. 마오쩌둥은 의기소침한 모습으로 병상에 누워 거의 두 달 동안 일어나지 못했다.[27] 점차 기력을 되찾긴 했지만 1972년 2월 12일, 그의 폐 질환이 이미 심장에도 영향을 주고 있었다. 그는 잦은 기침으로 인해 정상적으로 수면을 취하기가 힘들었기 때문에 소파에서 잠을 잤다. 행동이 많이 불편했지만 적어도 일부 중요한 문제에 관한 한 그의 정신은 매우 또렷했다.[28]

마오쩌둥 밑에서 고통을 겪은 관리나 그가 저지른 재앙으로 슬픔에 잠긴 사람들은 마오쩌둥에 대한 개인숭배가 얼마나 막강한지도, 마오쩌둥을 직접 비판할 경우 나라 전체가 더욱 극심한 혼란에 빠질 것이라는 사실도 알고 있었다. 1958년 12월, 대약진 운동을 감행했던 그의 실수가 명백해지자 그는 다른 지도자들에게 더욱 큰 정책 결정권을 누리도록 했지만 여전히 어떻게 해서든지 핵심적 권력은 자신의 손에 쥐고 있었다. 린뱌오 사후에도 역시 그는 정책적으로 양보하여 다른 사람들에게 더 많은 결정권을 내주긴 했지만 그래도 마지막 권력은 자신이 쥐고 있었다.

마오쩌둥은 린뱌오 이후 신속하게 새 지도부를 구축할 필요가 있었다. 중국공산당 제9차 전국대표대회 이후 5년이 지난 1974년에 제10차 전국대표대회가 열려야 했으나 마오쩌둥은 1973년 8월에 제10차 전국대표대회를 열 수 있도록 2년 안에 새 지도부를 구축하고 싶어 했다. 원래 날짜보다 한 해가 앞당겨지는 셈이었다. 이 일을 성사시키기 위해 마오쩌둥은 자신의 측근자 이외의 사람이 필요했다. 비록 아내인 장칭과 그 무리들에게 기대어 다른 사람들을 공격하긴 했지만 그들은 필요한 경험과 정확한 판단, 다른 이들과 공조 체제로 국가를 경영할 수 있는 능력이 부족했다. 마오쩌둥은 현실적으로 경험이 풍부한 고위급 간부들을 택할 수밖에 없었다. 그들 대부분은 자신이 일으킨 문화 대혁명의 희생자들이었다. 그들이 문화 대혁명 이전에 높은 자리에 있을 수 있었던 것은 적어도 부분적으로 그들의 지도자적 능력이 입증되었기 때문이다. 마오쩌둥은 그들의 노련한 정치적 능력이 필요했다.[29] 저우언라이가 마오쩌둥에게 수많은 고위급 간부의 처지를 이야기했을 때 마오쩌둥은 그렇게 많은 이가 그토록 극심한 고통에 시달렸으리라고는 생각지 못했다고 말했다.

그 시점에서 사실상 당과 정부를 맡을 수 있는 사람, 다년간의 경륜을 지닌 데다 마오쩌둥의 권력에 위협이 되지 않을 사람은 저우언라이뿐이었다. 정치국 상임위원이었던 다섯 사람 가운데 린뱌오는 죽었고, 그의 비서였던 천보다(陳伯達)는 감옥에 있고 캉성(康生)은 암에 걸려 아무것도 할 수가 없었다. 마오쩌둥과 저우언라이밖에 남지 않은 상태였다. 별 대안이 없었기 때문에 마오쩌둥은 저우언라이에게 당과 정부의 질서를 회복하기 위해 더 많은 권한을 허락했다. 그는 저우언라이에게 정치국뿐 아니라 국가 및 당 기관도 통제할 권한을 주었다.

일부 분석가들은 저우언라이가 린뱌오의 죽음을 호재로 생각했을 것이라 말하기도 했지만 사실 저우언라이는 매우 불안한 상태였다. 저우언라이는 자신의 감정 조절에 매우 능한 사람으로 잘 알려져 있다. 그러나 린뱌오의 비행기 추락 사고 직후 지덩쿠이(덩샤오핑 시대의 핵심 인물 974쪽 참조)에게 중국이 직면할 어려움에 대해 설명하던 그는 울먹거리느라 몇 번이나 말을 멈추고 자신의 감정을 추슬러야 했다. 저우언라이는 평생 단 세 번 울었다고 한다. 뒤늦게 아버지의 사망 소식을 들었을 때, 1920년대부터 혁명 동지였던 예팅(葉挺, 1897~1946)*이 죽었을 때, 그리고 린뱌오의 사망 소식을 들었을 때다.

린뱌오의 사망 소식에 그처럼 슬퍼한 이유는 여러 가지 이유가 있었을 것이다. 린뱌오는 유명한 급진파라고 해도 매우 실리적이며 질서를 중요하게 생각했기 때문에 함께 일을 하기에 편한 상대였다. 또한 저우언라이는 수십 년 동안 마오쩌둥의 아래에서 일하느라 기진맥진한 상태였다. 대약진 운동과 문화 대혁명으로 황폐한 나라가 다시 대격변의 시기를 맞게 되다니 걱정이 이만저만이 아니었다. 그는 내딛는 한 걸음 한 걸음 모두 험난한 임무가 될 거라고 예감했다.[30] 저우언라이가 자신을 위해 울었다고 생각하는 사람도 있었다. 그때까지 저우언라이는 2인자인 류사오치와 린뱌오, 두 사람을 죽음으로 이끈 마오쩌둥의 의심과 처벌을 피해 갈 수 있었다. 그는 항상 3인자를 유지하려 했으나 이제 2인자가 되고만 것이다. 그는 마오쩌둥이 자신을 의심할 거라고 생각했고, 실제로 2년 후 그에 대한 마오쩌둥의 의심이 시작되었다.

마오쩌둥은 저우언라이뿐 아니라 존경받는 군인이자 정치가로 개인적 야망과는 거리가 먼 예젠잉을 불러들였다. 군의 질서를 다잡기 위해서였다. 마오쩌둥은 또한 조용히 1966년에서 1967년까지 타도 대상이었던 사람들을 다시 자리로 불러들였다. 린뱌오 비행기 추락 사고 이후 두 달 정도 휴식을 취하는 동안, 마오쩌둥은 여러 차례 많은 중견 간부가 지독한 고통을 겪었다는 사실을

---

* 근대 중국의 군사 지도자로, 2차 국공 합작 결렬 이후 국민당에 5년 동안 포로 생활을 하다 석방 직후 비행기 사고로 죽었다.

인정했다. 그는 자신의 잘못을 말하는 자리에서 린뱌오의 말을 믿었던 것이 실수였다고 변명했다.[31]

1971년 11월 14일, 린뱌오의 비행기 추락 사고가 발생하고 두 달이 지난 후 마오쩌둥의 생각이 바뀌고 있다는 징표가 속속 드러나기 시작했다. 어느 날 그는 예젠잉을 포함한 사람들을 접견했다. 당시 예젠잉은 새로운 군대 지도부를 구성하던 중이었다. 마오쩌둥은 문화 대혁명으로 피해를 본 고위 간부들을 격려하는 차원에서 사람들을 향해 예젠잉을 지목하며 말했다. "그를 2월 역류(二月逆流, February Counter-Current)*의 한 사람이라고 부르지 마세요."[32] 그는 또한 이러한 사태를 이끈 건 린뱌오이며 2월 역류란 표현은 더는 사용해서는 안 된다고 했다.[33] 이런 식으로 마오쩌둥은 1967년 2월 역류를 비판했던 사람들과 거리를 두려 했다. 그는 1967년 박해를 받았던 탄전린(譚震林), 천자이다오(陳再道) 및 원로 간부들에 대한 명예 회복 지시를 내렸다.

1972년 1월 10일, 천이 장군을 위한 추모제는 마오쩌둥에게 문화 대혁명으로 고통당한 일부 원로 간부들과 접촉할 수 있는 절호의 기회를 만들어 주었다. 추모제가 열리기 몇 시간 전에야 그는 자신이 행사에 참가할 것을 알렸다. 4개월 전 린뱌오가 사고를 당한 후 처음으로 공공장소에 얼굴을 내미는 것이었다. 화이하이 전투에서 덩샤오핑의 동료였던 천이는 공산주의자들이 정권을 잡았던 초기에 첫 번째 상하이 시장을 지냈고 한때 외교부 부장직을 맡았더랬다. 그는 가장 사랑받는 국가 지도자 중 한 사람이었다. 수년 후 그의 동상이 상하이 와이탄에 세워져 그에 대한 대중의 존경을 상징했다. 그러나 문화 대혁명 동안 그는 혹독한 공격을 받았다. 결국 군 병원에서 치료를 받긴 했지만 이미 때가 늦어 세상을 뜨고 말았다. 그가 죽기 얼마 전에 중국 인민해방군 지도자들이 대거 병원을 찾아왔다. 그들은 모두 마오쩌둥이 일으킨 문화 대혁명이 그의 죽음을 몰고 왔다는 사실을 잘 알고 있었다.

추모제에서 마오쩌둥은 천이에 대한 존경의 표시로 머리를 세 번 숙였다.

---

* 1967년 2월, 부총리와 일부 장군들이 문화 대혁명을 비판하며 이를 중단하도록 요구한 사건.

그가 말했다. "천이 장군은 좋은 사람이자 좋은 동지로 …… 린뱌오의 음모가 성공했다면 그는 아마도 우리 모든 원로를 파멸시켰을 것이다." 이로써 마오쩌둥은 천이를 학대한 책임을 한때 그의 '친밀한 전우'였던 린뱌오에게 전가했다. 마오쩌둥은 혹독하게 추운 날씨에 파자마 위에 외투를 걸친 채 병색이 완연한 모습으로 다리를 후들거리며 서 있었다. 그의 허약한 모습과 그의 발언은 추모제에 참석한 사람들에게 무엇보다도 설득력이 있었다. 문화 대혁명 희생자들과 화해하는 데 대중의 사랑을 받았던 동지에게 사죄하고 그에게 존경을 표하는 것보다 더 좋은 방법이 있겠는가?

중국의 모든 고위급 간부들은 마오쩌둥의 동의가 없었다면 천이가 비판을 당하는 일은 없었을 거라는 사실을 잘 알고 있었다. 그러나 당분간 그들은 천이의 죽음에 대한 책임이 린뱌오에게 있다는 거짓말을 받아들이기로 했다. 그들은 마오쩌둥이 자신의 잘못을 인정하길 기대하지 않았다. 옛 동료에 대한 마오쩌둥의 입장 전환은 자신들의 이익을 도모할 수 있는 기회였다. 마오쩌둥은 정치를 경제보다 우위에 두었지만 그렇다고 국민 경제의 개선을 위한 염원을 포기한 적은 없었다. 게다가 그는 중국 인민들의 마음을 조종할 수 있는 비범한 능력이 있긴 하나 여전히 당 지도자들이 필요했다. 문화 대혁명 내내 마오쩌둥과 함께 일했던 지도자들도 국가의 안정과 성장을 위해서 문화 대혁명 이전 일했던 관리들의 강력한 손길이 필요하다는 것을 알고 있었다. 1972년 마오쩌둥은 경험이 풍부한 원로 간부들, 1960년대 말 린뱌오가 정권을 잡았을 당시 지방에 파견된 군대 간부들을 다시 군영으로 불러들일 생각이었다. 그들은 대부분 아무 일도 하지 않고 있었다. 얼마 후 1972년 3월, 저우언라이는 당 조직을 복구하기 위해 400명이 넘는 명단을 작성했다. 마오쩌둥은 즉시 그들의 복귀에 찬성했다.[34] 1975년과 1978년 이 원로 간부들은 덩샤오핑을 도와 안정과 단결을 회복시키는 업무에 중요한 역할을 발휘했다.

1972년 5월, 저우언라이는 방광암 진단을 받았지만 이후부터 1973년 초까지 기존 계획에 따른 막중한 업무를 그대로 소화해 냈다.[35] 린뱌오의 비행기 추락 사고 이후 혼란 속에 저우언라이는 다른 관리들과의 막역한 인맥을 통해 국가가 더 깊은 혼란으로 빠져드는 것을 막을 수 있었다.[36] 그는 초기 암에도 불구하고 정력적으로 지혜롭게 다양한 배경을 지닌 사람들이 함께 일할 수 있는 방법을 찾아 나갔다. 섬세한 외교적 수완이 필요한 상황에서 저우언라이보다 더 능력 있는 사람은 없었다.[37]

저우언라이는 주요 임명과 민감한 문제에 대해서는 마오쩌둥의 동의를 구했고, 최대한 마오쩌둥이 지지할 만한 결정을 내리기 위해 노력했다. 마오쩌둥의 양보, 정돈이 필요하다는 마오쩌둥의 인정 속에 저우언라이는 더욱 강력하고 폭넓게 문제를 해결할 수 있었다. 저우언라이는 원로 간부들의 인간관계를 조정하고, 경제 질서를 재건설하고, 농촌 지역 내 급진 세력들의 극단적인 행동을 통제했으며, 서구 사회와 외교적 접촉을 확대하는 데 집중했다.[38] 그는 유명한 물리학자이자 베이징대학 총장을 지냈던 저우페이위안(周培源, 1902~1993)에게 이론 연구를 추진할 계획서도 제출하도록 했다.[39] 혼돈으로부터 질서를 바로잡으려는 저우언라이의 노력은 1975년 더 큰 범위에서 추진될 덩샤오핑의 정돈을 예시하고 있었다. 그렇기 때문에 1973년 말 저우언라이에 대한 마오쩌둥의 비판이 1976년 초 덩샤오핑에 대한 마오쩌둥의 비판을 예시하고 있었음은 그리 놀라운 일이 아니다.

중요한 일에 초점을 맞추고 덜 중요한 일은 제쳐 놓았던 덩샤오핑과 달리 저우언라이는 세부적인 일에 대한 놀라운 통찰력으로 크고 작은 일을 모두 함께 처리했다. 마오쩌둥이 그에게 재량권을 부여했을 때 그는 뛰어난 기억력으로 문화 대혁명 기간에 희생되었던 수많은 사람에 대해 큰 관심을 보여 주었다. 희생자들과 그의 가족들은 그들의 삶을 구제하고 고통을 줄여 준 저우언라이에게 무한한 존경심을 표했다. 저우언라이는 덩샤오핑과 그의 가족에게도 많은 관심을 보여 주었다. 1972년 12월, 저우언라이는 마오쩌둥의 동의를 얻었다고 생각하고 왕둥싱에게 덩샤오핑의 자리를 준비하도록 촉구했다.

그러나 문화 대혁명의 희생자들에 대한 저우언라이의 도움도 한계는 있었다. 저우언라이는 이러한 행동이 마오쩌둥의 심기를 거스를지도 모른다고 걱정했기 때문이다. 그의 걱정도 일리가 있었다. 1956년 정치국 회의 이후, 저우언라이는 개인적으로 마오쩌둥을 찾아가 일부 무모한 그의 경제 정책에 심적으로 동조할 수 없다고 말해 마오쩌둥의 기분을 망쳐 놓았다. 그때 비난을 받은 저우언라이는 이후 15년 동안 언제나 자신이 마오쩌둥의 의도를 관철하는 데 최선을 다하지 않고 있다는 의심을 사지 않기 위해 조심스럽게 행동했다.[40] 그런데도 마오쩌둥은 1958년 1월, 그에게 불같이 화를 내며 저우언라이가 우파로부터 겨우 50보 정도밖에 떨어져 있지 않다고 비난했다. 저우언라이는 이 비판으로 인해 다시 뒤로 물러섰다.

저우언라이는 문화 대혁명 동안 마오쩌둥의 지시를 이행하느라 기진맥진한 상태였다. 고통 속에서도 그는 자신이 보호해야 할 사람들을 방어하기 위해 애를 썼다.[41] 그는 심한 갈등 속에서도 서로 모순적인 이익의 균형을 잡는데 탁월한 능력자였다. 아마 마오쩌둥이 말하지 않아도 무엇을 생각하는지 저우언라이보다 잘 아는 사람은 없었을 것이다. 조화로운 정치적 수완, 당과 국가에 대한 지칠 줄 모르는 헌신, 침착하고 예의 바른 태도, 희생자에 대한 보살핌을 아끼지 않는 그를 떠받드는 이도 있었다. 저우언라이는 가능한 한 마오쩌둥의 지나친 행동을 제재하는 데 최선을 다했다고, 상황을 알고 있는 많은 이가 믿고 있었다. 그러나 모든 사람이 저우언라이를 영웅이라고 생각하는 것은 아니다. 예를 들면 천이의 가족은 저우언라이가 천이를 보호하지 않았다고 화를 냈으며, 저우언라이의 도움을 받지 못한 다른 희생자의 가족들 역시 엇비슷한 감정을 드러냈다. 또한 저우언라이가 악마와 한통속이 되었기 때문에 무시무시한 문화 대혁명에 대한 죄에서 벗어날 수 없다고 생각하는 사람도 있으며, 저우언라이가 분열의 위기에서 정권을 방어하지 않았다면 공포가 금세 끝나지 않았을까 하고 의문을 던지는 이도 있었다.

저우언라이와 문화 대혁명에 대한 이러한 관점에도 불구하고 마오쩌둥의 거대한 계획, 바로 중미 관계의 시작을 저우언라이보다 매끄럽게 처리한 사람은 없었을 거라는 것만은 분명한 사실이다. 저우언라이가 미국 국무 장관 헨리 키신저를 처음 만난 것은 1971년 7월 9일이었다. 린뱌오의 비행기 추락 사고가 일어나기 2개월 전의 일이었다. 키신저는 이듬해 2월 방문을 계획하기 위해 베이징으로 돌아왔다. 키신저는 후일 저우언라이가 자신이 만난 사람 가운데 가장 인상 깊었던 두세 명 중 하나라고 말한 적이 있다. 키신저 보좌관인 존 홀드리지(John Holdridge)는 저우언라이를 만나기 전 키신저의 분위기는 마치 체스 결승 대국을 앞둔 거장의 모습 같았다고 말했다.[42]

마오쩌둥과 저우언라이, 닉슨과 키신저

중국과 미국의 교역은 200년이 넘는 역사를 지니고 있다. 제2차 세계 대전 당시 4년 동안 동맹 관계였다가 이후 20년 동안 냉전 시대의 적수였던 두 나라는 1969년 외교 관계의 회복을 고려하기 시작했다. 마오쩌둥은 1969년 국경 분쟁 이후 소련 침공을 우려하여 한국 전쟁 이후 처음으로 서구 사회와 접촉을 늘리기로 결정하고 저우언라이를 파견해 회담에 들어갔다. 닉슨은 베트남 문제를 해결할 방법을 찾는 한편 소련에 맞설 장기적 협력 대상을 찾기 위해 키신저를 보내 저우언라이와 중국과의 수교를 협상하도록 했다. 1971년 닉슨의 방문을 준비하기 위해 파키스탄에서 베이징까지 이루어진 키신저의 드라마틱한 여정, 1972년 2월에 이루어진 놀라운 닉슨의 중국 방문은 이후 덩샤오핑 시대에 중미 관계의 급속한 성장을 위한 든든한 포석이 되었다.

1966년에서 1969년 중국과 소련의 관계 악화, 이로 인한 1969년 중소 분쟁은 모두 덩샤오핑과 관련이 없다. 그러나 그는 한 무리의 사람들을 이끌어 1961년에서 1963년까지 모스크바로 보내는 아홉 통의 공개 서한을 작성했으며, 또한 1963년 직접 모스크바를 방문해 중국 측 최후의 발언을 통해 중소 관계 악화가 정점으로 치닫게 되었다. 또한 덩샤오핑은 1973년 말 저우언라이 옆에서 중미 협상 실천을 돕긴 했지만 장시 하방 시절에 일어난 미국과의 관계 변화에서는 아무런 역할도 하지 못했다. 덩샤오핑의 성과는 그 후에 이루어진 일이었다.

서서히 복귀를 준비하다: 1972년 1월~1973년 4월

린뱌오가 죽고 16개월이 지난 1973년 2월이 되어서야 마오쩌둥은 덩샤오핑을 베이징으로 불렀다. 1966년, 마오쩌둥이 덩샤오핑을 호되게 비판했기 때문에 그리 쉽게 덩샤오핑을 받아들일 거라고는 기대할 수 없었다. 그는 또한 덩샤오핑을 어떻게 활용할 것인가에 대해서도 결정을 내리지 않은 상태였다. '자본주의 노선'을 걷는다고 맹렬한 비판을 가했던 그를 다시 불러들인 이유를 설명하는 것 또한 마오쩌둥에게는 큰 과제였다. 마오쩌둥의 전략은 사람들에게 높은 존경을 받던 총서기 덩샤오핑이 린뱌오로 인해 학대를 받았다고 밝히는 것이었다. 1972년 1월 천이의 추모제에서 마오쩌둥은 천이의 가족들에게 류사오치와는 달리 덩샤오핑의 문제는 그리 심각한 것이 아니라고 말했다. 이어 저우언라이는 천이의 가족들에게 덩샤오핑에 대한 마오쩌둥의 이러한 평가를 널리 알려야 한다고 했다.[43] 마오쩌둥의 이러한 표현은 덩샤오핑에게도 전해졌다. 이는 마오쩌둥이 1971년 9월 덩샤오핑이 보낸 서한을 읽었다는 증거였다. 그 후에도 또 많은 조짐이 나타났다. 그러나 덩샤오핑이 마오쩌둥에게 보내는 서한에 표현한 희망 사항에 대해 좀 더 확실한 지시가 전달된 것은 1972년 4월 26일의 일이었다. 막내아들 덩즈팡은 장시 공학원 입학이, 막내딸 덩룽은 장시 의학원 입학이 허락된 것이다.[44]

1972년 4월 26일, 이처럼 긍정적인 신호를 받게 된 덩샤오핑은 다시 대담하게 왕둥싱에게 편지를 보내 자신의 두 아이들이 학교에 입학하게 되었기 때문에 아내와 자신을 도와 큰아들을 돌봐줄 사람을 고용할 수 있을지에 대해 물어보았다. 그는 편지에 "저는 앞으로 몇 년간 더 일을 할 수 있도록 허락이 될지 계속해서 조용히 주석의 지시를 기다리고 있습니다."라는 말도 남겼다.[45] 덩샤오핑은 이에 대해 직접적인 대답을 받진 못했지만, 한 달 후 덩샤오핑과 쥐린의 봉급이 모두 원래의 수준으로 회복되었다.[46]

이후 덩룽은 덩샤오핑의 정치적 입지가 개선되었음을 알리는 이러한 암시들이 자신의 가족 전체에게 큰 용기를 주었다고 말했다. 간절하게 긍정적인 신호를 고대했던 덩샤오핑의 가족들을 보면, 마오쩌둥이 자신이 아프거나 린뱌오의 비행기 추락 사고로 낙담했을 때조차도 수하 사람들의 운명을 얼마나 완벽하게 통제할 수 있었는지 잘 보여 준다. 1972년 4월 22일 천원이 장시에서 베이징으로 돌아오도록 허락을 받은 후에도 거의 1년 동안 마오쩌둥은 덩샤오핑을 장시에 묶어 두었다.

마오쩌둥이나 왕둥싱으로부터 아무런 답변도 듣지 못한 채 수개월이 흐르고 난 후인 1972년 8월 3일, 덩샤오핑은 자신에게 품고 있는 의심을 풀어 주기 위해 마오쩌둥에게 다시 편지를 썼다. 덩샤오핑은 자기가 다니는 공장 노동자들에게 전달된 린뱌오와 천보다의 죄상을 열거한 문서에 대해 이야기를 들었다고 했다. 그는 린뱌오가 비록 능력 있는 장군이긴 하지만 대장정에서 비밀리에 마오쩌둥에 대항해 펑더화이와 결탁한 적이 있으며, 한국 전쟁 동안 군대를 지휘하라는 마오쩌둥의 요구를 거절한 적이 있었다고 적었다. 또한 린뱌오는 자신보다 마오쩌둥의 뜻을 더 잘 이해했지만 그저 '노삼편(老三篇)'*만을 강조하며 마오쩌둥의 사상을 단순화한 행태에 반대한다는 말과 함께, 마오쩌둥의 더 많은 저서가 운용되어야 한다고 인정했다. 또한 그는 린뱌오와 천보다는 아마 덩샤오핑 자신을 사지로 몰아넣어야 후련했을 것이니, 이렇듯 문화 대혁명 시절 그를 보호해 준 것에 마오쩌둥에게 감사하다는 뜻을 전달했다. 덩샤오핑은 마오쩌둥이 듣고 싶어 하는 대로 말하는 것에 대해 양심의 가책을 느끼지 않았다.

그의 편지에서 덩샤오핑은 1968년 6월과 7월에 쓴 모든 자아비판을 보강했다고 강조했다. 또한 1931년 광시 부대를 떠난 실수와 함께, 총서기 시절 때도 마오쩌둥 주석의 의견을 구하지 않는 등 잘못이 있었다는 점을 시인했다. 1960년에서 1961년까지 그는 자본주의적 사고방식을 버리지 않았으며 내지에서의 건설을 국방의 '삼선 산업'까지 연결하고자 했던 마오쩌둥의 결정을 효과적으

---

* 「인민을 위해 복무하라(爲人民服務)」, 「우공이산(愚公移山)」, 「노먼 베쑨을 기리며(紀念白求恩)」 등 마오쩌둥이 저술한 세 편의 단편.

로 관철하지 못했을 뿐 아니라 이를 실천하는 데도 실패했다고 인정했다. 그는 보고서를 작성하기 전 제때 마오쩌둥 주석에게 허락을 구하지 않았다고 반성했으며 문화 대혁명 동안 자신의 과오를 적발한 것은 당연한 것이라고 했다. 또한 편지에서 그는 중요한 문제에 대한 마오쩌둥의 우려를 덜어 주기 위해 노력했다. 그는 문화 대혁명 동안 비판받은 평결을 뒤집는 일은 결코 없을 것이며 마오쩌둥 주석의 프롤레타리아 혁명 전선으로 복귀할 것임을 알렸다.[47]

이러한 덩샤오핑의 메시지는 확실히 마오쩌둥이 듣고 싶었던 내용들이었다. 1972년 8월 14일, 덩샤오핑에게서 흡족한 편지를 받은 지 불과 며칠 만에 마오쩌둥은 저우언라이 총리에게 글을 보내 그의 베이징 복귀를 지시했다. 마오쩌둥은 덩샤오핑은 류사오치와는 다르다는 것을 강조하며, 그는 결코 적에게 항복한 적도 없으며 국민당에게 정보를 누설한 혐의도 없다고 했다. 게다가 덩샤오핑은 전투에서 류보청 장군을 지원했으며 그 밖에도 당과 국가에 많은 공헌을 했다고 말했다.[48] 마오쩌둥의 연락을 받은 저우언라이는 그날 바로 중앙위원회에 마오쩌둥의 서한을 보냈다.[49] 그러나 마오쩌둥의 아내인 장칭이 덩샤오핑의 복귀를 방해한 탓에 한동안 이에 대한 아무런 조치도 내려지지 않았다.[50]

1972년 9월, 덩샤오핑은 좀 더 많은 자유가 허락될 것이라고 예감하며 루이진(瑞金)을 포함한 장시 소비에트 지역 방문을 요구하고 이에 대한 허락을 받았다. 3년 만의 외출이었다. 그의 방문은 5일 동안 이루어졌고 성(省)급 지도자의 예우를 받았다. 덩샤오핑은 또한 1952년 이후 그의 비서였던 왕루이린을 이틀 동안 방문해도 좋다는 허락을 받았다. 왕루이린은 당시 장시 성 난창의 진셴 현(進賢縣)에 있는 57간부학교에서 노동 개조에 참여하고 있었다. 이후 덩샤오핑이 베이징으로 돌아왔을 때 왕루이린 역시 다시 돌아와 예전처럼 덩샤오핑을 보좌했다. 1972년 12월 18일, 저우언라이는 왕둥싱과 지덩쿠이(중앙정치국 후보위원)에게 왜 아직도 마오쩌둥이 8월에 내린 지시가 실행되지 않고 있는지 물어보았다. 12월 27일, 그들은 마오쩌둥의 확인을 거친 후 마침내 덩샤오핑이 베이징으로 돌아올 수 있다고 답변했다.[51] 다음 달인 1973년 1월, 바이둥차이(白棟才) 장시혁명위원회 서기가 덩샤오핑에게 이 기쁜 소식을 알려 주었다. 2월 20일, 공장에서 함께 일하던 노동자들이 덩샤오핑을 찾아와 작별한 후 덩샤오핑과 그의 가족들은 차로 잉탄(鷹潭)까지 이동해 다시 그곳에서 베이징행 기차에 올랐다.[52] 장시를 떠날 때 덩샤오핑은 "나는 아직 20년은 더 일할 수 있다."라고 말했다.[53] 실제로 그는 19년 8개월이 지난 후 중국공산당 제14차 전국대표대회에서 정치 무대를 은퇴했다.

베이징으로 돌아오다: 1973년

중국에서 비판받았던 사람이 다시 요직에 복귀하면 일반적으로 먼저 그가 다시 존중받고 있다는 암시를 내보인다. 이렇게 하면 다른 사람이 좀 더 쉽게 이러한 새 임명을 받아들일 수 있기 때문이다. 덩샤오핑이 다시 베이징에 모습을 보였다는 것만으로도 사실 그가 다시 중요한 역할을 맡게 되리라는 것을 암시했지만 1973년 2월 22일 장시에서 돌아온 덩샤오핑에게 곧바로 자리가 주어지지는 않았다. 그가 다시 등장했다는 소문이 퍼진 후 그는 몇 주 동안 옛 지인 몇 명을 만났을 뿐, 공식적인 회의에 모습을 드러내거나 그 어떤 일도 맡지 않았으며 마오쩌둥이나 저우언라이를 만나지도 않았다.

마오쩌둥은 저우언라이에게 이후 덩샤오핑에 대한 문제를 논의하기 위한 몇 차례 정치국 회의를 주재하도록 했다. 저우언라이를 이어 총리직을 맡을 잠재적 라이벌인 문화 대혁명 소조 장춘차오(張春橋, 1918~2005, 1975년 중국 부총리)와 장춘차오의 지지자 장칭은 덩샤오핑에게 주요 임무를 맡기는 데 강하게 반발했다. 그러나 마오쩌둥은 덩샤오핑이 일선에 복귀해서 정상적인 당 업무에 참여해야 한다고 고집했다.[54] 심사숙고하면서 토론을 벌인 결과 정치국에서는 덩샤오핑을 어지러운 문화 대혁명 동안 정부의 일상 기능을 담당했던 곳으로 저우언라이와 부총리 리셴녠(李先念, 1909~1992)이 관할하던 지도자 그룹인 업무조(業務組)에 덩샤오핑의 자리를 마련하기로 했다. 또한 매주 열리는 당 정기 회의에 덩샤오핑이 참석하도록 했다.[55] 3월 9일, 저우언라이는 마오쩌둥에게 이러한 결정을 요약 정리한 문서를 보냈다. 마오쩌둥의 승인을 거친 후 문서는 덩샤오핑과 당위원회로 교부되었고, 이어 현단급(縣團級)* 이상 당위원회에 하달되었다.[56]

베이징으로 돌아온 덩샤오핑이 저우언라이를 처음 만난 것은 1973년 3월 28일 저녁이었다. 그 자리에는 리셴녠(덩샤오핑 시대의 핵심 인물 956쪽 참조)과 장칭도 참석했다. 만남 이후 즉시 저우언라이는 마오쩌둥에게 덩샤오핑이 정신적으로나 육체적으로 모두 건강하며 바로 업무에 투입될 준비가 되어 있다고 보고했다. 바로 그다음 날 오후, 마오쩌둥은 6년 만에 처음으로 덩샤오핑과 대면했다. 그는 덩샤오핑에게 말했다. "열심히 하도록. 건강 조심하고!" 덩샤오핑은 주석에 대한 믿음으로 항상 건강을 유지하며 다시 주석이 불러 줄 날을 기다리고 있었다고 대답했다.[57] 그날 저녁 저우언라이는 마오쩌둥의 지시에 따라 정치국 회의를 열고 덩샤오핑이 부총리직을 맡아 외교 업무를 수행할 것이라고 선포했다. 당시 덩샤오핑은 정치국 정식위원은 아니었지만 주요 사안들을 논의하는 정치국 회의에 참석할 수 있었다. 저우언라이는 마오쩌둥에게 정치국 토론을 요약한 보고서를 보냈고, 마오쩌둥의 승인을 거쳐 덩샤오핑은 정식으로 임명되었다.[58]

1968년 이후 덩샤오핑이 처음으로 공식석상에 모습을 드러낸 것은 1973년 4월 12일, 캄보디아 왕자인 노로돔 시아누크(Norodom Sihanouk) 방문을 위한 연회에서였다. 그 자리에서 덩샤오핑은 부총리로 소개되었다. 참석자 가운데 일부는 매우 조심스럽게 덩샤오핑에게 호의를 보이긴 했지만 덩샤오핑과 나머지 사람들은 매우 자연스럽게 행동했다. 그가 모습을 드러낸 후 중국 간부들과 외국 기자들 사이에 덩샤오핑이 앞으로 어떤 역할을 맡게 될지 큰 관심이 모아졌다.[59]

마오쩌둥은 분명히 덩샤오핑에게 중임을 맡기고자 했다. 1973년 즈음에 덩

---

* 지방의 현과 군대의 사단급 행정 등급.

샤오핑은 점차 중요한 지도자가 되어 갔다. 먼저 고위급 회의에 참석한 후 저우언라이 아래서 일을 하다가 8월에 중국공산당 제10차 전국대표대회 중앙위원회 일원이 되었으며, 12월 마오쩌둥에 대한 충성심이 입증되면서 정치국 및 중앙군사위원회 위원이 되었다.

저우언라이 아래에서 일하면서 덩샤오핑은 1973년 4월부터 캄보디아, 멕시코, 일본, 북한, 말레이시아, 네팔, 콩고, 필리핀, 프랑스, 캐나다, 호주에서 온 손님들을 만나는 자리에 저우언라이와 함께 배석했으며 공항 영접이나 전송에 나섰다. 그는 외빈이 참석한 일부 회의에 자리하긴 했지만 그들과 함께하여 토론하는 임무는 주어지지 않았다.[60]

마오쩌둥, 왕훙원을 육성하다: 1973~1974년

이전 중국의 연로한 지도자들과 마찬가지로 마오쩌둥 역시 자신을 대신할 젊은 지도자를 육성하는 데 많은 관심을 가지고 있었다. 린뱌오가 죽고 자신도 건강에 문제가 생기면서 후계자 문제는 큰 압박으로 다가왔다. 마오쩌둥은 후계자 문제에 대해 수세기 동안 역대 중국 지도자들의 방법을 떠올리며 자신의 전략을 구상했다. 이는 바로 선택의 여지를 열어 두는 것이었다. 그는 권력을 손에 쥔 채 자신의 생각에 대해 암시나 힌트를 주면서 계속 사람들을 관찰했다. 그렇게 되면 언제든지 생각을 바꿀 수 있었다. 1971년에서 1972년 9월까지, 마오쩌둥은 당 중앙에서 일을 하도록 전도유망한 젊은 간부 세 명을 베이징으로 불러들였다. 그 첫 번째 인물이 화궈펑이었고 이어 왕훙원과 우더(吳德, 1913~1995)가 불려 왔다. 1972년 말, 마오쩌둥은 공산당에 충성스러운 젊고 강력한 왕훙원을 염두에 두었다. 마오쩌둥은 왕훙원이 노동자 출신이며 참전한 경험이 있다는 점과 또한 자신감 넘치고 확신에 찬 확고한 지도자적 성향이 마음에 들었다(덩샤오핑 시대의 핵심 인물 966쪽 참조).

마오쩌둥은 왕훙원에게 정부를 이끌어 갈 지식이나 배경이 부족하다는 것을 잘 알고 있었다. 그러나 최고 지도자가 될 수 있는 유력한 후보로서 잠재적 능력을 지닌 확실한 좌파라고 믿고 있었다. 실제로 마오쩌둥은 왕훙원에게 당 지도자 직위를 맡김과 동시에 저우언라이를 대신할 정부 수뇌를 선발할 생각을 하기 시작했다.

마오쩌둥, 덩샤오핑을 저우언라이의 협조자로 삼다

중국 역사를 돌이켜보면 나이가 들고 기력이 다한 황제들은 대개 충신을 멀리하고 아부를 일삼는 측근 내시들을 가까이했다. 마오쩌둥 역시 그들과 흡사했다. 그는 주로 세 명의 여인을 통해 외부와 접촉했다. 그의 집에 함께 살던 기요 비서 장위펑(張玉鳳)과 두 여성, 즉 마오쩌둥의 통역사 탕원성(唐聞生, 낸시 탕), 조카(실제로는 사촌의 손녀) 왕하이룽(王海容)이다. 탕원성은 마오쩌둥의 전용 열차 안내원이었는데, 매우 매력적이며 지적 수준이 높은 여성으로 상류 정치의 복잡 미묘한 내부 상황을 알지는 못했지만 정치적 통찰력이 뛰어났다. '두 여성'은 원래 외교부에서 파견한 사람으로 외국 손님을 만날 때 마오쩌둥을 보좌했다. 마오쩌둥이 외빈을 만나기 전과 후에 만나 이야기를 나누던 두 여성은 점차 역할이 확대되어 이후 외부 세계를 이어 주는 가교 역할을 했다. 그들은 자신들의 견해에 상관없이 외부인을 만날 때 마오쩌둥에 충성했으며, 외부인들은 점차 그들을 마오쩌둥의 좌경 사상을 대변해 주는 인물로 생각하게 되었다. 예를 들어, 마오쩌둥이 저우언라이를 공격할 때 두 여성은 저우언라이에 대한 마오쩌둥의 의견을 전달했다. 이러한 상황으로 인해 마오쩌둥이 저우언라이를 비판할 때 두 여성과 저우언라이의 관계는 심각한 상황에 놓이게 되었다. 마오쩌둥은 이들이 저우언라이의 행동에서 문제가 될 만한 것들을 말해 주길 기대했다. 1973년 루게릭병에 걸린 마오쩌둥은 고개를 똑바로 들기도 어려웠고 말도 똑바로 할 수 없었다. 1972년 2월에는 의식 불명에 빠지기도 했으나 그로부터 9일 후 그는 닉슨을 만날 수 있었다. 마오쩌둥은 중국 역사와 문학에 심취했다. 그러나 주요 인사, 자신의 명망, 인적 관계 조정 같은 관심사에 대해서는 여전히 함부로 속내를 드러내지 않고 노회한 옛 모습 그대로 빈틈이 없었다. 이러한 부분에 대해 그는 확실하게 권력을 손에 쥔 채 자신의 중간 연락병들을 계획적으로 이용했다.

황제들은 나이가 들면 후계자를 선정하는 것 이외에도 이후 역사적 평가에 대해 많은 신경을 썼다. 마오쩌둥 역시 역사가 자신을 어떻게 평가할 것인지에 관심을 가졌다. 1945년 장제스와 회담할 때 그는 1936년에 쓴 사(詞)로, 상당히 유명한 「심원춘(沁園春)·설(雪)」*에서 이렇게 읊었다.

> 애석하게도 진시황, 한 무제는 문재에 약했고,
> 당 태종, 송 태조도 문화적 재화는 부족하더라.
> ……
> 풍류의 인물 보려거든, 오늘을 보아야 하리.

과대망상과 욕망으로 치면 전 세계 지도자 가운데 마오쩌둥 역시 빠질 수 없는 인물이다. 권력이 정점에 달했을 때 그는 자신의 활동 영역이 대폭 늘어났지만 건강에 대한 적신호와 연로한 나이로 인해 역사적 지위와 그의 유산을 이을 후계자에 대해 더욱 관심을 쏟았다.

마오쩌둥은 또한 끊임없이 누군가 자신의 권력을 빼앗으려 한다는 걱정을 떨쳐 버리지 못했다. 이 부분에서도 세계 그 어느 지도자 못지않았다. 그러나 저우언라이에 대한 그의 의심이 마냥 터무니없는 것은 아니었다. 그는 저우언라이가 자신보다 오래 산다면 자신의 계급 투쟁과 혁명 과제를 포기할지 모른다고 생각했으며, 또한 시대적 공적을 깎아 내릴 것이라고 우려했다.[6] 저우언라이는 정부 관리와 대외 관계에 대한 수완이 뛰어났으며 탁월한 기억력의 소

---

* 1936년 홍군이 황허 강을 건너 산시 성 서부로 들어가기 전 마오쩌둥이 지은 시. 1945년 류야즈(柳亞子, 1887~1958, 중국 시인)에게 보낸 서한에서, 이 시를 처음 산시 성 북쪽에서 대설을 봤을 때 지었다고 적고 있다.

유자였다. 고위급 관리들은 마오쩌둥이 저우언라이를 싫어하지만 또한 그를 필요로 한다는 사실을 잘 알고 있었다. 저우언라이는 1930년대 상하이에 많은 수의 내부 첩보 요원을 거느리고 있었으며, 여전히 그들은 저우언라이에게 충성을 다했다. 그들의 신분은 철저히 베일에 싸여 있었다. 마오쩌둥은 이처럼 거대한 비밀 조직을 거느린 인물을 제거하는 데 주의했다. 저우언라이는 류사오치나 린뱌오처럼 마오쩌둥의 권력에 위협적인 인물이 되지 않도록 각별히 주의했다. 그러나 1973년이 되자 마오쩌둥은 고위 간부들의 눈에 저우언라이가 좋은 지도자로서 인식되고 있음을 쉽게 파악할 수 있었다. 그들 눈에 저우언라이는 되도록 질서를 유지하고 남을 배려하며 나쁜 지도자의 그릇된 계획으로 인한 파괴를 제어하려는 인물로 비쳤다.

마오쩌둥에게 문제는 저우언라이가 권력을 찬탈할지도 모른다는 것이 아니라 저우언라이의 명성이 자신을 능가할지 모른다는 것, 저우언라이가 미국에 지나치게 유연한 태도를 취할지도 모른다는 것이었다. 저우언라이가 그보다 더 오래 살 경우 이는 특히 심각한 문제가 될 수 있었다. 이에 탕원성과 왕하이룽이 '저우언라이의 외교 정책'에 대한 칭찬 일변도의 외국 매체 보도를 보고했을 때 마오쩌둥의 낯빛은 좋지 않았다.[62] 그는 "저우언라이가 아니라 나, 마오쩌둥의 외교 정책이었어."라고 말했다. 그 후 마오쩌둥은 저우언라이의 명망을 약화시키기 위한 방법을 생각했고, 저우언라이의 암이 악화되었다는 소식을 접하자 저우언라이가 아닌, 마오쩌둥에게 충성할 저우언라이의 계승자를 확보하는 데 주력했다.[63]

마오쩌둥은 집착이 강하고 괴팍하며 여러 가지 그릇된 노선을 택했으나 그럼에도 대전략가이며 인재를 구분할 줄 아는 안목이 있다는 점은 그의 부하들도 인정했다. 마오쩌둥의 눈에 든 또 하나의 정치 지도자로 외교 사무뿐 아니라 여러 가지 복잡한 문제를 능수능란하게 처리한 덩샤오핑을 보면 이러한 그의 능력을 알 수 있다.[64] 반세기 전, 프랑스에 있을 당시 덩샤오핑은 그의 상급자인 저우언라이와 가깝게 지냈다. 그러나 1930년대 초 덩샤오핑이 장시 소비에트 지구에 있을 때 마오쩌둥과 인연을 맺고 이후에 발탁될 수 있었던 것은 그가 저우언라이가 아닌 마오쩌둥의 사람이었기 때문이었다.[65] 1973년, 저우 언라이는 매우 복잡하고 특이한 외교 정책을 대거 처리했으며, 이로 인해 덩샤 오핑은 그해 봄, 저우언라이의 조수로서 많은 것을 배울 수 있었다. 마오쩌둥 은 1960년대에 자신보다는 류사오치를 가까이했던 덩샤오핑에게 실망감을 느 꼈다. 이러한 이유로 마오쩌둥은 덩샤오핑에게 중임을 맡길 경우 덩샤오핑이 문화 대혁명 전 몇 년 동안처럼 자신이 아닌 저우언라이에게 더 협조적이지 않 을까 의심했다. 문화 대혁명을 비판하고 마오쩌둥에 대한 역사적 평가에 따라 그의 잘못을 더욱 강조할 위험이 있지 않을까?[66] 1973년 내내, 마오쩌둥은 덩 샤오핑을 매우 면밀히 관찰했다.

중국공산당 제10차 전국대표대회: 1973년 8월

1973년 8월 24일부터 28일까지 중국공산당 제10차 전국대표대회가 개최 되었다. 마오쩌둥은 병세가 심각해져 1949년 이후 처음으로 직접 연설을 할 수 없었다. 관례대로 총회 후 인사 임면을 알리는 중앙전체회의(약칭 중전회(中全 會))가 열렸다. 이 회의는 마오쩌둥이 출석한 마지막 중전회가 되었다. 중전회 가 열렸을 당시, 마오쩌둥은 혼자서는 거의 설 수조차 없는 상태였다. 그는 참 석자들이 모두 자리를 떠날 때까지 기다렸다. 혼자서는 움직이는 것조차 힘든 자신의 모습을 보여 주고 싶지 않았기 때문이다. 마오쩌둥은 여전히 전체적인 지시를 내리고 중요한 인사 임면을 결정할 권한을 가지고 있었지만 참석자들 은 그의 병세에 다음 후계자 계승 문제를 생각하지 않을 수 없었다.

당시 서른여덟 살이었던 왕훙원은 제10차 전국대표대회에서 단번에 지위 가 격상되었다. 국내외 지도자들 모두 마오쩌둥의 당 수뇌 자리를 계승할 강 력한 후보자로 그를 생각했다.[67] 당내 간부들 사이에서도 이미 두 달 전, 왕훙 원이 선거준비위원회 주임으로 발탁되었을 때부터 그의 지위가 부각되고 있 었다. 새로운 중앙위원이 모두 이 위원회를 통해 지명되었기 때문이었다. 또한 그에게 새로운 당장을 준비하는 임무가 맡겨졌다. 새로운 당장을 보고하는 일은 1956년 덩샤오핑이 중국공산당 제8차 전국대표대회에서 맡았던 임무로, 당시 덩샤오핑 역시 마오쩌둥의 뒤를 이어 당의 지도자 지위를 계승할 가장 유력한 후보자로 거론되고 있었다.[68] 총회에서 왕훙원은 당 부주석으로 임명되어, 마오쩌둥과 저우언라이의 뒤를 잇는 세 번째 인물이 되었다. 다른 지도자들, 해외 외교관들, 해외 매체까지 모두 마오쩌둥의 후계자로 그를 손꼽기 시작했다.[69]

전국대표대회에서 덩샤오핑의 역할은 왕훙원과 비교가 되지 않았다. 그는 중앙위원으로 선출되었지만 지도자 역할을 맡지는 않았다. 제10차 전국대표대회는 린뱌오 사후 새로운 지도자 그룹을 구성하고 린뱌오의 측근자들을 제거하기 위한 작업으로 분주했다. 1956년 제8차 전국대표대회나 린뱌오가 주연을 맡았던 제9차 전국대표대회처럼 토론할 문제를 총괄하지 않았다. 24일간 거행되었던 제9차 전국대표대회와 비교해 제10차 전국대표대회는 겨우 5일 동안 개최되었으며, 왕훙원과 저우언라이가 회의에서 두 차례 주요 보고를 했다. 둘을 합쳐 기껏해야 한 시간도 되지 않았으니 공산당 대표대회의 일반적인 보고에 비해 훨씬 간략했다. 당시 대회를 통해 새로운 지도자 그룹이 발표되었다.[70] 이는 린뱌오 시대의 종말을 상징하는 것이었지만 그렇다고 새로운 강령이 나온 것도 아니었다. 대회는 린뱌오 비판, 린뱌오 실각 이후 조사, 정리 작업, 1973년 경제 계획이라는 세 가지 의제를 상정했다.[71] 저우언라이의 정치 보고 가운데 거의 절반이 린뱌오 비판으로 채워져 있었다. 경제 계획에 대한 구체적 내용은 다루어지지 않았다. 당시 경제는 혼란에 빠져 있었기 때문에 지도층에서조차 5개년 계획 가운데 남은 두 해, 1974년과 1975년에 대한 계획을 세울 수 없었다.

아마도 제10차 전국대표대회의 가장 큰 변화는 많은 고위 간부가 중앙위원회로 복귀했다는 점일 것이다. 1973년 말, 덩샤오핑이 거대한 권력을 손에 넣게 되었을 때 그들은 중요한 지지 기반이 되었다. 그들은 린뱌오가 주도했던 제9차 전국대표대회에서 발탁되었던 군대 간부들을 대체했다. 새로운 191명의 중앙위원회 위원 가운데 마흔 명이 문화 대혁명 동안 비판을 받고 다시 자리에 복귀한 고위 간부들이었다.[72] 마오쩌둥에게서 허락을 받고 자리에 복귀한 사람 중에는 부총리 탄전린이 있었다. 그는 화이하이 전투에서 덩샤오핑이 지휘하던 총전위의 사령관 중 하나로, 1967년 2월 문화 대혁명에 대한 비판을 서슴지 않던 인물이다. 이 밖에도 왕전과 덩샤오핑이 포함되었다. 덩샤오핑은 전까지 오직 외빈 배석 자리에만 참가하도록 허용되었지만 7월 중순 이후 회담에 참석하기 시작했다.[73]

젊고 경험도 없는 왕훙원 같은 조반파 우두머리를 발탁한 마오쩌둥의 결정에 원로 간부들은 화가 났다. 8월 21일, 제10차 전국대표대회가 개최되기 전에 열린 마지막 정치국 회의에서 원로 간부들은 왕훙원의 임명에 대한 반대 의견을 과감하게 제출했다. 쉬스유 장군은 감히 입을 열지 못하는 원로 간부들을 대신해서 저우언라이 부주석 하나면 충분하다고 말했다가 압력이 가해지자 다시 말을 바꿔 캉성과 예젠잉을 더했다.[74] 그러나 마오쩌둥은 자신의 고집대로 왕훙원을 임명했다. 문화 대혁명 동안 비판을 받을 원로 간부를 선택하는 데 사악한 역할을 했던 캉성 역시 임명되었다. 그러나 그 외에 임명된 부주석 두 명, 저우언라이와 예젠잉은 경험도 많고 온화한 성향을 지닌 지도자였다.

대회에서 저우언라이는 정치 보고를 하긴 했지만 보고문 초고를 작성한 것은 장칭의 두 지지자인 장춘차오와 야오원위안(姚文元, 1931~2005)이었다. 이에 대회 문서는 린뱌오를 비판하는 내용이었지만 기본적으로 린뱌오가 정권을 잡았을 당시 제9차 전국대표대회의 좌경 성과를 긍정하고 있었다. 사실상 제10차 전국대표대회 이후 정치국 성원들은 여전히 급진파의 통제를 받고 있었다. 제10차 전국대표대회 이후 스물한 명의 새로운 정치국 위원 가운데 네 명의 급진파, 바로 왕훙원, 장춘차오, 장칭, 야오원위안은 비록 함께 작업을 하는 그룹은 아니었지만 유사한 관점을 가진 자들로, 이후 악명 높은 '사인방(四人幫)'이 되었다. 우더, 천시롄(陳錫聯), 지덩쿠이를 포함한 또 다른 정치국 구성원들은 비록 급진적이라 할 수는 없지만 좌파 성향이 강했다. 마오쩌둥은 '군중 대표'인 농민과 노동자 대표를 이용해 중앙위원회로 돌아온 원로 간부들과 균형을 잡으려 했다. 비록 '그들의 사상적 수준이 조금 낮긴' 하다는 점은 인정했지만 군중 대표들을 의지해 지속적인 혁명을 주장하는 급진파들을 지지할 수 있었다.

덩샤오핑은 새로운 자리를 얻었지만 새로운 책무를 부여받은 것은 아니었다. 그러나 날카로운 관찰자들은 이미 덩샤오핑과 왕훙원을 함께 일하게 하려는 마오쩌둥의 의중을 읽을 수 있었다. 그는 덩샤오핑과 왕훙원이 서로 이해할 수 있도록 두 사람이 함께 시찰을 나가도록 했다.[75]

마오쩌둥, 저우언라이를 비판하다: 1973년 11~12월

1973년 2월, 마오쩌둥을 만난 헨리 키신저는 중국을 대가로 소련과 협력한 미국의 태도에 마오쩌둥이 화가 나 있다는 사실을 알아챘다. 그해 11월, 키신저가 다시 베이징을 방문하자 마오쩌둥은 미소 협력에 불만을 드러냈을 뿐 아니라 미국과 교류에 지나치게 유약한 모습을 보이는 저우언라이를 비난했다. 그는 여름에 미국이 "중국의 어깨를 밟고" 있다는 말로 중국을 이용해 소련과 협정을 맺으려 한다고 혹독히 비판했다. 1973년 6월, 미국을 방문한 브레즈네프가 캘리포니아 주 샌클레멘테에서 닉슨을 만나 '핵전쟁방지협정'을 체결하자 마오쩌둥의 의심은 점차 더 심해졌다. 중국은 브레즈네프 방미 후 즉시 백악관에 정식 각서를 보내 미국이 소련을 도와 평화 포즈를 취하는 것은 소련의 확장주의를 엄폐하는 것과 마찬가지라고 비난했다.[76] 마오쩌둥은 미소 양국이 체결한 협정을 통해 소련은 중국을 향해 무기를 조준할 것이며, 미국은 이에 대해 아무런 반응도 하지 않을 것이라고 의심했다.

마오쩌둥은 지나치게 미국에 영합하는 저우언라이와 외교부의 태도로 인해 미국이 중국을 이용해 소련과의 관계를 개선하려 한다고 질책했다. 또한 그는 미국이 대만과 왕래를 줄이고, 중국과 국교 정상화를 추진하는 데 소극적 태도를 보이는 데 화가 났다. 닉슨은 일찍이 1976년에 중미 관계 정상화를 실현하겠다고 약속한 적이 있다. 그런데 사정이야 어떻든지 간에(워터게이트에 대한 조사로 닉슨의 실권이 약화되면서 그는 국회에서 중미 국교 정상화에 대한 의안을 통과시킬 수 없었다.) 미국이 소련과의 관계를 개선하는 데 중국을 이용하고 있다는 것이었다.

1973년 11월, 베이징에 도착한 키신저는 마오쩌둥으로 인해 저우언라이의 권력이 전과 같지 않음을 발견했다. 저우언라이는 '지나치게 유가주의적이다.'(너무 온화해서 중국의 이익을 위해 싸우지 않는다.)라는 지적에 매우 민감했다. 그는 중국이 여전히 공자의 영향을 받고 있다는 키신저의 말에 버럭 화를 냈다. 키신저의 회고에 따르면, 수십 시간 동안 회담하는 사이 저우언라이가 화를 낸 건 그때 단 한 번뿐이었다. 저우언라이는 확실히 압박을 받고 있었다. 두 여성은 마오쩌둥에게 그의 언행을 보고했다. 키신저가 베이징에 갔을 때 미국은 레너드 웅거(Leonard Unger)를 대만 주재 미국 대사에 임명했으며 대만에 새로운 군사 기술을 제공하겠다고 약속했다. 이에 마오쩌둥은 매우 화가 난 상태였다.

11월, 키신저와 회담을 가진 다음 날, 저우언라이와 탕원성은 마오쩌둥에게 보고를 올리러 갔다. 저우언라이가 마오쩌둥에게 키신저가 건의한 내용을 알렸다. 중국이 일본과의 관계에서보다 좀 더 탄력적으로 교류를 갖고, 워싱턴이나 대만과 좀 더 가까운 관계를 맺을 수 있도록 해 준다면 워싱턴에서도 국회의 동의를 얻어 중미 관계 정상화를 향해 한걸음 더 나아갈 수 있을 것이라는 내용이었다. 그러자 탕원성이, 이는 마치 두 개의 중국을 인정하는 정책처럼 들린다고 말했다.[77] (저우언라이는 이후 키신저에게 "우리는 주석과 함께한 자리에서 감히 이런 설명을 곁들일 수 없었는데 탕원성은 대담하게 이 말을 하더군요."라고 말했다.) 대만과 대륙, 둘과 모두 밀접한 관계를 유지하겠다는 키신저의 제안을 저우언라이가 진지하게 경청했다는 소리를 듣자 뼛속까지 애국자인 마오쩌둥은 크게 화를 냈다.

키신저는 저우언라이에게 중국의 핵무기 개발을 소련이 받아들이지 않는다고 말했다.[78] 그는 또한 소련이 행동을 취할 때 신속하게 정보를 교환할 수 있도록 미중 양국이 핫라인을 개설하자고("중국 군대의 약점을 보완하고 예비 경보 시간을 연장하기 위해") 말했다. 키신저 방문 마지막 날(11월 14일) 오전, 그들은 정보 공유에 관한 문서 초안을 교환했다.[79]

키신저와 저우언라이의 회담 내용을 보고받은 마오쩌둥은 이 건의 내용이 1950년대 말, 중국에 소련이 연합 함대를 제공하겠다고 한 건의와 닮은꼴이라는 생각이 들었다. 바로 그 건의 때문에 그는 소련과 단교를 했었다. 소련에게 권력을 내주는 행위는 중국의 주권에 해가 된다고 여겼기 때문이다. 당시 마오쩌둥은 저우언라이가 미국에 정보 수집 권한을 부여하는 것은 중국의 독립적 지위에 해가 될 것이라고 생각했다.

늘 마오쩌둥의 기분을 살폈던 장칭은 또한 언제나 저우언라이를 내칠 시기를 엿보고 있었다. 좋은 기회가 왔다고 생각한 장칭은 저우언라이가 미국인들의 비위를 맞추는 데 정신이 없다고 말했다. 장칭은 저우언라이를 투항파라고 지칭했다.[80] 중국 외교의 자존심을 더 꼿꼿하게 세워야 한다고 생각한 마오쩌둥은 저우언라이를 맹공격했다.

키신저 방문 직후인 1973년 11월 25일에서 12월 5일까지, 마오쩌둥은 인민대회당에 정치국을 소집해 저우언라이 비판 회의를 열었다. 린뱌오의 죽음 이후 마오쩌둥은 일상 업무에 별 관심을 보이지 않았다. 그러나 저우언라이 비판 모임에 관해 그는 참석자 명단과 더불어 그들의 발언 내용, 전체적인 분위기까지 모든 것을 주관했다. 그의 눈에 저우언라이는 이미 우경화된 투항주의자였다.[81] 정치국 성원 모두 저우언라이에 대해 공개 비판을 하라는 요구를 받았다. 저우언라이는 상세하게 자아비판서를 작성했다. 그러나 마오쩌둥은 이에 만족하지 않고 좀 더 깊이 반성하라는 지시를 내렸다. 1973년 11월 회의 이후 키신저는 저우언라이를 만날 수 있었지만 저우언라이는 앞으로 더 이상 그와 협상을 하거나 만나는 것도 허락받지 못할 것이라고 했다.

마오쩌둥, 덩샤오핑에게 직무를 맡기다: 1973년 12월

11월 키신저의 방문 이후, 마오쩌둥은 미국과 교류를 위해 당시 소련에 대한 확고한 대항 의지를 보였던 덩샤오핑에게 마음을 주기 시작했다. 1973년 12월, 덩샤오핑은 지시에 따라 저우언라이 비판을 위한 정치국 회의에 참석했다. 프랑스 시절과 상하이 지하공작 시절, 그리고 1950년대 초 베이징에서 일을 했을 때, 저우언라이는 덩샤오핑에게 형과 같은 존재였다. 그러나 마오쩌둥은 덩샤오핑이 저우언라이가 아닌 자기편에 설 것이란 희망을 품는 이유가 있었다. 1940년대, 정풍 운동(整風運動)* 기간 동안 덩샤오핑은 마오쩌둥 곁에 있었다. 그러나 저우언라이는 그러지 않았다. 1931년 '마오쩌둥파의 우두머리(毛派頭子)'라고 비판을 받은 이후 덩샤오핑은 계속 마오쩌둥을 따랐으며, 1950년대 마오쩌둥에게 중용되었다. 1956년 이후 당 총서기직을 맡게 된 덩샤오핑은 때로 저우언라이와의 관계가 껄끄러웠다. 저우언라이는 당내 서열이 덩샤오핑보다 높았지만 당내 일상 업무를 책임진 덩샤오핑에게 업무를 보고하고 지시를 받아야 했다.[82] 저우언라이는 또한 문화 대혁명 기간에도 덩샤오핑을 보호하지 않았다.[83]

덩샤오핑은 회의에서 자신이 말한 내용이 곧바로 두 여성을 통해 마오쩌둥에게 전해진다는 것을 알고 있었다. 회의가 끝나 갈 무렵, 덩샤오핑이 저우언라이에게 말했다. "주석에서 단 한 발짝 떨어져 있을 뿐입니다. 다른 사람들은 가고 싶어도 못 가는 위치에 있지만 당신에겐 가능한 일입니다. 제 말을 잘 생각해 보세요."[84] 덩샤오핑의 말은 표면적으로는 악의적인 말이 아닌 것 같지만 사실 여기에는 무시무시한 의미가 담겨 있었다. 덩샤오핑은 저우언라이가 마오쩌둥을 넘어 그의 자리를 탈취할 수도 있음을 암시하고 있었다. 두 여성이 덩샤오핑의 발언을 마오쩌둥에게 보고하자 위협을 느낀 마오쩌둥은 그 즉시

---

* 1941년 중국공산당 당내 투쟁을 효과적으로 전개하기 위하여 마오쩌둥이 주창한 당원 활동 쇄신 운동. '학풍(學風)', '당풍(黨風)', '문풍(文風)'의 삼풍 정돈(三風整頓)이라고도 한다.

덩샤오핑을 불러 이야기를 나누었다.

며칠 후, 마오쩌둥은 정치국 회의를 열어 덩샤오핑을 군사위원 겸 정치국 정식위원으로 임명하자고 제의했다. 마오쩌둥이 중앙전체회의에서 심사 요청을 거치지 않은 채 임명권을 행사한 것은 역사상 처음 있는 일이었다.[85] 저우언라이는 여전히 명목상 총리직을 유지했다. 그러나 덩샤오핑은 그와 함께 외빈 접견 자리에 참석했다. 비록 저우언라이의 건강은 7개월 후인 1974년 5월까지도 10시간 넘는 비행을 통해 중국 대표로 유엔 총회에 참석할 수 있을 정도이기는 했으나 마오쩌둥은 자신을 대신할 인물로 덩샤오핑을 미국에 보냈다. 저우언라이가 수술을 위해 1974년 6월 1일 병원에 입원한 후, 덩샤오핑이 외빈을 접대하기 시작했다.[86]

군대를 강화하다: 1971~1974년

린뱌오가 소련으로 가던 중 비행기 추락 사고를 당해 사망한 후, 마오쩌둥은 군 지도자들의 단결심과 충성심을 확보할 필요가 있었다. 그는 린뱌오 사망 이전부터 이미 린뱌오에 대항할 자신의 지지 세력을 강화시켰다. 예를 들어 1971년 8월, 그는 직접 화중 지역과 화남 지역 부대를 시찰하고 린뱌오의 이견에 대해 공개적으로 발언했다. 그는 또한 일부 군대 지도자들을 교체하여 린뱌오의 세력을 약화시켰다.[87] 비행기 추락 사고 이후 정치국의 군대 간부 네 사람, 즉 황융성(黃永勝), 우파셴(吳法憲), 리쭤펑(李作鵬), 추후이쭤(邱會作)는 열흘 안에 린뱌오와 경계를 분명히 하라는 요구를 받았다. 실제 이들은 수일이 지난 후 바로 체포되어 1980년대 말이 되어서야 풀려났다.

펑더화이를 교체한 후 1959년, 마오쩌둥은 린뱌오의 도움으로 부대를 결속시켰다. 마찬가지로 린뱌오가 죽었으니 다시 군대에 대한 중앙의 지도를 강화할 필요가 있었다. 마오쩌둥은 우선 군대 내부에서 덕망 있고 적이 없는 예젠잉의 힘을 빌렸다. 그는 린뱌오보다 열 살이 많았으며, 권력에 대한 야심도 없었다(덩샤오핑 시대의 핵심 인물 961쪽 참조). 그러나 1973년 말, 그보다 훨씬 수완이 좋은 덩샤오핑에게 중미 관계를 처리하도록 지시한 마오쩌둥은 다시 덩샤오핑을 이용해 군대에 대한 통제를 강화하고자 했다.

중국공산당 제10차 전국대표대회가 막을 내리고 얼마 지나지 않아 마오쩌둥은 왕훙원과 덩샤오핑을 시험하기 위해 그들에게 자신이 죽고 난 후 벌어질 상황에 대해 물어본 적이 있다. 왕훙원은 주석의 혁명 노선이 계속 이어질 것이라고 대답했다. 이에 비해 군구 사령관 권력을 잘 알고 있었던 덩샤오핑은 아마도 군벌이 혼전을 벌이고 나라는 대란에 빠질 것이라고 대답했다. 마오쩌둥은 덩샤오핑이 더 나은 대답을 했다고 생각하고, 연말에 군구 사령관에 대한 대대적인 교체에 들어갔다.[88]

역시 마찬가지로 제10차 전국대표대회가 끝나고 난 후 마오쩌둥은 이제 막 당 부주석에 오른 군 지도자 리더성(李德生)이 린뱌오가 살아 있을 당시 충성을 맹세하는 편지를 올렸다는 사실을 알았다. 마오쩌둥은 깜짝 놀랐다. 그는 다른 군구의 사령관들 역시 린뱌오에게 가까이했을지도 모른다는 생각에 그들을 이동시키기로 결정했다. 자리 이동 후 측근을 규합하지 못하도록 모두 자기 측 사람들을 데려가지 못하도록 했다.

마오쩌둥은 또한 다른 일부 군대 지도자들 역시 린뱌오에게 충성의 서한을 보냈다는 사실을 알고 린뱌오를 위해 일했던 베이징 지도급 인사에 대해서도 점차 의심을 품기 시작했다. 그는 린뱌오와 관계가 없었던 군구 지도자들을 베이징으로 이동시키기로 결정했다. 린뱌오가 대권을 잡고 있을 당시 덩샤오핑은 계속 장시에 있었기 때문에 마오쩌둥은 덩샤오핑이 린뱌오와 친밀한 관계를 맺을 수 없었을 거라고 생각했다. 또한 두 핵심 군대 지도자로 선양 군구로 전근 가게 된 리더성과 베이징 군구 사령관이라는 민감한 직무를 맡았던 천시롄 모두 덩샤오핑의 제2야전군에서 일을 한 적이 있었기 때문에 덩샤오핑이 그들을 충분히 제어할 수 있을 것이라고 판단했다.

군구 사령관에 대한 대대적인 교체를 단행한 후 마오쩌둥은 군사령관 덩샤오핑을 부르겠다고 발표했다. 그는 덩샤오핑에게 정치국 위원과 중앙군사위원회 위원직을 맡겼다. 마오쩌둥의 말을 그대로 인용하면 다음과 같다. "정치국에 비서장을 두고 싶지만 자네가 이 직함을 원하지 않는다면 참모장으로 하지."[89] 덩샤오핑은 언제나 직함보다는 실질적 권한에 관심이 많았다. 그는 공손하게 직함을 사절했다. 마오쩌둥은 덩샤오핑을 군부에 들일 경우 고위 군부 지도자들이 마음의 여유를 가질 거라는 사실을 잘 알고 있었다. 이는 비단 덩샤오핑의 군대 경력 때문만이 아니라 그들 모두 덩샤오핑이 보복성 공격을 하지 않을 거란 사실을 알기 때문이었다. 비록 덩샤오핑이 마오쩌둥에 대한 충성을 표시하기 위해 린뱌오의 영향을 받은 몇몇 대군구(大軍區) 사령관을 호되게 비판한 적은 있지만 노련한 군부 고위 지도자들은 덩샤오핑의 행동이 부득이했음을 잘 알았다. 덩샤오핑을 임명한 후, 예젠잉과 덩샤오핑의 서열은 명확하게 정해지지 않았다. 그러나 두 사람은 서로 정중하게 상대를 대했고, 그들은 지역 군구를 관리하는 데 효율적으로 협력했다.

군대에 대한 린뱌오의 영향력을 약화시키면서 마오쩌둥은 사회적으로도 린뱌오의 잔당을 비판하기 위한 정치 운동을 하기 시작했다. 누군가 린뱌오가 읽은 책에 공자를 추앙한다는 글귀가 적혀 있는 것을 발견했다. 이에 린뱌오에 대한 비판과 더불어 또 한 사람, 유교주의적 중용을 지키는 저우언라이에 대한 비판이 시작되었다. 이것이 바로 '비림비공운동(批林批孔運動)'*이다. 운동은 1974년 1월 1일 신문 사설을 기점으로 시작되어 6개월간 지속되었다. 최초의 목표는 군부 내 린뱌오와 가깝게 지냈던 리더성과 같은 인물이었다. 그러나 1월 하순이 되자 장칭은 이 운동을 이용해 저우언라이를 비판하기 시작했다. 린뱌오와 공자에 대한 비판과 더불어 그들은 창끝에 '주공(周公)'을 겨냥했다. 저우언라이는 상처를 입었지만 어려움을 잘 극복해 냈다. 그는 비록 미국과 이루어지는 민감한 협상 자리에는 배제되었지만 비판을 받는 동안에도 총리직을 유지하며 심지어 자신을 비판하는 회의까지도 주재했다.

운동이 끝나 가던 1974년 8월, 운동을 선도했던 마오쩌둥은 매우 도량이 넓

---

* 린뱌오와 공자의 사상을 공격했던 운동.

은 자로 변신했다. 그는 저우언라이를 비판할 때 마치 어린 장군들처럼 행동한 두 여성에게 죄를 뒤집어씌웠다. 그는 린뱌오와 공자를 비판했던 운동에 과도한 행동을 보인 장칭도 비판했다. 그는 장칭에게 사람들에 대한 비판을 중지하도록 요구하면서 그녀의 발언은 자신의 의견을 대표하는 것이 아니라고 말했다. 또한 그는 그녀가 저우언라이의 문제를 지나칠 정도로 심각하게 다루어 당내 열한 번째 노선 투쟁으로 간주한 것은 착오라고 말했다.[90]

1974년 7월 17일 정치국 회의에서 마오쩌둥은 장칭, 왕훙원, 장춘차오, 야오원위안에게 '사인방'으로 굴지 말도록 경고했다. 정치국 회의에서 급진파인 이 네 명을 이런 식으로 호칭한 것은 처음이었다. 네 사람은 빈틈없이 조직을 이루거나 잘 계획된 집단으로 행동한 것은 아니었지만 저우언라이에 대한 공격을 퍼붓는 데 핵심적인 역할을 했다.

'사인방'이란 명칭이 의미하듯 그들이 매우 위험한 인물이었다는 점은 후에 사람들에게 널리 알려졌다. 저우언라이와 원로 간부에 대한 장칭의 공격이 계속되는 한편, 장칭과 나머지 세 명 역시 지식인과 원로 간부들의 비판 대상이 되었다. 그러나 아직 사인방의 공격을 조장한 인물, 바로 마오쩌둥을 건드릴 수는 없었다.

비판을 받는 동안, 저우언라이의 암은 더욱더 악화되었다. 수술을 위해 1974년 6월 1일, 301병원에 입원한 후 1976년 1월 세상을 뜰 때까지 그는 대부분의 시간을 편안한 특실에서 보냈다. 저우언라이는 사려가 깊은 사람이었다. 그는 덩샤오핑이 1973년 말, 자신을 비판한 것이 마오쩌둥 때문이었음을 알고 있었다. 1974년 초, 그는 덩샤오핑과 긴밀한 협조 아래 외교 문제를 처리했다. 당시 저우언라이는 이미 병원에 입원했지만 공식적인 지위는 유지한 상태였다.[91] 저우언라이의 지도를 받으며 덩샤오핑은 실질적인 총리 대행 역할을 했다. 덩샤오핑을 자리로 복귀시킨 것은 저우언라이가 아닌 마오쩌둥이었다. 그러나 1974년과 1975년, 덩샤오핑은 과거 프랑스, 상하이의 지하공작 시절, 문화 대혁명 이전 베이징에서처럼 다시 저우언라이와 긴밀하게 협력했다.

덩샤오핑은 마오쩌둥이 장칭과 협력하길 원한다는 것을 알고 있었기에 이를 위해 노력했다. 그러나 저우언라이의 건강이 날로 악화되자 장칭은 마오쩌둥이 덩샤오핑에게 더 많은 업무를 맡기지나 않을까 생각하게 되었고, 이에 비판의 화살을 덩샤오핑에게 돌렸다. 장칭의 직감은 틀리지 않았다.[92] 당내 덩샤오핑의 지위가 올라갔기 때문이다. 마오쩌둥이 덩샤오핑을 중국 대표로 유엔 총회에서 연설을 하도록 결정한 사실은 그에 대한 마오쩌둥의 신임이 날이 갈수록 높아지고 있다는 확실한 증거였다.

덩샤오핑의 역사적 유엔 연설

1974년 봄, 마오쩌둥이 유엔 제6차 특별 회의에 덩샤오핑을 파견하면서 덩샤오핑은 국제적으로 명성을 떨치게 되었다. 중국은 1971년 이후 대만 대신 중국 의석을 차지했다. 그러나 당시까지 유엔 총회에서 발언한 중국 지도자는 단 한 명도 없었다.

유엔 총회가 열리기 한 달 전쯤, 베이징은 중국 대표의 유엔 총회 첫 발언 주제가 경제 문제일 것이라 생각했다. 이에 외교부가 아닌 대외 무역부에서 지도자 원고를 준비했으며, 대외 무역을 주관하던 리창(李强)이 총회에 출석하기로 되어 있었다. 그런데 총회 얼마 전에야 유엔 총회의 관심이 중국의 대외 관계에 쏠려 있다는 사실을 알게 되었다. 이에 발언 원고 준비 작업은 대외 무역부에서 외교부로 옮겨졌다.

마오쩌둥이 덩샤오핑을 뉴욕으로 보낸 이유는 유약한 저우언라이를 대표로 보내기에는 안심이 되지 않았기 때문이다. 또한 왕홍원은 노련하지 않았기 때문에 문제가 생길 수 있었다. 이런 생각에 무엇보다도 마오쩌둥은 원로 간부를 유엔 무대에 세우고 싶었다.

이 계획을 실현시키기 위해 마오쩌둥은 막후 조종에 나섰다. 그는 왕하이룽과 탕원성을 외교부로 보내 덩샤오핑을 유엔 파견 대표단 단장에 임명할 것을 요구했다. 외교부는 바로 이에 응답했다. 장칭은 마오쩌둥이 이미 배후에서 덩샤오핑을 유엔에 보내기로 결정했다는 사실을 모르고 강력하게 반대했다. 덩샤오핑의 영향력이 유엔 총회 참석을 통해 국내외적으로 더욱 막강해질 것이 분명했기 때문이다. 장칭은 강경한 태도로 인해 이미 '덩샤오핑 철강 회사'라는 별명을 가지고 있는 덩샤오핑이 자신의 활동을 제약할 것임을 잘 알고 있었다.[93] 1974년 3월 27일, 장칭과 따로 살던 마오쩌둥은 그녀에게 또다시 덩샤오핑의 출국을 반대하지 말라는 경고의 서한을 보내며, 이는 자신 본인의 선택이었다고 말했다. 장칭을 제외한 정치국은 덩샤오핑이 중국 대표단 단장직을 맡는 데 모두 찬성했다.[94]

유엔으로 덩샤오핑을 파견하기 위한 마오쩌둥의 결정은 마지막 몇 분 사이에 이루어졌다. 외교부장 차오관화(喬冠華)는 한 주 만에 연설을 준비했다. 마오쩌둥의 견해를 잘 이해하고 있었던 차오관화는 연설문 원고를 완성해 마오쩌둥에게 보냈다. 마오쩌둥은 "좋아, 동의하오!"[95]라고 말했다. 덩샤오핑은 차오관화의 연설문을 유엔에서 낭독했다. 전 세계에 기본적으로 마오쩌둥의 새로운 세계관을 선보이는 자리였다. 마오쩌둥은 국가 간 관계는 공산주의 혁명을 향한 그들의 약속에 의해서가 아니라 경제 발전을 기준으로 한다고 말했다. 그는 이를 제1세계, 제2세계, 제3세계라고 지칭했다. 이러한 상황을 배경으로 마오쩌둥은 차오관화와 덩샤오핑을 통해 미국이 중국과 함께 소련에 대항해 줄 것을 희망하고 있었지만 당시 불리한 상황, 특히 브레즈네프의 방미로 인해 그는 미국과 소련이 결탁하고 있다고 확신했다. 그래서 마오쩌둥은 제2세계 선진국과 제3세계 개발 도상국이 연합하여 두 초강대국에 대항해 줄 것을 희망하던 차였다.

차오관화는 매우 지적이며 능력 있는 외교관이었다. 가정 환경도 상당히 유복하여 독일에서 철학을 공부할 수 있는 든든한 배경이 되었다. 공식적으로는 대표단 단장이었지만 국내외를 막론하고 실권이 덩샤오핑에게 있다는 것을 아는 사람은 다 알고 있었다. 중국 지도자들은 이번 유엔행이 매우 중요한 돌파구로, 세계 각국의 지도자가 모이는 장소에 모습을 드러내는 데뷔식이라고 생각했다. 병마와 씨름하던 와중에도 저우언라이는 거의 2000명에 달하는 사람들과 함께 공항에 나가 대표단을 전송했으며, 또한 4월 6일 군중과 함께 공항에서 대표단 귀국을 환영했다.[96]

덩샤오핑의 연설은 유엔에서 이례적으로 오랫동안 박수갈채를 받았다. 규모와 잠재력으로 인해 중국은 개발 도상국의 역량을 대표하는 국가로 평가받았다. 개발 도상국 대표단은 특히 덩샤오핑의 연설에 찬사를 보냈다. 그가 중국은 결코 패권을 부르짖지 않을 것이며 만일 중국이 다른 나라를 탄압하거나 착취한다면 나머지 국가, 특히 개발 도상국들은 중국을 '사회 제국주의'라는 이름으로 중국 인민과 함께 정부를 타도할 것이라고 말했기 때문이다.

덩샤오핑은 유엔을 방문하는 동안 세계 각국의 지도자들과 양자 회담을 수차례 열었다. 그는 답변과 발언에 신중을 기했다. 마오쩌둥이 저우언라이를 얼마나 신랄하게 비난했는지 목격했고, 또한 유엔 방문 준비 기간이 일주일밖에 되지 않았기 때문이다. 대신에 그는 어려운 문제들을 외교부장인 차오관화에게 넘겼다. 개인적으로 덩샤오핑은 다른 외국 원수들과 외국 매체들로부터 우호적인 대우를 받았다.[97] 제3세계에 대한 연설의 기본적인 생각이 모두 마오쩌둥의 것이었고, 미국인들은 자신들이 소련과 엮이는 것을 좋아하지 않았기 때문에 덩샤오핑의 연설은 이후 『덩샤오핑 문선』에 포함되지 않았다.[98]

유엔 연설이 있고 며칠 후, 덩샤오핑은 뉴욕에서 키신저를 만났다. 첫 번째 만남이었다. 키신저는 덩샤오핑의 직설적인 모습에 어찌할 바를 모르고 어리둥절했다. 덩샤오핑은 공손했지만 마오쩌둥으로부터 강경한 지시를 받은 상태였다. 그는 저우언라이가 미국에 대해 유연한 태도를 보임으로써 비판받았던 사실을 잘 알았기에 자신은 그런 비난을 받지 않도록 해야 했다. 덩샤오핑은 미국에 대한 마오쩌둥의 불편한 심사를 전달했다. 마오쩌둥은 미국이 중국의 어깨를 밟고 넘어서 미소 관계를 완화시키기 위해 소련과 전략무기제한협정(Strategic Arms Limitation Treaty, SALT)을 체결했다고 생각했다. 또한 그는 소련의 전략은 '동쪽에서 소리를 지르고 서쪽을 치는 성동격서(聲東擊西)'로, 이에 미국은 마땅히 소련을 방어하는 데 치중해야 한다는 마오쩌둥의 뜻을 전달했다. 덩샤오핑은 키신저에게 현재 소련이 중국에 등을 돌리고 있지만 진짜 목표는 서방이라고 말했다.[99] 또한 미국이 더 이상 소련을 주요 적대 세력으로 간주하지 않고 중국이 소련과 전쟁을 벌이도록 부추겨 두 사회주의 세력을 약화시키지 않을까 우려한다고도 말했다.[100] 키신저는 이후 덩샤오핑의 직설적인 태도와 저우언라이의 기교 넘치고 세련되고 점잖은 태도를 비교했다. 그는 덩샤오핑이 세계적인 문제에 대해 익숙하지 않은 반면, 수시로 마오쩌둥의 말을 인용했으며, 일부 문제는 차오관화에게 넘겨 버렸다고 회고했다. 키신저는 덩샤오핑이 마치 '훈련을 받고 있는 상태' 같았다고 말했다. 1974년 덩샤오핑이 보여 준 신중한 태도는 1978년 중반 이후 외빈을 접대할 때 보여 준 자신감과 선명한 대조를 이루었다. 당시 외국 지도자를 만날 때 덩샤오핑은 이미 경험 많은 노련한 모습을 보여 주었다. 무엇보다도 이제는 덩샤오핑의 발언을 보고받을 마오쩌둥은 이 세상 사람이 아니었기 때문이다.

키신저는 또한 덩샤오핑을 마오쩌둥과 저우언라이에 비교했다. 마오쩌둥과 저우언라이는 기본적으로 국가 안전을 이유로 미국과의 관계를 개선하고자 했다. 그러나 덩샤오핑은 국내 발전에 초점을 맞추었고, 이미 미국과의 관계 개선이 중국의 현대화에 어떤 이점을 가져다줄 것인가에 대해 생각하고 있었다.[101] 이후 키신저는 중국을 대표하는 데 있어 덩샤오핑의 능력을 높이 평가했다.[102]

유엔 중국 대표단은 어느 누구도 저우언라이에 대해 언급하지 않았다. 키신저가 몇 번이나 덩샤오핑에게 선의의 뜻에서 저우언라이를 언급했지만 돌아오는 답은 없었다. 덩샤오핑은, 공자는 보수파이며 인민의 사상을 해방시키기 위해서는 공자의 영향을 없애야 한다고 말했다. 키신저는 그의 말이 실제 누군가를 은밀히 지칭하고 있는 것이 아닌가 물었다. 덩샤오핑은 보수 사상에 대한 비판은 이런 사상을 가진 누군가와 관련이 있는 것이 당연하다고 말했다. 비록 표현은 간접적이었지만 뜻은 분명했다.[103] 덩샤오핑은 이미 저우언라이의 조수가 아니라 그의 자리를 대신하고 있다는 것이었다.[104]

일요일, 덩샤오핑은 뉴욕 일정에 약간의 여유가 생겼다. 수행원들이 그에게 하고 싶은 일이 있느냐고 물어보았다. 덩샤오핑은 주저 없이 "월 스트리트에 갑시다!"라고 말했다. 덩샤오핑에게 월 스트리트는 미국 자본주의의 상징이자 미국 경제력의 상징이었다. 그는 진정한 힘의 원천을 파악하고, 이를 이해하는 능력이 있었다. 일요일이라 월 스트리트는 한산했지만 덩샤오핑은 그래도 월 스트리트로 가자고 했다. 적어도 월 스트리트에 대한 인상을 담아 갈 수는 있었기 때문이다.[105] 덩샤오핑의 여행 경비는 채 10달러도 되지 않았다. 그의 비서 왕루이린이 울워스(Woolworths) 매장에서 덩샤오핑 대신에 손자에게 선물할 39센트짜리 장난감을 구입했다. 탕밍자오(唐明照, 1910~1998, 탕원성의 아버지로, 뉴욕에서 좌익 계열 신문사의 주필을 지냈다.)는 자기 돈으로 덩샤오핑에게 울고, 우유도 빨고, 오줌도 싸는 인형을 사 주었다. 덩샤오핑이 귀국한 후 이 인형은 한때 가족들에게 가장 큰 사랑을 받았다.[106]

덩샤오핑은 뉴욕에서 파리를 거쳐 귀국했다. 그는 파리의 중국 대사관에서 며칠간 머물렀다. 1926년 파리를 떠난 후 처음 프랑스 방문이었다. 그는 반세기 전처럼 그곳에서 커피를 마시고 크루아상을 먹었다. 안전을 이유로 그는 시내를 둘러볼 수는 없었다. 수행원들은 전에 그가 거주했던 곳을 찾아보려 했지만 찾을 수 없었다. 귀국 전, 덩샤오핑은 크루아상 200개와 치즈를 사서 귀국 후 저우언라이, 그의 부인 덩잉차오, 리푸춘, 녜룽전 등 1920년대 프랑스에 머물 당시 혁명 전우들에게 나누어 주었다.

마오쩌둥은 덩샤오핑의 유엔 일정이 매우 성공적이었다고 여기고는 계속 그에게 외빈 접대를 주관하도록 했다. 마오쩌둥은 외빈을 만날 때 왕훙원도 배석하도록 했지만 왕훙원은 적극적으로 토론에 참여하지 않았다. 사실 왕훙원은 1973년 전까지 외국인을 만난 적이 없었다.[107]

6월 1일, 덩샤오핑이 뉴욕 유엔 총회에서 연설하고 몇 주가 지난 후, 저우언라이는 다시 수술을 받기 위해 병원에 입원했다. 그 후 저우언라이는 다시 외빈을 접견한 일이 없었다. 그 시기 덩샤오핑은 인민대회당의 한 성(省) 정부 홀에서 대다수 외빈을 접견했으며 아름다운 댜오위타이 국빈관(釣魚台國賓館)에 숙소를 마련했다. 저우언라이와 마찬가지로 덩샤오핑의 외빈 접대 방식을 보고 키신저는 농담 반 진담 반으로 이렇게 말했다. "내가 손님 접대에 관한 한 후진국에서 온 것 같군요."

덩샤오핑은 1974년 가을, 일본, 파키스탄, 이란, 예멘, 콩고, 루마니아, 유고슬라비아, 베트남, 북한, 터키, 독일, 프랑스, 캐나다, 미국 등 각 대륙에서 온 다양한 국가의 관리들을 접견했다. 그는 정치 지도자, 상공업계 지도자, 기자, 과학자, 운동선수들을 만났다. 그는 계속해서 일부 주제에 대한 이야기를 나누었다. 그중 특히 일본 지도자들이 일본 경제를 이끌어 낸 방식과 일본이 과학기술을 현대화한 방법에 관심을 가지고 있었다.

그는 일부 외국 지도자들과 국제 사무, 그중에서도 특히 미소 양국의 경쟁에 대해 광범위하게 토론했다. 그는 유럽 각국이 유럽 내 국가 간, 또한 미국과의 협력 강화에 기울인 노력에 큰 찬사를 보냈다. 그는 이를 소련에 필적하는 힘이라고 생각했다. 그는 소련의 군사력 강화에 무기 억제 협정이 어느 정도 효과가 있을지에 대해 의문을 제기했다. 그는 미국과 소련 양 대국이 이를 통해 어부지리를 얻는 일이 발생하지 않도록 터키가 그리스와 분쟁을 해결한 데 대해 지지를 표명했다. 그는 브레즈네프가 중국에 대한 통제를 강화했기 때문에 중국과 소련 사이에 문제가 발생했다고 설명했다. 그는 또한 미국 상공업계 인사들에게 외교 관계 정상화를 통해 두 나라가 더욱 신속하게 경제 교류를 실시하기 위해서는 미국이 대만과의 우방 관계를 단절해야 한다고 말했다.

그가 접견한 미국인 중에는 조지 H. W. 부시(George H. W. Bush) 당시 주중 미국 연락사무소 소장을 비롯하여 마이크 맨스필드(Mike Mansfield) 상원의원, 헨리 잭슨(Henry Jackson), 미국 대학 총장단 등이 포함되어 있었다.[108] 그는 맨스필드, 잭슨과 마음을 터놓고 소련의 확장에 어떤 식으로 대항할 것인지에 대해 의견을 나누었다. 또한 대학 총장단을 만나 학술 교류를 계속 추진, 확대해 나갈 것이라고 밝혔다.[109]

마오쩌둥, 안정과 단결을 요구하다

마오쩌둥은 짧은 기간, 현실을 무시할 수 있는 대담한 혁명가였다. 그런 그역시 오랫동안 심각한 문제를 방치할 수는 없었다. 그는 한때 대약진 운동에 대한 저항을 강력하게 제압했다. 그러나 1958년 말과 1960년, 그 역시 재앙에 대해 일부 방침을 조정하는 데 동의했다. 1974년, 문화 대혁명으로 인해 빚어진혼란 속에서 그는 뭔가 행동을 취해야 한다고 인식했다. 경제는 발전을 멈추었고, 1974년 중반 보고서에 '비림비공'이 오히려 더 큰 혼란을 야기시켰다고 적었다. 철강 생산도 감소하고, 철로 운송도 줄어들었다. 마오쩌둥은 결코 경제를 재앙 상태로 끌어내린 인물로 자신의 족적이 남게 되는 것을 원치 않았다.

1974년 8월, 마오쩌둥은 각 대군구의 사령관과 정치부 주임을 자신이 가장 좋아하는 장소 가운데 하나인 우한(武漢)에 있는 둥후빈관(東湖賓館) 메이링(梅嶺)의 거처로 불렀다. 그가 사람들에게 말했다. "무산 계급 문화 대혁명이 일어난 지 이미 8년이 지났소. 이제 안정을 취할 시기가 왔습니다. 당과 군모두 단결해야 합니다."[110] 마오쩌둥은 변덕스러운 사람이었다. 그러나 1974년말 그는 끊임없이 안정 단결의 필요성을 언급했다. 그해 말, 저우언라이를 만났을 때 그는 '안정 단결'을 이듬해 1월 8일에서 10일까지 개최되는 2중전회의구호로 삼는 데 동의했다.

집행자와 집 지키는 개의 충돌

1974년 말, 안정 단결을 회복하는 데 있어 마오쩌둥이 덩샤오핑에게 주요역할을 맡길 것이 분명해졌다.[111] 그는 1974년 10월 4일, 덩샤오핑을 국무원 제1부총리로 선포했다. 그가 덩샤오핑의 일처리를 매우 만족해하고 있다는 증거였다. 또한 당내 지도자들에 대한 신호, 즉 저우언라이를 대신해 덩샤오핑에게총리직을 맡기겠다는 의사 표현이었다.

마오쩌둥은 문화 대혁명의 혼란을 끝내고 덩샤오핑에게 안정 단결을 회복시킬 임무를 주기로 결정했다. 이는 실무적인 중견 간부들에게는 고무할 만한 일이었지만 장칭과 급진 과격주의자들에게는 불길한 소식이었다. 마오쩌둥은 당내 일상 업무를 책임지고 있는 왕훙원에게 임명을 발표하도록 했다. 그러나 왕훙원은 장칭에게 소식을 전하고, 그녀가 기회를 틈타 반응을 보일 시간을 벌어 주기 위해 시간을 끌었다. 또 다른 고위층 정치 지도자들은 장칭과 왕훙원이 장춘차오를 총리에 앉히려는 사실을 알고 있었다. 장칭은 마오쩌둥을 설득해 덩샤오핑의 임명을 바꿔 볼 생각이었지만 실패로 끝났다. 이틀 후 더 이상 시간을 지체할 수 없었던 왕훙원은 다른 선택의 여지가 없었다. 그는 마오쩌둥의 지시에 따라 덩샤오핑에 대한 임명을 발표했다.[112]

마오쩌둥은 장칭에게 따로 나가 살도록 했지만 세상을 뜨기 전까지 줄곧 장칭이야말로 자신의 혁명 과업을 추진하는 데 충실한 모습을 보여 주었으며, 언제나 굳건하게 다른 당내 고위급 간부, 특히 그들 가운데 가장 완강한 덩샤오핑과 꼿꼿하게 대립한 인물이라고 생각했다. 그러나 마오쩌둥은 장칭이 자신이 죽은 후 권력을 탈취하기 위해 모략을 꾸미고 있다는 조짐에 화가 나기도 했다. 1972년, 그는 장칭의 전기를 쓰려는 미국 학자 록산느 위트케(Roxane Witke)와 장칭이 일주일 동안 시간을 보낸 사실(마치 당시 마오쩌둥이 에드거 스노와 자신의 집권에 대한 저서를 출판하기 위해 이야기를 나누었던 것처럼)을 불쾌하게 생각하고 있었다.[113]

덩샤오핑을 발탁한 일로 두 사람의 관계는 더욱 악화되었다. 장칭은 덩샤오핑이 1973년 봄, 베이징으로 돌아왔을 당시만 해도 자신과 마오쩌둥의 문제는 이후만큼 그리 심각한 상태가 아니었다고 회고했다. 이는 아마도 마오쩌둥의 탓으로 돌려야 할 것 같다. 마오쩌둥은 1974년 여름, 안정 단결을 회복하기 위해 장칭의 행동을 자제시키는 한편, 왕훙원에게도 언제나 장칭의 눈치를 보며 행동하지 말 것을 경고했다.

장칭은 마오쩌둥이 덩샤오핑을 의심하도록 만들 궁리에 빠져 있었다. 덩샤오핑이 제1부총리에 임명된 후 2주가 지난 어느 날, 장칭은 우연히 신문에서 중국에서 제조한 선박 '평청룬(風慶輪)'을 찬미하는 글을 읽었다. 당시 덩샤오핑은 대외 무역을 확대하기 위해 중국에 제조 능력이 부족한 대형 화물선을 구입하려는 교통부 안건을 지지하고 있었다. 단기간에 대외 무역을 확대하기 위해서는 외국 화물선을 구입할 수밖에 없다는 결론이었다. 장칭은 자신이 읽은 기사에 기대, 중국이 1만 톤급 선박 평청룬을 만든 것에 찬사를 보내는 한편 저우언라이와 덩샤오핑은 국비를 낭비해 외국의 선박을 구입하려 한다고 비난하는 내용의 논평을 썼다. 더 나아가 덩샤오핑이 외국 선박을 구입하려고 하는 걸 보면 교통부 간부와 매판 심리에서 외국을 추앙하고 이에 아첨을 하려는 뜻이 있는 것이라고 설명했다. 자국에서 만든 선박도 이렇게 좋지 않은가! "우리 역시 '평청룬'이라는 1만 톤급 거대한 선박을 만들지 않았던가!"[114]

두 번째 마찰은 10월 17일 정치국 회의에서 일어났다. 장칭은 또다시 덩샤오핑이 외국 선박 구입을 지지하고 있다고 비난하며 서양 숭배주의자라고 말했다. 장칭은 중국 역시 거대 선박을 제조할 능력이 있다고 큰소리를 쳤다. 평소 침착하고 냉정한 편인 덩샤오핑도 장칭의 끊임없는 비난에 인내심을 잃었다. 50년 전 출국할 당시, 그가 탔던 배만 해도 서양에서 제조한 4만 톤급 선박이었다. 당시에도 이런 선박은 그리 희귀한 존재가 아니었다. 어쨌거나 선박 운송 부문에서 중국은 크게 뒤처진 상태였다. 장칭은 외부 세계에 대해 아무것도 아는 것이 없지 않은가. 리셴녠이 화가 난 덩샤오핑을 말리자 덩샤오핑은 얼굴이 벌개져 그 자리를 떠났다.[115] 그는 후에 저우언라이에게 장칭이 정치국 회의에서 일고여덟 차례나 자신을 비판해서 더는 참을 수 없었다고 말했다.[116]

10월 17일, 덩샤오핑이 정치국 회의에서 화를 낸 다음 날, 왕훙원이 정치국을 대표해 창사로 날아갔다. 그는 장칭의 명으로 마오쩌둥에게 고자질을 했다. 대임을 맡을 능력이 덩샤오핑에게는 부족하다고 마오쩌둥이 생각하게끔 만들 속셈이었다. 그러나 그 결과, 마오쩌둥은 오히려 왕훙원이 임무를 맡을 능력이 있는지 의심하게 되었다.[117] 이틀 후인 10월 20일, 마오쩌둥은 창사에서 덴마크 총리 포울 하틀링(Poul Hartling)을 접견하는 자리에 덩샤오핑도 참석하도록 했다.

당시 왕하이룽과 탕원성은 마오쩌둥에게 베이징에서 장칭과 덩샤오핑이 싸운 사실을 보고한 상태였다. 마오쩌둥은 장칭에게 화가 났다. 그렇게 정치적으로 다른 사람을 비난하지 말라고 했건만 도무지 끊임없이 해댔으니 말이다.[118] 그는 11월 장칭을 비판했다. 모든 일에 간섭해서 정부 문건을 비판하고 (예를 들어 외국 화물선 구입 결정과 같은 안건), 논의도 거치지 않은 채 문건을 발표하는 데다 대다수의 의견을 무시하고 내각을 조직하려 했다는 것이었다. 마오쩌둥은 『서상기(西廂記)』의 인물을 빌려 장칭에게 후덕한 최(崔) 노부인 역할이나 하지, 교활한 중매꾼 홍낭(紅娘)은 되지 말라고 말했다. 그럼에도 마오쩌둥은 장칭을 버리진 않았다. 장칭은 자신이 아주 강력한 맹우로, 적어도 마오쩌둥이 공격하고 싶은 사람이라면 어김없이 공격한다는 것을 입증해 보였다. 더구나 마오쩌둥은 여전히 그녀의 공격 기술이 필요할 수도 있었다. 그러나 어쨌거나 당시 마오쩌둥은 얼마 후 열릴 제4기 전국인민대표대회를 위해 장칭을 누르고 덩샤오핑에게 중요한 역할을 맡길 준비를 해야만 했다.[119]

3

마오쩌둥 밑에서 질서를 세우다 1974~1975년

1974년 12월 저우언라이는 병상에서 벗어나 마오쩌둥을 만나기 위해 창사로 날아갔다. 베이징의 주요 지도자 인선을 결정하기 위한 만남이었다. 두 사람 모두 살날이 얼마 남지 않았다는 것을 잘 알고 있었기에 인선 작업이 매우 시급했다. 그해 6월 1일 암 수술을 받은 저우언라이는 정상적인 일과를 처리할 수 없을 정도로 몸이 쇠약했기 때문에 그를 태우고 창사로 날아간 비행기는 마치 소규모 병원처럼 의사가 함께 탑승했다.¹ 마오쩌둥은 심장병과 근위축성 측색 경화증(일명 루게릭병)으로 고통받고 있었는데, 길어야 2년 정도밖에 살 수 없을 것이라는 진단을 받은 상태였다. 시력은 나날이 나빠지고 말 또한 어눌해져 알아듣기가 힘들 정도였다. 그러나 이토록 심각한 건강 상태에도 불구하고 두 지도자의 정신은 매우 또렷했다. 마오쩌둥과 저우언라이는 비록 의견 차는 있었지만 당과 정부를 위해 자신들 필생의 과업을 계승할 지도자를 선택해야 했다.

두 사람의 만남에 왕훙원이 합류했다. 왕훙원은 당시 서른아홉 살로, 당의 일상 업무를 관장하고 있었다. 비록 공식적인 규정은 없었지만 이 모임에서 선출한 인물이 임무를 제대로 수행할 경우, 그들은 마오쩌둥과 저우언라이가 세상을 뜬 후에도 계속해서 정무를 주관할 터였다. 여기서 결정한 당내 인선은 1975년 1월 8일부터 10일까지 개최 예정인 중공 10기 2중전회에서 정식 비준되며, 정부 직무를 위한 인선 역시 그 이후에 이어질 전국인민대표대회(전인대)에서 정식으로 승인될 것이었다. 몸이 쇠약해진 저우언라이가 하루 종일 업무를 볼 수 없는 상황이라 충분한 휴식 시간을 갖기 위해 세 사람의 회의는 5일간 계속되었다. 그들은 12월 23일부터 27일까지, 26일을 제외하고 매일 회의를 이어 갔다. 26일은 마오쩌둥의 여든한 번째 생일로 그날은 마오쩌둥과 저우언라이만 만남을 가졌다.

창사 회담을 준비하기 위해 저우언라이는 수주 동안 기타 정부 지도자들에게 의견을 물어 최고 지위에 적합한 인사 명단을 걸러 냈다. 저우언라이와 그의 참모들은 의견 수렴 결과 인선된 명단 초안 세 부 및 전국인민대표대회의 의제를 작성하고, 회의를 개최하기 며칠 전에 최종 문건을 마오쩌둥에게 발송하여 이를 바탕으로 토론이 이루어질 수 있도록 했다.

마오쩌둥은 비록 나이가 들고 병약한 상태였지만 여전히 나라의 운명을 좌지우지할 수 있는 권력을 가지고 있었다. 그러나 1974년 12월 그의 최우선 과제는 안정과 단결이었다. '비림비공' 당시 저우언라이에 대한 그의 신랄한 비판과 공격은 이미 끝이 났고, 두 명의 뛰어난 영도자들은 이전처럼 함께 작업을 하고 있었다.[2] 마오쩌둥은 저우언라이를 만난 자리에서 지속적인 혁명에 대한 헌신을 거듭 강조하긴 했지만 사실상 저우언라이와 베이징에 있는 그의 관료들이 추천한, 정부를 가장 잘 주도하는 경제를 이끌어 갈 경험이 풍부한 인물들을 승인했다.[3] 보다 안정적인 정치 환경을 제공하여 경제 성장을 추진할 수 있는 고위급 관리 임명에 대한 마오쩌둥의 지원에 마음이 부푼 저우언라이는 베이징으로 돌아왔을 때 지치고 힘들기는 했지만 한껏 기분이 들떠 있었다.

마오쩌둥과 저우언라이의 후계자 계획: 1974년 12월

마오쩌둥과 저우언라이가 만나기 전에 이미 왕훙원에게 당의 부주석 자리를 맡기기로 내정한 상태였다. 또한 덩샤오핑에게 정식으로 정부의 주요 업무에 대한 지도권을 맡기는 데 동의했다. 6월 1일 저우언라이의 수술 이후 덩샤오핑이 저우언라이 대신 업무를 훌륭하게 처리했기 때문에 마오쩌둥은 10월에 덩샤오핑에 대한 제1부총리 임명 지지를 선포했고, 장차 전국인민대표대회에서 정식으로 임명할 예정이었다. 정부의 주요 업무 지도 이외에 덩샤오핑은 당과 군의 요직에도 자리할 것으로 예정되어 있었다.

왕훙원과 덩샤오핑은 당과 정부의 최고 지도자로서 공식적인 업무를 시작했다. 그러나 실제로 그들은 죽을 때까지 주석과 총리라는 직함을 유지하는 마오쩌둥과 저우언라이의 수하인 셈이었다. 왕훙원과 덩샤오핑은 두 원로 영도자에게 지시를 받았으며, 마오쩌둥은 그들의 성과에 실망할 경우 언제든지 그들을 갈아 치울 수 있는 힘이 있었다.

1975년 1월 5일 그해 첫 번째 문건인 중앙위원회 1호 문건에 따르면 마오쩌둥은 여전히 당과 중앙군사위원회 주석, 덩샤오핑은 중앙군사위원회 부주석 겸 총참모장으로 기록되어 있었다. 1월 8일부터 10일까지 개최된 10기 2중전회에서 왕훙원은 당 중앙위원회 제1부주석으로 확인되었으며(마오쩌둥과 저우언라이 바로 아래 자리다.), 덩샤오핑은 당 중앙위원회 부주석, 정치국 상임위원으로 임명되었다. 이어 1975년 1월 13일부터 17일까지 개최된 전국인민대표대회에서 정식으로 제1부총리직을 맡게 되었다.

마오쩌둥에게 왕훙원과 덩샤오핑의 팀은 전도유망한 조합이었다. 왕훙원은 원래 마오쩌둥의 전적인 지원으로 조반파의 리더가 되어 독자적인 권력 근거가 미약했다. 이에 그는 마오쩌둥의 혁명 노선에 따라 당을 지도하면서 마오쩌둥의 노선에 충실할 인물로 기대되었다. 이와 비교해 덩샤오핑은 박학다식하고 경험이 풍부하며, 검증된 지도력을 갖추어 외교 업무와 정부의 복잡한 업무를 이끌어 나갈 능력이 있었다.

왕훙원과 덩샤오핑을 잘 알고 있는 이들은 아무런 정치 경험 없이 고위 관직에 오른 왕훙원이, 지난 10년간 총서기로서 당과 정부의 업무를 숙달하고 권력 행사에 어색함이 없는 덩샤오핑보다 권력이 훨씬 낮다고 생각했다. 그러나 왕훙원에게 좀 더 높은 자리가 주어지면서 장칭이 이끄는 급진파들에게 선전 업무가 주어지자 마오쩌둥의 노선에서 벗어나려는 덩샤오핑의 성향(이미 1960년대 초반부터 보이기 시작했던)은 통제를 받을 수밖에 없었다. 마오쩌둥은 장칭의 지나친 월권 행사와 야망을 비판했지만 그녀가 자신의 선전 노선을 강력히 지지한다는 점에서 전적으로 안심할 수 있었다.[4] 이외에 장칭 수하의 급진파가 야오원위안의 도움 아래 당 기관지인《인민일보》와 이론 잡지인《훙기(紅旗)》를 장악하고 있었으며, 또 한 명의 급진파인 장춘차오가 인민해방군 정치부를 맡고 있었다.[5]

저우언라이의 영원한 이별: 1975년 1월

1975년 1월 13일, 1965년 1월 이후로 처음 전국인민대표대회가 열렸을 때 마오쩌둥은 여전히 창사에 머물고 있었다. 저우언라이는 말기 암으로 인해 창백하고 핼쑥한 얼굴로 마지막 공식석상에서 정부의 사업 보고서를 낭독했다. 덩샤오핑은 막후에서 저우언라이의 연설 초안 준비를 도왔다. 저우언라이가 힘들지 않도록 덩샤오핑은 보고서 초안자에게 일반적인 보고서보다 훨씬 적은 5000자 이내로 내용을 쓰도록 당부했다. 덩샤오핑은 마오쩌둥이 여전히 대권을 장악하고, 결정권이 막강하다는 것을 잘 알고 있었기 때문에 문화 대혁명의 표현 방식으로 보고서를 채우도록 했다. 보고 연설에서 저우언라이는 문화 대혁명과 전형적인 모델인 다자이(大寨)와 다칭(大慶)*에 대해 찬사를 보냈다.

---

* 문화 대혁명 당시 마오쩌둥은 군과 민에게 농업은 산시의 다자이, 공업은 헤이룽장의 다칭에서 배워 국가 경제를 재건하라고 선전했다. 다자이는 생산 대대 중심의 집체 방식으로 국가의 재정 지원 없이 자립 갱생을 목표로 했으며, 다칭은 그곳에서 석유가 발견되자 노동자들은 맨손으로 석유 채굴에 나서 유전을 개발하게 되었다.

그가 "우리의 근본적 임무는 린뱌오와 공자를 비판하는 운동(비림비공)을 더욱 깊고 넓게, 그리고 지속적으로 실천해 가는 것입니다."라는 부분을 읽었을 때 아마도 대표들은 가슴이 저미는 것 같았을 것이다. 저우언라이 자신이 바로 운동의 주요 비판 대상 가운데 하나였기 때문이다.[6]

그가 보고를 마쳤을 때, 저우언라이의 고통스러운 연설 내내 함께 눈물을 흘렸던 전인대 대표들은 모두 일어나 한참 동안 기립 박수를 쳤다. 이런 격정적인 반응은 당과 국가에 자신의 평생을 헌신하여 각별한 공훈을 세웠으며, 문화 대혁명 기간에 수많은 이를 보호해 주었으나 여전히 마오쩌둥으로 인해 부당하게 고통받고 있는, 죽음을 앞둔 지도자에 대한 존경심의 발로였다. 많은 이가 문화 대혁명의 재앙을 하루속히 끝내고, 이번 세기말에는 11년 전에 저우언라이가 선언했으며, 이번 보고를 통해 다시 한번 상기시킨 4개 현대화(농업, 산업, 국방, 그리고 과학과 기술) 과업이 본격적으로 시행되기를 갈망하고 있었다.[7]

1975년 2월 1일, 국무원 각 부처, 위원회 지도자들의 소회의에서 저우언라이는 더는 이 모임에 참가할 수 없을 것이라고 말했다. "주석께서 제1부총리에 덩샤오핑을 임명했습니다. 주석께서는 덩샤오핑이 강력한 정치 이념을 지닌 능력 있는 인물로, 보기 드문 인재라고 말씀하셨습니다. …… 나는 이제 공식적으로 이 모임에 참가할 수 없을 것 같습니다. 앞으로 이러한 모임은 덩샤오핑 동지가 이끌어 주시길 바랍니다." 실제로 1974년 유엔 회의에 참가하면서부터 거의 1년간 덩샤오핑은 저우언라이의 대리인으로서 중국을 방문한 주요 외빈을 접대하는 한편 기타 업무를 수행하고 있었다. 1975년에 이르러 모든 권한이 덩샤오핑에게 완전히 이양되면서, 덩샤오핑은 전면적으로 모든 책임을 맡게 되었다. 마오쩌둥의 심경을 건드리지만 않으면 되는 일이었다. 저우언라이를 존경했던 덩샤오핑은 병석에 누운 저우언라이를 자주 방문하여 적절하게 겸손한 태도로 자신이 병석에 누운 총리를 돕고 있노라고 말하곤 했다.[8] 실상 덩샤오핑은 이미 모든 권한과 책임을 맡고 있었다.

당 지도부를 강화하다

1975년 덩샤오핑에게 가장 중요한 문제는 질서를 회복하고 중국을 성장 가도로 올려놓는 동시에 어떻게 하면 마오쩌둥의 지지를 얻을 것인가에 있었다. 마오쩌둥의 환심을 잃지 않기 위해 덩샤오핑은 그가 좋아하는 주제에 대해 많은 관심을 가졌다. 그는 반복해서 마르크스·레닌주의와 마오쩌둥 사상을 찬양했으며, 문화 대혁명에 대한 비판을 회피했다. 1975년 초반 덩샤오핑은 독창적으로 마오쩌둥의 표현 몇 가지를 조합하여 자신의 업무에 대한 기본 자료를 작성했다. 마오쩌둥 자신은 한 번도 함께 연계시킨 적이 없는 '3대 지시 노선'이 1975년 5월 29일에 행해진 덩샤오핑의 연설에서 처음으로 함께 제출되었다. 첫째, 수정주의 반대, 둘째, 안정과 단결 촉진, 셋째, 국가 경제의 활성화였다.[9] 수정주의에 관한 언급이 포함된 첫 번째 내용을 통해 덩샤오핑은 마오쩌둥에게 공개적으로 자신이 문화 대혁명 기간에 비판을 받았던 자본주의 길을 다시는 걷지 않겠노라고 다짐했다. 그러나 이는 쓴 약을 잘 넘어가게 하는 사탕과 같은 것이었다. 덩샤오핑은 이어 안정과 단결, 그리고 국가 경제의 개선을 위한 마오쩌둥의 지지를 강조함으로써 문화 대혁명의 극단적인 행동으로 인해 피폐된 중국에 안정과 활력을 불어넣는 데 그가 취한 강력한 조치에 마오쩌둥이 반대하는 것을 어렵게 만들었다.

용감한 덩샤오핑은 마오쩌둥의 '3대 노선'을 방패 삼아 과감하게 자신의 큰 칼과 도끼(大刀闊斧)를 휘두르면서 혼란을 피하고 나라를 현대화의 길로 이끌기 위한 작업에 착수했다. 그가 직면한 문제들은 엄청났다. 내전을 겪은 다른 나라의 지도자들과 마찬가지로 그는 문화 대혁명의 가해자와 희생자를 결속시켜야만 했다. 그동안 중국 경제는 침체되고 경제 계획은 혼란스럽게 엉망이 되어 있었으며, 통계 발표는 믿을 수 없었다. 목화와 아마(亞麻)와 같은 산업 작물은 고사하고 주요 곡물 생산량도 전체 인구를 먹여 살릴 만큼 충분하지 않았다. 운송망이 거의 엉망이기 때문에 한 지역에서 생산되는 자원을 다른 지역의 산업 생산 기지로 옮기는 것도 불가능했다. 끊임없는 정치 투쟁 속에 국토 전역에 걸쳐 일반 업무를 운영해야 하는 책무를 맡았던 군대는 본업인 전투 훈련을 방치한 상태라 군사 기술 면에서 잠재 적군에 비해 훨씬 낙후될 수밖에 없었다. 간단히 말해 중국은 군사 충돌에 무방비 상태였다. 또한 문화 대혁명 동안 중국 지식인들이 참혹하게 희생되면서 실질적으로 거의 10년 동안 기술 전문가들을 양성하지 못한 상태였다. 덩샤오핑에게는 4개 현대화를 본격적으로 착수하는 데 필요한 전문 인력이 부족했다.

1941년부터 마오쩌둥은 정풍 운동을 통해 공산당의 결속을 다지기 시작했다. 마오쩌둥의 지도력과 그의 입장을 잘 따르지 않는 사람들을 공격하는 막강한 무기였다. 길고 긴 조사 기간 동안 희생물이 된 이들은 동료들에게 자신의 정직함을 보여 주기 위해 충성심을 증명할 수 있는 상세한 이의 신청서를 작성해야 했다. 비판의 대상이 된 이들에게 가해지는 정신적 압박은 엄청났고, 그 결과는 끔찍했다. 죽임을 당한 이들도 있고, 노동 개조에 들어간 이들도 있었으며, 누군가는 극심한 압박을 견디지 못하고 스스로 목숨을 끊기도 했다. 이런 일종의 훈육법은 1940년대와 1950년대 초반 내전과 통일 전쟁을 겪으면서 공산주의자들이 국민당을 물리치는 데 매우 중요한 역할을 했다. 그러나 1956년 이후 다시 몰아닥친 수차례의 혹독한 정풍 운동은 과거 충성스러웠던 수많은 지식인과 당원들을 당에서 멀어지게 만들었다.

1975년 덩샤오핑은 단결을 강화하기 위해 실시한 행동 업무를 '정돈(整頓, consolidation)'이라고 이름 붙였다. 이는 1972년 저우언라이가 덩샤오핑과 비슷한 주장을 하면서 사용한 용어로, 중국공산당 군대에서 오랫동안 사용해 왔다. 군인들에게 정돈이란 용어는 전투나 작전이 끝난 후 다음 전투에 대비하기 위해 각급 부대에 남은 병력을 재편성하는 것을 말한다. 정돈 재편에서 가장 중요한 부분은 전투에서 부상을 당하거나 사망한 이들을 대체하기 위해 각 부대의 새로운 지휘부를 선발하고, 그들에게 새로운 권한을 위임하는 일이다. 정돈 기간 중에 이전 전투의 과오나 실수를 비판하기도 하지만 주된 목적은 다음 전투를 맡아 책임질 지도부를 재조직하고 보급선을 재구축하는 일이다.

1975년 정돈을 시행하는 과정에서 하급 관리들이 정풍 운동 기간에 몸에 익은 잔혹한 공격 방식을 되풀이하지 못하도록 하는 것은 결코 쉬운 일이 아니었다. 특히 이전에 자신의 동료나 친척들을 살해한 이에 대한 원한을 풀기 위해 기회를 엿보고 있는 이들을 막아야만 했다. 덩샤오핑은 과거 25년 동안 정치 운동에 되풀이되었던 보복의 악순환을 끊고자 애썼다. 그는 운동의 목적은 낡은 원한을 갚기 위한 것이 아니라 새로운 도전의 장을 준비하기 위한 정리 정돈에 있다고 거듭 강조했다.

덩샤오핑은 효과적인 국가 정부를 조직하는 데 가장 중요한 문제는 법률이나 규칙을 바꾸는 데 있는 것이 아니라 모든 행정 부처에 지도자를 배치하고 그들에게 실권을 부여하는 것이라고 생각했다. 일반 대중의 입장을 잘 이해한 상태에서 효과적인 지도가 이루어지도록 하기 위해서는 무엇보다 각급 간부들이 아래 직급에서 유능하고 믿을 만한 책임자를 선발하는 것이었다. 덩샤오핑은 조직이 신뢰성을 갖추기 위해서는 아무리 유능한 지도자라 할지라도 단한 명보다는 집단 지도부가 훨씬 낫다고 생각했다. 만일 지도자에게 무슨 일이 일어날 경우 설사 작다 할지라도 일단 집단 지도 체제를 갖추고 있다면, 다른 지도자가 대신 업무를 맡거나 문제를 해결할 수 있기 때문이다. 집단 지도 체제의 구성원들이 필요할 때마다 전반적인 지도력을 발휘하는 한편 산업이나 문화, 정치와 법률 등 각기 할당된 영역에서 자신의 전문적 지식을 쌓아 가는 것이 이상적이다. 큰 경우는 일고여덟 명 정도가, 작은 경우는 두세 명도 집단 지도 체제를 구성할 수 있다. 일단 책임을 맡게 된 지도자들은 상위 단계에서 마련한 목표를 달성하는 동안 자신들이 맡은 사업에 관한 한 충분한 재량권을 부여받게 될 것이다.

1975년 최고 영도자로 업무를 수행하는 동안 덩샤오핑은 전국적 단위에서 조장(組長, 각급 단위의 지도자) 선발을 최우선 과제로 삼았다. 1975년 10월까지 덩샤오핑은 마오쩌둥의 전폭적인 지원 아래 이전 혁명 조반파 대신 문화 대혁명 초기에 비판과 공격 대상이 되었던 이들 가운데 풍부한 경험이 있는 이를 관리로 재배치할 수 있었다. 1974년 말에서 1975년까지 마오쩌둥은 600여 명이 넘는 원로 관리의 명예 회복을 지지했다.

장기적 관점에서 덩샤오핑은 1975년 말부터 교육 시스템을 개선하기 시작했다. 이는 향후 인맥을 통해서가 아닌 지식과 관리 능력을 겸비한 이들을 새로운 관리로 선발할 수 있도록 하기 위함이었다. 반드시 필요한 일이었지만 아득히 먼 꿈이기도 했다. 1975년 덩샤오핑에게 넘겨진 체제는 그야말로 난장판이었다. 능력 있는 관리들 대다수는 학습을 위한 어떤 기회도 얻지 못하고 있는 상황이었다. 그들은 각기 경력이 너무 달라 표준화한 시험을 적용할 수 없었다. 일반 학교와 대학에서 졸업생이 배출되어 교육 수준이 지도자, 적어도 중간층 책임자 정도를 선발하는 데 유용한 표준이 될 수 있으려면 또다시 10년이란 세월이 필요했다. 결국 그 대신에 정부는 수년 동안 관리를 선발하는 데 근본적으로 개인적 평가에 의존할 수밖에 없었다.

간부로 선발이 되는가, 그렇지 못한가에 따라 차이는 엄청났다. 일단 간부로 선발되면 고용과 더불어 특권과 영예가 주어졌다. 또한 가족에게도 보다 나은 취업 전망과 거주지, 교육 여건이 마련되었다. 그러나 문화 대혁명으로 인해 사회적으로 분열이 생겼기 때문에 지도자 군단을 선발하는 것은 경쟁과 암투 과정을 겪어야 했다. 능력 위주의 관리 선발 체계를 확보하기 위해 덩샤오핑은 가능성을 검증받은 원로 간부와 함께 최상층부터 시작하여 마지막 단계까지 단계별로 층층이 지도자를 선발할 수밖에 없었다. 덩샤오핑의 '정돈'은 군대부터 시작되었다.[10]

군대를 정돈하다

덩샤오핑은 총참모장직을 맡은 후 바로 군대를 정돈하는 데 가장 중요하다고 생각하는 일련의 조치, 즉 기율 회복, 병사 감원, 훈련 개선, 각 부대의 새로운 지도자를 선출하는 등의 조치를 취했다. 1975년 1월 25일 마오쩌둥의 전폭적인 지지를 받으면서 덩샤오핑은 연대급 이상의 장교들을 모두 소환했다. 이전 정치국원 덩샤오핑은 군 내부의 문제를 단도직입적으로 말했다. 인민해방군은 문화 대혁명 시절 지방의 여러 직책을 맡으면서 지나치게 방대해졌다. 게다가 수많은 장교가 "비대해지고, 비체계적이며, 오만하고, 사치와 방종을 일삼으며 나태해졌다(腫, 散, 驕, 奢, 惰)." 덩샤오핑은 상부에서 기율이 확립되지 않으면 파벌주의가 생겨난다고 말했다. 그에 따르면, 장교들이 오만하고 사치스러워진 것은 문화 대혁명 동안 민간인들을 통치할 권력이 있었기 때문이다. 부대 간부들은 자신들의 권력을 이용하여 고급 주택을 구입하고 값비싼 만찬에 호화스러운 접대를 받으며 친지나 친구들에게 사치품을 선물로 주는 등 분에 넘치는 생활을 즐겼다. 상급 간부의 태도가 해이하니 아랫사람들의 문제에도 전혀 개의치 않았고 명령 집행도 제대로 이행되지 않은 가운데 위험한 임무는 맡으려 하지 않았다." 결과적으로 인민해방군은 방대한 규모에도 불구하고 국가 방위 능력은 매우 미비했다. 수많은 부대가 이전 항일 투쟁 당시 산중에서 독립적으로 활동하던 게릴라 부대처럼 행동하고 있었다.[12]

'덩샤오핑 철강 회사'란 별명을 가진 덩샤오핑은 파벌주의를 종식시키기 위해 기율에 복종하지 않는 이들을 어떻게 처리할 것인가를 명확히 했다. 그가 말했다. "파벌주의 속성이 심각한 사람들은 다시는 재임용하지 않을 것이며 이에 단 한 명의 장교나 사병도 그대로 놓아주지 않을 것이다." 그가 분명히 밝힌 것처럼 그의 경고는 최고위급 인사까지 포함한 것이었다. "관련자가 아무리 많다 할지라도 끝까지 분명하게 처리해 나갈 것이다. …… 우리는 인민해방군이다. 우리의 임무는 싸우는 것이다."[13] 여전히 파벌주의 속성을 버리지 못한 많은 이가 이전에 홍위병이나 혁명 조반파로 활동을 한 경험이 있었다. 그러나 덩샤오핑은 그들이 과거에 그런 조직에 참가했다는 이유로 비판하지는 않았다. 중요한 것은 지금의 모습이었다. 과거에 어떤 투쟁을 했든지 간에 일단 새로운 지도자와 함께 일할 준비가 되어 있다면 언제든지 환영이었다.

군대의 기율을 재확립하고 검소한 분위기를 회복하기 위해 덩샤오핑과 예젠잉이 기울인 노력은 운 좋게도 중앙군사위원회 상임위원 열한 명 대다수의 지지를 받았다. 1975년 2월 5일 정식으로 중앙군사위원회가 회복되어 군대 일상 업무에 대한 책임을 맡게 되었다. 상임위원회의 과격 분자들(왕둥싱과 왕훙원, 그리고 장춘차오)은 덩샤오핑과 예젠잉을 지지하는 이들보다 수적으로 열세였다.

상임위원회의 지지와 마오쩌둥의 동의를 거쳐 두 지도자는 린뱌오 시절에 잘못 기소되거나 비난을 받은 2만 5000여 명의 군대 간부를 복귀시켰다. 덩샤오핑은 이전에 잘못 기소된 이들을 현업에 복귀시키고 병든 자는 적절한 의료 지원을 받도록 하라고 명령했다. 조사는 신속하게 행하되 공개할 필요는 없다고 말했다.[14]

새로운 책임을 맡기 전에 덩샤오핑은 군대 현대화에 대한 문제를 명확하게 생각했다. 1975년 1월 14일 새로운 직책을 맡은 지 채 일주일이 되기도 전에, 그는 참모들에게 군사 장비와 군수품을 개선하기 위한 5개년, 10개년 계획에 착수하라고 지시했다.[15] 계획 내용에는 문화 대혁명 기간에 거의 방치되었던 낡은 장비의 수선과 개선, 생산량이 부족한 부품 제작에 초점이 맞춰져 있었으며, 아울러 미사일 개발이나 다른 현대적 장비에 대한 연구 개발도 포함되어 있었다.[16]

마오쩌둥과 마찬가지로 덩샤오핑도 미국이 베트남에서 밀려난 후 점차 커져 가는 소련의 위협에 대한 이야기만 나오면 화를 벌끈 내곤 했다. 그는 미국이 여론의 지지를 상실할 경우 더 이상 소련에 대항하길 원하지 않게 될까 봐 걱정이었다. 그는 또한 1974년 8월 닉슨 대통령 후임으로 취임한 포드 대통령이 닉슨과 달리 전략적 문제에 취약하기 때문에 소련의 새로운 위협에 대처할 수 있는 확실한 준비 태세가 부족한 것을 우려하고 있었다. 미국이 소련을 압박하지 않을 경우 소련은 거침없이 아시아에서 세력을 확장할 것이기 때문이다. 실제로 당시 소련은 중국 국경에서 멀지 않은 곳에 100만 군대를 배치해 놓은 상태였다.

여러 영역에서 소련을 압박할 만한 능력을 갖춘 나라는 오직 미국밖에 없다는 것을 잘 알고 있었기 때문에 덩샤오핑은 미국 관리들과 만날 때마다 보다 강력한 태도를 취해 줄 것을 요구했다. 마오쩌둥은 덩샤오핑이 저우언라이처럼 미국과의 관계를 온건하게 유지할 것이라고 걱정할 필요가 없었다. 1974년

4월과 11월에 키신저를 만났을 때, 덩샤오핑은 소련의 공격적 행동에 대해 주위를 환기시키는 한편 키신저가 소련의 위협에 지나치게 소극적으로 대처한다고 일침을 가했다.[17] 실제로 덩샤오핑은 외교부 관리, 특히 외교부장 황화에게 미국인을 만날 때마다 미국이 소련에 대한 강경한 태도를 취하지 않는다고 강력하게 항의할 것을 지시했다.

1975년, 덩샤오핑이 가장 많은 정력을 쏟아부은 군대 문제는 감원이었다. 지나치게 방대한 군대로 인해 예산이 빠듯했다. 당시 현역 군인만 600만이 넘었는데 이는 1966년에 비해 20퍼센트나 증가한 수치였다.[18] 중국은 정규 교육을 제대로 받지 못한 장교의 숫자를 축소하고 현대적 기술 운용이 가능한, 상위 교육을 많이 받은 세대로 새로운 병력을 충원할 필요가 있었다. 인원 삭감은 현대적이며 지속 가능한 군대를 장기적으로 발전시키기 위한 중요한 첫걸음이었다. 그러나 만약 당장이라도 전쟁이 발발한다면 대대적인 인원 삭감을 시행할 수 없다는 사실을 덩샤오핑도 잘 알고 있었다. 마오쩌둥이 전쟁이 불가피하다고 말한 것에 대해 이견을 달지는 않았지만 덩샤오핑은 중국이 향후 몇 년 동안 물리적 충돌의 위험을 억제할 수 있을 것이라고 말했다.[19]

군대에서 인원 삭감보다 더 심각한 저항을 야기하는 문제는 없었다. 군부 내에서 덩샤오핑이 지니고 있는 위상이나 강력한 지도력이 없었다면 인원 삭감이란 중대한 사안의 처리는 거의 불가능했을 것이다. 매년 제대 군인들은 사회에 나와 직장을 찾을 수 없었다. 새로운 시장 기회가 없었으며 정부 예산 또한 한계가 있었다. 적절한 일자리를 배당받지 못한 전역 노병들의 항의로 직업 할당 업무는 그야말로 아수라장이었다.

인원 삭감 문제에 대한 덩샤오핑의 중요한 접근 방법은 새로운 편제표를 제정한 후, 삭감이 필요한 숫자를 전군(全軍)의 각급 부대에 할당하는 것이었다. 1975년 1월 14일, 총참모부 간부 토론회에서 덩샤오핑은 각 부대별로 새로운 편제표를 마련하도록 지시했다. 새로운 편제표가 완성된 후 공군이나 해군은 육군과 달리 인원이 축소되지 않았으며, 과학 기술 전문가들의 자릿수 역시 줄어들지 않았다. 일부 현지 주둔군의 숫자는 확실하게 축소되었지만 신장

(新疆)처럼 민감한 지역의 경우 대상 군인의 숫자는 오히려 늘었다.[20] 새로운 편제표가 마련된 후 각급 부대는 내부적으로 잔류할 인원과 퇴직 인원을 선발하는 감축 운영의 책임을 맡았다.[21] 덩샤오핑은 과거 논쟁의 여지가 있는 문제를 다룰 때처럼 지시를 하달하는 한편 이에 대해 논리적으로 이유를 설명했다. 당시 그는 제한된 국가 예산 범위 내에서 중국이 무기의 현대화를 위해 투자할 수 있는 유일한 길은 인원 감축밖에 없다고 설명했다. 어쩌면 자신이 감원 대상자가 될지도 모른다고 걱정하는 이들조차 덩샤오핑의 논리를 반박할 수 없었다.

덩샤오핑은 감원에 대한 저항을 줄이기 위해 제대 및 전역 군인에 대한 일자리 찾기에 노력을 기울였다. 지방 정부나 당의 각급 단위나 국영 기업에서 퇴직 군인을 위한 자리 마련을 강구했으며, 장교가 아닌 일반 사병의 경우 기본적으로 농촌 공사(公社) 간부로 배치되었다. 그 가운데 일부는 공장으로 이동 배치되기도 했다.[22] 정부 관리들에게 각자 근무지에 퇴역 군인을 위한 일자리를 마련하라는 지시가 내려졌다.

덩샤오핑은 린뱌오 사건으로 인해 4년 동안 열리지 않았던 중앙군사위원회 확대회의를 1975년 6월 24일부터 7월 15일까지 개최하여 자신의 감축안에 대한 지지를 얻고자 했다. 회의에 참석한 몇몇 군인 간부는 자신이 속한 부대의 인원 감축을 피하기 위해 특별한 요구를 하는 사람도 있었지만 계획에는 거의 변화가 없었다.[23] 회의 결과에 따라 3년 이내에 60만 명의 군관을 포함한 전체 160만 명의 병력 감축 목표가 세워졌다.[24]

새로운 편제표가 작성되자 군부는 각급에서 지도부를 편성하기 시작했다. 덩샤오핑은 신임 간부에게 요구되는 기본적 소양에 대해 발언했다. 그에 따르면, 신임 간부는 재래식 장비나 신형 무기를 모두 개선할 수 있는 새로운 기술을 활용할 수 있어야 하며, 과학적 분석을 통해 지휘나 관리 수준을 향상시킬 수 있어야 했다. 또한 훈련과 학습을 통해 간부의 소양을 쌓아 미래 조건에 적합한 전략을 추진하는 데 도움이 되어야 했다. 이 밖에도 부대에 관심을 가지고 국민과 관계를 개선시킬 수 있는 정치적 간부도 필요했다.[25] 당시 중국은 대부분의 무기가 구식이고 가용할 자금이 없었기 때문에 덩샤오핑은 가장 유용하게 자금을 사용하길 원했다. 중앙군사위원회 확대회의가 끝난 직후 7월 20일부터 8월 4일까지, 400여 곳의 주요 방위 산업체 간부들이 과학 기술 향상을 위한 새로운 방침에 따라 자신들의 책무를 검토하기 위해 회의를 개최했다.[26]

중앙군사위원회 확대회의가 끝나고 몇 주 후 중앙군사위원회의 새로운 위원이 발표되었다. 마오쩌둥은 여전히 급진주의자들에게 선전 업무를 맡겼다. 사인방 가운데 가장 노련한 장춘차오가 인민해방군 총정치부의 주임이 되었다. 그러나 덩샤오핑은 총참모부의 참모장 자리에, 예젠잉은 중앙군사위원회의 주석에 유임되었다. 중앙군사위원회의 상임위원회에 소속된 대다수 위원은 덩샤오핑이나 예젠잉과 함께 일해 온 경험 많은 군사 전문가들인 녜룽전, 쑤위, 천시롄, 량비예(梁必業) 등이었다.

덩샤오핑과 그의 협력자들은 급진주의자들을 효과적으로 통제했다. 중앙군사위원회 확대회의 기간에 가장 높은 자리를 차지하고 있던 왕훙원과 장춘차오 등의 급진주의자들은 공개적 발언을 하지 않았다. 사인방은 그들이 향후 공격할 특정 인물과 관련한 서류를 확보하기 위해 인사 임명권을 장악하려 했지만 실패로 끝났다. 장춘차오는 여전히 정치부 주임으로 선전 업무를 주관했지만 인사 임명권은 손에 넣을 수 없었다. 장춘차오에 비해 군부의 지지를 훨씬 많이 얻고 있는 덩샤오핑과 예젠잉은 업무 일정을 결정하고, 하급 임명에 주도적 역할을 했다.[27]

덩샤오핑은 또한 군부대 교육 프로그램을 부활시켰다. 1966년까지 존속하던 101개 군사 교육 기관은 문화 대혁명 동안 폐쇄되었다. 그 가운데 일부는 다시 문을 열 수 없을 정도로 낙후된 상태였다. 그러나 교육은 더는 이루어지지 않았을망정 교원들은 여전히 교내에 살고 있었다. 즉시 교재를 개정하고 학급을 새로 개설할 수 있도록 교육이 가능한 경험 많은 교관이 초빙되었다.

학교와 달리 고급 수준의 군사과학연구소는 문화 대혁명 기간에도 보호를 받았다.(몇몇 민간 연구소도 국가방어기술연구소 산하에 들어가 보호를 받았다.) 그러나 대학의 지원이나 새로운 졸업생의 배치도 이루어지지 않았고 민간 연구소의 관련 업무 지원도 없었으며 외국 기술을 수용할 수 있는 기회조차 없는 상황에서 중국의 군사 과학 기술은 잠재 적국의 군대에 비해 능력이 크게 뒤떨어진 상태였다. 연구소는 무엇보다 혁신이 필요했다. 1975년 예젠잉은 당시 현직에서 물러나 있던 군사 과학 연구 분야의 중견 장아이핑(張愛萍) 장군에게 자신을 도와 달라고 설득했다.

연구 개발 기관 두 곳의 파벌 경쟁이 매우 심각하기 때문에 특별한 주의가 필요했다. 핵무기 개발에 주력하고 있는 2기부(二機部)와 대륙간 탄도 미사일 (ICBM) 기술 개발에 전념하고 있는 7기부(七機部)였다. 1974년 세 차례 모두 실패로 끝난 대륙간 탄도 미사일 시험 발사는 두 기계 공업부의 지도자를 공격하는 데 정치적 지지를 받을 수 있는 좋은 기회였다. 그러나 급진주의자들에 대한 지지는 사라지지 않았다.[28] 기계 공업부 산하에 있는 공장에서 여전히 활발하게 활동하고 있던 사인방 추종자들은 미사일 개발 실패를 장아이핑에게 모두 전가하는 대자보를 붙였다.

5월 19일 프랑스 공식 방문을 마치고 귀국한 덩샤오핑은 7기부 회의에서 군사 기술을 책임지고 있는 녜룽전(1920년대 프랑스에 유학할 당시 덩샤오핑의 동료 가운데 한 명)과 의견을 나누었다. 덩샤오핑은 회의석상에서 매우 단호하게 정부는 더 이상 파벌주의자들에게 관용을 베풀지 않을 것이라고 말했다. 지도자들은 6월 30일까지 모든 파벌을 없애고 7월 1일부터 모두 함께 협력하여 일할 수 있도록 지시하는 한편, 그렇지 않을 경우 정부는 더 이상 묵과하지 않고 처벌할 것이라고 말했다.

마오쩌둥과 저우언라이의 적극적인 지지 아래 덩샤오핑과 예젠잉은 골치 아픈 두 부서의 정돈을 감독했다. 여전히 파벌주의에 휩싸여 있는 사람들을 쫓아내고 과학 연구 작업을 위한 새로운 지도자 그룹이 만들어졌다.[29] 1975년 4분기, 그리고 1976년 감축의 일부로 46만 4000개의 일자리가 공식적으로 편제표에서 사라졌다. 물론 여전히 온갖 방법을 동원해 자신의 자리를 유지하는 사람도 있었다. 그러나 예젠잉과 덩샤오핑은 이미 최선을 다해 군대 감축 계획을 실천했으며, 때가 되면 자신들의 부서와 집단에서 현대 과학 기술을 응용할 수

있는 새로운 지도자 군단을 선발했다.[30]

이렇게 해서 덩샤오핑과 예젠잉은 마오쩌둥 주석과 중앙군사위원회의 전적인 지지 아래 1975년 군대 기강 회복과 인원 감축, 군대 교육과 기술 수준을 개선할 수 있는 기틀을 마련하는 데 주목할 만한 성과를 이룰 수 있었다.

지역 정돈 전략: 쉬저우 철도국

지역 정돈에 획기적인 성과를 거두기 위해 덩샤오핑은 생산량을 확대하는 한편 다른 부서를 격려하는 방법을 선택했다. 게릴라 활동 시절 당시 그는 승리를 확신하는 소규모 전투를 통해 더욱 큰 전투를 준비할 수 있도록 부대를 격려할 수 있다고 생각했다. 1975년 생산 목표 달성에 실패하여 비판을 받은 공장들은 자신들에게 물자 공급이 부족했다고 불만을 토로했다. 수송이 장해 요인임이 분명했다. 그렇다면 수송 문제를 성공적으로 해결하면 생산 증대 및 다른 영역 역시 성공을 거둘 수 있는 선례를 보여 줄 수 있지 않을까?

1970년대 중반까지 중국은 현대적인 고속 도로 운송 체계가 갖추어지지 않았다. 물자는 주로 철도를 통해 수송되었다. 수송 문제를 개선하기 위해 덩샤오핑은 장쑤 성(江蘇省) 북부에 위치한 쉬저우(徐州)에 주목했다. 장쑤 성에 자리한 쉬저우는 동서를 관통하는 룽하이선(隴海線)과 남북을 잇는 진푸선(津浦線)이 교차하는 길목으로 철도 교통의 요지다. 1975년 3월 이전에 이미 21개월 동안 쉬저우 철도위원회는 철도 차량을 적재하거나 배송하는 등의 할당량이 부가된 적이 없었다. 1967년 1월 이래로 혁명 조반파 파벌 간 싸움이 거의 끊이지 않았다.

1975년 상황은 매우 복잡하고 성가시게 얽혀 있었다. 쉬저우 철도위원회를 이끌고 있는 조반파 우두머리 구빙화(顧炳華)가 무기를 손에 넣고 외부인의 통제에 완강하게 저항하고 있었다. 1966년까지 구빙화와 그의 조반파 무리들은 철도역 옆에 있는 물자국 건물을 장악하고, 자신들만의 자재 및 보급품 저장 창고로 활용하고 있었다. 공안국 관리들이 몇몇 노동자를 체포했을 때 구빙화 무리들은 강력하게 이에 반항하면서 관리들을 억류시켰다. 구빙화의 동료들은 심지어 한때 쉬저우당위원회 사무실을 점거한 채 위원회 간부를 구금시키기도 했다.[31]

마오쩌둥은 철도와 관련한 문제를 해결하려는 덩샤오핑의 노력에 지지를 보냈다. 이는 부분적으로 마오쩌둥 자신이 기차가 지연되는 등의 혼란한 상황을 경험한 적이 있었기 때문이다. 1975년 2월 3일 마오쩌둥은 전용 기차 편으로 창사에서 항저우에 가기로 되어 있었다. 그런데 안전 요원들이 안전을 보장할 수 없다는 이유로 여행 계획을 2월 8일로 연기시켰다.[32] 이전에 조반파 우두머리였던 왕훙원 역시 조반파 진압을 지지했다. 그가 쉬저우 사건에 대한 진압을 지지한 까닭은 당시 상하이혁명위원회 부위원장으로서 무엇보다 철도를 통해 상하이에 물자를 공급하는 일이 시급했기 때문이었다.

마오쩌둥과 왕훙원의 지지하에 덩샤오핑은 쉬저우에서 신속하고 과감하게 일을 처리할 수 있었다. 덩샤오핑은 첫 번째 조치로 1975년 1월 직책을 맡기 이전, 예로부터 난제 해결 능력으로 유명한 완리(덩샤오핑 시대의 핵심 인물 963쪽 참조)를 철도부 장관에 추천했다. 일찍이 완리는 인민대회당, 중국 역사 박물관 및 중국 혁명 박물관을 포함한 톈안먼 광장 주변의 건설 사업 책임자로 있을 당시 마오쩌둥으로부터 찬사를 받은 적이 있었다.[33] 완리(萬里)라는 이름은 말 그대로 1만 리를 뜻한다. 언젠가 마오쩌둥은 그를 보고 1만 리를 달려갈 수 있는 사람이라고 농담을 건넨 적이 있다. 1974년 12월 마오쩌둥과 저우언라이가 창사에서 만났을 때 그들은 완리를 철도국 책임자로 임명하는 데 즉시 동의했다.

1975년 1월 완리가 새로운 자리에 부임하자 덩샤오핑은 그에게 "가능한 빨리 가장 효과적인 방법으로"[34] 철도의 상황을 개선하라고 말했다. 덩샤오핑은 완리에게 새로운 철도국의 책임자로서 즉각 쉬저우 문제에 관한 보고서를 준비하도록 했다. 덩샤오핑이 부총리가 되고 열흘 후, 완리가 작성한 보고서를 받았다. 완리는 쉬저우의 핵심적인 문제는 파벌주의며, 사안이 매우 복잡하기 때문에 6개월 안에 해결하기가 어려울 것이라고 보고했다. 덩샤오핑은 상황이 매우 심각하기 때문에 그렇게 오랫동안 기다릴 수는 없다고 말했다.

몇 주가 지난 2월 6일 덩샤오핑은 지덩쿠이와 왕전을 불러 쉬저우의 현안을 재빨리 해결하기 위한 완리의 계획을 들어 보도록 했다. 회의석상에서 거칠고 경솔하지만 무엇보다 덩샤오핑에게 충성스러운 왕전은 군대 파견을 제안했다. 완리는 쉬저우 간부들의 구두 지시는 언제라도 뒤집힐 수 있음을 우려하면서 쉬저우 철도국을 장악하고 있는 혁명 조반파에 대한 진압 권한을 문서로 작성해 줄 것을 요구한다고 보고했다. 덩샤오핑은 즉시 관련 문서를 작성하도록 명령했다.

2월 25일부터 3월 5일까지 전체 스물아홉 곳 성급 정부(자치구와 중앙 정부 직할시 포함)의 산업 및 교통을 책임지고 있는 당서기들이 철도 장해 해결에 관한 문서 제정을 요구한 덩샤오핑의 요청에 부응하여 베이징으로 모여들었다. 참석자들은 쉬저우 문제가 가장 심각하기 때문에 최우선 과제로 삼아야 한다는 데 의견을 같이했다. 그들은 2분기에 철로 화물 운송이 원활하게 이루어지기를 바라마지 않았다.[35] 회의가 끝난 후 회의 토론 결과에 따라 중앙 9호 문건 「철로 업무 강화를 위한 중공 중앙의 결정」이 작성되었다.[36] 마오쩌둥의 승인을 받은 이 문건은 문제에 대한 전면적인 분석과 함께 해결 방안에 대해서도 개략적으로 설명하고 있었다. 무엇보다도 중요한 것은 마오쩌둥을 포함한 베이징 지도층이 완리의 쉬저우 업무를 적극적으로 지지한다는 내용이 들어 있다는 점이었다.

9호 문건은 완리와 철도국에게 필요한 정치 군사적 권한을 집중시킴으로써 쉬저우 철로 관할권 중복이라는 난해한 문제를 해결해 주었다. 당시 장쑤성 북부에 위치한 쉬저우 철로는 산둥 성과 안후이 성 및 허난 성 경계와 인접해 있었기 때문에 네 개 성의 간부들이 치안에서 철도 관리 및 보호 유지까지 각기 다양한 부문을 나누어 관할하고 있었다.

9호 문건은 또한 반드시 파벌주의를 타파하고 철도부 간부들이 모든 사고에 대해 책임을 지도록 했다. 이러한 조치에 반대하는 사람(파벌적 행동, 작업 중단, 기물 파괴 등)이 발견될 경우 그 즉시 처벌할 것이라고 규정했다. 덩샤오핑은 철도국 지도자에게 저항하는 이들은 설사 급진파와 관련된 인물일지라도 조직의 규율에 저항하며 개인주의 길을 추구하는 '부르주아지'라는 꼬리표가 붙을 것이라고 단언함으로써 이데올로기적으로 우위를 차지할 수 있었다. 게다가 철도 기물을 파괴할 경우 누구라도 '반혁명 분자'로 지목되어 엄벌에 처할 것이라는 말도 잊지 않았다.[37]

성(省)위원회 서기 회의가 끝날 즈음 이루어진 덩샤오핑의 말은 매우 간략하면서도 핵심이 있었다.[38] 그의 연설은 목적을 달성하기 위해 그가 얼마나 강경한 입장인지를 잘 보여 주고 있으며, 설사 그가 몇몇 혁명 조반파에 제한을 가하더라도 마오쩌둥이 쉽게 반대할 수 없는 내용으로 이루어졌다. 그는 "혁명에 매진하고, 생산과 업무, 전쟁 준비를 촉진할" 필요가 있다고 마오쩌둥의 발언을 인용했다. 전쟁이 일어나면 교통 운송은 필수적이지만 당시 정상적으로 운영되지 않고 있었다. 일부 지도자들은 경제에 지나치게 치중하다 보면 문화 대혁명 당시처럼 비판을 받을지도 모른다고 걱정했다. 그들을 안심시키기 위해 덩샤오핑은 다음과 같이 말했다. "몇몇 동지는 오늘날에도 오로지 혁명을 중요하게 생각할 뿐 생산 증대에 노력하지 않는다. 혁명에 매진하면 안전하지만 생산에 힘쓰면 위험하다고 생각한다. 이는 완전히 틀린 말이다." 덩샤오핑은 마오쩌둥이 경제 발전을 지지하고 있음을 분명하게 밝혔다. "어떻게 하면 경제에 활력을 불어넣을 수 있는가? 분석에 따르면, 현재 가장 취약한 고리는 바로 철도다."[39]

철도가 민간 부문 정돈의 모델이 되자 덩샤오핑은 직접 국가 철도에 대한 세부 문제에 집중했다. 그는 전국의 철도 수송 능력이 하루에 5만 5000대에 달하는데 현재 하루 수송량은 4만 대가 채 되지 않는다고 했다. "현재 발생하고 있는 철도 사고는 매우 위험한 수준이다. 작년 한 해만 해도 755건의 주요 사고가 일어났다. 그중에는 대형 사고도 있었다."(1964년에는 여든여덟 건의 사고가 있었을 뿐이다.) 기율도 신통치 않고 법규나 규정도 제대로 지켜지지 않았다. "열차 기관사는 자기가 밥을 먹고 싶으면 어디서든 정차할 정도였는데, 그 때문에 빈번하게 예정 시간보다 늦게 운행하곤 했다." 근무 중에 음주를 금지하는 규정도 엄격하게 지켜지지 않았다. 게다가 "만약 우리가 바로 행동을 취하지 않는다면(투기로 부당 이익을 얻으며 권력과 재력을 움켜쥐고 있는 악질분자들에 대한) …… 우리는 얼마나 기다려야 하겠는가? 파벌주의에 빠져 있는 이들은 재교육을 받아야 할 것이며, 그들의 우두머리에 대항해야 한다." 파벌주의에 빠져 있었으나 자신의 과오를 인정하고 고치려는 이들에게 덩샤오핑은 이렇게 말했다. "(우리는) 그들을 교육시킬 것이다. 교육을 시킨 다음에는 더는 지난 일을 허물로 삼지 않을 것이다. 그러나 만약 그들이 바뀌지 않는다면 엄중하게 처리할 것이다." 그동안에 "파벌주의로 혼란을 일으키는 이들은 다른 곳으로 배치될 것이다." 만약 파벌주의자들의 우두머리가 전근을 거부할 경우 "그가 굴복할 때까지 임금 지불을 중지한다."라고 말했다. 덩샤오핑은 좀 더 확고한 어조로 단언했다. "내가 생각하기에 압도적 다수는" 이런 결정을 지지할 것이다. 철도 노동자들은 "중국 노동자 계급 가운데 가장 선진적이고 잘 조직된 집단에 속한다. …… 만약 그들에게 장단점을 정확하게 설명한다면 철도 직원들의 압도적 다수는 자연스럽게 성원을 보낼 것이다. …… (그리고) 철도 부문의 문제를 다루면서 얻은 경험은 다른 산업에도 유용하게 쓰일 것이다.[40] 이는 덩샤오핑의 특징을 잘 보여 준다. 바로 전체적인 상황을 정확하게 이야기한 다음, 왜 어떤 일을 해야 하는가 설명함으로써 주의력을 집중시켜 사상적 기초를 마련한 후 자신의 업무에 태만한 간부 재배치를 위해 대중의 지지를 얻어 내는 것이다.

덩샤오핑의 계획을 구체적으로 실행하기 위해, 완리는 회의가 끝난 후 베이징 지역의 철도국 관할 기관 대회를 열고 9호 문건과 덩샤오핑이 행한 연설의 핵심 내용을 전달했다. 다음 날 전국의 철도국 관련 기관 전화 회의를 열어 지방 간부들에게 문건과 연설의 중요성에 대해 알려 주었다. 왕전은 전화로 철도부에서 문제가 심각한 지역에 공작조(工作組, 작업팀)를 파견했다고 말했다. 간부들은 왕전 장군의 공작조에 필요한 경우 무력을 사용할 태세를 갖추고 있는 병력이 포함되어 있다는 것을 알고 있었다.[41] 고위급에서 공작조를 보낸다는 것은 토지 개혁 시절 이래로 지방에서 국가 정책을 실천할 때 기본적으로 행하는 조치였다.

철도 파업을 엄중 단속하기 위한 국가 차원의 지원과 함께 중앙 문건을 바탕으로 완리는 3월 9일 공작조를 대동하고 장쑤 성과 쉬저우의 당정 지도자들을 만났다.[42] 도착 당일, 완리는 덩샤오핑이 직접 인가한 영장에 따라 사흘 전 덩샤오핑이 직접 이름을 거론하며 비판했던 쉬저우 철도위원회 우두머리 구빙화를 체포하겠다고 발표했다.[43] 완리는 구빙화를 체포하지 않을 경우 여전히 구빙화에게 벌벌 떠는 관리들이 괜한 비판을 했다가 말썽이 나지 않을까 걱정하고 있다는 것을 잘 알고 있었다. 또한 완리는 덩샤오핑이 누차 이야기했던 것처럼 많은 사람이 우파로 비판받을지 모른다는 두려움이 남아 있다는 사실도 알고 있었다. 완리는 경험이 많고 노련한 원로 혁명가였다. 그는 사람들이 안심하고 구빙화를 비판하기 위해서는 대중 집회를 열고 광범위한 지지를 이끌어 내는 한편 공식석상에서 주요 인사들이 구빙화를 비난하는 모습을 보여줄 필요가 있다고 생각했다. 9호 문건은 언제라도 이동할지 모르는 한 명의 지도자에 의한 것이 아니라 중앙당과 정부의 전적인 지원하에 배포되었다는 점에서 중요한 의미를 지녔다.

쉬저우에 도착한 다음 날 완리는 쉬저우 철도국에서 직원 및 그들의 가족 1만여 명이 모인 가운데 대규모 집회를 열었다. 그는 9호 문건을 낭독한 다음 3월 말까지 쉬저우 철도국이 원활한 운송 체계를 마련하기 위한 모델이 되어야 한다고 강조했다. 그다음 날 쉬저우 체육관에서는 쉬저우 시 당원 간부들이 모인 대규모 집회에서 연설을 행했다. 그는 덩샤오핑이 강조한 마오쩌둥 주석의 세 가지 지시 사항을 전달하는 한편 '안정과 단결'을 위한 마오쩌둥의 요구 사항을 거듭 강조했다. 또 다른 대규모 집회에서 완리가 연설한 후 쉬저우 철도국 간부들은 철도 수송의 원활한 운영을 굳게 약속했다.[44]

구빙화가 체포된 후 그를 추종하는 세력들도 계속 저항했지만 결국 모두 체포되었다. 완리와 베이징에서 온 공작조는 유사한 상황을 통제하기 위해, 파견된 다른 공작조와 마찬가지로 체포하거나 또는 다른 부서로 전근시켜야 하는 심각한 난동자와, 일단 '재교육'을 통해 새로운 지도부와 함께 일할 수 있다고 판단되는 이들을 구분했다. 기층 간부들은 파벌을 해체하고 자신의 과오를 인정할 것을 요구받았다. 많은 이가 이 요구에 따랐고, 이에 현업에 남아 있을 수 있었다. 이어 열린 소조회의에서는 각자 더 이상 분파에 참가하지 않고 원활한 철도 수송을 돕겠다고 선언했다.[45]

새로운 지도 노선에 대한 지지를 확대하고, 지역민들이 더 이상 과거의 허물을 따지지 않도록 하며, 급진주의 추종자들이 다시는 득세하지 못하도록 격동의 역사를 뒤에 두고 새로운 출발을 하기 위해, 그리고 지역민들에게 급진 좌파의 추종자들이 더는 쉽게 복귀할 수 없다는 것을 확신시키기 위해 쉬저우 지역에서 문화 대혁명 기간에 박해를 받았던 6000여 명을 명예 회복시키는 한편 여전히 수감되어 있는 이들을 즉시 석방하겠다고 선포했다. 파벌 투쟁에서 살해된 이들의 가족들에게 사과하고, 생존해 있는 피해자들에게는 보상이 이루어졌다.[46] 부당하게 처벌받았던 많은 이는 고용 기회를 얻었다.[47] 철도 노동자들이 더욱 열심히 노력하여 자신들의 목표를 달성할 수 있도록 완리는 지역 지도부를 격려하여 노동자들의 생활 여건을 개선하는 데 도움이 되도록 했다. 완리는 새롭게 결성된 지도부와 만나 후속 조치와 보고서 작성을 지시한 후 자신의 공작조와 함께 쉬저우를 떠났다. 쉬저우에 도착한 지 12일 만이었다. 3월 말까지 쉬저우에서 매일 운행되는 열차의 평균량은 3800대에서 7700대로 늘어났으며, 일일 물동량 또한 700대에서 1400대로 두 배 증가했다.[48]

새로운 계획을 전국적으로 소개하면서 공산주의 지도자들은 이를 점(點)에서 선(線)으로, 그리고 다시 선에서 면(面)으로 확대한다고 말했다. 덩샤오핑은 쉬저우 철도 정돈이라는 '점'적인 성공 경험을 다른 철도 요충지 정돈에 확대했다. 또한 철도 분야의 경험을 다른 분야의 정돈에도 적용하고자 했다. 3월 말까지 정돈을 책임진 간부들은 쉬저우에서 난징과 장쑤 성 지역의 철도 요충지로 자리를 옮겼다.[49] 덩샤오핑은 우선 타이위안(太原), 난창(南昌), 쿤밍(昆明) 등 문제가 심각한 철도 요충지에 자신의 모든 노력을 집중했다. 타이위안의 당 부서기가 자신의 관할 지역에서 원활한 철도 운송을 방해하고 있다는 이야기를 듣고 그 즉시 철저한 수사를 지시했다. 만약 보고서 내용이 사실로 드러날 경우 당 부서기와 그의 뒷배경이 되고 있는 상급자를 월말까지 다른 곳으로 전출시키도록 했다.[50]

완리는 연일 철도 분쟁 지역을 돌아다닌 후 이어 뤄양(洛陽), 타이위안, 류저우(柳州) 등지에 있는 화물 차량 제조 공장을 방문하여 철도 설비가 제때 공급되도록 했다. 4월 22일 덩샤오핑이 김일성(金日成)과 난징에 갔을 때, 완리는 덩샤오핑에게 철도 문제의 진행 상황을 보고하기 위해 그곳으로 갔다.[51] 완리는 기타 철도 관련 문제가 심각한 지역에 대해 쉬저우에서와 똑같은 전략을 펼쳤다. 먼저 소규모 모임을 통해 해당 지역의 상황을 들어 본 후, 9호 문건을 널리 홍보하는 한편 안정과 단결이라는 마오쩌둥 주석의 지시를 반복해서 주지시킨 후 대중 집회를 열어 변화를 위한 광범위한 대중적 지지를 확보하는 한편, 필요할 경우 군대를 이동시켜 든든한 방패를 마련했다. 새로운 영도 집단(領導班子, 집행부, 영도부)이 선발, 임용되었다. 당연히 교체된 지도자들은 과거 혁명 조반파들이었다.

6월 30일부터 7월 7일까지 완리는 베이징에서 공작회의를 주재하여 지난 몇 개월 동안 9호 문건에 철로 정돈 경험을 요약 발표했다. 당시 몇 달간의 변화는 매우 큰 성과였다. 완리의 보고에 따르면 지난 1분기에 비해 2분기 전국의 화물 운송량은 19.8퍼센트 증가했으며, 같은 기간 열차 운행 또한 18.4퍼센트 증가했다.[52]

덩샤오핑은 다른 경우에는 쉬저우 철도국 문제를 해결한 것만큼 정력을 쏟지 않았다. 그러나 쉬저우 문제의 해결은 혼란을 극복하여 다른 문제에 대한 전형적인 모델로 삼는 그의 문제 해결 방법을 보여 주기에 충분했다. 그는 되도록 마오쩌둥 주석이 자신을 지지하도록 했고, 성공적 경험을 지닌 간부들을 지원 세력으로 문건을 발표하고 대중 집회를 열었다. 또한 군대를 이용하여 대중에게 더는 문화 대혁명 시절의 정책으로 돌아가지 않는다는 확신을 갖도록 했다. 발전에 방해가 되는 사람을 체포하고 새로운 지도부 조직을 촉구했다. 그리고 이 모든 일을 매우 단호하고 신속하게 처리했다.

쉬저우 모델을 석탄과 강철 분야까지 확대하다

쉬저우에서 큰 승리를 얻은 후 덩샤오핑은 쉬저우 모델을 이용해 기타 다른 부문에 대한 정돈을 추진했다. 3월 25일 덩샤오핑은 철도 관계자들뿐 아니라 국무원 소속 직원들이 모두 참가한 대규모 회의에서 쉬저우 문제에 관한 완리의 보고를 들었다. 일반적으로 덩샤오핑은 보고를 하는 동안 아무 말도 하지 않고 조용히 듣기만 했으나 이번에는 적극적으로 완리의 보고를 몇 번이나 중간에 끊어 가며 보충 설명을 했다.

덩샤오핑 휘하의 간부들은 쉬저우의 분파주의자들을 공격한 후 다시 쉬저우가 속한 하이저우(海州) 지역의 파벌주의를 공격하고 이를 다시 장쑤 성 전역으로 확대했다. 1975년, 장쑤 성은 전국에서 가장 골치 아픈 성 가운데 하나였다. 1974년 말, 전국의 국민 총생산(GNP)이 증가한 데 반해 장쑤 성은 오히려 3퍼센트나 하락했다. 완리는 철도 문제 다음으로 장쑤 성 전역에 걸쳐서 정돈에 나섰다. 쉬저우에서 했던 것처럼 분파주의자들을 공격하고, 지역의 질서를 정비하고 성장을 약속할 수 있을 만한 새로운 간부를 선발했다. 완리는 3개월 만에 장쑤 성의 새로운 지도부 정돈에 상당한 진보가 있음을 보고했다. 6월 2일, 베이징에서 12호 문건이 발표되었다. 이는 실제 9호 문건의 기초 위에서 효과적으로 쉬저우와 하이저우, 그리고 장쑤 성의 다른 지역에서 이루어 낸 성과를 보고한 것이었다. 덩샤오핑은 보고서 내용을 칭찬하면서 장쑤 성의 경험이 다른 지역 정돈에 유용한 지침이 될 것이라고 말했다.[53] 실제로 개혁은 장쑤 성에서 저장 성(浙江省) 쪽으로 옮겨 갔다. 저장 성은 조반파의 저항이 다른 지역에 비해 상당히 강력했기 때문에 더욱더 심각했지만 7월 17일이 되자 여러 가지 문제가 근본적으로 해결되었다. 저장 성의 경험을 근거로 작성된 16호 문건은 또다시 다른 각 성의 정돈을 위한 모델이 되었다.[54]

7월 4일 덩샤오핑은 점과 선에서 면에 이르는 정돈 확대에 대해 개괄했다. 즉 철도와 지방 정부에서 다른 부문으로 확대한다는 뜻으로, 먼저 석탄과 철강 분야로 이어진 정돈은 다른 산업과 기타 운송업으로 확대되었다. 계속해서 상업, 재정, 농업 분야를 거쳐 마지막으로 경제에서 문화와 교육 분야, 국방 과학 기술에서 일반 과학 기술까지, 또한 군대에서 지방 정부에 이르기까지 점차 확대되었다.

중국 에너지 자원의 핵심은 석탄이었다. 석탄은 난방은 물론이고 전기 생산, 공장 가동에 사용되는 필수적인 에너지원이었다. 당연히 운송이 관건이었다. 대략 석탄 운송은 철도 총운송량의 40퍼센트를 차지했다. 그러나 문화 대혁명 기간에 운송이 지체되면서 석탄은 탄광 근처에 그대로 방치되었고, 이에 석탄 생산은 활력을 잃었다.

1975년 중반, 철도 문제가 서서히 해결되면서 베이징은 석탄 생산에 보다 많은 주의를 기울이기 시작했다. 실제 9호 문건이 발표되었을 때 덩샤오핑은 석탄 산업부 장관 쉬진창(徐今强)을 불러 개선된 운송 조건을 통해 석탄 생산량을 증가시키도록 격려했다. 1975년 봄, 쉬진창은 철도 운송이 편리한 산시 성과 허베이 성, 허난 성, 안후이 성 및 동북 지역의 탄광에 주의를 집중했다.

덩샤오핑의 지도하에 쉬진창은 파벌주의 문제에 대한 해결로 특히 문제가 심각한 성 지역을 집중 겨냥했다. 중국 동부 지역 전체 석탄량의 40퍼센트를 공급하는 이들 성의 탄광은 이 지역 제철소에 석탄을 공급하는 데 극히 중요한 역할을 하고 있었다. 정돈을 통해 생산량이 크게 달라지기 시작했다. 1975년 2분기에 석탄 생산량이 급증하기 시작하여 상반기가 끝날 무렵 석탄 운송량은 연간 계획량의 55.5퍼센트를 넘어섰다.[55]

그 시기에 비료 생산이나 경공업 제품, 그리고 전력 생산 역시 크게 개선되었다. 그러나 철강 생산은 여전히 정체된 상태였다. 철강 생산은 1973년에 2530만 톤으로 최고치를 달성했다가 이후 '비림비공'운동의 여파로 1974년에는 2110만 톤까지 감소되었다. 1975년 초 연간 목표량은 2600만 톤이었다.[56] 3월 25일 덩샤오핑이 주재한 국무원 회의에서 완리는 쉬저우의 경험을 어떻게 다른 분야에 적용할 것인가에 대해 보고했다. 덩샤오핑은 "철강 문제 해결이야말로 현재 우리에게 가장 시급한 일이다."[57]라고 말했다.

같은 달 철강 산업 좌담회에서 부총리 위추리는 노골적으로 이렇게 말했다. "건국한 지 26년이란 세월이 흘렀습니다. 500억 위안 넘게 투자하고, (철강업에) 300만 명을 고용했는데 현재 겨우 연간 2000만 톤을 생산하고 있을 뿐입니다." 그는 첫째, 정부가 필요한 철강 생산을 확대하기 위해서는 무엇보다 장기적인 석탄 공급을 보장해야 하며 반드시 중유와 전기 공급이 충분해야 하고, 둘째, 대중을 동원하고, 기술에 능한 뛰어난 관리자를 책임자로 임명해야 하며, 셋째, 취약한 부문, 특히 안강(鞍鋼), 우강(武鋼), 바오강(包鋼), 타이강(太鋼)에 있는 철강소 네 곳을 잘 처리해야 한다고 말했다. 만약 사람들이 업무를 제대로 이행하지 않는다면 해고될 것으로, "측간에 들어갔으면 볼일을 봐야지 그냥 자리만 차지하고 있으면 안 된다(不要占着茅坑不拉屎)."[58]

5월 초 리셴녠 부총리는 제철소 열두 곳과 해당 지역 정부 당위원회 서기를 한데 불러 철강 산업 좌담회를 열었다.[59] 당시 목표치를 달성하지 못한 제철소 책임자들은 비판적인 참가자들에게 왜 아직도 실적을 내지 못하는가에 대해 설명해야 했다. 그들은 '비림비공' 당시에 비판을 받은 간부들이 혹시라도 정치적 과오를 저지르지나 않을까 두려워하고 있다고 말했다. 마오쩌둥의 정책이 예전으로 돌아갈 경우 정치를 강조하는 것보다 경제 신장과 생산력 촉진에 중점을 두었다는 이유로 처벌받을 것을 두려워한다는 이야기였다.

5월 21일, 일주일 동안의 프랑스 공식 방문을 마치고 돌아온 지 3일째 되는 날, 덩샤오핑은 국무원을 필두로 한 전국 철강 업무 좌담회를 주재했다.[60] 덩샤오핑은 많은 간부가 걱정하는 근본적인 문제, 즉 사인방의 종용으로 마오쩌둥이 변덕을 부려 경제에 주력하는 이들을 공격할지도 모른다는 우려에 대해서는 공개적 언급을 하지 않았다. 장춘차오와 야오원위안은 1975년 3월과 4월에 각기 문건을 발표해 공개적으로 '경험주의', 즉 오직 경제 성장만 중시하며 이데올로기를 무시하는 작태를 비난한 바 있었다. 당시 덩샤오핑이 알고는 있었지만 공개적으로 언급하기에는 마땅치 않다고 생각한 일이 있었는데 4월 18일에는 마오쩌둥이 그를 안심시켰으며, 나아가 4월 23일에는 야오원위안이 작성한 문건에 메모를 남겨 다시 한번 경험주의에 대한 비판에 반대하며, 덩샤오핑의 정돈 작업을 지지한다는 입장을 표명한 것이었다.

5월 국무원 회의에서 덩샤오핑은 다음과 같이 말했다. "이제 철로 운송 문제가 해결되자 야금과 전력을 비롯한 여러 분야의 문제가 드러나고 있습니다. 각 부서에서 장관들은 장기적인 난제를 어떻게 해결해야 할지 다시 한번 생각해야 합니다. 다음 단계의 핵심은 철강업의 문제를 어떻게 해결할 것인가입니다."[61] 구무(谷牧)가 철강업에 관한 문제의 심각성에 대해 설명하기 시작했다. 그러자 덩샤오핑이 그가 말하는 도중에 끼어들었다. "그 정도 표현으로는 부족하지요. 이렇게 가다간 철강 산업은 무너져 버린다고 말해야 합니다." 그가 말을 이었다. "구무는 연간 250만 톤씩 증산하는 것은 문제가 없다고 말했습니다. 그러나 나는 연간 300만 톤을 증산하는 것도 문제가 되지 않는다고 말하고 싶습니다. …… 직급이 어떻든지 간에 이것저것 무서워하면 안 됩니다. 현재 간부들의 주요 문제는 두려움이 앞서 감히 호랑이 엉덩이에도 손을 대지 못하는 것입니다. 우리는 여러분들을 적극 지지할 것입니다."[62]

덩샤오핑은 40, 50년 경력이 있다 해도 상관이 없다고 했다. "파벌주의적 행동을 한다면 호랑이 엉덩이든, 사자 엉덩이든 가만두지 않겠습니다. …… 만약 심각한 파벌주의 행태를 바꾸지 않으면 결단코 그를 전출시키겠습니다. 필요하다면 1년에 360번을 전출시킬 수 있습니다. 7월 1일 이후에는 봐주지 않을 것입니다. …… 필요하다면 우루무치(간부들이 가장 배치받기 싫어하는 곳으로, 서쪽 끝에 있다.)로 배치할 수도 있습니다. 만약 부인이 이혼하겠다고 위협한다면 아마도 말을 듣겠지요."[63] 그가 말했다. "더욱 중요한 것은 마땅히 혹독하게 비판해야 할 것은 비판하고, 투쟁해야 할 것은 투쟁해야 한다는 것, 나태하게 그저 기다리기만 해서는 안 됩니다. 철도부는 이미 결연한 조치를 취했는데 이곳에서는 내키지 않는 사람들이 많이 보이는군요." 그가 다시 말을 이었다. "착오를 범해도 됩니다. 용감하게 당의 원칙을 견지하고 타도 대상이 될 것을 두려워하지 않는 정신, 과감하게 책임을 맡고, 과감하게 투쟁할 수 있는 자를 찾아 지도부에 들어가게 해야 합니다. …… 나는 위구르족 아가씨, 땋은 머리가 한 다발로 정말 많습니다.(維吾爾族姑娘, 辮子多, 一抓一

大把)* 안강과 같은 대규모 제철소는 잡무가 매우 많고 복잡합니다. 그러나 고위 관리자들은 그저 매일 소소한 기술적인 문제에만 매달려 있을 수 없습니다. 기름, 소금, 간장, 식초, 땔감 같은 것이 아니라 생산에 대한 일을 지도할 조직이 필요합니다."[64]

5월 29일 철강 산업 회의에서 덩샤오핑은 모든 사업에 강력한 지도부가 있어야 한다고 강조했다. 그는 중국 철강의 절반을 생산하고 있는 대형 제철소 여덟 군데에 초점을 맞추면서, 특히 안강, 우강, 바오강, 타이강 등 최대 제철소 네 곳이 모두 목표량을 달성하지 못했다고 비판했다. 그는 특히 종합 제철소 안강의 문제가 가장 큰데, 문제의 핵심은 지도부가 연약하고(軟), 나태하며(懶), 비조직적(散)이기 때문이라고 지적했다.[65]

1975년 6월 4일, 지방의 철강 주무 부서에 철도 정돈 내용에 대한 9호 문건과 유사한 13호 문건이 배포되었다. 마오쩌둥의 동의를 거쳐 정치국의 승인을 받은 13호 문건은 1975년 목표량인 2600만 톤에 대한 내용을 거듭 언급했다. 국가계획위원회는 철강 생산 목표량을 달성할 수 있도록 각 부위원회에서 사람을 선발하여 소조를 설립하고 직접 국무원에 보고하도록 했다. 제철소에서 필요한 물자를 공급받을 수 있도록 전력, 석탄, 교통, 석유 등 각각의 관련 부서에서 모두 소조에 인력을 파견했다. 성(省) 및 시의 당위원회에 제철소의 목표량 달성을 위해 지도적 책임을 다하라고 요구했다.[66]

13호 문건의 지시 사항을 이행하기 위해 주요 제철소마다 대회를 열었다. 일부 대회의 경우 4만 명이 넘는 이들이 참가했다.[67] 국무원 산하 소조 역시 매주 회의를 열어 개별 계획을 검토하고 목표량을 달성하도록 했다.[68] 그러나 8월 1일 열린 지도소조회의에서 철강 생산에 대한 평가가 이루어졌을 때, 회의 참석자들은 이전에 정한 목표량을 달성하는 데 어려움이 있으리라는 것을 인정했다. 특히 봄부터 철강 생산을 독려하기 위해 과감한 노력을 마다하지 않던

---

* 위구르족 아가씨들이 여러 갈래로 땋은 머리를 하고 있는 것을 빗대어 얼마든지 비판을 당해도 두렵지 않다. 언제든지 과감하게 행동할 수 있다는 마음을 비유한 것이다.

위추리가 갑작스럽게 병석에 눕는 바람에 큰 차질이 생겼다. 그는 여름 내내 병원에 입원해 있어서 강력한 지도력을 발휘할 수 없었다. 간부들은 여전히 생산에만 힘쓴 채 극좌 정치를 도외시할 경우 후에 곤란한 일이 생길지도 모른다고 걱정했다. 실제로 사인방은 덩샤오핑이 그러한 과오를 저지르고 있다고 비난했다.

1975년 중국은 2390만 톤의 철강을 생산했다. 1974년 2110만 톤 생산과 비교할 때 현저한 증가 추세였지만 여전히 2600만 톤이라는 목표량에는 한참 부족한 상황이었다. 덩샤오핑은 이러한 성과를 인정하고 승리를 선언했다. 그러나 일부 고위층에서는 덩샤오핑에 대한 비판이 시작되고 있는 상황에서 1975년 12월 15일부터 23일까지 구무는 회의를 주재하여 철강 생산을 책임지고 있는 성급 간부들과 각종 문제를 토론했다. 회의에서는 여전히 목소리를 높이고 있었지만 고위층 간부들은 이미 새로운 정치 기류 속에서 덩샤오핑이 포위 공격을 받고 있음을 알고 있었다. 지역 간부들은 오직 철강 증산에 모든 역량을 집중하는 데 두려움을 느꼈다. 실제로 1976년 덩샤오핑이 세 번째로 권력에서 밀려나 모든 직위에서 쫓겨났을 때 철강 생산량은 2050만 톤으로 감소되었다.

1975년 중국 철강 증산을 위한 개선 노력은 당시 일본의 철강 생산량과 비교하면 새발의 피였다. 3년 후, 현대적인 일본 제철소를 견학한 덩샤오핑은 당시 그곳 일본 제철소의 생산량이 1975년 철강을 증산한 후 중국 총생산량의 수배에 달한다는 사실을 확인할 수 있었다. 실제로 정치적 수단을 동원하여 철강 증산을 독려한 것은 1975년이 마지막이었다. 1978년 10월, 일본의 현대적인 대형 제철소를 방문한 후 그는 철강 생산 증대를 위한 여러 다양한 방식을 취했다. 즉 정돈 대신 과학과 기술에 초점을 맞추었다. 이러한 전략적 전환은 거대한 성과를 거두었다. 1980년대 일본에서 현대적인 철강 기술을 도입한 중국의 철강 생산량은 1982년 3720만 톤에서 1989년 6120만 톤으로 급상승했고, 1996년 다시 1억 100만 톤을 달성했다. 이로써 중국은 가장 큰 철강 생산국이 되었다.[69] 2010년까지 현대적인 기술을 갖춘 제철소가 중국 각지에 건설되었다. 이로써 중국은 정치적 수단을 동원하지 않고도 매년 6억 톤을 생산할 수 있는 제철 설비를 갖추고 1975년에 비해 서른 배나 많은 철강을 생산하게 되었다.

저장 성 그리고 왕홍원의 몰락

1975년 마오쩌둥은 덩샤오핑이 서로 투쟁했던 이들과 함께 작업할 수 있도록 새로운 지도부를 결성하는 데 적극적인 지지를 보냈다. 당시 가장 심각한 분열로 어느 곳보다 단결이 시급한 곳이 저장 성이었다.[70] 1974년, 부분적으로 질서가 회복됨에 따라 장쑤 성과 저장 성을 제외한 각 성의 경제 성장이 이루어졌다. 저장 성은 인구가 많고 비교적 발전을 이룬 연해 지역에 위치하고 있어 산업적 기반이 잘 갖추어진 편이었다. 그러나 1975년 1분기까지 저장 성의 문제는 심각했다. 산업 생산은 1974년 1분기보다 20퍼센트 정도 하락하여 성 전체 재정 수입이 28.5퍼센트 감소했다. 덩샤오핑과 완리의 노력으로 1975년 8월까지 전국의 산업 생산이 평균 17퍼센트 상승했지만 저장 성은 오히려 6퍼센트 하락했다.[71]

마오쩌둥은 1975년 2월 8일, 창사에서 저장 성 항저우의 아름다운 시후(西湖)에 도착했다. 북한 최고 지도자인 김일성을 접견하기 위해 베이징으로 돌아가기 전인 4월 중순까지 그곳에 머무는 동안 마오쩌둥은 저장 성에 대해 특별한 관심을 갖게 되었다. 항저우에서 마오쩌둥은 저장 성의 간부들과 함께 이야기를 나눌 기회가 많았다. 특히 원로 당 간부인 탄치룽(譚啓龍), 문화 대혁명 시절 탄압을 받았던 군부 원로 톄잉(鐵瑛)과 많은 이야기를 나누었다. 당시 질서를 회복하려고 생각 중이던 마오쩌둥은 그들이 모두 능력 있는 지도자임을 발견했다. 반대로 그는 왕홍원이 1973년과 1974년에 적극적으로 후원했던 과거 조반파 지도자 웡썬허(翁森鶴)에 대한 인상은 매우 부정적이었다. 1974년 비림비공운동이 한창 전개되던 당시 왕홍원이 조반파를 지지하고, 탄치룽은 더 이상 그들을 통제하지 못하면서 저장 성의 문제는 날로 악화되었다. 마오쩌둥과 왕홍원의 사이가 틀어지기 시작한 것은 이미 1974년부터였다. 왕홍원이

1974년 10월 18일 창사로 날아갔을 때 마오쩌둥은 장칭과 지나치게 가까운 그의 모습을 불쾌하게 생각했다.

1975년 봄, 왕훙원에 대한 마오쩌둥의 의심은 한층 더 강해졌다. 베이징은 저장 성의 심각성에 주의를 기울이기 시작했다. 1974년 11월과 그 이듬해인 1975년 3월에 저장 성 지도자들을 만나 문제를 해결하도록 파견된 왕훙원은 아무런 성과도 거두지 못했다. 왕훙원은 저장 성 문제 해결에 무능했다는 이유로 4월 27일부터 6월 3일까지 열린 몇 차례 정치국 회의에서 장칭과 함께 비판을 받았다. 왕훙원은 이에 대해 자아비판을 했다.[72]

1976년 10월 사인방의 일원으로 체포된 왕훙원은 무능한 과격파에다 무모하고 방탕하여 사치스러운 옷과 풍성한 식사 등 호화스러운 생활에 빠져 있다는 비판을 받았다. 사실 왕훙원은 당의 일상 업무에 대한 책임자 역할을 하기 위해 노력했다. 그를 알고 있는 이들은 그가 사인방에 속한 다른 이들이 저지른 범죄를 일삼은 적은 없다고 생각했다. 그러나 풍부한 경험을 통해 이미 능력이 입증된 관료의 도시 베이징에서 그보다 경험이 많고 솜씨 좋은 간부들을 제치고 벼락출세한 젊은이 왕훙원은 고위층 지도자가 지녀야 할 존경을 얻는 데 실패했다.

1975년 6월 말, 왕훙원은 베이징 중앙의 일상 업무에 잠시 손을 놓고 상하이와 저장 성에 파견되었다. 마오쩌둥은 저우언라이와 덩샤오핑의 건의를 받아들여 왕훙원을 부총리 지덩쿠이가 이끄는 공작조의 일원으로 저장 성 문제를 해결하도록 했다. 사실, 왕훙원은 교육 및 개조를 받기 위해 파견된 것이었다. 지덩쿠이와 함께 한때 자신이 지지했던 조반파를 비판해야 할 입장에 놓인 왕훙원은 매우 난처했다. 그러나 그의 등장은 저장 성 문제를 해결하는 데 도움이 되었다. 과거 그가 지지했던 조반파들이 지위가 높은 급진주의자 왕훙원조차도 자신들을 도와줄 수 없다는 현실을 파악할 수 있었기 때문이다.[73]

지덩쿠이가 저장 성 문제에서 한 일은 완리가 쉬저우에서 했던 것과 비슷했다. 지덩쿠이는 공작조와 함께 지역 간부를 만나 문제를 파악하고, 대중 집회를 열었으며, 탄치룽과 톄잉을 위주로 한 새로운 지도부를 선출하고, 정식 문건으로 그들의 업무를 지원했다. 물론 덩샤오핑도 참여하여 핵심적 일을 하고 있었지만 당시 저장 성에서 책임자들과 이야기를 나누었던 마오쩌둥이 저장 성 문제 해결에 보다 적극적인 역할을 했다. 저장 성 출신으로 저장 성 문제에 대해 누구보다 깊은 관심을 지니고 있는 저우언라이 역시 의견을 내놓았다.

지덩쿠이는 저장 성에서 마지막 며칠 동안 다른 간부들과 함께 철도 관련 9호 문건, 철강 산업 관련 13호 문건과 마찬가지로 저장 성 문제에 대한 16호 문건의 초안을 작성했다. 1975년 6월 14일 지덩쿠이, 왕훙원, 탄치룽, 톄잉은 초안을 들고 베이징으로 날아갔다. 다음 날 덩샤오핑은 회의를 열어 초안을 검토하고, 저장 성과 항저우 시의 지도부에 대한 결정을 내렸다. 톄잉은 덩샤오핑의 왼쪽에 앉아 오른쪽 귀가 잘 들리지 않는 덩샤오핑이 회의 내용을 잘 들을 수 있도록 도와주었다.[74] 다음 날 문건은 마오쩌둥에게 전달되었고, 마오쩌둥은 문건과 인사 결정을 승인한 후 다음 날 16호 문건을 발표했다.

마오쩌둥과 중앙 지도자들이 단호하게 저장 성 정돈 업무를 지지하면서 극심한 혼란을 보였던 저장 성도 질서를 회복하고 단결을 강화할 수 있었다. 탄치룽은 과거 1년 동안 부족했던 지도력에 대해 사죄하고, 베이징 최고위층의 적극적인 지지에 힘입어 이미 조반파를 강력하게 통제했다. 1975년 말, 저장 성의 간부들은 1975년 후반기 산업 생산량이 전반기에 비해 4퍼센트 증가했다고 발표했다.[75]

마오쩌둥은 당내 분위기가 흔들리지 않도록 왕훙원의 갑작스러운 공식적인 지위 해제를 발표하지 않았다. 왕훙원은 저장 성에서 돌아온 후 6개월 동안 자신의 직함을 유지했기 때문에 그때까지 일반 대중은 그가 신임을 잃었다는 사실을 전혀 모르고 있었다. 그러나 마오쩌둥은 다시는 왕훙원을 베이징의 지도자 위치로 복귀시키지 않았다.

덩샤오핑의 승격

마오쩌둥이 덩샤오핑을 한층 더 중용할 거라는 조짐은 1975년 4월 18일 마오쩌둥이 덩샤오핑과 함께 조선인민공화국의 김일성을 만났을 때 확연하게 드러났다. 그 자리에서 마오쩌둥은 김일성에게 이렇게 말했다. "정치적 문제에 대한 이야기는 하지 않겠습니다. 대신 저 사람이 이야기할 겁니다. 저 사람 이름은 덩샤오핑입니다. 전쟁 수행 능력도 있고, 수정주의에 대해서도 반대했지요. 홍위병에게 공격을 당한 적도 있지만 지금은 아무런 문제가 없습니다. 당시 수년간 힘들었겠지만 이제 다시 재기했습니다. 우리가 필요로 하는 사람입니다."[76]

김일성의 중국 방문 기간 동안 마오쩌둥은 덩샤오핑과 단독으로 만나 잠시 이야기를 나누었다. 그 자리에서 덩샤오핑은 장칭과 장춘차오, 야오원위안 등이 '경험주의'에 대한 공격 강도를 높이는 것에 우려를 표명했다. 덩샤오핑이 질서 회복과 경제 성장을 성공적으로 수행하여 점차 마오쩌둥의 신임을 얻게 된 것을 두려워하던 그들은 그가 지나치게 경제적 문제에 치중하여 가장 근본적인 원칙에 대해 별로 관심을 두지 않고 있다고 공격했다. 이런 논조는 과거 마오쩌둥의 구미에 잘 들어맞았다. 그러나 1975년 4월, 마오쩌둥은 이는 지나친 비판이라며 덩샤오핑을 위로했다. "우리 당에서 마르크스 · 레닌주의를 이해하는 사람이 그리 많은 것은 아닐세. 몇몇 사람은 자신들이 그것을 이해하고 있다고 믿고 있지만 실제로 그들은 전혀 이해하지 못하고 있지. …… 이런 주제는 정치국에서 논의하게 될걸세."[77] 내부 상황을 잘 파악하고 있는 사람들은 마오쩌둥의 말이 의미하는 바를 잘 알고 있었다. '몇몇 사람'이란 바로 사인방을 가리키는 것으로, 그들이 지나치게 많은 부분에 관여하고 있었기 때문에 마땅히 비판받아야 할 대상은 오히려 그들이라는 뜻이었다.

실제로 얼마 후 정치국은 회의를 열어 경험주의를 공격한 사인방과 관련해 마오쩌둥이 내놓은 비판에 대해 토론을 벌였다. 정치국 회의에서 예젠잉은 장칭을 포함한 사인방 무리들이 경험주의를 비난한 것에 대해 비판했다. 그 결과 장칭은 자아비판을 해야 했다. 회의가 끝난 직후 장칭을 지지하고 덩샤오핑의 세력이 커지는 것을 막고자 했던 왕훙원은 사태에 대한 저우언라이의 비판론이 그를 대신해 다른 사람에 의해 표현되고 있다고 불평하는 글을 마오쩌둥에게 보냈다.[78] 그의 글을 읽어 본 사람들이라면 누구나 '다른 이'가 바로 덩샤오핑을 지목한다는 것을 알 수 있었다. 그러나 당시 덩샤오핑에 대한 마오쩌둥의 확고한 신뢰는 전혀 흔들림이 없었다.

5월 3일 늦은 밤, 마오쩌둥은 자택에서 정치국 회의를 소집했다. 마오쩌둥이 정치국 회의를 주재한다는 것은 그가 평소와 달리 논의가 필요한 문제에 대한 강력한 의견을 가지고 있다는 신호였다. 이러한 고위급 회의에 대한 책임을 훨씬 전에 다른 이들에게 넘겼기 때문이다. 저우언라이도 힘겹게 병상에서 몸을 추슬러 회의에 참석했다. 작년 12월에 마오쩌둥을 만난 이후 처음 만나는 자리였다. 저우언라이는 그 후로 8개월이나 더 살았지만 그 두 지도자가 시간을 같이한 것은 그때가 마지막이었다. 마오쩌둥은 병원에 입원해 있는 저우언라이를 방문할 만큼 기력이 남아 있었지만 그러지 않았다.

5월 3일 회의에서 마오쩌둥은 '경험주의'를 공격했던 장칭과 다른 이들을 비판했지만 그들의 교조주의에 대해서는 언급하지 않았다. 마오쩌둥은 장칭과의 관계를 끊은 적이 없었지만 당시 회의에서 장칭에 대한 비판은 상당히 혹독했다. 그는 다음과 같이 말했다. "사인방처럼 행동하지 마십시오. 왜 그렇게 행동하는 것이오? 왜 당신은 200명이 넘는 중앙위원회 위원들과 함께하지 않는 것이오? …… 당신은 사람들과 연합하고 분열되면 안 됩니다. 항상 개방적이고 공명정대하게 행해야지 숨어서 음모를 꾸며서는 안 된다는 말입니다." 계속해서 그는 이렇게 덧붙였다. "만약 의견이 있다면 정치국 사람들과 토론해서 문건을 작성하십시오. 중앙의 명의로 해야지 당신 개인 이름을 써서는 안 됩니다. 예를 들면 내 이름도 쓸 수 없습니다. 나는 어떤 자료도 보낸 것이 없습니다." 이어 그는 덩샤오핑을 지목하면서 말했다. "자네가 마오쩌둥파의 대표일세." 이 모임은 마오쩌둥이 참가한 마지막 정치국 회의였다.[79]

정치국 회의에서 덩샤오핑과 예젠잉 등도 마오쩌둥의 의견에 동조하며 사인방을 한층 더 비판했다. 그들은 5월 3일 마오쩌둥의 지시는 매우 중요한 것으로 자신들을 수정주의가 아닌 마르크스·레닌주의를 실천하도록 하고, 분열이 아닌 단결로 이끌어 주며, 음모와 계략이 아닌 광명정대한 길로 인도한다고 말했다. 그들은 또한 장칭이 저우언라이와 의견 차이를 과장하고, 비림비공 운동을 이용하여 예젠잉을 공격한 것에 대해 비판했다.

5월 27일과 6월 3일, 덩샤오핑은 처음으로 왕훙원을 대신하여 정치국 회의를 주재했다. 6월 3일 회의에서 장칭과 왕훙원은 자아비판을 강요받았다.[80] 덩샤오핑은 며칠 후 마오쩌둥과 함께 필리핀 대통령 마르코스(Marcos)를 접견할 당시 정치국 회의 상황을 마오쩌둥에게 보고했다. 마오쩌둥은 덩샤오핑의 회의 주재 태도가 마음에 들었다. 덩샤오핑이 장칭을 지나칠 정도로 가혹하게 대하지 않았기 때문이다. 덩샤오핑은 자신이 마오쩌둥의 의향대로 일을 처리할 수 있으며 장칭과도 계속해서 같이 일할 것임을 증명한 셈이었다.

마오쩌둥은 왕훙원을 완전히 버린 적이 없었다. 왕훙원은 이후 화궈펑을 도와 마오쩌둥의 장례식을 준비했다. 그러나 저장 성을 다녀온 후 왕훙원은 더는 당내 협상에서 아무런 역할도 하지 못했다. 왕훙원은 저장 성으로 가게 되자 자신이 맡았던 당정 회의 주재를 예젠잉이나 덩샤오핑에게 맡길 것을 마오쩌둥에게 추천했다. 체력이 쇠진한 예젠잉은 7월 1일 마오쩌둥에게 서신을 보내 자신은 연로하기 때문에 당의 일상 업무를 덩샤오핑에게 맡기는 게 좋겠다는 의사를 전했다. 마오쩌둥은 즉시 그의 의견에 동의했다. 7월 2일, 예젠잉은 공식 문건을 통해 덩샤오핑이 당의 일상 업무를 지도할 것이며, 아울러 실질적인 총리이자 중앙군사위원회 부주석으로 정부와 군부를 이끌 것이라고 공표했다. 게다가 마오쩌둥은 그 이후 외교 정책에 관한 새로운 책임을 덩샤오핑에게 부여했다. 이렇게 해서 덩샤오핑은 서구를 국빈 방문한 최초의 중국공산당 관리가 되었다.

서구 관계에 돌파구를 찾다: 프랑스와의 관계

1975년 5월 12일부터 17일까지, 덩샤오핑은 프랑스를 국빈 방문했다. 중국 지도자로서는 첫 번째 서구 국가를 방문한 것으로, 이는 마치 1950년대 소련에게 배워야 했던 것처럼, 중국을 위해 서구에서 학습할 준비에 착수하는 기회를 안겨 주었다.[81] 마오쩌둥이 중요한 해외 방문에 덩샤오핑을 내세운 것에 대해 사인방은 의심을 품게 되었다. 그들의 눈에 이는 덩샤오핑의 세력이 더욱더 확대되고 있음을 의미했다. 프랑스 국빈 방문은 덩샤오핑이 지도자로서 한걸음 더 나아가는 데 큰 영향을 줄 것이 분명했다. 그 전해에 프랑스를 잠시 경유했을 때와 비교하면 이번 덩샤오핑의 방문은 반세기 이전에 알게 된 나라에 얼마나 큰 변화가 일어났는지 구체적으로 이해하고 중국이 4개 현대화를 달성하기 위해 무엇을 해야 하는가 생각하는 기회가 되었다.

그렇다면 왜 프랑스인가? 1년 전 마오쩌둥은 '3개 세계'에 대한 자신의 이론을 제기한 바 있었다. 그는 당시 유럽의 선진국을 제2세계, 즉 소련과 미국으로 대표되는 두 개의 패권 국가에 대항하기 위해 협력해야 할 나라로 간주했다. 제2세계에 속하는 여러 나라 중에서 프랑스는 자발적으로 가장 먼저 중국과 우호 관계를 수립한 나라였다. 프랑스는 당시 다른 유럽 국가들이 주저하고 있을 때 1962년 가장 먼저 중국과 공식적인 외교 관계를 맺었다. 1973년 9월 프랑스 대통령 퐁피두(Pompidou)가 베이징을 공식 방문하여 환대를 받았다. 그는 유럽에서 공식적으로 중국을 방문한 첫 번째 국가 원수가 되었다. 1975년 프랑스는 중국에 국빈 방문을 정식 요청했으며, 중국은 이를 퐁피두 대통령의 방중에 대한 답방으로 생각하는 동시에 문화 대혁명의 자아 폐쇄 상태에서 벗어났음을 알리는 기회로 여겨 크게 환영했다.

1975년 프랑스 방문 동안 덩샤오핑은 지스카르 데스탱(Giscard d'Estaing) 프랑스 대통령과 자크 시라크(Jacques Chirac) 총리의 환영을 받았다. 후일, 시라크는 덩샤오핑이 꾸밈이 없고 마음이 따뜻하며 국제 관계에 정통한 인물이었다고 회고했다.[82] 프랑스 방문 동안 덩샤오핑은 과거 프랑스 생활에 대한 감회를 이야기하면서 반세기 이전에 자신이 살았던 리옹과 파리 등 몇몇 지역을 방문했다.

덩샤오핑이 프랑스에 전달하고자 했던 가장 중요한 외교 정책 내용은 가장 호전적인 패권 국가인 소련에 공동으로 대처할 수 있도록 서구에 지속적인 지지를 요청하는 것이었다. 덩샤오핑은 소련과의 긴장 완화에 대해 의심을 나타내는 한편 서구 유럽의 여러 나라가 단합해 소련의 위협에 완강하게 대항하는 데 찬사를 보냈다. 그러나 덩샤오핑에게 외교 정책의 주요 안건에 대한 협의만큼이나 중요한 것은 바로 현대화에 대한 학습이었다. 그는 농업과 산업 단지를 방문했으며, 중국과 프랑스의 무역 확대를 위해 회담을 열었다. 현대화된 서구 사회에 대한 첫 번째 방문을 통해 그는 50여 년 전 자신이 떠난 이후로 프랑스 산업이 얼마나 괄목할 만한 성장을 이루었는지 직접 목격했으며, 아울러 중국이 얼마나 낙후해 있는지를 실감했다. 이러한 현장 체험과 성공적인 국빈 방문의 파급 효과는 매우 지대했다. 3년 후 구무의 인솔 아래 중국의 경제 관료들이 덩샤오핑의 프랑스 방문을 이어 감으로써 해외 방문은 당 지도자들에게 해외 경제와 외교에 대한 인식을 고취시키는 한편 중국의 개방 확대에 대한 서구 사회의 지지를 이끌어 내는 데 중요한 역할을 했다.

4

마오쩌둥 밑에서 미래를 계획하다 ^{1975년}

마오쩌둥은 1975년 덩샤오핑에게 왕훙원을 대신해 당대회를 주도하도록 했다. 당시 중국은 여전히 문화 대혁명으로 빚어진 혼란에서 벗어나지 못한 상태였다. 당내에서 새로운 직무를 맡은 덩샤오핑은 일부 주요 조치를 통해 전국의 당 조직을 정비할 수 있었다. 베이징 이외 정비 작업은 먼저 성 단위에서 이루어졌고, 3개월 후에는 현과 공사 단위로 확대되었다.¹ 7월 2일, 예젠잉은 서한을 통해 덩샤오핑이 당내 업무를 주관한다고 발표했다. 이틀 후 덩샤오핑은 많은 성위원회 지도자가 참석한 중앙이론독서반(中央理論讀書班)에서 연설했다. 회의의 주요 화제는 단결과 당내 정비였다.

덩샤오핑은 마오쩌둥이 자신을 주시하고 있다는 것을 잘 알았다. 이에 그는 마오쩌둥 주석의 가르침, 혹은 적어도 그가 당시 자신의 업무 목표에 부합되도록 마오쩌둥의 가르침에서 선별해 재조합한 '마오쩌둥 주석의 세 가지 중요한 지시'를 회의에서 대대적으로 연설했다. 덩샤오핑의 목표는 두 가지였다. 하나는 자신이 수정주의에 반대하고 있다고 마오쩌둥을 안심시키는 것, 다른 하나는 안정과 단결, 국민 경제 발전을 강조하는 것이었다. 당내 단결을 강화하기 위해 덩샤오핑은 1945년 제2차 세계 대전이 끝났을 때 열린 중국공산당 제7차 전국대표대회에서 사용한 마오쩌둥의 방법을 사용했다. 덩샤오핑이 처음으로 참가한 당시 대회에서 마오쩌둥은 항전기에 산을 점령하고 일본에 대항해 게릴라전을 펼쳤던 유격대들이 연합해야 한다고 강조했더랬다. 덩샤오핑은 과거 각개 전투를 벌이던 유격대 시절에 자연스럽게 활동한 산간 지역별로 '우리 산'이라는 산두 사상(山頭思想)이 생겨난 것처럼 문화 대혁명 시절에 파벌이 발생했다고 말했다. 그는 결론적으로, 이제 우리는 제7차 전국대표대회에서 마오쩌둥 주석이 호소했던 단결에 부응하여 다시 한번 파벌을 극복해야 한다고 말했다.[2] '죄를 범하지 않았다는 조건하에' 당내 파벌 의식을 버리고 통합에 협조한다면 과거 급진파를 포함해 누구든지 호의로 대하겠다고 말했다.

덩샤오핑은 민감한 마오쩌둥을 건드리지 않게 조심하면서도 대담하게 그리고 전략적으로 혁명이 아닌, 치국에 능한 자들을 선발했다. 그는 당내 좌파나 급진주의자들을 제거하겠다고 공공연하게 선언하지 않았다. 그러나 '수정주의(즉 우파)'가 아닌 '종파주의(도당을 만들고 결탁하는 좌파)'에 대한 비판을 강조했다. 또한 10년 이상 업무 경험이 있는 간부에게 지도권을 부여하겠다고 말했다. 홍위병에서 발탁된 사람을 임명하지 않겠다고 명확하게 표시한 것은 아니지만 이렇게 해서 그는 1965년 이후, 즉 문화 대혁명 시절에 출세한 사람을 배제했다. 당시 이들 가운데는 '헬리콥터 승진'을 한 사람도 있었다. 덩샤오핑은 또한 적절한 자격 검증을 거치지 않고 입당한 사람들을 다시 심사하도록 요구했다. 구체적인 설명을 곁들이진 않았지만 문화 대혁명 전 입당한 1800만 당원이 아닌, 절차가 혼란스러웠던 1966년에서 1975년 사이에 새로 늘어난 1600만 당원을 겨냥한 것이었다.[3] '결격'을 이유로 출당된 사람들은 모두 파벌적 성향을 고치지 않은 사람들이었다. 마오쩌둥은 덩샤오핑의 이러한 행동을 저지하지 않았다. 이는 당시 중국에 안정적 지도부가 필요하다는 것을 의미했다.

당내 정비의 핵심 임무는 문화 대혁명 시절 린뱌오가 지방에 파견한 군대 간부를 지방 정부 지도부에서 퇴출시키는 것이었다. 1975년 8월 8일 덩샤오핑은 소수를 제외하고 모든 지방 업무에서 군대를 퇴출시키라고 지시를 내렸다. 군대 내 많은 사람이 당시 '혁명위원회' 성원이었는데, 혁명위원회는 일부 지역에서 이미 정규 정부 기구가 되어 있었다. 1975년 말, 많은 군인이 다시 군영으로 돌아갔다.

1975년 5월 5일, 마오쩌둥이 마지막으로 정치국 회의를 주재한 지 얼마 되지 않아 덩샤오핑은 저우언라이가 있는 병원을 찾았다. 덩샤오핑은 마오쩌둥이 많은 관심을 두고 있는 문제를 건드릴 생각이었다. 그 역시 변덕이 심한 마오쩌둥을 상대하는 데는 자신보다 저우언라이가 훨씬 경험이 풍부하다는 사실을 잘 알고 있었다. 저우언라이는 덩샤오핑에게 신중하게 일을 진행하라면서, 전체적인 정돈이 아닌 구체적인 일부터 하나하나 단계적으로 처리하라고 경고했다. 덩샤오핑은 저우언라이를 존경하고 있었지만 또한 마오쩌둥이 더 이상 자신의 뒷배가 되어 주지 않으리라는 것도 잘 알고 있었다. 그는 저우언라이보다 더 과감하게 4개 현대화라는 오래된 난제를 해결하기 위해 전면적인 정돈에 나서기로 결심했다.[4]

당시 덩샤오핑은 아직 개혁에 대해 언급하진 않았다. 그러나 이후 개혁을 실시할 수 있는 체제를 구축하는 동시에 앞으로의 개혁 내용에 대해 생각하기 시작했다. 이를 위해 일부 중요한 문제에 대해 그를 도와 머리를 쓸 수 있는 관료 체제 이외의 작가, 이론가, 전략가 등 두뇌 집단을 확대할 필요가 있었다. 마오쩌둥이 덩샤오핑에게 중앙의 일상 업무 지도권을 넘기고 나서 얼마 후, 그는 마오쩌둥의 동의를 얻어 자신의 두뇌 집단을 정치연구실과 같은 정식 기관으로 확대했다. 이 기관은 국무원 산하에 있었지만 사실 덩샤오핑이 직접 이끈 조직으로, 과거 두뇌 집단의 대장인 후차오무(胡喬木)가 계속해서 이 기관의 일상 업무를 책임졌다.

정치연구실

정식으로 제1부총리 자리에 오른 다음 날인 1975년 1월 6일, 덩샤오핑은 후차오무를 불러 우렁시(吳冷西), 후성(胡繩), 리신(李鑫) 등과 함께 이론 문제를 연구하는 이론 작성가 소조를 만들도록 지시했다.[5] 덩샤오핑과 후차오무는 모두 마오쩌둥이 이론 문제에 매우 민감하다는 사실을 잘 알고 있었다. 이에 마오쩌둥이 신임하는 자들로 인원을 선발하고 연구 주제 역시 마오쩌둥의 마음에 맞게 '3개 세계' 이론, 소련의 성격, 자본주의 위기, 수정주의 비판, 제국주의 등을 선택했다. 덩샤오핑은 자신이 당과 국가에 이롭다고 생각하는 정책을 좀 더 자유롭게 실시하기 위해 처음부터 많은 시간과 노력을 들여 마오쩌둥이 받아들일 만한 이론 관점을 찾았다. 1월에 구성된 이론 소조가 7월에 정치연구실로 확충된 후 덩샤오핑은 개인적으로 중요하다고 생각하던(마오쩌둥 역시 반대하지 않을 것 같은) 주요 문제, 특히 과학 기술과 산업 발전에 대해 연구하기 시작했다.

정치연구실은 미국 백악관 부서보다 규모는 훨씬 작지만 집행에 대한 책임을 지지 않는 것 이외에 목적은 비슷했다. 사실상 핵심 내각으로서 직접 덩샤오핑에게 보고하는 독립 고문 기관이었다. 그들은 덩샤오핑을 도와 전체적인 전략을 구상하고 정부 공고문을 기초했다. 이 기관에 대한 덩샤오핑의 통제권은 관료 기관에 대한 통제권보다 훨씬 강력했다. 이런 기관이 지나치게 방대하고 다양하면 덩샤오핑 본인의 도구가 될 수 없었기 때문이다.

비공식 교류 이외에도 정치연구실 구성원들은 2주에 한차례씩 정기 모임을 가졌다. 그들은 작업을 이론(마르크스주의와 마오쩌둥 사상)과 국내 문제, 그리고 국제 관계 등 세 분야로 크게 나누었다. 처음 이 기관은 원로 여섯 명(후차오무·우렁시·리신·슝푸·후성·위광위안)으로 구성되었지만 곧바로 일곱 번째 성원이 참가했다(덩리췬, 덩샤오핑 시대의 핵심 인물 949쪽 참조). 전성기에도 비서를 포함해 연구실 사람은 모두 마흔한 명이었다. 일부 성원은 일찍이 덩샤오핑의 '댜오위타이 이론 작성가 소조' 일원으로 1962년에서 1963년까지 소련공산당 중앙 이론을 비판하는 아홉 편의 서한을 작성한 사람들이었다. 연구실의 모든 성원은 당내에서 인정하는 원로 지식인이자 창의적인 전략가, 문장의 달인이었다. 우렁시, 리신, 슝푸(熊復), 후성, 후차오무는 마오쩌둥 수하에서 선전 작업을 이끌었던 풍부한 경력의 소유자였다. 또한 후차오무는 덩리췬, 위광위안과 마찬가지로 이론에 대한 깊은 지식을 갖춘 박학다식한 인물이었다.

중요한 연설과 문서를 준비할 때마다 덩샤오핑은 정치연구실 성원들과 긴밀하게 협력했다. 덩샤오핑이 정치적 지시를 내리고 그들이 작성할 초고에 실어야 하는 사상을 설명했다. 그러나 덩샤오핑은 그들이 자료를 작성할 때 전문성을 한껏 살려 역사적 기록에 부합되도록 하는 한편 마오쩌둥 주석의 과거 저서와 마르크스주의 이론과 일치하도록 했다. 중요한 연설이나 문서의 경우에는 직접 초고를 읽은 후 원고 작성자들과 함께 원고를 수정했다. 특히 중요한 문제의 경우 문서를 하달하기 전에 마오쩌둥의 결재를 받고 다시 직접 덩샤오핑이 원고를 읽어 마오쩌둥의 관점이 정확하게 들어 있는지 살펴보았다.[6] 덩샤오핑은 마오쩌둥과 막역한 사이이긴 했지만 덩샤오핑 역시 다른 사람들과 마찬가지로 변덕이 심한 마오쩌둥이 문화 대혁명이 고조되었을 당시처럼 문서 내용이 적절하지 못하다고 생각해 화를 내지나 않을까 걱정했다.

물론 덩샤오핑은 당내 사무에 대한 전면적인 권력을 쥐고 있었지만 마오쩌둥은 여전히 덩샤오핑이 자신의 뜻을 비켜 가지 않도록 사인방에게 선전 업무에 대한 통제권을 부여한 상태였다. 사실 장칭 역시 이론 작성가 소조를 보유하고 있었다. 그들은 베이징대학과 베이징시위원회에서 회의를 열어 언제나 덩샤오핑의 정치연구실에서 보낸 문서를 비판할 틈을 엿보고 있었다.

장칭의 선전 업무와 덩샤오핑이 이끄는 문교 과학 기술 업무는 중첩이 불가피한 일이었다. 덩샤오핑은 문화 분야 정돈에 있어 대대적인 방향 변화가 필요했다. 그는 문화 대혁명으로 소원해진 지식인들의 마음을 얻어 그들을 중국 현대화를 위한 자리에 배치해야 했다. 이에 1975년 정치연구실은 과학 연구 기관, 특히 중국과학원의 발전에 매우 중요한 역량을 발휘했다.[7]

장칭과 덩샤오핑 간의 논쟁이 가장 치열했던 분야 중 하나는 『마오쩌둥 선집』마지막 권인 제5권 편집 작업이었다. 이는 마오쩌둥 사상을 어떻게 정의하는가에 대한 경쟁이었다. 덩샤오핑이 리신을 정치연구실로 배치한 것도 그가 과거 캉성의 비서로 마오쩌둥의 수많은 글을 관리해 왔기 때문이다. 리신의 정치연구실 자리는『마오쩌둥 선집』제5권의 편집을 덩샤오핑이 주관해야 한다는 주장의 근거가 되었다.『마오쩌둥 선집』제5권을 위한 자료를 준비한 후차오무, 리신, 우렁시를 비롯한 정치연구실의 또 다른 사람들은 또 다른 조직의 보호를 받으며 단독 사무실에서 일했다.

『마오쩌둥 선집』제5권에 수록 예정인「10대 관계를 논하다(論十大關係)」가 논쟁의 초점이었다. 이는 마오쩌둥이 기업의 집체화와 국유화를 완성한 후 1956년 4월 25일에 행한 연설로, 덩샤오핑은 연설의 일부 관점을 자신이 1975년 추진하는 업무 계획의 근거로 이용했다. 마오쩌둥은 이 연설에서 평화 시에 중국은 군비와 국방비 지출을 줄여 연해 지역 경제 발전을 지원하는 데 자원을 사용해야 하며, 중국 지도자들은 각국의 장점을 배워야 한다고 말했다. 덩샤오핑은 마오쩌둥에게 이 연설문을 다시 발표하도록 허락해 달라고 요청했다. 재인쇄된 원고를 본 마오쩌둥은 일부 수정을 건의했다. 덩샤오핑은 수정된 원고를 다시 마오쩌둥에게 보이는 동시에 연설이 당시 중국 국정 및 외교 업무에 가지는 의미를 감안해 이를『마오쩌둥 선집』제5권 출판 전에 발표해야 한다고 설명했다.[8] 마오쩌둥은 또다시 원고를 돌려보내며 이를 정치국에 보내 토론에 부쳐야 한다고 말했다. 물론 사인방은 연설문 재인쇄에 반대했고, 마오쩌둥 역시 이를 세상에 공개하는 데 동의하지 않았다. 이 연설문은 마오쩌둥이 세상을 떠나고 사인방이 체포된 다음인 1976년 12월 26일에야 다시 발표될 수 있었다.[9]

덩샤오핑이 마오쩌둥의 지지를 잃은 후 정치연구실 역시 1975년 12월 업무를 중단했다. 5개월도 채 안 되는 업무 기간에 전체회의가 열린 것도 열세 차례에 불과했다.[10] 그러나 이 짧은 기간 동안 정치연구실은 덩샤오핑이 20세기 말 4개 현대화를 실현하는 데 필요한 개혁에 대해 장기적인 로드맵을 앞서 계획했다. 이는 고등 교육 회복을 위한 준비 작업에 결정적 역할을 했으며 문화 활동의 공간을 확대하고 사회 과학을 포함한 과학 연구를 촉진했다. 1976년 정치연구실은 이하 세 가지 '대독초(大毒草)'를 조제했다 하여 비판을 받았다. 그 셋은 첫째 「공업 20조(工業二十條)」, 둘째 「과학원 업무 보고 총칙(科學院工作匯報提綱)」, 셋째 「전당, 전국 각 업무의 총강을 토론하다(論全黨全國各項工作的總綱)」였다. 정치연구실은 앞의 두 문서를 제정하는 데 중요한 역할을 했고, 세 번째 문서 작성은 정치연구실과 덩리췬이 모든 책임을 맡았다.

「공업 20조(工業二十條)」

덩샤오핑은 새로운 직책을 맡은 후 주요 경제 분야의 간부들을 소집해 회의를 열었다. 6월 16일에서 8월 1일까지 그들은 경제 업무 장기 목표를 토론하는 국무원 계획업무 이론학습토론회(國務院計劃工作務虛會)에 출석했다.[11] 회의 준비 측인 국가계획위원회가 제정한 토론 의정에서 5개년 계획의 토론 과정 중 자원 공급원에 대한 상세한 규정, 각 부서와 각 항목에 분배되는 자원 규모 등 논쟁이 발생할 여지가 있는 것들은 제외되었다. 이론학습토론회가 열리기 전에도 10개년 경제 규획, 5개년 계획(1976~1980년)과 1976년도 계획에 대한 제정 작업은 이미 진행 중이었다. 그러나 이런 계획에 대한 최종 결정은 당시 이론학습토론회에서 확정한 장기적 목표에 의해 결정되었다.

당시 국무원 이론학습토론회에서 진행된 토론의 핵심은 공업이었다. 대약진운동 이후 회복 과정에서 덩샤오핑은 1961년 공업 체계의 구조와 목표에 전체적인 틀이 되는 「공업 17조」를 기초하는 데 앞장섰다. 당시 이론학습토론회에서 토론했던 것도 이와 유사한 문제였다. 원고마다 조항 수가 달랐는데 1975년 마지막 원고의 조항 수가 스무 개였다.

1975년에는 통계 체계나 상황 보고가 여전히 혼란스럽게 이루어지고 있었다. 각기 다른 영역에 있는 회의 참석자는 먼저 경제 상황에 대한 정보를 교류했다. 처음 2주 동안 열린 전체회의에서는 경제 업무를 책임지고 있는 지도자 간부들이 주요 경제 부서의 보고를 들었다. 각 부서의 회의 참석자들은 이 보고를 통해 자기 부서가 어떤 목표를 설정해야 다른 부서의 능력과 수요에 서로 조화를 이룰 수 있는지 이해할 수 있었다. 7월 2일부터 구무는 이론학습토론회를 여덟 개 공작조로 나누어 각기 이론, 조직, 몇몇 핵심 부서의 업무를 연구했다. 월말에 다시 전체회의를 열어 회의 참석자의 전체 결론을 「공업 20조」로 총합했다.

1975년 간부들은 '네 마리 작은 용(四條龍, 한국, 대만, 홍콩, 싱가포르)'의 경제 도약에 대해 잘 알고 있었다. 이들은 모두 자본주의 제도를 따르며 소련과 동구 사회주의 국가보다 빠른 경제 성장을 이루고 있었다. 그러나 당시 공개적으로 자본주의를 찬양하는 것은 여전히 금기에 속했다. 그렇게 되면 수년 동안 중국이 치른 희생의 가치, 그리고 중국공산당의 집권 당위성에 회의를 품게 되기 때문이다. 마르크스 · 레닌주의는 여전히 고위층이 정책을 결정하는 데 정당성을 제공하는 신조였다.

그러나 대약진 운동과 문화 대혁명의 파괴를 겪으면서, 지도층에서는 기본적으로 자신들의 의지로 국가 현대화를 실현하겠다는 열정이 사라져 버렸다. 대다수 회의 참석자들은 중국이 경제 성장을 실현하려면 대약진 운동 전 1950년대와 대약진 운동 이후 1960년대 초 회복 시기에 취했던 적절한 계획이 필요하다고 믿었다. 중국 인구가 방대하고 토지가 부족하며 자원이 제한적이기 때문에 반드시 체제 계획에 의존해야 한다는 것이다. 인구가 적은 나라들은 자유 시장이 야기하는 낭비에 개의치 않고 사치성 소비가 주는 이점을 향유할 수 있었다. 반면 중국의 당 지도부는 반드시 우선순위를 세워 이윤 추구와 낭비적 소비를 통제해야 한다고 생각했다. 게다가 이처럼 온화한 계획도 마오쩌둥이 반대할 우려가 있었기 때문에 회의 참석자들은 마오쩌둥의 이름으로 계획을 정당화했다. 이론학습토론회 참가 통지에 적힌 회의 목적은 '현대화 속도를 가속화하는 데 대한 마오쩌둥 주석의 이론'을 토론하기 위함이었다. 이론학습토론회 후에 만들어진 10개년 경제 규획 역시 '마오쩌둥 주석의 현대화 계획'이란 이름이 붙었다.[12]

덩샤오핑은 다른 지도자들보다 먼저 중국이 안목을 넓혀야 한다고 생각했다. 그는 뉴욕과 프랑스를 방문하고 외국 관료들을 자주 만났다.덕분에 그는 다른 간부들보다 외국의 변화와 중국의 심각한 낙후 상황을 좀 더 확실하게 인식했다. 이를 따라잡으려면 중국은 근본적 변화가 필요했다.

마오쩌둥이 사망하고 몇 년이 지난 후 덩샤오핑은 대담하게 중국은 자본주의 국가관을 참고해야 하며, 이는 중국의 주권이나 공산당의 통치에 위협이 되지는 않을 것이라고 설명할 수 있었다. 그러나 문화 대혁명 동안 자본주의 사상으로 비판을 받은 데다 1975년 당시 사람들은 시장 개방이나 자본주의 국가를 학습한다는 인식이 없었기 때문에 그는 주변적인 일만 할 뿐이었다. 그는 외국 기술의 도입을 확대하도록 했으며, 외화를 차입해서는 안 되지만 연기 지불 방식으로 외국 상품과 자본을 중국에 도입할 수 있다는 일부 간부들의 의견에 동의했다.[13] 또한 그는 노동자에게 물질적 보너스를 주어야 하며, 이 보너스는 '필요'에 의해서가 아니라 '노동'에 의해 분배해야 한다는 데 동의했다. 그러나 구체제에 대한 이처럼 온건한 변화에도 일부 보수 성향의 간부들은 두려움을 느꼈다. 그들은 계속 마오쩌둥 주석의 가르침을 엄격하게 따라야 한다고 강하게 주장했다.

덩샤오핑은 이론학습토론회에 참석하지 않고 요약 보고만 받았다. 8월 18일 「공업 20조」 첫 번째 원고가 완성된 후 그 안에서 논의되는 주요 문제에 대해 자신의 견해를 내놓았다. 그는 공업을 발전시키기 전에 반드시 농업량을 증가시켜야 한다고 인정했다. 그는 공업은 공사에 농업 기계를 제공하여 농업 생산량을 향상시키는 데 도움이 되어야 한다고 여겼다. 중국의 공업은 상품 수출 능력이 없었다. 계획에 따라 기술 도입을 늘리고 중국의 생산 능력을 개선하기 위해 석유, 석탄, 수공예품을 판매하려 했다. 처음에는 먼저 일부 채광 설비를 도입해야 한다. 이렇게 하면 중국은 석유와 석탄 생산량을 늘릴 수 있다. 전체적으로 덩샤오핑은 과학 기술 발전과 기업 관리 개선 및 생산 품질 향상의 중요성을 강조했다. 그는 새로운 규장(規章) 제도를 제정하여 더욱 완벽하게 조치와 조직 기율을 실시할 것을 요구했다. 또한 힘들고 위험한 업종에서 일하는 노동자에 대한 보너스 지불을 지지했다.[14] 이에 초안 작성자는 내용에 수정을 가해 덩샤오핑의 의견을 문건에 포함시켰다.

9월 5일, 회의에 초청받은 대형 국영 기업 스무 곳의 대표들이 「공업 20조」에 의견을 제시했다.[15] 10월 25일 첫 번째 수정을 마쳤다. 공교롭게도 바로 이날 마오위안신(毛遠新)은 처음으로 정치국 회의에 덩샤오핑에 대한 마오쩌둥의 비판을 전달했다. 초안 작성자는 조심스럽게 이를 '마오쩌둥 주석의 계획'이라 했지만 장춘차오는 10월 29일, '20조'는 다만 문화 대혁명 이전의 마오쩌둥 주석 어록을 인용했을 뿐이라고 비난했다. 후차오무는 재빨리 다시 원고를 작성해 문화 대혁명 시절 마오쩌둥 주석의 어록을 문서에 보충했다. 후에 그는 이 문서가 마오쩌둥의 비판을 초래하리라 예상하지 못한 결과로 그해 말에 덩샤오핑이 파면되었다고 자책했다. 사인방은 경제 문제 토론에 참여하지 않았다. 그러나 1976년 초, 덩샤오핑의 문제가 정치 문제가 되었을 때 그들은 즉시 비판에 가세해 '20조'를 세 가지 '대독초' 가운데 하나라고 지칭하며, 물질적 보상을 장려하고 대중 동원의 중요성을 무시했다고 말했다.

「공업 20조」 형성과 동시에 11월에 열리는 계획공작회의에 대한 준비로 10개년 경제 규획이 제정되었다. 10월 5일, 덩샤오핑은 직접 제1차 국무원 회의를 주재하고 순식간에 마련된 10개년 경제 규획 요강 초안에 대해 토론했다. 그는 이 초안을 승인하고 10월 27일에 마오쩌둥에게 보냈다. 마오쩌둥은 이를 인쇄해 중앙과 각 성의 경제 업무 책임 간부에게 발송하는 데 동의했다.[16]

마오쩌둥의 승인을 거쳐 11월 1일 열린 전국계획회의에서 제5차 5개년 계획(1976~1980년)과 1976년 연중 계획에 대한 집중 토론이 이루어졌다. 전국 각지에서 온 간부들이 10개년 경제 규획에 대해 수정 의견을 제출했고, 그중 일부 의견은 수정 원고에 반영되었다. 또한 5개년 계획과 연중 계획에 대한 토론도 계속 이어졌다. 12월 말, 초고가 마오쩌둥 주석에게 전달되었다.[17]

새로 제정된 5개년 계획과 연중 계획은 명백히 신중한 계획파의 승리였다. 다년간 그들은 업무 계획의 혼란을 극복하기 위해 노력했고 결국 뜻한 바를 이루었다.[18] 그러나 이처럼 신중한 계획파와 더욱 큰 야심을 가지고 10개년 경제 규획을 제정한 이론가들 사이에도 이견이 생겼다. 이러한 이견은 1980년대 더욱 심각한 상황에 빠졌다.

중국과학원

1975년 6월, 덩샤오핑은 중국 과학 사업을 재정돈하는 일에 주의를 집중했다. 문화 대혁명 시절 수준 높은 과학자들이 대거 포진해 있던 중국과학원은 250명당 한 명이 박해를 받아 사망했다. 중국과학원 분원의 경우 150명당 한 명이 비명횡사했다. 계속 운영되던 연구 기관이 있긴 했지만 과학 연구 업무는 큰 방해를 받고 있었다.[19] 문화 대혁명 직전인 1965년에는 중국과학원 산하에 연구 부서 106곳, 과학 연구 직원 2만 4714명이 있었다.[20] 그러나 1975년에는 고작 연구소 열세 곳, 연구실 두 곳, 2000여 명의 인력이 남았을 뿐이다. 그중 1800명은 간부 또는 과학 연구원, 200명은 보조원이었다. 1975년, 농촌으로 하방된 수많은 과학자가 여전히 돌아오지 못한 상태였다. 덩샤오핑은 6월 29일 후차오무에게 정치연구실의 우선 임무로 중국과학원을 정돈하라는 지시를 내렸다. 여기에는 새로운 지도자 선발과 과학 저서 출판 등의 업무가 포함되었다. 과학계에 대한 정돈은 중국과학원에서 시작하여 이어 기타 연구 기관으로 확대되었다.

덩샤오핑은 후야오방(덩샤오핑 시대의 핵심 인물 984쪽 참조)에게 중국과학원에 대한 실제 정돈 작업을 이끌도록 직접 지시했다. 7월 중순, 덩샤오핑과 당 중앙을 대표하여 화궈펑이 후야오방에게 당은 중국과학원이 4개 현대화에서 중요한 역할을 할 수 있길 희망한다고 말했다. 후야오방은 먼저 중국과학원의 내부 상황을 철저히 조사하여 중앙에 상황을 보고한 후 정돈 계획을 세웠다.[21] 중국과학원에 대한 정돈이 끝난 후 국방부, 경제 관련 부서, 지방 정부 산하의 기타 과학 연구 기관에 이어 학교 및 출판 업계에 대한 정돈이 이루어졌다.

후야오방은 세 명으로 이루어진 소조 한 팀을 이끌고 정돈 명령을 수행하기 위해 7월 18일 중국과학원에 모습을 드러냈다. 그는 문화 대혁명이 끝났으니 중국과학원에서 노동 선전대와 군대 선전대가 떠나야 한다고 선포했다. 과거 중국과학원에서 농촌으로 하방당한 사람들은 자기 부서로 돌아와 새롭게 일을 시작할 수 있었다. 과학 연구자들은 외국어 출판물을 포함해 필요한 연구 문헌을 얻을 수 있었다.[22]

몇 주 후, 후야오방은 중국과학원 사람들과 각 주요 부문 위원회 대표가 참석한 가운데 회의를 열고 미래 10년간 중국의 과학 기술 수요에 대해 토론했다. 이 회의는 10개년 과학 규획을 제정하기 위한 첫걸음이었다. 8월 15일에서 22일까지 후야오방은 관련 당위원회 간부들과 회의를 열고 중국과학원의 재건과 주요 지도자 선발에 대해 토론했다. 그는 중국의 목표는 20세기 말 과학 현대화를 포함한 4개 현대화를 실현하는 것이라고 선포했다.[23] 9월 한 달 동안 후야오방은 각 연구소 지도자와 회의를 열어 업무 중에 나타난 구체적인 장애물을 어떻게 극복할 것인가에 대해 토론했다. 각 연구소에 들르기 전, 그는 연구소 관련 자료를 연구하고 내부 업무 상황을 숙지한 사람들과 이야기를 나누었다.

후야오방은 고통당한 사람들의 입장에 서서 생각할 수 있었다. 그와 그들 모두 박해 속에서 요행히 살아남은 생존자였기 때문이다. 그는 10대에 공산주의 운동에 참여한 후 얼마 되지 않아 문제 있는 어떤 관계에 연루되어 사형을 언도받은 적이 있었다. 문화 대혁명 때 다시 베이징으로 돌아와 일을 재기하기 전까지 박해를 받았다. 다시 업무를 시작한 과학자들은 그와 가까이할 수 있을 것 같다는 느낌과 함께 그를 신뢰하게 되었다. 후야오방은 그들의 고난을 이해할 수 있는 사람이었다. 그 역시 고통을 당했기 때문이다. 이 밖에 후야오방은 진지한 연구를 통해 점차 각 연구소가 가지고 있는 기본적인 문제를 파악할 수 있었고, 중국과학원 소속의 과학자들을 완전히 신임했다.

그는 또한 중국과학원 사람들의 개인적인 문제 해결에도 도움을 주었다. 그들의 생활 조건을 개선하고 농촌에 있던 가족들을 베이징으로 돌아오게 했다. 사실상 그는 각 부서의 간부들에게 농촌에 하방되어 노동과 '학습'을 하고 있는 사람들의 명단을 작성하도록 하여 번잡한 격식을 피하고 그들을 베이징으로 불러들였다. 그는 과감하게 그들의 대변인이 되어 그 일에 앞장섰다. 매번 연구소에서 이루어진 그의 발언은 극적인 순간을 이루었다. 그는 중국과학원 과학자들의 마음속 영웅이었다.

9월 26일, 후야오방은 덩샤오핑에게 중국과학원의 혼돈 개선, 신임 지도자 선발, 업무 회복에 대한 성과를 보고했다.[24] 덩샤오핑은 후야오방의 업무를 매우 긍정적으로 평가했다. 10월 4일, 후야오방은 중국과학원 '당의 핵심 소조' 제1부조장으로 정식 임명되었다. 그는 자리에 오른 후 각 연구소에 당 관리, 업무 관리, 물자 조달 관리 등 세 부분의 지도부를 임명했다. 그는 전문가를 존중하여 업무에 관한 한 모두 그들에게 전격적인 권한을 부여했다.[25] 그해 말, 덩샤오핑이 비판을 받을 때 후야오방은 각 연구소에 새로운 행정 지도자를 임명했다. 정치적 기후가 변하자 임명 역시 이에 따라 중지되었다.

중국과학원의 정돈 계획을 제정하고 단독으로 중국사회과학원 계획을 제정하는 동시에 후야오방은 덩샤오핑의 지시에 따라 중국과학원이 이끄는 10개년 과학 규획 제정에 착수했다. 워낙 급하게 이루어진 일이라 후야오방은 주로 1956년에 승인된 기존의 12개년 규획(1956~1967년)을 이용했다. 후야오방이 중국과학원 연구소 회의가 열리기 전인 8월 11일에 새 규획의 초안이 완성되었다. 이 초안은 중화인민공화국 성립 이후 17년(1949~1966년) 동안 이루어진 발전을 긍정적으로 평가했다. 이 시대에 대략 15만 명의 과학 기술자가 육성되었지만 그들은 이후 모두 사인방에 의해 '자산 계급' 과학자로 타도되었다. 문서 초안 작성자는 정치적 입장을 표명하기 위해 1962년 마오쩌둥이 언급했던 중국은 계급 투쟁을 계속해야 한다는 말을 인용했다. 그러나 문서의 핵심은 '생산 투쟁과 과학 실험'을 촉진하기 위해 안정적인 업무 조건을 제공해야 한다는 것이었다.[26] 규획에서는 당시 농업, 공업, 국방 분야에 시급한 기술을 설명하고, 첨단 기술 발전을 위한 전략, 예를 들어 컴퓨터, 레이저, 원격 탐지, 생명 공학 및 핵에너지, 입자 물리와 기타 영역의 기초 과학 연구 등이었다.[27]

문서를 검토하면서 마오쩌둥의 반응을 걱정한 덩샤오핑은 후야오방과 기타 초안 작성자에게 띄엄띄엄 인용한 마오쩌둥 주석의 어록을 한곳에 집중 배치해 문서 내용이 마오쩌둥의 전체적인 관점을 따른다는 점을 분명하게 드러내라고 지시했다. 그는 원고 작성자에게 과거 17년 동안의 성과를 긍정하는 동시에 이후 문제에 대한 언급을 줄이라고 했다. 문서 분량도 줄이도록 했다.

덩샤오핑은 후차오무에게 수정 작업에 대한 감독을 맡겼다. 후차오무는 8월 26일 초안자에게 덩샤오핑의 의견을 글로 정리하도록 한 후 수정 작업을 감독했다. 그는 마지막 문서가 더욱더 마오쩌둥의 구미에 맞길 희망했다. 9월 2일 완성한 네 번째 원고에서는 17년 동안 얻은 과학 기술이라는 내용을 건국 이후 26년 동안 얻은 과학적 진보라는 식으로 수정했다. 이렇게 하면 문화 대혁명에 대한 비판을 피해 갈 수 있었다. 문서에서는 2000년 '마오쩌둥 주석이 제시한 4개 현대화'를 실천하여 세계 과학 기술 수준을 따라잡고, 심지어 이를 초월하는 성과를 실현해야 한다고 선포했다. 행동 부문에서는 과학자들이 기초 연구에 앞장서서 창의적인 과학 연구 영역을 이끌어야 하며, 이는 그들이 4개 현대화를 지지하는 사명의 일부분이라고 구체적으로 설명했다. 보고서에서는 마지막으로 마오쩌둥 주석의 목표를 실천하기 위해 고등 교육을 받은 뛰어난 과학 전문가들이 필요하다고 선포했다. 또한 문서에는 비록 외국 것이라면 모든 것이 좋은 것은 아니지만 중국에 적합하다면 열린 마음으로 외국인에게 배워야 한다는 내용이 포함되었다.[28]

9월 26일 국무원 회의에서 이 보고서에 대한 토론이 이루어졌다. 후야오방이 보고를 할 때 덩샤오핑은 자주 그를 제지했다. 후야오방이 세계 과학 기술 수준을 따라가야 한다고 말할 때 덩샤오핑은 당시 중국의 과학 기술이 다른 국가에 비해 많이 낙후되어 있기 때문에 중국의 현재 수준에 대해 좀 더 겸허해야 한다고 말했다. 덩샤오핑은 다시 중간에 끼어들어 중국 과학 진흥에 대한 열정을 보여 주었다. 그는 여러 번에 걸쳐 이것이야말로 4개 현대화를 실현시키는 중요한 도약이라고 말했다. 덩샤오핑은 진짜 우수한 소수 과학자들의 경우 성격이 아무리 괴팍해도 그들을 지지해야 한다고 강조했다. 그들의 주거, 기타 일상생활 문제를 해결하는 것이 중요하므로 자녀들을 좋은 유치원에 맡겨야 하며 농촌에 있는 배우자들이 베이징으로 돌아와야 한다고 말했다. 이어 덩샤오핑은 1950년대 소련에 있을 때 소련의 원자 폭탄 기초 작업이 세 명의 30, 40대 젊은이에 의해 완성된 것을 알게 되었다고 말했다. 그는 이와 비교하면 중국은 뛰어난 반도체 학자인 황쿤(黃昆)을 제대로 대우하지 않았다고 비판했다. 베이징대학이 그를 쓰지 않으면 그에게 반도체연구소의 소장을 맡기고 그를 위해 당위원회 서기를 배정해 그의 작업을 지원하겠다고 말했다.

덩샤오핑은 이어 자신은 프랑스어와 러시아어를 잘하지 못하지만 중국 과학 종사자들은 해외 자료를 열람할 수 있도록 외국어를 공부해야 한다고 말했다. 그들은 또한 과학 이론을 학습해야 한다고 강조했다. 어떤 학위를 가지고 있다 해도 수학, 물리학, 화학을 이해하지 못한다면 과학 연구에 종사할 수 없기 때문이었다. 그는 또한 문화 대혁명 시절 비판을 받았지만 여전히 연구를 계속하고 있는 과학 연구자들을 변호하여 그들은 "측간에 앉아 볼일을 보지 않는 인간들보다, 파벌주의에 빠져 있거나 발목을 잡는 인간들보다 훨씬 뛰어나다."고 말했다.[29]

덩샤오핑은 감히 '전문'이란 말을 꺼내는 것조차 두려워하는 사람들이 있다고 비판했다. 그는 국가라면 반드시 자국의 전문가들을 소중하게 생각해야 한다고 말했다. 중국은 공업 분야에 자동화를 도입하고, 이 업무에 종사할 수 있도록 과학 기술자들을 지원해야 한다는 것이다. 그는 '자산 계급 지식인'에 대한 비판이 계속되고 있다는 것을 인지했기 때문에 과학 기술자 역시 노동자임을 강조했다. 그는 10개년 과학 규획을 수정한 후 마오쩌둥 주석과 정치국 위원들에게 보내도록 지시했다.[30]

덩샤오핑은 당시 과학 회의에서처럼 흥분한 적이 드물었다. 그는 계속 말에 끼어들었으며 과학 연구가 4개 현대화의 견인차 역할을 해야 한다고 강조했다.[31] 또한 이러한 견인차 역할을 하기 위해서는 전면적인 정돈은 필요하지 않다고 말했다. 일부 건의처럼 과학 기술 분야의 4만 5000명 간부가 모두 동원될 필요는 없으며 그중 5000명만 동원하면 된다고 말했다. 핵심은 각급 지도부들이었다. 전문 분야 지식이 없고 열심히 일하지 않는 사람들이 왜 계속 그 자리에 머물러야 하는가? 왜 지식 수준이 높은 사람에게 연구 기관의 수장직을 맡기지 않는가? 험난한 도전이기 때문에 40대 초반의 과학 기술자와 지도자 간부, 그리고 그들보다 연배가 있는, 문화 대혁명 이전에 교육을 받은 이들에게 의존하는 것이 핵심이다. 그는 중국 교육 체계 중 일부 대학은 서양의 중고등학교 수준밖에 되지 않으며 그들이 직면한 위기는 현대화 사업 전체를 방해할 것이라고 했다.[32]

후차오무는 9월 28일, 덩샤오핑의 말을 다섯 번째 원고에 반영했다. 보고서는 마르크스 · 레닌주의와 마오쩌둥 사상을 찬양하는 내용이 필수적으로 포함되었지만 또한 대담하게 정치 이론이 과학을 대신할 수 없다고 선포했다. 이 다섯 번째 원고가 먼저 마오쩌둥에게 전달되었다. 마침 그때, 마오쩌둥의 조카 마오위안신이 마오쩌둥의 부름을 받고 베이징으로 왔다. 마오쩌둥은 조카에게 덩샤오핑과, 칭화대학에 대한 그의 정돈 업무에 불만을 표시했다. 마오쩌둥은 과학 규획에도 화가 나 있었다. 마오쩌둥은 후차오무가 마지막 원고에 반영한 '과학 기술이 생산력'이라는 말에 격노했다. 마오쩌둥은 자신이 한 번도 그런 말을 한 적이 없다고 확신했다.[33]

당시 덩샤오핑의 사회 과학 발전 규획 역시 성과를 거두었다. 그는 개인적으로 자연 과학 발전을 중요하게 생각했지만 철학과 사회 과학에도 새로운 활력을 불어넣어야 한다는 데 동의했다. 정치적으로 매우 민감한 영역이었음에도 불구하고 덩샤오핑은 과감하게 사회 과학이 매우 중요하기 때문에 별도로 사회과학원을 만들어야 한다고 제언했다. 1975년 8월 30일, 덩샤오핑의 지원하에 후차오무는 중국과학원 철학 및 사회 과학부의 '국무원 제142호령'을 발표했다. 후차오무는 이 문서에 독립적인 과학원 설립 계획을 넣었다. 그곳이 바로 후의 중국사회과학원이다. 덩샤오핑은 또한 사회 과학 연구 기관은 점차 전문 간행물 출판을 회복해야 하며, 그들의 업무에 이론적 기초를 다지기 위해 무엇보다 먼저 비전문 독자들을 겨냥한 종합 간행물을 출판해야 한다고 했다. 사인방과 마오쩌둥의 비판을 면하기 위해 덩샤오핑은 잡지 원고를 모두 정치 연구실에 보내 심사를 거쳐 급진파들의 화를 불러일으킬 만한 표현은 세세하게 잡아내도록 했다. 후차오무는 간행물 창간에 대한 지시 요청서에 위험을 미리 방지하기 위해 간행물은 마르크스·레닌주의와 마오쩌둥 사상을 따를 것이라 선포했다.

후차오무는 10월 4일, 철학과 사회 과학 업무에 필요한 지시 요청서를 완성했다. 덩샤오핑은 다음 날 이를 마오쩌둥에게 전달했다. 마오쩌둥은 10월 6일 문서를 승인했다. 제1기 신잡지 《사상 전선(思想戰線)》 발행에 관한 내용이 포함되어 있었다. 곧바로 이 잡지에 대한 좌담회가 열렸다. 그러나 10월 25일, 덩샤오핑이 정치국 회의에서 비판을 받은 후 잡지 발행 계획이 갑자기 취소되었고 결국 그 글들은 세상에 나오지 못했다. 후차오무는 계속 이 계획을 실천하려 했지만 정치연구실은 마오쩌둥의 압력으로 1976년 1월 17일 더는 철학 및 사회 과학 업무를 맡을 수 없었다.[34] 중국 사회 과학 회복이라는 대사업은 이로써 첫걸음을 떼기도 전에 수포로 돌아가고 말았다.

문예계의 작은 '백화제방'

덩샤오핑은 문화 영역의 변화를 추구하는 데 특히 조심했다. 마오쩌둥이 문예 공작에 대해 특별히 민감하고 까다롭게 통제를 가했기 때문이다. 문화 대혁명 시절 마오쩌둥은 장칭에게 모든 문화 활동에 대한 통제를 맡겼다. 장칭의 '양판희(樣板戱, 혁명 모범극)' 이외에 그 어떤 극도 금지되었다. 기본적으로 모든 잡지의 간행이 정지되었고 소수의 단편 소설과 장편 소설만 출판되었다. 서점에서는 『마오쩌둥 선집』, 혁명 영웅 이야기, 얼마 되지 않는 교과서, 소량의 초급 기술 교재만 팔았고 서점을 드나드는 사람도 극히 드물었다. 수많은 지식인이 '57간부학교'에 하방되어 노동 개조에 참가했고 노동과 함께 마오쩌둥 사상을 학습하며 비판과 자아비판을 가했다. 소설이나 이야기를 읽을 기회도 주어지지 않았다.

그러나 변덕스러운 마오쩌둥은 1975년 소설과 극 창작이 너무 적다고 덩샤오핑에게 불만을 털어놓았다. "양판희가 너무 적어.…… 조금만 잘못해도 비판을 받으니! 백화제방이 사라지니 다른 사람이 의견을 낼 수가 없잖아. 이건 좋지 않아. 글 쓰는 것도, 극을 쓰는 것도 두려워하니 소설도 나오지 않고 시가도 사라져 버렸어."[35] 마오쩌둥의 허락을 받은 덩샤오핑은 그 즉시 지시 사항을 인쇄해 당에 발송했다. 자신이 문예 업무에 대해 아는 것이 없다는 것을 알고 있었기에 덩샤오핑은 같은 날, 7월 9일에 정치연구실의 원로를 불러 회의를 소집한 후 그들에게 문화, 과학, 교육 분야의 출판물을 제작해 최대한 마오쩌둥의 쌍백(雙百) 운동을 실천에 옮길 수 있도록 했다. 그들은 문화생활에 활기가 전혀 없다고 생각하고 제한적으로나마 허락된 문화 활동 범위를 확대하여 이러한 문화생활을 위한 터전을 마련했다.[36]

덩샤오핑에게 문화 분야에 활력이 없다고 불만을 털어놓기 며칠 전, 마오쩌둥은 비서를 통해 정치국에 편지 한 통을 보내 문화 대혁명 이전 중국의 '문예계의 차르(tsar)'라 할 수 있는 저우양(周揚)을 석방하도록 했다. 마오쩌둥은 "오랫동안 가두어 두는 것이 능사는 아니다."라고 말했다. 저우양의 아내는 7월 12일 남편의 석방 소식을 들었다. 곧바로 저우양에게 연루된 수많은 명사도 석방되었다. 며칠 후 마오쩌둥은 장칭에게 문예 공작에 좀 더 넓은 창작 공간이 있었으면 좋겠으며, 작가들에게 좀 더 넓은 아량을 베풀길 바란다고 말했다. 그는 작가에게 사상 문제가 있다면 '병을 치료하는' 태도로 일을 하도록 충고했다.[37]

그러나 마오쩌둥은 여전히 사인방에게 중앙선전부, 문화부, 해방군 총정치부,《인민일보》와《홍기》등 문화 기관을 관리하도록 했다. 실제 1975년 7월부터 그는 사인방과 덩샤오핑에게 줄다리기식 접전을 벌이게 했다. 사인방은 언제나 공개적이든 우회적이든 마오쩌둥의 말에 대한 비판을 경계했다. 덩샤오핑은 후차오무의 지지 아래 소규모 '백화제방'을 추진했다. 그와 후차오무는 활동 범위를 완화해도 좋다는 마오쩌둥의 어떤 암시도 놓치지 않고 즉각 행동에 들어가는 동시에 될 수 있는 한 궤도에서 벗어나 마오쩌둥의 주의를 끌지 않도록 조심했다.

그런 까닭에 저우양을 석방하는 문제가 계속해서 쌍방이 충돌하는 근본 원인이 된 것도 당연했다. 마오쩌둥은 7월 27일 저우양의 문제는 적대적 모순이 아니기 때문에 그다지 심각한 것이 아니라고 단언했다. 다음 날 덩샤오핑은 마오쩌둥의 발언을 사방에 전달했다. 하지만 사인방은 여전히 저우양의 임금과 직무의 완전 회복을 저지하기 위해 온갖 방법을 동원했다. 이러한 일진일퇴의 접전 속에서 장칭은 여전히 저우양이 국경절 경축 행사에 특별 초청되는 것을 막느라 분주했다. 나중에 이런 사실을 알게 된 마오쩌둥은 불만의 기색을 숨기지 않았다.[38]

이 밖에 영화 때문에 사소한 충돌이 일어났다. 후차오무는 우연히 보게 된 몇몇 문서에서 사인방이 노동자와 일부 원로 간부, 특히 장칭이 싫어하는 위추리를 칭송하는 영화 제작을 억압하고 있다는 것을 알게 되었다. 후차오무는 영화 극본가를 시켜 마오쩌둥에게 영화 상영을 허가해 달라는 요청을 하도록 했다. 그는 또한 극본가에게 절대 감정적으로 일을 해서는 안 되며, 자구마다 근거를 확실히 하고 치우침이 없도록 하여, 이 영화는 반드시 상영해야 한다고 느낄 수 있도록 글을 쓰게 지도했다. 극본가는 후차오무의 건의를 받아들여 편지에 자신은 마오쩌둥 주석이 옌안 문예 공작 좌담회에서 말한 가르침에 따라 이 영화를 만들었으며, 영화가 노동자의 공헌을 표현하고 있기 때문에 노동자들이 이에 자부심을 느끼고 열렬하게 환영한다고 적었다.[39]

문예 자유에 획기적인 계기가 된 것은 7월 25일 마오쩌둥이 「창업」이라는 영화를 본 후였다. 이 영화는 다칭 유전을 개발한 위추리와 노동자들을 찬양하는 내용으로, 오랫동안 마오쩌둥은 그들에게 칭찬을 아끼지 않았다. 후차오무는 이왕 그렇다면 마오쩌둥도 이 영화에 대해 호감을 가질 것이라고 생각해 관련 자료를 수집하도록 했다. 7월 25일, 안과 수술을 마치고 시력이 좋아진 마오쩌둥은 영화를 보고 기분이 좋아졌다.[40] 그는 발음이 좋지 않던 터라 대충 큰 글씨로 한 장당 5~20자 정도로 여섯 장에 다음과 같이 적었다. "이 영화는 큰 착오가 없다. 배급을 하도록! 전체를 비난하지 말 것. 게다가 죄명이 열 개가 넘는데 그건 너무 지나치다. 당의 문예 정책을 조정하는 데 불리한 일이다."

이튿날 정치연구실 회의를 주재하던 덩샤오핑은 마오쩌둥의 편지를 받았다. 그는 회의를 중단하고 큰 소리로 편지를 읽었다. 마오쩌둥은 편지에서 "문화부가 너무 폭력적이며, 이렇게 좋은 영화도 상영을 허락하지 않는다면 어찌 '백화제방'이라고 하겠는가."라고 적었다. 덩샤오핑은 신속하게 이 편지를 공개하여 문예계를 격려했다. 이는 문화 대혁명 이후 사인방의 문예 정책이 처음으로 받은 공개적 비판이었다. 후차오무는 계속 마오쩌둥의 지지를 얻는 데 관심이 있었기 때문에 극본가가 지나치게 자신의 성공을 자랑하지 않도록 경고하는 한편 작가의 아내를 시켜 마오쩌둥에게 감사의 글을 쓰도록 했다.[41]

덩샤오핑은 이 파격적인 기회를 놓치지 않고 이용했다. 그는 마오쩌둥에게 보내는 또 다른 편지 한 통을 허락했다. 소설 『해도녀민병(海島女民兵)』을 각색한 영화 「해하(海霞)」에 대한 편지였다. 이후 후차오무와 덩리췬, 심지어 덩샤오핑까지 나서서 작가와 작곡가들이 마오쩌둥에게 문예 창작의 자유를 확대하기 위해 동의를 구하는 편지를 쓰도록 도와주었으며 많은 경우 성과를 거두었다.

마오쩌둥 역시 존경해 마지않았던 루쉰(魯迅)은 20세기 가장 위대한 작가다. 그런 그에 대해서도 장칭은 1970년대 들어 계속 루쉰의 편지글 출판을 저지했다. 1975년 가을, 루쉰의 아들 저우하이잉(周海嬰)은 후차오무의 건의에 따라 마오쩌둥에게 아버지 저서의 출간을 허락해 달라는 편지를 썼다. 후차오무는 이 편지를 덩샤오핑에게 전달했고, 덩샤오핑은 이를 마오쩌둥에게 보냈다. 마오쩌둥이 회신을 보냈다. "저우하이잉 동지의 의견에 찬성하네. 그의 편지를 인쇄해 정치국에 보내 토론한 후 결정을 내리고 즉시 실행하도록!" 이로써 1980년, 주석을 포함한 열여섯 권짜리 『루쉰 전집』이 모두 출판되었다.[42]

1975년 7월 이후 몇 개월 동안 문화생활에 대한 마오쩌둥의 지지로 사인방은 수세에 몰리게 되었다. 왕훙원은 상하이와 저장에서 조반파들을 위로했다. 야오원위안은 상하이에 파견된 후 자신이 보통 시민과 다를 게 없다며 불평을 늘어놓았다. "만원 버스에 시달리며 출근을 해야 해!"[43] 장칭은 여전히 베이징에 있었지만 통제가 너무 심해 마오쩌둥에게 문화 작품 공급을 늘려 달라는 사람들의 행동을 저지시킬 수 없었다.

잡지 출판은 소설보다 더디게 회복되었다. 1966년에 정간된《인민 문학》은 1975년 여름 복간되었다. 물론 사인방은《인민 문학》복간을 방해하고 나섰다. 그러나 복간 방해 작업이 뜻을 이루지 못하자 그들은 다시 잡지 내용에 될 수 있는 한 영향력을 행사하려 했다. 덩샤오핑은《인민 문학》과 사인방의 투쟁을 이끌었다. 그러나 10월 상순 덩샤오핑이 비판을 받기 시작하면서 보수적인 문화부가 우세하기 시작했다. 1976년 1월《인민 문학》1기가 출판되었을 때 덩샤오핑은 이미 이에 대한 내용에 관여할 수 없었다.[44]

고등 교육 회복을 위한 저우룽신의 노력

1975년 여름, 덩샤오핑과 교육부 부장 저우룽신(周榮鑫) 등은 과감하게 중국 고등 교육 회복에 착수하기 시작했다. 문화 대혁명 동안 강의를 개설한 대학은 극히 소수였다. 또한 그러한 학교들 역시 진정한 고등 교육 기관이라고 할 수 없었다. 마오쩌둥은 1968년 7월 21일 지시를 내려, 대학의 학제를 축소하고 노동자와 농민 중에 학생을 소집하여 교육이 끝나고 나면 생산 일선으로 돌아가도록 했다. 대학은 모두 학교에 공장을 세워 학생들이 일부 시간 동안 공장에서 노동을 하도록 했다. 1971년 8월 13일에는 다시 정식으로 규정을 발표해 대학에서 시험이 아닌 추천으로 학생을 모집하도록 했다.[45] 이러한 변화는 중국 고등 교육을 심각하게 무너뜨렸다. 1973년 5월 중국의 일류 대학인 베이징대학을 방문한 미국 과학자들은 이곳의 과학 교육이 미국 기술 전문 학교 수준이라고 평가했다.[46]

덩샤오핑은 마오쩌둥과 기타 급진파들이 군사 학교 개설은 반대하기가 힘들다는 것을 알고 있었다. 일부 이러한 특징에 기반하여 그는 고등 교육을 회복시키기 시작했다. 문화 대혁명 시절 중국의 최고 군사 과학 기술 대학인 하얼빈군사공정학원의 많은 이가 창사로 이주를 당했는데, 그들은 창사공학원에 들어가 학교의 수준을 올려놓았다.[47] 일부 학술적 전도가 유망한 지식인들은 일반 학교가 정상 업무를 시작하기 전에도 이 학교나 기타 일부 군사 학교에 들어갈 수 있도록 허락을 받았다. 그들의 연구가 군사와 관련 있었기 때문이다.

그러나 대다수 지식인들의 처지는 매우 심각했다. 1972년 닉슨이 중국을 방문한 지 얼마 되지 않았을 때, 베이징대학 행정 지도자 저우페이위안은 저우언라이에게 중국의 과학 현황을 보고했다. 저우페이위안은 용기를 내 당시 중국의 서른두 개 과학 영역이 모두 심하게 뒤처져 있다고 말했다.[48] 그 밖에 마오쩌둥이 1975년 원단에 '비림비공'운동을 전개함에 따라 정상 업무 회복에 대한 학자들의 희망 역시 물거품이 되었다.[49] 과학의 진보 역시 여전히 내일을 기약할 수밖에 없는 처지가 되었다.

저우언라이는 1974년 12월 마오쩌둥과 이야기를 나누고 베이징으로 돌아온 후 고등 교육 회복에 대한 희망을 품기 시작했다. 그는 사인방에게 문화 체육 부문을 양보했지만 한편으로 자신이 추천한 저우룽신에게 교육 분야를 맡겨야 한다고 주장해 마오쩌둥의 허락을 얻어 냈다. 저우룽신은 이전까지 저우언라이와 아무런 관계도 없었다. 그는 대부분 당 업무를 맡아 보았다. 그러나 옌안 항일군정대학을 다닌 경험과 1961년 잠시 동안 교육부 부부장을 맡은 적이 있었다. 그는 교육부 부부장 시절 진정한 대학 교육 계획을 구상한 적이 있었지만 마오쩌둥의 허락을 얻지 못해 다음 해 그 계획은 성과 없이 무산되고 말았다.

1975년 1월 교육부 부장직을 맡은 후 저우룽신은 저우언라이와 덩샤오핑의 지지하에 다시 한 번 고등 교육 회복을 계획하기 시작했다.[50] 마오쩌둥의 반대를 줄이기 위해 그는 조심스럽게 마르크스 · 레닌주의와 마오쩌둥 주석 관련 교육에 대한 가르침을 포함한 정치 학습의 중요성을 다시 한번 설명했다. 그러나 그는 진정한 개혁을 시도했다. 5월부터 9월까지 교육부는 저우룽신의 지시에 따라 여러 차례 교육 업무를 토론하기 위한 좌담회를 열었다. 교육부는 또한《교육 혁명 통신》이라는 간행물을 발행하고, 저우룽신은 이를 계기로 고등 교육 부문에 실제 경험이 있는 사람들에게 자신의 견해를 알렸다.[51] 그는 노동자, 농민, 군인이 대학에서 1년 동안 공부할 경우 과거 일반 학생들이 3년 동안 공부한 내용을 모두 배울 수 없다고 과감하게 말했다. 또한 노동자, 농민, 군인이 대학을 마친 후 다시 원래 공장이나 농촌으로 돌아가면 교육을 받은 경험이 있는 간부나 과학 기술 전문가의 요구를 만족시킬 수 없다고 대담하게 말했다.[52]

덩샤오핑은 저우룽신을 전격 지지했다. 그는 1975년 9월 26일 연설을 통해 현대화된 모든 국가는 그 사회 제도가 어떻든지 간에 모두 고등 교육을 받은 전문 인력이 필요한데, 중국의 대학은 오히려 다른 나라 중고등학부 수준 정도로 뒤떨어져 있다고 말했다. 그 1년 전에 미국 대학 총장 대표단이 자신들이 보기에 중국의 고등 교육은 심각한 문제가 있다고 덩샤오핑에게 조심스레 말한 적이 있었다. 대표단의 예상과 달리 덩샤오핑은 자신 역시 그들의 생각에 동의하며, 그들이 이러한 관점을 당의 다른 간부들에게도 알려 줬으면 좋겠다고 말했다.[53]

9월 27일에서 10월 4일까지 열린 농촌 공작 좌담회에서 덩샤오핑은 다시 한번 중국의 고등 교육 기관을 개선해야 한다고 말했다. 그는 마오쩌둥 주석의 4개 현대화 실현 호소에 부응하기 위해 국가는 고등 교육을 받은 간부가 필요하다고 말했다. 또한 그는 대학의 주요 임무는 교육이며 교사들이 원활하게 교육을 할 수 있도록 교사의 지위를 개선해야 한다고 말했다.[54] 이러한 말들을 몇 년 후에 들었다면 상식에 속하겠지만 당시의 정치적 분위기를 감안하면 덩샤오핑의 발언은 마오쩌둥이 충분히 분노할 만한 위험을 불사한 매우 과감한 것이었다.

덩샤오핑은 심지어 1975년, 학생들은 학업을 중단하고 2년 동안 노동 개조에 참가할 필요 없이 고등학교에서 직접 대학에 진학할 수 있도록 하자고 건의했다. 실제로 노벨 물리학상을 받은 미국 국적의 화교 리정다오(李政道)는 1972년 10월 저우언라이에게 이런 건의를 한 적이 있었다. 그리고 1974년 5월 30일, 리정다오가 다시 마오쩌둥에게 이러한 건의를 하자 마오쩌둥은 동의를 표하기도 했다. 그러나 1975년 11월 당시 '저우언라이 총리의 지시'라고 했던 이 생각은 덩샤오핑이 다시 '주자파(走資派)', '우경번안풍(右傾飜案風, 문화 대혁명을 비판하며 우익 노선을 추종하는 경향)'을 표방하기 시작했다고 비판받는 이유 가운데 하나가 되었다.[55] 마오쩌둥이 세상에 있는 한, 덩샤오핑은 대학의 정상 교육 회복이라는 목표를 실현할 수 없었다.

한편 저우룽신은 덩샤오핑의 격려를 받아 교육 정책 지도를 위한 문서를 작성하기 시작했다. 11월 12일 문서의 세 번째 원고가 완성되었을 때 이미 덩샤오핑 비판은 시작되었다. 그러나 초안의 기본 요점, 즉 1949년에서 1966년까지 학교를 다닌 사람들에 대해 그들이 받은 교육의 가치를 인정해야 한다(그들을 '자산 계급 지식인'으로 분류해서는 안 된다.)는 내용은 변하지 않았다. 또한 전 문화된 고등 교육을 회복해야 하며, 고등학교와 대학교의 교육 기간을 연장하고 교육의 전체적인 수준을 높여야 한다는 내용도 들어 있었다. 이틀 후인 11월 14일, 저우룽신은 정치국 회의에 소환되었고 그가 건의한 내용은 심한 비판을 받았다.[56]

저우룽신에 대한 비판은 심지어 덩샤오핑에 대한 비판보다 더욱 혹독했다. 그는 1975년 12월 병으로 쓰러져 병원에 입원할 때까지 비판을 받았다. 그런데도 그는 병원에서 끌려 나와 쉰 차례 넘는 비판 투쟁 대회에 참가했다. 결국 저우룽신은 1976년 4월 12일 오전 비판 투쟁 대회에서 혼절하여 다음 날 동트기 전 세상을 떠났다. 그의 나이 겨우 쉰아홉 살이었다.[57] 중국의 교육 개혁 또한 잠시 중단되었다.

덩샤오핑 실각의 전주: 1975년 가을

마오쩌둥은 말년에 구체적인 치국 업무에 별로 시간을 할애하지 않았다. 그 대신 대부분 자신이 좋아하는 문학과 역사에 빠져 있었다. 또한 그 안의 내용과 당시 정국의 의미를 연결해서 생각하려 했다. 1975년 7월 23일 안과 수술을 받기 전까지 그는 거의 아무것도 보이지 않았다. 1975년 5월 29일부터 베이징대학 중문과 여교수인 루디(盧荻)가 그에게 고전 소설을 읽어 주고 이에 대해 함께 토론했다. 루디는 8월 14일, 고전 무협 소설『수호전』에 대한 마오쩌둥의 평론을 기록했다. 그중에는 양산박을 근거로 한 반군의 이야기가 당대에 갖는 의미에 대한 마오쩌둥의 관점이 포함되어 있었다.[58] 마오쩌둥의 이러한 생각은 야오원위안에게 전달되었다. 그는 기회를 놓칠세라 장칭과 함께 저우언라이와 덩샤오핑을 비판하며 그들이 반군 지도자 송강(宋江)과 마찬가지로 혁명의 열정을 잃은 투항자들이라고 비판했다.[59]

8월 21일 정치연구실 회의에서 덩샤오핑은 골치 아픈 문제가 될 거라는 생각에 상황을 통제해 보려 했다. 그는『수호전』에 대한 토론은 다만 문예 평론일 뿐이니 문학적 범위 내에서 토론하라고 했다.[60] 그러나 마오쩌둥은 다른 속셈이 있었다. 그는 사람들이 폭넓게 토론을 벌이도록 할 생각이었다. 마오쩌둥은 이미 저우언라이와 마찬가지로 문화 대혁명에 반감을 가진 원로 간부들을 대거 불러들이는 데 열심인 덩샤오핑에 대해 우려하고 있었다. 날로 심해지는 마오쩌둥의 의심을 저지하기는 어려운 일이 분명했다.[61] 마오쩌둥이 죽은 후 덩샤오핑이 마오쩌둥의 역사적 유산을 어떻게 대할 것인지에 대해 직접적인 토론을 한다는 것은 아직 민감한 문제였기에 사인방은 간접적인 수단으로 흐루쇼프가 어떻게 스탈린을 모독했는지에 대해 토론했다. 덩샤오핑을 비판하는 사람들은 그가 결국 중국의 흐루쇼프가 될 것이라고 경고했다. 덩샤오핑이 '파벌주의 타격'을 구실로 조반파를 파면시키고 원로 간부들을 다시 불러 모은다면 그들이 마오쩌둥 주석의 위엄과 명망을 폄하하고, 마오쩌둥 주석과 그들을 공격했던 조반파에 대해서도 보복을 하지 않겠는가?

장칭은 줄곧 마오쩌둥의 비위를 맞추면서 덩샤오핑을 비판할 기회를 노리고 있었다. 그녀는 마오쩌둥의『수호전』평가를 놓치지 않았다. 8월 23일부터 9월 5일까지《광명일보》와《인민일보》, 그리고 잡지《홍기》등의 간행물에 계속해서 글을 게재하고 독자들에게『수호전』의 반군 지도자 송강이 반면교사임을 경고했다. 장칭 역시 떠들썩하게 덩샤오핑 등이 벌인 정돈 업무를 비난했다. 9월 15일, 그녀는 '전국농업학다자이공작회의(全國農業學大寨工作會議)'

를 이용해 한 시간 동안 악랄한 공격을 퍼부었으니,『수호전』의 이야기를 빗대 일부 고위급 간부가 암암리에 마오쩌둥 주석을 배척하려 한다고 비난했다.

그러나 마오쩌둥은 1974년 가을 이후 안정과 단결을 실현하기 위해 계속해서 장칭을 제지했다. 그는 장칭이 다자이 회의에서 소란을 피웠고 발언도 지나치게 과격했다고 느꼈다. 탕원성이 장칭의 발언 기록을 마오쩌둥에게 보여 주었을 때 마오쩌둥은 "헛소리하고 있네. 주제와 동떨어진 말을 하고 있잖아!"라고 말하며 이를 발표하지 못하도록 했다. 또한 장칭에게 앞으로 말을 삼가도록 했다.[62] 많은 고위급 간부들은 마오쩌둥이 계속해서 이전 조반파에 대한 비판과 계속되는 원로 간부들의 복권에 대해 불만을 가지고 있다고 추측하긴 했지만 어쨌거나 일단『수호전』평론 운동은 잠잠히 가라앉았다.

한편『수호전』평론 운동에 압박을 느낀 저우언라이 역시 1975년 9월 20일 수술실로 들어가기 전에 병원의 작은 방에 갇혀 1931년 그가 지하공작에 참여했을 당시 사건*의 녹음 기록 원고를 자세히 읽어 보았다. 그 사건에서 저우언라이는 국민당에 정보를 제공했다는 혐의를 받았다.[63] 그는 수술실로 들어가기 전 자신의 아내 덩잉차오에게 말했다. "나는 당에 충성했고, 인민에게 충성했어. 나는 투항파가 아니오." 덩잉차오는 그의 말을 왕둥싱에게 전해 주면서 마오쩌둥에게 그대로 전하라고 부탁했다.[64] 저우언라이 역시 마오쩌둥과 마찬가지로 마지막 몇 개월 동안에도 당내 자신의 명성을 걱정했던 것 같다.

칭화대學을 둘러싼 충돌: 1975년 가을

1975년 7월 23일 안과 수술을 받은 후, 마오쩌둥은 전에 읽을 수 없었던 문서들을 읽기 시작했다. 그는 보면 볼수록 덩샤오핑의 행보가 너무 빠르다는 생각이 들었다. 이미 안정과 단결에 필요한 상태를 넘어서고 있었다.[65] 10월에 마

---

* '우하오 사건(伍豪事件)'을 말한다. '우하오'는 저우언라이의 필명이다.

오쩌둥은 칭화대학에 관심을 기울이기 시작했다. 그는 1969년 베이징대학, 공장 여섯 곳과 함께 칭화대학을 전국적 모델로 수립했기 때문에 줄곧 마음속에 이 학교를 생각하고 있었다. 문화 대혁명 초기 마오쩌둥의 지지를 받았던 사람들은 1975년 줄줄이 덩샤오핑의 비판을 받았다. 마오쩌둥은 계속 참고 아무 말도 하지 않았다. 그러나 칭화대학 일에 덩샤오핑이 지나치게 과한 행동을 하고 있었다.[66]

덩샤오핑 세대 정치 지도자 중에는 대학을 나온 사람이 없었다. 그러나 마오쩌둥과 달리 덩샤오핑과 그 시대 기타 영민한 공산당 사람들, 예를 들면 저우언라이, 예젠잉, 후야오방, 자오쯔양 같은 사람들은 본능적으로 지식인들과 사이가 좋았다. 그들은 지식인들의 도움이 현대화 사업에 매우 중요하다고 굳게 믿었다. 덩샤오핑은 마오쩌둥이 '자산 계급 지식인'에 대해 매우 민감하다는 것을 알고 있었지만 다른 분야의 성공적인 정돈으로 그에 대한 마오쩌둥의 지지를 얻는 데 믿음이 있었다. 덩샤오핑은 칭화대학에 대한 마오쩌둥의 특별한 관심을 잘 알고 있었지만 1975년, 호랑이 굴인 칭화대학을 향해 정돈 업무를 시작했다.

1975년 칭화대학 책임자는 당위원회 서기 츠췬(遲群)과 부서기 셰징이(謝靜宜)였는데, 이들은 모두 문화 대혁명 초기 '노동자 선전대' 일원으로 칭화에 온 조반파다. 츠췬은 원래 군인으로 중난하이 방위를 책임진 8341부대(中央警衛團)의 정치부 선전과 부과장이었다. 1968년 왕둥싱이 그를 칭화대학으로 파견했다. 이 완고한 조반파는 이후 대학 당위원회 서기가 되었다. 그의 칭화 전우 셰징이는 1958년부터 1968년까지 마오쩌둥 주석의 '기요 비서'였다. 마오쩌둥은 계속 후배를 부르는 방식으로 그녀를 '샤오셰(小謝)'라 불렀다. '샤오셰'는 이후 베이징시위원회 서기 겸 칭화대학 당위원회 부서기로 승진했다. 츠췬과 셰징이는 급진파의 지지를 받았지만 칭화대학 지식인들은 모두 그들을 도저히 봐줄 수 없는 포악한 이데올로기 신봉자라고 생각했다.

1975년 8월, 덩샤오핑이 정돈 범위를 확대하자 칭화대학 당위원회 부서기 류빙(劉氷)은 희망을 발견했다. 그는 과거 공산주의청년단에서 후야오방의 부하였다. 교내 일부 지식인들의 성화에 그는 8월, 마오쩌둥에게 편지 한 통을 보내 츠췬이 타락한 자산 계급 생활을 하며 학내 분위기를 물들이고 있다고 고발했다. 류빙은 편지에 츠췬이 문서를 보지도, 외부인을 만나지도 않고 업무에도 책임을 다하지 않으며, 항상 술에 절어 욕을 하고 때로 불같이 화를 내며 탁자에 컵을 내던지고 남녀 관계에도 함부로 행동한다고 적었다. 류빙은 후야오방에게 편지를 마오쩌둥에게 전달할 적당한 통로가 있는지 물어보았다. 후야오방은 편지를 먼저 덩샤오핑에게 보이도록 건의했다. 덩샤오핑은 곧바로 대담하게 마오쩌둥에게 편지를 보냈다.

마오쩌둥은 류빙에게 답신을 보내지도, 덩샤오핑에게도 아무 말도 하지 않았다. 그러나 츠췬은 이 편지를 알고 있었다. 그는 즉시 당위원회를 소집해 "칭화의 당위원회 내부에 수정주의 노선을 지지하는 사람이 있다."라고 비판했다. 즉 류빙과 그의 지지자들이라는 것이었다. 얼마 후 류빙은 다시 셰징이를 겨냥한 편지 한 통을 썼다. 그는 당위원회 서기인 츠췬이 셰징이의 지지 아래 교내 덩샤오핑의 말과 교육부 부장인 저우룽신의 지시(저우룽신은 학생들이 다시 3분의 1의 시간을 노동에 종사할 필요가 없다고 선포했고, 학력이 낮은 노동자, 농민, 학생 수를 줄여야 하며 과학 기술 전문가를 육성하는 데 중점을 두어야 한다고 했다.)가 전달되는 것을 막고 있다고 말했다. 리신 등은 덩샤오핑에게 류빙의 두 번째 편지를 전하지 말라고 권고했다. 마오쩌둥이 두 모범 학교에 대해 매우 민감하기 때문이었다. 그러나 덩샤오핑은 전혀 마음의 동요 없이 마오쩌둥에게 편지를 보냈다.[67]

10월 19일, 마오쩌둥은 리셴녠과 왕둥싱 등을 불러 회의를 열었지만 덩샤오핑은 부르지 않았다. 주석은 그들에게 류빙의 "편지는 동기가 불순하다. 츠췬과 샤오셰를 타도하려 한다. 편지 속 창끝이 나를 향하고 있다. …… 1968년 샤오셰는 3만 노동자를 이끌고 칭화대학에 들어왔다."라고 말했다. 마오쩌둥은 그들에게 류빙이 왜 편지를 직접 그에게 건네지 않고 덩샤오핑에게 대신 전달하라고 했는지 물어보았다. 또 "샤오핑에게 주의하라고 해. 류빙에게 속아 넘어가지 말고!"라고 말했다.[68] 마오쩌둥의 지시에 따라 10월 23일, 덩샤오핑은 정치국 확대회의를 이끌고 마오쩌둥의 지시를 전달했다. 베이징시위원회의 고위 관료들은 다시 마오쩌둥의 지시를 칭화대학 당위원회에 전달했다.

바로 그때 마오쩌둥은 「과학원 업무 보고 총칙」 10개년 규획 다섯 번째 원고를 읽었고 한 인용문에 반감을 느꼈다. 이 요강에서는 마오쩌둥의 말을 인용해 "과학 기술은 생산력이다."라고 적고 있었다. 마오쩌둥은 이를 본 후 자신은 한 번도 이런 말을 한 적이 없다고 말했다. 그는 이렇게 말하는 것은 과학 기술을 계급 투쟁만큼 중요하게 보는 것이나 마찬가지며 자신은 이러한 관점을 받아들일 수 없다고 했다. 마오쩌둥에게 '계급 투쟁은 벼리'였다. 덩샤오핑이 마오쩌둥에게 불려가 훈계를 들은 후 초안 작성을 책임진 후차오무에게 출처를 조사하라고 했다. 후차오무는 대조를 한 후 마오쩌둥의 말이 맞았다는 것을 발견했다. 그는 이런 말을 한 적이 없었다. 후차오무는 겨우 마오쩌둥의 저서에서 우연히 이와 유사한 관점을 봤을 뿐이었다. 그는 편집자로서 약간 표현을 바꾸어 사용했다.[69] 마오쩌둥은 덩샤오핑에게 문화 대혁명으로 빚어진 수많은 파괴를 바로잡으라고 허락했지만 여전히 베일을 두르고 있었다. 그는 '문화 대혁명은 좋은 것'이라고 믿고 있었다. 그런데 지금 덩샤오핑이 그 베일에 손을 댄 것이다. 마오쩌둥 살아생전 덩샤오핑이 감히 그의 지시를 의도적으로 고쳐 칭화대학의 총아를 공격했다면, 마오쩌둥 사후 덩샤오핑은 무슨 일을 벌일 것인가?

마오쩌둥의 새로운 연락원 마오위안신: 1975년 10월~1976년 4월

덩샤오핑이 자신의 의견을 존중하지 않는다는 마오쩌둥의 의심은 날로 증폭되었다. 또한 자신의 연락원인 '두 여성', 즉 탕원성과 그의 먼 친척뻘인 왕하이룽에 대한 의심도 늘어 갔다. 그 둘은 덩샤오핑과 지나치게 친근한 사이가 되어 있었다.[70] 마오쩌둥은 두 여성의 행동이 마치 "침몰하는 배의 쥐새끼" 같다고 표현했다.[71] 마오쩌둥은 지고 있었고 덩샤오핑은 떠오르고 있었다. 더 이상 두 사람이 침몰하는 배에 진심을 다할 것이라 기대할 수 없었다. 덩샤오핑은 확실히 마오쩌둥의 신임을 잃은 후에도 두 여성을 자주 만났다.[72]

1972년 닉슨이 중국을 방문했을 때 탕원성은 아주 중요한 역할을 했다. 이어 1976년 1월 1일부터 2일까지, 줄리 닉슨과 데이비드 아이젠하워가 중국을 방문했을 때도 마오쩌둥은 탕원성에게 통역을 맡겼다.[73] 이는 마오쩌둥을 위한 탕원성의 마지막 통역이었다. 몇 주 전 마오쩌둥은 이미 또 다른 연락원인 조카 마오위안신(덩샤오핑 시대의 핵심 인물 959쪽 참조)에게 기대기 시작했다.

마오위안신은 마오쩌둥의 연락원이 되었을 때 이미 성숙하고 경험 있는 간부로, 마오쩌둥의 지시를 실행하는 데 열심이었다. 그는 1975년 9월 30일에 치를 예정인 신장(그의 아버지가 공산주의 열사가 되었던 곳) 위구르 자치구 성립 20주년 기념식에 가는 길인 9월 27일에 마오쩌둥의 베이징 거처에 잠시 머물렀다. 보통 때처럼 그는 큰아버지에게 둥베이 지역의 상황을 상세하게 보고했다. 그는 둥베이의 의견이 두 파로 갈리는데, 한 무리는 문화 대혁명이 70퍼센트 성과가 있었고, 또 다른 무리는 문화 대혁명이 70퍼센트 실패했다고 생각한다고 전했다. 그는 문화 대혁명을 부정하는 소리가 심지어 1971년 린뱌오 사후, 저우언라이 총리의 극좌 비판 목소리보다 높다고 말했다.

마오위안신은 신장 기념식에 참가하고 둥베이로 돌아가 일주일간 자기 일을 처리한 후 베이징으로 돌아와 본격적으로 큰아버지의 연락원이 되었다. 마오위안신은 큰아버지에게 경외심을 품고 있었고 그와 비슷한 급진적 관점을 지니고 있었다. 경험 있는 간부이자 마오쩌둥의 조카이자 연락원으로서 그의 역할은 두 여성보다도 훨씬 권위가 있었다. 마오쩌둥이 거의 매일 덩샤오핑에 대한 비판 운동을 벌일 때 마오위안신 역시 두 여성보다 더 적극적으로 그 역량을 발휘했다.

후에 덩샤오핑을 옹호하는 사람들은 마오위안신이 마오쩌둥에게 덩샤오핑에 대한 의심을 품게 했다고 말했다. 예를 들면, 그는 덩샤오핑이 마오쩌둥이 승인을 마친 문서를 배포 전에 수정하고 있다고 마오쩌둥에게 말했다. 사실 마오쩌둥은 마오위안신이 새로 측근으로 오기 전부터 이미 덩샤오핑을 의심하기 시작했다.[74] 일부 간부들은 마오위안신이 마오쩌둥의 지시를 전달할 때 자신의 관점도 끼워 넣었다고 말했다.

덩샤오핑의 옹호자들이 말한 것처럼 마오위안신이 마오쩌둥과 덩샤오핑 사이의 문제를 악화시켰든 아니든 간에, 마오위안신은 확실히 급진적 성향을 지닌 인물이었다. 1974년 말, 그가 랴오닝에 있을 당시 츠췬과 협력한 적이 있었다. 두 사람은 함께 '차오양(朝陽) 모델'을 보급했는데, 이는 학교에 농촌 간부를 육성하는 데 필요한 교재를 제공하여 사상 정치 교육을 실시하기 위한 것이었다.[75] 이에 마오위안신 본인 역시 칭화대학에서 사상 교육이 매우 중요하다는 츠췬의 관점에 동의했다. 그는 츠췬과 마찬가지로 학술적 수준을 중시하는 류빙과 덩샤오핑, 그리고 저우룽신의 새로운 행태에 반대했다.

덩샤오핑에 대한 마오쩌둥의 비판이 시작되다: 1975년 11월

덩샤오핑은 자신의 업무에 마오쩌둥의 불만이 날로 커지고 있음을 깨달았다. 그는 10월 31일 마오쩌둥에게 접견을 요청했다. 다음 날 덩샤오핑을 만난 마오쩌둥은 덩샤오핑이 류빙을 지지하고 있다고 비판했다.[76] 그러나 마오쩌둥은 그를 위안하기도 했다. 덩샤오핑이 마오쩌둥에게 지난 몇 개월 동안 중앙위원회 업무에 대한 평가를 요청하자 마오쩌둥은 "옳았다!"라고 말했다.[77] 이는 정돈의 성과를 인정한 것이었다. 마오쩌둥은 지난 2, 3개월 동안 몇 차례 장칭을 만났을 때에도 계속해서 덩샤오핑을 지지했다. 이에 덩샤오핑은 분명히 위험이 있긴 하지만 계속 마오쩌둥의 지지를 얻는 데 희망을 품었다. 그러나 현실은 이와 달랐으니, 덩샤오핑은 앞으로 몇 주 동안 마오쩌둥으로부터 지지를 얻어 낼 수 있다고 자신을 과대평가한 셈이 되었다.

마오위안신은 다음 날 마오쩌둥을 만난 자리에서 덩샤오핑이 문화 대혁명의 성과를 거의 언급하지 않으며 류사오치의 수정주의 노선을 비판하지도 않고 저우언라이를 주요 대상으로 한 비림비공운동에 대해서도 별로 찬사를 보내는 일이 없다고 보고했다. 마오위안신은 덩샤오핑이 계급 투쟁을 거의 언급하지 않고 오직 생산에만 주력한다고 말했다. 마지막으로 그는 큰아버지에게 덩샤오핑이 문화 대혁명 이전 체제로 돌아갈 위험이 있다고 했다.[78] 이는 마오쩌둥이 가장 우려하던 일이었다. 당시 마오쩌둥이 조카를 만난 후, 덩샤오핑과 마오쩌둥의 긴장은 급속도로 악화되었다.

덩샤오핑은 몇 차례나 마오쩌둥을 단독으로 만나 "그에게 결재를 요청"하려 했다. 그러나 11월 1일 마오위안신을 만난 후 마오쩌둥은 언제나 덩샤오핑의 요구를 거절했다. 만일 덩샤오핑이 개인적으로 마오쩌둥에게 문화 대혁명을 옹호한다고 말하면, 마오쩌둥이 죽은 후에는 그 말을 부정할 수도 있었다. 관련 문서를 본 적이 있는 당사 전문가는 덩샤오핑이 문화 대혁명을 옹호한다는 말을 다른 사람 앞에서 하거나 분명하게 기록으로 남기길 마오쩌둥이 원했다고 믿었다. 이렇게 해야 덩샤오핑이 공개적으로 문화 대혁명을 부정할 수 없기 때문이다. 예를 들어 마오쩌둥은 11월 2일 마오위안신과 만났을 때 그날 마오위안신에게 덩샤오핑을 만나 다른 간부 두 사람이 함께한 자리에서 자신의 의견을 덩샤오핑에게 전달하도록 했다.

덩샤오핑의 딸 덩룽은 날짜를 기록해 두진 않았지만 아버지가 집에서 마오위안신을 만난 적이 있었는데 그 일이 바로 그날 저녁이었던 것 같다고 말했다.[79] 덩룽은 그날 저녁, 마오위안신이 마오쩌둥의 명을 가지고 자신의 집을 찾아와 덩샤오핑과 이야기를 나누었다고 했다. 문을 닫고 둘이서 무슨 말을 했는지는 모르겠지만 덩룽은 마오위안신이 "언쟁을 벌이기 위해" 왔고, 아버지는 "절대 동요하지 않았"다고 확신했다. "아버지와 마오위안신의 대화가 유쾌하지 않았어요. 마오위안신이 갈 때 아버지는 배웅을 나오지 않았습니다."[80] 알려진 바에 따르면, 마오위안신은 연락원이 되었을 때 덩샤오핑 등 당내 원로 간부에 대해 조금 자신감이 없었다고 한다. 그러나 그는 배후에 마오쩌둥의 전격적인 지지를 받고 있었기에 권위를 세워 말할 수 있었다. 덩샤오핑은 자신이 얻은 성과에 대해 자부심이 있었고 자신이 옳다고 굳게 믿었기 때문에 문화 대혁명을 긍정할 리가 없었고, 나이가 자신보다 절반 정도밖에 안 되는 마오위안신이 이러쿵저러쿵 비판을 늘어놓는 데 호감을 가졌을 리가 만무했다.

마오쩌둥은 문화 대혁명에 대해 자신과 관점이 같은 왕둥싱과 천시롄 두 사람을 지정해 다음 날 마오위안신, 덩샤오핑과 함께 회의를 열도록 했다. 덩샤오핑은 마오위안신이 주석에게 보고할 것이라는 사실을 알고 있었지만 조금도 흔들리지 않았다. 그는 직접적으로 자신의 생각을 말했다. "당신(마오위안신)이 말한 것은 중앙 전체가 수정주의 노선을 따르고 있고, 모든 영역에서 주석의 노선을 실행하고 있지 않다는 것인데, 이건 옳지 않소. 내가 어떤 노선으로 중앙의 업무를 3개월 넘게 이끌었는지, 전국의 상황이 좀 좋아졌는지 아니면 나빠졌는지, 이는 실제 결과가 증명할 겁니다." 덩샤오핑은 자신이 마오쩌둥의 신경을 거스르고 있다는 것을 알고 있었기 때문에 자아비판을 하겠다고 덧붙였다.[81]

마오위안신은 그날 바로 마오쩌둥에게 덩샤오핑이 비판을 순순히 받아들이지 않았다고 보고했다. 마오쩌둥은 조카에게 곧바로 8인 회의를 열도록 했다. 원래 네 명(덩샤오핑, 마오위안신, 왕둥싱, 천시롄)에 장춘차오(사인방 중 하나)와 리셴녠, 지덩쿠이, 화궈펑 등 세 명의 부총리가 포함되었다. 그들은 모두 문화 대혁명 때 경제와 정부 업무를 유지했던 사람들이었다. 마오쩌둥이 말했다. "논쟁을 두려워하지 마. 논쟁을 벌여도 괜찮아. 그리고 정치국에서 토론하도록!" 이전에 마오쩌둥은 문화 대혁명이 90퍼센트 성과를 올렸다고 했지만 이번 회의를 준비하면서 조금 양보해 덩샤오핑과 다른 간부들이 문화 대혁명은 70퍼센트 성과를 거두었다는 데 동의하도록 했다. "정치국 회의가 한 번에 이를 해결하지 못하면, 두 번, 세 번 해도 좋아. 급할 것 없어."[82]

다음 날인 11월 4일, 8인 회의가 열렸다. 마오위안신은 그날 밤 마오쩌둥에게 회의 결과를 보고했다. 그는 덩샤오핑에게 문화 대혁명은 기본적으로 성공을 거두었으며 앞으로도 계급 투쟁을 벼리로 삼는다는 데 동의할 것을 요구했지만 덩샤오핑은 직접적인 답변을 하지 않았다. 마오쩌둥은 덩샤오핑의 반응에 실망하면서도 조카에게 그들이 덩샤오핑을 비판하는 것은 그를 파면시키기 위해서가 아니라 그가 자신의 실수를 고칠 수 있도록 도와주기 위한 것이라고 말했다. 이어 사인방 가운데 하나인 장춘차오가 이 대화의 내용을 단 한 자도 장칭에게 말하지 못하도록 경고하라고 지시했다.[83] 장칭은 덩샤오핑을 비판할 기회만 노리고 있었기 때문이다. 마오위안신이 큰아버지에게 보고를 올리고 난 후, 마오쩌둥은 여덟 명이 계속해서 회의를 열도록 지시했고, 그들 역시 마오쩌둥의 지시에 따랐다. 11월 7일, 마오위안신은 다시 큰아버지에게 보고를 올려 덩샤오핑에게 양보를 하게 하는 일에 전혀 진전이 없다고 말했다.

마오쩌둥이 그 뒤에 취한 전략은 회의의 인원수를 늘려 덩샤오핑이 명확하게 문화 대혁명에 대한 옹호를 표시할 때까지 압박을 더해 가는 것이었다. 이에 그는 마오위안신에게 새로 장칭을 포함한 정치국 열일곱 명을 소집해 회의를 열라고 일렀다. 정치국 구성원들은 후차오무, 후야오방, 리창(李昌), 저우룽신 등 문화와 과학 기술 부문에서 덩샤오핑을 지지했던 사람들을 일일이 거명하며 비판했다. 덩샤오핑의 딸 덩룽은 이처럼 덩샤오핑을 지지하는 사람들을 공격하는 것은 덩샤오핑에게 더 큰 압박을 주는 수단이었다고 말했다. 덩샤오핑이 양보하지 않을 경우 뜻을 함께하는 사람들에게 더 큰 괴로움을 안겨 줄 것이라는 사실을 알고 있었기 때문이다. 앞에서 말한 것처럼 저우룽신 교육부장은 저장대학 총장을 지냈으며, 오랫동안 저우언라이와 천윈의 개인 비서로 있었다. 그는 줄곧 대담하게 교육 수준 향상을 통해 현대화를 촉진해야 하며, 심지어 사상 교육의 역할을 줄여야 한다고 직언하기도 했다.[84] 이에 11월 8일 덩샤오핑에 대한 비판이 거세졌을 때 교육 담당 장춘차오는 저우룽신에게 학생들에게 학습만 신경 쓰고, 정치 투쟁에 소홀히 하도록 장려했던 행위에 대해 자아비판을 하도록 했다.

정치국 회의에서 덩샤오핑과 그의 동료들이 비판의 대상이 되는 동시에 덩샤오핑의 옹호자들이 지닌 엘리트 교육관에 대해서도 공개적인 비난이 가해졌다. 당시 덩샤오핑은 공개적으로 거명되지 않았지만 이전 몇 차례 회의에서 덩샤오핑이 대답을 하지 않은 것에 대해 강한 불만을 느끼고 있던 마오쩌둥은

11월 13일, 정치국에 서면 지시를 내려 덩샤오핑에게 '도움'을 주도록 했다.

이틀 후, 덩샤오핑은 마오쩌둥의 비판이 심각한 수준임을 깨달았다. 또한 마오쩌둥이 왕훙원에게 더는 희망을 품지 않을 것이란 사실을 정확하게 알고 있었기에 마오쩌둥에게 편지를 보내 저장에서 업무를 마친 왕훙원이 그를 대신해 중앙의 일상 업무를 지도하도록 하자는 건의를 올렸다. 마오쩌둥은 그날 저녁 답을 보내 회의는 계속 덩샤오핑이 주재해야 한다고 말했다. 그는 왕훙원에게 이전의 업무를 보지 못하도록 했다. 2개월 후 그는 화궈펑을 국무원 대행 총리로 임명하고 중앙 업무를 주관하도록 했다.

11월 16일과 17일, 정치국은 다시 한번 회의를 열어 덩샤오핑과 교육, 과학 기술 분야에서 덩샤오핑을 지지한 주요 인물들을 비판했다. 저우언라이와 마찬가지로 덩샤오핑은 하는 수 없이 마오쩌둥의 지시를 따라 자신에 대한 비판 대회를 주재했다. 마오위안신은 주요 발언을 통해 덩샤오핑이 문화 대혁명과 계급 투쟁을 긍정하라는 마오쩌둥 주석의 지시를 따르지 않았으며, 마오쩌둥의 교육 방침을 따르지 않았다고 비난했다. 당시 회의 참석을 허락받은 장칭과 급진파 맹우들도 비판에 가세했다. 덩샤오핑은 회의 주재를 위해 필요한 몇 마디 말을 제외하고 거의 발언을 하지 않았다. 그는 자신을 비판한 사람들의 말을 경청한 후 함께 비판을 받은 사람, 즉 후야오방, 후차오무, 저우룽신, 리창(李昌), 류빙을 회의에 참석시켜 자신의 입장을 설명하도록 했다. 그러나 회의가 끝난 후 정리 발언을 하라는 요구에 덩샤오핑은 청력이 좋지 않다며 이를 거절했다.[85]

덩샤오핑에 대한 비판은 11월 초순경에 급속도로 거세지더니 11월 20일에는 정점에 달했다. 토론은 이미 문화 대혁명에 대한 전면적 평가로 바뀌어 있었다. 마오쩌둥의 지시에 따라 덩샤오핑은 다시 회의를 주재했다. 그전까지 덩샤오핑은 다른 사람의 의견을 구하는 일이 별로 없었는데, 회의가 열리기 며칠 전에 끊임없이 거세지는 압박에 저우언라이와 예젠잉, 그리고 천윈에게 의견을 구했다. 그는 마오쩌둥이 가장 반대하는 방식으로 문화 대혁명에 대한 긍정을 피하려 했다. 그는 지덩쿠이의 건의에 따라 자신은 문화 대혁명 시절 "도화원 사람이라 한(漢) 왕조조차 모르니, 어찌 위, 진 왕조를 논하겠는가?"라고 말했다. 이는 마오쩌둥이 불과 일주일 전에 인용한 것으로, 도연명의『도화원기』를 빌려 자신이 폐쇄된 곳에 사느라 넓은 세상에서 무슨 일이 일어났는지 알 수 없는 입장임을 인정해 달라는 내용이었다. 덩샤오핑의 이런 영특한 회피 방식에 대해 마오쩌둥은 만족스러워하지 않았다.[86] 그는 문화 대혁명에 대한 명확한 긍정을 바라고 있었다. 마오쩌둥과 덩샤오핑 모두 막다른 골목에 이르게 되었다.

40여 년 동안 덩샤오핑은 마오쩌둥의 모든 명령을 수행하며, 마오쩌둥이 좋아할 만한 말을 하며 살았다. 덩샤오핑은 문화 대혁명에서 비판 대상이 되었으며 큰아들마저 홍위병을 피하려고 건물에서 뛰어내려 불구자가 되었으니 문화 대혁명에 강한 반감이 있는 것은 당연했다. 그러나 오랫동안 그는 개인의 감정과 국가 대사를 구분하여 아무런 원망과 후회 없이 마오쩌둥의 명령을 따랐다. 그렇다면 마오쩌둥의 의도를 분명히 알고 있으면서 왜 이제야 그의 뜻을 따르지 않은 것일까? 덩샤오핑은 마오쩌둥의 건강이 하루가 다르게 악화되고 있다는 사실을 알고 있었다. 마오쩌둥은 더 이상 과거처럼 정국을 쥐락펴락할 수 없으며 사실 살날이 그리 많이 남아 있지 않은 상태였다. 그러나 이 질문에 대한 대답은 앞으로의 중국이 무엇을 필요로 하는가에 대한 덩샤오핑의 판단에서 찾아야 할 것이다. 보이보는 후에 만약 덩샤오핑이 문화 대혁명을 긍정했다면 정돈을 실시할 수도, '실사구시'를 실천할 수도, 새로운 개혁 정책으로 인민의 사상을 해방시킬 수도 없었을 것이라고 말했다.[87] 과거 잘못된 정책을 옹호했던 기록을 남겼다면 그는 자국의 발전을 추진하기 위해 반드시 실천해야 한다고 생각하는 일을 할 수 없었을 것이다. 그에 의해 파면된 조반파 역시 다시 일어나 그의 업무, 특히 교육과 과학 업무는 더욱 힘들어졌을 것이다. 만일 그가 마오쩌둥이 죽은 후 일정한 통치권을 얻을 수 있다면, 문화 대혁명 시절에 박해를 받았거나 문화 대혁명을 재난이라고 일컫는 사람들과 충분히 협력할 수 있도록 계급 투쟁과 경계를 분명히 하고 정돈 정책을 계속 추진할 필요가 있었다.

덩샤오핑이 저우언라이나 천윈의 권고에 따라 마오쩌둥의 압력에 굴복했다면 실각의 위험을 피할 수 있었을지도 모른다. 그러나 덩샤오핑은 굴복하지 않았다. 덩룽은 덩샤오핑이 연초에 대대적인 정돈을 실천할 때 이미 비판당하고 파면당할 수도 있다는 생각을 하고 심리적인 준비를 해 두었다고 회고했다.[88] 덩샤오핑의 당시 상황은 힘들고 앞날을 예측하기 어려웠다. 하지만 1977년 다시 권력 무대에 등장했을 때 1975년 마오쩌둥과 경계선을 긋고 절대 뜻을 굽히지 않았던 것이 오히려 덩샤오핑에게 운신의 폭을 넓혀 주었다.

마오쩌둥과 덩샤오핑 두 사람은 모두 서로에 대한 한계선을 분명히 긋고 있었다. 그러나 1975년 11월 24일에 열릴 큰 회의를 준비하면서 두 사람은 여전히 자제했다. 마오쩌둥은 1975년 덩샤오핑의 지도 아래 거둔 눈부신 발전을 잘 알고 있었다. 마오쩌둥 본인도 덩샤오핑이 행한 수많은 일을 긍정했다. 그는 안정을 되찾는 데 덩샤오핑보다 뛰어난 사람은 없다는 것을 잘 알고 있었으며, 덩샤오핑을 대신한 더 나은 인선을 기대할 수 없었다. 이 밖에 제럴드 포드가 12월 1일에서 5일까지 중국을 방문할 당시 저우언라이는 병마에 시달리고 있었다. 한 달 전부터 덩샤오핑은 키신저와 함께 포드의 중국 방문을 준비하고 있었다. 마오쩌둥은 미국이 대만을 지지하면서 중국에 대한 승인을 연기하고, 소련과 강화 조약을 맺는 등의 민감한 문제에 대해 능숙하고 강력하게 중국 측 입장을 표현할 수 있는, 외교 업무에 능한 지도자를 찾을 수 없었다.

12월 초, 포드와의 첫 번째 회담에서 덩샤오핑은 고전 소설 『삼국지연의』 이야기를 인용하여 미국이 소련에 양보를 하는 것은 너무 위험하다고 말했다. 『삼국지연의』에서 여포는 위나라 왕 조조에게 패한 후 그를 위해 충성을 다하길 원했다. 그러나 조조는 여포가 충성을 하지 않으리라 의심하여 "이는 매를 기르는 것과 같아 배고플 때는 길들여지지만 배부르면 높이 날아가 버릴 것이다."라고 했다.[89] 바꾸어 말해 소련의 요구를 만족시키는 것은 장기적으로 볼 때 아무 소용이 없을 것이라는 뜻이었다. 소련이 일단 자기 욕구를 채우면 그 후로는 자기의 이익을 추구할 수 있기 때문이다.

마오쩌둥은 포드를 만났을 때 군사 무기로 보면 중국은 소련을 칠 수 없고 그저 공포탄만 울리겠지만 "욕하는 능력은 조금 있는 편입니다."[90]라고 말했다. 덩샤오핑에게 압박을 가하기 위해 마오쩌둥은 장칭과 급진파 친구들에게 '이 능력'을 충분히 펼쳐 보이도록 했다. 덩샤오핑은 마오쩌둥이 여전히 자신의 운명을 결정할 대권을 쥐고 있다는 사실을 알고 알고 있었으며, 문화 대혁명이 수많은 잘못을 저질렀음에도 불구하고 여전히 마오쩌둥을 우러르는 간부들과 함께 일을 해야만 했다. 마오쩌둥이 연설문을 준비하고 덩샤오핑이 주재한 11월 24일 회의는 원로 간부들이 당의 정확한 노선을 기억하도록 일깨우기 위한 것이었다. 덩샤오핑은 회의가 열리기 3일 전 마오쩌둥에게 편지를 보내 어떻게 회의를 이끌어 갈 것인지에 대해 구체적인 건의를 내놓았다. 다음 날 마오쩌둥은 그의 건의를 승인했다. 마오쩌둥은 또한 청장년 간부 몇 사람을 초청했다. 그들은 노선 방침을 정확하게 이해하고 있었다. 그러나 마오쩌둥과 덩샤오핑은 대다수 '청년 간부' 모두 과거의 조반파로, 회의에서 덩샤오핑에게 '욕설을 퍼붓는 능력'을 펼쳐 보일 것임을 알고 있었다. 그러나 마오쩌둥은 곧바로 생각을 바꿔 다음 날, 청년 간부가 급히 필요하지는 않으니 다음 회의에서 다시 부르라고 지시했다.[91] 마오쩌둥은 당시 덩샤오핑을 공격하는 데 총력을 기울이지 않았다.

　11월 24일, '인사 소개(打招呼會)' 회의*에 130여 명의 고위 간부들이 참가해 '새로운 착오를 피하는' 방법에 대한 마오쩌둥의 지시, 다시 말해 덩샤오핑이 추구하는 노선에 대한 추종을 어떻게 중지시킬 것인가에 대한 지시를 들었다. 회의에 관한 마오쩌둥의 지시에 따라 덩샤오핑은 큰 소리로 마오쩌둥의 편지를 낭독했다. 마오쩌둥은 편지에서 류빙이 츠천과 셰징이를 제거하려 했던 것을 비판하며 류빙의 편지가 츠천과 셰징이를 지지한 자신을 겨냥한 것이나 다름없다고 말했다. 그는 덩샤오핑의 이름을 거론하진 않았지만 류빙의 편지를 마오쩌둥에게 전달한 사람이 덩샤오핑이었기 때문에 회의를 연 사람들은 이 자리가 덩샤오핑을 비판하는 자리임을 쉽게 알 수 있었다. 회의를 통해 마

* 이미 결정된 주제나 결의에 대해 기층 간부들에게 구체적인 상황을 전달하는 회의.

222

오쩌둥은 덩샤오핑에게 자신의 편지에 답하도록 했다. 덩샤오핑은 문화 대혁명을 긍정하지 않으면서도 마오쩌둥의 지시를 따르는 제한된 선택을 취해야 했다. 그는, 주석은 간부들이 문화 대혁명에 대해 명확한 태도를 보이길 희망하며, 당의 기본 노선은 '계급 투쟁이 벼리'라고 말했다.[92] 사실 그는 마오쩌둥 주석의 말이 곧 당의 정책이라는 것만 인정했을 뿐, 자신이 이 말에 동의한다는 말은 하지 않았다. 당시 회의 요약본이 마오쩌둥의 승인을 거쳐 11월 26일 전국 고위층 당정군 간부에게 하달되었다. 문서에는 덩샤오핑의 이름이 거론되지 않았지만 문서를 본 사람들은 모두 그가 큰 난관에 봉착했다는 것을 똑똑히 알 수 있었다.[93]

덩샤오핑에 대한 비판이 확대되다: 1975년 12월~1976년 1월 8일

11월 26일, 24일 회의의 요점이 하달된 후 정치국에서는 2개월 동안 추가 회의를 열어 덩샤오핑의 '우경번안풍'을 비판했다. 이는 그가 지나치게 많은 원로 간부를 업무로 복귀시킨 행동을 가리켰다. 마오쩌둥은 계속해서 덩샤오핑에게 자신이 주요 비판 대상인 회의를 이끌도록 했다. 덩샤오핑은 회의에서 '개회'와 '산회'만 선포하고 조용히 자리에 앉아 장칭과 급진파들이 자신과 자신의 정책에 대해 퍼붓는 맹공격을 들었다. 《홍기》와 《인민일보》 등 매체 역시 비판에 가세했다. 이러한 비판 속에서 덩샤오핑을 굳건히 옹호하는 '4대 금강(四大金剛, 후야오방, 완리, 저우룽신, 장아이핑)' 역시 덩샤오핑의 '우경번안풍'을 지지했다는 이유로 비판을 받았다. 국무원 정치연구실 및 후차오무, 덩리췬, 위광위안을 포함해 그곳에서 일하는 원로 간부들도 덩샤오핑의 착오를 지지했다는 이유로 비판 대회에서 공격을 당했다.[94]

12월 18일, 마오위안신은 덩샤오핑, 저우언라이, 예젠잉을 비판하는 자료를 큰아버지인 마오쩌둥에게 주었다. 10월부터 랴오닝성위원회, 상하이시위원회와 칭화대학, 베이징대학의 도움으로 수집하고 정리한 것이었다. 급진파는 이런 곳에서 든든한 기반을 마련하고 있었다. 마오위안신은 이들 자료의 하달을 허락해 달라는 요청을 덧붙였다. 마오쩌둥은 즉시 요청을 받아들였다.[95] 이틀 후 자료들은 당내와 군대 고위 간부에게 하달되었다.[96] 덩샤오핑은 같은 날 간단하게 서면 기록도 없는 '자아비판'을 했다.[97] 그는 자신이 1975년 초, 업무에 복귀했을 때 일부 공업 부문의 생산이 정체되어 있고 파벌성이 매우 심각했다고 말했다. 파벌성 문제를 해결하기 위해 그는 먼저 철로를 정돈하여 즉시 문제를 해결했다. 그후 다시 같은 방식으로 철강 공업을 정돈하여 생산량을 증가시켰다. 그는 자신의 잘못은 문화 대혁명 8년 동안 일을 하지 않은 것이 아니라 문화 대혁명에 대한 자신의 태도 때문이었다고 말했다. 그의 비판은 그의 딸이 말하듯 사실 자신의 정책에 대한 변호라는 것을 알 수 있다. 그는 여전히 이러한 정책이 모두 옳다고 생각했다.[98]

덩샤오핑은 마오쩌둥과의 관계가 회복되기를 바랐다. 그는 12월 21일, 마오쩌둥에게 편지 한 통과 함께 자신의 구두 비판을 담은 기록을 첨부했다. 그는 이 비판이 초보적인 수준이며 주석의 가르침을 받고 싶다고 말했다. 예상대로 마오쩌둥은 덩샤오핑의 '자아비판'이 성의가 없다고 생각하고 답을 하지 않은 채 덩샤오핑에 대한 비판 운동을 확대했다.[99] 1976년 원단이 지난 후, 왕둥싱이 덩샤오핑에게 마오쩌둥이 승인한 원단 사설을 보도록 했다. 사설에는 안정과 단결을 이루는 것도 계급 투쟁이 필요하다고 적혀 있었다. 덩샤오핑은 마오쩌둥이 무엇을 기다리는지 알 수 있었다. 그는 즉시 서면 비판서를 작성해 1976년 1월 3일에 제출했다. 그는 서면 비판서를 통해 12월 20일에 한 말을 되풀이했다. 보충한 내용은 자신이 때로 주석의 동의를 구하지 않고 정책을 선포했다는 것뿐이었다. 이후 장칭 등 급진파의 비판을 받은 회의에서 덩샤오핑은 자신의 입장을 고수했다. 그는 벌을 받을지언정 중국이 계속 계급 투쟁을 벼리로 삼아야 한다고 말하지 않았다. 저우언라이는 덩샤오핑이 자아비판서를 제출한 지 5일 후에 세상을 하직했다. 덩샤오핑의 자리는 곧바로 화궈펑으로 대체되었다.

키신저, 포드 대통령과의 만남

이 기간 동안 덩샤오핑은 잠시 비판을 받던 처지에서 벗어날 수 있었다. 키신저에 이어 포드 대통령과 회담을 해야 했기 때문이다. 포드 대통령 방문을 준비하기 위해 10월 20일에서 22일까지, 덩샤오핑과 키신저는 3일 동안 긴 회담을 열고 국제 상황에 대해 의견을 나누었다. 덩샤오핑은 키신저가 먼저 발언할 기회를 거의 주지 않고, 날카로운 질문으로 그를 압박했다. 소련에게 식량을 얼마나 팔았는가? 소련에게 미국의 현대 설비와 기술을 얼마나 주었는가? 헬싱키 회의(미국은 당시 회의에서 서구와 공산당 진영의 긴장 완화를 촉구했다.)를 어떻게 평가하는가? 이어서 덩샤오핑은 제2차 세계 대전 전날 아서 네빌 체임벌린(Arthur Neville Chamberlain) 영국 총리와 에두아르 달라디에(Edouard Daladier) 프랑스 총리가 히틀러에 대해 회유 정책을 취한 경험적 교훈을 이야기했다. 영국과 프랑스 두 나라가 히틀러의 최초 침략에 대해 약한 모습을 보였기에 히틀러가 서구를 침공하게 되었다고 말이다. 그는 위협을 저지하기 위해서는 반드시 강경한 반응을 취해야 하는데, 지금 미국은 오히려 약한 모습을 보이고 있다고 했다. 그는 소련이 현재 미국과 서구를 합친 것보다 더 강력해지려 하고 있다고 말했다. 소련은 두 가지 약점을 지니고 있다. 바로 식량과 기술이다. 그런데 미국은 소련이 자신의 약점을 극복하도록 이 두 가지 영역에 대한 원조를 해 주고 있다. 이는 소련 공격의 위험성을 높일 뿐이라는 것이다.[100] 저우언라이는 일찍이 투항파라고 비난을 받은 적이 있었지만 당시 회담 내용을 보고받은 마오쩌둥은 비슷한 눈으로 덩샤오핑을 대할 증거를 찾기가 힘들었다.

키신저와 세계적인 문제를 토론한 긴 회담에서 덩샤오핑은 계속해서 미국이 베트남에서 철군한 후 소련이 형성한 위협을 언급했다. 그는 전체회의에서 계속 키신저에게 미국이 소련의 위협에 더욱 강경하게 대응해야 한다고 압박했다. 키신저는 미국이 소련의 위협에 대응하는 데 이미 적잖은 일을 했다고 설명했다. 덩샤오핑은 계속 압박을 가하긴 했지만 외교 예절에서 벗어나지는 않았다.

덩샤오핑은 키신저가 마오쩌둥을 만나는 자리에 배석했다. 마오쩌둥은 덩샤오핑처럼 미국이 소련의 도전에 적절하게 대응하지 않았다는 문제를 중시했다. 회담 후 키신저는 포드 대통령에게 쓴 보고서에서 중국 방문 기간 동안 미중 관계에 분위기가 싸늘해질 가능성이 있음을 암시했다. 이는 미국이 소련의 공세에 움츠리는 인상을 받은 중국의 느낌과 관련이 있었다. 키신저는 중국이 미국의 반응에 실망하고 자국의 힘으로 소련에 대항하려 하고 있다고 생각했다.[101]

정치적 압박에 직면한 상황에서도 긴 회담 내내 고도의 집중력을 발휘한 것은 덩샤오핑의 강인한 성격을 보여 주는 일이었다. 키신저나 그의 비서들은 덩샤오핑이 당시 마오쩌둥으로 인해 심각한 정치적 압박에 시달리고 있다는 것을 알아차리지 못했다. 사실 회담을 마친 키신저는 병이 깊은 마오쩌둥이 세부적인 일까지 지속적으로 하기는 힘들기 때문에 이제부터는 "덩샤오핑이 핵심 인물"이라는 결론을 내렸다.[102]

11월 4일, 즉 덩샤오핑이 처음으로 8인 회의에서 비판을 당하던 날, 차오관화는 베이징 주재 미국 연락사무소 소장 조지 부시에게 포드 대통령의 방문을 12월로 연기하자고 제안했다. 그러나 미국 측은 일정대로 실시할 것을 요구했다. 11월 13일, 중국은 처음의 일정에 동의했다. 덩샤오핑은 포드 대통령을 접대하는 주요 책임자로, 130여 명의 고위 간부가 참가한 회의에서 일주일 동안 비판을 받은 후 포드 대통령을 영접하러 공항에 나갔다. 덩샤오핑은 환영회 한 차례, 환송 오찬 한 차례를 열고, 3일 동안 긴 회담을 가졌으며, 마오쩌둥과 함께 포드를 접견했다.

중국 관리들은 포드의 방문에 그리 큰 기대를 걸지 않았다. 그들은 소련의 압박에 맞서는 데 있어, 닉슨을 지략이 뛰어난 믿을 만한 지도자로 여겼다. 포드는 심히 유약한 데다 취임 초기였고 워터게이트 사건에서 완전히 회복된 상태도 아니었다. 닉슨은 중국과 정식 외교 관계를 1976년에 회복하겠다고 약속했더랬다. 그들은 포드가 방중 전에 관계 정상화 계획을 앞당기지 않으리라는 것을 알고 있었다. 포드는 외교에 있어 닉슨처럼 노련하지 않았다. 덩샤오핑은 긴 시간 동안 이루어진 첫 회담에서 미국을 압박하며 소련에 더욱 강경한 행동을 취하라고 요구했다. 당시 그는 포드에게 다음과 같이 말했다. "전 각하에게 무례를 범할 의도는 없습니다. 다만 소련을 상대하는 데는 우리가 미국보다 경험이 좀 더 많습니다."[103] 6주 전 키신저를 만났을 때처럼 그는 소련에 대한 자신의 견해를 재차 강조했다. 그는 중국은 이미 단독으로 소련에 대항할 준비를 마쳤다고 말했다. 중국은 가난하고 기술이 부족하지만 "땅굴을 파고", "좁쌀을 먹으며" 군대를 양성할 준비를 하고 있다고 했다. 덩샤오핑은 미국이 소련에 약한 모습을 보이는 데 불만이 있었지만 중국이 군비를 증가시켜야 한다는 시사는 하지 않았다.

그러나 포드 대통령을 만나서는 마오쩌둥과 덩샤오핑은 6주 전 키신저를 접대할 때보다 예의 바르게 행동했다. 덩샤오핑이 포드에게 말했다. "교류를 이어 갈 수만 있다면 …… 우리 견해에 이견이 있고 때로 말다툼을 하기도 하겠지만 그건 대수롭지 않다고 믿고 있습니다." 덩샤오핑은 소련 문제에 대해 미국에 압력을 넣는 한편 뛰어난 언변과 매력적인 성품으로 중국과 미국 양국의 관계, 무역, 문화 교류 및 대만에 대한 미국의 정책을 중요하게 생각해 줄 것을 미국 측에 요구했다.[104] 덩샤오핑은 포드 자신이 생각했던 것보다 국제 현안에 대해 많은 것을 이해하고 있으며, 반소련 정서 역시 예상보다 훨씬 강경하다는 것을 발견했다. 일주일 후 그는 조지 부시에게 포드와의 회담이 자신의 예상보다 훨씬 성과가 있었다고 말했다.[105]

포드 대통령이 귀국한 후, 덩샤오핑에 대한 비판 대회도 즉시 재개되었다. 그러나 미국 측은 아무도 덩샤오핑이 비판을 받고 있다는 것을 눈치채지 못했다. 포드가 중국을 방문한 지 일주일이 지난 후, 덩샤오핑은 이미 베이징 주재 미국 연락사무소 소장 임기를 마치고 미국으로 돌아가는 조지 부시를 위한 송별 오찬을 열었다. 부시는 당시 오찬의 분위기를 "가볍고 유쾌했다."라고 평했다.[106]

마오쩌둥은 1975년 12월 2일 포드 대통령을 접견했다. 이는 덩샤오핑이 마지막으로 마오쩌둥과 함께 외빈을 접견한 것이자 마지막으로 마오쩌둥을 만난 때였다. 덩샤오핑은 1976년 1월 1일 닉슨의 딸 줄리 닉슨과 그녀의 남편 데이비드 아이젠하워를 만날 예정이었고, 다음 날 다시 마거릿 헤클러(Margaret Heckler)가 이끄는 미국 국회 대표단을 접견했다.[107] 그러나 며칠 후 저우언라이가 사망했고, 이것이 덩샤오핑이 1977년 자리를 회복하기 전 마지막으로 이루어진 외빈 접견이었다.

다시 냉궁으로

1975년 10월 25일, 마오쩌둥의 조카 마오위안신이 정치국에 덩샤오핑에 대한 마오쩌둥의 비판을 전달한 후, 당 건설, 과학 기술, 문교 부문의 진보가 그 즉시 정지되었다. 하급 부서는 덩샤오핑에 대한 마오쩌둥의 비판을 곧바로 알 수 없었지만 몇 주가 지나자 그들 모두 상급에서 일부 변화의 노력에 동의를 얻어 내는 데 어려움이 있다는 것을 알아챘다. 덩샤오핑은 1976년 1월 그들을 위해 더 이상 지원을 해 줄 수 없었다.

1975년 5월에서 10월까지, 미래의 당 건설, 경제, 과학 기술, 문화 영역의 장기적 발전에 대한 덩샤오핑의 노력은 기초 작업이 잠시 소강 상태에 있기는 했지만 완전히 사그라지진 않았다. 1975년, 그의 지도 아래 제정된 경제 계획은 여전히 1976년 계획과 1976년에서 1980년까지 이루어지는 제5차 5개년 계획의 기초가 되었다. 사인방은 '세 가지 대독초'를 인쇄, 배포했고 비판 운동을 시작했다. 자료를 읽은 사람들은 공개적으로 찬양을 하진 못했지만, 1977년 '대독초'는 다시 세 송이의 '향기로운 꽃(香花)'이 되어 수년 동안 이어질 정치 강령의 기초가 되었다. 독립적인 중국사회과학원 성립 계획은 1975년에 무산되었지만 1977년에 실현되었다. 정치연구실은 1975년 말 생기를 잃었지만, 그곳에서 일한 많은 연구자가 1978년 3중전회와 이후 개혁에서 문서 작성을 맡았다.

군대에서 덩샤오핑 비판 운동은 중요한 기류를 형성하지 못했다. 인민해방군 총정치부를 제외하고 사인방이 얻은 지지는 매우 미약했다. 군대에서 가장 두드러진 영향은 덩샤오핑에 대한 비판이 문화 대혁명 시절 비판을 받았던 원로 간부들이 업무로 복귀하는 속도를 늦췄다는 것과 군사 학교 교학 작업 역시 연기되었다는 것이었다. 그러나 1977년 원로 간부들은 다시 군대로 돌아오기 시작했고, 군사 학교 역시 다시 수업을 재개했다.[108]

덩샤오핑의 실각은 짧은 기간 동안 고등 교육에 큰 영향을 주었다. 교육 수준을 향상시키고 정치 사상 교육을 줄이려는 계획에 제동이 걸렸고 중국과학원 재건 작업도 동력원을 잃었다. 허가를 받은 문예 활동 범위도 대폭 축소되었다. 작가, 음악가, 예술가는 다시 냉대를 받았다.

정치 영역에서 당의 고위급 간부에 대한 명예 회복도 속도를 내지 못했다. 덩샤오핑을 옹호하는 측근 중 일부는 비판을 받고 파면되었다. 특히 후야오방과 후차오무, 그들 수하의 간부도 관직을 박탈당했다.

1975년 마오쩌둥은 안정과 단결, 그리고 경제 발전으로 방향을 선회하고자 했다. 그러나 덩샤오핑의 행동은 그가 용인할 수 있는 한계를 넘어섰다. 마오쩌둥은 생명이 붙어 있는 최후 몇 달까지 계속 대권을 거머쥐고 있었고, 고삐를 당길 수도, 덩샤오핑을 제거할 수도, 그를 비판받게 할 수도 있었다. 그러나 그의 수하에 있는 간부들의 사상을 통제할 힘이나 세력은 더 이상 없었다. 단기적으로 볼 때 덩샤오핑은 축출되었지만 1975년 말 자신이 지지하던 일에 대해 한사코 착오를 인정하지 않던 그의 모습은 1977년 복귀 후 매우 확고한 기점을 확보하도록 해 주었다. 복귀한 그는 1975년에 제정하고 추진하기 시작한 인사 배정과 업무 계획을 다시 추진했다.

5

실각 그리고 마오쩌둥 시대의 종언 ^{1976년}

1975년 12월부터 1976년 9월까지 단 1년 사이에 네 명의 중국 지도자들이 세상을 하직했다. 먼저 비밀경찰의 수뇌로 마오쩌둥을 대신해 혁명을 배반했다고 고발당한 수백 명의 간부를 살해하는 등 더러운 일을 도맡았던 캉성이 1975년 12월에 죽었다. 이어서 총리 저우언라이가 1976년 1월 8일 새벽에 세상을 떴고, 홍군 창설자이자 초기 군부 영도자였던 주더가 그해 7월에 사망했다. 그리고 1976년 9월 모든 인민의 가장 높은 곳에 있었던 마오쩌둥 주석이 숨을 거두었다. 이러한 여러 사람이 세상을 떠나고 1976년 10월 사인방이 체포되면서 신처럼 받들어지던 혁명가들이 국가 전체를 뒤흔들던 시대도 종말을 고했다.

저우언라이의 죽음

저우언라이가 앞서 죽자 마오쩌둥은 저우언라이의 장례식을 좌우할 수 있었다. 그는 이 기회를 통해 저우언라이의 평생 업적에 대해 당의 기준에서 되도록 가장 낮은 평가를 부여함으로써 저우언라이에 대한 대중의 추모 열기를 식히려고 했다. 그러나 마오쩌둥의 전략은 오히려 역효과가 나고 말았다. 수많은 중국인들이 납득하기는커녕 오히려 자신들이 존경하고 경모하는 저우언라이가 합당한 평가를 받지 못한 것에 불만을 털어놓았다.

저우언라이가 세상을 뜬 그날 오후 정치국은 장례식 준비 회의를 소집했다. 당시 명목상 부총리를 맡고 있던 덩샤오핑은 오후 6시 30분 비준을 요청하는 메시지와 함께 정치국에서 마련한 부고(訃告) 초안을 마오쩌둥에게 보냈다. 이튿날 마오쩌둥은 부고 내용을 비준하고, 마오쩌둥, 왕훙원, 예젠잉, 덩샤오핑, 주더를 비롯한 107명의 장례위원회 선발에 대해서도 아무런 이의를 달지 않았다.[1] 그는 심지어 덩샤오핑이 추도사를 행하는 것도, 저우언라이의 유해를 바바오 산 혁명공묘(八寶山革命公墓)에 안장하는 것도 동의했다.

그러나 마오쩌둥은 장례식에 참석하지 않았다. 장례식이 인민대회당에서 거행되기 3일 전 마오쩌둥은 그의 경호대장 왕둥싱에게 못마땅하다는 듯이 "왜 내가 총리의 장례식에 참석해야 하지?"라고 말했다.[2] 그는 기요 비서인 장위펑에게 자신은 몸이 불편하니 참석할 수 없다고 말하도록 지시했다.(몇 주 후의 일이기는 하지만 그는 닉슨 대통령을 만나 1시간 40분이나 대담할 정도로 체력이 좋았다.) 그는 저우언라이를 위해 조화(弔花)를 보내기는 했지만 이외에 애도의 뜻을 표하는 어떤 행사에도 참석하지 않았다.

저우언라이가 세상을 뜨기 전 몇 달 동안 마오쩌둥은 그와 일정한 거리를 두고 있었다. 1975년 9월 저우언라이는 평상시 64.8킬로그램이었던 몸무게가 36킬로그램으로 급격히 줄어들었다.[3] 덩샤오핑과 예젠잉 등 평소 친밀했던 동료들은 저우언라이의 상태가 악화되어 말도 제대로 할 수 없는 상황이었지만 자주 병원을 방문해 그를 위로했다. 1월 5일 그가 마지막 수술을 받을 때에도 덩샤오핑과 리셴녠 등 몇 사람이 함께했다.[4] 그러나 마오쩌둥은 저우언라이보다 거동이 훨씬 편했지만 한 번도 저우언라이가 입원해 있는 병원으로 문병을 가지 않았다. 마오쩌둥은 외국인들이 저우언라이의 추모 행사에 참석하는 것을 억제하기도 했다. 저우언라이가 세상을 떠난 날 오후 4시, 덩샤오핑은 마오쩌둥에게 수많은 외교 사절이 직접 장례식에 참석할 것을 요청하고 있다고 보고했다. 좀 더 늦은 시간 덩샤오핑은 알바니아 대사를 접견하면서 마오쩌둥의 지시에 따라 베이징 주재 외국 대사는 조의 활동에 참석할 수 있으며, 각국 영도자들은 자국 내 중국 대사관에서 조의를 표할 수 있으되 대표단을 베이징으로 파견할 필요는 없다고 말했다.[5]

마오쩌둥의 태도는 냉담했지만 라디오 방송과 확성기를 통해 저우언라이의 사망 소식이 알려지자 위아래 관계없이 전국의 모든 이가 큰 비통에 잠기고 말았다. 대중의 눈에 저우언라이는 1973년 이래로 공정한 대우를 받지 못했다. 민중의 가슴에서 우러나오는 애절한 고통은 1945년 미국의 대통령 프랭클린 루스벨트의 죽음과 1963년 존 F. 케네디의 암살 때와 견줄 수 있을 정도였다. 중국 인민들은 1년 전 저우언라이가 허약하고 초췌한 모습으로 전국인민대표대회에 출석한 것을 기억하고 있었다. 그런 까닭에 그의 사망이 전혀 뜻밖인 것은 아니었다. 그러나 그들은 이제 두려웠다. 더는 마오쩌둥과 사인방이 자행하고 있는 광기에 대항하여 국가를 보호할 누구도 존재하지 않는다고 생각했기 때문이었다. 문화 대혁명 시절 박해를 받은 영도자들 일부는 저우언라이가 기꺼이 마오쩌둥과 협력했다는 것에 대해 깊이 불만을 가지고 있었다. 그러나 군중이 볼 때 저우언라이는 마오쩌둥의 극단적인 행태로부터 자신들을 구해 준 사람이었다.[6] 저우언라이가 더 이상 자신들을 보호해 줄 수 없는 상황에서 과연 어떤 일이 벌어질지 많은 이가 심히 걱정하고 있었다.

1월 11일, 저우언라이의 장의(葬儀) 행렬이 지나갈 것이라는 이야기를 입에서 입으로 전해 들은 베이징 시민들은 애도를 표하기 위해 톈안먼 광장으로 모여들었다. 그날 오후 저우언라이의 유해를 실은 영구차가 100대의 검은색 리무진을 따라 톈안먼 광장을 거쳐 바바오 산 혁명공묘로 향했다. 저우언라이의 유해는 그곳에서 화장될 예정이었다. 엄동설한에도 거의 100~200만 명에 달하는 인파가 양쪽 길가에 운집했다.[7] 추도 군중은 정치국에서 저우언라이의 의지와 상관없이 그의 유해를 화장할 것을 명령했다는 소문을 듣고 분노하여 길을 막아섰다. 그들은 저우언라이의 미망인 덩잉차오가 화장은 저우언라이

자신의 요청에 따른 것이라고 확인해 준 뒤에야 비로소 길을 비켜 주었다.[8]

1월 12일《인민일보》는 당기(黨旗)로 덮여 있는 저우언라이의 유해 사진을 공개했다. 이는 추모 행사가 허가를 받았다는 것을 뜻했다.[9] 수천수만의 사람들이 저우언라이의 납골함을 보기 위해 자금성 옆 태묘(太廟)로 몰려들었다. 검은 완장(喪章)은 금지되었지만 상장을 만들 때 필요한 검은 천과 국화를 묶는 흰 종이가 모두 동이 났다.[10] 1월 12일 200만여 명에 달하는 시민들이 톈안먼 광장 인민 혁명 기념비 앞에 모여 조화와 제문을 삼가 바쳤다.[11]

1월 12일 정치국 회의에서 장춘차오는 예젠잉이 1월 15일 장례식을 위해 정치국에서 준비한 추도사를 낭독할 것을 건의했다. 예젠잉은 1개월 전 캉성의 추도사를 읽은 적이 있었다. 그러나 그는 당시 맹렬한 비판을 받고 있던 덩샤오핑에게 추도사를 읽을 기회를 주기 원했으며, 다른 정치국원들도 예젠잉의 건의를 받아들였다.[12] 마오쩌둥은 덩샤오핑이 추도사를 읽는 것을 막을 수 있었지만 정치국의 결정을 부정하는 것 또한 난감한 일이었다. 그래서 덩샤오핑이 정치국의 지시에 따라 공식적으로 준비한 추도사를 헌정하는 데 동의했다.

장례식에서 덩샤오핑은 당 중앙을 대표하여 신중하게 선발된 5000명의 참석자들 앞에서 추도사를 읽었다. 저우언라이와 덩샤오핑의 통역사로 일했던 지차오주의 기억에 따르면, 평소 감정을 잘 드러내지 않던 덩샤오핑이 "막 입을 열어 '우리의 총리'라고 말하는 순간 목이 메어 잠시 말을 멈췄다. 그러자 모든 이가 흐느껴 울기 시작했다."[13] 덩샤오핑의 인생은 저우언라이와 거의 반세기에 걸쳐 떼려야 뗄 수 없는 관계에 있었다. 두 사람은 수십 년 동안 마오쩌둥 밑에서 헌신적으로 일했으면서도 마오쩌둥에게 시달림을 당해야만 했다. 당시 장례식은 덩샤오핑이 1977년 봄 복귀하기 전 공개적으로 얼굴을 내민 마지막 행사였다.

덩샤오핑은 추도사에서 저우언라이를 찬양했다. 추도사의 내용은 정치국의 지시에 따라 이루어진 것이기 때문에 마오쩌둥과 사인방도 동의하지 않을 수 없었다. 추도사에 따르면, 저우언라이는 공산당과 백전백승의 인민해방군,

신민주주의 혁명의 승리, 사회주의 신중국 건립, 그리고 노동자와 농민, 여러 민족의 대단결을 위해 헌신했다. 그는 무산 계급, 전제 정치에 영원히 남을 공헌을 했으며, 외교 업무에서 마오쩌둥 주석의 혁명 외교 노선을 관철했다. 저우언라이 동지는 평생 마르크스·레닌주의와 마오쩌둥 사상에 충성심을 보였으며, 언제나 전반적인 정세를 고려했고, 당의 기율을 준수하고 대다수 간부들을 단결시키는 데 능숙했다. 그는 겸손하고 신중하며, 온화하고 모든 이와 잘 어울렸으며, 근면하고 소박한 삶을 통해 다른 이의 모범이 되었다. 그는 용맹무쌍한 혁명 정신으로 병마와 투쟁을 벌였다. 덩샤오핑은 마지막으로 이렇게 덧붙였다.[14]

장례식이 끝나자 즉각 공식적인 추도 행사의 종식이 선포되었다. 신문지상에 장례식의 간략한 소식과 덩샤오핑의 추도사가 실렸지만 혁명 영수가 사망했을 때 보여 주던 일반적인 관례와 달리 저우언라이의 생평을 소개하는 문장은 거의 보이지 않았고, 톈안먼 광장에서 경의를 표하고 영구차가 지나갈 때 추도하기 위해 모여든 군중의 숫자에 대한 관방의 추산도 발표되지 않았다. 이처럼 저우언라이의 죽음을 대충 얼버무리고 지나가려는 작태에 대해 많은 이가 불만을 표출한 것은 단지 자신들이 경애하는 인물을 위해 상응하는 장례식을 거행하지 못했기 때문만이 아니라 그것이 저우언라이와 덩샤오핑의 적대 세력이 강력한 정치적 위상을 차지하고, 이후 저우언라이의 정책과 배치되는 정책을 추구할 것임을 암시하기 때문이었다.[15]

장례식이 끝난 후 저우언라이의 미망인 덩잉차오의 요청에 따라 저우언라이의 유골이 비행장으로 향했다. 그곳에서 노동자들은 저우언라이의 유골을 그가 평생 몸 바쳤던 중국 대지에 뿌리기 위해 비행기 안으로 운반했다.[16]

덩샤오핑의 실각과 화궈펑의 당선: 1976년 1월

저우언라이의 추도 행사로 덩샤오핑에 대한 정치국의 공격이 며칠간 중지되었다. 두 차례에 걸친 덩샤오핑의 자아비판에 여전히 불만을 품은 마오쩌둥은 저우언라이 장례식 전날 덩샤오핑이 제출한 자아비판 내용을 인쇄해 정치국으로 보낸 후 좀 더 논의하라고 지시했다.[17] 덩샤오핑에게는 불길한 일이었다. 1월 20일 정치국 회의에서 덩샤오핑은 세 번째 자아비판을 하면서 다시 한번 마오쩌둥 주석을 만날 기회를 달라고 요청했다. 장칭이 왜 주석을 만나려고 하느냐 묻자 덩샤오핑은 직접 주석 앞에서 자신이 저지른 과오의 심각성을 설명하고, 주석의 비판과 지시를 직접 청취하며, 자신이 행한 사업의 일부 문제에 대해 설명하기 위함이라고 대답했다.[18] 그러나 마오쩌둥은 자신의 비판 대상이 된 사람이라면 누구라도 직접 대면하지 않는다는 원칙을 고수했으며, 덩샤오핑의 경우도 예외가 아니었다. 마오쩌둥은 덩샤오핑이 뭐라고 말하든 나중에 쉽게 인정하지 않을 수 있기 때문에 단독으로 만날 생각이 없었다.[19]

마오쩌둥과 독대할 방법이 없다는 것을 알게 된 덩샤오핑은 즉시 붓을 들어 사직서나 다를 바 없는 내용의 편지를 한 통 작성했다. 그는 편지를 마오위안신에게 주어 마오쩌둥에게 전달해 줄 것을 부탁했다. 편지에서 그는 이렇게 썼다. "먼저 주석께 제가 맡고 있는 중앙의 일상 공작 주관 책무를 해제해 주시길 간청하오니 비준해 주시기 바랍니다.[20] 지난 2개월 동안 저에 대한 비판이 지속되고 있기에 제가 하는 일을 계속하게 된다면 중앙의 업무에 방해가 될 것이며, 저 자신의 과오도 더 늘어날 것입니다. 저의 관한 일체를 주석과 중앙의 결정에 따르겠습니다."[21]

마오쩌둥은 덩샤오핑의 편지를 읽어 본 후 이튿날 조카를 만나 전날 모임에서 덩샤오핑의 행동에 대한 보고를 들었다. 마오위안신이 볼 때 덩샤오핑의 자아비판은 아직 충분치 않았다. 그는 마오쩌둥에게 화궈펑, 지덩쿠이, 천시롄 (이상 세 명의 젊은 성급 간부들은 1969년과 1973년 각기 정치국에 배치되었으며, 이후 이보다 높은 고위급 직무를 위한 후보자가 되었다.) 등 세 명의 부총리가 국무원 업무를 책임질 사람을 추천해 줄 것을 요청했다고 보고했다. 마오쩌둥은 즉각 화궈펑이 앞장서서 당의 일상 공작을 주관토록 하라고 대답했다.[22]

화궈펑은 외국인은 물론이고 중국 민중에게도 마찬가지로 새로운 얼굴이었지만 마오쩌둥은 이미 20년 전부터 그를 알고 있었다. 마오쩌둥이 처음 그를 만난 것은 1955년이다. 당시 화궈펑은 마오쩌둥의 고향인 후난 성 샹탄(湘潭)에서 현 당위원회 서기를 지내면서 마오쩌둥의 급진적인 농업 집체화 정책을 적극적으로 추진해 마오쩌둥에게 좋은 인상을 남겼다. 지난 20년 동안 마오쩌둥과 그는 잘 알고 지냈으며, 화궈펑은 모든 정치 운동이 일어날 때마다 마오쩌둥을 꿋꿋하게 옹호해 운동이 끝난 후에는 언제나 더 높은 자리를 얻었다. 1959년 논란이 많았던 마오쩌둥의 펑더화이 비판이나 린뱌오가 비행기 추락 사고로 죽은 후 마오쩌둥의 린뱌오 비판 당시 화궈펑은 자신이 마오쩌둥의 견실한 지지자임을 증명했다. 베이징의 다른 영도자들은 1973년 화궈펑(덩샤오핑 시대의 핵심 인물 982쪽 참조)이 승진하여 정치국으로 들어온 후에야 비로소 그와 만날 기회가 있었다. 왕훙원은 고집이 세어서 다른 이들과 함께 일을 잘하지 못했는데, 화궈펑은 서로 다른 정치적 견해를 가진 간부들과도 좋은 관계를 유지했다. 그는 문화 대혁명 이전에 고위급 간부가 되었기 때문에 이제 막 복권되어 돌아온 원로 간부들에게도 무리 없이 받아들여졌다. 사인방 역시 화궈펑이 성격이 온순하여 쉽게 조종할 수 있다고 여겼기 때문에 그를 받아들였다.

마오쩌둥이 조카 마오위안신에게 화궈펑을 국무원 총리 서리로 임명한다고 지시한 바로 그날 장춘차오와 장칭은 칭화대학과 베이징대학의 당위원회 회의를 소집해 제일 먼저 덩샤오핑을 거명하며 비판했다. 덩샤오핑 지지자들에게 비판을 받은 적이 있는 칭화대학의 간부 츠췬이 앞장서서 덩샤오핑을 공격하는 회의를 더 많이 조직했다.[23]

마오쩌둥은 시간을 잘 안배해서 먼저 덩샤오핑을 비판한 다음 그를 공식적인 자리에서 물러나도록 할 생각이었다. 1975년 대중은 여전히 덩샤오핑을 영도자로 간주하고 그의 일을 인정했다. 화궈펑이 새로운 영도자로 사람들에게 각인되고 덩샤오핑이라는 인물의 존재에 더는 영향받지 않기 위해서는 덩샤오핑을 대중의 시야에서 벗어나게 하고 대중 사이에서 그의 명성을 깎아내릴 필요가 있었다.

중국 민중과 외국 언론 매체는 1월 26일자《인민일보》를 통해 화궈펑이 국무원 총리 서리로 부상함을 예감할 수 있었다. 관련 기사는 화궈펑이 루마니아 무역 대표단을 접대했다는 내용인데, 신문 전면에 큰 표제를 달지 않고 3면에 일반 기사로 보도되었다.[24] 1월 28일 마오쩌둥은 정식으로 화궈펑이 중앙의 일상 공작을 주관하도록 했다.[25] 2월 2일 덩샤오핑이 사직서를 제출하고 2주가 지난 후 당 중앙은 전국 고위급 간부들에게 정치국의 전원 동의를 거쳐 화궈펑을 총리 서리로 임명한다고 선포했다.[26] 이때 덩샤오핑은 이미 사람들의 시선에서 물러난 상태였다. 그는 사직한 후 1977년 여름까지 돌아올 수 없었다.[27]

마오쩌둥은 화궈펑이 덩샤오핑이나 저우언라이처럼 탁월하지 않다는 것을 알고 있었다. 그러나 그는 동년배 중에서 자신의 요구를 만족시킬 만큼 경험이 풍부한 사람을 찾을 수 없었다. 적어도 한동안 마오쩌둥은 덩샤오핑을 내쳤지만 그렇다고 당의 안정과 단결마저 포기한 것은 아니었다. 또한 왕훙원과 달리 화궈펑은 적을 만들지도, 파벌을 만들지도 않았다. 실제로 화궈펑은 덩샤오핑이 하급 간부 승진을 고려할 때 찾고자 했던 유형에 속하는 인물로, 단계를 밟아 승진하고 문제를 해결할 수 있는 실무형 인재였다. 비록 마르크스 · 레닌주의 이론에 대한 소양이나 외교 경험이 부족하기는 하나 마오쩌둥은 그가 서서히 이런 분야에서 성장하기를 희망했다.

아마도 마오쩌둥에게 가장 중요한 것은 그가 문화 대혁명의 수혜자이기 때문에 문화 대혁명을 부정하지 않을 것이라는 점이었다. 덩샤오핑과 달리 화궈펑은 자신의 세력 기반이 없었기 때문에 전적으로 마오쩌둥의 발탁에 따라 영도권을 장악할 수 있었다. 그래서 마오쩌둥은 그가 자신의 명망과 유지를 지켜나갈 수 있을 것이라고 안심했다.[28]

그러나 화궈펑은 아직 고위층에서 경험을 쌓은 적이 없었기 때문에 단지 총리 서리로 임명되었다. 마오쩌둥은 화궈펑을 정식 총리로 임명하기 전까지 살펴보고자 했던 것이다. 1975년 1월 마오쩌둥은 덩샤오핑이 보여 준 영도 능력에 안심하고 그에게 당과 정부, 그리고 군대를 통솔할 수 있는 최고의 공식 직함을 주었다. 그러나 이와 달리 화궈펑은 1976년에도 정치국 상임위원회에 들어가지 못했고, 당의 부주석으로 임명되지도 않았으며, 심지어 군사 요직도 맡을 수 없었다. 그러나 마오쩌둥은 정치국 회의를 주재하고, 당과 정부의 일상 공작을 영도하는 모든 책임을 화궈펑에게 주었다. 화궈펑이 처음으로 맡은 임무 가운데 하나는 '우경번안풍'을 반격하는 운동을 영도하는 일, 즉 수많은 원로 간부를 복직시킨 덩샤오핑의 노력을 비판하는 것이었다.

덩샤오핑 비판 운동의 실패

덩샤오핑을 고위층에서 몰아내고 그에 대한 공개 비판을 진행하면서도 마오쩌둥은 덩샤오핑을 공격하는 데 나름대로 자제했다. 마오쩌둥은 1월 21일 화궈펑을 선발한 후에도 덩샤오핑과 의견 차이는 인민 내부의 모순에 속하는 것으로, 적대 세력과의 모순이라고 할 정도로 심각한 것이 아니라고 하면서 덩샤오핑의 업무 상황에 대해서는 나중에 다시 생각해 보자고 말했다. 지금 당장은 그의 업무를 축소하고 있지만 계속해서 일을 할 수 있도록 할 것이며, 한 번에 박살 내 죽일 수 없다는 뜻이었다. 이렇듯 마오쩌둥은 덩샤오핑을 완전히 포기하지 않았지만 그에 대한 공개적인 비판 운동을 진행하기로 결정했다. 그는 덩샤오핑이 군부와 연합하여 자신에게 저항하지 않도록 덩샤오핑의 군대에 대한 통제를 약화시키려고 했다.

1월 18일 덩샤오핑이 사직서를 마오쩌둥에게 제출하기 이틀 전, 대략 7000~8000여 명에 달하는 국방 과학 기술 분야의 간부들이 선농단(先農壇) 체육관에 집합해 '우경번안풍'을 비판하는 대회를 열었다. 국방 과학 기술 영역에서 덩샤오핑과 오랫동안 협력해 온 장아이핑 장군은 이전에 호된 비판을 받은 적이 있었는데, 심지어 장칭은 그를 국민당 특무(特務, 스파이)라고 말하기도 했다. 그는 몸이 아파 회의에 출석할 수 없다고 전해 달라고 하면서 아울러 그의 결정은 그 자신이 책임을 지며 부하들과는 무관하다고 말했다.[29]

덩샤오핑과 동료들에게 정치 분위기가 불리하게 돌아가고 있을 때 거북함을 느낀 이는 그만이 아니었다. 장아이핑 이외에도 3대 '금강(金剛)'이라 불리는 후야오방, 완리, 저우룽신뿐 아니라 그들과 함께 과학 기술, 철로, 교육계에서 일했던 이들도 모두 비판을 받았다. 2개월 후 저우룽신이 세상을 떴다. 당 중앙은 2월 2일 예젠잉이 병중에 있기 때문에 천시롄이 중앙군사위원회 공작을 주관할 것이라고 발표했다. 랴오닝에 있을 당시 천시롄은 마오쩌둥의 조카 마오위안신과 친밀한 관계를 유지했다. 그래서 마오위안신은 천시롄과 마오쩌둥의 연락원 역할을 자임하면서 군부 내 마오쩌둥의 이익 보호를 확보할 수 있었다. 2월 16일 당 중앙은 중앙군사위원회의 보고를 비준하고 덩샤오핑과 예젠잉이 지난 여름 중앙군사위원회 확대회의에서 행한 연설에 중대한 착오가 있었기 때문에 그들의 연설문 회람을 금지한다고 발표했다. 보고서가 공포되면서 중앙군사위원회에서 덩샤오핑과 예젠잉의 업무도 정지되었다.[30] 마오쩌둥은 비판을 받고 있는 덩샤오핑과 예젠잉이 군부 내 영도자들과 연합해 자신에게 맞설 기회를 줄 생각이 없었다.

마오위안신이 앞장선 가운데 중공 중앙은 각 성과 시, 자치구 및 각 대군구(大軍區) 책임자들이 모두 참가하는 덩샤오핑 비판 회의를 조직했다. 2월 말부터 3월 초까지 열린 회의에서 지방에서 올라온 참가자들은 처음으로 마오쩌둥이 덩샤오핑을 비판하는 내용의 글(대부분 마오위안신이 수집하고 정리한 내용)을 들을 수 있었다. 마오쩌둥이 조카 마오위안신에게 말한 내용에 따르면, 덩샤오핑이 마오쩌둥의 '삼항지시(三項指示, 수정주의 반대(反修防修), 안정 단결, 국민 경제 제고)'를 하나로 병렬한 것은 정치국의 비준도 얻지 않고 마오쩌둥에게 보고한 것도 아니었다. 마오쩌둥은 또한 덩샤오핑이 말한 '흑묘백묘론(黑猫白猫論)'에 대해서도 비난하면서, 이런 관점은 제국주의와 마르크스·레닌주의를 구별하지 않는 것으로 덩샤오핑의 자산 계급 사상을 반영한 것이라고 비판했다. 장춘차오는 그 말에 편승하여 덩샤오핑은 자산 계급의 대표이며, 안으로는 수정주의를, 밖으로는 투항주의를 행하고 있다고 비난했다.

이전 회의 때는 구체적으로 덩샤오핑의 이름을 거론하지 않았지만 이번 회의에서는 화궈펑이 덩샤오핑의 이름을 거론하면서 그가 수정주의 노선을 밟고 있다고 비난했다. 그러나 화궈펑 역시 마오쩌둥과 마찬가지로 덩샤오핑에 대한 비판 운동에 일정한 제한을 가했다. 그것은 덩샤오핑을 비판하는 대자보를 시내에 붙이지 않으며, 매체를 통해 비난하지 않는다는 것이었다. 3월 3일 덩샤오핑을 비판하는 마오쩌둥과 화궈펑의 문건이 당 전체에 전달되었다.[31]

장칭은 평상시와 같이 절제를 보여 주지 못했다. 그녀는 3월 2일 열두 개 성의 책임자를 소집한 회의에서 덩샤오핑의 착오에 대한 심각성을 한 단계 격상시켜 그를 '반혁명', '파시스트'라고 불렀다. 마오쩌둥이 보기에 그것은 너무 지나친 발언이었다. 마오쩌둥은 장칭이 자신과 상의도 없이 회의를 소집했다고 비난하면서 그녀의 발언 녹음을 발표하지 말라고 지시했다. 3월 21일 《인민일보》는 "당내 회개하지 않는 주자파를 철저하게 비판하자."라고 외쳤지만 베이징의 간부들은 마오쩌둥이 여전히 덩샤오핑이 마음을 바꾸기를 기대하고 있으며, 그에게 기회를 준 것이라고 생각했다.[32] 그러나 덩샤오핑은 자신의 입장에서 한 발 물러서는 그 어떤 태도도 취하지 않았다. 4월 5일이 되자 덩샤오핑 비판 운동이 군중에게 인심을 잃었다는 것이 여실히 판명되었다.

저우언라이와 덩샤오핑을 지지하는 시위: 톈안먼 광장, 1976년 4월 5일

중국에서는 매년 청명절(淸明節)에 조상에게 제사를 지낸다. 1976년 청명절인 4월 5일을 몇 주 앞두고 사인방은 그날 일반인들이 거리에서 저우언라이를 추모하는 시위를 할지도 모른다고 예상했다. 그들의 우려는 어쩌면 당연한 것이었다. 베이징의 간부나 학생은 물론이고 수많은 일반 시민 또한 지난 1월에 저우언라이를 위한 추모 행사가 거의 없었다는 것에 대해 불만이 팽배한 상태였다. 그들은 청명절에 저우언라이를 위해 진정으로 추모의 정을 표현할 생각이었다.

청명절을 며칠 앞둔 3월 25일, 사인방이 통제하고 있는 상하이 《문회보(文

匯報)》에 덩샤오핑과 그의 '지지자(後臺)', 그리고 저우언라이를 지칭하는 것이 분명한 또 다른 '주자파'를 비판하는 글이 실렸다. 그런 점에서 사인방은 민정(民情)을 파악하는 능력이 정말 형편없었다. 그들이 저우언라이의 명예에 손상을 주려 했던 글이 오히려 역효과를 낳았기 때문이다. 예전에 홍위병이었던 이들도 분노하여 자신들이 장칭의 적수를 공격할 때 배웠던 기술을 거꾸로 장칭에게 써먹었다. 상하이에서 일군의 무리들이 즉각 신문사를 포위하고 해명을 요구했다.

곧이어 상하이에서 기차로 세 시간 정도 떨어진 난징대학에《문회보》를 비난하는 대자보가 출현했고, 대학에서 난징 시내까지 시위 대열이 퍼져 나가기 시작했다. 사람들은 조화를 들고 난징 중심가에서 출발하여 위화타이(雨花臺, 중국공산당 혁명 열사 능원 소재지로, 국민당에게 살해된 10만 공산당원을 기념하기 위해 건립했다.)로 이동해 조화를 바쳤다. 나중에 사인방이 사람을 보내 조화를 탈취하고 시위가 확산되는 것을 막았다. 그들은 관방 매체에서 난징 시위에 대한 보도를 하지 못하도록 했지만 시위 소식이 비공식적인 경로를 통해 다른 도시로 전파되는 것은 막을 수 없었다.[33]

3월 26일 난징에서 시위가 폭발한 다음 날 덩샤오핑은 정치국 확대회의에 불려 나가 당내 자산 계급의 두목이라고 비판받았다. 또한 그는 정권 탈취를 위해 별도의 중앙을 설립하고 최종적으로 자본주의 부활을 꾀했다고 비난받았다.[34] 실제로 덩샤오핑은 만약 4월 5일에 시위가 일어나면 그가 모든 책임을 져야 한다는 경고를 들었다.

그리고 나흘 만인 3월 30일, 저우언라이를 추모하는 첫 번째 조화가 톈안먼 광장 인민 혁명 기념비 앞에 등장했다. 저우언라이를 추모하는 시문이 붙었고, 저우언라이를 찬양하고 사인방을 비난하는 연설이 군중을 끌어 모으기 시작했다. 덩샤오핑을 지지하는 대자보가 등장했으며, 작은 병을 거리에 갖다 놓은 사람도 있었다. 중국어에서 작은 병을 뜻하는 '샤오핑(小甁)'과 덩샤오핑의 '샤오핑(小平)'이 해음(諧音)으로 소리가 같기 때문이었다.

베이징의 중앙 지도부는 더 이상의 감정 분출을 억제하기 위해 각 단위(單

位)는 자체적으로 저우언라이를 추도하는 행사를 개최할 수 있지만 톈안먼 광장은 질서를 유지해야 한다고 발표했다. 아울러 시위 활동도 전면 금지하기 위해 경비 경찰을 파견했다. 베이징 시 관방 통계에 따르면, 4월 3일 토요일 하루 동안 대략 100만 명에 달하는 이들이 광장을 다녀갔으며, 톈안먼 광장에 몰린 인파는 가장 많을 때가 10만 명이었고, 줄곧 수만 명 이상이 머물렀다.[35] 베이징 시 당 지도부는 긴급 통지를 통해 "톈안먼에 조화를 보내지 말라. …… 조화를 보내는 것은 낡은 습속이다."[36]라고 전했다. 그러나 소식은 소리 소문 없이 퍼져 나가 일요일인 4월 4일에는 톈안먼 광장이 그야말로 인산인해를 이루었다.(대략 200만 명이 넘었다.) 사람들은 저우언라이에게 헌사를 바치고 사인방을 반대했으며, 덩샤오핑을 지지했다.

덩샤오핑은 장칭이 자신을 공격할 구실을 더 찾지 못하도록 집안 식구들에게 시문이나 대자보, 국화꽃, 근조 화환이 점점 많아지고 있는 톈안먼 광장에 나가지 말 것을 당부했다.[37] 사람들은 체포당할 위험을 무릅쓰고 저우언라이를 추모하고 권력을 탈취하려는 사인방의 음모를 좌절시킨다면 목숨도 아깝지 않다고 큰 소리로 외쳐 대는 이들 주변으로 몰려들었다. 광장에 모여든 사람들은 일반 학생은 물론이고 간부, 노동자, 농민 등 제각기 생업에 종사하는 이들이었다.[38] 몇몇 대담한 연설을 마다하지 않은 이들이 체포되었다. 당시 현장을 직접 목격한 영국 대사관 직원 로저 가사이드(Roger Garside)는 이렇게 말했다.

저우언라이를 추모하는 인민들의 의식은 내가 지금까지 보았던 여러 나라의 장례식보다 훨씬 감동적이었다. 특히 정치적 시위는 내가 중국에서 보았던 것과 전혀 다른 모습이었다. …… 수많은 군중의 행동은 신념에 차 있었으며 …… 오랜 세월 잠재되어 있던 생각과 감정이 터져 나온 것이었다. 이는 …… 저우언라이가 사망한 후 받은 처우에 대한 분노였으며, 마오쩌둥에 대한 저항 의식이었고, 중국의 미래에 대한 불안과 걱정, 그리고 시위자를 처벌하려고 하는 이들에 대한 불복종이었다. …… 사람들은 마오쩌둥에게 주어진 권한을 거두고 있었다.[39]

4월 4일 오후 정치국은 인민대회당 복건청(福建廳)에서 톈안먼 사건을 어떻게 대처할 것인가에 대해 논의했다. 시위자들에게 동정적인 정치국원 예젠잉과 리셴녠은 아프다는 핑계로 불참했고, 덩샤오핑도 참석하지 않았다. 화궈펑이 회의를 주재했고, 새롭게 마오위안신이 출석했다. 베이징시위원회 서기 겸 혁명위원회(베이징의 치안을 전담했다.) 주임 우더는 광장에 있는 2073개의 조화는 각기 1400여 단위에서 보낸 것이라고 보고했다. 조화가 쌓여 6미터가 넘는 곳도 있다는 보고도 있었다. 또한 우더는 몇몇 시위자의 경우 이미 오래전부터 시위를 계획했으며, 덩샤오핑의 영향을 받았다고 말했다. 장칭은 당장 시위를 중지시키려면 청명절이 지났으니 날이 밝기 전에 광장의 조화를 모두 정리해 바바오 산 혁명공묘로 보내야 한다고 단언했다. 화궈펑은 우더에게 장칭의 요청을 실행에 옮길 방법을 찾아보라고 지시했다.[40]

4월 5일 월요일, 먼동이 트기도 전에 베이징 시에서 보낸 200대의 트럭이 톈안먼 광장에 도착하여 조화를 차에 싣고 떠났다. 날이 밝자 군중이 다시 광장에 몰려들기 시작하더니 금세 10만 명을 넘었다. 밤새 무슨 일이 일어났는지 알게 된 군중은 격분하여 고함을 지르기 시작했다. "우리의 꽃을 돌려 달라! 우리의 전우를 돌려 달라!" 반항적인 무리들이 인민대회당으로 몰려들어 자동차를 불태우고 자전거를 박살 냈으며, 외국 사진 기자들을 때리고 민병들이 주둔하던 작은 건물을 공격했다.

그날 오후 또다시 정치국 회의가 소집되었다. 한동안 정치국 회의에 참석하지 않았던 덩샤오핑이 출석하여 비판을 받았다. 장춘차오가 먼저 덩샤오핑을 공격하며 그를 1956년 헝가리 폭동의 주모자인 임레 너지(Imre Nagy, 1896~1958)*와 같은 인물이라고 비판했다.[41] 마오위안신은 서면과 구두로 덩샤오핑을 비판하는 마오쩌둥의 지시를 덩샤오핑에게 전달했고, 덩샤오핑은 그저 침묵을 지키고 있었다. 왕훙원은 10만 민병을 동원하여 시위 군중을 진압하

---

* 헝가리 정치인으로 두 차례에 걸쳐 총리를 지냈다. 1956년 헝가리 혁명 당시, 스탈린주의에 반대해 소비에트 연방의 침공에 저항했다가 소련에 의해 비밀 재판에 회부되어 교수형에 처해졌는데, 이후 복권되었다.

라는 마오쩌둥의 명령을 정치국에 전달했다. 그러나 민병 업무를 책임지고 있는 니즈푸(倪志福)는 아무리 많아야 3만 명 정도밖에 동원할 수 없다고 말했고, 우더 역시 그 정도의 민병으로는 광장의 대규모 시위 군중에 대처할 수 없을 것이라고 보충 발언을 했다.

이어서 장춘차오가 우더에게 시위 군중을 향한 방송을 준비하라고 말했다. 이에 간단한 방송 원고를 작성한 우더는 이를 화궈펑을 비롯한 정치국원들에게 열람토록 하고 동의를 얻었다. 방송 원고는 항의의 원인에 대해서는 일언반구 없이, 추모 행사를 마오쩌둥 주석과 당 중앙을 공격하는 정치 운동으로 변질시킨 일부 반혁명 분자들에게 주의를 돌리도록 하는 내용이었다. 또한 회개하지 않는 주자파를 거론하면서, 그들은 마오쩌둥 주석과 당 중앙의 영도하에 단결하기는커녕 '우경번안풍'을 세차게 불러일으키고 있다고 했다. 방송 진행자는 반혁명 분자들이 이번 사건을 악용하고 있으니 혁명 군중은 당장 광장을 떠나라고 말했다.

4월 5일 오후 6시 30분 정치국의 녹음 연설 내용이 광장에 울려 퍼졌다.《인민일보》는 그다음 날 우더가 방송한 내용을 실으면서 방송에서는 나오지 않았던 덩샤오핑의 이름을 써넣고 그를 회개하지 않는 '주자파'로 지목했다.[42]

정치국이 비준한 계획에 따라 민병들이 저녁 8시에 출동했다. 그러나 당시 광장에 있던 베이징 위수구(衛戍區) 사령관 우충(吳忠)은 광장에 모인 군중이 여전히 너무 많다고 생각했다. 그는 직통 전화를 이용하여 화궈펑과 천시롄에게 전화를 걸어 민병 출동은 시기상조라고 말했다. 오후 10시 30분 광장에 탐조등이 켜지고 또다시 광장을 당장 떠나라는 우더의 녹음된 목소리가 울려 퍼졌다. 마지막으로 밤 11시 우충이 우더에게 전화로 현재 광장에 남아 있는 시위대는 대략 1000명 안팎이라고 보고하자, 우더는 민병 출동을 명령했다. 민병들은 시위대 서른여덟 명을 체포했다.(이후 조사에 따르면, 260여 명이 추가로 체포되어 모두 388명이 구금되었다.) 경찰이 총을 사용하지는 않았지만 곤봉을 휘두른 것은 분명했다. 이로 인해 수십 명이 다쳤고, 광장의 시위대를 소탕한 후 길거리에는 혈흔이 남아 있었다.[43] 그러나 사상자가 발생했다는 소식은 들리지 않았다.

몇 시간 후 아직 해가 뜨기 전인 4월 6일 새벽, 일부 정치국원들이 회의를 열어 이번 사건을 검토 중에 있었다. 그들은 이번 시위가 계획적이고 조직적이라는 점에서 반정부 음모를 구성한 것이라고 결론을 내렸다. 그날 오후 마오위안신은 마오쩌둥을 만나 이번 사건의 본질에 대해 논의했다. 마오쩌둥 주석은 이번 사건이 음모라는 점에 동의했다. 그가 덩샤오핑이 이번 시위를 조직한 '검은 손'이라고 믿었다는(공개적으로 발표된 것처럼) 증거는 어디에도 없다. 그러나 그는 만약 덩샤오핑이 계속 정권을 잡는다면 장차 당을 그릇된 길로 인도할 것이라고 확신했다.[44] 그날 저녁 장칭도 마오쩌둥을 만나 재차 덩샤오핑을 출당시킬 것을 요구했다. 그럼에도 마오쩌둥은 여전히 동의하지 않았다.[45]

당시 중앙 당안관(檔案館, 기록 보관소)에 근무하고 있던 가오원첸은 4월 5일 톈안먼 광장에서 발생한 사건은 "마오쩌둥을 심히 낙심하게 만들었다. …… 예전에 그는 톈안먼 성루에서 민중이 소리 높여 외치는 '만세' 소리를 들었는데, 지금은 오히려 사람들이 성토하는 대상이 되고 말았다. …… 그는 역사의 청산이 얼마나 가혹한지를 잘 알고 있었다. …… 마오쩌둥 내심의 낙담과 두려운 심정은 가히 짐작하고도 남음이 있다."[46]라고 말했다. 중국은 당시 투표를 통한 선거 제도를 도입하지 않았으며, 심지어 촌급(村級)조차도 선거를 하는 경우가 없었다. 그러나 톈안먼 사건은 적어도 민중의 정치의식이 가장 높다는 베이징의 경우, 마오쩌둥은 이미 민심을 잃었고, 저우언라이는 인민의 마음속에 영웅이 되었으며, 덩샤오핑 역시 충분한 민의를 바탕으로 주요 영도자가 되었다는 것을 명백하게 보여 주었다.

덩샤오핑 제거와 화궈펑 발탁: 1976년 4월

4월 7일 오전 마오위안신이 다시 마오쩌둥에게 톈안먼 사건에 대한 최신 내용을 보고했다. 마오쩌둥은 며칠 후 소집될 정치국 회의를 어떻게 진행할 것인가에 대한 서면 지시를 내렸다. 정치국 회의가 개최되자 마오위안신은 마오쩌둥이 써 준 쪽지를 사람들에게 보여 주었다. "첫째 수도에서 일어났고, 둘째 톈안먼에서 일어났으며, 셋째 방화와 폭력이 발생했으니, 성질이 변한 것이다.(一首都, 二天安門, 三燒打, 性質變了)" 간단하게 말해서 운동이 반혁명 운동으로 변질되었고, 모순도 인민 내부의 모순이 아니라 더욱 심각하게 당과 당을 전복하려는 적들 간의 모순으로 바뀌었다는 뜻이다. 마오위안신은 정치국에 마오쩌둥 주석의 다음 두 가지 건의 사항을 전달했다. 하나는 총리 서리인 화궈펑을 정식으로 총리 및 당 제1부주석으로 임명한다는 것이고, 다른 하나는 공식적으로 당정군의 직무를 유지하고 있는 덩샤오핑을 모든 직무에서 손을 떼게 한다는 것이었다. 그러나 이런 상황에서도 마오쩌둥은 여전히 덩샤오핑 처리에 나름의 한계를 정하여, 그에 대해 "당적은 보유토록 하여 향후의 품행을 보겠다."라고 했다. 마오쩌둥의 지시가 전달되자 정치국 회의는 일순간 적막감이 감돌았지만, 잠시 후 마오쩌둥의 건의를 비준했다. 마오쩌둥이 한번 말하면 그 결과에 대해 어떤 이의도 있을 수 없었다.

마오쩌둥은 덩샤오핑을 권력 상층부에서 완전히 끌어내렸다. 그러나 왕둥싱이 마오쩌둥에게 장칭이 군중을 동원하여 덩샤오핑을 비판하려 한다고 처음 보고했을 때 마오쩌둥은 왕둥싱에게 덩샤오핑을 그의 자녀들이 사는 곳에서 멀리 떨어지지 않은 안전한 곳으로 옮기도록 하고, 덩샤오핑의 거처가 사인방의 귀에 들어가지 않도록 하라고 지시했다.[47]

마오쩌둥은 권력 전부를 화궈펑에게 주고, 덩샤오핑의 모든 공식 직무를 해제시켜 화궈펑이 국가를 영도하기 위한 길을 닦아 주었다. 마오쩌둥이 보기에 화궈펑은 총리 서리를 맡고 있던 지난 몇 개월 동안 별다른 착오를 저지르지 않았으며, 무엇보다 화궈펑만큼 마오쩌둥의 명성에 충실하고 급진파와 원로 간부들과 좋은 관계를 유지하는 인물이 없었다. 또한 화궈펑은 '4·5(四五, 톈안먼 사건)' 시위를 진압하는 데도 강한 행동력을 보여 주었다.

내부 소식에 정통한 베이징의 간부들은 4월 5일 이전까지는 마오쩌둥이 덩샤오핑과 화궈펑이 공동으로 영도 책임을 지는 것에 대한 가능성을 열어 두었다고 믿었다. 그러나 4월 5일 덩샤오핑에 대한 대중의 지지도가 그처럼 높다는 것이 드러난 후 그것은 완전히 불가능해졌다. 화궈펑은 덩샤오핑에게 압도될 것이었다. 마오쩌둥은 덩샤오핑의 당적 보유를 허가해 향후 국가를 위해 보답할 수 있는 가능성을 남겨 두었지만 아직은 때가 아니었다. 그날 저녁 8시 화궈펑이 당의 제1부주석 겸 정부 총리가 되었다는 소식이 공포되었다.[48]

전국 대도시 당 지도부의 책임자들은 서둘러 화궈펑에게 충성을 다짐하는 대회를 열었으며, 각 단위와 대학들도 마찬가지로 자신들의 입장을 표명하는 대회를 소집했다. 예를 들어 베이징대학 전체 학생들은 4월 7일 저녁 8시 중요한 방송이 있을 것이라는 통지를 받은 후 시간에 맞춰 교내 방송 스피커를 통해 신임 제1부주석 겸 총리가 된 화궈펑을 경축하는 공고문을 낭독했으며, 이후 각 학과 대표들이 참가하는 전교 대회 소집을 공지했다. 대표들은 회의석상에서 덩샤오핑을 성토하고 화궈펑을 지지했다. 그러나 일부 사람들은 낭독자가 정중하게 원고를 읽었지만 4월 4일과 5일 톈안먼 광장의 시위자들과 같은 열정은 거의 찾아볼 수 없다는 점에 주목했다.[49]

화궈펑이 마오쩌둥을 직접 만나는 경우는 드물었지만 4월 30일 뉴질랜드 총리 로버트 멀둔(Robert Muldoon)이 베이징을 방문해 마오쩌둥과 만났을 때, 마오쩌둥은 대충 갈겨쓴 듯한 필체로 몇 마디 문장을 적은 쪽지를 화궈펑에게 건넸다. "천천히, 조급하게 굴지 말고, 과거의 방침에 따라 행동하시오. 당신이 일을 맡으니 내가 안심이 되오.(漫漫來, 不要着急, 照過去方針辦, 你辦事, 我放心)"[50] 당시 화궈펑은 마오쩌둥이 전해 준 쪽지의 마지막 부분을 사람들에게 알리지 않았다. 그러나 쪽지의 진실성과 마오쩌둥의 의도는 의심할 여지가 없었다.[51] 다시 말해 마오쩌둥은 자신의 후계자로 화궈펑을 선택한 것이었다. 화궈펑이 자신과 자신의 노선에 충성을 다할 것이라는 마오쩌둥의 판단은 정확했다. 그러나 화궈펑이 급진파와 실용주의자들(원로 간부들)을 단결시킬 수 있을 것이라는 그의 희망은 실현되지 않았다. 마오쩌둥이 서거하고 며칠 후 화궈펑은 자신이 장칭을 비롯한 급진파와 협력하는 것이 불가능하다는 결론을 내렸다. 마오쩌둥은 화궈펑이 예젠잉이나 리셴넨 등과 같은 원로 간부들의 지지를 받으며 장기간 안정된 지도부를 형성하길 바랐지만 그의 바람은 결실을 맺지 못했다.

1976년 4월 7일 이후의 덩샤오핑

1976년 4월 8일 모든 직위에서 쫓겨난 덩샤오핑은 왕둥싱에게 편지를 건네주며 마오쩌둥에게 전달해 달라고 부탁했다. 덩샤오핑은 편지에서 자신이 여전히 당의 기율을 준수하고 있음을 명확히 밝히면서 이렇게 썼다. "저는 당 중앙이 화궈펑 동지를 제1부주석 겸 총리로 결정한 것을 전적으로 지지합니다." 그리고 그는 장칭이 자신을 출당(黜黨)시키려 한다는 사실을 알고 있었기 때문에 "저는 주석과 당 중앙이 저를 당내에 남게 해 주신 것에 충심으로 감격해 마지않습니다."[52]라고 썼다.

그러나 덩샤오핑은 당내 토론이나 공개 회의 참석을 허락받지 못했으며, 홍군 사령관 주더(7월 6일 서거)와 마오쩌둥(9월 9일 서거)의 장례식에도 참석할 수 없었다.[53] 마오쩌둥이 세상을 뜬 당일 저녁 소집된 정치국 회의에서 장칭은 또다시 덩샤오핑의 출당을 시도했으나 예젠잉의 반대에 부딪혔을뿐더러 마오쩌둥의 명령을 충실하게 따르려는 화궈펑에게도 거절당했다.[54]

비판과 고립으로 인한 압력은 덩샤오핑처럼 단련된 사람에게도 무거운 짐이 아닐 수 없었으니 다른 사람들에게는 더더욱 고통을 견디기 힘들 터였다. 4월 5일 이후 저우룽신을 비판하는 회의가 더욱 격렬해지자 톈안먼 광장을 깨끗하게 정리하는 데 공을 세운 우더조차 사인방과 츠천이 "그를 사지로 몰고 있다."라고 말할 정도였다.[55]

마오쩌둥은 덩샤오핑을 보호해 당적을 유지할 수 있도록 했을 뿐 아니라 그를 특별히 배려했다. 예를 들어 6월 10일 왕둥싱을 통해 화궈펑과 마오쩌둥에게 전달한 편지에서 덩샤오핑은 자신의 처가 안질을 치료하기 위해 병원에 입원해 있는데, 가족 가운데 한 명이 병원에서 그녀를 간호하면 병세가 크게 호전될 수 있을 것이라고 말했다. 마오쩌둥은 그의 요구를 받아들였다. 6월 30일 덩샤오핑은 허가 통지를 받고 둥자오민샹(東交民巷)의 임시 거주지에서 관가(寬街)의 옛 집으로 이사할 수 있었다. 죽을 무렵까지 마오쩌둥은 덩샤오핑을 완전히 포기한 것이 아니었다.

덩샤오핑의 가족이 옛 집으로 돌아오고 9일이 지난 어느 날 베이징에서 100여 킬로미터 떨어진 탕산(唐山)에서 대지진이 발생했다. 관방 통계에 따르면 24만 2000명이 사망한 엄청난 재앙이었다. 강력한 여진으로 베이징에서도 3분의 1이 넘는 건축물이 구조적인 손상을 입었다. 제국 시대와 마찬가지로 많은 이가 당시 재앙을 상천(上天)이 통치자에게 불만을 표시하는 징조라고 믿었다. 덩샤오핑 일가는 다른 이들과 마찬가지로 집 밖에 장막을 치고 집이 무너질 염려가 들지 않을 때까지 그곳에서 지냈다. 다시 집 안으로 들어온 후 1976년 4월부터 1977년 봄 복귀할 때까지 덩샤오핑의 삶은 장시에서 지냈던 3년처럼 가족, 그리고 신문이나 라디오로 세상의 소식을 접하는 것이 중심이 되었다.

1976년 4월 7일 이후의 정치적 균형

화궈펑이 총리 및 당 제1부주석으로 선출되었다는 것은 그의 정치적 지위가 사인방의 누구보다도 높아졌다는 것을 의미했다. 화궈펑은 사인방과 좋은 관계를 유지하고 싶었지만 그들은 여전히 자신들만의 연극을 연출하고 싶었다. 요컨대 그들은 급진파의 선전가였고, 화궈펑은 실용적인 문제 해결사였다. 게다가 화궈펑의 승진으로 사인방은 그를 강적으로 여기게 되었다.

화궈펑은 온건한 중간급 간부에서 갑자기 대임을 맡게 되자 긴장감이 감도는 정치 분위기에서 매사 조심하지 않을 수 없었다. 많은 원로 간부가 그를 지지하는 것은 적어도 단기간 내에 화궈펑 이외에는 국가의 단결을 유지시킬 만한 이를 찾을 수 없기 때문이었다. 또한 화궈펑이 비교적 온전한 노선을 취하고 있으며 무엇보다 그가 자신들과 협력을 모색하고 있다고 보았기 때문이었다.

4월 7일 이전까지만 해도 마오쩌둥은 여전히 대권을 장악하고 정력적으로 상부 정치를 조정했다. 그러나 마오쩌둥은 사람들이 자신을 길어야 1년도 못 살 것이라고 생각하고 있음을 의식하고 있었다. 쥐들이 가라앉는 배를 포기하고 떠나는 모습을 목도하고 있었던 것이다. 2월 23일 그는 닉슨과 만난 자리에서 자신이 결코 잊을 수 없을 정도로 소중한 '여섯 군데 공장과 두 군데 학교(六廠兩校)' 이야기를 꺼내면서, "나는 그저 베이징 인근의 몇 군데 지역을 변화시킬 수 있을 따름"이라고 말했다.[56] 고위층 간부들은 마오쩌둥이 이전에 보여 준 업적으로 말미암아 여전히 그를 존중하고 있었지만, 과연 어느 정도로 그를 따라야 하는가에 대해 진지하게 고민하고 있었다. 그는 이제 자신의 아우라(aura)를 1958년이나 1966년부터 1967년까지 보여 주었던 전국을 동원할 수 있는 권력으로 바꿀 수 없었다.

　　마오쩌둥은 화궈펑을 선택했으며 4월 7일 아주 분명하게 통치권을 그에게 내주었다. 그러나 그 이전이나 이후나 두 사람이 직접 내왕하는 일은 거의 드물었다. 이전까지 마오쩌둥은 비록 와병 중이기는 하나 여전히 덩샤오핑을 비판하는 운동을 조직하고 미래의 지도부를 선발하는 데 적극적이었다. 그러나 4월 7일 이후, 특히 5월 11일 1차로 심장병이 발작한 이후로는 화궈펑을 지도할 만한 여력이 없었고, 그럴 마음조차 없었다. 이와 반대로 장칭은 여전히 정력이 남아돌아 덩샤오핑과 다른 원로 간부들을 맹렬하게 비판했다. 그녀는 자신의 인맥을 보다 공고히 하기 위해 애쓰면서 우선 당과 군대의 선전 부문에 중점을 두고, 아울러 마오쩌둥 사후 권력을 장악했을 때 감히 노여움을 사지 않을까 걱정하는 이들을 위협하고 있었다.

　　1976년 5월, 예젠잉이 가장 신뢰하는 동료 가운데 한 명인 왕전이 시산(西山) 군구(軍區) 내에 있는 예젠잉의 집을 찾아왔다. 왕전은 사인방의 문제를 어떻게 처리할 것인가에 대해 이야기를 꺼냈다. 많은 이가 사인방은 사실 마오쩌둥 주석이 이끄는 '오인방'이라고 생각하고 있었지만 감히 아무도 그 이야기를 꺼내는 이가 없었다. 전하는 바에 따르면, 왕전이 조심스럽게 예젠잉에게 사인방에 대한 생각을 묻자 예젠잉은 혹여 주위에 사람들이 들을까 염려되어 오른

손 네 손가락을 펼치더니 엄지를 손바닥 가운데로 굽혔다. 마오쩌둥이 세상을 뜬 후에 다시 이야기하자는 뜻이었다. 물론 이 이야기는 출처가 불분명하기는 하지만 베이징의 많은 이가 이를 믿고 있으며 예젠잉의 풍격과도 부합한다.

마오쩌둥의 전달자로서 마오위안신은 덩샤오핑에 대한 비판을 조직하고 화궈펑을 발탁하여 최고위급으로 올리는 데 핵심적인 역할을 맡았다. 그러나 4월 5일 이후 마오쩌둥이 적극적인 지시를 하지 못하게 되자 전달자로서 마오위안신의 역할도 그다지 중요하지 않게 되었다.

4월 7일, 화궈펑은 이전보다 더 높은 자리에 올랐지만 덩샤오핑처럼 권력을 행사하여 관료 사회를 통제할 수는 없었다. 무엇보다 그는 군대에 대한 통제권이 없었다. 행동 지침으로서 화궈펑의 치국 방침 또한 실무적인 방식으로 4개 현대화를 추진하는 덩샤오핑의 방식에 크게 부족했다. 고위급에서 해결해야 할 결정 사항은 어중간한 상태로 남아 있고, 하급 관료들은 전반적인 방향이 결정되지 않은 상태에서 마오쩌둥 사후 등장하게 될 새로운 권력 구조를 불안하게 기다리며 그날그날의 업무에 충실했다.

마오쩌둥의 죽음: 1976년 9월 9일

1976년 5월 11일 톈안먼 사건이 발생한 지 한 달여 뒤 마오쩌둥은 심장 발작(심근 경색)으로 고통을 받았다. 여전히 의식은 있었지만 몸은 심히 쇠약해진 상태였다. 그전까지 마오쩌둥은 정치국 문건을 검토하여 정치국의 결정이 하급 기관으로 전달되고 시행되기 전에 마지막으로 승인했다. 그러나 5월 11일 이후로 그는 더 이상 문건을 볼 수 없었다. 6월 26일 또다시 심장 발작이 일어났다. 그리고 9월 2일 또다시 심장 발작이 일어났고, 9월 9일 0시 10분에 세상을 하직했다. 자동으로 당의 주석 대리가 된 화궈펑은 즉각 정치국 회의를 소집하여 마오쩌둥 부고 통지를 공식 승인했다. 부고는 그날 오후 4시에 공포되었다.

마오쩌둥이 서거하자 정부는 전국을 비통함 속으로 몰고 갔다. 지난 40년 간 중국공산당을 영도하고 27년간 국가를 영도한 전설적인 인물이 세상을 뜨자, 정치에 대해 거의 아는 바가 없는 일반 대중은 줄곧 마오쩌둥 주석을 숭배하는 것만 배웠기 때문에 자신들이 존경해 마지않는 영도자를 위해 뜨거운 눈물을 흘리며 숭모의 정을 다했다. '4·5' 시위에 참가한 이들도 마오쩌둥의 죽음이 국가의 미래는 물론이고 자신들의 생활에 어떤 영향을 끼칠 것인가 심히 우려했다. 중국이 혹시라도 1966년부터 1969년까지 참혹했던 혼란 시대로 되돌아가는 것은 아닐까? 정부가 붕괴되고 나라 전체가 내전 상태에 빠지는 것은 아닐까?

고위층 간부들 역시 비슷한 걱정을 하고 있었지만 당장 그들은 장례식 준비, 유해 처리, 공고문 작성, 국내외 각종 단체와 연락 및 접대, 수도 치안 유지 등 당면한 일에 몰두할 수밖에 없었다. 화궈펑을 비롯한 377명의 장례위원회가 즉각 조직되었으며, 위원 명단은 관리들의 서열과 당, 그리고 국가에 대한 공헌 정도에 따라 정해졌다.

베이징과 각 성에 정성을 다한 장례식이 준비되면서 모든 이가 너 나 할 것 없이 마오쩌둥에 대한 존경과 추모의 정을 표현하느라 정치 투쟁은 잠시 한쪽으로 밀려났다. 각급 책임자들은 각자의 자리에서 재차 정치적 계급에서 자신의 위치를 재확인했다. 화궈펑은 추도 행사를 주도면밀하게 진행시켜 행사가 끝난 후에 높은 평가를 받았다. 9월 11일부터 17일까지 인민대회당에서 매일 추도 행사가 거행되었다.

9월 18일, 의전에 따라 실질적인 직무에서 벗어났지만 공식적인 직함을 여전히 유지하고 있던 왕훙원이 장례식을 주도했다. 그러나 최고 영예는 화궈펑 차지였다. 그는 톈안먼 광장에서 추도사를 읽으면서 마오쩌둥은 "우리 시대에 가장 위대한 마르크스·레닌주의자"라고 칭송했다. 대략 100만 명에 달하는 인파가 추도 행사에 참석했다. 같은 날 전국 공장이나 열차에서 3분간 경적을 울려 애도를 표했다. 화궈펑은 마오쩌둥의 유해를 검시한 후에 보전 처리해 영원히 대중이 참배할 수 있도록 할 것이라고 발표했다. 이후 톈안먼 광장에 기념관이 건립되어 참관자들은 줄을 지어 안으로 들어가 그의 유해를 참배할 수 있었다. 덩샤오핑과 1975년 그와 밀접한 관계 속에서 함께 일했던 후차오무, 장아이핑, 완리, 후야오방 등은 모두 추도 행사에 참석하는 당정(黨政) 영도자에서 배제되었다. 이는 그들에게 타격이 아닐 수 없었다. 그러나 덩샤오핑은 집 안에 마오쩌둥의 위패를 모시고 식구들과 함께 개인적으로 추모의 제를 올렸다.[57]

추도 행사가 끝나자 고위층 정치 영도자들은 각종 정치 활동을 재개하여 대중에게 자신의 인상을 뚜렷하게 남기고 나름 조절하면서 장차 불어닥칠 권력 투쟁에 대비했다.

사인방 체포

장칭은 자신의 전기 작가인 록산느 위트케에게 이렇게 말한 적이 있다. "섹스는 처음 몇 번 사람을 미혹시키지만 지속적으로 사람을 미혹시키는 것은 권력이다."[58] 마오쩌둥이 세상을 뜬 후 그녀는 자신이 마오쩌둥의 가장 충실한 개라고 자랑스럽게 단언했다. 그러나 '개'라는 말 앞에 "사람을 잘 무는"이라는 말을 덧붙여야 할 것이다. 실제로 그녀는 마오쩌둥이 지목한 목표를 인정사정없이 공격하는 데 따라올 사람이 없을 정도였다. 그녀의 내력을 아는 식자들은 그녀가 전문적으로 상부 권력층의 인물과 관계를 맺는 창부이자 정당하지 않은 방법으로 출세한 이류 여배우라고 몰래 비웃었다. 그녀는 자연스럽게 권력을 얻은 사람들이 지닌 자신감과 풍격을 갖추지 못하고 갑작스레 권좌에 오른 이의 오만함만 가득했다. 그녀를 위해 일하는 이들조차도 그녀를 무례하고 인정머리 없다고 생각했다. 그녀는 1940년 이래로 자신을 회피하던 당내 원로 간부들에게 깊은 원한을 품고 있었다. 마오쩌둥을 모시면서 그녀는 반격할 수 있는 권력을 얻었다. 그녀는 마오쩌둥의 가장 나쁜 일면을 지닌 화신으로 중국에서 가장 싫어하는 인물이 되었다. 마오쩌둥은 1974년부터 국가의 단결과 안정을 추구하기 시작하면서 어디로 튈지 모르는 그녀의 돌출 행동에 자제가 필요하다고 생각했다. 그러나 마오쩌둥은 여전히 그녀의 충성심을 좋아했고, 그녀의 생활에 관심을 가졌으며, 향후 언젠가 그녀가 필요할 때를 대비하여 보호해 주었다.

마오쩌둥이 장칭에게 대권을 장악하도록 했음을 보여 주는 흔적은 거의 찾아볼 수 없다. 그러나 그녀는 노골적으로 야심을 드러냈고 그때마다 마오쩌둥이 그녀를 제지했다. 마오쩌둥이 정식으로 화궈펑을 제1부주석과 총리로 임명하자, 장칭 자신은 비록 야심을 거두지 않았지만 그녀가 권력 정상에 오르거나 영도층에서 중요한 역할을 할 수 있는 가능성은 사실상 존재하지 않았다.

장칭은 진정한 권력 쟁탈자라면 반드시 갖춰야 할 정치적 비전이나 조직 능력도 없었고, 정권 실세와 적극적으로 합작할 만한 능력도 지니고 있지 않았다. 그녀는 수많은 이의 은혜를 저버렸고, 지나치게 많은 고위급 간부를 박해했으며, 동료들과도 소원했다. 그녀는 충성스러운 반대파를 만드는 자제력이 없었다. 그녀는 자신보다 조직 능력이 훨씬 뛰어난 당내 원로 간부들의 도움을 얻지 못했다. 군부에서도 총정치부 외에 사실상 어떤 지지도 얻을 수 없었다.

마오쩌둥의 생애 마지막 1년 동안 장칭은 자신의 기반을 공고히 하기 위해 애를 썼다. 그녀는 당의 선전 기구와 인민해방군 총정치부의 도움을 받아 자산 계급(부르주아지)에 대한 마오쩌둥의 혁명적 계급 투쟁을 지속적으로 전개했다. 그녀는 상하이 민병 중에서 무장이 가능한 과격파들과 관계를 맺고 있었다. 장군들은 그녀가 중요한 시기에 군사적으로 힘을 겨룰 때 승리할 것이라고 생각하지는 않았지만 일부 군대 간부들이 두려움으로 인해 그녀와 힘을 모을지도 모른다는 점을 염려했고, 그녀가 과격파들을 선동해 장기적 투쟁과 혼란을 야기함으로써 중국의 발전을 저해할지도 모른다고 걱정했다.

장칭은 많은 권력을 확보하고 아울러 마오쩌둥의 유지를 자신에게 유리한 쪽으로 표명하기 위해서는 무엇보다 마오쩌둥의 일부 문건을 찾거나 또는 수정하는 것이 이롭다는 것을 깨달았다. 그래서 마오쩌둥이 죽자 그녀는 매일 마오쩌둥의 기요 비서인 장위펑을 찾아가 마오쩌둥의 문건 전체를 자신에게 건네줄 것을 요구했다. 그녀는 몇몇 문건을 건네받아 잠시 동안 자신의 수중에 넣을 수 있었지만 화궈펑이 마오쩌둥의 모든 문건은 왕둥싱이 보관해야 한다고 주장함에 따라 내키지 않아도 자신이 가지고 있던 문건을 모두 돌려줘야 했다. 이후에도 그녀는 지덩쿠이에게 압력을 넣어 원래 린뱌오가 수집, 보관하던 것으로 당시 린뱌오의 옛 집인 마오자완(毛家灣)에 보관되어 있던 자료를 보려고 했다.[59]

화궈펑이 추도사를 읽은 그다음 날 장칭은 마오쩌둥의 서류를 어떻게 처리할 것인가에 대한 논의를 위해 즉각 정치국 상임위원회 소집을 요구했다. 상임위원회에는 그녀의 동료인 왕훙원과 장춘차오가 포함되었지만 예젠잉은 빠졌다.[60] 달리 선택할 여지가 없었던 화궈펑은 당일 오후 회의를 소집할 수밖에 없었다. 야오원위안과 마오위안신을 대동하고 회의에 참석한 장칭은 마오쩌둥이 죽기 전 10개월 동안 마오쩌둥 주석의 문건 관리 책임을 맡았던 마오위안신이 계속해서 큰아버지인 마오쩌둥의 자료를 관리하고, 아울러 관련 보고서를 준비해야 한다고 주장했다. 그러나 다른 이가 반대했기 때문에 회의는 아무런 결론도 없이 끝났고, 관련 자료는 당 중앙에 그대로 남겨 두었다.[61]

장칭은 또한 문화 대혁명 초기에 자신의 권세가 극에 달했을 때 장악하고 있던 선전 부문의 통제를 더욱 강화하려고 애썼다. 이외에도 그녀는 젊은이들을 동원하여 그들에게 지속적인 계급 투쟁과 관료주의 비판을 주장했다. 10월 1일 칭화대학에서 행한 연설에서는 끝까지 투쟁할 것을 맹세하는 젊은이들을 격려했다.

사인방이 어떤 회의에서 자신들의 맹우들에게 10월 7일과 8일, 또는 9일에 좋은 소식이 있을 것이라고 말했다는 이야기를 듣고 화궈펑은 즉각 행동을 취해야 한다는 결론에 도달했다. 장칭이 쿠데타를 계획하고 있다는 확실한 증거는 없었지만 불길한 조짐은 있었다. 10월 4일 츠췬은 장칭에게 충성을 다할 것을 맹세했다. 그리고 10월 4일 《광명일보》에 '량샤오(梁效, 베이징대학과 칭화대학의 일부 급진파의 필명이다.)'라는 필명으로 「영원히 마오쩌둥 주석이 정하신 방침에 따라 행하자」라는 제목의 문장을 특집으로 게재하여, 당내 "어떤 수정주의 두목(화궈펑을 암시)"이 감히 마오쩌둥 주석이 정한 방침을 왜곡하여 절대로 좋은 결과를 얻을 수 없도록 끝까지 투쟁하자고 주장했다. 이런 일련의 사태에 대해 심려하고 있던 예젠잉은 당일 그러잖아도 사인방이 모종의 행동을 취할지도 모른다고 걱정하고 있던 왕둥싱과 화궈펑을 찾아가 상의했다.[62]

그 누구도 장칭이 "너 죽고 나 살자."라는 식의 정치 전통에 따라 끝까지 싸울 것이라는 사실을 의심하지 않았다. 사인방 체포를 결정하기 위해서는 화궈펑 주석의 과감한 지도력과 중앙군사위원회 부주석 예젠잉, 그리고 당시 중앙경위단(警衛團, 당 중앙 보위 책임 단체)의 책임자 왕둥싱의 협력이 무엇보다 필요했다. 모든 준비 작업은 세 사람이 직접 대면한 상황에서 즉각적으로 이루어졌다. 마오쩌둥 주석이 사망한 후 그 즉시 중앙군사위원회 부주석 겸 국방부장(국방부 장관)을 맡고 있던 예젠잉은 마오쩌둥 사후 과도기를 순조롭게 넘기기 위해 화궈펑을 전적으로 지지할 것이라고 그에게 약속한 바 있었다. 마오쩌둥이 죽고 며칠 후 화궈펑은 사인방을 어떻게 처리할 것인가에 대해 의견을 묻기 위해 리셴녠을 예젠잉에게 보냈으며, 그 두 사람이 시급하게 행동을 취할 필요가 있다는 데 공감했다는 이야기를 들었다. 나중에 왕둥싱은 사인방 체포를 위해 어떻게 준비했는가에 대해 이야기하면서, 화궈펑과 예젠잉은 전략가였고, 자신은 단지 그들의 명령을 집행했을 따름이라고 말했다.[63]

예젠잉은 그들을 체포하면서 군 병력 간에 충돌이 발생하여 더 큰 혼란이 일어나는 것을 예방하고자 애썼다. 당시 댜오위타이(釣魚臺)에 거주하고 있던 사인방은 각기 자신들의 경위(警衛)를 소유하고 있었기 때문에 교전은 피해야 했다. 그러나 무엇보다 시기를 잘 택하는 것이 중요했다. 화궈펑과 예젠잉, 그리고 왕둥싱 등 세 사람의 계획자는 사인방이 손을 쓰기 전에 그들을 잡아야 한다는 데 의견을 모았다. 10월 4일 사설과, 사인방이 그들 동료에게 10월 9일 좋은 소식이 있을 것이라고 말했다는 사실을 확인한 후 세 사람은 신속하게 과감한 행동을 취할 준비를 마쳤다. 동시에 왕둥싱은 자신이 신뢰할 수 있는 경위단에서 일부 믿을 만한 인원을 선발했다.

10월 5일 오후 예젠잉은 화궈펑, 왕둥싱과 협의하여, 우선 화궈펑이 다음 날인 10월 6일 저녁 8시 중난하이의 화이런당(懷仁堂)에서 임시 정치국 상임위원회의 소집을 통지하기로 했다.(이는 상례에 따른 것이었다.) 회의 내용은『마오쩌둥 선집』제5권 출판, 마오쩌둥 주석 기념당 건설 준비, 중난하이에 있는 마오쩌둥 주석의 이전 거주지의 용도 문제 등 세 가지였다. 통상적으로 정치국 상임위원회에 참가하는 이들은 화궈펑과 예젠잉, 왕훙원, 그리고 장춘차오였다. 이번 의제는 왕훙원이나 장춘차오가 그냥 지나칠 수 없는 것이었다. 야오원위안은 비록 정치국 상임위원은 아니었지만『마오쩌둥 선집』제5권 출간 작업에 핵심적인 인물이었기 때문에 그의 회의 참석은 자연스러운 일이었다.

10월 6일 저녁, 왕둥싱의 일부 경위들이 실내에 매복했고, 집 밖은 평소와 다를 바 없었다. 8시가 가까워지자 왕훙원이 동문으로 들어서기가 무섭게 경위들에게 체포되었다. 그가 화를 내며 소리쳤다. "나는 회의 때문에 왔어. 너희 뭘 하는 거야!" 경위들은 그를 땅바닥에 넘어뜨려 대청까지 질질 끌고 갔다. 화궈펑이 몸을 일으키며 말했다. "왕훙원, 너는 반당 반사회주의 죄악을 저질렀기 때문에 당 중앙은 너에 대해 격리 심사를 하고자 한다." 왕훙원이 압송된 후 때마침 장춘차오가 서류 가방을 들고 도착했다. 그 역시 동문으로 들어오기가 무섭게 경위들에게 체포되어 수갑이 채워졌다. 화궈펑이 그에게 죄행을 심사해야 한다고 말하자, 그는 얌전히 통제에 순응했다. 야오원위안은 문밖에서 체포되었다.

이와 동시에 일군의 경위들이 장칭이 거주하고 있는 중난하이 중앙위원회 판공실로 쳐들어가 그녀에게 특별 심사를 진행할 것이라고 말했다. 장칭이 화장실부터 가야겠다고 하자 여경위 한 명이 그녀를 데리고 갔다. 돌아온 후 그녀는 승용차로 압송되었다. 총탄 한 발도 사용하지 않고 피 한 방울도 흘리지 않고 35분 만에 사인방의 위협은 제거되었다.[64]

비슷한 시각에 화궈펑과 예젠잉은 특별 인원을 방송국과 신화사,《인민일보》등 언론 매체로 보내 사인방 핵심 분자들이 모두 체포될 때까지 사인방 잔당들이 대중적으로 발언하거나 어떤 소식이라도 퍼지는 일이 있어서는 안 된다는 것을 분명히 했다. 사인방이 체포된 그다음 날 베이징시당위원회 셰징이

와 칭화대학 츠췬도 체포되어 격리 심사를 받았다.[65]

정치국 상임위원회의 주요 성원인 사인방은 줄곧 화궈펑이 정식으로 국가 최고 영도자가 되는 것을 저지했다. 장칭이 그 자리를 노리고 있었기 때문이다. 이를 해결하기 위해 예젠잉은 시산의 자기 집에서 사인방이 빠진 정치국 회의를 소집했다. 회의는 저녁 10시에 시작되어 다음 날 새벽 4시까지 이어졌다. 회의에 참석한 이들은 화궈펑을 당 주석과 중앙군사위원회 주석으로 선출하는 데 이견이 없었다. 그들은 또한 사인방 잔당의 준동을 막기 위해 취할 몇 몇 조치에 대해 논의했다.[66] 정치국 회의가 끝난 후, 이전에 덩샤오핑과 사인방이 주도권을 놓고 심하게 다투었던 『마오쩌둥 선집』 제5권 출간을 화궈펑의 영도 아래 진행한다는 발표가 이어졌다. 이는 화궈펑에게 마오쩌둥의 유지를 규정할 수 있는 기회를 제공한 것이었다.[67]

사인방 잔당이 난동을 피울 경우 가장 염려가 되는 것은 상하이의 무장 민병들이었다.[68] 사실 예젠잉과 화궈펑은 사인방 체포에 관한 사안을 상하이 문제가 확실하게 통제될 때까지 비밀로 했다. 전하는 바에 따르면, 장기간에 걸쳐 난징 군구(상하이 지구는 난징 군구의 관할이다.) 사령관인 쉬스유가 베이징으로 날아와 몇몇 영도자에게 상하이에서 전투가 발생할 경우를 대비해 만반의 준비를 갖추었다고 확언했다. 여하간 당시 영도자들의 염려는 당연한 일이었다. 사인방이 체포되고 이틀이 지났을 때 상하이의 잔당들은 사인방과 연락이 닿지 않자 뭔가 심각한 일이 벌어졌다고 의심하고 무장 폭동을 준비하고 있었다.

베이징은 이러한 위협에 대처하기 위해 쑤전화(蘇振華) 장군을 비롯한 원로 간부들을 상하이로 파견해 사태 안정을 도모하는 한편 마톈수이(馬天水)를 비롯한 상하이의 장칭 추종자들을 회의 명목으로 베이징으로 불러들여 자신들도 모르는 사이에 인질로 삼았다. 10월 14일까지 상하이에서 저항을 시도하던 이들은 대중은 물론이고 당 고위층 간부들까지 무장 저항에 반대하자 결국 자신들이 아무런 희망도 없는 처지라는 것을 깨닫고 싸워 보지도 못한 채 항복할 수밖에 없었다.[69]

한편 안전부의 간부들도 과거 사인방의 추종자 가운데 어떤 인물이 가장 위험한가를 선별하기 시작했다. 사인방이 체포된 그다음 날 베이징에서 사인방의 가장 충실한 추종자 서른 명 남짓이 체포되었다. 공안 간부들은 계속해서 안전을 위협할 만한 이들을 감시 감독했다.[70] 마오위안신 역시 체포되었다.

사인방이 체포되었다는 소식이 갑자기 공포되자 끝없는 투쟁에 염증을 내고 있던 민중은 모두 기쁨에 겨워하며 그들이 더 이상 복귀하지 못할 것이라는 생각에 안도의 한숨을 내쉬었다. 10월 18일 소식이 정식으로 공포되자 전국 각지에서 자발적인 경축 행사가 거세게 일어났다. 당시 현장을 목도한 외국 기자들의 보도에 따르면, 거의 모든 대도시에서 몹시 흥분한 대중이 거리로 쏟아져 나와 축하했다.[71]

화궈펑 주석, 당내 지지를 추구하다

사인방이 체포되었다. 하지만 과연 그들의 체포가 정당한지 여부에 대해, 심지어 마오쩌둥이 진심으로 화궈펑을 자신의 후계자로 선택했는지 여부에 대해 당내에 의심의 여지가 남아 있었다. 마오쩌둥은 단 한 번도 화궈펑이 자신의 후계자라고 공개적으로 발언한 적이 없었다. 고위급 간부들은 마오쩌둥이 사인방을 체포할 생각이 없었음을 알고 있었으며, 당시 사인방을 좋아하지 않던 이들마저도 마오쩌둥의 유지만은 따라야 한다고 생각했다.

화궈펑 통치에 대한 지지를 공고히 하기 위해 예젠잉과 리셴녠은 각 성과 각 대군구의 주요 책임자를 베이징에 소집해 회의를 하면서 화궈펑을 적극 지지했다. 그들은 사인방의 죄상을 하나씩 열거하면서 그들을 체포해야 할 필요성에 대해 설명했다. 대다수 고위급 간부들은 사인방 체포의 필요성에 동의하고, 아울러 화궈펑과 예젠잉, 왕둥싱이 그들을 체포하면서 현명하고 과감했음을 인정했다.

당시 회의에서 화궈펑은 처음으로 마오쩌둥이 4월 30일 뉴질랜드 총리 로버트 멀둔과 접견했을 때 자신에게 건네준 쪽지를 공개했다. "당신이 일을 맡으니 내가 안심이 되오."[72] 이는 각 군구 당위원회 서기들이 마오쩌둥이 화궈평을 선택했다는 것을 믿게 하는 데 도움을 주었다. 회의 참가자들은 화궈평에게 적극적인 지지를 표명했다. 화궈평과 사인방의 투쟁은 선과 악의 위대한 투쟁이며, 정확한 노선을 추구하는 당과 사인방 반당 집단 간의 투쟁이라고 거듭 언급되었다. 중국 역사 문헌의 기록이 그렇듯, 이는 승자는 황제가 되고 패자는 도적이 된다는 상투적인 말처럼 들리지만 1949년처럼 승리를 쟁취한 자는 정말로 보편적 지지를 얻을 수 있었다.

자신의 지위를 보다 공고히 하기 위해 화궈평은 덩샤오핑에 대한 비판을 계속하면서 그의 복귀를 지연시키기로 결정했다. 그는 10월 26일 사인방에 대한 비판과 더불어 당은 덩샤오핑에 대한 비판도 계속해야 한다고 발표했다.[73] 당내 덩샤오핑에 대한 비판은 사인방의 경우처럼 극단적이지는 않았지만 그래도 몇 개월 동안 지속되었다. 화궈평은 덩샤오핑의 복귀를 기꺼이 받아들일 생각이 없었다. 덩샤오핑은 지나칠 정도로 경험이 풍부하고 자신감에 넘치며, 언제라도 대권을 잡을 수 있을 만큼 능력을 갖춘 사람이었다. 예젠잉 역시 화궈평이 자신의 영도 지위를 견고하게 다질 수 있도록 덩샤오핑의 복귀를 늦추는 것이 좋다고 생각했다. 예젠잉과 리셴녠 등 원로 간부들은 1976년 말이 되어서야 비로소 덩샤오핑의 복귀를 건의하기 시작했다.[74]

덩샤오핑은 언제라도 권력의 현실을 수용할 준비 자세를 갖추고 있었다. 실제로 그는 영도자 중에서 화궈평 지지를 가장 먼저 표명했다. 10월 7일 덩룽의 남편인 허핑(賀平)이 예젠잉의 집안사람에게 사인방이 체포되었다는 소식을 처음 듣고 즉시 자전거를 타고 집으로 달려가 덩샤오핑 가족들에게 그 기쁜 소식을 알렸다. 때문에 덩샤오핑은 공포되기 전에 이미 그 사실을 알고 있었다.[75] 덩샤오핑은 10월 10일 편지 한 통을 써 이를 화궈평에게 전달해 달라고 왕둥싱에게 부탁했다. 편지에서 그는 당이 화궈평 동지의 영도 아래 과감하게 행동하여 권력 찬탈 음모를 꾸미고 있던 이들에 대한 위대한 승리를 쟁취했음을 축하했다. 그리고 이렇게 덧붙였다. "나는 화궈평 동지를 당 중앙 주석과 군사위원회 주석으로 임명한 당 중앙의 결정을 충심으로 옹호하며, 당과 사회주의 사업에 대한 이처럼 극히 중요한 결정의 위대한 의의에 대해 환호합니다. …… 화궈펑 동지는 가장 적합한 마오쩌둥 주석의 후계자입니다."[76]

12월 10일 사인방이 체포되고 2개월이 지난 뒤 덩샤오핑은 전립선 때문에 해방군 301병원에 입원했다. 12월 14일 당 중앙은 결의를 통해 덩샤오핑이 당의 문건을 열람할 수 있도록 허가했다. 병원에서 그가 첫 번째로 읽은 문건은 「왕훙원, 장춘차오, 장칭, 야오원위안 반동 집단의 죄상(王洪文, 張春橋, 江靑和姚文元反黨集團罪證)」이었다. 이는 화궈펑의 사인방 체포에 대한 덩샤오핑의 적극적 지지를 담보하기 위해 준비한 일련의 문건 가운데 하나였다. 덩샤오핑은 첫 번째 문건을 본 후, 많은 증거가 이미 조치의 정당성을 입증하고 있으니 굳이 더 볼 필요도 없다고 말했다.[77] 그렇지만 화궈펑과 예젠잉은 친히 덩샤오핑을 위취안산(玉泉山)으로 불러 사인방 분쇄의 경과를 설명했다.[78]

당시 일부 영도자들은 이미 덩샤오핑이 적당한 때 현장으로 복귀할 것이라고 추측했으며, 또 어떤 영도자들은 1974년 마오쩌둥이 저우언라이를 대신하여 덩샤오핑에게 정부를 영도하도록 하고 왕훙원과 짝을 이루도록 한 것처럼 할 수도 있을 것이라고 생각했다. 그런가 하면 덩샤오핑의 풍부한 경험과 능력을 살려 당의 최고 영도자인 화궈펑의 영도 아래 정부 공작을 책임지게 할 수 있을 것이라고 생각하는 이들도 있었고, 덩샤오핑의 역할을 한정시켜 오직 외교 업무만 담당케 하는 것이 좋을 것이라고 생각하는 이들도 있었다. 또 시기가 오면 덩샤오핑이 1975년 여름처럼 당의 모든 업무를 접수하게 될 것이라고 믿는 이들도 있었다. 덩샤오핑의 복귀는 1977년 1월 6일에 결정되었다. 그러나 실제 그의 복귀는 화궈펑이 자신의 지위를 공고히 하기 위해 6개월이 지난 후 이루어졌다.

급진적 마오쩌둥주의의 종결

캘리포니아대학의 중국 역사학자 조지프 레벤슨(Joseph Levenson)은 봉건 제국 말기 유가 사상의 운명에 대해 언급하면서, 유가 사상이 생명력을 잃게 되자 비록 묘당이나 박물관에서는 여전히 뭇사람들의 공경과 찬양을 받았지만 대중의 일상생활과는 분리되었다고 했다. 이와 마찬가지로 마오쩌둥이 사망하고 사인방이 체포된 후에도 마오쩌둥은 여전히 대중의 마음속에 자리하여, 수많은 이가 끊임없이 톈안먼 광장에 자리한 마오쩌둥 기념관을 방문했다. 그러나 대중 운동과 계급 투쟁을 주장하는 급진적 마오쩌둥주의는 더 이상 중국 인민의 일상의 일부가 될 수 없었다.

사실 급진적 마오쩌둥주의가 사람들의 일상생활과 분리되는 과정은 1974년 마오쩌둥 자신이 안정과 단결 지지를 선포했을 때부터 시작되었다. 1975년 덩샤오핑이 영도하던 시절과 1976년 초 화궈펑이 당권을 잡을 때에도 이런 과정은 줄곧 지속되었다. 사인방이 체포된 후 급진적인 마오쩌둥주의는 결국 마지막 유력한 지자자들을 잃고 말았다. 사인방 체포 후에 자발적인 환영 인파나 1976년 4월 5일에 대중이 보여 준 감정의 분출은 그들이 엄청난 혼란과 파괴를 몰고 온 급진적 마오쩌둥주의에 대한 증오를 여실히 드러낸 강렬하고 분명한 상징이었다.

이후 사인방에 대한 재판은 급진적 마오쩌둥주의에 대한 책임을 마오쩌둥이 아닌 사인방에게 돌리는 거대한 국민적 의식(儀式)이 되었다. 사실 사인방 체포를 축하했던 일부 간부들을 포함하여 많은 이가 한때 마오쩌둥의 급진적 사상을 신봉했고, 심지어 그러한 이상을 실현하기 위해 노력했다. 그러나 사인방의 결말은 한 시대의 종말, 즉 혁명과 계급 투쟁으로 세상을 개조하려는 희망이 끝났음을 의미했다. 이러한 사태의 격변기에 중국인들이 보여 준 안도감과 흥분은 이후 개혁 개방의 기저를 이루는 실용적인 정책을 지지하는 데 든든한 토대가 되었다.

6

화궈펑 체제하에 돌아오다 **1977~1978년**

화궈펑은 1976년 4월 총리 겸 중국공산당 제1부주석이 된 직후 베이징 주재 연락사무소 소장 토머스 게이츠(Thomas Gates)와 1시간 45분 동안 면담을 가졌다. 게이츠의 휘하 직원이 당시 면담에 근거하여 화궈펑에 대한 인상과 평가를 기록했는데, 게이츠가 서명한 그 문서는 놀라울 정도로 선견지명적인 내용을 담고 있었다. 내용에 따르면, 화궈펑은 "똑똑하고 만사에 조심하며 무채색의 재미없는 전형적인 인물이다. 주어진 자료는 잘 다룰 수 있겠지만 탁월한 지적 능력이나 카리스마로 불꽃을 일으킬 만한 사람이 아니다. 화궈펑은 국내외 업무에서 공히 극적인 조치를 취할 것 같지 않은 이상적인 과도기적 인물이라는 인상을 준다. …… 나는 화궈펑이 장기간에 걸쳐 통치하는 데 필요한 지도자로서 자질이나 비전을 지녔다는 확신이 들지 않는다. …… 나는 그보다 새롭고 나은 자격을 갖춘 지도자가 부상할 것이라고 생각한다. …… 색깔이 없는 미스터 화는 자신의 역사적 사명을 완수하게 되면 분명 퇴임의 압박을 받게 될 것이다."[1] 중국 관리들이 공식적으로 그렇게 말한 적은 없지만 연락사무소 직원들은 그들 역시 자신들과 비슷한 생각을 하고 있다는 느낌을 받았다.

263

중국의 정치사 서술에서 승자를 찬미하고 패자를 폄하하는 오랜 전통에 걸맞게 덩샤오핑은 개방과 개혁을 착수한 인물이라는 평가를 받았지만 화궈펑은 무엇이든 마오쩌둥이 결정하고 지시하는 대로 행동했을 따름이라고 비난을 받았다. 화궈펑은 성(省) 한 곳에서 경력을 쌓았을 뿐 베이징에서 근무한 경험이 전혀 없고, 외교 업무를 담당한 적도 없으며, 군사 업무에 대해서도 제한적인 경험밖에 없었다. 그렇기 때문에 그가 가장 높은 자리에 오른 것은 누군가를 위한 시간 끌기라는 것이 틀림없었다. 처음 중국을 방문한 외교 사절을 만났을 때 화궈펑은 오로지 실수하지 않을까 걱정하느라 미리 준비된 정책 설명서와 상투적이고 진부한 이야기, 그리고 안전한 강령 몇 마디에 의지할 수밖에 없었다. 화궈펑은 꽤 똑똑하고 훌륭한 관료였지만 전반적인 능력과 지도자의 자질 면에서 덩샤오핑에 비할 바가 못 되었다. 게다가 그는 덩샤오핑의 영도하에 복귀한 고위급 간부들의 귀환을 전면적으로 지지하지는 않았으며, 확실하고 대담한 지도력을 발휘하거나 덩샤오핑이 이룩했던 여러 외국과의 선린 관계를 이룰 만한 능력이 없었다.

그러나 화궈펑과 그의 개혁에 대한 헌신 등 많은 부분이 과소평가되고 있는 것도 사실이다. 후에 관방 역사가들은 화궈펑이 자진해서 마오쩌둥으로부터 벗어나려고 노력했다는 점과 서구에 중국을 개방하는 정책을 적극 지지했다는 점을 과소평가했다. 1976년 9월 마오쩌둥이 사망한 날부터 1978년 12월 3중전회까지 지속된 최고 지도자 부재 기간 동안 화궈펑은 사인방을 체포했을 뿐 아니라 급진 마오쩌둥주의를 포기하여 이데올로기나 정치적 운동의 역할을 축소시켰으며, 계급 투쟁보다 현대화에 초점을 맞추었고, 마오쩌둥 아래에서 불규칙하게 개최되던 당 회의의 일정을 규정에 따라 정례화했다. 화궈펑은 또한 현대 기술을 습득하기 위해 대표단을 거듭 해외로 파견했다. 외국인의 직접 투자를 유치하기 위한 노력의 일환으로 시도된 중국의 경제특구는 덩샤오핑이 아니라 화궈펑이 처음 실시한 것이었다. 화궈펑은 1977년 덩샤오핑의 복귀를 연기시키려고 했지만 그렇다고 덩샤오핑이 1975년부터 진행하고 있던 일들을 무효화하지는 않았으며, 1977년 덩샤오핑이 복귀한 후 진행했던 여러 가지 변화 조치를 지지했다. 그는 급격한 대외 개방을 촉진시켰을뿐더러 심지어 '서양이 이끄는 대약진(洋躍進)'[2]을 극단적으로 시행했다 하여 신랄한 비판에 시달린 적도 있었다.

화궈펑의 권위: 개인적인 것이 아니라 공식적인 것으로서

화궈펑의 권위와 권력에 대한 권리는 전적으로 마오쩌둥이 그를 선택했다는 사실과 당과 정부의 관료 체계에서 그가 차지하고 있는 공식적인 지위에서 나온 것이다. 그러나 1976년 당시 중국의 공식적인 체제 내에서 그의 권위를 지지해 줄 만한 기반은 여전히 취약했다. 마오쩌둥은 중국공산당과 인민해방군, 그리고 인민 정부의 최고 지도자로 27년이라는 세월 동안 독보적인 권세를 누렸기 때문에 다른 이들이 그에게 도전한다는 것은 거의 불가능에 가까웠다. 그러나 그가 누린 권력의 핵심은 개인적인 것이었다. 그의 권력은 공식적인 직위에서 나온 것이 아니라 중국 혁명을 군사적 승리로 이끈 탁월한 성과에서 나온 것이자 권력 장악력과 웅대한 비전, 그리고 그 자신이 일사불란한 당과 통제된 대중 매체를 통해 인민들에게 불어넣었던 희망과 경외감에서 비롯된 것이었다.

화궈펑은 마오쩌둥이나 덩샤오핑처럼 영웅적인 혁명가로서 활약한 경험이 없었으며, 원대한 역사 인식이나 사안에 대응하는 방식에 대한 확실한 감각, 그리고 신뢰와 균형감 또한 부족했다. 사실 화궈펑은 당의 다양한 업무에 대해 지식을 갖추고 있었다. 그는 공안부의 책임자를 지냈으며, 그가 정치국 회의에 참석하기 시작한 1971년부터 정치국 상임위원으로 승진한 1973년까지 국가 정책에 대해 학습할 수 있는 충분한 기회를 가졌다. 그러나 그의 개인적 업적이나 관점의 폭, 그리고 중국의 일반 대중이 보는 전반적인 위상은 덩샤오핑, 예젠잉, 천윈, 리셴녠 등 경험 많은 원로 혁명 지도자와는 비교할 수 없었다.

마오쩌둥이 사망한 후 중국공산당 정치국은 화궈펑이 국가를 통치할 수 있도록 당 주석, 총리, 중앙군사위원회 주석 등 적절한 직함을 부여했다. 예젠잉과 그의 동료들은 당이 한 개인에게 의존하지 않는 공식적인 기관으로서의 중요성을 강조해야 한다고 발표했다. 일찍이 1950년대 중반 중국이 안정적인 체제를 구축하기 시작하면서 조직은 예측 가능한 절차에 따라 발전했으며, 다시 1960년대 초 대약진 운동이 끝난 이후, 그리고 1975년 덩샤오핑이 복귀한 후에도 통상적인 절차 방식으로 복귀하여 지도자들의 독단적인 정책 결정을 제한한 적이 있었다.[3] 그러나 이러한 정식 절차를 따라 신생 정부 조직이 대부분의 서구 국가와 마찬가지로 법적 효력을 갖추기에는 아직 가야 할 길이 많이 남아 있었다. 대신 중국의 하급 간부들은 권력 상층부에서 공표된 문서를 읽으면서, 위기에 처했을 때 최고위급 간부들이 언제라도 그 이전의 문서 내용을 무효화하는 새로운 문서를 만들 수 있다는 것을 깨달았다.

1976년 말과 1977년 초 예젠잉과 왕둥싱은 화궈펑이 자신의 취약한 권력 기반을 높일 수 있도록 개인숭배 분위기를 강화하기 시작했다. 평범한 관리에서 그를 급부상시킨, 사인방 체포 과정에서 보여 준 탁월한 승리가 단독 업적으로 널리 찬양되었으며, 1976년 10월 이후 몇 달 동안 수백 종의 책과 신문 기사에서 화궈펑의 지도력에 찬사를 보내는 글이 줄지어 등장했다.[4] 화궈펑의 지도력을 찬양하는 시와 노래가 만들어져 널리 배포되었으며, 그의 초상화가 나라 전역에 등장하여 마오쩌둥의 초상화와 짝을 이루었다. 아직 텔레비전이 널리 보급되지 않았지만 라디오 메시지가 각급 단위(單位)와 시골 마을의 대형 스피커를 통해 그의 위대한 통치력에 대한 찬사를 늘어놓았다.

그러나 화궈펑에 대한 대대적 찬사와 홍보는 반발을 불러일으켰다. 오랜 세월 국가를 위해 적과 맞서 싸웠던 당의 원로 혁명 지도자들은 화궈펑처럼 겨우 1938년에 당에 들어온 주제에 찬사나 받으려 하고 건방을 떠는 젊은 지도자가 눈에 차지 않았다. 게다가 또 다른 개인숭배가 내키지 않았던 영향력 있는 당 지도자들은 이것이 지속될 경우 당내 민주주의가 억제될 것이라는 우려를 나타냈다. 1978년 말, 화궈펑은 자신이 국가 최고 지도자 자리에 오르기까지 보여 준 업적에 대한 언론 공개를 허락함으로써 방어적 태세를 취했다. 그는 자신의 지위를 넘어서는 권력을 행사할 수 있는 개인적 권한이 있음을 다른 이들에게 납득시키는 데 실패했다.

지도자로서 화궈펑의 겸손한 스타일은 베이징에서 그가 놓인 상황에 따른 자연스러운 반응이었다. 그러나 후난에 있을 때에도 그는 같은 직급의 다른 간부들과 비교해 상당히 조심스럽고 소심하기까지 하다는 평가를 받았다.[5] 화궈펑과 함께 일한 사람들은 편안함을 느꼈다. 왜냐하면 그가 결코 자신들을 대담하게 도발하지 않을 것임을 잘 알고 있었기 때문이다. 실제로 그는 도가 지나치다고 여겼던 사인방과 그의 추종자들을 제외하고는 다른 이들과 잘 지내려고 애썼다.

1949년 공산주의자들이 권력을 잡았을 때, 마오쩌둥과 그의 동료들은 이미 20년 전부터 자신들이 권력을 차지한 후 무엇을 해야 할 것인가에 대한 구체적인 계획을 준비하고 있었다. 그러나 화궈펑은 이를 준비할 시간이 전혀 없었다. 아무런 사전 준비 없이 나라를 세우고 정책을 마련해야 했던 이전의 혁명가들은 계획과 정책을 세우기보다는 주어진 정책을 어떻게 시행할 것인가를 배우며 성장한 화궈펑의 세대들보다 훨씬 시야가 넓었다. 화궈펑은 1976년 초 왕훙원 대신에 마오쩌둥을 계승할 유력한 후보로 급부상했기 때문에 최고 지도자로서 전혀 준비가 되어 있지 않은 상태였다. 1976년 1월 총리 서리가 된 후에도 저우언라이 총리의 사망, 4·5 톈안먼 사건, 마오쩌둥의 사망, 그리고 사인방 체포 등 당장 처리해야 할 시급한 현안에 매달리느라 좀 더 전략적인 사안에 대해 숙고할 만한 시간적 여유가 없었다. 그래서 그는 1976년 10월 심각한 문제에 봉착하자 마치 이제 막 제위에 오른 어린 황제처럼 두 명의 원로, 즉 예젠잉과 리셴녠에게 자문을 받아야 했다. 두 사람은 기꺼이 그를 이끌어 주었다.

화궈펑은 1976년 이전부터 예젠잉과 리셴녠을 알고 있었다. 그러나 화궈펑은 그들과 함께 사인방 체포를 위한 비밀 계획을 실시하기 위해 믿을 만한 소규모 모임을 만들기 전까지 그들과 특별히 가까운 관계를 유지한 것은 아니었다. 예젠잉과 리셴녠은 화궈펑과 마찬가지로 문화 대혁명 기간에 크게 고통을 받은 적이 없었다. 그들은 문화 대혁명 기간에 추방되거나 박해를 받았던 고위급 간부들이 지니고 있던 격정이나 반감에서 비교적 자유로웠다. 예젠잉은 문화 대혁명이 발발하기 이전에 이미 한켠으로 물러난 상태였기 때문에 마오쩌둥이 공격했던 실권자에 속하지 않았다. 리셴녠은 문화 대혁명의 정치 투쟁이 맹위를 떨치고 있을 때 경제 운영처럼 일상적인 정부 활동에 참가하고 있는 관료군, 즉 '업무조(業務組)'에 속해 있었다. 화궈펑과 예젠잉, 그리고 리셴녠은 문화 대혁명 이전까지 고위급 간부들과 좋은 관계를 유지하며 무리 없이 일을 잘 처리하여 문화 대혁명의 수혜자들은 물론 고위급 간부들과도 협력할 수 있다는 것을 증명했다.

예젠잉과 리셴녠은 다른 이들을 공격하는 과격 급진주의자에 속해 있지 않았으며, 그렇다고 민주 확대와 과감한 경제 개혁을 요구하는 이들의 전면에 서 있는 것도 아니었다. 대신 그들은 한 번도 경험해 본 적이 없는 마오쩌둥 이후의 시대를 보다 안전하고 실용적으로 항해할 수 있도록 기꺼이 화궈펑을 돕고자 했다. 특별히 예젠잉은 화궈펑을 위해 군부와 관련한 기반을 마련할 수 있었고, 리셴녠은 화궈펑이 주요 경제 현안을 해결하는 데 조언을 마다하지 않았다.

마오쩌둥의 유산과 중국 개방의 균형을 잡다

마오쩌둥이 사망한 이후 화궈펑은 골수 급진주의자들에게 자신이 마오쩌둥의 유산을 계승하고 있다는 것을 보여 주어야 한다는 강박감에 사로잡혀 있었다. 그들이 보기에, 화궈펑은 마오쩌둥의 추종자가 되겠다고 주장하면서도 정치 운동이나 계급 투쟁에 주력하지 않고 있었다. 서구 언론에 따르면, 마오쩌둥이 사망한 후 중국은 '마오쩌둥 격하 운동'에 돌입했다. 그것은 마오쩌둥의 유산을 따르고 있다는 것을 보여 줘야만 하는 화궈펑에게는 큰 부담이 아닐 수 없었다.

　사인방 체포는 대다수 당 간부나 일반 인민들에게 큰 호응을 얻었다. 그러나 누구보다도 마오쩌둥의 충실한 후계자를 자처하는 급진주의자들은 이에 대해 울분을 금치 못했다. 그들은 마오쩌둥이 죽기 전까지 당 최고 지도부 안에 사인방의 자리를 보장하고자 했음을 알고 있었다. 이런 불협화음으로 화궈펑과 그의 원로 조언자인 예젠잉과 리셴녠 등은 수세에 처하게 되었다. 그래서 그들은 사인방 체포가 마오쩌둥의 유산을 일관되게 유지하는 일과 어긋나지 않는다는 것을 증명해야 했다. 화궈펑은 사인방의 범죄 행위를 설명할 수 있는 자료를 수집했으며, 그가 배포한 3회분에 걸친 자료를 통해 그들을 체포한 것이 마오쩌둥의 관점과 일치한다는 의견을 진술했다.

　마오쩌둥의 사망 이후로 줄곧 화궈펑은 자신이 마오쩌둥의 유산을 계승하여 그의 정책을 지속적으로 실천하고 있다고 주장했다. 그러나 이론가들이나 골수 마오쩌둥 추종자들은 그가 마오쩌둥의 당 노선에서 벗어나고 있다고 강력하게 비난했다. 그러한 비난에 대응하기 위해 화궈펑은 자신이 마오쩌둥 사상 계승에 헌신하고 있음을 보여 줄 수 있는 이론 문장을 준비하라고 지시했다. 그 결과물인 논문이 1977년 2월 7일자《인민일보》와《홍기》, 그리고 인민해방군 기관지《해방군보(解放軍報)》에 사설로 실렸다. 사설은 마오쩌둥이 지지했던 정책이나 지시는 무엇이든 지속적으로 따라야 한다고 단언했다. 이 사설은 나중에 '양개범시(兩個凡是)'로 알려졌는데, 화궈펑이 마오쩌둥의 유산에 전적으로 헌신하고 있음을 보여 주는 기치였다.[6] 화궈펑은 중국이 지난 20여 년 동안 마오쩌둥이 추구했던 정책과 거리를 둘 필요가 있다고 믿는 이들에게 그것이 표적이 되리라는 사실을 전혀 예측하지 못했다.

　새로운 시대에 전국적 지도력을 제공하기 위해 그는 마오쩌둥이 1956년(제8차 전국대표대회)에 개최하고, 린뱌오가 1969년(제9차 전국대표대회), 그리고 다시 1973년 린뱌오가 사망한 후 마오쩌둥이 재소집했던 중국공산당 제10차 전국대표대회처럼 대규모 대회를 소집할 필요가 있었다. 경제 계획을 작성하고 주요 영역에서 정책에 대한 합의를 이끌어 내며 대회에 필요한 서류를 준비하기 위해 몇 개월이 소요되었다. 화궈펑은 마오쩌둥이 사망한 후 즉시 작업을 시작하여 중국공산당 제11차 전국대표대회를 1977년 8월 12일부터 18일까지 소집했다. 그리고 그 뒤를 이어 전국적인 정부 지도 체제를 확립하기 위한 제5기 전국인민대표대회가 1978년 3월에 개최되었다.

권력의 고삐를 잡고 즉시 대회를 준비하느라 화궈펑은 아직 해결되지 않은 많은 문제를 잠시 미뤄야만 했다. 제11차 전국대표대회에서 화궈펑은 네 시간에 걸친 연설을 하면서 정책에 대한 불협화음을 감추기 위해 이데올로기와 당에 관한 진부하고 통상적인 말만 늘어놓았다. 그러나 그 이면에는 지도자들이 주목할 필요가 있는 진짜 문제도 있었다. 화궈펑은 그 문제 가운데 적어도 몇 가지를 소개하고자 했다. 저우언라이와 덩샤오핑의 뒤를 이어 화궈펑 역시 4개 현대화에 초점을 맞추었다. 그는 경제와 관련하여 자신에게 조언할 수 있는 인물로 좀 더 신중을 기하는 경제 입안자나 재정 관료 대신에 새로운 건설 프로젝트를 즉시 확대하고 해외에서 산업 설비를 들여올 준비가 되어 있는 '건설자'를 선택했다.(보다 상세한 내용은 15장 참조) 특히 다칭 유전의 위대한 지도자로 훨씬 원대한 목표를 가지고 덩샤오핑의 10년 비전을 갱신하기 위해 노력하고 있는 위추리에게 의지했으며, 또한 1974년 12월 마오쩌둥과 저우언라이가 부총리로 선택하여 당시 국가건설위원회를 맡고 있던 구무에게도 전적으로 의지했다.

외교 업무에 관한 한 화궈펑은 아마추어나 다름없었다. 1976년 베이징에서 싱가포르 총리 리콴유와 만났을 때 그는 중국 외교 정책의 세부 사항을 전혀 모르고 있었다. 그래서 질문이나 의견에 대해 진부한 발언이나 당의 슬로건으로 대꾸할 수밖에 없었다. 그러나 마오쩌둥의 뒤를 이은 후 그는 외교 정책에 관한 중요 사안에 박차를 가하는 데 나름대로 진지하게 노력을 기울였다. 그래서 1978년 8월 대표단을 이끌고 유고슬라비아와 루마니아, 이란 등을 방문했을 때는 1976년보다 훨씬 많은 것을 이해하고 있었다.

1974년과 1975년 해외 순방길에 나섰을 때 여전히 마오쩌둥 주석에게 얽매여 자유롭지 못했던 덩샤오핑과 달리 화궈펑은 중국의 최고 지도자로 유고슬라비아와 루마니아를 방문했다. 마오쩌둥이 모스크바를 방문한 후로 처음 있는 최고 지도자의 해외 순방이었다. 귀국한 후 그는 유고슬라비아와 루마니아에서 중국이 무엇을 배울 것인가에 대해 보고했다. 이에 따르면, 그들 나라는 외화를 받아들여 외국 회사들과 합작 투자는 물론이고 보상 무역(외국에서 원자재나 기계, 설비 등을 수입한 후 그것을 통해 생산된 물건을 수출하여 그것으로 기계 설비의 수입 대금을 지불하는 일종의 대응 무역)을 통해 자주권을 상실하지 않고 외국의 기술을 도입하고 있었다. 화궈펑은 동유럽에서 직접 살펴본 공장들이 중국처럼 크지는 않았지만 대단히 효율적이었다고 말했다. 결론은 분명했다. 중국은 동유럽의 실례를 따라 보다 많은 외국의 기술을 도입해야 했다.

화궈펑은 개인적 경험이 풍부한 농촌 지역의 조직 개선 문제를 해결하기 위해 사회주의 공동체 구조와 생산대를 유지하려고 노력했으며, 아울러 대단위 인원이 동원되고 대규모 용수로 건설과 같은 농업 공학 프로젝트가 실시됨으로써 극찬을 받은 바 있는 당시 중국 집체 농업(集體農業)의 대표적인 모델, 다자이를 학습하기 위해 몇 가지 협의체를 조직했다. 농업 개선을 위한 그의 주된 희망은 전적으로 기술에 있었다. 덩샤오핑과 마찬가지로 화궈펑 역시 지난 잃어버린 시절을 보상받고 좀 더 빨리 앞으로 전진할 수 있기를 원했다. 그러나 그는 그러한 과정을 진행시키는 데 필요한 체제 발전을 판단할 만한 경험이 그리 풍부하지 않았다. 1980년까지 4년 이내에 농업 기계화에 기술적 돌파구를 찾겠다는 그의 분투 노력은 사실 순진할 정도로 낙관적이었다.

1978년 12월 덩샤오핑이 최고 간부가 된 후 화궈펑은 외화 부족으로 수용 능력이 충분치 않음에도 외국 기술 도입을 지나치게 서둘러 결국 예산 불균형을 초래했다는 이유로 자아비판을 해야 했다. 비판 중 몇 가지는 근거가 있을 수 있다. 예를 들어 화궈펑은 위추리가 다칭만큼 거대한 유전을 수년 내에 열 군데나 개발하는 계획을 수립할 수 있도록 격려했다. 이는 전혀 현실적이지 못한 목표였다. 그러나 중국이 하루라도 빨리 앞으로 나갈 수 있도록 독려하고, 외국 기술의 중요성을 서둘러 도입한 전반적인 목적은 화궈펑이나 덩샤오핑을 포함한 다른 지도자나 다를 바가 없었다.

다른 나라로부터 기꺼이 배우고 외국의 기술을 적극적으로 도입하는 중국의 대외 개방 정책은 1978년 12월 3중전회에서 덩샤오핑의 지도력 아래 이루어졌다는 것이 중론이다. 그러나 사실 이러한 노력은 1977년 화궈펑의 지도 체제에서 시작되었으며, 또한 화궈펑이 제기한 정책 역시 독창적인 것이 아니었다. 화궈펑과 덩샤오핑 두 사람 모두 수많은 당 간부가 중국이 새로운 길로 접어들기 위해 무엇보다 필요하다고 여겼던 정책을 촉진시켰다는 뜻이다.

덩샤오핑의 복귀를 위한 책략: 1976년 10월~1977년 4월

덩샤오핑이 과연 복귀할 수 있을까? 만약 복귀한다면 무슨 책임을 맡게 될 것인가? 사인방이 체포된 후부터 이런 문제가 크게 대두되었다. 당 지도자들은 덩샤오핑이 남들과 다른 탁월한 능력의 소유자라는 사실을 인정했다. 또한 이미 복귀한 고위급 간부들 역시 그를 이미 입증된 지도자로 여겼다. 마오쩌둥의 사망이 발표되기가 무섭게 홍콩과 서구 대중 매체들은 덩샤오핑과 화궈펑 사이에 권력 투쟁이 임박했다는 추측 기사를 내보냈다. 그러나 당시 중국에서는 어느 누구도 후계자 지목에 관한 마오쩌둥의 권한과 당 주석이 된 화궈펑의 권한에 대해 도전하는 이가 없었다. 적어도 당분간은 화궈펑에게 마오쩌둥이 마련해 준 지위를 유지할 권한이 있다는 합의가 존재했다는 뜻이다.

마오쩌둥이 사망하고 몇 달 동안 당내 엘리트 인사들은 과연 덩샤오핑이 저우언라이가 마오쩌둥 체제에서, 그리고 덩샤오핑이 1974년 전반기에 왕훙원 체제하에서 일한 것처럼 화궈펑 체제하에서 총리 역할을 할 것인지 아니면 지배적인 지도자가 될 것인지에 대해 궁금하게 여기고 있었다. 화궈펑의 원로 자문 역할을 맡고 있던 예젠잉과 리셴녠은 가까운 장래에 덩샤오핑이 적절한 직위에 복귀하는 것을 지지하고 있었다. 그러나 그의 복귀는 화궈펑의 지도 체제하에 이루어져야 한다는 것이 그들의 생각이었다. 사인방이 체포되고 얼마

안 있어 리셴녠은 시산에 있는 중앙군사위원회 공관에서 지내고 있는 덩샤오핑을 만나러 갔다. 복귀 준비를 권고하면서 격려차 방문한 것이었다.[7] 킹메이커로서 예젠잉과 리셴녠은 덩샤오핑의 복귀에 대해 지지해 줄 것을 여러 차례 사람들에게 말했다.[8]

덩샤오핑의 복귀를 허락할 수 없다고 화궈펑이 특별히 말한 적은 없었다. 그러나 1976년 10월 사인방이 체포되고 거의 2주가 지나기가 무섭게 덩샤오핑에 대한 비판을 지시하는 한편, 보다 많은 고위급 간부들의 복귀를 허락하는, 이른바 우경번안풍에 대해서도 비판 작업을 계속했다.[9]

그러나 1977년 3월에 개최된 중앙공작회의(中央工作會議)에서 덩샤오핑에 대한 화궈펑의 비판은 끝이 났다. 덩샤오핑이 4·5 톈안먼 사건에 책임이 있다고 하는 것은 부당하다는 많은 간부의 의견을 반영하여, 화궈펑은 선전부에 더 이상 4·5 시위에 관한 주제를 언급하지 말 것을 지시했다. 그는 또한 4월 5일 항의 시위에 참가했던 대다수의 사람들이 반혁명적인 무리들이 아니며 덩샤오핑 또한 그 사건을 계획한 이들과 연루되어 있지 않다는 것을 인정했다.

1976년 12월 12일 덩샤오핑을 위한 또 한 번의 돌파구가 생겼다. 예젠잉은 자신의 오랜 지기로 당의 국제 연락부 수장을 맡고 있는 겅뱌오(耿飚)에게서 편지를 한 통 받았다. 겅뱌오는 자신의 서신과 함께 사인방이 마오쩌둥과 당 중앙을 속이기 위해 4·5 시위에 관한 보고서에서 증거를 조작했음을 보여 주는 한 묶음의 문서를 동봉했다. 예젠잉은 즉시 휘하 간부에게 새로운 증거의 중요성을 주지시키는 한편 4·5 시위에 대한 평결을 뒤집어야 한다고 지시했다.[10] 예젠잉이 관련 문서를 받고 이틀째 되던 날 덩샤오핑은 당의 문서를 열람할 수 있도록 허락을 받았다. 이로 인해 비록 예젠잉이 아직 시기가 되지 않았다고 말하긴 했지만 많은 이는 덩샤오핑의 복귀가 시간문제라고 여기게 되었다. 1977년 1월 6일 덩샤오핑의 복귀에 대한 질의가 정치국 회의에서 논의되면서 그가 어떤 자리로 돌아올 것인가가 결정되었다.

마오쩌둥이 결정한 정책과 지시는 무조건 옳다는 뜻인 '양개범시'에 관한 화궈펑의 사설이 「문건을 학습하여 정확하게 파악하자(學好文件抓住綱)」라는 제목으로 1977년 2월 7일에 등장했다. 즉시 고위급 간부들 사이에 이 사설이 논쟁거리가 되었다. 만약 마오쩌둥이 승인하고 지시한 모든 정책을 무조건 따라야만 한다면 4월 5일 청명절의 톈안먼 시위 역시 반혁명에 속하는 것이며, 덩샤오핑의 해임도 더는 재론될 가능성이 희박했다. 화궈펑의 양개범시 사설은 그를 비판하는 이들에게 충격을 주었으며, 덩샤오핑이 복귀해야 할 것인가에 대한 질의가 논쟁의 초점이 되었다.《인민일보》주필인 후지웨이가 나중에 한 말에 따르면 양개범시에 관한 사설은 덩샤오핑과 다른 고위급 간부들의 업무 복귀를 차단했다. 4 · 5 톈안먼 사건에 참가했던 이들에 대한 평결 번복도 불가능해졌고, 불의와 거짓, 그리고 잘못된 판단에 의해 희생당한 이들에 대한 기소 기각도 물 건너가고 말았다.[11] 양개범시에 대항하여 활발하게 움직이기 시작한 이들 가운데 한 명은 덩리췬이었다. 그는 왕전에게 그 문제를 제기하여 결국 정치국이 이를 주목하게 만들었다.[12]

통상적으로 중앙공작회의는 좀 더 자유로운 토론을 통해 당대회 참가자들이 만장일치로 지지할 수 있는 합의를 도출해 내기 위해 당대회 전에 열린다. 이듬해인 1978년 11월부터 12월까지 개최된 중앙공작회의는 덩샤오핑의 지위를 강화하고 1978년 3중전회에서 승인될 예정인 '개혁과 개방'이라는 의제에 대한 지지를 확고하게 다지는 전환점이 되었다는 점에서 의미가 깊다. 1977년 8월에 개최되는 중국공산당 제11차 전국대표대회를 준비하기 위해 3월 10일부터 22일까지 열린 중앙공작회의에서 양개범시에 대한 반대 의견이 공개적으로 언급되었다.

중난하이에서 몇 블록 떨어진 징시(京西) 호텔에서 공작회의를 소집한 후 화궈펑은 이번 회의 주제를 다음과 같이 발표했다. 첫째, 사인방을 처리하는 다음 단계에 대한 논의. 둘째, 1977년 경제 계획 입안. 셋째, 당대회 개최를 포함한 1977년 하반기 당의 사업 계획.[13]

이번 회의는 6개월 전 마오쩌둥이 사망한 후 주요 당 지도자들이 모두 참가하는 첫 번째 확대회의였다. 그러나 이후 1978년 11월에 열린 중앙공작회의와 대조적으로 1977년 3월의 분위기는 마오쩌둥의 과오에 대한 솔직한 토론은 너무 이르다고 생각하는 이들로 인해 부자연스러웠다. 그렇기는 하지만 문화 대혁명에서 4개 현대화까지 당의 활동에 관한 주된 초점을 변화시키고, 공산당의 지도를 유지하며, 마르크스·레닌주의와 마오쩌둥 사상의 기치를 높이 들어 옹호하고, 외국 자본과 기술 사용을 증진시킨다는 등의 몇 가지 주제에 대해서는 광범위한 의견 일치가 이루어졌다.

그러나 문화 대혁명 기간에 굴욕과 육체적 고통을 받았던 고위급 간부들과 정치적 격변기에 오히려 혜택을 입은 사람들 사이에 감정적 앙금이 남아 있었다. 문화 대혁명 시절 다른 이들을 공격해 출셋길에 오른 이들은 비판과 공격의 대상이 되었던 이들에게 권력이 이양되는 것을 피하기 위해 '우경번안풍'에 맞서는 운동을 지지했다. 먼저 현업으로 복귀한 고위급 간부들은 아직 복귀가 허락되지 않은 동료들의 복귀를 위해 기꺼이 일할 준비가 되어 있었다.

두 그룹 간의 균형은 마오쩌둥 자신이 '번안풍'을 용인하기 시작한 1972년 이후로 고위급 간부들 쪽으로 기울기 시작했다. 1975년 1월 제4기 전국인민대표대회까지, 문화 대혁명 기간에 극심한 고통을 받았던 간부 열 명이 장관직을 맡게 되었다.[14] 이런 추세는 지속되었다. 1977년 8월까지 생존해 있던 1973년 제10차 전국대표대회의 중앙위원회 위원 전체 174명 가운데 자그마치 쉰아홉 명(그들 가운데 대다수가 문화 대혁명의 수혜자들이었다.)이 제11차 전국대표대회의 중앙위원회에서 밀려났다. 1977년 중국공산당 제11차 전국대표대회의 중앙위원회 위원으로 선출된 간부 201명 중에서 열아홉 명을 제외한 나머지 사람들이 1949년 이전에 당에 가입한 고위급 간부들이었다.[15] 이와 대조적으로 정치국의 상황은 훨씬 늦게 바뀌었다. 정치국 상무위원회는 사인방 체포에 결정적 역할을 했던 네 명으로 구성되어 있었다. 그러나 덩샤오핑의 복귀에 관해서는 예젠잉과 리셴녠 두 사람만이 지지 의사를 밝혔을 뿐 화궈펑과 왕둥싱은 늑장을 부리고 있었다.

화궈펑은 1977년 3월에 개최된 중앙공작회의에서 장황한 연설을 통해 이렇게 말했다. "덩샤오핑을 비판하고 우경번안풍을 공격하는 것은 위대한 영도자이신 마오쩌둥 주석께서 결정하신 일입니다. 이러한 비판을 수행하는 것이 무엇보다 필요합니다."[16] 덩샤오핑이 마오쩌둥 주석을 전적으로 지지하지 않았다는 것을 은연중에 내보이면서 그는 폐부를 찌르는 말을 덧붙였다. "우리는 흐루쇼프에게 교훈을 얻어야 합니다."[17] 참석한 이들은 누구나 덩샤오핑이 때로 스탈린을 전 방위로 공격한 흐루쇼프를 흉내 내고 있다는 뜻에서 '중국의 흐루쇼프'라는 비판을 받고 있다는 사실을 잘 알고 있었다. 마오쩌둥의 유산을 좀 더 지속시키려고 애쓰던 화궈펑은 4·5 시위 조종에 대한 부정적 반응을 눈치채고 있었다. 그래서 그는 회의 참석자들에게 4·5 시위에 대한 논의를 피하지 말라고 이야기했다. 그러나 화궈펑에게는 마오쩌둥이 지녔던 탁월한 권위가 없었다. 천윈과 왕전 두 사람은 화궈펑보다 연장자인 데다 나름대로 독자적인 권위가 있었기 때문에 널리 존경받고 있었다. 그들은 중앙공작회의에서 덩샤오핑의 복귀를 지지하는 소조에 다른 견해를 제시하지 않았다.

천윈은 냉철하고 신중하며 당에 헌신적이고 당에 이바지했다. 그가 맡고 있는 서북 지역에서 덩샤오핑의 복귀를 지지한다는 강력한 성명을 낸 바 있었다. 평상시와 마찬가지로 천윈은 자신의 발표문을 세심하게 준비했다. 성명 초안은 후차오무가 작성했다. 그리고 발표 전에 겅뱌오의 집에서 왕전을 비롯한 몇 사람을 만나 발표문에 혹시라도 문제가 있는지 확인했다. 발표문에서 천윈은 이렇게 말했다. "덩샤오핑 동지는 톈안먼 사건과 아무런 연관이 없습니다. 중국 혁명과 중국공산당의 필요에 부응하여 나는 당 중앙의 몇몇 동지가 덩샤오핑 동지가 복귀해 당 중앙의 영도 사업에 참여할 것을 제안했다고 들었습니다. 이는 전적으로 옳은 처사이며 전적으로 필요한 일입니다. 그래서 나는 이를 전적으로 지지합니다."[18]

또 다른 소조에서 '왕수염'이란 별명으로 잘 알려진 왕전은 화를 잘 내고 투박하지만 누구보다 충성스럽고 직설적인 인물로 충직한 당의 많은 이에게 사랑을 받고 있었다. 그 역시 덩샤오핑의 복귀를 지지한다고 말했다. 왕전은 예전에 마오쩌둥이 덩샤오핑을 칭찬했던 말을 인용해 덩샤오핑의 복귀를 반대하는 이들을 머쓱하게 만들었다. 마오쩌둥의 말을 인용하면서 그는 덩샤오핑이 정치적 사고가 강하고 남들에게서 보기 힘든 능력을 갖춘 뛰어난 전사이며 무엇보다 분파주의를 강력하게 반대한다고 말했다. 왕전은 계속해서 1975년 당과 국무원의 사업을 영도할 적에 덩샤오핑이 마오쩌둥의 노선을 견지하면서 큰 성과를 얻었다는 사실을 부각시켰다. 그는 덩샤오핑이 사인방을 타도하는 데 선봉에 섰다면서 지금 당과 군, 그리고 인민 전체가 덩샤오핑이 하루빨리 당의 영도자로 복귀하기를 열렬히 바란다고 말했다.[19]

소조 토론에서 많은 이가 천윈과 왕전의 발언을 적극 지지했다. 그러나 왕둥싱은 회의 보고서의 마지막 편집을 맡아 내용을 검열하면서 천윈과 왕전의 발언과 발표 이후의 토론 내용을 삭제해 버렸다. 그러면서 두 사람에게 발표 내용을 수정한다면 출판물의 요약본에 실릴 수 있을 것이라고 말했다. 그러나 왕둥싱보다 훨씬 오랜 세월 당을 위해 헌신했기에 충분한 자격을 지니고 있던 천윈과 왕전은 자신들의 주장을 회의록에 싣지 않겠다면 그렇게 하라고 답했다. 설사 공식적인 회의록에 실리지 않는다 해도 그들의 주장은 전혀 바뀌지 않은 채로 회의장 안팎에 널리 유포되어 이미 많은 이가 그 사실을 알고 있었다.[20]

회의 기간에 화궈펑은 1976년 톈안먼 사건에 관한 판결이 번복되기를 열렬히 원하는 많은 대표자를 회유하는 발언을 수차례나 했다. 그는 1976년 4월 저우언라이의 사망을 애도하기 위해 모인 대중을 진압한 사람은 사인방이며, 덩샤오핑은 톈안먼 사건에서 아무런 역할도 하지 않았다고 말했다. 그리고 당시 대중이 톈안먼에 몰려든 것은 있을 수 있는 일이었다고 말하기도 했다. 그런데도 화궈펑은 톈안먼에서 일어난 일을 '반혁명적인 사건'이라고 불렀으며, 참가자들 가운데 일부는 반혁명 분자들이라고 말했다. 그는 또한 덩샤오핑에게 유리한 것이라고 누구나 알고 있는 우경번안풍에 대해서도 비난을 퍼부었다.[21]

당 중앙공작회의에서 덩샤오핑의 복귀를 적극 지지하는 분위기에 대응하여 화궈펑은 "물이 흐르면 절로 도랑이 생기는 법이다.(水到渠成)" "오이가 익으면 저절로 꼭지가 떨어진다.(瓜熟蒂落)"라고 말하기도 했다. 그의 발언은 일단 조건이 갖추어지면 덩샤오핑이 업무에 복귀하는 것도 분명해질 것이니 성급하게 나서지 않겠다는 뜻이었다. 그러나 화궈펑은 10기 3중전회와 중국공산당 제11차 전국대표대회(여름에 개최 예정인)에서 덩샤오핑의 복귀를 공식적으로 결정하는 것이 적절할 것이라고 말했다.

부침이 심한 정치적 환경에서 화궈펑은 『마오쩌둥 선집』 제5권에 실릴 마오쩌둥의 저작물을 검열하면서 마오쩌둥 사상에 대한 자신의 해석을 강화시키려고 했다. 4월 7일 중앙위원회는 마오쩌둥의 저작물을 읽는 방법에 대한 화궈펑의 지시를 공식적으로 발표했다. 그것은 혁명을 끝까지 추구하는 것을 촉구하는 마오쩌둥의 글을 인정하는 것이었다. 일주일이 지난 4월 15일 화궈펑의 승인을 받아 『마오쩌둥 선집』 제5권이 출간되었다.[22] 그러나 화궈펑의 지시나 『마오쩌둥 선집』 제5권의 출간도 덩샤오핑의 고위급 복귀를 적극적으로 지지하는 흐름이 점점 더 커지는 것을 막을 수 없었다.

그사이 덩샤오핑은 화궈펑의 '양개범시'를 지지하지 않겠다는 뜻을 분명히 밝혔다. 4월 10일 화궈펑과 예젠잉, 그리고 중앙위원회의 다른 위원들에게 보낸 서신에서 그는 논쟁할 여지가 많은 사설에 대한 자신의 견해를 제시했다. 아울러 그는 자손 대대로 "우리는 중국공산당과 군대, 그리고 인민을 영도하는 마오쩌둥 사상을 '정확하고' '총체적으로' 이해할 수 있도록 해야 한다."라고 말했다.[23] 재치 있고 적확한 언어 표현을 통해, 덩샤오핑은 마오쩌둥의 권위를 받아들이면서 효과적으로 화궈펑이 마오쩌둥의 견해를 해석할 수 있는 권한을 가진 유일한 인물이 아니라는 사실을 강력하게 주장하는 한편, 특정한 주제에 대해서는 보다 폭넓은 문맥에서 살펴보아야 하며, 마오쩌둥의 주장이나 견해를 '폭넓은 문맥'에서 판단하는 것은 화궈펑보다 훨씬 오래전부터 마오쩌둥 옆에서 함께 일했던 당의 고위 간부들이 훨씬 적절한 위치에 있다고 말했다. 덩샤오핑은 톈안먼 사건과 관련된 인물 명단에서 자신의 이름을 삭제해 준 중앙위원회에게 감사를 표했다. 아울러 자신의 업무 배치에 관계된 문제는 "언제라도 일을 시작하기에 적절한 시기에 내가 할 수 있는 일이라면 당 중앙에 의해 결정된 고려 사항과 배치에 철저하게 따를 것이다."라고 말했다. 덩샤오핑은 이 서신을 화궈펑에게 그의 영도력을 적극 지지한다고 써 보낸 1976년 10월 10일 편지와 마찬가지로 당내 인사들이 회람할 수 있도록 해 달라고 부탁했다.[24]

덩샤오핑의 편지를 받은 화궈펑은 덩샤오핑의 복귀를 지지하는 분위기가 점점 강해지는 것에 대처해야 한다고 느꼈다. 그래서 왕둥싱과 자신에게 충성을 다하는 중앙판공청 고위급 간부인 리신을 덩샤오핑 본인에게 보내 복귀 문제를 논의토록 했다.[25] 그때까지 덩샤오핑은 화궈펑이 1976년 4월 시위에 긍정적인 역할을 단언한 적이 있었기 때문에 가까운 친구들에게 멀지 않은 장래에 톈안먼 시위가 혁명 운동으로 여겨질 것이라고 말했다.[26] 이런 상황에서 덩샤오핑은 복귀하기에 앞서 양개범시를 지지한다는 뜻을 분명히 해 달라는 왕둥싱과 리신의 요구를 받아들이는 것이 마음에 내키지 않았다. 덩샤오핑은 그들에게 만약 양개범시가 하나의 정책으로 굳어진다면 그에 대한 평결은 물론이고 톈안먼 광장 시위에 대한 평결 또한 번복할 이유를 설명하는 데 어려움이 있을 것이라고 말했다.[27]

덩샤오핑은 계속해서 마오쩌둥이 특정 사건에 대해 언급한 것을 가지고 다른 장소나 시간에 마오쩌둥이 했던 것을 설명해서는 안 된다고 지적했다. 마오쩌둥 스스로 누구라도 실수할 수 있다고 하여 자신에게도 과오가 있다는 것을 인정했다. 만약 누군가 한 일이 70퍼센트 정도 옳다면 아주 괜찮은 일일 것이다. 덩샤오핑은 만약 내가 죽은 후 인민들이 내가 한 일의 70퍼센트 정도가 옳다고 한다면 그것은 정말로 좋은 일일 것이라고 말했다.[28]

예상대로 업무에 복귀하기 위해 덩샤오핑은 화궈펑의 영도력을 기꺼이 받아들인다는 것을 공식적으로 보여 주는 편지를 써야만 했다. 덩샤오핑은 이러한 요구에 동의하여 편지에서 이렇게 썼다. "화궈펑은 정책과 사상 면에서 마오쩌둥을 계승하는 데 가장 적절한 인물일 뿐 아니라, 나이로 볼 때 적어도 15년에서 20년 동안 무산 계급 영도의 안정을 가져다줄 수 있는 사람이다."[29] 4월 14일 덩샤오핑이 서신에서 몇 가지 사소한 내용을 정정한 후에 화궈펑은 당원들에게 서신 배포를 승인했다. 그리고 5월 3일 당은 전국 단위, 군은 단급(團級, 연대급)까지 회람할 수 있도록 했다.[30] 화궈펑은 덩샤오핑의 복귀를 할 수 있는 한 오래 지연시키고자 했다. 그러나 그의 영도력을 수용하겠다는 덩샤오핑의 서신이 회람된 후 고위급 간부들이 덩샤오핑의 복귀를 강력하게 원하는 분위기 속에서 그들의 요구에 굴복하지 않을 수 없었다.

비록 덩샤오핑의 복귀가 7월 전체회의까지 공식화되지 않은 상황이었지만 화궈펑의 영도력에 찬사를 보내는 그의 편지가 열람되자 사람들은 그것이 가까운 장래에 덩샤오핑이 당의 중간 또는 그보다 높은 자리로 복귀한다는 통지라고 여기게 되었다.[31] 당원들은 이미 검증된 지도자로서 덩샤오핑이 질서를 유지하고 현대화를 추진하는 데 중요한 역할을 맡게 될 것이라는 높은 기대감에 부풀었다. 또한 당원들은 화궈펑과 덩샤오핑이 향후 어떤 관계를 맺게 될 것인가에 대해 외국 언론에서 예측하는 기사를 보고 사적으로 속삭이곤 했다.

5월 12일까지 덩샤오핑이 이전의 직위로 돌아올 것이라는 관측이 지배적이었다. 그는 이전에 군대와 외교에 관해 전적인 책임을 지고 있었다. 그렇다면 그는 예전처럼 부총리가 될 것이다. 덩샤오핑은 또한 자진해서 과학과 기술, 그리고 교육에 대해 특별한 책임감을 가지고 있다고 말한 바 있다. 무엇보다 4개 현대화에 가장 중요한 것이 바로 과학이며, 그것이 다른 3개(산업, 농업, 그리고 국방) 현대화를 추진하는 데 결정적인 역할을 한다고 생각했기 때문이다. 그의 제안이 받아들여지자 덩샤오핑은 팡이(方毅)와 리창(李昌)을 자신의 집으로 초대하여 과학과 기술 발전을 촉진시키기 위해 해야 할 일에 대해 논의했다.[32] 당시 중국의 지배적인 분위기에서 덩샤오핑은 지식 분자에 대해 아직 남아 있는 반감을 극복하는 일부터 착수하기로 마음먹었다. 그는 팡이와 리창에게 정신노동자도 정치적으로 존경받는 노동자 계급의 성원으로 여겨지도록 강조해야 한다고 말했다.[33]

5월 24일 복귀를 준비하면서 덩샤오핑은 친구인 왕전과 덩리췬을 집으로 초대하여 자신의 저술 소조를 부활시키는 일과 과학과 기술, 교육을 촉진시키는 일에 대해 논의했다. 그는 정연실(政研室, 정치연구실)에서 조직한 저술 소조를 여전히 중시했으며, 자신의 저술팀을 조직하는 방법에 대해 이전의 몇몇 소조원과 예비 토론을 할 수 있기를 원했다. 덩리췬은 덩샤오핑을 비난하는 운동이 격심했을 당시 덩샤오핑 비판 그룹에 참여하기를 거절하는 바람에 하방되어 노동 개조를 당하는 고통을 감내해야 했다. 덩리췬은 과거 덩샤오핑의 저술

소조를 책임지고 있던 후차오무가 덩샤오핑을 비판하는 모임에 참여한 것에 대해 사과하는 편지를 가지고 왔다. 덩샤오핑은 그 편지를 받아 보지 않았다. 대신 덩리췬에게 돌려주며 후차오무의 비판은 문제가 되지 않는다고 말했다. 후차오무는 단지 일반적으로 알려지고 당연한 사실만 반복했을 뿐이니 그것에 대해 사과할 필요가 없다는 뜻이었다. 오히려 덩샤오핑은 후차오무가 『마오쩌둥 선집』 제5권에 실려 있는 「열 가지 위대한 관계」라는 제목의 마오쩌둥 연설문을 편집한 것에 대해 칭찬하면서 후차오무가 저술 소조로 복귀하는 것을 환영한다고 말했다.

예젠잉과 덩샤오핑은 상호 협의를 통해 중앙군사위원회의 부주석으로서 군사 업무의 책임을 분담하는 데 동의했다. 덩샤오핑은 1975년 연설에서 강조한 것처럼 훈련과 기율을 강화하고 군사 과학과 기술을 개선하여 현대전을 대비할 수 있는 막강한 전력을 갖추는 데 힘을 쏟기로 했다. 전군정치공작회의(全軍政治工作會議)에서 주요 간부들에게 연설하면서 그는 이를 가장 핵심적인 주제로 삼았다. 그러나 그는 또한 보다 확대된 정치적 주제, 즉 "사실에서 진리를 찾으라(실사구시)."[34]라고 연설했다. 그렇지만 그는 군대 문제보다는 과학과 기술, 그리고 교육 문제에 더 많은 시간을 보냈다.

덩샤오핑은 외교 업무에 대해서도 그다지 많은 시간을 할애하지 않았다. 물론 중요한 정치적 결정에 참여하는 데는 동의했지만 외교 업무의 일과를 지시하고 책임지는 일은 원치 않았다. 그의 말에 따르면 너무나 지치고 피곤한 일이기 때문이다. 덩샤오핑은 자신이 진정으로 과학과 기술, 그리고 교육 분야에서 일하고 싶다고 덧붙였다. 그것이 무엇보다 현대화에 대단히 중요한 영역이라고 생각했기 때문이다.

덩샤오핑은 중국의 과학과 기술이 전 세계 다른 나라들에 비해 적어도 20년은 뒤처진 상태라고 보았다. 예를 들어 그는 당시 중국에서는 대략 20만 명 정도가 과학과 기술 분야에서 일하지만 미국은 그 숫자가 거의 120만 명에 달한다고 말했다. 또한 다른 나라들을 따라잡기 위해서는 무엇보다 중국이 크게 뒤떨어졌다는 사실을 인식하고 능력을 최대한 계발하는 일부터 시작해야 한다고 말했다. 1975년 그가 추진하던 정책을 계속 이어 가기 위해 무엇보다 중요한 것은 시험을 통해 초등학교와 중등학교에서 가장 뛰어난 학생들을 선발하여 그들에게 가장 좋은 대학과 훈련원에서 최상의 교육을 받도록 하는 일이라고 말하기도 했다.[35]

과학과 기술 분야의 책임자 역할을 자처하면서 덩샤오핑은 가까운 장래에 핵심적인 정치 영역에서 화궈펑에게 도전하는 일이 없을 것임을 분명히 했다. 그러나 과학 개발과 관련된 일이라면 설사 민감한 정치적 문제라 해도 건드리는 데 전혀 주저하지 않았다. 정치가 전문 지식이나 기술보다 우선이라고 주장하는 마오쩌둥주의자들과 달리 덩샤오핑은 정치에 전혀 관심이 없는 과학자들이 여전히 유용할 것이라고 단언하고 군대 또한 능력 있는 병사들을 교육할 필요가 있다고 주장했다.[36]

덩샤오핑의 복귀

1977년 7월 17일, 10기 3중전회에서 「덩샤오핑 동지 복귀에 관한 결정」이 통과되었다. 공식적으로 1개월 후로 예정되어 있는 당대회의 승인 절차가 남아 있기는 했지만 3중전회의 결정은 덩샤오핑이 정식으로 복귀하여 1976년 4월 5일 이전까지 가지고 있던 모든 직위를 다시 부여받는다는 것을 의미했다. 이제 그는 예전과 같이 중앙위원회의 위원이자 정치국 상임위원이 되었으며, 당의 부주석이자 중앙군사위원회 부주석, 부총리, 그리고 인민해방군의 참모장이 되었다. 상임위원회의 다섯 위원 가운데 덩샤오핑은 화궈펑과 예젠잉 다음으로 서열 세 번째였으며 그 뒤로 리셴녠과 왕둥싱이 자리했다.[37]

7월 21일 10기 3중전회, 수락 연설이나 다를 바 없는 자리에서 덩샤오핑은 이렇게 말했다. "솔직히 말해서 일을 할 때는 두 가지 태도가 있을 수 있습니다. 하나는 관리가 되는 것이고, 다른 하나는 무엇인가를 한다는 것이지요." 덩샤오핑의 선택은 무엇인가를 이루기 위함이라는 것에 대해 아무도 이의를 달지 않았다. 사망한 지 몇 달이 지났음에도 마오쩌둥의 후광이 여전했기 때문에 덩샤오핑은 항로를 정하는 데 조심할 필요가 있었다. 처음에는 그도 마치 주문처럼 "마르크스 · 레닌주의와 마오쩌둥 사상이 당의 영도 사상이다."라고 말했다. 그렇게 한 번 말한 후 그는 자신이 달성하고자 한 것이 첫째, 지식 분자에 대한 처우 개선이고, 둘째, 당 건설이라고 발언했다. 그는 마오쩌둥 주석에게서 교훈을 얻는 데 융통성을 발휘해야 한다는 자신의 주장을 반복했다. 그는 계속해서 혹자가 마오쩌둥이 어떤 문제에 대해 언급한 내용을 다른 문제에 연결시키거나, 어떤 상황에서 이야기한 내용을 다른 상황에 연결시키고, 어떤 시기에 말한 내용을 다른 시기와 연결시키며, 어떤 한 조건에서 말한 내용을 다른 조건에 연결시키는 것에 대해 반대 입장을 분명히 했다. 마오쩌둥은 서로 다른 시기에 각기 다른 해결책을 가지고 있었다고 말하면서 마땅히 여러 가지 상황이나 여건에 정확하게 부합하는 처방을 하기 위해 마오쩌둥에 대한 정확하고 총체적인 이해가 우선해야 한다고 단언했다. 덩샤오핑은 또한 중국의 지도자들이 당내 민주화를 촉진하는 데 앞장서야 한다고 말했다.[38] 4년 후 덩샤오핑이 권력을 장악한 후 비판자들은 덩샤오핑이 더는 당내 민주화에 대해 열성적이지 않으며 자신의 손아귀에 권력을 집중시켰다고 비난했다.

7월 23일 3중전회에서 연설한 후 《인민일보》와 《홍기》, 그리고 인민해방군 기관지 《해방군보》에 덩샤오핑의 새로운 배치에 관한 사설이 실렸다. "덩샤오핑 동지의 업무 복귀 결정은 당 내외로 확대되어 당원들과 인민들의 희망을 구현하는 것이다."[39] 1976년 4월 5일 톈안먼 광장에서 보여 준 감정의 분출과 중공중앙당 공작회의의 논의는 그 말이 전혀 과장이 아님을 확인시켜 주었다. 덩샤오핑이 업무에 복귀한 후 처음으로 대중 앞에 선 것은 7월 30일, 중국과 홍콩의 축구 경기가 있는 날이었다. 노동자 경기장의 대형 스피커에서 덩샤오핑이 입장하고 있다는 아나운서의 목소리가 들리자 관중은 우레와 같은 기립 박수로 그를 환영했다. 박수 소리는 그칠 줄 모르고 계속되었다.[40] 대중은 확실히 그의 확고한 태도에서 안심하고 1975년에 그가 달성한 업적에서 희망을 보았다.

1977년 8월 12일부터 18일까지 개최된 중국공산당 제11차 전국대표대회 참석자들은 덩샤오핑의 귀환을 환영했다. 그러나 몇몇 마오쩌둥주의자들은 그의 복귀에 불안을 떨칠 수 없었다. 마오쩌둥의 유산을 어떻게 보아야 할 것이며, 구체적으로 어떤 정책을 추구할 것인가에 대해 분명한 의견 일치가 이루어지지 않은 상태였다. 내부 분열을 미봉책으로 숨기고 통합을 전달해야 하는 당 지도자들은 어쩔 수 없이 마오쩌둥의 유산을 계승할 것을 단언하고 현대화라는 목표에 대해 일반적인 발언만 늘어놓을 수밖에 없었다. 문화 대혁명은 종식되었지만 그 가치를 긍정하는 분위기는 사라지지 않았다. 프롤레타리아가 주도하는 혁명은 중국이 해외에서 새로운 기술을 도입하려 할 때조차 우파에 대한 비판을 멈추지 않았다. 소조회의에 참석한 사람 중 일부는 장장 네 시간에 걸쳐 연설하는 동안 진부한 이야기로 의견 차이를 얼버무리고 넘어가려는 화궈펑을 보고 그의 지도력에 불만을 표시했다. 회의의 공식 기록에는 이런 비판 내용이 배제된 것이 확실하다.[41]

이러한 정치적 환경에서 덩샤오핑은 여전히 마오쩌둥에 집착하는 이들이 안심할 수 있도록 상투적인 발언을 반복할 뿐이었다. 그는 8월 18일 간략한 폐회사에서 이번 당대회는 "사회주의 혁명과 사회주의 건설 발전의 새로운 시기를 예고하고 있습니다. 우리는 대중 노선을 회복하여 적극적으로 추진해야 할 것입니다."라고 발언했다. 그러나 그는 융통성 여지 또한 남겨 두고자 했다. "우리는 마오쩌둥 주석이 조성, 발전시킨 훌륭한 전통과 실사구시의 실천을 적극 추진해야 합니다."[42] 이렇듯 덩샤오핑은 마오쩌둥의 노선이 정확하다는 언급을 통해 마오쩌둥에 대한 충성심을 보여 주었다. 그러나 한편으로는 실사구시를 강조함으로써 현재 상황의 필요에 따라 정책을 채택해야 하며 마오쩌둥 사상이 모든 상황에 자동적으로 적용될 수 없다는 자신의 메시지를 구체적으로 주장할 수 있는 여지를 얻었다.

덩샤오핑은 또한 자신이 화궈펑 주석의 영도에 따라 활동할 것임을 여러 사람에게 재확인시켜 주었다. 그는 군대 용어를 빌려 자신이 '후방 업무'를 맡을 것이라고 말했다. 청중은 그 말을 사령관인 화궈펑을 보조하겠다는 뜻으로 받아들였다. 실제로 그는 "화궈펑 주석과 예젠잉을 도와" 과학과 교육에 관한 책임을 맡았다.[43] 덩샤오핑이 화궈펑의 영도력에 적어도 당분간은 위협이 되지 않을 것이 분명했다.

과학과 기술, 그리고 교육에 대한 세심한 독려

당대회가 끝나고 몇 주가 지난 후 덩샤오핑은 교육부 간부들에게 행한 연설에서 이렇게 말했다. "과학과 교육 업무를 책임진다는 것은 매우 힘든 일이라는 생각이 들지만 나는 이 자리를 자원했습니다. 우리가 이 분야에서 성공을 거두지 못한다면 …… 중국의 4개 현대화는 아무런 진전을 볼 수 없을 것입니다."[44] 덩샤오핑은 1975년 후야오방의 도움으로 시작했던 일을 계속하기로 마음먹고 과학자들의 호의를 얻는 데 주력했다. 1977년 재미 화교 과학자들의 예방을 받은 자리에서 덩샤오핑은 만약 자신이 곧 "마르크스를 만나러 가게 되지 않는다면(죽기 전에)" 한 10년 동안 과학과 교육 분야에서 일하고 싶다고 말했다. 아울러 5년 안에 약간의 성과를 보고 싶으며, 10년 후에는 좀 더 많이, 그리고 15년 이내에 크게 변화된 모습을 보고 싶다고 말했다.[45]

덩샤오핑은 중국이 평균 식자율(識字率)을 끌어올리고 아울러 과학과 기술에 대한 대중의 지식을 향상시킬 필요가 있다고 생각했다. 그러나 그는 산업과 농업, 그리고 국방 현대화를 이끌 수 있는 과학적 돌파구를 마련하기 위한 기초 연구에 관심을 집중했다. 그가 보기에 "중국은 세계에서 가장 선진화된 나라들을 따라잡아야 했다."[46]

덩샤오핑은 재미 화교 출신의 노벨상 수상자인 리정다오와 양전닝, 그리고 새뮤얼 팅(Samuel Ting, 중국명 丁肇中(딩자오중)) 등을 여러 차례 만났는데, 주된 질문은 언제나 같았다. 어떻게 하면 중국의 과학 수준을 향상시킬 수 있을 것인가? 덩샤오핑은 중국을 중건하는 데 필요한 과학의 역할에 대해 거의 마력과 같은 정도로 확고한 믿음을 가지고 있었다. 그리고 일련의 프로젝트로 이를 증명해 보였다. 현대화 과정에서 왜 그렇게 일찍부터 핵 가속기 시설에 엄청난 돈을 투자하느냐는 질문을 받았을 때는 중국 과학의 발전이라는 장래를 생각하기 때문이라고 대답했다.

1957년 덩샤오핑은 지식 분자 타도의 선봉장으로서 마오쩌둥의 오른손 역할을 맡았다. 그러나 그는 마오쩌둥처럼 그들을 본능적으로 싫어한 것이 아니었다. 그들을 '부르주아지 지식인'으로 폄하하던 마오쩌둥은 종종 그들을 모욕하고 때로 육체노동을 통한 재교육을 요구하곤 했다. 덩샤오핑은 대학에서 배울 기회가 없었지만 한때 고등 교육을 받기 위해 프랑스 대학에 들어가려고 애쓴 적이 있다. 그의 부인은 중국 유명 대학인 베이징대학에서 물리학을 전공했고, 다섯 자녀 가운데 세 명은 베이징대학에서 물리학을 공부했으며, 한 명은 의학, 그리고 나머지 한 명은 과학에 필요한 과제를 수행하기에 너무 병약하여 예술을 전공했다. 게다가 덩샤오핑은 지식인에 대한 탄압이 중국의 현대화에 가장 필수적인 과학과 기술을 완전히 황폐하게 만든 것을 직접 목도했다. 1973년 업무 복귀 후 덩샤오핑은 1957년처럼 지식인들을 비난하지 않았다. 때로 다른 지도자들이 '부르주아지 지식인'에 대해 언급한 적이 있었지만 덩샤오핑은 그런 적이 없었다. 덩샤오핑의 말에 따르면, 과학은 전혀 계급적 특징이 없었다. 정치 또는 경제 체제가 서로 다르다 할지라도 모든 계급, 모든 나라에서 활용되는 것이 바로 과학이었기 때문이다.

덩샤오핑은 중국의 과학 수준을 향상시키기 위한 계획 마련에 몰입했다.

우리는 과학 기술 계통에서 수천 명의 뛰어난 인재를 선발하여 그들이 오로지 전심전력으로 연구에 몰두할 수 있도록 여건을 마련해 주어야 합니다. 생활이 곤란한 이들에게는 보조금을 지급할 수 있어야 합니다. 현재 나이 든 부모와 아이들과 함께 살고 있는 이들은 한 달에 겨우 몇십 위안 정도의 월급을 받아 집안일을 하느라 대부분의 시간을 허비하고 있습니다. 그들은 저녁에 책을 읽을 수 있는 조용한 장소조차 찾을 수 없습니다. 이런 상황에서 무엇을 할 수 있겠습니까? 사정이 이러하니 이에 대한 정치적 요구는 타당한 것입니다. 그들은 정치적으로 국가를 사랑하고 사회주의를 사랑하며, 당의 영도를 받아들이고 있습니다. …… 우리는 당내에 지식을 존중하고 인재를 존중하는 분위기를 조성해야 합니다. 그리고 지식 분자를 존중하지 않는 잘못된 사상에 반대해야 합니다. 정신노동이든 육체노동이든 모든 일이 노동입니다.[47]

덩샤오핑은 젊은 지식인들이 중국의 과학 발전을 위해 노력해야 할 때 육체노동에 시달리는 것은 국가적 낭비라고 생각했다. 비록 그런 표현을 쓰지는 않았지만 그가 실력 위주의 엘리트를 선호한 것은 분명하다. 그는 가장 뛰어나고 영리한 이들을 불러 모아 그들이 중국을 위해 최고의 것을 달성할 수 있도록 충분한 여건을 마련해 주려고 노력했다.

교육과 과학 지식인들을 적극적으로 후원하려는 덩샤오핑의 노력은 엄청난 저항에 부딪쳤다. 그는 재빠르게 상황을 판단하여 지식인에 대한 대우 문제를 제기하면서 마오쩌둥 주석의 역할에 대해 전혀 언급하지 않는 대신 모든 것을 사인방의 탓으로 돌렸다. 그는 "중국이 지식인들에게 고깔을 씌우고 제멋대로 폭력을 가하는 파괴적인 행태에서 벗어나야 한다."라고 주장했다.[48]

덩샤오핑이 복귀하기 전 보수주의자들은 중화인민공화국이 성립된 1949년부터 1966년까지 17년 동안 중국의 교육 정책은 '자본주의'로 매도될 것이라고 주장했다. 덩샤오핑이 업무에 복귀한 후인 1977년 6월 산시 성 타이위안(太原)에서 '전국 고등학교 학생 모집 업무 좌담회'가 개최되었다. 참가자들은 미래의 교육 정책을 문화 대혁명 또는 그 이전의 정책에 기반을 둘 것인가에 대해 활발하게 토론했으며, 문화 대혁명의 정책을 지침으로 삼기로 하고 회의를 끝냈다.[49] 분명 덩샤오핑이 해야 할 일이 많아졌다.

덩샤오핑은 나이가 들면서 업무를 줄이기 시작했다. 그러나 1977년 일흔두 살의 나이로 현업에 복귀한 후 그는 열정적으로 자신의 일에 몰두했다. 덩샤오핑은 일상적으로 폭넓은 주제에 간여했지만 자신이 최우선 과제라고 생각하는 문제에 대해서는 사소한 일까지 직접 챙겼다. 1977년에서 1978년까지 그는 과학과 교육을 가장 중요시했다. 그는 처음에 자신의 업무에 대해 이야기하면서 "앞으로 8년에서 10년간 우리는 교육 분야에 최상의 노력을 경주해야 할 것입니다. 나는 교육 부서의 지도급 동지들을 지켜보면서 많은 관심을 가질 것입니다."[50]라고 말했다.

덩샤오핑은 당 지도자들이 여러 지역을 순회하면서 지식인들에 대한 급진파의 주장을 비판하고 중국의 미래를 담보할 수 있는 지식인들의 잠재력에 대해 새롭게 인식하기 위한 구체적인 제안을 제시하도록 했다. 공식적으로 과학분야의 업무 책임을 맡게 된 3중전회가 끝난 후 7월 27일부터 시작하여 며칠 동안 덩샤오핑은 중국과학원의 원장인 팡이, 부원장 리창(李昌), 교육부 부장 류시야오(劉西堯) 등과 연이어 회담을 갖고 과학 분야에서 중국의 현대화를 가속시키기 위한 자신의 의견을 제시했다. 덩샤오핑은 지금까지의 계획이 여전히 불충분하다고 말했다. 그들은 다양한 전공 분야에서 가장 탁월한 과학자 명단을 작성하는 한편 자신들이 업무에 집중할 수 있도록 적절한 시설과 생활 조건을 제공받을 수 있을 것이라는 확약을 받았다. 1964년과 1965년 졸업생들로 아직까지 적절한 업무를 찾지 못한 이들도 보다 나은 업무 부서에 배치될 것이라고 했다.[51] 덩샤오핑은 이에 덧붙여 해외에서 공부한 학자들이 고국으로 돌아올 경우 장려금을 지급할 것이며, 귀국을 정중히 사절하더라도 그들을 애국자로 간주하여 언제라도 중국에서 강의를 할 수 있도록 허락할 것이라고 말했다. 학자들은 교육 자료를 갱신하기 위해 외국의 관련 서적을 아주 간단하고 편리하게 구입할 수 있을 것이라고 말하기도 했다. 그리고 교육부에서 최고 수준의 학교 목록을 작성하여 입학시험에서 최고 성적을 받은 학생들이 좋은 학교에 들어갈 수 있도록 할 것이라고 했다. 덩샤오핑은 또한 국방 과학은 과학에 관한 전반적인 계획의 일부이기 때문에 혹시라도 다른 과학 관련 업무와 중복될지도 모른다고 걱정할 필요는 없을 것이라고 말했다.[52]

사소한 것까지 세심하게 챙기는 지휘관으로서 덩샤오핑은 각자의 영역에서 자신의 명령을 수행할 간부들에게 연설하는 자리에서 "우리는 공포를 쏠 생각이 없다."[53]라고 말했다. 덩샤오핑의 적극적이고 활동적인 제안과 설명에도 불구하고, 1977년 8월 3일부터 8일까지 서른 명의 저명한 과학자와 교육자가 함께 모여 토론하는 과학교육공작회의에는 여전히 반대하는 이들이 적지 않게 남아 있었다. 때문에 덩샤오핑은 교육이 '자본주의'의 실패라고 주장하는 이들을 적절하게 공격할 필요가 있다는 것을 깨달았다. 더 이상 이론가들이 희생되면서 실용적인 기술자들이 찬사를 받을 수는 없었다. 덩샤오핑이 계획하고 있는 것처럼 몇몇 과학자는 생산대에서 선발할 수도 있겠지만, 과학 기술의 최첨단을 개척하는 임무를 맡은 대다수 과학자들은 대학에서 배출될 것이다. 훌륭한 과학자를 배출하기 위해서는 초등학교에서 수학과 외국어 교육을 강화해야 할 것이다. 다른 한편 대학은 자체적으로 경영하는 공장의 숫자를 점진적으로 줄이고 대신 실험실을 확대해야 할 것이다.[54]

덩샤오핑은 중국의 유능한 젊은이들이 해외로 나가 선진 과학 기술을 배워야 한다고 생각했기 때문에 학생들의 해외 유학을 위한 계획을 마련하는 데 심혈을 기울였다. 그는 나침반과 인쇄술, 화약을 발명한 중국에는 당연히 똑똑한 사람이 많다고 확신에 찬 목소리로 말했다. 다만 지금의 중국은 크게 낙후되어 있기 때문에 당장 서구로부터 많은 것을 배워야 한다는 것이 그의 소신이었다. 해외에서 배우기 위해 중국은 국내 교과서 개발에 쓰일 해외 서적을 구입할 것이며 학자들을 해외로 파견하는 한편 외국의 과학자들을 중국에 초청할 것이라고 했다.

9월까지 교육부 관리들이 여러 가지 조치를 실천하도록 채근한 두 달 동안 덩샤오핑은 여전히 좌절감에 빠져 있었다. 언젠가 마오쩌둥은 군대에서 사람들이 덩샤오핑을 두려워한다고 말한 적이 있었다. 이제 새로운 지휘관이 된 덩샤오핑은 자신의 총으로 교육부를 겨냥하고 있었다. "교육부는 주도권을 가져야 한다. 지금까지 당신들은 그렇게 하지 않았다. …… 당신들은 지나치게 조심하면서 만약 내가 말한 대로 하면 더 많은 '과오'를 범하게 될지도 모른다고 걱정하고 있다. …… 우리는 특별한 정책과 방법이 필요하다. …… 당신들은 자유롭고 대범하게 일하고 당신의 어깨너머로 보는 대신 독립적으로 생각해야 한다. …… 당 중앙의 정책에 찬성하는 동료들은 열성적으로 일할 것이고, 그렇지 않은 이들은 다른 곳으로 옮겨야 할 것이다."[55] 아울러 교육부에 스무 명에서 마흔 명가량의 사람들이 필요하다고 하면서 이렇게 덧붙였다. "여러 학교를 순시하는 책임을 맡을 40대가 필요하다. …… 지휘관이 직접 휘하 부대로 가서 통솔하는 것처럼 그들은 학생으로서 강의를 직접 들으면서 실제 상황에 스스로 친숙해지고, 계획과 정책이 구체적으로 실행되는 것을 감독한 다음 돌아와 보고해야 한다. …… 우리는 쓸데없는 공담에 만족할 만한 시간적 여유가 없다."[56]

학자 집단이 열렬하게 지지하는 정책을 옹호함으로써 덩샤오핑은 1957년 반우파 투쟁을 주도하면서 잃었던 지식인들의 지지를 일부 되찾을 수 있었다. 이런 지식인들의 호의는 덩샤오핑의 공식적인 이미지에 대단히 중요한 부분이었다. 왜냐하면 선전부나 대중 매체를 위해 문서나 연설 초고를 작성하는 이들 대다수가 그들과 같은 지식인들이었기 때문이다. 비록 그들은 정치 지도자들이 설정해 놓은 제한된 범위 안에서 작업했지만 여전히 신문이나 라디오, 텔레비전에 나오는 문서나 연설을 교묘하게 꾸밀 수 있는 기회가 있었다. 따라서 그들의 지지를 얻는다고 덩샤오핑에게 해가 되는 것은 전혀 없었다.

대학 입학시험의 부활

덩샤오핑은 물론이고 다른 이에게도 교육의 질을 제고하는 데 가장 중요한 문제는 대학 입학시험의 부활이었다. 그는 업무로 복귀하기 전부터 학생은 '양호한 계급 출신'이나 '높은 사상적 각오(覺悟, 마오쩌둥의 표준)'가 아니라 학습 성적에 근거하여 선발해야 하며, 반드시 입학을 위한 경쟁시험을 통과해야 한다고 믿었다. 1950년대에도 학교에서 시험을 보았지만 성적의 높고 낮음은 그다지 중시되지 않았다. 이는 당시 간부들이 1949년 이전까지 훨씬 좋은 교육 기회를 얻어 시험 점수가 좋은 지주나 자산 계급 자녀들에 비해 성적이 떨어지는 농민이나 노동자 자녀들이 난감해하는 것을 바라지 않았기 때문이다.

1970년대 초 일부 대학이 소규모로 수업을 재개했을 때도 시험 점수에 근거하지 않고 그들이 속한 공작 단위의 추천에 따라 '계급 출신이 양호한' 노동자, 농민, 병사의 자녀들을 받아들였다. 간부들은 차마 자기 자녀를 직접 추천하지 못하고, 대신 다른 간부들의 자녀를 추천하여, 다시 그 사람이 자기 자녀를 추천하여 은혜를 갚는 방식을 택했다. '계급 출신이 양호하고' 시험 성적이 좋은 학생보다 성적은 떨어지지만 이런 '관계'가 좀 더 나은 학생이 대신 상급 학교로 진학할 수 있었다. 이렇게 추천 제도는 철저하게 부패하고 말았다.

덩샤오핑은 자산 계급이나 지주 계급이 이미 존재하지 않기 때문에 '출신'은 이제 문제가 되지 않는다고 생각했으며, 소학교에서 대학교까지 각급 학교의 입학시험 부활 시기가 빠르면 빠를수록 중국 영도층에서 국가 교육 개선 착수 또한 앞당길 수 있을 것이라고 확고하게 믿었다. 덩샤오핑은 특히 문화 대혁명 동안에 폐지된 '대학원의 통일 입학시험'을 부활시키고자 했다. 그러나 1977년 8월 3일 개최된 과학과 교육 공작 좌담회에서는 대학 추계 개학 계획을 제정하면서 여전히 추천에 근거한 입학을 논의하는 중이었다. 과연 가을 학기가 시작하기까지 겨우 몇 주가 남은 상황에서 입학시험을 부활시킬 수 있을까? 이 문제가 좌담회에서 제기되자 덩샤오핑은 당시 교육부 부장인 류시야오 쪽으로 몸을 돌리며 가능 여부를 물었다. 류시야오가 긍정적인 답변을 하자 덩샤오핑은 그 즉시 어떤 일이 있든지 1977년에 대학 입학시험을 실시할 것을 결심했다. 그는 회의를 마무리하기 전에 발언에 나서 이렇게 말했다. "우리는 마땅히 추천 제도를 끝내야 합니다. 그리고 고등학교에서 직접 학생을 받아야 합니다. 이는 인재를 보다 신속하게 육성하여 즉각적인 효과를 볼 수 있는 좋은 방법입니다."[57] 단기간에 이처럼 거대한 변혁을 완성하는 것은 결코 쉬운 일이 아니었다. 시험 과목을 확정하고 출제 인원을 선발하며, 시험 계획을 공포하고, 수백 만에 달하는 응시자들의 성적을 채점하고 평가해야 하며, 새로 문을 여는 대학을 결정하고 얼마나 많은 학생을 받아들일 것인지 판단해야 했다. 어쩔 수 없이 대학은 개학 시기를 예정보다 몇 달 늦춰야만 했으며, 여러 가지 일이 순리대로 되지는 않았지만 분명 다시 문을 열게 되었다.

1977년 이전까지 고등원교(高等院校)의 학생모집위원회는 1년에 회의를 두 번 이상 개최한 적이 없었다. 8월 13일 덩샤오핑이 결정하고 채 일주일이 지나기도 전에 그들은 추계 입학시험 준비를 위해 제2차 전국 고등학교 학생모집공작회의를 열었다. 회의에서 덩샤오핑은 자신의 정책 변화에 대해 좀 더 자세하게 설명했다. "과거에 나는……중학교를 졸업한 후 2년 정도 노동에 종사하는 것의 이점에 대해 강조한 적이 있습니다. 그러나 실천이 증명하듯이 2년 동안 노동하게 되면 학생들이 학교에서 배운 것을 절반 정도 다 잊어버리고 맙니다. 이는 시간 낭비일 뿐입니다."[58] 덩샤오핑은 올해 대학에 들어가는 학생들 가운데 20퍼센트에서 30퍼센트는 직접 고등학교에서 선발하지만, 향후 학생들은 거의 모두 고등학교에서 직접 선발해야 한다고 지시했다. 아울러 학생들이 노동을 존중하도록 교육시켜야 하지만 그렇다고 학업을 중단시켜서는 안 된다고 말했다. 덩샤오핑은 1977년 전국 통일 입학시험을 치를 것을 공식적으로 지시했지만 일부 간부들은 당장 실시하는 것은 힘들뿐더러 근본적으로 불가능하다고 불평을 늘어놓았다. 덩샤오핑은 다그치듯이 즉각 대응했다. "정책은 이미 정해졌소. 1977년에 입학시험을 개최할 것이며, 더 이상 바뀌는 일이 없을 것이오."[59] 회의 내용에 근거하여 문건이 작성되었고, 이 문건은 10월 5일 정치국의 논의와 비준을 거쳐 10월 12일 최종적으로 국무원에서 동의한 후 10월 21일 《인민일보》에 실렸다. 그 안에는 시험 지원과 신청 방식에 대한 설명이 게재되었다.[60]

과거 10년 동안 대학에 입학할 연령대에 속하는 이들이 대략 578만여 명이었는데, 그들 대다수는 여전히 농촌에서 노동을 하고 있었다. 그들은 그해 겨울에 시험을 치렀지만 대학에서 받아들일 수 있는 인원은 단지 27만 3000명에 불과했다. 1977년과 1978년에 응시자의 실제 등록률은 겨우 5.8퍼센트였다.[61] 중국공산당이 중국을 통치한 이래 처음으로 대학은 계급 출신을 학생 선발의 주요 요인으로 삼지 않고, 전적으로 입학 성적에 근거하여 학생을 선발할 수 있게 되었다.

설사 연말에 개학을 한다 해도 신입생을 맞이해야 하는 대학 입장에서는 여전히 부담이 컸다. 이미 대학에 진을 치고 있던 '공선대(工宣隊, 노동자 선전대)'를 내보내고, 오랫동안 수리하지 못한 시설을 시급히 정비해야 했다. 몇 년 동안 전공에서 멀어졌던 교사들도 당장 교과 과정을 짜고 교재를 준비해야 했다. 제일 먼저 입학한 학생들은 대학을 서둘러 개조하느라 생활 조건이나 교수 경험이 만족할 만한 수준이 아니라고 불평을 늘어놓았다. 몇몇 학생은 "80년대 학생이 70년대 교재로 60년대 교수들에게 수업을 받는다."라고 자조 섞인 말을 했다.

덩샤오핑이 1977년에 도입한 제도는 지금까지 지속되면서 중국은 폭포수처럼 끊임없는 풍성한 성과를 얻을 수 있었다. 한국, 일본, 대만, 싱가포르와 마찬가지로 중국의 대학 입학시험은 대학생과 취업자의 질적 향상을 가져왔다.[62] 특히 각급 학교에 입학시험이 부활하자 자녀에 대한 기대에 부풀은 부모들이 자신들의 독남독녀(도시에 사는 가정은 자녀를 한 명만 낳을 수 있다.)가 중점(重點) 소학, 중학, 대학에 들어갈 수 있도록 수학과 과학, 그리고 외국어를 미리 가르치기 시작했다. 중학교나 소학교에서도 학생들이 시험을 잘 치를 수 있도록 대비시키면서 교육 단계를 한층 더 높일 수 있었다. 또한 대학들도 상위권 학생들이 서구에서 좀 더 나은 교육을 받을 수 있도록 돕기 시작했다.

뒤떨어진 이들, 특히 문화 대혁명 시절 농촌에 하방되어 잃어버린 세대에 속하는 젊은이들 가운데 시험에 통과하지 못하거나 시험 성적이 좋지 않아 중점 학교가 아닌 일반 학교를 다니게 된 학생들은 새로운 제도에 그다지 흥이 나지 않았다. 그러나 시험을 통과한 많은 학생과 교육의 질을 중시하는 부모나 교사, 그리고 고용 기관은 덩샤오핑이 입학시험을 서둘러 부활시켜 고등 교육의 질적 제고를 견지한 것에 대해 크게 감사했다.

과학 진보를 촉진하다

1977년 복귀한 후에 덩샤오핑은 "나는 현재의 과학과 교육 상황이 좋지 않다고 느끼고 있다."라고 말했다.[63] 1975년 후야오방이 애써 가며 노력했지만, 아직도 수많은 지식 분자가 자신의 자리로 복귀하여 유용한 일에 종사하지 못하고 있는 처지였다. 자산 계급의 생활 방식을 지녔다고 비판을 받고 있는 과학자들과 그들을 비판하는 젊은 조반파 사이에 여전히 첨예한 대립이 존재하고 있었기 때문이다. 과학자들은 대학교수와 마찬가지로 생활 조건이 열악했다.

과학 연구자들은 거의 예외 없이 각자의 과학 연구 기관에서 자신들이 맡은 일을 하고 있었지만 문화 대혁명 기간에 '좌익 지원(支左)'과 '자산 계급 지식 분자' 비판을 위해 대학에 파견된 공선대와 군대가 여전히 대학 교정을 점거하고 과학자들에게 지시를 내리고 있었다. 덩샤오핑은 이러한 국면은 지지할 수 없다고 생각했다. 그는 "공선대 문제를 반드시 해결해야 한다. 그들과 '좌익 지원'을 위해 파견된 군대는 모두 철수해야 하며, 어떤 예외도 없다."라고 선언했다.[64]

덩샤오핑은 또한 과학자들의 지속적인 요구에 응하여, 과학자 자신의 전문적 업무는 내용을 잘 아는 전문가가 이끌어야 한다는 주장을 수용했다. 덩샤오핑은 모든 과학 연구 단위를 최고 책임자 세 명이 영도하는 형태로 재조직하되 당 소속 영도자는 전면적인 정책을 관리하고, 기본적인 업무는 과학 연구를 잘 알고 있는 영도자가 책임지고, 세 번째 영도자는 '후방 근무(後勤)'를 맡아 생활 조건을 개선하여 과학자들이 업무를 수행하는 데 필요한 물자 공급을 책임지도록 했다. 덩샤오핑은 지식인들이 여전히 육체노동과 정치 학습에 지나치게 많은 시간을 허비하는 것에 대해 불만이 있다는 것을 알았다. 그래서 과학 기술자들은 매주 최소 5일은 기초 연구에 몰두해야 한다는 새로운 규정을 만들었다.

국가과학기술위원회가 10년 넘게 폐지된 상태였기 때문에 1977년 당시만 해도 과학 기술 분야를 총괄할 부서가 없었다. 어느 영역을 최우선적으로 회복시켜야 하는가? 다양한 영역의 수요를 충족시키려면 어떤 인재들을 육성해야 하는가? 1975년 덩샤오핑은 중국과학원에 소조(小組)를 꾸려 과학 발전에 관한 문건을 작성토록 지시한 적이 있었다. 그러나 1977년 또다시 국가과학기술위원회를 재건하여 과학 발전 사업에 협조토록 하고, 7개년 과학 발전 규정을 제정하여, 제6차 5개년 계획(1981~1985년)에서 과학과 관련된 내용을 대체할 것을 지시했다. 1975년 덩샤오핑의 지시로 완성되었다가 급진파에 의해 '세 가지 대독초'라는 오명과 함께 퇴출되었던 문건이 새로운 계획의 토대가 되었다.

덩샤오핑은 1975년 계획부터 구체적으로 시작했지만 중국에 대한 그의 꿈은 쉬는 동안 더욱 크게 무르익었다. 덩샤오핑은 중국이 이미 외부 세계와 빈번하게 교류하고 있기 때문에 1975년에 비해 계획 입안자들이 과학 발전을 위해 좀 더 높은 목표를 세울 수 있으며 마땅히 그래야만 한다고 생각했다. 야심 찬 전략을 위해 그는 탁월한 실력을 갖춘 미국 국적의 중국 동포 과학자들에게 조언을 구했고, 과학과 교육 발전을 책임지고 있는 정치국 위원 팡이와 긴밀하게 협조했다. 팡이와 국가과학기술위원회는 공업과 군사 및 기타 부문의 과학 발전을 책임지고 있었지만, 그들은 기본적으로 대학과 개별 과학 연구소의 기초 연구에 초점을 맞추었으며, 특히 중국과학원과 새로 성립한 중국사회과학원에 중점을 두었다.[65]

덩샤오핑은 비록 사회 과학보다 자연 과학을 더 중시했지만 경제학, 철학, 마르크스주의와 서로 다른 사회에 대한 연구 등을 포함하는 사회 과학 역시 현대화를 이끄는 데 필수적인 학문이라고 생각했다. 1977년 5월, 화궈펑은 1975년 덩샤오핑의 지시에 따라 독립적인 중국사회과학원을 개설하는 계획에 동의했다. 그해 가을 마침내 2000명의 연구원을 확보한 중국사회과학원이 문을 열었다. 덩샤오핑은 복귀한 후 1975년 계획을 입안한 후차오무를 제1대 원장으로 임명하고, 중국사회과학원을 국무원 직속의 독립적인 부급(部級, 최고 책임자가 장관급인 기관) 단위로 격상했다.[66] 사회과학원은 무엇보다 교육부와 별개인 독립적인 기관이었기 때문에 상대적으로 선전(宣傳)을 해야 한다는 압력에서 벗어날 수 있었으며, 학자들은 시국과 관련한 현재의 지식을 전파하는 비교적 일상적인 임무보다는 학문 연구에 역량을 집중할 수 있었다.

전체 108개 항목으로 이루어진 새로운 과학 발전 7개년 계획 시안은 1978년 3월 18일부터 31일까지 개최된 전국과학대회에 제출되었다. 대회 개막식에서 덩샤오핑은 과학 기술은 '생산력(이는 1975년 말 과학을 계급 투쟁만큼 중시했다는 이유로 덩샤오핑이 마오쩌둥과 문제를 일으킨 이유가 된 말이기도 하다.)'이라고 말했다. 그다음 그는 미국 국적의 중국 동포 과학자들에게 배운 것을 소개하면서, 지금 세계는 고분자, 핵에너지, 컴퓨터, 항공 우주, 레이저 등 새로운 영역의 출현으로 과학과 기술 분야가 혁명과 다를 바 없는 변혁을 경험하고 있다고 말했다. 그리고 자신의 전형적인 언술 방식으로 마르크스주의를 신봉하는 청중에게 노동은 과학 기술 지식과 연계되어 있으며, 과학의 진보는 보편적인 것으로 모든 인류를 위해 사용될 것이라고 안심과 더불어 각성을 촉구했다. 덩샤오핑은 공학 기술과 같은 응용 과학에 필요한 과학자도 있어야 하며, 그들을 통해 공업 자동화와 같은 영역이 가일층 발전할 수 있을 것임을 잘 알고 있었다. 하지만 그가 특히 관심과 중점을 둔 영역은 과학이었다. 그래서 그는 해외에서 첨단 과학을 배워야 할 필요성에 대해 재삼 강조했다.[67]

덩샤오핑의 연설은 그가 전문가들과 공동으로 관련 영역의 발전에 관한 구체적인 발전 계획을 제정함과 동시에 일종의 정치적 투쟁을 하고 있음을 드러냈다. 심지어 프로젝트나 구체적인 연구 계획 선택을 지도하면서도 그는 지속적으로 마오쩌둥주의자들이 지닌 낡은 영도 의식과 싸웠다. 그는 과학이 생산력으로 간주할 수 있을 만큼 중요하며, 정신노동도 노동이기 때문에 과학자들이 정치 활동의 간섭을 받지 않고 오로지 자신의 전공 분야에서 연구에 몰두할 수 있어야 한다고 주장했다. 비록 '홍(紅, red)'과 '전(專, expert)' 가운데 어느 것이 더 중요한가 하는 오래된 논쟁을 제기한 것은 아니지만 그에게 '전'이 더 중요하다는 것은 분명했다. 전문가들이 4개 현대화라는 가장 중요한 일을 실현할 수 있도록 하기 위해 그는 언제라도 정치적 투쟁을 할 자세가 되어 있었다.

1977년 7월 덩샤오핑이 중앙군사위원회 부주석으로 복귀하자, 그의 지위는 화궈펑 주석 바로 아래가 되었다. 그러나 그는 총참모장으로서 군대 발전 계획을 책임지게 되었으며,[68] 이외에도 다년간에 걸친 군대 경력을 통해 군대 내 통제권을 확보하고 있었기 때문에 화궈펑의 수중에서 놀아나지 않을 수 있었다. 마오쩌둥과 마찬가지로 덩샤오핑 역시 군부 내 영도 간부들이 자신에게 엄격하게 복종할 것을 기대했으며, 그 자신 또한 언제든지 그들에게 자신의 명령을 준수할 것을 엄격하게 강요할 준비가 되어 있었다. 군부 인사들은 덩샤오핑이 화궈펑에 비해 군대 내에서 더욱 막강한 권력을 지니고 있다는 것을 분명하게 인식하고 있었다.

'실천 표준'으로 '양개범시'에 도전하다

1977년 중앙당교는 다시 문을 열자마자 당내 진보적인 학자와 학생들의 집결지가 되었다. 당의 이론과 역사를 연구하는 학자들은 1977년 3월부터 연구를 시작했고, 학교는 그해 10월에 첫 번째 학생들을 받았다. 처음으로 입학한 학생은 전체 807명이었는데, 그 가운데 100여 명의 학생은 각각의 부위(部委, 부서와 위원회)나 성(省)에서 특별히 전도유망한 중년 이상의 간부로 '고급반'에서 6개월간 학습하기 위해 파견된 이들이었다.[69]

졸업 후 요직으로 승진하기를 기대하고 있던 학생들은 나름대로 특별한 흥분감에 사로잡혀 있었다. 고급반 100명 학생들 대다수는 문화 대혁명 동안에 고초를 겪었던 이들이었다. 그들은 과거 20년 동안 무슨 문제가 있었는지를 분석하고 아울러 중국의 미래에 대한 비전을 논의하고 싶었다. 물론 그들 학생이 비판하고 제안할 수 있는 것은 제한이 있었지만 그 한계 내에서 그들은 다양하고 새로운 사상 관념에 대해 개방적 태도를 취했다. 그리고 중앙당교의 교원과 연구원도 학생들의 그러한 열정을 공유하면서 새로운 시대의 이론과 정책 방향을 확정하기 위해 최선의 노력을 기울였다.[70]

새로운 사상 탐색에 대한 갈망은 후야오방의 전폭적인 지지를 받았다. 중앙당교의 교장은 공식적으로 화궈펑, 제1부교장은 왕둥싱이었지만 제2부교장 후야오방이 그들보다 더 자주 학교를 찾아와 학생들과 교원들, 그리고 그들의 사상에 큰 관심을 보였다. 그는 새로운 사상을 격려했고, 교사들과 학생들은 그의 격려에 열렬하게 반응했다. 중앙당교는 어느새 당내에서 새로운 사상을 창조하는 중심이 되었으며, 일부 원로 간부들도 때로 일상 업무를 내려놓고 그곳을 찾아와 교사, 학생들과 새로운 사상에 대해 함께 토론하곤 했다.

첫 번째 학생들이 중앙당교에 입소하기 전인 7월 15일 후야오방 휘하의 간부 한 사람이 《이론동태(理論動態)》라는 이름의 기간지를 창간했다. 그것은 일부 고급 간부들에게만 주어졌는데, 주로 새로운 사상을 탐색하고 새로운 해석을 제기하는 데 목적이 있었다. 형식적인 면에서 당내 다른 출판물에 비해 훨씬 자유롭게 며칠마다 한 번씩 간략한 내용을 호수를 붙여 발간했다. 주로 내부 열람용으로 대외적으로 발간되지는 않았지만 많은 이가 큰 관심을 보였다. 무엇보다 당이 수용하고 있는 새로운 사상의 최전선의 내용을 싣고 있기 때문이었다.

1978년 5월 10일 《이론동태》 제60기 간보(簡報)에 「실천은 진리를 점검하는 유일한 표준이다」[71]라는 표제의 글이 실렸다. 그 문장은 이미 수개월 동안 구상을 거쳐 난징대학 철학과의 젊은 교원인 후푸밍(胡福明), 중앙당교 이론교연실(教研室, 연구실)의 쑨창장, 《광명일보》 편집장으로 1977년 가을 학기에 중앙당교에 입학한 양시광(楊西光)이 수차례 원고를 고쳐 가며 완성한 것이었다.[72] 양시광은 1978년 초 《광명일보》 편집장을 처음 맡은 이래로 독자들에게 새로운 사상을 전달하는 데 주력하고 있었는데, 5월 11일 《광명일보》에 「실천은 진리를 점검하는 유일한 표준이다」라는 제하의 글을 그대로 전재했다. 문장은 필자 보호를 위해 '특약 평론원'이라는 서명이 적혀 있었다. 5월 12일 《인민일보》와 《해방군보》에도 똑같은 글이 전재되었으며, 이후 수많은 지방지에서 같은 내용을 전재했다.

그 내용은 다음과 같다. 진리를 평가하는 유일한 방법은 인민 대중의 광범위한 사회 경험이다. 마르크스주의는 변하지 않는 사상 체계가 아니라 경험의 결과에 따라 끊임없이 재해석되는 것이다. 마르크스주의의 기본 원리는 이론과 실천의 결합을 아우른다. 어떤 상황에서 진리에 대한 인식에 잘못이 있을 수 있지만 만약 경험상 잘못되었음을 인지했다면 마땅히 교정해야 한다. 이렇게 해서 새로운 경험과 실천이 새로운 이론을 가져오는 것이다. 만약 마르크스 ·

레닌주의와 마오쩌둥 사상의 현행 방식에 한계가 노출되거나 재앙이 조성된 다면, 마땅히 바꿔야만 할 것이다.[73]

기사가 나가자 즉시 큰 반향을 불러일으켰다. 찬양 일색을 보이는 독자들도 있었지만, 정치국 상임위원회에서 선전 업무를 감시 감독하는 왕둥싱과 《인민일보》 전 주편 우렁시는 오히려 몹시 화를 냈다. 일주일 전에 「노동에 따른 분배」라는 제목의 글을 읽고 벌컥 화를 냈던 왕둥싱은 중앙위원회에서 누가 그 문장을 허락했는지 철저한 조사를 요청했다.(나중에야 그는 덩샤오핑과 휘하 부하들이 그 문장을 지지했다는 사실을 알게 된다.)

후야오방과 몇몇 자유파 간부는 《이론동태》에 특약 평론원이 쓴 문장은 왕둥싱과 그의 수하들의 일상적인 심사 없이도 게재할 수 있다는 규정을 이용했다.[74] 그렇지 않았다면 왕둥싱과 그의 보수파 참모들이 신문에 게재되기도 전에 아예 싹부터 잘라 버렸을 것이다. 왕둥싱과 우렁시는 그 문장이 자신들이 신봉하고 있는 정통 마오쩌둥 사상에 대한 의심, 즉 만약 계급 투쟁과 혁명이 재난을 야기한다면 당연히 포기해야 한다고 사람들에게 고무하고 있다는 사실을 정확하게 인지했다. 왕둥싱과 우렁시는 그 문장에서 비판하고 있는 '경직화된 교조주의'와 '개인숭배'가 바로 양개범시를 공격하는 것이며, 은연중에 이를 책임지고 있는 화궈펑과 왕둥싱 자신을 지목하고 있다는 것을 정확하게 알고 있었다. 왕둥싱은 공통의 신조가 없다면 당의 단결을 유지할 수 없다고 믿었다. 그래서 직접 후야오방에게 전화를 걸어 후야오방이 그 문장을 신문에 게재하는 데 동의한 것에 불만을 표했다.[75]

덩샤오핑이 나중에 후야오방에게 한 이야기에 따르면, 「실천은 진리를 점검하는 유일한 표준이다」라는 글이 처음 발표되었을 때만 해도 덩샤오핑은 전혀 모르고 있었으며, 나중에 논쟁이 붙었을 때야 비로소 찾아보았다. 덩샤오핑은 그 글이 마르크스·레닌주의에 부합하는 좋은 내용이라고 하면서, 후야오방이 조직한 《이론동태》의 이론가 그룹을 칭찬하고 당연히 그와 같은 작업을 계속해야 한다고 말했다. 덩샤오핑은 화궈펑과 왕둥싱을 비롯한 여러 영도자와 좋은 관계를 유지하길 원했던 후야오방을 위로하며, 또 다른 영도자들이 양개범시를 지지하고 있기 때문에 사소한 이 문제는 투쟁이 불가피하다고 말했다. 논쟁이 격화되면서 중요한 시기에 덩샤오핑의 지지를 얻게 되자 후야오방은 크게 고무되었다. 만약 이러한 지지가 없었다면 후야오방을 포함한 여러 사람은 아마도 자신감을 잃고 굴복하고 말았을 것이다.[76]

양개범시(1977년 2월)와 실천 표준(1978년 5월)에 관한 글은 자석의 양극처럼 대치하면서 각기 다른 시각에서 사람들을 끌어들였다. 쌍방의 논쟁은 화귀평 지지자와 덩샤오핑 지지자들 간의 모순을 그대로 드러내면서 가일층 격화되기 시작했다. 전자는 정통 사상이 느슨해짐으로써 야기되는 결과를 걱정했고, 후자는 그들이 경직된 교조주의라고 생각하는 것에서 벗어나고자 애썼다. 논쟁은 주로 이데올로기에 관한 언사로 이루어졌지만 그 열정은 서로 다른 정치 배경에서 근원한 것이었다. 중국공산당 내부에서 공개적으로 영도자를 비판하는 것은 줄곧 금기로 여겨졌다. 그러나 문화 대혁명의 수혜자들은 보편적으로 화귀평을 지지했고, 피해자들은 일반적으로 덩샤오핑을 지지했다.

「실천은 진리를 점검하는 유일한 표준이다」라는 글은 화귀평이 국가를 영도하는 대임을 맡기에 부족하다고 생각하지만 차마 공개적으로 말하지 못하고 있던 일군의 간부들을 단결시키는 매개체가 되었다. 또한 그 글은 군대 영도자들이 덩샤오핑 편에 서도록 도왔다. 그중에는 중앙군사위원회 비서장으로 문화 대혁명 기간에 가장 먼저 박해를 받았던 뤄루이칭(羅瑞卿)도 있었다. 그는 탁월한 능력을 갖춘 군사 지도자로 덩샤오핑과 오랜 세월 함께했더랬다.[77] 이후 몇 개월 동안 두 편의 글을 둘러싼 논쟁이 뜨겁게 달궈졌다. 그것은 점차 '실천은 유일한 표준'이라는 것에 찬성하면서 덩샤오핑이야말로 가장 뛰어난 영도자라고 생각하는 이들과 '양개범시'를 견지하면서 화귀평을 옹호하는 이들 간의 정치 투쟁으로 변했다. 이제 마지막 결전이 불가피해 보였다.

3부 | 덩샤오핑 시대를 열다 1978~1980년

7

세 가지 전환점 ^{1978년}

일본에서 국가를 현대화의 길로 이끈 역사적 전환점은 이와쿠라 사절단(岩倉使節團)이다. 1871년 12월부터 1873년 9월까지 메이지 정부의 쉰한 명의 지도자가 배와 기차를 타고 15개 각기 다른 나라를 여행했다. 사절단은 산업, 농업, 광업, 재정, 문화, 교육, 군사, 치안 등 거의 모든 주요 부처에서 온 관원들로 이루어졌으며, 메이지 정부의 최고위급 지도자 가운데 한 사람으로 코트 노블(court noble, 궁정 우대신(右大臣))인 이와쿠라 토모미(岩倉具視)가 이끌었다. 그들이 고국을 떠나 장도에 올랐을 때 일본은 기본적으로 폐쇄된 국가였다. 일본인들은 외부 세계에 대해 거의 아는 것이 없었다. 그러나 정부 관원들은 사절단의 일원으로 각국의 공장과 광산, 박물관, 공원, 증권 거래소, 철도, 농장, 심지어 조선소까지 모두 방문했다. 일본을 재건할 수 있는 방법은 무엇인가? 그들의 이목은 온통 그쪽에 몰려 있었다. 그들은 새로운 기술은 물론이고 새로운 관리 조직에 관한 전략이나 사고방식에 대해서도 깊은 관심을 표명했다. 여행을 통해 사절단에 참가한 이들은 일본이 선진 여러 나라에 비해 훨씬 뒤떨어져 있다는 데에 인식을 같이했으며, 개혁을 실시하는 방법에 대한 공통된 시각을 갖게 되었다. 그들이 직접 보고 위축되기보다는 귀국한 후에 일본의 미래 가능성에 고무되고 흥분했으며, 좀 더 구체적으로 배우기 위해 더 많은 이를 해외로 보내고자 애썼다.

중국에는 이와쿠라 사절단처럼 그렇게 오랫동안 함께 외국을 여행한 관료 그룹은 없었지만 1977년부터 1980년까지 고위급 간부들의 개별적인 해외 연수는 중국식 사고방식에 유사한 영향을 끼쳤다. 1975년 덩샤오핑이 선구적으로 프랑스를 5일간 방문하면서 산업, 수송, 경영, 과학 등 여러 분야의 고위급 간부들을 대동하여 직접 현지에서 관찰할 수 있도록 함으로써 선례를 남겼다. 해외여행을 마치고 귀국한 덩샤오핑은 해외 연수의 신봉자가 되었으며, 다른 집단들도 해외로 나가 직접 보고 배울 것을 적극 권유했다. 그는 일부 간부들이 중국이 다른 나라에 비해 얼마나 낙후되었는지 모르고 있다고 불만을 털어놓기도 했으며, 해외여행이 그들의 눈과 귀를 열어 줄 것이라고 확신했다. 일단의 사절단을 이끌고 동유럽을 방문했던 화궈펑 역시 현대적인 선진국을 직접 관찰하기 위해 해외여행이나 연수가 무엇보다 필요하다는 데 동감하고 강력한 후원자가 되었다.

수세기에 걸쳐 적지 않은 중국인들이 개인적으로 서양으로 나갔다가 중국을 위한 여러 가지 방안이나 계획을 가지고 다시 돌아왔다. 예를 들어 19세기 청나라의 번역가로 유명한 왕도(王韜)는 런던에서 돌아온 후 자국이 서구에서 현대화에 대해 배울 수 있는가에 대해 열성적으로 글을 썼다.[1] 당시와 비교할 때, 1970년대 말에 이루어진 해외여행은 요직에 있는 간부들이 함께 출국했으며, 특히 덩샤오핑과 화궈펑의 적극적인 지지를 얻어 자신들이 보고 배운 것을 대규모로 시행할 수 있었다는 점에서 다르다.

덩샤오핑이 프랑스를 방문하고 돌아오고 마오쩌둥이 세상을 뜬 이후로 오랫동안 해외여행에 대한 욕구를 억눌러야 했던 간부들은 마침내 새로운 기회를 얻게 되었다. 수년간 대중에게 자본주의가 얼마나 비참한가를 공개적으로 발설했던 관리들은 누구보다 먼저 자본주의 국가를 자신이 직접 살펴보기 위해 서로 다투었다. 마오쩌둥이 세상을 뜨고 사인방이 체포된 후 해외 시찰을 안배하는 데만 수개월의 시간이 흘러 1978년에 준비 작업을 끝내고, 많은 고위급 간부가 처음으로 해외 시찰에 나섰다. 첫해에 열세 명의 부총리급 간부들이 스무여 차례 출국하여 50개국을 방문했다.[2] 그리고 수백 명의 부장(部長, 장관), 성장(省長, 도지사), 제1서기 및 휘하 간부들도 해외 시찰 행렬에 나섰다. 일본의 이와쿠라 사절단과 마찬가지로 그들은 귀국 후에도 자신들이 보고 들은 것에 크게 고무되었으며, 중국이 취해야 할 새로운 단계에 대해 흥분했다. 그리고 좀 더 세밀한 부분을 배우기 위해 더 많은 시찰단을 파견하고자 했다.

1978년 말, 덩샤오핑은 해외 시찰의 효과에 대해 총괄하면서 기쁜 마음으로 이렇게 말했다. "최근 우리 동지들이 해외로 나가 보았을 것입니다. 보면 볼수록 우리 자신이 얼마나 낙후되었는지를 뼈저리게 잘 알았을 것입니다."[3] 덩샤오핑은 자신들이 낙후되었다는 것에 대한 인식이야말로 개혁을 지지하는 데 관건이 되는 요소라고 생각했다. 그래서 1978년 12월 2일 개혁 개방 정책의 추진을 주 내용으로 하는 자신의 연설문 초안자에게 이렇게 말했다. "기본적인 요점은 자신이 낙후되었다는 사실을 인정해야 한다는 것이다. 우리들이 행했던 많은 방식은 모두 적절치 않은 것이기 때문에 반드시 바꿔야 한다."[4] 해외 시찰을 통해 수많은 고위급 간부는 중국은 반드시 새로운 길로 접어들어야 한다는 덩샤오핑의 인식이 옳다는 확신을 하게 되었다.

1978년 중국에서 파견한 최고위급 대표단은 그해 봄에 조직된 네 개의 시찰단이었다. 그들은 홍콩, 동유럽, 일본, 그리고 서유럽으로 나누어 출국했다. 1978년 3월 9일부터 4월 6일까지 중련부(中聯部, 중공중앙대외연락부) 부부장 리이망(李一氓)을 단장, 차오스(喬石)와 위광위안을 부단장으로 하는 대표단이 유고슬라비아와 루마니아를 방문했다.[5] 그들은 공장, 농장, 과학 기술 단지 등을 시찰하고 돌아와 중국이 취해야 할 사안에 대해 구체적으로 건의했다.[6] 그러나 더욱 중요한 것은 해외 방문 이후에 중국 영도자들이 더 이상 유고슬라비아를 '수정주의'로 부르지 않게 되었다는 점이다. 수정주의라는 말은 마오쩌둥이 사회주의의 정도를 벗어난 사회주의 국가를 비난할 때 사용했던 오명이었다. 이외에도 중국공산당은 유고슬라비아 공산당과 우호 관계를 회복했다.[7]

이러한 변화는 중국이 고려할 수 있는 개혁 범위를 확대한 것으로, 동유럽의 개혁 경험을 차용하는 것이 가능하며, 더 이상 사상 불순에 대해 비난하지 않겠다는 뜻이었다.

1978년 4월부터 5월까지 국가계획위원회와 외경부(外經部) 간부들이 홍콩을 방문하여 금융, 공업, 관리 방식 등의 영역에서 홍콩이 중국 발전에 도움을 줄 수 있는 잠재력이 있는지 평가했다. 몇몇 간부는 홍콩과 접경 지역의 광둥성 바오안 현(寶安縣)에 수출 가공 지역을 건설할 가능성에 대해 살펴보았다. 그곳은 해외에서 원자재를 수입하여 중국의 노동력으로 가공한 후에 다시 수출하는 지역으로, 관세도 없고 별도의 제한도 없는 곳이었다. 몇 개월이 지나기도 전에 국무원은 정식으로 그러한 가공 무역 지구 건설을 정식으로 비준했는데, 그것이 바로 나중에 선전 경제특구가 되었다. 당시 광둥은 치안 문제로 골머리를 앓고 있었다. 매년 수천수만의 젊은이가 홍콩으로 밀입국하고 있었다. 1977년 광둥을 시찰할 당시 누군가 이 문제를 질의하자, 덩샤오핑은 해결책은 방책이나 변경 초소를 더 많이 만드는 데 있는 것이 아니라 광둥의 경제를 개선시켜 젊은이들이 굳이 홍콩으로까지 가서 직업을 구할 필요가 없다고 느끼게 만드는 데 있다고 설명했다.

국가계획위원회 대표단은 홍콩에서 돌아온 후 1978년 5월 베이징에서 국무원 산하 홍콩, 마카오 사무 부서를 개설했다. 그리고 외경부 부부장 리창(李强)은 1978년 12월 홍콩을 방문하여 베이징과 홍콩 영연방 정부의 관계 개선을 강화했다. 그는 홍콩에 머무는 동안에 홍콩 총독 머리 맥클레호스 경을 예방하여 홍콩이 중국의 현대화에 중요한 역할을 할 수 있는 조치를 취해 줄 것을 청하는 한편 정식으로 베이징 방문을 요청했다. 국무원에서 고위급 인사가 홍콩을 방문하기 전까지만 해도 홍콩과 대륙의 교류는 많은 제한이 있었으나, 이번 방문으로 홍콩은 중국이 자본 도입과 전 세계 경제 발전에 관한 정보를 입수하는 중요한 전달 창구가 되었다.

중국 영도자들은 일본에 대해서도 관심이 많았다. 그것은 단순히 현대 공업 기술을 도입할 수 있는 원천이기 때문만이 아니라 전체 현대화 과정을 관리하는 성공 전략을 제공할 수 있다고 생각했기 때문이기도 하다. 린후자(林乎加)가 인솔하는 대표단이 1978년 3월 28일부터 4월 22일까지 일본을 방문했다. 대표단은 국가계획위원회, 상업부, 외경부, 그리고 중국은행 간부들로 구성되었다. 일본이 특별한 이유는 당시 중국이 직면하고 있는 유사한 난제를 성공적으로 극복했다는 점에 있었다. 제2차 세계 대전이 끝난 후 일본 경제는 거의 재앙에 가까울 정도로 파탄이 난 상태였다. 전후 강력한 중앙 정부의 통제 아래에 일본 경제는 신속하게 발전하여 서구를 따라잡았다. 그 과정에서 일본 역시 경제 규제, 중앙 계획 경제, 배급제, 가격 관리제 등 전시 경제에서 더욱 자유롭고 활력이 넘치는 민간 경제로 전환했으며, 그 가운데 소비 산업은 공업 성장의 주요 동력이 되었다.

귀국한 후 린후자가 인솔한 대표단은 제2차 세계 대전 후 일본 경제의 발전에 대해 정치국에 보고서를 제출했다. 그 내용은 일본이 대담하게 외국 기술을 도입하고 외자를 이용하여 교육과 과학 연구를 강력하게 추진했다는 것이었다. 린후자는 보고서에서 일본 정부와 경제 단체 모두 중국의 발전을 돕기 위한 원조와 기술을 제공할 용의가 있다고 말했다. 몇 가지 프로젝트 중에서 대표단은 1000만 톤 생산 능력을 갖춘 제철소 건설을 정치국에 추천했다. 비록 이후 중일 관계가 악화되면서 중국 정부가 일본의 중국 부활에 대한 영향력을 낮추기는 했지만 당시 대표단과 이후 덩샤오핑의 일본 방문은 자본과 기술, 그리고 공업 관리 면에서 일본이 중국에 실질적인 공헌을 하게 되는 계기가 되었다.

1978년의 모든 해외 시찰 중에서 중국 발전에 가장 큰 영향력을 끼친 것은 구무가 인솔한 시찰단이 1978년 5월 2일부터 6월 6일까지 서유럽을 방문한 것이었다. 그것과 1978년 11월 중앙공작회의와, 같은 해 12월에 열린 3중전회가 바로 중국 개혁 개방의 세 가지 전환점이다.

구무의 해외 방문과 4대 현대화 건설 이론학습토론회: 1978년 5~9월

중국의 경제 영도자 가운데 구무의 지위는 리셴녠, 위추리 다음이다. 그는 1978년 5월 2일부터 6월 6일까지 고위급 대표단을 이끌고 프랑스, 스위스, 독일, 덴마크, 벨기에 등 서유럽 5개국을 방문했다. 대표단은 출국하기 전에 간단한 정황에 대해 들었지만 기실 서구에 대해 아는 것이 거의 없었다. 존경받는 간부들이 직접 보고 배운 것, 그리고 그들이 귀국한 후에 국무원 좌담회에서 중국의 새로운 가능성에 대해 설명한 내용 등은 이전의 해외 시찰과 또 다른 영향력을 발휘했다. 1975년 덩샤오핑이 프랑스를 방문한 적이 있었지만, 당시 방문 기간은 닷새로 짧았고, 주로 외교 관계에 치중하여 기업을 시찰할 기회가 적었다. 그러나 이와 달리 구무의 방문은 5주간 지속되었고, 대표단의 구성원 대다수가 전문 분야의 간부였기 때문에 당시 중국에 필요한 기술과 방안에 대해 보다 깊이 고찰할 수 있었다. 구무의 회상에 따르면, 출국 전날 덩샤오핑이 그를 만나 다음과 같은 이야기를 했다고 한다. "광범위하게 접촉하고 상세하게 조사하며, 문제에 대해 깊이 연구하고 …… 그들이 경제 활동을 어떻게 관리하는지 살펴보시오. 우리는 자본주의 국가의 선진 경험을 배워야 하며, 그것들을 중국에 가지고 와야 할 것이오."[8]

구무를 대표로 하는 시찰단에 포함된 스무 명은 대부분 화궈펑이 지목한 이들이었다.[9] 그들 중에는 최소 여섯 명의 장관급 간부들로 농업부와 수리부(水利部) 부부장, 그리고 광둥성위원회 서기가 포함되어 있었다. 이와쿠라 사절단의 경우와 마찬가지로 그들 고위급 관리 역시 귀국 후 각기 다른 경제 부문을 이끌 것이기 때문에 선발된 것이었다.[10]

구무 부총리는 경험이 풍부하고 두루 존경받는 경제 관료였다. 그는 1954년 상하이에서 베이징으로 올라와 건설위원회 부주임을 역임한 이후로 줄곧 경제계 최고 영도자 가운데 한 명으로 남아 있었다. 그는 서열로 볼 때 리셴녠과 위추리 다음으로 높은 영도자급으로 업무조(業務組)를 맡아 경제 영역을 총체적으로 이끌었다. 그는 경제 계획뿐 아니라 과학과 기술 분야도 담당했다. 덩샤오핑은 구무가 문화 대혁명 기간에 중용되었기 때문에 처음에는 그다지 신임하지 않았다. 그러나 구무가 실용적이고 능력을 겸비한 간부로서 현대화를 지지하고 있다는 것을 알고는 그에 대한 의심을 거두었다. 구무는 복직한 원로 간부들과 문화 대혁명 기간에 출셋길로 접어든 이들과 모두 좋은 관계를 유지하고 있었다. 실제로 구무는 이처럼 여러 사람에게 존경을 받으면서, 유럽 시찰을 마치고 귀국한 후 대외 무역을 촉진하고, 경제특구를 발전시키는 중임을 맡게 되었다.

구무의 해외 시찰단이 본격적으로 가동될 때만 해도 중미 관계 정상화는 아직 여물지 않았다. 그러나 중국은 시찰단이 방문할 예정인 유럽 5개국과 이미 국교 정상화를 이룬 상태였다. 정상적인 국교를 맺은 후 그들 5개국은 1970년대에 이미 고위급 대표단을 중국으로 보낸 적이 있었다. 그렇기 때문에 중국의 첫 번째 국가급 대표단이 유럽 주요 국가를 방문하게 되자 구무 일행은 최고위급의 대우를 받았다. 병으로 참석하지 못한 중국 주재 벨기에 대사를 제외하고 다른 4개국 중국 주재 대사들이 본국으로 날아가 중국 대표단의 자국 방문 일정을 함께했다.[11]

중국은 냉전의 사고방식에서 이제 막 벗어났기 때문에 구무 대표단의 성원들은 자신들이 적으로 간주될지도 모른다고 생각하고 있었다. 비록 출국 전에 간략한 보고를 받기는 했지만 주최국 인사들의 우호적인 태도와 개방된 모습을 보며 그들은 크게 놀랐다. 당시만 해도 중국의 주요 공장이나 시설은 철저하게 보안을 유지하여, 심지어 일반 중국인들에게도 개방되지 않았다. 그렇기 때문에 유럽인들이 자신들에게 거리낌 없이 공장이나 사무실, 상점, 그 외에 모든 시설을 개방하는 것을 보고, 경이에 가까운 놀라움을 표하지 않을 수 없었다.[12]

시찰단은 5개국 15개 도시를 방문했다. 항구를 참관했으며, 직접 자동차는 물론이고 배나 기차를 타고 여행하기도 했다. 그들은 발전소, 농장, 공장, 상점, 연구소, 그리고 일반인들이 생활하고 있는 거주 지역 등을 직접 방문했다.

시찰단은 몇 조로 나뉘어 전체 여든 군데 서로 다른 지역을 방문했다.[13] 그들은 가는 곳마다 간략한 설명을 들었고, 각종 자료를 수집했다.[14] 그들이 중점적으로 살핀 것은 경제 분야였기 때문에 주로 경제학자들을 주로 만났다. 물론 외교관이나 정치가, 군 장성을 만나기도 했다. 또한 그들은 실리콘 칩을 만드는 공장과 광학 기기 및 화학제품을 생산하는 공장을 방문하여 직접 생산 과정을 살피기도 했다. 자유롭게 관광할 여유는 전혀 없었지만 마르크스가 태어난 곳인 독일 중서부 트리어만은 시간을 내어 방문했다. 독일 자본주의의 성취를 고찰함과 동시에 공산주의 발상지에 대한 나름의 경의를 표하기 위함이었다.[15] 여러 국가를 방문하면서 그곳 산업 단지의 기계화와 자동화 수준 및 노동자들의 노동 생산성은 그들에게 깊은 인상을 남겼다. 특히 컴퓨터를 이용한 스위스 발전소의 전산 관리 시스템과 전자 시스템을 활용한 드골 공항의 항공기 이착륙 상황을 보면서 그들은 놀라움을 넘어 깊은 감동을 받았다. 브레멘 항구에서 시찰단은 처음으로 배에서 직접 화물을 내리고 싣는 현대화된 크레인을 보기도 했다. 유럽 5개국의 농업 생산성은 그들의 상상을 뛰어넘는 것이었다. 몇 년 전 덩샤오핑과 마찬가지로 그들이 얻은 결론은 "중국이 무엇보다 과학과 기술을 배우는 데 전력을 다해야 한다."라는 것이었다.[16]

사실 시찰단은 서구 노동자들이 착취를 당하고 있다는 증거를 찾고 싶었다. 그러나 그들이 방문한 나라의 일반 노동자들의 높은 생활 수준에 오히려 깜짝 놀라고 말았다. 광둥성위원회 서기 왕취안궈(王全國)는 자신이 직접 보고 느낀 감상을 다음과 같이 요약했다. "한 달여 시찰을 통해 우리의 시야가 크게 넓어졌다. …… 보고 들은 것들은 우리 모두를 놀라게 하기에 충분했다. 우리는 크게 자극받았다. …… 우리는 자본주의 국가들이 낙후되고 부패했을 것이라고 생각했지만, 막상 가서 살펴보니 전혀 다르다는 것을 깨닫게 되었다."[17] 시찰단은 유럽인들이 기꺼이 중국에 차관과 현대 기술을 제공할 의사가 있다는 사실에 대해 의외라는 생각이 들었다. 여러 유럽인은 단지 한 차례 연회석상에서 자신들이 200억 달러에 달하는 차관을 준비하고 있다고 발표했다.[18] 시찰단에 참가한 이들은 유럽 국가들이 지방 정부가 자체 재정과 조세를 자유롭게 관리하고, 자신들의 사업에 대해 결정할 수 있는 권리를 부여하고 있다는 사실에 크게 놀랐다. 대표단은 귀국한 후 중국의 재정이 지나치게 집중되어 지방의 당 영도자들에게 주어진 재량권이 충분하지 않다고 생각하게 되었다.[19]

귀국 후 구무가 인솔한 대표단은 일정에 따라 즉시 정치국 회의를 위한 해외 시찰 보고를 준비했다. 회의는 화궈펑이 주재했으며, 오후 3시에 열렸다. 정치국 위원들은 매우 흥분하여 저녁밥을 먹은 후에 토론을 속개하기로 했다. 회의는 밤 11시가 되어서야 끝났다.[20] 구무의 보고를 들은 그들은 중국과 다른 세계 사이에 얼마나 큰 차이가 있는지 깨달았다. 몇몇 영도자는 서구에 관한 구무의 보고에 의심을 품기도 했지만 그들은 구무 대표단의 구성원들을 잘 알고 또한 존중했기 때문에 그들에 대한 신뢰성을 의심하지는 않았다. 오랫동안 서구를 두려워했기 때문에 그들은 서구인들이 그처럼 따뜻하고 친절하게 대하고, 그처럼 개방적으로 기꺼이 차관과 기술을 제공하려 한다는 것에 대해 놀라지 않을 수 없었다. 구무는 자신의 동료들이 자본가들에 대해 의심을 품고 있다는 사실을 잘 알고 있었기 때문에 유럽인들이 투자를 마다하지 않는 것은 그들 나라의 공장 가동률이 떨어져 생산품과 기술을 중국에 팔려고 하는 것이라고 설명했다. 구무는 외국인들이 중국의 생산력 개선을 위해 원조하는 몇 가지 가능한 방식으로 보상 무역과 합자 생산, 그리고 외국인 투자를 제시하는 한편 중국이 이러한 모든 가능성을 세밀하게 검토해야 한다고 건의했다. 구무의 보고가 과장되었다는 우려를 씻기 위해 국외 발전 상황에 대해 잘 알고 있던 원로 간부들, 예를 들어 예젠잉과 녜룽전, 리셴녠 등이 모두 구무의 소개가 객관적이고 분명하다고 칭찬했다. 구무의 보고는 대단히 인상적이어서 정치국 위원들은 거의 모두 중국이 즉시 이러한 기회를 적극 이용해야 한다는 데 동의했다.[21] 다른 나라들도 자본과 원료를 수입해 수출 상품으로 가공하여 판매하는데, "왜 우리가 못할 것인가?"[22]

이후 10여 일 동안 대표단은 보고 자료를 정리한 후 여 정식 보고서를 만들어 6월 30일 정치국에 제출했다. 청력이 좋지 않아 정치국 회의에 참석하지 못한 덩샤오핑은 개인적으로 구무를 접견했다. 덩샤오핑은 구무를 만난 자리에서 중국은 국외 차관을 비롯하여 구무가 건의한 내용에 따라 가능한 빨리 실천에 옮겨야 한다고 말했다.[23] 처음에는 중국 영도자들이 방직 산업에 역량을 집중하기로 결정했다. 이는 당시 중국에 직물이 부족하여 어떤 옷을 사려고 해도 배급표가 필요할 정도였기 때문이다. 직물 공급량이 늘어나면 외부에 대외 개방의 가치를 보다 빠르게 보여 줄 수 있으며, 개혁 개방에 대한 지지를 확보할 수 있을 것이 분명했다. 게다가 식량이 부족한 상태에서 면화 재배 면적을 급속도로 확대할 수도 없는 일이었다. 그렇기 때문에 구무는 일단 화학 섬유를 생산하는 공장을 시급하게 도입하여 한국이나 대만, 일본, 홍콩처럼 방직과 의류 산업을 통해 중국의 경공업을 도약시킬 것을 주장했다.[24]

구무의 해외 시찰을 통해 중국은 자본주의 국가와 새로운 합작에 대한 바람을 가지게 되었다. 그러나 이를 위해서는 구체적인 산업 계획을 다시 세워야 하는 문제뿐 아니라 정부의 규정과 제도에 대한 재검토를 통해 외국 기업이 중국에서 사업을 할 수 있게 만들어야만 했다. 서구 자본가들이 국제 관례에 무지한 중국을 이용할지도 모른다는 의구심도 사라지지 않았다. 그러나 중국 영도자들은 여전히 앞으로 나아가고 있었다. 그들은 경제 영역에 속하는 거의 모든 문제를 심사숙고했다. 예를 들어, 어떤 중국 기업이 외국인들과 관련을 맺을 것인가? 외국인들이 자신들의 이익만을 추구하는 것을 어떻게 효과적으로 방지할 것인가? 대외 무역을 어떻게 중국의 계획 경제 시스템에 융합시킬 것인가? 해외 차관과 기술 도입을 어느 지방이나 개별 단위에서 접수할 수 있도록 할 것인가?

메이지 시대의 일본은 시간적으로 여유가 있었기 때문에 이와쿠라 사절단은 10여 년의 시간을 두고 천천히 『식산흥업건의서(植産興業建議書)』라는 스물한 권짜리 저작물을 만들어 산업 발전의 지침으로 삼았다. 이와 달리 구무를 비롯한 시찰단이 귀국하고 보고서를 작성한 것이나 중국의 영도자들이 적절한 관련 단위(單位)를 조직하여 그들이 배운 내용을 토론케 한 것은 불과 몇 주만의 일이었다.

보고서가 완성되자마자 국무원은 즉각 4개 현대화 건설 이론학습토론회를 소집했다. 회의는 1978년 7월 6일부터 9월 9일까지 지속되었으며, 서구의 기술과 자본을 끌어들일 수 있는 새로운 기회를 어떻게 이용할 것인가에 대해 연구했다. 개막식에서 구무는 자신들이 시찰을 통해 배운 것에 대한 장문의 보고서를 발표했고, 아울러 자신의 개인적 인상을 덧붙였다.[25] 회의는 당시 최고 영도자 가운데 한 명으로 경제를 담당하고 있던 리셴녠이 주관했다. 참석자들에게 과거의 과오에 집착하지 말고 국가가 미래에 무엇을 할 것인가를 생각해 달라고 주문했다. 덩샤오핑은 교육, 과학 기술 및 외교 관련 업무에 바빠 참석하지 못했지만 회의의 간보(簡報)를 계속 보았으며, 회의의 마지막 총결 보고서 초고를 읽은 후에 수정 의견을 제시했다.[26]

참석자들이 호텔에 틀어박혀 며칠 동안 공작회의를 한 것과 달리 이론학습토론회는 2개월 동안 스물세 차례 오전에 열렸다. 국무원 회의에 거의 참가하지 않던 화궈펑도 이번 회의를 중시하여 열세 차례나 참석했다.[27] 회의 당일 오후에는 참석 간부들이 각기 자신의 단위로 돌아가 오전 회의의 내용을 보고하는 한편 각 단위마다 다음 회의에 제기할 문제에 관한 서면 보고서를 준비했다. 이론학습토론회에서 예순 명의 주요 경제 부서와 위원회 대표들이 각자 단위의 전체 사업과 계획을 소개했다. 이를 통해 각 단위는 다른 단위에서 무엇을 어떻게 생각하는지 이해할 수 있었다. 그 자리에서 구체적인 분배와 생산 지표에 대한 논쟁은 하지 않았으며, 세세한 항목은 차후 계획 회의에서 토론할 예정이었다.

외부 세계와 단절된 상태에서 경제 관련 업무를 주관해 왔던 리셴녠은 9월 9일 폐막 회의에서 중국이 이미 대외 개방의 신시기로 진입했다고 선포했다. 그는 이론학습토론회를 총결 보고하면서 중국은 더는 폐쇄 경제를 유지할 수 없으며, 발전을 가속화하기 위해 반드시 외국의 기술과 설비, 자본과 관리 경험을 도입해야 할 것이라고 주장했다. 아울러 만약 중국이 현재 주어진 유리한 조건을 최대한 이용할 수 있다면, 중국은 20세기에 현대화의 중대한 진전을 이룩할 수 있을 것이라고 덧붙였다. 그는 이러한 목표를 달성하기 위해 1978년부터 1985년까지 180억 달러에 달하는 화물과 설비를 수입할 것이라고

공언했다.[28]

1978년 여름, 이론학습토론회에 참가한 이들은 이제 막 글로벌 경제 체계를 이해하기 시작했는지라 중국은 시장 경제를 아직 시험하지 못한 상황이었다. 그러나 비교적 자유로운 분위기에서 참가자들은 향후 20년간 계속 논의해야 할 중요한 모든 문제, 예를 들어 시장, 분권(分權), 가격, 대외 무역, 미시 경영, 거시 경영 등에 대해 나름의 의견을 제시할 수 있었다. 그 가운데 가장 긴박한 문제는 바로 다음 두 가지였다. 중국이 어떻게 하면 통제를 잃지 않고 대외 무역과 외국인의 역할을 확대할 수 있을 것인가? 어떻게 해야 중국은 개인, 지방, 외국인에게 인센티브를 제공하면서도 국가 계획 경제의 전면적인 통제를 확보할 수 있을 것인가?

이론학습토론회의 논의를 통해 마련된 향후 10년간의 전망은 구무 대표단이 해외를 시찰하면서 지니게 된 낙관론과 흥분된 정서를 반영한 것이었다. 예를 들어 중국이 석유를 수출 자금으로 하여 새로운 공장 설비 수입 비용을 지불할 수 있을 것이라는 가설은 이후 완전히 비현실적인 것으로 판명이 났다. 전에 없던 기회에 고무되어 포부는 대단했고, 경험이 부족한 간부들은 잃어버린 20년을 보상받겠다는 기대에 부풀었지만, 그것은 그들이 지닌 능력에서 벗어난 일이었다. 그러나 비록 지나친 낙관론의 경향이 있었으나 이론학습토론회의 간부들은 정부의 통제를 포기하지 않았다. 외국인들은 여전히 중국 경제로 진입하는 데 제한을 받지 않을 수 없었다. 외국인이 중국 경제에 참여하기 위해서는 대외 무역과 관련한 특정한 정부 기관의 중개를 통해야만 했고, 해당 부서에서 외국어에 능숙하거나 외국인에 대해 일정한 지식을 갖춘 이들이 중국의 이익을 보호했다.

이론학습토론회가 열리는 동안 낙관적인 참석자들은 냉정하고 신중한 태도를 견지한 간부들을 대표하는 천윈의 발언은 거의 경청하지 않았다. 천윈은 1962년 마오쩌둥에게 배척받은 이후로 줄곧 관직을 얻지 못한 상태였다. 그러나 어느 누구도 맹목적이고 낙관적이었던 대약진 운동이 중국 경제를 얼마나 참혹하게 파괴했는지 잘 알지 못했고, 그때까지는 어느 누구도 그처럼 낙관적인 분위기에 감히 찬물을 끼얹는 행동을 한 적이 없었다. 이론학습토론회가 막바지로 향할 때, 토론회의 몇몇 발언을 들은 그는 자신의 옛 부하였던 리셴녠에게 다른 의견을 청취하기 위해 회의를 며칠 연기하는 것이 좋겠다고 하면서 이렇게 말했다.[29] "외국에서 돈을 빌려 오는 것이 맞기는 하오. …… 하지만 한꺼번에 이렇게 많은 돈을 빌려 오면 …… 우리가 관리할 수가 없소. 몇몇 동지는 그저 외국의 상황만 보고 우리나라의 현실은 보지 않고 있소. 우리의 산업 기반은 그들과 비교할 수 없고, 우리의 기술 능력도 그들을 따라갈 수 없단 말이오. 그들은 단지 우리가 돈을 빌릴 수 있다는 것만 보고 있소. …… 만일 균형감을 잃고 국외 차관에만 의지한다면 절대로 되지 않아요."[30] 그러나 회의 참석자들은 앞으로 나아갈 것만 생각했으며, 화궈펑은 다른 의견을 듣기 위해 회의를 연장할 생각이 없었다.

덩샤오핑은 이론학습토론회에 참석하지 않았으나 회의의 진행 상황을 지켜보았으며, 낙관적 분위기에 대해서도 제재를 가하지 않았다. 180억 달러에 달하는 기술과 설비 차관을 결정했다는 이야기를 들었을 때 그는 무심하게 이렇게 말했다. "왜 800억 달러를 빌리지 않고?" 이론학습토론회가 개최되기 2개월 전 즈비그뉴 브레진스키는 덩샤오핑을 만났을 때 덩샤오핑의 생각이 어떠한가를 정확하게 꿰뚫고 있었다(11장 참조). 그는 카터 대통령에게 덩샤오핑이 대단히 조급한 것 같다고 말했다.

불꽃을 점화하다: 1978년 9월 13~20일

마오쩌둥은 중국 혁명의 도화선에 불을 붙이면서 유명한 글 「작고 작은 불씨가 넓은 들판을 태울 수 있다(星星之火可以燎原)」를 썼다. 이와 마찬가지로 덩샤오핑의 둥베이행(東北行, 1978년 9월 13~19일)은 후야오방이 말한 대로 중국의 거대한 변혁을 일으키는 불꽃을 일으켰다. 이러한 변화는 그해 가을에 소집된 중앙공작회의에 그대로 반영되었다.[31] 어쩌면 이러한 변화 속에 덩샤오핑이 최고 영도자의 자리에 오르게 되었다는 말도 덧붙여야만 할 것이다. 덩샤오핑이 회고하고 있듯이, 그가 개혁 개방을 위한 '불꽃을 일으키기' 위해 여러 지역으로 돌아다니면서 세 차례의 중요한 시점이 있었다. 첫 번째는 1977년 11월 광저우에서 예젠잉과 함께 인민해방군과 지방 간부들을 접견한 자리다. 당시 덩샤오핑은 그들에게 광둥의 경제를 살아나게 하는 것은 바로 당신들의 역할이라고 말했다.[32] 두 번째는 1978년 2월 버마와 네팔을 방문하기에 앞서 쓰촨에 잠시 머물 때였다. 당시 그는 자오쯔양과 만나 농촌과 도시의 개혁 문제를 논의했다.(쓰촨에서 그는 농민들이 오리 세 마리를 기른다면 사회주의이고, 다섯 마리를 기른다면 자본주의자라고 말하는 것을 조롱한 적이 있다.[33] 그는 편협하고 융통성 없는 교조에서 자유로워야 한다고 하면서 빈곤은 결코 사회주의가 아니라고 말했다.) 세 번째는 조선노동당 창립 30주년을 기념하는 축전에 참석하고 돌아오는 길에 둥베이 지방을 방문한 것이다.

마지막으로 불꽃을 일으킬 당시 덩샤오핑은 이른바 둥베이 삼성(헤이룽장 성, 지린 성, 랴오닝 성을 말하는데, 일본인들은 만주라고 일컫는다.)에서 며칠간 체류했다가 탕산과 톈진으로 향했다. 그는 그곳에서 더욱 대담하게 화궈펑의 양개범시에 얽매이지 말고 마오쩌둥 사상에서 과감하게 벗어나기를 지지했다. 덩샤오핑이 둥베이로 가기 3개월 전에 발표된 「실천은 진리를 점검하는 유일한 표준이다」라는 주장과 양개범시 주장 사이에서 격렬한 논쟁이 뜨겁게 타오르기 시작했다. 덩샤오핑이 둥베이로 가기 몇 주 전 화궈펑의 선전부 책임자인 장평화(張平化)가 둥베이 각지를 시찰하면서 간부들에게 양개범시를 지지할 것을 요구한 바 있었다.(덩샤오핑이 3중전회에서 더욱 큰 권력을 차지한 후 장평화는 제일 먼저 면직된 간부 가운데 한 사람이 되고 말았다. 그의 자리는 후야오방이 대체했다.) 그렇기 때문에 덩샤오핑이 둥베이로 간 것은 장평화의 주장에 대응하는 효과적인 방법이 되었다. 그는 사람들이 개혁 개방을 위해 좀 더 과감하게 노력할 수 있도록 자극할 필요가 있었다. 화궈펑 주석이 베이징의 선전 기구를 장악하고 있었기 때문에 덩샤오핑은 베이징에 있을 때는 직접적인 충돌을 피하기 위해 조심스럽게 발언했다. 그러나 베이징 밖에서는 많은 관중에게 이야기할 수 있었으며, 발언을 유보하는 경우도 많지 않았다. 게다가 비공식적인 자리에서는 공식적인 강연의 비준 절차를 밟지 않았다. 덩샤오핑은 강연을 하면서 직접적으로 왕둥싱을 공격하지는 않았지만 분명하게 양개범시를 비판하고 실천 표준을 지지했다. 이는 덩샤오핑 자신이 화궈펑과 다른 의견을 지니고 있다는 간접적인 의사 표시였다. 정치적인 두뇌를 지닌 중국 관리들은 덩샤오핑이 실천 표준을 찬성하고 양개범시를 반대한다는 것은 곧 화궈펑과 당내 최고 영도자의 자리를 놓고 경쟁하면서 좀 더 많은 지지를 얻기 위함이라고 생각했다. 덩샤오핑이 굳이 둥베이 지방에서 불꽃을 당기려 한 것도 나름의 이유가 있었으니, 그곳이 바로 그를 지지하는 이들의 근거지였기 때문이다. 랴오닝의 런중이, 지린의 왕언마오(王恩茂), 그리고 선양 군구 사령관인 리더성 등이 모두 실천 표준 지지 선언에 앞장서고 있었다.

지린 성 당원 간부 대회에서 덩샤오핑은 양개범시를 고취하는 이들을 비판하면서, 그들은 마오쩌둥 사상의 정수가 바로 실사구시라는 사실을 이해하지 못하고 있다고 말했다. 아울러 그는 마르크스·레닌주의는 중국 혁명가들에게 농촌이 도시를 포위해야 한다고 말한 적이 없다고 하면서, 마오쩌둥이 군사적으로 승리한 것은 그가 마르크스·레닌주의를 당시 중국의 구체적인 조건에 부합시켰기 때문이라고 말했다. 그는 계속해서 마찬가지로 외국인들이 중국에 물건을 파는 것을 거절한 것은 대외 무역 발전을 위한 조건이 아직 성숙하지 않았기 때문이지만 지금은 외국과 경제 관계 개선을 위한 조건이 유리하게 변했다고 하면서, 사인방은 외국과 관계 개선을 '매국'이라고 말할지도 모르지만 마오쩌둥 사상의 위대한 기치를 높이 드는 가장 정확한 방식은 바로 이러한 변화에 적응하여 대외 무역을 촉진하는 것이라고 말했다.[34]

랴오닝에서 덩샤오핑은 자신을 포함한 중국 영도자들은 반드시 놀라울 정도로 인내심을 지닌 중국 인민들에게 빚을 지고 있다는 것을 인정해야 한다고 말했다. 정치적으로 노회한 이들은 덩샤오핑의 발언에 숨은 뜻을 눈치챘다. 그렇기 때문에 덩샤오핑은 굳이 "'우리'는 인민 대중에게 빚지고 있으니, 누가 이를 책임질 것인가? 어느 누가 변화를 통해 과오를 바로잡는 것을 원치 않는가? 누가 마오쩌둥이 말한 말이 모두 정확하다고 믿고 있는가."라고 덧붙일 필요가 없었다. 대신 그는 이렇게 말했다. "우리나라의 제도는…… 기본적으로 소련에서 그대로 옮겨 온 것이다. 그것은 낙후되어 그저 피상적인 문제만 다룰 수 있을 뿐이어서 기구들이 중첩되고 관료주의를 조장할 뿐이다. …… 만약 자본주의 국가보다 더욱 빠르게 발전할 수 없다면 우리 제도의 우월성을 증명할 수 없을 것이다." 덩샤오핑은 화궈펑이 체제를 변화시키고 경제 발전을 위해 견실한 토대를 마련하기에 충분치 않다는 결론을 내리는 데 굳이 비약할 필요가 없었다.

덩샤오핑은 둥베이에 머물면서 군에서 자신의 지지를 확고하게 하고 싶었다. 둥베이에서 최고위급 군사 지도자이자 선양 군구 사령관인 리더성은 예전에 제2야전군에서 덩샤오핑의 수하에 있었다. 덩샤오핑이 공장과 농촌, 부대를 시찰할 때마다 그는 덩샤오핑을 수행했기 때문에 함께 이야기를 나눌 기회가 많았다.[35] 그러나 덩샤오핑은 해군 제1정치위원으로 뤼순, 다롄 항에 머물고 있는 또 한 명의 최고위급 군사 지도자인 쑤전화의 충성심에 걱정이 많았다. 쑤전화 역시 제2야전군 시절 덩샤오핑 휘하에서 근무한 적이 있었지만 그는 충분한 충성심을 보이지는 않았다. 1976년 간부들에게 덩샤오핑을 비판하라는 지시가 떨어졌을 때 그는 필요한 정도를 벗어나 지나치게 비난을 퍼부었다. 1978년 4월 잔장 항(湛江港)에 정박 중인 구축함에서 폭발 사고가 일어나 많은 인명 피해가 났을 때 덩샤오핑은 쑤전화가 당시 중국 해군의 최고위급 지도자이자 정치국의 대표자로서 책임을 져야 한다고 생각했다. 쑤전화는 덩샤오핑에게 비판을 받은 후 얼마 안 있어 화궈펑이 북한을 방문하고 귀국하는 길에 둥베이에 잠시 머물 것이라는 통지를 받았다. 그는 덩샤오핑과 화궈펑이 대립하고 있다는 것을 잘 알고 있는 데다 때마침 덩샤오핑에게 비판을 받아 불쾌한 마음이 들었기 때문에 화궈펑을 환영하는 의식의 일환으로 다롄 항에서 120척의 군함이 참가하는 대대적인 해군 검열을 거행하기로 마음먹었다. 쑤전화가 이를 통해 화궈펑을 공개적으로 지지하려 한다는 소식을 듣고 덩샤오핑은 불같이 화를 내는 한편 자신의 군대 내 영향력을 적극 이용하여 검열을 취소시켰다. 덩샤오핑은 둥베이를 시찰하면서 군부에서 어느 누구도 화궈펑을 지지하지 않도록 하려고 애를 썼다. 이를 위해 그는 시찰 기간 내내 이전에 자신의 충실한 부하였던 리더성과 긴밀한 관계를 유지하면서 힘을 모았다.

덩샤오핑은 연설할 때마다 청중에게 사인방에 대한 비판을 끝내고 사업의 핵심을 생산 증대에 필요한 일로 전환해야 한다고 역설했다. 덩샤오핑은 이미 생산 증대를 위한 공작에 만반의 준비를 끝낸 상태였다. 그렇기 때문에 청중은 그가 더욱 큰 책임을 감당할 결심을 했다는 사실을 의심하지 않았다.

중앙공작회의: 1978년 11월 10일~12월 15일

공식적인 중국공산당사에서 1978년 12월 18일부터 22일까지 개최된 11기 3중전회(三中全會, 중앙위원회 제3차 전체회의)는 덩샤오핑의 '개혁 개방' 정책을 개시한 회의로 알려져 있다. 사실 3중전회는 11월 10일부터 12월 15일까지 중앙공작회의에서 격렬한 토론을 거쳐 도출해 낸 결정을 정식으로 비준한 것에 지나지 않았다. 마오쩌둥이 세상을 뜨고 사인방이 체포된 지 2년이 지난 후에 개최된 중앙공작회의는 마오쩌둥에게 불경(不敬)하다는 질책이나 비난에 대한 걱정 없이 여러 가지 다양한 주제를 새롭게 논의할 수 있었다. 회의가 끝날 무렵 덩샤오핑은 이번 회의는 참가자들이 자신들이 진정으로 믿고 있는 것에 대해 솔직하게 발언할 수 있었다는 점에서 당의 민주적인 토론 전통을 회복했다고 칭찬했다. 그는 11기 3중전회가 1957년(쌍백 운동으로 자유로운 의견 발표를 적극 격려했다.) 이래로 당에서 이루어진 회의 가운데 가장 훌륭한 것이라고 말했다.[36] 누군가는 그 회의가 1945년 중공 7대(중국공산당 제7차 전국대표대회) 이후로 가장 좋은 회의였다고 했으며, 또 누군가는 1941년부터 1942년까지 옌안 정풍 운동 이래로 가장 훌륭한 회의였다고 말했다.[37]

중앙공작회의는 화궈펑 주석이 소집하여 첫 번째로 발언했는데, 그의 발언에서 자신에게 닥쳐올 사안이 무엇인가를 인지하고 있다는 아무런 증표도 발건할 수 없있다. 그는 11월 10일 개회를 선언히면서 회의의 주요 외제는 농업과 1979년부터 1980년까지 국가발전계획에 관한 것이라고 말했으며, 아울러 국무원의 4개 현대화 이론학습토론회의 내용에 대한 후속 토론을 계속할 것이라고 했다. 그가 말한 회의 계획은 덩샤오핑이 1년 전에 광둥에서 인민해방군 회의에서 제창한 내용, 즉 사인방에 대한 비판을 끝내고, 4개 현대화에 집중해야 한다는 것과 완전히 일치했다. 그러나 회의가 시작되고 이틀이 지난 뒤 화궈평의 회의 계획은 광범위한 정치 토론으로 인해 궤도에서 벗어나고 말았다.

화궈평이나 덩샤오핑은 당시 정치적 분위기가 얼마나 철저하고 신속하게 변화하고 있는지 전혀 예상치 못했다. 덩샤오핑은 몇 주 전 회의에서 발언할 원고의 개요를 준비한 후 후차오무와 위광위안에게 보완할 것을 주문했다.[38] 그러나 11월 14일 그가 동남아시아 순방을 마치고 돌아온 후 베이징의 분위기가 돌변했다는 소식을 듣고, 연설문 작성자에게 전혀 다른 연설 원고를 마련토록 지시했다.[39]

정치 환경의 변화가 화궈평에 대한 지지를 크게 약화시킬 것임을 즉시 알아챈 예젠잉은 화궈평과 만나 그러한 변화를 받아들이겠다는 내용의 연설을 준비하는 것이 좋겠다고 말했다. 11월 11일부터 25일까지 중차대한 드라마의 제1막이 열렸다. 11월 15일 덩샤오핑이 공작회의에 참석하자 회의의 초점은 이미 경제에서 정치로 바뀌었고, 정치 풍향은 화궈평과 양개범시를 비판하는 쪽으로 바뀌고 말았다. 나중에 몇몇 당내 원로 영도자가 말한 것처럼, 쭌이회의가 마오쩌둥이 당 주석이 되는 중요한 전환점이었던 것과 마찬가지로 당시 공작회의는 덩샤오핑의 굴기를 상징하는 결정적 사건이었다.[40]

공작회의는 210명의 중공 최고위급 간부들이 참석한 가운데 진행되었다. 참가자 중에는 당정군(黨政軍, 당·정부·군부)의 주요 인사들은 물론이고 중앙과 지방의 각 지부의 책임자, 각 성급 단위 당위원회에서 온 최고 영도자급 인사 두 명, 그리고 일선에서 물러난 존경받는 원로 간부들이 포함되어 있었다. 그리고 이외에도 거시적인 이론적 시각을 제공하는 데 도움을 줄 만한 당원들도 참석했다. 화궈평은 개막식 연설에서 회의가 원래 20일 동안 개최될 예정이었지만 좀 더 연장될 수 있다고 말했다. 결국 회의는 36일간 지속되었다. 참가자들은 중난하이에서 도보로 이동할 수 있는 징시 호텔에 묵으며 외부 출입을 하지 않았기 때문에 저녁과 주말, 정식 회의 이외의 시간에도 계속 토론을 진행할 수 있었다.[41] 전체회의와 분임회의로 이루어진 회의 형식이나 징시 호텔에 모든 참가자가 함께 투숙하여 외부 출입을 할 수 없다는 점 등은 1977년 3월 중앙공작회의의 규정이나 방식과 같았지만 20개월이 지난 후의 정치 분위기는 판연히 달랐다.

이러한 회의 형식은 모든 참가자의 적극적인 참여를 유도했다. 네 차례에 걸친 전체회의 외에도 참가자들은 지역(화베이, 둥베이, 화둥, 중난, 시난, 시베이)에 따라 6개 조에 소속되어 토론에 참석했다. 각 조에 소속된 참가자들은 모두 자신의 의견을 발표할 수 있었다. 매일 각조 회의의 간략한 보고서가 전체 참가자들에게 전달되었으며, 각 조에서 의견을 보고서에 기록할 내용은 참가 성원의 거수 표결로 결정되었다.[42] 덩샤오핑은 다른 정치국 상임위원회 위원들과 마찬가지로 분조회의에는 참석하지 않았지만 매일매일 보고서 내용을 유심히 지켜보았다.[43]

화궈펑은 회의가 시작된 후에야 많은 참가자가 양개범시와 1976년 4·5 시위자들에 대한 엄중한 비판에 불만을 지니고 있으며, 문화 대혁명 기간에 비판받았던 원로 간부들에 대한 평반(平反)*을 유보시키고 있는 것에 대해 불만이 많다는 것을 깨달았다.[44] 4·5는 특히 민감한 사안인 데다 화궈펑이 취한 조치(調整) 역시 여전히 참가자들을 만족시킬 만한 수준이 아니었다. 그는 일찍이 1977년 3월에 개최된 중앙공작회의에서 4월 5일에 톈안먼 광장에 몰려들었던 이들은 모두 저우언라이를 추모하기 위한 것임을 승인한 적이 있었다. 그러나 당시 시위는 여전히 '반혁명 사건'이라는 딱지가 붙어 있었다. 1978년 11월 대다수 회의 참가자들은 이러한 불공정한 조치에 화가 난 상태였다.[45] 비록 화궈펑이 거듭 덩샤오핑은 4·5 시위에 참가한 적이 없다고 말했지만, 대다수 원로

---

* 잘못된 판결을 바로잡음, 즉 복권을 말한다.

간부들은 바로 이 사건 때문에 덩샤오핑이 재차 실각되고 화궈펑이 그의 자리를 차지하게 되었다고 믿었다. 그렇기 때문에 그 사건에 대한 평가는 일정 정도 덩샤오핑에 대한 평가와 다를 바 없었다. 그래서 많은 이가 그 사건에 대해 새롭게 평가하여 '혁명 운동'으로 규정지을 것을 주장했던 것이다.[46]

화궈펑은 그의 처음 연설에서 4개 현대화에 초점을 맞추었다. 그는 이를 통해 정치적 의견 불일치에서 벗어나 이미 합의된 경제 문제를 논의하고자 했다. 화궈펑은 개막식 연설을 준비하면서 조심스럽게 자신을 비판하는 이들을 무마하기 위해 상당한 양보를 내용에 담았다. 그가 명확하게 양개범시를 버렸다고 말하지는 않았지만 아예 양개범시라는 말을 언급조차 하지 않았다. 대신 그는 회의 일정을 설명한 후 외국의 차관과 기술, 그리고 상품을 받아들여, 이를 경제 계획의 일부분으로 삼겠다고 분명히 언급했다. 이는 모두 마오쩌둥이 허락하지 않던 것이었다. 그는 직접적으로 정치 운동을 부정하지 않았지만, 자신은 사회의 상층부터 바닥까지 모든 이를 동원하는 운동의 발동을 신중하게 고려했다고 하면서, 수많은 시간과 정력을 낭비하는 것보다 국가가 당면한 긴박한 문제를 해결하는 데에 역량을 집중하는 것이 낫다고 생각한다고 말했다. 화궈펑은 또한 회의 참가자들에게 자신이 일찍이 비판 대회에서 거리 시위 불허를 지시했다고 덧붙였다.[47] 개혁 추진과 원로 간부들의 조속한 복귀를 희망하던 대다수 참가자들도 비록 화궈펑이 직접적으로 문화 대혁명과 계급 투쟁을 비판한 적은 없지만 당시 최악의 폭행을 종식시키기 위해 많은 노력을 했다는 점을 인정했다. 이 점에서 덩샤오핑 역시 화궈펑이 행한 연설의 주된 취지에 대해 동의하지 않을 수 없었다.

11월 13일 오후 개최된 제2차 전체회의에서 지덩쿠이 부총리가 농업 문제에 대해 발언할 때만 해도 화궈펑은 그럭저럭 전체회의 분위기를 장악하고 있는 것처럼 보였다. 대다수 회의 참가자들은 한때 농촌의 기층(基層, 하층·저층)에서 업무를 책임졌던 이들로 대약진 운동 이후의 기아 상황을 직접 목도했다. 중국공산당은 농민들의 지지를 통해 정권을 잡았지만, 그들은 정책 실패로 인해 수천만 명의 농민이 아사하고 심각한 식량 부족에 시달리는 상황이 지속되면서 그러잖아도 부족한 외화를 식량 수입에 쓸 수밖에 없다는 사실을 누구보다 잘 알고 있었다. 회의석상에 앉은 영도자들은 굶주린 농민들과 제정신이 아닌 기층 간부들을 바라보면서 그러한 재앙의 결과에 대해 다루지 않을 수 없었다. 물론 중공은 고통스러운 과오를 범하게 된 주요 원인을 린뱌오와 사인방에게 돌렸지만 그러한 잘못된 결정을 내린 책임을 면할 수는 없었다. 시간이 흐를수록 간부들은 이전까지 차마 공개적으로 하지 못했던, 마오쩌둥이 일부 책임을 져야 한다는 이야기를 사사롭게 하고 싶어 했다.[48]

이러한 배경에서 지덩쿠이의 연설은 회의 참가자들에게 농업 정책을 제정하면서 정직하고 솔직한 작풍(作風)을 되살려야 한다고 생각하게 만들었다. 그는 마오쩌둥 시대의 부풀려지고 맹목적으로 낙관적이며, 공허한 미사여구에서 벗어나 솔직하고 포괄적으로 농촌 문제의 심각성을 강조했다. 그는 국가의 농업 정책의 변화가 지나치게 빠르고 예측하기 어려우며, 때로 각지의 정황에 부합하지 않음을 인정했다. 참가자들은 당이 여전히 당면하고 있는 식량 부족 문제를 해결해야 한다는 것을 알고 있었다. 이에 지덩쿠이는 농업 문제를 해결하기 위해 농업에 대한 투자를 확대하고 종자와 화학 비료의 공급을 개선하며, 농민들이 이용할 수 있는 대출금을 배로 늘리고, 식량 수매가를 30퍼센트 올릴 것을 제안했다.[49]

그러나 지덩쿠이의 개방적인 자세나 화궈펑이 보여 준 화해의 제스처는 지금까지 규모가 큰 당(黨) 회의에서 발언된 적이 없었던 확고한 신념을 반영할 수 있는 솔직한 토론이 되기에 충분하지 않았다. 그러한 신념 가운데 하나는 바로 화궈펑이 더는 당이 필요로 하는 최고 영도자로서 리더십을 발휘할 수 없다는 것이었다. 회의가 시작되고 얼마 되지 않아 중남조(中南組)에 참가하고 있는 이들이 「실천은 진리를 점검하는 유일한 표준이다」라는 말을 적극 지지하고 나섰다.[50] 11월 11일 회의가 시작된 그다음 날이자 분조 토론 첫날 수많은 회의 참가자는 화궈펑과 왕둥싱이 보다 많은 평결 번복(平反)을 차단하려는 것에 반발했다. 그들은 이미 작고한 덕망 있는 간부들의 정명(正名)과 예전에 자신들의 동료였던 이들의 복귀를 요구했다.

11월 11일 신망 있는 세 명의 간부, 천자이다오, 리창(李昌), 뤼정차오(呂正操) 등이 자신의 소조(小組)에서 더욱 많은 이를 복권시켜야 한다고 주장했다. 회의가 끝날 무렵 분위기는 거의 열광적이었다. 이에 예젠잉이 화궈펑에게 이미 변화된 정세에 순응하든지 뒤로 물러날 것을 준비하는 것이 좋겠다고 권고했다.[51] 화궈펑을 포함한 모든 참가자는 1964년 흐루쇼프가 브레즈네프 등 여러 간부에 의한 쿠데타에 의해 소비에트 지도자 자리에서 물러나게 되었다는 사실을 잘 알고 있었다.

11월 12일 또다시 아홉 명의 간부들이 분조 회의석상에서 화궈펑과 왕둥싱이 이전에 거절했던 평결 번복을 다시 요구했다. 그들 가운데 가장 영향력이 있는 이는 천윈이었다. 후차오무가 윤색한 그의 연설 내용으로 인해 회의 분위기가 바뀌었다는 설이 있으나 사실은 그가 연설하기 전에 이미 전체 분위기가 바뀐 상태였다. 그에 앞서 어떤 이가 소조 토론에서 그러한 주제로 이야기를 한 바 있었다. 그러나 천윈의 발언은 개인 인사 기록을 바탕으로 한 것이기 때문에 좀 더 새롭게 상세한 자료를 제공할 수 있었다. 천윈은 이미 40여 년 전부터 인사 업무를 담당해 왔기 때문에 그의 연설은 더욱 무게가 있었다. 그는 동북조(東北組)에서 발언하면서, 화궈펑이 경제 문제에 초점을 맞추려고 하는 것을 부정했다. 그는 간부들의 열정을 적극적으로 끌어내 경제 사업을 성공적으로 이끌기 위해서 당은 무엇보다 아직까지 해결되지 않은 정치적 논란을 제대로 처리해야 한다고 말했다. 또한 그들은 불공정하게 비판을 받았던 다음 다섯 부류의 사람들의 누명을 벗겨 주어야 한다고 말했다.

1. 문화 대혁명 동안 '반도 집단(叛徒集團)'으로 비판받았던 보이보를 비롯한 예순한 명.[52]
2. 1940년 감옥에서 나오기 위해 적에게 자수했다는 이유로 그릇된 비판을 받은 인사(중조부(中組部, 중앙 조직부)의 결정에 따라 그릇되게 반도로 판정된 이들)들은 마땅히 당적(黨籍)을 회복시켜 주어야 한다.
3. 1937년 투옥된 타오주(陶鑄), 왕허서우(王鶴壽)는 아무런 근거도 없이 반도로

지목되었다.

4. 고인이 된 펑더화이 원수의 명예를 회복시켜 주고, 그의 유해는 바바오 산 혁명공묘에 안장해야 한다.

5. 1976년 4월 5일 톈안먼 사건은 대중 운동으로 간주되어야 한다.

천원은, 캉성이 문화 대혁명 동안에 당의 걸출한 영도자들을 공격하고, 그들의 경력과 삶에 피해를 주었기 때문에 비록 고인이 되기는 했지만 자신의 잘못에 대한 책임을 져야 한다고 덧붙였다.[53]

천원의 발언에 깊은 원한의 감정이 섞여 있다는 것은 상상하기 어려운 일이 아니었다. 특히 화궈평은 그에게 요직을 맡기지 않았고, 왕둥싱은 1977년 3월 중앙공작회의에서 덩샤오핑을 복귀시켜야 한다는 내용의 발언을 인쇄하여 배포하는 것을 거절한 적이 있었다. 그러나 강렬한 감정 섞인 발언을 한 사람은 그뿐이 아니었다. 모든 소조에서 발언자들은 오랫동안 억압되었던 울분을 터뜨렸고, 화궈평과 왕둥싱이 억울하게 비판받았던 훌륭한 간부들의 복귀를 막고 있는 것에 대해 강력하게 반발했다. 그들은 누구보다도 굴욕과 육체적 학대가 어떠하다는 것을 잘 알고 있었다. 여섯 개 소조의 발언자들은 연이어 박해받은 간부들의 억울한 누명을 벗기고 복권시킬 것과 이미 고인이 되었지만 수많은 죽음에 책임을 져야 할 캉성을 규탄하는 것은 물론이고 예전에 그의 비서였던 리신 또한 캉성을 도와 평결 번복을 통한 명예 회복을 막았기 때문에 비판해야 한다고 주장했다. 이런 분위기 속에서 화궈평과 왕둥싱에 대한 불만은 더욱 커져 갔다.

중앙공작회의가 아직 시작되기 며칠 전부터 베이징 치안을 책임지던 중국공산당 베이징시위원회에서 이미 이러한 분위기가 감지되었다. 린후자는 1976년 4월 5일 톈안먼 시위자들을 체포한 것에 대한 책임을 지고 물러난 우더를 대신하여 그해 10월 9일 베이징시위원회 서기로 취임했다. 그가 임명되자마자 베이징시위원회는 4·5 시위에 참가하여 압송된 이들은 언제, 어떤 방식으로 석방할 것인가에 대해 고려하기 시작했다. 심지어 중앙공작회의 이전에 이미 발표할 성명 초고를 준비한 상태였다.

린후자는 중앙공작회의에 참가하여 화북조(華北組)의 조장이 되었다. 예젠잉과 화궈펑이 면담하고 천원의 발언이 끝난 후, 분위기가 확실히 바뀌었다는 사실을 감지한 그는 11월 13일 베이징시위원회 확대회의를 개최하고, 회의가 끝난 후 베이징시위원회의 명의로 성명서를 발표했다. 그 내용은 4·5 시위 사건은 반혁명 사건이 아니라는 화궈펑의 양보 발언을 훨씬 뛰어넘는 것으로 다음과 같았다. "1976년 청명절에 대규모 군중이 톈안먼 광장에 모여 경애하는 저우언라이 총리를 추모했다. …… 그들은 국가와 인민에게 엄청난 재앙을 가져다준 사인방이 저지른 범죄 행위에 대해 통탄했다. 이는 …… 완전히 혁명적인 행동이었다. 이것으로 인해 박해를 받은 모든 동지의 억울한 누명을 벗겨 주고 그들의 명예를 회복시켜야 한다."[54]

중국공산당 베이징시위원회 산하 기관지로 린후자가 책임을 맡고 있는 《북경일보(北京日報)》는 즉각 성명서를 게재했다. 이어서 중앙공작회의에 참가하고 있던 신화사 사장 쩡타오(曾燾),《인민일보》총 편집장 후지웨이,《광명일보》총 편집장 양시광 등 주요 신문 방송 매체의 최고위급 간부이자 중앙선전부 부부장인 세 사람은 과감하게 각자의 매체에 《북경일보》의 글을 전재하기로 결정했다. 다음 날인 11월 15일 《인민일보》와 《광명일보》에 큰 표제로 《북경일보》에 발표된 내용이 실렸다. "중국공산당 베이징시위원회는 1976년 톈안먼 사건은 완전히 혁명적인 행동이라고 선포했다." 신화사 역시 군중이 참여한 것은 혁명적인 행동이며, 그 사건 자체가 혁명적이라는 내용을 방송했다. 이튿날 《인민일보》와 《광명일보》는 11월 16일 신화사의 성명을 전재했다.

통상적으로 그처럼 중요한 정치 성명은 반드시 정치국의 비준을 얻어야만 했다. 그러나 세 명의 대담한 편집자들은 정세가 급변하고 있음을 감지하고, 윗선의 허가도 없이 곧바로 행동에 돌입했던 것이다.[55] 후야오방은 그들 세 사람이 정치국은 물론이고 심지어 자신에게도 사전에 일언반구하지 않은 것에 대해 책망했다. 그러자 쩡타오는 만약 사전에 후야오방에게 보여 주었다면 그가 그 결정에 대해 막중한 책임을 져야 하기 때문에 차라리 자신들이 책임지는

것이 나으리라 생각하고 먼저 발표한 것이라고 말했다.[56]

성명서가 발표되자 회의장은 한차례 소동이 일어났다. 린후자는 당연히 자신의 대담한 행동에 대한 비판 여론이 비등해질 것을 걱정했다. 11월 16일 두 군데 신문에 관련 문장이 게재된 후 그는 세 명의 편집자 가운데 한 명에게 전화를 걸어 관련 문장을 머리기사로 실은 것은 누구의 재가를 얻은 것이냐고 물었다. 《북경일보》의 내용 전재는 주편이 결정한 것이라는 답을 들은 린후자는 《북경일보》의 글은 자신이 책임을 지겠지만 다른 두 신문의 머리기사는 그 신문의 주편이 각자 책임을 져야 한다고 말했다. 화궈펑의 진노가 두려웠던 린후자는 즉시 그에게 전화를 걸어 설명과 더불어 양해를 구했다. 전혀 의외였던 것은 화궈펑이 성명서 발표에 대해 불평하지 않았다는 점이었다.[57] 사실 성명서가 신문에 발표되고 3일 후인 11월 18일, 화궈펑은 4·5 시위 참여자들을 찬양하는 새 책 『톈안먼 시초(天安門詩抄)』에 친필로 표제를 썼다. 신문에도 화궈펑이 표제를 쓰는 사진이 실렸다. 베이징의 호기심 많고 정치적으로 민감한 이들은 화궈펑이 톈안먼 사건에 대한 철저한 평결 번복에 동의했다는 사실을 눈치챘다. 화궈펑은 변화의 분위기에 순응하든지 뒤로 물러서라는 예젠잉의 권고를 받아들였던 것이다.[58]

11월 25일 화궈펑은 관례에 따라 연설을 했다. 당시 연설은 자아비판에 관한 것이 아니라 설사 자신이 이전에 대표하거나 찬성했던 의견과 완전히 다른 것일지라도 당내 주류 관점을 수용하는 한편, 앞으로도 계속해서 직책을 유지하겠다는 것이었다. 그는 1976년 톈안먼 4·5 시위는 진정한 애국주의 혁명 운동이라는 데 동의하고, 참여자들 전원의 명예를 회복시켜 복권시키겠다고 말했다.

화궈펑은 마오쩌둥이 세상을 뜬 후 덩샤오핑에 대한 비판을 유도했던 우경 번안풍을 비판한 것은 착오라고 인정했다. 그리고 1967년 2월 문화 대혁명을 방해했다는 이유(2월 역류)로 피해를 입은 이들을 복권시키고 그들의 명예를 회복시키겠다고 말했다. 이를 위해 펑더화이의 유해를 바바오 산 혁명공묘에 안장하고, 타오주에 관한 사안 평결을 번복하여 양상쿤(楊尚昆)에게 씌워진 반당 음모 분자라는 모자를 벗겨 내고 조직 생활에 참여할 수 있도록 새로운 직위를 부여할 것이며, 캉성에 대한 비판을 계속할 것이라고 말했다.

화궈펑은 정치 문제는 마땅히 사실에 근거를 두고 '실천이 진리를 점검하는 유일한 표준'이라는 원칙에 따라 해결할 것을 인정했다.[59] 그는 또한 대다수 회의 참석자들이 지덩쿠이의 농업에 관한 발언이 전혀 충분치 않다고 여기는 것에 대해서도 동의했다. 화궈펑은 연설 도중에 더 이상 다자이를 이상적인 농업 모델로 제시하지 않았다. 그의 연설은 참가자들의 열렬한 환영을 받았다.[60] 12월 13일 그는 다시 한 차례 연설을 통해 자신 또한 약간의 착오를 저질렀다는 것을 인정했다.

이미 변해 버린 정치 분위기에서 양보를 제시하고, 몇 가지 문제에 대한 자신의 관점을 완전히 바꿈으로써 화궈펑은 정치 투쟁에 따른 내홍(內訌)을 피할 수 있었다.[61] 그가 말한 바와 같이 그는 당의 단결을 유지하기 위해 행동했다. 그러나 많은 이가 생각하고 있는 것처럼 분위기의 결정적 변화는 그해 여름과 가을에 조성되기 시작하여, 중앙공작회의 3일 전에 이미 확실해졌기 때문에 사실 화궈펑은 선택의 여지가 없었다. 화궈펑은 예전처럼 당 주석과 총리, 그리고 중앙군사위원회 주석 자리를 유지하고 있었다.

새로운 정책 노선이 소개될 때면 통상 기존의 노선(착오 노선으로 칭했다.)을 옹호했던 사람은 자아비판을 실시하고 '정확한 노선'을 지지할 것을 선포하기 마련이다. 그러나 화궈펑과 가까운 관계자들은 그가 했던 것처럼 재빠르고 교묘하게 움직이지 않았다. 당시 당의 부주석이자 중공중앙판공청 주임으로 있으면서 여전히 '전안(專案, 특별한 사안)'을 관장하면서 선전 사업을 도맡고 있던 왕둥싱은 대규모 간부들의 복권과 마오쩌둥 사상의 속박을 타파하는 것에 극력 반대했다. 원로 간부들은 마오쩌둥의 충실한 경호원이던 왕둥싱이 자신의 능력을 넘어서는 직위를 차지하고 있기는 하지만 2년 전 사인방을 체포할 때 나름대로 큰 공헌을 했기 때문에 처음부터 자신의 것이 아닌 직책을 유지할 수 있었으며, 바로 그 자리에서 발전을 가로막고 있다고 확신했다. 11월 25일 화궈펑이 당내 분위기를 감지하고 이를 수용하기로 결정하자 두 명의 회의 참가자들이 당풍의 변화를 확신하고 사전 협의도 없이 왕둥싱의 이름을 거론하며 비판하기 시작했다. 그들은 왕둥싱이 원로 간부들의 복권을 방해하고 실천이 진리를 점검하는 유일한 표준임을 반대하고 양개범시를 견지하고 있으며, 덩샤오핑을 폄하하고 있다고 질책했다. 다른 이들도 비판 대열에 합류하여, 왕둥싱을 오명을 뒤집어쓴 간부들의 복권과 경직된 마오쩌둥 사상에서 벗어나는 데 가장 큰 걸림돌로 간주했다.

왕둥싱은 구두로는 자아비판을 거절했지만 12월 13일 회의가 끝날 무렵 서면으로 자아비판서를 제출했다.[62] 그는 자신이 특별한 사안을 처리하는 데 착오를 범했다는 점을 인정했다. "나는 억울하게 허위로 조작된 오심(冤假錯案)을 시정하는 데 충분한 주의를 하지 않았으며, 신속하게 행동하지 않았고, 일을 제대로 처리하지 않았다." 그 역시 중앙의 결정에 따라 중앙전안조(中央專案組)와 5·16 전안조의 자료를 모두 중조부(中組部)로 넘기는 데 동의했다. "나는 자신의 공작을 감당할 수 없으니 …… 당 중앙이 나의 직무를 면해 줄 것을 간청한다."[63] 우더와 리신도 비판을 받았고, 장핑화는 3중전회가 끝나고 얼마 되지 않아 면직되었다. 화궈펑과 양개범시 편에 섰던 세 명의 집필진인 우렁시, 슝푸, 후성은 엄숙하지만 비교적 가벼운 비판에 그쳤다.

화궈펑과 왕둥싱은 이후 잠시 동안 중앙정치국 상무위원직을 수행했으며, 화궈펑의 지지자들인 우더와 지덩쿠이, 그리고 천시롄 역시 정치국에 남아 있었다. 최고위급 영도자로 급부상하고 있던 덩샤오핑은 임무 할당에 약간의 변화를 주었지만 이미 자아비판을 한 정치국과 정치국 상임위원회 위원들을 교체할 필요는 없다고 결정했다.[64] 그는 대결을 지양함으로써 중국에서 권력 투쟁이 벌어지고 있다는 사실이 국내외에 알려지지 않기를 바랐다.

중앙공작회의는 덩샤오핑에게 화궈펑을 대신할 수 있는 추진력을 제공했으며, 고위층 간부들이 좀 더 솔직하게 이전의 과오를 재검토하고, 미래를 위한 새로운 정책을 숙고하는 토론의 장을 마련해 주었다. 소조 토론회에서 발언자들은 너 나 할 것 없이 식량 부족에 대처할 당시의 개인적 경험을 토로했으며, 이 문제를 보다 철저하게 해결하기 위해 보다 많은 국가적 차원의 투입이 필요하다고 주장했다. 많은 영도자에게 이러한 토론은 과거에 자신들이 직시하지 못해 저지른 실패가 존재했으며, 그 실패가 자신들이 직접 목도한 거대한 고통과 죽음을 야기했다는 것을 공개적으로 시인함으로써 일종의 개인적 카타르시스를 제공했다. 비록 그들은 주된 책임을 상부로 돌렸지만, 그들 역시 책임에서 완전히 자유로울 수는 없었다. 수많은 간부에게 이는 결코 완전히 치유할 수 없는 트라우마(정신적 충격)였던 것이다.

농업에 관해 가장 대담한 발언 가운데 하나는 서북조(西北組)에서 행한 후야오방의 발언이었다. 그는 지덩쿠이의 건의가 농업 문제를 해결하는 데 부족하며, 여전히 사상적 속박에서 벗어나지 못하고 있다고 주장했다. 그는 대담하게 공사(公社)라는 개별 단위에서 정치와 경제 활동 모두를 통일시키는 것은 좋지 않다고 하면서, 이를 해결하기 위해 당은 농민과 현지 간부들의 적극성을 제고시킬 수 있는 방법을 생각해야 한다고 말했다. 또한 그는 만약 집체 소유제(集體所有制, 공동 소유제)가 제대로 관리되지 않아 농민들의 열정을 제대로 불러일으킬 수 없다면 그것은 효율적일 수 없다고 말했다.[65] 이러한 발언은 농업 생산대를 분산시켜 생산 소조(生産小組)로 만들자는 동료들의 보편적 지지를 설명하는 것이었다. 그러나 당시에는 후야오방과 완리(그는 당시 안후이에서 생산대 아래 더욱 작은 생산조를 만드는 시험을 하고 있었다.)를 포함한 어느 누구도 포산도호(包産到戶)*와 공사 해산의 가능성을 논의한 것은 아니었다. 그들은 이러한 토론이 장차 당내 고위층에서 큰 쟁론을 일으킬 것이고, 여전히 집체 소유제를 유지하려고 하는 지방 당간부들의 권위를 동요시킬 것임을 잘 알고 있었다.[66]

분조 토론에 참가한 이들 역시 각종 경제 문제를 토론했다. 경공업부 부장 량링광(梁靈光, 이후 광둥 성 성장이 된다.)은 정치 안정의 중요성을 강조했다. 그는 1949년 이후 비교적 성장 속도가 빨랐던 시기로 건국 초기 몇 년과 제1차 5개년 계획(1953~1957년), 그리고 대약진 운동 이후 조정(調整) 시기(1961~1965년)

---

* 가족 단위 농업 생산 책임제로, 1978년 안후이 성 펑양 현(鳳陽縣) 샤오강 촌(小崗村)의 열여덟 가구에서 처음 시작되었다.

를 언급하면서, 그때는 모두 정치적으로 비교적 안정된 시기였다고 말했다. 또한 그는 무엇보다 경공업을 먼저 발전시켜 일용품에 대한 수요를 만족시켜야 한다고 말했다. 그는 당시 수준을 뛰어넘어 시장이 더욱 큰 역할을 해야 한다고 주장하기도 했다. 그가 볼 때, 새로운 생산 기술을 받아들이고 관세를 내려 수출을 확대시키는 것이 중요했다.[67]

공작회의가 거의 끝날 무렵 회의 참가자들은 또 하나의 공통 관심사, 즉 누가 중앙위원회, 정치국, 정치국 상임위원회에 충원될 것인가에 시선이 쏠렸다. 중앙공작회의는 인사 문제를 결정할 권한이 없었지만 이후 이러한 결정을 하게 될 사람들 대다수가 공작회의에 참석하고 있었다. 덩샤오핑이 정치국과 중앙위원회의 현임 위원들을 교체하지 않겠다고 했기 때문에 회의 참가가들은 단기적으로 새로운 위원을 보충하여 정치국을 확대시킬 것에 동의했다. 그들은 이후에 퇴직하거나 부적격하다고 여겨진 이들이 물러나게 되면 정치국 규모가 다시 축소될 것이라고 생각했다. 회의 참가자들은 덩샤오핑의 새로운 위원은 "대담하게 일을 했던(敢做事)" 검증된 인물로 충당할 것이며 퇴진시키는 사람은 없다는 의견을 받아들였다.[68] 서북조는 거수투표 방식으로 천원, 덩잉차오, 후야오방, 왕전을 정치국 위원으로 추천했다.[69] 공작회의가 끝난 후 정식 회의에서 그들 피추천자는 모두 정식으로 비준을 받았다.

회의에 참석한 이들은 경제 사업이 무엇보다 취우선 과제이며, 경제에 관한 한 가장 뛰어난 지혜와 경험을 지닌 전문가로서 천원에게 중임을 맡겨야 한다는 인식을 같이했다. 천원은 덩샤오핑이 외교와 군사 영역에서 가장 경험이 풍부한데, 자신은 바로 그 점이 부족하다는 것을 잘 알고 있었다. 그래서 최고 위직으로는 덩샤오핑이 유일하게 적합한 인물이라고 말했다.[70] 그러나 회의 참가자들은 열정적으로 천원을 당의 부주석으로 추천했다.

덩샤오핑과 천원이 공작회의 기간 동안 서로 일치단결할 수 있었던 것은 두 사람 모두 원로 간부들의 명예 회복과 복귀를 결심했기 때문이다. 덩샤오핑은 실제적으로 집체 영도 그룹의 대표자가 되었으며, 특히 외교 방면에서는 더욱 그러했다. 동시에 그는 이미 예젠잉과 함께 군부 권력을 장악하고 있었다.

그러나 천원은 인사 문제를 결정할 수 있는 권력을 얻었고, 몇 주 내에 다시 경제 공작에 관한 영도권을 확보하게 될 것이었다. 전체 정치적 위상으로 볼 때 정치적 큰 방향을 결정하고 핵심 인사를 선발한다는 점에서 천원과 덩샤오핑은 동등한 처지였다.

덩샤오핑의 개혁 개방을 위한 준비 작업

덩샤오핑이 동남아시아 순방을 마치고 귀국했을 때 공작회의는 5일째 접어들고 있었다. 예젠잉은 그에게 정치 분위기의 변화를 간단하게 알려 주고 덩샤오핑 자신의 새로운 책무에 대한 준비를 하라고 건의했다. 당시 많은 이에게 존경을 받고 있는 예젠잉의 연공서열은 광저우 기의(廣州起義)에 참가했던 1927년으로 소급될 수 있을 정도로 상당하다. 그러나 그는 권력에 대한 책임을 탐한 적이 없었기 때문에 지금과 같은 '킹메이커'가 될 수 있었다. 예젠잉은 대약진 운동과 문화 대혁명의 오류는 한 사람의 수중에 권력이 과도하게 집중되었기 때문이라고 확신했다. 그는 화궈펑과 덩샤오핑 두 사람이 함께 당과 국가를 영도하기를 바랐다. 예젠잉이 덩샤오핑을 만났을 때, 덩샤오핑은 집체 영도를 강화하고 개인 선전(宣傳)을 제한하는 것에 동의했다.[71] 화궈펑 역시 예젠잉의 권고를 받아들여 당의 정책 내용 면에서 양보함과 동시에 덩샤오핑을 당의 주요 대변인으로 받아들였다. 공식적인 축하 행사도 없고 화궈펑이 명목상 여전히 당과 정부, 군대의 최고 영도자 직함을 유지하고 있었지만 덩샤오핑은 예젠잉의 건의를 받아들여 자신의 새로운 역할을 준비하기 시작했다.

새로운 책무를 준비하면서 덩샤오핑은 자신의 동료들을 안심시킬 필요가 있었다. 그래서 그는 중앙공작회의 폐막식과 3중전회에서 발언한 원고를 수정하고자 했다. 덩샤오핑은 정치국 상무위원회 위원들과 만난 자리에서 자신이 마오쩌둥과 의견 차이가 있다는 것을 잘 알고 있는 동료들에게 자신은 중국의 흐루쇼프가 되지 않을 것이라고 다시 한번 그들을 안심시켰다. 마오쩌둥 주석은 탁월한 공헌을 했고, 당은 흐루쇼프가 스탈린을 비판한 것처럼 마오쩌둥을 비판할 수 없다는 것이었다. 그는 또한 그들에게 국가는 계속해서 마오쩌둥 사상의 기치하에 단결해야 할 것이라고 확신시켰다. 브리핑을 통해 상황을 파악하고 있던 덩샤오핑은 중앙공작회의에서 피어오르기 시작한 간절한 낙관적 정서를 잘 알고 있었다. 노련한 원로 정치가인 덩샤오핑은 아직 경력이 충분치 않은 동료들에게 "승리에 도취되어 이성을 잃으면 안 된다."라고 일깨워 주었다. 그는 중국은 모든 문제를 즉시 해결할 수 없을 것이며, 독단적으로 빠른 해결을 강제해서도 안 된다고 경고했다. 또한 펑더화이나 1967년 2월 역류의 지도자들과 같은 특별한 사안에 대한 이전 결정을 번복하는 것은 좀 더 시간을 두어야 한다고 말했다.[72] 또한 몇 가지 난제는 다음 세대가 해결하도록 남겨 놓아야 한다고도 했다. 문화 대혁명의 상흔을 다시 들추어내지 않기 위해 그는 좀 더 연구해 볼 것을 건의했다. 그는 과거에 여러 차례 이야기한 대로 대국(大局)을 먼저 본 다음에 국부(局部)를 살피고, 대도리(大道理)를 먼저 말한 다음에 소도리(小道理)를 말하자고 했다. 그는 중국이 외국에서 투자와 기술을 가져오기 전에 먼저 국내 안정이 필요하다고 단언하면서, 오로지 안정만이 4개 현대화를 실현할 수 있는 토대가 될 것이라고 했다.[73] 따라서 가장 중요한 것은 중국 인민과 외부 세계에 중국이 현재 권력 투쟁 중이라는 인상을 주지 않도록 하는 것이라고 했다. 정치국 상임위원회에 제시한 덩샤오핑의 의견은 당의 관점으로 받아들여졌다. 회의가 끝나고 며칠 후 그가 발언한 내용은 인쇄되어 전체회의 참가자들에게 배부되었다.[74]

이제 최고 지도자가 된 덩샤오핑은 공작회의 폐막식과 3중전회에서 자신이 행할 연설을 다시 쓸 필요가 있었다. 12월 2일 화궈펑이 모든 중요한 정책 문제를 양보한 후에 덩샤오핑은 헌신적인 개혁파인 후야오방과 위광위안을 불러 자신이 공작회의 폐막식에서 행할 연설 내용을 준비시켰다. 이는 아마도 그의 일생에서 가장 중요한 연설일 것이다. 그는 당시 중미 관계 정상화 협상을 끝내기 위해 바쁜 데다 베트남이 캄보디아를 침공할 가능성이 높아짐에 따라 강력 대응할 준비를 하던 차였다. 그러나 적어도 1969년부터 1973년까지 장시로 하방된 이래로 덩샤오핑은 줄곧 이번 연설에서 말하려는 문제를 깊이 생각하고 있었다. 후야오방과 위광위안은 몇몇 기안자의 협조를 받았고, 예전과 마찬가지로 후차오무가 마지막으로 문장을 다듬었다.[75]

덩샤오핑은 연설하면서 요점을 적은 적이 거의 없었으나 이번 회의는 달랐다. 그는 12월 2일 3쪽짜리 종이에 한자로 1600자의 설명문을 작성했다. 그는 연설의 풍격, 내용, 개략에 대해 자신이 기대하고 있는 바를 기안을 책임지고 있는 이들에게 설명했다. 원고는 간단하면서도 분명해야 하며, 문장을 짧고 간결하게 하여 좀 더 강력한 느낌이 들도록 하라는 요구였다. 또한 그는 중국이 얼마나 낙후되었고, 얼마나 개혁이 필요한지를 분명하게 전달할 수 있기를 원했다. 12월 5일 덩샤오핑은 초고를 읽어 본 후 구절마다 자신의 의견을 적어 기안자에게 다시 넘겨주었다. 12월 9일과 11일 그는 두 차례에 걸쳐 기안자들과 새로운 원고를 면밀하게 검토하고, 거듭 똑같은 구체적인 과정을 반복했다.

연설에서 덩샤오핑은 새로운 정책을 제시하지 않았다. 왜냐하면 시간도 없었고, 그런 준비를 할 만한 인원도 없었기 때문이다. 대신에 그는 회의장을 가득 메운 중공 영도 간부들을 향해 새로운 시대를 위한 자신의 접근 방식을 개괄적으로 언급했다. 덩샤오핑의 연설은 그가 오랫동안 고민했던 몇 가지 큰 문제에 대한 관점을 반영하고 있었다. 어떻게 하면 새로운 사상을 고무시키고, 동시에 보수파 간부들의 저항을 최대한 감소시킬 것인가? 어떻게 하면 마오쩌둥을 존중하면서도 그의 노선에서 탈피할 것인가? 어떻게 하면 낙관적인 전망을 유지하면서도 이후의 실망을 예방할 수 있을 것인가? 어떻게 하면 안정을 유지하면서 경제를 개방할 수 있을 것인가? 어떻게 하면 지방 간부들에게 좀 더 많은 자유를 제공하면서도 국가의 발전 우선권을 지켜 나갈 것인가?

그는 기안자들과의 첫 만남에 준비해 온 요점 내용에서 다음 일곱 가지 주제를 제시했다. 1) 사상을 해방한다. 2) 당내 민주 발양과 법제를 강화한다. 3) 미래로 나아가기 위해 과거를 돌아본다. 4) 지나친 관료주의를 극복한다. 5) 지방과 일부 기업이 먼저 부유해지는 것을 허가한다. 6) 경영 관리에서 책임제를 강화한다. 7) 새로운 상황을 연구하고 새로운 문제를 해결한다.

두 번째 만났을 때 그는 기안자들에게 마지막 부분에 있는 몇 가지 주제를 하나로 합쳐 최종 원고에서는 네 가지 문제만 이야기할 수 있도록 하라고 주문했다.

12월 13일 오후 중앙공작회의 폐막식에서 덩샤오핑은 입을 열자마자 곧바로 핵심 주제를 이야기하기 시작했다. "오늘 나는 한 가지 문제를 주로 이야기하고자 합니다. 그것은 사상을 해방하고 머리를 써서 사실로부터 올바른 길을 찾고(實事求是) 일치단결하여 앞으로 나아가자는 것입니다." 덩샤오핑은 이번 공작회의가 1957년 이래 당내에서 가장 훌륭하고 가장 개방적인 토론회라고 추켜세우면서 실제 상황에 대한 자신의 의견을 솔직하게 발언해 줄 것을 요청했다. "충분한 민주주의가 존재해야만 정확하게 집중할 수 있습니다. 지금은 특히 민주주의를 강조할 필요가 있습니다. 왜냐하면 과거 상당히 오랜 기간 동안 …… 민주주의가 실종되었기 때문입니다. …… 마땅히 대중이 자신들의 의견을 제기할 수 있도록 해야 할 것입니다. 설사 일부 불만을 품은 이들이 민주주의를 이용하여 혼란을 야기한다 할지라도 전혀 걱정할 필요가 없습니다. …… 가장 두려운 일은 오히려 까마귀와 참새 소리마저 없이(鴉雀無聲) 고요한 것입니다." 덩샤오핑은 그때는 물론이고 다른 때에도 제한 없는 언론 자유를 제창한 적이 없었다. 실제로 사람들이 톈안먼에서 멀지 않은 곳에서 자신들의 의견을 적은 종이를 벽에 붙이기 시작한 지 채 며칠도 되지 않은 11월 29일 덩샤오핑은 '민주의 벽(民主墻)'에 붙은 의견들을 잘못된 것이라고 말했다.

마오쩌둥을 찬양하면서도 덩샤오핑은 여전히 마오쩌둥의 몇몇 정책에서 벗어난 자신만의 공간을 남기고자 했다. "만약 마오쩌둥 동지의 탁월한 영도가 없었다면 중국 혁명은 오늘과 같은 승리를 얻을 수 없었을 것입니다. …… 마오쩌둥 동지에게 결점이나 착오가 없는 것이 아닙니다. …… 적당한 시기에 그 경험과 교훈을 총결합시다. …… 다만 지나치게 서두를 필요는 없습니다." 그는 이렇게 말하고, 자신이 생각하기에 마오쩌둥뿐 아니라 자신도 착오를 범했고, 무언가 일을 하려는 영도자들 역시 착오를 범할 수 있다고 말했다. 그는 당내 고위층에서 주된 관점을 이야기하면서, 중국의 두 가지 대재난은 대약진 운동과 문화 대혁명인데, 이는 제도가 만든 것이며, 이러한 제도는 일인 통치를 허락하여 서로 다른 소리를 받아들일 수 없었기 때문이라고 말했다. 그렇기 때문에 중국은 법제 건립이 무엇보다 중요하며, 이렇게 해야 한 사람의 능력이 아무리 뛰어나다 할지라도 그 한 사람이 모든 결정권을 가질 수 없게 된다고 하면서, 법제를 처음 시작하다 보면 온전하지도 못하고 완전할 수도 없을 것이나 점차 공정하고 합리적으로 변하게 될 것이라고 말했다.

현대화를 실현하기 위한 덩샤오핑의 전략은 마오쩌둥이 대약진 운동을 진전시키기 위해 정신적 격려를 활용하던 방식과 판연하게 차이가 났다. 덩샤오핑은 이렇게 말했다. "적극성을 발휘하려면 무엇보다 경제적 수단이 없으면 안 됩니다. 소수 선진적인 이들(先進分子)은 도덕적 호소에 반응할지도 모르나 그런 방법은 단지 짧은 시간 동안만 유효할 뿐입니다."[76] 대신 중국은 생활 조건을 제고하고 개선함으로써 과학 기술과 생산력 발전을 촉진하는 이들을 적극 장려할 수 있는 내부 구조(제도)를 확립해야 한다는 것이 그의 생각이었다. 그는 특히 지방 간부들에게 좀 더 많은 융통성을 부여하여 그들이 주도적인 구상을 발휘할 수 있어야 한다고 주창했다.

덩샤오핑은 집체가 책임을 지는 이론은 실질적으로 "아무도 책임을 지는 사람이 없다.(無人負責)"는 것을 의미한다고 했다. 또한 그는 책임을 개인에게 부여하고 어떤 일을 주체적으로 할 수 있도록 인정하며, 아울러 개인적 권력을 줄 수 있어야 한다고 말했다. 1975년 그가 하급 간부들에게 하고 싶은 일이 있으면 과감하게 하라고 말했을 때, 간부들은 마오쩌둥이 정책을 뒤바꿀지도 모른다고 우려했다. 그러나 1978년 덩샤오핑이 다시 그 말을 했을 때 그 이야기를 듣는 이들은 이후 정책 변화에 대해 걱정할 필요가 없었다. 그들은 설사 자신들이 국가를 위해 노력하는 과정에서 실수를 범할지라도 나름의 자율권이 부여될 것이라는 느낌이 들었다.

덩샤오핑은 문화 대혁명 기간에 이루어진 억울한 누명을 벗겨 주는 일을 적극 지지했다. "우리의 원칙은 잘못이 있다면 반드시 바로잡아야 한다는 것입니다." 그러나 그는 과거에 자신과 친구나 친척들에게 고통을 준 이를 '결산(算賬, 보복)'하는 것은 단호하게 반대했다. 보복의 악순환을 막기 위해 복권 공작을 빠르게 진행하고 미진한 부분이 없도록 깔끔하게 처리하는 것이 필요했다. "그러나 모든 세세한 부분까지 분명하게 하는 것은 불가능할뿐더러 필요하지도 않다."라고 말했다. 사람들이 문화 대혁명을 곱씹으며 얽매이는 것은 좋지 않다는 것이 그의 생각이었다. 무엇보다 그것이 분열을 조장하기 때문이었는데, 시간이 문제를 해결해 줄 수 있을 것이라고 믿었다. 그래서 그는 "안정과 단결이 가장 중요한 일"이라고 말했던 것이다. 폭력과 파괴, 약탈에 참가한 이들이나 파벌 사상이 엄중한 이들은 결코 중용하지 않을 것이다. 그러나 실수를 저지른 것에 대해 진심으로 자아비판을 한 사람들에게는 다시 기회를 줄 것이다. 그러나 덩샤오핑 역시 당에서 향후 또다시 실수를 저지른 사람은 더욱 엄격하게 다룰 것이라고 말했다.[77]

덩샤오핑은 새로운 정책으로 인해 야기될 수 있는 문제들을 예측하는 한편 새로운 정책에 불만을 품은 이들의 적의를 약화시킬 방안에 대해 고민했다. 덩샤오핑은 이제 곧 생겨날 변화의 속도와 중국 인민의 다양한 욕구로 인해 "일부 사람들이 먼저 부유해지기 시작하면서" 불평의 목소리가 높아지게 될 것임을 잘 알고 있었다. 그러나 다른 이들도 나중에 그런 기회가 있을 것이며 먼저 부자가 된 이가 다른 이들을 도와 부자가 될 수 있도록 할 것이라고 말했다. 그는 자신은 물론이고 다른 영도자들도 익숙하지 않은 새로운 문제가 생겨날 수도 있을 것이라고 하면서 당과 국가의 전체 이익이 우선이기 때문에 "끊임없이 학습해야" 한다고 말했다.[78]

덩샤오핑은 비록 구체적으로 말하지는 않았지만 일부 시장을 개방할 생각이었다. 그는 동료들에게 시장이 경제적 혼란을 불러올 것이라는 걱정은 하지 말라고 말했다. 그 역시 전체 계획을 책임지고 있는 사람과 더욱더 많은 자주권을 얻은 지방 간부 사이에 일부 모순이 발생할 수도 있다는 점은 인정했다. 이익 충돌이 이전에 비해 더욱더 심각해질 것이나 좀 더 멀리 본다면 생산력 발전이 이러한 문제들을 해결해 줄 수 있을 것이라고 믿었다.[79]

장차 닥칠 여러 가지 변화를 준비하기 위해 덩샤오핑은 당 간부들에게 세 가지 지식, 즉 경제학과 과학 기술, 그리고 경영 관리에 대해 공부할 것을 건의했다. 그리고 간부를 평가하는 방법에 관해 설명하면서, 경제 단위에 대한 당 위원회의 평가는 주로 그곳에서 채용한 선진적인 관리 방법의 상황, 기술 혁신 측면에서 진보 여부, 노동 생산 효율의 제고 정도, 이윤 증가 상황 등에 따라 판단할 것이며, 부분적으로 노동자 개인의 수입과 그것을 제공한 집체의 복리를 판단 표준으로 삼을 것이라고 했다. 회의 참가자들은 이러한 새로운 환경하에서 좀 더 구체적인 지시가 있기를 갈망했다. 통상 공작회의의 마지막 주요 연설이 끝나면 참가자들은 흩어지기 마련이나, 이번 덩샤오핑의 연설이 끝난 후에 사람들은 회의를 이틀 연장하여 각 지역의 소조에서 덩샤오핑이 언급한 새로운 지시를 어떻게 관철할 것인가를 계속 토론하기로 했다.[80]

덩샤오핑의 발언에서 언급된 몇 가지 사상은 서구의 영업 관리자들이 볼 때 상식이나 다를 바 없었다. 그 가운데 어떤 내용은 1949년 이전이나 1950년대 초와 1960년대 초, 비교적 안정적인 시기의 정책에서도 그 뿌리를 찾아볼 수 있다. 그러나 1978년 국가를 영도하는 이들의 처지에서 본다면, 덩샤오핑의 사상은 근본적으로 마오쩌둥 시대로부터 근본적인 탈피를 대변하는 것이었다. 회의 참가자들은 기존의 대규모 군중 동원, 계급 투쟁, 경직된 이데올로기, 영웅 숭배, 과도한 집체화, 그리고 전면적인 계획 경제로 인한 고통의 시대가 마침내 끝나고 중국이 통제 가능한 상태로 진입하기 시작했다는 희망을 품기에 충분한 이유가 있었다.

3중전회: 1978년 12월 18~22일

3중전회는 1978년 12월 18일 월요일 징시 호텔에서 개최되었다. 지난주 금요일 중앙공작회의가 폐회했던 바로 그 장소였다. 중앙위원회 전체회의에 참가한 위원 가운데 절반 이상이 공작회의에 참가했다. 그러나 3중전회에 참가한 이들은 당과 군, 정부의 요직을 맡고 있는 전체 중앙위원이 포함되어 있었지만 공작회의에 참가한 이 중에는 이외에도 거시적 이론 전망을 제공하기 위해 당내 영도자들이 포함되었다. 월요일 오전과 오후에 중앙공작회의에 참가하지 않은 위원들은 다른 이들이 도착하기 전에 관점을 통일시키기 위해 함께 모여 덩샤오핑과 예젠잉, 그리고 화궈펑이 공작회의에서 발언한 내용을 읽었다. 이어서 3일 동안 전체회의와 분조회의가 개최되었는데, 조장을 맡은 이는 공작회의 분조회의의 조장과 동일한 인물이었다.

어떤 의미에서 3중전회는 중앙공작회의 정신을 축하하는 모임으로 중국 민중과 외부 세계에 새로운 노선이 정식 비준되었음을 선포하는 의식이라고 볼 수 있다. 통상 전체회의 순번은 이전의 당대표대회와 연계되기 마련인데, 11기 3중전회가 몰고 온 변화가 그처럼 엄청났기 때문에 중국인들은 '3중전회'라고 하면 그것이 몇 기 3중전회를 말하는 것인지 금방 알 수 있을 정도다. 그만큼 중국인들의 마음속에 3중전회는 중국을 변혁시킨 '덩샤오핑의 개혁 개방'의 시작을 알리는 것으로 각인되어 있다. 개혁 개방은 비록 화궈펑이 시작한 것이기는 하나 덩샤오핑의 영도하에 실현된 것이다.

중앙공작회의의 일치된 의견에 따라 화궈펑은 일단 자신의 정식 직함인 당 주석, 국무원 총리 및 중앙군사위원회 주석 자리를 유지했으며, 덩샤오핑은 자신의 직무인 국무원 부총리, 당 부주석, 중앙군사위원회 부주석을 계속 맡게 되었다. 그러나 외국 언론이나 외교관들은 중국 민중과 마찬가지로 부총리 덩샤오핑이 이미 실질적인 최고 영도자가 되었다는 것을 곧 알게 되었다. 이미 11월 23일, 즉 화궈펑의 11월 25일 연설이 있기 이틀 전부터 홍콩 기자들은 홍콩을 방문한 미국의 칼럼니스트 로버트 노백(Robert Novak)에게 "덩샤오핑은 부총리이기는 하지만 현재 중국의 집권 정부를 장악하고 있다."라고 설명했다.[81]

3중전회에서 가장 많은 것을 얻은 이는 천원이다. 3중전회 이전까지만 해도 그는 정치국 위원도 아니었으나 전체회의에서 정치국 상무위원으로 선출되었다. 3중전회의 마지막 전체회의에서 중앙기율검사위원회가 정식으로 성립되었는데, 천원이 제1서기로 임명되었다. 그는 왕둥싱을 대신하여 평결 번복이 필요한 안건을 마지막으로 결정하는 권력을 쥐었다. 수많은 원로 간부가 수개월 또는 수년 이내에 평결 번복을 통해 복직할 수 있음이 분명했다.

일반적으로 최고 영도자는 언제나 회의에서 주제 보고를 하게 된다. 그러나 화궈펑은 명목상의 수뇌이고, 덩샤오핑이 실질적인 영도자였기 때문에 누가 주제 보고를 할 것인가를 결정하는 것이 쉽지 않았다. 3중전회에 참가한 이들은 이처럼 껄끄러운 문제를 해결하기 위한 방법으로 아예 보고를 없애 버렸다. 대신 그들은 덩샤오핑이 이전에 중앙공작회의에서 행한 연설을 당에 주어진 공작의 기조로 간주했다. 비록 화궈펑이 마지막 회의를 주재했지만 회의 참가자들은 전체 중앙위원 전면에 나란히 앉아 진정으로 실권을 장악하고 이후 국가를 영도하게 될 인물인 덩샤오핑과 천윈 두 사람에게 시선을 집중시키고 있었다. 동북조의 조장 런중이는 쭌이회의가 마오쩌둥 사상의 교조주의에 대한 승리를 대표하는 것과 마찬가지로 3중전회는 당내 민주 토론의 우량한 전통이 양개범시에 대한 승리를 대표한다고 말했다.[82] 천윈 역시 회의 마지막 연설에서 옌안 정풍 운동이 단결을 가져와 당이 1949년 이후 국가를 영도할 수 있었던 것처럼 중앙공작회의 역시 단결을 가져와 당이 국가를 영도하여 4개 현대화를 실현할 수 있도록 할 것이라고 발언했다.[83]

대관식 없는 권력 교체

세계 정치사에서 한 개인이 거대한 국가의 영도자가 되면서 공개적이고 정식적인 권력 교체 의식이 없는 경우는 찾아보기 어려울 것이다. 중앙공작회의 이전까지 덩샤오핑은 당의 부주석 겸 국무원 부총리, 중앙군사위원회 부주석을 맡고 있었으며, 3중전회에서 최고 영도자가 된 후에도 여전히 당 부주석, 국무원 부총리, 중앙군사위원회 부주석으로 남아 있었다. 덩샤오핑은 취임식도 거행하지 않았으며 심지어 공개적으로 최고의 직위에 올랐다는 선포식도 없었다. 그렇다면 어떤 특별한 환경적 요소가 결합하여 이처럼 흔치 않은 상황을 만들었으며, 그 결과는 또한 어떠했는가?

3중전회 기간에 중국 영도자들은 민중과 외부 세계에게 중국에서 권력 투쟁이 진행 중이라는 인상을 보여 주기를 원치 않았다. 화귀펑이 1976년 막 권력을 장악했을 때 최고 영도자들은 영도층의 급격한 변화가 국내의 불안정을 초래하고, 외국 자본과 기술을 도입하려는 중국의 노력에 해가 될 것을 걱정했다. 이후 2년 6개월 동안 덩샤오핑은 화궈펑을 한편으로 배제한 상태에서 아무도 필적할 수 없는 최고 영도자가 되었다. 그러나 그는 중국 민중과 전 세계에 불안을 초래하지 않기 위해 나름의 질서를 갖춘 과정을 통해 단계적으로 일을 처리해 나갔다.

당대 고위층 인사들이 덩샤오핑에게 그 어떤 새로운 직함도 부여하지 않은 것은 국가의 대권을 한 사람에게 집중시키는 것의 위험성을 우려했기 때문이다. 그들은 대약진 운동과 문화 대혁명의 재난이 정식 직함을 가진 마오쩌둥의 아무도 제어할 수 없는 권력의 전횡으로 인해 초래된 것이라고 생각했다. 만약 화궈펑이 계속 권력을 장악하고 있다면 그런 걱정은 할 필요가 없었다. 화궈펑이 정권을 맡고 있을 때 예젠잉 등 여러 고위급 인사들이 걱정한 것은 권력이 지나치게 막강했기 때문이 아니라 오히려 그가 효과적으로 국가를 관리할 만한 권력이 부족했기 때문이라는 것이다. 그러나 덩샤오핑에 대해서는 걱정할 만한 이유가 있었다. 덩샤오핑은 확신에 차 있고, 결단력이 있으며, 곤경에 처해도 저지르지 않을 만큼 착실했다. 그렇기 때문에 그는 언제라도 그의 멘토인 마오쩌둥처럼 될 가능성이 농후했다. 그래서 그들은 그에게 전권을 줄 만한 직함을 주지 않고 그와 동등한 권력을 지닌 천윈을 통해 권력 균형을 유지할 수 있도록 한 것이다. 덩샤오핑에게 실권을 주고도 정식 명함을 주지 않는, 이 기이한 처리 방식이 나름대로 운영될 수 있었던 것은 모든 이가 이미 그 정황을 잘 알고 있었으며, 덩샤오핑 자신도 공식적인 직함보다는 실권에 더 관심이 있었기 때문이었다. 그는 정식 명분이 없는 조건하에서 책임을 부여받았고, 공개적으로 알리는 것도 요구하지 않았다.

1978년 12월 3중전회부터 1979년 12월까지 덩샤오핑이 당과 국가의 이익을 위해 화궈펑을 밀어젖히기 시작할 때도 덩샤오핑과 화궈펑은 공식적인 장소에서 서로 존중하는 말투를 사용했다. 그들은 모두 국가의 현대화를 실현하여 중국을 더욱 강성하게 만들 수 있기를 원했으며, 좀 더 실용적이고 융통성 있는 작풍을 이룰 수 있도록 각오가 되어 있었다. 그러나 1979년에도 여전히 화궈펑이 주석으로 있는 상황에서 덩샤오핑이 비공식적인 권력을 행사하게 되면서 두 사람의 관계가 점차 불편해지기 시작했다. 만약 두 사람이 쥐고 있는 패를 내보인다면 덩샤오핑의 비공식적인 권력이 화궈펑의 명목상의 권위를 압도하고도 남음이 있었다. 그러나 덩샤오핑은 그의 동료들과 마찬가지로 공개적인 어떤 불화도 피하고자 애썼다. 화궈펑은 회의를 주재하고, 공개 회의에서 여전히 당과 정부를 대표했다. 그는 정치국 상임위원이고, 그의 일부 지지자들 역시 상임위원이었다. 그는 일인 독재를 우려하여 집체 영도를 하고 있는 예젠잉과 리셴녠 등 원로 고문의 지지를 받고 있었다. 1979년 서구인들의 표현에 따르면, 화궈펑은 군림할 수 없는 이사회의 주석일 뿐이었다. 그러나 그에게는 여전히 지지자들이 있었으며, 그의 관점 역시 무시할 수 없었다. 덩샤오핑은 당시 화궈펑보다 높은 최고 영도자가 아니었다. 그는 아직까지 자신의 개인적인 팀과 통치 구조를 갖추지 못한 상황이었다. 그러나 덩샤오핑은 권력과 영향력을 지니고 있었으며, 화궈펑의 권력 기반을 약화시킬 정치적 기술을 확보하고 있었다. 1979년 중반에 이르자 덩샤오핑은 통제를 좀 더 조이면서 보다 효과적인 통치 구조를 세우기 시작했다. 그리고 점차 화궈펑을 약화시키면서 마침내 그를 권력 밖으로 몰아냈다.

3중전회에서 덩샤오핑의 권력이 강화되기 시작할 즈음 톈안먼에서 수백 미터 떨어진 곳에서 시위자들이 벽에 대자보를 붙이고 있었다. 그들은 직간접적으로 덩샤오핑을 지지하고, 린뱌오와 사인방을 비판했다. 대담하게도 마오쩌둥을 비판하는 이들도 있었다. 얼마 지나지 않아 일부 대자보에 중국공산당과 덩샤오핑을 비난하는 글이 보이기 시작했다. 그 대자보들은 덩샤오핑에게 단순한 골칫거리만이 아니었다. 그것은 그가 최고 영도자로 있던 몇 년 동안 그를 괴롭혀 온 문제를 처리하도록 강요하고 있었다. 그것은 과연 어느 정도의 자유를 허용할 것인가? 당과 정부는 공개적인 반대 의견에 대해 어떤 제한을 둘 것인가에 관한 것이었다.

8

자유의 한계를 정하다 1978~1979년

문화 대혁명은 사실 '반문화 혁명'이었다. 새로운 문화를 창조하기보다 낡은 문화를 타도하는 데 더 열을 올렸기 때문이다. 홍위병들은 역사적 유추나 이야기를 통해 현직 간부들을 공격했을 뿐 아니라 거의 모든 소설, 이야기, 연극, 글을 비판했다. 마오쩌둥의 사망과 사인방의 체포로 문화 대혁명이 거의 끝나 가면서 오랜 세월 공포로 인해 숨죽이고 살던 수많은 중국인은 말할 기회를 찾으려는 갈망에 허덕였다. 누군가는 자신을 박해한 이들에게 반격을 가하고 싶었고, 누군가는 자신을 보호해야만 했으며, 또 누군가는 자신과 가족이 당해야만 했던 고난에 대해 이야기하고 싶었다.

일부 당 영도자들은 이처럼 억눌린 분노 속에서 자신의 적을 겨눌 수 있는 기회를 엿보았다. 또 정치적 목적과 상관없이 그저 개인의 감정을 드러내기를 원하는 이들도 있었다. 그러나 덩샤오핑을 포함하여 국가의 전체 시스템을 생각하고 있는 중공 영도자들은 만약 '지나치게 많은' 자유를 허락하여 조직적인 항의가 빗발치게 된다면 나라가 또다시 문화 대혁명과 같은 혼란에 빠질 수 있다고 걱정했다. 수천만의 사람들이 정치 운동과 기아로 인해 고통을 받아야 했다. 강렬한 적개심이 향민들을 억압했던 지방 간부들을 겨냥했을 뿐 아니라 그러한 고통을 야기한 체제의 한 부분인 상급 간부들도 겨냥했다. 덩샤오핑이 볼 때 중국 사회는 지나치게 거대하고, 인구가 많은 데다 인민들은 심히 빈곤하고 상호 대립 또한 심각한 상황이었다. 중국 사회가 1949년 이전 또는 문화 대혁명식의 혼란에 빠지지 않는다는 전제하에 자유의 범위를 어느 정도 넓혀야 하는가? 이것이야말로 덩샤오핑의 통치기 내내 핵심적이면서도 분열을 야기하는 문제였다.

민중의 비판 조류가 어떤 상황에서 질서 붕괴를 가져올 것인가에 대해 당시 중공 영도자들은 공인된 표준을 가지고 있지 않았다. 그렇기 때문에 어디에 한계를 긋고 어느 정도 유지할 것인가에 대해 그들 내부에서도 불협화음을 면할 수 없었다. 과학, 고등 교육, 청년 업무, 그리고 통전(統戰, 통일 전선) 공작을 주관하는 간부들은 때로 그들과 함께 작업하는 이들의 관점을 대표하여 일반적으로 좀 더 많은 언론 자유에 찬성했다. 그러나 공공의 치안을 책임지고 있는 간부들은 비교적 신중하게 자유에 대한 보다 많은 제한을 주장했다. 선전부의 영도자들은 때로 갈팡질팡하며 한 가지만 선택할 수 없었다. 그들 가운데 비교적 우량한 인문이나 사회 과학 교육을 받은 이들은 그들 자신과 타인을 위해 보다 많은 자유를 쟁취하고자 했으나 막상 자신의 직책을 이행하는 과정에서 적지 않은 이들이 자유에 대해 제한을 가하고 작은 폭군이 되곤 했다.

한편 공개적으로 자유의 한도를 토론하고자 했던 이들은 일반적으로 지주나 자본가 계급 출신의 사람들이 아니었다. '계급 출신이 좋지 않은' 당 외부의 지식인들은 오랜 세월 아무 소리도 내지 못할 정도로 두려움에 떨면서 공개적인 비판의 선봉에 설 수 없었다. 실제로 마오쩌둥 이후의 시대에 언론의 지평을 넓혀 간 사람은 대부분 용감한 젊은이들과 당원, 원로 간부, 또는 당권(黨權)을 쥔 친구나 친척들의 보호를 받을 수 있는 사람들이었다.

원칙적으로 덩샤오핑은 자유의 확대를 지지했다. 그는 이 문제에서 실용적인 태도를 취했다. 그러나 그는 사회 질서를 유지하는 최종적인 책임을 담당하고 있었기 때문에 질서 유지에 심각한 우려가 생길 경우 가차 없이 신속한 통제를 실시했다. 3중전회 이후 덩샤오핑은 문화 대혁명이 끝나고 개혁 개방이 시작되는 새로운 시대에 대한 전폭적인 지지를 실감하고 있었다. 그렇기 때문에 중국인의 언론 자유를 확대하기 위한 두 차례의 논전이 벌어지는 것을 허가했던 것이다. 두 차례 논전 가운데 하나는 공개적인 장소에서 대중이 자발적으로 일으킨 것이었다. 그것이 처음 출현한 것은 톈안먼 부근, 나중에 '시단 민주의 벽(西單民主墻)'으로 알려진 담벼락이었다. 그리고 이후 전국 여러 도시로 확산되었다. 다른 하나는 당에서 발기한 논전으로 당내에서만 이루어지고 외부에는 알려지지 않았다. 이는 일부 지식 분자들과 당내 문화 정책을 주관하는 영도 간부들이 함께 새로운 시기에 자신들이 맡을 공작의 지도 방침을 탐색하기 위함이었다.

민주의 벽: 1978년 11월~1979년 3월

중국의 농촌이나 도시 지역의 버스 정류장처럼 사람들이 많이 모이는 장소에 선전란(宣傳欄, 선전대)을 만들어 관방의 공고나 신문을 붙여 놓는 것은 중국인들에게 수십 년간 이어져 온 관습이었다. 베이징에서, 아마도 톈안먼에서 서쪽으로 수백 미터에 달하는 시단의 담장에 있는 선전란만큼 많은 이의 주목을 받는 곳도 없을 것이다. 거대한 회색빛 담장은 높이 3미터에 길이가 200여 미터에 달할 정도로 길다. 그 주변에는 베이징에서 가장 번화한 버스 정류장이 자리하고 있으며, 수많은 노선버스가 오가면서 많은 승객이 타고 내린다. 문화 대혁명 기간에 시단 담장에는 류사오치와 덩샤오핑 등 중공 영도자들을 '주자파'로 칭하면서 비난하는 대자보가 잔뜩 붙어 있었다. 그러나 1976년 4월 5일 시위 기간에는 사인방을 맹렬히 비난하고 저우언라이를 찬양하며, 덩샤오핑을 지지하는 대자보로 가득했다.

1978년 11월 19일, 중앙공작회의가 소집되고 채 일주일이 되기도 전에 새로운 정치 분위기 속에서 신문 가판대에 아직 놓이지도 않은 공청단(共靑團, 중국공산당청년단)의 잡지 《중국 청년》 완정본이 한쪽 담장에 가득 붙어 있었다. 유망한 미래 당원 육성을 목적으로 하는 공청단이 그 시각 자유 확대를 위해 노력하는 군중의 최전선에 서 있었던 것이다. 공청단의 잡지는 문화 대혁명 기간에 폐간되어 몇 달 전에 가장 먼저 복간이 비준된 잡지 가운데 하나였다. 후야오방의 지지를 받으며 공천단 간부들은 잡지 제1기를 인쇄소에 보내 9월 11일에 발간할 예정이었다. 그러나 당지 선전 주관 책임자였던 왕둥싱이 출간 예정인 잡지의 내용을 살펴본 후 즉각 철수 명령을 내렸다. 왕둥싱은 잡지에 화궈평 주석의 제사(題詞)나 마오쩌둥 주석의 시사(詩詞)는 없고 오히려 둥화이저우(童懷周)*가 쓴 「톈안먼 혁명 시초(天安門革命詩抄)」가 있다고 비난했다.

그러나 잡지 편집부 사람들은 쉽게 굴복하지 않았다. 며칠 후인 9월 20일, 일부 잡지가 신문 가판대에 배부되었다.[1] 잡지가 신문 가판대에 도착하자마자 왕둥싱은 사람을 보내 모든 잡지를 회수했고, 재발간은 물론이고 판매 또한 불허했다. 판매와 배포가 금지된 잡지 제1기가 11월 19일 시단의 담벼락에 등장한 것은 베이징시위원회가 4 · 5 시위의 평결 번복을 결정하고 사흘 후의 일이었다.

담장에 붙여진 잡지는 거대한 반향을 불러일으켰다. 공청단 잡지의 일부 문장은 4 · 5 시위에 참가하여 감옥에 갇힌 젊은이들의 평결 번복을 강력하게 요구했다. 또 양개범시를 반대하면서, 린뱌오와 사인방은 물론이고 마오쩌둥에 대해서도 문제를 제기한 내용도 있었다. 어떤 문장에는 이런 글이 적혀 있었다. "가슴에 손을 얹고 자문해 보시라. 마오쩌둥의 지지가 없었다면 린뱌오가 권력을 얻을 수 있었겠는가? 자문해 보시라. 장칭이 반도라는 사실을 마오쩌둥 주석이 몰랐겠는가? 만약 마오쩌둥 주석이 동의하지 않았다면 사인방이 덩샤오핑을 타도하는 목적을 이룰 수 있었겠는가?"[2] 이전에 마오쩌둥의 경호원이자 충실한 옹호자였던 왕둥싱이 이러한 비판에 불같이 화를 냈다는 것은

---

* 실명이 아닌 가명으로 베이징 제2외국어학원 한어교연실 왕원펑(汪文風)을 중심으로 한 열여섯 명이 저우언라이를 추모한다는 의미로 만든 이름이다.

능히 짐작하고도 남음이 있다.

공청단의 잡지가 담장에 붙여진 이후 몇몇 대담한 이가 또 다른 자료를 붙이기 시작했다. 그 가운데 많은 부분은 1976년 청명절의 진압을 비난하는 내용이었다. 처음에는 새로운 내용을 붙이는 것은커녕 행인들조차 감히 대자보를 보지도 못했다. 그러나 며칠이 지나도 벌을 받는 이가 없는 데다 덩샤오핑이 대자보를 붙일 수 있는 자유를 지지하고 있다는 소문이 널리 퍼지면서 일반인들의 행동도 점차 대담해지기 시작했다. 처음에는 정보 통제가 삼엄했던 10년 문화 대혁명을 거친 후인지라 사람들은 그저 호기심이 들었을 뿐이었다. 과거에 어떤 '착오' 관점이든 징벌이나 굴욕을 당하거나 농촌으로 하방될 수도 있다는 것을 경험으로 알고 있던 이들은 여전히 공포에 사로잡혀 있었다. 그러나 새로운 대자보가 계속 출현하게 되자 시단 담벼락 부근에 흥분감이 감돌기 시작했다.

시를 붙이고 간략한 해설을 적어 놓거나 철학적인 문장을 적은 종이를 붙이는 이도 있었다. 큰 붓으로 쓴 대자보도 있었고 어떤 것은 공책에 펜으로 써서 붙인 시문도 있었다. 많은 젊은이가 대자보를 붙였는데, 그들은 고위급 간부들의 자녀들로 당시 개최되고 있던 중앙공작회의의 분위기 변화를 자세히 관찰할 수 있었다. 또 어떤 대자보는 새롭게 얻게 된 자유에 고무된 젊은이들이 쓴 것이었는데, 다만 그들은 줄곧 폐쇄된 사회에서 생활했기 때문에 경험과 지혜가 부족하여 자신의 관점을 표현하는 데 서툴렀다. 문화 대혁명이란 공포의 시기에 개인은 감히 자신의 관점을 점검할 수 없었고, 대규모 군중 운동은 그들의 전략을 성숙시키는 데 오히려 방해가 되었을 뿐이었다. 이외에 자유 민주를 고취하는 이들은 그들의 비판자와 마찬가지로 경험도 없고 외국의 발전상에 대해 아는 것도 없었다. 그들은 마오쩌둥 사상과 마르크스주의 이론에 대해 의문을 제기하고, 다른 나라들이 경제적으로 중국보다 훨씬 발전했다는 사실을 깨닫기 시작했다. 그래서 서구 민주주의에 대해 거의 천진난만할 정도의 신앙을 보이기도 했다.[3] 또 자신들에게 주입된 모든 것, 즉 마르크스 · 레닌주의며 마오쩌둥 사상이 전부 틀렸다고 써서 붙이는 사람도 있었다. 시단의 담벼락은 '시단 민주장(民主墙)' 또는 간단히 '민주장'으로 불리면서 더욱더 유명해졌다. 가장 정점에 이를 때는 매일 수만 명의 군중이 담장 앞에 서 있었다. 그리고 유사한 담장이 전국의 여러 도시에 생겨났다.

대자보의 글은 격정적이었다. 징벌을 두려워한 나머지 가명을 쓰는 이도 있었고, 보상을 요구하면서 실명을 쓴 이도 있었다. 자신의 고충을 적기 위해 먼 거리를 마다하지 않고 멀고 먼 곳에서 온 이들도 있었다. 문화 대혁명 기간에 박해를 받거나 친척이 죽임을 당한 적이 있는 이들은 마침내 자신들의 이야기를 호소할 기회를 얻었다. 여전히 친척이나 친구가 농촌이나 감옥에 있거나 가택 연금 상태에 있는 이들은 피해자에게 자유를 회복시켜 줄 것을 요구했다. 박해를 받아 죽은 이의 친척들은 가문의 명예를 회복하여 자신들을 고통스러운 삶에서 벗어나게 해 줄 것을 요구했다. 1967년 이후 하향(下鄕)된 1700만 지식 청년 가운데 도시로 돌아올 수 있도록 허가를 받은 이는 700만 명뿐이었다.[4] 거대한 원망의 소리가 고등 교육을 받거나 좋은 직업을 얻을 기회를 잃고 여전히 시골에서 빈한한 삶을 살아야 하는 이들에게서 쏟아졌다. 나름 정치적으로 노회한 이들은 당내에서 일어나고 있는 쟁론을 넌지시 시사하면서 양개범시를 비판하며 4·5 시위를 재평가할 것을 요구하기도 했다.

화궈펑이 중앙공작회의에서 양개범시로부터 한걸음 물러난 그다음 날인 11월 26일, 덩샤오핑은 일본 민사당(民社黨) 당수인 사사키 료사쿠(佐佐木良作)를 만나 이렇게 말했다. "대자보를 쓰는 것은 우리 헌법에서 허가하고 있는 일입니다. 우리는 군중이 민주주의를 발양하고 대자보를 붙이는 것을 부정하거나 비판할 권력을 갖고 있지 않습니다. 군중이 불만이 있다면 그 불만을 터뜨리게 해야겠지요."[5] 계속해서 그는 수사적으로 이렇게 말했다. "군중이 자신의 의견을 표현하는 것을 허락하는 것이 죄가 됩니까?"[6] 여기에 덧붙여 예젠잉과 후야오방 역시 군중이 대자보를 통해 자신들의 의견을 표현하는 것을 지지했다.

같은 날 오후 《토론토 글로브 앤 메일(Toronto Globe and Mail)》의 존 프레이저(John Fraser)와 미국 칼럼니스트 로버트 노백이 시단 민주의 벽을 보기 위해 왔다가 자신들을 둘러싼 수백 명의 사람들에게 노백이 내일 덩샤오핑을 만난다는 말을 흘렸다. 모여든 군중은 중국어를 할 줄 아는 프레이저에게 노백이 덩샤오핑에게 몇 가지를 물어봐 줄 것을 요청했고, 프레이저는 다음 날 오후 같은 자리에서 그 결과를 말해 주겠다고 했다. 약속한 장소에 프레이저가 시간에 맞추어 돌아왔을 때 시단 담벼락에는 덩샤오핑의 답변을 듣기 위해 수천 명의 군중이 기다리고 있었다. 프레이저가 펑더화이의 공식적인 복권이 곧 이루어질 것이라고 말하자 군중은 환호성을 질렀다. 그가 덩샤오핑이 민주의 벽은 좋은 일이라고 말했다고 하자, 또다시 환희와 안도의 환호성이 터졌다.[7]

　군중이 매일 시단의 담벼락으로 몰려들면서 흥분에 겨운 중국인들은 자신들에게 주어진 상황을 이해하고 싶었으며, 적극적으로 외국인들과 이야기하려고 애썼다. 그들은 민주와 인권에 관해 비록 유치하기는 하지만 진정성이 묻어나는 질문을 외국인들에게 퍼부었다. 예를 들면 이런 것도 있었다. 당신네 나라에서는 누가 신문이나 방송의 보도 내용을 결정하는가?[8] 오랫동안 민중이 자신들의 생각을 표현할 수 있기를 희망했던 외국 기자들은 열정적으로 민주의 벽 앞에서 이루어지고 있는 진지한 대화와 뜨거운 분위기를 그대로 자국으로 전달했다. 당시 중국의 관방 매체들은 중국인들에게 시단 민주의 벽에 대해 전혀 보도하지 않았지만 그 소식은 미국의 소리(Voice of America)나 영국방송협회(BBC)를 통해 중국으로 다시 전파되었다.

　시단 담벼락에 모인 군중은 줄곧 질서를 유지했다. 그러나 몇 주 후 몇몇 사람이 민주와 법치를 요구하는 정치적으로 논쟁을 일으킬 만한 내용을 붙이기 시작했다. 베이징의 공안 간부들은 민주의 벽 부근에서 몇 건의 폭력 사태가 발생했다고 보고하면서 여전히 줄지 않는 군중이 치안을 위협할 것에 우려를 표했다. 실제로 덩샤오핑은 11월 말 사사키 료사쿠와 회담하면서 일부 대자보의 내용은 안정과 단결, 4개 현대화 실현에 도움이 되지 않는다고 경고한 바 있었다. 그러나 민주의 벽이 생겨난 지 1개월이 지나고 3중전회가 거의 끝날 무렵만 해도 중국의 고위층 영도자들은 여전히 대자보를 통해 의견을 표시하는 자유를 지지하고 있었다. 예를 들어 예젠잉은 중앙공작회의 폐막식 연설에서 이번 전회는 당내 민주의 전범이며, 시단 민주의 벽은 "인민 민주의 전범"

이라고 말했다.[9]

중앙공작회의가 끝나기 하루 전인 12월 13일, 덩샤오핑은 자신의 정연실 소속 직원이자 3중전회에서 그가 행한 연설문을 작성한 사람 가운데 한 명인 위광위안을 한쪽으로 불러 시단 민주의 벽을 지지하는 연설문을 작성하라고 일렀다. 그는 위광위안에게 이렇게 말했다. "다소 반대한다고 해서 무슨 나쁜 일이 있겠는가?"[10] 《인민일보》는 시단의 상황에 대해 보도하지 않았지만 신문사 내부에서 민주의 벽을 지지하는 이들이 1979년 1월 3일 「민주 발양과 4개 현대화 실현(發揚民主和實現四化)」이라는 제목의 대담한 사설을 게재했다. "사람들에게 말하게 한다고 해서 하늘이 무너지지는 않는다. 진정으로 두려운 것은 오히려 다른 소리를 들을 수 없음이다. …… 인민의 발언을 두려워하는 것은 사실 연약함과 신경 쇠약의 표현일 뿐이다. …… 안정과 단결은 민주주의 발양과 대립되는 것이 아니다."[11]

1월 중순쯤 민주의 벽에 붙은 대자보의 내용이 점차 정치화되기 시작했다. 1월 14일 일군의 군중이 '전 중국의 박해받는 사람들'이라고 적힌 현수막을 걸었다. 그들은 "우리는 민주화와 인권을 요구한다."라고 선포하고 톈안먼에서 중공 최고위층 영도자들이 거주지이자 일터인 중난하이의 정문까지 시위 행진을 벌였다. 시위자들은 대문 진입을 시도했으나 무장 군인들에게 저지를 당했다. 시위자들을 목격한 영국 외교관 로저 가사이드는 "내가 본 가장 분노한 군중이었다."라고 말했다.[12]

일부 군중이 스스로 잡지를 만들어 시단 담벼락의 대자보를 구경 온 이들에게 무료로 배포했다. 1월 17일 중국인권연맹으로 자칭하는 시위자들이 「19조 선언(十九條宣言)」을 인쇄하여 언론 자유와 당과 정부 영도자들을 평가할 수 있는 권리, 정부 예산 공개, 전국인민대표대회 방청 허가, 외국 대사관과 자유로운 접촉 허가, '지식 청년'을 위한 직업 안배 등을 요구했다.[13] 시위자들의 분노 폭발은 덩샤오핑이 미국을 방문하기 위해 떠나기 며칠 전에 이루어졌다. 그러나 덩샤오핑은 이에 대해 아무런 제지도 하지 않았다. 덩샤오핑은 만약 자신이 방미(訪美)하기 전날 민주의 벽을 엄중 단속하여 서방 매체에 보도된다면 방문 성과를 얻는 데 방해가 될 것임을 잘 알고 있었다. 2월 8일 미국과 일본 순방을 마치고 돌아온 덩샤오핑은 위광위안이 그를 위해 준비해 놓은 민주의 벽을 지지한다는 내용의 원고를 보겠다고 요구하지 않았다. 더욱 중요한 것은 그가 근본적으로 그런 연설을 한 적이 없다는 것이었다.[14] 3월이 되자 민주의 벽에 중국공산당 통치의 근본 체제를 공격하는 내용이 점점 많아졌다. 정부가 제한을 두지 않자 사람들은 더욱 대담해지기 시작했으며, 중국공산당과 중국의 정치 체제 비난은 물론이고 심지어 덩샤오핑조차 비난하기 시작했다.

3월 25일 인민해방군 출신으로 베이징 동물원에서 일하던 웨이징성이 대담하게 낡은 울타리를 벗어나 한 걸음 더 나아갔다. 그는 「다섯 번째 현대화를 논하다」라는 글을 붙여 공산당 체제를 근본적으로 비판했으며, 「민주냐 아니면 새로운 독재냐?」라는 글을 통해 덩샤오핑을 거론하며 "독재 노선을 가고 있다."라고 비난했다. 웨이징성은 대학을 다닌 적이 없어 민주주의에 대한 세련된 분석이 부족했지만 격정만큼은 그 모든 것을 상쇄하고도 남았다. 그에게는 티베트족 출신의 여자 친구가 있었는데, 그녀의 아버지가 투옥되자 어머니는 그 굴욕을 감당하지 못하고 끝내 자살하고 말았다. 웨이징성은 신장의 외진 지역으로 배치된 적이 있었는데, 그곳에서 구걸하는 이들을 보면서 불안한 마음을 떨칠 수 없었다. 그가 알고 싶은 것은 왜 그렇게 많은 이가 죽어 갔는데도 일부 간부들은 여전히 안락한 삶을 영위할 수 있느냐는 것이었다. 그는 중국공산당이 '4개 현대화'라는 구호를 앞세워 실제로는 아직 변화하지 않은 계급 투쟁 체제의 폐단을 엄폐하고 있다고 비난했다. "현재 인민이 민주를 향유하고 있는가? 아니다. 인민이 자기 자신의 주인이 되기를 원치 않는가? 아니다, 당연히 원한다. …… 인민은 마침내 자신들의 목적이 무엇인지 알게 될 것이다. 그들은 분명한 방향, 진정한 영도자(민주주의의 기치)를 가지고 있다."[15] 이처럼 공개적 선언을 통해 웨이징성은 즉각 전 세계 언론 방송 매체의 주목을 받았으며, 새로운 민주 제도를 요구하는 중국의 대변인으로 급부상했다.

대략 그즈음 중국은 '대월자위반격전(對越自衛反擊戰)'이라고 부르는 베트남과의 전쟁을 끝낸 상태였다. 그래서 덩샤오핑은 민주의 벽이나 이론공작무허회(理論工作務虛會)* 등 국내 업무에 더욱 정력을 기울이고 있었다. 그때까지만 해도 민주의 벽은 덩샤오핑에게 정치적으로 큰 가치가 있었다. 무엇보다 군중이 양개범시를 반대하고, 4·5 시위의 처리 방식을 반대하며, 마오쩌둥의 착오를 반대한다는 것을 표명하는 일종의 통풍구 역할을 했다. 그리고 그것이 덩샤오핑에게 더욱 큰 정치적 공간을 마련해 주어 그가 굳이 그러한 비판에 관여하지 않더라도 자신의 새로운 노선을 실행할 수 있었기 때문이다.

처음 정권을 장악했을 때만 해도 덩샤오핑은 이론적으로 민주주의가 매력적이라고 생각했는지도 모른다. 그래서 그는 당내에 더 많은 민주적 토론이 있어야 한다고 격려했다. 그러나 시위자들이 더욱 많은 군중을 끌어모아 중국공산당 영도의 근본 체제를 반대하기 시작하자 그는 과감하게 이러한 도전을 탄압하는 조치를 취하기 시작했다. 한 성위원회 제1서기가 나중에 말한 것처럼, 민주주의에 대한 덩샤오핑의 시각은 엽공호룡(葉公好龍)**과 마찬가지로 진짜로 용이 나타나자 그 역시 두려워하지 않을 수 없었던 것이다. 비록 화궈펑이 당 주석이자 총리였으나 비난에 대한 탄압을 결정하는 사람은 덩샤오핑이었다. 3월 28일 베이징시정부 간부들은 변화하고 있는 정치 기후와 덩샤오핑의 개인적 의견에 근거하여 "사회주의 노선과 무산 계급 전정(專政, 전제 정치), 당의 영도와 마르크스·레닌주의 및 마오쩌둥 사상을 반대하는 일체의 구호와 대자보, 서적, 잡지, 사진 등 일체의 자료를 금지한다."라는 규정을 선포했다.[16]

봉건 제국 시대와 마찬가지로 중국의 질서는 통일된 명령으로써, 그리고 다른 이들을 막기 위해 핵심적인 인물이나 사안을 일벌백계의 엄벌로 다스림으로써 유지되었다. 덩샤오핑의 탄압은 민주의 벽에 민주를 요구하는 대자보

---

* 중화인민공화국 특유의 회의로, 각급 정당이나 정부 기관, 군대, 기업 단위 등 주요 책무를 결정할 수 있는 집단이 기구를 조직하여 다양한 분야에 걸쳐 토론하고 공통된 인식을 도출하며, 이론을 창조하고 노선을 제정하여 강령을 제기하고 원칙을 확립한다. 여기서는 이론학습토론회로 번역한다. 무허회는 실무회의와 상대되는 개념으로, 연초 또는 업무 단계 초기에 희망 목표치 등을 의논하여 이후 업무 기준을 마련한다.

** 춘추 시대 초나라 엽공이 용을 좋아했는데, 실제로 용이 나타나자 도망가고 말았다는 고사에서 나온 말로, 겉으로는 좋아하는 듯하나 실제로는 두려워하는 것을 말한다.

를 붙이고 나흘째 되는 3월 29일 웨이징성을 체포한 후로 계속 이어졌다. 웨이징성이 체포되자 시단 민주의 벽을 향하던 이들이 갑자기 줄어들었고, 몇몇 소수의 대담한 사람만 여전히 대자보를 붙였다. 소식에 정통한 외국인들의 통계에 따르면, 이후 몇 주 동안 베이징에서 체포된 인원은 대략 서른여 명으로, 1957년이나 문화 대혁명 기간에 수천만 명이 체포된 것에 비하면 그야말로 극소수에 불과했다. 사망에 관한 보도는 없었다.[17] 남아 있던 대자보는 시단에서 멀리 떨어져 있고 도보로는 이동이 힘들어 찾는 이들도 훨씬 적은 웨탄(月壇) 공원으로 옮겨졌다. 매체들은 민주의 벽에 가득 붙어 있는 대자보 글을 비판하는 기사를 발표하기 시작했다. 웨탄 공원에 파견된 간부들은 대자보를 붙이는 이들의 이름과 공작 단위(工作單位, 직장)를 기재할 것을 요구했다.[18] 시단의 대자보는 1979년 12월까지 공식적으로 금지된 것은 아니었지만 3월 말에 이미 민주의 벽은 끝난 것이나 다를 바 없었다. 위광위안의 말에 따르면, 순종적인 관료였던 후야오방은 공개적으로 덩샤오핑의 결정을 지지했으나 이론공작 이론학습토론회에 참여하여 공개적으로 토론했던 간부들은, 후야오방이 많은 자유를 허용한다고 해서 사회 질서가 위협받는 것은 아니라고 생각하고 있음을 잘 알고 있었다.

　민주의 벽은 폐쇄되었지만 일반 민중 가운데 감히 항의하는 이들은 거의 없었다.[19] 비록 당내 많은 이가 덩샤오핑의 조치를 확고하게 지지하면서 그렇게 해야만 문화 대혁명식의 혼란을 미연에 방지할 수 있을 것이라고 생각했지만 수많은 지식인을 포함한 일부 당 간부는 덩샤오핑의 결정에 불안감을 감출 수 없었다.[20] 위광위안이 볼 때, 덩샤오핑이 12월 중순 민주의 벽을 지지하다가 3개월 만에 이를 폐쇄시킨 것은 마오쩌둥 사후 중국의 전환점 가운데 하나였다.[21]

이론공작 이론학습토론회 1단계

1978년 9월 말 예젠잉은 양개범시를 지지하는 이들과 실천 표준(「실천은 진리를 점검하는 유일한 표준이다」)을 찬성하는 이들 간의 논쟁이 불화를 일으킬까 걱정이었다. 그래서 문화 교육 영역에서 당의 사업을 위해 공통된 기본 지도 원칙을 논의하는 회의를 제의했다.[22] 경제공작 이론학습토론회의 성공에 깊은 인상을 받았던 그는 이론 원칙에 대한 자유 토론을 통해 신시기로 진입하는 중공 영도자들이 일치단결할 수 있을 것이라고 믿었다. 12월 13일 중앙공작회의가 끝났고 다른 영도자들의 동의를 얻은 후 화궈펑은 정식으로 이론공작무허회(이론학습토론회) 계획을 선포했다.[23]

이론학습토론회의 첫 번째 단계는 1979년 1월 18일부터 2월 15일까지였는데, 중간에 1월 26일부터 닷새간 춘절 휴가 기간이 있었고, 중앙선전부와 중국사회과학원이 주관했다.[24] 회의의 구체적인 방안이 마련되자 고위급 영도자들은 실천 표준이 양개범시를 누르고 이겼다는 데 보편적 인식을 같이했다. 후야오방이 선전부장 자리에 오르자 보수 세력의 핵심 인물로 선전을 주관하던 왕둥싱도 자아비판을 했다. 회의 준비를 담당한 이들은 대부분 선전 영역에서 사상 개방을 주창하는 자유파 간부들이었다. 후야오방은 이론학습토론회 개막식 전체회의에서 회의의 목적에 대해 다음과 같이 설명했다. 과거 30년간의 선전 부문의 사업을 검토하고, 대외 개방과 4개 현대화 실현을 위해 당이 어떻게 지지해야 할 것인가에 관한 청사진을 만든다. 그는 사인방 몰락 이후 지난 2년간 사상 해방에 큰 진보가 있었음을 찬양하고, 실사구시를 창도한 덩샤오핑의 영도에 따라 특히 지난 몇 개월 동안 새로운 수확이 있었다고 밝혔다. 또한 그는 1단계 회의는 2월 중순까지 이어질 것이며, 그 기간 동안 참가자들은 5개의 작은 소조로 나누어질 것이라고 말했다.[25] 2단계는 규모가 더욱 큰 회의로 전국 각지의 선전 관련 부서에서 온 400여 명의 영도자들이 참가하여 1단계 회의에서 도출된 공통 인식을 구체적으로 실현하는 계획을 제정할 것이라고 했다.

후야오방은 각 소조의 소집인(召集人)을 주로 신문사, 대학, 연구 기관, 그리고 선전부서의 사상적으로 개방되고 진보적인 이들로 선발했다. 비록 회의 참가자들, 예를 들어 우렁시나 후성 등 사상적으로 비교적 보수적인 이들이 있기는 했지만 5개 소조의 소집인 중에 후지웨이, 위광위안, 우장(吳江), 저우양 등 네 사람은 앞서 진행된 실천 표준에 관한 논전에서 간접적으로나마 경직된 마오쩌둥 사상을 비판하는 등 크게 활약했던 이들이었다. 마지막 다섯 번째 인물은 위광위안과 밀접한 관계를 맺고 있던 진보파 둥다린(童大林)이었다.[26] 회의 참석자들 가운데 가장 원로에 속하는 두 사람, 저우양과 루딩이(陸定一)는 1957년 반우파 운동 기간에 선전부에서 요직을 맡고 있었다. 그러나 나중에 그들은 반우파 운동에 대해 진정으로 후회했으며, 이후로 자유 확대를 극력 주장하게 되었다. 이론학습토론회에 참가한 이들은 전국 각지에서 왔다. 베이징에서 회의가 개최된 후 다른 지방에서도 각기 유사한 회의가 열렸다.[27]

회의가 시작되었을 때 민주의 벽은 이미 꽃이 만개한 상태였다. 시단 민주의 벽은 아무런 조직도 없고 계획도 없이 진행된 군중 운동이었다. 그러나 이론공작 이론학습토론회는 처음부터 끝까지 세심하게 조직되었다. 게다가 시단 대자보의 작가나 독자는 민주의 벽에서 우연히 만난 낯선 이들이었으나 이론학습토론회 160명의 참가자들은 1개월이라는 기간 동안 거의 매일 만나 교류하도록 공들여 선발한 당원들이었다. 그렇기 때문에 그들의 논의는 민주의 벽 대자보보다 훨씬 세련되었으며, 당의 역사와 세계 판세에 대한 폭넓은 이해를 반영할 수 있었다. 그렇기는 하지만 두 곳은 서로 공통된 토대, 즉 새로운 시기에 보다 개방적인 사상 분위기를 창조해야 한다는 내심에서 우러나오는 갈망이 있었다.《인민일보》부총편(부편집장) 왕뤄수이는 이론학습토론회 성원이었는데, 시단 민주의 벽에서 일어나는 일을 보고하는 담당자였다. 그는 직접 현장에 갔다가 돌아온 후, 민주의 벽은 활기차고 평화로운 것 같으며, 대자보에 적힌 내용은 진심 어린 것처럼 보였다고 보고했다.[28] 이론학습토론회에 참가한 또 다른 인사는 자신이 직접 민주의 벽을 관찰한 후 유사한 관점을 제시했다.

후야오방은 이론학습토론회를 주지하면서 특히 화궈펑과 덩샤오핑 두 사람의 지지를 얻는 데 주력했다. 그는 이론공작 이론학습토론회 개막식 연설에 앞서 화궈펑에게 한번 살펴보도록 하여 비준을 받았으며, 연설 중에도 화궈펑의 영도하에 이루어 낸 성과에 찬사를 보냈다. 덩샤오핑은 방미 일정을 준비하고 베트남 공격에 관한 일로 바빴지만 미국으로 떠나기 전날인 1월 27일 회의 토론 계획에 대한 후야오방의 보고를 받은 자리에서 아직까지 아무도 어떤 종류의 민주가 중국에 적합한지 분명하게 알지 못한다고 하면서 특히 이 문제를 심사숙고해 달라고 주문했다. 또한 그는 후야오방에게 스무 명 내지 서른 명 정도로 소조를 조직하여 관련 문제를 명확하게 한 후에 민주 실천에 대해 논술한 2만 내지 3만 자의 문장을 준비하여 5·4 운동 60주년 되는 날 발표할 수 있도록 하라고 지시했다. 덩샤오핑은 그 문장이 사회주의적 민주가 자본 계급의 민주를 능가함을 보여 줄 수 있을 것이라고 말했다.[29]

이론학습토론회의 분위기는 《인민일보》 전 총편(편집장) 우렁시가 처한 모습에서 완벽한 예를 볼 수 있었다. 우렁시는 이전부터 줄곧 「실천은 진리를 점검하는 유일한 표준이다」라는 말을 비판하다가 결국 자아비판을 할 수밖에 없었다. 그러나 그가 첫 번째로 제출한 자아비판은 졸속 판정을 받아 어쩔 수 없이 다시 자아비판서를 써 내야만 했다. 자유파(自由派)가 권력을 잡았지만, 그들 역시 이전에 급진파들이 자신들의 사업을 지지하며 사용했던 방법, 즉 비판과 자아비판을 통해 당의 단결을 이루는 방식과 유사한 수법을 채용했다. 회의 참가자들은 우렁시에게 덩샤오핑이 1978년 8월 23일, 그에게 『마오쩌둥 선집』 제5권 편집 공작은 「실천은 진리를 점검하는 유일한 표준이다」라는 정신을 정확하게 표현해야 한다고 이야기한 것을 상기시켰다. 우렁시는 마오쩌둥의 명성에 해를 끼쳐서는 안 된다고 생각했기 때문에 양개범시를 지지한 것이라고 고백했다. 그리고 자신도 "사상을 해방시키기" 위해 한걸음 더 나아가겠다고 말했다.[30]

후야오방이 회의 개막식 치사에서 사상을 해방시키고 아울러 거리낌 없이 자유롭게 이야기하도록 격려하자 참가자들 또한 열렬한 반응을 보였다.[31] 새로운 분위기가 제한의 울타리를 부수고, 지금까지 경험하지 못한 당내 사업에 대한 솔직한 비판의 말이 쏟아졌다. 참가자들은 자유롭게 마오쩌둥 시대의 착오를 비판할 수 있었으며, 더욱 커진 사상 공간을 수용 가능한 새로운 분계선으로 끌어낼 수 있었다.《인민일보》부총편 왕뤄수이는 더 많은 자유를 강력하게 주장하면서 마오쩌둥과 그의 소수 추종자들이 어떻게 전국 인민을 대약진 운동이라는 재앙 속으로 끌고 갈 수 있었는가에 대해 의문을 제기하면서, 1957년 지식 분자들에 대한 공격이 그들로 하여금 꼼짝없이 아무 말도 하지 못하게 만들었고, 그렇기 때문에 마오쩌둥이 가공할 만한 착오를 범하는 것을 저지할 방도가 없었다고 지적했다. 런민대학 철학과 교수인 장셴양은 한걸음 더 나아가 사인방을 '파시스트 독재'라고 칭했다. 나중에 중국사회과학원 정치학연구소 소장을 맡게 된 옌자치는 또다시 그런 재앙을 되풀이하지 않도록 간부들의 임기를 제한해야 한다고 말했다.[32]

그러나 이론학습토론회 시작 때부터 일부 참가자들은 만약 정치 조류가 바뀌어 최고 영도자가 다시 보수화한다면 곤란한 일이 생길지도 모른다고 우려했다. 어떤 참가자는 1957년 백화제방(百花齊放) 때처럼 되지 않기 위해서는 법률적으로 회의 발언으로 벌을 받지 않도록 보장해야 한다고 말했다.[33]

이런 회의가 늘 그렇듯 회의에서 논의되고 총결된 자료는 인쇄되어 회의에 참가하지 않은 영도자들에게 전달되었다. 일부 최고 영도자들은 보고 내용을 읽은 후 회의에 참석한 이론가들이 너무 멀리 나갔다고 비판했다. 이와 동시에 홍콩과 외국 기자들은 '비마오쩌둥화(非毛化, 마오쩌둥 격화 운동)'에 대해 이야기하기 시작했다. 이로 인해 중국 영도자들은 자신들이 그렇게 한 적이 없다는 것을 증명해야 했다. 심지어 일부 영도자들은 당내 이론가들이 스탈린 격하 정책을 실시하여 당의 권위를 약화시킨 흐루쇼프의 뒤를 따라가는 것이 아니냐는 우려의 발언을 하기도 했다.[34] 당내 원로 간부들이 비판을 시작한 것은 확실했다. 그들은 이론학습토론회에서 발표된 견해들이 마오쩌둥 시대에 이루어진 모든 것을 비판하는 것에 가깝다고 비난했다. 마오쩌둥 시대에 요직을 담당했던 일부 원로 간부들은 날로 고양되는 마오쩌둥에 대한 비판에 자신도 연루될 수 있음을 걱정했다. 그리고 몇몇은 후야오방 등이 이론학습토론회에서 반마오(反毛), 반당(反黨)의 '수정주의자'가 되려 한다고 의심하기 시작했다.

원로 당 간부들이 한편에 서고, 민주의 벽과 이론학습토론회에서 대담한 발언을 마다하지 않던 이들이 다른 한편에 서자, 양자 간의 공백이 점점 봉합하기 어려울 정도라는 것이 분명해졌다.[35] 1978년 12월 3중전회에서 덩샤오핑을 지지한 천원과 리셴녠 등이 직접 나서서, 당에 대한 비판이 당이 기율과 질서를 유지할 수 있는 능력을 위협할 정도로 멀리 나갔다고 걱정하는 발언을 하기 시작했다. 보수파들의 반격이 점차 위험도에 가까워지고 있다는 것을 눈치챈 후야오방은 회의 참가자들에게 몇몇 개인의 비난은 선의의 비판과 당원으로서 행동 준칙의 한계를 벗어났다고 경고했다. 2월 28일 중앙선전부에서 신문공작자회의를 소집한 자리에서 후야오방은 다시금 마오쩌둥이 비록 착오를 저질렀지만 "우리는 반드시 마오쩌둥 주석의 위대한 공헌을 객관적으로 인정해야 한다."라고 말했다.[36] 그러나 후야오방의 발언은 당내 보수파가 그와 이론학습토론회에 대한 지속적인 비판을 저지하기에 충분치 않았다.

이론공작 이론학습토론회 2단계

3월 16일, 중국 군대가 1개월에 걸친 전투를 끝내고 베트남에서 철수한 바로 그날 덩샤오핑은 중앙회의에서 베트남과의 전쟁에 대해 설명했다. 당시 그는 이미 방미를 끝내고, 베트남 전쟁도 종결한 후였기 때문에 다시금 국내 기본적인 정치 문제에 관심을 집중할 수 있었다. 그는 회의 참가자들에게 현재 전반적인 형세는 전국의 안정과 단결을 이루는 데 좋은 편이라고 말했다. 그러나 다소 걱정스러운 위협이 남아 있다고 경고하면서 이에 따라 반드시 마오쩌둥의 기치를 더욱 높이 들어야 할 것이라고 말했다. 만약 그렇지 않다면 당 자체가 공격을 받을 수 있을뿐더러 그것이 중화인민공화국을 부정하고 전체 중국 역사를 손상시키게 될지도 모른다고 했다. 덩샤오핑은 안정과 단결을 유지하기 위하여 문화 대혁명과 같은 일부 역사 문제에 대한 평가를 일단 한편에 놔두는 것이 좋다고 생각했다. 중국 최고 영도자가 주의를 주자 신문들도 이

문제에 대해 조심해야 했다.[37]

이론학습토론회 1단계 소조회의에 대한 보고를 들은 후 덩샤오핑은 당내 이론가들이 중공과 마오쩌둥을 비판하는 것이 이미 정도를 지나쳤다고 보는 다른 영도자들과 인식을 같이했다. 마오쩌둥이 1957년 쌍백 운동을 발동한 후에 지식인들의 비판이 지나치다는 것을 느낀 것과 마찬가지로 1979년의 덩샤오핑 역시 지식인들이 또다시 도를 넘어섰다고 느끼고 있었다. 그러나 그는 1957년 마오쩌둥의 반격에서 교훈을 얻어 지나친 반응으로 지식인들의 지지를 잃고 싶지 않았다. 이런 상황에서 민주의 벽과 이론학습토론회 1단계의 정신을 지지한 이들은 보수파 후차오무와 덩리췬이 감독하고 기초(起草)한 회의 총결 보고가 당에 대한 비판을 지나치게 과장되게 표현하여, 이를 통해 덩샤오핑을 자극하여 덩샤오핑이 더욱 많은 민주적 토론을 요구하는 이들과 결별하도록 만들었다고 사사롭게 불만을 토로했다.[38] 덩샤오핑은《인민일보》부총편인 왕뤄수이가 마오쩌둥을 비판하고, 홍콩의 신문 방송 매체에 자신의 의견을 이야기한 것에 대해 못마땅하게 생각했다. 덩샤오핑은 시종일관 당의 다른 고위 간부들과 마찬가지로 당내 영도자들의 의견 불일치는 대중에게 공표되면 안 된다고 생각했다.

이론학습토론회에서 행할 연설문을 준비하면서 덩샤오핑은 다시 한번 1단계 이론학습토론회에 참가했던 후차오무에게 자문을 얻었다. 3월 27일 덩샤오핑이 후차오무와 후야오방 등과 함께 연설 초고를 검토할 당시는 웨이징성이 당내 원로 간부들을 두렵게 만든 민주 대자보를 붙이고 이틀이 지난 때였다. 덩샤오핑은 마오쩌둥 시대보다 더 많은 자유를 허락하기를 원했지만 또한 어떤 정치적 발언을 수용하고 수용하지 않을 것인가를 명확하게 경계 짓는 원칙을 확립하기를 원했다. 그는 후차오무와 후야오방, 그리고 몇몇 연설 초안자에게 자유의 한계를 명확케 하는 4개 기본 원칙을 제출하라고 말했다.[39] 그의 연설은 이론학습토론회 2단계를 위해 불과 며칠 동안 준비하여 작성한 것이지만 이후 20여 년 동안 글과 서적, 영화에 이르기까지 정치적으로 허용 여부를 판단하는 지도 원칙이 되었다.

4개 기본 원칙: 1979년 3월 30일

덩샤오핑은 자신의 중요한 연설에서 허용 가능한 것과 허용 불가능한 것 사이에 한계를 정하는 4개 기본 원칙을 천명했다. 아래 네 가지는 어떤 저작물도 도전할 수 없다. 첫째, 사회주의 노선. 둘째, 무산 계급 전정(專政, 프롤레타리아 독재, 전제 정치). 셋째, 공산당의 영도. 넷째, 마르크스 · 레닌주의와 마오쩌둥 사상.

덩샤오핑은 여전히 중국이 어떤 영역에서는 자본주의 국가에게서 배워야 한다는 것을 인정했다. 또한 사회주의 국가 역시 심각한 잘못을 저지를 수 있으며, 린뱌오와 사인방이 초래한 것처럼 퇴보가 있을 수 있다는 것도 인정했다. 그러나 그는 중국의 문제가 사회주의로 인해 생겨났다는 것을 부정했다. 그가 보기에, 그것은 중국공산당 성립 이전에 오랜 봉건 역사와 제국주의로 인해 야기된 것이었다. 중국의 사회주의 혁명은 이미 중국과 자본주의 국가 간의 차이를 축소시켰으며, 계속해서 축소시켜 나갈 것이다. 또한 중국은 현대화의 토대로서 '사회주의 민주'의 실천을 허용하지만, 사회주의를 반대하고 사회 질서를 무너뜨리는 반혁명 분자, 적의 특무 인원, 범죄 분자를 포함한 적대 세력에 대응하기 위해서는 무산 계급 전정이 지속적으로 필요하다. 현대화와 마찬가지로 민주화 역시 차근차근 단계적으로 나아가야만 할 것이다. 덩샤오핑은 이렇게 말했다.[40]

덩샤오핑에게 신성한 것이 있다면 그것은 중국공산당이다. 당을 비판하면 그는 본능적으로 분노했고, 공개적으로 당을 비판하는 것은 용인할 수 없다고 강조했다. "마오쩌둥 동지도 여느 다른 이들과 마찬가지로 단점이 있으며 착오를 범할 수 있다."는 것을 인정했지만 그는 마오쩌둥 사상이야말로 "반세기 넘는 중국 인민의 혁명적 투쟁 경험의 결정"이라고 생각했다. 그는 역사가 한 개인에 의해 창조되는 것은 아니지만 인민들은 그 한 사람을 존경할 수 있다고 말했다.[41] 민주의 벽과 이론공작 이론학습토론회에서 중구난방으로 터져 나온 비판은 마오쩌둥의 정통 사상의 영향력을 약화시켜 더 이상 마오쩌둥이 말했던 모든 말을 문자 그대로 해석하지 않도록 하고, 아울러 지난 20년 동안 당이 저지른 착오에 대한 비판을 정당화할 수 있는 여지를 마련하는 데 도움을 주었다. 그러나 덩샤오핑은 여전히 스스로 마오쩌둥을 비판하는 사람으로서가 아니라 마오쩌둥의 위대함을 옹호하는 사람으로 전면에 나서기를 원했다.

자유파 지식인들의 바람과 완고한 보수파의 우려 사이에 여전히 거대한 차이가 존재했고, 공개 토론을 통해 신사적인 합의를 도출하기 어려웠기 때문에 당의 사상 통일을 바라던 예젠잉의 목표는 아직 달성되지 않았다.[42] 결국 덩샤오핑은 국가 권력에 의해 뒷받침되는 강경한 논조의 연설을 통해 위로부터 통일을 강제하기로 했다. 덩샤오핑은 어쩔 수 없이 당내 분열을 목도하면서 중국은 아직까지 강압적인 수단을 사용하지 않으면 국가 단결을 이룰 수 없다고 확신했다. 3월 30일 덩샤오핑의 연설이 끝난 후 이론학습토론회는 열두 개의 소조로 나뉘어 어떻게 하면 덩샤오핑의 지시를 관철할 것인가에 대해 3일간 토론했다.

훈련 당원으로서 후야오방은 4월 3일 이론학습토론회 폐막식에서 덩샤오핑을 적극 지지하여 그가 제시한 4개 기본 원칙을 견지할 것을 표명했다.[43] 그러나 이론학습토론회 1단계에 참석하여 후야오방의 연설을 들은 이들은, 그가 개인적으로 좀 더 개방적인 사회를 원하고 있으며, 만약 다른 관점을 보다 자유롭게 표현할 수 없다면 국가가 혼란에 빠질 것이라고 믿고 있음을 잘 알고 있었다.[44] 비록 덩샤오핑과 후야오방이 현대화에 전념하면서 지속적으로 함께 일하고 있었지만 자유의 한계를 어디까지로 할 것인가에 대한 양자 간의 차이는 날로 심화되면서 결국 1987년 덩샤오핑이 후야오방을 자리에서 물러나게 하는 계기가 되고 말았다.

당내 영도자들은 덩샤오핑이 회의에서 연설한 내용을 당연하게 받아들였지만, 이미 자유의 범위가 좁혀졌다는 뜻을 함축한 덩샤오핑의 연설은 지식인들을 실망시키기에 충분했다. 민주의 벽은 아직 공식적으로 폐쇄된 것은 아니지만 덩샤오핑의 연설은 마치 일종의 냉각 효과를 발휘했고, 웨이징성 체포와 대자보를 붙이는 이들에 대한 계속적인 위협으로 인해 결국 민주의 벽은 종말을 고하고, 문화 영역에서 진정으로 백화제방을 추구하려던 희망 또한 사라지고 말았다. 많은 자유를 고대하던 이들은 민주의 벽에서 넘쳐 나던 열정의 순간과 이론공작 이론학습토론회에서 지적이고 통찰력 있는 사상 탐구의 시간을 쉽게 잊을 수 없었다. 중국사회과학원과 기타 지역의 지식인들은 더 이상 많은 말을 하지는 않았지만 여전히 많은 이가 새로운 정책의 타당성에 납득할 수 없었다.

덩샤오핑의 4개 기본 원칙에서 나온 좀 더 보수적인 새로운 노선 역시 점차 관방 매체를 통해 전파되기 시작했으며, 이론학습토론회에 참가한 이들도 새로운 정치 현실에 적응하기 시작했다. 《인민일보》는 5월 5일 사설에서 "혹자는 민주를 무엇이든 하고 싶은 것을 하는 것이라고 생각하지만 …… 우리가 주장하는 것은 중앙 집권제의 지도하에 있는 민주다."라고 했다.[45] 하급 간부들은 새로운 노선에 따라 허용된 것이 무엇인가에 대해 선전하기 시작했다.[46] 많은 지식인이 자유에 대한 제한에 실망했지만 1957년 마오쩌둥 시절의 반우파 투쟁과 비교한다면 덩샤오핑의 반응은 크게 절제된 것이었다. 덩샤오핑은 현대화를 실현하기 위해서는 무엇보다 지식인들의 협조가 필요하다는 것을 잘 알고 있었다. 4개 기본 원칙이 선포된 후 지식인들은 공개적으로 당을 비판하는 데 좀 더 신중한 태도를 취했으나 몇몇 소수의 지식인은 비판을 받거나 치욕을 당하고 면직되기도 했다. 해외 거주가 허용된 일부 유명한 비판자들은 외국에서 계속 자신의 의견을 발표했다.[47] 실제로 1978년부터 1992년까지 전반적인 추세에 따라 자유 토론의 공간이 확대되었다. 때로 언론 자유를 관제하려는 서툴고 독단적인 방식에 불만을 터뜨리기는 했지만 일반 민중은 지식인들과 마찬가지로 끊임없이 자유의 한계를 돌파하기 위한 기회를 찾으려 애썼다. 언론 자유는 한 번 고생으로 영원히 차지할 수 있는 것이 아니었다. 새로운 관념(4개 기본 원칙에 따른)을 시행하고, 지식인들과 합작하기 위해 그는 1978년 이전보다 훨씬 많은 자유를 허용할 필요가 있었다.

1979년 10월 말 제4기 전국문학예술대회에서 덩샤오핑은 대다수 지식인을 지지하거나 또는 피동적으로나마 받아들이고 아울러 그가 생각하기에 중국공산당의 권위를 위협할 만한 비판을 묵살하는 방식으로 자유와 통제 사이의 미묘한 균형을 설명하기 위해 애썼다. 대회에서 행할 연설문을 준비하면서 덩샤오핑의 연설문 초안자가, 1950년대 문예계의 차르로 군림하다가 1970년대 후반에 들어와 더욱 많은 자유를 쟁취하려는 지식인들의 대변자로 변신한 저우양에게 한 부를 보냈다. 저우양은 덩샤오핑에게 장황한 연설을 하지 말라고 권고했다. 덩샤오핑은 그의 건의에 따라 간단한 치사를 마련하여, 중국 인민의 예술 창조력을 찬양하고, 1950년대에 얻은 발전에 대해 확인하는 한편 린뱌오와 장칭이 창작의 자유를 억압한 것을 비난했다. 그리고 미래를 전망하면서 문화 영역에서 지속적인 진보를 기대한다고 말했다. 그의 연설은 문학 예술계 인사들의 뜨겁고 열정적인 박수갈채를 받았다. 그중에는 그의 4개 기본 원칙에 불만을 품은 이들도 있었다.[48] 1957년의 마오쩌둥과 달리 1979년의 덩샤오핑은 주류 지식인들의 인심을 잃지 않았으며, 사적으로 정부의 임의적인 제한에 불만을 품은 이들도 4개 현대화를 위한 활동은 멈추지 않았다. 그러나 1992년 덩샤오핑이 정치 무대에서 완전히 떠날 때까지 자유의 한계 문제에서 그는 지속적인 주도권 싸움에 직면해야 했다.[49] 이러한 주도권 싸움은 결국 1989년 6월 4일 한차례 비극을 연출하고 만다.

9

소련과 베트남의 위협 1978~1979년

1977년 여름 덩샤오핑은 다시 국방과 외교 업무를 책임지게 되었다. 당시 그는 무엇보다 중요한 두 가지 문제에 직면했다. 하나는 소련과 베트남의 위협에 대처하여 국가의 안전을 도모하는 것이고, 다른 하나는 중국 현대화를 추진할 외국의 원조를 얻기 위해 토대를 마련하는 것이었다.[1] 소련의 군사 위협을 줄이기 위해 그는 이웃 나라와의 관계 개선을 강화하여 소련의 세력 확장을 저지하고자 노력했다. 그리고 중국의 현대화를 위한 원조를 얻기 위해 일본과 미국으로 몸을 돌렸다. 이 두 가지 목표를 달성하기 위해 그는 1978년 1월 이후 14개월 동안 여러 나라를 방문했다. 당시 그가 방문한 나라는 그가 평생 방문했던 나라의 숫자보다 훨씬 많았다. 외국 방문을 통해 그는 중국과 아시아 대륙 인근 나라들과 관계를 개선했으며, 이로 인해 중국은 1949년 이후 그 어느 시기보다 더 넓게 개방되어 더 이상 역전될 수 없을 정도로 적극적으로 국제 문제에 참여하고 전면적으로 의견을 교환했다. 그는 다섯 차례 출국하여 버마(1989년 미얀마로 국명을 바꾸었다.), 네팔, 북한, 일본, 말레이시아, 태국, 싱가포르, 미국을 방문했다. 근 14개월 동안 덩샤오핑은 일본과 평화 우호 조약을 맺었고, 미국과 관계 정상화를 위해 협의했으며, 베트남과 전쟁을 일으켰다.

덩샤오핑, 외교 업무를 이어받다

1977년 여름 당내 업무로 복귀한 덩샤오핑은 외교 업무를 담당할 생각이 없었다. 언젠가 그는 자신이 외교 업무를 맡고 싶지 않았던 것은 지나치게 정력을 소모하기 때문이라고 말한 적이 있다. 그러나 중국은 덩샤오핑이 외교를 주관하기를 원했다. 그는 거의 30년간 줄곧 마오쩌둥이나 저우언라이와 함께 외빈을 접견해 왔고, 그 자신이 1973년 여름부터 1975년 말까지 마오쩌둥과 저우언라이의 지도하에 외교 업무를 맡았기 때문이다. 그의 동료들은 저우언라이가 사망한 후 외교 지식이나 전략 사상, 외국 지도자들과의 개인적 관계 및 외국인의 선의를 받아들이고 중국의 이익을 견고하게 유지하는 면에서 그와 견줄 만한 영도자가 없다고 생각했다. 물론 중국 외교관들은 나름대로 다른 나라나 이전의 회담에 대한 풍부한 지식을 갖출 수 있었다. 예를 들어 1976년 12월 차오관화 다음으로 외교부장 자리에 오른 황화가 그 대표적인 인물이다.[2] 그러나 그 역시 중대한 정치적 판단을 내릴 만한 확신이 부족했고, 외국의 정상급 지도자와 평등하게 만날 수 있는 지위가 아니었다.

외교는 줄곧 중공 최고 영도자들의 핵심 공작이었다. 마오쩌둥이나 저우언라이는 특히 외교 방면에서 세계 정상급의 전략가였다. 그들은 자신감이 충만했고, 외국 지도자들과 동등하게 만나 협의할 수 있었다. 1978년 이전까지 중국은 여전히 폐쇄적인 국가였지만 그들 영도자는 외교를 중요하게 생각했으며, 자신들이 직접 외교를 영도하는 일을 자신의 개인적 책무로 받아들였다. 마오쩌둥은 외국인과 만날 때 제왕과 같은 자신감을 드러내며 천하의 대세에 대한 논의와 더불어 역사와 문학, 그리고 철학에 대한 이야기를 나누었다. 이에 반해 저우언라이는 국내는 물론이고 외빈과 접견할 때 박식하고 우아한 표현을 즐기고, 친절한 태도로 손님을 극진하게 대했다. 그는 큰 그림을 그리는 데 능했고, 세세한 일에 대한 논의를 즐겼다.

마오쩌둥이나 저우언라이처럼 덩샤오핑 역시 국가에 대한 본능에서 우러나오는 충성심을 지녔으며, 전략적 시각과 국가의 이익을 보호해야 한다는 확고한 입장을 견지했다. 또한 그들과 마찬가지로 덩샤오핑은 외국인들과 만날 때 회담 내용을 정확하게 다루었을 뿐 아니라 내방자의 성격이나 목적을 판단하려고 노력했다. 덩샤오핑이 마오쩌둥이나 저우언라이와 다른 점은 중국과 관련 있는 중대한 문제를 다룰 경우 훨씬 체계적이었으며, 또한 솔직하고 거리낌이 없다는 점이다. 덩샤오핑은 외빈을 만나기 전에 구두 보고를 받지 않고, 그의 참모들이 방문자와 방문 목적, 다뤄야 할 논제 등에 대해 적은 문건을 읽어 보았다. 과거 마오쩌둥이나 저우언라이의 경우 외빈을 접대할 때 통상 외교관이 먼저 외빈과 회견하여 방문자의 의도를 최고 영도자에게 보고하기 마련이었는데, 이는 덩샤오핑의 경우도 마찬가지였다.

베이징 주재 외교관들은 덩샤오핑을 존중했고, 그들과 함께 논의할 수 있는 인물로 생각했다. 외국에서 온 외빈들도 덩샤오핑을 좋아했다. 그는 기지가 넘쳤고, 집중력이 높았으며 솔직하고 거리낌 없이 문제를 해결하고 싶어 했다. 조지 부시는 1975년 베이징 주재 미국 연락사무소 소장으로 있을 때 덩샤오핑과 자주 만난 적이 있었는데, 덩샤오핑에 대해 "그는 태도가 명확하고 솔직하게 이야기했기 때문에 그의 뜻을 오해하는 일이 없었다."[3]라고 말한 적이 있다. 마오쩌둥과 저우언라이, 그리고 덩샤오핑이 외국에서 온 이들과 회견할 때 여러 차례 배석한 적이 있는 황화는 덩샤오핑에 대해 이야기할 때 이렇게 말한 적이 있다. "그는 중요한 주제 파악에 능했으며, 문제의 본질을 깊이 이해하고 간단하게 설명했고, 과감하고 직설적으로 판단하고 결정했다."[4]

중국에 대해 실제 국력과 영향력에서 벗어난 웅대한 구상을 품고 있던 마오쩌둥과 달리 덩샤오핑은 중국의 약점과 낙후성을 인정했다는 점에서 현실적이었다. 그러나 덩샤오핑 역시 자신이 거대한 땅덩어리와 풍부한 물산(地大物博)을 지닌 나라, 보기 드물게 유구한 역사와 위대한 문명을 지닌 나라를 대표하고 있다는 것을 알고 있기 때문에 기본적으로 자신감이 있었다. 그의 역량은 온갖 도전을 이겨 내고 성공했다는 그 자신의 경력에서 나오는 것이었을 뿐 아니라 국내외 사정에 대한 그의 전반적인 이해에서 나오는 것이기도 했다. 소련의 일부 영도자와 달리 그는 훨씬 현대화된 나라, 그것도 자기의 키에 두 배나 되는 외국인일지라도 그들에게 깊은 인상을 주기 위해 애쓴 적이 없었다. 대신 그는 외국 영도자들과 회담할 때 그들을 문제 해결의 동반자로 간주하고 곧바로 주제를 파고들었다. 심리적 부담이 없었기 때문에 그는 자신이 판단하기에 중국의 이익에 부합하지 않는 외부의 압력에 수동적이거나 또는 무례하지 않으면서도 견고하게 제어할 수 있었다.

그러나 덩샤오핑이 언제나 이런 자신감을 보인 것은 아니다. 1974년 처음 뉴욕을 방문하여 유엔에서 연설할 때 그의 연설은 지나치게 조심스럽고 불편할 정도로 공식적이었다. 왜냐하면 자신의 아랫사람이 자신의 일거수일투족을 모두 마오쩌둥에게 보고한다는 사실을 알고 있었기 때문이다. 그는 1975년에도 여전히 소심할 수밖에 없었다. 당시 모든 중대한 외교 정책에 관한 문제는 여전히 마오쩌둥의 동의를 얻어야만 했기 때문이다. 덩샤오핑은 저우언라이의 지식과 경험이 자신보다 한 수 위라는 것을 잘 알고 있었다. 그러나 마오쩌둥과 저우언라이가 세상을 뜨자 그는 더 이상 타인의 의견을 걱정할 필요 없이 자주적으로 외국 영도자들과 담판할 수 있었다. 1977년 중반 다시 외교 업무를 맡게 된 덩샤오핑은 자신이 1975년에 추진한 정책을 계속 진행했다. 그해 7월 이후 덩샤오핑을 만났던 외국 관료들은 그가 훨씬 자연스럽고 자신감으로 충만했으며, 보다 광범위한 외교 정책 문제에 대해 자신의 의견을 제시하길 원한다는 것을 느낄 수 있었다.

1977년 7월부터 1979년 말까지 그는 외국 영도자들과 회담하면서 공손하게 '화 주석'에 대해 언급하곤 했다. 그러나 1977년 그가 다시 등장한 이후 외국인들은 덩샤오핑이 중국 외교 정책의 총책임자라는 사실을 의심하지 않았다. 그는 중국을 대표하는 협상가이자 위대한 외교 전략가의 역할을 맡았다. 물론 그 역시 외교관들이 준비한 보고서를 읽었지만 중대한 문제를 결정할 경우 무엇보다 자신의 오래된 판단력에 의지했다. 덩샤오핑은 현실 문제와 총체적 전략 관계에 대해 믿을 만한 이해력을 지니고, 상대방과 교섭할 수 있는 자신의 능력에 자신감이 있었기 때문에 마음 편하고 자유롭게 자신의 의사를 표현할 수 있었다. 외국인들과 회담하면서 그는 점차 그만의 독특한 풍격을 만들었다. 먼저 몇 마디 재치 있는 말로 서두를 열어 외빈에게 환영을 표한 다음 신속하게 다루고자 하는 주제로 초점을 옮겨 솔직하고 명확하며, 강력하게 자신의 관점을 표명했다.

소련을 주적으로 삼다

전략 분석에 있어 덩샤오핑의 출발점은 마오쩌둥의 경우와 마찬가지로 주적을 분명하게 확인하고, 동맹을 구축하여 대항하며, 적의 동맹군을 분열시켜 적으로부터 떼어 내는 것이다. 1969년 이미 소련은 미국 대신 중국의 주요 적 대국이 되었다. 그해 7월 닉슨 대통령은 괌에서 미국은 더 이상 아시아 대륙의 전쟁에 끼어들지 않을 것이라고 선포했다. 그리고 3월과 8월에 두 차례의 소련과 중국의 국경에서 충돌이 발생하자 중소 관계는 당장이라도 총칼을 겨눌 정도로 긴박해졌다.

1975년 미국이 베트남에서 철군하자 소련은 베트남과 협의하여 미군이 철수한 후의 공백을 메우려 했다. 덩샤오핑이 볼 때 이는 중국의 이익을 크게 위협하는 일이었다. 그는 소련이 미국을 대신해 전 세계의 패권을 차지하고, 베트남은 동남아시아의 맹주가 되려 한다는 결론에 이르렀다. 따라서 중국과 입장이 비슷한 나라들, 예를 들어 미국, 일본과 아시아 각국이 소련에 대항하는 '하나의 라인(一條線)'을 구축할 필요가 있었다. 아울러 중국은 또 다른 나라들, 예를 들어 인도와 같은 나라가 소련과 거리를 두도록 노력할 필요가 있었다.

1977년 덩샤오핑이 업무에 복귀했을 때, 소련과 베트남은 협력을 강화하면서 동남아시아에서 자신들의 영역을 확장하고 있었다. 이에 대해 덩샤오핑은 날로 증가하는 위협을 느꼈다. 베트남은 미국이 다낭과 깜라인 만에 남겨 놓은 현대적인 군항을 소련이 사용하는 것을 허락했으며, 이는 소련의 군함이 인도양에서 태평양 전 지역을 자유롭게 출입항할 수 있음을 의미하는 것이었다. 베트남은 미사일 기지를 건설하여 중국을 겨냥한 소련제 미사일을 배치했다. 소련은 미사일 기지에 기술 요원과 전자 장비 등 기술적 지원을 제공했다. 소련은 중국 북부 국경 인근에 대규모 병력을 파견하고, 아프가니스탄 침공의 야욕을 보이고 있었다. 더욱 위협적인 것은 중국 서쪽에 있는 인도 역시 소련과 손을 잡고 있다는 사실이었다. 그런 와중에 베트남은 이미 라오스를 통제하에 두고 중국의 동맹국인 캄보디아 침공을 준비 중이었다. 덩샤오핑은 바둑을 두는 것과 마찬가지로, 이러한 국제 정세의 변화는 여러 다른 지역에 바둑알을 놓은 것과 같아 상대를 포위하여 섬멸하면 될 것이라고 생각했다. 그가 보기에 중국은 사방에서 적의 공격을 받는 위험한 상황이었다.

이러한 모든 사태의 진행 상황 가운데 덩샤오핑이 생각하기에 가장 큰 위협은 베트남과 소련의 동맹이었다. 그렇기 때문에 만약 중국이 베트남이라는 장기말에 대해 대담하게 선수를 친다면 효과적으로 소련의 포위를 막아 낼 수 있을 것이라고 생각했다. 그는 베트남이 미군을 몰아낸 후 기고만장해지기 시작했다고 말했다. 1978년 5월 관계 정상화 회담을 하기 위해 덩샤오핑을 만난 브레진스키는 그가 베트남의 배신에 대해 심하게 비난하는 것을 듣고 깜짝 놀랐다. 1978년 덩샤오핑을 만난 다른 외교관도 베트남 이야기만 나오면 덩샤오핑이 본능적으로 화를 냈다고 말했다.[5]

베트남과의 관계

베트남에 관해 덩샤오핑은 국가적이든 개인적이든 간에 배신감을 느꼈다. 일찍이 중국은 미군의 공격을 받던 베트남 때문에 많은 희생을 치렀으며, 또한 근 50년 동안 베트남인들과 깊은 개인적 유대감을 맺고 있었기 때문이다. 반세기 전 덩샤오핑은 프랑스에서 근공검학하던 시절 베트남인들과 함께 프랑스 식민주의에 저항하는 투쟁에 참가한 적이 있었다. 덩샤오핑과 호찌민(胡志明)은 두 사람 모두 20세기 초반에 프랑스에서 지냈지만 당시 그들이 서로 만났는지는 현재 확인할 방법이 없다. 다만 덩샤오핑이 1930년대 말 옌안에서 호찌민을 만난 것은 확실하다. 저우언라이는 프랑스에 있을 때부터 호찌민을 알고 있었으며, 1920년대 중반에는 황푸군관학교에서 동료로 지냈다. 덩샤오핑이 1920년대 말 광시로 파견되었을 때 수차례 베트남을 경유하면서 베트남의 지하 공산당원들의 협조를 받은 적도 있다. 1940년대와 1950년대 초반 덩샤오핑과 베트남 공산당원들은 공산주의 승리를 쟁취하려던 혁명 동지였다. 그러나 1954년 이후 그들은 자국의 국가 이익을 보호하는 데 전념하는 정부 관원이 되었다.

덩샤오핑의 전 부하였던 웨이궈칭(韋國淸) 장군 역시 베트남과 깊은 관련이 있었다. 그는 광시 성에서 화이하이 전투 당시 덩샤오핑 휘하에서 복무했다. 그는 광시좡족 출신이었는데, 1929년 덩샤오핑은 그의 고향에 혁명 근거지를 건설했다. 나중에 싱가포르 총리 리콴유를 만난 자리에서 덩샤오핑은 1954년 베트남이 프랑스와 전쟁할 당시 대규모 작전 경험이 부족했기 때문에 중국에서 파견한 웨이궈칭 장군이 디엔비엔푸 전투에서 중요한 역할을 했다고 하면서, 베트남인들이 철수하려고 하는데 웨이궈칭이 반대했다고 말했다. 베트남 북방의 항공 임무 역시 중국 비행사들이 담당했다.

덩샤오핑은 상호 국가 이익에 변화가 생겨 중국과 베트남의 관계 또한 복잡해졌다는 것을 잘 이해하고, 이를 위해 새로운 시각으로 다시 한번 생각해 보고자 했다. 그는 수백 년간에 걸친 중국의 침략과 점령으로 인해 베트남의 애국자들은 중국을 주적으로 간주하고 있음을 잘 알았다. 그는 베트남이 중국과 소련 쌍방으로부터 되도록 많은 원조를 얻고자 한 것은 당시 양국이 모두 베트남을 자기편으로 만들기 위해 애쓰고 있기 때문이라고 생각했다. 또한 그는 비록 중국이 웨이궈칭 장군이나 중국 지원 부대를 통해 디엔비엔푸 전투에서 큰 공헌을 했지만 베트남인들은 중국이 1954년 제네바 평화 회담에서 통일 국가를 이루기 위해 노력했던 자신들을 적극 지지하지 않았다는 점에 크게 실망하고 있다는 것 역시 인식하고 있었다.[6] 덩샤오핑은 호찌민이 1965년에 쓴 유언장에서 비록 중국은 인정하지 않고 있지만, 베트남이 인도차이나를 지배하는 강국이 되어야 한다고 선포한 것도 의식했다.[7] 이뿐 아니라 중국이 1972년부터 중국과 베트남의 우의를 희생시키면서 미국과의 관계 개선을 시도한 것 역시 베트남인들을 속상하게 만들었음을 잘 알고 있었다.

그러나 중국은 미국에 대항하는 북베트남을 원조하는 데 인색하지 않았다. 베트남 서기장 레주언(Lê Duân)이 1965년 4월 18일부터 23일까지 베이징을 방문하여, 북베트남에 대한 미국의 공중 폭격 강화에 대처하기 위한 도움을 청했을 때 류사오치는 그에게 베트남이 필요로 하는 것은 무엇이든지 제공하겠다고 말했다. 레주언이 방문했을 당시 덩샤오핑은 공항으로 직접 나가 영접했고, 류사오치와 레주언의 회담에 배석했으며, 그가 돌아갈 때도 공항에 나가 환송했다.[8] 이후 중국 국무원 산하에 북베트남 원조를 협조하기 위한 소조가 설립되었으며, 주요 인원은 군사, 운수, 건설, 후방 지원 등을 포함한 정부 스물한 개 부서 및 기구에서 파견된 이들로 구성되었다. 중국 측 기록에 따르면, 1965년 6월부터 1973년 8월까지 중국은 베트남에 32만 명에 달하는 지원 부대를 파견했으며, 방공용 장비, 무기 수리, 도로와 철로 건설, 통신, 비행장 유지, 지뢰 제거, 후방 지원 등 각종 지원을 아끼지 않았다. 최고조에 달했을 때 베트남에 동시에 주둔한 중국 군대는 17만 명에 달했다. 중국 측은 베트남 전쟁으로 죽거나 다친 중국 군인이 4000여 명에 달한다고 발표했으나 일부 중국학자들은 수만 명의 사상자가 발생했을 것이라고 추산했다. 덩샤오핑은 1978년 리콴유 싱가포르 총리를 만났을 때 미국이 베트남에서 전쟁을 수행하고 있을 당시 중국에서 베트남으로 운송한 화물이 시가로 쳐서 100억 달러 이상으로 한국 전쟁 당시 북한에 보낸 원조 물품을 크게 초과했다고 말했다.[9] 베트남에 대한 원조가 확대되면서 중국은 공병대를 비롯하여 방공 포대 및 추가 보급품을 지원했다.[10]

1965년 덩샤오핑은 중국 정부를 대표하여 만약의 경우 베트남이 소련과 관계를 단절한다면 중국 측은 원조를 대폭 늘릴 수 있을 것이라고 제안했다. 그러나 베트남은 이를 거절했다. 미국이 북베트남에 대한 공중 폭격을 강화하자 베트남은 자위를 위해 더욱더 첨단 기술을 장착한 현대 무기를 확보하고 있는 소련에 기울기 시작했다. 소련 역시 베트남에 대한 자신들의 영향력 확대에 힘입어 중국과 분쟁하면서 베트남이 자신들에게 기대도록 압력을 넣었다.

베트남은 1960년대 중반부터 더는 '소련 수정주의'를 비판하지 않았으며, 중국은 베트남과 소련의 관계 강화에 대한 불만 표시로 베트남에서 1개 사단을 철수시켰다. 1966년 저우언라이와 덩샤오핑이 호찌민과 만났을 때, 그들은 베트남인들이 중국 군대에 대해 불만이 크다는 것을 알게 되었다. 호찌민은 중국 군대가 오랜 베트남 역사에 수시로 등장하는 오만한 중국의 침략자들처럼 행동하고 있다고 말했다. 이에 대해 덩샤오핑은 베트남에 주둔하는 10만 중국군은 단지 서방의 침략 가능성을 저지하기 위함이라고 답했고, 저우언라이는 군대를 철수시키겠다고 제안했다.[11] 그러나 베트남은 철군을 요구하지 않았으며, 중국은 계속해서 베트남에 대량의 군수 물자와 무기, 그리고 장비를 제공했다.

호찌민은 중국어를 유창하게 구사했다. 그는 중국에서 수년간 거주하면서 중국과 소련 양쪽에 모두 좋은 협력 관계를 유지하려고 애썼다. 그러나 1969년 9월, 그가 사망하자 중국과 베트남의 관계가 악화되기 시작했으며, 이에 따라 중국의 원조도 점차 줄어들었고 결국 베트남 주둔 중국군도 모두 철수했다.[12] 게다가 1972년 닉슨이 중국을 방문한 후 중미 관계가 개선되고, 이에 따라 베트남에 대한 원조가 줄어들자 베트남인들은 이를 베트남의 항미(抗美) 전쟁에 대한 중국인의 배반의 증표로 삼았다.[13]

미국이 베트남에서 철수한 후 소련은 전쟁으로 피폐해진 나라를 재건하기 위한 대규모 원조를 제공하는 데 전혀 인색하지 않았다. 이와 대조적으로 1975년 8월 13일, 즉 미국이 베트남에서 철수하고 얼마 지나지 않았을 때 암으로 병원에 입원하여 얼굴이 창백해진 저우언라이는 베트남의 최고 정책 입안자인 레탄기(Lê Thanh Nghi, 국가계획위원회 의장)를 면담한 자리에서 중국은 이제 베트남의 재건을 위해 대규모 원조를 제공할 여력이 없다고 말했다. 당시 중국은 문화 대혁명으로 인해 원기(元氣)가 크게 상하여 자체 경제조차 변통하기 어려울 정도로 곤란한 상태라는 것이었다. 저우언라이는 계속해서 이렇게 말했다. "당신네 베트남인들은 우리가 한숨을 돌려 원기를 회복할 수 있도록 해 주어야 합니다." 그러나 같은 달 중국의 다른 관원들은 캄보디아 총리의 방중을 환영하면서 향후 5년 동안 10억 달러에 달하는 원조를 제공하겠다고 응답했다.[14] 그때 소련이 베트남과 합작을 강화하자 중국은 캄보디아와 합작을 통해 베트남이 동남아시아(인도차이나)에서 패권을 차지하는 것을 막으려고 했다. 덩샤오핑은 나중에 리콴유에게 베트남 원조를 중단한 것은 중국이 소련과 원조 수량을 경쟁하는 것이 어렵기 때문이 아니라 베트남인들이 동남아시아에서 패권을 도모하고 있기 때문이라고 말한 적이 있다. 소련은 베트남의 야심을 적극 지지하여 이를 통해 어부지리를 얻고자 했으나 중국은 그럴 생각이 없었던 것이다.

1개월 후인 1975년 9월 베트남의 최고 지도자이자 제1서기인 레주언이 중국과 완전 결별을 피하기 위해 대표단을 이끌고 베이징을 방문했다. 그들은 소련에 대해 일정 정도 독립을 유지하기 위해 중국에서 약간의 원조를 제공받기를 원했다. 덩샤오핑은 마오쩌둥의 감독하에 그들 대표단을 접대했다. 덩샤오핑과 레주언은 양국 관계가 완전히 결렬되어서는 안 된다는 목적에 동감했다. 덩샤오핑은 공항으로 나가 직접 대표단을 영접하고, 연회석상에서 환영사를 낭독했으며, 레주언과 연속 회담을 한 다음 기차역까지 그들을 환송했다.[15] 9월 25일 덩샤오핑은 베트남에 약간의 차관과 그리 많지 않은 원조 물자를 제공하는 내용에 관한 협정서에 서둘러 서명했다.[16] 만약 덩샤오핑이 1975년 이후에도 계속 자리에 남아 있었다면 아마도 베트남인들이 중국에 대해 유구한 적대감이나 당시 양국 간의 불화를 잠시 완화시켰을지도 모른다. 그러나 덩샤오핑이 실각한 후 사인방은 더욱 강경한 입장을 취해 베트남을 향해 소련의 '패권주의'를 포기하도록 요구했다.[17] 중국 급진파의 이러한 요구는 레주언이 감당하기에 정도를 지나친 것이었다. 결국 그는 공동 성명에 서명하기를 거절하고, 관례적인 답례 연회도 하지 않고 베이징을 떠났다.[18]

1개월 후 레주언은 모스크바에 도착하여 그곳에서 자신이 원하는 대로 소련의 장기 원조 약속을 받아 냈다. 베트남은 사실 소련에 전적으로 의존하기를 원치 않았지만 국가 재건을 위한 원조가 무엇보다 시급한 상황이었기 때문에 어쩔 수 없었다. 레주언은 중국(또는 다른 나라)을 지렛대로 사용하여 소련의 요구를 저지하지 못해 결국 소련의 외교 입장을 지지하는 협정서에 서명할 수 밖에 없었다.[19] 베트남과 소련의 협정은 중국과 베트남의 관계를 양극화시켰고, 중국과 캄보디아 관계를 더욱 강화시켰다.[20]

1977년 초 중국 주재 베트남 대사는 만약 덩샤오핑이 권력을 다시 잡게 된다면 보다 실용적으로 주제에 접근하여 중국과 베트남의 관계를 개선할 수 있을 것이라고 말했다. 1975년 덩샤오핑이 실각한 후 중국에 외교 정책이 있었다고 한다면, 그저 혁명 구호로 가득 찼을 뿐 관점도 없고, 외교적 수완도 없는 것이었다.[21] 급진파는 중국과 베트남의 관계를 사실상 단절시켜 베트남이 소련에 한 걸음 더 다가서게 만들었다. 덩샤오핑이 외교 통제권을 빼앗긴 후 얼마 되지 않은 1975년 11월 9일 베트남은 남북통일을 준비하기 위해 정치협상회의를 소집했다. 다른 공산 국가들은 모두 축하 전보를 보냈지만 유독 중국만 빠졌다. 회의 시작 후 3일째 되는 날 《광명일보》에 난사 군도(南沙群島)에 관해 논쟁의 여지가 있다는 덩샤오핑의 이전 견해를 뒤집어 난사 군도는 중국의 '신성한 영토'의 일부라고 강경하게 주장하는 글이 발표되었다.[22] (1976년 4월 덩샤오핑이 정식으로 현직에서 쫓겨난 후 비판받은 내용 가운데 하나가 바로 난사 군도에 관한 베트남과의 협상을 지지했다는 것이었다.[23]) 1976년 베트남의 요청을 받아들여 동유럽의 여러 나라와 북한 및 소련은 베트남에 대한 전폭적인 지원을 약속했다. 그러나 이번에도 중국은 제외되었다. 양국 관계를 유지하려던 덩샤오핑과 레주언의 노력은 급진파의 수중에서 완전히 실패로 돌아가고 말았다.

마오쩌둥이 사망하고 사인방이 체포된 후 양국의 지도자들끼리 관계 개선을 타진하는 짧은 막간극이 있었다. 1976년 10월 15일, 사인방이 체포되고 채 며칠이 되기 전 베트남 관리들은 중국이 향후 더욱 우호적인 정책을 취할 것이라고 기대하면서, 자신들이 추진하고 있는 다음번 5개년 계획에 도움을 받을 수 있을 것이라고 생각했다. 그래서 베이징에 경제 원조를 요청했지만 아무런 회답도 받지 못했다. 1976년 12월, 29개 형제국 공산당에서 하노이에서 열리는 베트남 공산당 대표대회에 참가하기 위한 대표단을 보냈지만, 화궈펑이 영도하는 중국공산당은 초청에 대한 답신조차 보내지 않았다. 1977년 2월 덩샤오핑이 업무에 복귀하기 5개월 전 베이징은 중국을 방문한 베트남 대표단에게 이후에는 어떤 원조도 제공할 수 없다는 말만 되풀이했다.[24]

중국과 베트남 충돌의 전주곡

만약 덩샤오핑이 1975년 말 실각되지 않았다면 아마도 중국과 베트남의 완전한 결별은 피할 수 있었을지도 모른다. 그러나 1977년 업무에 복귀한 후 그가 직면한 상황은 이미 많이 바뀐 상태였다. 베트남과 소련의 합작은 더욱 늘어났고, 중국과의 관계는 심각할 정도로 악화되었다.

덩샤오핑이 업무에 복귀하기 몇 달 전 베트남의 보응우옌잡(Vo Nguyên Giap(武元甲), 국방 장관을 역임했다.) 장군이 1977년 3월과 5월 두 차례 모스크바를 방문하여, 소련과 쌍방의 군사 협력을 확대하는 협정에 서명했다.[25] 소련은 다낭과 깜라인 만의 해군 기지에 인력을 파견하기 시작했는데, 이는 소련 군함이 조만간 중국 연안 전역을 항해할 수 있음을 의미하는 것이었다. 이외에도 베트남과 중국, 그리고 캄보디아 접경 지역에서 베트남 군대와 양국 군대 간의 마찰이 점점 커지고 또한 빈번하게 발생했다. 베트남은 공산주의 국가 간의 경제 무역 조직인 경제상호원조회의(Council for Mutual Economic Assistance, COMECON) 가입을 유예하고 있었다. 왜냐하면 그들의 오랜 염원인 경제적 자주권을 포기하도록 요구했기 때문이다. 그러나 베트남은 경제 재건이 절박하게 필요한 상황에서 경제적으로 도움을 받을 수 있는 별도의 재원이 없었기 때문에 1977년 6월 28일 가입을 선언했다.[26]

이와 동시에 화교들이 베트남을 떠나기 시작했다. 베트남공산당 지도자들은 남베트남을 장악한 후 대규모 집체화 및 국유화를 위한 경제 정책에 착수했다. 그들은 그 과정에서 남베트남에 정착하고 있던 150만 명에 달하는 화교를 공격하기 시작했는데, 그들 대다수는 집체화에 반대하는 소상인들이었다. 베트남 지도자들은 만약 캄보디아를 공격하거나 중국과 국경 분쟁이 심해진다면 화교들이 자신들에게 등을 돌릴지도 모른다고 우려했다. 그들은 대규모 운동에 착수하여 화교를 무리지어 강제 수용소로 보냈으며, 이로 인해 수많은 화교가 베트남에서 도망쳤다. 중국 정부는 현지 화교에 대한 박해를 중지할 것을 요구했으나 베트남 관리들은 들은 척도 하지 않았다. 1977년 7월 덩샤오핑이 업무에 복귀한 후에도 16만 명에 달하는 화교를 베트남에서 추방하는 운동이 척척 진행되고 있었다.[27] 1978년 5월 이에 대한 보복으로 중국은 21개 항목의 원조를 중지시켰다.[28] 이후 덩샤오핑은 당시를 회고하면서, 중국이 아무리 많은 원조를 한다 해도 베트남이 소련에서 벗어나리라 믿을 수 없었다고 말했다.[29]

마오쩌둥이나 저우언라이와 마찬가지로 덩샤오핑 역시 장기적 안목에서 문제를 고민했다. 1978년 중국이 직면한 위협은 목전에 닥친 적의 공격이 아니라 이보다 더 큰 위험이었다. 그것은 만약 소련이 계속해서 베트남에 기지를 확대하게 된다면 소련과 베트남이 중국을 포위하는 형국이 될 것이기 때문이다. 덩샤오핑은 서양인들에게 이러한 상황을 설명하면서, 베트남은 아시아의 쿠바처럼 중국 옆에 있는 기지로 언제라도 소련이 군함과 전투기, 미사일을 배치할 수 있을 것이라고 말했다. 불과 10여 년 전인 1962년, 소련이 쿠바에 미사일을 배치하려 하자 미국은 군사적 우위를 통한 위협으로 이를 막아 냈다. 그러나 지금 소련의 군사력은 중국보다 월등하기 때문에 베트남에 미사일 기지를 배치한다면 중국은 아무리 애를 써도 소련이 철수하도록 강제할 수 없을 것이다. 바로 이런 이유로 덩샤오핑은 강력한 군사 기지가 들어서기 전에 다른 국가들과 협력을 강화하여 소련과 베트남의 세력 확장에 대처해야 한다고 생각했던 것이다.

덩샤오핑이 14개월 동안 방문했던 나라 가운데 유일하게 공산주의 국가인 북한을 제외하고 나머지는 모두 비공산주의 국가였다. 그는 중국과 관계가 양호하고 중국 국경 지역의 안전을 도와줄 수 있는 나라들을 먼저 방문했다. 그의 다섯 차례 해외 방문 가운데 세 차례는 모두 중국과 접경하고 있는 나라였다. 중국의 역대 통치자들과 마찬가지로 덩샤오핑 역시 변경의 안정을 도모했다. 그러나 또한 그는 소련과 베트남의 공세에 대항하기 위해 접경국의 협조를 얻어야만 했다.

이후 그는 일본과 미국을 방문했다. 그 두 나라는 중국의 4개 현대화 건설에 가장 도움을 줄 수 있는 나라이자 소련과 베트남을 억제할 수 있는 막강한 군사력을 가진 나라였다. 유럽도 중국 현대화에 도움을 줄 수 있는 중요한 지역이지만, 1975년 덩샤오핑이 프랑스를 방문했을 때 이미 상호 협력을 보장받았다. 이와 관련된 후속 조치는 구무 대표단이 처리했기 때문에 덩샤오핑이 재차 방문할 필요가 없었다.

버마와 네팔 방문: 1978년 1~2월

덩샤오핑이 외교 업무를 총괄하면서 처음 방문한 두 나라가 버마와 네팔이다. 그들 두 나라는 중국 서남부 쪽으로 길게 접경하고 있는데, 중국과 버마의 공동 접경 지역은 2170킬로미터이고, 네팔은 1367킬로미터다. 덩샤오핑의 주요 방문 목적은 양국과 무슨 구체적인 협정에 서명하기 위함이 아니었다. 문화 대혁명 기간에 무모한 홍위병들이 중국의 인근 여러 나라에게 위협을 가했기 때문에 좋은 협력 관계를 유지하기 위해서는 무엇보다 관계 개선이 필요했다. 이렇듯 더욱 좋은 관계를 유지해야만 중국과 인접한 나라들이 중국과 합작하여 소련의 세력 확장을 저지할 수 있었다.

홍위병에 대한 기억이 여전히 잔존하고 있었지만 버마와 네팔은 중국과 비교적 좋은 관계를 유지하고 있었다. 예를 들어 덩샤오핑이 버마를 방문하면서 근 20년 동안 지속된 우호적 관계를 이용할 수 있었는데, 이는 상대적으로 문화 대혁명의 영향에서 벗어난 것이었다. 중국과 버마는 1960년에 국경 문제를 해결했다. 1962년 네윈(Ne Win)이 쿠데타를 일으킨 후 버마는 여러 나라로부터 고립되었지만 중국은 발전소 건설 등 기반 시설에 대한 원조를 제공하면서 긴밀한 관계를 유지했다. 적어도 저우언라이는 버마를 아홉 차례나 방문했으며, 1962년부터 1981년까지 버마를 통치한 네윈은 1977년까지 전후 열두 차례나 중국을 방문했다.[30] 1969년 중국과 버마는 우호 합작 조약에 서명했고, 저우언라이의 미망인 덩잉차오가 1977년 버마를 방문한 적이 있고, 덩샤오핑 본인도 베이징에서 두 차례나 네윈을 접견한 적이 있었다. 그 가운데 한 번은 덩샤오핑이 네윈에게 중국의 의존국(client state)으로 베트남의 압력에 시달리고 있던 캄보디아와 관계를 강화해 줄 것을 촉구하기도 했다. 네윈은 베이징을 방문한 후 일주일 만에 캄보디아를 방문한 최초의 국가 원수가 되었다.

덩샤오핑은 버마에서 연설하면서 신중하게 화궈펑 주석에 대해 존경을 표시했으며, 심지어 중국의 정책은 계급 투쟁을 강령으로 삼고 있다고 거듭 언급했다. 그러나 채 1년이 되기도 전에 당내 분위기가 마오쩌둥 사상에서 벗어나는 쪽으로 흐르고, 덩샤오핑 개인의 지위가 올라가면서 그런 식의 이야기는 더 이상 나오지 않았다. 외국을 방문하면서 덩샤오핑은 관계를 보다 심화시키기 위해서는 정치 지도자와 면담에 그치지 않고 현지 문화와 사회에 공감을 표시할 필요가 있다고 생각했다. 버마에서 그는 여러 사회단체의 주요 지도자들과 회담하는 한편 유명 불교 사원을 비롯한 여러 장소를 참관하면서 현지 문화에 경의를 표했다. 불교는 중국에도 널리 전파되어 있기 때문에 불교를 통한 문화적 유대감을 보다 확실하게 확보할 수 있었다. 그는 방문 연설에서 중국과 버마의 오랜 우의를 강조하면서 양국이 동남아시아에서 소련과 베트남의 세력 확대에 공통의 관심을 가질 것을 호소했다.

네윈은 중국이 버마와 동남아시아 각지의 공산당 반군과 지속적인 관계를 유지하는 것에 관심을 표명했다. 그러나 중국은 아직까지 그 관계를 끊을 생각이 없었다. 이 문제는 중국과 버마의 협력 범위를 제한했지만, 덩샤오핑이 방문한 후 양국 간의 문화 교류가 확대되었고, 이듬해 경제와 기술에 관한 협정서가 체결되었다. 더욱 중요한 것은 버마가 계속해서 비동맹 정책을 고수하고

있었지만 중국과 소련, 베트남의 세력 다툼에서 중국 쪽으로 기울었다는 점이었다.[31]

버마와 마찬가지로 네팔 역시 덩샤오핑을 열렬하게 환영했다. 1950년과 60년대에 네팔은 인도와 중국 사이에서 중립을 지키기 위해 애를 썼다. 그러나 인디라 간디(Indira Gandhi)가 네팔에 강경 노선을 취하면서 네팔의 비렌드라(Bir Bikram Shah Dev, Birendra) 국왕은 중국으로 선회하여 지지를 요청했다. 중국은 네팔이 평화 지역을 세우려는 노력을 지지했으며, 네팔에 대한 원조를 확대하는 한편 네팔 직항기를 취항시키고, 고위급 관리들의 상호 방문에 동의했다. 비렌드라 국왕은 1976년 6월 쓰촨과 시짱을 방문했다.

덩샤오핑은 네팔에서 사원과 박물관 및 역사 유적지를 방문했다. 그는 중국과 네팔의 2000년에 걸친 우의를 언급하면서, 중국은 비렌드라 국왕이 평화 지역을 건립하는 것을 적극 지지한다고 재차 천명했다. 모든 나라가 독립을 갈망하고 있다고 말하면서 덩샤오핑은 제3세계 국가가 더욱 협력하여 제국주의와 식민주의, 그리고 외부 세력의 지배에 대항하자고 강력히 권고했다. 또한 그는 초강대국 두 나라의 상호 대립이 남아시아의 심각한 불안정을 초래하고 있다고 말하면서, 이러한 불안정한 상황은 그들 두 나라에도 도움이 되지 않는다고 말했다. 덩샤오핑은 중국이 계속해서 네팔의 독립 국가 유지를 도울 것이라고 말했다. 그는 인도에 대한 비판을 삼가는 한편 네팔에서 인도의 마음을 움직일 만한 내용의 메시지, 즉 중국은 이 지역의 모든 국가가 독립 자주 정책을 추구할 수 있도록 돕겠다는 내용을 전달했다. 덩샤오핑은 중국과 인도의 관계 개선을 위한 길을 마련하여, 그것이 인도가 소련과 소원해지는 데 도움이 되기를 희망했다.[32]

덩샤오핑은 1978년 1월까지만 해도 충분한 자주권을 지니지 못했기 때문에 마오쩌둥 사상에서 벗어날 수 없었다. 버마와 마찬가지로 네팔에서도 그는 화궈펑 주석을 위시로 하여 당 중앙을 중심으로 단결해야 한다고 말하고, 마오쩌둥 주석의 '혁명 노선'과 외교 정책을 관철해야 한다고 주장했다.[33] 베이징에 새로운 합의가 이루어져 덩샤오핑이 계급 투쟁과 고별을 고하기까지는 아직 수개월이 더 남은 상황이었다. 그러나 덩샤오핑의 버마와 네팔 방문은 비교적 순조롭게 이루어져 양국 간의 협력을 강화하는 데 큰 도움이 되었다.

북한 방문: 1978년 9월 8~13일

베트남이 소련과 손을 잡자 중국은 아시아의 또 하나 비교적 큰 공산주의 국가 북한과 양호한 관계를 유지하여 또 하나의 '아시아의 쿠바'로 만들지 않는 것이 가장 중요한 문제로 대두되었다. 김일성은 1945년 북한으로 돌아가기 전까지 중국에서 20년 가까이 살았기 때문에 중국어가 유창했다. 그는 귀국 후에도 한국 전쟁 당시 대규모 군대(항미원조(抗美援朝) 지원군)를 파견하고 동북을 군수 지원 병참 기지로 제공한 마오쩌둥, 저우언라이와 밀접한 관계를 유지했다. 북한은 대체적으로 중국에 편향되기는 했으나, 베트남과 마찬가지로 중소 간의 분쟁을 교묘하게 이용하여 쌍방의 원조를 얻고 있었다.

덩샤오핑은 1953년 재정부장(재정부 장관)으로 있을 당시 전쟁 이후 북한 재건을 원조하기 위한 사업을 펼친 적이 있었기 때문에 북한과의 관계에서 도움을 얻을 수 있었으며, 특히 1975년 4월 김일성을 접대한 적이 있었기 때문에 훨씬 이로웠다.[34] 북한의 수도는 다른 여느 국가보다 베이징에서 가까운 곳에 자리했다. 이런 이유로 북한은 소련보다 중국과 더 가까울 수 있었다. 1977년 여름 덩샤오핑이 복귀한 후 접대한 첫 번째 외국 관리는 중국 주재 북한 대사였다.[35] 1978년 화귀펑은 4개국을 방문하고, 덩샤오핑은 7개국을 방문했는데, 북한은 그들 두 사람이 유일하게 모두 방문한 나라였다. 중국과 북한 두 나라는 정부 간의 관계뿐 아니라 양국의 공산당과 군대 간의 관계도 밀접하게 유지되고 있었기 때문에 중국은 이 두 채널을 모두 활용했다. 한국 전쟁 당시 함께 싸웠던 두 나라의 장성들은 수시로 만났으며, 중국공산당의 중련부(重聯部)와 북한의 상대 부서의 관리들 역시 만남을 지속했다.

중국이 북한의 적대국인 한국을 원조하는 강대국 미국과 관계를 발전시키기로 결정한 것은 북한의 심기를 불편하게 만드는 일이 아닐 수 없었다. 게다가 덩샤오핑은 머지않아 북한의 오랜 적국이자 한국의 경제 발전을 도운 일본을 방문할 예정이었다. 이 역시 북한의 심각한 우려를 자아내는 문제였다. 덩샤오핑은 일본과 미국의 관계를 회복하면서 어떻게 하면 중조(中朝, 중국과 북한) 관계의 피해를 최대한 줄일 것인가에 관한 난처한 문제에 봉착했다. 그는 북한이 소련에 더욱 가깝게 접근하도록 놔둘 수 없었다. 그래서 그는 나중에 그들을 놀라게 하기보다 먼저 북한 측에 충분한 설명을 해 주는 것이 나을 것이라고 결심했다.

덩샤오핑은 양국 관계에 활기를 불어넣기 위해 특별한 노력을 기울였다. 그는 북한이 가장 좋아하는 방식으로 그들에게 존중을 표시했다. 북한은 비록 국토는 좁지만 스스로 위엄을 보이기를 좋아했다. 그러한 위엄을 측정하는 방법 가운데 하나는 그들이 매년 거행하는 국경절(國慶節) 축전에 참가하는 외국 관리들의 숫자와 등급이었다. 중국에서 문화 대혁명이 끝난 후 수많은 외국 영도자가 베이징 방문을 재개하자 김일성은 '초청 외교'를 통해 베이징을 방문할 예정인 제3세계 국가 수뇌들에게 북한을 방문하면 환영을 받을 것이라고 알려 주었다. 1977년 김일성의 초청을 접수한 외국 고위급 관리는 중국의 예젠잉과 동독, 유고슬라비아, 그리고 캄보디아 네 나라의 대표뿐이었다.[36] 김일성은 왕을 모시듯 호화롭게 그들을 대접했다. 캄보디아의 시아누크 전 국가 원수는 궁궐처럼 으리으리한 저택을 제공받았으며, 동독공산당 서기장인 에리히 호네커(Erich Honecker)는 북한 방문에서 평생 받아 보지 못한 환대를 받았다.[37]

김일성은 1978년 9월 9일 조선민주주의인민공화국 건국 30주년 축전에 외국의 고위급 관리들이 참석하도록 매우 애를 썼다. 덩샤오핑은 5일 동안 북한을 방문하면서 김일성에게 경의를 표했다. 당시 그는 축전에 참석한 외국인들 가운데 가장 직급이 높은 인물이었다. 김일성은 덩샤오핑과 같은 고위급 관리가 자신의 초청에 응해 준 것에 크게 기뻐하면서 일주일 내내 계속된 군중 대회마다 덩샤오핑을 자신의 옆에 앉도록 조치했다.[38]

북한에서 김일성은 덩샤오핑과 수차례 공식, 비공식 회담을 진행했다. 덩샤오핑은 중국의 심각한 경제 문제와 현대화의 필요성에 대해 설명했다. 당시 북한의 공업 발전은 국민 총생산(GNP)에서 점유하는 비율이 중국보다 높았지만 급성장하고 있는 한국의 공업 발전에 뒤떨어지기 시작했다. 덩샤오핑이 김일성에게 말했다. "세계의 첨단 기술을 우리나라 현대화의 기점으로 삼고자 합니다. 최근 우리 동지들이 외국으로 나가 직접 보고 오기도 하는데, 보면 볼수록 우리 자신이 낙후되었다는 것을 알게 되지요." 중국은 가장 선진적인 기술을 확보하여 자체 공업 능력을 개선할 필요가 있었다. 이는 소련과 중국의 도움을 받아 현대화를 진행한 김일성 역시 잘 알 수 있는 부분이었다. 덩샤오핑은 또한 소련의 패권주의에 반대하는 조항에 대해 일본이 동의하도록 하는데 얼마나 어려움이 있었는지에 대해 설명했다. 아울러 중미 관계 정상화를 위해 진행하고 있는 비밀 회담에 대해 이야기했다.[39] 소련의 위험에 대해 언급하면서, 그는 전쟁을 피하기 위해서는 반드시 전쟁에 대비해야 하며, 그렇게 해야만 소련이 더욱 조심할 것이라고 말했다. 덩샤오핑은 마지막으로 소련에 대해 절대로 유화 정책을 쓰지 말 것을 상기시켰다.[40]

덩샤오핑이 추진한 미국과 일본에 대한 정책을 비춰 볼 때, 그의 방문은 상당히 성공적이었다. 김일성은 베트남과 함께 중국을 포위하는 행렬에 끼어들지 않았으며, 계속해서 중국과 우호적인 관계를 유지했다. 이후 김일성은 언제나 다른 이들에게 덩샤오핑은 나의 친구라고 확신에 차서 말하곤 했다. 그는 심지어 동유럽공산당 영도자 대표단 면전에서 덩샤오핑의 경제와 정치 개방 정책을 변호하기도 했다. 북한 방문을 통해 덩샤오핑은 북한이 소련과 관계를 개선하고 자신의 적들(일본과 미국)과 교류하려는 중국과 거리를 두는 일 없이 상당히 까다로운 사명을 완수했다.

동남아시아에서 동맹을 찾다: 1978년 11월 5~15일까지

1978년 11월 10일 획기적인 중앙공작회의가 소집되었다. 그러나 덩샤오핑은 목전에 닥친 베트남의 캄보디아 침공을, 당장이라도 중앙공작회의 참가나 중미 관계 정상화를 위한 협상을 한쪽으로 미루고, 동남아시아 순방을 떠나 이미 예정되어 있는 베트남 공격에 대한 상대국의 이해를 얻는 것이 시급하다는 일종의 경종으로 간주했다.

1978년 여름쯤 베트남이 캄보디아를 공격할 계획이라는 징후가 포착되자, 이는 중국이 행동을 취하는 인계 철선이 되었다. 캄보디아는 베트남이 소련에 그런 것처럼 중국의 의존국이 되었다. 중국은 캄보디아를 지속적으로 원조한 맹방을 적극 지지했다. 특히 중국이 불안하게 생각하는 것은 소련에서 보낸 수많은 '고문단(顧問團)'과 장비가 베트남에 도착하여 공격에 대비하고 있다는 점이었다. 미국 관리들의 추산에 따르면, 1978년 8월까지 베트남에 파견된 소련 고문단은 3500명에서 4000명 수준이었으며, 보도에 따르면 10월 중순 무렵 소련의 화물선이 전투기, 유도탄, 탱크 및 군사 물자를 하역한 상태였다. 덩샤오핑은 이것만으로도 충분했다. 그는 우선 강경한 입장을 취해 현대화를 위한 평화로운 환경은 잠시 접어 두기로 결정했다. 그는 심지어 캄보디아 폴 포트(Pol Pot)와 협력하기로 결정하기도 했다. 비록 그가 대량 학살로 국제적으로 악명 높은 학살자이기는 하지만, 덩샤오핑이 볼 때, 캄보디아인들 가운데 충분한 군대를 보유한 유일한 인물로 베트남과 대항할 수 있는 유용한 동맹군이었다.

1978년 7월 캄보디아에 대한 폭격이 시작되었다. 매일 서른여 차례 폭격기가 출격했고, 9월에는 횟수가 100여 차례로 늘어났다.[41] 11월 중국 영도자들은 베트남의 전쟁 준비 상황을 살펴본 후 베트남이 탱크를 움직일 수 있는 12월 건기(乾期)에 캄보디아를 공격했다고 결론지었다.[42]

덩샤오핑은 강력한 군사적 대응이 절대적으로 필요하다고 생각했다. 그는 베트남인들에게 프랑스와 미국의 군대는 베트남에서 큰 손실을 입은 후 더는 끼어들려고 하지 않겠지만 바로 이웃에 있는 중국은 계속 그곳에 머물 것이라고 경고했다. 그러나 베트남인들은 그의 경고에 전혀 귀를 기울이지 않았다. 3년 전 덩샤오핑은 키신저와 폴 포트에게 히틀러가 서방 세계를 공략한 것은 서방 지도자들이 강력한 군사 대응을 하겠다는 의지를 표명하기를 원치 않았기 때문이라고 말한 적이 있다. 덩샤오핑은 소련을 다루었던 오랜 경험에 비추어 볼 때 협상이 더는 통하지 않을 것이라고 생각했다. 그는 베트남이 중국의 경고를 무시하고 소련에게 군사 기지를 제공했으니 비싼 대가를 치러야 한다는 것을 알도록 "한 수 가르쳐 주겠다(敎訓一下)."라고 마음먹었다.

베트남은 먼저 자신들의 세력을 라오스로 확장한 다음 캄보디아로 넓혀 갔다. 동남아시아 여러 국가는 베트남에게 굴복하라는 압력을 받았다. 그들은 베트남의 지배를 받을 생각이 없었지만 그렇다고 소련이 허리를 받치고 있는 베트남에 대항할 만한 힘이 없으며, 더군다나 소련이 그 지역에 세력을 확장하는 것을 막을 힘도 없음을 뼈저리게 느끼고 있었다. 덩샤오핑은 말레이시아나 태국, 싱가포르 등 여러 동남아시아 국가가 어쩔 수 없이 소련의 강권에 굴복하여 결국 중국의 장기적인 이익에 손상을 입힐 것을 걱정했다. 그래서 그는 남아시아 각국이 베트남과 멀어지는 것이 무엇보다 중요하다고 생각했다.

1978년 9월 베트남 총리 팜반동(范文同)이 동남아시아를 순방하면서 동남아시아 각국에게 베트남이 캄보디아 공격 준비를 하는 것에 대해 양해를 구하려고 했다. 팜반동은 동남아시아국가연합(Association of Southeast Asian Nations, ASEAN)과 우호 조약을 체결하는 데 실패했지만, 동남아시아 각국은 베트남의 강권에 굴복하는 것 이외에 별다른 선택의 여지가 없었다. 덩샤오핑은 11월 해당 국가를 순방하여 그들이 소련과 베트남의 위협에 굴복하지 않도록 조치해야 한다고 마음먹었다.

동남아시아 순방길에 나서기 전에 이미 덩샤오핑은 베트남의 캄보디아 침공에 대한 군사 행동을 준비하기 시작했다. 그러나 아직 그 계획을 공개하지는 않았다. 비록 베트남이 캄보디아 국경을 넘어 깊숙이 진격했지만 중국은 한국 전쟁 당시 북한을 원조한 것과 달리 폴 포트의 출병 요청을 받아들이지 않았다. 덩샤오핑은 괜히 잘못 건드려 교착 상태에 빠질 것을 염려했다. 대신 그는 '한 수 가르쳐 주는' 식으로, 일단 베트남을 공격하여 몇 군데 현성(縣城, 도청 소재지에 상당하는 현청 소재지)을 빼앗아 중국 군대가 더 깊은 곳까지 침공할 수 있다는 것을 보여 준 다음 신속하게 철수하기로 마음먹었다. 이렇게 하면 소련이 베트남 파병을 증원하는 위험도 줄일 수 있었다. 베트남은 이를 통해 소련이 언제나 믿을 수 있는 존재가 아니라는 사실을 인지하고, 인근 지역에 대한 야심을 거두게 될 것이다. 소련이 아니라 베트남을 공격함으로써 중국은 또한 소련에게 그 지역에 군사력을 확장하려는 어떤 시도도 값비싼 대가를 치러야 함을 보여 줄 수 있을 것이다. 덩샤오핑은 비록 중국군이 문화 대혁명 시절 군사 훈련을 받지 못하여 군율이 해이하고 전투 경험이 부족하기는 하나 경험이 풍부하고 장비 또한 잘 갖춘 적과 대응하여도 그 자신의 정치적 목적을 달성하기에 충분할 것이라고 확신했다. 중국 군대가 철수한 후에도 변경 일대에서 베트남군을 계속 괴롭혔다.

때마침 덩샤오핑이 1978년 11월 5일 동남아시아 여러 국가를 순방하기 이틀 전, 소련과 베트남은 25년을 기한으로 평화 우호 조약을 체결했다.[43] 그 조약은 여러 동남아시아 국가에게 경종을 울린 것이나 마찬가지였다. 그래서 그들 국가는 덩샤오핑의 건의를 받아들여 함께 소련의 확장을 저지하기로 했다. 동남아시아 영도자들은 덩샤오핑이 중국의 외교를 책임지고 있으며, 그가 외교 정책에 대해 언급한 내용을 다른 중국 영도자들 역시 모두 받아들일 것이라는 점에 추호의 의심도 하지 않았다.

태국 방문: 1978년 11월 5~9일

11월 5일 덩샤오핑은 태국을 방문한 첫 번째 중국공산당 영도자가 되었다. 태국 총리 끄리앙삭 차마난(Kriangsak Chamanan)이 덩샤오핑을 따뜻하게 맞이했다.

덩샤오핑이 태국을 동남아시아 순방의 기점으로 삼은 것은 중국이 캄보디아의 폴 포트 군대를 지원하기 위해 태국에 길을 빌릴 필요가 있었기 때문만이 아니라 다른 동남아시아 국가들과 비교해 볼 때 양국 관계가 비교적 양호했기 때문이다. 태국과 말레이시아, 인도네시아에는 각기 500만 이상의 화교들이 살고 있는데, 세 나라 영도자들은 모두 화교들이 자국이 아닌 중국에 더 충성할지도 모른다고 염려하고 있었다. 중국은 1960년대 초엽부터 그들 국가에 살고 있는 화교들에게 혁명을 고취시키는 라디오 방송을 해 왔기 때문에 더욱더 걱정이 많았다. 덩샤오핑이 방문했을 당시에도 라디오를 통한 고취 방송은 그치지 않았다. 인도네시아의 문제는 더욱 심각했다. 왜냐하면 현지 화교들이 수카르노(Sukarno)에 저항하는 단체에 가입하여 정권을 전복시킬 정도까지 치달았기 때문이다.(인도네시아는 이로 인해 1990년에 들어서야 비로소 중국과 정식으로 수교했다.) 그러나 태국의 화교들은 현지 사회에 훨씬 동화되어 있었기 때문에 태국에서 화교들이 '제5열(fifth column)'*을 조직할지도 모른다는 걱정이 말레이시아나 인도네시아에 비해 많지 않았다. 만약 덩샤오핑이 태국 방문을 성공적으로 마치게 된다면, 다른 동남아시아 국가들이 베트남의 확장주의에 대항하는 중국, 캄보디아와 협력하도록 설득하는 데 태국이 도움을 줄 수 있을 것이었다.

태국은 역사적으로 강력한 대국, 예를 들어 프랑스, 영국, 일본 등의 의도에 영합함으로써 자신의 독립을 유지하려고 노력했다. 덩샤오핑은 만약 중국이 자신의 이익을 명확하게 단언하지 않는다면 태국은 곧 베트남 쪽으로 붙게 될 것이라고 생각했다. 덩샤오핑에게 행운이었던 것은 그가 태국을 방문했을 당시 태국의 지도자가 미국과 가까운 협력자였기 때문에 소련과 베트남 세력에 영합하지 않고 중국과 협력하여 베트남의 지역 패권주의에 대항하기를 원했다는 점이다.

출국하기 전 태국의 여론을 조성하고 태국의 최근 관심사를 이해하기 위해 덩샤오핑은 그해 초 끄리앙삭 차마난이 중국을 방문했을 때 몇 차례 회담을 했

---

* 적과 내통하는 집단.

고, 10월 초에는 태국 기자 대표단을 접견했다.[44] 끄리앙삭 차마난 총리가 중국을 방문했을 때 덩샤오핑은 그에게 동남아시아국가연합과 협력하고, 인도네시아, 싱가포르와 정식 수교를 원한다고 말했다. 두 영도자는 국제 문제에 관해 의견을 같이하고, 원칙적인 면에서 소련과 베트남의 패권주의를 저지하기 위해 협력한다는 데 동의했다.[45] 덩샤오핑은 끄리앙삭 차마난이 동남아시아국가연합과 평화 중립을 유지할 수 있도록 노력한 것에 대해 적극적인 지지와 동의를 표했다.[46] 아마도 덩샤오핑이 6월 베이징에서 태중(泰中) 우호 협회 대표단을 접견할 당시 태국과 캄보디아의 갈등을 해결하도록 촉구한 것이 가장 중요한 일일 것이다. 그들 두 나라는 1개월 후에 장기간에 걸친 국경 문제를 해결하고, 상호 대사를 파견하기로 결정했다.[47]

11월 덩샤오핑은 태국 총리와 회담하면서 재차 동남아시아국가연합과 협력하고, 인도네시아, 싱가포르와 정식 수교를 원한다고 말했다. 아울러 전 세계적인 소련의 야심과 지역적인 베트남의 야심에 대한 자신의 분석을 설명했으며, 소련이 베트남에 군사 기지를 건설하는 것은 중국에 대한 위협일뿐더러 이웃한 여러 나라에 대한 위협이라고 말했다. 기록자와 통역 한 명만 대동한 끄리앙삭 차마난과의 단독 회담에서 덩샤오핑은 베트남 군대가 캄보디아를 침공하여 점령할 만반의 태세를 갖추고 있다고 알려 주었다. 태국은 캄보디아와 접경 지역이 길기 때문에 캄보디아에 대한 침공은 곧 태국에 대한 위협이나 다를 바 없었다. 그래서 끄리앙삭 차마난은 중국이 캄보디아에 원조를 제공하기 위해 영공을 빌리는 것에 동의했다.[48]

덩샤오핑은 태국 화교들의 충성에 관한 문제에 대해 재차 끄리앙삭 차마난을 안심시켰다. 그는 중국은 해외 화교들이 거주국의 공민이 되기를 격려하고 있으며, 태국 국적을 선택할 경우 자동으로 중국 국적을 상실하게 된다고 말했다. 그는 나아가 이미 태국 국적을 취득한 화교들은 태국의 법률을 준수하고, 현지 풍속을 존중하며, 현지인들과 화목하게 지내기를 희망한다고 말하면서, 중국 국적을 유지하고 있는 이들도 태국과 중국의 우의와 태국 경제, 문화, 사회 복지를 위해 공헌해야 한다고 했다.[49] 덩샤오핑이 이렇듯 상호 간의 신뢰를 확보한 것은 불과 10년 전 마오쩌둥이 태국 인민의 혁명을 부추기던 방식과는 사뭇 다르다. 당시 태국에서 마오쩌둥의 선동을 받아들였던 이들은 대부분 화교였다. 11월 9일 방콕에서 열린 공식 기자 회견에서 덩샤오핑은 총리와의 회담에서 했던 것과는 달리 베트남과 충돌 가능성에 대한 직접적인 언급을 삼갔다. 그는 중국과 태국 양국이 공동으로 패권주의를 기도하는 국가에 대항할 필요성을 강조하면서, 특히 중국과 태국의 공동 협력을 강화하고 동남아시아의 평화와 안전을 유지, 보호하는 것이 무엇보다 중요하다고 역설했다. 그는 양국 공산당의 역사 관계가 하룻밤 사이에 끝날 수는 없지만 그것이 양국 정부의 관계에 영향을 줄 수는 없을 것이라고 말했다. 그러나 덩샤오핑은 총리와 비공식적인 회담에서 중국이 더는 태국공산당을 지지하지 않을 것이라고 단언했다.[50] 그는 또한 중국에 협조하는 현지인들과 그들을 지지하는 중국 내 사람들과 잘 준비하여 가능한 빠른 시일 안에 혁명을 고취하는 비밀 라디오 방송을 중지하겠다고 말했다. 8개월 후인 1979년 7월 10일 비밀 방송이 완전히 사라졌다.[51]

다른 외국 방문 때와 마찬가지로 덩샤오핑은 공공장소에서 현지 문화 활동에 참여하기를 즐겼다. 전체 인구의 90퍼센트 이상이 불교도인 태국을 방문해서도 그는 불교 행사에 참가하여, 그 모습이 현지 텔레비전에 방영되기도 했다. 그는 국왕 부처를 예방하고, 체육 대회와 군인들의 시범 행사를 관람했으며, 양국 과학 및 기술 협력을 위한 식전에도 참석했다.[52]

말레이시아 방문: 1978년 11월 9~12일

덩샤오핑에게 말레이시아는 태국보다 훨씬 힘든 도전이었다. 말레이시아 영도자는 베트남과 소련이 동남아시아 지역을 겨냥하고 있음을 걱정했지만, 현지 화교들의 활동을 더욱 염려하고 있었다. 덩샤오핑은 그 점을 파악하고 있었기 때문에 태국과 같은 환대는 그다지 기대하지 않았다. 전통적인 통일 전선 전략에 따라 그는 최소한 베트남이 말레이시아에게 환심을 사려는 노력을 무효화시켜 말레이시아가 중국 쪽으로 좀 더 다가설 수 있기를 희망했다.

덩샤오핑을 영접한 말레이시아 총리 다툭 후세인 빈 온(Datuk Hussein Bin Onn)은 현지 화교와 그들의 중국과의 관계를 걱정하는 충분한 이유가 있었다. 1950년대 말레이시아가 영국의 식민지로 있을 당시 공산주의 운동이 거셌기 때문에 말레이시아의 많은 이가 독립 후에 공산당 정권이 들어서는 것에 심히 우려하고 있었다.[53] 실제로 1963년 말레이시아가 독립하자 말레이시아인들은 막강한 정당을 소유하고 있는 화교들이 정부를 주도할지도 모른다고 걱정했다. 이런 상황을 피하기 위해 1965년 75퍼센트에 달하는 화교들과 일부 말레이시아인들을 지금의 싱가포르로 쫓아냈으며, 당시 말레이시아의 일부였던 싱가포르는 어쩔 수 없이 독립 국가 형태를 지닐 수밖에 없었다. 그런데도 여전히 화교들이 말레이시아의 경제와 대학을 지배했으며, 그들의 강력한 정당이 존재하여 후세인 온에게는 골칫거리였다.

화교들은 자신들의 조국인 중국과 밀접한 관계를 유지했다. 1969년 5월 폭발한 인종 폭동이 근 2개월 동안 지속되자, 현지 화교들은 자신들의 앞날을 걱정하여 중국 국적을 계속 유지했다. 덩샤오핑이 말레이시아를 방문했던 1978년 11월에도 여전히 공산당이 활약하고 있었으며, 대다수 당원들은 화교들이었다. 말레이시아공산당 총서기 천핑(陳平)은 때로 중국으로 도피할 때도 있었다.

베트남이 말레이시아공산당을 대하는 태도와 달리 덩샤오핑은 중립적인 자세를 취했다. 비록 비밀 라디오 방송을 즉각 중지하지는 않았지만 그는 그런 방식은 더 이상 사용하지 않겠다고 결심했다.(1981년 6월 화궈펑이 6중전회에서 정식으로 자리에서 물러나면서 동시에 비밀 라디오 방송인 '말레이시아 혁명의 소리'도 완전히 문을 닫았다.)[54] 그러나 덩샤오핑 역시 말레이시아공산당과 지나치게 멀어지지 않도록 조심했다. 예를 들어 그가 말레이시아를 방문하기 2개월 전, 베트남 총리이자 공산당원인 팜반동은 공산당 반란군을 진압할 당시 희생된 말레이시아 군인들의 기념비에 헌화했다. 덩샤오핑 역시 말레이시아의 지지를 얻어야 하는 처지이고, 중국공산당 역시 더는 혁명 정당이 아니기 때문에 자연스럽게 팜반동처럼 기념비를 방문하여 헌화할 수 있었다. 그러나 그는 기념비에 헌화하지도 않았고, 현지 공산당을 비난하지도 않았다. 대신 그는 후세인 온에게 만약 과거의 맹우를 돌연 저버린다면 중국은 장차 해외의 지지자들을 끌어모으고 유지하기가 어려워질 것이라고 양해를 구했다. 그리고 계속해서 중국 정부는 말레이시아 정부와 협력을 희망하지만, 중국공산당은 계속해서 말레이시아공산당을 비롯한 해외 공산당과 연계를 유지할 것이라고 말했다. 이에 대해 후세인 온은 말레이시아의 입장에서 그것은 받아들일 수 없다고 대답했다. 그러나 덩샤오핑의 태도는 단호했다.[55] 왜냐하면 덩샤오핑은 이미 말레이시아 정부가 중국에게 전적으로 협력할 마음이 없음을 내심 생각하고 있었고, 또한 그 역시 중국의 과거 정책이나 중국과 협조한 적이 있는 이들을 갑자기 포기할 수 없음을 잘 알고 있었기 때문이다.[56]

중국과 말레이시아 양국이 1974년 정식으로 수교했을 때 저우언라이는 중국은 더 이상 이중 국적을 허용하지 않을 것이라고 선언했다. 덩샤오핑은 저우언라이의 정책을 재천명하면서, 이미 말레이시아 공민 신분인 화교는 자동으로 중국 국적을 상실한다고 말했다. 아울러 말레이시아에 살고 있는 모든 화교에게 현지 풍속을 존중할 것을 당부했다.[57] 말레이시아에서 악명 높은 폴 포트에 대한 질문을 받았을 때도 덩샤오핑은 그를 변호하는 발언을 했다. 덩샤오핑은 문제가 있다는 것은 시인했지만, 폴 포트가 베트남에 대항할 수 있는 캄보디아의 유일한 영도자이고, 캄보디아는 중국에게 대단히 중요한 전략적 의미를 지니고 있기 때문에 갑작스럽게 영도층의 변화를 야기하는 조치는 취할 수 없다고 말했다.[58]

덩샤오핑은 말레이시아가 표방하고 있는 중립 지역을 적극 지지함으로써 그들과 공통점을 찾고자 했다. 1971년 말레이시아의 영도자인 툰 압둘 라작(Tun Abdul Razak)이 1971년 동남아시아 '평화, 자유, 중립 지역(Zone of Peace, Freedom, and Neutrality, ZOPFAN)'을 제의한 것은 해당 지역이 냉전 시대 두 강대국을 상대로 독립을 유지하겠다는 의도였다. 덩샤오핑은 그의 제의에 찬사를 보내면서, 모든 아세안 국가가 일치단결하여 동남아시아를 중립 지역으로 만드는 이상을 적극 옹호하여 베트남의 침입과 확장에 대항할 것을 독려했다. 후세인 온 총리는 베트남의 확장 위협에 대해 심히 걱정하고 있었을 뿐 아니라 중국이 말레이시아 고무의 주요 수입국이라는 점을 감안하여 덩샤오핑의 관점에 동의했다. 비록 베트남에 대해 간접적으로 언급하기는 했지만, 그 역시 외국의 침략이나 간섭, 통제는 결코 수용할 수 없다는 데 동의했다.[59]

말레이시아를 방문하여 회담하면서, 덩샤오핑은 양국 간의 문제를 회피하지 않고 솔직하게 문제가 존재한다고 인정했다. 덩샤오핑의 방문이 끝날 무렵 후세인 온은 새로운 개방적인 태도에 대해 언급하면서, 덩샤오핑의 방문이 양국 간의 상호 이해에 중요한 계기가 되었으며, 두 차례에 걸친 회담은 "대단히 유익하고 도움이 되었다."라고 말하고, "양국의 관계가 향후 더욱 발전하고 강화될 것"을 믿는다고 했다.[60] 당시 환경에 비추어 볼 때, 이는 덩샤오핑이 기대했던 것 가운데 가장 좋은 결과였다.

싱가포르 방문: 1978년 11월 12~14일

덩샤오핑은 전체 인구의 75퍼센트가 화교로 이루어진 싱가포르가 강대한 이웃 나라들에게 지나치게 친중국(親中國) 성향으로 비추어지기를 바라지 않았다. 덩샤오핑이 생각하기에, 싱가포르는 인구 200여만 명의 작은 도시 국가로 소련과 베트남이 영향력을 확장하고 있는 상황에서 강권에 휘둘리기 딱 좋은 곳이었다. 그러나 덩샤오핑은 싱가포르 총리 리콴유가 지정학적인 정치 현실에 누구보다 예리한 통찰력을 지니고 있으며, 아세안 및 서구 정부들에게 영향력이 있다는 사실을 잘 알고 있었다. 그래서 그는 리콴유가 아세안이 베트남에 대항할 것을 설득하고, 중국과 베트남이 충돌할 경우 미국이 중국을 원조하든지 아니면 최소한 중국을 방해하지 말도록 설득해 주기를 희망했다.

리콴유가 1976년 5월 초 중국을 방문했을 때 덩샤오핑은 잠시로 물러나 쉬고 있었기 때문에 두 사람은 덩샤오핑이 1978년 11월 12일 싱가포르를 방문하면서 처음 만났다. 배경이 서로 다른 두 명의 탁월한 영도자들은 상대의 명성을 익히 알고 서로 존경하면서도 일정한 거리를 두고 있었다. 리콴유의 중국에 대한 이해는 자신이 직접 경험한 것이 아니라 학습에 의한 것이었다. 그는 영국식 가정에서 성장하여 중국어가 아니라 영어로 교육을 받았으며, 영국 케임브리지대학에서 법학을 전공한 뛰어난 학생이었다. 실제로 그는 4개 언어를 구사할 수 있었지만 한어(漢語, 중국어)는 그다지 유창하지 않았다. 덩샤오핑과 회담하는 자리에서 그는 영어로 말했다. 이는 자신이 무엇보다 싱가포르에 충성을 다하는 지도자로서 화교 출신이라는 배경에 얽매이지 않겠다는 뜻이었다. 반면 덩샤오핑은 한어밖에 하지 못했고, 그것도 쓰촨 억양이 강했다. 리콴유보다 열여덟 살이 많은 덩샤오핑은 사회주의 국가의 영도자이고, 리콴유는 자본주의 국가의 영도자였다. 리콴유는 선거, 덩샤오핑은 정치국을 의식해야 했다. 그들 두 사람이 회담할 당시 싱가포르는 이미 급속한 성장을 통해 사회 질서를 유지하면서 깨끗하고 정돈된 도시 국가로 부상한 상태였지만, 거대한 중국은 여전히 빈곤과 혼란에 머물러 있었다. 중국 인구는 싱가포르의 400배나 될 정도로 많았지만 싱가포르는 동남아시아의 지식과 경제의 중심지로서 강력한 영도자의 통치를 통해 자신들의 국토 면적을 훨씬 초과하는 영향력을 지니고 있었다. 이렇듯 서로 다른 점이 많았지만 덩샤오핑과 리콴유는 서로 겸허하게 개인적 차이를 메울 수 있도록 노력했다. 예를 들어 리콴유는 평소 덩샤오핑의 습관을 사전에 알고 그를 위해 타구와 재떨이를 준비했다.(아울러 벽에 담배 연기를 배출하는 배관을 설치했다.) 그러나 리콴유의 습관과 평소 알레르기가 있다는 사실을 사전에 인지한 덩샤오핑은 그 앞에서 담배도 피우지 않았고, 침도 뱉지 않았다.

회담 중에 덩샤오핑은 장장 2시간 30분에 걸쳐 소련과 베트남의 위협에 대해 설명했다. 그는 키신저나 저우언라이가 했던 것처럼 별도의 메모 없이 자신의 종합적인 분석과 장기적인 역사적 안목에 전적으로 의지하여 지정학적인 정치적 지평에 대해 자유롭게 이야기했다. 특히 리콴유에게 인상적인 것은 소련과 베트남의 위협에 대처해야 한다는 덩샤오핑의 강력한 집념과 절박감이었다. 그는 소련의 군사비 지출이 국민 총생산의 20퍼센트를 차지하여 미국이나 유럽의 군사비를 전부 합친 것보다 많고, 군대 역시 450만에 달할 정도라고 지적했다. 덩샤오핑은 차르가 남쪽으로 통하는 창구를 탐낸 것처럼 지금의 소련 영도자들도 남방 세력 확장을 위해 먼저 인도양 인근에 항구를 건설하여 중동을 오가는 해상 통로를 통제하기를 원하고 있다고 말했다. 또한 덩샤오핑은 소련이 이러한 목적을 달성하기 위해 750척에 달하는 군함을 모아 신속하게 태평양 함대를 확충하고 있으며, 아울러 도처에서 군사 기지를 확보하고 자원을 장악하고 있다고 경고했다. 그리고 덩샤오핑은 전쟁을 피할 수 없더라도 중국은 소련의 전략적인 배치에 대항할 수밖에 없다고 단언했다.

덩샤오핑은 계속해서 베트남의 동향에 대해서도 논의했다. 베트남인들은 라오스와 캄보디아를 제압하기 위한 인도차이나 연방을 구성하고, 이를 통해 전체 동남아시아를 지배한다는 오랜 몽상에 젖어 있으며 이미 라오스를 통제하고 있고, 인도차이나 전체를 통일시킨다는 자신들의 당면 목적을 달성하기 위해서는 소련의 도움이 필수 불가결하다고 생각하고 있다고 했다. 이어 자신들의 목적을 달성하는 데 중국을 가장 큰 장애물로 여기고 있다고 설명하면서, 이러한 이유로 인해 중국이 설사 계속 베트남을 원조한다 할지라도 베트남의 패권주의 야망을 지지하는 소련의 원조를 끊기는커녕 오히려 베트남의 확장을 지원하는 꼴이 되기 때문에 중국은 베트남에 대한 원조를 중지하기로 결정했다고 말했다.[61]

덩샤오핑이 소련과 베트남의 패권주의 위험에 대해 몰입하여 이야기하자 리콴유가 그에게 중국은 베트남이 캄보디아를 침공할 경우 어떻게 대처할 것이냐고 물었다. 이에 대해 덩샤오핑은 베트남이 하는 것을 지켜보고 결정하겠다고 대답했다. 리콴유는 그의 답변을 통해 만약 베트남이 메콩 강을 건너 프놈펜까지 공격할 경우 중국 측에서도 군사적 대응을 할 것이라고 추측했다.[62]

덩샤오핑은 리콴유가 미국 정계에서도 평판이 좋다는 것을 알고 있었다. 그래서 덩샤오핑 자신이 미국을 방문하기 전에 리콴유가 미국에 중국이 베트남의 캄보디아 공격에 대해 우려하고 있음을 전해 달라고 부탁했다. 리콴유는 나중에 확실하게 그의 말을 미국에 전했다.[63] 이어서 지역 관계에 대한 전망에 대해 논의하면서 덩샤오핑은 중국이 아직까지 베트남을 소련에서 떨어뜨려 놓을 수 있는 조건이 성숙된 상태가 아니지만 적어도 8년 내지 10년 이내에 보다 나은 기회가 올 것이라고 말했다. 이후 덩샤오핑의 추측은 놀라울 정도로 선견지명이 있는 것으로 판명되었다.

다음 날인 11월 13일 오전, 리콴유는 덩샤오핑에게 소련의 군사력에 대한 서구의 다양한 평가에 대해 설명했다. 소련의 군사력은 의심할 바 없이 세계 최강이고 여전히 증가 추세인 것은 분명했다. 그러나 일부 전문가들은 소련의 침략 위협이 목전에 도달했다고 믿고 있는 반면 소련이 감당하기 힘들 것이라고 믿는 이들도 있었다. 싱가포르가 지역 내 소련의 진입을 환영할 수도 있을 것이라는 덩샤오핑의 우려를 불식시키기 위해 리콴유는 싱가포르의 대외 무역은 주로 미국, 일본, 말레이시아 및 유럽 위주이고, 소련과의 무역은 전체 무역량의 0.3퍼센트밖에 차지하지 않는다고 설명했다.(당시 싱가포르의 대중국 무역은 전체 무역량의 1.8퍼센트였다.)

리콴유는 아세안 각국이 추구하는 것은 경제 발전과 정치 안정, 그리고 민족 융합이라고 말했다. 동남아시아 여러 나라는 베트남보다 중국을 더 걱정하고 있다는 리콴유의 말은 덩샤오핑에게 전혀 뜻밖이었다. 리콴유는 그렇게 말한 다음 중국의 혁명 고취, 특히 화교들을 대상으로 한 이러한 방송에 대해 동남아시아 국가들이 얼마나 우려하고 있는지 설명해 주었다. 이는 덩샤오핑이 태국과 말레이시아 영도자들에게 들었던 우려의 발언을 재차 인증하는 것이었다. 리콴유는 동남아시아인들은 베트남 총리 팜반동이 공산당을 토벌하면서 희생당한 말레이시아인들을 위한 기념비에 헌화했는데 덩샤오핑은 하지 않은 것에 대해 주목하고 있다고 말했다. 그러자 덩샤오핑이 이렇게 되물었다. "그렇다면 총리와 아세안 각국은 우리들이 어떻게 하기를 원하십니까?" 그의 질문에 깜짝 놀란 리콴유가 대답했다. "라디오 방송을 중지하는 것이지요." 그러자 덩샤오핑은 잠시 시간을 두고 고려해 보자고 말했다. 뜻밖에도 덩샤오핑은 리콴유가 만났던 다른 영도자들과 달랐다. 그가 만난 이들은 자신이 불쾌하게 생각하는 사실에 직면했을 때 기꺼이 자신의 생각을 바꾸었다.[64] 그러나 덩샤오핑은 공산주의자들에게 희생된 말레이시아인들을 위해 헌화하는 등의 일은 생각해 보지 않았다. 덩샤오핑은 오히려 팜반동이 자신의 영혼을 판 것이라고 하면서, 중국의 영도자들은 솔직하게 말하며, 한번 약속한 것은 반드시 책임진다고 덧붙였다.

11월 14일 싱가포르를 떠날 때 이미 두 영도자는 저우언라이와 키신저의 관계처럼 주파수가 맞아 상호 존중하며 교류할 수 있는 특별한 관계를 맺었다. 리콴유와 덩샤오핑은 두 사람 모두 식민주의와 투쟁했던 시절이 있었을뿐더러 해외 식민주의 강대국에서 생활했다는 공통점이 있었다. 그들은 각기 자국의 혁명 투쟁 기간 동안 담대한 지도자로서 어떻게 해야만 난국을 헤쳐 나가 질서를 중건할 수 있는지 알고 있었다. 비록 리콴유는 영국 교육을 받았지만 중국사를 공부하여 덩샤오핑의 생활 배경에 대한 감각을 지닐 수 있었다. 그들은 모두 솔직한 현실주의자이고 조국에 충성을 다 바쳤다. 그들은 젊은 나이에 책임 있는 자리에 올라 강력한 개인적 리더십의 필요성을 확신했다. 그들은 권력의 속성을 잘 알았으며, 전략적 사고를 통해 장기적인 역사적 추세를 고려할 줄 알았다. 중국 대륙 밖에서 홍콩의 환구(環球) 항운 그룹(World Wide Shipping Group)의 설립자인 바오위강을 제외하고 어떤 정치 지도자도 리콴유처럼 덩샤오핑과 깊은 교류 관계를 맺은 이는 없었다. 덩샤오핑은 많은 외국 영도자와 좋은 관계를 유지했지만 그와 리콴유의 관계가 이처럼 친밀했던 것은 상호 이해의 깊이가 남달랐다는 것을 반영한다. 덩샤오핑이 볼 때, 리콴유와 바오위강 두 사람이 특히 마음에 들었던 것은 그들이 실질적인 문제를 처리하는 데 탁월한 성과를 얻었고, 세계 정상급 인사들과 직접적인 교류 관계를 유지하고 있으며, 국제 업무에 대한 인식과 대세를 파악하는 장기적인 안목이 뛰어났기 때문이다. 또한 그들은 직접 현실과 마주치기를 원했으며, 말하는 데 전혀 거리낌이 없었다. 다른 한편 리콴유의 입장에서 볼 때, 덩샤오핑은 그가 만난 영도자급 인사 가운데 가장 인상적인 인물이었다. 덩샤오핑은 어떤 일에 관해 깊이 사고했고, 문제가 생기면 능히 자신의 잘못을 인정하고 고칠 수 있었다.

덩샤오핑은 리콴유가 싱가포르에서 큰 업적을 이룬 것에 대해 찬사를 보냈으며, 리콴유는 덩샤오핑이 중국 문제를 처리하는 방식에 대해 칭찬을 아끼지 않았다. 덩샤오핑이 싱가포르를 방문하기 전까지만 해도 중국 매체들은 싱가포르인들을 '미 제국주의의 주구(走狗)'라고 비난했다. 그러나 덩샤오핑이 싱가포르를 방문한 후 몇 주 만에 이런 투의 말은 완전히 사라졌다. 대신 싱가포르는 환경 보호와 공공 주택, 그리고 관광 면에서 배울 점이 있는 곳으로 묘사되었다.[65] 리콴유와 덩샤오핑은 이후 1980년과 1985년, 그리고 1988년까지 수차례 만났다.

덩샤오핑이 싱가포르를 방문한 목적은 동남아시아에서 베트남과 소련의 야욕을 저지하는 데 지지를 얻기 위함이었지만 싱가포르는 그에게 강한 인상을 남겼다. 덩샤오핑은 뉴욕이나 파리, 도쿄 등지를 방문하면서 중국보다 훨씬 현대화된 모습을 많이 목격했지만 그다지 놀란 적이 없었다. 그러나 1920년 프랑스로 가는 길에 이틀 동안 싱가포르에 머문 경험이 있는 그는 58년이란 세월 동안 그곳이 얼마나 경이로운 발전을 했는지 놀라지 않을 수 없었다. 당시 중국의 경제와 사회는 여전히 빈곤 속에 헤매고 있었기 때문에 더더욱 그러했다. 당시 덩샤오핑은 중국에 어떤 정책을 시행해야 할지 결정하지 않았지만 싱가포르의 발전상을 통해 중국에 근본적인 개혁이 필요하다는 확신을 가질 수 있었다. 덩샤오핑은 언젠가 이렇게 탄식하듯 말한 적이 있다. "만약 상하이만이라면 보다 신속하게 변화시킬 수 있을지도 모르지. 그러나 나는 중국 전체를 맡아야 하는걸."[66]

덩샤오핑은 싱가포르에 관한 보고서를 읽은 적이 있지만, 그 대부분의 정보는 주로 싱가포르 좌파 쪽에서 나온 것이었다. 뜻밖에도 그는 현지 대다수 화교들이 자신을 열렬하게 환영하지 않았으며, 그들 나름의 생각을 가지고 중국에 무조건 복종할 마음이 없다는 사실을 발견했다.[67] 분명 싱가포르 현지의 공산당원들은 중국 대륙의 일부 당원들과 마찬가지로 베이징에서 듣고 싶어 하는 말을 하는 데 익숙했기 때문에 그들의 보고는 믿을 만한 것이 아니었다. 그러나 덩샤오핑은 자신이 직접 현지 상황을 살펴보았다. 그 결과 그는 자신이 기대했던 것보다 훨씬 발전하고 질서 정연한 도시 국가를 직접 목도할 수 있었다. 베트남과 전쟁이 끝난 후 덩샤오핑은 국내에서 행한 한 연설에서, 자신이 직접 보았던 싱가포르의 외국인 기업에 관해 이야기를 했다. 그는 외국인이 공장을 세우면, 정부에 세금을 내고, 취업 기회를 제공하는 이점이 있으며, 또한 노동자들이 그곳에서 일을 하여 보수를 받을 수 있다고 하면서, 외국 자본가들을 두려워할 필요가 없다고 말했다.[68] 덩샤오핑은 질서 정연한 싱가포르야말로 사람들이 갈망하는 개혁의 모델이 되기에 충분하다고 보았다. 그래서 그곳에 사람을 보내 도시 계획과 공공 관리 및 부패를 통제한 경험을 배울 수 있도록 준비시켰다.

동남아시아 화교들에게 호의를 보이다

귀국 후 덩샤오핑은 동남아시아를 순방할 수밖에 없도록 만든 난제들을 계속 해결해 나갔다. 그러나 이번 방문으로 인해 해외 화교에 대한 관심이 급증했다. 그들이 중국의 4개 현대화에 이바지할 수 있을 뿐 아니라 한 나라의 공민권을 가진 시민으로서 중국과 거주국 간의 관계 개선을 도울 수 있다는 것이 덩샤오핑의 생각이었다. 덩샤오핑과 그의 동료들은 해외 화교들이 어떻게 하면 중국 대륙에 자본을 제공할 수 있을 것인가에 대해 관심을 집중했으며, 특히 덩샤오핑은 해외의 발전에 관한 지식을 얻는 것이 더욱더 중요하다고 여겼다.

1950년대 중국 대륙에서는 해외 화교들과 친족 관계라는 이유로 토지나 생업을 잃고 심지어 목숨까지 잃은 이들이 많았다. 요행히 살아남은 자들도 문화대혁명 기간에 또다시 박해를 당했다. 일부 해외 화교들은 중국공산당이 대륙에 살고 있는 친척들을 잔인하게 학대한 것으로 인해 공산주의자들을 결코 용서할 수 없었다. 그러나 또 그처럼 가혹한 대우를 받은 적이 없는 이들은 기회가 있다면 자신의 고향에 기부금을 내겠다고 응답했으며, 자신의 이름을 딴 건축물이나 의료 기관을 설립하겠다는 이들도 있었다. 또한 중국에서 사업 기회를 찾으려는 이들도 있었다. 덩샤오핑의 동남아시아 순방을 며칠 앞둔 1978년

10월 어느 날 랴오청즈(廖承志)는 지난 상처를 치유하려는 고위층의 노력을 보여 주려는 듯, 과거 사인방의 '화교 정책'에 대한 대대적인 비판에 착수했다. 이러한 박해를 야기한 정책이 근본적으로 마오쩌둥과 관련이 있음을 인정하는 것은 아직까지는 시기상조였지만 랴오청즈는 기존의 잘못된 정책에 대한 비판으로 덩샤오핑을 비롯한 여러 영도자가 과거의 질곡에서 거리를 두고, 역사의 새로운 한 페이지를 열 수 있도록 했다.

덩샤오핑 역시 대륙에서 박해를 받은 화교의 친척들에게 배상을 해 주어야 한다는 데 찬성했다. 그 가운데 몇몇 해외로 이주한 이는 귀국하여 그들이 이전에 살다가 몰수당한 고향 집으로 다시 돌아갈 수 있었다. 이런 방식이 불가능한 경우, 실직하거나 재산을 잃은 많은 이는 때로 더 좋은 직장과 주택을 제공받고 자녀들에게 더 좋은 교육 기회를 부여받는 것 등으로 보상을 받을 수 있었다. 덩샤오핑은 화교들의 우려가 쉽게 사라지지 않을 것이라고 생각했다. 그래서 장기적인 안목으로 그가 실행한 화교 정책이 자신이 물러난 이후에도 계속 이어질 수 있도록 이를 처리했다. 덩샤오핑은 동남아시아 화교들과 좋은 관계를 유지함과 동시에 그들이 거주하는 국가의 정부와도 좋은 관계를 유지하기를 희망했다. 그렇기 때문에 동남아시아 화교들과 해당 국가 간에 충돌이 심각한 수준에 이르렀을 때, 예를 들어 말레이시아의 경우 중국은 화교들이 공정한 대우를 받도록 선뜻 나서기가 어려웠다. 그러나 베트남과의 관계가 악화되어 베트남 정부에서 수많은 화교를 수용소로 보내고 강제로 몰아내면서 거의 16만 명에 달하는 화교들이 박해를 피해 도피하자 중국 정부는 강력하게 항의했다.[69]

덩샤오핑의 동남아시아 순방은 동남아시아 화교들이 거주하고 있는 국가에 충성하기를 장려하려는 중국의 결심을 강화시켰다. 덩샤오핑은 순방 후 2년 동안 혁명 방송국에 대한 중국의 지원을 중지했다. 중국공산당은 중국 정부와 마찬가지로 동남아시아 여러 나라 정부 및 집권당과 지속적으로 협력할 것이라는 뜻이었다. 이런 변화는 중국공산당이 내정 방면에서 혁명당에서 집권당으로 변신하는 것과 궤를 같이하는 것이었다. 심지어 '해외 화교

(overseas Chinese)'라는 말도 더 이상 유행하지 않았다. 그 말 자체에 해외 화인(華人)들은 어쨌든 중국인이라는 함의가 포함되어 있기 때문이다. 대신 그들은 '화예(華裔, 화교 후예)'라는 말이 앞에 붙어, 화예 말레이시아인, 또는 화예 태국인, 화예 싱가포르인 등으로 불렸다.

덩샤오핑의 동남아시아 순방은 각국 정부와 관계 개선을 촉진시켰다. 1990년 인도네시아, 싱가포르와 수교할 때까지 중국은 이미 그 지역의 모든 나라와 정치, 경제, 문화 교류 면에서 크게 번창했다. 당시 동남아시아 모든 국가는 중국 대륙과 무역을 통해 경제적 이익을 얻을 수 있음을 알게 되면서, 중국 출신 자국민들이 중국과 자국 간의 상호 이익을 중개하는 잠재적인 중개자 역할을 할 수 있다는 점에서 그들을 긍정적으로 바라보기 시작했다.

문제 해결을 통한 개혁

베트남의 캄보디아 침략 결정에 대한 덩샤오핑의 반응은 덩샤오핑 시대에 일어났던 수많은 변화의 과정을 선명하게 보여 주고 있다. 실용주의자로서 덩샤오핑은 새로운 문제에 봉착했을 때 무엇보다 먼저 관련 사안을 이해하는 데 주력하고, 그다음 어떻게 할 것인가를 결정했다. 만약 그의 행동이 새로운 문제를 일으킬 경우 그는 차근차근 하나씩 처리했다. 소련과 베트남의 확장주의에 따른 위협을 보면서, 덩샤오핑은 중국의 군사적 대응을 준비시켰고, 이후 중국 군대의 능력에 심각한 문제가 있다는 것이 증명되자 군대의 전투력을 증강시키는 데 몰두했다.(베트남 전쟁은 18장 참조) 소련과 베트남의 위협에 어떻게 대처할 것인가를 고민하면서, 그는 동남아시아 이웃 나라의 협력이 절박하게 필요하다는 것을 인지하고, 여러 나라 순방을 기획했으며, 이를 통해 그들과 관계를 강화할 수 있었다. 그러나 이후에 그는 이러한 여러 나라와 협력을 강화하려면 현지 혁명가들에 대한 중국의 지지를 단계적으로 중단하고, 화교들이 거주국에 충성할 것을 격려하는 것이 필요하다는 것을 알게 되었다. 날로 증가하는 소련과 베트남의 위협에 대처하고 현대화 실현을 위한 지지를 얻기 위해, 덩샤오핑은 소련을 억제할 수 있는 능력을 지닌 대국, 미국과 일본과의 관계를 보다 심화시키고자 노력했다.

10

일본을 향한 개방 1978년

덩샤오핑이 1978년 10월 일본을 방문한 것은 소련과 베트남의 확장에 대항하기 위해 일본의 협력을 얻기 위함이었다. 그러나 그는 또한 미국을 제외하고 일본만큼 중국의 4개 현대화에 도움을 줄 수 있는 나라도 없다는 것을 잘 알고 있었다. 일본은 현대적인 기술과 효과적인 관리 체제를 갖추고 있고, 중국이 어떻게 해야만 발전을 가속화하고, 현대 공업을 확대하여 통제 위주의 경제를 더욱 개방적인 경제로 전환할 것인가에 대해 교훈을 줄 수 있으며, 중국과 가까운 곳에 자리하고 있다는 이점이 있었다. 아울러 일본인들 역시 기꺼이 중국에 원조할 마음이 있었다. 덩샤오핑은 중일 관계를 제대로 처리하려면, 우선 중국이 안정적이고, 책임을 질 수 있는 협력 상대가 될 수 있다는 것을 일본인들이 확신하도록 만들 필요가 있음을 알았다. 또한 그는 자국민들이 과거의 적과 협력하는 일에 대한 반발을 극복해야 한다는 것도 잘 알고 있었다.

덩샤오핑의 방일 기간 동안 수행한 중국의 영상 제작자가 찍은 화면을 보면 전후(戰後) 일본에 대한 중국의 시각 변화를 이해하는 데 도움이 된다. 그들이 제작한 영화는 현대 공장과 철로를 보여 주는 한편 평화로운 모습의 일본인들이 중국 손님을 환영하고, 기꺼이 중국에 도움을 줄 준비가 되어 있음을 분명하게 보여 주고 있다. 덩샤오핑은 이러한 화면이 줄곧 일본을 증오하도록 교육받은 중국의 일반 대중이 일본인을 손님과 고용주, 그리고 선생으로 받아들이는 데 도움을 줄 수 있다고 생각했다. 이처럼 일본에 대한 일반 대중의 인상을 바꾸는 일은 일본이 중국에 자금과 기술, 그리고 관리 기술을 제공하도록 설득하는 것보다 훨씬 도전적인 임무였다. 일본은 1894년부터 1895년까지 일어난 청일 전쟁으로 대만을 탈취하여 자신의 식민지로 만들었으며, 이후 중국의 적으로 간주되었다. 1978년 당시 마흔 살 이상의 중국인들은 항전(抗戰, 항일 전쟁)의 참혹한 경험을 여전히 상기하고 있었으며, 30년 동안 지속되어 온 학교와 직장의 확성기에서 울려 퍼지는 선전 방송으로 인해 모든 중국인은 전쟁 시절 일본군의 악행에 대해 너 나 할 것 없이 모두 알고 있었다. 일본인이 중국을 침략했을 당시의 온갖 만행에 대한 기록은 애국주의를 고취하는 가장 효과적인 선전 방법으로 활용되었다.

철저한 실용주의자로서 덩샤오핑은 개인적으로 국가의 이익을 위한 냉정한 판단과 이에 상응하는 행동을 취하는 데 전혀 어려움이 없었다. 젊은 시절 그는 일본과 제국주의자들을 격렬하게 비난했다. 그러나 요직에 오른 그는 국가 이익의 변화를 살피며 상황에 따라 대처했다. 자본가와 자본주의 국가는 지속적으로 자신의 이익을 추구한다는 점에 대해 그는 어떤 환상도 가지지 않았으며, 그들과 합작할 때에도 반드시 중국의 이익을 보호하고자 노력했다. 그러나 1978년 일본과 미국이 소련의 세력 확장에 놀라 중국이 소련으로부터 더 멀리 떨어지기를 희망했고, 이는 덩샤오핑에게 절호의 기회를 가져다주었다.

덩샤오핑의 입장에서 보면, 격정으로 충만한 중국의 애국자들에게 일본에서 배워야 한다고 설득하기 위해서는 정치적 용기와 결심이 필요했다. 미국의 닉슨 대통령은 이전의 적국인 공산주의 중국과 관계를 개선할 수 있는 나름의 정치적 토대를 확보하고 있었는데, 이는 그가 열렬한 반공주의자라는 사실을 이미 증명했기 때문이다. 마찬가지로 덩샤오핑은 자신이 직접 8년간의 항전에 참가한 군인으로서 견고한 정치적 토대를 지녔기 때문에 중일 관계 개선이라는 대담한 조치를 취할 수 있었던 것이다.

덩샤오핑은 방일에 앞서 일본과 한 가지 조약을 협상하여 자신의 방문을 위한 사전 포석에 들어갔다. 마오쩌둥과 다나카 가쿠에이(田中角榮) 총리는 1972년 양국 관계를 성급하게 정상화했지만, 이후로 큰 진전 없이 정체 상태에 있었다. 마오쩌둥과 다나카 가쿠에이는 영사관 건립이나 통상 및 민간 교류 촉진과 관련한 일련의 해결해야 할 법률 문제를 처리하지 않았다. 그래서 덩샤오핑은 방일 전에 먼저 이런 문제 해결에 착수할 필요가 있었다.

중일 평화 우호 조약

덩샤오핑이 1977년 여름 업무에 복귀했을 때 중일 관계를 뒷받침하기 위한 조약 협상이 몇 년 동안 지연되고 있었다. 주요 난제는 일본이 반패권주의 조항을 포함하자는 중국의 요구를 받아들이지 않는 것이었다. 그 조항은 양국이 지역 내 패권을 추구하지 않으며, 패권주의를 추구하는 어떤 국가도 반대한다는 내용에 대한 규정이다.¹ 일본을 소련으로부터 더 멀리 떼어 놓고자 하는 중국 측 협상 대표는 반패권주의 조항이 소련을 화나게 할 것이라는 점을 알고 있었다. 1976년 9월 소련 전투기 조종사가 자신의 전투기를 몰고 홋카이도(北海道)로 귀순한 사건이 있었다. 일본과 미국은 함께 전투기의 성능을 분석하고, 전투기 송환을 거절했다. 이로 인해 일본과 소련의 관계가 악화되기 시작했다. 그러나 자국 이외의 군사 행동 능력이 제한적인 무역 국가 일본은 가능한 한 어떤 나라든 적대감을 불러일으키는 일을 피하고자 노력했다. 특히 1973년 석유 파동 이후 석유 매장량이 풍부한 나라의 경우는 더욱 그러했다.

중국 측은 처음에 양국 정부의 평화 조약 타결을 제시했는데, 일본 측은 이미 1952년 중국 정부를 대표하는 장제스와 중일 화약(中日和約)에 서명한 바 있다고 대답했다. 그래서 중국은 다시 일본이 다른 나라들과 맺은 것처럼 양국이 평화 우호 조약을 체결하자고 건의했다. 그러나 1977년까지 이러한 접근 방식은 문제 해결에 도움이 되지 않았다. 다나카 가쿠에이의 뒤를 이은 미키 다케오(三木武夫) 총리와 1976년 12월 미키 다케오 다음으로 자리에 오른 후쿠다 다케오(福田赳夫) 총리의 노력에도 불구하고 일본의 우익 민족주의자들은 이미 단호한 태도를 취하던 중국과 타협을 거절했다. 국내외 업무를 막론하고 느려 터진 민주적인 의사 결정 과정에 언짢아하는 덩샤오핑은 보다 신속하게 문제를 해결하고 싶었다. 그러나 그는 일본 국내의 정치적 어려움에도 불구하고 일본과 함께 일할 수 있기를 원했다.

교착 상태가 지속되는 와중에 덩샤오핑은 1977년 9월과 10월에 방중(訪中)한 비교적 중국에 호의적인 니카이도 스스무(二階堂進)와 고노 요헤이(河野洋平)를 포함한 일본 정계 지도자들을 만나 조약 성사 가능성에 대해 탐색했다.[2] 다른 한편, 일본의 다양한 경제 단체나 지방에 있는 지역 협회들의 중국 방문이 빈번해지자 그들을 통해 보다 탄력적으로 조약 성사를 위한 로비에 박차를 가했다.[3] 재정 대신을 역임한 후쿠다 다케오는 총명한 대장성(大藏省) 출신 관료로 동남아시아 이웃 나라에 대한 원조 제공을 내용으로 한 '후쿠다 정책'으로 여러 아시아 지도자들의 찬사를 받은 바 있다. 그는 1977년 11월 28일 내각을 조직하면서 중국의 '오랜 친구(老朋友)'로서 중국과 조약 체결을 하기에 가장 적합한 관료인 소노다 스나오(園田直)를 외무 장관에 임명했다.[4] 후쿠다 다케오는 소노다 스나오에게 중국의 외교부장 황화와 담판하여 빠른 시일 안에 조약 체결에 걸림돌이 되는 사안을 해결하라고 격려했다.[5]

1977년 말부터 1978년 7월 중순까지, 중일 쌍방은 거의 끊임없이 여러 차례 조약의 세부 조항에 관해 협의했지만 여전히 반패권주의 조항이 주요 난제였다. 1978년 3월 일본이 일부 어휘를 바꾸어 문장을 수정하는 방식을 수용할 뜻을 비치면서 협상에 진전의 조짐이 보이기 시작했다.[6] 일본 측은 좀 더 완곡한 어휘를 집어넣어 제3자를 구체적으로 지목하지만 않는다면 소련도 용인할 수 있을 것이라고 생각했다.

1978년 7월 21일 덩샤오핑의 지도하에 정식 협상이 닻을 올려 이후 전체 열네 차례나 계속된 협상의 첫 번째 회의가 개최되었다. 계속된 협상을 통해 쌍방은 약간 수정된 조약 초안을 주고받았다. 8월 초 베이징의 일본 측 협상 대표자들은 중국 측이 보다 완화된 어조의 내용으로 양보할 것이라는 확신이 들었다. 그리하여 소노다 스나오 외무 장관이 직접 중국에 와서 협상에 참가했다. 일본 외무성 조약국 부국장으로 현장에 있었던 도고 가즈히코(東郷和彦)는 나중에 당시를 회고하면서, 덩샤오핑이 이미 '정치적 결정'을 하여 황화 외교부장이 일본 측의 자구(字句) 수정안을 수용했을 때, "너무 기뻐서 탁자 아래로 내 상급자의 손을 꽉 잡고 흔들었다."고 말했다. 반패권주의 조항에서 보다 완화된 어조로 수정된 내용은 다음과 같다. "본 조약은 체약 당사국의 제3국과의 관계에 관한 입장에 영향을 끼치지 않는다."[7] 조약은 8월 12일 베이징에서 황화와 소노다 스나오가 서명했다.[8]

8개월 동안 협상이 진행되는 상황에서 덩샤오핑은 왜 갑자기 외교적 정체(停滯)를 돌파하기로 결정하고, 일본이 보다 완화된 내용을 조약에 집어넣는 것에 동의했을까? 일면 덩샤오핑이 현대화를 서두르고 있었기 때문이지만 베트남과 충돌이 예상되는 상황에서 협상의 가속화가 무엇보다 절박했기 때문이다. 정식 협상에 들어가기 2주 전인 7월 3일, 중국 정부는 베트남에서 중국 고문단 전부를 철수한다고 선언했다. 당시 덩샤오핑은 베트남이 캄보디아를 침공할 가능성이 농후하다고 보았으며 만약 그런 일이 발생한다면 중국은 어쩔 수 없이 대응해야 할 것이라고 생각했다. 소련의 개입을 막기 위해 덩샤오핑은 가능한 빨리 중요한 두 대국, 미국과 일본과의 관계 강화를 원했다. 예상대로 소련은 그 조약으로 일본에게 불쾌감을 감추지 않았지만 완화된 어조로 인해 그들도 참고 넘어갔다.[9]

평화 우호 조약은 중국 최고 영도자가 직접 일본으로 가서 협정 조인식에 참석할 필요가 없었다. 하지만 다나카 가쿠에이가 1972년 중국을 방문했기 때문에 중국 최고위층 영도자가 답방하는 것이 당연했다. 그러나 6년 동안 중국 최고위층 가운데 어느 누구도 일본을 방문한 적이 없었다. 덩샤오핑은 아주 확실하게 섬나라 일본을 방문할 채비를 갖추기 시작했다.

덩샤오핑의 성공적인 일본 방문:
1978년 10월 19~29일

제2차 세계 대전이 끝난 후 60년 동안 일본을 방문한 세 명의 외국 지도자들은 일본 국민들이 근본적으로 상대국을 바라보던 방식을 바꿔 버릴 정도로 강한 인상을 남겼다. 1960년대 초 존 F. 케네디(John F. Kennedy)의 동생인 로버트 케네디(Robert Kennedy)가 일본 학생 및 일반 시민들과 나누었던 솔직하고 생생한 공개 대화는 일본인들이 외국 지도자들에게서 일찍이 경험해 보지 못한 일이었다. 바비 케네디(Bobby Kennedy, 로버트 케네디의 애칭)의 활력, 그의 신선하고 젊은 이상주의 정신, 전 세계 인도주의 사업에 이바지하려는 진실한 희망, 그리고 다른 이들의 관점에 대한 확실한 존중 등은 가장 바람직한 민주주의 의미에 대한 일본인의 이해를 심화시켰으며, 미국인에 대한 호감을 더해 주었다.[10]

30년 후인 1998년, 또 한 명의 외국 수뇌, 한국의 김대중 대통령이 일본을 방문하여 1973년 자신의 생명을 구해 준 일본인들에게 사의를 표했을 때도 일본인들도 마찬가지로 잊지 못할 인상을 받았다. 한국 중앙정보부가 그를 납치하여 작은 배에 태워 바다에 빠뜨려 죽이려고 했으나, 용감한 구조대에 의해 가까스로 구출되었다. 김대중은 일본에 대한 한국인의 깊은 적대감을 극복하고자 노력하면서 진실한 마음으로 일본어로 행한 연설에서, 한일 양국이 지난 과거를 돌아보지 말고 앞만 바라보면서 평화와 우호의 미래를 향해 나아가야 한다고 말했다. 그의 연설은 일본 청중을 크게 감동시켰다. 수개월 후 한국과 일본의 여론 조사에 따르면, 양국 국민 모두 상대국에 대해 더욱 긍정적인 태도를 지니게 된 것으로 나타났다.

두 차례 인심을 열광시킨 외국 지도자의 방문 사이인 1978년 일본을 방문한 덩샤오핑 역시 그들과 똑같이 일본 국민들에게 드라마 같은 인상을 남겼다. 중국은 이웃하고 있는 섬나라와 2200년이란 오랜 세월 동안 교류했는데, 그 역사에서 덩샤오핑은 일본 국토를 밟은 첫 번째 중국 영도자이자 최초로 일본 천황을 방문한 사람이었다.[1] 덩샤오핑은 비록 20세기에 불행했던 과거가 있기는 하지만 양국은 2000년 동안 우호적인 관계를 유지했다고 하면서, 자신은 앞을 바라보며 양국이 우호적으로 왕래하는 미래를 향해 나아가기를 바란다고 말했다. 그의 발언은 일본의 중국 침략이 중국인들에게 얼마나 커다란 재앙이었는지 알고, 매우 미안한 심정을 표현하면서 우정의 손을 내밀고 있는 일본인들에게 큰 감동으로 다가왔다. 덩샤오핑은 화해의 정신을 가지고 왔으며, 또한 두 나라의 국민들이 평화롭고 우호적인 새로운 시대를 함께 살아갈 수 있다는 희망을 선사했다. 많은 이가 제2차 세계 대전이 끝난 지 30년 만에 마침내 아픔을 치유하는 시간이 도래했음을 느끼고 있었다.

방일 기간 동안 많은 일본인이 과거 일본이 중국인에게 저지른 만행에 대해 미안한 마음을 전했고, 일본 정계 요인 역시 다시는 그런 비극적인 일이 일어나지 않을 것이라고 굳게 맹세했다. 덩샤오핑은 그들의 사과를 받아들였으며, 자신들이 저지른 만행에 대해 보다 상세하게 설명하기를 요구하지 않았다. 다양한 분야의 일본인들에게 중국의 현대화 실현을 돕는 일은 일본인이 과거에 저지른 행위에 대한 참회 표시이기도 하고, 중국의 번영에 공헌하는 길이기도 했다. 또한 그러한 도움 자체가 양국이 평화롭게 살아갈 수 있는 기회를 넓히는 일이었다.

덩샤오핑이 일본을 방문했을 당시 거의 모든 일본 가정에 텔레비전이 보급되어 있었기 때문에 일본 국민들은 자신들의 지도급 인사들이 국가를 대신하여 덩샤오핑에게 사과하는 것을 지켜보면서 깊이 공감했다. 중국은 아직 텔레비전이 두루 보급되지 않았지만 덩샤오핑이 일본 공장을 방문할 때 찍은 영화와 사진을 통해 일본인들이 덩샤오핑을 환대하는 모습을 볼 수 있었으며, 아울러 새로운 기술을 보면서 중국이 얼마나 낙후되었는지를 실감할 수 있었다.

덩샤오핑은 1974년과 1975년 외국 고위층 인사들을 접대하는 업무를 맡은 적이 있었다. 당시 그가 만난 일본 손님들은 다른 어떤 나라보다 많았다. 일본 대표단과 개인적 교류를 통해 그는 각계각층의 일본인들이 중국 문화에 호감을 가지고 있다는 사실을 알게 되었다. 일본 측 주최자들은 덩샤오핑에게 불교나 문자, 예술, 건축 등 일본 문화의 원류가 바로 중국이라고 말하면서 거듭 감사의 뜻을 전했다. 이는 전통 일본의 중심지라고 할 수 있는 나라(奈良)나 교토(京都)에서 특히 더했다. 일본에 열흘간 머물면서 덩샤오핑은 다양한 분야에 종사하는 인사들을 만났다. 그중에는 정부 책임자나 집권당과 야당의 지도자들, 그리고 대기업 대표들도 있었고, 각기 다른 집단의 일반 시민들이나 신문 방송 관계자들도 있었다. 그는 많은 이에게서 환대를 받았는데, 그들은 모두 1973년에서 1975년까지, 그리고 1977년부터 1978년까지 베이징에서 만났던 이들이었다. 덩샤오핑은 그들에게 일일이 안부를 묻고, 중국인들이 흔히 친한 친구를 부를 때 쓰는 말인 '라오펑유(老朋友)'라는 호칭으로 그들을 불렀다.

1978년 10월 19일 덩샤오핑이 일본에 도착했을 당시만 해도 그는 아직까지 중국의 최고 통치자가 아니었지만 중국을 대표하는 인물로 대접받았다.[12] 덩샤오핑의 일본 방문 일정은 빡빡했다. 엄격한 규율을 확신하는 전직 군사령관으로서 그는 주최 측에서 그의 방문에 맞추어 마치 일본 공장의 품질 관리 기술자처럼 세세한 부분까지 주도면밀하게 공들여 준비한 일정에 깊은 인상을 받지 않을 수 없었다.

10월 23일 오전 후쿠다 다케오와 400명의 일본인들이 아카사카(赤坂) 영빈관에서 덩샤오핑의 방문을 공식적으로 환영하는 한편 중일 평화 우호 조약 비준서를 교환하는 의식을 거행했다. 주요 국가의 주일 대사 스물여덟 명이 의식에 함께 참석했으나 중국 측의 요청에 따라 소련 대사는 초청받지 못했다.[13]

의식이 끝난 후 덩샤오핑은 후쿠다 다케오와 대담을 나누기 전에 슝마오(熊猫) 담배 한 갑을 꺼내 주위 사람들에게 한 개비씩 나누어 주며 분위기를 띄웠다. 덩샤오핑이 말문을 열었다. "몇 년 동안 나는 도쿄를 방문하고 싶었는데, 마침내 실현되었군요. 후쿠다 총리와 친교를 맺게 되어 정말 기쁩니다." 이에 후쿠다 다케오가 호응했다. "근 1세기에 걸친 일중 관계의 비정상적인 상태가 마침내 종결되었습니다. 조약의 목적은 일중 양국의 영원한 우호 관계를 세우기 위함입니다. 이는 덩샤오핑 부총리가 내리신 결단의 결과입니다." 후쿠다 다케오는 자신이 전쟁 이전의 중국만 알고 있기 때문에 차후 언젠가 다시 한번 중국을 방문하길 희망한다고 말했다. 덩샤오핑은 그 즉시 "지금 나는 중국 정부를 대표하여 총리께서 편한 시간에 중국을 방문해 주실 것을 요청합니다."[14]라고 대답했다. 일본 측 주최자인 후쿠다 다케오 역시 그 자리에서 요청을 받아들이며, "반드시 중국을 방문하겠습니다."라고 대답했다. 그런 다음 후쿠다 다케오가 양국 관계를 더욱 강화해야 한다고 말하자, 덩샤오핑이 웃으며 말했다. "일본이 이처럼 가난한 사람(窮人, 중국을 지칭)과 친구가 되려고 하니 참으로 대단하군요!"[15]

소노다 스나오와 황화가 정식 문건에 서명하고 서로 교환한 후 덩샤오핑은 뜻밖에 후쿠다 다케오를 뜨겁게 포옹했다. 잠시 어찌할 바를 모르던 후쿠다 다케오는 곧 평정심을 되찾고는, 이를 선의의 표현으로 이해했다.(덩샤오핑은 평소 다른 나라 공산당 동지들에게도 이런 행동을 하곤 했다.) 덩샤오핑은 "(평화 조약이) 양국의 정치, 경제, 문화, 그리고 과학 기술 방면의 교류를 촉진시킬 것이고 …… 장차 아시아와 태평양 지역의 평화와 안전에 긍정적인 영향을 끼칠 것입니다. …… 중일 두 나라의 국민을 위해 세세대대로 우호적인 관계를 지켜 나가야 할 것입니다."[16]라고 말했다.

덩샤오핑은 황궁에서 두 시간 정도 천황과 오찬을 함께했다. 천황이 손님과 사사롭게 담화를 나눌 수 있도록 하기 위해 일본 측은 담화 내용을 기록하지 않았다. 덩샤오핑이 나중에 한 말에 따르면, 당시 두 사람의 대화 분위기는 매우 좋았다. 당시 현장에 있었던 황화 외교부장의 말에 따르면, 덩샤오핑은 "과거의 일은 지나가게 놔두고 우리는 적극적으로 미래를 보면서 여러 방면에서 우리 두 나라의 평화와 우호 관계를 건립하고 발전시켜 나가야 할 것입니다."라고 말했다. 황화는 천황이 "불행한 일"이라는 표현을 썼다고 하면서, 이는 "전쟁으로 인한 손해에 대한 간접적인 사과에 해당한다."라고 말했다. 천황과 덩샤오핑은 모두 두 나라가 영원히 유지될 수 있는 평화롭고 우호적인 관계를 향유할 수 있을 것이라는 점에 동감을 표시했다.[17]

그날 오후 덩샤오핑은 후쿠다 다케오와 90분 동안 회담했으며, 이후 후쿠다 다케오는 덩샤오핑을 위해 만찬을 준비했다. 만찬에는 대략 100여 명의 일본 정계, 경제계, 학계 주요 인사들이 참가했으며, 그중에는 자민당 총재인 오히라 마사요시(大平正芳)와 전 외상 후지야마 아이이치로(藤山愛一郎), 그리고 정계의 떠오르는 별이자 이후 총리에 오르게 되는 나카소네 야스히로 등이 있었다. 후쿠다 다케오는 만찬사에서 일중 양국의 2000년에 걸친 밀접한 교류 관계를 회고한 다음 "본 세기에 들어와 불행한 관계로 인한 고통을 겪어야만 했습니다."라고 하면서 원고에 없던 내용을 덧붙여 "이는 참으로 유감스러운 일입니다."라고 말했다. 중국 측은 이를 사과로 받아들였다. 후쿠다 다케오는 계속해서 이렇게 말했다. "이런 일은 절대로 반복되어서는 안 됩니다. 이번 일중 평화 우호 조약은 바로 이러한 의미를 담아 서로 맹세하기 위함입니다."[18] 이에 덩샤오핑은 다음과 같이 말했다. "우리 양국 간에 비록 한때 불행한 과거사가 있었습니다만 중국과 일본이 2000여 년 동안 우호적으로 교류한 역사에서 이는 짧은 한순간에 불과합니다."[19]

덩샤오핑은 주최자 측에 자신이 일본에 온 목적은 다음 세 가지라고 말했다. 첫째, 평화 우호 조약 비준서 교환. 둘째, 수십 년 동안 중일 관계를 개선하기 위해 애쓴 일본 친구들에게 중국 측의 감사 표현. 셋째, 서복(徐福)처럼 '선초(仙草)'를 찾고자 함. 그의 마지막 말을 듣자 일본인들이 웃기 시작했다. 그들에게 서복에 대한 이야기는 이미 익숙한 것이기 때문이었다. 전설에 따르면, 2200여 년 전 진시황이 장생불로의 선초를 찾기 위해 서복을 부상(扶桑, 지금의 일본)으로 파견한 적이 있었다. 덩샤오핑은 자신이 말한 '선초'란 어떻게 현대화를 시킬 것인가에 대한 비밀이라고 말했다. 그리고 자신은 현대적인 기술과 관리를 배우고자 한다고 말했다. 일본 국회 중의원 의장인 호리 시게루(保利茂)가 그의 말을 뒤이어 가벼운 농담으로, 가장 좋은 선초는 바로 좋은 중일 관계라고 말했다.[20] 이후 덩샤오핑이 교토의 옛 황궁을 방문했을 때, 안내자가 그에게 "이곳의 문화는 모두 우리 조상들이 중국에서 배워 온 후 독특한 방식으로 육성한 것입니다."라고 말했다. 덩샤오핑이 이에 이렇게 응답했다. "지금은 위치(사생(師生) 관계의 위치)가 뒤바뀌었군요."[21]

덩샤오핑은 국내에서 자신의 권위에 대해 자신감이 있고, 그가 만난 많은 일본인과 익숙했기 때문에 아주 편하게 자신의 자연스러운 매력과 진솔함을 드러낼 수 있었다. 덩샤오핑은 군중이 그를 보기 위해 몰려들 때 자신이 그들의 마음을 움직일 수 있음을 알고 마치 스스로 청중을 압도할 수 있다는 것을 알고 있는 정치가처럼 격정적으로 응했다.

일본에서 덩샤오핑의 안내를 주로 맡은 이는 랴오청즈였다. 덩샤오핑은 베이징에서 자신보다 네 살 어린 그와 특히 일본과 홍콩, 그리고 화교 업무에 관해 수년 동안 긴밀하게 협력한 적이 있었다. 랴오청즈는 일본에서 태어나 소학교를 다녔고, 이후 와세다대학에서 공부했으며 베이징으로 돌아와 많은 일본 손님을 접대한 적이 있었기 때문에 특히 일본인들에게 인기가 있었다. 랴오청즈의 부친인 랴오중카이(廖仲愷)는 1925년 정적에게 암살을 당할 때까지 쑨중산의 뒤를 잇는 주요 후계자 가운데 한 사람이었다. 랴오청즈는 덩샤오핑과 마찬가지로 대장정에 참가했고, 1945년 중앙위원회 후보위원이 되었다. 일본에 관한 직관적인 이해와 친밀한 개인적 관계를 가지고 있으며, 중국에서 높은 정치적 지위를 지닌 인물로 랴오청즈와 비길 수 있는 정치 영도자는 이전에도 없었고 아마 앞으로도 없을 것이다. 그는 덩샤오핑의 일본 방문에 가장 이상적인 동반자였다.

일본의 현대화된 공장을 참관하면서 덩샤오핑은 좋은 기술에는 효과적인 관리가 필요하며, 탁월한 관리는 또한 전체 국가 제도와 관련이 있다는 것을 깨달았다. 그는 제2차 세계 대전 시기 정부의 지시에 따르는 봉쇄 경제에서 어떻게 일본이 더욱 개방적이고 활력이 넘치는 경제로 전환할 수 있었는가에 관한 일본의 경험을 학습하는 것에 흥미가 있었다. 그는 일본 정부가 일본의 현대화에 핵심적인 역할을 하면서도 사회주의 경제의 경직성을 피했다는 사실을 알고 있었다. 그렇다면 그들은 어떻게 그런 일을 할 수 있었는가? 덩샤오핑은 공장과 대중교통, 그리고 건설 사업 부문에서 직접 목격한 현대 기술에 깊이 매료되었다. 그는 현대적인 기술과 관리 방식을 중국에 도입할 수 있는 방법을 찾고자 했다. 일본의 사업가, 특히 일본이 중국을 침략했을 때 중국에 거주했던 사업가들이 기꺼이 중국에 아낌없는 도움을 줄 준비가 되어 있었다.

덩샤오핑은 전 총리인 다나카 가쿠에이와 참의원 의장 호리 시게루, 그리고 자민당의 거물인 오히라 마사요시 등을 예방한 다음 국회에서 마련한 리셉션에 참석했다. 당시 다나카 가쿠에이는 록히드 추문 사건으로 인해 연금 상태에 있었으며, 많은 일본인이 그를 기피하고 있었다. 그럼에도 불구하고 덩샤오핑은 자신이 직접 요청하여 다나카 가쿠에이의 사저를 방문했다. 덩샤오핑은 다나카 가쿠에이를 만나 자신이 일본에 온 목적 가운데 하나가 바로 중일 관계를 발전시키기 위해 개인적인 노력을 마다하지 않은 오랜 친구들에게 감사의 뜻을 전하기 위함이라고 말했다. 다나카 가쿠에이를 만난 덩샤오핑은 그가 양국의 우의를 위해 공헌한 것에 대해 감사를 표하고 특히 그가 '중일 공동 성명'에 서명한 것에 대해서도 사의를 전했다.[22] 덩샤오핑은 다나카 가쿠에이가 중국을 방문했을 당시 자신은 '세상 밖 도화원(世外桃園, 잠시로 하방되었던 시절을 말한다.)'에 있었지만, "우리는 다나카 전 총리가 양국 관계에 공헌한 것을 잊을 수 없다."라고 말했다. 그런 다음 덩샤오핑은 정식으로 다나카 가쿠에이에게 공식적인 정부 초청 인사 자격으로 중국을 방문해 줄 것을 요청했다. 며칠 후 다나카 가쿠에이는 기자들에게 중일 평화 우호 조약이 가져올 양국의 단결은 메이지 유신 이래 가장 큰 경사라고 말했다. 아울러 자신이 만난 외국 영도자 가운데 중국 저우언라이 총리가 가장 인상적이었는데, "오늘 덩 부총리를 만나 보니, 내가 이전에 저우언라이 총리와 회견했을 때와 같은 느낌을 받았다."[23]라고 말했다.

1950년대와 1960년대 중일 관계를 유지하는 데 큰 역할을 했던 일본인들은 1978년 당시 이미 대부분 작고하고 없었다. 10월 24일 오후 덩샤오핑과 그의 부인 쥐린은 아직 살아 있는 몇몇 사람과 이미 작고한 이들의 유족들, 특히 힘든 시기에 중국과 관계를 유지했던 정치가들의 미망인과 자녀들을 아카사카 영빈관으로 초대했다. 덩샤오핑은 그들에게 자신이 직접 개인적으로 그들 각자를 방문할 시간적 여유가 없음에 대해 사과하면서, 저우언라이(1917년부터 1919년까지 일본에서 살았다.)처럼 자신 역시 "물을 마시면서 우물을 판 사람을 잊을 수 없다."라고 말했다. 그는 계속해서 중일 관계가 정상화하기 이전에도 그들은 어느 날 틀림없이 양국의 정상적인 관계가 이루어질 것을 믿었다고 하면서, 비록 그들이 오늘의 기쁨을 함께 나눌 수는 없지만 그들의 노력은 결코 잊을 수 없을 것이며, 그들의 이름은 양국 우호 관계사에 영원히 기록되어 두 나라가 계속 전진할 수 있도록 격려할 것이라고 말했다.[24] 덩샤오핑은 또한 그들과 그들의 미망인, 자녀들은 모두 중국의 친구로서 중국 인민이 "중국과 일본 두 나라의 인민들이 우호 관계를 세세대대로 이어 갈 수 있다는 확신"을 갖게 할 것이라고 말했다. 이렇게 말한 후 덩샤오핑은 그들에게 언제라도 중국을 방문해 달라고 요청했다.[25] 그의 연설을 들은 이들은 모두 감동하여 눈물을 흘렸다.

그날 오후 덩샤오핑은 닛산자동차 회장 가와마타 가쓰지(川又克二)의 안내로 얼마 전 생산 라인에 로봇을 도입한 가나가와(神奈川) 소재 자마 공장을 한 시간 정도 참관했다. 그곳은 얼마 전 생산 라인에 로봇을 도입하여 전 세계에서 자동화 공정이 가장 잘 이루어진 자동차 공장으로 명성을 날리고 있었다. 생산 라인을 참관하면서 노동자 한 명이 1년에 평균 아흔네 대의 자동차를 생산하고 있다는 설명을 들은 덩샤오핑은 중국에서 가장 유명한 창춘(長春)자동차 공장에서 아흔세 대를 생산하는 것과 비교할 만하다고 말했다. 그는 닛산자동차 공장 참관이 끝난 후 "무엇이 현대화인지 알겠다."라고 말했다.[26]

다음 날 덩샤오핑은 후쿠다 다케오와 다시 만나 일본 공상업계를 대표하는 경제단체연합회(약칭 경단련)가 주최하는 오찬에 참석하고, 이어서 기자 회견을 열었으며, 저녁에는 중국계 일본인들과 만나 만찬을 주최했다. 경제단체연합회가 주최한 오찬에는 대략 320여 명의 최고 경영자들이 참가하여 영국 엘리자베스 여왕 방문 때 모인 300명의 기록을 넘어섰다.[27]

중국에서 기자 회견을 한 적이 없기 때문에 그는 그날 처음으로 서구식 기자 회견을 개최한 중공 영도자가 된 셈이다. 기자 회견을 위해 일본 프레스 센터에 몰려든 기자들은 대략 400여 명이었다. 기자 회견에서 덩샤오핑은 우선 일부 국가들이 도모하고 있는 패권주의의 위험성과 패권주의에 대항하는 중일 양국의 중요성에 대해 언급했다. 그러나 그 역시 일본이 강력한 중립주의적인 정서를 지니고 있음을 감지하고 있었기 때문에 중국은 평화적인 방법으로 국제적인 사안을 해결하고자 하며, 실제로 현대화를 시키기 위해 무엇보다 평화로운 환경이 필요하다고 역설했다. 그의 발언이 끝나고 기자들의 질문이 이어졌다. 한 기자가 댜오위다오(釣魚島, 일본명 센카쿠 열도) 귀속 문제를 질문하자 순간 기자들 사이에 긴장감이 감돌았다. 그러나 덩샤오핑은 담담하게 중일 양국이 보는 관점이 다르며, 댜오위다오에 대한 호칭도 다르다고 하면서, 일단 이 문제를 후대 사람들에게 넘기는 것이 좋겠다고 말했다. 아울러 그들은 지금의 우리들보다 훨씬 총명하여 능히 이 문제를 해결할 수 있을 것이라고 말했다. 장내에 있는 이들은 크게 안도하며 덩샤오핑의 현명한 답변에 찬탄을 금치 못했다. 마지막으로 마오쩌둥이 문화 대혁명 시절에 국가에 끼친 재앙에 대해 대답하면서, 그는 이렇게 말했다. "이는 마오쩌둥 주석 개인의 잘못이 아니라 우리 모두의 잘못입니다. 우리들은 경험이 부족하고, 판단력이 부족했기 때문에 우리 모두 착오를 저질렀던 것이지요." 그리고 이렇게 덧붙였다. "우리는 매우 가난하고 낙후했습니다. 반드시 이를 인정해야 합니다. 지금 우리는 해야 할 일이 아주 많고, 가야 할 길이 멀며, 배워야 할 것도 많습니다."[28]

4개 현대화 문제에 대해 답하면서 그는 중국은 이미 목표를 정했으며, 20세기 말까지 4개 현대화 건설에 돌파구를 마련할 것이라고 단언했다. 그리고 이러한 목표를 달성하기 위해 중국은 보다 나은 정치 환경과 정확한 정책이 필요하다고 하면서, "못생겼는데도 미인처럼 치장하려고 애쓰는 것은 아무짝에도 쓸모없는 일"이라고 말하면서, 중국은 "반드시 자신의 결점을 인정해야 합니다. 우리는 낙후한 국가이고 일본을 배워야 합니다."라고 확언했다. 일본 방문 소감을 묻는 질문에 그는 천황과 일본 상공업계, 그리고 각계 인사들의 우호 어린 환대를 받은 것에 감사한다고 말했다. 아울러 자신과 후쿠다 다케오가 훌륭한 회담을 진행했다고 하면서 이후 양국 영도자들이 매년 만나게 될 것이라고 말했다. 또한 그는 비록 방문 기간이 짧기는 했지만 양국 인민들이 세세대대로 우호적 관계를 유지하기를 바란다고 했다. 그의 발언이 모두 끝나자 장내에는 우레와 같은 박수 소리가 몇 분간 지속되었다.[29]

공산당 영도자로서 처음 개최한 기자 회견을 어떻게 이처럼 성공적으로 끝낼 수 있었을까? 물론 국내에서 각기 다른 이들에게 정책을 설명했던 오랜 경험이 이번 성공의 한 이유일지도 모른다. 그러나 보다 근본적인 성공 이유는 그가 일본의 국내 사정과 견해에 대한 충분한 이해와 중국의 정책에 관해 언급하면서 보여 준 자신감, 중국의 문제를 인정하는 솔직함, 일본에 대한 분명한 호의, 그리고 여유롭고 다채로운 언사에 기인한다. 이외에 기자 회견에 참석했던 이들이 누구나 생각하듯이 덩샤오핑의 일본 방문은 하나의 역사적인 순간이었다. 일본은 덩샤오핑의 방문을 통해 그들이 자행한 과거의 부당한 비극에 대해 사과하고, 중국의 현대화에 도움이 되기를 맹세했다. 그리고 일본인들은 그의 방문을 통해 양국의 평화와 우호 관계의 신기원을 열고자 했다.[30]

다음 날 신일본제철 사장이자 일중경제협회 회장인 이나야마 요시히로(稻山嘉寬)의 안내로 덩샤오핑은 공기 부양선(hovercraft)*을 타고 도쿄 만을 가로질러 신일본제철의 기미쓰(君津) 제철소를 방문했다.

기미쓰 제철소는 자동화된 강철 공장으로, 이곳에서 생산하는 철강 총량이 당시 중국 전체 철강 총생산량의 절반에 달할 정도로 대규모였다. 덩샤오핑은 공장 설비 견학이 끝난 후 즉각 중국에도 기미쓰와 같은 제철소를 건설하기를 희망한다고 말했다. 사실 덩샤오핑이 복귀하기 전에 이미 기미쓰를 모델로 삼은 바오산(寶山) 제철소가 형체를 갖추기 시작했다.

덩샤오핑은 신칸센(新幹線) '총알 열차'를 타고 도쿄에서 교토로 간 후 인근의 나라와 오사카를 방문했다. 간사이(關西) 지방의 한 호텔에서 축제 분위기에 들뜬 홀을 지나다가 우연히 흰 드레스를 입은 아름다운 여성을 흘깃 보고는 그곳에 무슨 일이 있느냐고 물었다. 결혼식이 한창이라는 말을 들은 그는 혹시 참관할 수 있느냐고 물었다. 자신들의 결혼식이 국제적인 뉴스거리가 될 것이라는 생각에 흥분한 그들은 흔쾌히 자리를 마련하고 덩샤오핑과 함께 사

---

* 아래로 분출하는 압축 공기를 이용하여 수면이나 지면 바로 위를 날아가는 일종의 부양선으로, 당시 중국에서는 들어 본 적도 없었다.

진을 찍었다. 주위 사람들은 흥미롭다는 듯이 바라보았다.

덩샤오핑은 800년 역사를 지닌 고도로 도시 계획과 예술 및 건축 등이 당나라 옛 장안을 모방했다는 교토를 유람했다. 그는 그곳에서 교토 부지사(府知事)와 교토 시장, 그리고 현지 상공업계 지도자들을 만났다. 그다음 열차를 타고 교토보다 훨신 이른 시기에 중국 양식으로 건설된 도시 나라로 이동했다. 덩샤오핑은 남송 시대 사찰 풍격에 따라 만들어진 도다이 사(東大寺)를 둘러본 다음 나라 시 관리들과 함께 오찬을 나누었다.

고도 나라를 떠난 덩샤오핑은 다시 오사카(파나소닉과 내쇼날 상표의 전기 제품을 생산하는 곳이기도 하다.)에 있는 마쓰시타(松下) 전기 회사를 방문하여 그곳에서 마쓰시타 고노스케(松下幸之助)를 만났다. 1920년대에 자전거 헤드라이트를 만드는 노동자로 시작한 마쓰시타는 당시 이미 전 세계 전기 산업을 선도하는 대기업가로 성장해 있었다. 다른 일본 기업 총수들과 마찬가지로 그역시 일본이 중국에 끼친 거대한 재난에 대해 깊이 가책을 느끼고 있으며, 당시 비싼 텔레비전을 살 수 없는 중국 가정에서 보다 싼값에 품질 좋은 텔레비전을 사서 볼 수 있도록 하여 중국인들의 생활 수준 개선에 도움을 줄 수 있기를 바란다는 의사를 표했다.[31]

덩샤오핑은 마쓰시타 공장에서 대규모로 생산되고 있는 컬러텔레비전뿐 아니라 아직까지 중국에 들어오지 않은 팩스 기기와 전자레인지 등도 구경했다. 덩샤오핑은 마쓰시타 고노스케의 명성을 익히 들어 알고 있던 터라 그를 '관리의 신'이라고 부르면서 최신 기술을 중국인들에게 가르쳐 달라고 요청했다. 그러나 마쓰시타 고노스케는 자신이 운영하는 것과 같은 개인 기업은 개발한 기술로 먹고살기 때문에 첨단 기술의 비밀을 알려 주기를 꺼려 한다고 대답했다. 이는 덩샤오핑의 조언자들이 한 번도 제기한 적이 없는 말이었다. 그렇지만 이후 중국에 마쓰시타 공장이 들어서면서 중국인들에게 기술을 전수해 주었으며, 불과 10년 내에 중국인들이 구입할 수 있는 텔레비전을 생산하겠다는 마쓰시타 고노스케의 꿈을 실현시켰다.[32]

그날 저녁 덩샤오핑은 오사카 정부 관리들과 만찬을 나누었다. 그 자리에 이미 작고한 다카사키 다쓰노스케(高碕達之助)의 딸이 참석했다. 덩샤오핑은 그녀에게 그녀의 부친이 행한 업적에 경의와 감사를 표했다. 다카사키 다쓰노스케는 랴오청즈와 협력하여 1962년 중일장기종합무역비망록(中日長期綜合貿易備忘錄)*을 체결했다. 이를 통해 양국 공히 무역 사무처를 개설하고 1972년 중국과 일본이 수교를 맺기 전까지 제한적인 중일 무역과 정보 교류가 이루어졌다.

NHK(일본방송공사)는 덩샤오핑이 공장을 참관하는 전 과정을 방송하면서 활기 넘치고 관찰력이 뛰어나며 자신감에 넘친 덩샤오핑의 모습을 보여 주었다. 그는 호기심과 열정에 가득 찼지만 자신이 직접 본 일본의 첨단 기술에 대해 아부하거나 비굴한 모습은 전혀 보이지 않았다. 만약 지나치게 공손한 태도를 취한다면 귀국 후 "서양을 숭배하고 외국인에게 아첨을 떤다.(崇洋媚外)"라는 비난을 받을 가능성이 있었기 때문에 행동이나 발언에 분별이 있어야만 했다. 덩샤오핑의 일본 방문이 끝난 후 중국의 소학교 학생들은 기자들이 덩샤오핑에게 신칸센 열차를 타 본 소감을 물었을 때 그가 간단하게 "빠르더군, 정말로 빠르더라고!"라고 대답했다고 배웠다. 그는 외국 기술의 가치를 인정했지만 또한 그것으로 인해 중국인의 자존심을 다치게 하지 않았던 것이다.

덩샤오핑이 일본을 방문했을 때 일본 지도자들이 했던 언행도 일본인들에게 좋은 반응을 얻었다. 심지어 몇 년 후 일본 젊은이들이 덩샤오핑을 접대한 원로 일본 지도자들을 평가하면서 그들을 '대물(大物, 거물이라는 뜻)'이라고 부르기도 했는데, 이는 그들이 이후 돈과 관련된 잡다한 일에 사로잡히거나 하는 일 없이 당쟁만 일삼는 이들과 다르다는 뜻이다. 덩샤오핑을 접대한 각계의 영수들(후쿠다 다케오 총리, 소노다 스나오 외무 장관, 일본 경제단체연합회 도코 도시오(土光敏夫) 회장, 그리고 최고 경영자인 이나야마 요시히로, 마쓰시타 고노스케)은 모두 진정 대담한 설계자이자 건설자들이다. 그들은 먹을 것조차 충분치 않은 황량하고 파괴된 전후 패전국을 이끌어 1978년 당시에도 여전히 급속도로

---

* 각서(覺書) 무역 또는 양자의 이름을 따서 LT 무역이라고도 한다.

성장하는 생기 넘치는 나라로 건설한 장본인들이다. 일본의 원로 지도자들은 자신들이 직접 제2차 세계 대전을 경험했기 때문에 일본이 어떤 재난을 몰고 왔는지 잘 알고 있었다. 그들은 일본이 중국에 가한 손해를 결코 다 갚을 수 없다는 것을 알고 있었으며, 그럼에도 불구하고 다음 세대들은 평화롭게 공존할 수 있기를 희망했다. 그들은 중국의 현대화를 돕기 위해 회사의 이윤에서 벗어나 자신들의 경험과 기술 혁신을 기꺼이 제공할 의향이 있었다. 그렇기 때문에 덩샤오핑은 자신의 나라를 중건하면서 그들 일본의 1세대 지도자들과 교류하고 그들에게 배우고자 했다. 이는 또한 일본이 전쟁의 참혹한 재앙에서 재건하면서 똑같은 도전에 마주쳤기 때문이기도 하다.

덩샤오핑을 일본에 초청한 상공업계 인사 가운데 한 명인 이나야마 요시히로는 1957년부터 중국에 철강을 판매하기 시작했으며, 1971년까지 우한(武漢) 제철소를 개조하여 중국 최대의 현대식 제철소로 변신시키는 데 큰 역할을 했다. 일부 회사 간부들이 이미 낡은 소련식 제철소에 그처럼 많은 기술을 이전하느니 차라리 제철소를 새로 건설하는 것이 나을 것이라고 불만을 토로했다. 그러나 이나야마 요시히로는 기꺼이 제철소를 현대식으로 만들겠다고 했다. 이는 1901년 그가 야하타(八幡) 제철을 창업했을 때 우한에서 철광석을 들여왔기 때문이다. 그래서 그는 자신과 인연이 있는 그 도시에 호의로 보답하는 일이 즐거웠던 것이다.[33]

'인내 철학(が-まん哲學)'을 신봉하여 자기 회사의 이익을 훼손하면서까지 다른 회사나 나라에 대해 너그러웠던 이나야마 요시히로는 이로 인해 부하 직원들에게 비판을 받은 것이 처음이 아니었다. 물론 그 역시 자신의 회사가 손실을 입는 것을 원치는 않았지만 그는 무엇보다 복지 사회를 추구했다. 그는 철강 기술 이전은 한국이나 중국에 도움이 될 것이고, 그들 나라에게 이러한 선물을 주어 함께 번영할 수 있다면 쌍방에게 모두 이익이 될 것이라고 믿었다. 그는 일본인의 이른바 '부메랑 효과'의 위험, 즉 중국에게 기술을 이전하여 나중에 더욱 싼값의 물건이 일본으로 재수출되어 일본 국내 생산 기지에 피해를 주는 일을 기꺼이 감수했다. 그는 중국 시장이 자국에서 생산된 강철을 모

두 소화시킬 정도로 충분함을 믿는다고 말했다. 공기 부양선을 타고 기미쓰 제철소를 방문하러 가면서 덩샤오핑과 이나야마 요시히로는 한담을 나누다가 자신들이 같은 해에 태어났음을 알게 되었다. 이나야마 요시히로가 덩샤오핑에게 어떻게 이처럼 건강을 유지할 수 있느냐고 물었다. 덩샤오핑이 대답했다. "그저 일개 병사이기 때문이지요.(只是一個丘八)"(구팔(丘八)은 병(兵)을 해자한 것이다.)[34] 이나야마 요시히로가 나중에 이야기한 것에 따르면, 덩샤오핑은 중국을 돕고자 하는 일본인들에게 깊이 감사했다.

덩샤오핑은 자신의 일본 방문으로 중국 연해 지역에 현대식 대형 제철소 건설 계획을 추진할 수 있기를 희망했다. 이는 이미 1년 전 이나야마 요시히로와 리셴넨 부총리가 논의한 적이 있던 사업이었다. 당시 세계에서 가장 선진적이었던 기미쓰 제철소에서 덩샤오핑은 신형 연속 주조 생산 라인과 컴퓨터 제어 기술 등을 참관했는데, 이는 나중에 상하이 북쪽에 있는 중국 제일의 현대식 제철소인 바오산의 모델이 되었다. 덩샤오핑은 바오산을 잘 관리하려면 관리 기술을 배우는 데 일본인의 도움이 필요하다고 하면서 반농담으로 이렇게 말했다. "만약 학생들이 잘하지 못한다면 이는 선생님이 잘 가르치지 못했다는 것을 의미한다."[35]

덩샤오핑은 일본을 방문한 후 특히 '관리(管理)'라는 단어의 의미를 깊이 인식하여 이전보다 더 자주 사용하기 시작했다. 마오쩌둥 시대에 교육을 받아 서구의 노동자들은 그저 착취만 당하고 있다고 믿고 있는 그의 동포들에게 덩샤오핑은 사실은 그렇지 않다고 하면서, 일본 노동자들은 자신들이 번 돈으로 집을 사고 자동차를 사며, 중국에는 아예 없는 가전제품을 살 수 있다고 설명했다. 덩샤오핑은 일본에서 자신이 예전에 책에서 읽은 것들을 직접 보았을뿐더러 일본인이 어떻게 노동자를 조직하고 그들의 헌신과 효율을 최대한 발휘할 수 있도록 하고 있는가를 배웠다. 그는 '관리'라는 말로 이를 요약했다. 일본 방문을 통해 그가 내린 결론은 이랬다. "반드시 관리에 중점을 두어야 하며, 그저 생산만 해서는 안 되고 품질을 제고시켜야 한다."[36] 100년 전 중국의 애국자들은 "중국의 학문을 본체로 삼고 서양의 학문을 쓰임으로 삼는다.(中學爲體, 西學爲用)"

라는 이념을 견지했다. 그리고 덩샤오핑은 '관리'라는 중성사(中性詞)를 통해 서방을 배울 것을 제창하는 한편 자신이 사회주의와 공산당에 대한 변함없는 신념을 표명했다. 그리하여 덩샤오핑은 기술보다 더 많은 것을 수용할 수 있게 되었으며, 아울러 중국 보수파의 저항을 줄일 수 있었다. 그는 사회주의 역시 현대적인 관리를 운용할 수 있으며, 공산당 역시 현대적 관리를 제창할 수 있을 것이라고 확신했다.

일본 매체는 덩샤오핑의 방문을 대대적으로 보도하면서 이번 방문이 성공적이었다고 극찬을 아끼지 않았다. 중국의 보도는 훨씬 공식적인 어조로 감정을 가라앉혀 전했지만 전달된 내용은 본질적으로 같았다. 덩샤오핑이 일본을 방문하면서 찍은 사진이나 영화를 통해, 중국인들은 현대화된 공장이 어떤 모습인가를 여실히 볼 수 있었으며, 자신이 살고 있는 중국이 얼마나 낙후되었으며, 세계 수준을 따라가기 위해 얼마나 많은 작업이 필요한가를 분명하게 느낄 수 있었다.

방일 성과

덩샤오핑이 일본 방문을 끝내기 전에 이미 경제 대표단이 일본을 방문하여 보다 구체적인 시찰과 학습을 하기 시작했다. 당시 구성원들은 주로 베이징과 톈진, 상하이의 주요 경제 관료들이었다. 덩리췬이 대표단 고문, 국가계획위원회 주임인 위안바오화(袁寶華)가 단장을 맡았다. 그들은 덩샤오핑이 떠나기 며칠 전에 일본에 도착하여 1개월간 시찰했다. 시찰이 끝나고 귀국한 대표단은 중국이 어떻게 일본의 경제 관리를 배워야 할 것인가에 대한 지극히 낙관적인 보고서를 작성했다.

보고서를 읽는 중공 영도자들이 여전히 마르크스주의의 관점에 많은 영향을 받고 있다는 점을 감안하여 대표단은 보고서에서 일본이 마르크스가 묘사했던 초기 자본주의에 대해 크게 수정한 바가 있다고 설명했다. 보고서에서 그들은, 관리자들이 마르크스가 목도한 착취받는 노동자들보다 훨씬 좋은 대우를 받을 수 있기 때문에 더욱더 열심히 일하는 노동자들에게 인센티브를 제공함으로써 더 많은 이윤을 얻을 수 있는 방법을 영리하게 배웠다고 적었다. 대표단이 귀국한 후 덩리췬이 앞장서서 품질통제협회와 기업관리협회 등과 같은 새로운 협회를 창립했는데, 이는 대표단이 일본에서 시찰했던 협회를 본뜬 것이다. 시찰에서 배운 것을 토대로 그들은 각 성(省)의 경제 업무를 담당하는 고위급 간부들을 위한 연수 프로그램을 만들어 일본인들이 실천하고 있는 방법을 교육했다. 예를 들면 다음과 같은 것들이다. 어떻게 생산 원가를 반영할 수 있는 적정 가격을 도출할 것인가? 어떻게 주관적 추측에 따른 명령식 계획이 아니라 시장의 요구에 근거하여 생산 지표를 마련할 수 있는가? 어떻게 검사 방식이 아니라 세밀한 생산 과정에 근거하여 품질 통제를 실현시킬 수 있는가? 어떻게 지표를 이용하여 생산 과정의 업적과 성과를 평가할 수 있는가?[37] 일부 중국 공장에서는 이를 표어로 삼아 일본의 관리 체계를 학습하고, 연수 프로그램을 만드는 것의 중요성을 강조했다.

덩샤오핑 역시 문화 교류에 착수하여, 영화, 이야기, 소설, 예술 등의 일본 문화가 중국으로 들어오기 시작했다. 특히 일본 영화는 중국인들에게 크게 호평을 받아 일본인에 대한 중국인들의 이해를 높여 주었다. 덩샤오핑은 이것이 중일 양국의 경제, 정치 교류를 확대하는 데 든든한 토대가 될 것이라고 믿었다. 덩샤오핑이 강력한 지도력을 발휘하던 시기에 일본인에 대한 중국인의 태도 역시 크게 변화했다.

덩샤오핑은 중국과 일본의 보다 견실한 업무 관계에 토대를 쌓는 데 결정적 역할을 했다. 그는 일본을 방문한 후 중국의 긴축 정책으로 인한 외국 투자 제한으로 인해 3년 동안 상거래 관계에 지장이 많았다. 비록 이런 풍파가 있었으나 덩샤오핑 시대는 대체적으로 중일 양국 간에 비교적 우호적인 관계가 유지되었다.

실제로 1980년 12월 중일 관계가 크게 개선되어 양국은 제1차 내각급 연석회의를 개최했다.[38] 같은 달 중국 외교부장 황화는 일본 외무 장관 이토 마사

요시(伊東正義)와 일본의 해외경제협회기금(Overseas Economic Cooperation Fund, OECF)에서 장기 우대 차관을 중국에 제공하는 것을 골자로 한 협정서에 서명했다. 1979년부터 2007년까지 일본의 해외경제협회기금에서 중국에 제공한 차관은 총액이 2조 5400억 엔(2007년 기준으로 250억 달러)으로 다른 어떤 나라에 제공한 차관 액수보다 많았다.[39] 일본 기업은 중국 각지에 공장을 세웠고, 상하이에 사무소를 개설한 일본무역진흥회(Japan's External Trade Organization, JETRO)는 일본 기업과 광범위한 연락망을 구축하여, 중국 각 분야에서 연수 프로그램을 필요로 하는 중국인들의 요구에 부응하여 적절한 일본 회사를 연결시켜 주는 일을 도맡았다. 덩샤오핑이 중국을 통치하던 전성기에 중국의 공업과 기반 시설 건설에 일본만큼 많이 도와준 나라는 없었다.

11

미국에 문을 열다 1978~1979년

─────────────────────────────────

1977년 8월 24일 오후 정치국 상무위원회로 정식 복귀한 지 일주일 되는 날 덩샤오핑은 미국 국무부 장관인 사이러스 로버츠 밴스(Cyrus Roberts Vance)와 만났다. 덩샤오핑은 자신이 현직에 있는 수년 내에 몇 가지 큰일을 완수하고 싶었다. 현직에 복귀하자마자 밴스를 만난 것은 그가 미국과의 관계 정상화를 상당히 중시하고 있음을 반영하는 것이다. 물론 화궈펑도 당 주석이자 총리로서 그다음 날 밴스를 접견했지만, 미국 관리들은 덩샤오핑과 만나는 것이 더욱 중요하다는 것을 잘 알고 있었다.

닉슨이 1972년 중국을 방문한 이후 중국은 곧 미국과 수교를 맺을 수 있을 것이라고 기대했다. 그러나 미국 정치는 언제나 끼어드는 것이 많아서 중국은 이후 5년이란 세월을 지루하게 기다려야만 했다. 강제로 퇴직당해 집에서 18개월 동안 칩거하다 이제 막 복귀한 덩샤오핑은 양국 간의 관계 정상화를 당장이라도 추진할 의사가 있었다. 그래서 그는 밴스의 방문이 관계 정상화를 위해 길을 닦는 역할을 할 수 있기를 기대했다. 워터게이트 사건이 있고 대통령이 된 지미 카터는 1977년 워싱턴 주재 중국 연락사무소 소장인 황전(黃鎭)을 접견했다. 그는 황전에게 "나는 우리가 관계 정상화에 중대한 진전을 볼 수 있기를 바라오."라고 말했다. 그리고 황전에게 음악회나 연극을 함께 보자고 청했다.[1] 이외에도 덩샤오핑이 밴스를 만나기 전 레너드 우드콕이 중국 주재 미국 연락사무소 소장을 맡아 중국에 왔다. 그는 부임하기에 앞서 중미 양국의 관계 정상화 협상을 진행하라는 카터의 지시를 받았다.

그보다 훨씬 이전 저우언라이와 마오쩌둥이 키신저와 닉슨을 만나 관계 개선을 도모한 것은 무엇보다 소련의 위협에서 벗어나기 위함이었다. 1977년 덩샤오핑이 밴스를 만난 동기 역시 소련의 위협에서 비롯되었다. 그러나 다른 점이 있다. 바로 덩샤오핑이 1977년부터 중국의 현대화를 고민하기 시작했다는 점이다. 덩샤오핑은 한국, 일본, 대만이 현대화를 성공적으로 진행하면서 주로 미국의 과학과 기술, 교육에 크게 의존했다는 것을 잘 알고 있었다. 또한 유럽에서 생산된 많은 상품의 특허권을 대부분 미국의 개인이나 회사가 가지고 있기 때문에 설사 유럽에서 기술 원조를 받는다 할지라도 미국의 협력이 필요하다는 것을 알게 되었다. 따라서 중국을 현대화시킬 수 있는 미국과 관계를 맺기 위해서는 무엇보다 중미 관계 정상화가 중요한 첫걸음이 될 수밖에 없었다.

미국과 정상적인 관계를 맺는다는 목적을 실현하기 위해 덩샤오핑은 여러 가지 문제에 대해 유연한 입장을 준비했다. 그러나 한 가지 문제, 즉 대만 문제만은 마오쩌둥이나 저우언라이가 그랬듯이 결코 흔들릴 수 없는 '원칙'이 있었다. 미국이 대만과 단교하고 미국과 대만의 공동방어조약(U.S.-Taiwan Mutual Defense Treaty)을 중단하며, 대만 주둔 미군을 모두 철수하지 않는다면 미국과 절대로 수교를 맺을 수 없다는 것이었다. 덩샤오핑은 공동방어조약이 종결되면 대만은 대륙과 통일하는 것 이외에 별다른 선택을 할 수 없을 것이라고 기대했다. 덩샤오핑뿐 아니라 많은 미국 관리 역시 이런 상황이 수년 내에 발생할 것이라고 예견했다.

사이러스 밴스의 '뒷걸음질': 1977년 8월

덩샤오핑은 밴스를 만나면서 기대에 부풀었다. 그러나 미국 정치가 또다시 방해 세력으로 끼어들었다. 카터는 밴스에게 베이징과 관계 정상화를 협의할 수 있도록 발판을 마련해 달라고 말한 적이 있다. 그러나 밴스가 베이징으로 떠나기 직전 카터를 만났을 때, 카터는 오히려 국회의 지지를 얻지 못해 파나마 운하 조약(Panama Canal Treaty, 파나마 운하에 대한 미국의 권리를 포기하고 파나마공화국에게 돌려주는 조약)이 통과되지 않을 수도 있다는 것을 걱정하고 있었다. 만약 중국 승인이라는 논쟁거리와 파나마 문제를 동시에 제출하여 해결할 경우 대만을 지지하는 막강한 압력 단체(Taiwan lobby)가 국회에서 의원들을 동원하여 반대표를 선동한다면 파나마 운하 조약도 물거품이 되고 말 것이기 때문이었다. 그래서 카터 대통령은 중국과 관계 정상화 문제를 잠시 연기하고 파나마 운하 조약 문제의 결과가 나온 다음에 처리하는 것이 좋겠다고 판단했다. 일단 파나마 문제가 진정되면 중미 관계 정상화에 대한 국회의 지지를 충분히 얻을 수 있다는 것이었다.

밴스 자신도 전략무기제한협정(SALT)을 통해 소련과 긴장 완화(détente)를 이루는 일에 자신의 정력을 다 쏟고 있었기 때문에 그 일이 미국과 중국의 관계 정상화보다 훨씬 긴급한 우선 사항이라고 생각했다. 그가 보기에, 만약 미국이 전략무기제한협정 이전에 중국과 관계 정상화 협상을 시작한다면 소련의 비위를 건드리게 될 것이고 결국 조약 협상이 무산될 가능성이 컸다. 게나가 카터는 협상을 추진하는 데 그다지 서두르지 않았기 때문에 밴스는 일본이 중국과 관계 정상화를 할 때보다 더 강력한 관방 존재(governmental presence, 예를 들면 대사관)를 미국이 대만에 두는 문제에 대해 중국과 협상할 수 있을 것이라고 생각했다.

밴스가 베이징에 도착하기 전에 중국은 그가 표명하고자 하는 입장이 무엇인지 이미 간파했다. 중국 측 관행에 따르면, 황화 외교부장이 먼저 밴스를 만나 그의 생각을 덩샤오핑에게 전달한 후에 덩샤오핑이 그와 핵심 문제를 논의하는 것이 상례다. 8월 21일 황화가 그를 만났을 때, 밴스는 미국이 관계 정상화 추진을 희망하지만 대만에 일부 정부 직원을 남겨 둘 것이라고 말했다. 또한 그는 미국은 대만 문제의 평화로운 해결을 바란다고 했다.

밴스는 중국 측에서 실망할 것이라고 짐작은 했지만 그들이 그 정도로 화를 낼 줄은 전혀 예상하지 못했다. 다음 날 아침 밴스가 다시 황화를 만났을 때, 황화는 장광설을 늘어놓으며 미국이 대만에 약간의 정부 직원을 상주시킬 것이라는 밴스의 제안을 강력하게 비난했다. 심지어 대륙이 필요한 경우 무력을 사용할 수도 있음을 암시하는 '대만 해방'이라는 말까지 썼다.[2]

그날 오후 밴스가 덩샤오핑을 만났을 때, 덩샤오핑은 1975년 그들 두 사람이 마지막으로 만난 것은 자신이 세 번째로 모든 관직에서 쫓겨날 즈음이라고 농담을 건네면서 이야기를 시작했다. "내가 국제적으로 유명한 사람인 것은 능력이 많기 때문이 아니라…… 세 번이나 떨어졌다가 세 번 모두 일어섰기 때문이오."[3] 밴스는 나중에 이렇게 회상했다. 덩샤오핑은 회담에서 "중국인의 예의(禮義)"를 잘 보여 주었으나 대만에 관한 미국의 입장에 대해서는 거칠게 비판했다.

회담 중에 덩샤오핑은 국제 정치의 전반적인 정세에 대해 폭넓게 논의하면서 특히 서구와 소련 간의 세력 균형과 아프리카와 중동, 그리고 동유럽에서 상대적인 영향력에 대해 중점적으로 이야기했다. 그는 다음 두 가지 문제에 초점을 맞췄다. 하나는 소련의 도전에 어떻게 대응할 것인가에 관한 것이고, 다른 하나는 대만 문제를 어떻게 처리할 것인가에 관한 것이었다. 1974년부터 그는 헨리 키신저의 긴장 완화 추구를 비판한 이래로 미국이 소련에 대해 지나치게 유연하다고 비판해 왔다. 그는 특히 미국이 베트남에서 철군한 후 소련에 대해 피동적인 자세를 취하는 것에 불만을 토로했다.[4] 또한 미국의 소련 문제에 관한 대통령 각서 제10호가 유화 정책이나 마찬가지라고 비난했다. 제2차 세계 대전 이후 미국이 나서서 소련이 독일의 3분의 1을 통제하도록 하면서 결국 소련이 발칸 반도 지역을 효율적으로 지배하여 남유럽 전체에 소련의 거대한 영향력이 형성되기에 이르렀다는 것이 덩샤오핑의 생각이었다. 비록 바둑을 구체적으로 거론하지는 않았지만, 덩샤오핑은 밴스에게 소련이 이미 유고슬라비아에 바둑알을 놓은 상태이고, 이제 오스트리아까지 바둑알을 놓기 시작했으며, 그곳에서 서유럽의 다른 지역까지 집을 넓혀 갈 것이라고 비유적으로 말했다. 그는 계속 소련에게 양보한다면, "결국 당신들은 됭케르크* 꼴이 될 것이오."[5]라고 경고했다.

대만 문제에 관해 덩샤오핑은 다음 두 가지 문건을 언급했다. 하나는 포드 대통령이 1975년 12월에 연설한 내용 요약문이고, 다른 하나는 키신저의 성명서였다. 덩샤오핑은 탕원성에게 그 내용을 밴스가 들을 수 있도록 크게 읽어 주라고 말했다. 그 두 가지 문건에서 키신저와 포드는 모두 미국이 관계 정상화에 관해 대만에 비공식적인 대표만을 남겨 두는 일본 방식을 수용할 준비가 되어 있다고 했다. 덩샤오핑은 대만은 중국 영토의 일부분인데, 미국이 현재 대만을 점거하고 있기 때문에 대만과 대륙의 통일에 방해가 된다고 말했다. 계속해서 그는 미국이 중국에게 무력을 사용하여 대만을 수복하지 말 것을 요구하는 것은 다른 나라의 내정을 간섭하는 것과 같다고 했다. 미국은 대만의 안전에 관심이 많다는 밴스의 발언에 대해 덩샤오핑은 이렇게 말했다. "중국인은 당신네 미국인들보다 자기 국가의 일에 더 관심이 많소이다." 덩샤오핑은 또한 중국이 참고 있기는 하지만 이 문제 해결을 무한정 미룰 수는 없다는 사실을 미국도 잘 알아야 할 것이라고 말했다.[6] 덩샤오핑은 대만에 공식적인 인원을 배치하겠다는 밴스의 제안에 이는 "국기를 걸지 않은 대사관"과 같다고 했다.[7] 그러면서 그는 만약 미국이 대만을 고수하고자 한다면 중국은 기다릴 수 있다고 덧붙였다.[8] 덩샤오핑은 마지막으로 이렇게 결론지었다. "나는 다만 한 가지만 지적할 생각이오. 당신네들의 지금 생각은 거꾸로 가자는 것이오. …… 솔직히 말해서 우리는 당신들의 제안을 받아들일 수가 없소. 다만 우리는 여전히 진일보한 회담에 희망을 걸 뿐이오." 8월 28일 밴스 일행이 미국

---

* 프랑스 북부의 항구 도시. 제2차 세계 대전 당시 영국군이 독일군의 포위 공격을 무릅쓰고 필사적인 철수를 감행한 곳이다.

으로 돌아간 후, 그를 수행한 관리들은 덩샤오핑이 밴스의 입장을 부정했음에도 불구하고 미국 대중에게 회담에 대한 긍정적인 인상을 심어 주고 싶었다. 그들은 기자에게 밴스가 성공적으로 미국의 관점을 전달했다고 말했다. 기자 존 월러크(John Wallach)는 정부 관리의 설명을 듣고 중국이 대만 문제에 관한 입장을 완화했다고 썼다. 밴스가 애를 썼지만 월러크가 잘못 쓴 기사가 보도되어 엄청난 파문이 일어난 것을 막을 수 없었다.[9] 당연히 대만 문제를 완화한 적도 없고 그런 오보를 묵인할 수 없었던 덩샤오핑은 불같이 화를 내며 월러크의 보도는 완전히 허튼소리라고 반박했다.

덩샤오핑은 여전히 대미 관계의 진전을 원했다. 그래서 다른 접근 방식을 찾기 시작했다. 밴스는 좋은 협상 상대가 아니라고 판단했기 때문에 그는 백악관을 협상에 끌어들이고, 브레진스키를 협상 상대로 삼고자 했다. 그는 아울러 미국의 대중 매체와 국회에 직접 관계 정상화를 위한 지지를 호소할 생각이었다. 중국은 이제 막 고립 단계에서 벗어나기 시작했기 때문에 미국에서 대만인들과 상대할 수 있는 압력 단체가 없었다. 실제로 워싱턴 주재 중국 연락사무소는 국회나 미국 매체와 접촉할 수 있는 사람이 거의 없었다. 당시 미국 매체나 국회에 영향을 줄 수 있는 가장 좋은 채널은 바로 덩샤오핑 자신이었다. 그는 미국인들의 중국에 대한 호기심을 자극하는 한편 자신의 솔직함, 매력적인 기지(機智), 그리고 혈기 왕성함을 적극 활용했다. 9월 6일 덩샤오핑은 미국 연합통신사(Associated Press, AP) 발행인인 키스 풀러(Keith Fuller)를 단장으로 한 미국 미디어 대표단의 고위급 인사들을 접견했다. 그들 중에는 《뉴욕 타임스》 발행인이자 편집인인 아서 설즈버거(Arthur O. Sulzberger), 《워싱턴 포스트》 발행인 캐서린 그레이엄(Katharine Graham) 등이 포함되어 있었다.

비교적 광범위한 문제에 대해 논의하면서, 덩샤오핑은 린뱌오와 사인방 시기에 남겨진 문제부터 유학생을 파견하여 선진 교육을 받게 함으로써 중국을 낙후 상태에서 벗어나게 해야 할 필요성, 그리고 중국 노동자들에게 물질적인 인센티브를 제공하는 문제에 이르기까지 다양한 이야기를 나누었다. 그러나 무엇보다도 덩샤오핑은 대만 문제에 모든 초점을 맞추었다. 그는 대만 문제에 관한 밴스의 제의는 거꾸로 가자는 것이기 때문에 중국 입장에서 도저히 받아들일 수 없다고 딱 잘라 말했다. 중미 관계 정상화를 실현시키려면, 미국은 국민당과 맺은 군사 조약을 폐기하고 대만과 단교하여 대만 주둔 미군을 철수시켜야 한다는 말이었다. 중국은 장차 평화적인 방식으로 대만 문제를 해결할 것이나 이는 완전히 중국의 내정에 관한 것이기도 하기 때문에 중국은 어떤 외부의 간섭도 받아들일 수 없다. 이것이 그가 말한 요지였다.[10]

9월 27일 덩샤오핑은 공화당 당수이자 나중에 미국 대통령 자리에 오른 조지 부시와 만났다. 부시는 1975년 베이징 주재 미국 연락사무소 소장으로 있을 당시부터 덩샤오핑과 안면이 있었다. 덩샤오핑은 부시에게 자신이 밴스에게 했던 말을 다시 한번 반복하고, 미국의 대소(對蘇) 정책은 유화 정책일 뿐이라는 점을 강조했다.《인민일보》는 사설에서 이에 대해 다음과 같이 보충 설명했다. "미국 독점 자본주의의 유력자들은 뮌헨의 교훈*을 잊었다."[11] 덩샤오핑은 부시에게 관계 정상화 협상에서 중국은 대만 문제에 관해 양보할 여지가 없다고 말했다.[12] 민주당 소속 상원 의원인 에드워드 케네디(Edward Kennedy)와 헨리 잭슨(Henry M. Jackson)은 관계 정상화에 찬성하는 쪽이었는데, 그들 역시 베이징의 초청을 받았다. 덩샤오핑은 1978년 1월 4일 에드워드 케네디에게 중국과 미국 쌍방이 되도록 빠른 시일 안에 의견 일치를 볼 수 있기를 희망한다고 말했다. 그는 협상의 중요 장애물은 바로 대만이며, 대만 문제는 중국의 내정과 관련된 것이라고 거듭 말했다. 뜻밖에도 케네디는 워싱턴으로 돌아간 후 자신과 덩샤오핑이 회담한 내용을 가지고 관계 정상화를 가속화시킬 것을 주장했다. 1978년 2월 16일 덩샤오핑은 미 국회 상원 의원 헨리 잭슨과 만났는데, 헨리 잭슨이 대소 강경 노선을 주장하고 있었기 때문에 의기투합할 수 있었다. 다른 한편 덩샤오핑과 그의 외교 정책팀은 계속해서 미국의 대소 유화 정책에 대해 언급하면서, 그들이 중미 관계 정상화에 발목

---

* 체코슬로바키아에서 독일계 주민들이 살고 있던 수데테란트 영토 분쟁에 관한 뮌헨 협정을 말한다. 영국, 프랑스, 이탈리아 등은 독일이 수데테란트를 합병하도록 승인했다. 일종의 유화책이었다.

을 잡고 있다고 비난했다.

레너드 우드콕 대사는 1978년 잠시 미국으로 돌아갔을 때 공개적으로 관계 정상화에 진전이 없는 것에 따른 조바심을 토로했다. 베이징 주재 사무소를 맡기 전에 카터가 그에게 내각에 들어올 것을 요청했는데 모두 거절했더랬다. 그가 유독 중국 연락사무소만을 기꺼이 맡은 것은 자신이 미국과 중국의 수교 협상을 추진할 수 있을 것이라는 믿음이 있었기 때문이다. 1978년 2월 1일 우드콕은 워싱턴에서 자동차 노동자 연합회에서 연설하면서 중국에 대한 미국의 정책은 '명백한 불합리' 위에 세워진 것이라고 하면서, 제2차 세계 대전이 끝난 후 미국은 국민당 정부가 전체 중국을 대표한다고 승인했지만 사실 국민당 정부는 단지 하나의 작은 대만 섬을 대표할 뿐이라고 말했다. 미국의 정책이 불합리하다는 그의 발언이 널리 알려지자 우드콕은 소련과 전략무기제한협정 때문에 고심하고 있는 카터 대통령을 화나게 할지도 모른다고 걱정했다. 그러나 우드콕이 연설하고 얼마 후 카터를 면담했을 때 카터는 그에게 개인적으로는 자신도 같은 생각이라고 말했다.[13]

밴스가 걱정하고 있던 것은 만약 미국과 중국이 관계 정상화에 대한 논의가 시작될 경우 소련과 전략무기제한협정을 계속 추진할 수 있는지에 관한 것이었다. 그러나 그와 달리 카터 대통령은 자신의 정부가 중국과 관계 정상화 협상을 추진하면서 동시에 소련과 전략무기제한협정을 진행시킬 수 있을 것이라고 단정했다. 하지만 또 다른 잠재적인 장애물은 미국과 베트남의 관계였다. 카터 행정부의 일부 인사는 미국이 베트남의 수교 의사에 대해 응답해야 한다고 주장했다. 그러나 당시 중국과 베트남의 관계에 날로 긴장감이 고조되고 있었기 때문에 미국은 중국과 베트남 가운데 한쪽을 선택해서 관계 정상화를 진행시킬 수밖에 없는 처지였다. 카터는 중국과 관계 정상화를 실현시키는 것이 미국의 이익에 더욱 부합하기 때문에 먼저 미국과 중국의 수교 협상을 진행할 것이라고 말함으로써 논쟁을 종식시켰다. 하지만 여전히 그는 국회에서 대만 압력 단체가 협상을 좌절시킬지도 모른다고 걱정했다. 그래서 중국과의 협상을 비밀리에 진행시키기로 마음먹고 국무원이 아니라 백악관의 소수 관리가 직접 협상에 참여하기로 했다. 수교 협상을 준비하기 위해 카터는 베이징으로 관리 한 명을 파견했다. 그는 소련에 대해 강경한 입장을 견지하는 한편 중국과 미국의 수교는 최대한 빨리 이루어져야 한다고 생각하고 있다는 점에서 덩샤오핑과 같았다. 그가 바로 덩샤오핑이 가장 원했던 대화 상대인 미국의 국가 안전 보장 담당 대통령 보좌관(National Security Adviser) 즈비그뉴 브레진스키였다.

즈비그뉴 브레진스키의 '진전': 1978년 5월

1977년 11월 중순 즈비그뉴 브레진스키와 그의 중국 정책 관련 고급 참모인 미셸 옥센버그는 워싱턴 주재 중국 대표와 1978년 초 베이징 방문 가능성을 논의했다. 처음에 그는 자신의 중국 방문 목적을 광범위한 국제 문제에 대해 중국 측과 논의하기 위함이라고 말하고, 수교 문제는 언급하지 않았다.[14] 그러나 워싱턴 주재 중국 연락사무소에 브레진스키가 중국 방문 의도를 타진하자 덩샤오핑은 곧바로 중국은 그의 방문을 환영한다고 답했다. 브레진스키는 미국 측에서 준비가 끝나면 덩샤오핑이 그를 맞이할 수 있도록 만반의 준비를 했다.[15] 1978년 3월 17일 국회에서 첫 번째 파나마 운하 조약이 통과된 날 미국 주재 중국 연락사무소는 브레진스키가 이미 준비를 끝냈다고 보고했다. 4월 19일 두 번째, 그리고 마지막 파나마 운하 조약 서명이 끝난 이튿날 브레진스키는 방문 일자를 확정했다.[16] 카터는 브레진스키에게 정상화 협상을 위한 준비 작업을 할 수 있는 권한을 주었다. 카터의 입장에서 볼 때, 협상을 완수하는 가장 이상적인 시간은 1978년 11월 국회 의원 선거가 끝난 후였다. 카터는 파나마 운하 조약이 성공적으로 체결된 후 소련과 전략무기제한협정 및 중미 관계 정상화에 대한 공식적인 협의도 국회의 지지를 얻을 수 있을 것이라고 확신했다.

카터 대통령은 비밀리에 국회 양당 영수에게 자신이 중국과 수교 협상을 시작한다고 말했다. 그들은 그것이 미국의 이익에 가장 부합한다고 믿었기 때문에 긍정적으로 답했다. 그러나 이는 정치적으로 민감한 문제여서 한 국회 의원의 말처럼 만약 이 문제가 세상에 알려지면 어쩔 수 없이 반대 입장에 설 수밖에 없었다.[17] 브레진스키는 베이징 회담에서 덩샤오핑에게 이러한 우려에 대해 언급하면서 이렇게 말했다. "나는 이번 회담을 비밀리에 진행하고 진전 상황에 대해 공식적으로 논평하지 않기를 제의합니다. …… 그래야만 우리나라에서 정치적 문제를 최소화할 수 있습니다." 이에 대해 덩샤오핑은 이렇게 말했다. "마음 놓으시지요. 중국의 보안 여건은 미국보다 나을 겁니다." 그러자 브레진스키가 답했다. "나는 각하의 말씀이 절대적으로 정확하다고 생각합니다. 이것이 워싱턴이 아닌 베이징에서 협상을 진행하게 된 이유입니다."[18]

밴스는 중미 회담이 때마침 미국과 민감한 군축 협상을 진행 중인 소련을 자극할지도 모른다고 생각했다. 그러나 그는 카터 대통령의 지시에 충실한 관료였다. 그는 자기 손으로 직접 미국과 중국의 관계 정상화 협상을 위한 방안 초안을 마련했다. 카터는 1978년 6월 13일 밴스가 작성한 비망록을 받아 친필로 지시 사항을 적었다. "비밀이 새 나가면 모든 노력은 수포로 돌아갑니다. 우리는 왕래 전보나 협상 정보를 철저하게 통제해야 할 것입니다. …… 진전 상황에 대해 공개적으로 암시하는 일도 피해야 합니다. 나는 첫째 국회, 둘째 백악관, 셋째, 국무원, 넷째 국방부가 비밀을 지킬 수 있다고 믿지 않습니다." 과거 공화당 사람인 닉슨, 키신저와 마찬가지로 민주당 사람인 카터와 브레진스키, 그리고 밴스까지 설사 민주 국가라고 할지라도 엄격한 보안 작업은 필요하다고 믿었던 것이다.[19] 키신저가 백악관에서 일할 때와 마찬가지로 백악관과 베이징 사이에 만들어진 고도의 비밀 채널로 인해 백악관 국가 안전 보장 담당자들의 영향력이 인사나 제도 면에서 국무원의 상대 부서에 있는 이들보다 강화되었다.[20] 덩샤오핑 입장에서도 국무원보다는 백악관 채널의 이용을 적극 지지했다.

1978년 5월 21일 브레진스키는 베이징에 도착한 당일 오전 황화 외교부장과 만났다. 키신저와 저우언라이가 전에 그랬던 것처럼 두 사람은 세계 형세에 관한 의견을 교환하고, 각 대륙의 주요 문제에 대해 토론했다. 핵심은 역시 소련과 서방 간의 당면한 세력 균형에 관한 것이었다. 황화가 제시한 문제에 대해 응답하면서 브레진스키가 말한 것처럼 두 사람은 여러 가지 문제를 보는 관점이 일치했지만 중요한 차이점도 있었다. 그것은 다음 몇 가지였다. 미국은 패권주의를 추구하는 것이 아니라 다양화된 세계를 수용하고자 한다. 미국은 전쟁이 불가피하다는 것을 믿지 않는다. 미국은 소련에 대해 유화적인 것이 아니라 전 세계적인 규모로 소련과 경쟁하고 있다. 브레진스키는 회담 결과가 오후에 그가 만날 덩샤오핑에게 곧바로 전달될 것임을 알고 있었다. 그래서 그는 황화에게 미국은 대만 문제에 관한 중국의 세 가지 조건을 수용할 것이나 반드시 중국 대륙과 대만의 분쟁을 평화롭게 해결해야 한다는 성명을 낼 수 있는 권리를 갖는다고 표명하라는 권한을 카터 대통령이 자신에게 위임했다고 말했다.[21]

그날 오후 덩샤오핑과 브레진스키가 두 시간 넘게 회담을 진행했다. 저녁 식사가 끝난 후에도 계속된 회담에서 두 사람은 세계 전략과 수교 협상에 토대를 만드는 문제에 관해 논의했다. 덩샤오핑은 당일 베이징에 도착한 브레진스키에게 친절하게 "오시느라 고생 많았습니다."라고 말했다. "아주 기쁘게 생각합니다." 브레진스키가 대답했다. 덩샤오핑과 브레진스키는 자국의 관점을 단호한 어투로 확인했지만, 이후 브레진스키는 이렇게 적었다. "덩샤오핑은 금세 나를 매료시켰다. 그는 똑똑하고, 기민하며, 상황 판단이 빠르고, 유머 감각이 뛰어나며 강인하면서도 매우 직설적이었다. …… 나는 그의 목적의식과 사명감에 깊은 인상을 받았다. 덩샤오핑은 단도직입적으로 주제를 파고들었다. …… 중국 측은 솔직하게 자신의 관점과 생각에 대해 이야기했다. 덩샤오핑은 '중국을 이해하는 것은 어려운 일이 아니에요. …… 마오쩌둥은 군인이고, 저우언라이도 군인이며, 나도 마찬가지로 군인이지요.'라고 말했다."(브레진스키는 이에 대해 미국인 역시 매우 직설적이라고 말했다.) 브레진스키는 덩샤오핑과 만나 지나칠 정도로 열광했다. 5월 26일 그가 귀국하여 카터에게 보고했을 때 카터는 자신의 일기에 이렇게 썼다. "즈비그(Zbig, 브레진스키의 애칭)가 …… 중국에 압도되었다. 나는 그에게 그가 유혹당했다고 말했다."[22]

브레진스키와 회담하면서 덩샤오핑은 미국인이 대만과 단교할 생각이 얼마나 있는지 알아보고자 했다. "문제는 여전히 어떻게 결심하느냐에 달려 있어요. 만약 카터 대통령이 이 문제에 대해 결심만 한다면 나는 비교적 수월하게 해결할 수 있을 것이라고 생각합니다. …… 관계 정상화를 실현시키려면 무엇을 해야 한다고 생각합니까?" 브레진스키는 카터 대통령이 전향적으로 미국과 대만이 단교해야 한다는 중국 측 요구를 받아들이겠다는 결심에 대해 설명했으며, 그런 다음 쌍방이 6월에 관계 정상화에 관한 비밀 협상을 시작하자고 제안했다. 덩샤오핑은 즉각 그의 제의를 받아들이는 한편 미국이 대만 문제에 관한 세 가지 원칙을 실현하기 위해 어떤 구체적인 조치를 취할 것인가에 대해 계속 질문을 던졌다. "나는 카터 대통령께서 마음을 정할 날을 고대하고 있겠습니다." 덩샤오핑의 말에 브레진스키가 대답했다. "앞서 말씀 드린 대로 카터 대통령은 이미 결심을 하셨습니다."[23] 브레진스키는 미국이 어떤 구체적인 실행 계획이 있는지에 대해 언급하지 않은 채 미국이 세 가지 원칙을 받아들인다고 거듭 말했다. 그는 이어서 미국은 중국 대륙과 대만이 문제를 평화롭게 해결하는 것의 중요성을 강조하는 성명서를 발표할 계획이 있다고 말했다. 이에 대해 덩샤오핑은 중국은 미국이 그런 성명서를 발표하는 것에 반대하지 않는다고 하면서, "다만 우리는 그것을 하나의 조건으로 받아들일 수는 없어요. 대만은 내정 문제이자 기본적으로 주권에 관한 문제입니다."[24]라고 말했다. 브레진스키는 이를 통해 만약 미국이 이러한 공개적인 성명서를 발표해도 중국 측에서 공개적으로 반대하지는 않을 것이라고 단정했다. 브레진스키는 덩샤오핑에게 7월부터 우드콕이 황화와 일련의 협상을 준비하고 있으며, 쌍방이 수용한 조건하에서 관계 정상화를 실현할 수 있을지 여부를 논의하게 될 것이라고 말했다.[25]

덩샤오핑은 그에게 소련의 군사력 확장에 대한 우려를 표명하면서 거듭 자신의 관점을 천명했다. 그것은 소련의 위협에 대한 미국의 반응이 단호하지 않다는 것이었다. 덩샤오핑은 소련과 베트남이 끊임없이 군사 협력을 강화하고 있다고 말하면서, 베트남의 보응우옌잡 장군이 최근 두 차례나 모스크바를 방문한 것을 그 증거로 들었다. 덩샤오핑은 서방이 유럽에서 군사력을 강화하는 것이 중국의 이익에 부합한다고 믿었다. 왜냐하면 그렇게 하면 소련이 아시아에 주둔하고 있는 군대를 유럽으로 이전시킬 것이기 때문이다. 마오쩌둥과 저우언라이가 그러했던 것처럼 덩샤오핑 역시 소련의 주요 목표는 아시아가 아니라 유럽이라고 말했다. 소련의 행동에 대해 미국이 좀 더 강경하게 반응하도록 덩샤오핑은 의도적으로 브레진스키를 자극하며 말했다. "소련의 비위를 상하게 할까 봐 두려워하는 것 같은데, 그렇지 않나요?" 브레진스키가 대답했다. "장담하건대 저는 소련의 기분을 상하게 하지는 않을까 별로 두려워하지 않습니다." 덩샤오핑은 계속 상대를 압박하며, 미국이 소련과 전략무기제한협정을 맺을 경우 미국에 불리한 점을 지적하면서 "미국 측에서 소련과 협상을 맺게된다면, 그것은 미국이 소련을 기쁘게 하기 위해 양보한 결과일 것입니다."라고 말했다. 그러자 브레진스키가 대답했다. "소련에서 환영받지 못할 사람이 우리 중 누구인지 기꺼이 작은 내기를 할 수도 있습니다."[26]

브레진스키는 이번 방문을 통해 베이징과 워싱턴 관리의 관계를 더욱 밀접하게 발전시키려 했으며, 중국 측 역시 적극 호응했다. 그는 몇 명의 각기 다른 부서의 관리들을 대동했는데, 그들과 중국 측 상대 부서의 관리들 간에 구체적인 협의가 이루어졌다. 예를 들어 모턴 에이브러모위츠(Morton Abramowitz)는 당시 국방부에 차출된 고참 외교관이었는데, 그는 중국 국방부 관리들과 소련에 대해 각자의 분석과 의견을 나누었다.

브레진스키와 회담하면서 덩샤오핑은 미국의 대중국 기술 판매 제한을 완화시켜 줄 것을 촉구했다. 그는 고급 기술 수출에 관한 세 가지 품목, 즉 슈퍼컴퓨터, 미국 부품이 장착된 일본제 고속 컴퓨터, 그리고 스캐너 등을 제시했다. 미국 기업에서 이상 세 가지를 중국에 판매하려고 하는데 미국 정부에서 막고 있다는 것이었다.

덩샤오핑은 브레진스키와 회담하면서 자신이 미국을 방문하고 싶다는 의사를 넌지시 알렸다. 그는 자신이 최고 영도자 자리에 있을 기간이 3년밖에 남지 않았다고 했다. 브레진스키는 덩샤오핑이 중미 관계를 발전시키는 데 일종의 절박감을 느끼고 있다고 단정했다. 중미 관계 정상화가 이루어지지 않는다면 덩샤오핑은 미국을 방문할 수 없게 된다. 쌍방이 보다 신속하게 관계 정상화를 이룩하는 데 신뢰를 가질 수 있도록 브레진스키는 덩샤오핑이 워싱턴을 방문하면 자신의 집으로 만찬에 초대하겠다고 말했다. 덩샤오핑은 즉시 수락했다.[27]

브레진스키는 덩샤오핑에게 일본과 관계를 심화시킬 것을 적극 권장했다. 브레진스키가 중국을 방문한 후 덩샤오핑은 신속하게 움직여 일본과 중일 평화 우호 조약을 체결했다. 브레진스키는 귀국 도중에 일본에 잠시 머물면서 일본 관리들에게 미국이 중국과 관계 정상화를 실현시키기 위한 협상 계획이 있음을 알려 주었다. 워싱턴으로 돌아오자 카터 대통령은 그가 중국인에게 흠뻑 빠진 것을 보고 놀려 댔지만 중국 방문이 성공적이었다고 판단했다. 곧 협상이 시작되고 관계도 열기를 더했다. 얼마 후 미국은 중국에게 미국 정책에 대한 끊임없는 공개 비판을 중지시켜 줄 것을 요청했으며, 중국은 즉각 응했다.

지속적으로 미국에 압력을 넣어 보다 신속하게 수교를 향해 움직이도록 덩샤오핑은 브레진스키와 회담한 그다음 날 이탈리아 대표단을 만나 중국은 미국과 무역 및 기술 교류를 환영하지만 중국은 정상적인 외교 관계를 맺은 나라를 우선적으로 고려할 것이라고 말했다.[28] 6월 2일 브레진스키와 덩샤오핑의 회담이 끝나고 채 2주도 되기 전에 황화는 워싱턴에서 밴스를 만나 만약 덩샤오핑이 미국을 방문하길 바란다면 관계 정상화가 성공적으로 끝나야만 가능할 것이라고 하면서 덩샤오핑이 하루가 다르게 연로해지고 있으니 쌍방이 작업에 박차를 가해야 할 것이라고 말했다. 덩샤오핑은 8월 6일 오스트리아 대표단을 만난 자리에서도 중국은 공식적인 외교 관계를 맺은 나라에게 무역에 관한 우선권을 부여할 것이라고 말했다.[29] 워싱턴 주재 중국 연락사무소 소장인 차이쩌민(柴澤民)은 9월 27일 또다시 브레진스키에게 관계 정상화 협상 속도가 너무 늦다고 말했다.[30]

비약적인 교육 교류

중국과 미국의 관계 정상화가 수개월 내에 실현될 가능성이 커졌기 때문에 덩샤오핑은 즉각 양국 수교를 통해 기대할 수 있는 분야에 대해 집중하기 시작했다. 그것은 무역이나 투자가 아니라 과학이었다. 덩샤오핑에게 과학은 현대화를 실현하는 데 가장 중요한 요소였으며, 미국은 그 분야에서 크게 앞서 나가고 있었다. 다행스럽게도 그는 외교와 과학 기술 및 교육에 관한 업무를 주관하고 있었기 때문에 3중전회 이전에도 구체적으로 실행할 수 있는 권한이 있었다. 그는 정식 수교를 맺기 전까지 미국에 유학생을 파견할 생각이 없었다. 그러나 일단 수교를 한다면 즉시 젊은 중국 과학자들이 더욱 깊이 학문을 연구할 수 있도록 미국으로 파견할 준비를 했다.

1978년 3월 제1차 전국과학대회에서 중국 정부는 1950년대 초반 이후 처음으로 과학자들에게 정부는 서방 과학자들과 교류 및 왕래를 허락할뿐더러 적극 격려한다고 말했다.[31] 1949년 이래로 끊임없는 정치 투쟁에서 박해를 받았던 중국 출신 주미 과학자들의 친척들은 이후 정부에서 제공하는 더 좋은 주택과 직업 조건을 제공받았다. 중국의 과학자들 역시 지주나 자본가, 또는 우파라는 꼬리표를 더 이상 달고 다닐 필요가 없었다. 비록 그들이 겪어야만 했던 고통과 중간에 그만둘 수밖에 없었던 직업 경력을 모두 되돌릴 수는 없었지만 정부는 그들이 받은 고통에 대한 보상을 해 주었고, 고위급 관리들도 그들에게 사실상 사과를 한 셈이었다.(비록 그들에게 서방 과학자들을 만나면 정부가 과거에 그들에게 저지른 일에 대해 상세하게 이야기하지 말라는 권유를 받기는 했다.)

덩샤오핑은 중국계 미국 과학자들의 중국 방문을 적극 고취했으며, 서방의 여러 과학자의 중국 방문도 적극 환영했다. 과학 연구의 보편성을 전적으로 확신하고 있는 미국 과학자들은 흔쾌히 덩샤오핑의 초청에 응했다. 1978년 7월 6일부터 10일까지 카터 대통령의 과학 고문인 프랭크 프레스(Frank Press)가 인솔하는 과학자 대표단이 중국을 방문했다. 이는 유사 이래 해외 방문에 나선 최대 규모의 과학 대표단이었다. 프레스는 이전에 매사추세츠공과대학 (MIT) 지진학(地震學) 전공 교수로 재직하면서 1975년부터 1977년까지 미국과 중국의 학술교류위원회 회장을 맡았기 때문에 특히 중국과의 학술 교류에 남다른 흥취를 지니고 있었다. 덩샤오핑은 프레스를 비롯한 대표단을 만나 중국 과학 기술의 낙후 상황에 대해 이야기하고, 미국의 첨단 기술 수출 제한에 대해 관심을 표명했다. 그는 또한 중국은 외국의 투자가 필요하다고 말했다.[32]

덩샤오핑의 발언이 끝나고 질문할 시간이 되자 국가과학기금회 회장인 리처드 앳킨슨(Richard Atkinson)이 덩샤오핑에게 중국 유학생들이 외국에서 아예 나라를 떠나는 것에 대해 걱정하지는 않느냐고 물었다. 그러자 그는 중국 학생들은 러시아의 학생들과 달리 자기 나라에 충성을 다한다고 말하면서, 설사 해외에서 공부한 후에 즉시 귀국하지 않는 일부 사람들이 있다 할지라도 장기적 관점에서 보면 그들 역시 중국의 자산이라고 답했다. 당시 프레스는 중국의 정치 지도자들이 과거와 마찬가지로 과학자들의 미국행을 엄격하게 통제하고, 과학 교류 확대에 대해 대단히 신중한 자세를 취할 것이라고 예상했다.

그러나 프레스는 우선 700명 정도의 중국 유학생을 받아 주고, 향후 몇 년 내에 수만 명의 유학생을 받아 달라는 덩샤오핑의 제안에 오히려 깜짝 놀라고 말았다.[33] 덩샤오핑은 즉각적인 회답을 바랐다. 프레스는 이번 일을 자신의 경력에서 가장 중요한 돌파구 가운데 하나로 여겼다. 그래서 워싱턴 시각으로 새벽 3시에 전화를 걸어 카터 대통령을 깨워 당장 700명의 중국 학생이 미국으로 올 것이며, 몇 년 이내에 그보다 더 많은 유학생을 수용하는 데 동의해 달라고 요청했다. 카터는 재임 기간 중 한밤중에 일어난 적이 거의 없었는데, 여하간 그의 요청에 긍정적으로 답변했다. 사실 카터는 왜 프레스가 난데없이 자신을 깨워 그런 질문을 했는지 궁금했다. 그가 생각하기에 그 정도의 요청이라면 이미 답변할 수 있는 권한을 그에게 주었기 때문이었다.[34]

프레스가 인솔한 대표단은 중국에서 크게 주목을 받았다. 일반적으로 《인민일보》는 외국인의 연설은 거의 게재하지 않았는데, 이번에는 프레스가 세계화의 이점에 대해 강조한 만찬 연설을 그대로 실었다. 브레진스키의 중국 정책

고급 참모이자 덩샤오핑과 열네 차례나 만난 적이 있는 미셸 옥센버그는 중국의 미래에 대해 자신의 전망을 설명할 때 덩샤오핑처럼 지적으로 목말라하고 적극적으로 간여하는 사람을 본 적이 없다고 말했다.[35]

닉슨 대통령의 중국 방문을 제외하고, 프레스는 실제로 1949년 이래로 미국 대표단이 베이징에서 받을 수 있는 가장 열정적인 환대를 받았다.[36] 덩샤오핑은 양국이 정식으로 수교를 맺기 전에는 유학생을 보낼 수 없었기 때문에 1979년 초 양국 관계가 정상화되고 얼마가 지나 쉰여 명의 유학생이 미국행 비행기에 올랐다. 그들은 심정적으로 간절하면서도 혹시 자신도 이전의 선배들처럼 미국과의 관계로 인해 곤란해지는 것은 아닌지 걱정하고 있었다. 이후 5년 동안 1만 9000명에 달하는 학생들이 미국으로 유학을 떠났으며, 이후에도 그 숫자는 계속 늘어났다.

정상화에 돌파구를 찾다: 1978년 6~12월

브레진스키가 중국을 방문한 후 중국과 미국은 관계 정상화 협상을 어떻게 조직할 것인가에 대해 논의하기 시작했다. 쌍방은 처음부터 대만 문제가 협상 타결의 관건이라는 사실을 주지하고 있었다. 밴스는 6월 28일 미국 측 관계 정상화 협상에 관한 건의문을 우드콕에게 보냈고, 그 건의문은 다시 황화 외교부장에게 전해졌다. 내용은 만약 미국인과 대만인의 문화, 상업 교류를 계속 유지하고 아울러 대만 문제를 평화롭게 해결할 수 있다면, 대통령은 중국이 선포한 세 가지 원칙의 틀 안에서 관계 정상화를 실현할 준비가 되어 있다는 것이었다. 협상은 베이징에서 매주 한차례 진행되었고, 관계 정상화 이전에 해결해야 할 일련의 문제를 순차적으로 논의했다. 우드콕은 베이징의 정례 협상에서 쌍방이 관계 정상화 이후 대만에서 미국의 존재 성격과 정식 수교에 대한 공식적 성명서의 성격에 대해 먼저 토론할 것을 제안했다. 이는 다시 말해 쌍방이 비교적 쉬운 문제부터 처리하여 협상에 진전을 이룬 다음, 예를 들어 미국의 대만 무기 수출 등과 같은 까다로운 문제를 다루자는 뜻이었다. 그들 쌍방의 목표는 12월 15일 이전, 즉 미국 국회 의원 선거가 끝나고 몇 주 후에 의견 일치에 이르는 것이었다.[37] 첫 번째 회담은 7월 5일에 개최되어 40분간 진행되었다. 쌍방은 일정을 협상하고, 각자 대만 문제에 대한 입장에 대해 초보적인 이야기를 나누었다.[38]

중국 측의 경우, 덩샤오핑은 협상 과정을 계속 보고받았지만 마지막에서야 직접 협상에 참가했다. 처음부터 협상에 참가했던 황화 외교부장은 미국인과 교섭하는 데 타의 추종을 불허하는 인물이었다. 그는 1936년 『중국의 붉은 별(Red Star over China)』의 저자 에드거 스노를 안내하여 당시 베이핑(北平, 1949년 베이징으로 다시 이름이 바뀌었다.)에서 산베이(陝北)로 가서 마오쩌둥을 만나게 해 준 적이 있었다. 그는 마오쩌둥과 저우언라이, 그리고 덩샤오핑 등 전혀 풍격이 상이한 영도자 밑에서 일한 적이 있으며, 문화 대혁명 기간에는 중국 유일의 외국 주재 대사였다. 협상 기간에 그는 자신이 권한을 받지 않은 일에 대해서는 신중하게 많은 말을 하지 않았으며, 덩샤오핑의 호의는 물론이고 분노 또한 여실히 전달할 수 있었다. 그는 1971년 미국 뉴욕에서 중화인민공화국 초대 유엔 대사를 지낸 적이 있었다.[39] 미국과 관계 정상화를 위한 협상을 진행하면서 그는 미국인과 교섭에 가장 능한 외교관 두 사람, 즉 장원진(章文晉)과 한녠룽(韓念龍)을 보좌관으로 두었다.

협상 테이블에 앉은 사람들은 쌍방 모두 일급 협상팀이었다. 카터는 노동조합 리더이자 화해 조정 전문가로 대사급인 중국 주재 연락사무소 소장을 맡고 있던 레너드 우드콕을 협상 책임자로 지정했다. 우드콕의 협상 기술을 높이 샀기 때문이기도 하고, 특히 그가 워싱턴에 두루 인맥을 형성하고 있어 중국과 그 어떤 협의에 도달할지라도 국회의 지지를 얻는 것이 용이할 것이라고 생각했기 때문이다. 우드콕은 자신과 워싱턴 정계의 지도자들 사이의 개인적 관계를 활용하여 일반적인 관료적 절차로 해결하기 어려운 정책 문제에 협조를 얻을 수 있었다. 우드콕은 강경하면서도 믿을 만한 노사 협상가라는 명성이 있을 뿐 아니라 평소 성실하고 정직하다는 평판을 듣고 있었다. 밴스 국무 장관은 우드콕에 대해 "사진기와 같은 기억력과 신중함, 그리고 협상에서 대단히 중요한 언어의 정확성"을 갖춘 "천부적이고 탁월한 외교관"이라고 칭했다.[40] 국무원과 백악관 공히 그를 지극히 신임했기 때문에 군이 워싱턴에서 고위급 관료가 '왕복 외교(shuttle diplomacy)'에 참가할 필요가 없었다. 협상이 시작되었을 때, 우드콕은 이미 베이징에서 1년 넘게 연락사무소 소장을 지내면서 베이징 관리들의 신뢰를 얻고 있었기에 그들 역시 우드콕이 협상 대상이 되기를 원했다.

스테이플턴 로이는 데이비드 딘(David Dean)의 뒤를 이어 협상팀의 부책임자를 맡아 1978년 6월에 베이징에 도착했다. 그는 부친이 교육 선교사로 있던 난징에서 태어났다. 중국어에 능통하고 중국 역사에 대해 잘 알고 있는 그는 국무원에서 젊고 가장 유능한 전문가로 알려져 있었다. 백악관에서 카터 대통령과 월터 먼데일 부통령, 브레진스키 국가 안전 보장 담당 보좌관, 그리고 미셸 옥센버그 등이 극비 채널을 통해 우드콕, 로이와 직접 연락했다. 브레진스키의 중국 담당 참모인 옥센버그는 대담하고 시야가 넓은 전략가이자 무한한 호기심과 열정을 지닌 중국 문제에 정통한 학자였다. 워싱턴에서 백악관 이외에 이번 협상에 대해 알고 있는 이는 밴스와 국방부 장관 해럴드 브라운(Harold Brown)을 포함하여 몇 명뿐이었다. 미국 측 협상 전략은 우드콕이 제공하는 정보를 토대로 백악관에서 마련했다. 백악관 역시 워싱턴 주재 중국 연락사무소의 차이쩌민 및 그의 참모 한쉬(韓敍)와 접촉하고 있었지만, 협상은 모두 베이징에서 진행되었다.

덩샤오핑은 황화와 우드콕의 협상(7월 5일, 14일, 8월 11일, 9월 15일, 11월 2일), 그리고 황화가 병으로 입원하는 바람에 대신 참가한 한녠룽과 우드콕의 협상(12월 4일)을 계속 지켜보았으며, 나중에는 자신이 직접 우드콕과 협상을 진행했다(12월 13일 오전 10시, 14일 오후 4시와 저녁 9시, 15일 오후 4시). 협상하는 동안에도 덩샤오핑은 계속 미국 관리들을 만나 중국 측의 입장을 설명하면서 협상 진전을 위해 압력을 넣었다. 예를 들어 7월 9일, 우드콕과 황화가 첫 번째 회담을 한 지 4일 후에 덩샤오핑은 하원 외교위원회 의장인 레스터 울프

(Lester Wolff)를 비롯한 미국 국회 대표단과 만난 자리에서 대만과 전면적인 민간 교류를 유지하는 일본 방식을 수용한 것은 중국이 이미 양보했음을 뜻한다고 말했다. "우리는 평화적인 방식으로 문제를 해결하기 위한 여건을 마련하기 위해 최선을 다하고 있습니다." 덩샤오핑은 아울러 "관계 정상화 실현은 소련을 대처하는 데 양측 모두에게 큰 이익일 것입니다."라고 설명했다. 물론 덩샤오핑은 울프 대표단에게 협상이 이미 시작되었음을 알려 주거나 암시하지 않았다.[41]

협상에서 중국 측은 통상 일반적인 원칙에서 시작하여 세부적인 것으로 옮겨 갔다. 7월 14일 두 번째 협상에서 중국 측은 한 번에 한 가지 주제만 다루는 방식 대신에 쌍방이 일괄적으로 평가할 수 있도록 미국 측에서 우선 모든 중요 문제를 협상 테이블에 올려놓는 방식을 제안했다. 며칠 후 워싱턴의 미국 측은 협상 진전을 위해 좋은 분위기를 조성할 필요가 있다는 우드콕의 견해를 받아들여 중국의 제의를 수용하기로 의견 일치를 보았다. 이후 쌍방은 해결할 필요가 있는 중요 문제에 관한 문건을 준비하여 교환했다. 제3차 회담에서 미국 측은 중국 대륙과 관계 정상화를 한 후 대만과 문화, 상업, 그리고 기타 교류를 계속하되 미국의 정부 관리는 파견하지 않는다는 것을 골자로 한 미국과 대만의 관계 성질에 관한 개요를 제시했다.

협상의 가장 큰 난제는 역시 미국이 대만에 계속 무기를 수출할 것인가 여부였다.[42] 미국 측은 대만 무기 수출을 계속하겠다는 점을 명확하게 밝혔지만 그 문제가 제기될 때마다 중국은 절대 반대를 고수했다. 덩샤오핑은 미국이 대만 무기 판매 중지에 동의한다면 대만은 대륙과 통일을 동의하는 것 이외에 현실적인 대안이 없을 것이라고 생각했다. 그는 자신의 재임 중에 조속히 실현되기를 희망했다.

자신의 입장을 표명할 때 중국 측은 상하이 코뮈니케(Shanghai Communiqué)의 취지, 즉 미국이 '하나의 중국'을 지지하는 정책을 고집했다. 사실 닉슨이 상하이 코뮈니케에 서명할 당시 해협 양안이 모두 하나의 중국임을 인정했으며, 미국은 이런 관점에 아무런 이의도 달지 않았다. 1978년 9월 7일 리처드 홀브룩(Richard Holbrooke) 미국 국무부 동아시아태평양 차관보가 한쉬에게 미국이 대만에 파는 무기는 단지 방어용일 뿐이라고 말했다. 이에 한쉬는 "대만에 대한 무기 판매는 상하이 코뮈니케의 정신에 부합하지 않는다."라고 대답했다.[43] 카터가 9월 19일 미국 주재 중국 연락사무소 소장인 차이쩌민에게 "우리는 대만과 계속 무역을 해 나갈 것이며, 제한적으로 일부 세심하게 선별한 방어용 무기도 포함될 것입니다."라고 말했을 때도 차이쩌민은 "미국이 장징궈(1975년 장제스가 세상을 뜬 후 그의 아들 장징궈가 대만 총통이 되었다.) 집단에게 계속 무기를 팔겠다는 것은 상하이 코뮈니케의 정신에 부합하지 않습니다."[44]라고 대답했다. 10월 3일 유엔에서 밴스와 만난 황화 역시 미리 준비한 성명서를 통해 '장징궈 집단'에게 계속해서 무기를 판매한다는 것은 상하이 코뮈니케의 원칙에 위배된다는 말을 반복했다.[45]

10월 초 도쿄를 방문했을 때 덩샤오핑은 일본 방식을 따른다면 미국과 관계 정상화 실현에 동의한다고 공식적으로 언급했다. 미국이 대만에게 무기를 판매하는 것에 반대한다는 입장을 견지하면서도 덩샤오핑은 미국과 대만이 경제나 문화 교류를 계속 진행하는 것에 대해서는 전혀 반대하지 않는다고 말했다.

10월 말이 되자 카터와 브레진스키는 다소 걱정이 되기 시작했다. 비록 이번 협상에 대해 조심스럽게 알고 있는 사람의 숫자를 제한하고 있기는 하지만 만약 빠른 시일 내에 해결되지 않는다면 정보가 새어 나갈 위험성이 점점 커질 것이 분명했기 때문이다. 브레진스키는 차이쩌민에게 중국이 만약 관계 정상화를 위해 이번 기회를 확실히 잡지 않는다면 정치적 문제로 인해 1979년 말 이전까지 이 문제에 대한 진지한 논의를 진행할 수 없을 것이라고 말했다. 그리고 얼마 후 미국은 대만에 F-5E 전투기를 계속해서 판매할 것이나 그보다 향상된 전투기는 판매하지 않을 것이라고 발표했다.[46]

그즈음 쌍방은 대부분의 협상은 이미 끝내고, 우드콕이 11월 2일 중국 측에게 이듬해 발표할 수교 성명서의 초안을 보냈다. 그러나 중국은 국내적으로 11월 10일 개최될 예정인 중앙공작회의에서 연출될 극적인 변화에 대처하느라 바빴기 때문에 12월 4일이 되어서야 회답을 보냈다.⁴⁷ 덩샤오핑 본인은 11월 5일 이후 동남아시아 순방길에 나섰다가 14일에 돌아와 곧 중앙공작회의에 참가했다. 그리고 그 회의에서 중국의 최고 영도자가 되었다.

중앙공작회의에서 화궈펑은 자신에 대한 모든 비판을 인정하고, 덩샤오핑을 최고 영도자로 인정하는 일치된 의견을 수용한 후 이틀이 지난 11월 27일, 덩샤오핑은 때마침 아시아 여행 중이던 미국의 유명한 신문 칼럼니스트 로버트 노백을 접견했다. 1971년 저우언라이가 닉슨 대통령 방문 전날 제임스 레스턴(James Reston)을 접견한 이래로 중국의 주요 영도자가 최초로 중국 기자의 인터뷰 요청을 수락한 것이었다. 덩샤오핑은 노백에게 중국과 미국 두 나라가 가능한 빠른 시일 내에 관계 정상화를 실현하는 일이야말로 양국에 이익이 될 뿐 아니라 전 세계의 평화와 안정에도 도움이 될 것이라고 말했다. 노백은 이후 미국민들에게 자신이 덩샤오핑과 대담한 내용을 알려 주면서 이렇게 결론지었다. "덩샤오핑이 두 시간 동안 나와 함께한 것은 그가 빠른 시일 안에 관계 정상화 실현을 원하지만 이를 위해 큰 대가를 치를 생각은 없다는 메시지를 워싱턴에게 전달해 달라는 뜻이라고 믿는다."⁴⁸ 노백은 당시 덩샤오핑이 머지않아 미국을 방문할 것이라는 사실을 모르고 있었지만 그의 인터뷰는 덩샤오핑의 미국 방문을 대중이 사전에 대비하는 데 도움을 주었다.

12월 4일 우드콕과 외교부 장관 서리로 임명된 한녠룽(와병 중인 황화를 대신했다.)의 만남은 11월 2일 이후 첫 번째 회담이었다. 11월 25일 화궈펑이 이미 덩샤오핑에게 최고 영도자 자리를 넘기고 덩샤오핑의 정책을 받아들였다는 사실을 중국은 당연히 알고 있었지만, 미국 측은 여전히 오리무중이었다. 한녠룽은 우드콕에게 관계 정상화에 대한 중국 측 성명서 초안을 건넸다. 미국 측 초안을 약간 수정한 것으로 1월 1일을 성명서 발표의 마지막 시한으로 삼고 있었다. 한녠룽은 미국 측이 대만 문제에 대한 평화로운 해결을 희망하는 내용의 성명서를 발표한다면 중국 측은 반대하지 않을 것이라고 분명하게 말했다. 회담이 끝나고 우드콕이 자리에서 일어나려 하자 한녠룽이 그에게 말했다. "마지막 말씀드릴 것이 있습니다. 덩 부총리께서 가까운 시일 내에 한번 보자고 하십니다. 저희 쪽에서 정확한 날짜를 알려 드리겠습니다."[49] 워싱턴으로 보낸 분석 보고서에서 우드콕은 한녠룽이 미국의 대만 무기 판매를 반대하고 있지만 이 문제가 관계 정상화에 넘을 수 없는 장애물로 결론 내린 것 같지는 않다고 말했다. 미국 측은 덩샤오핑과 만나는 정확한 시간을 알 수 없었기 때문에 우드콕은 스테이플턴 로이에게 예정된 일정을 취소하여 언제라도 자신과 함께 덩샤오핑을 만나러 갈 수 있도록 했다.[50]

워싱턴 시간으로 12월 11일 오후(베이징 시간으로 12월 12일) 덩샤오핑이 우드콕을 만나기 전날, 브레진스키는 워싱턴에서 차이쩌민을 만나 그에게 수정한 성명서 초안을 건네면서, 미국 측은 1월 1일을 양국 수교 예정일로 잡는 데 동의하며 협정이 끝난 후 중국 영도자의 미국 초청 방문을 요청한다고 말했다. 당시 화궈펑은 공식적으로 덩샤오핑보다 높은 직함을 가지고 있었기 때문에 미국은 화궈펑이나 덩샤오핑 두 사람 가운데 한 명이 방문할 것이라고 예상했다. 브레진스키는 미국이 1월에 브레즈네프와 정상 회담을 할 것이라고 사전에 통보했다.[51]

12월 13일 화요일 오전 덩샤오핑은 인민대회당 강소청(江蘇廳)에서 우드콕을 만났다. 사교적인 인사말을 몇 마디 나눈 후 우드콕은 덩샤오핑에게 영문으로 된 1장짜리 성명서 초안 네 부를 건넸다. 덩샤오핑은 공식 번역문을 기다리지 않고 자신의 통역사에게 구두로 번역해 줄 것을 요청했다. 중문 번역문이 없는 상황에서 그 즉시 주제로 들어간 것은 그가 그만큼 협상 진전을 지연시킬 마음이 없다는 것을 뜻했다. 덩샤오핑은 미국과 대만의 방위 조약이 폐기되었는데 미국은 왜 대만에서 철군하는 데 1년이란 시간이 필요하냐고 물었다. 우드콕은 미국은 1월 1일 대만과 단교할 예정이며, 비록 미국이 4개월 내에 대만에서 군대를 철수시킬 예정이지만, 현재 조약은 조약 폐기 1년 전에 상대방에게 고지하도록 규정되어 있다고 설명했다. 덩샤오핑은 그런 방안이라면 받아들일 수 있지만 미국이 제10조(그 안에는 방위 조약을 중지하려면 1년 내에 상대방에게 통지해야 한다는 규정이 들어 있다.)에 들어 있는 모든 내용을 깨끗이 없애 버리기를 희망한다고 말했다. 그리고 계속해서 미국이 그 기간 내에 대만에 무기를 수출하는 일이 없기를 바란다고 하면서, 만약 미국이 무기를 팔 경우 "장 징궈가 꽁지깃을 흔들며 거들먹거릴 것이고, 이것이 대만 해협의 충돌 발생 가능성을 높여 줄 것"이라고 말했다.[52]

덩샤오핑은 성명서 중문 원고에는 반패권주의 조항이 있으나 미국 원고에는 없다는 것에 주목했다. 그는 영문 원고가 만족스럽기는 하지만 미국 측이 공동 성명서에 반패권주의 조항을 넣어 줄 것을 희망한다고 하면서, 만약 그렇지 않을 경우 양측의 의견이 다른 것처럼 보이게 될 것이라고 말했다. 우드콕은 덩샤오핑의 의견을 곧바로 워싱턴에 전달하여 회답을 기다리겠다고 대답했다. 덩샤오핑은 1월 1일이 관계 정상화를 선포하는 좋은 날이 된다는 것에 동의했다.

중국 최고 영도자의 방미 초청을 수락하면서 덩샤오핑은 이렇게 말했다. "우리는 워싱턴을 방문해 달라는 미국의 초청을 받아들이겠습니다. 구체적으로 말하자면 내가 갈 거예요."[53] 그날 오후 중국과 미국의 수교 문제가 기본적으로 해결되었기 때문에 덩샤오핑은 중앙공작회의에서 개혁 개방에 관한 획기적인 연설을 하면서 더욱더 자신감에 차 있었다.

다음 날인 12월 14일 우드콕은 덩샤오핑과 오후 4시에 다시 만나기로 했으나 아직까지 워싱턴에서 지시를 받지 못한 상황이었다. 워싱턴의 소규모 협상팀은 워싱턴 시간으로 12월 15일로 앞당겨 관계 정상화 성명서를 발표하려는 카터의 새로운 계획에 맞추느라 정신이 없을 정도로 바빴다. 원래 백악관은 1월 1일까지 세부 사항을 완수한다는 일정에 맞춰 작업을 서두르고 있었는데, 다른 직원들이 그들을 보고 뭔가 있다고 의심하기 시작했다. 그래서 카터는 기밀이 누설되어 국회의 화를 돋을 경우 모든 계획이 물거품이 되는 것을 막기 위해 일정을 앞당겨 다음 해 1월 1일이 아니라 12월 15일에 중미 수교를 선포하기로 결심했다. 공식적인 성명서는 관계 정상화 이후인 1월 1일에 공포될 예정이었다. 비밀리에 협상에 참여하고 있던 백악관의 협상팀은 주요 참가자들 간의 의견 일치를 본 다음 문건 작성과 국회를 상대할 수 있는 전략을 짜는 한편 상업과 군사, 그리고 학술 활동에 필요한 여러 가지 조정 내용을 손보았다.

그들은 갑자기 앞당겨진 시간에 맞추기 위해 거의 한계점에 도달할 정도로 전력 질주했다. 국무원의 중국 문제 전문가인 로저 설리번 역시 백악관의 요청에 따라 국무원에 3일 동안 병가를 내고 백악관의 바쁘고 긴장된 비밀 작업에 참여하여 모든 필요한 문건 준비를 도왔다.

베이징에 체류하고 있는 미국 측 협상팀 역시 정신이 없을 정도로 바쁜 시간을 보냈다. 30년 후 베이징 주재 미국 대사관이 새로운 건물로 이사할 당시만 해도 대사관 직원이 거의 1000여 명에 달했다. 그러나 1978년 당시 베이징 주재 연락사무소의 직원은 겨우 서른세 명이었으며, 그 가운데 몇 명만 극비로 협상 준비를 하고 있었다.[54] 게다가 워싱턴의 협상팀과 마찬가지로 그들 역시 1월 1일을 최종 시한으로 잡아 관계 정상화 협상과 문건 작성을 완성시킬 예정이었다. 그런데 12월 15일로 앞당겨지자 그 전에 모든 준비를 마쳐야 하는 입장에서 그야말로 전력투구하지 않을 수 없었던 것이다.

덩샤오핑과 우드콕은 베이징 시간으로 12월 14일 오후 4시에 만났다. 워싱턴의 지시가 아직 떨어지지 않았기 때문에 그들은 실질적인 문제는 놔두고 관계 정상화의 일정표와 향후 덩샤오핑의 방미 계획에 대해 논의했다. 덩샤오핑은 양국의 관계 정상화 선포를 앞당기자는 미국의 요구를 받아들이고, 아울러 1월 28일, 미국 측에서 편안한 시간에 방미한다는 데 동의했다. 그런 다음 잠시 휴식을 취하면서 우드콕이 워싱턴의 지시를 받은 후 저녁에 다시 만나기로 했다.[55]

그날 저녁 9시에 다시 만난 두 사람은 공동 성명서에 나오는 약간의 어휘 수정을 논의하고 곧 의견 일치를 보았으며, 장원진과 로이가 공동으로 문장을 검토하여 중문과 영문 내용이 정확하게 일치하는지 살피는 데 동의했다. 워싱턴은 상하이 코뮈니케에도 이미 들어가 있으니 반패권주의 조항을 넣어 달라는 중국 측의 요구를 수용하자는 우드콕의 건의를 받아들였다. 회담 분위기는 의견 일치를 보았다는 쌍방의 믿음을 반영하고 있었다. 우드콕은 워싱턴에 보낸 회담 보고서에서 이렇게 말했다. "덩샤오핑은 우리들의 회담 결과에 대단히 고무되어 이를 가장 중요한 사건이라고 말했다. 그리고 대통령과 밴스 국무 장관, 브레진스키 박사에게 감사의 말을 전해 달라고 했다." 아울러 우드콕은 회담 분위기가 "대단히 잘 진행되고 있다."라고 보고했다.[56]

이런 사이에 브레진스키는 워싱턴 주재 중국 연락사무소와 회의를 하면서 연락사무소 소장인 차이쩌민이 여전히 미국이 대만에 대한 무기 수출 전면 금지에 동의했다고 여기고 있음을 알고 깜짝 놀랐다. 그는 베이징이 워싱턴이 계속 무기를 판매하겠다는 결정을 오해할지도 모른다고 걱정했다.[57] 미국 측은 덩샤오핑의 요구에 응하여 1979년 대만에 신무기를 판매하지 않았지만 향후 무기 판매를 재개할 생각이었다. 카터와 브레진스키, 그리고 옥센버그는 관계 정상화 협상에 대해 국회를 어떻게 설득할 것인가에 대해 집중적으로 논의하고 있었기 때문에 국회가 즉각 대만에 대한 무기 수출 문제를 집중적으로 거론할 것이 특히 걱정이었다. 만약 베이징에서 향후 더 이상 대만에 무기를 판매하지 않을 것으로 믿고 있는 상황에서 미국이 무기 판매를 선언한다면, 이제 막 정상화된 미중 관계에 심각한 영향을 끼칠 것이 불 보듯 뻔했다.

위기 상황이었다. 이처럼 중요한 시각에 덩샤오핑이 흔들릴 수 없는 '원칙'이라고 단언한 것에 대해 오해를 불러일으킨다면, 양국 관계가 궤도를 이탈할 것이 분명했다. 그래서 브레진스키는 우드콕에게 전보를 쳐서 베이징이 이미 대만에 대한 무기 판매를 양해했음을 확신하고 있느냐고 물어보았다. 우드콕과 로이는 즉각 전문을 보내 쌍방이 이미 무기 판매에 관한 입장을 명확하게 기록한 것이 있다고 말했다.[58] 우드콕이 브레진스키에게 말한 바에 따르면, 이미 중국 측에 다음과 같은 입장을 표명한 바 있었다. "12월 4일 내가 이미 외교부장 서리(외교부 장관 서리)인 한쉬에게 설명한 바와 같이 관계 정상화는 미국민이 계속 대만인들과 일체의 상업, 문화, 기타 비공식적인 관계를 유지하는 것을 배제하지 않는다." 우드콕은 전문에서 외교부장 서리인 한쉬가 "수교 이후 대만에 대한 무기 판매를 분명하게 반대한다."라는 의견을 제시했다고 말했다. 우드콕의 전문을 받은 카터와 브레진스키는 미국이 1979년 이후에도 계속해서 무기를 판매할 것이라는 점에 대해 덩샤오핑이 정확하게 이해하고 있는지 여부에 의문이 들었다. 그래서 브레진스키는 또다시 우드콕에게 전문을 보내 다시 한번 덩샤오핑을 만나, 만약 국회에서 대만에 대한 무기 판매 문제가 거론될 경우 정치적 이유로 인해 어쩔 수 없이 1979년 이후로 더 이상 무기 판매를 재개하지 않을 것이라고 대답할 수는 없지만 미국은 적당한 선에서 무기를 판매할 것이라고 반드시 정확하게 전달해 줄 것을 요청했다.[59]

덩샤오핑은 다시 만나자는 우드콕의 긴급 요청을 받아들였다. 그들은 베이징 시간으로 12월 15일 오후 4시에 만났다. 우드콕은 그처럼 촉박한 요청에 응해 준 것에 대해 감사의 말을 한 후 카터 대통령이 극히 솔직한 마음으로 "어떤 오해도 존재하지 않기를 원한다."고 말했다고 전했다. 그는 이어서 백악관에서 보낸 성명서를 읽은 후 미국의 정치적 필요에 따라 미국 측은 앞으로도 계속 대만에 무기를 판매할 것이라고 설명했다. 덩샤오핑은 격노했지만 감정을 추스르며 절대로 받아들일 수 없다고 대답했다. 한 10분 정도 화를 참지 못하던 그가 노한 목소리로 소리쳤다. "도대체 왜 또다시 무기 판매 문제를 거론하는 것이오?" 우드콕은 미국 측은 대통령이 성명서에서 중국을 놀라게 할 만한 내용을 이야기하기를 원치 않는다고 설명했다. 덩샤오핑이 말을 받았다. "대통령이 기자들의 질문에 답할 때 미국은 1980년 1월 1일 이후에도 계속 대만에 무기를 판매하겠다고 말할 수 있다는 뜻이 아니오?" 우드콕이 대답했다. "맞습니다. 우리는 계속 그럴 가능성을 유지할 것입니다." 덩샤오핑이 다시 말했다. "만약 그렇다면 우리는 동의할 수 없소. 실제로 이는 중국이 대만과 대화를 통해 국가 통일 문제를 해결하려는 합리적인 방식을 방해하는 것이오." 이어서 덩샤오핑은 장징궈가 분명 기고만장할 것이라면서 이렇게 말했다. "대만 문제를 평화적으로 해결할 수 없으며, 최종적으로 무력을 사용하게 될 것이오."[60]

우드콕은 덩샤오핑에게 미국은 장차 이 문제를 신중하게 처리할 것이라고 장담했다. 그러자 덩샤오핑은 대만에 대한 무기 판매는 절대로 받아들일 수 없다고 중국 측에서 이미 분명하게 표명했고, 자신도 전날 이미 그 점을 언급하지 않았느냐고 반박했다. 우드콕은 책임을 떠맡아 자신이 오해한 것 같다고 말했다. 덩샤오핑이 극도로 분노하자 우드콕과 로이는 덩샤오핑이 관계 정상화를 계속 진전시킬 것인가에 대해 심각하게 우려하지 않을 수 없었다.

근 한 시간에 걸친 회담 내내 반대한다는 말을 퍼부어 대던 덩샤오핑은 대만 문제가 유일하게 해결되지 않은 현안인데, "우리가 어떻게 하면 좋겠소?"라고 물었다. 우드콕은 관계 정상화 이후에 시간이 흘러감에 따라 미국인들도 대만이 중국의 일부이며, 당시 대다수 미국 관리들이나 중국 관리들과 마찬가지로 중국의 통일이 몇 년 내에 이루어질 것이라는 사실을 받아들일 것이라고 말했다. 이어서 그는 가장 중요한 첫 번째 과제는 관계 정상화를 완수하는 것이라고 말했다. "좋소!" 덩샤오핑의 입에서 이 말이 떨어지자 난관이 모두 해결되었다.

회담이 끝날 무렵 덩샤오핑은 만약 카터가 대만에 대한 무기 판매를 공개적으로 선언한다면 중국은 이에 대응하지 않을 수 없을 것이며, 공개적인 논쟁은 어떤 것일지라도 관계 정상화의 중요성을 훼손시키게 될 것이라고 경고했다.

우드콕은 덩샤오핑에게 미국 정부는 관계 정상화가 양측이 확신하고 있는 것만큼이나 중요하다는 사실을 전 세계가 알도록 가능한 모든 일을 해 나갈 것이라고 재확인했다. "좋소! 그러면 예정된 날짜에 수교 문건을 발표합시다." 덩샤오핑은 다른 중국 관리들과 더 이상 논의하지 않고 이렇게 말했다. 그리고 중국과 미국의 정상화 결정은 이렇게 마무리되었다.

미국이 대만에 대한 무기 판매를 지속하는 상황에서, 덩샤오핑 자신의 일생일대의 가장 중요한 결정이라고 할 수 있는 양국 관계 정상화를 어떤 의도에서 결정한 것인지에 대한 아무런 기록도 남아 있는 것이 없다. 그러나 그 역시 이번 결정으로 그 자신이 가장 중요하게 여기고 있던 목표 가운데 하나, 즉 자신이 살아 있을 때 대만의 대륙 회귀(回歸)를 보고 싶다는 목표의 실현이 상당히 곤란해질 것이라는 사실을 분명히 인식하고 있었다. 그렇다면 왜 그는 동의를 했는가? 세력이 비등한 동료들 사이에서 이제 막 중국의 최고 영도자에 오른 처지에서 중미 관계 정상화가 중국 영도층에서 자신의 개인적 위상을 강화시킬 것이라고 생각했을지도 모른다. 어쩌면 더욱 중요한 부분은, 덩샤오핑도 알고 있다시피 미국과 관계 정상화를 실현함으로써 현대화 건설에 필요한 지식과 자본, 그리고 기술을 보다 쉽게 확보할 수 있다는 점일 것이다. 브레진스키는 몇 주 전 차이쩌민을 만난 자리에서 미국의 정치는 아주 짧은 기회를 줄 수밖에 없다고 하면서, 만약 신속하게 행동하지 않으면 다음 기회는 1979년 말로 넘어갈 것이라고 말했다. 수년 동안 관계 정상화 과정에서 여러 난관이 속출했다. 그런데 이제 좋은 기회가 생겼고, 그래서 덩샤오핑은 그것을 잡은 것이다.

당시 덩샤오핑은 중국 남쪽에서 밀고 들어오는 소련의 군사 위협을 고려하지 않을 수 없었다. 당시 그는 소련이 베트남으로 진입하면서 태국과 말레이시아를 경유하여 말라카 해협으로 들어올 것이라는 현실적인 위험이 도사리고 있다고 믿었다. 그는 중국과 미국의 협력 관계를 보여 준다면 소련이 더욱 조심할 것이며, 중국이 베트남을 공격할 경우 소련에 대응할 위험성을 감소시킬 것이라고 생각했다. 조만간 브레즈네프가 워싱턴을 방문한다는 사실을 알고 있었기 때문에 덩샤오핑은 우드콕과 협의하여 가능한 브레즈네프 이전에 자신의 방문이 성사되기를 바랐다. 그는 자신이, 미국이 중국과 관계 정상화를 실현하면서 대만에 대한 무기 판매를 중지할 수 있게 만들 만큼 충분한 역량을 지니지 못했다는 것을 잘 알고 있기 때문에 심사숙고하여 결정을 내렸다. 만약 그가 관계 정상화를 실현시키고자 한다면, 대만에 대한 미국의 무기 판매를 허용하는 값비싼 대가를 치러야 한다. 그는 대만 통일의 목표를 포기하지 않았다. 그는 중국과 미국이 수교한 이후에도 온갖 기회를 다 동원하여 무기 판매를 줄이도록 워싱턴에 압력을 가했다.

중국과 미국의 수교 협정서는 베이징과 워싱턴에서 동시에 발표되었다. 베이징 시간으로 12월 16일 오전 10시, 그리고 워싱턴 시간으로 12월 15일 오후 9시, 쌍방은 "아메리카합중국과 중화인민공화국은 상호 승인에 동의하고, 1979년 1월 1일 외교 관계를 수립한다."라는 내용의 공동 성명서를 발표했다. 카터 대통령이 미국민들에게 이런 사실을 공표했고, 중국에서는 명목상 국가 원수인 화궈펑이 기자 간담회를 열어 이런 결정을 선포했다. 이 소식이 전해지자 베이징에서는 일반 대중은 물론이고 당내에서도 환영하는 분위기가 넘쳐 났다.

대만의 장징궈는 곧 성명서가 발표될 것이라는 소식에 한밤중에 잠자리에 서 일어났다. 대만인들의 분노는 베이징 시민들의 환희와 맞먹었다. 대만 관리들이나 미국 국회의 친대만파 의원들 역시 격노했다. 일부 보수주의자들은 '공산주의자 적들'과 협력하려는 미국의 관리들을 싸잡아 비난했다. 그러나 문화적으로 차이가 많음에도 불구하고 보다 평화로운 세계를 창조하기 위해 우정의 손을 내민 두 대국의 이미지는 미국민은 물론이고 중국 대중에게도 호소력이 있었다. 카터 미국 대통령은 이렇게 말했다. "나라 전체와 국회에서 심각한 반대가 있을 것이라고 예상했지만, 그런 우려는 현실화되지 않았다. ⋯⋯ 전 세계는 거의 모두 긍정적인 반응을 보였다."[61]

덩샤오핑의 방미: 1979년 1월 28일~2월 5일

6주 후 덩샤오핑과 그의 부인 쥐린, 레너드 우드콕과 그의 부인 샤론 (Sharon), 그리고 덩샤오핑의 수행원들이 미국행 보잉 707 비행기에 올랐다. 수행원들의 말에 따르면, 장시간에 걸친 비행 내내 덩샤오핑은 맑고 기민한 정신 상태를 유지하면서 책을 읽거나 이야기를 하는 일 없이 그저 깊은 생각에 잠겨 있었다. 어떤 면에서 보면 덩샤오핑은 분명 기쁘기 그지없었을 것이다. 미국과 정상적인 관계를 성공적으로 마무리했고, 개인적으로도 세 차례의 숙청 끝에 또다시 중국의 최고 영도자 자리로 복귀하여 이제 곧 미국의 국빈이 될 최초의 중국 영도자가 될 것이기 때문이다.

하지만 덩샤오핑은 또한 책임이 막중했으며, 그의 이번 방문은 무엇보다 중요했다. 그는 외빈과 회견하기에 앞서 보통 몇 분간 자신의 이야기를 정리하곤 했다. 지금 그는 훨씬 많은 이에게 해야 할 말을 곰곰이 생각해야 했다. 미리 준비한 연설도 있었지만 즉석연설도 적지 않을 것이고, 심지어 아무런 쪽지조차 없는 경우도 있을 것이다. 이뿐 아니라 그는 이미 베트남 공격을 결정한 상태였다. 따라서 소련이 중국을 침공할 위험성이 여전히 존재했다. 어떻게 하면 소련과 협정을 맺으려 하는 미국의 카터 대통령을 곤혹스럽게 하지 않으면서 소련에 대항하기 위한 미국의 협조를 끌어낼 수 있을 것인가? 카터에게 베트남 문제에 대해 어떻게 말하는 것이 좋을까? 중국의 현대화를 촉진하기 위해 대통령과 의회, 그리고 미국민과 좋은 관계를 수립하려면 어떻게 하는 것이 가장 효과적인가? 1월 9일 샘 넌(Sam Nunn) 상원 의원이 인솔하는 대표단과 만난 자리에서 덩샤오핑은 미국에서 인권 문제에 대해 토론하지 않을 것이라고 말한 적이 있었다. 그는 미국이 인권에 관해 압력을 넣는 방식에 대해 비판적인 의견이 있지만 그 문제를 제기하지는 않겠다고 말했다.[62] 만약 대만을 지지하는 시위대를 만날 경우 어떻게 대처할 것인가? 서방의 텔레비전 앵커맨에 대해서는 또 어떻게 대응할 것인가? 그를 수행하여 매일 중국 시청자들에게 새로운 뉴스와 보도를 하게 될 서른세 명의 중국 기자들에게는 무엇을 이야기해야 하는가? 어떻게 해야 미국에 대한 압력을 유지하여 대만에 대한 무기 판매를 줄이면서 미국 관리들의 적의를 불러일으키지 않을 수 있겠는가?

밴스와 그의 참모들은 덩샤오핑의 워싱턴 방문을 준비하면서 카터 대통령과 덩샤오핑을 영접하게 될 관리들에게 이번 방문의 의의에 대해 간단하게 보고했다. 밴스는 13쪽에 달하는 비망록에서 덩샤오핑에 대해 이렇게 썼다. "비범한 인물로 조급하고 승부욕이 강하며, 자신감을 갖고 솔직하게 말하며, 직접적이고 강경하며 영리하다." 밴스는 덩샤오핑의 목표를 예측하면서, 카터가 의회와 미국민을 설득하여 미국과 중국의 수교를 인정하도록 돕고, 더 이상 역전되는 일이 없도록 하기 위해 미국과 중국의 관계를 확대할 것이며, 베트남에 대한 미국의 적의를 불러일으키려고 할 것이라고 말했다. 그러나 이러한 개별적 목표보다는 먼저 미국과 중국이 긴장 관계를 완화하는 것에 더욱 중요한 의의가 있다고 덧붙였다. 그래야만 "아시아의 정치와 전략적 전망은 물론이고 전 세계에도 극적인 영향을 끼칠 수 있기 때문"이었다.[63]

덩샤오핑이 도착하기 전에 이미 그의 방문은 1959년 흐루쇼프가 미국을 방문한 이래로 그 어떤 외국 원수의 방문보다 많은 대중의 관심을 끌었다. 미국의 신문과 방송 매체는 덩샤오핑의 재기와 개혁 개방 추진 결정, 중미 관계 정상화를 실현하려는 그의 신념, 그리고 이번 미국 방문에 대한 각종 보도로 가득 찼다. 《타임》은 1월 첫호에서 덩샤오핑을 1978년 '올해의 인물'로 선정했다. 폐쇄된 공산당 국가를 새로운 개방의 길로 나가게 했다는 것이 선정 이유였다. 《타임》은 화궈펑이 여전히 주석이기는 하지만 덩샤오핑을 중국 4개 현대화의 '건축사'로 칭했다. 《타임》은 화궈펑이 중앙공작회의에서 이미 대권을 잃었다는 사실을 몰랐기 때문에 덩샤오핑을 중국 최고의 행정관, 그리고 화궈펑을 이사회 이사장으로 묘사했다.

미국민들에게는 지구촌의 다른 한쪽에 있는 신비하고 폐쇄적인 고대 문명에 대한 오랜 호기심이 있었다. 덩샤오핑의 방문은 매혹적인 장관을 연출할 터라 1972년 닉슨의 중국 방문 때보다 더 많은 관심을 유발했다. 과연 강인한 것처럼 보이는 키 작은 영도자가 판에 박힌 듯 교조적인 한 사람의 '공산주의자'에 가까울 것인가, 아니면 미국인들처럼 비교적 개방적인 인물에 가까울 것인가? 이제 막 개방된 거대한 잠재적 시장으로서 중국을 눈여겨보면서 자신들의 생산품을 중국에 수출할 수 있기를 고대하고 있던 미국의 재계 인사들은 국빈연회를 비롯한 여러 모임에 참석할 수 있는 초청장을 얻기 위해 분주했다. 중국에 지사를 개설하려는 신문사나 통신사들 역시 덩샤오핑과 대표단의 눈길을 끌기 위해 경쟁적으로 몰려들었다.

방문이 시작되자 카터는 덩샤오핑과 마찬가지로 마음을 가라앉히고 표현에 더욱 신중을 기했다. 중동에 평화를 가져오려는 그의 노력은 처음부터 희망이 큰 것처럼 보였지만 이미 물거품이 되고 말았다. 국민들의 그에 대한 지지도는 30퍼센트 안팎으로 곤두박질쳤다. 그는 자신이 대만과 공식적으로 단교하고 공산 국가인 중국 대륙과 정상 관계 회복을 결정한 것에 대해 국민들과 의회가 어떻게 반응할 것인가에 대해 우려를 표명했다. 협상 기간 내내 그러한 사실을 전혀 모르고 있던 국회 의원들의 경우 자신들에게 의견을 묻지 않은 것에 대해 불만을 토로하지 않겠는가? 또한 카터는 오랜 친구를 내버렸으며, 대만 총통인 장징궈에게 단교를 통보하면서 무례에 가까운 방식을 택했다는 점에서 대만을 지지하는 이들의 비난에 취약할 수밖에 없었다. 미국 관리들은 새벽에 장징궈 총통을 깨워 바로 당일 잠시 후에 미국이 대만과 단교하고 대륙과 관계 정상화를 수립할 것이라고 통지한 바 있었다.

덩샤오핑의 방미 준비는 빠르게 진행되었다. 1월 28일 워싱턴에 도착했으니, 12월 15일 양국이 협상을 마친 후 6주도 채 지나지 않은 상황이었다. 쌍방은 방문을 성공적으로 완수하기 위해 배전의 노력을 마다하지 않았다. 그래서 덩샤오핑의 이번 방문은 전체적으로 순조롭게 진행되었다. 덩샤오핑을 태운 비행기가 앤드루 공군 기지에 착륙한 후 리무진으로 갈아타고 수도인 워싱턴의 블레어 하우스(Blair House)로 향했다. 그곳은 미국의 주요 외빈들이 주로 묵는 곳이었다. 미국의 주최 측은 덩샤오핑이 평소 타구를 사용하는 습관이 있다는 것을 미리 알고 블레어 하우스 내부에 번쩍거리는 새로운 타구를 몇 개 마련해 놓았다. 그들은 그 밖에 세세한 부분도 주도면밀하게 고려했다. 방문 기간에 그들은 덩샤오핑을 군사 시설이나 또는 중국에 판매할 수 없는 기술을 장착한 곳에 데리고 가지 않았다. 중국 대표단에게 제공할 고기는 크게 자르지 않고 작게 잘라 평소 젓가락을 쓰는 데 익숙한 관리들이 쉽게 잡을 수 있도록 배려했다. 조지아 주의 주지사인 조지 버스비(George Busbee)가 덩샤오핑에게 미국에서 무슨 특별한 것을 발견하지 않았느냐고 묻자 덩샤오핑이 우스갯말로 미국인들이 매 끼니마다 송아지 고기를 먹는 줄은 몰랐다고 대답했다. 주최 측인 워싱턴과 애틀랜타에서 세심하게도 덩샤오핑이 좋아하는 음식이 송아지 고기라는 것을 미리 알고 매 끼니마다 송아지 고기를 제공했기 때문이었다. 이후 덩샤오핑의 식단에는 송아지 고기가 사라졌다.

미국 주최 측은 특히 안전 문제를 걱정했다. 특히 개방된 실외 공간의 경우는 특히 그러했다. 백악관 잔디에서 거행된 환영식에서 갑자기 기자석에 있는 두 사람이 큰소리로 "마오쩌둥 주석 만세!"라고 외치자 보안 요원들이 신속히 데리고 나갔다. 덩샤오핑은 아무 일도 없었다는 듯이 태연했다.[64] 당시에는 아직 건물 입구에 무기 휴대를 검사하는 금속 탐지기가 설치되어 있지 않았기 때문에 보안 요원들은 만반의 경계 태세를 갖추었다. 또 다른 걱정거리는 나쁜 날씨로 인한 차량 소통 방해였다. 그래서 워싱턴을 제외하고 덩샤오핑의 방문지로 선택된 곳은 모두 세 곳으로 비교적 기후가 따스한 애틀랜타와 휴스턴, 그리고 기후가 온화한 시애틀이었다. 애틀랜타는 카터의 고향인 조지아 주에 있기 때문에 자연스러운 선택이었다. 1월 1일 덩샤오핑을 만난 우드콕이 덩샤오핑에게 미국을 방문하여 무엇을 보고 싶으냐고 물은 적이 있었다. 덩샤오핑은 즉각 우주 탐사 시설과 기타 선진 기술을 보고 싶다고 대답했다.[65] 그는 휴스턴에서 미국 항공 우주국의 시설과 최첨단의 유정(油井) 굴착 기술을 참관한 후 시애틀로 날아가 중국에서 구매하기 시작한 신형 제트 여객기를 생산하고 있는 보잉사를 방문했다. 그가 관심을 둔 것은 생산이지 소비가 아니었다. 브레진스키의 초청으로 그의 집에서 함께 식사를 할 때를 제외하고 그는 상점이나 개인 가정을 방문한 적이 없었다. 애틀랜타에서 덩샤오핑은 포드 자동차 회사의 최신 생산 설비를 참관했다. 그를 안내한 이는 이전에 베이징에서 만난 적이 있는 헨리 포드 2세(Henry Ford Ⅱ)였다.

덩샤오핑에게는 일본에 정통한 랴오청즈처럼 미국에 관해 자문해 줄 수 있는 고위급 인사가 없었다. 하지만 그에게는 미국에서 수년간 살았던 황화 외교부장과 중국사회과학원 미국연구소 소장으로 미국의 역사와 종교에 관해 깊이 연구한 리선즈가 있었다. 이외에도 그의 통역을 맡은 지차오주는 어린 시절 미국에서 오래 살았고, 1950년 대학 3학년 때 중국으로 돌아오기 전까지 하버드대학에서 공부한 재원이었다.[66]

덩샤오핑이 미국을 방문하는 동안, 3월 1일 중화인민공화국 대사관으로 승격하게 될 워싱턴 주재 중국 연락사무소 직원들은 감당할 수 없을 정도로 바빠 그야말로 걸려 오는 전화를 받을 시간조차 없을 정도였다. 중국 관리들은 대부분 자국에서 영어를 배우고 미국 경험이 부족했기 때문에 보안, 지원, 미국 주최 측과의 협력, 건배사와 연설 준비뿐 아니라 950여 명에 달하는 서방 언론 방송인들의 요구에 대응하느라 정신이 없었다. 하지만 그들은 자신이 맡은 일을 정확하게 처리하기 위해 긴장을 늦추지 않고 바삐 움직였다.

중국 매체는 덩샤오핑의 방미에 대해 전면 보도했다. 당시 중국은 평균적으로 1000명당 한 대의 텔레비전이 보급된 상태였는데, 그것도 대부분 주요 관리들의 사무실에 비치되어 있었기 때문에 여러 사람이 함께 시청해야만 했다. 중국 도시에는 중앙텔레비전방송국 단 하나만 있었다. 덩샤오핑 수행단에는 종합 일간지와 신화사 기자들 외에도 중국의 유명한 뉴스 아나운서인 자오중샹(趙忠祥)이 포함되었다. 그는 미국에서 매일 30분짜리 프로그램을 제작하여 일정이 끝난 후 국내로 전송했다. 이외에도 중국의 영화 제작진이 기록 영화를 제작하여 미국 방문이 끝난 후 국내에서 방영했다. 대다수의 중국인들에게 덩샤오핑의 미국 방문은 미국을 직접 볼 수 있는 기회이기도 했다. 그들은 이를 통해 미국의 현대식 공장과 정치 지도자들, 그리고 일반 국민을 볼 수 있었다.[67] 덩샤오핑은 중국 민중이 미국에 흥미를 갖도록 장려했고, 중국의 시청자들이 자신들의 국가가 얼마나 낙후되었으며, 또한 얼마나 개혁이 필요한가를 분명하게 깨달을 수 있기를 희망했다.

방미 초반에 덩샤오핑은 상당히 신중한 모습을 보였다. 격식을 차리고 신중했으며, 심지어 손을 흔드는 모습까지 절도가 있었다. 그는 기자 회견도 하지 않았고 감정을 드러내는 일이 거의 없었다.

워싱턴 D.C.

덩샤오핑은 1월 28일 워싱턴에 도착하여 몇 시간 정도 휴식을 취한 뒤 중국과 미국의 관계 정상화를 적극 지지하고 소련에 반대하는 그의 맹우인 브레진스키의 초청을 받아 비공식적인 소규모 만찬에 참석했다. 이는 1년 전 그의 초청에 대한 답방이었다. 장거리 비행으로 인해 피곤한 기색이 역력했지만 브레진스키의 말에 따르면, 그와 그의 부인은 뛰어난 유머 감각을 잃지 않았다. 자신의 장기인 민첩한 반응을 증명한 셈이다. 브레진스키가 중국과 프랑스인들은 양쪽 모두 자신들의 문명이 다른 어느 나라보다 탁월하다고 여기는 것 같다고 말하자 덩샤오핑이 대답했다. "그렇다고 해도 무방하지요. 중국 음식은 동아시아에서 가장 맛있고, 프랑스 음식은 유럽에서 가장 맛있지요."[68] 브레진스키는 카터가 중국과 수교를 회복하면서 미국 내 친대만 로비스트들로 인해 어려움을 겪었다고 말하면서 혹시 덩샤오핑도 국내에서 비슷한 어려움을 겪지 않느냐고 물었다. 그러자 덩샤오핑이 곧바로 대답했다. "나도 그래요. 대만의 1700만 중국인들이 반대하고 있지요."[69]

자리에 앉아 있던 누군가가 덩샤오핑에게 만약 중국이 소련의 공격을 받는다면 어떻게 대처할 것이냐고 물었다. 덩샤오핑은 함께 자리한 먼데일 부통령, 밴스 국무 장관, 브레진스키, 옥센버그를 바라보며 중국은 소련의 브라츠크 댐이나 노보시비르스크, 심지어 모스크바까지 공격할 수 있는 핵무기가 있다고 대답했다. 중국은 적이 괴멸할 때까지 지구전을 수행하여 핵 공격과 외적의 침입에서도 살아남을 수 있다고 말한 마오쩌둥과 마찬가지로 덩샤오핑 역시 최악의 상황에 대해서도 충분하게 고려하고 있었던 것이다. 비공식적인 만찬에서 덩샤오핑은 브레진스키에게 카터 대통령과 베트남 문제를 이야기하기 위한 작은 범위의 사적인 만남을 가졌으면 좋겠다고 진지하게 말했다.[70]

이튿날인 1월 29일, 덩샤오핑은 오전과 오후에 카터 대통령과 회담을 가졌다. 오찬은 밴스 국무 장관 주최였고, 만찬은 공식적인 국빈 만찬이었다. 카터는 그날 저녁 일기에서 이렇게 썼다. "그와 협상하면서 즐거웠다."[71] 카터는 덩샤오핑이 대단히 진지하게 경청하고 자신의 발언에 대해 몇 가지 질문을 했다고 적었다. 세 번째이자 마지막 정상 회담은 그다음 날 오전에 개최되었다. 브레진스키의 말에 따르면, 카터와 덩샤오핑은 솔직하고 직접적으로 이야기를 나누었으며, 그들의 토론은 적대국이 아닌 맹방끼리의 회담인 것 같았다.

1차 회담에서 덩샤오핑은 카터에게 우선 발언하기를 청했다. 카터는 국제 형세에 대한 자신의 관점을 소개했다. 아울러 미국은 세계인들이 보다 좋은 삶의 질을 개선할 수 있도록 도울 책임이 있다고 하면서, 그 속에는 정치 참여와 자국 정부의 박해를 면하고 외국의 강권에서 벗어날 수 있는 자유가 포함된다고 말했다. 덩샤오핑이 발언할 차례가 되자, 그는 중국 영도자들은 언제나 가장 큰 위험이 양대 지배적인 강대국에서 비롯된다고 느꼈지만 지금은 미국의 위험이 소련보다 훨씬 적다는 것을 알게 되었다고 말했다. 소련의 확장주의의 잠재 위험에 대해 언급하면서 그는 더욱 엄숙하고 진지한 모습을 보였다. 덩샤오핑은 중미 양국이 동맹을 맺는다고 해서 당장 상황이 상당히 좋아지는 것은 아니라는 사실을 인정했다. 하지만 양국이 밀접한 협력을 통해 소련의 확장에 대항할 수 있을 것이라고 믿었다.

덩샤오핑은 베트남을 동방의 쿠바라고 말하면서 남쪽에서 중국을 위협하기 위한 소련의 기지라고 했다. 덩샤오핑이 볼 때 소련과 베트남은 이미 아시아 집단 방어 체제를 구축하고 모든 주변 국가를 위협하고 있었다. "중국은 전면적인 현대화를 실현하기 위해 장기적인 평화가 필요합니다." 그렇기 때문에 중미 양국이 협력하여 소련을 막아 내야 한다는 것이었다. 계속해서 덩샤오핑은 중국이 현재 한국과 직접 접촉하는 것은 불가능하지만 한반도의 남북 쌍방이 새로운 통일로 향하는 협상을 개최할 것을 희망한다고 말했다.[72] 또한 중국도 이미 지난해 10월에 방문한 바 있는 일본과 합작하여 소련의 확장주의를 저지할 것이라고 말했다. 미국을 방문하기 직전 《타임》의 헤들리 도너번(Hedley Donovan)과 가진 회견에서 덩샤오핑은, 중국이 일본, 미국과 함께 러시아의 북극곰과 맞서야 한다고 말한 적이 있었다.[73]

1월 29일 2차 회담이 끝날 무렵 덩샤오핑은 다시 한번 카터 대통령에게 작은 범위의 사적 회담에서 기밀 사안을 논의할 것을 요청했다. 카터는 덩샤오핑, 먼데일, 밴스, 브레진스키, 그리고 통역 한 명을 대동하고 회의에 참석한 여러 사람을 놔둔 채 오벌 오피스(Oval Office)로 자리를 옮겼다. 그곳에서 진행된 한 시간가량의 회담에서 덩샤오핑은 엄숙하면서도 과감한 그의 풍격대로 베트남에 대한 징벌성 공격 계획에 대해 설명했다. 그는 동남아시아에서 소련과 베트남이 보여 주고 있는 야심은 심각한 위험을 초래할 것이며, 장차 베트남이 캄보디아를 점령하는 기점이 될 것이라고 설명했다. 덩샤오핑은 소련의 계산을 타파하고 베트남에게 적절하게 제한된 교훈을 보여 줄 필요가 있다고 말했다. 카터는 베트남을 공격하려는 덩샤오핑의 생각을 좌절시킬 의도가 있었지만 군사 행동을 반대한다는 말은 하지 않았다. 대신 그는 중국이 만약 베트남을 침공하면 침략자로 여겨질 것이 염려된다는 뜻을 표명했다. 카터는 그것으로 인해 미국과 중국의 협력에 관한 의회의 지지를 더욱 힘들게 할 것임을 잘 알고 있었다. 특히 자신의 행정부가 중미 관계를 발전시키기 위해 제안한 이유 가운데 하나가 바로 평화 유지였기 때문에 더욱 그러했다.

다음 날 덩샤오핑과 카터는 다시 비공식적으로 만나 중국의 베트남 침공에 대한 마지막 회담을 가졌다. 카터는 덩샤오핑에게 자신이 밤늦게까지 친히 쓴 글을 읽어 주었다. 중국이 그렇게 해서는 안 되는 이유에 대한 설명이었다. "중국이 야기하는 무장 충돌은 중국에 대한 일반적인 정책과 대만 문제를 미래에 평화적으로 해결하는 것에 대한 미국의 심각한 우려를 낳게 될 것입니다."[74] 카터의 이러한 충고에 덩샤오핑은 왜 자신의 결정을 고수해야 하는가에 대해 설명했다. 하지만 그는 설사 중국 군대가 공격할지라도 10일이나 20일 후에 철수할 것이라고 장담했다. 그리고 아울러 중국이 베트남을 공격할 경우 오히려 좋은 결과가 오랫동안 지속될 것이라고 주장하면서, 만약 중국이 이번에 소련에게 교훈을 주지 않는다면 소련은 즉시 쿠바처럼 베트남을 이용할 것이라고 말했다.(덩샤오핑은 또한 소련이 아프가니스탄을 공격할 것이라고 예견했다. 그리고 실제로 소련은 1979년 12월 아프가니스탄을 공격했다.) 비공식적인 회담이 끝나고 두 사람은 대중이 모인 곳으로 돌아갔다. 카터는 덩샤오핑이 자신의 진정 심각한 논제를 끝낸 후에야 비로소 홀가분하고 유쾌한 모습으로 변했다는 것을 느낄 수 있었다.[75]

미국과 중국은 소련이 중국과 베트남의 충돌에 개입할 가능성을 우려했다. 덩샤오핑의 미국 방문이 끝나고 얼마 후, 미국 관리들은 소련이 만약 베트남의 깜라인 만을 해군 기지로 사용하게 된다면 이는 심각한 도발 행위가 될 것이라고 경고했다.[76] 비록 카터가 중국의 베트남 침공을 지지하지 않아 나중에야 소련에 이러한 사실을 통보했지만 중국이 그해 2월 베트남 진공을 시작했을 때, 미국이 어떤 방법으로든 보복 행동을 취할 수 있다는 우려 때문에 소련이 베트남 편을 드는 데 보다 신중해졌다는 점에서 덩샤오핑은 이미 자신의 목적을 달성한 셈이었다.

워싱턴에 머무는 동안 덩샤오핑은 미국에 중국 학생들을 보내는 문제를 확실히 해결하고 싶었다. 하지만 카터는 학생 교류와 관련하여 나름의 우려가 있었다. 그가 먼저 중국이 외국 유학생과 중국 학생을 격리시키는 문제에 대해 불만을 털어놓았다. 덩샤오핑은 그렇게 하는 것은 중국 대학생의 생활 여건이 좋지 않아서 외국인들이 받아들일 수 있는 생활 환경을 제공하기 위함이라고 응답했다. 이어서 카터는 중국에서 공부하려는 외국 학생들을 선택적으로 받아들이지 않기를 희망한다고 말했다. 덩샤오핑은 웃으면서 중국이 충분히 강대해져서 다양한 배경의 학생을 두루 받아들일 수 있게 되면 중국도 이데올로기를 수용 여부의 표준으로 삼는 일이 없을 것이라고 대답했다. 덧붙여 외국 기자들의 취재 활동이 여전히 제한적이기는 하지만 그들의 기사를 검열하지는 않는다고 말했다.

마지막 회담에서 카터와 덩샤오핑은 영사관, 무역, 과학 기술, 그리고 문화 교류 등의 협정서에 서명했다. 덩샤오핑은 만약 미국과 일본이 대만에게 베이징과의 협상을 설득하고, 미국이 대만에 대한 무기 수출을 축소한다면, 이는 세계 평화를 위한 공헌일 것이라고 말했다. 그는 카터에게 베이징은 오직 두 가지 상황, 첫째 대만이 장기간 베이징과의 협상을 거절할 경우, 둘째 소련이 대만에 관련될 경우에만 대만에게 무력을 사용할 것이라고 말했다.[77]

브레진스키의 말에 따르면, 덩샤오핑을 위해 마련된 국빈 만찬은 카터 대통령 재임 중 백악관에서 치러진 가장 품격을 갖춘 만찬이었다.[78] 카터 본인도 1월 29일 열린 연회에서 덩샤오핑의 자그마한 키에 넘치는 활력이 자신의 딸 에이미와 함께 자리한 여러 어린아이에게 큰 호감을 주었으며, 서로 기뻐하는 것 같았다고 말한 바 있다.[79] 덩샤오핑의 딸은 자신의 가족 생활을 묘사하면서, 아버지가 비록 많은 말을 하지는 않았지만 자신의 손자들과 노는 것을 매우 기뻐했다고 말했다.

카터는 선의에서 출발하여 국빈 만찬을 기회로 중국에서 선교 활동에 관한 두 사람의 서로 다른 의견에 대해 이야기를 나누었다. 이전에 주일 학교 교사를 지냈던 카터는 젊은 시절 동전을 모아 중국에서 선교 활동을 하는 선교사들에게 기부한 적이 있었으며, 중국에 있는 선교사들의 역할에 찬사를 보냈다.

그는 중국에서 선교하는 이들 대다수는 좋은 사람들이라고 말하면서 그들이 세운 학교나 병원도 있다고 지적했다. 이에 덩샤오핑은 그들 대부분은 중국의 생활 방식을 바꾸려 한다고 하면서, 일부 교회에서 설립한 학교와 병원은 지금도 운영되고 있지만 선교 활동 부활을 허가하는 것에는 반대 의사를 분명히 했다. 카터는 또한 덩샤오핑에게 성서 보급과 신앙의 자유를 허가해 줄 것을 요청했다. 나중에 카터가 중국을 방문했을 때 그는 중국이 이 두 가지 면에서 상당히 진보했음을 알고 만족해했다.

닉슨이 중국을 방문했을 당시 덩샤오핑은 잠시 '도화원'에 하방된 상태였다. 하지만 덩샤오핑은 방미 기간에 중국 인민을 대표하여 중미 관계 복원을 성공시킨 닉슨 전 대통령에게 감사를 표하고 싶다는 의사를 밝혔다. 카터는 덩샤오핑의 요구에 응해 두 사람의 사적인 만남에 동의하고, 덩샤오핑을 위한 국빈 만찬에 닉슨을 초대했다. 닉슨은 1974년 8월 불명예스럽게 떠난 후 처음으로 백악관을 방문했다.[80] 백악관을 방문한 후 닉슨은 카터에게 사려 깊은 사신(私信)을 보내 카터의 수교 결정에 지지를 보내고 미중 관계의 앞날에 대한 나름의 생각을 밝혔다.[81]

국빈 만찬이 끝난 후 케네디 센터에서 막을 올린 예술 공연은 텔레비전으로 전국에 생방송되었다. 한 미국 관리는 그것이 "아마도 카터 행정부에서 가장 화려한 만찬이었을 것"[82]이라고 말했다. 조지아 주 땅콩 농장주 출신의 카터와 군인 출신의 덩샤오핑은 각자 자신의 나라를 대표하여 손을 잡고 서 있었다. 그들이 관중에게 소개되자, 악단이 「당신을 알아 가고 있어요(Getting to Know You)」를 연주했다.[83] 그다음 에이미 카터를 비롯한 미국의 어린이들이 덩샤오핑의 애창곡을 중국어로 불렀다. 그런데 전혀 뜻밖에도 덩샤오핑이 무대로 나가 그들의 손에 뽀뽀를 했다. 당시 홀에서 지켜보던 관중이 감동하여 눈물을 흘렸다는 먼데일 부통령의 말은 과장된 표현이 아닌 것 같다.[84]

각료들 간의 회담에서 덩샤오핑이 주로 이야기한 것은 무역 문제였다. 1월 31일 회담에서 그는 만약 중국이 최혜국 대우를 얻게 되면(사실상 정상적인 무역 관계를 말한다.) 머지않아 미국과 중국 대륙의 무역 총액(당시 미국과 대만의 무역 총액과 거의 비슷했다.)이 열 배나 확대될 것이라고 예언했다. 행정부 관리들과 회담하면서 그는 미국 내 중국 자산과 중국 내 미국 자산 동결을 종료하는 데 합의를 보았다. 미국 측 관리들은 각자의 연락사무소를 대사관으로 승격시키고 양국이 각기 다른 도시에 두 군데 영사관을 설립하는 데 동의했다. 덩샤오핑은 또한 미국 측과 양국이 직항 노선을 개설하는 데 필요한 사안에 대해 토론했다. 중국 측 관리들은 미국 신문과 방송 매체가 중국에 지사를 설립하는 데 필요한 일정을 마련하는 데 동의했다. 덩샤오핑 또한 학술과 과학 교류를 촉진하는 회담에 참석했다.

덩샤오핑은 점진적인 기술 향상에 필요한 과정에 대해 정확하게 알지 못했고, 사기업에서 특허와 판권을 이용하여 연구 개발에 필요한 비용을 회수하려 한다는 사실도 분명하게 이해할 수 없었다. 덩샤오핑은 이러한 복잡한 문제에 대해 비로소 알게 되면서 나름의 포부를 갖게 되었다. 그는 자신이 원하는 것은 70년대 기술이 아니라 최첨단 기술이라고 분명하고 짤막하게 단언했다.[85]

미국 국회 의원들과 회담할 당시 주최 측 상원 의원은 로버트 버드(Robert Byrd)였고 하원에서 회담할 때 그를 접대한 이는 하원의장 팁 오닐(Tip O'Neil)이었다. 권력 분립 제도, 특히 입법부와 행정부가 권력과 영향력을 서로 경쟁한다는 오닐의 말에 덩샤오핑은 깊이 매료되었다. 덩샤오핑은 개인적으로 오닐을 좋아하여 이후 베이징으로 초청하여 다시 만나기도 했다. 하지만 오닐이 나중에 기록한 바에 따르면, 덩샤오핑은 적어도 중국에 관한 한 분권제(分權制)는 상당히 효율성이 떨어지는 치국 방식이며 그렇기 때문에 중국은 마땅히 피해야 한다는 데 전혀 의심치 않았다.[86]

덩샤오핑과 국회 의원 간의 회담에서 제기된 가장 관건이 되는 문제는 중국이 인민들의 자유로운 이민을 허가할 것인가 여부였다. 미국 의회는 4년 전 잭슨배닉(Jackson-Vanik) 수정안(러시아에 대한 무역 제재 법안)을 통과시키면서 공산주의 국가가 이민을 희망하는 이들을 자유롭게 떠날 수 있도록 허가해야만 이들 국가와 정상적인 무역 관계를 허용할 것이라고 했다. 의원들이 덩샤오핑에게 자유 이민을 허용할 것이냐고 다그치자 덩샤오핑이 대답했다. "오,

그거야 쉬운 일이지요. 그래 얼마나 원하십니까? 1000만? 아니면 1500만?" 그가 정색하고 이렇게 말하자 의원들도 더 이상 그 문제를 물고 늘어질 수 없었다. 결국 중국은 면제를 받아 최혜국 대우를 받게 되었다.[87]

세심한 준비에도 불구하고 미국의 '중국통(中國通)'이 참석하는 연회 장소 결정에 중대한 결함이 발생했다. 축하 연회 장소는 워싱턴 국립미술관의 동관 부속 건물이었는데, 그곳의 아름다운 건축물은 저명한 중국계 미국인 건축가 이오 밍 페이(Ieoh Ming Pei, 중국명 貝聿銘)가 설계했다. 그곳을 선택한 것은 중국계 미국인의 역할을 돋보이기 위함이었다. 연회에 참석한 이들은 중국에 관심이 많은 상공업계와 학술계, 그리고 외교계 인사들이었으며, 외교정책협회, 국립미술관, 미중 관계위원회, 대중국 학술교류위원회, 아시아 학회, 미중 상공협회가 주최했다. 각계 주요 인사들이 모인 성대한 자리였다. 중국의 대외개방 이전 홍콩의 정부, 언론계, 재계, 학술계 인사들이 중국을 관찰하는 중요한 센터 역할을 했기 때문에 참석한 이들은 홍콩에서 이미 안면이 있는 이들이었다. 그것은 축제의 장이자 수많은 참가자가 준비하고 기다려 온 날의 축하연이었다. 그런데 이오 밍 페이는 나중에야 덩샤오핑이 그곳에서 연설을 하게 될 것이라는 말을 듣고 경악하지 않을 수 없었다. 왜냐하면 그곳은 근본적으로 공개적인 연설을 위한 음향을 전혀 고려하지 않고 설계했기 때문이었다. 실제로 덩샤오핑이 연설할 때 비록 마이크는 있었지만 참가자들은 도대체 그가 무슨 말을 하는지 분명하게 알아들을 수 없었기 때문에 아무 생각 없이 옆 사람과 한담을 주고받았다. 덩샤오핑 옆에 있는 이들은 그가 언짢아한다는 것을 느낄 수 있었다. 하지만 그는 불편한 기색 없이 계속 자신의 원고를 읽어 나갔다. 마치 그는 당대회에서 꼼짝하지 않고 앉아 경청하는 당원들에게 연설하는 것 같았다.[88]

필라델피아, 애틀랜타, 휴스턴, 그리고 시애틀

워싱턴 관리들과 회담하면서 덩샤오핑은 주로 세계 전략 문제에 대해 논의했다. 하지만 각지를 여행하면서 그는 미국 재계 인사들에게 중국 투자를 권유하거나 학계 인사들과 학술 교류를 추진하고, 미국 일반 국민들이 두 나라의 더욱 밀접한 관계를 지지하도록 하면서 현대 공업과 교통을 중점적으로 시찰했다.[89] 상공업계 인사들과 교류하면서 그는 중국에는 수출할 수 있는 많은 상품이 있다고 하면서 이를 통해 자신들이 얻고자 하는 기술을 구매하기 위한 비용을 지불할 수 있을 것이라고 강조했다.[90] 그가 머무는 곳마다 청천백일기(靑天白日旗, 대만 국기)를 흔들면서 시위하는 이들이 있었다. 한 지방의 광신적인 미국 좌파들은 덩샤오핑이 자산 계급에 빌붙어 마오쩌둥의 혁명을 배반했다고 항의하기도 했다. 그러나 대체적으로 대부분의 청중은 지지하는 분위기였다. 물론 그 안에는 열렬한 호기심과 호의가 섞여 있었다.[91]

미국에 체류하면서 덩샤오핑은 한 번도 공개적인 기자 회견을 열지 않았으며, 텔레비전 생방송의 질문에 답한 적도 없었다. 그러나 그와 동행한 미국 기자들은 그가 붙임성이 좋고 기자들이나 여행에서 만난 상공업계 인사들의 질문에 답하기 위해 노력한다는 인상을 받았다.[92] 그는 실제로 텔레비전 방송국의 주요 앵커 네 명을 만난 적이 있다. 그중 한 명인 돈 오버도퍼는 《워싱턴 포스트》 기자로 나중에 존스홉킨스대학교 국제관계대학원 교수이자 한미관계 연구소장을 지냈으며, 외교 및 아시아 문제에 관한 전문가였다. 그는 덩샤오핑이 네 개 도시를 방문할 때 동행 취재했다. 그의 말에 따르면, 워싱턴에서 며칠을 묵은 후 긴장이 조금 풀리기 시작한 것 같았다. 그는 가는 곳마다 몰려든 군중에게 손을 흔들며 답례를 하거나 악수를 나누기도 했다. 특별한 친구인 시애틀의 상원 의원 헨리 잭슨을 만났을 때는 포옹하기도 했다. 오버도퍼는 덩샤오핑에 대해 묘사하면서 이렇게 말했다. "그의 눈빛 속에는 불확실성과 흥분이 섞여 있었으며, 그것은 나이에 비해 훨씬 젊은이 특유의 것이었다."[93]

1월 31일 필라델피아 템플대학교에서 명예 박사 학위를 받았을 때 덩샤오핑은 이런 내용의 연설을 했다. "템플대학교는 또한 학술적인 자유를 옹호하는 것으로 유명합니다. 나는 그것이 귀교가 뛰어난 성공을 이룰 수 있었던 중요한 요인이라고 생각합니다. 귀교가 마르크스·레닌주의와 마오쩌둥 사상의 신봉자인 나에게 명예 박사 학위를 수여한 것은 바로 이러한 점을 증명하고도 남습니다. …… 미국인들은 200년이란 짧은 시간에 거대한 생산력과 풍부한 물질적 재부를 이루어 인류 문명에 탁월한 공헌을 한 위대한 국민입니다. 미국이 생산을 발전시키는 과정에서 얻은 풍부한 경험은 또한 다른 나라가 그것을 배움으로써 이익을 얻게 될 것입니다."

애틀랜타에서 덩샤오핑은 카터 대통령 고향 사람들에게 매료되었다. 그는 채 하루가 되지 않는 스물세 시간 그곳에 머물렀지만 며칠 동안 대중 매체의 주인공이 되었다. 그는 1400명이 참가한 연회에서 연설을 통해, 내전(內戰, 남북 전쟁)으로 인한 파괴 이후 도시를 재건한 애틀랜타의 역사에 남을 만한 지도자들에게 찬사를 보냈다.[94] 그리고 이 도시의 과거와 중국의 현재를 연계시키면서 미국 남부가 비교적 낙후된 곳으로 인식되었지만 지금은 그렇지 않다고 하면서 이렇게 말했다. "지금은 이미 선두를 달리고 있습니다. 우리도 중국에서 우리의 낙후된 곳을 개선해야 할 임무와 대면하고 있습니다. …… 당신들의 위대한 용기가 우리들의 믿음을 고무시킬 것입니다."[95] 애틀랜타 일간지들은 덩샤오핑의 부인 쥐린이 에이미 카터를 포옹하는 모습의 사진을 실었다. 아울러 그녀가 로잘린 카터(Rosalynn Carter)의 안내로 워싱턴에서 에이미가 다니는 학교와 아동 병원, 그리고 워싱턴 동물원의 팬더를 참관한 것에 대해 자세하게 보도했다.[96]

우드콕은 덩샤오핑이 휴스턴의 LBJ(린든 B. 존슨(Lyndon B. Johnson)) 우주센터에서 모의 우주선에 들어갔을 때를 회상하며 이렇게 말했다. "정말로 매혹된 것 같았다. …… 착륙을 위해 들여놓은 것 같은 모의 우주선에서 그는 정말 신이 났다. 하루 종일 그곳에 머물고 싶어 하는 것 같다는 생각이 들었다."[97] 휴스턴에서 서쪽으로 60여 킬로미터 떨어진 시몬턴의 한 로데오*에서 중국 전문 작가이자 활동가인 오빌 셸(Orville Schell)은 이렇게 보도했다. "덩샤오핑은 참모들과 장관, 그리고 통역에 둘러싸인 채 작은 마을의 노련한 정객처럼 손을 위아래로 흔들며 악수를 했다. 덩샤오핑은 …… 울타리 앞으로 걸어

---

* 미국 카우보이들이 사나운 말타기나 올가미 던지기 등 솜씨를 겨루는 대회.

갔다. …… 어떤 젊은 아가씨가 말을 타고 전속력으로 달려 나가 그에게 10달러짜리 카우보이모자를 선물했다. 관중은 휘파람을 불고 환호를 지르면서 덩샤오핑이 마치 연기하듯이 새 모자를 쓰는 모습을 보았다. 극히 간단한 그의 손짓에 중미 양국의 30년 묵은 앙금이 사라지고, 그의 인민들에게 그들 또한 자신과 마찬가지로 미국의 생활과 문화를 받아들일 수 있음을 허락하는 것 같았다. …… 서구에 대한 중국의 뿌리 깊은 항거도 멈추게 되었다."[98] 덩샤오핑이 카우보이모자를 쓰고 웃고 있는 사진은 미국 전체에 그의 방미를 상징하는 모습으로 각인되었다. 그것은 미국 대중에게 덩샤오핑이 유머 감각이 뛰어날뿐더러 자신들과 "다른 공산당"이 아니라 "우리들"과 더 비슷하다는 느낌을 주기에 충분했다. 《휴스턴 포스트》는 제1면 머리기사를 이렇게 달았다. "덩샤오핑이 정치를 따지지 않고 텍사스 사람이 되다."[99]

현대적인 포드와 보잉 공장, 석유 시추 설비, 그리고 휴스턴의 우주센터 이외에도 덩샤오핑은 세련된 헬리콥터와 공기 부양선을 시승했다. 현대식 산업 시설과 우주센터를 참관하면서 덩샤오핑과 그의 수행원들은 일본을 방문했을 때처럼 중국이 현대화를 실현하려면 조직이나 관리 면에서 거대한 개혁이 필요하다는 것을 절감했다.[100] 덩샤오핑의 모습은 마천루와 고속 도로를 끊임없이 오가는 자동차 행렬과 더불어 텔레비전을 통해 중국 전역에 방영되었다.

시애틀에 도착한 덩샤오핑은 여정을 마무리하면서 이렇게 말했다. "우리 두 나라는 바다를 두고 마주 보는 이웃입니다. 태평양은 장애가 되기보다 이후로 서로를 이어 주는 연결 고리가 되어야만 합니다."[101] 시애틀에서 도쿄로 떠나기 전 덩샤오핑은 감기에 걸렸다.(우드콕은 당시를 회고하면서 "우리는 모두 기분이 들뜨고 기진맥진한 상태였다."라고 말했다.) 그래서 황화 외교부장이 그를 대신하여 마지막으로 기자 및 편집자들과 함께 조찬 모임을 가졌다. 출발하기 직전 찬바람이 불고 가랑비가 내렸기 때문에 기내에서 이루어진 마지막 간단한 모임에서 열 때문에 약간 코맹맹이가 된 덩샤오핑은 이렇게 말했다. "우리는 중국 인민들의 우의를 가지고 왔다가 미국 인민들의 정의(情誼)를 가득 가지고 돌아갑니다."[102]

요원의 불길이 된 불꽃

지미 카터는 개인 일기에서 덩샤오핑에 대해 이렇게 썼다. "덩샤오핑의 방문은 나의 대통령 재임 중 가장 유쾌한 경험 가운데 하나였다. 나에게는 모든 것이 순조로웠다고 말할 수 있는데, 중국 영도자도 마찬가지로 즐거웠던 것 같다."[103] 카터는 덩샤오핑에 대해 이렇게 묘사했다. "영리하고 강인하며, 똑똑하고 솔직하며, 용감하고 품위가 있으며, 자신감이 있고 우호적이었다."[104] 카터는 덩샤오핑이 미국의 정치 현실을 세심하게 배려하여 양국 관계의 토대로서 반소(反蘇)를 강조하지 않은 것에 대해 고맙게 생각했다. 자칫 그러한 발언이 향후 미국이 소련과 군비 축소 협정을 맺는 데 해가 될 수 있기 때문이었다.[105]

이번 방문의 상징은 양국이 평화로운 세계를 창조하기 위해 손을 잡았다는 것이다. 이는 미국인과 중국인 모두에게 거대한 관심과 흥밋거리가 되었다. 만약 방문의 탁월한 성과가 덩샤오핑 개인의 특질에 많이 의존했다고 한다면 그러한 특질로 중미 관계를 개선하려는 그의 진지한 노력과 내심 깊은 곳에서 우러나오는 자신감, 그리고 특별한 역할에 오히려 편안함을 느끼는 여유 등을 들수 있을 것이다. 이러한 소질이 있었기에 그는 자연스러운 솔직함과 유머 감각을 최대한 발휘하면서 청중의 환대에 깊은 기쁨을 느낄 수 있었다. 일부 관찰력이 뛰어난 중국인들의 말처럼, 덩샤오핑은 평상시 그다지 자신을 드러내지 않지만 일단 도전을 받게 되면, 미국에서 보여 준 것처럼 완전히 열정을 불태웠다.

20년 전 소련 지도자 흐루쇼프가 미국을 방문하여 13일간 회오리바람을 일으킨 적이 있었다. 흐루쇼프는 성격적으로 다채롭고 대담하며, 독선적이고 떠들썩한 것을 좋아했지만 덩샤오핑은 그와 전혀 달랐다. 그래서 어떤 면에서 흐루쇼프가 덩샤오핑보다 훨씬 인기를 끌었다. 그와 덩샤오핑은 두 사람 모두 미국과 새로운 시대를 열어 나갈 생각이었다. 덩샤오핑은 비교적 억제하는 편이고 일을 처리할 때도 대본에 충실하여 자신의 계획을 바꾸려 하지 않았다.[106] 그러나 그는 자신이 달성하려는 교류 계획과 미국 상공업계 인사들과의 만남을 통해 일관된 중미 관계를 위한 심오한 토대를 마련했다. 이는 흐루쇼프가 중소 관계를 위해 하지 못한 일이었다. 덩샤오핑이 방문한 도시에서 그의 연설을 들은 미국 사업가들은 그 즉시 중국에서 사업 기회를 찾기 위한 준비에 돌입했다. 애틀랜타에서 그와 만난 17개 주 주지사 가운데 적지 않은 이들이 현지 사업가들과 중국 방문단을 조직했다. 상무부 장관 주아니타 크레브스(Juanita Kreps), 농업부 장관 밥 버글랜드(Bob Bergland), 그리고 에너지부 장관 제임스 슐레진저(James Schlesinger) 등도 향후 몇 개월 내에 중국을 방문하여 자신들의 부처 영역에서 중국과 관계를 맺기 위한 대표단을 꾸리기 시작했다. 의회 의원들, 이전까지만 해도 중국을 비난했던 의원들조차 서로 경쟁하듯이 중국 방문 대열에 끼어들었다. 흐루쇼프는 방미 5년 후에 사임했지만 덩샤오핑은 이후 10년 동안 중국 최고 영도자로 남아 있었기 때문에 자신이 미국에서 뿌린 씨앗이 열매를 맺는 모습을 직접 목격할 수 있었다.

덩샤오핑은 방미 기간 중인 1979년 1월 31일 국가과학위원회 주임인 팡이와 함께 미국 측과 과학 교류 촉진을 위한 협정서에 서명했다.[107] 1979년 처음으로 쉰 명의 중국 학생이 미국에 도착했는데, 그들은 전도양양했지만 준비가 부족했다. 덩샤오핑이 미국을 방문한 후 1년 동안 1025명의 중국인이 학생 비자를 얻어 미국으로 유학을 갔으며, 1984년까지 1만 4000명의 중국 학생들이 미국 대학에 입학했다. 그 가운데 3분의 2에 달하는 학생들은 주로 자연 과학과 의학, 그리고 공학을 전공했다.[108] 베이징대학과 칭화대학은 중국 유수의 최고 대학인데, 미국으로 유학 가려는 학생들에게 비공식적인 '예비 학교'로 간주되었다. 1979년은 30년 동안 중단된 중미 관계의 새로운 회복을 상징하는 해다. 하지만 겨우 몇 년 안에 중미 간의 교류 범위나 규모는 1949년 이전의 수준을 훨씬 넘어섰다.

미국 국무부의 사려 깊은 관리들은 비록 미중 관계 회복의 가치를 확신하면서도 덩샤오핑 방미 기간에 미국인들이 중국에 보여 준 지나친 감정적 반응에 대해 우려를 표명했다. 그들은 미국 행정부와 대중 매체들이 자국민들에게 중국에 대해 지나치게 부풀려 말하는 것을 걱정했다. 그들은 그것이 마치

제2차 세계 대전 당시 미국과 동맹국이었던 국민당 정부의 장제스에 대한 지나친 과장 선전과 마찬가지로 미국 대중이 국민당 내에 창궐하던 부패에 대해 전혀 알지 못하게 만든 것과 같다고 생각했다. 1979년 덩샤오핑의 주목할 만한 미국 방문이 끝난 후 열정적인 미국인들은 중국공산당이 여전히 시행하고 있는 권위주의적 통치와 국가 이익 면에서 양국의 이견, 그리고 대만 문제 해결을 방해하고 있는 장애물에 대해 전혀 이해하지 못하고 있었다.[109]

덩샤오핑의 방미가 미국에 끼친 영향보다 중국에 끼친 영향이 더욱 엄청났다. 덩샤오핑의 미국 방문은 중국에 대한 미국인들의 인상을 바꾸어 놓았다. 그러나 중국의 경우 그의 방문은 아예 중국인들의 사유 방식과 미래에 대한 염원에 일련의 거대한 변화를 초래했다. 중국 인민들은 덩샤오핑이 일본이나 동남아시아를 방문했을 때보다 훨씬 더 현대적인 생활 방식에 대한 이해의 폭을 넓힐 수 있었다. 중국 텔레비전은 매일 뉴스를 내보냈고 덩샤오핑이 방미 기간에 찍은 기록 영화를 방영했다. 그 안에는 미국 생활의 대단히 긍정적인 모습이 그대로 드러나 있었다. 그중에는 미국 공장이나 교통, 통신에 관한 것뿐 아니라 현대식 가구에 최신 유행하는 옷을 입고 새 주택에서 생활하는 미국 가정의 모습도 있었다. 전혀 새로운 생활 방식이 중국인들에게 선보이자 그들은 열렬하게 받아들였다. 심지어 베이징에 거주하는 소수의 미국인들과 중국인들 사이에 처진 울타리도 모두 허물어지고, 서로 가정을 방문하는 것도 더 이상 금지되지 않았다. 마오쩌둥은 혁명에 대해 「작고 작은 불씨가 넓은 들판을 태울 수 있다」라는 글을 쓴 적이 있는데, 1979년 이후 중국이 경험하게 된 혁명은 마오쩌둥이 시작한 것보다 훨씬 거대하고 장구한 것이었다. 이러한 대중 혁명은 여러 가지 원인에서 비롯된 것이지만 덩샤오핑의 미국 방문으로 인한 것보다 더 빠르게 확산된 불씨는 없다.

덩샤오핑에 대한 미국인들의 지나친 반응과 마찬가지로 수많은 중국인 역시 덩샤오핑의 미국에 대한 개방에 지나치게 반응했다. 경제 성장의 열매를 향유할 수 있기 전까지 중국이 얼마나 많이 변해야 하는지를 인지하지 못한 상황에서 당장 모든 것을 얻을 수 있기를 원하는 중국인들도 있었다. 또 어떤 사람들은 아직 중국의 현실에 적합하지 않은 제도와 가치를 받아들이려고 돌진했다. 서구와 중국의 방식 사이에서 적절한 균형을 찾는 것은 쉬운 일이 아니었다. 하지만 대외 개방은 시간이 흐르면서 중국을 새롭게 만들게 되는 중국과 서양의 이종 교배에 따른 활력과 사상의 부흥을 가져왔다.

1979년 2월 미국 방문이 끝난 후 덩샤오핑은 자신의 통역사 스옌화에게 이번 방문을 통해 자신의 임무를 완성했다고 말했다. 처음에 그녀는 덩샤오핑이 말한 의미를 제대로 알지 못했다. 덩샤오핑의 수행원들이나 그와 만난 외국인들도 모두 덩샤오핑이 이번 여행을 즐겼다고 생각했다. 그는 분명 외부 세계를 구경하고 군중의 찬사를 받을 기회를 즐긴 것 같았다. 그러나 그것이 여행 목적은 아니었다. 그의 미국 방문은 자신의 국가를 위한 임무를 완수하기 위함이었다. 그는 이웃 나라와 관계를 개선하고, 미국과 일본을 향해 좀 더 넓게 대문을 여는 것을 자신의 책임으로 생각했다. 이는 소련을 억제하는 것이자 또한 중국 현대화를 위해 도움을 받는 일이기도 했다. 이제 그는 자신의 사명을 완수하고, 자신의 직무를 수행하여 또 다른 중요한 임무를 향해 나갈 수 있었다. 덩샤오핑은 15개월 동안 다섯 차례 외국을 방문했다. 그는 이후 15년을 더 살았지만 한 번도 나라 밖을 나간 적이 없었다.[110]

12

덩샤오핑 정권의 출범 1979~1980년

덩샤오핑은 1978년 12월 중국 최고 영도자가 되었지만 아직까지 영도 집단
(領導班子)은 자리를 잡지 못했으며, 대중의 지지를 얻기에 충분한 중국의 미
래에 대한 명확한 비전을 마련하지 못한 상황이었다. 당시 그는 여전히 당 주
석이자 총리를 맡고 있는 화궈펑과 그를 지지하는 정치국의 동료 네 명과 권력
을 함께 나누어 갖고 있었다. 1978년 12월 덩샤오핑은 권력 구조의 정점에 진
입했지만, 그 권력은 그가 창출한 것이 아니었다.

덩샤오핑에게는 직함보다는 중국 현대화에 함께 매진할 수 있는 팀과 조직
을 만드는 것이 더 중요했다. 1년이 지난 후에야 그는 견고한 통제권을 확보하
여, 자신의 핵심적인 영도 집단 인력을 선발하고 그들과 더불어 자신의 계획을
착수할 수 있었다. 그동안 그는 화궈펑과 그의 지지자들의 권력을 약화시키고
제거하여 자신의 영도 집단이 그들을 대체하여 자신의 강령을 점진적으로 추
진하려 했다. 그는 최고 영도자가 된 후 사후에도 여전히 당내에 남아 있는 마
오쩌둥의 영향력에 대처하기 위한 방법을 마련하는 데 고심했다. 중국 인민과
자신의 통치를 위한 새로운 노선을 구축할 때 그는 여전히 마오쩌둥을 숭배하

고 자신을 '비모화(非毛化, 마오쩌둥 격하 운동, 탈모화)'와 '수정주의'를 추구하는 중국의 흐루쇼프라고 비난하는 이들의 소외감과 악감정을 해소하기 위해 노력했다.

1979년 봄 덩샤오핑은 자신이 추진하는 대담한 개방 정책을 염려하는 일부 보수파들을 보다 확실하게 관리하고자 했다. 군대와 정부의 고위층 간부들은 덩샤오핑이 베트남 공격을 결정한 것이 과연 옳은 것인지 의심을 품고, 공공연하게 덩샤오핑이 당을 배반하고 국가를 자본주의 길로 몰고 있다고 우려의 발언을 마다하지 않았다. 1979년 3월 30일 덩샤오핑이 행한 '4개 기본 원칙(四項基本原則)'에 관한 연설은 보수파의 비난을 약화시키는 데 중요한 역할을 했다. 그러나 그는 여전히 자신의 영도 집단을 굳건히 건설하기에 앞서 자신을 반대하는 세력을 처리하는 데 몇 개월을 기다려야만 했다.

덩샤오핑은 강력한 지지를 얻고 있었지만 그에 대한 저항도 만만치 않았다. 예를 들어《해방군보》5월 21일자는 많은 군부대에서「실천은 진리를 점검하는 유일한 표준이다」에 대한 논의를 거부했으며, 일부 부대에서는 3분의 1에 달하는 군인들이 3중전회의 정신을 지지하지 않는다고 보도했다. 많은 군인이 화궈펑을 옹호한 것은 화궈펑의 업적 때문이 아니라 마오쩌둥이 그를 선택했고, 또한 그가 마오쩌둥의 노선 방침을 지지하고 있다고 믿었기 때문이다.[1] 도시의 엘리트는 마오쩌둥을 비판하는 경향이 훨씬 강했지만 농촌 사람들은 보편적으로 마오쩌둥 숭배를 기꺼이 받아들였다. 주로 농촌 출신 군인들은 특히 군인 가족들에게 특별한 배려를 하는 농촌의 집체 제도를 좋아했다. 게다가 그들은 퇴역 후에 농촌의 집체 단위에서 취업하기를 원했기 때문에 이러한 집체 제도가 덩샤오핑의 개혁으로 말미암아 위협받고 있다고 느꼈다.

이러한 보수파의 압력에 대처하기 위해 덩샤오핑은 1979년 봄「실천은 진리를 점검하는 유일한 표준이다」에 대한 지지를 확고하게 하는 운동을 시작하는 한편 간부들에게 자신의 개혁 노선의 지지를 강화하기 위한 '보충 교육(補課)'을 지시했다. 공개적인 장소에서 덩샤오핑은 마오쩌둥을 비판하지 않고 당시 모든 문제를 린뱌오와 사인방의 탓으로 돌렸다. 당의 단결된 모습을 유지하기 위해 그는 화궈펑을 직접 겨냥하지 않고 양개범시에 대해서만 비판의 화살을 날렸다.

비록 화궈펑 주석은 권력이 약화되기는 했지만 6월 18일 개막된 제5기 전국인민대표대회 2차 회의에서 정부의 공작보고를 했다. 당시 회의 참석자들은 전혀 알 수 없었으나 그것이 화궈펑이 당과 정부의 회의에서 행한 마지막 연설이었다. 그의 연설이 끝나고 얼마 후 덩샤오핑은 당에 대한 조정을 진행할 시기가 무르익었음을 간파했다.

황산 등정과 당의 건설

1979년 7월 11일 덩샤오핑은 한 달간의 일정으로 화북과 화중을 여행했다. 여행은 안후이 성에 있는 황산 등정으로 시작되었다. 황산은 중국 문학이나 역사에 자주 등장하는 명산 가운데 하나다. 덩샤오핑은 7월 13일 산을 오른 후 이틀 후 돌아왔다. 일흔다섯 살의 고령인 사람에게 이번 여행은 뭇사람들의 경탄을 자아낼 만한 장거였다. 등산 끝 무렵에 바지를 걷어 올리고 지팡이를 짚은 채로 잠시 쉬고 있는 덩샤오핑의 건강해 보이는 모습을 담은 사진이 널리 배부되었다. 덩샤오핑이 하산하고 돌아오자 그의 동료이자 안후이 성 제1서기 완리가 그를 맞이했다. 완리는 철도 운수의 난제를 해결하고 지금은 농촌 개혁에 걸림돌이 되는 장애물을 제거하는 중이었다. 기자들도 황산 아래 덩샤오핑이 머무는 곳에서 그를 맞이했다. 덩샤오핑이 그들에게 말했다. "황산 등산 과목은 완벽하게 합격이오."[2]

정치적 후각이 뛰어난 일부 베이징 간부들은 덩샤오핑의 등산이 마오쩌둥의 유명한 창 강 수영과 마찬가지로 자신이 국내 정계에서 정력적으로 한바탕 일할 준비를 하고 있는 건강한 영도자라는 사실을 사람들에게 보여 주기 위함이라고 생각했다.[3] 그러나 마오쩌둥이 1966년 7월 창 강을 헤엄쳐 건넌 것은 당시 일흔세 살인 주석의 건강에 대한 사람들의 염려를 불식시키기 위해 의도적으로 마련한 것으로, 중국 매체에서 지나치게 과장한 바 있다. 안목 있는 독자라면 선전 매체에서 마오쩌둥이 세계 기록에 달하는 속도로 강을 건넜다는 기사나 보도를 믿지 않았을 것이다. 이에 비해 덩샤오핑의 황산 등정은 그저 평범한 기사로 처리되어 사람들에게 덩샤오핑이 정력적으로 활동할 수 있을 만큼 대단히 건강하다는 것을 보여 주었을 뿐이다.

그렇다면 덩샤오핑이 하려고 하는 새로운 일은 무엇인가? 당의 건설, 즉 핵심적인 자리를 위한 고위급 간부 선출과 새로운 당원 선발, 그리고 육성이다. 황산을 오르고 며칠 후에 덩샤오핑은 해군군사위원회 상임위 확대회의에서 국가가 직면한 가장 중대한 문제는 후계자를 준비하는 것이라고 말했다.[4] 아울러 중국의 주요 정치 문제와 사상 문제는 이미 해결되었고, 현재 역량을 집중해야 할 문제는 바로 조직, 다시 말해 간부 선발과 육성이라고 말했다. 정치적 핵심 목표는 지난 3중전회에서 4개 현대화 실현으로 확정되었다. 그리고 사상 문제 역시 지난 3월 30일 4개 기본 원칙에 관한 덩샤오핑의 연설과 그의 마오쩌둥 사상에 대한 해석, 즉 실사구시로 해결되었다. 따라서 시기적으로 지금 해야 할 일은 영도 집단을 구성할 수 있는 간부를 선발하고 육성하기 위한 표준을 확립하는 일이다. 이를 위해 먼저 상층부터 시작하여 중층을 거쳐 마지막에 기층까지 새로운 당원을 모집하고 길러야 할 것이다. 덩샤오핑은 연설이 끝나고 얼마 후 상하이, 산둥, 톈진 등으로 시찰을 떠났다. 그곳에서 그는 여러 차례 회의를 소집하여 현지 당위원회에서 인재 육성을 위한 계획을 마련하도록 격려했다.

덩샤오핑이 당 건설 시기를 선택한 것은 역사의 관례를 따른 것이었다. 중국공산당이 설립된 이래로 어느 한쪽이 논쟁에서 승리하여 권력을 공고하게 할 때면 영도자가 고위층 간부들을 선발하고 새로운 당원 모집 운동에 착수하여 자신들의 표준에 맞는 사람들을 당내에 진입시키고자 했다. 1979년 대다수 원로 간부들이 이미 복직하여 요직을 차지함으로써 문화 대혁명 시절 요직을 점거하고 있던 군인과 조반파를 대체했다. 화궈펑은 1979년 여름 이미 세력이 약화되었기 때문에 더 이상 당 건설에 중요한 역할을 맡을 수 없었다. 덩샤오평과 그의 원로 간부들이 책임을 맡았기 때문에 자신들이 어떤 부류의 간부들을 육성할 것인가에 대해 의견을 같이할 수 있었다.

수년간 당내 투쟁에서 승리하여 새로운 당원을 찾는 데 나름의 선택권을 가졌던 이들은 혁명가, 군인, 급진주의자들을 선호했다. 그러나 덩샤오핑이 필요로 하는 이들은 4개 현대화에 공헌할 수 있는 사람들이었다. 구체적으로 말해 덩샤오핑이 찾는 간부들은 대외 무역과 금융, 기술 문제를 처리할 능력을 지닌 이들이었다. 이는 비교적 학력이 높고 과학과 기술, 관리에 대한 지식을 갖춘 이들을 모집하여 육성하겠다는 뜻이었다. 현대 사회 여러 영도자가 볼 때 이는 어쩌면 당연한 일일 수도 있다. 그러나 당시 중국에서 이는 근본적인 전환을 의미했다. 마오쩌둥 시대에는 '홍(紅)'이 언제나 '전(專)'보다 중요했다. 1949년 이래로 대다수 요직은 거의 모두 '홍색 배경'을 가진 이들이 담당했으며, 그들 대부분은 노동자나 농민 출신이었다. 그러나 1949년 이전에 교육을 받은 전문가들은 교육을 받을 수 있는 재력을 갖춘 집안 출신이었기 때문에 자산 계급 또는 지주 계급이라는 딱지가 붙었다. 덩샤오핑은 구계급(舊階級)은 이미 사라졌기 때문에 출신을 불문하고 능력을 갖춘 사람이 필요하다고 선언했다. 새로운 고위급 간부들에게 길을 터 주기 위해 그는 보수적인 정책과 동일시되는 정치국원들을 제거하기로 마음먹고 제일 먼저 화궈펑을 지지하는 네 사람, 즉 왕둥싱, 우더, 천시롄, 그리고 지덩쿠이를 대상으로 삼았다. 덩샤오핑은 그들을 해직시키고 새로운 영도자를 선발하는 것은 4개 현대화 건설의 필요에 따른 것이라고 설명했다.

비록 덩샤오핑이 1979년 말이 되어서야 비로소 영도 집단의 요직을 담당할 인선을 발표했지만 거의 1년간에 걸쳐 고민하고 자문을 구했으며, 해당자를 관찰했다. 소수의 인사(人事) 관련 업무와 군부의 직책 이외에도 덩샤오핑은 영도급 인사를 뽑을 때 그들이 자신에게 충성할 것인가 여부를 우선 선발 기준으로 삼지 않았다(군부 내 인사에 대해서는 18장 참조). 그가 필요로 하는 사람은 그 직책에 가장 어울리는 인물이었다. 그 인물이 자격을 갖추고 당에 충성한다면 누구든지 함께 일할 용의가 있다고 확신했다. 덩샤오핑은 자신이 임명한 사람과 사적인 관계를 맺지 않았다. 고위층 인사를 선발할 때도 마찬가지였다. 그는 그들과 유쾌하게 어울렸지만 일을 할 때는 공식적인 태도를 유지했다. 그들은 함께 조직을 위해 헌신하는 동지였지 사적인 친구가 아니었다. 핵심 요직의 경우도 그는 개혁 개방에 헌신하고 뛰어난 능력과 왕성한 정력을 갖추었으되 단계적으로 점검받은 사람을 선택했으며, 아래에서 돌연 뛰어나온 이들은 배제했다.[5]

덩샤오핑은 뛰어난 판단력을 지닌 사람이었지만 인사 문제만큼은 상당 기간 고심했다. 문화 대혁명 이전 10년간 총서기를 맡으면서 그는 중간급 간부들을 많이 알고 있었다. 그들은 1980년대 이미 당의 고위급 영도자가 되었다. 그러나 핵심적인 요직 인사는 결정에 앞서 고위층 간부들에게 의견을 구하고, 특히 임명 예정자와 함께 일하면서 밀접한 관계를 유지한 이들에게 솔직한 평가를 듣곤 했다.[6]

덩샤오핑의 영도 집단에는 천윈과 리셴녠이라는 최고위직 인사가 있었는데, 그들은 덩샤오핑이 선발한 이들이 아니다. 그들은 이미 최고위급이었기 때문에 설사 덩샤오핑이 그들을 내치려 해도 쉽게 처리할 수 없었다. 덩샤오핑과 천윈, 리셴녠은 1904년, 1905년, 1907년생으로 동시대 사람이다. 그들은 1949년 이전부터 서로 알고 있었으며, 1950년대와 60년대에 모두 베이징에서 마오쩌둥과 저우언라이 밑에서 함께 일을 했다. 유명 인사라는 점에서 천윈과 리셴녠은 덩샤오핑에 비교할 수 없지만 정계에 정통한 간부들은 1980년대 권력 구조를 '두 개 반(兩個半)'으로 부르곤 했다. 이는 당내 고위급 인사들 사이에서 천윈은 덩샤오핑과 거의 대등하게 받아들여졌고, 리셴녠은 반걸음 정도 뒤에 있는 '마누라(婆婆)'로 여겨졌다는 뜻이다. 천윈은 덩샤오핑보다 한 살 어렸지만 1930년대 중엽 이후 20년 동안 덩샤오핑보다 높은 지위에 있었으며, 경제를 영도하거나 역사에 남아 있는 인사 문제를 처리함에 있어 타의 추종을 불허했다. 천윈은 1962년부터 1978년까지 실각 상태에 있었지만 리셴녠은 저우언라이 밑에서 경제를 영도하는 책임을 맡았다.

덩샤오핑보다 열 살 또는 스무 살 정도 젊은 세대의 고위급 간부들은 대학을 다닐 기회가 없었다. 그렇지만 덩샤오핑이 선발한 고위급 정치 영도자들은 교육을 존중하고 일을 하면서 스스로 배울 수 있는 이들이었다. 덩샤오핑은 자신의 영도 집단에 자신이 생각하기에 중국 현대화를 이끌 간부로서 가장 적합하고 능력을 갖추었다고 믿을 만한 세 사람, 즉 후야오방(1915년생), 자오쯔양(1919년생), 완리(1916년생)를 선발했다. 후야오방은 중국과학원을 이끈 과학자로 이미 증명된 바 있으며, 자오쯔양은 쓰촨에서 전도유망한 기업을 재조직하는 실험을 전개한 바 있다. 그리고 완리는 철도 산업의 질서 유지를 위한 정돈 사업을 성공적으로 끝마쳤다. 이들 세 사람은 현대 과학과 기술, 그리고 공학 분야에서 중국이 필요로 하는 것을 이해할 수 있는 젊은 간부를 이끌고 관리기술 혁신을 주도하게 될 것이다. 비록 그들 세 사람이 덩샤오핑을 위해 헌신하고는 있지만 친구라기보다는 공동의 조직을 위해 함께 일하는 동지이자 당의 기율을 엄수하고 당의 정책을 관철하는 동료에 가까웠다. 후야오방이나 자오쯔양에 비해 완리는 덩샤오핑과 관계가 더욱 밀접했다. 그러나 그 역시 자신을 덩샤오핑의 친구로 보지 않았으며, 충실한 부하라고 생각했다. 덩샤오핑의 영도 집단에서 또 한 명의 영향력을 지닌 이는 덩리췬(1915년생)이다. 그는 다른 이들과 달리 고위직을 맡은 적이 없었으나, 그 나름대로 확고한 신념을 가졌고, 특히 천윈과 왕전의 지지를 받고 있었기 때문에 주요 연설 원고 작성자이자 당내 문건의 초안자로서 큰 영향력을 발휘했다. 덩샤오핑 영도 집단의 또 한 명의 주요 인물은 1912년생인 후차오무다. 그는 정통 사상을 지도하는 특별한 임무를 맡았다. 제도 변화가 유동적인 상황에서 그들 일곱 명의 개인적 배경이나 성격, 경향, 일하는 스타일 등은 1980년대의 발전 추세에 중요한 작용을 했다. 그들은 모두 뛰어난 지적 능력을 지녔으며, 지난 수십 년 동안 당내에서 요직을 담당하면서 풍부한 경험을 갖춘 이들이었다.

1980년부터 1987년 후야오방이 물러날 때까지 덩샤오핑이 통치하던 시절에 서양식으로 말하자면, 덩샤오핑은 이사회의 이사장이자 최고 경영자이고, 덩샤오핑 아래 후야오방과 자오쯔양은 당과 정부 두 부문의 대표 이사라고 할 수 있다. 당은 전반적인 정책을 제정하고 상층에서 아래 기층에 이르기까지 각급 부문의 인사와 선전을 주관하며, 정부는 각급 행정 관리를 책임진다. 고위급 간부들은 대부분 당과 정부의 직무를 겸임하고 있기 때문에 하는 일이 중첩되기도 하지만 원칙적으로 후야오방과 자오쯔양은 각자의 영역에서 고유 업무를 영도하여 덩샤오핑의 비준을 받을 문건을 준비하고, 당과 정부에서 당면한 정책 시행, 즉 '일상 공작(日常工作)'을 영도하는 일을 맡았다. 물론 여러 가지 어려운 점이 많았지만 많은 간부는 1980년대 초반을 고위급 간부들이 중국의 개혁 개방을 착수하고 실현시키기 위해 함께 일했던 황금시대로 생각했다.

덩샤오핑이 곤란하게 생각하고 있던 문제는 최고위급 영도 집단이 아니라 그 아래에 있었다. 문화 대혁명 동안의 단절로 말미암아 경험이 풍부하고 잘 훈련된 다음 세대의 간부들이 없었기 때문이다. 덩샤오핑은 이런 상황을 '청황부접(靑黃不接)', 즉 작년 가을에 수확한 곡식은 다 떨어져 가고 들판의 곡물은 아직 여물지 않은 늦봄의 춘궁기로 비유했다. 그는 다행스럽게 일부 원로 간부들이 여전히 일을 하고 있기는 하지만 이런 공백 상태를 메워 들판의 푸른 곡식을 여물게 할 30, 40대 사람들 가운데 후계자를 육성하는 것이 무엇보다 시급하다고 말했다.

덩샤오핑은 당 조직부에 특히 전도유망하고 가능성 있는 젊은 간부들을 고위급으로 선발하기 위한 명단을 작성하라고 지시했다. 그해 조금 늦게 명단이 제출되자 덩샤오핑과 천윈은 전체 165명 가운데 서른한 명만 대학을 졸업했다는 것을 알고 크게 실망했다. 덩샤오핑은 비록 교육받은 젊은 간부를 갑자기 고위급으로 발탁할 수는 없다고 생각했지만 그들이 각급 단위에서 능력을 증명했다면 그 즉시 그들을 발탁할 수 있기를 기대했다.

1979년 7월 덩샤오핑은 전국 각급 조직부에 상급 영도자들의 적극적인 참여하에 2, 3년 내에 새로운 인재를 육성하라고 지시했다.[7] 능력 있는 후계자 육성을 위한 덩샤오핑의 노력을 관철시키기 위해 9월 5일부터 10월 7일까지 베이징에서 전국 조직 공작 좌담회가 열렸다. 후야오방은 회의에서 중요 연설을 통해 후계자 문제는 국가가 직면한 가장 시급한 임무라는 덩샤오핑의 의견을 전달했다.

덩샤오핑은 다른 중국공산당 영도자들과 마찬가지로 자주 후계자 '배양(培養, 육성)'에 대해 이야기하곤 했다. 그의 이야기는 선발과 공식적인 훈련 이외에도 개인적으로 직접 살펴봐야 한다는 것을 의미했다. 어떤 단위든 고위급 간부들은 자기 휘하의 젊은이들의 전반적인 발전을 감독하고, 그들이 관련 서적을 읽고 당에 대한 충성을 표현하며, 자신의 일에서 일정한 업적을 달성하도록 격려해야 했다.

인사 문제는 각 단위의 상급 영도자가 결정하는 것이지만 당의 각급 조직부 또한 각 당원들의 인사 자료를 수집하고 훈련 계획을 실시하며, 뒷세대 후보에 오를 만한 인물의 인사 자료를 상급 부서에서 심사할 수 있도록 보고하는 등 주요 책무를 맡았다.

당을 건설하는 데 바쁜 나날을 보내면서 덩샤오핑과 그의 동료 지도자들은 다른 한편으로 당이 국가를 대약진 운동과 문화 대혁명이라는 거대한 재앙으로 몰고 간 것으로 인한 대중의 불신임에 대처해야 했다. 1979년 말까지 중국 공산당 영도자들은 여전히 그러한 재난에 대한 자신들의 책임을 인정하지 않았기 때문에 당에서 다른 문제를 이야기할 때도 신뢰를 얻기가 힘들었다. 6월 전국인민대표대회에서 예젠잉이 건국 30주년 전날 발표하는 중요한 연설을 통해 이러한 문제를 해결하기로 결정했다.[8]

예젠잉의 건국 30주년 기념 연설: 1979년 10월 1일

덩샤오핑은 예젠잉이 건국 30주년 기념 연설을 하는 데 중요한 역할을 했다. 그는 연설 초안자들에게 1949년 이후 역사에 대해 전반적으로 긍정적인 평가를 담을 것을 주문하는 한편 대약진 운동과 문화 대혁명은 중국인이라면 누구나 자신이 직접 경험하여 잘 알고 있는 것이니 그 기간의 착오에 대해 솔직하게 인정해야 한다고 말했다. 그것은 중공 역사에 넓은 시야를 제공하고, 아울러 미래를 위한 새로운 방향 감각을 제공하는 것이었다. 연설문은 후차오무와 거의 스무여 명에 달하는 기안자들이 참여하여 초안을 마련했고, 전체 아홉 차례나 원고를 고쳤으며, 그때마다 고위급 지도자들이 면밀하게 심사했다. 덩샤오핑은 그 전 과정을 감독했다.[9]

예젠잉은 연설문을 낭독하기에 가장 이상적인 인물이었다. 그는 정부 공작을 감독할 책임이 있는 전국인민대표대회 위원장이었는데, 국경절 행사는 정부 소관이지 당의 업무가 아니었다. 게다가 그는 덕망이 높고 개인적 야심이 없었다. 그는 덩샤오핑과 화궈펑을 포함한 각계 인사들과 좋은 관계를 유지하고 있었다. 그는 마오쩌둥에게 심각한 비판을 받은 적이 없었으며, 많은 이가 친애하는 저우언라이와도 친밀한 관계를 유지했고, 군부와의 관계도 양호한 편이었다. 그러나 예젠잉은 몸이 쇠약한 상태였기 때문에 연설문의 처음 몇 구절과 마지막 몇 구절만 읽고 나머지는 다른 이가 대독했다.[10]

전체 1만 6000자에 달하는 그의 연설문은 중국공산당이 어떻게 중국 자신의 사회와 역사적 유산에 준거하여 소련에 대한 독립성을 유지하여 승리를 쟁취하게 되었는가를 이야기했다. 예젠잉은 중국 경제의 성장과 공공 교육의 보급을 회고했다. 그는 당이 어떻게 외세의 침략에 맞서 싸워 전승을 일구어 냈는가를 자랑스럽게 이야기했고, 아울러 당이 1957년 지나치게 많은 '자산 계급 우파'를 공격하는 잘못을 저질렀으며, 자신들의 업적을 지나치게 과장하는 우를 범했고, 현실을 무시한 채 집체화의 고급 단계를 실현하기 위해 '공산풍(共産風, 공산주의 바람)'을 잘못 일으켰다는 점을 인정했다. 그는 문화 대혁명은 심각한 정책 착오였으며, 이로 인해 린뱌오와 사인방 등 음모 분자들이 수많은 이를 박해했다고 인정했다. 그는 발달된 사회주의 제도를 건설하기 위한 당의 노력이 아직 성숙되지 않았으며, 당은 자신의 착오 속에서 뼈아픈 교훈을 얻었다고 하면서, 아름다운 미래를 위해 지금은 '현대화된 사회주의 강국'을 건설하기 위해 노력해야 할 때라고 말했다.[11] 그는 연설 중에 정신문명이 물질문명과 마찬가지로 중요하다고 강조했는데, 이 주제는 이후 후야오방이 보다 전면적으로 명백하게 밝힌 바 있다.

예젠잉은 국가가 대약진 운동과 문화 대혁명이라는 정책 착오를 저질렀을 때는 바로 마오쩌둥이 지도적 위치에 있던 시절이라고 했다. 이는 중국 관방에서 처음으로, 비록 직접적인 것은 아니지만 마오쩌둥이 이러한 착오에 일정 책임이 있다는 것을 공개적으로 인정한 것이었다. 예젠잉은 많은 영도자가 '신중하지 못함'으로 인하여 이러한 잘못을 저지른 것에 대해 일정 부분 책임을 져야 한다고 분명하게 말했다. "우리는 1957년 신중하지 못하여 …… 1958년 모든 새로운 사물은 확대 추진하기에 앞서 먼저 깊이 조사하고 연구하여 시험한 후에 실시한다는 원칙을 위배했다." 그는 또한 문화 대혁명에 대해 이렇게 말했다. "우리는 처음 17년 동안 확립된 정확한 방침을 한결같이 준수할 수 없었다. …… 이로 인해 우리는 이후 침통한 대가를 치러야 했고, 피할 수 있는 잘못을 피할 수 없었을뿐더러 더욱 심각한 잘못을 범하게 만들었다."[12]

예젠잉은 이어서 어떻게 하면 마오쩌둥의 착오 속에서 적당한 교훈을 얻을 것인가에 대해 지도 의견을 제시했다. 마오쩌둥은 1927년 이후 중국 혁명을 위한 정확한 길을 찾았다. "중국의 실제에서 출발하여 …… 우리 중국공산당원과 중국 인민들은 중국 혁명에서 발전되어 온 마르크스·레닌주의를 '마오쩌둥 사상'으로 칭한다."[13] 그는 또한 1956년 마오쩌둥이 주재한 중공 8대(중국공산당 제8차 전국대표대회)에서 마오쩌둥이 "혁명 시기 특유의 대규모 군중을 동원한 폭풍우처럼 맹렬하고 기세등등한 계급 투쟁은 이미 끝났다."라고 강조하고, 현재 가장 중요한 일은 "전국 각 민족의 인민들이 단결하여 새로운 전쟁, 즉 자연계를 향한 투쟁을 진행하여 우리나라의 경제와 문화를 발전시켜야 한다."라고 선포한 것을 적극 찬양했다.[14]

예젠잉의 연설은 대단히 긍정적인 반향을 얻었다. 교육을 받은 이들은 중공이 마침내 자신의 문제를 직시하고, 자신들이 지지하는 실용적인 방향으로 매진할 수 있게 되었다고 기뻐했다. 오랫동안 비난과 공격에 시달린 이들의 처지에서 볼 때 그 어떤 말로도 그들의 고난을 진정으로 보상할 수는 없었다. 그러나 당이 착오를 인정했다는 것은 비록 조금 늦기는 했지만 진정으로 환영할 만한 소식이 아닐 수 없었다. 또한 이는 중국공산당이 알맹이 없이 과장 섞인 구호를 남발하던 일을 끝내고, 솔직하게 국가가 직면한 문제를 처리하고자 한

다는 점에서 하나의 중요한 돌파구라고 할 수 있었다.[15]

당사(黨史)에 대한 평가 착수

예젠잉이 연설하기 전에 덩샤오핑은 이번 연설이 당의 역사 문제를 해결할 수 있겠지만 마오쩌둥의 역할에 대한 보다 진일보한 토론은 당분간 미뤄야 할 것이라고 생각했다. 그는 마오쩌둥과 그의 중국 역사상의 지위에 대한 보다 깊은 논의가 자신이 끝내고자 하는 쟁론을 확대시킬지도 모른다는 점을 우려했다. 가장 좋은 방법은 당면한 임무에 몰두하는 것이었다. 하지만 대부분의 정책 문제가 마오쩌둥의 역할과 밀접하게 관련이 있기 때문에 당내 영도자들이 대부분 당의 역사에 대한 진일보한 평가를 주장하고 있었다. 혹자는 만약의 경우 마오쩌둥의 일부 사상을 구체적으로 비판하지 않는다면 문화 대혁명과 같은 정치 운동이 또다시 일어날지 모른다고 걱정했다. 예젠잉의 연설이 긍정적인 반향을 불러일으키자 덩샤오핑은 몇 가지 논쟁거리에 대한 토론이 적어도 국가의 분열을 초래하는 일 없이 끝났다는 생각에 마음이 놓였다. 그는 몇몇 사람과 더불어 당의 역사에 대해 구체적으로 어떻게 분석할 것인가 고민하기 시작했다.[16]

1945년 제2차 세계 대전이 끝난 후 새로운 단계로 진입한 중국공산당은 제7차 전국대표대회를 개최했다. 중공 영도자들은 신시기(新時期)의 수요에 근거하여 과거 24년의 중국공산당 역사를 총결했다. 1979년 중국공산당은 문화 대혁명에서 벗어나 또 한 번의 신시기로 진입하게 되자 다시금 자신의 역사 경험을 총결하는 것이 타당하게 보였다. 영도층 내부에서 「건국 이래 당의 약간의 역사 문제에 관한 결의」라는 제목의 문건을 작성하자 마오쩌둥의 역할을 어떻게 평가할 것인가에 관한 문제가 집중적으로 거론되지 않을 수 없었다.

당의 역사에 대한 평가를 위해 덩샤오핑은 확고한 개혁파인 후야오방이 이끄는 소조를 만들고, 정통 사상 수호를 내세운 보수파인 후차오무와 덩리췬 두 사람에게 문건 기초위원회(起草委員會)의 주임과 행정 책임자를 나누어 맡겼다.[17] 통상적인 절차에 따라 덩샤오핑은 기초위원들을 만나 그들에게 다뤄야 할 중요한 문건을 배부했다. 덩샤오핑은 이후 소조와 열다섯 차례 만나면서 문건을 자세하게 검토하고 매번 구체적인 사항을 지시했다. 화궈펑은 1979년 여름에 이미 권력을 잃은 상태였기 때문에 덩샤오핑과 그의 동료들은 보다 쉽게 마오쩌둥에 대한 부정적인 비판이 포함된 내용에 대해 공통된 인식을 나눌 수 있었다. 그렇지만 당의 역사 경험에 대한 전면적인 총결은 1년이 넘는 세월이 흐른 뒤에야 마무리되었다. 1980년 자신의 통제권을 보다 강화하고 반대로 화궈펑의 권력 토대를 약화시킨 덩샤오핑은 비로소 마오쩌둥의 과오에 대해 더욱 직접적으로 토론할 수 있었다.

새로운 영도 집단 건립을 위한 마지막 준비: 1979년 하반기

화궈펑은 1979년 여름에 이미 권력의 한편으로 밀려났다. 덩샤오핑과 화궈펑의 업무 가운데 중첩되는 부분은 덩샤오핑이 깨끗하게 인수했다. 확실히 미국 국방부 장관 해럴드 브라운이 1980년 1월 베이징을 방문했을 때 화궈펑은 이미 아무런 실권이 없는 상태였다. 그래서 그가 연설할 때 장내에 있는 중국 관리들은 잡담을 나누면서 전혀 주목하지 않았다. 만약 평상시에 중국 영도자에게 이런 태도를 취했다면 이는 영도자의 존엄에 대한 심각한 도전으로 받아들여졌을 것이다.[18]

덩샤오핑은 1979년 10월 하순 후야오방, 야오이린(姚依林), 덩리췬과 만났다. 그들은 1980년 2월 개최 예정인 5중전회(五中全會)에서 다뤄야 할 주요 의제를 논의했다. 이번 중앙전체회의는 덩샤오핑 영도 집단의 시작으로 간주되었기 때문에 후야오방과 자오쯔양이 요직에 선출되고, 화궈펑의 주요 지지자인 왕둥싱, 우더, 천시롄, 지덩쿠이는 정치국에서 퇴출될 것이 분명했다. 덩샤오핑은 이번 회의에서 류사오치를 정식으로 복권시킬 생각이었다.[19] 이외에도 영도자들은 중앙서기처를 복원하는 계획을 논의할 예정이었다.

이번 주요 회의에서 그들은 화궈펑을 만날 일이 없었다. 덩샤오핑과 리셴녠의 건의에 따라, 화궈펑이 10월 12일에 프랑스, 독일, 이탈리아, 영국 등을 여행하기 위해 출국했기 때문이다. 그가 부재했기 때문에 국무원과 정치국 회의는 모두 덩샤오핑이 주재했다. 화궈펑이 11월 10일 귀국했을 때, 화궈펑을 지지하는 네 명의 정치국원을 퇴출시킨다는 내용이 담긴 5중전회의 기본 계획은 이미 기본적으로 마무리된 상태였다.[20] 화궈펑 지지자들이 물러난 자리를 자오쯔양과 후야오방이 차지하자 덩샤오핑의 역사 문제에 관한 결의 역시 보다 순조롭게 진행되었다.

3중전회가 끝나고 채 1년도 되기 전인 1980년 2월에 열린 5중전회에서 덩샤오핑은 자신의 권력 기반을 확고하게 다지고, 1980년대를 대비한 자신의 의제를 확정했으며, 고위층의 임무에 협조하도록 당의 구조를 조정하고, 아울러 자신의 고위급 영도 집단을 임명할 수 있었다. 미국식으로 이야기하자면, 덩샤오핑의 영도 집단은 1980년 초에 시작했다고 말할 수 있을 것이다.

1980년대를 위한 '국정 자문(國情咨文)'

1980년 1월 16일 덩샤오핑은 「목전의 형세와 임무」라는 제목의 중요한 연설을 통해 자신이 1980년대를 위해 확정한 주요 임무를 제시했다. 이는 향후 10년간의 '국정 자문'이라고 할 수 있다. 1977년 화궈펑이 중국공산당 제11차 전국대표대회에서 행한 정치 보고는 당시의 정치 투쟁에 중점을 두었지만, 1978년 덩샤오핑이 발표한 10년 계획은 주로 경제 문제에 집중되었다. 덩샤오핑이 1978년 11기 3중전회에서 행한 간단한 연설이 개혁 개방을 알리는 집합호(集合號)라고 한다면 1980년 1월의 연설은 마오쩌둥 사망 이후 첫 번째로 향후 10년간의 전체 목표를 확정하는 중요한 연설이라고 할 수 있다.

덩샤오핑의 논리는 간단하고 명확했다. 4개 현대화 실현에 도움을 주는 정책을 채용하겠다는 것이다.

> 전체 중요 공작의 핵심은…… 현대화 건설입니다. 이는 우리가 국제 문제와 국내 문제를 해결하는 가장 중요한 조건입니다. 모든 것은 우리나라에서 우리가 하는 일을 잘할 수 있는가 여부에 달려 있습니다. 우리가 국제적으로 얼마만한 역할을 할 수 있는가는 우리가 이룩한 성취가 얼마만 한 것인가를 보면 됩니다.…… 우리의 대외 정책은 우리 입장에서 볼 때, 4개 현대화를 실현시킬 수 있도록 평화로운 환경을 찾아야 한다는 것입니다.…… 이는 중국 인민의 이익에 부합할뿐더러 세계 인민의 이익에도 부합하는 중대한 일입니다.[21]

덩샤오핑은 연설에서 "현재 특히 청년 가운데 사회주의 제도를 의심하면서 어떤 사회주의도 자본주의만 못하다고 말하는 이들이 있다."라고 인정했다. 그렇다면 어떻게 해야 사회주의의 우월성을 확보할 수 있을 것인가? 덩샤오핑은 이렇게 말했다. "우선 경제 발전의 속도와 효과 면에서 보여 주어야 한다."[22] 당시에는 공산당이 영도하는 국가의 경제 발전 속도가 30년은 고사하고 10년 만에 서방 국가의 발전 속도를 능가할 것이라고 예상하는 외국인은 거의 찾아볼 수 없었다.

덩샤오핑은 간부 선발 기준에 대해 재차 언급했다. 그는 간부들에게 주요 직위에 오르고자 한다면 전문적인 소질을 구비해야 한다고 말했다. 또한 그는 막강한 경제력을 지녀야만 굳건하게 패권주의와 대항할 수 있으며, 대만과의 통일 실현도 가능할 것이라고 말했다. "우리는 80년대에 대만을 조국의 품으로 회귀시켜 조국 통일을 실현하는 목표를 위해 최선을 다해야 한다."[23] 대만 문제에 대해 그는 계속해서 이렇게 말했다. "경제 발전에 있어서도 우리는 대만에 비해 일정 정도 우월해야 하며, 그렇지 않으면 안 된다. 4개 현대화를 성공적으로 이룩하여 경제가 발전하면 통일을 실현할 수 있는 우리의 역량도 달라질 것이다."[24] 10년 내에 경제적으로 대만을 능가하여 통일을 실현시킨다는 덩샤오핑의 목표는 지나치게 낙관적인 것으로 판명되었다. 하지만 대만이 이후 30년 동안 얻은 경제적 성과는 1980년 당시만 해도 아무도 상상할 수 없었던 중국과의 경제 관계에 전적으로 의지했다는 것 또한 사실이다.

경제 현대화를 실현하려면 무엇을 해야 하는가? 덩샤오핑은 네 가지 요구를 제기했다. 1) 확고한 정치 노선. 2) 정치적 안정과 단결. 3) 근면하고 분투하는 창업 정신. 4) '사회주의 노선을 견지하면서 전문적인 지식과 능력'[25]을 겸비한 간부 집단. 확고한 정치 노선과 사회 안정 확립을 골자로 한 핵심적인 내용은 9개월 전 그가 제시한 4개 기본 원칙 및 최고 영도자가 되었을 때부터 시종일관 견지했던 그의 입장과 완전히 일치한다. 그는 1980년 1월 16일 연설에서 이렇게 말했다. "아직도 여러 깡패 집단이나 불법 분자들이 있습니다. 공공연히 사회주의 제도와 공산당 영도를 반대하는 이른바 '민주파' 및 또 다른 꿍꿍이가 있는 이들도 있습니다. …… 반혁명 분자들이 즐겨 말하는 무슨 언론 출판의 자유나 집회 결사의 자유 등은 절대로 허용할 수 없습니다."[26] 그러나 그는 또한 '백화제방·백가쟁명' 방침을 계속 유지하겠다고 하면서, "문예는 정치에 복무해야 한다."라는 구호는 문예에 간섭을 가하는 이론적 근거가 되기 때문에 폐기한다고 말했다. 하지만 경고도 잊지 않았다. "어떤 진보적이고 혁명적인 문예 공작자도 작품이 사회에 끼치는 영향을 고려하지 않으면 안 됩니다."[27]

1978년 12월 이래로 높아지기 시작한 과도한 기대치를 꺾기 위해 덩샤오핑은 미래를 위한 분투와 개척 정신의 필요성에 대해 언급했다. 20년 동안 여러 가지 힘든 난관을 겪은 후인지라 많은 이가 현실보다는 자신의 희망에 기초한 목표를 설정했다. 덩샤오핑은 일본 총리 이케다 하야토(池田勇人)가 제창한 10년 내 국민 수입 배가 계획이 1970년대 일본의 경제 성장을 자극했다는 사실에 깊은 인상을 받았다. 그러나 한편으로는 대약진 운동 시절 도저히 달성할 수 없는 목표 설정으로 인한 엄청난 좌절을 누구보다 잘 알고 있었다. 그래서 그는 신중하게 중국 내 전문가들에게 의견을 구하는 한편 세계은행 등 해외 전문가들에게도 자문을 얻은 다음에야 현실 가능한 목표를 확정했다.[28] 덩샤오핑은 1980년부터 2000년까지 중국의 수입이 두 배가 될 것이라는 확신이 들자 "금세기 말까지 수입이 네 배가 될 것이다."라는 구호를 내걸고 본격적인 선전을 시작했다. 그러나 나중에 목표 달성이 어렵다는 것을 알게 되자 슬그머니 말을 바꿔 "국민 총생산이 네 배가 될 것이다."라고 선전했다. 이는 비교적 달성하기 쉬운 목표였기 때문이다. 그러나 그는 대중에게 향후 10년간 중국은 복지 국가가 될 만한 재정적 여력이 없다고 솔직하게 말했다.

1978년 3중전회 이후 덩샤오핑은 적지 않은 성급 간부들이 투자와 발전에 지나치게 조급하여 성장을 제한하는 '조정 정책'을 추구하는 천원 등을 우려하고 있다는 사실을 알게 되었다. 하지만 그는 여전히 그 정책을 지지했다. 덩샤오핑은 목전의 현대화 속도에 불만을 가진 '몇몇 동지'에게 과거와 비교할 때 1978년부터 1980년까지 얼마나 많이 발전되었는가를 상기시켰다.

실제로 덩샤오핑이 집권당의 이상적인 역할에 대해 규정할 때면 마오쩌둥의 신도가 아닌 서구의 기업 관리자가 말하는 것처럼 들렸다고 한다. 그는 이렇게 말한 적도 있다. "노동 생산의 효율을 제고시키고 사회의 수요에 부합하지 않는 생산품이나 품질 요구에 적합하지 않는 폐품을 줄이며, 각종 원가를 낮추고 자금의 회전율을 높여라."[29] '홍'과 '전' 가운데 어느 것이 간부에게 중요한가에 대해 덩샤오핑은 기존의 관점을 재차 강조했다. "우리는 점진적으로 각급 당위원회를 포함한 각급 업무 기구를 모두 전문적인 지식을 갖춘 인물이 영도할 수 있도록 해야 한다." 그는 "문화 대혁명 시절 당에 들어온 새로운 당원 중에 일부 부적합한 이들이 있다."라고 경고하기도 했다. 그는 다음과 같이 당에 대한 강력한 지지를 표명하면서 국정 자문을 마쳤다. "당의 영도가 없으면 현대 중국의 모든 것이 없다."[30]

2월 29일 5중전회 마지막 날, 덩샤오핑은 보다 효과적인 영도를 바란다는 자신의 기대를 표명했다. 그의 말투는 마치 군인 출신의 공장장 같았다. 그는 계속해서 이렇게 말했다. "회의는 작게 그리고 짧게 열고 준비 없는 회의는 하지 마시오. …… 할 말이 없으면 입을 다물고 …… 회의를 열거나 말을 하는 것은 문제를 해결하기 위함이오. …… 중대한 문제는 여러 영도자가 함께 모여 해결하시오. 그리하여 어떤 일, 어떤 분야의 일은 누가 책임질 것인지 확실하게 정하고, 누군가 책임을 졌다면 반드시 그가 전담할 수 있도록 하시오."[31]

덩샤오핑을 알고 있는 사람이라면 그가 사회의 안정을 유지하기 위해 내린 결정이 전혀 의외라는 느낌이 들지 않을 것이다. 예를 들어 그는 공개적인 공격을 용인하지 않았다. 1966년 홍위병들은 공개적으로 누군가를 공격할 때 4대(大) 자유(대명(大鳴), 대방(大放), 대변론(大辯論), 대자보(大字報))를 만끽했다. 그러나 이는 이후 헌법을 수정하면서 폐기 처분되었다. 덩샤오핑은 당내 민주의 함의에 대해 이렇게 설명한 적이 있다. 당원은 누구나 의견을 제출할 수 있다. 이는 문제 해결에 도움이 된다. 당의 영도자가 각종 의견을 취합하여 일단 결정을 내리면 당원들은 반드시 집행해야 한다. 이것이 그가 말한 당내 민주다. 덩샤오핑은 말을 듣지 않는 당원은 어떻게 처리할 것인가에 대해 분명하게 말했다. "자격이 없는 당원"은 제명해야 한다.[32] 덩샤오핑의 이러한 관점은 1980년에 이미 틀을 갖추었다. 5중전회에서 행한 덩샤오핑의 연설은 그가 권력을 쥐고 있던 기간 내내 그의 정책에 대한 설득력 있는 개요라고 할 수 있다.

취임식: 5중전회, 1980년 2월 23~29일

1980년 2월 23일부터 29일까지 열린 5중전회에서 중앙위원회는 덩샤오핑과 그의 동료들이 1979년 마지막 몇 주 동안 결정한 내용을 정식 비준했다. 화궈펑을 지지하는 정치국 주요 성원인 왕둥싱, 우더, 천시롄, 지덩쿠이 등은 공식적인 비판을 받고 정치국에서 '사직'했다. 천시롄과 지덩쿠이는 부총리 직위에서 물러났다. 왕둥싱과 천시롄은 골수 급진파였지만 우더와 지덩쿠이는 타고난 급진파라고 할 수 없었다. 그들은 다만 경험 있는 당 영도자로서 오랜 세월 자신을 보호하기 위해 급진파에 순응했을 따름이지만 그들의 정치적 운명은 톈안먼에서 저우언라이와 덩샤오핑에게 경의를 표하는 시위대를 진압했던 1976년 4월 5일 결정되었다.

덩샤오핑의 주요 지지자인 후야오방, 자오쯔양, 완리 세 명이 요직을 이어받았다. 후야오방은 당의 총서기가 되었다. 화궈펑은 명목상 여전히 총리로 남아 있었지만 자오쯔양이 실질적인 총리로 부상하여 국무원의 일상 업무를 주관했다. 그리고 완리가 실질적인 부총리 겸 국가농업위원회 주임을 맡았다. 이는 전국적인 농업 생산에서 포산도호를 실행하면서 이미 예견된 자리였다. 그들 두 사람의 부총리 직책은 4월에 열린 국무원 상무위원회 회의와 8월의 전국인민대표대회 상무위원회 회의에서 공식적으로 비준되었으며, 아울러 2월에 이미 정치국을 떠난 지덩쿠이와 천시롄도 공식적으로 부총리 자리에서 물러났다.

5중전회는 사실상 후야오방과 자오쯔양이 당과 정부의 일상 업무를 주재하기 시작함을 알리는 일종의 취임식이었다. 대다수 정치국 위원들은 덩샤오핑 노선의 열렬한 지지자들이었다. 정치국 상무위원회는 사실 거의 열리지 않았기 때문에 이번 일이 중요한 것은 공식적인 투표 때문이 아니었다. 하지만 상무위원회의 인사 변동이 통치층 내부에 새로운 정치 분위기를 조성했기 때문에 중견 간부들은 상층부에서 새로운 정책 노선을 표방할 것임을 쉽게 예상할 수 있었다. 그래서 그들은 5중전회 이후 덩샤오핑과 후야오방이 주요 회의에서 행한 연설과 문건을 더욱 면밀히 검토했다. 그들은 더는 손해 보지 않도록 양다리를 걸칠 필요가 없었으며, 화궈펑이 무슨 말을 하는지에 대해 세심하게 관심을 가질 필요는 더더욱 없었다.

5중전회에서 최고 영도층으로 진입한 간부들 외에 일부 능력을 갖추고 개혁에 전념한 원로 간부들도 고위급 직책을 맡았다. 덩샤오핑은 문화 대혁명 시절 경험이 풍부한 원로 간부들을 비난한 대가로 승진했던 일부 간부들을 자신의 영도 집단 내 주요 자리에서 완전히 배제시켰다. 군부의 주요 보직은 덩샤오핑의 특별한 신임을 받고 있는 제2야전군 출신 부하들에게 맡겼다. 그러나 이외에 그는 스스로 배경이 서로 다른 당원들을 능히 영도할 수 있다는 확신을 가졌기 때문에 굳이 개인적 충성을 요구할 필요가 없었다. 그가 영도하는 것은 파벌이 아니라 당이었다. 다만 입장을 바꿔 그의 영도를 받아들이지 않는 문화대혁명의 수혜자들은 예외였다.

덩샤오핑은 선전부에 구체적인 지시를 할 필요가 없었다. 5중전회에서 주요 선전 매체인《인민일보》, 신화사,《광명일보》, 그리고 당 기관지인《홍기》의 총 편집자를 포함한 선전부 간부들은 덩샤오핑의 회의 연설에 근거하여, 그의 관점을 반영하는 사설과 글을 게재했다. 덩샤오핑은 오랫동안 요직에 있으면서 자신에게 주어진 중책을 잘 감당해 냈기 때문에 무엇보다 자신의 연설에 대해 다른 사람들이 어떻게 해석하는가를 판단하는 데 노련했다. 그래서 연설에 더욱 신중을 기했다.

고위층에서 나온 신호에 대해 아랫사람들은 면밀하게 검토하고 연구했다. 어느 성위(省委) 서기는 베이징에 오면 언제나 먼저 서기처로 달려가 덩샤오핑의 최근 관심사에 정통한 믿을 만한 지인을 찾아 이야기를 나누곤 했다. 각 부위(部委, 부처위원회)나 각 성의 책임자들도 모두 크지 않은 정책 연구실을 운영했는데, 그 주요 임무 가운데 하나는 수시로 고위층의 새로운 생각이나 그것이 자신들에게 미치는 영향과 의의를 이해하고 파악하는 것이었다. 상부에서 하달되는 문건은 하급 간부들이 한 문장씩 자세히 읽을 수 없을 정도로 많았다. 각급 단위의 정책 연구실 직원들은 자신들의 상사가 적시에 어떤 지시 내용이 가장 중요한가를 숙지토록 하고, 덩샤오핑과 후야오방 총서기, 그리고 자오쯔양 총리가 다음에는 무엇을 할 것인가를 예측하는 것이 주요 업무였다. 이를 통해 각 단위의 지도부는 어떻게 해야 곤경에서 벗어날 수 있고, 어떻게 하면 보다 많은 재원을 중앙에 간청할 수 있는가에 대해 나름의 요량이 있었다.

1980년대 초에 단행된 인사 조치로 인해 덩샤오핑은 보다 효과적으로 일상 업무를 처리하면서 마오쩌둥주의자들이 지연시키거나 방해했던 계획을 추진할 수 있었다. 류사오치 복권에 관한 대치 국면도 금세 타개되었다. 류사오치는 1945년부터 1966년까지 마오쩌둥 바로 아래의 2인자였으나, 나중에 마오쩌둥은 그를 반역자이자 '주자파(走資派)'라고 공격했다. 비록 그는 1969년 세상을 떴지만 그에게 씌워진 억울한 누명은 아직 벗겨지지 않은 채 남아 있었다. 덩샤오핑은 5중전회에서 류사오치의 복권이 곧 마오쩌둥에 대한 비판은 아니라고 말했다. 하지만 류사오치에 대한 복권으로 인해 당원들은 마오쩌둥의 과오를 인정하는 그에 대한 역사 평가 수정에 도움을 얻을 수 있었으며, 류사오치와 함께 일했던 원로 중공 간부들에 대한 복권도 더욱 쉬워졌다.[33]

5중전회는 1966년에 철폐된 서기처를 다시 설치했다. 서기처가 다시 개설되면서 각 부문의 작은 영도 그룹을 이끌고 있는 정치국원들은 서기처에 자신의 판공실을 두었다. 실제로 서기처는 당의 일상 업무를 돕는 가장 중요한 기구가 되었다. 서기처는 매주 정례회의를 열었는데, 국무원에 자신의 판공실을 가지고 있는 자오쯔양도 참가하여 당과 정부 간의 협력 업무를 처리했다.

5중전회의 변화는 정치국 회의의 모순을 줄이는 데 일조하여 전면적인 개혁의 길을 더욱 넓혔다. 새로운 영도 집단이 공고해지면서 덩샤오핑은 이후 몇 개월 내에 각지의 농촌 공사를 해산하고 포산도호를 실행하라는 지시를 내릴 수 있었다. 5중전회 역시 1980년 말 당의 역사를 평가하고 화궈펑의 모든 직무를 해제하는 사안을 처리하는 기틀을 마련했다.

화궈펑의 사퇴, 마오쩌둥 시대와의 고별: 1980년 가을~1981년 여름

덩샤오핑이 화궈펑을 밀어내기로 마음먹은 것이 언제인지는 아직까지 믿을 만한 기록이 나와 있지 않다. 하지만 마오쩌둥이 어떻게 간부들을 몰아냈는가에 대한 덩샤오핑의 오랜 관찰 경험과 1978년 12월부터 1981년 6월까지 일사불란하게 단계적으로 화궈펑의 권력 기반을 제거한 것에 근거해 볼 때, 그가 이미 사전에 나름의 전략이 있었을 것이라는 추측도 일리가 있다. 1978년 12월까지 그에게 화궈펑을 배제하기 위한 명확한 계획이 없었다 할지라도 적어도 당시에 그는 이미 어떻게 하면 동료들을 놀라게 하거나 공개적인 투쟁을 하지 않으면서 단계적으로 화궈펑의 권력을 줄여 나갈 것인가에 대해서는 고민하고 있었다.

마오쩌둥은 고위급 간부들을 공격할 경우 때로 그들의 주요 지지자를 먼저 제거하여 고립시킨 후 그들에 대한 비판이 더욱 용이하도록 만들었다. 마찬가지로 덩샤오핑은 1980년 2월 화궈펑의 오른팔을 제거한 후 자오쯔양에게 총리직을 인수하도록 했다. 화궈펑은 1980년 5월 일본 순방길에 올랐을 때 이미 권력의 대부분을 상실한 처지였다. 그의 출국은 단지 중국 내에 권력 투쟁으로 인한 분열이 없다는 것을 보여 줌으로써 외부 세계가 안심하도록 하기 위함이었다.[34] 1980년 8월 화궈펑은 정식으로 총리직에서 사퇴했다. 그리고 1981년 6월 베이징에서 개최된 11기 6중전회에서 화궈펑의 당 중앙 주석 및 중앙군사위원회 주석직 사퇴 요청이 전원 일치로 통과되었다.

마오쩌둥에 대한 평가에 초점을 맞춘 중공당사(中共黨史) 평가 역시 화궈펑의 직무 해제와 동시에 진행되었다. 이 두 가지 사건의 관계는 당연하고 자연스러운 것이었다. 화궈펑은 마오쩌둥의 모든 정책과 지시, 심지어 마오쩌둥이 중대한 오류를 저질렀을 당시의 것들조차 무조건 긍정했다. 그러나 이러한 착오는 마오쩌둥 시대에 대한 보다 솔직한 평가를 통해 백일하에 드러났다. 당의 역사 평가 작업은 1979년 예젠잉의 건국 30주년 기념 연설 직후부터 시작되었는데, 당시 덩샤오핑은 광범위하게 의견을 수집하여 마오쩌둥 평가에 대한 당의 합의를 도출할 수 있도록 준비했다.[35] 예젠잉의 연설이 끝나고 십수 일이 지난 어느 날 덩샤오핑은 후야오방이 지휘하는 작은 그룹(小班子)을 만들었다. 그 그룹은 1979년 10월 30일 첫 회의를 개최했다.

적어도 모스크바의 공산당 20차(소련공산당 제20차 전국대표대회)에 참가하여 회의석상에서 흐루쇼프가 공개적으로 스탈린을 비판하는 모습을 보았던 1956년부터 덩샤오핑은 마오쩌둥의 유산을 어떻게 대처해야 하는가를 심각하게 고민했다. 덩샤오핑은 오랜 세월 이러한 문제를 심각하게 고민할 여러 번의 기회가 있었다. 특히 문화 대혁명 시절 장시로 하방되어 지냈던 3년 6개월의 세월이 그러했다. 덩샤오핑은 젊은 시절 마오쩌둥을 지극히 공경했다. 수십 년 동안 그를 위해 충성을 다했으나 오히려 두 차례씩이나 쫓겨났고, 공개 비판이라는 치욕을 당해야만 했다. 큰아들은 마오쩌둥의 홍위병들에 의해 평생 하반신 마비라는 고통을 감내해야 했다. 만약 그가 마오쩌둥을 원망하지 않는다면 오히려 비인간적이다. 아무리 냉정한 인물이라 할지라도 그 역시 보통 사람들처럼 애증의 감정이 섞여 있었을 것이다. 하지만 그는 역사 문제에 대처하면서 어떤 개인적인 감정도 드러내지 않았다.

마오쩌둥을 평가하는 과정은 어떻게 당의 권위를 유지하면서 휘하 고위급 간부들을 마오쩌둥의 노선에서 벗어나게 할 것인가에 관한 덩샤오핑의 오랜 세월 일관된 이성적 분석과 맞닿아 있다. 1980년 8월 평가 작업이 여전히 기본 단계에 머물고 있을 때, 덩샤오핑은 이탈리아 언론인 오리아나 팔라치(Oriana Fallaci)에게 이렇게 말한 적이 있다. "우리는 흐루쇼프가 스탈린을 다루듯이 마오쩌둥 주석을 대하지는 않을 것이오."[36] 1980년 10월 논쟁이 벌어졌을 때 덩샤오핑은 기안자에게 이렇게 지시했다. "마오쩌둥 동지의 과오에 대해 지나치게 쓸 수는 없다. 지나치게 쓸 경우 마오쩌둥 동지에게 먹칠을 할뿐더러 우리 당과 국가에 대해서도 먹칠을 하게 된다."[37] 최종 문건은 마오쩌둥에 대한 충분한 존중을 표하고 있었다. 그래서 덩샤오핑을 포함하여 일찍이 마오쩌둥과 긴밀하게 협력하며 함께 일했던 이들의 권위도 전혀 손상되지 않았다. 하지만 결의(決議)는 왜 현재 마오쩌둥의 비판을 받은 간부들에 대한 복권 작업을 해야 하는가에 대한 해명과 마오쩌둥 시대에 진행된 고도의 집체화와 계급 투쟁을 부정하는 것에 대한 정당한 설명을 해야 했다.

관련 문건의 첫 번째 원고는 1980년 2월에 완성되었다. 전하는 바에 따르면, 덩샤오핑은 그 문건에 대해 그다지 만족스럽지 않았다. 그는 후야오방과 후차오무, 그리고 덩리췬을 불러 다음 몇 가지를 건의했다. 첫째, 마오쩌둥 사상과 그의 역사적 역할에 대해 보다 긍정적으로 평가하라. 둘째, 실사구시의 정신에 입각하여 문화 대혁명 시절에 이루어진 마오쩌둥 주석의 과오를 설명하라. 셋째, 전반적인 결론을 도출하여 인민들이 일치단결하여 앞으로 나아갈 수 있도록 하라. 그는 이 세 가지 가운데 첫 번째가 "가장 중요하고 가장 근본적이며, 가장 관건이다."라고 말했다.[38] 덩샤오핑은 개인적으로 마오쩌둥의 비판과 결정에 의해 여러 차례 고통을 받았지만, 그것과 상관없이 기안자들에게 당과 인민은 반드시 마오쩌둥 사상을 계속 견지해야 한다는 점을 분명하게 적으라고 말했다. 마오쩌둥 치하에서 쫓겨났던 많은 고위급 간부가 복권되고, 민주의 벽에 마오쩌둥에 대한 비판이 수없이 등장한다는 것은 핵심권에 있는 수많은 이가 마오쩌둥에 대한 비판을 지지하고 있음을 의미했다. 그렇기 때문에 덩샤오핑은 공개적으로 자신의 입장을 밝힐 수 있었다. 그것은 마오쩌둥의 중요성을 수호하지만 결코 과거의 노선으로 돌아갈 수 없다는 것이다.[39] 매번 공개적으로 이야기할 때마다 그는 마오쩌둥 주석의 위대한 공헌을 충분히 인정하지 않는 최신 원고에 대해 불만을 터뜨렸다.

예를 들어 덩샤오핑은 1980년 6월 27일 초고가 지나치게 부정적으로 작성되었다고 말했다. 그는 기안자들에게 마오쩌둥이 지지했던 긍정적인 사건을 더욱 강조하라고 지시하는 한편 마오쩌둥의 착오가 근본적으로 체제와 제도에서 기인했다는 사실을 인지할 것을 요구했다. 덩샤오핑은 기안자들이 대약진 운동의 착오를 인정해야 한다는 점에서 다른 선택의 여지가 없다는 후차오무의 관점(문화 대혁명과 달리 덩샤오핑은 대약진 운동에 적극적으로 참여했다.)을 받아들였다. 하지만 그는 기안자들이 대약진 운동에 대해 언급할 때 우선 당시의 일부 긍정적인 성과를 설명한 후에 과오를 밝혀야 한다고 고집했다.[40]

보다 광범위한 인민 대중의 합의를 도출하여 대립이 아닌 단결을 도모하기 위해 덩샤오핑은 베이징과 각 성의 고위급 간부들에게 초고를 보고 의견을 제시할 기회를 주라고 지시했다. 그래서 정치국에서 초고를 최종 수정한 후 중앙판공청은 1980년 10월 12일 고위급 간부 4000명에게 발송하여 의견을 제시하도록 했다.[41] 사실 중앙당교에서 교육을 받고 있는 1500명도 초고를 받았기 때문에 전체 5600명의 중공 고위급 당원들이 토론에 참가한 셈이 된다. 일부 당원은 노골적으로 엄격하게 마오쩌둥을 비판할 것을 요구했다. 과학 기술 전문가인 팡이는 마오쩌둥은 (중국) 역사에서 가장 폭군이라고 말했다. 1967년 2월 대담하게 문화 대혁명에 대해 비판한 적이 있는 탄전린은 마오쩌둥의 행동은 자신의 가르침을 위배한 것이라고 말했다. 하지만 자신의 상관인 펑더화이가 심한 박해를 받았고 그 자신 또한 가혹한 비판에 시달린 적이 있는 황커청(黃克誠)이 주요 회의석상에서 마오쩌둥의 공헌을 옹호하자 다른 이들도 더는 가혹하게 마오쩌둥을 비판할 수 없었다.

비록 초고의 수정과 심의가 계속되었지만 1980년 11월 말에 이르자 주된 토론은 모두 끝이 났다. 1981년 3월 24일 덩샤오핑과 천윈이 최종 초고에 대해 논의할 때 천윈이 건국 이전 마오쩌둥의 역할에 대해 많이 이야기하면 마오쩌둥의 긍정적인 공헌을 부각시킬 수 있을 것이라고 말했다. 아울러 마오쩌둥의 이론적 공헌을 특히 중시하여 마르크스 · 레닌주의와 마오쩌둥 사상을 강조할 필요가 있다고 했다. 덩샤오핑은 그의 의견을 받아들여 기안자들에게 전했다.[42]

이러한 광범위한 토론은 고위급 간부들이 마오쩌둥의 명예 문제를 얼마나 중시했는가를 반영한다. 그것은 무엇보다 마오쩌둥의 역사적 지위가 그들 자신의 정치적 미래상과 그들의 친척 및 동료들의 대우를 결정하는 것이기 때문이다. 특히 주목할 부분은 이러한 평가에서 마오쩌둥과 류사오치, 펑더화이의 의견 불일치가 더는 '두 노선의 투쟁'으로 표현할 만큼 심각한 것으로 간주되지 않았다는 점이다. 이는 모든 이에게 숨 쉴 공간을 마련해 준 것이며, 특히 피해를 입은 가족이나 친구들에게 이러한 어휘상의 변화는 크게 감사할 일이었다.

최종적으로 수정된 문건 도처에서 마오쩌둥 사상과 무산 계급 혁명가로서 마오쩌둥의 공헌과 찬양을 볼 수 있었지만 대약진 운동과 문화 대혁명 시절 그의 역할에 대한 비판도 적지 않았다. 예를 들어 대약진 운동의 문제는 "마오쩌둥 동지와 중앙, 그리고 지방의 적지 않은 영도 동지들이 승리 앞에서 교만하고 스스로 흡족하게 생각하는 정서가 자라나면서 성과에 급급하여 주관적인 의지와 주관적인 노력의 역할을 과장했기 때문이다."라고 적었다. 그리고 문화 대혁명은 "당과 국가, 그리고 인민들에게 건국 이래 가장 심각한 좌절과 손실을 입혔다. 이는 마오쩌둥 동지가 발동하고 영도한 것이다."[43]라고 기록했다. 문건은 마오쩌둥의 착오에 대해 개괄적으로 언급했을 뿐이나 덩샤오핑은 장차 15년 후에 마오쩌둥에 대한 또 다른 평가가 있을 것이라고 말했다. 그의 말은 아주 분명하다. 만약 당이 1980년에 지나치게 엄격하게 마오쩌둥을 비판하게 되면 분열을 초래하거나 인민들의 지지를 약화시킬 수 있지만, 몇 년 후 당이 현재의 정서나 인사 문제에서 거리를 두게 되면 아마도 마오쩌둥에 대해 보다 구체적이고 솔직한 평가를 내릴 수 있을 것이라는 뜻이다.[44]

소련이 스탈린에 대해 과를 3, 공을 7로 평가한 것과 마찬가지로 마오쩌둥의 공과에 대한 평가 역시 삼칠제(三七制)였다. 마오쩌둥 자신도 과오를 인정한 적이 있었다. 덩샤오핑은 문화 대혁명 시절 마오쩌둥이 형세를 잘못 판단하고 그릇된 방법을 채용했으며, 이러한 잘못이 당과 국가에 심각한 손실을 조성했다고 지적했다. 1981년 3월 19일 초안 작업이 거의 마무리되자 덩샤오핑은 문화 대혁명 기간에 마오쩌둥의 역할에 대한 토론에 만족감을 표시했다.

덩샤오핑은 중국 인민들이 마오쩌둥과 화궈펑에 대한 평가 과정이 정당하게 이루어졌다는 사실에 안심하고, 아울러 대외적으로 중국에 파괴적인 '권력 투쟁'이나 '비모화(非毛化)'도 발생하지 않았음을 표명할 필요가 있다는 점을 깊이 인식하고 있었다. 그즈음 이탈리아 언론인 오리아나 팔라치가 인터뷰를 신청했다. 그녀는 정상급 인사와 인터뷰로 세계적인 명성을 지닌 기자인데, 예리한 언변과 충분한 사전 준비로 사람들이 골치 아파하는 민감한 문제를 제기해 유명세를 떨치고 있었다. 덩샤오핑은 쾌히 그의 도전을 받아들이기로 했다. 1980년 8월 21일 오전 그녀의 인터뷰는 대단히 유쾌하게 진행되었다. 인터뷰를 마치면서 덩샤오핑이 농담 삼아 말했다. "자, 이제 식사하러 갑시다. 내 위가 이미 혁명을 일으키기 시작했어요." 덩샤오핑은 이틀 후에 다시 그녀를 만나기로 했다.

팔라치가 덩샤오핑을 처음 만나기 2주 전 베이징 당국은 공공장소에 걸려 있는 마오쩌둥 초상화나 그의 시사(詩詞)를 줄이도록 지시했다. 그렇기 때문에 팔라치는 제일 먼저 "톈안먼에 걸려 있는 마오쩌둥 주석의 초상화는 놔둘 것인가요?"라는 질문부터 했다. 덩샤오핑은 "영원히 걸어 둘 것이오."라고 말한 뒤 마오쩌둥이 과오를 범하기는 했으나 린뱌오나 사인방의 범죄 행위와는 다르며, 그의 성취와 비교하면 과오는 나중 문제라고 했다. 설사 마오쩌둥이 만년에 실제와 직접 접촉할 기회가 적어 그 자신이 원래 제창했던 사상과 위배되었을지언정 마오쩌둥 사상은 여전히 중요한 지침을 제공하고 있다는 것이었다. 팔라치가 대약진 운동 시절의 착오에 대해 묻자 덩샤오핑은 그것은 마오쩌둥 개인의 잘못이 아니며, 마오쩌둥과 함께 일했던 모든 이의 잘못으로, 그들도 모두 책임이 있다고 말했다.[45] 그녀가 마오쩌둥이 린뱌오를 후계자로 정한 것에 대해 물었을 때, 덩샤오핑은 영도자가 자신을 위해 후계자를 선택하는 것은 봉건적인 방식이라고 대답했다. 덩샤오핑의 의사는 아주 분명했다. 그것은 마오쩌둥이 화궈펑을 후계자로 선택한 것은 옳지 않다는 뜻이었다. 앞으로 어떻게 하면 문화 대혁명과 같은 일이 벌어지지 않을 수 있겠느냐는 질문에 덩샤오핑은 당의 영도자들이 여러 가지 제도를 개선하여 사회주의 민주와 법제를 건립하고 있다고 대답했다.[46]

정상급 지도자들이 팔라치의 예리한 질문에 때로 당황하거나 짜증을 낸 것과 달리 덩샤오핑은 쉽고 대담하게 응답했다. 나중에 팔라치는 자신의 오랜 경력을 회고하면서 덩샤오핑과 두 차례에 걸친 인터뷰가 가장 마음에 들었다고 말했다. 당시 두 차례 인터뷰 모두 배석했던 외교부장 첸치천은 자신이 동석했던 덩샤오핑의 여러 인터뷰 가운데 가장 뛰어나게 표현한 것 가운데 하나라고 말했다.[47]

1979년 5월 이후로 화궈펑은 공식적인 자리에 얼굴을 내미는 일이 드물었다. 1980년 9월 7일 제5기 전국인민대표대회 제3차 회의에서 화궈펑은 자신의 마지막 중요 연설을 했다. 그는 계급 투쟁이 이미 끝났다고 명쾌하게 말하지는 않았지만 계급 투쟁이 중요 모순이 아니며, 당은 더는 대규모 계급 투쟁을 하면 안 된다고 분명하게 표명했다. 경제 문제에 관한 한 그의 연설은 당시 당의 정책과 일치하여, 천윈이 제시한 조정 요구를 지지했으며, 농업과 경공업의 중요성을 강조했다.[48] 전국인민대표대회에 제출한 '지도 원칙'을 포함한 여러 가지 문건은 사실 화궈펑의 영도를 강력히 비판하는 내용이었다.

1차 정치국 상무위원회 회의에서 상무위원들은 당의 역사에 대한 문건을 작성하면서 1976년 이후 시기를 간단하게 여섯 글자로 총결할 것인지 아니면 지난 4년에 대한 보다 자세한 평가를 담아 화궈펑에 대한 비판이 포함될 수밖에 없는 비교적 장문을 택할 것인지에 대해 논의했다. 화궈펑은 당연히 지난 4년간의 활동을 구체적으로 설명하는 문건 채택에 반대했다. 회의 참가자들은 먼저 편폭이 비교적 짧은 문건을 만들어 다른 영도자들에게 보낸 다음 그들의 반응을 살펴보는 것이 좋겠다는 의견에 동의했다.[49] 상당수의 영도급 간부들은 화궈펑이 덩샤오핑의 복권을 저지하도록 영향력을 행사했음을 비판하며 비교적 장문으로 작성해야 한다고 주장했다. 마지막에 덩샤오핑은 문건에 지난 4년간에 대한 토론을 포함한다는 것에 동의했다. 이는 화궈펑의 직무를 해제하는 이유를 보다 명확하게 하는 것이었다.[50] 그래서 편폭이 비교적 긴 내용이 최종 원고의 일부가 되었다.[51]

1981년 5월 하순 정치국 확대회의에서 대략 일흔여 명의 회의 참가자들이 결의된 수정 원고를 통과시켰다. 기안자들은 일부 세부 수정을 거쳐 최종 초안을 6중전회에 제출했으며, 6월 27일 비준을 얻었다. 최종 문건은 1981년 7월 1일 중국공산당 창당 60주년에 맞춰 전국에 공포되었다.[52]

11월 10일부터 12월 5일까지 속개된 9차 정치국 회의는 화궈펑 당 중앙 주석이자 중앙군사위원회 주석의 직무 해제 여부가 가장 큰 쟁론거리였다. 당시 논의 내용은 상당히 민감하여 당사(黨史) 연구자들조차 30년이 지나도록 대부분의 회의 내용을 볼 수 없을 정도였다. 하지만 일부 중요한 문건, 예를 들어 11월 19일 화궈펑의 문제를 자세하게 언급한 후야오방의 연설문은 이미 대중에게 공개되었다. 이를 통해 당시 쟁론의 대체적인 윤곽을 살펴볼 수 있다.

퇴직 후 후야오방은 자신이 화궈펑의 휘하에 있을 때가 가장 즐거웠던 시절이었다고 말한 바 있는데, 이는 덩샤오핑에 의해 밀려나게 된 그의 억울한 심정을 반영하고 있는 것 같다. 하지만 후야오방은 1980년 화궈펑을 제거하는 임무를 맡은 당사자이기도 하다. 후야오방은 화궈펑과 연관된 역사 시기를 설명하면서, 화궈펑이 자신의 개인적인 역할을 지나치게 과장하기는 했으나 당과 인민은 그가 사인방을 체포하는 데 세운 공헌을 잊어서는 안 된다고 운을 뗐다. 무엇보다 4·5 시위 이후 정치적 분위기로 인해 사인방 체포가 결코 쉬운 일이 아니었기 때문이다. 후야오방은 계속해서 마오쩌둥이 사망한 후 화궈펑이 마오쩌둥의 그릇된 계급 투쟁 노선을 계속 집행하고, 광범위한 의견 수렴 없이 『마오쩌둥 선집』 제5권 출간을 강행한 것에 대해 말했다. 마오쩌둥이 살아 있을 당시에도 화궈펑은 때로 마오쩌둥의 관점에 동의하지 않아 그에게 비판을 받은 적이 있다.(마오쩌둥은 그를 "머릿속에 생산만 가득하다."라고 비판했다.) 하지만 마오쩌둥이 세상을 뜨자 그는 오히려 양개범시를 통해 개인 권력을 강화했다. 후야오방은 화궈펑이 자신의 미화(美化)를 위한 개인숭배를 저질렀다고 비판했다. 그리고 마지막으로 후야오방은 4·5 시위 이후 자신이 느낀 실망감을 회고하면서, 그때부터 1977년 2월 26일까지 화궈펑과 단 한 번도 만나 이야기할 기회가 없었으며, 1977년 3월 14일 이전까지 덩샤오핑을 편하게 방문할 수도 없었다고 말했다.

후야오방은 마오쩌둥 사망 이후 1977년 3월까지 화궈펑이 원로 간부들을 대단히 가혹하게 대했다는 천윈의 말을 전했다. 게다가 그는 원로 간부들이 자신의 통치 능력을 간섭할까 두려워 1976년 4월 5일 톈안먼 사건에 대한 복권에 반대했다. 그리고 천윈 역시 화궈펑의 반대로 복권되지 못하다가 3중전회에서 분위기가 반전되면서 어쩔 수 없게 된 화궈펑에 의해 복권되었다. 후야오방의 말에 따르면, 예젠잉과 리셴녠이 몇 차례 화궈펑에게 덩샤오핑의 복귀를 권고하고, 천윈과 왕전이 1977년 3월 공작회의에서 동의를 표했지만 화궈펑은 여전히 거절 의사를 분명히 내비쳤으며, 왕둥싱, 지덩쿠이, 우더, 쑤전화, 리신 등 몇몇 소수 참모에게 의존했다. 그렇기 때문에 다른 간부들은 마지막 순간까지 당내 사무에 대해 전혀 모르고 있는 경우도 있었다. 화궈펑은 경제의 신속한 성장을 추구했다. 후야오방도 그것이 화궈펑 개인의 잘못만이 아니라 덩샤오핑과 후야오방 자신의 잘못이기도 하다는 점을 인정했다. 사실 당시 계획이 지나치게 무모하다고 생각했던 사람은 천윈이 유일하다.[53]

1980년 말 화궈펑의 하야를 가장 강력하게 반대한 사람은 예젠잉이었다. 당사를 토론하면서 그는 마오쩌둥이 저지른 말년의 착오를 강조하는 것에 반대했다. 예젠잉이 생각하기에, 국가의 이익을 위해서는 덩샤오핑보다 마오쩌둥의 명예를 더욱 확고하게 유지하는 것이 필요했다. 그는 모든 책임을 장칭과 린뱌오 등에게 돌리기를 원했다. 그에게 이 두 가지 문제는 서로 얽혀 있었다. 언젠가 정치국 회의에서 그는 마오쩌둥이 사망하기 직전 마지막으로 경의를 표하기 위해 마오쩌둥을 찾아갔을 때의 이야기를 생생하게 전했다. 예젠잉이 보기에 마오쩌둥은 자신에게 손짓을 하며 뭔가 이야기를 하려는 것 같았다. 당시 마오쩌둥은 이미 말조차 할 수 없는 상태였지만 그는 마오쩌둥이 무슨 말을 하려는지 알 수 있었다. 그것은 예젠잉이 화궈펑을 지지하여 영도자로 성장할 수 있도록 도와주라는 것이었다.(그러나 당시 배석했던 마오위안신은 전혀 그런 일이 없었다고 말했다.[54]) 전하는 말에 따르면, 예젠잉은 화궈펑이 당연히 자신의 직위를 유지하여 덩샤오핑이 계속 자신의 업무를 수행하면서도 공식적으로 화궈펑의 영도를 받아야 할 것이라고 생각했다.

그렇다면 예젠잉은 왜 화궈펑을 옹호했는가? 혹자의 추론에 따르면, 예젠잉 자신이 당과 정부에서 계속적으로 핵심적 역할을 맡고자 했기 때문에 자신이 원하는 대로 해 줄 수 있는 사람을 지지했다. 하지만 예젠잉은 이미 연로하여 어떤 개인적인 야심도 드러낸 적이 없었을뿐더러 오랫동안 일상 업무에 간섭하기를 원치 않았다. 보다 가능한 추론은 다른 당 간부들이 생각하는 것처럼, 덩샤오핑이 점점 마오쩌둥처럼 행동하여 지나치게 독재적으로 변하는 것을 예젠잉이 염려한 나머지, 화궈펑은 잔존시켜 덩샤오핑의 권력을 제한하고 당내 민주주의를 위한 수단으로 삼고자 했다는 것이다.

하지만 결론적으로 예젠잉 등의 반대는 정치국의 다수 의견에 압도되고 말았다. 그들은 화궈펑을 사임시키고, 덩샤오핑과 그의 지지자들의 손에 권력을 집중화하는 것에 찬성했다. 일련의 정치국 회의가 끝나고 1980년 12월 5일 배포된 내부 문건에서 정치국은 6중전회에 화궈펑의 당 중앙 주석 및 중앙군사위원회 주석 직무 사임을 건의할 것을 선포했다.[55]

예젠잉은 자신의 신념을 위해 투쟁할 만큼 강한 의지를 지닌 인물이 아니었다. 그는 대결을 피했다. 그리고 정치국의 화궈펑에 대한 결의를 받아들였으며, 사실상 자신이 화궈펑을 지지한 것에 대해 완곡하게 자아비판을 했다.[56] 덩샤오핑이 중앙군사위원회 주석이 된 후 예젠잉은 더 이상 덩샤오핑과 임무를 분담하지 않기로 하고 고향인 광둥으로 돌아갔다. 그의 큰아들 예쉬안핑(葉選平)이 광저우 시장 겸 광둥 성 부성장으로 있는 그곳에서 편안한 노후를 보냈다. 그는 6중전회 개막식에 참가했지만 당사(黨史) 결의안과 화궈펑 사직 안건을 공식적으로 통과시키는 논의에 참석하지 않았다. 이후 1984년인가 1986년에 중병이 들었을 때 덩샤오핑은 과거 저우언라이의 경우와 달리 정중한 병문안을 하지 않았다. 예젠잉은 1986년 세상을 떴다.

정치국에서 격렬한 토론 끝에 최종적으로 도출된 결의안은 단도직입적이고 강력했다. "화궈펑 동지는 그 자신에 대한 개인숭배를 만들고 받아들였다. …… 1977년과 1978년에 화궈펑 동지는 경제 문제에서 일부 좌익 구호를 제기했다. …… 국민 경제에 심각한 손실과 곤란을 초래했다. …… 화궈펑 동지 역시 일부 공작에 성취를 이루었다. 하지만 아주 명확한 것은 그가 당의 주석으로서 마땅히 지녀야 할 정치, 조직 능력이 부족하다는 점이다. 이뿐 아니라 모든 이가 알고 있다시피 근본적으로 그가 군사위원회 주석을 맡도록 임명할 수는 없다."[57] 화궈펑의 정치 생명은 끝이 났다. 비록 1981년 6월 6중전회 이후에도 계속 정치국 내에 남는 것이 허용되었지만 그는 공개적인 맹비난에 체면이 깎인 상태였기 때문에 당내 최고위급 회의에 거의 출석하지 않았다.

덩샤오핑은 화궈펑의 하야만큼이나 당의 역사에 대한 평가 과정이나 결과에 대해 기뻐할 이유가 있었다. 화궈펑의 하야는 공개적인 권력 투쟁을 전혀 불러오지 않았다. 동시에 당의 역사에 대한 평가에서 덩샤오핑은 일종의 미묘한 균형을 파악했다. 그것은 마오쩌둥에 대한 충분한 찬양으로 당의 권위 약화를 피하면서 아울러 대약진 운동과 문화 대혁명 시절 마오쩌둥의 역할을 비판했다는 점이다. 당내 고위층에 마오쩌둥이 말년에 심각한 착오를 저질렀다는 것에 대한 광범위한 합의가 이루어지면서, 덩샤오핑은 마오쩌둥이라면 찬성하지 않았을, 그러나 덩샤오핑 스스로 중국에게 유리하다고 생각하는 새로운 방향으로 나아갈 길을 열 수 있었다.

4부 | 덩샤오핑의 시대 1978~1989년

13

덩샤오핑의 통치술

덩샤오핑은 마오쩌둥이 도취했던 개인숭배를 참을 수 없었다.[1] 마오쩌둥 시대와 선명하게 대비되는 것은 공공 건축물에 덩샤오핑의 조상(彫像)을 만들지 않았으며, 일반인의 가정에도 그의 초상이 걸려 있는 경우가 거의 없었다는 점이다. 그의 업적을 찬양하는 가곡이나 연극도 극히 드물었다. 덩샤오핑은 당 주석이나 총리를 맡은 적이 없었다. 학생들은 덩샤오핑의 정책을 배우고, 잘 알려진 그의 언설을 인용했지만 그의 어록을 암송하기 위해 시간을 허비하는 일은 없었다.

비록 개인숭배나 사람들에게 경외감을 주는 직함 없이 그저 당 부주석, 부총리, 중앙군사위원회 주석에 머물렀지만 덩샤오핑은 오히려 권력층의 주요 부문에서 효과적인 통제를 확보하고 있었다. 그는 개인의 명성을 충분히 활용해 국가를 더욱 강력하고 번영케 하는 잘 짜인 운영 체계를 대담하게 만들었다. 그렇다면 그는 어떻게 해서 이처럼 놀랄 만한 업적을 이루게 된 것일까? 마오쩌둥이 구름 위 높은 곳에 자리한 황제처럼 사서나 고문을 읽으며 칙령이나 반포했다면, 덩샤오핑은 야전 사령관처럼 자신의 작전 계획을 보면서 부서가 적절하게 배치되고 시행되고 있는가를 살폈다고 할 수 있다.

권력 구조

덩샤오핑은 집이나 사무실인 관가에서 직무를 보았다. 관가는 중난하이 동북쪽에 자리하여 중난하이까지는 자동차로 10분도 채 걸리지 않는다. 청력이 신통치 않아서 회의 참가는 힘들었다. 그의 청력은 더는 치료가 불가능한 퇴행성 신경증으로 인해 불시에 들리는 이명(耳鳴)이 문제로, 이로 인해 신경성 청각 장애와 귀 안의 소음이 심각한 수준에 이르렀다.[2] 그의 청력은 1980년대 후반부터 더 악화되어 그에게 말을 하려면 왼쪽 귀에 입을 대고 크게 소리를 쳐야만 했다. 그래서 덩샤오핑은 회의에 출석하는 것보다 문건을 보는 것이 훨씬 낫다고 생각했다. 그는 회의 보고서를 읽거나 기요 비서인 왕루이린의 이야기를 통해 회의 상황을 전해 듣는 것을 좋아했다. 왕루이린은 덩샤오핑을 대신해서 회의에 참석했으며, 다른 고위 간부들의 기요 비서들과 만나 의견을 청취하곤 했다.

덩샤오핑은 상당히 규칙적인 생활을 했다. 8시에 아침 식사를 하고 9시에 사무실로 출근했다. 아내인 줘린과 왕루이린은 그가 읽을 문건이나 신문 등을 준비해 놓았다. 대략 15종의 신문과 외국 매체의 주요 기사를 번역한《참고자료(參考資料)》, 각 부서나 위원회 및 각 성 당위원회 서기들이 보낸 보고서, 신화사에서 수집한 내부 보도와 그가 비준해야 할 서류 등이었다. 최신 동향을 이해하기 위해 덩샤오핑은 주로 서기처와 중공중앙판공청에서 정리한 종합 보고서에 의존했다. 자료를 읽으면서 별도의 필기는 하지 않았다. 문건은 오전 10시 전에 사무실로 전달되었고, 덩샤오핑은 당일 회답했다. 덩샤오핑은 사무실에 종이 등을 남겨 놓지 않았기 때문에 사무실은 언제나 깨끗하고 청결했다.

천윈은 자신의 기요 비서에게 매일 가장 중요한 자료 다섯 가지만 찾아 놓으라고 지시했다. 그러나 덩샤오핑은 모든 자료를 열람하고 어떤 자료를 자세히 읽을지 결정했다. 자료를 읽고 그 가운데 필요한 부분에 대해 간단하게 언급한 다음, 모든 문건을 왕루이린과 쥐런에게 넘겼다. 그들은 덩샤오핑이 문서 위에 동그라미를 치거나 지적한 문건을 관련 간부들에게 전했고, 나머지 문건은 분류하여 보관했다. 어떤 문건에 대해서는 최종 재가를 하고, 또 어떤 문건은 되돌려 보내 좀 더 작업하고 설명할 것을 요구했으며, 새로운 방향으로 다시 연구할 것을 지시하기도 했다.

각종 문서를 열람하는 오전 세 시간 동안은 거의 방문객을 만나지 않았다. 그러나 중간에 20분에서 30분 정도 집 밖을 거닐며 산책을 하곤 했다. 집에서 점심 식사를 한 후에는 일반적으로 계속 자료를 읽거나 때로 간부들을 집으로 불러 만났다. 주요 외빈이 방문했을 경우 인민대회당의 한 방에서 접견했고, 때로 함께 식사를 하기도 했다.

덩샤오핑은 이미 오래전부터 대사와 소사를 잘 구별하고, 중국에 큰 변화를 몰고 올 수 있는 일들, 예를 들어 장기적인 전략 마련, 장기적인 목표의 성패를 결정할 수 있는 정책 평가, 하급 간부와 군중의 지지 확보, 자신이 실행하려는 정책을 체현할 수 있는 전형적인 모델 선전 등에 모든 정력을 집중한다는 명성을 누려 왔다. 중요하고 복잡한 사안들, 예를 들어 경제나 과학 기술 영역과 같은 사안은 우선 다른 이들을 통해 나름의 전략을 생각하고, 서로 다른 선택의 결과를 들은 후에 마지막으로 자신이 결론을 내렸다. 또 다른 주제들, 예를 들어 국방이나 주요 국과의 관계 및 고위급 간부 선발 등에 관해서는 훨씬 많은 시간을 두고 정황을 살피면서 직접 전략을 세웠다. 1952년 이후 덩샤오핑의 기요 비서를 지낸 왕루이린은 외부에 덩샤오핑의 의견을 설명할 때면 대단히 신중했고 자신의 개인적 해설을 덧붙이지 않았다. 많은 간부가 생각하기에 마오위안신은 정반대였다. 그는 1975년 말부터 1976년 초까지 마오쩌둥의 의견을 외부에 전달하면서, 때로 마오쩌둥이 다른 간부들에게 전달하려는 의견을 자신의 강렬한 신념으로 물들이거나 보충하곤 했다. 왕루이린은 덩샤오핑과 마치 가족처럼 오랜 세월 동안 관계를 맺어 왔지만, 당과 정부에 관한 어떤 사안에 대해서도 자신의 개인적 해석을 피했다. 덩샤오핑이 외부에 전달하기를 원하는 내용을 왕루이린이 윤색하지 않았다는 것은 덩샤오핑에게도 매우 중요했다. 때로 중요한 문제가 있어 외부에 정확하게 자신의 생각을 전달해야 할 경우 덩샤오핑은 직접 핵심적인 내용을 적어 왕루이린에게 자신의 서면 의견을 전달하도록 했다.

총서기 후야오방은 당 업무의 집행관이었고, 총리 자오쯔양은 정부 업무의 집행관이었다. 그들은 중요한 문제를 모두 덩샤오핑에게 보고하고 마지막 결재를 받았는데, 대부분 서면 형식이었으며 직접 만나 이야기하는 경우는 드물었다. 후야오방은 중앙정치국 상무위원회와 정치국 정례회의를 주재했고(단 중요한 것은 서기처 회의다.) 자오쯔양은 국무원 회의를 주재했다. 천원과 덩샤오핑은 그 회의에 거의 참석하지 않았고, 언제나 기요 비서를 대신 출석시켰다. 자오쯔양의 구술 회고록에 따르면, 그와 후야오방은 정책 결정자라기보다는 참모에 가까웠지만 구체적인 실행에 책임을 져야 했다. 덩샤오핑은 확실히 결정권자로서 권력을 확보하고 있었다. 다만 통상적으로 사소한 일까지 챙기지는 않았으며, 큰 주제를 결정한 후 후야오방이나 자오쯔양이 스스로 최선이라고 생각하는 방식에 따라 자신의 지시를 이행하도록 했다. 마지막 결정을 내릴 때 덩샤오핑은 전반적인 정치 환경과 다른 주요 영도자들의 의견을 고려했다. 비록 그는 독단적이고 과감하게 일을 처리했지만 사실 정치국 성원들의 전반적인 정치 분위기의 제한을 받았던 것이다.

1980년 정치국은 스물다섯 명의 위원과 두 명의 후보위원으로 구성되어 있었다. 그 핵심이라고 할 수 있는 막강한 권력의 정치국 상임위원회는 일곱 명의 위원으로 구성되었다. 일반적으로 정치국에서 비교적 젊은 측에 속하는 이들은 정치국 상임위원회의 잠재적인 후보였으며, 상임위원회 구성원은 모두 정치국 위원에서 선출되었다.[3] 1980년대 초 정치국 상임위원회는 화궈펑, 예젠잉, 덩샤오핑, 리셴녠, 천원, 후야오방, 자오쯔양 일곱 명이었다. 연로한 예젠잉은 실제 업무에 거의 관여하지 않았다. 천원과 리셴녠은 중요한 사안에 대해서만 의견을 제시했고, 당의 일상적인 정책 결정은 주로 덩샤오핑과 후야오방, 그리고 자오쯔양이 장악하고 있었다. 상임위원회의 모든 성원과 정치국 위원

가운데 특정한 소조의 위원들은 모두 각자 판공실 비서를 두고 있었다. 비서들은 서기처에 소속되어 자료를 수집하고 연설 초안을 마련하거나 문건을 처리하고 상임위원과 기타 고위급 관리들 간의 연락원 역할을 맡았다. 설사 관점이 다르다 할지라도 덩샤오핑이 간여하던 시절의 정치국은 덩샤오핑의 지시에 대응하는, 상대적으로 잘 훈련된 조직이었다.

화궈펑이 당 주석을 맡고 있을 때는 항상 정치국 상무위원회 정례회의를 소집했다. 그러나 덩샤오핑은 거의 소집하지 않았다. 자오쯔양이 그 까닭을 묻자 그가 대답했다. "두 귀머거리(덩샤오핑과 천윈)가 뭘 이야기할 수 있겠소?" 덩샤오핑은 정확하게 책임을 분담시키고자 했다. 그는 한두 명의 영도 간부를 정책에 부합하지 않는 낡은 조직에 보내는 것보다 아예 새로운 조직 구조를 만드는 것이 권력 통제를 훨씬 수월하게 만든다는 것을 정확하게 알고 있었다. 부활한 중앙서기처는 그가 확실히 통제할 수 있는 완전히 새로운 조직 기구가 되었다. 덩샤오핑은 중앙서기처를 중난하이 북문에 두고, 당 전체의 최고 영도자들을 위한 새로운 신경 중추로 자리매김했으며, 자신이 직접 임명한 후야오방이 당의 일상 공작을 영도하도록 했다. 정치국 구성원들은 서기처에 사무실을 두었고, 그곳에서 정례회의를 개최했다.⁴ 중공중앙판공청은 더욱더 커다란 행정 단위가 되어 문건의 초안을 작성한 후 전달하고 베이징 당 중앙의 각 단위와 성(省)의 일급 당위원회의 연락을 처리하는 책임을 맡았지만, 이보다 작은 단위인 서기처는 오로지 최고위급 영도자들을 위해 일하는 곳으로 마치 당의 내각과 같았다.

후야오방이 서기처 회의를 주재했다. 그는 정치국과 정치국 상임위원회를 주재해야만 했으나, 덩샤오핑이 자신의 영도 집단을 구성한 후 상임위원회는 거의 열리지 않았고, 정치국도 한 달에 한 번조차 회의를 소집하지 않았다. 자오쯔양은 총리 자격으로 서기처 회의에 참석했지만 덩샤오핑과 천윈, 리셴녠, 예젠잉 등은 직접 참석하지 않고 기요 비서를 대신 참석시켰다. 기요 비서들은 자신이 대표하는 영도자의 생각을 잘 알고 있었기 때문에 그들 기요 비서끼리 서로 솔직하게 의견을 교환했고, 영도자 본인들 사이에서 서열이나 권력, 체면 때문에 발생할 수 있는 문제나 껄끄러움을 피할 수 있었다.

덩샤오핑의 견해는 합의를 이끄는 데 도움을 주었지만 어떤 문제에 대해 서기처에서 보다 심도 있게 연구하기 전까지 그는 일반적으로 마지막 결정을 하지 않았다. 일단 중요한 의제에 대한 합의가 도출되면, 관련 문건이 상임위원회 위원들에게 열람되었다. 상임위원회 위원들은 문건에 동의를 표시하거나 간단한 지시 사항을 적었다. 이러한 일련의 과정을 통해 문건이 다시 서기처로 돌아오면 지시에 따른 수정이 이루어졌다. 그리고 맨 마지막으로 덩샤오핑이 상징적으로 "책상을 두드려(拍板, 나무판을 두드림. 결정을 의미한다.)" 정책 결정이나 또는 문건의 최종 어휘를 결재했다.

일반적으로 정치국에 가까운 등급에 속하는 고위급 관료들이 서기처 서기(書記)로 임명되었다. 일반 비서들과 달리 그들은 모두 관리권을 가졌다. 정치국 성원들과 일부 서기처 서기들은 모두 서로 다른 영역의 업무 협조를 책임지는 '영도소조(領導小組)'를 가지고 있었다. 예를 들어 펑전(彭眞)은 정법을 관리하는 영도소조를 가지고 있었으며, 완리는 농업, 쑹런충(宋任窮)은 인사, 위추리는 공업과 운수, 양더즈(楊得志)는 군사, 후차오무는 당사와 이데올로기, 야오이린은 경제 계획, 왕런중(王任重)은 선전, 팡이는 과학 기술, 구무는 외자(外資)와 투자, 펑충(彭沖)은 창 강 삼각주 지역(상하이 주변) 업무를 관장하는 영도소조를 가지고 있었다.[5]

다른 최고 영도자들은 때로 덩샤오핑의 결정에 동의하지 않았으며, 그가 사전에 협의하지 않았다고 화를 내는 경우도 있었다. 초기에 덩샤오핑은 천원과 의견 차이로 다툰 적이 있었는데, 당시 천원은 덩샤오핑보다 경제에 밝았고, 그의 의견은 다른 영도자들에게 최고의 권위로 받아들여졌다. 군사 영역에서 예젠잉이 한 발 물러서자 덩샤오핑은 더 이상 누구의 의견이 자신을 제어할 수 있는지 느낄 수 없었다. 군대와 외교 방면에서 덩샤오핑은 수십 년의 경험이 있었기 때문에 나름대로 자신의 견해에 자신감이 충만했다. 그렇기 때문에 설사 구체적인 일이나 문건 초안은 전문가들의 도움을 받더라도 다른 이들에게 양보하는 경우가 거의 없었다. 설사 다른 영도자들이 덩샤오핑의 결정에 동의하지 않더라도 당기(黨紀)를 준수하여 외부에 공개적으로 이의를 발설하는 일은 없었다.

덩샤오핑은 자신의 기요 비서인 왕루이린과 때로 편안하게 대화를 나누었지만 후야오방이나 자오쯔양과의 관계는 공식적인 경우가 더 많아 단독으로 회견하는 일은 드물었다. 그들은 자신들이 생각하기에 적당한 방법으로 공무를 처리할 수 있을 정도로 상당한 자유를 가지고 있었다. 덩샤오핑은 그들이 제출한 서면 보고서와 왕루이린의 보충 발언을 통해 그들의 관점을 이해했다.

덩샤오핑은 때로 자신과 나이가 비슷한 원로 간부들, 예를 들어 양상쿤, 왕전, 보이보 등을 만났는데, 그들과는 수십 년 동안 알고 지낸 사이였다. 이처럼 오랜 친교를 통해 개인적 신뢰가 두터워지면서 덩샤오핑은 정치적 분위기나 인사 문제에 대해 조언을 얻을 수 있었다. 덩샤오핑은 자신과 마찬가지로 쓰촨 출신이며 자신이 총서기를 맡고 있을 때 중앙판공청 주임으로 있었던 양상쿤과 특별한 관계를 유지했다. 양상쿤 역시 덩샤오핑과 군부를 연결하는 믿을 만한 인물이었다. 덩샤오핑은 자신의 연설 원고나 문건 작성을 맡고 있는 기안자, 특히 후차오무나 덩리췬의 경우 비교적 덜 공식적인 관계를 유지하면서 후야오방이나 자오쯔양보다 훨씬 편안한 만남을 즐겼다.

덩샤오핑은 매년 열리는 중앙위원회 전체회의를 준비하는 데 적지 않은 시간을 보냈다. 왜냐하면 그 회의를 통해 200여 명의 중앙위원회 정위원과 100여 명의 후보위원 간에 사상을 통일시킬 수 있었기 때문이다. 또한 그는 더욱 많은 시간을 들여 5년마다 한 번씩 열리는 전국대표대회를 준비했다. 이는 더욱 오랜 시간 동안 인원수가 훨씬 많은 당 대표의 사상 통일에 도움을 줄 수 있다고 생각했기 때문이다. 이런 중요 회의를 준비하면서 덩샤오핑은 후야오방, 자오쯔양과 함께 일하면서, 자신이 다뤄야 할 중요한 의제 일정을 나열하고, 그들 두 사람과 후차오무 등 몇몇 사람에게 문건과 연설문을 작성하도록 했다. 덩샤오핑의 주요 연설은 통상 발표된 후에 별도의 편집을 거쳐 역사적 당안(공문서, 기록)으로 만들고 아울러 그의 문선(文選)에 수록했다.

다른 최고 영도자들과 마찬가지로 그 역시 가장 추운 1, 2월에는 비교적 기후가 따뜻한 곳에서 몇 주 동안 머물렀다. 여름에는 해변 도시인 베이다이허(北戴河)에서 더위를 피했는데, 그곳은 고위층 영도자들이 휴가를 보내면서 비공식적인 회담을 하는 곳이다. 그래서 덩샤오핑에게 '휴가'는 실제로 당무를 처리하는 기회이기도 했다. 예를 들어 1984년 그는 광둥과 푸젠의 경제특구에서 겨울을 지내면서 그들이 얻은 성취를 긍정적으로 인정하고, 그곳을 연해(沿海) 발전 모델로 확정했다(15장 참조). 1988년과 1990년, 1991년과 1992년에도 덩샤오핑은 상하이 등지를 시찰하면서 상하이 시 발전을 가속화하는 계획을 추진했다.

나이가 점점 듦에 따라 덩샤오핑은 체력을 유지할 수 있는 나름의 방법을 찾았다. 그는 서면 문서로 대부분의 사무를 처리하고, 부담이 큰 회의 참석은 되도록 피했다. 덩샤오핑에게 걸려 오는 전화는 대부분 왕루이린이 처리했다. 덩샤오핑은 외국의 고위급 관리를 접견하기 전에 방문자의 최근 활동에 대한 구두 보고를 요구하지 않았지만 아랫사람들은 그가 방문객의 최근 활동을 어느 정도 파악하고 있음을 알 수 있었다. 고위급 인사들을 만나지 않으면 덩샤오핑은 보통 집에서 식구들과 함께 저녁 식사를 했으며, 이후에는 손주들과 텔레비전을 시청하는 등 편안하게 보냈다. 그는 뉴스에 관심이 많았고, 운동도 좋아했다. 매주 한두 차례 집으로 사람을 초대해 함께 식사를 하고 브리지 게임을 즐겼다. 그러나 브리지 게임 친구나 심지어 집안사람들과도 잡담을 나누는 경우는 그리 많지 않았다.[6] 덩샤오핑은 집안에서도 "말하기를 좋아하지 않는다.(不愛說話)"라는 나름의 명성을 가지고 있었다.[7] 말년에 접어들면서 그는 외부 사람이 자신을 만났을 때 여전히 기민하고 활발하며 심지어 치열하다는 느낌이 들도록 특히 체력 유지에 신경을 썼다.

공식적인 장소에서 발언할 때를 제외하고 덩샤오핑은 보통 별도의 메모 없이도 조리가 분명하게 이야기할 수 있었다. 일반적으로 그의 유일한 메모는 자신이 말하고자 하는 주제와 말하려는 대상이었다. 1985년 팔순이 되자 그는 정성을 들여 작성하고, 편집하여 발표해야 하는 장문의 연설은 가능한 피했다. 1992년 남순강화(南巡講話)를 비롯한 몇 번의 예외를 제외하고 애써 상징적인 의미를 담은 장문의 연설은 더 이상 없었다.

집안사람들에게 덩샤오핑은 사랑스럽고 친근하며 재미있는 사람이었지만 외부 사람들에게는 그리 친밀한 사람이 아니었다. 동료를 비롯한 여러 사람에게 존경은 받았지만 그들은 그를 후야오방이나 저우언라이를 친애하는 만큼 사랑하지는 않았다. 그들은 긴박한 순간이 오면 덩샤오핑은 스스로 국가에게 가장 이롭다고 생각하는 일을 할 것이며, 무엇이 부하들에게 이로운가에 대해 반드시 고려하지는 않을 것이라는 사실을 알고 있었다. 실제로 저우언라이나 후야오방과 비교해 볼 때, 덩샤오핑은 사람을 마치 유용한 도구처럼 간주한다고 느끼는 사람들도 있었다. 덩샤오핑은 열여섯 살에 고향을 떠나온 후로 한 번도 찾아가 본 적이 없었다. 여기서 분명하게 드러나듯이 그가 보답해야 할 대상은 중국이라는 나라 전체이지 어떤 지역이나 파벌, 친구가 아니었다. 마오쩌둥과 달리 그는 기만적인 계략에 능한 사람이 아니었다. 극소수 예외가 없지는 않으나 원한에 대한 보복도 원치 않았다. 부하들은 그를 근엄하고 성격이 급하며, 요구가 많지만 합리적인 현장 감독으로 생각했다. 그들은 덩샤오핑을 경외했지만 어느 정도 거리를 유지했다. 그는 사업에 헌신하는 동지였지만, 조직의 필요를 위배하면서까지 의리를 지키는 친구는 아니었다.[8] 마오쩌둥은 성격이 변덕스러웠지만 덩샤오핑은 최고 영도자로서 일관적인 태도와 시종여일한 통치 방식을 유지했다.

치국과 개혁의 지도 원칙

12년 동안 전쟁터를 누볐던 군사 지도자로서 덩샤오핑은 권위와 규율을 중시했다. 고위급 공직자로 국가 통치에 참여한 후에는 아편 전쟁 이후 100년 동안 중국 영도자들이 치국에 필요한 권위를 유지하기 위해 얼마나 애썼는지 잘 알고 있었기 때문에 더더욱 국가의 권위에 가치를 부여했다. 1950년대 영도자 가운데 한 사람으로서 덩샤오핑은 마오쩌둥의 신과 같은 권력을 경험했으며,

그러한 권력이 무엇을 달성했는가를 여실히 보았다. 그러나 또한 그는 문화대혁명 시절 그러한 권위가 사라진 후 무엇인가를 이루는 것이 얼마나 힘든지도 분명하게 보았다. 최고 영도자로서 그는 오로지 법률만으로 대중을 따라오게 만들 수 없다는 것을 잘 알고 있었다. 중국은 아직까지 시민들이 자발적이고 보편적으로 법률을 존중하는 나라가 아니었다. 이는 부분적으로 오랜 세월 동안 영도자가 자기 마음대로 법률을 수정하는 것을 봐 왔기 때문이다. 덩샤오핑은 중국공산당 영도 계층의 다른 동료들과 마찬가지로 대중은 학교 '교육'을 받아야 할뿐더러 그들이 왜 일정한 법률을 준수해야 하는지 이해할 수 있도록 평생 부단한 선전을 통해 교육시켜야 한다고 생각했다. 그러나 이러한 '교육'에는 최고 영도자에 대한 어느 정도의 경외심, 그리고 감히 그 권위를 무시할 경우 그 사람과 가족은 모종의 대가를 치러야 한다는 두려움도 들어 있어야 했다.

덩샤오핑은 자신이 마오쩌둥처럼 대중에게 경외감을 줄 수 있는 존재가 아님을 알고 있었다. 그러나 그는 자신의 권위를 지키는 데 나름의 감각이 있었다. 최고 영도자 자리에 올랐을 때 그는 이미 개인적 명성을 지닌 상태였다. 50년이란 세월 동안 중공 영도자로서의 경력과 공적, 그리고 한때 후계자로서 마오쩌둥과 저우언라이에게 받은 훈련이 토대가 되었다. 1981년까지만 해도 마오쩌둥의 이미지가 여전히 권위를 유지할 정도로 막강한 영향력을 발휘하고 있었기 때문에 덩샤오핑 역시 마오쩌둥 주석에 대한 존중을 표명하지 않을 수 없었다. 그러나 1981년 마오쩌둥의 기본 사상을 '실사구시'로 정의하고, 사람들이 이를 받아들이게 되자 마오쩌둥이 1958년 이후 저지른 과오를 인정하는 당사(黨史)의 결의를 끌어낼 수 있었다. 이렇게 해서 덩샤오핑은 몇 가지 사안에 대한 시각이 마오쩌둥과 달랐음에도 자신의 권위를 유지할 수 있었다.

덩샤오핑은 '당내 민주' 관점을 지지했다. 이는 영도자가 '건설적인 의견'을 청취하여 심각한 착오의 위험을 줄이는 것이자 일단 '민주 집중제' 원칙에 따라 결정되었다면 당원들은 반드시 이를 집행해야 한다는 것을 뜻했다.

덩샤오핑은 경제 발전이 당의 권위와 그 자신의 개인적인 지위를 강화할 것이라고 생각했다. 그의 예상은 정확했다. 1983년부터 1984년까지 경제가 빠르고 안정적으로 발전하게 되자 덩샤오핑의 권위는 거의 난공불락이라고 할 정도로 견고해졌다. 경제 문제가 심각해졌을 때, 예를 들어 1980년 후반기에 들어와 중국이 심각한 인플레이션으로 인해 인심이 흉흉해지자 덩샤오핑의 위상도 손상을 입었다.

덩샤오핑은 치국에 대한 그 어떤 지침도 마련한 적이 없지만 그의 연설 내용이나 휘하 인물의 발언, 그리고 실제로 내렸던 지시 등을 살펴보면 치국의 유형으로 간주할 수 있는 몇 가지 원칙을 도출해 낼 수 있다. 그것은 다음과 같다.

권위 있는 말과 행동

덩샤오핑은 십수 년 동안 엄격한 군사 지도자 생활을 했기 때문에 재치 넘치는 대화 속에서도 명령의 권위를 전달하는 법을 배웠다. 연설을 하기 전 그는 다른 주요 영도자들이나 정통 사상 수호자(마르크스 · 레닌주의, 마오쩌둥 사상 이론가)들과 함께 연설문을 엄격히 심사해 자신의 연설이 당의 목소리를 전달한다는 것을 확신할 수 있도록 했다.

일단 결정을 발표하고 난 이후에는 과오를 인정함으로써 자신의 권위를 손상시키지 않았다. 외국 손님들 앞에선 때로 유연할 수 있었지만 당내에서는 결코 자신의 권위를 가지고 경솔하게 모험하는 일이 없었다. 그가 일단 자신의 권위를 사용했다는 것은 곧 이미 확고하다는 의미였다.

공산당 보위

1956년 덩샤오핑은 모스크바에서 니키타 흐루쇼프가 스탈린을 전면적으로 비판함으로써 당의 권위를 떨어뜨리는 것을 본 적이 있었기 때문에 중국공산당의 존엄을 지키고자 결심했다. 중국공산당이나 자신의 영도적 지위를 손상시킨다고 판단될 경우 여지없이 제한을 가했다. 많은 이가 그러한 비판에 호응하면 그는 더욱더 강력하게 대응했다. 덩샤오핑은 서구식 민주주의와 같은 서구 사상을 찬양하는 데 중국공산당에 대한 심각한 비판의 의미가 포함되어 있다고 판단할 경우 당의 권위를 위해 강력하게 대응할 준비를 갖추고 있었다.

마오쩌둥과 달리 덩샤오핑은 공개적으로 비판자들을 박해하지 않았지만 사회 질서를 위협하는 인물이라고 여겨질 때는 결코 용서하지 않았다. 그는 장칭에 대한 사형 선고를 지지했으며, 웨이징성과 같은 비판자들을 감옥에 집어넣었다. 왕뤄수이, 류빈옌, 팡리즈(方勵之) 등과 같이 중국공산당을 비판한 당원들은 적지 않은 공헌을 했음에도 즉시 당에서 내쫓고 현직에서 퇴출시켰다. 이후 덩샤오핑은 그들의 출국을 허락했지만 그들 가운데 대다수는 다시 귀국할 수 없었다.

통일된 명령 체계 유지

덩샤오핑은 행정, 입법, 사법의 분립, 즉 삼권 분립이 중국에서 통용될 것이라고 믿지 않았다. 그는 통일된 명령 체계가 더 효율적이고 효과적이라고 생각했다. 물론 중국에서도 기초적인 수준의 분권 제도가 운용되고 있다. 당의 대표대회는 준입법 기능이 있으며, 서기처는 행정 기능, 그리고 기율검사위원회(紀律檢査委員會, 약칭 기검위)는 당원을 감독하는 준사법 기능이 있다. 그러나 덩샤오핑 체제하에서는 막강한 하나의 권위가 모든 것을 압도했다.

군대의 완전한 장악

덩샤오핑은 마오쩌둥과 마찬가지로 군대에 대한 자신과 당의 통제를 유지하고자 노력했다. 화궈펑이 군부를 자기 쪽으로 끌어들이려는 조짐을 보이자 즉각 행동에 나서 화궈펑과 군부의 관계를 끊었다. 또 공식적인 직위를 내려놓은 이후에도 1989년 11월까지 중앙군사위원회 주석직만은 고수했다. 최고 통치자로 재임하는 동안 그는 자신의 충실한 지지자인 양상쿤을 통해 군대 고위층의 지지를 확보했다. 덩샤오핑은 자신에게 진정 충성을 다하는, 제2야전군 시절의 부하를 베이징 위수구 사령관과 같은 핵심 직책에 임명했다. 반대로 당내에서 자신의 권위에 도전하는 어떤 단체도 존재할 수 없도록 했다.

중대한 정책 혁신을 추진하기 전 대중의 지지 확보

덩샤오핑은 고위급 간부들이나 일반 대중의 저항을 불러일으킬 수 있는 정책을 제기하지 않으려 애썼다. 그가 내린 조치 가운데 가장 논란이 많았던 것은 농촌인민공사 해체다. 그러나 1979년 덩샤오핑은 공개적으로 농촌인민공사 해체를 찬성하지 않았다. 다만 농민들이 굶주리는 지역에서 활로를 찾을 수 있도록 해야 한다고 말했을 뿐이다. 그렇기 때문에 설사 보수적인 반대파들 또한 이러한 관점을 쉽게 비판할 수 없었다. 기아에 허덕이는 농민들이 '포산도호'를 실행하여 생산량이 비약적으로 증가했다는 보고를 받은 후 그는 이러한 성취를 대대적으로 선전하도록 했다. 성공했다는 소식이 널리 알려지고 '포산도호' 정책에 대한 지지가 확대되자 비로소 그는 1980년 5월 자신의 지지를 선포했다. 심지어 일단 선포한 후 공개적으로 선전하지도 않았다. 그는 여전히 신중하게 대중의 지지를 얻은 지역에서만 가정에서 책임지는 가정연산승포책임제(家庭聯産承包責任制)*를 시행하도록 언급했을 뿐이다. 그러나 실제로 그에게는 이러한 방식이 신속하게 널리 퍼져 나갈 것이라고 기대할 수 있는 나름의 이유가 있었다.

죄과를 회피하다

덩샤오핑의 정책이 인심을 얻지 못하거나 과오로 판명되면 아랫사람들이 그 책임을 지는 것이 통상적이었다. 이는 마오쩌둥이 자신의 잘못을 린뱌오나 장칭, 기타 아래 간부들에게 미룬 것과 같다. 최고 영도 계층의 기율을 여전히 개인의 권위에 의존하는 나라에서 덩샤오핑은 다른 고위급 간부들과 마찬가지로 때로 왕과 보위에 대한 지속적인 존중을 보장받기 위해 장기판의 졸과 같은 이들을 희생시킬 필요가 있었다. 그런가 하면 덩샤오핑도 목전의 임무를 완성하기 위해 자신의 권위를 내걸고 모험을 해야 하는 극단적인 상황도 있었다.

---

* 농가가 가정 단위로 집체 조직에서 토지를 도급받아 생산을 책임지는 제도. 일명 농가도급생산제라고도 한다.

예를 들어 1979년 베트남을 침공하는 상황이 그러하다. 그러나 일반적으로 하급자가 과오로 인한 비난과 책임을 졌다. 모종의 중요한 문제에 어떤 하급자가 관련되어 있다면 바로 그가 책임을 졌다.

장기적 목표에 근거하여 단기 정책을 세우다

1978년 최고 영도자가 되었을 때 덩샤오핑은 이미 일흔이 넘었다. 그동안 숱한 변고를 겪었고, 마침내 2200여 년의 역사를 자랑하는 국가를 영도하게 되었다. 그러면서 그는 자연스럽게 국력의 성쇠에 대한 장기적 안목을 지니게 되었다. 권력의 정점에 선 후 단기적 선거에 대비할 필요가 없었기 때문에 보다 장기적 목표에 착안할 수 있었다. 예를 들어 1980년부터 2000년까지 국민 총생산(GNP)을 네 배로 뛰게 한 것이나 21세기 중엽에 중국을 소강사회(小康社會)로 진입시키겠다는 것 등이 그러하다. 그는 또한 홍콩과 대만에 대해 회귀(回歸) 이후 일국양제(一國兩制)를 실시하여 적어도 반세기 동안 불변하는 정책을 고수할 수 있었다. 매년, 그리고 5개년 계획을 제정할 때에도 덩샤오핑은 이를 장기적 안목에 두고 고려했다.

장기적 목표를 실현하는 데 도움이 되는 정책을 추진하다

덩샤오핑의 4개 현대화에 대한 노력이 보편적 지지를 얻게 되자, 그는 그 목표를 실현하는 데 도움이 되는 정책에 대한 공식적 지지를 확보할 수 있었다. 그는 전문가를 육성하고 초빙했으며, 나이 많고 교육을 받지 못한 이들을 양질의 교육을 받은 젊은이들로 대체했다. 그는 중국 현대화 추진에 필요한 자원을 약화시키는 당과 정부 및 군부의 비대한 관료 체제를 축소시키기 위해 싸웠다. 덩샤오핑은 군대와 당정 관료의 규모를 줄이면서 퇴직을 원치 않는 이들의 강렬한 저항으로 인해 많은 시간을 허비해야 했다. 그 역시 수많은 새로운 계획은 단계적으로 시행해야 한다고 생각했다. 예를 들어 교육 수준을 높이기 위해서는 수십 년의 시간이 필요하며, 각각의 목표를 실현하려면 나름의 기준점이 있어야 한다는 사실을 알고 있었다.

덩샤오핑은 새로운 일자리가 마련되기 전에 국영 기업을 해산하면 심각한 사회, 심지어 정치 문제를 야기한다는 것을 잘 알고 있었기 때문에 경쟁력이 없는 수많은 국영 기업을 폐쇄하는 문제를 잠시 유보하고 보다 많은 취업 기회를 마련한 후에 다시 논의하기로 했다. 혁명 중에 용감히 싸운 원로 간부들에게 퇴직을 강요할 경우 엄청난 저항에 직면할 것을 알았기 때문에 그는 퇴직에 동의하는 이들에게 유한한 재정 범위 내에서 기꺼이 주택이나 휴게 시설 등 보다 나은 대우를 해 주고, 일부 고위급 간부들에게는 심지어 관용차를 그대로 탈 수 있도록 했다. 이러한 여러 가지 난점을 해결한 후 비로소 그는 법정 퇴직 연령을 확정하는 제도를 수립하는 데 착수했다.

덩샤오핑은 재능 있는 젊은이들이 좀 더 나은 훈련을 받을 수 있는 기회를 대대적으로 확대하고, 학자들의 지위를 격상시켰으며, 지식 청년들이 농촌에서 도시로 돌아오는 것을 허락했다. 그는 적당한 자격 없이 일하고 있던 445만 여 명의 '전업기술인원(專業技術人員)'이 재교육을 받을 수 있도록 즉각 계획을 세우고, 인재교류센터(人才交流中心)를 만들고 그곳에 이력서를 배치하여 교육을 받은 이들이 적재적소에 배치될 수 있도록 격려했다.[9]

덩샤오핑은 몇 가지 과도기적인 조치를 취하기도 했지만 마음속에는 언제나 장기적 목표가 살아 있었다. 1981년 문화 대혁명 이후 첫 번째 대학 졸업생이 배출되자 덩샤오핑은 졸업생 분배 제도(정부에서 대학생의 취업을 배분하는 제도)를 계속 시행하여 대학생들을 주요 자리에 배분했다. 1980년대 말이 되어서야 대학생들이 자유롭게 직업을 택할 수 있었다.

덩샤오핑은 1978년까지 중국의 현대화에 가장 유리한 제도가 무엇인가를 예측할 수 있다고 믿지 않았다. 그래서 그는 자오쯔양에게 연구 기관(think tanks)을 설립하여 여러 지역에 근본적으로 다른 체제를 도입하는 방안을 연구토록 했다. 만약 그러한 시도가 성공적으로 마무리된다면 그는 다른 지역에서도 같은 결과가 반복될 수 있도록 사람들을 격려할 생각이었다.

불쾌한 사실조차 숨기지 않다

덩샤오핑은 진상(眞相)을 파악하는 것이 무엇보다 중요하다고 생각했다. 대약진 운동 시절 과장된 보고가 결국 재앙을 악화시킨 적이 있었다. 덩샤오핑은 어떤 사안이 진실인가를 결정하기에 앞서 각기 다른 채널을 통해 자신이 얻은 정보의 진실성 여부를 검증했다. 그런데도 여전히 의심이 남을 경우 자신이 직접 가서 살펴볼 기회를 갖고자 했다. 덩샤오핑은 특히 자신이 임명한 일부 관리들, 예를 들어 자신에게 사실을 있는 그대로 전할 수 있는 양상쿤이나 기요 비서 왕루이린 등의 의견을 듣고자 했다. 그는 또한 외국인들이 중국에서 보고 들은 상황을 경청하기도 했다.

덩샤오핑은 중국이 장기적으로 얻게 될 성취에 대한 자신의 생각을 과장하지 않았으며, 단기간 내에 성취 가능한 것에 대한 지방 간부들이나 일반 대중의 비현실적인 기대치를 깎아내렸다. 이외에도 그는 중국이 대형 중공업 부문 발전이 시급한 것이 아니라 경공업 분야에 역량을 집중하는 것이 필요하다는 전문가들의 권고를 받아들였다.

과감하게 일하다

중국어에는 "무거운 것을 마치 가벼운 것처럼 든다.(擧重若輕)"라는 말이 있는데, 덩샤오핑이 그런 사람이었다. 반대로 천윈은 군대에서 12년 동안이나 함께 복무했던 류보청과 마찬가지로 일을 하는 데 신중하기로 유명하여 그야말로 "가벼운 것을 마치 무거운 것처럼 드는(擧輕若重)" 사람이었다. 천윈은 세부적인 부분을 중시했는데, 특히 경제 문제에 관한 한 덩샤오핑보다 훨씬 더 세심했다. 하지만 덩샤오핑은 전투에 앞서 적정(敵情) 수집부터 고집하는 지휘관은 적을 공격할 기회를 놓칠 가능성이 크다고 생각했다. 덩샤오핑은 자신의 결정이 불러올 수 있는 일들을 분석하는 데 많은 시간을 들였다. 그러나 중요한 문제에 직면했을 경우 때로 전반적인 사실을 파악하기에 앞서 대담하게 추진하기를 원했다.

추진, 공고(鞏固), 재추진

덩샤오핑은 심각한 저항이 잇따르는 문제를 해결하는 데 가장 효과적인 방법은 끊임없이 압력을 넣어 상황이 공고해진 연후에 다시 계속 추진하는 것이라고 생각했다.[10] 예를 들어, 화궈펑을 순조롭게 하야시키기 위해 덩샤오핑은 몇 단계에 걸쳐 압력을 넣음으로써 계속 추진하기 전에 다른 이들이 상황을 조정할 수 있었다. 1980년대 초 그는 소련과 정상 관계를 회복할 수 있는 시기가 아직 도래하지 않았다고 생각했지만, 그래도 이 문제에 제한적이나마 진전을 거두었으며, 이후 소련은 과도한 확장으로 인해 부담을 견디지 못하고 결국 중국과 정상 관계를 회복하기를 희망했다.

단결을 강화하고 분열을 최소화하다

덩샤오핑이 물려받은 중국은 오랜 내분으로 고통을 받고 있었다. 1940년대 말, 1950년대 초 지주 계급의 말살과 끊임없이 계속되었던 잔혹한 정치 운동은 문화 대혁명 때 정점을 이루면서 수많은 '너 죽고 나 살자.' 식의 적대적인 감정을 남겼다. 이외에도 여러 가지 투쟁이 농촌과 공장에 만연했다. 이는 피해자나 그 자녀들이 때로 자신들을 박해하고 피해를 준 이들과 함께 살며 일하고 있다는 것을 의미했다.

덩샤오핑이 정치 전면에 나섰을 때 직면했던 가장 기본적인 문제 가운데 하나는 어떻게 하면 피해자 가족이나 친구들의 '산장(算帳)'*하려는 욕구를 줄일 수 있느냐는 것이었다. 그는 항상 자신의 영향력을 이용하여 사람들에게 지난 일은 지나간 것으로 묻어 두고 자신의 일에 전념하자고 권고했다. 또한 '부쟁론(不爭論)'이라는 말을 사용하기도 했다. 그는 쟁론의 여지가 있는 문제를 일단 제쳐 두고, 난제는 우리보다 총명하여 더 나은 방법을 생각해 낼 수 있는 후세들이 해결하는 것도 괜찮다고 말하곤 했다. 그는 또한 후야오방이 문화 대혁명 시절 희생된 피해자들의 명예를 회복하고 물질적 피해를 입은 이들에게

---

* '계산하다'라는 뜻이나, '결판을 내다', 즉 '보복'의 의미로 사용된다.

보상하는 등 피해를 원상 복구하는 작업에 적극적인 지지를 보냈다.

과거의 원한을 널리 알리지 않다

덩샤오핑은 문화 대혁명에 대해 일반적인 공개 토론을 할 수 있지만 개인적 상처를 드러내거나 과거의 적의를 강조하여 또다시 원한을 서로 보복하려는 일이 없도록 세세한 일에 얽매이지 말 것을 지시했다. 문화 대혁명 시절 억울하게 비판받은 간부들은 모두 명예가 회복되었다. 하지만 덩샤오핑은 그들이 자신의 직장으로 복귀할 때 대대적인 선전을 지양하여 묵은 투쟁이 되살아나는 일이 없도록 하라고 지시했다.

실험을 통해 보수파의 견제를 피하다

당내 보수파 영도급 인사들은 자본주의 기업의 설립을 두려워하고 있었다. 그러나 마오쩌둥 시대에 상산하향(上山下鄕)을 당했던 젊은이들이 대거 도시로 되돌아오자 덩샤오핑을 비롯한 많은 간부는 그들이 일자리를 얻지 못해 사회적 혼란이 야기될 것이라고 걱정했다. 당시 정부는 재정 적자로 인해 국영 기업에 일자리를 확대할 수 있는 여유가 없었다. 그래서 대량 실업을 모면하기 위해 가정에서 사업가 자신이 직접 일하는 형태인 '개체호(個體戶)'를 허락했다. 마르크스는 『자본론』에서 여덟 명의 노동자를 가진 자본가는 자신의 고용인들을 착취한다고 했는데, 이는 자신이 직접 노동에 참가하는 창업자가 일곱 명 또는 그 이하의 노동자를 고용한다면 자본가라고 할 수 없다고 해석되었다. 개체호는 우후죽순처럼 급속도로 발전했다. 덩샤오핑은 천원의 동의를 얻은 후 이렇게 말했다. "좀 보고 나서 다시 이야기합시다." 최초의 기업주들은 일곱 명 이상을 고용하는 데 대단히 조심스러웠다. 하지만 정부가 그다지 간섭하지 않는다는 것을 알게 되자 다른 기업주들도 따라 하기 시작했다. 덩샤오핑은 그들과 다투지 않았다. 다만 '바보 씨앗(傻子瓜子)'을 인용했을 따름인데, '바보 씨앗'은 안후이 성의 일자무식의 농민과 그의 고용인들이 가공한 해바라기 씨앗으로 상당히 유명한 상품 이름이다. "'바보 씨앗' 문제를 해결하려다가 괜히 인심만 불안하게 만들 수 있으니 아무런 이익이 없지 않겠소. 한동안 '바보 씨앗'을 팔게 해 준다고 뭘 그리 두려워하오. 사회주의에 해라도 된다는 말이 오?'" 덩샤오핑은 이렇듯 중국이 개체호 실험을 해야 하는 이유에 대해 영리한 해석을 내려 적당한 시기에 보수파들을 대수롭지 않게 대하면서 이데올로기 투쟁을 모면함과 동시에 더욱 많은 취업을 격려하고 더욱 많은 사영 기업을 허락할 수 있었다.

통속적인 구어로 복잡한 논란거리를 해결하다

덩샤오핑은 기본적인 정책을 결정한 후 사람들이 즐겨 듣거나 보는 속담으로 설명하곤 했다. 재치 있고 통속적인 이야기 방식으로 인해 사람들은 정책을 무조건 반대하기 어려웠고, 덩샤오핑을 보다 친근하게 느끼곤 했다. 그는 격언이나 속담을 이용하거나 자신의 이름과 관련된 속어를 사용한 최초의 고위급 당 영도자는 아니지만 보다 폭넓게 활용한 인물임에는 틀림없다. "검은 고양이든 흰 고양이든 쥐를 잡을 수 있는 고양이가 좋은 고양이다."라는 그의 '흑묘백묘론'은 어떤 일을 하든지 간에 실제에 착안하는 것이 무조건 이데올로기를 따르는 것보다 중요하다는 뜻이다. 이는 마오쩌둥이 강조한 이데올로기의 중요성을 약화시키는 데 폭넓은 지지를 얻을 수 있었던 창의적인 방식이다. 만약 그가 직접적으로 '이데올로기는 중요하지 않'다고 말했다면 틀림없이 엄청난 쟁론을 불러일으켰을 것이다. 그러나 그의 '흑묘백묘론'은 듣는 이들을 미소 짓게 했다.(실제로 고양이를 소재로 한 장식품을 생산하거나 판매한 기업가도 있었다.) "일부 사람을 먼저 부자가 되게 하라.(讓一部分人先富起來)"는 말도 마찬가지다. 그 말은 개혁 이후 빨리 부자가 되려는 사람들의 기대치를 낮추는 역할을 했고 또한 개혁을 통한 이익이 모든 이에게 파급되기 이전까지 부자들에 대한 대중의 질시를 없애는 데 도움을 주었다. 그것은 또한 일부 사람들이 부자가 되면 정부에서 더욱 많은 이가 부자가 될 수 있도록 노력하겠다는 뜻이기도 했다. "돌다리도 두드려 가며 건넌다."는 말 역시 실험을 장려하는 한편 새로운 상황에서 모든 정책의 순조로운 진행을 예측할 수 없음을 인정하게 만드는 창조적인 방식이었다.

기본 원칙을 설명하는 연설에서 균형을 맞추다

자리를 확실히 잡은 중국공산당의 관례에 따라 중요한 정책 관련 문건에서 덩샤오핑은 자신의 계획이 중용을 유지할 수 있도록 애썼다. 그는 때로 좌익이든 우익이든, 또한 봉건사상이든 자산 계급 사상이든 간에 극단 과격주의를 비판했다. 이외에도 군중에게 중요한 정책을 설명할 때에도 덩샤오핑은 직접적인 명령보다는 전체적인 상황을 설명하고 행동에 필요한 장기적인 목표를 차근차근히 설명하는 것이 효과적이라고 생각했다.

계파를 지양하고 능력을 갖춘 관리를 선발하다

일부 하급 관리들은 자신과 특별한 관계(特殊關系)가 있는 사람을 동료로 선발하는 것이 훨씬 안전하다고 믿었다. 예를 들어 배경이 같거나 동향, 또는 동창을 선호했다. 당시 베이징의 엘리트 가운데 서로 밀접한 관련을 맺고 있는 이들은 다음 세 부류였다. 첫째, 단파(團派)로, 이전에 공산주의청년단에서 근무했던 간부들이다. 둘째, 태자당(太子黨)으로, 중국공산당 고급 간부의 자녀들, 그 가운데 일부는 같은 학교 출신이다. 셋째, 비서방(秘書幇)으로, 고위급 간부의 비서를 지냈던 사람들이다. 그러나 덩샤오핑은 능력이 있고, 상부 관리들에게 충성하며, 파벌 행동만 하지 않는다면 그 누구와도 함께 일할 준비가 되어 있었다.

'분위기'를 연구하고 조성하다

최고 영도자로서 덩샤오핑은 정책을 선택하는 데 상당한 융통성을 발휘할 수 있었다. 그러나 그 역시 베이징 고위층의 정치적 분위기에 제한을 받지 않을 수 없었다. 덩샤오핑은 자신이 대담하게 행동해야 할 경우 다른 고위층 간부들도 적극적으로 지지하기를 원했다. 물론 일정한 한도 내에서 덩샤오핑은 연설이나 행동, 또는 지지하는 이들을 통해 분위기를 조성했다. 그러나 연설할 때 큰 원칙만 말하고 세부적인 내용은 언급하지 않았다. 정치국에 있는 최고위급 간부들은 국가의 중요 문제에 대해 충분하게 알고 있었기 때문에 바람직하거나 또는 수용할 수 있는 일이 어떤 것인지에 대해 각기 나름의 관점을 지니고 있었다. 주요한 문제, 예를 들어 마오쩌둥의 명성에 관한 것이나 도시와 농촌의 집체 제도 폐지에 관한 문제, 계획 경제에서 벗어나는 문제, 중국에서 외국인의 자유 여행을 허가하는 문제 등을 처리해야 할 경우 덩샤오핑은 정치적 분위기가 완전히 자신에게 유리하다고 느끼기 전까지는 결코 행동을 취하지 않았다.

민주 집중제의 원칙에 따라, 고위급 간부들을 포함한 모든 이는 당면한 정책과 영도자에 대해 확고한 지지를 표시해야 한다. 그렇기 때문에 최고위급 간부들은 사람들이 당면한 정책이나 영도자에 대해 심각하게 의심하고 변화가 필요하다고 확신하는 경우에도 이를 알아차리기가 쉽지 않았다. 예를 들어 1978년 말 화궈펑과 그가 제시한 정책에서 이러한 상황이 대두되었다. 고위급 간부들은 중요 정책 문제에 관한 한 이견을 공개적으로 발표하지 않는 것이 상례였기 때문에 각 성(省)은 베이징에 사무처를 두고 일부 간부를 파견하여 정책 변동의 징조를 사전에 간파하여, 성에서 실시하고자 하는 조치가 정확한지, 적어도 용인할 만한 것인지 추측하고자 애썼다. 이는 덩샤오핑의 경우도 마찬가지였다. 그는 분위기를 파악하기 위해 각종 자료를 통독하면서 예리하게 판단했을 뿐 아니라 덩리췬, 양상쿤, 왕전, 왕루이린, 그리고 그의 자녀들처럼 자신에게 유쾌하지 않은 진실을 말해 줄 수 있는 몇몇 사람의 말을 경청했다.

최고위층의 분위기는 복잡하면서도 미묘하다. 주로 직접적인 공개 토론보다 암묵적인 이해에 기반을 두고 있기 때문이다. 고위층 분위기를 전환시키는 데 현행 정책이나 전략, 영도자가 얻고자 하는 성과보다 더 중요한 것은 없을 것이다. 만약 어떤 일이 제대로 되고 있다면 정책이나 영도자는 지지를 확보할 수 있다. 그러나 만약 일이 어그러질 경우 사람들은 실패를 모면하기 위해 떠날 것이다. 예를 들어 매년 연말에 발표되는 경제 성장 결과는 현행 경제 정책과 그 정책을 책임지고 있는 간부들의 평가에 크게 영향을 줄 수 있다. 그래서 대다수 고위급 간부들은 어떤 지역에서 일단 실험을 실시해 보는 것에 찬성했다. 그리고 실험이 성공적으로 끝나자 덩샤오핑과 그의 지지자들은 이를 좀 더 넓은 지역으로 자유롭게 확대할 수 있었다.

확실히 정책이 얼마나 성공을 거두고 향후 효과가 어떠할 것인가에 대해서는 각기 간부들마다 시각이 달랐다. 그 가운데 어떤 이는 비교적 보수적이었고, 또 어떤 이는 비교적 진보적이거나 포용적이었다. 덩샤오핑은 대다수의 지지를 얻고자 애썼으며, 적어도 실질적인 소수의 지지를 얻기 위해 최선의 노력을 다했다. 심각한 반대 의견이 예상되는 경우, 특히 소수이지만 영향력이 있는 몇몇 사람이 반대할 가능성이 있는 경우 그는 주도권을 발휘하기에 앞서 그들의 협력을 구하거나 적어도 그들의 소극적인 수용만이라도 얻을 수 있는 방법을 찾고자 노력했다. 그렇지 못할 때는 확고한 입장을 잠시 유보하고 전체적인 분위기가 호전될 때를 기다렸다.

결론적으로 민주 집중제는 모든 이가 시류에 편승하여 구체적인 정책을 전원 지지하기를 요구한다. 그들은 자신들이 적절하다고 여기는 정책에 대해 서명할 자세가 되어 있다. 왜냐하면 만약 그들이 즉시 합류하지 않는다면 결국 자신에게 피해가 돌아온다는 것을 잘 알고 있기 때문이다. 덩샤오핑이 볼 때, 성공한 영도자란 장기적 측면에서 올바른 전략 방향을 결정하여 어떻게 '분위기'를 조성해야 하는지 알고 있어야 할뿐더러 정확한 시기를 선택하여 대담한 조치를 취함으로써 간부들과 일반 대중이 지지할 때 신속하게 행동을 취할 수 있는 사람이라고 할 수 있다.

14

광둥과 푸젠의 실험 1979~1984년

1977년 11월 11일 광둥에서, 덩샤오핑이 베이징에서 열릴 중앙군사위원회 회의 계획에 대해 의논하는 자리에서, 누군가 그에게 현지 젊은이들이 국경을 넘어 홍콩으로 도주하는 문제에 대해 보고했다. 매년 수만 명에 달하는 젊은이들이 생명의 위험을 무릅쓰고 육로나 수로를 통해 홍콩으로 넘어가고 있었다. 과거 베이징은 이를 안전 문제로 인식했기 때문에 32킬로미터에 달하는 국경에 철조망을 설치하는 한편 수천 명의 경찰과 군대를 파견하여 일대를 순찰하도록 했다. 도망치다 체포된 젊은이들은 국경 부근의 대형 구치소에 수감되었다. 보고를 받는 자리에서 덩샤오핑은 불쾌하더라도 사실을 인정하는 특유의 솔직함으로 경찰이나 군대만으로 문제를 해결할 수는 없을 것이라고 말했다. 국경 양쪽의 생활 수준 차이로 인한 문제이기 때문에 이를 해결하려면 정책을 개선하여 중국 변경 지역에 거주하는 이들의 생활을 개선해야 한다는 뜻이었다.[1]

광둥 회의에서 현지 간부들은 외화가 부족해 외국 기술 도입과 건설 사업 시행에 차질을 빚고 있다고 불만을 털어놓았다. 덩샤오핑은 외화를 벌기 위해 두 군데 농산물가공센터(한 곳은 홍콩 인근의 바오안 현으로 나중에 선전(深圳)의 일부로 편입되었다. 다른 한 곳은 아오먼(澳門) 인근의 주하이(珠海)다.)를 설립, 신선한 과일과 채소를 가공하여 홍콩에 수출하는 데에 동의했다. 그는 현지 농산물 공급에 한계가 있다는 것을 알고, 다른 성(省)에서 일부 수출 가능한 농산물을 조달할 수 있을 것이라고 말했다. 또한 더욱 많은 외화를 벌어들일 수 있도록 광둥에 현대식 호텔과 관광객들이 이용할 수 있는 시설을 건설하라고 지시했다. 당시 일부 지방 간부들은 현지의 수공업을 부활시킬 것을 생각했지만 덩샤오핑은 공산품 수출에 대해 전혀 언급하지 않았다. 당시에는 수출할 상품을 생산할 수 있는 공장도 거의 없었고, 외국 회사의 공장 건설을 허용할 가능성도 전혀 보이지 않았기 때문이다. 당시는 외국 투자가 여전히 허용되지 않는 상황이었다.[2]

덩샤오핑이 광둥을 시찰한 후 광둥 발전에 베이징의 대한 관심이 높아지기 시작했다. 정부가 외국 기술 구매를 고려함에 따라 관리들은 더욱더 외화 부족 문제에 집중했다. 누구보다 상황 파악에 밝은 계획 부서 관리들은 새로운 유전을 발견하지 못해 1973년 석유 파동 이후 높은 가격으로 석유를 수출할 수 있을 것이라는 희망이 이미 사라졌다는 것을 잘 알고 있었다. 1978년 4월 10일부터 5월 6일까지 화궈펑의 전적인 지지 아래 베이징 국가계획위원회 대표단이 광둥에 도착하여 수출 증대 방안에 대해 토론했다.[3] 구무가 인솔하는 관리들은 현지 간부들과 인근 푸젠 성 간부들에게 관광업을 발전시킬 것을 적극 권고하고, 수출 가공 지역을 건설하여 외국에서 들여온 물건을 현지 노동력으로 가공해 재수출하는 방식을 건의했다.[4]

1978년 4월 국가계획위원회 대표단은 광둥에서 자발적으로 새로운 계획을 진행시킬 것을 적극 권고했고, 막 현지에 도착한 광둥성위(省委, 성 공산당위원회) 제2서기 시중쉰(習仲勳)은 세계 경제를 향해 중국의 대문을 활짝 열기 위한 준비에 들어갔다. 시중쉰이 베이징을 떠나기 전, 고향 발전에 열정을 가지고 있는 광둥 출신의 예젠잉이 찾아와 국내외 광둥인들의 진심 어린 협조를 얻고자 한다면 우선 1950년대 초반 지역주의라고 억울하게 비난받은 간부들부터 복권시키라고 충고했다.[5] 1978년 말 시중쉰은 웨이궈칭 장군을 대신해 광둥성위 제1서기로 부임한 후 예젠잉의 건의에 따라 행동에 돌입했다. 그와 동시에 양상쿤 역시 광둥성위 제2서기로 시중쉰의 광둥 성 개혁 계획을 돕기 위해 부임했다. 양상쿤은 시중쉰과 함께 수출 가공 지역 설립을 준비하는 한편 덩샤오핑의 연락책을 맡았다.[6]

시중쉰은 광둥에 처음 도착하여 많은 것을 배워야만 했다. 부임하기 이전에는 여전히 정치적으로 먹구름이 가시지 않은 상태였고, 부임 초기에도 여전히 당시 계급 투쟁을 일삼는 관방 정치 노선을 따라야만 했다. 처음 현지 간부들과의 회의석상에서 그는 베이징의 관방 노선을 거듭 밝히면서, 홍콩으로 도망치는 사람들은 자산 계급 노선을 따르는 자들이니 마땅히 엄벌에 처해야 한다고 말했다. 그러자 한 대담한 현지 간부가 일어서더니 국경 이쪽의 광둥인들이 밤낮 가리지 않고 일을 해도 배불리 먹기 힘든데, 홍콩으로 도망치면 1년 안에 자신들이 얻고자 하는 것을 전부 얻을 수 있다고 말했다. 시중쉰은 즉시 그 발언을 한 간부를 해직하라고 지시했다. 그러자 그 간부는 그러지 않아도 그만둘 생각이었으니 굳이 그럴 필요 없다고 대답했다. 회의가 끝난 후 시중쉰은 다른 이들의 이야기를 통해 덩샤오핑이 지난 11월 광둥에 왔을 때 보여 준 접근 태도에 대해 듣게 되었다. 이튿날 또 다른 간부들과 회의를 하면서 시중쉰은 자신이 직접 자아비판을 한 다음 현지 간부들에게 사과하고 전날 발언한 간부의 사퇴를 만류했으며 아울러 국경 인근의 경제를 부강시키기 위해 노력하겠다고 맹세했다. 이때부터 시중쉰은 광둥 발전을 적극 도모하는 지지자로 바뀌었으며, 현지 경제 상황을 개선하고 수출을 신장하기 위해 베이징의 도움을 끌어들이느라 피곤한지도 모르고 열심히 일했다.[7] 시중쉰은 본적이 산시(陝西)였으나 1989년 퇴직한 후에는 광둥을 거주지로 택했다. 그의 아들 시진핑(習近平)은 1953년생으로 2007년에 최연소로 정치국 상무위원이 되었으며, 2013년 국가주석을 이어받을 가능성이 가장 큰 인물로 알려져 있다*(덩샤오핑

---

* 실제로 그렇게 되었다.

시대의 핵심 인물 960쪽 참조).

1978년 12월 3중전회, 덩샤오핑이 최고 영도자 자리에 오르게 된 바로 그 회의를 마치고 광둥으로 돌아온 시중쉰은 현지 간부들에게 개혁 개방의 새로운 정책이 광둥에 끼치는 영향과 의의에 대해 설명했다. 근 30여 년 동안 광둥성의 간부들은 베이징의 냉대에 익숙한 상태였다. 무엇보다 공해(公海)와 가깝고 홍콩과 이웃하고 있기 때문에 베이징은 언제나 지역주의와 자본주의 구습, 그리고 안보 위협 등을 이유로 광둥의 공업 발전을 억제해 왔다. 하지만 수출 촉진에 다급해진 베이징은 결국 광둥 간부들에게 그들이 오랫동안 희망하던 지역 산업 발전의 기회를 제공할 수밖에 없었다.

1979년 1월 6일, 3중전회가 끝나고 2주 만에 베이징은 시중쉰에게 광둥에서 외자를 얻기 위한 방안에 대해 베이징의 정식 비준을 받을 준비를 하라는 청신호를 보냈다. 덩샤오핑이 1977년 11월 건의한 내용에는 수출 농산품 가공만 들어가 있었지만 이번 방안에는 제조업 건설과 수출에 필요한 공업 제품 생산도 포함되어 있었다. 시중쉰은 2주간에 걸친 회의에서 이번 방안을 위한 초안을 준비했다. 바다를 사이에 두고 대만과 마주 보고 있는 푸젠 역시 광둥과 비슷한 지위를 획득했지만 당시 대만은 여전히 대륙과 무역이 불가한 상태였다. 그래서 푸젠 성이 후에 똑같은 방식으로 수출 공업을 발전시킨다는 조건에서 광둥 성이 먼저 시행에 나서기로 했다. 시중쉰이 현지 간부들과 관련 방안을 준비하고 있을 때 구무가 새로 설립된 장관급 단위인 특구판공실(特區辦公室, 특별경제구역 사무실) 주임으로 임명되어 광둥과 베이징의 협력 업무를 책임지게 되었다. 구무는 새로운 직무를 맡은 후 수차례 광둥으로 직접 내려가 광둥의 특별한 지위를 준비하고 있는 시중쉰을 비롯해 여러 지방 간부와 협력했다. 구무는 대외 무역과 건설 업무에 밝고 베이징에서 나름의 명성을 유지하고 있으며, 개혁 개방에 대한 남다른 신념과 문제 해결 능력 등으로 인해 중개자로 제격인 인물이었다.[8]

1979년 1월 31일, 3중전회가 끝나고 1개월이 지난 후 리셴녠은 홍콩 투자 유치국(Merchant Steamship Group, 초상국(招商局)) 국장 위안겅(袁庚)이 제출한 외자에 관한 첫 번째 제안을 비준했다. 홍콩의 건설 붐에 따라 급증하는 고철 수요에 맞춰 위안경은 더 이상 운항할 수 없는 중국의 낡은 선박을 해체하고 거기서 나온 고철을 홍콩 건축업자에게 판매할 계획이었다. 그는 이 사업을 위해 오랫동안 적절한 지역을 찾고 있었다. 홍콩은 사람이 많고 지역이 협소했기 때문에 그는 바오안 현에 속한 곳으로 선전에서 가장 서쪽에 있는 서커우(蛇口)를 제안했다.

위안경의 방안은 광둥의 새로운 계획을 위한 완벽한 시안(試案)이었다. 낡은 선박을 해체하는 일은 별도의 공장이 필요하지 않기 때문에 즉시 시행할 수 있었다. 더욱 중요한 것은 위안경의 회사가 명목상 '외자'이지만 위안경 자신은 이미 오래전에 중국공산당에 가입했으며, 광둥과 베이징을 꽤 깊이 경험해 본 사람이었다는 사실이다. 그는 바오안 현 사람으로 국공 내전 당시 현지 공산당 유격대로 활동한 경력이 있었다. 1949년에는 베이징의 중련부에서 근무했고, 이후 교통부에서 국제 연락 업무를 맡았다. 홍콩 투자유치국은 원래 청조 말기에 조정에서 만든 회사로 나중에 공산당이 접수하여 교통부에 예속되었으며, 홍콩에 독립적인 지사(支社)를 설치하여 위안경이 책임자가 되었다.

리셴녠이 비준한 위안경의 방안은 교통부를 통해 보고된 것이었다. 교통부 부장 쩡성(曾生) 역시 바오안 현 사람으로 제2차 세계 대전 시기에 유격대로 함께 활동한 위안경의 상관으로 있었으며, 이후 교통부에서도 그의 상사로 함께 일한 적이 있었다. 위안경은 원래 선전 서남쪽에 있는 서커우의 일부 작은 지역을 원했는데, 리셴녠은 오히려 훨씬 넓은 부지를 제공했다. 그래서 위안경은 선박 해체 외에도 더 많은 사업을 벌일 수 있었다. 서커우는 이로부터 중국 최초의 외국인 직접 투자 지역으로 허가를 받았으며, 해외 인사가 내지(內地)에 있는 회사에 대해 결정을 내릴 수 있는 최초의 지역이 되었다. 중국 영도자들에게 이는 대단히 안전한 외자 방식이었으나 또한 그것은 외국 회사가 중국 대륙에서 기업 설립을 허가받고자 하는 또 다른 외국 회사들을 위해 대문을 열었다는 일종의 돌파구였음에 틀림없다. 국가 계획 간부 가운데 일부 반대 의견이 없는 것은 아니었다. 광둥에 더 큰 자유를 허용하면 국가의 전체 계획에 지장을 줄 수 있다는 것이었다. 하지만 광둥 성 간부들의 관점, 즉 더 큰 자유를 부여하지 않으면 외국 회사들이 공장을 지을 수 있도록 유인할 방법이 없다는 생각이 상승세를 타고 있었다.

1979년 4월 초 시중쉰은 베이징의 중앙공작회의에서 광둥은 다른 성과 마찬가지로 효율적으로 일할 수 있는 충분한 자주권이 부족하다고 말했다. 그는 대담하게 만약 광둥이 하나의 독립 국가라면 몇 년 내에 비약할 수 있겠지만 현재와 같은 상황에서는 어떤 변화도 실현되기 어려울 것이라고 말하기도 했다. 다른 일부 고위급 간부들도 중국 경제 계획이 지나치게 집중되어 있다는 것을 잘 알고 있었다. 화궈펑은 덩샤오핑과 마찬가지로 수출 증대를 위해 광둥에 더 많은 자주권을 주는 데 찬성했다. 그는 시중쉰에게 광둥이 외국인의 투자를 끌어들이는 데 필요한 자주권을 부여할 것이라고 단언했다.[9]

시중쉰과 광둥의 영도 집단은 1979년 4월 17일 자신들이 준비한 방안 초고를 들고 베이징으로 향했다. 방안을 확정하기 전 덩샤오핑을 비롯한 몇 명과 보다 심도 있는 논의를 거쳤다. 시중쉰과 그의 동료들은 구무의 건의에 따라, 광둥이 수출 상품 생산을 위한 외국의 자본과 기술, 그리고 관리 방식을 도입하기 위해 신속하고 적절한 조치를 취할 수 있도록 광둥 성 전역에 특별한 정책을 시행할 것을 건의했다. 국가는 공장 건설에 필요한 토지와 운수 설비, 전력, 노동력을 제공하고, 외국인을 위한 호텔과 음식점, 주거지 및 그 밖의 시설을 제공해야 한다는 것이었다. 이외에 베이징 중앙 정부는 광둥과 푸젠 두 성을 적극 지지하여, 일반적인 노력 이외에도 광둥의 세 군데 경제특구(홍콩 인근의 선전, 아오먼과 맞붙은 주하이와 광둥 동북부 연안에 위치한 산터우)와 푸젠의 샤먼 경제특구를 개발하는 데 온 힘을 쏟아야 한다는 내용도 있었다.

덩샤오핑은 이러한 방안을 전적으로 지지했다. 그는 시중쉰에게 이렇게 말했다. "역시 특구라고 부르는 것이 좋겠어. 산간닝(陝甘寧, 옌안 시절 산시, 간쑤, 닝샤의 간칭)부터 특구라고 부르기 시작했잖아! 중앙에 돈이 없으니 이런 정책이라도 줘야지. 당신들이 스스로 해 가면서 혈로를 뚫도록 하시오."[10] 덩샤오핑의 이 말은 광둥의 일행이 베이징에 제기한 요청, 즉 돈을 줄 수 없다면 권한

을 달라, 우리가 알아서 자금을 모으면 어떻겠는가에 대한 단도직입적인 답변인 셈이다.[11]

시중쉰과 대화를 나누면서 덩샤오핑은 광둥과 푸젠에서 원적이 광둥이나 푸젠인 해외 화교들의 자금을 적극 도입하여 활용하는 융통성을 부여하는 데 동의했다. 광둥의 방안은 1979년 7월 15일 비준되어 중앙 50호 문건으로 공포되었다. 이는 광둥과 푸젠에 외화 도입을 위한 '특수 정책과 유연한 조치(特殊政策和靈活措施)' 부여를 골자로 하고 있다.[12] 덩샤오핑의 건의에 따라 해당 지역을 '특구'로 칭하기로 했다.[13] 이로써 네 군데 특구가 1979년 8월 26일 정식으로 지정되었다. 국가 계획의 복잡성과 계획 부문 간부들의 반대를 고려해 볼 때, 만약 덩샤오핑이나 화궈펑, 구무, 시중쉰 등의 결심이 없었다면 이러한 일련의 조치를 3중전회 이후 단 7개월 만에 완수하는 일은 상상조차 할 수 없었을 것이다.

덩샤오핑의 실험과 그의 적들

20년 동안 중국은 80여 개국에 세워진 수출 가공 지역에 관한 자료를 계속 수집했다. 이들 국가에서 설립한 가공 지역은 번다한 수출입 규정을 해결하여, 일반적인 정식 수출입 과정을 통과하지 않고 생산에 필요한 원료를 수입하고 현지의 값싼 노동력을 이용하여 상품을 생산한 후 다시 수출하기 위해 만들어진 곳이었다. 중국은 1978년까지 수출 가공 지역 설립에 따른 정치적 지지를 얻는 데 실패했다. 그러다 그 이듬해인 1979년에야 비로소 광둥의 홍콩 인근 지역이 가공 지역으로 탈바꿈하게 되었다.

하지만 덩샤오핑은 광둥이나 푸젠의 특구를 단순히 수출 가공 지역으로만 본 것이 아니었다. 그는 이보다 더 많은 것을 생각하고 있었다. 그가 건설하고 싶었던 것은 공업과 상업, 농업, 목축업, 부동산, 그리고 여행업까지 모두 완비된 종합적인 대도시였다.[14] 이러한 특구는 각종 일 처리 방식에 대한 유연한 실험을 하기에 안성맞춤이었다. 현대적인 관리 제도는 중국의 기업뿐 아니라 당정(黨政) 기관에도 필요한 것으로 당과 정부를 더욱 효율적으로 개선할 수 있었다. 1980년 5월 16일 중공 중앙과 국무원에서 하달된 41호 문건은 네 군데 특구를 "다른 지방과 다른 제도 및 정책을 실행한다. 경제특구는 기본적으로 시장의 조절을 받게 될 것이다."라고 규정하고 있다.[15]

덩샤오핑은 전국 범위에서 이러한 실험을 할 수 있을 만큼의 지지를 얻는 데 실패했지만, 보수파들도 이러한 실험에 쉽게 반대할 수 없었다. 일부 지역에서 실험한 후에 성공하면 이를 확대하겠다는 생각이 당의 관습적인 지혜로 자리 잡았기 때문이다.[16] 예를 들어 쓰촨, 장쑤, 저장 등지에서 공업 관리 방면의 개혁을 시행한 적이 있었다. 하지만 덩샤오핑은 광둥과 푸젠의 외국 기업만 독자적인 노동자 고용과 관리 제도를 시행할 수 있도록 했다. 이러한 실험은 다른 지역의 시도를 훨씬 넘어서는 것이었다. 서커우에서 시행된 투표를 통한 선거 실험은 다른 지역 촌민(村民) 선거보다 훨씬 앞섰다. 광둥은 다른 지역에 비해 훨씬 적합한 실험실이었다. 덩샤오핑은 경제특구에서 시장, 공업, 건설, 노동력, 금융, 외화 등 다양한 실험을 진행하도록 격려했다.[17] 광둥은 실험의 최첨단에 자리하고 있기 때문에 중국이 자본주의 국가로 변할 것이며, 외국의 제국주의자들이 권토중래할 것이며, 사회주의 계획 체제가 파괴될 것이라고 염려하는 반대자들의 공격 목표가 되었다. 광둥 성 역시 자원이 연해 지구로 흘러 들어가는 것을 반대하는 내륙 여러 성의 비난 대상이 되었다.

서방 사람들, 심지어 일부 중국 내 비판자들조차 덩샤오핑이 명칭을 붙이지 않았을 뿐이지 자본주의 실험을 하고 있는 것이 분명하다고 말했다. 하지만 이는 덩샤오핑의 시각을 제대로 모르고 하는 소리다. 그는 분명 시장 확대를 결심했고, 개인적으로 사기업에 대해 이데올로기적인 면에서 반대 의견을 내세운 적이 없었다. 또한 경쟁이야말로 공상업의 동력이라는 데 동의했다. 하지만 그 역시 중공이 통제권을 확고하게 장악하여, 이를 통해 자본가가 중국 정치를 좌지우지하지 못하도록 해야 한다고 생각했다. 또한 토지 공유제를 유보하고 국영 기업의 중요한 역할을 유지토록 했으며, 국가의 계획 경제를 계속해 나갈 것을 분명히 밝혔다. 덩샤오핑은 중국이 자본주의로 변할 수 없다고 말하면서, 돈은 덩샤오핑 자신이나 화궈펑의 주머니로 들어가지 않을 것이라고 말했다.[18]

외국 제국주의자에 대한 개인적 기억은 없고 단지 당의 선전을 통해서만 이를 접한 젊은 간부들조차 강력한 외국 자본가들의 행태에 겁을 먹고 있었다. 중국이 외국 제국주의에서 벗어나 30년이 지났는데, 왜 지금 와서 또다시 제국주의자들을 돌아오라고 청하는가? 국영 기업과 집체 기업의 영도자들은 1930년대 외국 기업이 확장되면서 중국의 기업이 어떻게 쫓겨났는지를 잘 알고 있었다. 그들은 중국 기업이 자금이 풍부하고 더욱 현대화된 외국 기업과 경쟁하기 어렵다는 점을 우려했다. 간부들은 국제 무역에 경험이 풍부한 외국 자본가들이 의도를 숨기고 국제 법률을 이용하여 중국 기업을 속여 중국에서 독점권을 확보할 것이라고 걱정했다. 덩샤오핑은 대단히 신중한 방식으로 대중에게 자신의 생각을 설명했다. 그는 다른 이들과 마찬가지로 외국 제도를 맹목적으로 따르는 이들을 비판했다. 그는 외국 문화가 더 우월하다고 말하지는 않았지만, 제한된 범위 내에서 외국 문화, 예를 들어 외국의 '현대적인 관리'를 배워야 한다고 말했다. '현대적인 관리'를 배운다는 말은 상당히 포괄적이어서 중국 문화나 '중국 정신'이 더욱 우월하다고 확신하고 있는 애국주의자들의 심기를 굳이 건드리지 않고도 광범위하게 각종 관념이나 제도를 배울 수 있었다.

광둥과 푸젠을 비롯해 기타 연해 지역을 개방한다는 결정은 내륙의 공업이 연해 지구로 대대적으로 이전하는 효과를 낳았다. 1966년부터 1975년까지 국경 부근에서 국가의 안전을 위협받는 것을 피해야 한다는 마오쩌둥의 정책에 따라 중국의 절반 이상의 투자가 '삼선 건설(三線建設)'에 집중되었으며, 물자와 인력도 모두 기간 시설이 낙후된 벽지로 옮겨 갔다.[19] 하지만 1979년 2월과 3월의 베트남 전쟁 이후 덩샤오핑은 외부 공격의 위험이 크게 줄었다고 믿었다. 중국의 경제 계획을 주도하는 간부들도, 공업 발전이나 국제 무역 방면에서 연안 지역이 편리한 교통, 상대적으로 양호한 기반 시설, 다수의 전문가와 비교적 낮은 원가 등 여러 가지 이점이 있다는 사실을 알고 있었다. 1979년 광둥의 수출은 전국 수출량의 12퍼센트에 불과했지만 1980년대 후반에 이르자 중국 연간 수출량의 3분의 1이 광둥에서 나올 정도로 증가했다.[20] 덩샤오핑은 광둥과 푸젠이 중국의 다른 지역보다 먼저 풍요로워지는 것을 인정했다. 하지만 그는 먼저 풍요로워진 지역은 나중에 다른 지역이 풍요로워지도록 도와야 한다고 단언했다.

질서 정연하고 세심한 계획 경제를 유지하고자 했던 베이징의 간부들은 광둥으로 들고 나는 화물을 통제하기 위해 애썼다. 하지만 그들은 광둥의 유연한 정책으로 인한 악몽에 맞닥뜨려야 했다. 광둥은 국외에서 많은 돈을 벌게 되자 보다 높은 가격으로 화물을 구매할 수 있게 되었다. 그러자 일부 다른 성(省)에서 자신들의 계획을 완성하는 데 필요한 물자를 광둥으로 운송하는 일이 벌어졌다. 통계에 따르면, 적어도 예순네 군데 중앙 정부 단위에서 광둥과 푸젠이 보다 유연하게 정책을 결정할 수 있도록 허용했다. 각지의 계획과 광둥의 상호 협조를 지도하는 간부들은 주로 국가계획위원회, 외교부, 재정부, 국가건설위원회, 물자부 등 다양한 부서에서 파견된 이들이었다.[21] 광둥의 간부들은 1979년 베이징의 영도자들을 설득하여 광둥과 외국 회사가 계약서를 체결할 경우 물론 중앙에 보고는 하지만 사전에 베이징의 승인을 얻을 필요는 없도록 했다.[22] 그러나 광둥으로 운송하는 국유 물자의 양이 증가함에 따라 베이징 관련 부위(部委)의 비준도 필요 없게 되었다. 시장은 끊임없이 변화하고 계산이 서로 다른 조세의 종류도 대단히 복잡하게 변했기 때문에 베이징은 광둥에서 매년 한차례 일시불로 국고에 세금을 납부하는 것에 동의했다.

특별 경제 구역에서 정치적 실험을 할 수 없다는 것을 보장하기 위해 천윈은 특구를 '경제특구'로 개명해야 한다고 고집했다. 1980년 3월 압박감을 느낀 덩샤오핑은 개명에 동의했다.[23] 그는 보수파 동지들을 위로하느라 이렇게 말했다. "그곳은 경제특구지 정치특구가 아니오."[24] 하지만 덩샤오핑이 특구에서 새로운 관리 방식으로 광범위한 실험을 행한다는 자신의 구성을 포기한 것은 아니었다. 자신의 전형적인 방식대로 그는 명칭을 바꿈으로써 쟁론을 피했지만 사실은 광둥에서 진행되는 광범위한 실험을 막지 않고 계속 밀고 나갈 생각이었다.

중국의 남대문

특구로 가능한 지역 가운데 다른 한 곳은 상하이였다. 1930년대 상하이는 기업이 북적거리고 30만 명에 달하는 외국인들이 거주하는 아시아에서 가장 국제적인 도시였다. 상하이는 홍콩보다 훨씬 앞서 아시아의 주요 금융과 상업 중심지가 되었다. 또한 아시아의 주요 산업 중심지로 일본에서도 상하이를 능가할 만한 도시가 드물 정도였다. 하지만 1978년 중국의 계획자들은 상하이를 실험 지역으로 삼는 것은 지나치게 위험한 일이라고 생각했다. 무엇보다 그곳이 중국의 중요한 산업 중심지이자 국가 재정에 대한 공헌도 다른 지역에 비해 훨씬 크기 때문이었다. 만약 상하이의 공업이나 재정 수입에 부정적인 영향이 있을 경우 이는 곧 중국의 재앙이나 다를 바 없었다. 상하이에서 태어난 천원은 상하이에 외국인들에게 굴종을 일삼는 '매판 기질'이 심각할 정도로 여전함을 걱정했다. 그래서 상하이를 실험 지역으로 삼는 데 반대했으며, 그의 의견이 승리했다.

광둥과 푸젠은 상하이와 달리 산업이 거의 없기 때문에 설사 실패해도 크게 위험하지는 않았다. 이곳의 연해 지역은 동남아시아와 홍콩 인근에 있기 때문에 1949년 이후로 위험 지역으로 간주되었으며, 베이징은 1978년 이전까지 이곳의 공상업 발전을 제한했다. 게다가 이곳은 외국 자본가들의 왕래가 정신적 오염을 야기하더라도 베이징의 당 중앙까지 영향을 끼치기에는 너무 먼 곳에 자리하고 있었다. 더욱 중요한 것은 동남아시아를 비롯한 세계 각지로 이주한 화교들이 대부분 광둥이나 푸젠 두 성 출신이라는 점이었다. 그들은 여전히 현지 방언을 사용할 줄 알고, 현지에 개인적으로 밀접하게 관련이 있었으며, 일부는 새로운 투자를 끌어들이는 데 도움을 줄 수도 있었다.

덩샤오핑은 1978년 10월 일본을 방문했을 당시 자신이 일본에 온 목적이 중국의 현대화를 위한 '선초(仙草)'를 찾기 위함이라고 말한 적이 있었다. 만약 중국을 날아오르게 할 선초를 찾을 수 있는 곳이 있다면 바로 홍콩일 것이다. 1979년부터 1995년까지 중국에 대한 직접 투자의 3분의 2가량이 홍콩에서 왔거나 적어도 홍콩과 대륙 사이의 '남대문'을 통해 들어왔다.[25] 베이징은 동남 아시아와 미국 등지의 '해외 화교'들의 투자를 환영했지만 중국이 주권을 주 장하는 홍콩과 아오먼, 그리고 대만의 '동포'들이 투자하기를 더욱 원했다. 당 시 공식 집계에 따르면, 대만을 제외하고 중국 대륙 밖에 살고 있는 화교들 가 운데 820만 명이 광둥, 500만 명이 푸젠 출신이었다.[26] 광둥과 푸젠 두 성에서 투자자를 찾을 때 물론 다른 성 출신도 대환영이었으나 우선 목표는 바로 두 성 출신의 투자자들이었다. 1978년 이후 귀국한 이들 대부분은 주로 '남대문' 을 통해 광둥과 푸젠의 자기 고향으로 돌아갔다. 당시 대만과 대륙은 직접 무 역이 불가능했는데, 이후 근 10년이 흐른 뒤에야 비로소 대만 사람들의 대륙 여행과 거주가 허용되었다.

덩샤오핑이 광둥의 대문을 열도록 허용하자 홍콩은 투자와 창업, 외부 지 식의 원천이 되었다. 홍콩은 어디나 기업가로 넘쳤다. 그들 중에는 1948년 중 공군이 대륙을 장악한 후에 도망쳐 나온 수천수만의 이주민도 포함되어 있었 다. 1949년 이전까지 홍콩은 줄곧 중국과 외부 세계를 연결해 주는 무역 중심 지로 자리 잡았다. 중공이 권력을 장악하고 국경을 봉쇄하자 홍콩 경제는 심각 한 타격을 입었다. 당시 상하이나 닝보(寧波)에서 도망쳐 나온 기업주들은 홍 콩에서 방직업과 글로벌 해운업을 일으켰다. 홍콩은 1960년대에 이미 국제적 인 금융 중심지로 성장했다. 1970년대 어린 시절을 홍콩에서 보내고 이후 영국 이나 미국, 캐나다나 호주 등지에서 유학한 경험이 있는 재능 있는 젊은이들이 다시 식민지 홍콩으로 되돌아왔다. 그들은 현대 금융과 첨단 과학 기술, 그리 고 국제 시장에 능통한 전문가가 되었다. 그래서 홍콩은 1970년대 말부터 당시 소련은 절대로 해 줄 수 없는 것, 즉 서구의 최신 발전에 대한 전반적인 지식을 갖추고 중국 대륙과 같은 언어와 문화를 공유하며 게다가 기꺼이 도움을 제공 하려는 기업인들의 가장 귀중한 보배를 중국에 제공할 수 있었다.

덩샤오핑이 개혁에 착수했던 초창기 몇 년 동안 홍콩과 대륙 간의 문은 단 지 일부분만 열려 있었다. 그 문으로 들고 나는 일이 언제나 순조로운 것은 아 니었다. 국경의 검문검색은 여전히 계속되었고, 중국 거주민들은 오랫동안 국경 출입을 위한 비자를 얻기 어려웠다. 불법으로 국경을 넘은 적이 있거나 국경 건너편에 공산당 치하에서 죄를 지은 친척이 있는 이들은 근본적으로 다시 국경의 문을 넘어설 수 없었다. 1949년 이후로 30년 동안 급속한 발전을 구가한 홍콩과 내륙 사이에 사회적 격차가 날로 확대되어 더는 봉합할 수 없는 지경에 이르렀다. 1980년대 초반 홍콩 상인들은 자신들끼리 하는 말로 국경 건너편 내륙에 사는 이들을 현대 세계를 모르는 시골뜨기라는 뜻으로 '샹바라오(鄕巴佬)'라고 불렀다. 광둥과 푸젠 사람들은 홍콩에서 온 친척이나 동향인들의 으스대는 모습이나 재력 과시에 시샘의 눈초리를 거둘 수 없었다. 대륙에 살고 있는 자신들은 여전히 궁핍한 생활을 하고 있었기 때문이다. 설사 대륙에서 관직에 몸담고 있다 할지라도 생활 수준은 그저 생계를 유지할 정도였기 때문에, 의기양양하고 차림새가 좋으며 유능한 부하 직원들을 대동하고 현대적인 기술과 세계적인 연락망을 자랑하는 홍콩 상인들을 만나게 되면 괜히 의심이 들어 경계심을 늦출 수 없었다. 하지만 여전히 적지 않은 홍콩 기업가들은 충심으로 고향을 돕고, 거의 무한하다고 할 정도로 방대한 중국 시장을 활용하고자 애썼다. 3년이 채 가기도 전에 '남대문'을 통해 자금과 트럭, 그리고 사람들이 끊임없이 들고 났다. 작은 물방울이 서서히 시냇물이 되더니 이제 거대한 강물로 변하고 있었던 것이다.

덩샤오핑 시대에 광둥과 푸젠의 간부들, 특히 경제특구의 관리들은 국제적인 홍콩 사람들을 통해, 특히 날로 개방되고 있는 텔레비전과 신문, 개인적 왕래, 그리고 광둥에 설립한 공장과 호텔, 음식점, 상점 등을 통해 가치 있는 공부를 할 수 있었다. 1980년대 초반 광둥의 거리에는 겉모습이나 행동거지만으로 사람을 두 부류로 구분할 수 있었다고 하는데, 잘 차려입은 사람은 홍콩이나 다른 외지 출신들이고, 시골티가 물씬 풍기는 사람은 주로 대륙의 농촌 출신들이었다. 그러나 이런 차이는 점차 사라지기 시작해 1992년 덩샤오핑 시대가 끝나 갈 때에는 광둥 남부의 대륙인과 홍콩 거주민을 구별하기가 어려워졌다.

1978년부터 1980년까지 대륙 관리들은 신화사, 중국은행, 화룬(華潤) 집단, 공회(工會, 노동조합), '애국 학교'와 '애국' 상인 등 홍콩 주재 중국 조직을 통해 홍콩의 정세를 이해했다. 하지만 1983년 덩샤오핑이 선박왕 바오위강을 비롯한 홍콩 재계의 많은 거물을 만나기 시작하면서 대륙을 대표하는 이런 소규모 단체도 홍콩과 대륙의 연락원이라는 역사적 사명에 마침표를 찍게 되었다.

홍콩에서 일하는 중공 당원들은 홍콩 사회의 주류에 끼어들 수 없었다. 홍콩 엘리트와 접촉할 수 있는 통로가 없었기 때문인데, 베이징은 무엇보다 그들의 협력이 시급한 상황이었다. 베이징과 광둥의 간부들은 홍콩의 공산당 동지들을 우회하여 직접 홍콩의 주류 지도자들과 접촉하기 시작했다. 1982년 덩샤오핑은 전임 성위 서기로 자신을 비롯한 베이징 고위급 인사들과 직접 관련이 있는 쉬자툰(許家屯)을 홍콩 주재 중공 최고 대표로 임명했다. 그는 홍콩에 도착한 후 곧 홍콩의 엘리트들과 직접 만나기 시작했다.

홍콩의 공장주 입장에서 볼 때 중국의 개방은 그야말로 시기적절한 것이었다. 홍콩의 노동력 부족, 임금과 원가 상승 등으로 인해 국제 시장에서 경쟁력을 잃어 가고 있었기 때문이다. 국경 너머 중국 내륙에 있는 저비용의 노동력은 홍콩의 의류나 완구, 전자 부속품 공장주들을 구원해 줄 수 있을뿐더러 그들에게 더욱 광활한 기회를 제공할 것이 분명했다. 변화 속도가 너무 빨라 사람들을 놀라게 할 정도였다. 홍콩 일간지에 따르면, 홍콩의 일반 노동자들이 아침에 공장에 도착해 보니 생산 설비 전체가 하룻밤 사이에 국경 근처 시골로 모두 이전되었으며, 그곳에는 이미 새로운 공장이 들어선 상태였다. 1960년대와 1970년대 홍콩에 건설 붐이 한창일 때 최신 건축 기술을 습득한 홍콩 건축회사들은 갑자기 국경 저쪽에서 무궁무진한 기회를 잡게 된 셈이다.

1970년대와 1980년대 초반 유럽과 북아메리카의 상인들은 중국에 갈 때 주로 홍콩에 도착해 기차로 광저우로 간 다음 다시 비행기를 타고 목적지로 향했다. 대륙으로 들어가기에 앞서 그들은 홍콩 상인들에게 시장 상황을 문의했는데, 이렇게 해서 때로 홍콩 사람들이 그들의 동업자가 되거나 중국에 주재하는 회사 대표가 되었다. 외국인들은 자국 법률에 따라 뇌물을 주는 것이 금지되었으나 그런 제한이 비교적 자유로운 홍콩 대리인들을 통해 광둥에서 사업을 위한 길을 닦을 수 있었다. 대만 상인들은 정부가 1980년 초 대륙과 통상을 금지했기 때문에 홍콩의 동업자를 통해 대륙과 장사를 했다. 덩샤오핑이 광둥과 홍콩을 잇는 '남대문'을 개방하는 실험을 실시하자, 그곳은 외부의 투자와 기술, 관리 기능, 사고방식과 생활 방식 등이 중국으로 진입하는 가장 중요한 통로가 되었다.

1980년대 말부터 중국이 더욱더 개방의 폭을 넓히자 내외 교류가 베이징을 포함한 중국의 다른 지역까지 확대되었다. 홍콩 상인들이 대륙과 왕래할 때 사용했던 언어는 내외 교류의 변화를 반영해 보여 준다. 1978년 이후 초반 몇 년 동안 홍콩과 광둥의 교제 언어는 주로 월어(粤語)였는데, 이는 주로 홍콩과 광둥 여러 지역에서 통용되는 방언이다. 그러나 1980년대 말 중국의 개방이 각지로 확산되자 점차 보통화(普通話)가 새로운 통용어로 자리를 잡기 시작했다. 선전이나 주하이의 거주민들은 주로 북방에서 온 사람들이기 때문에 보통화만 할 줄 알았지 월어는 할 줄 몰랐다. 홍콩이 계속 중요한 역할을 맡고 있기 때문에 월어도 계속 사용되었지만 홍콩 상인들도 전국의 동업자들과 왕래해야 하기 때문에 점차 보통화를 배우기 시작했다. 이러한 언어상의 변화는 일부 지역적인 실험이 점차 전국 범위의 대외 개방으로 변화하는 과정을 반영하는 것이다.

광둥과 푸젠의 비상

광둥과 푸젠이 특수한 지위를 얻고 30년이 지난 후 중국의 수출은 100배나 증가했다. 1978년 100억 달러도 채 되지 않던 것이 1조 달러를 넘어섰고, 그 가운데 3분의 1이 광둥에서 나왔다. 1978년 광둥에는 현대적인 생산 라인을 갖춘 공장이 한 군데도 없었다. 하지만 30년 후 광둥 성 남부를 방문한 사람들은 하늘을 찌를 듯한 마천루와 대규모 산업 단지, 아파트 단지, 세계 수준의 호텔, 고속 도로, 그리고 교통 정체를 경험하게 될 터였다.

광저우에서 홍콩 사이에 있는 주장 강 삼각주에는 온통 거대한 변화의 물결이 일렁이고 있었다. 1980년대 그 지역의 촌과 진(村鎭, 과거 생산대 또는 공사가 있던 곳)이 소규모 제조 공장을 받아들인 후 처음에는 홍콩, 나중에는 대만 등지에서 크고 작은 공장이 들어서기 시작했다. 1980년대 말까지 홍콩에서 광저우에 이르는 160여 킬로미터 도로는 이미 양쪽 모두 공장이 줄지어 늘어섰다.[27] 1979년 홍콩 인근의 선전은 그저 2000여 명의 촌민이 사는 작은 진(鎭)에 불과했으나 20년 후 시로 승격했을 때는 이미 주변 농촌 지역까지 포함해 1000만 명이 사는 대도시가 되었다. 정확한 통계는 없지만 1992년 덩샤오핑이 퇴임할 때까지 대략 1억 명에 달하는 사람들이 광둥의 연해 지역으로 몰려들었으며, 그중 일부는 고향으로 돌아갔지만 나머지 수천만 명이 여전히 이 지역에 남아 있다고 한다.

시중쉰과 양상쿤은 광둥의 경제를 비약적으로 발전시키기 위한 일련의 조치에 대해 베이징의 비준을 받으려 애썼다. 하지만 1980년부터 1985년까지 광둥 경제의 비약적인 발전을 영도한 이는 성위 제1서기인 런중이다. 그는 이전에 경공업부 부장으로 일했던 량링광과 짝을 이루어 광둥의 경공업 발전을 돕기 위해 파견되었다. 덩샤오핑이 물러난 후 전국 인민들이 그가 개혁 개방을 한 것에 감사한 것과 마찬가지로 광둥인들 역시 런중이의 대담한 영도에 깊이 감사했다. 한참 뒤 후진타오(胡錦濤) 주석은 광둥을 시찰하러 왔을 때 이미 퇴임한 지 20년이나 된 런중이를 특별히 예방하고 그에게 경의를 표했다(덩샤오핑 시대의 핵심 인물 953쪽 참조).

1982년 1월의 회람 문건에 따르면, 3000만 위안 이상의 경공업 사업과 5000만 위안 이상의 중공업 사업은 반드시 베이징의 비준을 받아야 했다.[28] 이 한도를 넘겨 베이징의 비판을 받게 되자 런중이는 한 가지 사업이 아니라 공교롭게도 서로 관련이 있는 몇 가지 사업이니 사업 한 가지씩 떼어 놓고 보면 한도에서 벗어난 것이 아니라고 말하면서 교묘하게 비판을 모면했다. 런중이의 휘하 간부들은 주어진 제도나 규칙하에서 광둥의 발전을 위해 최선을 다하는 그의 열정과, 어떤 일이든 자신들을 적극 지지하는 그의 용기를 좋아했다. 사실 런중이도 광둥에서 자신의 임무는 하나의 변압기가 되는 것이라고 말한 적이 있다. 전류(광둥의 정책과 자원)를 베이징에서 끌어와 현지의 수요에 부합하는 곳에 사용한다는 뜻이었다. 광둥 간부들의 말을 빌리면 "위에는 정책이 있고, 아래에는 대책이 있다.(上有政策, 下有對策)"는 것이다.

성급 영도자로 임명된 후 부임지로 떠나기 전에 최고 영도층의 접견이 허용되는 경우는 거의 없었다. 하지만 런중이와 성장(省長) 량링광은 덩샤오핑과 단독으로 만날 수 있도록 초대를 받았으며, 그 외에 화궈펑과 완리, 천윈과 예젠잉도 만났다. 덩샤오핑은 런중이와 량링광에게 그들의 임무는 미래를 위해 출로를 탐색하는 것이라고 말했다. 덩샤오핑은 지역주의 문제로 인해 광둥에 민감한 정서가 존재한다는 것을 알고 있었다. 덩샤오핑은 이처럼 과거로 인해 불협화음을 일으키는 사안을 어떻게 처리할 것인가에 대해 이야기하면서 과거를 전혀 이야기하지 않을 수는 없지만 가능한 전면적으로 문제를 살펴서 작은 일에 얽매이지 말라고 충고했다. 아울러 그는 광둥과 푸젠의 간부들이 자신의 경험을 바탕으로 다른 지역에서 지도적인 역할을 할 수 있기를 바란다고 말했다. 완리는 그들과 만난 자리에서 대담하게 만약 베이징의 지시가 지역 상황에 맞지 않으면 마땅히 현지에 부합하는 일을 해야 한다고 말했다.[29]

광둥의 실험은 최첨단에서 이루어지는 것이기 때문에 자본주의자로 비난받기 쉬웠다. 런중이와 그의 참모진은 자본주의를 두려워하고, 다른 성에서도 매력적인 것으로 인정받고 있는 광둥의 실험이 전국적으로 확산되는 것을 원치 않는 이들의 공격 목표가 되었다. 런중이의 휘하 간부들은 그의 기지에 경도되었고, 그의 전략적인 판단 능력에 탄복했다. 하지만 런중이가 휘하 간부들의 충심을 얻은 가장 큰 이유는 그가 베이징의 비판 앞에서 모든 책임을 감수했다는 점이다.

설사 베이징의 정치적 압력이 없다 할지라도 간부들은 전적으로 새로운 노선을 정하는 일이 어렵다는 것을 실감했다. 예를 들어 광저우와 선전을 있는 광선(廣深) 고속 도로를 건설할 당시 사람들은 제한된 예산을 걱정하느라 자동차 증가 속도가 그처럼 빠를 줄 전혀 상상하지 못했다. 신중을 기하느라 결국 2차선 고속 도로를 건설하는 잘못된 결정을 내렸으며, 결과적으로 10년이 채 되기도 전에 8차선 고속 도로를 건설해 대체하는 수밖에 없었다. 정치적인 고려와 경험 부족은 지극히 민감한 영역 가운데 하나인 외국 사업가들을 어떻게 대할 것인가 등의 문제에 적지 않은 실수를 저지르기도 했다. 왜냐하면 그들은 외국인 투자자를 끌어들이면서 외국 자본가들에게 약한 모습을 보인다는 비난에 취약해지길 원치 않았기 때문이다. 처음에 그들은 세수(稅收) 감면을 합리적으로 결정하는 방법도 몰랐고, 얼마나 많은 지역에 기반 시설이 필요하고, 가격 계산을 어떻게 하며, 상품의 해외 마케팅을 어떻게 해야 하는지도 자세히 알지 못했다. 결과적으로 많은 실수를 범하고 말았다. 또한 현지인 가운데 일을 제대로 하지 못하고 질질 끄는 이들도 있었고, 심지어 해외 투자자들을 속이는 이들도 있었으며, 반대로 몇몇 투자자는 현지인들에게 사기를 치기도 했다. 게다가 새로운 공장을 세우는 속도가 관련 관리 규정보다 더 빠른 경우도 있었다. 그래서 새로운 규정도 항상 주효한 것은 아니었다. 대담하고 야심적인 지역 영도자들은 비교적 신중한 지역 관료보다 훨씬 앞서 달려 나갔다. 그 결과 회의적 태도를 보였던 보수파의 악몽이 사실로 증명되는 일이 적지 않게 나타나기 시작했다.

경험을 통해 얻은 교훈

광둥과 푸젠의 지역 간부들은 외국의 투자를 유치하여 공장을 건설하기 위해서는 무엇보다 '원 스톱(one-stop)' 정책 결정 센터와 같은 곳이 필요하다는 것을 깨달았다. 초기 외국 투자자들은 전력 가설, 운송, 건축 자재, 노동력, 그리고 각종 허가를 얻기 위해 각기 다른 관공서와 협의해야 한다는 점에 불만을 터뜨렸다. 1980년 중반에 이르러 외국인 회사를 가장 잘 유치한 지역은 주로 정책 결정을 재조직하고 집중하여 관리들이 한곳에서 모든 핵심적인 결정을 할 수 있는 곳이었다.

외부 투자자들에게 매길 세금 문제도 적지 않은 경험과 교훈이 필요했다. 처음에 지방 정부는 시장 경제에서 원가를 계산하는 방법에 대해 전혀 아는 바가 없었다. 그래서 국제 표준보다 지나치게 높거나 지나치게 낮게 비용을 요구하기도 했다. 그러나 몇 년이 지난 후에는 해외 시장에서 가격에 대한 감각을 얻을 수 있었으며, 비교적 적절한 가격을 산출할 수 있었다. 일자리를 찾아 사방에서 찾아오는 이들로 인해 노동력은 거의 무한대라고 할 정도였지만 노동력 원가는 여전히 대다수 이미 산업화된 국가에 비해 지나치게 낮았다.

이외에도 투자를 유치하기 위해 서로 경쟁하던 지방 간부들은 만약 외부의 투자자들이 자신들이 생각하기에 합리적인 투자 수익을 얻지 못할 경우 다른 곳으로 곧장 가 버린다는 사실을 빨리 깨달았다. 처음에는 해외로 나간 물건이 고가에 팔린다는 이야기를 듣고는 중국 노동자들이 외국 자본가들에게 착취 당하는 것 아니냐고 말하면서 외국인들에게 높은 가격을 불러야 한다고 주장하는 간부들도 있었다. 그러나 점차 중국 관원들도 국제 시장 가격을 받아들이면서 설사 노동자들이 벌어들이는 소득이 해외에서 상품을 파는 상인들보다 훨씬 적더라도 정부나 노동자에게 여전히 유리하다는 것을 인정하게 되었다.

또 다른 교훈은 신용에 관한 것이었다. 만약 지방 관료들이 투자를 확대하려는 외부 동업자를 원할 경우 무엇보다 신뢰를 보여 줄 필요가 있었다. 외국 투자자들은 문제가 생겼을 때 공정하게 해결할 수 있다는 것을 확인받고 싶어 했다. 그래서 중국 관리들은 계약서에 서명하고 몇 가지 법률 절차를 끌어들이는 방식을 통해 보장을 약속했다. 지방 간부들은 과거 몇 년간 잘 운영된 곳은 주로 협의를 존중한 곳이라는 사실을 알아챘다. 전혀 규제가 잘 되지 않는 원시적인 중국 시장에서 진출 초기에 일어날 수 있는 예기치 않은 문제들을, 필요하다면 창조적으로 해결해 줄 수 있는 믿을 만한 지방 간부들을 발견한다면 외국 투자자들은 기꺼이 투자를 계속할 것이 당연했다. 외국 회사에 근무하는 현지 관리자들도 정해진 시간에 맞추어 임무를 완수하는 것이 얼마나 중요하며, 효율적인 관리가 얼마나 중요한 임무인지 배우게 되었다. 또 일부 관리자들은 스프레드시트(spreadsheets)*나 원가 계산, 계산기나 이후 컴퓨터를 사용

---

* 표에 숫자나 문자 자료를 입력하고 이를 조작하여 자료를 처리하는 일종의 전자 계산표.

하는 방법 등 현대식 회계 제도를 배우기도 했다.

홍콩의 건축가와 건축 회사는 건축 붐이 일기 시작하던 1960년대와 70년대에 이미 마천루와 같은 고층 빌딩을 건설하는 기술을 확보하고 있었다. 그들역시 광둥의 동업자들에게 대륙에서 이러한 사업을 조직하고 관리하는 방법을 전수했다. 아울러 그들은 현대식 건축 설비를 가지고 와서 현지 노동자들에게 조작법을 가르쳐 주었다.

또 하나 발전에 절실하게 필요한 영역은 고객 서비스였다. 대외 개방과 시장 도입을 시행하기 전까지만 해도 국영 상점은 오직 단일 품목의 필수품만 판매했다. 직원은 고객들에게 불친절했고, 형편없는 보수를 받으면서도 열심히일할 정도로 바보가 아니라고 노골적으로 말할 정도였다. 홍콩 사업가가 광둥최초의 현대식 호텔 바이톈어(白天鵝)를 개장하면서 사업 성공을 위해 홍콩에서 영업 매니저와 서비스 요원들을 데리고 왔다. 그들은 청결 유지부터 시작하여 효율적인 조직 관리와 고객의 요구를 만족시키는 방법에 이르기까지 많은것을 현지 직원들에게 전수해 주었다. 호텔 레스토랑은 즉시 수많은 고객을 끌어모았으며, 다른 레스토랑도 그들과 경쟁하면서 이와 비슷한 수준의 서비스를 제공하기 시작했다.

광둥의 공장이나 상점에서 일하기 위해 농촌에서 올라온 이주민들은 시간을 지키는 것이나 다른 작업자와 협력하는 방법 등에 대해 금세 익숙해졌다. 성과급을 받는 이들은 인형에 스펀지를 넣거나 각종 소비 제품에 부품을 장착할 때 효율성을 높이는 법을 배울 수 있었다. 이주민들은 손 씻기를 비롯한 여러 가지 위생 습관에 익숙해졌다. 또한 평생 처음으로 먼 곳에서 온 동료 노동자를 만나 함께 일하면서 자신들의 시야가 넓어짐을 느낄 수 있었다. 그들은현대적인 기술과 최신 유행에 대해 알게 되었다. 그것은 처음에는 수출하기 위해, 그리고 나중에는 내수를 위해 생산한 전자 제품이나 의복을 통해 얻은 지식이었다. 먹고 자는 문제를 해결하게 되자 여유가 생긴 그들은 텔레비전이나 세탁기, 전자레인지, 에어컨 등의 사용 방법을 배우게 되었다. 젊은 여성들은 홍콩의 유행을 좇느라 화장품이나 새로운 헤어스타일을 따라 하기 시작했다.[30] 집안 식구들에게 편지를 보내거나 일시적 또는 장기간 고향을 방문하면서 그들은 현대적인 생활 방식을 동경하는 다른 이들이 본받고 싶은 모델이 되었다.[31]

세계 각지에 공장을 세운 소니의 공동 창업자인 모리타 아키오(盛田昭夫)는 일반적으로 말해서 현대 산업을 보유하지 못한 나라들은 관료 기구도 비효율적인 경향이 강하다고 하면서, 그러나 만약 현대 산업의 효율적인 표준을 받아들일 경우 이러한 표준이 정부 안으로 천천히 스며든다고 말한 적이 있다. 국제 표준에 비춰 볼 때, 당시 중국의 정부 기관은 여전히 비효율적이고 일보다 인력이 훨씬 많았다. 하지만 중국의 상공업이 효율적으로 변하자 덩샤오핑을 포함한 일부 당 영도자들도 당과 정부의 관료들에게 똑같은 효율 표준을 따를 것을 요구하기 시작했다.

광둥의 발전은 단순히 '시장 개방'만으로 설명할 수 없다. 왜냐하면 시장을 개방한 나라는 많지만 광둥처럼 큰 진보를 이룩한 곳은 드물기 때문이다. 오히려 10년 전만 해도 오로지 계급 투쟁에 전념하던 중국공산당 조직이 광둥에서 현대화를 추진하는 효과적인 수단으로 변모했다고 보는 것이 더 나을지도 모른다. 당은 전면적인 규율을 유지하면서 학습과 경쟁을 장려했고, 홍콩과 일본은 신속하게 원조를 제공했다. 광둥과 푸젠을 위한 특별한 정책과 특구가 가진 자유 공간은 그곳을 인재 배양의 인큐베이터로 만들었다. 그리고 여기에서 길러진 인재들은 대도시의 현대식 공장과 상점, 그리고 사무실에서 뛰어난 능력을 발휘했다. 이러한 기업에서 배운 지식은 광둥에서 다른 지역으로 빠르게 확산되었다.

보수적인 정치 역풍에 직면한 선구자들

광둥과 푸젠에서 실험이 시작되었을 때 두 성의 간부들은 베이징에서 끊임없이 가해지는 정치적 압력을 실감하고 있었다. 비록 그들은 앞을 향해 달려 나가라는 책무를 부여받았지만 모호하고 전혀 예측할 수 없는 환경 속에서 더욱 풍부한 상상력과 더불어 브로큰 필드(broken field)를 달리는 풋볼 공격수처럼 오로지 자신의 임무를 완수하기 위해서만 질주할 필요가 있었다. 그렇기 때문에 변혁을 걱정하는 보수파들의 공격에 더더욱 취약할 수밖에 없었다. 베이징의 각 부위(部委, 국무원 산하 각종 부와 위원회)에서 내려오는 온갖 지시 사항의 맨 마지막은 언제나 광둥과 푸젠도 '예외가 아니다.(不例外)'라는 말로 끝났다. 당시 광둥과 푸젠의 간부들은 외자 유치에 필요한 일을 하면서도 외국의 제국주의자들에게 빌붙어 산다는 비난을 피해야 하는, 미묘하고도 위험한 균형 유지에 전력을 다하지 않을 수 없었다. 외국 회사가 공장을 설립하도록 장려하기 위해 그들에게 얼마만큼의 세금 감면 혜택을 줄 것인가? 합자 기업이 어떤 상품의 생산 허가를 받았다면 아직 허가받지 않은 다른 상품도 그 회사에서 생산하도록 허용할 수 있는가? 수출 상품 일부를 내수용으로 판매할 수 있는가?

이익의 공사(公私) 구분이 아직 엄격하지 않았기 때문에 당시 여전히 가난한 지방 간부들은 직권을 남용하여 사리사욕을 채우는 유혹에 그대로 노출되어 있었다. 외국 기업의 저녁 식사 초청에 응해도 되는가? 외국 기업가가 신년을 축하한다며 보내온 홍바오(紅包, 현금이 들어 있는 봉투)를 받아도 되는가? 회사 차로 출퇴근하거나 자녀들을 학교에 보내 줘도 되는가? 홍콩에 있는 회사를 포함하여 모든 외국계 회사는 광둥에 공장을 세우면 장려금을 받을 수 있었다. 그런데 세금 환급을 위해 광둥인이 홍콩에 본사를 두었다는 '가짜 양코배기(假洋鬼子)' 회사를 세웠다고 한들 누가 알 수 있겠는가? 오로지 "계획 경제에서 벗어나는 것(去計劃經濟)"을 방해하고 외국 기업과 합작하려는 개혁파의 열정을 잠재우기 위해 기회만 엿보고 있던 보수파들에게 비난할 만한 행동을 찾는 것은 전혀 어려운 일이 아니었다.

시기심 가득한 다른 지방의 간부들도 광둥 간부들을 비판할 기회가 오기만을 기다렸다. 자신들도 마찬가지로 물자가 시급한 상황인데 광둥과 푸젠으로만 보낸다고 볼멘소리를 마다하지 않는 사람들도 있었다. 질투심 가득한 한 지방 간부가 광둥에 공급되는 물자의 운송을 일부러 지연시키는 바람에 광둥 정부는 국가에서 공식적으로 할당한 석탄을 제때에 공급받기 위해 수백 명의 간부를 화물 환적소(換積所)로 보내 할당된 석탄이 정확하게 화물차에 적재되었는지 확인해야 했다.

문화 대혁명 시절 당기(黨紀, 당의 기율)가 무너졌음을 기억하는 베이징의 일부 고위급 관리들은 돈을 벌 수 있는 기회가 많아지면서 당기가 더욱 위협받으리라는 점에서 심각한 우려를 표명했다. 당기를 보다 엄격하고 공정하게 세우기 위해 광둥과 푸젠의 일부 선두 주자들을 비판하는 것보다 더 좋은 방법이 있을까? 천윈은 줄곧 계획 체제의 효과적인 운영과 당기 유지에 깊은 관심이 있었기 때문에 비슷한 걱정을 하고 있는 이들은 그를 자신들의 대변자로 옹호했다. 반면 광둥의 간부들은 천윈을 가장 골치 아픈 인물로 생각했다. 거의 모든 고위급 간부들이 적어도 한 번은 특구를 방문해 그곳의 성과에 대해 찬사를 아끼지 않았지만 유독 천윈과 리셴녠은 한 번도 들르지 않았다. 천윈은 매년 남방에서 겨울을 보냈는데, 주로 항저우나 상하이였다. 하지만 그는 언제나 몸이 불편해서 광둥까지 갈 정도가 아니라고 말하곤 했다.

천윈은 1981년 12월 22일 연설에서 "특구의 긍정적인 부분을 보는 것이 중요하다."라고 했지만 이어서 말하길, "또한 특구가 가져올 부작용도 충분히 예측해야 한다."[32]라고 했다. 열흘 후 1차 성위 서기 회의석상에서 그는 네 군데 특구로 충분하니 더는 새로운 특구를 만들어서는 안 된다고 말했다.[33] 1개월 후 그는 또다시 이렇게 말했다. "지금 모든 성마다 특구를 만들려고 하면서 제한을 풀라고 한다. 만약 그렇게 된다면 외국 자본가는 물론이고 국내 투기꾼들도 모두 튀어나와 대담하게 투기로 폭리를 취하게 될 것이다. 그러니 그렇게 해서는 안 된다."[34] 천윈은 특구에 경계선을 만들게 되면 문제가 더욱 복잡해질 것이라고 걱정했다. 그는 특히 특구 단독으로 화폐를 발행하는 것에 극력 반대했다. 특구 화폐가 투자자들에게 매력적이기 때문에 이로 인해 인민폐의 가치가 떨어질 것을 두려워했기 때문이다.

천윈은 평소 확고한 편이지만 좀처럼 화를 내는 경우가 드물었다. 하지만 그가 불같이 화를 냈던 적이 있었는데, 그중 한 번은 광둥에서 발생한 심각한 추문 때문이었다.[35] 당시 수천수만의 공산당원들이 외국 상품을 수입하거나 공장을 건설하고 상품을 판매하는 등의 사업에 개입하면서 밀수를 하거나 뇌물을 받는 등 부패가 만연하여 심각한 문제로 대두되었다. 중앙기율검사위원회 서기로서 천윈은 광둥 간부들의 당기 위반 사안을 철저하게 조사할 것을 지시했다. 그는 광둥과 푸젠의 고위급 간부들이 이러한 현상을 사전에 차단할 조치를 취하지 않았다고 비판했다.

덩샤오핑은 분쟁에 끼어들지 않고 밖에 머물면서 심사를 받는 간부들을 위해 아무런 변호도 하지 않았다. 하지만 총서기 후야오방은 달랐다. 그는 개혁을 추진하는 지방 관리들과 줄곧 밀접한 관계를 유지하고 있었다. 그래서 1980년 1월 지방 간부들이 밀수 때문에 압력을 받게 되자 직접 주하이 특구로 내려가 밀수를 막지 못했다는 이유로 비난받는 간부들을 옹호했다. 몇 개월 후 그는 서커우에서 올라온 보고서를 통해 생산 지표를 초과 달성한 노동자들에게 장려금을 지급하는 제도가 베이징의 관료들에 의해 막혀 있다는 소식을 듣고 즉시 구무에게 서커우에서 자유롭게 업무를 진행할 수 있도록 하라고 지시했다. 베이징 관료들이 서커우의 도로 건설에 방해를 하고 있다는 보고를 받았을 때도 구무에게 지시하여 관련 부서의 간섭을 배제토록 했다. 광둥 간부들은 후야오방이야말로 최선을 다해 자신들을 돕고자 했던 열성적인 지지자였다고 말했다.

특구의 부패에 관한 보고가 점점 많아지자, 천윈과 특구를 유지하려는 사람들 간의 갈등도 점차 심해지기 시작했다. 기율을 준수하는 당원으로서 천윈과 후야오방의 불협화음도 수면 위로 떠오르지 않을 수 없었다. 하지만 1982년 1월 14일 중앙서기처에서 회의를 개최하여 처음으로 특구 문제에 대해 장시간 토론했을 때 천윈은 보편적인 부패 현상을 비판했을 뿐이었다. 후야오방도 공개적으로 천윈에게 이의를 제기하지 않았으며, 다만 토론이 끝날 무렵 "특구는 전진할 뿐 후퇴할 수 없다."[36]라고 말했을 뿐이다.

광둥성위(省委, 성 당위원회)와 경위(經委, 경제위원회), 그리고 기검위(紀檢

委, 기율검사위원회)의 고위급 간부는 모두 베이징에서 임명하지만 그 아래 등급의 성 간부들은 성 영도자가 임명했다. 베이징 관리들은 아래쪽에서 단합하여 상부에 정보를 알리지 않을 수도 있다고 걱정했다. 그래서 성장(省長) 아래 등급의 모든 간부는 성급 영도자에 관한 상황, 심지어 부정적인 내용까지 모두 중앙에 보고해야 한다고 지시했다. 이러한 지시를 따른 광둥 간부들은 현지 동료들에게 '밀고자(打小報告)'로 불렸다.

광둥 간부 두 사람, 즉 왕취안궈와 쉐광쥔(薛光軍)은 개인적 관계나 직책 면에서 베이징의 신중한 계획파들에게 광둥 문제에 대해 알릴 이유가 충분했다. 허베이에서 온 부성장 왕취안궈는 광둥성계획위원회 주임도 맡고 있었는데, 이전에 성장 선출에서 밀려나고 말았다. 일반적으로 성장에 선출되는 사람은 왕취안궈처럼 당 중앙위원이어야 하는데, 현지 수많은 간부의 전적인 지지를 얻고자 했던 런중이는 왕취안궈 대신 중앙위원은 아니지만 현지 유격대 출신인 류톈푸(劉田夫)를 부성장으로 뽑았다. 1981년 광둥에서 천윈의 조정 정책을 관철하기 위한 회의가 열렸을 때 왕취안궈는 런중이가 회의에서 덩샤오핑의 개혁 개방에 대한 내용만 강조했을 뿐 천윈의 긴축에 관한 발언은 전혀 언급하지 않았다고 보고했다.[37]

광둥성위 위원인 쉐광쥔 역시 베이징에 광둥의 부패 문제를 보고했다. 그는 옌안 시절 중앙 조직부에서 천윈 휘하에 있었고, 내전 시기에도 동북 지역에서 천윈의 부하로 있었다. 그는 천윈에게 직접 연락하여 광둥이 자본주의를 추구하고 있다고 말하면서 밀수와 뇌물, 그리고 부패 문제가 날로 심각해지고 있으며 광둥의 간부들은 이러한 상황을 통제할 충분한 조치를 취하지 않고 있다고 불만을 털어놓았다.[38] 새로운 공장 건설이 이미 시작되었지만 그러는 사이 광둥은 여전히 예산 부족과 외화 부족으로 고통받고 있었다. 베이징은 광둥의 외화와 관세 징수 관리가 너무 느슨하다고 불평했고, 광둥은 석탄을 충분히 확보할 수 없다는 것과 베이징이 3중전회 이후 날로 증가하는 수요를 만족시킬 수 있는 적절한 운수 시설을 제때에 건설하지 않는 것에 대해 불만을 터뜨렸다.[39]

런중이가 광둥에 도착한 1980년 10월은 때마침 천윈이 조정 정책을 적극 추진하면서 인플레이션 압력을 낮추기 위해 신규 건설 사업을 줄이기 시작하던 때였다. 그러나 외자를 유치하기 위해 기반 시설을 확대하려는 광둥의 노력은 결국 원자재 부족 현상을 악화시켰고, 이로 인해 인플레이션 압력이 거세지기 시작했다. 내전 시기 동북 지역에서 천윈의 부하였던 런중이는 개인적으로 천윈을 존중하고 있었다. 하지만 광둥에서 그는 자신의 제일의 책무는 바로 외자를 유치하여 광둥의 신속한 발전에 공헌하는 것이라고 생각했다.

런중이의 이진궁(二進宮)

1981년 말 광둥과 푸젠의 경제 범죄에 대한 베이징 관리들의 분노는 이미 극에 달했다. 광둥의 밀수와 투기를 통해 폭리를 취하는 상황에 대한 천윈의 불만을 진정시키기 위해 덩샤오핑은 1981년 12월 수세(守勢) 입장을 취했다. 그는 후야오방에게 서신을 보내 베이징에서 소조(小組)를 파견하여 광둥의 상황을 정확하게 조사하고, 아울러 전체 당원들에게 이 문제에 대해 경고하라고 지시했다. 1982년 1월 5일 천윈은 밀수 행위를 강력히 비난하는 보고서를 자신이 영도하는 중앙기율검사위원회 명의로 발표했다. 이에 호응하여 덩샤오핑도 천둥 번개처럼 매섭고 바람처럼 빠르게 쟁점을 움켜잡고 놓지 말자는 뜻인 '뇌려풍행조주불방(雷厲風行抓住不放)'[40]의 여덟 글자를 보고서 한쪽에 적어 놓았다.

덩샤오핑의 실험은 압력을 받고 있었다. 그는 1982년 1월 20일부터 2월 9일까지 겨울 휴가를 광둥에서 보내기로 결정했다.[41] 그는 자신이 광둥에 가는 것은 휴식을 위한 것이니 보고도 듣지 않고 업무에 대해서도 이야기하지 않겠다고 했다. 하지만 사실 그는 1시간 30분 동안 런중이에게 광둥, 특히 선전과 주하이의 실제 상황에 대한 보고를 자세하게 들었다. 덩샤오핑은 런중이에게 중앙에서 광둥 지역에 개방 정책을 실행한 것은 정확한 일이었다고 하면서 "만약 광둥에 있는 당신도 그것이 정확하다고 생각한다면 착실하게 실행하면 된다."라고 말했다.[42] 덩샤오핑의 광둥행이나 런중이와의 만남은 개혁 실험에 대한 그의 깊은 관심을 보여 주는 것이었지만 공개적으로 런중이를 지지함으로써 자신의 입장을 표명한 적은 없었다.[43]

덩샤오핑이 광둥에 갔을 때, 베이징의 천윈은 1982년 1월 25일 야오이린과 그 밖의 계획파 간부들을 불러 모은 자리에서 지나치게 높은 목표를 설정했던 대약진 운동 시절에 일어났던 일들을 상기시키며 이야기를 계속했다. 그는 각 성에서 모두 경제특구를 만들려고 하는데 만약 그렇게 하도록 허용하다간 외국 자본가나 투기꾼들이 몰려들 것이라고 주장했다.[44] 덩리췬도 경제특구가 해방 전 제국주의자들이 통제하던 개항 연안 도시의 조계(租界)처럼 변하고 말 것이라고 하면서 경제특구에 대한 비판을 부추겼다.

런중이와 류톈푸에게 1982년 2월 13일부터 15일까지 천윈이 주최하는 중앙기율검사위원회 회의에 출두하라는 지시가 내려지면서 상황은 중대한 고비로 치닫고 있었다. 지방 관리들이 중앙의 소환에 따라 베이징으로 올라가는 것을 진궁(進宮, 봉건 군주 시대에 지방 관리가 수도로 올라가 질책을 받는 것을 말한다.)이라고 한다. 회의의 주요 목적은 두 사람에게 왜 밀수와 부패를 미연에 방지하지 못했는가에 대해 설명을 듣고, 향후 개선을 경고하는 것이었다.[45] 런중이는 광둥에서 베이징으로 오면서 부하 직원 예순여덟 명을 대동하여 광둥 간부들이 개혁 추진과 밀수 문제 대처에 일치단결하고 있음을 보여 주고자 했으나 위원회의 요구에 따라 자아비판을 해야만 했다. 이처럼 많은 광둥 간부가 몰려오자 비판을 해야 하는 천윈의 임무도 복잡해지지 않을 수 없었다. 그러나 아무리 그렇다 해도 런중이에게 동정을 표할 수는 없었다. 회의에서 일부 베이징 간부들도 비판 대열에 가담하여, 광둥에서 계급 투쟁이 벌어지고 있으며 자산 계급(부르주아 계급)이 이익을 편취하고 있다고 말하기도 했다.[46] 후차오무가 이러한 형세가 더 큰 정치와 이데올로기 문제를 야기할 수 있다고 말하자, 광둥의 간부들은 자신들이 직면한 문제의 심각성을 더욱더 실감했다.

베이징을 떠나기 전 런중이는 사적으로 베이징의 주요 지지자인 후야오방을 만나 광둥으로 돌아간 후 광둥의 간부들과 상공업계 인사들에게 베이징의 의견을 어떻게 전달하는 것이 좋겠느냐고 물었다. 런중이는 만약 베이징의 격렬한 비판, 특히 계급 투쟁에 관한 논의를 전달할 경우 광둥의 경제 활력을 질식시킬 것이라는 점을 걱정했다. 후야오방은 그에게 무엇을 전달하고 무엇을 전달하지 않을지는 스스로 결정하라고 말했다. 런중이는 광둥으로 돌아간 후 성위 상무위원회 확대회의를 개최하여 밀수 문제에 대한 베이징의 우려를 전달했다. 그러나 그는 베이징의 격노를 있는 그대로 다 전하지 않았으며, 계급 투쟁에 관한 이야기는 아예 꺼내지도 않았다. 그는 자신들이 잘못을 저지른 부분에 대해서는 바로잡아야 할 것이고, 불법 활동은 중지시켜야 할 것이라고 말했다. 하지만 그는 또 이렇게 말했다. "(그러나 우리는) 운동을 하지 않을 것이며, 누군가를 비난하지도 않을 것이다. 개인적인 부당 이익은 결사 반대하지만 개혁 개방은 확고하게 지지한다. 성위 제1서기로서 내가 모든 책임을 질 것이니 내 아랫사람들은 그럴 필요가 없다." 런중이의 아랫사람들은 모두 크게 감격했다. 그들은 런중이가 책임을 지거나 아랫사람들을 비난에서 보호하는 일에 기꺼이 나서지 않으면 광둥의 실험이 크게 뒷걸음질칠 것임을 알고 있었기 때문이다.[47]

베이징 회의 이후 천원은 후야오방에게 자신은 광둥의 반응에 만족하지 않는다고 말했다. 그래서 후야오방은 런중이에게 전화를 걸어 아직 고비를 넘긴 것은 아니며 다시 한번 비판을 받기 위해 돌아와야 할 것이라고 말했다. 런중이가 류텐푸 성장을 대동해도 괜찮겠느냐고 묻자 후야오방은 좋다고 대답했다. 2월 23일부터 25일까지로 예정된 중앙서기처 회의에서 밀수와 부패, 뇌물을 막지 못한 런중이의 실책에 대해 토론이 벌어졌다. 런중이와 류텐푸는 베이징에 도착한 후 회의가 시작하기 전 후야오방, 자오쯔양과 한차례 긴 대화를 나누었다. 광둥 개혁을 지지하는 후야오방과 자오쯔양은 런중이에게 그들의 비판에 대해 설명했다. 런중이는 새로운 자아비판 문건을 작성하는 것이 좋겠다는 후야오방의 건의를 받아들였다. 또한 류텐푸가 자아비판의 강도를 더욱 높여 수정한 원고 내용에도 동의했다.

런중이의 두 번째 소환에 따른 공식 회의에는 당과 정부에서 1차 때보다 더 많은 간부가 참석했으며, 비판도 더욱 매서웠다. 중앙기율검사위원회의 한 간부는 광둥에서 괴상망측한 일이 벌어졌는데 광둥 간부들은 오히려 아무렇지도 않게 생각하고 있다고 말했으며, 또 다른 간부는 광둥의 영도자는 "제멋대로 놔두고 있다.(放羊)"라고 말했다. 또 어떤 비판자는 반부패 투쟁이 곧 계급 투쟁이라고 말하기도 했다. 이에 런중이는 폐부에 와 닿는 자아비판으로 대처했다. 그러나 그와 류톈푸는 이러한 문제를 해결하기 위한 광둥의 노력에 대해서도 설명했다. 두 사람이 광둥에 대한 특수한 정책을 취소해서는 안 된다고 요청하자, 자오쯔양과 후야오방은 정책이 변하지는 않을 것이라고 장담하면서, 하지만 광둥은 반드시 밀수와 부패를 엄격하게 단속해야 할 것이라고 말했다.[48]

베이징에 두 차례나 소환되었지만 그렇다고 문제가 모두 해결된 것은 아니었다. 두 차례의 베이징 회의 이후 구무는 4월부터 9월까지 거의 대부분의 시간을 광둥을 조사하느라 보냈다.[49] 중앙기율검사위원회에서도 원로 간부이자 부서기인 장원(章蘊)이 인솔하는 조사단을 파견하여 광둥에서 2개월 남짓 조사 활동을 벌였다. 2개월 후 장원이 얻은 결론은 런중이 등이 문제 해결을 위해 상당히 많은 노력을 기울였다는 것이었다. 덩샤오핑은 여전히 각종 회의 보고서를 두루 읽었지만 광둥과 푸젠을 공개적으로 지지하는 모습은 여전히 보이지 않았다. 그러나 장원의 보고서를 읽은 후 보고서 내용이 실질적으로 광둥에 유리한 결론이라는 사실을 간파하고는 즉각 그 보고서를 정치국으로 보냈다. 정치국이 1982년 12월 31일 발표한 50호 문건은 광둥의 경제 범죄 단속 노력을 긍정하는 내용이었다. 문건은 다음과 같은 천원의 결론을 인용하고 있다. "특구는 반드시 해야 한다. 하지만 또한 부단히 경험을 총결하여 특구가 잘될 수 있도록 확실히 보장해야 한다." 덩샤오핑은 개인적 권위를 드러내지 않고도 성공적으로 실험을 계속할 수 있었다. 광둥의 간부들도 안도의 한숨을 내쉬었다.[50]

런중이는 이직하기 전까지 베이징으로부터 끊임없이 압력을 받았지만 개혁을 계속 추진했으며, 빠른 성장 속도를 유지했다.[51] 런중이는 1985년 일흔 살이 되어 정년에 이르렀다. 일반적으로 그처럼 공적을 남긴 지방 간부들은 퇴직을 연기할 것을 요청받았지만 그는 명예롭게 퇴직했다.[52] 그는 주택과 각종 특권을 보장받았다. 그와 달리 푸젠성위 제1서기인 샹난(項南)은 불운에 시달렸다. 그는 가짜 약을 제조하여 유죄 판결을 받은 푸젠 진장(晉江)의 한 제약 회사가 저지른 범죄를 책임져야 했다. 샹난은 뛰어난 행정 능력과 개혁에 대한 헌신으로 베이징의 개혁파 간부들에게 명성이 자자했다. 하지만 1986년 2월 해직되면서 굴욕적인 자아비판서를 다섯 번이나 써야 했고, 중앙기율검사위원회에서 내부 통보로 비판을 받았다. 베이징의 보수파들은 언제나 런중이와 샹난을 제거하려고 애썼지만 광둥과 푸젠에서 추진한 획기적인 정책은 계속되었을 뿐 아니라 다른 지방까지 확대되었다.

열네 군데 연해 도시로 실험을 확대하다: 1984년

광둥과 푸젠의 정책이 다른 지역으로 확대되기 전까지 덩샤오핑은 조심스럽게 정치적 환경이 좀 더 유리해지길 기다렸다. 중앙기율검사위원회가 1982년 12월 광둥의 노력을 긍정한 후 광둥에 대한 반감도 줄어들기 시작했다. 그래서 1983년 덩샤오핑은 이렇게 말할 수 있었다. "현재는 대부분의 사람들이 경제특구의 좋은 점에 대해 많이 이야기하고 있다."[53] 덩샤오핑은 베이징의 간부들도 선전이나 주하이를 직접 가 보면 그 발전상에 깊은 인상을 받을 것임을 알았기 때문에 그들에게 직접 가 보라고 권했다. 당시 당내에 덩샤오핑의 개혁개방 정책에 대한 보편적인 지지가 강력한 동력이 되면서 한때 많은 이의 폭넓은 지지를 얻었던 천원의 조정 정책을 낳은 여러 가지 문제도 사라지기 시작했다. 식품 공급이 충분하고 경제 발전이 빨라지자 재정 불균형 상황도 호전되었다. 1984년 광둥의 수출 총액은 1000억 위안을 초과했는데 이는 1978년보다 238퍼센트 증가한 수치였다.[54]

1984년 1월 24일 덩샤오핑은 동계 '휴가' 기간에 전용 열차를 타고 광저우로 갔다. 그는 2주에 걸쳐 광둥과 푸젠을 시찰했는데, 네 군데 경제특구 가운데 선전과 주하이, 그리고 샤먼, 세 곳과 더불어 주하이 부근에서 급속도로 발전하고 있는 중산(中山)과 순더(順德) 두 현도 돌아보았다.[55] 그는 출발하기 전부터 특구 발전에 긍정적인 관점을 가지고 있었지만 현지에서 보고를 직접 듣고 눈으로 보기 전까지 그들을 칭찬하는 데 신중한 태도를 취했다. 선전의 마천루와 현대식 공장을 보면서 그는 크게 흥분했고, 선전 시 중심가에 높이 서 있는 거대한 광고판에 "시간은 돈이고, 효율은 생명이다."[56]라고 적힌 위안경의 표어를 긍정했다. 선전과 주하이 시찰을 끝내고 광저우로 돌아온 후 그는 비로소 이렇게 말했다. "선전의 발전과 경험은 우리의 경제특구 건설 정책이 정확하다는 것을 증명하고 있다." 선전의 수제곱킬로미터 대지 위에 늘어선 고층 빌딩은 1978년 이전까지 중국에서 볼 수 없었던 것으로, 선전이 이제 현대식 서구 도시의 면모를 갖춰 가고 있음을 보여 주고 있었다.

1984년 텔레비전이 널리 보급되기 시작하면서 수백만 중국인들도 텔레비전을 통해 덩샤오핑이 시찰하는 곳의 고층 빌딩과 공장을 볼 수 있었다. 덩샤오핑은 광둥과 푸젠을 시찰한 후에 이렇게 선언했다. "현재 볼 때, 개방 정책은 오히려 개방이 충분치 않다는 것이 문제다. 상하이에 열 군데 큰 호텔이 필요하다면 국외의 단독 투자자에게 전적으로 의지할 수 있을 것이다."[57] 그는 바오강 2기 공사를 금년 내에 착수할 수 있으니 다음 5개년 계획까지 기다릴 필요가 없다고 말했다. 광둥과 푸젠의 성공적인 발전상을 시찰한 덩샤오핑에 관한 보도는 그해 말에 공식적으로 선포된 연안 지역 개방과 체제 개혁 결정에 강력한 힘을 실어 주었다.

덩샤오핑은 "경제특구 건설 정책은 정확하다."라고 말했지만 그렇다고 지방 간부들을 옹호하지는 않았다. 사실 그가 전달하고자 한 뜻은 밀수나 뇌물, 부패 등은 정책 자체의 문제가 아니라 정책을 실시하면서 생겨난 문제이기 때문에 당연히 억제해야 한다는 것이었다. 보수파들은 덩샤오핑의 정책을 추진하는 하이난과 광둥, 푸젠의 영도자들을 공격했다. 하지만 자신들의 공격 목표를 제거하는 데 성공했을 뿐 정책의 변화를 유도할 수는 없었다. 덩샤오핑의 관심은 관리 개개인의 운명이 아니라 대외 개방 계획을 연해 열네 개 도시와 기타 지역으로 확대하는 것에 있었다. 그리고 그는 그 일을 아주 강경하면서도 성공적으로 처리했다.

베이징으로 돌아오고 얼마 되지 않은 2월 24일 덩샤오핑은 후야오방, 자오쯔양, 완리, 양상쿤, 야오이린, 쑹핑(宋平) 등을 불러 열네 개 연해 도시 개방 정책에 대한 선포를 준비하라고 지시했다. 모임에서 그는 경제특구의 건설 속도에 대해 이야기하면서 주로 내륙 도시에서 온 건설 노동자들의 효율성은 자신들의 노동에 따라 보수를 지급하는 계약 도급제 덕분일 것이라고 말했으며, 경제특구의 이점은 해외 기술과 관리 기술을 배우는 데 있다고 했다. 덩샤오핑은 모든 곳에서 즉각 임금을 상승하기는 어려우니 일부 지방만이라도 먼저 부자가 될 수 있도록 해야 한다고 말했다.[58] 그리고 선전에 새로운 취업 기회가 생기자 홍콩으로 도망쳤던 이들이 다시 되돌아오고 있다고 말하기도 했다. 그는 이렇게 말한 후 야오이린과 쑹핑에게 자신의 말을 천윈에게 전하라고 지시했다.

이후 2개월 동안 중앙서기처와 국무원은 문건 준비에 착수하여 5월 4일 발표했다. 문건 내용은 개방 정책을 열네 개 연해 도시로 확대하며, 각 도시가 현지 상황에 맞는 정책을 채택할 수 있도록 허용한다는 것이었다.[59] 광둥, 푸젠과의 협력 관계에 경험이 풍부한 구무가 베이징과 열네 군데 연해 도시 사이의 협력 관계 구축에도 임무를 맡았다. 특별한 정책을 확대한다는 것은 광둥과 푸젠이 현대 산업 발전과 외자 유치에 성공했다는 것을 공개적으로 인정하는 것과 다를 바 없었다. 물론 이는 똑같은 대우를 받으려는 다른 지역의 압력이 있었음을 증거하는 것이기도 했다.

문건은 내륙에 있는 간부들을 달래기 위해 연해 지역이 원료 공급이나 재정적 지지, 그리고 노동자 교육 연수 등을 통해 내륙 지역을 도와야 한다고 명시했다. 문건은 천윈과 그 밖의 보수적인 경향의 관리들의 반대를 완화시킬 수 있는 표현으로 작성되었다. 천윈은 단계적으로 더 많은 연해 도시의 개방을 반대하지는 않았지만 새로운 경제특구에 경계선을 설치하는 것에 대해서는 비판적이었다. 왜냐하면 그것으로 인해 특구와 주변 지역 간의 화물 유통 절차상에 새로운 골치 아픈 문제가 생길 것이라고 생각했기 때문이다.

일부 간부들은 광둥의 임무가 첨단 기술을 도입하는 것임에도 불구하고 오히려 기술 수준이 낮은 노동 집약형 공장이나 서비스 부문 개발에 역량을 집중하고 있다고 비판했다. 간부들은 중국이 보다 신속하게 최첨단 기술 영역으로 진입해야 한다고 생각했다. 새로운 개방 지역의 기술 제고를 촉진하고, 1982년 1월 천윈이 제시한 새로운 경제특구 잠정 중단 문제를 해결하기 위해 1984년 13호 문건은 새로운 개방 도시를 '경제기술개발구'로 부르고, 그곳에 입주하는 외국 기업은 최첨단 산업을 도입해야 한다고 선언했다.[60]

사실 당시 광둥은 당장 고급 신기술을 도입할 수 있는 기술이나 관리자들이 여전히 부족한 상황이었고, 외국 회사들도 주로 값싼 노동력이라는 비교 우위를 얻기 위해 투자하고 있었다. 그렇기는 하지만 일단 비판 의견을 진정시키기 위해 열네 개 연해 경제기술개발구의 설립과 관리에 관한 지시 사항이 제출되었다. 그 안에는 1984년 10월 12기 3중전회에서 덩샤오핑의 재가를 받은 「경제 체제 개혁에 관한 결정(關于經濟體制改革的決定)」도 포함되었다. 비록 이러한 문건은 공식적으로 명문화된 것이긴 하지만, 지방 간부들은 그 문건을 엄격하게 구속력을 갖춘 법률 문건으로 간주하지 않았다. 그들은 이러한 지시가 베이징이 고도의 개방 확대와 외자 도입, 그리고 외국계 기업 유치의 유연성을 적극 지지하고 있음을 반영하는 것일 따름이라고 생각했다. 그들의 판단은 의심할 바 없이 정확했다.

열네 개 연해 도시 개방이 결정되자 광둥과 푸젠의 간부들은 한시름 놓을 수 있었다. 그들은 이러한 결정이 자신들의 정책에 대한 긍정이라고 보았다. 하지만 특별한 정책이 다른 지역까지 확대되면서 그들에게 새로운 문제가 생겼다. 바로 경쟁이 가열된다는 것이었다. 과거 외국인이나 해외 화교들은 주로 광둥이나 푸젠에 투자했지만 이제는 다른 지역 투자가 증가할 것이었다. 그러나 전체적으로 충분한 외자가 계속 투자된 것으로 밝혀졌다. 1980년대 후반 광둥과 푸젠의 특구 부근의 여러 현도 날로 번창했으며(비록 성장률이 다소 떨어지기는 했지만) 선전, 주하이, 산터우 등 광둥의 경제특구의 발전도 지속되었다. 산터우 경제특구는 섬 전체로 확대되었고, 대만이 1980년대 말 개방되면서 대만과 동남아시아 및 미국의 투자가 끊임없이 증가했다. 그리고 대만과 가까운 샤먼 특구도 번성하기 시작했다.

덩샤오핑은 광둥의 성공적인 실험이 다른 지역으로 확대되는 것에 충분히 만족했다. 1984년 10월 고위급 간부들과 회의하는 자리에서 그는 자신이 1년 동안 두 가지 큰 일을 했다고 하면서, 하나는 일국양제(一國兩制) 방식으로 홍콩 문제를 해결한 것이고, 다른 하나는 열네 개 연해 도시를 개방한 것이라고 말했다.[61]

새로운 '다자이', 광둥

문화 대혁명 시절 마오쩌둥은 다자이를 사회주의 농업의 고급 단계로 나아가기 위한 전국적인 규모의 위대한 모델로 삼았다. 광둥은 비록 공식적인 모델로 내세워진 것은 아니나 현대화 추진에 있어 중국 전역에 잘 알려진 사실상의 본보기였다. 전국 각지의 간부들은 각종 보고회나 광둥 경험 토론회, 광둥 시찰 여행을 통해 또는 광둥에서 일했거나 배운 적이 있는 간부들의 방문을 통해 광둥을 이해했다. 특히 베이징의 많은 고위급 간부는 겨울에 초청을 받아 광둥을 여행할 기회가 많았는데, 주로 광둥인들이 그들의 지지를 얻기 위해 초청한 경우였다. 그들은 베이징이나 다른 북방 도시로 돌아간 후 광둥에서 보고 들은 것을 이야기할 수 있었다.

과거 일반 인민들이 다자이를 알게 된 것은 교실이나 공작 단위(직장)에서 책이나 선전물, 벽보, 확성기 등을 통하거나 직접 참관한 경우가 대부분이었다. 그러나 이제는 광둥이나 선전의 발전에 대해 집 안에서 텔레비전을 통해 보고 들을 수 있었다. 물론 텔레비전의 대부분은 광둥에서 생산된 것이었다.

과거 일반 사람들이 다자이로 간 것은 그렇게 하도록 권고를 받았기 때문이었다. 그러나 이제 사람들이 광둥에 대해 배우려 하는 것은 그들이 이데올로기적으로 올바르다는 것을 보기 위함이 아니라 진정으로 그곳에서 무슨 일이 벌어지고 있는지를 배우고 싶기 때문이었다. 문제가 있다면 그것은 그 모델이 너무 막강해서 광둥과 푸젠의 실험을 그대로 모방할 수 있는 여력을 갖추기 전까지 다른 지역들은 그저 부러운 시선만 보내고 있어야 한다는 사실뿐이었다. 때문에 베이징은 광둥을 배우라고 독려하기는커녕 오히려 당장이라도 광둥의 경험을 그대로 따르려고 혈안이 된 이들의 바람을 억눌러야만 했다.

앞서 홍콩을 통해 들어온 서구의 방법과 관습은 이제 남대문을 통해 광둥으로 진입했고, 다시 중국 각지로 전파되었다. 예를 들어 광둥의 포산(佛山) 부근에 전국에서 처음으로 통행료를 받는 대교(大橋)가 건설되었다. 당시 간부들은 통행료를 받아 채권을 갚는 자본주의적 방식에 물들었다는 비난을 받았다. 그러나 몇 년이 지난 후 채권 발행 후 통행료 징수는 대교나 고속 도로를 건설할 때 비용을 조달하는 일반적인 통념이 되었다. 1983년 광둥은 중국에서 처음으로 쌀이나 수산물과 같은 여러 가지 식품에 대한 정가제를 폐지했다. 처음에는 식품 가격이 대폭 상승했지만 사람들이 시장에 반응하여 생산을 늘리게 되자 가격도 따라서 하락했다. 또 다른 예는 광저우에서 택시를 도입한 일이다. 1980년대 초까지 거의 모든 중국의 자동차는 공작 단위에 속했으며, 운전기사역시 그 회사 소속이었다. 광저우가 홍콩에서 중고 택시(出租車)를 구매하면서 중국 운수업에 상업 택시가 처음 등장했다. 이로부터 몇 년이 채 지나기도 전에 중국의 거의 모든 대도시에 상업 택시가 등장했다.

1987년 11월 개최된 제6회 전국 체전은 광둥의 새로운 역할을 상징했다. 전국 체전을 주최한 광둥은 새로 체육관을 건설하고, 그 안에 대형 스크린과 스피커, 그리고 기타 기술을 동원했는데, 이는 1984년 로스앤젤레스 올림픽에서 사용한 것을 그대로 모방한 것이었다. 당시 성대하게 열린 전국 체전은 건축, 제조, 서비스, 그리고 조직 능력 등 광둥이 개혁 개방을 통해 얻은 모든 진보를 선보이는 장이었다. 몇 년 전 광둥에서 일한 적이 있는 자오쯔양 총리가 광둥으로 돌아와 전국 체전에서 간단한 발언을 통해 광둥이 전국에서 새롭고도 높은 수준을 수립한 것에 대해 찬사를 보냈다. 전국 체전의 관리는 1990년 아시안 게임의 본보기가 되었고, 또한 중국이 개최한 2008년 베이징 올림픽의 도약대가 되었다.[62]

1980년대 전체를 통해 광둥의 변화 속도는 언제나 전국의 다른 지역보다 앞섰으며, 중국 각지의 간부들이 계속해서 현대화의 새로운 길을 시도하도록 고무했다. 덩샤오핑은 광둥을 전국의 다른 지방을 위한 선두 주자로 훌륭하게 활용했다. 1992년 퇴임하기 전 그가 마지막으로 보여 준 정치적 제스처는 광둥으로 돌아가 그곳 사람들에게, 중국의 현대화 과정에서 핵심적인 역할을 발휘한 남대문은 앞으로도 계속 활짝 개방되어 있을 것이라고 장담한 것이었다.

15

경제 조정과 농촌 개혁 1978~1982년

덩샤오핑은 경제 현대화를 추진하면서 "돌다리도 두드려 가며 강을 건널 수밖에 없다."라는 말을 즐겨 썼다. 그러나 사실 그는 지난 50년간의 경험을 통해 특별한 강을 건너기 위한 방법에 대해 몇 가지 확고한 신념을 가지고 있었다. 그 가운데 하나는 반드시 당의 영도를 견지한다는 것이다. 덩샤오핑의 둘째 아들인 덩즈팡은 평소 알고 지내던 미국인에게 "내 아버지는 고르바초프를 바보로 생각한다."라고 말한 적이 있다. 미하일 고르바초프(Mikhail Gorbachyov)는 정치 체제의 개혁부터 시작했는데, 덩샤오핑이 보기에 이는 잘못된 정책이었다. 왜냐하면 "경제 문제를 해결할 수 있는 권력을 잃으면 결국 경제 문제를 해결하지 못해 인민들에게 쫓겨날 수밖에 없기 때문이다." 덩샤오핑은 성공 경험을 찬미했으며, 어떻게 해야만 중국이 성공할 수 있는가에 대해 나름의 독특한 견해를 지니고 있었다. 그는 중국인들이 세계 어느 곳, 어떤 제도하에 이루어진 것이든 모든 성공 경험을 배우기를 원했다. 그는 국내의 실제 상황을 파악하고자 했으며, 대약진 운동 시절 심각한 문제를 야기한 것과 같이 지나치게 과장된 보고는 들을 생각이 없었다. 그는 사람이라면 누구든지 물질적 자극이 필요하며, 실제 발전 모습을 보아야만 동기 부여가 될 것이라고 여겼다. 그는 경제가 활발하게 운용되기 위해서는 경쟁이 필수적이라고 생각했다. 그러한 경쟁은 이윤을 추구하는 경제 생산자나 상인은 물론이고, 자신이 책임지고 있는 지역의 발전을 도모하는 간부들도 마찬가지였다.

덩샤오핑은 4개 현대화를 실현하는 길이 지극히 복잡하다는 것을 잘 알고 있었으며, 자신이 세부적인 모든 것을 연구할 만큼 인내력이 충분치 않다는 것도 잘 알고 있었다. 덩샤오핑 자신은 경제 영역에 관한 한 외교나 군사 영역처럼 전략의 달인이 아니었다. 적어도 외교나 군사 영역의 경우 그는 현재의 형세를 파악하기 위해 여러 사람과 의논하고, 전문가들의 보고서를 참고하기는 하지만 그 스스로 문제의 본질을 철저하게 이해하여 다른 이의 도움 없이도 능히 전략을 세울 수 있었다. 그러나 경제 문제는 달랐다. 그는 구체적인 사안을 검토하고 문제를 확정하며, 가능한 선택을 선정하고 평가하며, 가능한 실천 전략을 제안할 수 있는 중국의 경제 전략가가 필요했다. 덩샤오핑은 이처럼 중요한 역할을 제일 먼저 천원에게 맡겼으며, 나중에는 자오쯔양에게 의지했다. 그러나 최종 결정을 할 수 있는 권력은 그대로 남겨 두었다. 그는 수지(收支)가 균형을 이루는 균형 경제와 기타 고려 사항을 통해 심각한 경제 문제에 대한 정치적 의견 차를 해결했다. 그는 또한 대중에게 경제 정책을 설명할 책임을 맡았다.

건설파와 균형파: 1978~1981년

1978년 12월 덩샤오핑이 최고 영도자가 된 후 이제 막 최고 영도자 그룹으로 돌아온 천원은 사람들에게 경제에 잠재하고 있는 위험에 대한 주의를 환기시켰다. 경제 성장의 앞날을 파악하기 힘들고, 예산의 균형이 깨졌으며, 외국 기술 도입에 투입되는 재원이 중국의 외화 보유액을 훨씬 넘어섰다는 것이었다. 알 수 없는 미래의 새로운 시기를 맞이하면서 영도자들은 진보를 위한 여러 가지 의견을 제출하여 그야말로 중구난방이었다. 그러나 최고 영도자들의 다양한 관점을 종합해 볼 때 여러 가지 의견은 대립되는 두 가지로 대별할 수 있었다. 하나는 건설파(建設派, the builders)로 새로운 공장 도입과 기반 시설 마련에 열심인 이들이었고, 다른 하나는 천윈을 비롯한 균형파(均衡派, the balancers)로 자원을 반드시 국가의 모든 중점 사업에 유용하게 사용할 수 있도록 신중하게 접근하는 이들이었다.

1977년부터 시작하여 일부 건설파에 속하는 이들은 수입 가능한 외국 설비를 선택하여 중국에 안착시키는 일에 착수했다. 경제 개방에 따라 이러한 사업의 책임자들은 1950년대 중국이 소련의 신형 공업과 건설 사업에 도입했던 경험을 활용하여 일본과 서구에서 여러 가지 방안을 찾으려 했다. 건설파들은 일본과 '네 마리 용(한국, 홍콩, 싱가포르, 대만)'이 서구의 기술을 받아들이고 새로운 설비를 갖춤함으로써 전 세계에서 가장 높은 성장률을 보이고 있다는 사실에 주목하고 이를 본받고자 했다. 1978년 구무가 유럽을 방문하고 돌아온 후 외국의 공장 설비를 도입해야 한다는 소리가 점점 높아지면서, 주로 공업이나 교통, 운수 부처에 있는 고위급 간부들은 이러한 공장 설비를 자신의 지역에 건설해 줄 것을 요구하는 여러 지방 간부의 적극적인 지지를 받으며 향후 몇 년 동안 중국에 도입하기를 원하는 각종 산업 설비 목록을 작성했다. 그다음 간부들을 유럽으로 파견하여 기술과 자금을 제공할 수 있는 합작 파트너를 선택하도록 했다.

반면 중국의 신중한 균형파들은 주로 재정부나 국가경제위원회, 국가계획위원회 및 은행에 주로 모여 있었다. 다른 나라의 동일한 부서에서 동등한 위치에 있는 이들과 마찬가지로 재정을 관리하는 주요 관원들은 균형 예산과 외채 상환에 필요한 외화 확보, 그리고 인플레이션 억제 등을 자신의 책임으로 생각했다. 경제 계획을 입안하면서 그들은 경제의 중점 영역에서 반드시 필요한 원료와 기술, 인력을 확보하고, 아울러 소비자들이 일용품에 부족함을 느끼지 않도록 하는 데 최선을 다했다.[2]

화궈펑과 마찬가지로 덩샤오핑 역시 내심으로 보다 빠른 발전을 추구하는 건설파 입장에 있었다. 그는 사업 관리자들을 존중했다. 그들이야말로 역경 속에서 중대한 사업을 완수하여 대중에게 뚜렷한 진보의 모습을 보여 줄 수 있기 때문이었다. 세부적인 계산을 기다릴 만큼 여유가 없었던 덩샤오핑은 균형파가 필요하기는 하나 솔직히 성가신 존재들이라고 여겼다.

덩샤오핑이 최고 영도자가 되었을 때 가장 유명한 사업 관리자들은 1950년대부터 함께 일하기 시작한 '석유방(石油幇)'이다. 덩샤오핑은 1952년부터 1966년까지 에너지와 중공업 발전을 책임지는 부총리로 있으면서 그들과 긴밀히 협력했던 적이 있다. 석유방의 핵심적인 인물인 위추리는 다칭 유전 개발을 지휘하면서 마오쩌둥의 찬사를 받았다. 그러나 문화 대혁명 시절에 '덩샤오핑파(鄧派)'로 분류되어 고초를 당했다.[3] 1975년 덩샤오핑이 국무원 업무를 책임지면서 위추리를 국가계획위원회 주임으로 임명하자 균형파에서 불만이 터져 나왔다. 그 자리는 오랫동안 균형파가 맡았는데, 난데없이 건설파가 차지했기 때문이었다. 마오쩌둥이 사망한 후에도 위추리는 계속해서 그 직을 맡았으며, 화궈펑도 외국에서 산업 설비를 수입하는 업무를 그에게 맡겼다.(위추리에 대해서는 덩샤오핑 시대의 핵심 인물 967쪽 참조)

1960년대와 1970년대에 위추리를 포함한 사업 관리자들은 거대한 난관에 봉착했다. 경제 선진국의 사업 관리자들이 필요한 설비나 기반 시설을 다른 이에게서 제공받는 것과 달리 중국의 사업 관리자들은 미숙련노동자와 설비 부족, 예비 부품 부족, 에너지 부족과 필요한 물품 공급 지연 등 여러 가지 문제에 직접 대처해야 했다. 성공적으로 자신의 사업을 완성시킨 이들은 예상치 못한 수많은 문제에 대응하기 위해 자신의 모든 것을 헌신하고, 인내심과 능력을 총동원해야만 했다.

마오쩌둥이 사망한 후 화궈펑이 경제 발전을 추진하면서 사업 관리자들의 업무가 폭증했다. 국가계획위원회와 국가건설위원회를 비롯한 관련 부서의 간부들은 우선 도입할 기술을 확정하고, 외국 회사와 협의하며, 공장 부지를 선정하고 필요한 원자재 수량을 계산하고, 운수와 인사 문제를 해결하는 등 그야말로 정신없이 일에 매달렸다. 게다가 대다수 간부들이 문화 대혁명 시절 직장에서 쫓겨나 이제 막 현직에 복귀했으며, 덩샤오핑이 1975년 발동한 정돈과 새로운 영도 집단 인원 선발 또한 아직 끝나지 않은 상태였다. 그렇기 때문에 그들은 자신들이 하방되어 허송세월을 보내는 동안 진급한 무능한 간부들과 정치 투쟁에 말려들 수밖에 없었다. 마오쩌둥이 사망한 후 위추리를 중심으로 한 사업 관리자들은 서둘러 도입할 예정인 기술 목록을 작성하기 시작했다. 그들은 공장 설비를 수입하여 이를 운영하는 데 필요한 단계를 주의 깊게 분석할 만한 여유가 없었다.

마오쩌둥이 사망하고 18개월이 채 되지 않았을 때 화궈펑은 균형파가 제기한 문제를 무시한 채 위추리 등 사업 관리자들이 작성한 목록에 따라 대략 120개에 달하는 대형 건설 사업 목록을 제5기 전국인민대표대회에 제출했다.[4] 전체 사업을 시행하기 위해서는 124억 달러가 필요했는데, 이는 중국의 전체 수출 총액을 벗어나는 액수였다. 화궈펑은 이번 계획이 매년 경제 성장률 10퍼센트 이상의 달성을 목표로 한다고 단언했다.[5] 그는 1978년 2월 이번 계획이 자신의 10년 규획에 부합하는 것이라고 말했다. 그러나 10년 규획은 덩샤오핑이 1975년에 제기한 계획의 자연스러운 결과물이었다.[6]

화궈펑이 위추리에게 맡긴 한 가지 특별한 임무는 새로운 유전을 개발하여 1973년 석유 파동 이후 고유가에 따른 이익을 창출하라는 것이었다. 화궈펑은 생산한 석유를 외국에 수출하여 외화를 벌어들이고, 그 돈으로 수입한 공장 설비 등의 사업비를 지불할 수 있을 것이라고 기대했다. 그러나 불행하게도 높은 기대와 힘든 시추 노력에도 불구하고 새로운 대형 유전은 발견되지 않았다.

사업 선택과 도입이 급물살을 타면서, 각 부서와 지방 관원들의 사업 희망 목록이 외국 회사와 계약을 체결하는 토대가 되었다. 나중에 화궈펑을 비판한 이들은 그가 '양약진 운동(洋躍進運動)'*을 발동하여 부하들에게 각종 계획을 무리하게 착수하도록 압력을 넣었으며, 이를 통해 얻게 되는 경제 발전을 현시하여 자신의 권력을 강화하려 한다고 비난했다. 그러나 그의 지지자들은 화궈

---

* 서구로 이끄는 대약진 운동이라는 뜻.

평이 여러 가지 어려운 조건하에서 전심전력하여 중국의 현대 산업을 부흥시키기 위해 최선을 다했다고 반박했다.

덩샤오핑은 전적으로 위추리를 지지했으며, 그와 마찬가지로 외국 공장 설비를 도입하는 데 열심이었다. 1978년 중반 현대화 계획을 위한 수입에 열을 올리는 추세를 도저히 막을 수 없다는 것에 당혹감을 감추지 못하던 균형파 사람들은 아직 정치국 위원은 아니지만 믿을 만한 천원을 지지하는 쪽으로 돌아섰다. 국무원에서 주관하는 경제공작 이론학습토론회가 소집되어 3주가 지났을 때 회의에 참가 요청을 받지 못한 천원은 리셴녠에게 서신을 보내 일부 동지들이 외화 도입과 공장 설비 도입에 관해 지나치게 열심인 것에 대해 우려하는 마음을 전했다. 그가 볼 때, 그들은 여러 가지 계획을 추진하는 데 필요한 훈련받은 인적 자원과 기반 시설, 그리고 보조적인 산업을 중국이 제공할 수 있는가에 대해 보장할 수 없었다. 그래서 그는 이론학습토론회의 범위를 확대하여 또 다른 의견에 대해서 충분한 토론을 할 수 있어야 한다고 주장했다. 그러나 회의 주최 측은 그렇게 할 생각이 없었다. 당시 대다수의 사람들은 국가가 미래에 다양한 계획에 포함되어 있는 새로운 사업에 대한 지불 능력이 있는가에 대해 장밋빛 희망에 사로잡혀 있었다. 최고 영도층에 있는 인물로 유일하게 공개적으로 의문을 제시한 이는 천원뿐이었다.[7]

1978년 12월 당내 고위층은 전반적인 영도를 덩샤오핑에게 의지하는 한편 구체적으로 그가 외교 및 군사 업무를 담당해 줄 것을 원했다. 아울러 천원에게는 고위층 인사 문제와 경제 정책 방면의 영도를 의지했다. 그들은 천원이 일관되게 경제에 관한 최선의 조언을 제공할 수 있을 것이라고 믿었으며, 새로운 시기에 경제 업무를 주관할 가장 현명하고 뛰어난 이가 바로 천원이라고 확신했다.

1978년 12월 10일, 천원은 중앙공작회의 동북조 회의석상에서 이미 당내 고위층까지 파급되어 통제력을 잃은 광적인 열기에 우려를 표명했다. 지나치게 흥분한 아이들을 어른이 통제하는 것처럼 천원은 10년 계획에 내재된 문제점을 조목조목 열거했다. 그의 말은 마치 자신이 조만간 중앙정치국으로 들어

갈 것을 미리 알고 있다는 듯이 권위가 있었다. 그는 이렇게 말했다. "순서에 따라 진행해야지 한꺼번에 잇달아 착수하면 안 됩니다. …… 만약 재료가 부족하게 되면 중앙 사업이든 지방 사업이든 모두 처리할 수 없습니다."[8]

3중전회 전까지만 해도 덩샤오핑은 여전히 사업 관리자들을 적극적으로 지지하는 쪽이었다. 그러나 천윈이 1978년 12월 주도면밀한 계획이 부족하다고 경고한 후로 덩샤오핑은 천윈 쪽에 무게를 두기 시작했다. 1979년 1월 6일 3중전회가 끝나고 2주가 지난 후 덩샤오핑은 함께 일했던 사업 관리자 위추리와 캉스언(康世恩), 그리고 구무를 불렀다. 덩샤오핑은 그들에게 천윈이 제기한 '몇 가지 중요한 의견'에 대해 이야기한 후 일부 계획 지표를 낮추는 것이 좋겠다고 말했다. 또한 대외 무역 채무가 과중해지는 것을 막기 위해 계획을 마련할 때 우선적으로 공급되어야 하는 원자재를 조사하여 확보하고, 투자비를 빨리 회수하고 고용을 확대할 수 있는 사업을 우선 선택하며, 채무에 허덕이지 않도록 사업을 시행하기에 앞서 먼저 자본을 축적해야 한다고 말했다.[9] 간단히 말해 당시 덩샤오핑은 완전히 천윈의 온건 입장을 지지했던 것이다. (천윈은 나중에 화궈펑이 사업 도입을 위한 계약서를 지나치게 서둘러 조인하면서 여러 가지 문제를 야기했다고 비판했다. 그러나 덩샤오핑은 이전에 화궈펑의 야심찬 계획을 지지한 것에 대해 자아비판을 요구받은 적이 없다. 화궈펑이 보다 빠른 성장을 추진할 당시 그에게 동의했던 덩샤오핑의 역할은 간단히 무시되었다.)

그렇다면 덩샤오핑은 왜 건설파를 지지하던 쪽에서 천윈을 중심으로 한 균형파 지지로 태도를 바꾸었는가? 덩샤오핑은 새로운 시기의 경제는 반드시 단단한 토대가 있어야 한다고 생각했기 때문이다. 1978년 12월에 제출된 그해의 경제 수치는 벌써 문제의 심각성을 반영하고 있었다. 당시 외화 보유액은 겨우 40억 달러였는데, 수출로 벌어들인 외화 중 대부분은 모두 지불된 상태였다. 그러나 이미 체결한 외국 설비 도입 계약서의 총액은 70억 달러가 넘었다.[10] 초과 액수는 10년 후 중국의 대외 무역의 수치에 비한다면 언급할 만한 가치가 없을 정도로 하찮은 것이지만, 당시에는 신중한 관료들에게조차 두려움을 줄 정도로 큰 것이었다. 당시 비교적 적은 숫자에만 익숙해 있던 관료들은 혹시라도 엄청난 채무로 인해 자본주의 국가들에게 주도권을 넘겨주는 것은 아닌지 걱정할 정도였다. 천원은 당내에서 상당한 권위와 존경을 누리고 있었기 때문에 덩샤오핑 역시 그와 함께 화궈펑을 반대하는 쪽에 서고 싶었다. 그러나 덩샤오핑에게는 당시 경제와 관련하여 고려해야 할 또 다른 사건이 있었다. 그것은 몇 주 후에 진행될 베트남 공격 계획이었다. 전쟁을 위해서는 기존 예산에서 많은 돈을 빼내야 하고, 이는 다른 지출 항목을 삭감하기 위한 현명한 조치가 뒤따라야만 했다.

1979년 3월, 천원은 더욱 많은 데이터를 수집하고 더욱 많은 분석을 통해 보다 체계적으로 외국에서 공장 설비를 수입하는 계약서를 줄이고, 향후 몇 년간 경제 지표를 낮추는 것과 관련한 의견 제출을 준비했다. 그가 제시한 일부 방안, 심지어 몇몇 용어는 그가 대약진 운동 이후 회복 시기에 추진했던 긴축 정책과 매우 흡사했다. 그러나 그는 이전에 사용했던 '긴축'이라는 용어는 쓰지 않았다. '긴축'이라는 용어는 너무 부정적으로 들렸기 때문에 대신 '조정'이란 용어를 사용했다. 3월 14일 베트남 전쟁이 막바지로 향할 무렵, 천원과 리셴녠은 전쟁 비용을 추산할 수 있었다. 그래서 그들은 향후 2, 3년간 조정을 진행할 방안을 제출했다. 그들은 국무원 산하에 별도의 새로운 기구, 즉 재정경제위원회를 만들어 경제 계획과 재정 업무를 책임지고 감독할 것을 건의했다. 이에 따라 천원은 재정경제위원회 주임에 임명되었고, 과거 몇 년 동안 경제 업무를 담당했던 리셴녠은 부주임에 임명되어 이전의 스승 밑에서 일하게 되었다.

천원은 동료들에게 자신의 건강 상태가 예전과 크게 다르기 때문에 가장 필요한 업무 몇 가지만 할 수 있을 것이라고 말했다. 자신은 전반적인 지도를 하고, 과거 수십 년 동안 자신이 맡았던 일들은 휘하 여러 사람에게 맡기겠다는 뜻이었다. 당시 재정경제위원회 비서장에 임명되어 일상 업무를 맡게 된 이는 천원이 가장 아끼던 경제 관료 야오이린이었다.

1979년 3월 21일부터 23일까지 열린 정치국 회의에서 천원은 조정 방안에 대해 다음과 같이 설명했다.

우리나라는 9억여 명에 달하는 인구를 가진 대국인데, 인구의 80퍼센트가 농민입니다. 우리는 여전히 매우 가난하여 아직도 거지가 있는 곳이 적지 않습니다. 우리는 모두 현대화를 실현하려고 하지만 문제는 우리가 무엇을 할 수 있느냐에 있습니다. 우리에게 필요한 것은 균형적인 발전입니다. 건설을 하기 위해서는 반드시 농업을 고려해야 합니다. 많은 양의 철강을 생산하려고 하지만 문제는 1985년에 6000만 톤이라는 철강 생산량이 근본적으로 불가능하다는 점에 있습니다. 전력이 따라가지 못하고, 운수(運輸)도 빠듯하며, 석탄과 석유도 부족합니다. 사람들은 신중한 이들이 그저 철강을 적게 생산해야만 좋다고 주장하는 것 같다고 비웃습니다. 허나 어찌 그런 일이 있겠습니까! 물론 분명 우리는 외국인들의 돈을 빌려야 하고, 외국인의 기술이 필요합니다. 그러나 인민은행이 갚아야 할 돈이 얼마인지 여러분은 알고 계십니까? 갚아야 할 돈이 얼마인지 정확하게 파악해야 합니다. 도대체 얼마나 많은 돈이 필요한지 제대로 계산조차 하지 않고 있습니다. 지방 공업이 대규모 공업(국가급)과 원료, 그리고 전력과 경쟁하고 있습니다. "세 사람이 먹을 밥을 다섯 사람이 먹는 꼴입니다." 이렇게 되면 오래갈 수 없습니다. 우리는 일을 하면서 적지 않은 실수를 범했으며, 여전히 경험이 부족합니다. 일을 할 때는 우리의 역량을 헤아리면서 해야 합니다.[11]

천원의 계획에 대한 기본 태도는 균형, 즉 수입과 지출 균형, 차관과 상환 능력 균형, 외화 수지 균형 등이다. 그는 또한 소비품과 생산재에 대한 투자에도 균형을 이뤄야 하며, 중공업과 경공업, 공업과 농업 또한 균형을 유지해야 한다고 주장했다. 1978년 중국의 중공업은 전체 공업에서 57퍼센트를 차지했으며, 경공업은 단지 43퍼센트에 불과했다.[12] 다른 간부들과 마찬가지로 천원도 1958년 이후 경제가 줄곧 불균형 상태에 머물러, 중공업 발전을 위한 식품이나 소비재의 희생이 일반 인민들이 견딜 수 있는 범위를 벗어났다고 생각했다. 천원의 지도에 따라, 1980년 중공업은 겨우 1.4퍼센트 성장한 것에 반해 경공업은 18.4퍼센트나 증가했고, 1981년에는 중공업의 경우 4.7퍼센트 하락했고, 경공업은 14.1퍼센트나 성장했다.[13]

조정 정책이 선포되고 얼마 후인 1979년 4월 5일부터 28일까지 우시(無錫)에서 회의가 열렸다. 그 회의에서 지방 간부들과 각 부처 관료들은 중앙이 주도하고 있는 경제 계획의 통제가 지나치다고 불만을 제기했다. 천윈 역시 기층 시장에 일정한 유연성을 부여해야 한다는 점에 동의했다. 그러나 계획이 우선해야 되어야 한다는 점을 고수했다. 이는 자신의 지역에 새로운 공장을 건설하려는 희망에 부풀어 있던 이들을 속상하게 만드는 일이 아닐 수 없었다. 톈진 대표가 발언한 다음 내용은 당시의 회의 분위기를 잘 반영하고 있다. "우리는 정서적으로 고양된 상태입니다. 그런데 돌연 조정을 진행해야 한다고 말씀하시니, 이것이야말로 찬물을 끼얹어 우리의 열정에 타격을 주는 것이 아니고 무엇이겠습니까?"[14] 후야오방은 중앙에서는 여전히 공업 발전을 추진할 것이라고 지방 간부들을 안심시켰다. 자오쯔양은 조정을 지지하면서, 조정은 이후 개혁과 발전을 위해 필요한 조건을 제공하는 것이라고 설명했다. 유럽 순방을 마치고 돌아와 많은 이를 고무시켰던 구무 역시 그들과 마찬가지로 조정의 필요성에 대해 설명했다. 자오쯔양과 구무까지 조정의 필요성을 주장하자 회의 분위기가 바뀌기 시작했다. 결국 지방 간부들도 마지못해 조정을 지지하는 회의 보고에 동의했다.[15] 덩샤오핑 역시 자오쯔양과 마찬가지로 향후 발전을 위한 든든한 토대를 마련하기 위해 조정 정책은 반드시 필요하다고 설명했다.

　　조정 정책의 제약을 받게 된 지방 간부들은 천윈이 요구하는 수준까지 투자와 지출을 낮추지 않도록 나름의 창조적인 대책을 마련했다. 당시 천윈은 병으로 인해 업무 수행에 차질을 빚었다. 1979년 10월 24일 그는 항저우에서 결장암 절제 수술을 받았고, 이후 12월 4일까지 입원했다. 퇴원하여 베이징으로 돌아온 후에도 그는 병원에서 검사를 받기 위해 5월 20일부터 29일까지 다시 입원했다. 1980년 후반 천윈이 다시 복직했을 때는 예산 적자가 크게 불어나 건국 이래 가장 적자가 많은 해로 기록되었다. 문제의 심각성으로 인해 천윈은 통제를 더욱 강화하기로 결심했고, 덩샤오핑을 비롯한 당내 많은 간부의 지지를 얻을 수 있었다. 적자가 늘어난 것은 베트남과의 전쟁 비용뿐 아니라 농민들을 위해 양곡 수매가를 올리고 농업세를 줄인 것과 농촌에 하방되었다가 도시로 다시 돌아온 이들을 정착시키기 위한 비용이 필요했기 때문이었다. 이외에도 중앙 정부가 지방의 자발성을 유도하기 위해 각 성(省)이나 지방 기업이 더욱 많은 자금을 보유할 수 있도록 허락하여 결국 중앙 정부의 재정 수입이 감소하는 결과를 낳았기 때문이기도 했다.[16] 천원은 이러한 조치가 각 성에 큰 자극이 되기는 했지만 심각한 예산 적자에 경종이 울린 것이자 향후 재앙에 가까운 결과가 잠재된 것이라고 생각했다.[17]

1980년대 후반부터 천원과 균형파는 공세에 나섰으며, 덩샤오핑은 그들을 지지했다. 9월 전국인민대표대회 상무위원회에서 공업 발전 가속화에 찬성한 이들은 문화 대혁명 시절의 '잘못된 중공업 정책'을 따른 것이라는 비판을 받았다.[18]

균형파의 세력을 강화하기 위해 덩리췬은 1980년 가을 중앙당교에 강의를 개설하여 네 차례에 걸쳐 천원의 경제 사상을 소개했다. 그는 극력 천원을 칭찬하여 심지어 개인숭배를 하는 것 아니냐는 비판을 받을 정도였다. 그는 1949년 이래로 천원의 정책 건의는 모두 정확했다고 하면서, 대약진 운동의 잘못은 어디에 있는가? 바로 천원의 권고를 듣지 않았기 때문이라고 말했다. 또한 지금의 잘못은 어디에 있는가? 이 역시 천원의 현명한 주장을 충분히 받아들이지 않았기 때문이니 철저하게 조정 정책을 실행하는 것이 무엇보다 중요하다는 것이 그의 주장이었다.[19]

균형파는 보하이 만에서 석유 굴착 시설이 붕괴한 사건을 문제 삼아, 위추리와 캉스언 등이 일흔 명의 노동자가 사망한 사건의 진상 은폐를 시도했다고 비난했다. 사건 은폐 혐의는 결국 그들 두 사람을 행정직에서 물러나게 하는 전주가 되고 말았다. 사실 경험이 풍부한 전문가로서 위추리와 캉스언은 자신들이 하는 일을 스스로 책임져야 한다는 것을 잘 알고 있었다. 그래서 그들은 사업 확대를 재촉하던 정치 영도자들보다 훨씬 신중했다. 위추리는 1978년 2월 제5기 전국인민대표대회에서 다음과 같은 경고성 발언을 한 적이 있다. 중국은 더는 석유 수출을 확대할 수 없을 것이다. 몇 년 동안 새로운 유전을 발견하지 못했고, 설사 새로운 유전을 찾는다 해도 발견에서 생산까지 3년이란 세월

이 필요하기 때문이다.[20] 석유 굴착 시설이 무너진 후 위추리는 사건의 과정과 원인에 대해 철저하게 설명했다. 심지어 천윈과 친밀한 관계를 유지하고 있던 리셴녠도 나중에 위추리가 굳이 책임지지 않아도 될 문제를 책임졌다는 사실을 알게 되었다.[21]

위추리는 비록 국가계획위원회 주임에서 물러나기는 했지만 정치국에는 계속 남아 있을 수 있었다. 게다가 덩샤오핑이 여전히 그를 중용하여, 자신의 군대 내 관계를 통해 그를 인민해방군 총정치부 주임으로 임명했다. 그러나 1980년 후반, 천윈은 이미 새로운 사업과 새로운 기반 기설에 대한 재정 통제를 강화해야 한다고 주장하는 간부들이 경제 업무를 확실하게 장악할 수 있도록 조치했다.[22] 이와 맞물려 천윈의 지지자인 왕빙쳰(王丙乾)을 재정부 부장(部長, 장관)으로 앉혔다.[23] 위추리의 자리를 대체한 사람은 천윈의 오랜 친구이자 관리 능력과 경제에 관한 풍부한 지식으로 존경받고 있던 야오이린이었다.[24]

1980년 10월 28일 덩샤오핑은 10년 규획이 진지한 분석 없이 희망 사항만 나열한 것이라는 비판에 대응하여 10년 규획을 더는 제정하지 말자는 천윈의 의견을 받아들였다. 장기적 경제 발전에 관한 토론은 5개년 계획을 작성하기 위한 보다 신중한 과정에 집중되었다.[25]

1980년 11월, 1981년의 경제 성장률 목표치는 3.7퍼센트로 낮게 책정되었으며 기본 건설 할당액도 550억 위안에서 300억 위안으로 크게 삭감되었다. 누군가 이러한 제한이 귀한 시간을 낭비하는 것 아니냐고 불만을 털어놓자 천윈이 이렇게 반박했다. "아편 전쟁 이래로 얼마나 많은 시간이 허비되었습니까? 이제 3년 정도 지체된다고 무슨 대수겠습니까?" 그는 이어서 1949년 이후 중국의 진보가 지체된 가장 큰 원인은 맹목적으로 앞으로 나아가려는 좌경 과오 때문이라고 말했다.[26] 당시 천윈은 제6차 5개년 계획(1981~1985년) 초안 마련에 확고한 통제권을 가지고 예산과 적자를 엄격하게 통제하고 있었다.[27]

1980년이 다 갈 무렵 천윈과 균형파는 이미 중국의 경제 정책을 확고하게 장악했다. 그해 연말 천윈은 엄격한 경제 조정 정책을 지지하는 중요한 연설문을 발표했다. 12월 15일 화궈펑을 배제하는 제9차 정치국 회의가 끝날 때쯤 덩 샤오핑은 "나는 천원 동지의 연설에 전적으로 동의하오."라고 말했다. 계속해 서 그는 천원의 조정 정책이 효과적으로 관철되지 않은 것은 "전체 당원의 인 식이 일치하지 않고 심각하지 않기" 때문이라고 하면서, 이러한 문제를 극복 하려면 반드시 "실제에 부합하지 않는 관념과 지나치게 주관적인 목표를 없애 야 한다."[28]라고 말했다. 간단하게 말해 화궈펑은 실제와 부합하지 않은 계획 에 대해 책임을 져야 하고, 덩샤오핑은 천원과 일치단결하여 조정 정책을 보다 깊이 관철하려는 천원의 노력을 적극 지지한다는 것이었다.

조정 정책에 따른 긴축은 다른 여러 가지 문제를 야기했다. 우선 덩샤오핑은 외국인들에게 중국이 왜 공장과 설비 수입에 관한 계약을 파기하는가에 대해 해명해야 했다. 베이징은 실망한 지방 간부들을 다독거릴 수 있는 권한은 있었 지만 외국 기업의 경우는 사정이 달랐다. 외국 기업과 협약한 계약서를 파기할 경우 장차 외교 관계에 영향을 끼쳐 중국 정부의 신뢰성에 대한 장기적인 의문 이 제기될 수도 있었다.

이러한 문제는 특히 중일 관계에 골칫거리가 아닐 수 없었다. 왜냐하면 전 체 계약의 절반 이상이 일본 회사와 맺은 것이었기 때문이다. 중국과 교섭하 면서 자제하고 있던 일본 재계도 이미 체결한 조약이 파기되자 분통을 터뜨렸 다. 1979년 3월 제1차 지출 감소 때 일본과 체결한 27억 달러에 달하는 계약이 모두 동결되었다.[29] 특히 바오산 제철소 사업이 지연됨에 따라 이와 관련된 일 본 회사들은 큰 타격을 입을 수밖에 없었다. 1980년 10월 말 중국은 공식적으 로 계약 지연을 선언하기에 앞서 일본과 밀접한 관련을 맺고 있던 야오이린을 도쿄에 파견하여 일본 측이 임박한 잠정적인 계약 중지 선언에 대비토록 했다. 하지만 일본 고위층 영도자들에게 양해를 구하고 사태를 수습할 책임은 덩샤 오핑에게 떨어졌다.

덩샤오핑은 1978년 10월 방일 당시 얻었던 호의를 잃을 수밖에 없었다. 일 본인들이 유사한 상황에서 보여 주는 모습과 달리 덩샤오핑은 겸손하게 사과 하지 않았다. 하지만 그는 중국이 경험이 부족하여 착오를 저질렀으며, 심각한 난국에 직면하여 원래 구매하려고 했던 모든 물자의 대금을 지불할 여력이 없고, 구매 예정인 공장 설비를 사용할 수 있는 적절한 준비도 되어 있지 않다는 점을 솔직하게 인정했다. 아울러 덩샤오핑은 중국이 손실을 입은 일본 기업에 보상할 것이며, 장기적으로 중국이 진일보 발전하여 더 준비를 한 후에 구매를 재개할 수 있을 것이라고 장담했다.

1980년 9월 4일 덩샤오핑은 중국을 방문한 일본 외상 이토 마사요시에게 저간의 상황을 설명했다.[30] 그 후 중국 정부는 1981년 1월 13일 바오산 제철소 제2기 건설 계획을 취소한다고 공식 통지했다. 이후 처음으로 덩샤오핑을 만난 일본 요인은 전 외상 오키타 사부로(大來佐武郎)였다. 중국의 '오랜 친구(老朋友)'인 그는 구무의 초청으로 2월 베이징에 도착했다. 덩샤오핑은 그를 만난 자리에서 석유 생산량에 대해 지나치게 낙관했다는 점을 솔직하게 인정했다. 오키타 사부로는 예의를 갖추고 공경하는 태도를 취했지만 충분한 설명을 요청하는 일본 정부의 성명과 계약 파기로 인해 장차 국제 경제 업계에서 중국의 신뢰도를 크게 떨어뜨릴 것이라는 일본 재계의 강경한 태도를 전달하는 임무를 잊지 않았다.[31] 오키타 사부로는 귀국 후 적시에 전문 지식을 제공할 수 있었던 중국 관리들이 제대로 능력을 발휘하지 못한 것은 중국의 문화 대혁명 때문이라고 설명했다.[32]

오키타 사부로와 회견한 후 덩샤오핑은 다른 일본 요인들을 연달아 만났다. 3월 18일에는 도코 도시오를 만났다. 덕망이 높고 검소한 생활로 유명한 도코 도시오는 이미 여든다섯 살의 고령으로 일본 최대의 경제 단체인 경제단체연합회의 종신 회장이었다.[33] 4월 4일에는 후루이 요시미(古井喜實)를 단장으로 한 일중 친선의원연맹 중국 방문단을 만났다.[34] 같은 달 14일에는 태평양 공동체를 추진 중인 일본 전 총리 오히라 마사요시(大平正芳)를 만났다.[35] 덩샤오핑은 그들과 만나 대략 비슷한 이야기를 했다. 중국이 경험이 부족하여 착오를 저질렀지만 조만간 계약을 재개할 것이라는 내용이었다.

많은 일본 기업은 향후 중국과 사업 관계를 위태롭게 할 수 없었기 때문에 어쩔 수 없이 손실을 감내해야만 했다. 이외 일본 정부는 새로 차관을 제공해 이미 집행 중인 사업을 계속할 수 있도록 돕기로 했다. 이는 오키타 사부로가 일본 해외 경제 협력 기금의 대표가 된 후 일본의 수출을 촉진하는 재정 지원을 제공하는 정부 기구로서 해외 경제 협력 기금을 활용한 중요하고 획기적인 범례가 되었다. 그 구체적인 방법은 다른 나라에 차관을 제공하여 그 나라가 제3국에 원조를 제공하는 것이었다. 오키타 사부로가 처음으로 시도한 것은 오스트레일리아에 돈을 빌려 주어 그들이 바오산에 철광석과 고품질의 석탄을 운송토록 한 것이다. 이렇게 함으로써 프로젝트를 계속 진행하는 데 가장 큰 걸림돌이 되었던 문제를 해결할 수 있었다. 1981년 가을, 바오산 프로젝트 1기(期)가 비록 소규모이기는 하나 재개되었다. 그리고 1982년 가을, 바오산 건설 현장에 다시금 새로운 활력이 넘쳐 나기 시작했다.[36] 마침내 1985년 5월 바오산 제철소가 완공됨으로써 중국에 첫 번째 대형 현대식 제철소가 등장했으며, 이후 다른 제철소의 모델이 되었다.[37] 바오산 제철소가 건설되기 전만 해도 중국의 철강 생산량은 일본의 4분의 1에 불과했다. 그러나 30년 후 바오산 제철소를 비롯한 유사 제철소에서 매년 생산하는 철강은 이미 5억 톤을 넘어 일본이나 미국 총생산량의 다섯 배에 달했다.[38]

일부 생각이 깊은 중국 관리들은 천원이 조급한 덩샤오핑에게 필요한 균형을 제공했다고 믿고 있다. 그들은 중국이 현대화 추진을 시작하면서 먼저 무모하게 전진한 후에 긴축을 한 것은 심히 불행한 일이라고 인정했다. 그러나 그들은 천원의 조정 정책이 반드시 필요한 것이었으며, 만약 덩샤오핑이 처음부터 천원의 의견을 더 많이 들었다면 1980년대 후반의 여러 가지 문제를 피할 수 있었을 것이라고 생각했다.

조정 정책은 1982년 9월 중국공산당 제12차 전국대표대회에 따라 끝났지만 그 정책의 일환으로 일부 중요 계획은 여전히 유지되었다. 그 대표적인 것이 계획 생육(計劃生育, 산아 제한)이다. 천원은 오랫동안 자원 여건으로 볼 때 중국은 인구가 지나치게 많다고 생각했다. 1978년 12월 중공 문건에 따르면, 1인당 평균 식량 소비량이 심지어 1957년보다 더 떨어졌고, 농촌의 1인당 평균 수입은 60위안(당시 환율에 따르면 39달러 정도)이 채 되지 않는 상황이었다. 당시 외화 가운데 대략 12퍼센트가 식량 구입에 사용되었다.[39] 마오쩌둥 살아생전 일련의 교육 프로그램을 통해 피임 기구를 제공한 적이 있지만 계획 생육은 별로 진전되지 않았다. 1980년 12월 20일 조정 정책의 일환으로 리셴녠은 야오이린이 대표하고 있는 국가계획위원회에 계획 생육 실행에 관한 중요한 문건을 제출했다. 이후 그 결과로 나온 1981년 1월 4일의 1호 문건에 따라 간부들에게 "법률과 행정, 그리고 경제 수단을 운용하여 부부 한 쌍이 한 자녀만 낳도록 장려하라."[40]는 지시가 떨어졌다. 한 자녀 정책(一胎化政策)은 도시의 경우 무조건 시행되었지만 정부가 농촌에 노인 복지를 제공할 만한 재정적 여력이 없었기 때문에 첫째 아이가 여자인 농촌 가정의 경우 둘째 아이를 낳아 부모들이 나이가 들었을 때 봉양할 자식을 둘 수 있도록 허락했다.

전 세계에서 그 어느 사회도 이처럼 엄격한 산아 제한 정책을 실시한 적이 없었다. 역설적으로 마오쩌둥이 도시와 농촌에서 세웠던 강력한 기층 제도(基層制度, 일종의 근린(近隣) 조직)는 계획 생육이라는 새로운 정책을 시행하는 수단이 되었다. 그러나 마오쩌둥은 계획 생육을 강력히 반대했다. 도시 지역에서 한 자녀 정책이 시행되면서 대다수 도시 가정은 자녀를 한 명만 두었고, 두 명 이상의 자녀를 낳을 수 있는 농촌 가정도 그리 많지 않았다.

1979년 3월 23일 덩샤오핑은 리셴녠 등이 이미 시행하고 있는 계획 생육 정책을 강력히 지지한다고 선언했다. 대중에게 이 정책에 대해 설명하면서 덩샤오핑은 습관처럼 전반적인 정세부터 이야기하기 시작했다. 식량 수입을 줄이고 해외 기술 도입을 늘려 금세기 말까지 1인당 평균 수입을 대폭 높이기 위해서는 무엇보다 계획 생육 정책이 필요하다는 것이었다.[41] 이후 몇 차례 연설에서도 덩샤오핑은 비슷한 내용을 언급했다.[42] 논쟁의 여지가 있는 다른 문제와 마찬가지로 덩샤오핑은 굳이 위험한 다리를 건너지 않도록 표현에 신중을 기해 구체적인 조치에 대해 언급하지 않았다. 대신 그는 저명한 과학자나 통계학자들의 과학적인 분석을 인용하면서 계획 생육의 필요성에 대해 설명했다. 조정 기간에 시행된 이 정책은 덩샤오핑 시대뿐 아니라 그가 퇴임한 후에도 수십 년 동안 계속 집행되었다.

완리와 농촌 개혁

1978년에도 중국은 여전히 국민들을 먹여 살릴 만큼 식량이 충분하지 않았다. 1955년부터 실시해 점차 단계적으로 강화된 집체 농업을 통해 수리 관개를 개선했지만 오히려 대규모 기근을 몰고 왔을 뿐이다. 대약진 운동 이후 집체 단위의 규모가 축소되고 화학 비료의 공급이 늘어나면서 식량 생산량이 다소 늘었지만 식량 부족은 여전히 심각한 수준이었다.

3중전회에서 일부 간부들이 노동 단위의 규모를 축소해야 한다고 주장했지만 고위층의 분위기는 여전히 집체 농업을 계속 시행하는 쪽으로 흘렀다. 당시 간부들은 시급히 관리를 개선하고 좋은 씨앗을 제공하며, 화학 비료와 농기계를 더 많이 사용할 것을 요구했다. 3중전회 때는 농촌에서 포산도호 시행에 관한 이야기를 꺼내는 것조차 금기에 속했다. 공사와 대대(大隊)의 간부들은 집체 제도를 유지하는 것이 자신들에게 이익이었기 때문에 집체화가 실제로는 성공적이지 않다는 사실을 인정하고 싶지 않았다. 일부 당 영도자들은 심지어 토지 사유를 인정하면 빈궁한 농민들이 결국 소작농으로 전락할 것이며, 소작농을 착취하는 지주가 다시 출현해 1949년 이전의 농촌 문제가 되살아날 것이라고 우려했다. 또 어떤 이들은 농촌의 당 조직이 심각하게 약화될 것이라고 말하기도 했다.

1962년 천원은 마오쩌둥에게 포산도호 방안을 제출하기에 앞서 개인적으로 덩샤오핑을 만나 이러한 방식을 지지하는지 여부를 타진했고, 덩샤오핑은 지지를 약속한 적이 있었다. 하지만 1978년 덩샤오핑이 이런 건의를 했다면 아마도 문화 대혁명 시절에 그에게 퍼부어진 "자본주의 길을 걷는 당권파"라는 비난이 쏟아졌을 것이다. 그렇다면 덩샤오핑은 어떻게 포산도호 실험을 허락하는 한편 정치적 반대에 대처할 수 있었는가? 돌파구는 안후이 성을 맡고 있는 완리에게서 나왔다.

1977년 6월쯤 덩샤오핑이 복귀했을 무렵 화궈펑은 완리를 안후이 성 제1서기로 임명했다.[43] 완리의 전임자는 안후이 성에서 마오쩌둥이 지지하던 고도의 집체화 관점을 고수하여 결국 기근이 만연하는 상황을 만들고 말았다.[44] 안후이 성은 농촌 인구가 절대 다수를 차지하는 곳으로 전국에서 가장 빈궁한 성 가운데 하나였다. 통계에 따르면 대약진 운동 시절 300만 명에서 400만 명이 아사한 지역이었다.

1977년 8월 안후이에 도착한 완리는 십수 일 동안 성의 주요 농촌 지역을 시찰하고 현지 간부들에 대한 관찰과 면담을 실시했다.[45] 그는 빈곤이 만연한 상태를 목도하고는 큰 충격을 받았다. 시골마다 사람들이 제대로 먹지도 입지도 못한 채 초췌한 얼굴로 누추한 집에서 연명하고 있었다. 심지어 어떤 마을은 나무 탁자조차 없어 진흙으로 만든 탁자를 쓰고 있었다. 완리는 자신의 자식들에게 말한 것처럼 이렇게 자문하지 않을 수 없었다. 공산당이 정권을 잡은 지 이미 수십 년이 지났는데, 어떻게 이처럼 상황이 나빠질 수 있는가?[46]

완리가 안후이에 도착하기 전, 중앙에서 농촌개혁연구센터에 지시를 내린 바 있었다. 안후이 성 추저우(滁州)에 여전히 아사자가 나오고 있는 몇몇 현을 조사하고 양식 부족 문제를 해결할 수 있는 방안을 제출하라는 것이었다. 완리는 그들이 수개월 동안 조사 연구한 내용과 자신이 직접 방문하여 살핀 내용을 토대로 안후이 성 농촌 문제를 해결하기 위한 '안후이성당위원회의 여섯 가지 제안(약칭 성위육조(省委六條))'을 기초하는 데 앞장섰다. 그 구체적인 방안은 다음과 같다. 1) 생산대는 자체 조건에 근거해 생산 임무를 완성할 수 있으며, 일부 땅의 농사일을 생산 소조나 심지어 개인에게 배정할 수 있다. 2) 상급은 생산대의 자주권을 존중해야 한다. 3) 생산대와 개인에게 하달된 할당량을 줄인다. 4) 노동에 따른 분배를 실시하고 수요에 따른 분배를 없앤다. 5) 식량 분배 결정은 국가와 집체, 개인의 이익을 두루 고려한다. 6) 생산대 사원(社員)이 자류지(自留地)*에서 농사를 지어 집시(集市, 재래시장)에서 판매하는 것을 허락한다.[47] 문건은 거의 신성불가침에 가까운 집체 농업의 모델 다자이를 직접적으로 비판하지 않았다. 완리는 이를 아예 언급조차 하지 않

---

* 집단 농장의 공동 작업 이외에 개인적으로 경영할 수 있는 토지를 말한다.

았다. 그러나 완리는, 다자이의 영웅으로 여전히 농업을 주관하는 간부로 일하고 있는 천융구이(陳永貴)가 성위육조를 자산 계급 노선으로 간주하고 있음을 알고 있었다.[48]

완리가 성위육조를 제출했을 때에도 국가 정책은 여전히 포산도호를 엄격하게 금지하고 있었기 때문에 그 역시 정책에 반대할 수 없었다. 하지만 덩샤오핑과 일부 관리들은 안후이성당위원회에서 완리의 지도하에 제정한 성위육조를 검토한 후 즉각 시험해 볼 만한 가치가 있다고 판단했다.[49] 1980년 덩샤오핑은 심각한 기아에 시달리는 빈곤한 산촌에서는 농민들 자신이 기아를 면할 방법을 찾도록 허락해야 한다고 말했다. 좌파들은 덩샤오핑이 농업 생산을 산골 가난한 마을의 농가에서 주도적으로 할 수 있도록 허가한다는 것을 알았지만 농민들이 스스로 아사를 면할 방법을 찾도록 해야 한다는 그의 주장을 반박하기 어려웠다.

1977년 11월 완리는 안후이 성의 현위원회 서기처에서 성위육조를 관철하는 문제를 토론했다. 규모가 상당히 크고 공식적인 회의였기 때문에, 만약 완리를 따랐다가 정치적 환경이 바뀌면 자본주의를 추구한다고 비판받을지 모른다고 걱정하는 이들도 안심할 수 있었다. 완리는 단호한 태도로 "생산 촉진을 방해하는 어떤 방법이나 정책도 모두 잘못된 것이다."라고 선언했다. 대신 간부들은 실천에 근거하여 최선의 방법을 찾아야 하며, 창조성을 충분히 발휘하여 실수를 두려워해서는 안 된다고 주장했다. 완리의 확고한 믿음과 책임을 지려는 용기는 그가 1975년 쉬저우 철도 파업의 난국을 해결할 때 이미 보여 주었던 특성으로 앞을 향해 달려 나가려는 간부들에게 확신을 심어 주기에 충분했다.[50] 여전히 우려가 남아 있기는 했으나 정책은 계속 추진되었다. 1978년 초 완리는 각지에서 지속적으로 생산 단위 규모를 축소시켰다. 어떤 지역, 예를 들어 기아가 만연하던 펑양 현의 경우는 완전한 포산도호를 실시했다.[51]

얼마 후 덩샤오핑은 미얀마에서 네팔까지 순방하는 길에 쓰촨을 경유했다. 쓰촨에 도착한 그다음 날인 1978년 2월 1일 그는 쓰촨성당위원회 서기인 자오쯔양에게 안후이 성에서 육조 정책을 실시하여 성공을 거두었다고 말했다.[52]

사실 자오쯔양은 베이징에 전면적인 보고를 하지 않았을 뿐 이미 생산대의 포산도조(包産到組)를 허용한 상태였다. 덩샤오핑은 자오쯔양이 안후이 성의 완리와 마찬가지로 대담한 실험을 허용한 것을 격려했다. 자오쯔양은 덩샤오핑의 의견에 따라 쓰촨 농업 생산대에서 책임을 나눠 갖는 것(分散承包)을 골자로 한 '십이조(十二條)'를 즉각 제출했다.[53] 기본적인 정산 단위를 생산 소조로 할 수 있다고 말했지만 완리가 주장하는 정도로 확대하지는 않았고 포산도호도 허용하지 않았다.[54]

생산 소조의 여름 수확이 대풍이라는 소식에 안후이 성 간부들은 크게 고무되었다. 그들은 1978년 가을 자신들의 성과를 도처에 선전하면서 대집체(大集體, 대규모 집체 농업)를 지지하는 이들과 논쟁을 해소하기 위해 애썼다. 1978년 가을 쑤저우(蘇州)에서 거행된 중국 농업경제학회에서 안후이 성 농업정책연구실의 간부가 용기 있는 발언을 했다. 맹목적으로 다자이를 본보기로 삼아 학습해서는 안 되며, 정부는 그와 같은 정치 운동을 하지 말고 지방의 경제 혁신에 간여하지 말라는 것이었다.[55] 그러나 다른 한편으로 여전히 농업 부분을 맡고 있던 천융구이 부총리는 완리가 비밀리에 개별 농가의 생산을 지지하고 있다고 비난했다. 신문에도 완리가 다자이 학습에 반대하고 자본주의 복벽(復辟, 부활)을 시도하고 있다는 비판 기사가 게재되었다. 그러나 분산 경영권을 시행하는 지역마다 대풍이라는 소식에 완리는 더욱 확신을 가졌으며, 얼마 후 당 내에서도 지지를 얻게 되었다. 1978년 11월 천융구이가 비판을 가하자, 그렇지 않아도 평소 대범하고 두려움이 없는 인물로 알려진 완리가 당당하게 나서서 대응 발언을 했다. "당신은 스스로 다자이 경험에서 출발했다고 말하는데, 내가 볼 때 다자이는 극좌의 전형에 불과합니다. …… 당신은 당신의 길을 가시고, 나는 나의 길을 가겠소. …… 당신은 자신의 관점을 나에게 강요하지 말고, 나 역시 내 관점을 당신에게 강요하지 않겠소. 누가 옳고 그른지는 한번 두고 보십시다."[56]

권력의 정점에서 몰락하기 전까지 화궈펑은 다자이 모델을 적극 지지했으며, 좋은 품종의 씨앗과 다량의 화학 비료, 양수기, 트랙터, 기타 농기계를 통해 농업 생산을 촉진할 것을 주장했다. 그의 목표는 5년 내에 모든 대대에 대형 트랙터, 생산 소대(小隊)에 소형 트랙터를 공급하는 것이었다.[57] 1975년 덩샤오핑이 실세로 있을 당시 허가한 열여덟 곳의 대형 화학 비료 공장은 1978년에 이미 전면 조업 중이었다. 화궈펑은 계속해서 대형 화학 비료 공장을 건설하여, 1982년에는 전국 화학 비료 생산량이 1978년의 두 배가 되었다. 1978년부터 1982년까지 농촌에서 사용한 전기량도 거의 두 배로 뛰었다. 그러나 이러한 조치가 농업에 긍정적인 영향을 줄 것이라는 기대치가 지나치게 낙관적인 것이 문제였다. 덩샤오핑은 공업으로 농업을 지원한다는 화궈펑의 생각에 반대하지 않았다. 하지만 그가 생각하기에, 성공적인 중국의 농업 체계를 세우기 위해서는 무엇보다 분산 경영을 통해 농민들의 자발성을 동원하는 것이 중요했다.

1978년 12월에 개최된 3중전회는 여전히 다자이 모델 지지를 결정했다. 이로 인해 안후이 성 간부들은 나중에 비판을 받을 수도 있다는 생각에 걱정이 컸다.[58] 3중전회가 끝나고 얼마 후 천융구이가 농업 분야를 주관하는 부총리 자리에서 물러났다. 하지만 그의 후임인 왕런중 역시 다자이에서 배워야 한다는 주장을 굽히지 않았다. 1979년 봄 새로 임명된 부총리가 《인민일보》 주필인 후지웨이에게 서신을 보내 생산대에 권한 이양(放權)을 저지하는 데 협조해 줄 것을 요청했다. 이후에도 일련의 권한 이양에 반대하는 글이 계속 발표되었다. 정치국의 다수 위원들은 여전히 신중하여 입장을 바꿀 생각이 없었다.[59]

이런 분위기에서 완리는 더욱 권한을 이양해야 한다는 자신의 방침이 과연 상부의 지지를 얻을 수 있을지 심히 회의가 들었다. 1979년 6월 18일 회의에서 완리는 천윈을 한쪽으로 불러 의견을 물었다. 천윈은 "쌍수를 들어 찬성"한다고 대답했다. 완리는 덩샤오핑에게도 견해를 물었다. 아직 공개적으로 지지할 입장이 아니었던 덩샤오핑은 "논쟁에 빠지지 말고 그대로 해 나가면 될 것일세. 실사구시로 해 나가야지!"라고 대답했다.[60] 논쟁이 점차 가열되었지만 완리는 천윈과 덩샤오핑의 조용한 지지 속에서 기분이 좋았다. 베이징에서 개최된 1차 회의에서 농업부 부부장(副部長, 농림부 차관)이 포산도호 방식에 대해 비판하자 완리가 즉시 쏘아붙였다. "보아하니 피둥피둥 살이 찌셨는데, 농민들은 피골이 상접할 정도로 굶주리고 있소이다. 당신은 왜 농민들을 배불리 먹일 생각을 하지 않는 것이오?"[61]

안후이식 포산도호를 시행한 지역은 1979년 하곡(夏穀)도 대풍이었다. 안후이에서 머물고 있던 전 신화사 기자 우샹(吳象)은 베이징 고위층의 격려 속에 그간의 성과에 대해 보도했다. 덩샤오핑은 1992년 자신이 1979년부터 1981년까지 행한 활동을 회고하면서, 당시 많은 이가 여전히 포산도호를 반대하고 심지어 '자본주의를 행한다.'는 고깔을 씌우려 한다는 것을 알고 있었다고 하면서, 자신은 그들을 비난하지 않고 나중에 결과가 말해 주기를 기다렸다고 말했다. 그리고 계속해서 사람들이 점차 새로운 정책의 장점을 알게 되자 몇 년 안에 이러한 실험이 전국적인 정책으로 바뀌었다고 말했다.[62] 확실히 1979년 말까지 농촌의 생산대 절반가량이 노동을 생산 소조에 이양했으며, 4분의 1은 농호(農戶, 농가)와 승포(承包, 도급) 계약을 맺은 것으로 추산되었다.

1980년 초 완리는 후야오방의 지지를 얻기 위해 그에게 아랫사람들이 몰래 포산도호를 시행하도록 하지 말고, 상급 영도자들의 전적인 지지가 중요하다고 말했다. 완리는 후야오방에게 성위 서기를 소집하여 포산도호에 관한 정책을 공개적으로 분명하게 지지하는 회의를 열자고 제의했다.[63]

덩샤오핑이 농업 생산을 개별 농가에 분산하는 것에 동의한 것은 성위 서기 회의가 열리기 전이었다. 1980년 5월 31일 그는 후차오무와 덩리췬을 불러 포산도호를 지지한다는 입장을 밝히고 자신의 의견을 널리 선전하라고 지시했다. 이후 많은 지역에서 포산도호가 시작되었다. 그러나 여전히 일부 지방 간부들은 덩샤오핑의 입장이 무엇인지 정확하게 파악하지 못하고 있었다. 덩샤오핑은 연설문 초안을 작성할 후차오무와 덩리췬에게 자신의 발언 취지는 마오쩌둥이 시작한 농업 집체화의 종결을 의미한다고 말했다. 마오쩌둥은 1955년 7월 31일 유명한 연설에서 이렇게 말했다. "전국 농촌에서 신사회주의 대중 운동이 고조되고 있습니다. 하지만 우리 동지들 가운데 몇몇은 전족한 여인처럼 비틀거리고 있습니다. …… 현재 농촌에서 합작화를 통한 사회 개혁이 고조되어 일부 지역에 이미 도래했고, 장차 전국에 도래하게 될 것입니다."[64]

덩샤오핑은 1980년 5월 31일 후차오무, 덩리췬과 만나 이전 마오쩌둥처럼 감동적인 호소를 애써 피하며 이렇게 말했다.

농촌 정책이 완화된 이후 포산도호가 적합한 일부 지방에서 이 제도를 시행 했는데, 효과가 뛰어나고 변화가 빨랐소. 안후이 성 페이시 현(肥西縣)은 대다수 생산대가 포산도호를 시행했는데, 증산 폭이 정말 컸다고 하더군. …… 어떤 동 지들은 이렇게 하면 집체 경제에 영향을 줄지도 모른다고 걱정하지만, 내가 볼 때 그런 걱정은 필요 없네. …… 어떤 이는 과거에 사회 개조를 할 때 속도가 너무 빨랐다고 말하기도 하는데, 이치에 전혀 맞지 않는 말은 아닌 것 같아. …… 만약 단계적으로 전진하여 일정 기간 튼튼하게 한 다음 다시 발전시키면 더욱 잘할 수 있을 것 같소. …… 현지의 구체적인 조건과 군중의 의향에서 출발해야 한다 는 것이 무엇보다 중요하오.[65]

덩샤오핑은 당내 보수파의 반대가 여전하다는 것을 알고 많은 청중 앞에서 자신의 의견을 직접 표명하지 않았다. 그들 중에는 틀림없이 가차 없는 비판자 들이 있기 때문이었다. 그는 다만 두 연설 초안자에게 이야기하여 그들이 자신 의 의견을 대중에게 전달하기를 원했다.

마오쩌둥이 감동적인 연설을 하고 4년이 흐른 뒤 수천 수백만의 농민이 기 근에 시달렸고, 그의 연설이 끝난 지 30년 만에 집체 공사는 해체되었다. 이와 반대로 덩샤오핑이 신중하고 이성적으로 연설 초안자들에게 자신의 관점을 설명한 지 4년이 흐른 뒤 중국 대다수의 농촌에서는 농가가 직접 농사를 경영 하는 농호경영(農戶經營)을 하게 되었으며, 농업 생산량도 비약적으로 증가했 다. 덩샤오핑의 연설이 끝나고 30년이 흘렀지만 그가 시행했던 제도는 여전히 변함없이 운영되고 있다.

정책이 바뀜에 따라 인사 이동이 뒤따랐다. 1980년 초 11기 5중전회에서 덩샤오핑은 자신의 영도 집단을 새로 구성했다. 후야오방과 자오쯔양이 국가를 영도하고, 완리는 부총리 겸 농업위원회 주임, 그리고 분관 농업(分管農業)의 중앙서기처 서기를 맡았다. 국가농업위원회 주임이 된 완리는 덩샤오핑의 동의를 얻어 농호경영을 전국에 확대 실시했다. 포산도호를 반대했던 영도자 화궈펑과 천융구이, 그리고 왕런중은 1980년 8월부로 총리, 부총리에서 면직되었다. 선전부도 다자이 모델을 극좌 노선의 대표적인 예로 비판하기 시작했다.

1980년 여름 완리는 새로운 정책을 지지하는 정식 문건을 준비하여 그해 9월에 발표했다. 농업 문제를 토론하는 성위 서기 회의에서 그는 농업 방면에 명망이 자자한 전문가로 국가 농위 부주임 겸 농업정책발전연구실 주임인 두룬성을 불러 강연을 맡겼다. 두룬성이 안후이의 성과를 분석한 다음 각 성의 성위 서기들이 각자의 관점을 발표했다. 가장 강력한 반대는 헤이룽장 성에서 나왔다. 그 지역은 한지(旱地) 작물과 기계를 이용한 대규모 농업에 적합한 곳으로 농토를 개별적으로 나누기가 쉽지 않았다. 그래서 헤이룽장 성의 일부 지역은 포산도호를 시행하지 않기로 했다.

농호경영을 채용하는 방식에도 이견이 있었다. 최종 선택된 포산도호 방식은 토지 집체 소유제를 유지하되 지방 간부가 농가마다 일정한 생산 지표를 규정하는 것을 허락하는 쪽으로 결론이 났다. 마을마다 간부들이 농가와 맺는 계약서에 농가가 심을 작물 종류와 정부에 납부해야 할 할당량을 구체적으로 규정하기로 했다. 계약서 규정에 따르면, 지방 간부는 농가를 위해 토지와 농기계를 제공하며, 농가는 수확 후 일정한 할당량을 납부하고 나머지 작물에 대해 보고해야 한다. 농사를 지을 수 있는 노동력이 부족해질 경우 간부는 토지를 다른 농가에 맡길 수 있다. '가정연산승포책임제'라는 용어는 두룬성이 처음 제기했는데, 집체(集體)가 여전히 책임을 담당하는 일급 지방 단위로 남아 있을 수 있다는 점에서 다른 표현보다 보수파들을 안심시켰다.[66] 베이징 당국의 입장에서 볼 때, 이런 제도는 곡식과 면화 및 기타 작물에 대한 국가의 수요량을 보장한다는 점에서 만족할 만했다. 농가 역시 자신의 방식에 따라 농사를 지어 계약에 따라 일정한 양을 납부한 후 나머지는 자신이 활용하거나 재래시장에 내다 팔 수 있기 때문에 당연히 환영할 만했다.

성위 서기 회의의 문건과 토론에 근거하여 완리와 그의 부하 직원들은 75호 문건을 작성하여 1980년 9월 27일 공포했다.[67] 세심하게 작성된 문건 초안은 농촌 집체, 특히 기근 발생을 방지해야 할 필요가 있는 절대 빈곤 지역에 대해 생산 책임을 분산시키도록 허용했다. 1981년 10월 전국에서 절반 이상의 생산대가 다양한 형식의 포산도호를 채택했다. 1982년이 끝날 무렵에는 98퍼센트에 달하는 농호들이 생산대와 여러 가지 형태의 도급 계약서를 작성했다.[68]

농민을 동원하여 대형 공공사업에 참여시키고, 집체 농업으로 대규모 농업 생산을 유도하기 위해 1958년에 성립된 공사(公社, 공동체, commune)는 중앙 35호 문건에 근거하여 정식으로 해산되었다. 삼급(三級) 집체 소유제(공사, 대대, 생산대) 가운데 가장 높은 급에 속하는 공사는 경제와 정치적 기능을 하나의 조직에 결집시킨 형태였다. 공사가 해산되자 그 정치적 기능은 향진(鄕鎭) 정부나 비교적 큰 행정촌(行政村)으로 이관되었으며, 공사의 공장과 기타 경제 단위는 독립적인 '집체' 기업으로 변신했다.

화학 비료 생산량은 1978년부터 1982년까지 거의 두 배나 증가했고, 1979년 양곡 수매가는 20퍼센트나 올랐다. 이는 승포도호(承包到戶)의 효과보다 큰 것은 아니지만 양곡 생산량과 농민들의 수입을 높이는 데 분명 도움이 되었다.[69] 농민 수입은 1978년부터 1982년까지 두 배나 증가했다.[70]

일부 관찰자들은 포산도호에 대한 생각이 농민들에게서 나온 것이라고 주장하고 있지만 사실 많은 간부가 이미 이런 생각을 하고 있었다. 심지어 어떤 간부들은 집체화를 시행할 때부터 이미 그런 방식을 고민하고 있었다. 좀 더 확실하게 말해서, 만약 집체 농업과 농가 생산 가운데 선택하라고 한다면, 그들 대다수는 농가 생산을 선택했을 것이다. 농가 생산에 의심을 품고 있던 간부들도 점차 입장이 바뀌었다. 1987년 중공 13대(중국공산당 제13차 전국대표대회)에서 헌법이 수정되면서 농가는 무기한의 승포권(承包權, 도급권)을 확보하게 되었다.[71]

집체 제도를 취소하고 농호경영을 시행하면서, 공급과 수요를 조정하여 전국의 농작물 생산과 판매 체계를 효과적으로 안정시킬 수 있는 체계를 마련하기 위해 몇 년간의 시간이 필요했다. 그 기간 동안 농업 전문가들은 매년 여러 가지 중요한 사안, 예를 들어 농업 조직, 농기계, 농업 증산을 위한 투자 등에 대한 문건을 작성했다. 그리고 그 문건은 매년 1월 초 중앙 정부 1호 문건으로 공포되었다. 1982년의 1호 문건은 포산도호 및 이와 유사한 방식을 모두 사회주의 성질에 속하는 것으로 규정했는데, 이로써 이데올로기 논쟁도 종식되었다.

포산도호를 시행한 후 양곡 생산이 지속적으로 빠르게 증가했다. 1977년 3억 톤에 불과했던 식량 생산량은 1984년 4억 톤을 초과했다. 1981년 이후 식량 공급이 확대되자 정부는 농가에 채소와 과일, 공예 작물 등을 심도록 적극 장려했다. 공식적 추산에 따르면, 1977년부터 1984년까지 1인당 식량 소비는 195킬로그램에서 250킬로그램으로 증가했고, 돼지고기와 소고기, 계란 소비도 빠르게 증가했다.[72]

정부는 1984년 대풍(大豊)을 전혀 준비하지 못한 상황이었다. 그 결과 식량을 저장할 수 있는 창고가 부족했으며, 일부 지방 정부는 생산한 양곡을 수매할 자금이 충분치 않아 결국 농민들에게 차용 증서를 줄 수밖에 없었다. 그 이전까지 정부는 도시민들의 불만을 걱정하여 1978년부터 농민들에게 더 지불해야 할 가격 원가를 도시 소비자들에게 전가하지 않았다. 농민들에 대한 보조금이 늘어나자 정부 예산이 빠듯했다. 1984년이 되어서야 비로소 정부는 이러한 원가 증가분을 도시 소비자들에게 부담시켰다. 1985년 1월 1일 정부는 더 이상 농민들이 수확한 양곡을 의무적으로 수매하지 않겠다고 발표했다. 직접 농사를 짓는 농민들이 자신이 경작한 양곡에 대해 충분히 지급을 받지 못할 것을 우려하여 경작 면적을 줄이자 그해 식량 생산량은 2800만 톤 떨어져 전년 대비 7퍼센트나 감소했다. 그러나 처음 포산도호를 시행했던 1980년에 비하면 6000만 톤이나 높은 수치였다. 몇 년의 조정 기간이 끝난 후 식량 생산량은 1984년 수준을 회복하여 이후 안정세를 이루었고, 1989년 전체 식량 생산량이 다시 1984년의 최대치를 초과했으며, 이후 계속 비교적 높은 수준을 유지했다.[73] 식량 생산량이 이미 충족되어 정부가 식량 배급제를 취소하자 소비자들은 자신들에게 필요한 어떤 식량이든 사 먹을 수 있게 되었다.

물론 포산도호는 농촌의 온갖 병을 치료할 수 있는 만병통치약이 아니었다. 일부 지역, 특히 대규모 한지(旱地, 가물어 비가 적은 지역)로 논농사보다 밀이나 고량 등을 주로 경작하는 동북 지역의 경우 농민들이 트랙터 등을 이용하여 농사를 짓기 때문에 개별 농가가 경영하기 힘들었다. 집체 제도하에서 잘 경영되던 생산대는 부양할 가족이 없는 노약자나 병자, 장애인들을 일정 정도 돌볼 수 있었다. 그러나 공사가 해산되자 기층 사구(社區, 지역 사회, 공동체, community)에 복지 혜택을 제공하기 힘들었다. 25년에 걸친 집체화 농업은 파괴적인 결과를 야기했으며, 극단적인 상황으로 치달은 곳은 더욱더 그러했다. 그러나 농촌 집체화는 관개 체계를 보다 쉽게 확대할 수 있었고, 집체 소유제에 뿌리를 둔 막강한 지방 당 조직을 발전시켰다. 이러한 조직은 포산도호 이후에도 완전히 사라지지 않았다.[74]

식량 부족이 해결되고 농민 수입이 증대된 것 이외에도 포산도호로 인해 면화나 아마(亞麻), 담뱃잎과 같은 경제 작물 재배가 증가했다. 1981년 중국은 세계 4대 면화 수입국이었으나 4년 후 수출국으로 변신했다. 동기 부여가 된 농민들이 열심히 일해서 자신들이 합의한 식량 생산 목표량을 달성하자 젊은 이들이 향진 기업(鄉鎮企業)에 나가 일할 수 있게 되었다. 농민들이 시내로 직접 나가 농산물을 팔게 되자 도시에서 소비되는 식품의 품질이나 수량도 크게 개선되었다. 평소 집체화 농업을 주장하던 간부들도 자신의 부인이나 자녀들이 식품 선택 폭이 확대되고, 배추나 과일, 닭고기나 돼지고기 등의 품질이 개선된 것에 기뻐하는 모습을 볼 수 있었다. 1980년대 냉장, 냉동 시설과 운송망이 개선되면서 채소나 육류, 과일 품종이 계속 빠르게 증가했다. 수천 수백만에 달하는 농민들이 최저 생활 수준에서 벗어났다. 개인 수입의 증가는 경공업 발전에 밑거름이 되었다. 그러나 도시 근교에 사는 이들을 제외하고 대부분의 농민들은 여전히 도시민들보다 가난했고, 보건 위생이나 교육 수준이 상대적으로 떨어졌다.

1981년 포산도호 제도가 정착되자 덩샤오핑은 매년 농촌 정책 조정에 지속적으로 관심을 보였으나 그 강도나 참여 정도는 1978년부터 1981년까지 그가 직접 관여한 '탈집체화(脫集體化)' 때만 못했다. 덩샤오핑은 완리를 통해 농촌 지방 간부들에게 농민들이 기근을 해결하기 위해 필요한 일을 할 수 있도록 허락하고, 그런 다음에 달성한 성과를 선전하도록 했다. 이로써 덩샤오핑은 중국의 식량 부족을 해결한다는 목표에 도달했다. 덩샤오핑은 가정 농업에 관한 한 이념적인 방향성이나 신념을 강조하지 않았다. 왜냐하면 가정 농업이 식량 문제나 농가의 생계 문제를 해결할 수 있음을 인정했기 때문이다. 이러한 목표를 달성하기 위해 그는 농업의 탈집체화를 하지 않을 수 없었다. 덩샤오핑은 이처럼 정치적으로 힘든 임무를 완수하면서, 당내 파괴적인 분열을 야기하거나 개인적으로 보수파의 공격 목표가 되는 일이 없었다. 더욱 많은 수입과 자유를 얻은 농민은 말할 것도 없고, 더욱 다양한 식품 공급을 즐길 수 있게 된 도시 소비자들도 농촌 개혁의 성과에 열광했다. 이는 진일보한 개혁에 대한 대중의 지지를 확대시켰다.

향진 기업

1987년 덩샤오핑은 유고슬라비아 관리들과 면담하는 자리에서 이렇게 말했다. "농촌 개혁을 통해 우리가 전혀 생각하지 못한 가장 큰 수확은 바로 향진 기업이 발전하면서 돌연 수많은 직종이 생겨나고 상품 경제가 발전했으며, 각종 소기업이 갑자기 출현했다는 것입니다."[75] 덩샤오핑은 향진 기업 실험에 착수한 적이 없었다. 그러나 그것은 해 봐서 효과가 있는 일은 적극 지지한다는 그의 철학에 부합하는 것이었다. 또한 그것은 자오쯔양의 연구 집단이 건의했던 내용, 즉 계획 경제 체제를 계속 실행하되 시장이 계획에 지장을 주지 않는다면 시장을 발전시킨다는 말과 꼭 들어맞는 것이었다.

1982년 공사가 해체된 후 공사 소속의 소규모 공장이나 상점들은 자연스럽게 이제 막 성립된 향진 정부가 지도하는 기업으로 변신했다. 공사의 소규모 공장들은 주로 인력이나 원시적인 기계에 의존하여 트랙터나 양수기를 제외한 일체의 기계를 거의 모두 현지에서 제작해 쓰고 있었다. 교통망이 낙후되었기 때문에 공사 기업은 트랙터나 논밭 관개에 사용하는 양수기를 직접 수리해 써야 했다. 어떤 공사의 노동자들은 등나무 덩굴로 바구니를 만들었고, 어떤 곳의 소규모 철공소에서는 선반 등으로 호미나 가래 등 간단한 농구를 만들었고, 물소나 소형 트랙터, 그리고 젊은이들의 인력으로 써레질을 했다. 수많은 향진에 소규모 식품 가공 공장이 가동되어 주로 도정을 하거나 장유(醬油)나 말린 과일, 염장 채소 등을 생산했다. 일부 공사의 누추한 벽돌 공장은 품질 낮은 벽돌을 생산했고, 시멘트 공장은 모래와 자갈을 섞어 현지에서 사용할 시멘트를 생산했다. 옷을 만들거나 수선할 수 있는 재봉틀이 있는 마을도 있었다. 산골이나 구릉에 자리 잡은 향진 마을은 약재를 구해다가 간단한 중약(重藥)을 제조했다. 대부분의 향진 마을은 주로 웅덩이에 분뇨를 모아 만든 유기농 비료를 사용했고 일부 소규모 화학 비료 공장을 운영하는 곳도 있었다.[76]

비록 향진 기업이 계획 안에 포함된 것은 아니었지만 발전 여건은 이미 나름대로 성숙한 상태였다. 공사의 작은 공장들은 공사가 해산됨에 따라 향진 기업이 되었고, 이후 어느 정도 공사의 관리에서 벗어나 독립적으로 운영되기 시작했다. 이뿐 아니라 공사라는 지역에 국한되지 않아도 되기 때문에 제한 없이 물건을 생산하고, 다른 지역에 판매할 수도 있었다. 국영 공장과 달리 향진 기업은 수요에 대응할 수 있는 융통성이 있었다. 또한 여전히 고용인이 일곱 명을 초과할 수 없다는 제한을 받는 개체호와 달리 '집체'로 간주되었기 때문에 이념적인 면에서 받아들이기 쉬웠고, 규모 역시 제한을 받지 않았다. 공사 사원들은 작업에 적극성이 부족했지만 생산대에서 자신의 땅을 분배받은 이들은 훨씬 열심히 일했다. 그래서 필요한 노동력이 줄어들자 더욱 많은 농촌 젊은이가 향진 기업에서 일할 수 있었다. 면화나 삼베, 담뱃잎 등의 경제 작물 생산이 증가하자 향진 기업에서 이러한 부산물들로 면제품이나 범포(帆布, 텐트 등을 만들 때 사용하는 캔버스 천), 담배 등 각종 상품을 생산할 수 있었다.

해외에서 들어오는 투자금 역시 향진 기업이 늘어나는 데 큰 동력이 되었다. 1980년대 전반에 걸쳐 향진 기업에서 생산된 물품의 절반 이상이 광둥, 푸젠, 저장, 장쑤, 산둥 등 연해 지역에서 나왔다.[77] 이들 지역에서 생산된의 투자와 기술은 주로 홍콩이나 대만, 그리고 해외 화교들이 제공한 것이었다. 광둥의 수많은 향진 기업은 외국 기술을 끌어들이고 현지 관리들과 합작해 현대식 공장을 세웠으며, 국제 시장에 내놓을 수 있는 제품을 생산했다. 간단히 말하자면, 두룬성이 말한 바와 같이 공사가 취소되고 정부와 기업이 분리되자 과거 공사 기업들이 마치 경제 동물처럼 움직이면서 시장의 수요에 따라 반응하기 시작했다. 1980년대 중반 정부는 국영 기업에 효율성을 제고하라는 압력을 넣기 시작했다. 그러자 일부 국영 기업은 아예 향진 기업에 하청을 주어 주어진 생산 계획에 맞출 수 있도록 했다.

국영 기업과 비교할 때 향진 기업은 많은 이점이 있었다. 기간산업, 운수업, 공공사업, 국방 산업 등을 포함한 모든 국영 기업은 매년 일정한 계획에 따라 일정한 수량을 생산하고, 등급에 따라 임금을 받는 고정된 인원으로 편제되어 있다. 원자재의 구매 가격은 모두 정부가 규정하여 계획의 경중에 따라 완급을 조절하게 된다. 간단히 말해서 국영 기업은 융통성이 부족하지만 향진 기업은 완전히 시장의 여건에 따라 유연하게 대응할 수 있다. 이외에도 국영 기업은 전체 직공에게 적지 않은 복리(福利), 예를 들어 주택, 복지 후생, 의료, 자녀 교육 등을 제공해야 한다. 그러나 향진 기업은 젊은 노동력을 이용할 수 있기 때문에 굳이 나이 든 직공에게 높은 임금이나 복리를 위해 비용을 지불할 필요가 없었다. 1978년 농촌 집체 기업에 취업한 사람은 2830만 명이었지만 1992년 덩샤오핑이 퇴임한 후 향진 기업에서 고용한 인원은 1억 580만 명에 달했다. 1978년 농촌 집체 기업의 총생산액은 490억 위안이었으나 1992년에는 1조 7980억 위안으로 거의 쉰 배나 증가했다.[78] 공사의 집체 기업은 1978년 전국 공업 생산액 가운데 9퍼센트를 차지했지만 1990년 향진 기업은 이미 25퍼센트를 차지하고 있었으며, 1994년에는 42퍼센트에 육박했다.[79]

향진 기업은 또한 국영 기업과 원자재와 인력을 두고 다투기 시작했다. 예를 들어 창 강 삼각주 지역의 경우 국영 기업의 기술자들은 평일에는 공장에서 계획에 따라 생산에 종사하고, 주말이면 상하이 서쪽 멀지 않은 우시나 쑤

저우, 쿤산(昆山) 등지에 있는 향진 기업으로 출근해 일했다. 기업의 효율 또한 일반 국영 공장보다 훨씬 높았다.

1980년대 말에 이르자, 천원은 향진 기업이 국영 기업에서 필요한 원자재를 소모하고, 소규모 향진 기업이 국영 기업에서 더 효과적으로 이용할 수 있는 원료를 낭비하는 것을 보면서 마음이 불편했다. 게다가 몸집이 가벼운 향진 기업의 경쟁력으로 인해 국영 기업의 흑자 경영과 나이가 들거나 퇴직한 직공에 대한 후생 복지 제공이 위협받자 더욱 그러했다. 이에 국가 계획과 재정부의 균형파들은 향진 기업에 대한 감독을 강화하여 향진 기업이 국영 기업으로부터 많은 자원과 인력을 빼내 가지 못하도록 요구하기 시작했다.

개체호

향진 기업은 정부에 독립적이긴 하나 지방 간부들의 감독을 받는다. 개인 소유의 사영 기업과 비교하면 향진 기업은 '집체 기업'으로 볼 수 있기 때문에 중공 보수파들 또한 쉽게 수용할 수 있었다. 그러나 일반적으로 개체 기업이 제공하는 다양한 서비스나 상품에 관한 한 아직까지 사회적으로 억눌려 있는 큰 요구들이 있었다. 1955년부터 1956년까지 집체화가 실행되면서 도시의 사영 기업이 모두 사라졌다. 그렇기 때문에 1970년 개혁이 시작되자 사람들은 식당이나 편의점, 수리점, 잡화점 등 작은 상점을 운영하고 싶어 했다. 덩샤오핑과 그의 동료들은 도시에 소규모 사영 기업이 필요하다는 것을 알고 있었다. 하지만 어떻게 해야 당내 보수파 간부들에게 이러한 소규모 기업 부활에 대한 동의를 구할 수 있을 것인가?

답은 도시에서 불만을 야기할 수 있는 젊은이들에게 일자리를 찾아 주는 일이 절박하다는 데 있었다. 1978년까지 실업 인구가 거의 수천만 명에 달했다. 이론적으로 사회주의 사회는 이미 실업이 소멸된 상태여야 한다. 심지어 '실업'이라는 말조차 당시에는 상당히 민감한 용어였기 때문에 아직 일자리를 찾지 못한 도시 젊은이들을 '대업(待業)', 즉 일자리를 기다리는 이들이라고 불렀다. 1977년 이후 몇 년 동안 배급제로 인해 지식 청년들이 마음대로 도시로 돌아올 수 없었다. 하지만 도시 시장에 잉여 농산물을 판매하는 농민들이 점차 늘어나면서 도시 가정에서 배급표가 없어도 도시로 돌아온 자녀들과 함께 살 수 있는 방법이 생기게 되자 수많은 지식 청년이 슬그머니 도시로 돌아오기 시작했다. 비록 도시로 돌아왔지만 그들은 일자리를 찾을 수 없었다. 게다가 1977년부터 농촌에서 대학에 진학한 청년들이 도시에서 공부하게 되자 시골에 남은 이들이 이를 부러워하여 도시로 몰래 들어오기 시작했다.

1978년부터 1979년까지 대략 650만 명에 달하는 젊은이들이 농촌에서 도시로 돌아왔다.[80] 1980년대 초 원래 도시에서 살았던 2000만 명의 지식 청년과 노동자들이 다시 도시로 돌아왔다. 국가 재정이 부족한 상황에서 국영 기업은 그들을 고용할 만한 돈이 없었다. 1979년 '대업 청년(待業靑年, 실업 상태의 젊은이)'의 범죄가 끊임없이 증가하면서 당내 영도자들도 불안한 느낌을 지울 수 없었다. 그래서 덩샤오핑은 예전에 기근을 핑계로 농민들에게 "스스로 활로를 찾으라."고 한 것과 마찬가지로 1979년에도 날로 증가하는 도시 청년들의 범죄를 빌미로 다른 영도자들을 설득하여 젊은이들이 '개체호'가 될 수 있는 길을 열었다.[81] 다른 이의 노동력을 착취하지 않고 자신의 힘으로 생활할 수 있다면 그들을 자본가가 아닌 노동자로 봐야 한다는 것이었다. 덩샤오핑은 그들이 음식점이나 수리점, 또는 그 밖의 '개체 기업'을 운영할 수 있도록 허락해야 한다고 말했다. 그리하여 1980년 초부터 도시에 수많은 작은 가게와 식품 가판대가 등장하기 시작한 것이다.

그렇다면 개체호와 자본가는 어떻게 구분할 것인가? 마르크스는 『자본론』 제4권에서 여덟 명의 고용인을 가진 고용주를 타인의 노동을 착취하는 예로 들었다. 그래서 현실적이고 실용적인 베이징의 정치가들은 고용인이 일곱 명을 넘지 않고 고용주 자신이 직접 일을 한다면 당연히 '노동자'로 봐야 한다고 건의했다.

일단 허락이 떨어지자 개체호는 우후죽순처럼 급증하여 도시 안에 이발소,

구두 수선, 칼갈이, 자전거 수리, 음료 가판 및 수공업품이나 직접 만든 제품을 판매하는 작은 점포들이 수도 없이 많아지기 시작했다. 밤까지 장사를 허용하여 야시(夜市)가 생겨나는 지역도 있었다. 국무원은 1981년 7월 개체 경영 발전을 지도하는 관리 조례를 반포했다. 지방 정부는 장사할 수 있는 지역을 규제하고 그들에게 면허를 받을 것을 요구했다. 도시의 서비스업 부활은 포산도호의 경우와 마찬가지로 돈을 벌어 생계를 유지할 수 있게 된 사람이나 필요한 서비스나 상품을 얻을 수 있는 소비자 양쪽에서 모두 환영을 받았다.

1982년 개체호의 고용자가 여덟 명 이상인 사업장이 발견되면서 즉각 논쟁이 벌어졌다. 그러나 덩샤오핑은 그것이 사회주의에 해가 되겠느냐고 하면서 두려워하지 말 것을 주문했다.[82] 그는 다음과 같이 단순한 예를 들어 자신의 경우를 설명했다. 만약 농민이 세 마리 오리를 기르는 데 아무 문제가 없다면 그가 한 마리 더 기른다고 해서 자본가가 되겠는가? 하지만 사영 업주가 몇 명의 노동자를 고용할 수 있도록 허용할 것인가에 관한 문제는 여전히 상당히 민감했기 때문에 최종적으로 덩샤오핑이나 천원과 같은 이들이 직접 나서서 해결할 필요가 있었다. 덩샤오핑은 천원에게 공개적으로 이 문제를 토론하게 되면 사람들이 사영 기업을 허용하는 정책에 변화가 있음을 걱정할 것이라고 말했다. 그래서 그는 "고용 문제는 2년 정도 그냥 놔둔 다음에 이야기하자."라고 말했다. 일부 기업은 너무 커지면 주목받을 수 있을지도 모른다고 주저했지만 또 어떤 기업은 계속 사업을 확장했다. 그 기간에 덩샤오핑은 줄곧 공개적인 의사표명을 피했다. 그의 전략은 사영 기업의 발전을 허용하되 그것으로 인해 보수파의 경각심을 불러일으키지 않겠다는 것이었다. 1987년 중국공산당 제13차 전국대표대회에서 중공 간부들은 개체호의 노동자를 일곱 명 이상으로 고용하는 것을 공식적으로 허가했다. 덩샤오핑은 논쟁하지 않고 먼저 시행하여 효과를 본 후에 계속 확대시킨다는 자신의 개혁 방식을 통해 또 한 번의 승리를 쟁취했다.

16

경제 발전과 개방 가속화 1982~1989년

1982년까지 천원의 긴축 정책은 성공적으로 진행되었다. 그런데 역설적으로 이는 덩샤오핑에게 천원이 찬성하지 않는 '중국 경제의 고속 성장' 정책을 추진할 이유를 제공했다. 1980년 중국의 예산 적자는 재정 수입의 11.7퍼센트에 달했는데, 1982년에 들어오면서 2.6퍼센트로 떨어졌다. 외화 보유고는 1980년 40억 달러였던 것이 1982년 140억 달러로 상승했다. 이외에도 1982년 양곡 생산량도 3억 5400만 톤으로 전년 대비 9퍼센트 성장했다. 경제 실질 성장률이 7.7퍼센트에 달해 예정된 4퍼센트를 훨씬 넘겨 거의 배가 된 상태였다.[1]

성장률에 관한 덩샤오핑과 천원의 이견: 1981~1983년

1981년 덩샤오핑은 성장률을 완화시키려는 천원의 경제 조정 정책에 점차 인내심을 잃어 가고 있었다. 그는 2000년에 공업과 농업 생산을 네 배나 증산할 것이라고 말하기 시작했다. 한 회의에서 그는 만약 1980년부터 2000년까지 국민 총생산을 네 배로 끌어올리려면 성장 속도가 얼마나 더 빨라야 하는지 물었다. 이에 대해 이미 답변을 준비하고 있던 후야오방이 즉각 연평균 7.2퍼센트라고 답했다.[2] 그러나 1981년 경제 성장은 5.2퍼센트였다. 천원과 야오이린, 그리고 계획 부문을 통제하고 있는 신중한 간부들이 기반 시설 건설에 필요한 투자 규모를 제한하고 있었기 때문이다.

덩샤오핑은 천원과 공개적인 불화를 원치 않았지만 사실상 화궈펑이 실각하게 되자 정치 투쟁에서 굳이 천원의 협조가 필요치 않았다. 그래서 그는 본격적으로 현대화와 경제 확장을 가속화하기 시작했다. 한번은 덩샤오핑이 중국의 실제 성장률과 계획 성장률이 크게 불일치하는데 과연 이것이 유용한 것이냐고 은근슬쩍 물어본 적이 있었다. 이에 천원은 생산이 계획 목표를 초과하는 것은 괜찮다고 대답했다. 사실 천원은 목표치를 높게 설정하는 것보다 일단 목표치를 낮게 설정하여 이를 초과하는 것이 더 낫다고 생각했다. 목표치가 낮으면 아래 간부들이 의욕을 갖고 충분히 해 나갈 수 있지만 지나치게 높을 경우 의욕이 지나쳐 경제가 감당할 수 있는 한계에서 벗어날 수 있기 때문이었다. 그럴 경우 결국 공급 부족과 인플레이션으로 혼란이 야기되고 성장 또한 정체될 수밖에 없다.

1980년 말, 1981년도 계획을 토론하는 자리에서 천원의 지지자인 야오이린은 5퍼센트 달성을 위해 최선의 노력을 다하겠지만 1981년 실현 가능한 최고 성장률은 4퍼센트이며, 장기적 안목에서 볼 때 성장할 수 있는 최대치는 매년 6퍼센트라고 말했다. 덩샤오핑의 목표를 방어하기 위해 모든 노력을 다하고 있던 후야오방은 그 즉시 반박하여, 만약 그렇다면 2000년에 네 배의 경제 성장을 달성하겠다는 모든 논의는 전혀 의미가 없을 것이라고 말했다.[3] 1981년 12월 전국인민대표대회 4차 회의에서 '6 · 5' 계획(1981~1985년)과 1982년의 연간 계획을 토론할 당시 경제 성장 속도에 대한 이견이 이처럼 심각하여 전국인민대표대회에서 연간 예산이 아직 통과되지 못했고, 6 · 5 계획의 성장 목표도 명확하게 설정될 수 없었다.[4]

1982년 12월 상하이 전국인민대표대회 대표단이 상하이에 있는 겨울 숙소에 거주하고 있던 천원을 보러 갔을 때 그는 황커청이 말한 비유를 들며 자신의 관점을 이야기했다. "(경제는) 한 마리 새와 같아서 손에 꽉 잡고 있을 수 없어요. 손에 잡고 있으면 죽거든요. 그러니 날려 보내야 해요. 하지만 새장 속에서 날 수 있도록 해야지요. 새장이 없으면 멀리 도망가 버리거든." 경제를 보다 개방하고 보다 빠르게 성장시키고자 하는 사람들에게 천원의 이른바 '새장 경제학(鳥籠經濟學)'은 시장의 발전을 저해하는 구닥다리 사고의 상징이 되었다. 천원은 나중에 자신이 말한 통제는 거시적 통제의 의미였다고 하면서 새장은 한 나라나 성이 될 수 있고, 어떤 상황에서는 한 나라보다 더 클 수도 있다고 말했다.[5] 하지만 이런 단서를 붙인다고 해서 그에 대한 비판이 멈춘 것은 아니었다.

때로 천원에 대한 비판을 보면 마치 그가 모든 개혁에 반대한 것처럼 보이겠지만 이는 사실과 다르다. 천원은 쓰촨에서 기업이 모든 이익과 손실을 책임지도록 하는 개혁을 선구적으로 추진하고 있던 자오쯔양을 적극 지지했고, 원자재 구입과 생산 판매에서 기업에 더 큰 자유를 부여하는 중앙의 결의에 동의했다. 그는 농촌에서의 포산도호 실시를 반대한 적이 없으며, 공업과 상업 분야에서 통제를 완화하고, 하급 간부들이 의욕적으로 일할 수 있도록 보다 많은 자유를 부여해야 한다는 것을 적극 지지했다. 또한 그는 상품 가격의 신축성을 인정하여 당시 여전히 계획 관리하에 있던 소상품을 시장에서 자유롭게 교환할 수 있도록 하는 데 동의했다. 그는 분명 경제에 활력이 있어야 한다고 생각했다.[6] 하지만 그는 계획 체제를 양호한 질서 속에서 운영하여 핵심적인 산업 분야에 필요한 자원을 확보하고, 아울러 인플레이션에 대한 통제를 유지하는 것이야말로 자신의 책무라고 생각했다. 이에 관한 한 그는 요지부동이었다.

중국공산당 제12차 전국대표대회(1982년 9월 1일부터 11일까지)와 이후 열린 전국인민대표대회(1982년 11월 26일부터 12월 10일까지)에서 공포된 문건은 이미 중국의 성장 속도 목표치에 대해 날로 커지고 있는 덩샤오핑과 천원의 이견이 그대로 반영되었다. 당대회의 문건 대부분은 신중한 계획 부문 간부들이 작성한 것이었다. 하지만 덩샤오핑의 주장에 따라 대회는 세기말에 농공업 총생산량을 '네 배(翻兩番, 두 번씩 두 번 뒤집다.)' 달성한다는 목표도 받아들였다. 덩샤오핑은 확고하게 계획 성장률이 실제 성장률보다 크게 낮은 것은 좋은 일이 아니라고 거듭 말했다.[7] 엄격하게 기율을 지키는 당원으로서 천원은 금세기 말에 네 배나 성장시키겠다는 덩샤오핑의 계획에 대해 공개적으로 비판하지 않았지만, 그렇다고 확실하게 동의를 표한 것도 아니었다. 그는 재차 향후 20년의 경제 건설은 두 단계로 나눠야 한다고 재차 강조했다. 전반부 10년 동안 비교적 완만한 성장으로 토대를 닦은 후 후반부 10년 동안 더욱 빠른 성장을 강구한다는 것이었다.[8]

수정된 6·5 계획이 전국인민대표대회에서 통과된 것은 신중한 계획 부문 간부들의 승리를 반영하는 것이었다. 향후 5년의 연평균 성장 목표는 4퍼센트 내지 5퍼센트로, 같은 기간의 기본 건설 투자는 230억 달러로 확정되었다. 이는 5개년 계획과 비교하여 증가한 것이 거의 없었다. 투자 핵심 분야는 에너지와 교통 운수였으며, 동시에 교육, 과학, 문화, 그리고 보건 위생에 대한 지출이 증가했다.

당시 후야오방은 전국의 모든 현과 시를 방문하여 지방 간부들을 격려하는 것이 자신이 현대화를 위해 공헌할 수 있는 가장 좋은 방법이라고 생각했다. 그리고 그는 지방 간부들이 말하는 문제를 듣고 경제 발전에 저해가 되는 요소를 제거하려 애썼다. 농촌을 시찰하면서 그는 각지에서 보다 빠르게 발전할 수 있는 능력이 갖추어져 있다고 확신했다. 1980년대 성장을 좀 더 늦춤으로써 90년대에 보다 빠른 성장의 토대를 마련할 수 있을 것이라는 천원의 주장에 대응하여 후야오방은 현임 영도자들이 1980년대에 전력투구하여 1990년대에 경제 업무를 맡을 영도자들에게 실제에 부합하지 않는 목표를 남겨 주는 일이 없도록 해야 한다고 말했다. 천원과 그를 지지하는 신중한 계획 부문의 간부들은 물론이고 심지어 자오쯔양이 보기에도 지방 간부들을 적극 독려하는 후야오방의 행태는 지나치게 자의적이고 규율에서 벗어나는 일이자 인플레이션 억제를 충분히 고려하지 않은 것이었다.

중국 국내 총생산 성장률

연도	1978	1979	1980	1981	1982	1983
성장률(%)	11.7	7.6	7.8	5.2	9.1	10.9

출처: Jinglian Wu, *Understanding and Interpreting Chinese Economic Reform* (Mason, Ohio: Thomson / South-Western, 2005), p. 362.

후야오방의 지방 시찰은 결국 천원과 충돌을 낳고 말았다. 두 사람은 문화대혁명 시절 억울한 누명을 쓴 이들에 대한 복권과 복직 업무를 함께 맡았고, 후야오방은 여전히 천원을 존경했다. 하지만 후야오방에 대한 천원의 비판은 날로 심해졌다. 1983년 1월 12일 연도 계획을 논의하는 회의에서 덩샤오핑은 1981년에 시작한 6 · 5 계획은 여전히 연간 증가율이 3퍼센트 내지 4퍼센트이지만 실제 증가율은 이보다 배는 높아야 한다고 거듭 지시했다.

덩샤오핑이 계획과 실제 정황의 차이가 이처럼 큰 것이 적절하냐고 재차 묻자, 계획 부문 간부들이 대답했다. "그렇다고 나쁜 일은 아닙니다."[9] 그래서 그는 자신의 전형적인 방식대로 대결을 피하되 자신의 전략이 우세를 점할 수 있도록 움직이기 시작했다. 그는 공개적으로 천원이나 당의 결정을 비판하지 않았지만, 지방 간부들이 보다 빨리 발전하기 위한 방법을 찾는 데 제한을 두지 않았으며, 후야오방이 지방을 시찰하는 것도 막지 않았다. 동의하지 않는 당내의 공통된 의견에 맞서 그가 내세운 대책은 오래전부터 일관되게 지켜 온 방식, 즉 "쟁론하지 않고 대담하게 돌진하는 것이었다."

자오쯔양의 개혁 구상

천원은 1980년 자오쯔양(덩샤오핑 시대의 핵심 인물 970쪽 참조)에게 신시기 경제 문제를 연구할 참모진이 있어야 한다는 데 동의했으며, 자신이 계획 체계를 세울 당시와 시기적으로 다르다는 것을 인정했다. 처음 베이징에 왔을 때만 해도 자오쯔양은 천원의 경제 조정 정책에 찬성했다. 천원 역시 기업 경영에 보다 많은 자주권을 부여하고, 농촌에 포산도호를 실시해야 한다는 자오쯔양의 주장을 적극 지지했다. 보다 일반적인 면에서도 천윈은 자오쯔양이 '베이징어(北京話)'로 말하려는 노력을 가상하게 여겼고, 오랜 세월 익숙해진 지방 영도자의 사고방식을 버리고 전국적인 경제의 전반적인 국면에 관심을 집중하려는 점을 인정했다.

자오쯔양은 정치 투쟁에서 되도록 벗어나고자 했다. 비록 총리 신분이기는 하지만 그는 천윈과 신중한 계획 부문 간부들의 계획 경제에 관한 일상 업무에 그다지 간여하지 않았다. 대신 자오쯔양과 그의 두뇌 집단은 정해진 관료 체제 밖에서 주로 어떻게 하면 상대적으로 폐쇄된 경제를 보다 개방적인 것으로 변화시킬 것인가와 관련한 중대한 문제에 전념했다. 자오쯔양과 그의 두뇌 집단이 베이징에서 2~3년을 보내면서 자연스럽게 경제 발전 방향에 대한 새로운 관점이 형성되었으며, 덩샤오핑도 자오쯔양에게 의견을 묻기 시작했다. 당시 덩샤오핑은 천윈과 그의 신중한 계획 부문 간부들에게 인내심을 잃어 가고 있는 상황이었기 때문에 천윈에게서 벗어나 자오쯔양과 그의 두뇌 집단에게 기본 경제 정책에 대한 지도를 제시토록 했다. 자오쯔양은 자신이 직접 일본의 자문 인원과 세계은행에서 소집한 각국의 경제학자 및 경제 관료들과 협력하여 전환기를 맞이한 중국이 어떠한 구상을 세워야 할 것인가에 대해 고민했다. 당시 어떤 사회주의 국가도 성공적으로, 또한 심각한 혼란을 야기하지 않으면서 계획 경제에서 지속적이고 개방적인 시장 경제를 전환한 나라는 아직 없었다. 그렇기 때문에 세계은행 관리들과 세계 각국의 저명한 경제학자들이 중국에 와서 중요한 회의를 할 때면 언제나 자오쯔양이 함께 참석하여 주재했다. 자오쯔양은 비록 정규 대학 교육 과정을 이수하지는 않았지만, 외국인들은 그에게서 학식이나 지식에 대한 호기심, 새로운 관념을 파악하는 능력, 그리고 분석 수준에 깊은 인상을 받았다.[10] 1988년 미국의 저명한 경제학자인 밀턴 프리드먼(Milton Friedman)이 베이징을 방문했는데, 이때 자오쯔양과 프리드먼은 원래 30분으로 약속된 단독 회담을 두 시간이나 넘게 연장하면서 통역만 대동한 채로 이야기를 나누었다. 당시 프리드먼은 자오쯔양에 대해 "그는 경제 형세와 시장의 운영 방식에 대해 탁월한 이해력을 보였다."라고 하면서, 당시

회담이 "매력적"이었다고 평했다.[11]

자오쯔양의 두뇌 집단의 하나로, 서른 명으로 구성된 중국농촌발전문제 연구조(硏究組)는 주로 농촌 개혁에 관한 핵심적인 역할을 맡았다. 그 연구조는 처음에 탁월한 능력을 갖춘 대학 출신의 젊은이들로 이루어진 토론 소조였는데, 구성원들은 문화 대혁명 시절 농촌에 하방되어 농촌 상황에 대해 누구보다 잘 알고 있었다. 1981년 11월 연구조는 중국사회과학원 농촌경제연구소 산하 독립 기구가 되었다.[12] 이후 다시 국무원 농촌발전연구센터로 편입되어 포산도호 정책을 제정하는 업무에 참여했으며, 나중에는 매년 조정된 농촌 정책에 관한 1호 문건을 중앙에 제출하는 초안을 작성했다.[13]

자오쯔양의 또 다른 두뇌 집단은 체제개혁위원회다. 이는 근본적인 체제 개혁을 연구하기 위해 만든 집단이다. 체제개혁위원회는 관료 개혁에 관한 정책을 제시했기 때문에 일부 관료들은 그들이 제시하는 내용에 상당히 민감하게 반응했다. 위원회는 처음에 중국과학원 산하 체제개혁연구소조였다가 1980년 '국무원 체제개혁판공실'로 이름을 바꾸었는데, 자오쯔양이 직접 간여했다. 1982년 5월 다시 '국가경제체제개혁위원회'로 이름을 바꾸어 부급(部級, 장관급)으로 격상했다. 자오쯔양이 직접 영도했던 이 조직은 1984년 이미 100여 명의 관리를 둔 기관으로 성장했다.[14] 충성스럽고 대단히 학구적인 관료 바오 통(鮑彤)은 원래 중조부에 있다가 자오쯔양 휘하의 총리 비서로 파견된 후부터 그의 두뇌 집단을 주관하기 시작했다.

자오쯔양의 두뇌 집단에서 일하는 이들은 모두 자오쯔양을 대단히 존중하고 존경했다. 그들은 자오쯔양의 겉치레 없고 격식에 얽매이지 않는 태도와 어떤 의견이라도 받아들이는 개방성, 그리고 아이디어를 국가 발전을 추진하는 실제 정책으로 전환하는 능력에 감탄했다.

해외에서 배우다

1978년 6월 23일 덩샤오핑은 교육부에서 파견할 유학생 계획 보고를 들은 후 해외 출국 유학생 인원을 수만 명으로 늘려야 한다고 말했다. 그는 중국이 보다 빠르게 현대화를 실현하려면 해외에서 이미 유효한 것으로 증명된 방안이나 생각을 배우고 채용하는 것이 필요하다고 믿었다. 소련인들은 '인재 유출'을 두려워하여 자국 내 뛰어난 학자들이나 학생들의 출국을 원치 않았다. 마오쩌둥은 아예 서방 세계에 대해 나라의 문을 닫아 버렸다. 심지어 장제스도 능력 있고 뛰어난 젊은이들이 급속도로 해외로 나가는 것을 걱정한 적이 있었다. 하지만 덩샤오핑은 인재 유출에 대해 한 번도 걱정한 적이 없었다. 그렇기 때문에 선진국에서 현대화의 비법을 배우는 노력 면에서, 한국과 일본을 제외하고 그 깊이나 범위를 덩샤오핑의 영도하에 있는 중국과 비교할 수 있는 개발 도상국은 없다. 또한 중국의 방대한 인구수로 볼 때, 외국 유학 규모도 머지않아 한국이나 일본을 추월할 것이다.

덩샤오핑은 관리들을 해외로 파견하고, 외국 전문가를 초빙했으며, 외국의 발전상을 연구할 기구를 만들고, 외국 서적 번역을 장려했다. 이러한 모든 조치는 규모 면에서 대단히 방대했다. 국내 회사들이 외국 회사들과 경쟁에서 뒤처질 것을 염려했던 한국과 일본의 지도자들과 달리 덩샤오핑은 외국 회사들이 중국에서 현대식 공장을 건설하는 것을 장려했으며, 중국의 관리자나 노동자를 교육하는 일을 적극 도왔다. 그는 또한 외국에 살면서 해외의 발전상을 이해하는 데 도움을 줄 수 있는 화교들을 적극 활용했다. 그러나 역시 가장 중요한 부분은 젊은이들을 해외로 보내 유학시키는 일이었다. 1978년부터 2007년까지 30년 동안 100만 명이 넘는 중국 학생들이 유학길에 올랐다. 그리고 2007년 말 그 가운데 4분의 1에 달하는 유학생들이 이미 귀국했다.[15] 외국의 경제 발전과 그 경험을 배우기 위해 덩샤오핑은 자오쯔양이 경제학자들과 만나 논의하는 것을 허락했다. 덩샤오핑 자신도 과학자들은 물론이고 바오위강, 마쓰시타 고노스케, 데이비드 록펠러(David Rockefeller) 등과 같은 성공한 재계 영수들과 만나 이야기하는 것을 즐겼다. 그리고 그들에게서 중국의 진보를 위한 생각과 방법을 얻었다. 그는 또한 국가 경제 계획 분야에서 일한 경험이 있는 외국인들을 만나기도 했는데, 그 대표적인 인물이 일본의 오키타 사부로와 시모코베 아쓰시(下河邊淳)다. 1979년부터 중국의 원로 학자들은 며칠에 한 번씩《경제연구 참고자료》라는 제목의 보고서를 출간하여 중국 경제에 중요한 의의가 있는 해외 발전 상황을 발표했다. 해외 파견 대표단 역시 시찰 보고서를 작성하여 국가 영도자들에게 제출했다.

중국이 국외의 경제 발전 경험을 연구할 당시 세계은행만큼 중요한 역할을 했던 기관은 없다. 또한 세계은행이 원조한 여러 나라 가운데 중국보다 더 큰 영향을 끼친 나라는 없다.[16] 1980년 중국 대륙이 대만 대신 세계은행의 회원국 자리를 얻게 되었을 때, 세계은행 총재인 로버트 맥나마라(Robert McNamara)가 중국을 방문하여 쌍방의 새로운 관계 발전에 토대를 마련했다. 그는 중국이 없는 세계은행은 진정한 세계은행이 아니라고 말하면서 중국의 세계은행 가입을 늦출 것을 요구하는 미국 정부의 압력에 맞섰다. 당시 중국 관리들은 여전히 외국이 자신들의 목적을 위해 중국을 이용할 것이라고 걱정하고 있었지만 세계은행 총재의 독립적인 태도를 보면서, 세계은행이 결코 어떤 한 나라의 이익을 대변하는 것은 아니라는 확신을 가지게 되었다.

덩샤오핑은 맥나마라와 회담 중에 중국은 향후 세계은행과의 관계에서 돈보다 관념을 더욱 중요하게 생각한다고 말했다. 그리고 중국의 현대화는 필연적인 것이나 세계은행과 협력해야만 더욱 빠르게 성장할 수 있을 것이라고 했다. 세계은행의 중국 주재 대표를 인선할 때, 덩샤오핑은 수석 대표가 어느 나라 사람이 되든지 개의치 않으며, 다만 가장 적절한 인물이 되기를 바란다고 말했다.[17]

덩샤오핑과 맥나마라의 회담이 있고 나서 중국과 세계은행의 관계는 급속도로 발전했다. 1개월 후인 1980년 5월 15일 중국은 세계은행 회원국의 투표 결과에 따라 정식 회원국이 되었다. 세계은행 회원국 대다수는 1945년 설립 초에 가입했다. 그래서 세계은행은 각 회원국의 경제 상황에 대해 어느 정도 파악하고 있었다. 하지만 중국은 거대 국가이지만 대만을 대신하기 이전까지 세계은행과 전혀 왕래가 없었다. 그래서 세계은행은 중국에 차관을 제공하기에 앞서 중국 경제에 대한 더 많은 이해가 필요했다. 1980년 10월 세계은행은 다른 나라에서 일찍이 해 본 적이 없는 작업을 하기로 결정했다. 서른여 명의 세계 정상급 전문가로 구성된 단체를 3개월 동안 중국에 파견하여 시찰 및 연구토록 한다는 것이었다. 그들 전문가는 중국의 경제는 물론이고 농업과 공업 기술, 그리고 보건과 교육 영역을 모두 포괄하고 있었다. 중국도 그들과 함께 일할 전문가들을 조직했는데, 그 가운데 나중에 총리를 맡게 될 주룽지(朱鎔基)가 포함되어 있었다. 당시 그는 이를 배울 수 있는 좋은 기회로 여기고 자원하여 들어왔다.

덩샤오핑의 적극적인 지지 덕분에 중국 측 전문가들은 나중에 외국인들에게 기밀을 누설했다는 비난을 받을지도 모른다는 우려에서 자유로울 수 있었다. 쌍방의 신뢰를 강화하고 감춰진 동기가 있다는 중국의 의심을 줄이기 위해 세계은행 전문가들은 중국에 체류하는 기간에 중국 측을 초대하지 않은 어떤 회의도 열지 않기로 했다. 중국 측 전문가들은 베이징에 있는 그들 상급 간부들을 따라 나라의 문을 여는 막중한 임무를 위임받았음을 철저하게 인식하고 중국이 직면해야 할 특별한 문제를 분명히 인지하려 노력했다. 세계은행 전문가들도 자신들이 중국의 대외 개방에 역사적인 역할을 하고 있음을 알고 있었으며, 동시에 그것이 중국을 이해하는 특별한 기회라는 것을 의식하고 있었다. 그래서 중국 측과 장기적으로 양호한 협력 관계를 유지하고자 애썼다. 당시 시찰 계획은 세계은행이 그때까지 맡았던 단일 국가에 대한 연구 프로젝트 가운데 가장 거대했다. 당시 세계은행은 아직까지 이후 방대해진 관료 기구처럼 변하지 않은 상태였기 때문에 산하 단체나 조직에 상당히 큰 자주권을 부여하여 현지 수요에 적응토록 했다. 맥나마라는 중국을 방문하고 돌아온 후 곧 한어(漢語)를 구사할 수 있는 필리핀 국적의 화교 에드윈 림(Edwin Lim, 중국명 林重庚)을 세계은행 중국 프로젝트의 수석 경제학자로 임명했다. 그는 하버드대학 경제학 박사로 세계은행에서 동남아시아와 아프리카 지역을 담당했던 경력이 있었다. 그는 1980년 중국의 세계은행 전문가 팀의 실질적인 리더였고, 1985년 중국 베이징에 세계은행 사무소가 개설된 후 첫 번째 중국 주재 수석 대표직을 맡아 1990년까지 재직했다. 그는 1980년대 중국과 세계은행 간의 특별한 관계를 '하늘에서 만들어 준 것(天造地設)'이라고 묘사한 바 있다.[18]

세계은행 전문가 팀은 중국에서 3개월간 체류하면서 경제 업무를 책임지고 있는 중국 측 관리들과 협의하여 각지에서 현지 시찰을 진행했다. 현지 시찰은 중국 재정부 소관이었지만 주로 만나 협의했던 이들은 경제 부문의 관리들이었다. 그중에는 건설파는 물론이고 균형파도 있었다. 국가계획위원회와 국가통계국 관리들은 중국 측 전문가 팀에서 중요한 지도 역할을 맡았다. 중국 측 관리들은 서구 경제학 이론을 배운 적이 없었지만 계획 경제 발전을 관리했던 경험이 풍부한 이들이었다. 서방 전문가들 가운데 대부분은 개발 도상국에서 일한 경험이 있었기 때문에 중국 주최자와 마찬가지로 학계의 경제학자들이 선호하는 이론적 해석보다는 주어진 제도 환경에서 벌어지고 있는 실제 상황에 더 관심이 많았다.

세계은행 전문가 팀은 일정을 마치고 돌아간 후 중국 측과 협동 연구에 근거하여 보고서를 제출했다. 보고서는 1949년 이후 중국 경제사를 약술하면서 중국의 정책을 소개하고 아울러 중국 경제에서 정책 변화에 적합한 영역과 그렇지 못한 영역을 세밀하게 구분했다. 1981년 3월 세 권으로 된 보고서가 완성된 후 세계은행 관계자들은 즉시 중국 측과 협의했으며, 6월 세계은행 이사회에 보고하여 중국에 첫 번째 차관 제공을 결정하는 데 참고하도록 했다. 중국 전문가들 이외에도 자오쯔양을 포함한 고위급 간부들도 보고서를 읽었으며, 이후 중국 정부의 비준을 받아 공개적으로 발표했다.

당시 처음부터 가장 핵심적인 문제는 어떻게 하면 중국 경제의 기능을 그대로 유지하면서 동시에 보다 개방적이고 관제를 덜 받는 체제로 전향시킬 것인가에 관한 것이었다. 세계은행은 보다 효과적인 투자 결정과 대외 무역 추진을 위한 보다 많은 유연성을 촉진하기 위해 가격 이용에 관심을 집중하라고 권고했다. 그들은 또한 국내 인구의 보다 자유로운 이동과 노동력의 보다 효율적인 이용을 건의했다. 하지만 그들 역시 가격 변동과 기타 개혁을 지나치게 조급하게 서두르지 말 것을 주장했다. 또한 전면적이고 신속한 시장 자유화나 사유화는 주장하지 않았다. 중국 측 인사들은 이번 프로젝트에 참여함으로써 전 세계적인 발전 경험을 지닌 경제학 전문가들의 시야를 이해하고, 아울러 자신들의 체제를 새로운 시각으로 다시 한번 살필 수 있는 기회를 얻었다.

중국이 세계은행 회원국이 된 후 쌍방이 협의하여 얻어 낸 첫 번째 차관은 고등 교육에 대한 원조였다. 덩샤오핑은 줄곧 교육 훈련을 강조했기 때문에 이런 결과는 결코 의외의 것이 아니었다. 차관 이외에도 세계은행은 교육 훈련, 즉 각종 경제 문제를 처리할 중국의 전문가를 양성하기 위한 전문적 프로그램을 개발했다. 중국은 세계은행 경제발전연구소와 합작하여 교육 훈련 과정의 후원을 받을 수 있었다. 세계은행은 유엔개발계획(United Nations Development Program, UNDP)과 이후 포드기금(Ford Foundation)의 지원을 받아 옥스퍼드대학에 1년간 전문적으로 중국 경제학자를 교육시키는 프로젝트를 실시하도록 했다. 이러한 교육 훈련 계획에 따라 1985년부터 1995년까지 일흔여 명의 경제학자들이 교육을 받았다. 그들 대부분은 요직에 근무하면서 중국의 경제 발전을 주도하는 관리들이었다. 또한 포드기금은 중국 경제학자들의 미국 유학을 후원했다. 중국에 대한 보다 많은 원조를 위해 세계은행은 전 세계 경제학자들과의 비할 바 없는 자체 연락망을 통해 다양한 영역에서 전문가들의 조언을 필요로 하는 중국의 요청에 부응했다.

1980년대 초반 중국에서 경제 체계 조정을 책임지고 있던 관리들은 처음에는 동유럽 국가에서 개혁 모델을 찾을 생각이었다. 그들이 가장 먼저 관심을 보인 나라는 유고슬라비아였으며, 1983년에는 각기 다른 모든 계획을 하나로 종합한 '전면 개혁'을 시도하고 있던 헝가리 쪽으로 주의를 돌렸다. 중국에서 헝가리로 파견된 두 대표단은 그들의 개혁 규획(規劃)을 연구했고, 헝가리 측에서도 중국에 자신들의 개혁 사례를 소개하는 연구진을 보냈다. 헝가리 문제에 정통한 이들은 중국이 다수의 경제 수단을 사용하여 행정 수단을 대체하고 지방에 더 많은 권한을 부여하며 더욱 다양한 소유제 형식을 허용해야 한다고 주장했다. 헝가리는 일본과 마찬가지로 산출 지표 확정을 위주로 한 '지시성 계획(indicative planning)'을 채용하면서 단계적으로 기존의 의무적인 계획, 즉 각 사업 부문마다 구체적인 생산 투입을 미리 정확하게 규정하는 방식에서 탈피했다.[19] 하지만 동유럽의 경험을 검토하면서 일부 중국 관리들은 동유럽 방식이 과연 중국이 직면한 복잡한 문제를 해결할 수 있을지 회의를 품기 시작했다.

1982년 8월 중국 측의 요청에 따라 세계은행은 동유럽과 기타 국가에서 이론적인 관점과 실천 경험을 갖춘 저명한 전문가들을 저장 성 모간 산(莫干山)으로 초청하여 사회주의 체제 개혁의 전반적인 문제를 논의했다. 중국 측 책임자는 쉐무차오(薛暮橋)였다. 브워지미에시 브루스(Włodzimierz Brus)를 포함한 폴란드와 체코슬로바키아, 그리고 헝가리에서 온 동유럽의 저명한 경제학자들이 각자 견해를 밝혔다. 회의에서 진행된 토론과 회의가 끝난 후 중국 각지 시찰을 통해 동유럽 모델이 중국 개혁에 적합한가에 대한 의구심이 더욱 커졌다. 동유럽 전문가들은 만약 부분적인 개혁을 수행할 경우 이후 개혁에 걸림돌이 되기 때문에 한 번에 전면적인 개혁을 해야 한다는 결론을 내린 바 있었다. 하지만 이미 긍정적인 효과를 보이고 있는 중국의 농촌 개혁은 한꺼번에 전면 개혁을 서두를 필요가 없을 정도로 되돌릴 수 없는 것처럼 보였다. 회의가 끝나고 중국 각지를 시찰한 동유럽의 전문가들은 중국 주최 측의 관점에 동의하기 시작했다. 중국은 너무 크고 각지의 상황이 천차만별이기 때문에 한꺼번에 과감한 개혁을 단행했던 동유럽 방식이 맞지 않는다는 것이었다. 현실적으로 중국에 적합한 유일한 길은 점차적으로 시장을 개방하여 가격 통제를 완화하고 그다음에 점진적 조정을 진행하는 것이었다. 회의 참가자들의 관점은 우선 자오쯔양에게 보고되어 동의를 얻은 후 다시 덩샤오핑에게 전달되었다. 덩샤오핑 역시 일괄적인 전면 개혁보다는 점진적인 개혁이 합당하다는 자오쯔양의 관점을 지지했다.

맥나마라 후임으로 1981년 세계은행 총재를 맡게 된 클라우젠(A. W. Clausen)이 1983년에 베이징을 방문했다. 덩샤오핑은 그에게 세계은행의

1981년 보고서는 흥미 있고 유용한 내용이었다고 말했다. 당시 그는 2000년까지 중국 총생산을 네 배 끌어올리려는 자신의 목표가 실현 가능하다고 세계은행이 평가해 주길 바랐다. 속도 문제는 덩샤오핑에게 가장 중요한 문제인 것처럼 보였다. 그는 가능한 한 빨리 경제를 발전시키되 대약진 운동의 경우와 같은 위험성을 모면할 수 있기를 희망했다. 또한 그는 중국의 간부들이 과거처럼 맹목적인 낙관에 빠질 수 있다고 걱정하고 있었기 때문에 외국인의 의견을 듣고 싶었다. 덩샤오핑은 세계은행이 다시 한번 프로젝트를 맡아 국제적 경험을 바탕으로 향후 20년간 중국이 목표를 실현할 수 있는 또 다른 방안을 고민해 줄 것을 요청했다. 덩샤오핑의 요청에 따라 세계은행은 1984년 재차 포괄적인 대표단을 중국에 파견했으며, 이번에도 에드윈 림이 단장을 맡았다. 중국 측 공동 연구자들과 세계은행 관계자, 그리고 관련 자문단의 연구에 근거하여 세계은행은 1985년 보고서를 제출했다. 그 보고서는 '7 · 5(七五)' 계획 (1986~1990년) 수립에 중요한 역할을 맡았다.[20] 보고서의 결론은 20년 내에 네 배 성장 목표가 가능하다는 것이었다. 덩샤오핑은 보고서 내용을 전달받고 크게 안심했다. 보고서에 따르면, 중국은 공업 생산에 중점을 두거나 서비스업을 포함한 각 분야의 균형 발전을 촉진함으로써 이러한 목표를 실현할 수 있을 것이라고 전망했다. 중국은 공업을 중점적으로 발전시키는 길을 택했다.

1984년 다시 한번 모간 산에서 중년 및 청년 경제학자들의 회의가 열려 가격 개혁 등의 문제를 토론했다. 그러나 세계은행 관계자들은 참석하지 않았다. 회의 결론은 이중 가격제, 즉 국가 계획에 필요한 생산품에 대한 가격과 시장의 변화에 대응해야 하는 별도의 가격을 구분하여 운용한다는 것이었다. 할당량을 완수해야 하는 국영 기업은 초과 부분을 시장 가격으로 판매할 수 있게 되었다. 이렇게 해서 많은 기업이 시장에 맞춰 생산하게 되었으며, 시장 활용이 증가하는 과도기에도 계획 가격에 의존하여 제품을 안정적으로 공급할 수 있게 되었다. 일부 세계은행 관계자들은 이중 가격제를 비판했다. 이를 통해 국영 기업 간부들이 계획 가격에 물건을 구입하여 고가로 시장에 판매함으로써 이익을 취할 수 있기 때문이었다. 하지만 중국 고위급 간부들은 행정 처벌 수단을

통해 이러한 부패를 통제할 수 있을 것이라고 믿었다.[21]

1985년 덩샤오핑이 정치적 승리를 확보한 후 중국 관리들은 다시 한번 세계은행에서 전문가를 파견하여 중국이 관제 경제에서 시장이 더욱 큰 역할을 하는 경제로 전환하는 작업을 지도해 줄 것을 요청했다. 중국과 외국 전문가들은 '바산룬(巴山輪)'이란 배 위에서 일주일간 회의를 가졌다. 충칭에서 창 강을 따라 아래로 내려가면서 싼샤를 거쳐 우한에 이르는 배 위에서 그들은 공식 또는 비공식적으로 빡빡한 토론을 이어 갔다. 세계은행에서 초빙한 전문가 중에는 노벨 경제학상을 받은 제임스 토빈(James Tobin) 박사도 있었다. 그는 거시 경제학 수단, 특히 수요 조절을 통해 시장을 통제하는 방식을 소개했다. 브워지미에서 브루스와 처음 중국을 방문한 야노시 코르나이(János Kornai)는 동유럽에서 중앙계획경제체제를 조정하는 과정에서 발생한 문제들을 소개했다. 회의가 끝났을 때, 동유럽 모델을 중국에 적용하는 것에 회의적이었던 중국 측 전문가와 회의 참석자들은 또다시 사회주의 경제의 구조적 문제, 예를 들어 성과가 낮거나 중복 생산을 하는 기업을 계속 유지하는 '연성 예산 제약(soft budget constraints)'을 허용할 것인가 여부 등이 계획 체제에 내재하는 보편적인 문제라는 점을 확인할 수 있었다. 이는 중국이 동유럽 개혁 모델을 채택할지에 대한 검토가 끝났으며, 대신 보다 강력하게 시장의 역할을 수용하는 쪽으로 전환했음을 보여 주는 것이었다.

회의 전까지 중국 측에서 아직 충분하게 이해하지 못한 핵심적 문제는 어떻게 시장을 조절하는 또 다른 통화 및 재정 수단을 확보하면서 동시에 중국인들이 줄곧 자본주의의 고유한 특성으로 여겨 온 극심한 경제 주기(호황과 불황의 순환)를 모면할 수 있겠느냐는 것이었다. 토빈의 발언을 통해 중국 측 전문가들은 거시 경제학 수단을 운용하여 시장 체계를 조절할 수 있다고 믿게 되었다. 회의가 끝난 후 중국 경제학자들은 거시 통제 수단을 도입하여 시장의 역할을 계속 확대해야 한다는 생각을 더욱 굳히게 되었다.

회의 전에 이미 인플레이션이 심각한 수준에 이르렀기 때문에 중국은 이번 회의에서 얻은 중요한 가르침, 즉 거시 통제를 운용하여 인플레이션을 다스려야 한다는 교훈을 즉각 적용했다. 회의 보고서를 살펴본 자오쯔양은 이 결론을 받아들여 덩샤오핑의 재가를 얻은 후 실행에 옮기기 시작했다.

1980년대 초반 중국 영도자들은 동유럽의 경험과 세계은행 자문을 이용함과 동시에 일본의 경험을 연구했다. 물론 일본은 세계은행 회원국이기는 했으나 중국과 중요한 경제 합작 파트너이고, 그 규모도 다른 어떤 나라와 비교할 수 없을 정도로 컸기 때문이었다. 중국은 한국과 대만의 현대화 경험에도 흥미를 보였다. 하지만 중국 대륙은 1980년대 후반에 들어와서야 비로소 그들과 직접 왕래할 수 있었다. 그래서 한국과 대만은 1980년대 초반 당시 중국에 그다지 큰 영향을 끼칠 수 없었다.

1978년 10월 덩샤오핑이 일본을 방문한 후 오키타 사부로가 1979년 1월 베이징을 방문했다. 그는 아시아 국가의 경제 발전을 돕는 일에 풍부한 경험을 갖춘 경제 계획 방면의 전문 관료였다. 그의 이번 방문은 구무와 일본 고문단 설립 계획을 의논하고 일본이 보다 광범위한 측면에서 중국 발전을 위해 취할 수 있는 역할을 논의하기 위해서였다. 랴오닝 성 다롄(大連)에서 태어난 오키타 사부로는 공학도로서 일본경제안정본부(日本經濟安定本部)에서 핵심적인 역할을 맡고 있었다. 일본경제안정본부는 제2차 세계 대전 이후 일본 경제가 전시 경제 통제와 심각한 물자 부족에서 벗어날 수 있도록 방안을 마련했다. 이 단체는 1955년 이후 일본경제기획청에 편입되었으며, 이후에도 일본 경제에 지시성 계획을 제공했다. 오키타 사부로는 구무와 협의하여, 경험이 풍부한 일본 관료들과 경제에 대한 엄격한 통제에서 벗어나고자 애쓰는 마훙(馬洪)을 위시로 한 중국 측 관리들이 매년 한 차례씩 회담을 열기로 결정했다. 1979년 12월 오히라 마사요시 총리가 중국을 방문했을 때 당시 외상으로 있던 오키타 사부로가 수행차 중국을 방문했다. 덩샤오핑은 오키타 사부로에게 외상을 맡으면서 계속 중국의 조언자로 있을 수 있겠느냐고 농담 삼아 물었다. 확실히 오키타 사부로가 외상을 맡으면서 회담은 잠시 중단되었으며, 그가 사임한 후인 1980년 7월 곧 재개되었다. 일본 국토청의 전임 장관 시모코베 아쓰시도 오키타 사부로가 이끄는 일본 고문단의 일원이었다. 그는 일본 정부가 어떻게 제도를 만들고 유용한 필요 자원을 보장함으로써 지역의 균형적이고 지속적인 발전을 추진했는가를 중국 측에 소개했다.[22] 일본 고문단과 중국 경제 관료의 회의는 1992년까지 지속되었다.

1979년 초, 중국은 일본 모델을 받아들여 품질관리협회와 기업관리협회를 설립했다. 이 두 협회는 베이징에 지방 간부들을 위해 교육훈련반(培训班)을 개설했으며, 다시 일부 간부들은 자신의 지역에 있는 공장 관리자들을 위해 산업 관리에 대한 교육훈련반을 만들어 일본인들에게 배운 방법을 전수했다.[23] 이러한 교육 훈련 계획의 역할에 대해 구체적으로 평가하기는 어렵지만 오랫동안 늦은 일처리에 익숙해진 공장 관리자나 노동자들에게 이런 모델을 소개하고 적극적으로 장려함으로써 생산 효율과 품질 통제 개선이 촉진되었음에 틀림없다.

1980년대 일본은 어떤 다른 나라들보다 훨씬 많은 원조를 제공했고, 더 많은 공장을 건설했다. 일본이 중국 내에 세운 공장은 중국이 효율적 산업 생산에 진전이 있음을 측정하는 하나의 표준이 되었다. 중국은 주로 미국에서 현대적인 과학과 기술을 습득했지만 공장의 새로운 생산 라인은 주로 일본에서 도입했다. 1960년대 이케다 하야토 일본 총리가 제시한 '국민 수입 배가(倍加) 계획'은 중국의 공업과 농업 생산을 20년 내에 네 배로 끌어올리겠다는 덩샤오핑의 목표를 추진하는 동력이 되었다. 1974년 이래로 덩샤오핑이 회견한 일본 대표단은 그 어떤 나라보다 많았다.

일본을 방문한 중국 경제 관리들은 소비자의 요구가 일본 공장의 생산 동력이 되면서 공산품의 주요 분배자로서 국가의 기능이 점차 줄어드는 것을 보고 깊은 인상을 받았다. 그 결과 소비품을 생산하는 공장들도 소비자들이 원하는 상품이 무엇인지 잘 알고 있는 지역 매장의 의견을 직접 상의하라는 지시를 받게 되었다.[24]

특히 중국 관리들에게 인상 깊었던 것은 일본 통상산업성(지금의 경제산업성)의 중요한 역할이었다. 일본 통상산업성은 각기 다른 분야의 일본 기업들이 어떻게 하면 국제 시장에서 경쟁하는 데 필요한 자원과 기술을 획득할 수 있는가를 분석하여, 기업이 주체적으로 국가 전체의 빠른 발전을 이끌어 나갈 제품을 개발할 수 있도록 도왔다. 일본을 방문했을 당시 덩샤오핑은 일본 기업 내부에서 운용되고 있는 고도의 계획성에 적잖이 놀랐다. 특히 그를 놀라게 한 부분은 이러한 계획 수단이 중국에 비해 훨씬 유연하고 시장 변화에 적극적으로 대처할 수 있다는 것이었다. 예를 들어 통상산업성은 대기업을 적극 후원하고 격려함과 동시에 그들 각자가 시장 점유율을 높이기 위해 치열하게 경쟁하도록 했다.

1980년부터 1981년까지 시행한 중국의 경제 조정 정책으로 일본과 맺은 계약이 파기되거나 일본 기업과의 합작이 연기되는 일이 벌어졌다. 하지만 1982년 가장 어려운 조정 단계가 완료되자 중일 관계도 다시 복원되었다. 1982년 5월 말부터 6월 초까지 자오쯔양이 일본을 방문했다. 더 많은 투자와 기술 자문을 구하는 것 이외에도 일본인들의 중국 경제에 대한 관심을 회복시키기 위함이었다.[25] 일본 통상산업성 산하 일본무역진흥회는 중국 경제를 연구하기 위해 몇 군데 사무소를 개설하고, 이를 통해 현지 일본 기업이 사업 기회를 찾을 수 있는 분야를 확보하도록 도왔으며, 아울러 다양한 산업 분야에서 중국의 관리자와 기술자들에 대한 교육 훈련을 제공했다.

1980년대 중반 해외에서 수입한 기계들로 인해 커다란 변화가 생겨났다. 노동자들이 맨 어깨로 용광로에 석탄을 가져다 넣거나 큰 쇠망치로 두들겨 모양을 만드는 식의 이른바 '수공업식 중공업'이 바오산 제철소의 경우처럼 연속 주조 방식과 전자 제어 시스템을 갖춘 현대식 산소 전로(oxygen furnace)로 탈바꿈했다. 현대적인 조립 라인이 선반 기계로 부속을 가공하는 노동자를 대체하면서 공업 생산량이 대폭으로 늘어났다. 합자 기업에서 외국인들과 함께 근무하는 중견 간부들은 현대적인 전자 설비 사용법과 최신 관리 기술을 운용하는 방법을 배움으로써 발전을 향한 거대한 조류에 힘을 더했다. 몇몇 관리자는 자신이 외국 기업에서 배운 기술로 회사를 창업하기도 했다.

1980년대 서구에 소개된 컴퓨터도 중국 기업에 빠르게 보급되었다. 일본, 유럽, 홍콩 그리고 대만 회사(1980년대 후반 이후)에서 도입된 새로운 기계와 새로운 체제는 경제 성장에 점차적으로 영향을 주었고, 베이징 영도층이 체제 개혁을 진행하는 데도 적지 않은 영향을 끼쳤다. 중국의 새로운 개방 정책은 사실상 해외에서 도입된 공업 혁명이자 정보 혁명, 그리고 소비 혁명이었다.

덩샤오핑의 경제적 공세: 1984년

경제 상황이 좋아지면서 덩샤오핑은 개혁 개방을 가속화하는 데 필요한 정치적 지지를 보다 수월하게 얻을 수 있었다. 그러나 인플레이션과 같은 경제 문제가 발생할 경우 천윈을 비롯한 신중한 균형파들이 득세하여 긴축 계획의 끈을 더욱 팽팽하게 잡아당겨 인플레이션 압력에 대응했다. 1982년과 1983년 경제 성장이 보다 빨라지고 인플레이션도 적절하게 통제되자 분위기가 반전되어 덩샤오핑에게 유리한 쪽으로 흘렀다. 식량 증산뿐 아니라 소비 산업의 중요한 부분인 방직 공업도 눈에 띌 정도로 발전하여 이제는 의복 배급제를 시행하지 않아도 될 정도였다. 공식적인 추산에 따르면, 농민 1인당 평균 수입은 1978년 134위안에서 1984년 355위안으로 늘어났다.[26]

1983년 6월 26일부터 30일까지 열린 중앙공작회의에서 덩샤오핑은 투자 비중을 천윈이나 국가계획위원회에서 건의한 수준 이상으로 끌어올릴 것을 강력하게 건의했다.[27] 1983년 12월 신중을 기하는 계획파들에 대해 참을 수 없을 지경에 이른 덩샤오핑은 일어날지도 모를 일에 대해 과학적으로 예측하는 것은 불가능하다고 말하면서 안정만 생각하다 보면 진보를 얻기 어렵다고 말했다. 맹렬하게 추진(闖勁)하지 않는다면 경제 생산량을 네 배씩이나 증가시킬 수 없다는 뜻이었다.[28]

이처럼 유리한 분위기에서 덩샤오핑은 다른 연해 지역까지 개방 확대를 준비했다. 1984년 1월 그는 광둥과 푸젠을 시찰하면서 경제특구 정책은 이미 성공적이라는 것이 증명되었다고 선언했다(14장 참조). 텔레비전 카메라를 통해 선전에서 얻은 인상적인 건설 성과를 전국의 시청자들이 볼 수 있게 되면서,

연말까지 그 밖의 연해 지역까지 개방 확대라는 정책에 대한 대중의 지지 확보에 토대를 마련할 수 있었다.

1984년 5월 국무원은 「국영 공업 기업 자주권을 진일보 확대하는 것에 관한 잠정적 규정(關于進一步擴大國營工業企業自主權的暫行規程)」을 공포했다. 국영 기업에게 보다 많은 자주권을 부여하는 방안은 주로 자오쯔양의 두뇌 집단에서 마련한 것이었다. 문건은 가격과 세수(稅收)를 포함한 거시적 조정 수단을 운용하여 경제 활동을 관리한다는 내용이었다. 오랫동안 기업에 더욱 많은 유연성을 부여하는 것을 지지해 온 자오쯔양은 기업이 정부 할당량을 채운 후 시장에 참여할 자유를 보다 확대하려고 애썼다.

덩샤오핑은 1984년 6월 처음으로 '중국 특색을 갖춘 사회주의(有中國特色的社會主義)'라는 말을 쓰기 시작했다. 폭넓기는 하지만 모호하고 교묘한 이 개념은, 수용할 수 있는 이념적 틀을 확장시켜 국가가 실행하여 효과를 얻을 수 있는 정책을 채택한다는 덩샤오핑의 기본적인 접근 방식에 완전히 부합한다.[29] 1984년 9월 3일부터 10일까지 모간 산 회의가 끝난 후 이중 가격제를 채용하고 있는 국영 기업도 시장 가격 사용을 확대할 수 있도록 허용되었다. 결과적으로 국영 기업의 관리자들도 기업에 더욱 많은 이윤을 가져다주는 시장에 자신들의 열정과 노력을 집중해야 했다. 그리고 이로 인해 그들은 계획 체제에서 경제를 위해 안정적인 생산량을 제공하는 다른 한편으로 시장 경제를 학습해야 했다.[30] 개혁파와 보수파 사이에 끊임없는 줄다리기를 통해 시장 작용 확대를 주장하는 개혁파가 진전을 보였다.

1984년 국경절, 덩샤오핑에 대한 대중의 지지율이 그의 재임 기간 중 정점에 이르렀다. 10월 1일 국경절에 베이징대학의 학생들이 '샤오핑, 안녕하세요.(小平您好)'라고 적힌 현수막을 들고 가두 행렬을 했다. 이는 인민들의 마음에서 우러나오는 진실한 문안 인사였다. 길가에 있는 군중도 자발적으로 그 행렬에 가담했다. 현수막의 문안과 거리 풍경은 17년 전 홍위병들이 상부의 지시에 따라 '마오쩌둥 주석 만세'를 부르며 숭배를 표하는 방식과 선명한 대조를 이루었다. 1984년 학생들은 자발적으로 전국 인민들이 느끼고 있는 심정을 그대로 전달했다. 그것은 덩샤오핑이 문화 대혁명을 끝내고 식량 부족을 해결했으며, 자신들의 생활을 개선시켜 마침내 국가를 올바른 길에 올려놓은 것에 대한 감사의 마음이었다. 그리고 그것은 일주일 전 덩샤오핑이 홍콩의 평화로운 회귀(回歸) 협정서에 서명한 것에 대한 고마움의 표시이기도 했다.

국경절이 끝나고 10여 일 후에 덩샤오핑은 고조된 민의에 힘입어 중공 12기 3중전회에서 「경제 체제 개혁에 관한 결정(關于經濟體制改革的決定)」을 비준하도록 재촉했다. 이는 당시 경제 개혁에 관한 가장 전면적인 성명서라고 할 수 있다. 내용은 거시적인 이론 분석과 더불어 시장의 전면적인 확대를 위한 준비 조치에 대해 개괄적으로 논의하고 있다. '결정'은 덩샤오핑의 '중국 특색을 갖춘 사회주의' 관점을 채용하여 사회주의와 자본주의의 근본적인 구별은 계획 경제를 할 것인가 여부에 달려 있는 것이 아니라 공유제를 실행할 것인가 여부에 달려 있다고 선언했다. 사회주의의 목표는 평균주의가 아니라 공동의 번영이다. 문건 초안을 영도한 자오쯔양은 덩샤오핑이 목적한 것, 즉 어떻게 사회주의가 시장 경제를 받아들일 수 있는가에 대한 명확한 해석을 완수했다.

「경제 체제 개혁에 관한 결정」이 선포되자 정부의 가격 결정이 점차 줄어들고 시장의 가격 결정 기능이 늘어나기 시작했다.[31] 아울러 이 문건은 융통성을 더 많이 발휘할 수 있기를 원하는 부위(部委) 간부들을 크게 고무시켰다. 덩샤오핑은 전체회의 가운데 문건을 지지하는 연설에서, 문건을 준비하고 어휘를 다듬는 어려운 일은 모두 다른 이들이 했지만 자신은 문건의 전체 내용에 동의한다고 말했다. 그는 문건에서 가장 중요한 내용은 "지식을 존중하고 인재를 존중하는 것이다."라고 말했다. 그는 개방을 실행하기 위한 기본적인 논점을 거듭 밝히면서, 중국 역사가 보여 주다시피 국가가 개방되어야만 더욱 큰 진보를 이룰 수 있다고 말했다.(이 주제는 1988년 6월에 방영된 텔레비전 시리즈 「하상(河殤)」의 주제가 되었으며, 이후 논쟁을 불러와 대단한 반향을 일으켰다.)[32] 덩샤오핑은 개방으로 인해 불가피하게 문제가 생길 수 있다는 점을 인정했지만 그러한 문제들을 해결할 수 있다는 확신을 표명했다.[33]

천윈은 1984년 12기 3중전회에서 「경제 체제 개혁에 관한 결정」에 대해 공개적으로 비판을 가하지는 않았다. 하지만 덩샤오핑이 보다 빠른 발전과 시장 개방을 적극 추진함에 따라 두 사람의 관계가 더욱 긴장 상태에 돌입했다. 1984년 몇 차례 회의에서 천윈은 1984년 기반 시설 투자 33퍼센트 확대, 국민 총생산 15퍼센트 증대, 그리고 소비자 물가 지수 9퍼센트 인상 등 개혁 개방 이후 최고치에 달하는 일련의 수치에 대해 반대 입장을 분명히 했다.[34] 실제로 일반 대중도 인플레이션을 크게 우려하고 있었다.[35]

시장 확대로 인해 정부의 조세 제도에 대한 조정이 불가피했다. 1984년 10월 정부는 약간의 실험을 거친 후 종래의 국영 기업에서 상납하는 이윤을 납세로 전환하는 새로운 세제(이개세(利改稅))를 전국적으로 실행에 옮겼다. 기존 제도에 따르면 정부는 기업에 전체 생산 지표와 세금을 할당했을 뿐 효율성을 제고하기 위한 어떤 경제적 자극(인센티브)도 마련하지 않았다. 그러나 새로운 제도는 모든 기업이 이익과 손해를 모두 스스로 책임지게 했다. 그리하여 기업이 세금을 완납하면 관리자가 나머지 이윤을 확보할 수 있었기 때문에 기업의 효율성을 높이는 데 자극이 되지 않을 수 없었다. 이뿐 아니라 사영 기업이나 국영 기업, 또는 합자 기업도 마찬가지로 새로운 제도를 채택할 수 있도록 했다. 그러나 새로운 제도가 시행되는 초기에는 관리자들의 경험 부족으로 인해 중앙의 재정 수입이 처음 7년간 전혀 늘어나지 않았다.[36]

1984년 말에 발표된 수치는 천윈을 불안하게 만들었다. 1985년 2월 18일 정치국 확대회의에서, 때마침 덩샤오핑이 광저우를 시찰하러 간 사이에 천윈은 심각한 예산 적자와 외화 보유고에 대한 지나친 낭비, 그리고 엄격한 지출 통제 실패를 비판했다. 그는 계획이 시장보다 우선하는 정책은 결코 시대에 뒤떨어진 것이 아니라고 결론지었다.[37] 천윈은 연말의 수치를 이용하여 과감하게 앞으로 밀고 나가는 덩샤오핑을 끌어당길 생각이었다. 각 성의 영도자들이 소집되어 긴급회의가 열렸다. 그 결과 대규모 건설 축소, 은행 신용 대출 제한, 임금 인상과 외화 사용 통제 등이 결정되었다.[38] 중국 기준에서 볼 때 대단히 심각한 인플레이션으로 인해 심지어 자오쯔양조차 통제를 강화하고 투자를 제한하는 쪽으로 마음을 바꾸었다. 이러한 상황에 직면하자 덩샤오핑도 결국

과열된 경제를 식히는 노력에 가담하지 않을 수 없었다.[39]

1980년대 초반과 마찬가지로 천윈은 중앙기율검사위원회 서기라는 자신의 직책을 재차 이용하여 광둥과 푸젠의 개혁 실험에 제한을 가했다. 그와 그의 지지자들은 밀수와 외화 전매, 도박, 음란물 등과 관련된 사건을 공개적으로 발표했다. 천윈은 또한 베이징의 각 부위에서 경제특구에 불법적으로 투자하고 있기 때문에 당의 기율을 집행하는 데 어려움이 많다는 것을 잘 알고 있었다.[40]

경제 과열을 제한하기 위한 노력의 일환으로 후차오무가 직접 푸젠으로 내려가 성 간부들에게 19세기 불평등 조약 당시의 통상 항구(무역항)의 죽은 재를 되살리려고 하느냐고 비판했다. 아울러 야오이린은 선전으로 가서 국가 돈으로 선전에 '수혈'한 것이 이미 지나치게 많다고 하면서 지금은 "침을 뽑아야 할" 때라고 말했다.[41] 이외에도 1985년 여름 중앙기율검사위원회는 난하이 간부들이 현지 발전을 촉진한다는 명목으로 특권을 남용하여 밀수한 자동차를 내지에 판매함으로써 폭리를 취했다고 밝혔다.[42] 구무는 열네 군데 연해 개발구 가운데 우선 상하이 주변과 톈진, 다롄 그리고 광저우 네 곳만 먼저 발전시킬 것이라고 선포했다.[43] 끊임없이 고조되는 비판 분위기 속에서 덩샤오핑도 부득불 수세에 몰리게 되었다. 그는 자신이 1984년 초에 제기한 경제특구 정책에 단서를 달아 만약 경제특구가 성공적이지 않은 것으로 판명된다면 그것은 단지 한 번의 경험으로 간주해야 할 것이라고 말했다.[44]

1985년 9월 18일부터 25일까지 7·5 계획(1986~1990년)의 기본 정책을 정하기 위해 소집된 중공 전국대표대회에서 천윈은 경제 성장 목표가 6퍼센트나 7퍼센트(대략 1984년이나 1985년 성장률의 절반 정도다.)를 초과해서는 안 된다고 선포했다. 그는 또한 향진 기업이 국영 기업에서 필요한 자원을 빼앗아 가는 것을 제한해야 한다고 말하고, 만약 제한하지 않는다면 심각한 에너지 부족과 교통 운송의 병목 현상을 조성하게 될 것이라고 경고했다.[45]

이런 새로운 분위기에서 덩샤오핑은 수세를 취했다. 그는 자신의 이데올로기적 측면을 방어하기 위해 자산 계급 자유화를 반대하며, '교육'을 강화하여 간부들이 부정 부패의 대가를 깨닫도록 해야 한다고 말했다. 덩샤오핑은 정치국 상임위원회에서 만장일치로 7·5 계획 기간의 성장률을 7퍼센트로 정한 것에 전적으로 동의한다고 말했다. 사실 그는 그 수치에 아무런 불만이 없었다. 과거 2년간 높은 성장률로 인해 향후 매년 7퍼센트 성장을 지속한다면 국민 총생산을 1980년과 2000년 사이에 네 배로 끌어올리겠다는 목표 달성에 무리가 없으리라고 내심 생각했기 때문이다.[46] 하지만 덩샤오핑을 비판하는 이들은 만약 1984년 그가 그렇게 조급하게 서둘지 않았다면 상황이 더욱 나아질 수 있었을 것이라고 생각했다. 중국 경제의 과열로 인한 인플레이션과 부패 문제를 피할 수 있었을 것이라는 뜻이다.

인플레이션으로 인한 공황과 반발: 1988년

1980년부터 1981년까지 시행했던 천윈의 경제 조정 정책이 덩샤오핑의 보다 빠른 발전과 개혁에 길을 터 준 것과 마찬가지로 1985년부터 1986년까지 천윈의 긴축 정책 역시 계속 앞으로 밀고 나가려는 덩샤오핑의 계획에 부합하는 여건을 마련해 준 셈이 되었다. 1987년 2월, 가을에 소집 예정인 중국공산당 제13차 전국대표대회를 위한 지도 노선을 정하면서 덩샤오핑은 직접 천윈의 주장에 반대 논조를 펼쳤다. "(과거에는) 계획 경제 위주로 말했지만 지금은 더 이상 그런 말을 할 필요가 없다."[47] 1987년 일부 외국 영도자들과 회담할 때도 그는 자신이 퇴임하기 전까지 더욱 많은 시장을 개방할 것이라고 말했다.

덩샤오핑의 동의를 얻어 자오쯔양은 1987년 제13차 전국대표대회의 주요 연설에서 '사회주의 초급 단계'라는 표현을 사용했다. 이 말 역시 교묘한 개념이다. 덩샤오핑과 자오쯔양은 이 개념을 통해 보수파들에게 자신들은 사회주의를 견지하며, 사회주의 고급 단계를 달성하려는 목표를 포기하지 않았다는 뜻을 전할 수 있었다. 하지만 그들은 사회주의 고급 단계를 100년 이후의 목표로 연기해 놓았다. '더 이상 계획을 위주로 하지 않겠다.'와 '사회주의 초급 단계'라는 새로운 개념은 시장 경제를 지속적으로 발전시키는 데 틀을 제공했다. 자오쯔양은 '상품 교환'이 '가치 규율'을 따라야 한다고 하면서, 상품 공급이 부족하면 가격이 오르는 것처럼 가격은 점점 더 가치에 의해 결정될 것이라고 말했다. 자오쯔양은 연설에서 사영 기업이 일곱 명 이상을 고용하는 것을 허용한다고 분명하게 밝혔다. 또한 그는 향후 주주가 이익을 배당받을 수 있을 것이라고 말하기도 했다. 천윈은 자오쯔양이 발언하는 도중에 회의장을 떠났다. 개혁파는 그의 퇴장이 자오쯔양의 견해에 대한 부정적인 의견 표명이긴 하지만 공개적인 충돌은 피하겠다는 의도라고 여겼다.[48]

1988년 초 덩샤오핑은 더욱 대담하게 개혁을 추진하기로 결정하고, 더욱 많은 상품에 대한 가격 관리제를 취소했다. 그해 5월 북한의 인민무력부 부장 오진우(吳振宇)에게 말한 것처럼, 중국 인민의 생활 수준이 이미 개선되어 일정 정도의 물가 상승을 감당할 수 있게 되었다.[49] 덩샤오핑의 압력하에 5월 30일부터 6월 1일까지 개최된 정치국 회의에서 물가와 임금을 전면 개혁하는 계획이 비준되었다. 덩샤오핑은 수년간 물가 개혁의 중요성을 인지하고 있었다. 그는 시장 가격이 시장 경제를 건립하는 데 관건이라는 사실을 알고 있었다. 그는 동료들에게 "길게 아픈 것보다 짧게 아픈 것이 낫다."라고 말하곤 했다. 덩샤오핑은 오랫동안 많은 이가 물가 상승은 일시적인 것이고, 시장의 역량이 더욱 많은 공급자를 시장에 진입시키기 때문에 가격도 자연히 하락할 것이라고 말하는 것을 익히 들어 왔다.

덩샤오핑은 또한 날로 증가하는 부패 문제를 걱정하고 있었는데, 부패의 제도적 원인 가운데 하나가 이중 가격제였다. 일부 간부들은 이중 가격제를 이용하여 국가가 규정한 낮은 가격으로 물건을 사서 다시 높은 가격으로 시장에 내다 팔아 전매 이익을 취했다. 그렇기 때문에 국가의 계획 가격을 폐지하면 자연히 이러한 부패의 근원을 뿌리 뽑을 수 있을 것이 분명했다.[50] 그래서 덩샤오핑은 두려움 없는 전사처럼 가격 관리제를 폐지하는 쪽으로 달려 나가면서, 향후 3~5년 이내에 물가 개혁을 완성하겠다고 선포한 것이다. 7월에 담배 가격이 풀리자 일시에 200퍼센트 이상이나 가격이 상승했다.[51] 그렇지만 그것이 덩샤오핑의 돌격을 막을 수는 없었다.

덩샤오핑의 경제 자문역은 인플레이션 압력 때문에 이미 많은 상품의 공급이 달린 상황에서 물가 개혁을 추진하는 것은 시기적으로 맞지 않다고 경고했다.[52] 물가를 풀기 전에 반드시 공급 면에서 철저하게 준비하여 물가 폭등을 막자는 것이었다. 덩샤오핑은 이런 경고에 놀라지 않았다. 베이다이허에서 열린 1차 정치국 회의(1988년 8월 15일부터 17일까지)에서 물가 관리를 취소할 것인가 여부를 두고 격론이 벌어졌다. 결국 덩샤오핑이 우세를 점하여 정치국은 그의 전면적인 가격 자율화 계획에 동의했다. 회의가 끝난 후《인민일보》는 8월 19일자로 결정 사항을 공포했다. 사설이 발표되자 인플레이션에 대처하는 데 중압감을 느끼고 있던 사람들은 공황 상태에 빠지고 말았다. 사람들은 서둘러 은행 예금을 찾아 미친 듯이 물건 사재기에 나섰다. 향후 가격 폭등에 대비하기 위함이었다. 상점의 물건들이 모두 동나고 군중은 거리로 뛰쳐나와 시위를 하기 시작했다.

덩샤오핑은 당의 결정을 바꾸면 당의 권위가 약화된다는 것을 잘 알고 있었기 때문에 자신이 최고 영도자가 된 이래로 일단 결정된 것은 어떤 일이 있어도 공개적으로 번복할 수 없다고 못 박았다. 그러나 이번에는 다른 선택의 여지가 없었다. 민중은 격한 감정에 휩싸였다. 결국 덩샤오핑은 어쩔 수 없이 국무원이 8월 30일 가격 자율화 계획 결정을 포기한다는 결정을 받아들였다. 갑작스러운 당의 결정 번복은 1978년 덩샤오핑이 새롭게 등장한 이래로 개혁 조치 면에서 가장 극적인 후퇴였다.

덩샤오핑이 전면적인 물가 개혁 계획을 공포한 것은 이후 그의 경력에서 가장 값비싼 대가를 치렀던 착오로 입증되었다. 장기적 안목에서 볼 때, 개혁의 필요성에 대한 그의 평가는 정확했다. 1990년대에 주룽지가 물가 통제를 풀었을 때는 인플레이션 압력도 그리 크지 않았고, 대중도 점진적인 물가 상승에 적응한 상태였기 때문에 개혁을 보다 쉽게 받아들일 수 있었다. 주룽지는 경착륙을 피하기 위해 애썼기 때문에 그의 정책 또한 큰 성공을 거둘 수 있었다.

덩샤오핑의 착오는 대중의 정서에 대한 단기적인 평가로 인한 것이었다.

그는 생활 수준이 향상되면 대중도 가격 자율화를 능히 감내할 것이라고 오인했다. 여든세 살 고령의 덩샤오핑은 더 이상 군중과 어울릴 수 없었기 때문에 일반 중국인들의 정서를 직접 접할 수 있는 기회가 거의 없었다. 그의 가족들이 일반인들의 정서를 전달하는 데 일정한 역할을 한 것은 사실이나 그들이 주로 접하는 대상 역시 다른 고위급 간부들의 가정이었기 때문에 일반 임금 노동자들에 비해 인플레이션 압력에 덜 영향을 받을 수밖에 없었다.

덩샤오핑은 자신의 잘못으로 인해 민중의 지지를 잃었을 뿐 아니라 당내 고위층 내부에서도 자신의 권위에 손상을 입게 되었다. 그의 추진력과 상대를 복종시키는 능력 역시 크게 떨어졌다. 하지만 덩샤오핑은 부대가 손실을 입더라도 재조직할 수 있는 오랜 능력을 갖춘 군인이었다. 1988년 9월 12일 덩샤오핑은 자오쯔양, 리펑(李鵬), 후치리(胡啓立), 야오이린, 완리, 보이보, 그리고 차오스(喬石) 등 개혁파와 신중한 계획가들을 모두 자신의 집으로 불러들여 물가 개혁 문제를 논의하도록 했다. 덩샤오핑은 그 자리에서 이렇게 말했다. "현재 국면은 대단히 혼란스러워 보이며, 인플레이션이나 물가 상승 등 이러저러한 문제들이 발생하고 있다. 당연히 조정이 필요하며 이는 불가피한 일이다. 하지만 인플레이션이나 물가 상승을 다스릴 때 어떤 일이 있어도 우리의 개혁 개방 정책에 손해를 끼쳐서는 안 된다. …… 적당한 발전 속도를 유지할 수 있어야 한다."[53] 덩샤오핑은 비록 물가 통제를 해제하는 문제에 관한 한 일정 정도 양보를 선택했지만 전체 개혁 방안에 대해서는 여전히 확신하고 있음을 분명히 밝혔다.

가격 자율화에 대한 민중의 반응은 자오쯔양의 위상에도 영향을 끼쳤다. 사실 당시 자오쯔양은 물가 관리제 취소에 그다지 찬성하는 입장이 아니었다. 그러나 그는 일찍이 가격 자율화를 시행했던 선례를 남겼으며, 천윈이 현명하다고 믿고 있는 것보다 훨씬 빠르게 솟구치는 인플레이션 압력을 허용한 적이 있었다. 다른 나라의 경험을 연구하면서 그는 일정한 인플레이션은 경제 성장에 도움이 된다는 것을 알았다. 하지만 당시 중국의 인플레이션은 이미 1949년 이후 어느 때보다 빠르게 진행되고 있었다. 1988년 공식적인 소매 물가 지수는

1987년보다 18.5퍼센트나 상승했고, 1988년 하반기 소매 물가 지수는 전해에 비해 26퍼센트나 올랐다. 많은 경제학자는 그 밖의 다른 지수로 본다면 인플레이션이 더욱 높게 나올 것이라고 믿었다.[54]

신중한 계획파들은 자오쯔양이 1987년과 1988년 초반 인플레이션 가속화를 허용한 결정에 전혀 동의하지 않았다. 1988년 9월 26일부터 30일까지 속개된 13기 3중전회에서 자오쯔양은 연초 인플레이션을 통제할 수 없는 정책을 제시했다는 이유로 비판을 받았다. 그는 연초에 정책을 지도하는 데 사용한 몇 가지 가설이 잘못되었으며, 경제 과열과 수요 총액의 과다로 인해 인플레이션 문제를 해결할 수 없었다고 인정했다.[55] 어떤 이는 마땅히 그의 총서기 직무를 철회해야 한다고 생각했다. 자오쯔양은 총서기 자리를 유지하려고 애썼다. 하지만 그는 경제 정책에 관해 천원의 지시를 받아야 했다. 1988년 10월 8일 천원은 자오쯔양을 예리하게 비판하면서, 현재 유통되고 있는 통화량이 지나치게 많으며 재정 적자가 생겨서는 안 될 것이라고 말했다. 이외에도 그는 경제의 균형 발전을 유지해야 하며 그렇지 않으면 혼란이 일어날 것이라고 경고했다.[56] 천원의 경고는 심각한 것처럼 보였다. 그러나 1983년 후야오방을 비판했을 때처럼 공개적인 자리에서 발언한 것은 아니었다. 이후 경제 정책의 결정권은 리펑에게 넘어갔다. 그는 1987년 11월 총리 서리로 임명되었으며, 이듬해 3월 총리가 되었다. 자오쯔양은 시장화를 확신하는 열성적인 개혁파이고, 리펑은 천원의 긴축 정책을 관철하려 했기 때문에 두 사람의 관계가 그리 순조로울 수 없었다.

자오쯔양은 비록 착오를 인정했지만 왕(덩샤오핑)을 보호하기 위해 자신을 희생하는 졸(卒)이 될 준비는 아직 되어 있지 않았다. 그는 물가 통제 해제가 자신의 결정이라고 공개적으로 명확하게 선포하지 않았다. 내부 사정에 밝은 중공 관리들의 말에 따르면, 덩샤오핑이 이후에도 계속해서 총서기를 맡고 있는 자오쯔양을 지지했지만, 고위급 관리들이나 일반 대중이 모두 물가 통제의 실책이 덩샤오핑의 책임이라고 생각함에 따라 두 사람의 관계가 점차 긴장 상태가 되었다.

그해 8월 대중이 공황 상태에 빠지고 덩샤오핑과 자오쯔양의 권력이 약화되면서 신중한 계획파가 새롭게 경제 정책에 대한 통제권을 확보했다. 국무원은 1988년 9월 24일 문건을 배포하여 향후 2년간 업무의 중심은 '경제 환경 개선'이라고 선포했다. 1979년부터 1981년까지 천원의 경제 조정 정책에 익숙한 사람들이라면 누구나 1988년 신중한 균형파가 정권을 잡은 후 취할 경제 정책에 대해 놀라지 않았다. 1988년 더 이상 어떤 가격 조정도 진행되지 않았으며, 기업과 공작 단위는 가격을 올리지 말라는 통지를 받았다. 인플레이션보다 훨씬 낮은 수준의 이자를 지불해 온 중국인민은행은 필요하다면 수신 금리를 인플레이션과 연계시켜 가치를 올리겠다고 보증했다. 지방마다 건설 규모를 줄이라는 요구를 받았다.[57] 투자가 줄고 물가도 엄중한 통제를 받았다. 은행 신용 대출도 엄격하게 제한되었고, 향진 기업에 대한 대출은 잠시 중단되었다. 주룽지는 1990년대 인플레이션을 통제하면서 연착륙을 하기 위해 애를 썼다. 하지만 1988년 말 천원은 덩샤오핑이 물가 통제를 해제하기 위해 했던 것보다 훨씬 대담하게 인플레이션을 잡으려고 애썼다. 결국 예상 밖으로 1988년 말 경착륙의 조짐이 드러나기 시작했다. 이후 몇 년 동안 성장률은 다음 표에서 볼 수 있는 바와 같이 급락했다.

	성장률(%)	소매 물가 지수(%)	소비자 물가 지수(%)
1988년	11.3	18.5	18.8
1989년	4.1	17.8	18.0
1990년	3.8	2.1	3.1

출처: Jinglian Wu, *Understanding and Interpreting Chinese Economic Reform* (Mason, Ohio: Thomson / South-Western, 2005), p. 369.

1988년부터 1990년까지 경제 통제와 정치적 결정이라는 두 가지 작용에 따라 국민 총생산의 성장률은 1988년 11.3퍼센트에서 1989년 4.1퍼센트로 급감했고, 공업 성장률도 15퍼센트에서 5퍼센트로 곤두박질쳤다. 1990년 사사분기의 소매 물가 지수 증가 폭은 0.6퍼센트로 떨어졌다.[58] 소비 지출이 정체되면서 실업 인구도 늘어났고, 많은 도시에서 불안한 조짐이 나타났다. 계획파들은 여전히 재정 적자를 줄이는 데 최선을 다했지만 과세 표준이 너무 낮았기 때문에 실제 예산 적자는 오히려 증가했다. 그러나 이처럼 불안한 경제 지표에도 불구하고 가격 자유화로 인한 거센 반발이 일어나고 3년이 흘렀지만 덩샤오핑은 천원의 긴축 정책에 도전할 수 있는 충분한 당내 지지를 모으지 못했다.

중국과 소련의 개혁 비교

제일 먼저 소련에 도입된 사회주의 계획 체제는 이후 개발 도상국이 일찍 산업화된 지역을 따라잡을 수 있도록 원조한다는 뜻에서 중국에 소개되었다. 이는 중국이 자본을 축적하고 자원을 최우선 지역에 사용할 수 있도록 도왔다. 초기 소련의 상황과 마찬가지로 이러한 계획 체제 속에서 중국은 1950년대 중공업 발전을 도모할 수 있었다. 하지만 1970년대로 넘어오면서 중국과 소련 양국의 경제는 보다 개방되고 경쟁력을 갖춘 체제에 비해 훨씬 낙후되었다. 1991년 소련과 동유럽의 공산 체제가 붕괴될 당시 중국은 오히려 1978년 이후 연평균 10퍼센트의 성장률을 유지하고 있다고 자랑할 수 있었다. 그렇다면 어떤 이유로 인해 중국은 1980년대에 소련이나 동유럽을 훨씬 능가할 수 있었는가?

중국은 소련보다 많은 이점이 있다. 우선 긴 해안선 덕분에 육로 운송보다 훨씬 저렴하고 편리한 해양 운송을 이용할 수 있다. 또한 과거 200년 동안 홍콩이나 대만, 동남아시아, 서방으로 이주한 화교나 그 후손들이 약 2000만 명이나 되기 때문에 그들이 중국이 필요로 하는 자본과 지식의 원천이 될 수 있었다. 이외에도 중국 대륙은 세계 각지의 사업가들을 끌어들일 수 있는 잠재적인 거대 시장이기 때문에, 그들은 이후 10억 소비자가 있는 시장에 보다 수월하게 진입할 수 있도록 중국의 발전을 위한 원조를 제공할 용의가 있었다. 정치적 동기도 부분적인 역할을 맡았다. 1978년 개방 정책을 시행한 후 중국이 소련과 거리를 두기를 원했던 서방 국가들은 기꺼이 중국에 자본과 기술을 제공하고 중국 학생과 여행객을 환영했다.

　지리적, 인종적 동질감 또한 중국이 성공하는 데 중요한 작용을 했다. 중국은 벼농사를 위주로 한 논밭에서 주로 경작하기 때문에 포산도호 정책으로 농민들의 농지에 대한 열정을 드높여 생산량을 대폭으로 상승시킬 수 있었다. 그러나 광활한 평야에 대형 트랙터를 통한 경작이 유리한 소련은 이를 실현하기가 어려울 수밖에 없다. 각종 소수 민족이 인구의 절반을 차지하는 소련과 달리 중국은 인구의 93퍼센트가 한인(漢人)으로 구성되어 있다. 그렇기 때문에 국가의 단결을 이루기가 비교적 수월하다. 소련은 과거 100년 동안 부단히 영토를 확장하여 새로운 지역이 많이 생겼고, 새로 편입된 소수 민족들은 적극적으로 또는 소극적으로 소련의 통치에 저항하고 있었다. 이에 비해 중국은 당시 대부분의 강역이 이미 2000여 년 전부터 통치하던 곳이었으며, 통치에 저항하는 다른 나라를 점령하는 방식으로 영토 확장을 꾀하지 않았다.

　중국의 통치자들은 유구한 역사를 통해 자국이 문명의 중심이라는 신념을 지니고 있었다. 하지만 소련의 지도자들은 오랫동안 자국이 서구 여러 나라에 비해 낙후되었다는 생각을 가지고 있었다. 게다가 중국은 한국, 일본, 대만, 홍콩, 싱가포르 등 이웃 나라들과 문화적 특징을 공유했으며, 그 나라들은 얼마 전에야 부유한 현대 국가나 지역으로 탈바꿈했기 때문에 중국의 모델로 삼기에 충분했다.

　그러나 중국이 아무리 내재적인 이점을 지니고 있었다 할지라도 역시 관건이 되는 것은 덩샤오핑이 소련의 영도자들과 확연히 다른 선택을 했으며, 그의 선택이 경제 성장 방면에서 훨씬 성공적인 것으로 증명되었다는 점일 것이다.[59] 우선 그는 공산당의 권위를 단호하게 지켰다. 소련의 고르바초프는 소련공산당의 권력 독점을 해체함으로써 새로운 정치 체계를 확립할 수 있기를 희망했다. 하지만 덩샤오핑은 한 번도 흔들림이 없는 신념을 고수하고 있었다. 그것은 소련공산당을 모델로 삼아 창설한 중국공산당이 중국에서 유일한 통치 구조가 되어야 한다는 것이었다. 그가 볼 때, 중국공산당만이 중국의 안정적인 통치에 필요한 충성과 기율, 그리고 신념을 제공할 수 있었다. 그래서 덩샤오핑은 단일 집권당이 국가를 영도해야 한다고 믿었다. 그의 이러한 신념은 20세기 중국의 주요 영도자 세 사람, 즉 쑨중산, 장제스, 그리고 마오쩌둥과 일맥상통하는 것이었다.

하지만 덩샤오핑은 또한 필요에 따른 변화를 직시할 줄 알았다는 점에서 현실적이었다. 그는 자신이 1978년 계승한 중국공산당이 아무 짝에도 쓸모없는 이들로 가득 차 비대하고 경직되어 있기 때문에 현대화에 필요한 영도력을 제공할 수 없다는 것을 알았다. 그는 수많은 원로 당 관료, 특히 문화 대혁명의 정치 투쟁 기간에 출셋길에 오른 이들이 현대화를 영도할 수 없는 무능한 이들이라고 확신했다. 그는 그들을 대거 출당(黜黨)시키지 않았다. 이러한 방식은 지장을 초래하거나 당의 분열을 야기하여 국가가 직면한 진짜 문제를 처리하는 데 전념할 수 없게 하기 때문이었다. 하지만 그는 조용히 그들을 가장 중요한 자리에서 끌어내리고 대신 능력을 갖추고 현대화를 이끌 수 있는 이들에게 그 자리를 넘겼다. 덩샤오핑은 최고위급 직책에 필요한 인재를 선발하는 데 많은 주의를 기울였다. 그리고 하급 간부들도 그렇게 하도록 적극 장려했다. 이렇게 해서 영도 집단이 정해진 후에는 그들에게 보다 진취적으로 나아갈 수 있는 상당한 재량권을 부여했다.

덩샤오핑은 '빅뱅(big bang, 대폭발, 일종의 쇼크 요법)'보다는 단계적인 전진을 택했다. 1991년 이후 러시아는 일부 경제학자들의 건의에 따라 '빅뱅' 방식으로 신속하게 시장을 개방했다. 이와 반대로 덩샤오핑은 세계은행에서 추천한 전문가들의 건의에 근거하여 갑작스러운 시장 개방은 혼란을 초래할 것이라는 관점을 수용했다. 그는 제도를 당연한 것으로 받아들이는 서방의 많은 경제학자가 이해하지 못하는 것을 잘 알고 있었다. 그것은 전국적인 제도를 만들려면 현지 문화나 환경에 적합한 체제와 규칙, 법률, 그리고 잘 훈련된 인원을 배치하는 것이 시간은 다소 걸리지만 가장 중요하다는 점이다. 중국은 필요한 경험과 규칙, 지식이 풍부한 사업가나 개인 자본이 부족하기 때문에 단번에 시장 경제로 전환할 수 없었다. 덩샤오핑은 19세기 일본과 이후 다른 동아시아 경제 주체들이 서방 세계를 앞설 수 있는 적절한 제도를 마련하는 데 수십 년이라는 세월이 걸렸다는 것을 잘 알고 있었다. 기존의 국영 기업을 갑자기 해체하면 실업자가 급증해 정치적, 사회적으로 감당하기 어려운 결과를 초래할 것이 분명했다. 그래서 그는 천원을 비롯한 여러 사람에게 안정적인 경제 토대를 제공할 수 있는 구체제를 계속 운영할 수 있도록 하는 한편 그 기간에 시장이 성장할 수 있도록 허용하여 사람들이 보다 많은 경험을 하고, 보다 개방된 경제에 제도가 부합될 수 있도록 최선을 다했다. 덩샤오핑은 포산도호, 향진 기업이나 사영 기업 등 새로운 체제를 억지로 추진하지 않았다. 대신 그는 지역에서 일종의 실험을 시행한 다음 성공적인 경험을 선전하여 다른 지역에서도 여건에 맞게 채택할 수 있도록 했다.

덩샤오핑 전략의 토대는 관념이나 무역에 이르기까지 모든 것을 반드시 외부 세계에 전면 개방해야 한다는 그의 확고한 신념과 헌신에 있다고 할 수 있다. 소련의 영도자들은 외국 사업가나 기업들이 소련에 공장을 세우는 것을 허용하는 문제에 대해 상당히 신중했으며, 소련 학생들을 대규모로 해외에 유학을 보내는 일도 감히 손대지 못했다. 덩샤오핑은 외국인이나 귀국 유학생들이 초래한 변화로 인해 중국이 막중한 조정(調整) 문제에 직면할지도 모른다는 사실을 알고 있었다. 하지만 그는 어떤 국가든 개방되어야만 제대로 발전할 수 있을 것이라고 확신했다. 중국이 외국인이나 외국의 관습 등에 의해 압도될지도 모른다고 걱정하는 그의 동료들과 달리 덩샤오핑은 중국공산당이 그것들을 통제할 수 있을 정도로 충분히 막강하다고 믿었다. 그는 관리나 학생들을 해외로 보내고, 외국 서적이나 문헌을 번역하는 일을 적극 지지했으며, 외국 자문역이나 사업가의 중국 방문도 환영했다. 그는 외국인과의 경쟁이 중국의 생활 방식이나 이익에 오히려 악영향을 끼칠 수 있다고 우려하는 이들의 비판에 대해서도 충분한 대비책을 마련했다. 그는 외국 기업과 경쟁한다고 해서 중국 경제가 무너지는 것이 아니며 오히려 중국인의 사업이 더욱 자극을 받을 것이라고 생각했다. 그는 또한 해외로 나간 이들이 대부분 국외에 머물며 돌아오지 않는 것에 대해서도 걱정하지 않았다. 그럼에도 불구하고 그들이 계속해서 자신의 조국을 도울 것이라고 믿었기 때문이다.

1970년대와 1980년대 중국의 극적인 대외 개방 과정은 덩샤오핑이 처음 시작한 것이 아니다. 사실 마오쩌둥이 1969년 중소 충돌 이후에 솔선해서 나라의 문을 열어젖혔다. 저우언라이와 화궈펑도 마오쩌둥이 만든 노선을 그대로 유지했다. 그러나 덩샤오핑이 독특한 것은 전임자들보다 훨씬 넓고 크게 대문을 열어 외국의 사상 관념이나 기술, 자본 등을 도입했다는 점에 있다. 다소 좌절이 있었지만 그는 개방 확대라는 힘든 과정을 끝까지 주도했다. 그는 중국의 잠재력에 대한 자신의 깊은 신념을 대중에게 전파했고, 고도의 책략을 통해 정치적 난관을 헤쳐 나가 중국 역사의 새로운 시기를 열었다. 덩샤오핑의 영도에 따라 중국인들은 스스로 자존심을 내려놓고 자신이 낙후되었음을 인정하며 끊임없이 외국에서 자신들이 배울 수 있는 모든 것을 배우고자 노력했다.

17

한 나라 두 체제(一國兩制): 대만, 홍콩, 티베트

───────────────────────────────────────

　중국 봉건 시대 역사를 통틀어 한 조대(朝代)가 쇠퇴기로 들어서면 광활한 변방 지역에서 중앙의 통제에서 벗어나려는 시도가 꿈틀대기 시작했다. 하지만 용맹한 무장들이 새로운 왕조를 세우게 되면, 통치 세력이 다시 잃어버린 지역을 되찾고 통제를 강화했다. 중국의 최후 왕조인 청(淸)나라가 1890년대에 들어와 점차 쇠락해지자 서구 열강과 대면하게 된 중국 관료 이홍장(李鴻章)은 중국의 일부 연해 지역의 통제권을 서구 열강에게 이양하는 것을 골자로 한 '불평등 조약' 체결을 강요받았다. 1895년 갑오 전쟁에서 패배한 후 이홍장은 대만을 일본에게 할양했으며, 1898년 또다시 영국과 홍콩 신계(新界) 지역을 임대 양도하는 법안을 체결했다. 이런 이유로 이홍장은 서양인에게 비굴하게 무릎을 꿇은 매국노로 간주되어 중국 역사상 가장 비난을 받는 관료 가운데 한 명이 되고 말았다. 과거 중국에서 새로운 왕조를 세운 막강한 군주들과 마찬가지로 마오쩌둥은 상하이와 칭다오를 포함하여 만청 정부가 잃어버린 대부분의 영토를 되찾았다. 그러나 대만과 홍콩만은 아직 회수하지 못했다. 그 중대한 임무가 덩샤오핑에게 떨어졌다.[1]

과거 황제들과 달리 마오쩌둥은 방송이나 영화, 신문 등을 비롯한 현대 선전 매체를 통해 애국주의 목표를 실현하기 위한 민중의 지지를 이끌어 냈다. 그는 특히 중국의 젊은이들을 동원하는 데 성공하여 그들이 자신들의 위대한 문명이 일찍이 당해야만 했던 굴욕에 대해 격분케 만들었다. 공산당 지도부는 자신들의 투쟁에 대한 지지를 얻기 위해 민족주의를 적극 선동한 적이 있었다. 그래서 공산당의 그 어떤 영도자들도 이러한 민족 정서를 배반할 수 없었으며, 덩샤오핑도 예외가 아니었다. 그래서 덩샤오핑은 복권되어 돌아온 후 곧바로 대만과 홍콩 수복을 자신의 가장 신성한 책무 가운데 하나로 생각했다.

　　덩샤오핑 역시 중국 변경 지역의 통제를 강화하고자 애썼다. 중국의 북부와 서부, 그리고 남부 변경 지역은 주로 산악 지대인데, 그곳에 살고 있는 소수 민족들은 겨우 먹고살 수 있는 처지로 평원 지대의 농민들보다 훨씬 빈곤했다. 대다수 소수 민족은 인구가 제한적이고 조직되어 있지 않으며, 베이징의 통제에 대항할 수 있는 외부의 도움도 기대할 수 없었다. 하지만 티베트는 달랐다. 1000여 년 전 티베트인들은 이미 당시 중국과 거의 맞먹는 방대한 지역을 차지하고 있었다. 비록 그들의 영토가 날로 줄어들기는 했지만 일부 비교적 작은 티베트인 지역 공동체가 중국의 몇 개 성에 잔존했으며, 라마교 사원은 한인(漢人)들의 통치에 대항하는 구심점이 되기에 충분했다. 덩샤오핑 시대에 그들은 중국을 적대시하여 인도로 망명한 방대한 조직으로 정치적으로 활발하게 움직이는 단체의 지지를 받고 있었다. 특히 중요한 것은 어떤 아시아 지도자들보다 훨씬 많은 추종자를 거느리고 있는 달라이 라마가 바로 그들을 영도하고 있다는 점이었다.

　　대만과 홍콩을 되찾고 티베트에 대한 안정적 통치를 유지하기 위해 덩샤오핑은 다른 중국 통치자들과 마찬가지로 필요하다면 무력 사용도 불사하겠다고 생각했으나, 그보다는 평화적으로 문제를 해결하기를 더 원했다. 현지 민중의 협조를 얻고 무력 사용을 피하기 위해 그는 그들에게 상당히 큰 자치권을 부여할 생각이었다. 1979년 1월 최고 영도자 자리에 오른 지 얼마 되지 않아 덩샤오핑은 중국은 대만과 홍콩에 대한 주권과 최종 통제권을 가지고 있으나 그 지역이 고도의 자치를 향유할 수 있도록 허용한다고 선포했다. 이러한 정책의 기본 사상은 저우언라이가 내놓은 것이지만 덩샤오핑이 정권을 잡은 1982년에 '일국양제(一國兩制)'라는 정책으로 보다 치밀하고 체계적인 모습을 갖추게 되었다. 이 정책의 일부로서 홍콩과 대만이 50년 또는 그보다 더 오랫동안 중국 대륙과 다른 사회 제도를 계속 유지하는 것이 허용되었다. 덩샤오핑 역시 티베트에도 상당한 정도의 자치권을 부여하고, 그들이 자신의 문화를 충분히 보유할 수 있기를 원했다.

대만 통일을 모색하다

미국이 수교 이후에도 여전히 대만에 대한 무기 수출을 계속할 것임을 알고 있었지만 덩샤오핑은 여전히 자신이 정권을 잡고 있을 동안에 대만과 대륙의 통일을 실현시키고자 마음먹었다.[2] 대만 수복의 중요성은 전략적 고려에서 나온 것이기보다는 중국의 숙적(국민당 정권)이 통치하고 있는 섬, 대만이 고통스럽게도 공산주의자들이 내전을 아직 완전히 끝내지 못했다는 사실을 끊임없이 상기시키고 있기 때문이었다. 더욱 난감한 일은 대만이 중국을 분할했던 제국주의자들에게 받은 100년간의 치욕을 말해 주는 상징물로 우뚝 서 있다는 점이었다.

덩샤오핑은 최고 영도자 자리에 오르고 몇 주가 지난 1979년 1월 1일, 때마침 중국과 미국이 정식으로 수교한 그날 새해 메시지를 전하면서 대만 수복의 중요성을 재차 강조했다. 그는 그날 연설에서 다음 세 가지 주요 목표를 제시했다. 첫째, 4개 현대화를 실현한다. 둘째, 중미 관계를 정상화한다. 셋째, 대만 회귀(回歸)를 공작 일정에 포함시킨다.[3] 며칠 후 미국 상원 의원인 샘 넌이 인솔하는 미 국회 상원 대표단을 맞이한 자리에서 덩샤오핑은 중국은 무력을 통한 대만 수복을 배제할 수 없다고 하면서, 그렇지 않다면 그것은 자신의 손발을 묶는 것과 같으며 대만 문제에 대한 평화적 해결로 불가능하게 만들 것이라고 말했다.[4] 덩샤오핑의 논리는 중국인들이라면 누구나 쉽게 이해할 수 있었다. 그들이 보기에, 만약 미국의 지지가 없다면 대만은 무력 점령과 대륙 통일 가운데 하나를 선택하지 않을 수 없을 것이다. 그렇기 때문에 미국이 대만과 관계를 유지하는 것이 대만 문제의 평화적 해결에 가장 걸림돌이 된다는 것이다. 1980년 1월 덩샤오핑은 향후 10년간의 주요 목표를 설명하면서 대만 수복을 목표 가운데 하나로 재차 천명했다.[5] 미국과 관계 정상화 협상을 할 당시만 해도 덩샤오핑은 대만이 수년 내에 대륙으로 회귀할 것이라고 예상했다. 심지어 레너드 우드콕도 그렇게 생각하고 있었다.

역사적 선례 또한 덩샤오핑에게 이런 목표를 실현하는 데 희망을 주었다. 정성공(鄭成功)*은 새로 건국한 청나라 군사에게 패배하여 명나라의 일부 병사들을 이끌고 대만으로 도망쳤다. 그리고 22년 후인 1683년 당시 대만을 통치하고 있던 정성공의 손자는 대만이 다시 청나라의 관할로 편입되는 것에 동의했다. 1949년 장제스는 중국공산당에게 패배하여 대만으로 도망쳤다. 덩샤오핑은 자신의 모스크바 동창생이자 장제스의 아들인 장징궈 총통 역시 정가(鄭家, 정성공 가문)의 선례를 따르기를 희망했다. 1979년 원단(元旦, 새해) 전국인민대표대회 때 대만의 동포들에게 보내는 서신에서 만약 대만이 대륙으로 회귀하면 중국은 대만의 현재 상태를 존중할 것이라는 메시지를 전달했다. 덩샤오핑 역시 샘 넌 대표단과 만난 자리에서 만약 대만이 대륙에 회귀한다면 100년 동안 자신의 사회 제도를 유지할 수 있을 것이며, 대만은 자신들의 국기를 내릴 필요도 없고, 군대도 보유할 수 있다고 말했다.[6] 하지만 덩샤오핑의 제의를 알게 된 장징궈는 오히려 도발적인 반응을 보였다. 군사 예산을 증액하고 군사력을 강화하여 최종적으로 대륙을 탈환하겠다는 의도를 재천명한 것이다.[7] 이외에도 그는 대만의 '중화민국'이 전체 중국을 대표하며, 입법원(立法院) 위원들이 곧 중국 모든 성의 대표라는 입장을 계속 견지했다.

---

* 1624~1662년, 명나라 장수로, 청나라에 의해 명나라가 멸망하자 항청복명(抗清復明)을 시도했으며, 이후 대만에서 네덜란드 세력을 물리쳤다.

다른 한편 미국 국회는 1979년 4월 10일 '대만 관계법(Taiwan Relations Act)'을 통과시켜 장징궈를 크게 고무시켰으며, 이로 인해 상황이 더욱 복잡하게 변하고 말았다. 그 법안은 미국과 대만의 무역, 교류 및 기타 분야 조정의 일환으로 만들어진 것이다. 이는 대만 정부가 공식적으로 더 이상 전체 중국을 대표하지 않기 때문에 당연히 필요한 일이었다. 그러나 '대만 관계법'의 내용과 정신은 구체적인 조약에 대한 갱신의 정도를 벗어났다. 이는 미국과 중국의 관계 정상화에 반대하는 국회 의원들의 정서를 반영하고 있었기 때문이다. 중미 관계 정상화 협상이 진행되는 동안 국회는 전혀 사실을 모르고 있었다. 키신저와 브레진스키는 오로지 중국과의 수교 문제에 치중하느라 대만의 안전은 거의 고려하지 않았으며, 미국 내 대만을 지지하는 정치 세력이 막강하다는 것을 충분히 예견하지 못했다.[8] 장징궈는 상당히 모욕적이게도 1978년 12월 한밤중에 깨어나 몇 시간 후에 중국 대륙과 정식 수교한다는 미국 측의 통보를 받았다. 이것이 오히려 미국 국회가 대만을 돕도록 결심하는 계기가 되었다. 미 국회 내 적지 않은 이들이 대만으로부터 후한 재정적 지원을 받거나 대만에 무기를 수출하는 회사와 관련을 맺고 있었다. 그들은 미중 관계 정상화 과정에서 대만의 충실한 친구들에 대한 어떤 배려도 없었다고 생각했다. 법안은 미국의 경솔한 행위를 바로잡는 한편 미국이 대만에 필요한 자위 무기를 제공할 것을 요구했다. 아울러 평화적 수단 이외의 다른 방법으로 대만 문제를 해결하는 것에 대해 미국은 주시할 것이라는 점을 분명하게 선언했다.

대만 관계법은 미국 정치에서 미국은 자신의 동맹국에게 충실할 것임을 보여 주는 하나의 예다. 하지만 그것은 중국과 협상한 내용과 어긋난다. 심지어 그것이 1972년의 상하이 코뮈니케 정신을 위배한다고 말하는 사람도 있다. 미국 정부는 여기에서 "대만 해협 양안의 모든 중국인은 하나의 중국에 있으며, 대만은 중국의 일부라는 생각을 견지하고 있다."라는 점을 인정했다. 이후 국회 의원들이 중요하게 생각하게 된 문제, 즉 대만은 민주주의의 불꽃이며, 인권을 존중하고 법치를 행한다는 말은 당시 거론되지 않았다. 당시 대만은 여전히 계엄령 상태에 있었으며, 탄압 수단을 통해 반대자를 통제하여 인권 활동가들의 비난을 받고 있었기 때문이다. 나중에 이러한 비난은 더욱 큰 규모로 대륙을 향하게 된다.

대만 관계법이 통과하자 덩샤오핑은 격노했다. 그는 이로 인해 중미 관계 정상화 협상 과정에서 미국에 대한 덩샤오핑의 태도가 강경하지 않았기 때문이라고 생각하는 중국 고위층 일부 영도자들에게 비난을 받았다. 덩샤오핑은 대만 관계법이 법리적으로 타당한지 여부에 대해서는 관심이 없었다. 그가 격정한 것은 정치적 영향이었다. 그 법안은 그가 오랜 세월 동안 투쟁해 왔고, 이를 위해 숱한 전우들이 희생되었던 정치적 사명, 즉 국공 내전을 종결하고 대만의 통제권을 회복해야 한다는 사명을 더욱 힘들게, 어쩌면 그가 살아생전에 해결할 수 없게 만들 수도 있었다. 덩샤오핑이 특히 반대하는 조항은 미국이 향후 계속해서 대만에 "충분한 방어용 무기를 판매하여 충분한 자위 능력을 유지할 수 있도록 한다."는 것이었다. 미국이 군사 원조를 허용한다는 것은 대만을 설득하여 스스로 대륙에 회귀할 수 있도록 하겠다는 덩샤오핑의 영향력을 말살하는 것이나 다름없었다.

그렇다면 덩샤오핑은 대만과 협의에 도달할 가능성을 높이기 위해 또 무엇을 할 수 있을 것인가? 외교 채널을 통해 '완강한' 일면을 보여 줌과 동시에 그는 미 국회 의원들을 초청하여 그들에게 직접 중국의 관점을 설명했다. 1979년 4월 19일 덩샤오핑은 상원 외교관계위원회 위원장인 프랭크 처치(Frank Church) 상원 의원을 만나 대만 관계법은 하나의 중국을 인정하지 않고 있다고 말하고, 계속해서 그 법안에 있는 대만에 대한 방어 조항은 중미 수교의 기본적인 전제를 위배한 것이라고 말했다.(덩샤오핑은 나중에 대만 관계법은 무기 판매보다 더욱 심각한 문제라고 말했다.⁹) 아울러 그는 가능한 한 대만을 고립시키려고 애썼다. 그는 어떤 지역적 또는 국제적 조직에서 대만을 배제시킬 수 있도록 여러 나라에 압력을 가했다. 그리고 대만과 거래하는 외국 회사는 중국 대륙 시장에서 퇴출시키겠다고 단언했다.

대만 관계법보다 덩샤오핑을 더욱 불안하게 만든 것은 로널드 레이건(Ronald Reagan)이 대통령으로 선출되었다는 사실이었다. 레이건은 대만을

'존엄하게' 대우할 것이라고 장담했다. 그중에는 대만과 공식적인 관계를 수립하겠다는 것도 포함되었다. 1979년 8월 22일 레이건의 러닝 메이트이자 부통령인 조지 부시가 아시아 순방길에서 분노한 덩샤오핑과 회담을 가졌다. 부시의 중국 방문을 수행하고 나중에 중국 주재 미국 대사로 임명된 제임스 릴리(James R. Lilley)는 당시 그들의 회담을 회고하면서 이렇게 말했다. "그것은 상당히 유쾌하지 않은 방문이었다." 부시는, 레이건 대통령이 두 개의 중국 정책을 실행하지 않을 것이라고 중국 측을 안심시킬 생각이었다. 하지만 회담 중에 덩샤오핑의 참모가 최신 신문 보도를 전해 주었는데, 그 가운데 레이건이 기자 간담회에서 대만은 하나의 국가이며, 미국은 대만과 외교 관계를 회복할 것이고, 대만의 자기 방어에 필요한 모든 것을 제공하겠다고 말한 내용이 실려 있었다. "그가 또 제멋대로 하는군요!"[10] 덩샤오핑은 항의했다. "레이건이 대만과 공식적인 관계를 지지한다고 말한 것이 이번 한 번이 아니에요. …… 설사 다른 국제 문제에 어떤 관점이나 입장이 있다 할지라도 만약 레이건의 발언이나 공화당의 정강(政綱, 공약)이 관철된다면 이는 분명 중미 관계에 손해를 입힐 것입니다." 덩샤오핑은 만약 공화당이 계속 대만을 지지한다면 그도 '10억 중국 인민의 이익'을 유지하기 위해 어쩔 수 없을 것이라고 단언했다. 부시가 미국의 입장을 최대한 부드럽게 하려고 애썼지만 제임스 릴리의 말에 따르면, "덩샤오핑은 여전히 감정이 누그러지지 않았다."[11]

레이건이 대통령으로 선출된 후 대만과 보다 훈훈한 관계를 유지하면서 더 많은 첨단 무기를 판매할 생각을 하자 2년 전 덩샤오핑이 미국을 방문하면서 형성된 양국의 친밀한 관계가 점차 중국 측의 불만을 키우는 쪽으로 선회하기 시작했다. 덩샤오핑은 미국과 더욱 긴밀한 관계를 유지하기를 원했다. 무엇보다 미국이 중국의 현대화를 도와줄 수 있기를 바라고 있었기 때문이다. 그러나 그는 중국에게 대만 문제가 지극히 중요하기 때문에 만약 미국이 대만을 공식적으로 인정한다면 중미 관계가 퇴보한다 해도 기꺼이 받아들일 용의가 있었다. 이 문제에 관한 한 덩샤오핑의 태도는 완강했다. 당시 미국 관리의 말을 빌리면, 당시 중국과 교섭하는 일은 맨손으로 조개껍데기를 까는 것처럼 힘들었다고 한다.

1981년 1월 4일, 레이건이 취임하기 며칠 전 덩샤오핑은 공화당 상원 의원인 테드 스티븐스(Ted Stevens)와 제2차 세계 대전 당시 중국을 돕기 위해 참전한 미국 공군 플라잉 타이거의 영웅 클레어 셔놀트(Claire L. Chennault) 장군의 중국계 미망인 천샹메이(陳香梅)를 접견하면서 그들에게 자신의 의견을 분명히 표명했다. 그는 천샹메이가 대만의 친구이자 레이건 취임위원회에 속해 있다는 것을 알고, 그녀에게 만약 미국이 대만의 독립을 부추긴다면 향후 중미 관계에 심각한 결과가 초래될 것이라고 경고했다. 덩샤오핑은 또한 중미 관계가 앞으로도 발전하기를 희망하지만 중국은 레이건의 발언에 대해 심각한 우려를 떨칠 수 없다고 말했다. 덩샤오핑은 후보자가 선거 이전에 한 말과 당선 이후에 실제로 행하는 일이 달라질 수 있음을 자신도 인지하고 있다면서, 그렇지만 미국이 반소(反蘇) 입장을 견지하는 한 중국은 미국의 도움을 필요로 할 것이라고 단언하고 있는 미국 일간지에 대해 보다 분명히 그의 입장을 밝히길 바란다고 했다. 그는 신문에서 주장하는 대로 중국이 실제로 가난한 나라라는 것은 인정하지만 이외에 나머지 말은 모두 거짓말이라고 힘주어 말했다. 그는 계속해서, 중국은 자신의 힘으로 독립을 얻은 것이지 다른 이들에게 빌붙거나 애원해서 얻은 것이 아니며, 중국은 자신의 관점을 확고하게 가지고 있기 때문에 설사 미국이 확고한 반소 입장을 취한다 할지라도 중국이 대만 문제에 대해 울분을 참으며 아무 말도 못하는 일은 없을 것이라고 말을 이었다. 그는 한 걸음 더 나아가 만약 레이건이 대만에 민간 대표부를 둔다고 할지라도 중국은 이를 공식적인 정부의 결정으로 간주할 것이라고 말하고, 이는 상하이 코뮈니케를 위반하는 것일 뿐 아니라 중미 양국 수교 선언조차 위반하는 것이라고 주장했다. 또한 만약 미국이 이처럼 미묘한 관계를 정확하게 처리할 수 없다면 중국은 중미 관계를 1970년대도 아니라 아예 60년대 수준으로 되돌릴 준비를 할 것이라고 말했다. 그는 레이건이 대만과 협정을 맺게 된다면 대만 수복이 장기간에 걸쳐 더욱 어려워질 것이 분명하기 때문에 큰 결심을 하지 않을 수 없었다. 그는 방문객들에게 향후 중국이 레이건의 언행을 하나도 빠짐없이

주시할 것임을 분명하게 알렸다.[12]

레이건 대통령이 대만을 하나의 국가로 간주할 것이라는 중국의 우려는 워싱턴 주재 중국 대사 차이쩌민이 레이건 대통령 취임식에 참석함으로써 줄어들었다. 당시 차이쩌민은 만약 대만 대표가 취임식장에 들어설 경우 자신은 결코 참석하지 않을 것이라고 위협적으로 말한 바 있었다. 결국 대만 대표가 식장에 나타나지 않자 중국은 이를 긍정적인 신호로 받아들였다.[13] 그러나 덩샤오핑은 여전히 레이건과 대만의 관계에 대해 깊은 우려를 떨치지 못했다.

덩샤오핑은 이후 대만에 대해 일종의 '홍당무 외교'를 시도하여 대만과 대륙의 관계를 좀 더 흡인력 있게 발전시키고자 노력했다. 중국은 랴오청즈를 중심으로 대만에 대한 정책을 설명하는 새로운 문건을 작성했으며, 1981년 3월 영국 외무 장관 캐링턴 경(Lord Carrington)에게 문건의 초안을 보여 주었다. 1981년 9월 30일, 그 문건은 국경절 전날 예젠잉의 공개 연설을 통해 정식으로 공포되었다. 예젠잉이 이 일을 맡은 것은 국공 합작으로 통일 전선을 결성한 초기에 그가 황푸군관학교에서 봉직하여 국민당 내에 적지 않은 오래된 친구들이 있었기 때문이다. 예젠잉의 '아홉 가지 건의(九點建議)'에는 다음과 같은 내용이 포함되어 있다.

- 협상은 중국공산당과 국민당이 진행한다.
- 쌍방은 우편 교환, 통상 허가, 비행기나 선박 취항 등 '삼통(三通)'의 편의를 위한 여건을 마련한다.
- 대만 인민의 대륙 투자와 사업을 환영한다.
- 통일 후 대만은 고도의 자치를 향유하고, 자체 군대를 보유할 수 있다.
- 대만의 현재 사회와 경제 제도는 사기업과 재산권을 포함하여 향후에도 유지된다.[14]

그러나 대만은 이에 대해 아무런 반응도 보이지 않았으며, 중국과 레이건 정부의 관계도 여전히 긴장 상태에 머물렀다. 덩샤오핑은 미국이 뒤를 봐주고 있는 대만에 대항하여 군사 수단을 이용하는 것은 전혀 승산이 없다고 판단했기 때문에 자신의 수중에 있는 다른 무기를 꺼내 들었다. 그는 중국이 중미 협력을 줄이거나 심지어 중지할지도 모른다고 위협했다. 미국이 중국 대륙에 일부 무기를 판매할 계획임을 알게 된 후 덩샤오핑은 만약 그것이 대만에 판매하는 무기의 등급을 올리겠다는 뜻이라면 절대로 그런 거래를 받아들일 수 없다고 대답했다.

레이건 행정부의 국무 장관인 알렉산더 헤이그(Alexander Haig)가 덩샤오핑의 초청을 받아 1981년 6월 베이징에 도착했다. 6월 16일 헤이그를 만난 덩샤오핑은 다른 이들에게 말한 것처럼 그에게도 중국은 중미 관계의 순조로운 발전을 희망하지만, 만약 대만에 대한 무기 수출 문제를 정확하게 해결하지 않는다면 중미 관계의 정체는 물론이고 퇴보하는 상황이 벌어질지도 모른다고 말했다.[15] 그는 헤이그에게 중국이 미국과 관계 회복에 동의했을 당시 미국은 점차적으로 대만에 대한 무기 수출을 감소시키겠다고 했는데, 이후 전혀 그렇게 하지 않았다고 불만을 털어놓았다. 특히 중국은 대만에 대한 미국 전투기 수출을 전면 금지할 것을 요구했다. 덩샤오핑은 만약 미국이 대만에 대한 무기 수출을 줄이지 않으면 미국과 단교할 생각도 있다고 말했다. 헤이그는 미국과 중국이 협력하여 소련에 대항하려면 반드시 양보가 필요하다고 믿었기 때문에 덩샤오핑에게 가까운 미래에 미국은 "세심하게 선정한 방어용 무기"만을 대만에 판매하게 될 것이라고 장담했다.[16]

덩샤오핑이 헤이그에게 자신의 강경한 관점을 표명하고 사흘이 지난 후, 레이건은 대만과 대륙의 관계를 논의하기 위해 초청을 받아 워싱턴을 방문한 싱가포르 총리 리콴유와 만났다. 리콴유는 레이건의 질문에 대답하면서, 대만의 방위에 미국이 판매하려는 FX-15 전투기가 필요한 것 같지는 않다고 말했다. 회담이 끝난 후 레이건은 리콴유에게 대만의 장징궈 총통에게 메시지를 전달해 달라고 부탁했다. 미국은 대만이 요청하는 것을 전부 제공하기는 어려우며, 현시점에서 장징궈 총통이 첨단 무기를 계속 요구해서는 안 되지만 그럼에도 레이건 대통령은 총통의 기대를 저버리지 않을 것이라는 내용이었다. 며칠

후 리콴유는 장징궈에게 레이건의 메시지를 전달했다.[17]

이와 동시에 덩샤오핑과 그의 동료들은 계속해서 미국에 압력을 넣었다. 헤이그가 중국을 방문하고 얼마 되지 않아 당시 미 국무부의 중국 문제 전문가이자 주중 대사인 아서 험멜은 중국 외교관을 통해 한 통의 각서를 받았다. 그 안에는 미국이 계속해서 대만에 무기를 판매할 경우 쌍방의 전략적인 협력에 심각한 결과를 초래할 수 있을 것이라는 내용이 담겨 있었다. 덩샤오핑은 8월 말 홍콩 일간지 인터뷰 요청에 응하면서 베이징은 이미 중미 관계 악화에 대한 준비를 하고 있다고 또다시 경고했다. 10월 멕시코 칸쿤에서 개최된 정상 회의에서 자오쯔양은 레이건에게 중국은 미국과 협력하여 소련에 대항하기를 희망하고 있지만 대만 문제가 여전히 협력의 장애물이 되고 있다고 말했다. 외교부장 황화 역시 칸쿤 회의에서 만난 헤이그에게 중국은 명확한 기한을 받을 수 있기를 요구하며, 그 기간 내에 판매하는 무기의 수량과 품질은 지난 카터 행정부 시절의 수준을 벗어나면 안 된다고 말했다. 그는 또한 매년 대만에 대한 무기 수출을 감소하고, 완전히 중단하는 구체적인 일자를 확정해야 한다고 요구했다. 일주일 후 황화가 또다시 덩샤오핑의 요구를 전달했다. 중미 군사 협력 협정을 끝내기 전까지 미국은 대만과 무기 수출에 관한 어떤 협의도 완결시킬 수 없다는 것이었다. 미국은 덩샤오핑의 요구를 받아들였다. 헤이그는 황화에게 답변을 보내 미국은 대만에 대한 무기 수출에 일정한 시한을 정하는 것에 동의할 수 없지만 대만에 판매하는 무기는 "제한적이고 선별적일 것이며", 카터 행정부 시절의 수준을 벗어나지 않을 것이라고 대답했다.[18]

미국이 대만에 대한 무기 수출을 감소하지 않은 것에 대한 베이징의 불만을 표명하기 위해, 자오쯔양은 1972년 상하이 코뮈니케 10주년을 경축하기 위한 레이건의 미국 초청 방문을 거절했다. 중국은 '닭을 죽여 원숭이를 경계한다.(殺鷄儆猴)'라는 옛 속담에 따라 네덜란드가 대만에 두 척의 잠수함을 판매했다는 이유로 중국과 네덜란드 양국의 외교 관계를 한 등급 아래로 떨어뜨렸다. 1982년 1월 미국은 관계 악화를 막기 위해 국무부 차관보 존 허버트 홀드리지(John Herbert Holdridge)를 베이징으로 파견했다.[19] 처음 홀드리지 일행은 홀대를 받았지만 중국 측에 미국이 대만에 대한 FSX 전투기 판매를 중지하기로 결정했다고 통보하자 금세 환대를 받을 수 있었다. 하지만 홀드리지는 여전히 위임받은 임무를 처리해야 했다. 그것은 미국이 대만에 어떤 무기 시스템을 수출할 것인가를 결정하기 전에 베이징과 중미 관계 체제에 대해 보다 광범위한 협의를 완수하라는 것이었다. 홀드리지가 초안 마련을 위한 문건을 준비해 왔지만 중국 측은 초안이 너무 애매하고 자신들의 관심사에 대한 반응이 아닌 것으로 간주했다. 대신 베이징은 회담을 계속하려면 미국이 대만에 더 이상 어떤 무기도 운송해서는 안 된다고 요구했다.[20] 마지노선은 이미 정해진 상태였다. 1982년 초반 몇 개월 동안 중국 매체는 미국이 중국의 내정 문제인 대만 문제에 대해 계속 간섭하고 있다고 연일 비난을 퍼부었다.

긴장 관계를 타파하기 위해 레이건 대통령은 덩샤오핑이나 그 밖의 중국 요인들과 우호적인 관계를 유지하고 있는 조지 부시 부통령이 아시아 순방길에 베이징을 방문하는 것이 어떠하냐고 제안했다. 중국 측은 즉각 답변을 하지 않고, 부시가 이미 아시아 여러 나라를 방문하고 있는 기간에 베이징은 부시의 방문을 환영한다고 미국에 통지했다. 베이징에 도착한 부시는 베이징이 여전히 무기 판매 문제에 대해 강경한 태도를 취하고 있음을 알았다. 이후 덩샤오핑은 그를 초대하여 회담하면서 부시에게 옆방으로 가서 험멜과 통역만 배석한 상태에서 15분 정도 단독 회담을 갖자고 제의했다. 한 시간 후 부시와 덩샤오핑은 최종적으로 대만에 무기 수출을 제한하는 미국의 문건을 받아들인다는 비공식적인 양해에 도달했다. 덩샤오핑은 이미 자신이 기대하고 있던 가장 좋은 결과를 얻었다고 생각했다. 미국은 분명 대만에 대한 무기 수출을 중지하지 않을 것이 분명했다. 그러나 무기 수출을 제한한다면 당연히 대만에 대한 미국의 무기 수출도 줄어들 것이고, 장기적으로 볼 때 대만도 결국 대륙으로 회귀하지 않을 수 없다는 것이 덩샤오핑의 생각이었다. 회담 이후 미국에 대한 중국 측의 비난도 곧 사라졌으며, 분위기도 밝아졌다.[21] 거의 1년간 군인처럼 강경한 태도로 기세등등하게 미국 관리들을 가르치려 들었던 덩샤오핑은 이제 재기 넘치는 동반자 모습으로 변신했다.[22]

덩샤오핑과 부시가 회담을 통해 얻은 양해는 험멜과 그의 중국 측 상대가 구체적인 협상을 진행하는 토대가 되었으며, 이후 「미국의 대만 무기 수출에 관한 중미 공동 선언(關于美國對臺售武的中美聯合公報)」(1982년 8월 17일 체결)으로 결실을 맺었다. 이번 협의는 미국의 대만에 대한 무기 수출을 제한하면서 미국은 "중국의 주권과 영토 보전을 침입할 의도가 없으며 …… '두 개의 중국' 또는 '한 개의 중국과 한 개의 대만(一中一臺)' 정책을 실시할 의도가 없다."는 것을 분명하게 표시했다. 공동 선언은 대만에 판매하는 무기는 "성능이나 수량 면에서 중국과 미국이 수교한 이후 근 몇 년간의 공급 수준에서 벗어나지 않을 것이며 …… 미국은 점차적으로 대만에 대한 무기 수출을 줄여 나가 일정 기간이 지난 후 마지막 해결에 이르기를 원한다."라고 규정하고 있다.[23] 대만과 공동 성명에 반대 의견을 가진 의회 의원들을 설득하기 위해 레이건은 서른 명의 상원 및 하원 의원을 초대하여 브리핑 시간을 갖고 그들에게 이번 협정서가 대만과의 관계를 약화시키는 것이 아니라고 설명했다.

8월 17일 공동 성명이 발표되자 덩샤오핑은 험멜을 초대하여 비공식 회담을 가졌다. 화기애애한 분위기에서 이루어진 회담에서 덩샤오핑은 험멜이 협의를 성공적으로 완수한 것에 대해 축하했다. 이번 8 · 17 공동 성명은 1972년 2월 27일의 상하이 코뮈니케, 1979년 1월 1일의 「중미 수교 공동 성명(中美建交公報)」과 더불어 중미 관계의 가장 기본적인 문건이 되었다.[24] 이후 톈안먼 비극으로 중지될 때까지 8 · 17 공동 성명은 중미 관계에 안정적인 토대를 제공했다. 또한 그것은 레이건이 1984년 4월 하순 6일 동안 중국을 국빈 방문하는 밑거름이 되었다. 그는 이로써 양국 수교 후에 처음으로 중국을 방문한 미국 대통령이 되었다. 레이건은 중국 방문 기간에 덩샤오핑과 세 시간 정도 우호적인 회담을 가졌다. 덩샤오핑은 대만에 대한 중국 측 입장을 설명한 후 레이건에게 장징궈로 인해 본말이 전도되지 말고 중국의 관점에서 문제를 고려해 달라고 요청했다.[25] 레이건은 이번 방문이 대단히 유쾌했으며, 덩샤오핑에 대해 "직접 보니 공산당 같지 않더라."고 말하기도 했다.[26]

1980년대 중반까지 덩샤오핑은 "마르크스를 만나러 가기" 전까지, 다시 말해 죽기 전까지 대만 통일 문제 해결에 일말의 희망을 품고 있었다. 그는 장징 궈와 개인적으로 아는 사이였다. 두 사람은 1926년 모스크바 중산대학에서 함 께 공부한 적이 있었다. 1985년 9월 20일 덩샤오핑은 리콴유와 회견하면서, 그 가 얼마 전에 심각한 당뇨병으로 고생하는 장징궈를 만났다는 사실을 알았다. 그래서 그에게 장징궈가 후계자를 정했는지 물어보았다. 리콴유는 최종적으 로 누가 장징궈의 뒤를 잇게 될지 말할 수 없다고 대답했다. 덩샤오핑은 그에 게 장징궈 사후 대만이 혼란해질 것을 걱정한다고 하면서, 대만 내부에 미국 이나 일본과 손잡고 대만 독립을 요구하는 일부 무리들이 있기 때문이라고 말 했다. 덩샤오핑은 장징궈에게 안부를 전해 달라고 하면서, 아울러 자신과 그가 한번 만났으면 좋겠다고 제의했다. 1개월이 채 지나지 않은 어느 날 리콴유는 대만으로 날아가 덩샤오핑의 제의를 구두로 전달했다. 하지만 장징궈는 오랫 동안 공산당과 관계하면서 고통스러운 기억이 남아 있었기 때문에 그들을 믿 지 않는다며 회견 요청을 거절했다.[27] 이 일이 있은 후 이미 여든한 살 고령의 덩샤오핑은 더 이상 자신이 대만 문제를 해결할 수 있다는 희망을 가질 수 없 었다. 그가 유일하게 할 수 있는 일은 대만의 독립을 향한 어떤 움직임일지라 도 모두 막아 내, 자신의 후계자가 새롭게 대만을 통제할 수 있는 토대를 마련 해 주는 것뿐이었다.

2년 후인 1987년 장징궈는 병석에서 이미 오랫동안 실시 중이던 계엄령을 해제하고, 야당을 합법화함으로써 대만 민주화에 기초를 다졌다. 또한 그는 비 록 직항이 아니라 홍콩을 경유토록 했지만 여하간 처음으로 대만 사람의 대륙 친족 방문(探親)을 허용했다. 대만 사람들은 그 즉시 대륙 친족 방문을 시작했 으며, 아울러 대륙에서 사업을 벌이기 시작했다. 대만 사람들 가운데 대륙에 친척이 있는 이들을 구분하기 어려웠기 때문에 결국 얼마 후 모든 대만 사람들 의 대륙 방문을 허용했다. 덩샤오핑은 대만 사람들의 대륙 친척 방문과 사업을 환영했다. 비록 그가 살아 있을 때에 실현할 수 없을지라도 궁극적으로 통일로 향하는 발걸음이 분명하다고 생각했다. 그가 말한 것처럼 "국가 통일 실현은 민족의 소원이니 백 년 내에 통일되지 않는다 할지라도 천 년 내에는 반드시 통일될 것이다."[28]

홍콩 주권을 회수하다

1975년 5월 25일 덩샤오핑은 마오쩌둥이 1970년부터 1974년까지 영국 총리를 지낸 에드워드 히스(Edward Heath)와 회담할 때 배석했다. 당시 마오쩌둥은 홍콩 문제를 해결할 시기가 아직 도래하지 않았다고 하면서, 옆에 앉아있는 덩샤오핑과 일부 젊은 간부들을 지목하면서 "그 문제는 저들이 해결할 것이오."[29]라고 말했다.

덩샤오핑은 1977년 업무에 복귀한 후 홍콩 문제에 깊은 관심을 보였다. 하지만 1977년 예젠잉과 함께 광둥에 갔을 당시 그들이 논의했던 문제는 주권 회수에 관한 것이 아니라 대륙의 현대화를 위해 홍콩에서 어떤 도움을 받을 수 있을 것인가에 관한 것이었다. 덩샤오핑은 중국이 홍콩을 통해 금융과 기술, 그리고 관리 영역의 현대화에 많은 이익을 얻을 수 있기를 바랐다. 중국은 홍콩에 대한 주권을 회복한 이후에도 홍콩이 계속 발전할 수 있기를 원했다. 당시 당면한 임무는 문화 대혁명 시절 홍위병의 공격으로 인한 홍콩 사업가들의 공포와 반감을 어떻게 줄일 것인가에 있었다. 문화 대혁명 시절 홍위병들은 대륙에 거주하고 있는 홍콩 거주민들의 친척을 박해했으며, 심지어 홍콩으로 쳐들어가 홍콩 사람들의 간담을 서늘케 했다. 그래서 그들은 마오쩌둥 통치에 심히 분개하고 있었다.[30]

덩샤오핑은 1978년 4월 국무원 산하에 홍콩 사무 판공실을 개설하고, 랴오청즈를 조장으로 하는 영도소조를 조직했다. 랴오청즈는 그 직책에 관한 한 최상의 인선이라고 할 수 있다. 무엇보다 그의 고향이 후이저우(惠州) 부근의 작은 마을로 홍콩에서 50여 킬로미터밖에 떨어지지 않은 곳이기 때문이다. 이외에도 그는 홍콩과 일본에 깊은 관련이 있었다. 그는 1940년대 후반 홍콩에서 살았던 적이 있으며, 그의 사촌 여동생은 홍콩 수석 대법관의 부인이다.

랴오청즈의 첫 임무 가운데 하나는 문화 대혁명 이후 첫 번째 홍콩과 마카오 문제에 대한 회의를 준비하고 소집하는 일이었다. 회의는 근 1개월 동안 속개되었으며, 주제는 홍콩 사람들을 대륙과 소원하게 만드는 '극좌' 정책을 폐기하는 것이었으며, 주로 중국과 강아오(港澳, 홍콩과 마카오) 재계의 관계를 개선하는 데 중점을 두었다.

베이징에서는 홍콩을 이야기할 때 '강아오'라고 하여 마치 한곳인 양 말하는 것이 오랜 관행이었다. 덩샤오핑을 비롯한 중국 영도자들에게 아오먼(澳門), 즉 마카오는 주장 강 삼각주 및 홍콩과 마주보고 있는 포르투갈의 작은 식민지에 불과했기 때문에 상대적으로 그다지 중요하지 않았다. 경제적인 활력은 주로 홍콩에서 유입되었기 때문이다. 게다가 중국과 포르투갈의 조약은 1999년까지 유효했지만, 아오먼은 이미 대륙이 통제하고 있다고 해도 과언이 아니었다. 포르투갈은 1967년과 1974년 두 차례에 걸쳐 아오먼을 중국에 돌려주겠다고 제안했으며, 베이징과 이미 협정을 맺어 아오먼 귀환에 관한 방안을 대체적으로 그려 놓은 상태였다. 베이징은 이러한 결정이 극히 불안정한 홍콩 사람들의 민의에 부정적인 영향을 끼칠 것을 우려하여 협정을 비밀에 부쳤으며, 대외적으로 아직 아오먼 귀속에 관한 준비를 끝내지 못했다고 말했다. 이러한 연유로 덩샤오핑에게 '강아오'는 곧 홍콩을 뜻했다.

1949년부터 1978년까지 냉전 시기에 홍콩은 중국이 외부 세계와 소통하는 가장 중요한 창구였다. 홍콩의 영국 총독부는 공산당과 국민당의 공존을 허용했으며, 심지어 상호 첩보 활동도 용인했다. 그들이 공공연하게 전쟁을 일으키지 않고 영국 총독부가 법률과 질서를 유지하는 데 방해만 되지 않는다면 문제없다는 것이다.[31] 베이징은 외화를 벌어들이고 기술을 수입하며, 외부 세계의 정보를 얻는 창구로 홍콩을 이용했다. 1978년 이전까지 그 창구는 오직 한곳만 열려 있었기 때문에 홍콩과의 대륙의 관계가 여전히 극히 제한적이었다. 중국은 언제든지 홍콩이 식수와 식품 공급을 끊을 수 있었지만 문화 대혁명 기간에도 그런 일은 없었다. 1960년대 자신들을 수정주의라고 비판하는 중국에 신물이 난 소련은 홍콩 사람들에게 만약 중국이 정말로 수정주의에 반대한다면 아주 가까운 곳에 있는 제국주의 식민지를 회수함으로써 증명할 수 있을 것이라고 을러댔다. 베이징은 이에 대해 홍콩은 역사 문제에 속하기 때문에 적당한 시기에 해결할 수 있을 것이라고 대답했다. 베이징의 홍콩 전략은 "장기적으로 고려하고 충분히 이용한다.(長遠打算充分利用)"는 것이었다.[32]

'홍콩 주권 회수'의 문제를 해결하기 위해 덩샤오핑은 진지하게 준비했다. 1978년 그는 아직까지 이 사안을 처리하기 위한 지침을 마련하지 못한 상태였다. 당시 덩샤오핑은 다만 중국이 향후 홍콩의 발전을 유지, 보호할 것이라는 일반적인 보장만 했을 뿐이었다. 하지만 랴오청즈는 1978년 8월 19일 덩샤오핑의 지시에 따라, 홍콩에서 온 방문객들에게 홍콩은 장기적으로 기존의 제도를 유지할 수 있을 것이며, 중국은 홍콩에서 군중 운동을 일으키지 않을 것이라고 장담했다.[33]

1978년 11월 덩샤오핑은 동남아시아 순방과 최고 영도자가 되기 위한 준비로 몹시 바빴지만 잠시 시간을 내어 홍콩의 선박왕으로 당시 홍콩에서 가장 유명하고 아마도 가장 부자일 바오위강을 접견했다.[34] 덩샤오핑이 그를 높이 평가한 것은 단순히 그가 성공한 사람이기 때문이 아니라 세계 실업계에 대한 직접적인 지식 확보, 자신이 만난 세계 각국의 정치 지도자에 대한 예리한 관찰력, 홍콩 사업가들의 정신에 대한 솔직한 찬사, 실용적인 자세, 그리고 중국의 현대화를 위해 도움을 제공하고자 하는 진지한 태도 등 복합적인 요인 때문이었다. 중국 대륙 이외에 바오위강 가족만큼 덩샤오핑 가족과 밀접한 관련을 맺고 있는 가족은 없었다.[35] 1978년 11월 덩샤오핑과 바오위강은 홍콩 재계에서 중국의 현대화를 위해 할 수 있는 역할에 대해 본격적으로 논의했다.

1978년 12월 대외 경제 무역부 부장 리창(李強)이 홍콩으로 파견되어, 홍콩이 중국, 특히 광둥의 현대화에 어떤 도움을 줄 수 있는가를 살펴보았다. 리창은 홍콩을 방문하면서 중국은 장차 외국 사업가들의 투자를 수용할 것이며, 차관을 환영한다고 선언했다. 리창은 또한 홍콩 총독 머리 맥클레호스에게 베이징을 방문해 달라고 요청했다. 덩샤오핑은 맥클레호스가 런던에서 명망 있는 인물로 중국어에 능통하며 홍콩 주재 중공 대표와 괜찮은 업무 관계를 유지하고 있다고 들어 알고 있었다. 또한 그는 1997년 홍콩의 운명을 위해 최종적으로 영국인들과 진지한 논의가 필요하다는 것도 잘 알고 있었다.[36] 중국 측은 맥클레호스에게 구두로 초청한 후에 정식 초청장을 보냈다. 이는 중국의 장관급 인사가 홍콩 총독에게 보낸 첫 번째 서신이었다. 맥클레호스는 이러한 중국의 자세에 담긴 역사적 중요성을 인지하고, 이렇게 말했다. "중국 현대화 계획의 배경에 비추어 볼 때, 이는 매우 중요한 제안이다. 모든 이가 동의할 것이고, 물론나는 당연히 갈 것이다."[37] (4개 현대화에 관한 홍콩의 역할은 14장 참조)

1920년 덩샤오핑은 프랑스행 배에 올라 잠시 홍콩에 머물면서 그곳에 흥미를 느낀 적이 있었다. 그리고 1929년부터 1931년까지 광시에서 도시 폭동을 주도하도록 임무를 맡았을 때 홍콩에서 몇 달을 머물며 친숙해졌다.[38] 홍콩 섬(香港島)은 1842년 아편 전쟁 이후 영국에 할양되었고, 1860년 다시 대륙의 남단 끝머리인 주룽(九龍)도 또다시 할양되었다. 그리고 북쪽에 있는 '신계'는 1898년부터 1997년까지 99년 동안 영국에 조차되었다. 덩샤오핑은 이러한 기본적인 식민지 홍콩의 역사를 잘 알고 있었다. 또한 그는 중국의 다른 애국자들과 마찬가지로 세 가지 조약이 모두 비합법적인 것이며, 중국이 저항할 수 없는 상황에서 맺은 '불평등 조약'이라고 생각했다.

1949년부터 1978년까지 중국공산당은 홍콩에 자체 조직을 운영하고 있었으며, 일반 홍콩인들 가운데 일부 추종자를 거느리고 있었다.[39] 공산당은 국민당이나 영국인, 미국인을 포함한 모든 이와 서로 의심하는 관계였다. 하지만 대다수 홍콩 거주민은 행여 자신들에게 성가신 일이 생길까 두려워 마치 전염병처럼 정치를 회피했다. 홍콩 현지에서 신문과 잡지, 책을 출판하는 중공의 신화사 홍콩 지사는 대륙에 홍콩 및 세계 각지의 공개 또는 비공개 기밀이나 정보를 보고했으며, 외교부 또한 홍콩에 주재원을 파견하고 있었다. 중국은행 홍콩 지점은 대륙의 재정 이익을 다루었고, 화룬 집단은 대외경제무역부와 중국 지방 정부를 대표하여 사업을 도맡았다. 중국은 홍콩에 자체 소매점과 정보 조직, 그리고 좌파 학교와 노동조합을 갖고 있었다. 이들 조직은 베이징에 보고하면서, 중국공산당이 홍콩에서 크게 지지를 받고 있다고 지나치게 과장했다. 그래서 덩샤오핑을 비롯한 중국 영도자들은 홍콩 거주민들이 영국의 통치에 만족하고 있다는 사실을 과소평가했다. 사실 대다수 홍콩인들은 이제 막 문화 대혁명을 끝낸 중국이 뭔가 꿍꿍이를 꾸밀지도 모른다고 두려워하고 있었다.[40]

1979년 3월 24일 맥클레호스가 덩샤오핑과 만났을 때, 일부 영국 외교관들은 1997년 조약이 만료되는 신계 지역을 중국에 반환해야 할 경우 영국이 전체 홍콩의 주권을 포기해야 할지도 모른다고 이미 추측하고 있었다. 왜냐하면 홍콩의 신계 이외의 지역은 독립적인 행정 단위로 존재할 수 없기 때문이다. 당시 문화 대혁명에서 겨우 빠져나온 베이징 정권이 현대 자본주의 도시를 다스려 본 경험도 전혀 없고, 1950년대에 대륙의 모든 사기업이 사라졌다고 하는데 과연 홍콩의 안정과 번영을 유지하는 데 필요한 현명한 영도력을 제공할 수 있을까? 홍콩의 외국 기업가는 물론이고 중국인들도 이 점에 대해 심각하게 걱정하고 있었다. 홍콩 총독부의 영국 관리들이나 보통 시민들 역시 설사 영국인이 1997년 주권을 포기한다 할지라도 영국 관원들이 계속 홍콩을 관리할 수 있도록 중국이 허용해 줄 것을 희망했다.[41]

베이징 방문길에 영국 관리들은 덩샤오핑이 틀림없이 중국의 현대화를 위해 홍콩이 무엇을 도와줄 것인가에 대해 이야기할 것임을 이미 알고 있었다. 그러나 그들은 덩샤오핑이 맥클레호스를 만나 초장부터 홍콩의 최종 운명에 대해 언급할 줄은 전혀 예상하지 못했다. 덩샤오핑은 양국이 해결 방안을 논의하기에 앞서 홍콩은 중국의 일부분이라는 것을 전제로 삼아야 한다고 단언하면서, 다만 다음 세기 상당한 기간 동안 대륙에서 사회주의가 이행될지라도 자본주의 제도를 계속 유지할 수 있을 것이라고 말했다.[42] 덩샤오핑이 정식으로 '일국양제' 정책을 제시한 것은 3년이 지난 후였다. 그러나 그가 맥클레호스를 처음 만났을 당시 이미 이러한 정책의 핵심을 제시한 것이라고 말할 수 있다.

맥클레호스와 그를 수행한 중국 문제 전문가들은 만약 덩샤오핑에게 1997년 이후 영국이 계속해서 홍콩을 관리할 수 있겠느냐고 묻는다면 그의 분노를 야기할 것이라고 생각했다. 그래서 일단 간접적으로 접근하여, 협정이

1997년 이후에야 효력이 발생한다는 점을 감안하여 향후 15년 이상 남아 있는 조차(租借) 계약자에게 어떤 보장을 해 줄 것인가에 관한 문제를 제시하기로 결정했다. 같은 맥락에서 맥클레호스는 1997년 이후 형세가 불분명한 상황에서 홍콩의 투자자들이 새로운 차관과 대출, 그 밖의 투자 활동에 대해 우려하고 있다는 점을 언급했다. 그는 1997년 조차 계약 만기를 규정하는 공문서의 용어를 "영국이 계속 그 영지를 관리할 수 있다면"으로 바꿔 줄 것을 건의했다. 회담에 배석했던 맥클레호스의 수행자 퍼시 크래덕(Percy Cradock)의 기록에 따르면, 덩샤오핑은 상업상의 15년 임대차 계약과 신계 지역과 관련된 99년 동안의 정부 임대차 사이에 어떤 구별이 있는지 분명하게 이해하지 못했다.[43] 덩샤오핑은 조차 계약 문제에 관한 자신의 구체적인 관점은 굳이 표명하지 않고 투자자들은 안심해도 좋다는 말만 했다.[44] 하지만 중공의 간부들이 다수 홍콩에 파견되는 것에 대해 우려하고 있다고 말하자 덩샤오핑은 즉시 중국은 이러한 문제가 발생하지 않도록 조치를 취할 것이라고 대답했다.

맥클레호스는 홍콩으로 돌아간 후 베이징 회담의 구체적인 내용에 대해 공개하지 않았다. 다만 중국은 결코 투자자들의 이익에 손해를 주지 않을 것이라는 덩샤오핑의 말만 전달했다. 홍콩 거주민들은 그 말을 듣고 한결 홀가분해졌다. 게다가 중국의 개방된 분위기는 그들에게 좋은 인상을 심어 주었고, 홍콩 매체들도 3중전회 이후 덩샤오핑이 중국을 더욱 실용주의 노선으로 이끌고 있다는 보도를 내보냈다. 이러한 것들이 홍콩 사람들을 더욱 안심시켰다. 그 이듬해 홍콩의 주가와 부동산 가격이 극적으로 상승했다.[45]

이후 몇 개월 동안 영국 고위급 관리들이 베이징으로 날아가 덩샤오핑 및 중국 관리들과 회담했다. 화궈펑도 11월 영국을 방문했다. 모든 영국 관리는 자신들과 상대하는 중국 관리들에게 똑같은 기본 관점을 전달했다. 홍콩에 관한 조기 결정이 중요하다는 것이었다. 하지만 덩샤오핑은 여전히 협상 진행 준비조차 착수하지 않고 그저 자신이 맥클레호스에게 이야기했던 말만 되풀이하고 있었다. 홍콩은 1997년 이후에도 자체 제도를 보유할 수 있으며, 중국은 투자자의 이익을 보장하겠다는 것이었다.[46]

1980년 12월 정치국 회의는 마오쩌둥에 대한 역사 평가와 화궈펑에 관한 문제를 해결했다. 이는 덩샤오핑이 홍콩 문제를 처리하는 데 중요한 돌파구가 되었다. 이러한 진전은 덩샤오핑이 더 이상 주권 회복 이후 홍콩에 50년 동안 자본주의 제도를 허용하는 것에 반대하는 보수파를 걱정할 필요가 없다는 것을 의미했다.

　　후야오방과 자오쯔양을 선두에 내세운 새로운 집단을 꾸린 후 덩샤오핑은 자신의 영도 집단이 현대 자본주의 도시를 관리할 수 있는 능력을 구비할 수 있을 것이라는 믿음을 가질 만했다.

　　1981년 초 덩샤오핑은 홍콩의 미래에 대한 협상을 시작할 것에 동의했다. 레이건이 1981년 대통령에 당선된 후 덩샤오핑은 대만 문제에 관한 한 더 이상 빠른 진전이 불가능하다는 것을 알고 자신의 핵심적인 사업 방향을 홍콩으로 바꾸어 중국 정부가 대만 수복에 연약한 모습을 보이는 것에 불만을 품고 있는 애국 청년들의 관심을 홍콩 주권 회수 투쟁으로 돌릴 생각이었다. 덩샤오핑은 이 일에 관한 한 성공에 필요한 충분한 영향력을 가지고 있었다. 중국은 홍콩에 주둔하고 있는 소규모 영국 군대가 도저히 대항할 수 없을 정도로 대규모 군대를 국경 부근에 주둔시키고 있으며, 홍콩의 식품과 용수를 통제할 수 있었다. 이외에도 중국은 1981년 초부터 바오위강 등 홍콩 재계 지도자들과 업무 관계를 유지하고 있었다. 처음 대만 문제 해결을 위해 제시한 일국양제 정책이 있었기 때문에 중국과 홍콩 관계에도 보다 쉽게 적용할 수 있는 틀이 마련된 셈이었다. 만약 홍콩 사람들을 안심시키는 데 성공하기만 한다면 아마도 대만 민중의 통일에 대한 공포를 줄이는 데도 큰 도움이 될 것이 분명했다.

　　1981년 3월 강아오 판공실은 베이징에서 홍콩의 미래에 대한 회의를 소집했다.[47] 당시 회의에서 외교부 부부장 장원진은 다음과 같은 덩샤오핑의 생각을 전달했다. 홍콩을 회수하지 않으면 우리는 장차 조종(祖宗)을 볼 면목이 없을 것이며, 10억 중국 인민과 후대 자손들, 그리고 제3세계 인민들 앞에서도 낯을 들 수 없을 것이다. 이렇게 말한 다음 그는 문제는 순리적으로 해결될 것이며, 향후 누구도 신계 지역에 관한 임대차 계약이 만료된 후에도 영국이 홍콩을 계속

관리하도록 허용한다는 의견을 제기할 수 없을 것이라고 말했다.[48]

영국이 군대를 파견하여 홍콩을 방어하는 일은 거의 불가능에 가까웠지만 당시 영국이 포클랜드 군도 파병을 고려하고 있었기 때문에 중국 역시 영국이 홍콩에 대해 유사한 행동을 취할 가능성을 완전히 배제할 수 없었다. 항상 가장 나쁜 경우를 대비하는 데 익숙했던 덩샤오핑은 영국이 출병할 경우 어떻게 대처해야 할 것인가에 대해서도 나름의 방책을 강구했다. 그래서 1982년 9월 마거릿 대처(Margaret Thatcher) 영국 총리가 베이징을 방문하기 일주일 전 리셴녠 등과 만난 자리에서 중국은 무력을 사용하여 홍콩을 보위하는 최후의 수단을 준비해야 한다고 말했던 것이다.

홍콩의 주권을 완전히 회수하기로 결심하자 덩샤오핑은 중국 관리들에게 즉각 문건 초안 작성에 돌입하여, 중국 내부에서 1997년 홍콩을 어떻게 통치할 것인가에 대해 토론할 수 있도록 준비시켰다. 덩샤오핑도 홍콩에 관한 보고서를 읽거나 홍콩 재계 인사를 만났다. 예를 들어 친중국 성향으로 전국인민대표로 선출된 홍콩 사업가들이 전국인민대표대회에 참가했을 때 그들을 만나 홍콩에 관한 생각을 나누었다.[49]

다른 중국 관리들과 마찬가지로 덩샤오핑 역시 1979년부터 1997년까지 영국이 이른바 '독약'을 남겨 놓아 1997년 중국이 주권을 행사하게 되었을 때 통치 문제를 복잡하게 만들지도 모른다고 염려했다. 영국은 자국 회사들이 대형 공공사업에 참여토록 독려하여 홍콩의 자산을 빼내고 정부에 부채만 남겨 둘 수도 있다. 홍콩 총독부가 대량으로 토지를 매입하여 1997년 이후 중국인들이 수입 재원으로 삼을 만한 땅이 없을 수도 있다. 영국 총독부에서 정부 관리들의 봉급을 올려 1997년 이후 중국이 예산 균형을 이룰 수 없도록 만들 수도 있다. 이렇듯 중국 관리들은 여러 가지 가능성에 대해 염려했다. 그러나 덩샤오핑을 비롯한 여러 간부는 나중에야 비로소 알게 된 또 하나의 독약만은 전혀 예견하지 못했다. 그것은 '민주'개혁으로 정부의 권력을 약화시킨다는 것이었다.

1981년 12월 21일부터 1982년 1월 6일까지 개최된 통전회의(統戰會議, 통일전선회의)에서 홍콩의 미래에 대한 베이징의 기본 입장이 제출되었다. 회의가 끝나고 얼마 후 중국과 영국은 초보적인 협상을 시작했다. 1982년 1월 6일 영국 외무부 장관 험프리 앳킨스(Humphrey Atkins)가 자오쯔양 총리와 회담했다. 당시 회담에서 베이징 당국은 처음으로 협상 개시와 더불어 구체적인 사안을 토론할 준비를 마쳤다. 자오쯔양은 앳킨스와 회담하면서 홍콩은 앞으로도 자유항과 상업 금융의 중심지로 남을 것이며, 중국은 홍콩의 계속 번영을 보장할 것이라고 말했다. 방문이 끝난 후 양국은 화궈평 주석이 1979년 11월 영국을 방문한 것에 대한 답방으로 마거릿 대처 총리가 1982년 가을 중국을 방문할 것이며, 향후 쌍방이 성실하게 협상을 시작할 것이라고 공식 발표했다.[50] 1982년 3월 덩샤오핑은 1월 통전회의에서 제출한 기본 방안을 비준하고, 이를 당 중앙에 넘겼다.

몇 개월 후 덩샤오핑은 수차례 홍콩 문제와 관련된 토론에 참가했다. 그는 홍콩의 열두 개 단체 관계인들과 만났으며, 바오위강과 그 외에 오랫동안 대륙과 우호적 관계를 유지하고 있는 사업가 훠잉둥(霍英東) 등 여러 사람과 개인 면담을 가졌다.[51] 영국 관리들과 만났을 때 덩샤오핑은 1997년 이후 정치 권력은 홍콩인의 수중에 들어갈 것이라고 장담했다. 일관되게 후계자 육성을 강조해 온 덩샤오핑은 남은 15년 안에 홍콩의 재계, 교육계, 문화계 인사들이 전도유망한 홍콩 '애국' 청년을 추천하여 1997년 이후 사회 여러 분야의 직무를 이어받아 평온하게 업무를 인계하고, 안정과 번영을 지속할 수 있도록 해 달라고 요청했다.[52] 덩샤오핑이 만난 주요 인사 가운데 한 명은 홍콩대학의 학장인 황리쑹(黃麗松)이다. 홍콩대학은 홍콩 고등 교육을 선도하는 교육 기관으로 미래의 정부 관리들을 육성하는 데 중요한 역할을 하고 있었다.

1982년 4월 6일 전 영국 총리 에드워드 히스를 만난 자리에서 덩샤오핑은 1월 회의에서 제기된 '십이조(十二條)'를 인용하면서 아주 자세하게 홍콩의 앞날에 대해 이야기했다. "홍콩은 향후에도 자유항과 세계의 금융 중심지가 될 것이다. 홍콩은 영국인을 포함한 여러 나라 인사들이 포함된 홍콩 사람들에 의해 관리될 것이다. 홍콩은 자본가들이 이끌면서 사회 각 계층의 모든 이를 포용하게 될 것이다. 홍콩은 앞으로 '홍콩 차이나(Hong Kong, China)'로 부를 것이나 일체의 상업 활동은 예전과 아무런 변화가 없을 것이다." 덩샤오핑은 또한 히스에게 이렇게 말하기도 했다. "우리 중국의 신헌법 규정에 따라 특별 행정구 설립이 허가될 것입니다."[53]

대처 총리의 중국 방문

대처 총리는 1982년 6월 포클랜드 전쟁에서 승리를 거둔 후 얼마 되지 않은 9월 22일 베이징에 도착했다. 그녀는 전쟁 승리로 자신감이 넘쳤으나, 그의 고문인 에드워드 유드(Edward Youde)를 포함한 몇몇은 오히려 그것이 걱정이었다. 그들은 1997년 이후 홍콩의 주권을 영국이 계속 보유하도록 덩샤오핑에게 허가받는 일이 얼마나 불가능한 것인지 충분히 설명하지 않은 상태였다. 영국 외무부의 중국 문제 전문가인 퍼시 크래덕과 앨런 도널드는 대립을 피하기 위해 덩샤오핑의 결심을 정확하게 이해시키려고 애썼다.[54] 하지만 자신감에 사로잡힌 '철의 여인' 대처는 1997년 이후 홍콩의 주권을 계속 보유하겠다는 영국의 의견을 중국이 고려하지 않겠다고 한 것은 단지 협상 조건에 불과하다고 오인했다.[55] 대처는 베이징에서 먼저 자오쯔양과 회담을 가졌다. 자오쯔양은 회담 이전에 홍콩 기자들을 만나 중국은 당연히 주권을 회수할 것이며, 주권 이양은 홍콩의 번영과 안정에 전혀 영향을 주지 않을 것이라고 말했다. 그가 중국의 기본 입장을 매체에 먼저 언급한 것은 대처에게 중국의 이러한 관점이 협상 대상이 아님을 전할 의도였다. 덩샤오핑도 대처를 만난 자리에서 똑같은 관점을 표명했다.[56]

9월 24일 오후 '철강 회사' 덩샤오핑과 '철의 여인' 대처가 만나 두 시간 반 정도 회담을 가졌다. 대처는 나중에 이 회담에 대해 "거칠었다.(abrasive)"라고 회고했다. 그러나 당시 회담에 배석했던 영국 외교관의 말에 따르면, 덩샤오핑과 맞서는 대처의 이야기가 지나치게 과장되었고, 쌍방이 대치하고 있다는 느낌은 오히려 회담이 끝난 후 대처가 대중 매체와 이야기한 내용과 이에 대한 중국 측 반응 때문이었다. 영국 측 참석자의 말에 따르면, 대처는 웅변적이고 대단히 매력적으로 자신의 의견을 전달했으며, 다른 한편으로 덩샤오핑이 지니고 있는 거의 제한 없는 권위에 대해 깊은 인상을 받았다.[57] 덩샤오핑은 회담 초반부터 중국은 1997년 주권을 회수할 것이고, 홍콩의 번영을 지지하며, 아울러 영국 정부의 협조를 얻을 수 있기를 희망한다고 단언했다.[58] 하지만 대처는 영국 측에서 볼 때, 세 가지 조약에 근거하여 홍콩은 영국에 속하며, 그 조약은 국제법상 유효하기 때문에 쌍방의 협의를 통해야만 바꿀 수 있다고 대답했다. 그녀는 영국이 과거 150년 동안 홍콩을 어떻게 관리해야 하는가를 배웠으며 지금까지 잘 운영해 왔다고 말했다. 그리고 계속해서 홍콩의 번영과 안정에 대한 보장을 마련한 후에야 주권 문제를 논의할 수 있을 것이라고 말했다. 영국이 통치해야만 홍콩의 번영과 안정을 보장할 수 있고, 영국의 이러한 보장이 존재하지 않는다면 사업가들도 더 이상 투자를 원치 않을 것이라는 뜻이었다. 그렇지만 대처가 양보한 부분도 없지 않았다. 만약 홍콩 관리에 관한 만족할 만한 합의가 이루어진다면 자신도 영국 의회에 주권 문제와 관련된 건의를 고려해 보겠다는 것이었다. 그래서 쌍방은 만족할 만한 합의를 찾기 위해 외교 통로를 통한 협상을 시작하기로 했다.

덩샤오핑은 대처의 제의를 분명하게 거절했다.[59] 그는 세 가지 중요한 문제가 있다고 했다. 다시 말해 첫 번째는 주권의 문제이고, 두 번째는 1997년 이후 중국이 홍콩의 번영을 유지하기 위해 어떻게 다스릴 것인가의 문제이며, 세 번째는 중국과 영국 정부가 1997년 이전에 큰 혼란이 발생하지 않도록 어떻게 미연에 방지할 것인가의 문제라고 했다. 그가 다시 입을 열었다. "주권 문제는 토론할 수 있는 문제가 아닙니다. 중국은 이 문제에 관한 한 변통의 여지가 없습니다." 그는 자신이 예전 불평등 조약을 체결한 이홍장이 될 생각이 없다고 하면서 주권이란 완전한 주권을 의미한다고 말했다. 아울러 1997년 이후 홍콩의 번영을 위해 현재 홍콩의 정치 제도와 법률 대부분은 향후에도 계속 유효할 것이고, 중국은 홍콩 사람들과 광범위한 협의를 진행하며, 영국 투자자를 포함한 모든 투자자에게 유리한 정책을 제정할 것이라고 말했다. 다만 자신이 영국 정부나 재계를 만족시키는 데는 한계가 있을 것이라 말하고, 다음과 같은 경고를 잊지 않았다. 만약 홍콩의 영국 정부가 1997년 이전에 심각한 저항을 불러일으키거나 홍콩으로부터 막대한 자금을 인출해 간다면 중국은 "부득불 (홍콩) 회수의 시간과 방식에 대해 달리 고려하지 않을 수 없을 것"이라고 했다. 덩샤오핑은 자신이 영국과 협조할 것이며, 쌍방이 즉각 외교 통로를 통한 협상 진행을 동의한다는 점을 분명히 밝혔다.[60] 아울러 그는 만약 쌍방이 2년 내에 주권 이양에 관해 만족할 만한 협의에 도달하지 않는다면 중국은 단독으로 자체 정책을 선포할 것이라고 덧붙였다.[61] 베이징 주재 외교관들 사이에 덩샤오핑이 뭔가 강조할 때면 종종 타구를 사용한다는 사실이 널리 알려져 있었는데, 현장에 있던 사람의 말에 따르면, 당시에도 덩샤오핑은 대처와 회담하면서 자주 타구를 이용했다.[62]

대처 총리는 덩샤오핑과 회담을 끝내고 바깥 계단을 내려가다가 한 특파원의 질문에 잠시 정신이 빠져 다리를 삐끗하여 그만 무릎이 땅에 닿고 말았다. 텔레비전 카메라 기자가 그 장면을 포착해 내 홍콩 저녁 뉴스 시간에 내보냈다. 그리고 이후 홍콩 텔레비전은 계속해서 그 장면을 재방송으로 내보냈다. 그 장면은 마치 대처가 덩샤오핑의 강경한 태도에 놀라 고개를 숙이고 절을 하려다 다행히 옆에 있던 퍼시 크래덕의 부축으로 겨우 되살아난 것 같다는 느낌을 주었다.[63]

나중에 대처 총리는 덩샤오핑에 대해 대단히 직설적이지만 무례한 것은 아니었다고 긍정적으로 평가했다. 대처가 베이징을 떠나기 전에 주최한 송별 연회에 자오쯔양이 주빈으로 참석했다. 덩샤오핑이 김일성이 주최하는 연회에 참석했기 때문이다. 대처는 연회에서 보다 유화적인 태도로 자오쯔양에게 회담을 통해 중국에 대해 보다 분명하게 이해할 수 있게 되었다고 하면서, 중국 속담을 인용하여 이렇게 말했다. "한 번 보는 것이 백 번 듣는 것보다 낫군요.(百聞不如一見)"[64]

쌍방 대표단에서 입안한 대처와 덩샤오핑 회담 성명서에는 다음과 같이 기록되어 있다. "양국 지도자는 우호적인 분위기에서 홍콩의 미래에 대해 심도 있는 회담을 거행했다. 쌍방 지도자는 문제에 대한 각자의 입장을 표명했다. 쌍방은 홍콩의 안정과 번영의 유지를 공동의 목표로 삼으며, 방문 이후 외교 통로를 통해 협상을 시작하는 것에 동의했다."[65] 덩샤오핑과 달리 대처는 영국이 홍콩에서 이루어 낸 역사적 역할에 대해 자부심을 가졌으며, 기존의 조약이 합법적인 것이라고 확신했다. 중국을 떠나기 전 그녀는 BBC와의 인터뷰에서 이렇게 말했다. "만약 일방 당사자가 조약이나 또는 협의에 대해 '나는 동의할 수 없다거나 파기'하겠다고 말한다면, 당신은 그들이 새로운 조약을 존중할 것이라고 믿기 어려울 것입니다." 대처가 홍콩에서 기자 회견을 할 때도 똑같은 말을 반복하자 영국 외무부의 중국 문제 전문가들은 움찔했다. 그녀의 이러한 발언이 지금까지 자신들이 이루어 놓은 베이징과의 친선 관계를 약화시킬 것임을 알았기 때문이다. 그들이 예상한 대로 중국 측은 이에 대해 강력하게 항의했다. 대처가 중국을 방문한 후 일주일 만에 홍콩의 주가는 25퍼센트나 폭락했고, 항셍(恒生) 주가 지수도 6월 1300선에서 10월 772선으로 곤두박질 쳤다.[66]

대처 총리의 방중 이후 쌍방의 협상이 연기되었다. 중국 측이 1997년 중국이 주권을 완전히 회수한다는 것을 합의 협상의 전제이자 토대로 삼아야 한다고 주장했지만 대처가 이러한 조건을 받아들이지 않았기 때문이다. 이후 중국은 1983년 2월 말에, 영국은 1997년 이후 홍콩의 정책에 관한 일방(중국 단독)의 방안 초고가 거의 완성되었다는 소식을 듣게 될 것이라고 경고했다. 실제로 만약 협상이 이루어지지 않을 경우 중국 측은 1984년 9월 자신들의 홍콩 미래에 관한 방안을 선포할 예정이었다.[67] 베이징의 퍼시 크래덕 대사와 홍콩 총독 에드워드 유드는 중국 측이 6월 개최되는 전국인민대표대회에 자신들의 단독 방안을 제출할지도 모른다고 심히 걱정했다. 그래서 3월 초 런던으로 날아가 대처와 의견을 나누었다. 당시 홍콩 증시는 또다시 최저 수준을 갱신했으며, 대처도 중국 측이 주권 문제에 관한 한 절대로 양보하지 않을 것이라는 사실을 믿기 시작했다. 난국을 타개하기 위해 크래덕은 대처를 만나 자오쯔양에게 서신을 보내 그녀가 베이징에서 했던 말을 재차 천명할 수 있지만 어휘를 조금 고쳐 만약 홍콩 사람들이 만족할 만한 방식을 따른다면 의회에 주권 이양을 건의할 준비를 하겠다고 말하는 것이 좋겠다고 건의했다. 대처는 그의 건의를 받아들여 1983년 3월 9일 서신을 보냈다. 서신은 협상 이전에 반드시 주권문제에 합의해야 한다는 중국 측의 요구를 만족시키지 못했다. 그래서 중국 측은 즉각 답변을 하지 않고, 2개월이 지난 후에야 협상 진행에 동의했다. 덩샤오핑은 나중에 전국인민대표대회에 참석한 홍콩 대표들을 만난 자리에서 자신이 협상의 의사 일정에 관해 고집을 피우지 않은 것은 영국인들이 난처한 상황에서 벗어날 수 있도록 하기 위함이었다고 말했다. 쌍방이 진전된 협의를 위해 동의한 의제는 첫째, 1997년 이후 홍콩의 번영과 안정을 유지하기 위한 협의, 둘째, 1997년 이전에 관한 협의, 셋째, 주권 문제였다. 첫 번째 협상은 7월 12일에 개최되었는데, 대처가 중국을 방문한 지 이미 10개월이 흐른 뒤였다.[68]

협상을 준비하고 아울러 홍콩 각계의 주요 인사들과 관계를 맺으며, 1997년 이후 홍콩을 인수할 관리들을 배양하기 위해 덩샤오핑은 홍콩에 고위급 당 간부를 파견해야 한다고 생각했다. 홍콩에 파견할 고위급 관리는 홍콩 각계의 영향력 있는 인사들과 공개 토론에 참여할 수 있도록 상당한 자유가 부여되고, 베이징의 고위급 인사들에게 직접 보고할 수 있어야 했다. 덩샤오핑은 베이징의 생각을 잘 이해하면서 아울러 홍콩의 지도급 인사들과 동등하게 어울릴 수 있으며, 대륙 고위층에 전면적이고 솔직하게 보고할 수 있을 것이라는 믿음을 줄 사람이 필요했다. 그가 생각하고 있는 이는 바로 쉬자툰이었다.

1983년 덩샤오핑은 집안 식구들을 데리고 춘절을 보내기 위해 상하이로 가는 길에 부근의 장쑤를 들렀다. 그때 장쑤성위 서기인 쉬자툰이 덩샤오핑을 안내했다. 1975년 덩샤오핑이 전국적으로 정돈을 실시할 당시 쉬자툰은 처음에는 난징, 그다음에는 장쑤 성 전역의 정돈 사업에 핵심적인 역할을 맡았으나, 덩샤오핑은 그에 대해 모르고 있었다. 1983년 춘절에 두 사람이 처음 만난 것은 쉬자툰이 덩샤오핑에게 장쑤 성의 발전 상황을 보고하는 자리였는데, 원래 20분으로 정해졌으나 이야기가 두 시간이나 계속되었다. 쉬자툰의 영도에 따라 장쑤의 국민 총생산은 과거 6년에 비해 배가했으며, 그들이 만났을 당시 장쑤의 농공업 생산량 또한 전국에서 으뜸일 정도였다. 상하이 인근의 연해 지역인 장쑤 성 역시 국제 무역에 뛰어들었는데, 쉬자툰이 바로 시장 발전의 선두에 선 인물이었다. 이런 이유로 장쑤의 신중한 경제 계획자들은 불만을 품고 천윈에게 보고했다. 실제로 천윈은 쉬자툰을 장쑤에서 쫓아내려 했지만 오히려 그를 대담한 개혁파로 여긴 덩샤오핑은 그가 그곳에서 계속 일할 수 있도록 했다.

고위급 간부 임면을 책임지고 있는 후야오방은 덩샤오핑이 쉬자툰을 높이 평가하고 있다는 것을 잘 알고 있었다. 그래서 춘절에 덩샤오핑이 쉬자툰을 만나고 얼마 후에, 후야오방은 덩샤오핑에게 쉬자툰이 홍콩에서 새로운 직책을 맡을 수 있도록 건의했다. 덩샤오핑의 동의를 얻은 후 1983년 4월 후야오방은 쉬자툰에게 홍콩으로 가서 대륙과 홍콩의 관계를 전적으로 책임지고 1997년의 과도기를 대처하기 위해 준비하라고 통지했다.[69] 1983년 6월 30일 중국과 영국의 1차 협상이 끝났다. 그리고 얼마 후 쉬자툰은 공식적으로 중공중앙홍콩·마카오공작위원회(中共中央港澳工作委員會) 당 조직 서기로 임명되어 홍콩으로 파견되었다. 그의 주요 직무 가운데 하나는 홍콩의 유력 인사를 선발하여 그들의 베이징 방문을 주선하여 덩샤오핑과의 만남을 준비하는 것이었다.[70]

부임 준비를 하면서 그는 베이징으로 가서 이후 자신이 홍콩 문제에 대해 직접 관계를 맺게 될 영도자들, 즉 덩샤오핑을 제외한 리셴녠, 자오쯔양, 후야오방, 양상쿤, 완리, 지펑페이(姬鵬飛), 후치리 등을 예방했다. 그는 그들이 모두 홍콩의 과도기를 제대로 영도하려면 홍콩의 중국공산당 조직에 대한 과감하고 극적인 개혁이 필요하다고 절실히 느끼고 있음을 발견했다. 당시 중공 조직 구성원은 주로 광저우 현지 사람들로 이루어져 있었다. 그들은 좌파 구호를 반복하는 데 익숙하여 수십 년 동안 홍콩의 상계와 재계 지도자들을 비판하기만 했다. 그들은 홍콩의 미래에 대해 상상력을 발휘할 수 있는 능력이 거의 전무했다. 비록 그렇기는 하지만 쉬자툰은 궁극적으로 홍콩의 공산당을 창조적으로 변화시켜 새로운 단체로 만들고, 이를 통해 상상력이 풍부하고 베이징에 협조할 수 있는 새로운 성원으로 육성하여 1997년 자신의 고향인 홍콩을 관리할 수 있는 인재로 만들 수 있을 것이다. 이렇게 해서 육성한 지도자들이 반드시 당원일 필요는 없으나 그들도 새로운 중공의 엘리트와 협조하기를 원하게 될 것이다.

쉬자툰이 부임하기 전에 예방한 간부 가운데 랴오청즈도 포함되어 있었는데, 아쉽게도 그가 홍콩으로 떠나기 전인 6월 10일에 그만 세상을 떠나고 말았다. 나중에 덩샤오핑은 리셴녠과 자오쯔양에게 홍콩 사무를 책임지도록 했다. 베이징에서 홍콩 문제를 처리하는 일상 공작은 전 외교부장인 지펑페이가 맡았고, 홍콩에서는 쉬자툰이 맡았다.

홍콩에서 쉬자툰의 공식 신분은 신화사 홍콩 지사장이었다. 그는 평소 지사장 신분으로 공식 행사에 참가했지만, 그의 권력이 중공중앙강아오공작위원회 서기라는 직책에서 나온다는 것은 이미 공공연한 비밀이었다. 그의 홍콩 도착은 많은 이의 관심 대상이 되었다. 왜냐하면 당시까지 그가 중공에서 홍콩에 파견된 가장 높은 고위급 관리였기 때문이다. 과거 신화사 홍콩 지사장은 주로 외교부 출신의 광둥 현지 사람이었다. 그러나 쉬자툰은 베이징 표준말을 사용했다. 그의 부임은 이제 중앙의 영도자들이 홍콩을 국가 대사로 간주하고 있음을 반영하는 것이었다.[71]

쉬자툰은 베이징을 떠나 홍콩에 가기 전, 항상 홍콩에서 겨울을 보내며 현지 지식인들과 밀접한 관계를 맺고 있는 노벨상 수상자 양전닝을 만나 대륙이 홍콩에 대해 더욱 많은 것을 이해할 수 있도록 하라는 충고의 말을 들었다. 쉬자툰은 그의 말에 따라 양전닝의 동생인 양전한(楊振漢)을 초빙하여 홍콩에서 작지만 독립적인 두뇌 집단을 조직하고, 중국 관리들을 위해 홍콩의 경제와 학술 동향을 분석하고 설명하도록 했다. 또한 쉬자툰은 중국사회과학원의 학자들을 홍콩으로 데리고 가서 홍콩과 세계 경제 속에서 홍콩의 위상에 대한 베이징의 이해를 높일 수 있도록 했다.

쉬자툰이 홍콩에 도착한 후 공교롭게도 중국과 영국의 2차 협상이 막 시작되었다. 그래서 그가 해야 할 첫 번째 일은 베이징의 중국 측 협상 인사들이 현지 상황을 이해할 수 있도록 도와 다음 협상을 준비할 수 있도록 하는 것이었다. 처음에 대다수 홍콩 사람들은 쉬자툰이 중공의 홍콩 통제를 강화할 것이라고 의심하고 그에 대한 경계심을 풀지 않았다. 하지만 쉬자툰의 개방적인 태도와 홍콩을 이해하려는 진실한 소망으로 인해 홍콩 사람들의 신임을 얻었다. 그는 중국이 1997년 홍콩을 회수하지만 이를 걱정할 필요가 없다고 하면서 모든 것이 원래 그대로 유지될 것이라고 말했다.[72] "1997년 이후에는 어떻게 될까?" 이는 당시 홍콩 사람들이라면 누구나 갖고 있던 수수께끼였다. 그 답은 "1998년이 올 따름이다."라는 것이었다. 쉬자툰은 학교와 은행, 회사를 방문했고, 각종 집회나 기념행사, 체육 행사 등에서 연설했고, 가난한 시민들과 대화를 나누고, 각종 공공 기관을 참관했다. 그는 실제로 그림자 총독이 되었으며, 비공식적으로 '총독'으로 불리기도 했다. 신화사 홍콩 지사 본부에서 그는 전도유망한 현지인들을 선발하여 자신의 참모진을 구성했다. 그들의 숫자는 100명에서 400여 명으로 크게 불어났다. 그는 그들을 분류하여 홍콩 정부의 다양한 부문과 신계의 모든 민정(民政) 사무처에 대해 파악하도록 지시했다. 그들은 쉬자툰이 수시로 모든 영역의 동태를 파악하는 데 도움을 주었다. 홍콩을 이양받기 전 15년 동안 그들은 명실상부한 '견습 정부'가 되었다.[73] 이렇게 실력을 증명할 수 있는 이들이 1997년 이후 주요 직무를 담당할 것이 분명했다.

쉬자툰은 홍콩에 도착하고 3개월이 지난 후 베이징으로 돌아가 자오쯔양과 리셴녠에게 홍콩의 전체 분위기와 경제 상황, 그리고 현지 중공 관리들의 자질에 대해 보고했다. 그가 관찰한 내용을 듣고 베이징의 영도자들은 의아하게 생각했다. 오랫동안 베이징의 기호에 맞추는 일에 익숙해진 홍콩의 중공 당원들은 홍콩 거주민들이 제국주의에 대항하고, 대륙이 홍콩을 해방시켜 주길 절절하게 바라고 있다고 마치 만트라(mantra, 불교의 주문)처럼 되풀이하여 보고할 뿐이었다. 또한 베이징의 호의를 얻으려고 애쓰는 홍콩의 사업가들도 중공이 영도할 앞날에 대해 홍콩 사람들이 얼마나 열렬하게 기대하고 있는지에 대해 보고할 따름이었다. 그러나 쉬자툰은 오히려 용감하게 불편한 진실을 전했다. 홍콩 사람들은 공산당에 대해 뿌리 깊은 불신을 가지고 있으며, 때로 앞날이 캄캄하다고 느낀다는 것이었다.[74] 그는 계속해서 홍콩의 중국계 사업가

(華商)들은 홍콩의 영국 행정부와 법치를 존중하고 있으며, 베이징이 과연 홍콩을 제대로 이끌 수 있는 능력을 갖추고 있는가에 대해 회의적이라고 말했다. 이외에도 그는 1949년 이후에 대륙에서 도피한 홍콩 상인들은 절대로 다시는 공산당을 믿지 않겠다고 작심하고 있다고 말하고, 그들은 공산당이 1950년대에 자신들에게 협조하는 상공계 인사들을 잘 대해 주겠다는 약속을 저버리고, 오히려 그들을 박해하고 기업마저 몰수했음을 직접 눈으로 보았다고 말했다.[75] 쉬자툰의 보고에 불안을 느낀 리셴녠은 새롭게 홍콩의 민심을 얻는 것이 가장 중요한 일이라고 대답했다.[76]

쉬자툰의 보고는 각성제 역할을 했다. 하지만 그것이 주권을 회수하려는 덩샤오핑의 전체 계획에 변화를 준 것은 아니었다. 아무런 소득 없이 끝난 2차 협상 이후 중국은 1997년 이후 홍콩을 위한 12조의 원칙을 제정하여 공포했다. 이는 영국 측 협상자들에게 만약 1984년 9월까지 협상이 끝나지 않는다면 중국 측에서 단독으로 자체 방안을 마련할 것이라는 사실을 새삼 일깨워 주기 위함이었다. 1983년 9월 10일 교착 상태에 빠진 3차 협상이 끝난 후 덩샤오핑은 영국 전 총리 히스와 만났다. 덩샤오핑은 주권과 통치권을 맞바꾸려는 영국의 책략은 통하지 않을 것이라고 분명히 말했다. 그는 또한 향후 어떤 것도 1997년 중국의 홍콩 주권 회수를 막을 수 없으니, 대처와 영국 정부가 현명한 태도로 협력의 길을 차단하는 일이 없기를 바란다고 말했다. 덩샤오핑은 영국이 다음 협상에서 생각을 바꾸어 중국과 함께 평온한 이양을 보장할 수 있는 방안을 제정할 수 있기를 희망했다.[77]

4차 협상도 아무런 진전이 없자 이에 따라 홍콩 화폐 가치가 역사상 가장 낮은 수준으로 떨어지고, 상점마다 사재기 열풍이 불며, 막대한 자본이 홍콩에서 국외로 유출되기 시작했다. 심지어 일부 부유층은 캐나다 등지에서 부동산을 매입하기도 했다. 많은 이가 이는 홍콩이 제2차 세계 대전 이래로 가장 심각한 위기에 직면했다고 생각했다. 크래덕은 대처의 동의를 얻은 후 일부 조건을 토대로 중국 측이 제시한 1997년 이후 무엇을 해야 할 것인가에 관한 문제를 논의할 것을 제의했다. 중국 측은 5차 협상에서 영국이 비교적 유연한 태도를 보이는 것에 대해 기쁘게 생각했다. 하지만 중국은 여전히 영국이 전략적인 계책을 짜고 있다고 의심하고 있었기 때문에 협상은 더 이상 진전 없이 끝이 나고 말았다.[78]

6차 협상에서 크래덕은 1997년 이후 중국의 정책에 대해 보다 분명하게 알 수 있기를 진정으로 희망한다고 말하면서, 만약 만족할 만한 합의를 이끌어 낼 수 있다면 영국 측은 1997년 이후 통치권을 포기할 준비가 되어 있다고 말했다. 그의 발언은 협상의 전기를 마련했다. 6차 협상이 끝난 후 중공 매체는 더 이상 영국의 입장을 비난하지 않았다. 이제는 중국 측이 자신들의 방안을 제시할 차례였다. 하지만 그들은 7차 협상에서도 아직 새로운 제의를 준비하지 못했다. 1984년 1월 25일부터 26일까지 열린 8차 협상에서 쌍방의 회담은 보다 생산적으로 바뀌었다. 영국 측은 그들이 어떻게 복잡한 국제적인 도시를 관리했는가에 관한 구체적이고 상세한 분석을 제시했고, 중국 측은 그 가운데 많은 내용을 자신들의 문건에 포함시켰다.[79] 협상이 진행됨에 따라 비록 아직까지 주권 문제에 관한 한 구체적인 합의에 도달하지는 않았지만, 중국이 1997년 주권을 회수한다는 것이 더욱더 분명해지고 있었다.

12차 협상 이후 영국 외무 장관 제프리 하우(Geoffrey Howe)가 베이징으로 날아와 1984년 4월 18일 덩샤오핑과 두 시간 동안 회담했다. 덩샤오핑은 몇 가지 기본적인 관심사, 예를 들어 어떻게 하면 영국 회사나 영국 정부가 홍콩에서 자본을 빼 가는 것을 막고, 영국 정부가 대량의 토지 차용을 허가하지 않도록 할 것인가 등에 대해 강하게 이야기했다. 덩샤오핑은 쌍방이 연합 기구를 만들어 1997년 이전의 홍콩 형세를 이해하고, 베이징과 런던, 그리고 홍콩의 관리들이 서로 연락할 수 있는 소조를 만들어 공동으로 모든 문제를 처리할 수 있도록 하자고 제안했다. 덩샤오핑은 하우에게 비록 홍콩의 제도가 1997년 이후에도 변하지는 않겠지만 중국은 홍콩에 군대를 주둔시킬 것이라고 분명하게 말했다.[80] 그는 또한 일정상 약간 양보하여 9월 이전에 합의에 도달하여 영국 의회와 중국 전국인민대표대회의 비준을 받을 수 있기를 희망했다. 하우는 베이징에서 홍콩으로 돌아온 후 처음으로 "영국이 1997년 이후에도 계속해서 홍콩을 다스릴 수 있도록 협의하려는 생각은 비현실적이다."라는 것을 인정했다. 정치적으로 민감한 홍콩 사람들은 이미 다 알고 있는 사실이었다. 비록 홍콩 사람들의 반응은 침통하고, 일부는 의외라고 생각했지만 재계 사람들은 불확실한 요인이 사라졌다는 점에서 크게 안도했다.[81]

하지만 모든 이가 덩샤오핑이 전달하고자 하는 구체적인 의도를 정확하게 파악한 것은 아니었다. 1984년 5월 25일 덩샤오핑이 홍콩의 전국인민대표대회 대표들을 만난 자리에서 쉬자툰은 일부 간부들이 정책에 부합하지 않는 발언을 하고 있다고 덩샤오핑에게 말했다. 전 국방부장 경뱌오가 홍콩 기자들에게 말한 1997년 이후 중국 군대는 홍콩에 주둔하지 않는다는 발언을 지적한 것이었다. 그 말을 들은 덩샤오핑은 격노했다. 그는 전국인민대표대회에 참석한 홍콩 대표들과 대회 취재를 위해 베이징에 온 홍콩 기자들을 접견한 자리에서 즉각 있을지도 모르는 오해에 대해 분명하게 해명했다. 덩샤오핑은 화가 잔뜩 난 목소리로 경뱌오가 터무니없는 말을 하고 있다고 하면서, 향후 홍콩에 군대가 주둔하지 않는다는 그의 발언은 중앙의 의견이 아니라고 잘라 말했다. 아울러 중국은 홍콩 주둔 군대를 파견할 것이라고 재차 확인한 후, "홍콩은 중국 영토의 일부분인데, 왜 군대가 주둔할 수 없단 말인가?"라고 되물었다.[82] 덩샤오핑은 여기서 그치지 않고 텔레비전 방송을 통해서도 1997년 이후 중국은 홍콩에 군대를 주둔시킬 것이라는 자신의 관점을 아주 분명하게 밝혔다. 홍콩의 대중 매체들은 덩샤오핑을 현실적인 온건파로 보고 있었는데, 이번 그의 강경한 발언으로 인해 불안감을 감출 수 없었다. 그러나 이 문제는 점차 사람들의 시야에서 멀어져 갔다. 중국은 1997년 실제로 홍콩에 군대를 파견했지만 병사들은 군영을 거의 벗어나지 않았으며, 그들의 존재 또한 크게 주목받지 못했다.

1984년 홍콩이 공동 선언을 기다리고 있을 때 세 명의 홍콩 행정국 의원들이 베이징으로 날아와 중국이 홍콩을 다스릴 능력이 있는가에 대해 많은 홍콩 사람이 우려하고 있다는 의견을 제시했다. 덩샤오핑은 1984년 6월 23일 그들을 접견하고, 처음부터 그들을 개인으로서 따뜻하게 환영한다고 말한 후 베이징을 두루 돌아다니며 즐겨 보라고 권유했다. 그의 말에 담긴 뜻은 분명했다.

그것은 홍콩 행정 당국이 홍콩의 미래를 결정할 수 있는 권력을 갖는다는 것을 인정할 수 없다는 뜻이었다. 일부 홍콩이나 영국 관리들은 '다리 세 개짜리 의자'를 만들어 볼 생각을 하기도 했다. 홍콩과 영국, 그리고 중국이 각기 대표가 된다는 것이었다. 하지만 덩샤오핑은 그것이 협상을 더욱 복잡하게 만들고 속도를 둔화시킬 것이라고 걱정했다. 그래서 협상은 영국과 베이징 양자 간에 진행될 뿐이라고 잘라 말했다.

회견 중에 홍콩 행정국의 수석 민간 의원인 중스위안(鍾士元)이 중공의 하급 간부들이 홍콩의 복잡한 문제를 해결할 능력이 있는지 심히 걱정된다고 말했다. 그러자 덩샤오핑은 그런 관점은 오직 외국인만이 홍콩을 잘 다스릴 수 있다는 말과 다를 바 없다고 매섭게 쏘아붙였다. 그리고 그런 태도는 식민지 사고방식의 영향을 반영하는 것이라고 말했다. 이어서 그는 그들에게 중국 인민과 중화인민공화국을 잘 이해해야 한다고 말하고, 홍콩의 자본주의 제도는 향후 50년 동안 불변이라고 장담했다. 그는 또한 애국자라면 중화 민족을 존중하고 중국이 주권을 회복하여 행사할 수 있도록 지지할 것이며, 홍콩의 번영과 안정을 해치지 않을 것이라고 말했다. 덩샤오핑은 계속해서 이는 자본주의를 믿든 그렇지 않든 혹은 봉건주의, 심지어 노예제를 믿든 간에 전혀 상관없는 일이라고 말했다. 주권을 회복하기까지 아직 13년이란 세월이 남아 있다고 하면서, 덩샤오핑은 중공중앙은 행정국 의원들과 마찬가지로 그 시기의 안정에 특별한 관심을 갖고 있다고 말했다. 덩샤오핑이 식민지 사고방식에 대해 언급하자 세 명의 홍콩 행정국 의원들도 더 이상 논쟁하지 않았다. 세 명 가운데 한 명인 마리아 탐(Maria Tam, 탄후이주(譚惠珠))은 자발적으로 자신도 중국인이라고 말하기도 했다.[83]

영국이 남은 시간 동안 홍콩의 재부를 빼돌려 문제를 일으킬 수 있는 위험을 미연에 방지하기 위해 덩샤오핑은 중국과 영국, 홍콩 삼자가 연합위원회를 조직하여 1977년 이전의 문제를 처리할 것을 제의했다. 영국은 그것이 홍콩을 효율적으로 다스리는 자신들의 능력에 영향을 줄 수 있다고 여기고, 그러한 권력 분산을 거절했다. 1984년 7월 외교부 부부장 저우난(周南)이 퍼시 크래덕과 앤서니 골즈워디(Anthony Galsworthy)에게 또 다른 제안을 했다. 실권을 갖지 않는 중국과 영국의 연락위원회를 만들어 소통을 촉진하자는 것이었다. 쌍방은 이에 동의하고 최종 문건 초안 마련에 들어갔다. 1983년 7월 12일부터 1984년 9월 6일까지 모두 스물두 차례 회의를 거친 후 중영(中英) 공동 성명이 마침내 세상에 나왔다.

덩샤오핑이 1984년 7월 31일 제프리 하우 외무 장관과 만났을 때 쌍방은 공동 성명에 대한 공식적인 합의에 거의 도달했다. 베이다이허에서 여름 휴가를 마치고 막 돌아온 덩샤오핑은 검게 그을린 얼굴에 사기가 충천한 상태였다. 140여 년 동안 중국의 애국자들은 줄곧 홍콩의 주권을 회수하기를 갈망했지만 끝내 성공하지 못했다. 덩샤오핑은 물론 자신의 영향력을 최대한 이용하여 영국의 협력으로 평화롭게 그 목표를 달성했다. 덩샤오핑은 대처에게 호의적인 말을 전하기도 했다. 쌍방의 협의는 "세계에 한 나라와 나라 사이에 존재하는 역사 문제를 해결하는 데 본보기를 수립한 것이며 …… 드골(de Gaulle) 장군은 프랑스 식민 통치를 종식시켰는데, 지금 우리는 마거릿 대처 총리가 영국의 식민 통치를 종식시켰다고 말할 수 있습니다." 공동 성명을 축하하는 경축연에서 덩샤오핑은 자신이 주변에 이처럼 많은 영국 기사에게 둘러싸여 정말 기쁘다고 농담을 하기도 했다. 한 영국 관리는 당시 덩샤오핑이 이런 말을 했다고 기록했다. "우리는 영국 인민과 영국 정부를 신뢰할 수 있다고 생각합니다. 총리께 전해 주십시오. 우리는 여러분의 총리께서 오셔서 협정서에 조인해 주시기를 희망합니다. 여왕께도 전해 주십시오. 우리는 여왕께서 중국을 방문해 주실 것을 희망합니다." 그는 또한 덩샤오핑이 우호적이면서도 또한 온화하고 정중했다고 적었다.[84] 다음 날 쌍방은 정식으로 연락조(聯絡組, Liaison Group)를 설치하여 베이징과 홍콩, 그리고 영국 런던에서 돌아가며 만나기로 했다.

하우 외무 장관은 베이징에서 홍콩으로 돌아간 후 합의에 도달했다는 소식을 공식적으로 선포했다. 그는 홍콩 시민들에게 홍콩이 1997년 중국에 이양될 것이나 기존의 사회와 경제 제도는 계속 유지될 것이니 안심해도 좋다고 말했다. 그러고 나서 자신이 향후 홍콩이 계속 자치를 행할 수 있음을 보장하는 법률적 구속력을 갖춘 문건을 갖고 있다고 선포했다. 홍콩과 런던의 매체들은 긍정적인 반응을 내놓았고, 민중도 불확정성으로 가득한 시기가 마침내 끝났다는 이유로 부담을 더는 듯했다. 그들은 세부적인 내용을 담은 협정서가 홍콩의 번영과 안정에 견고한 토대가 될 것이라고 믿었다. 하우가 홍콩에서 이러한 소식을 전하자 홍콩 증시는 2년 전 대처가 중국을 방문한 후 주가가 폭락한 이래로 당일 최고치에 달했다.[85]

영국의 외교관 데이비드 윌슨과 중국 외교관 커자이쉬(柯在爍)가 이끄는 위원회 위원들은 오랜 시간을 함께하며 협정의 세부 사항을 확정했다. 9월 26일 리처드 에번스 대사와 외교부 부부장 저우난이 공식적으로 최종 문건에 서명했다. 중국 측은 부속 문건에서 홍콩 총독부의 외국인과 현지 관리들을 계속 고용하는 것에 관한 열두 가지 계획을 상세하게 열거했다. 또한 문건은 기존 법률과 사법 제도, 국제금융센터, 해운 및 교육 체계를 현행대로 유지하기로 동의했다. 중국 측은 이러한 기본적인 조항이 50년 동안 불변하며, 영국은 1997년 이전까지 홍콩에 대해 책임을 진다는 것에 동의했다.[86] 10월 3일 덩샤오핑은 국경절을 축하하기 위해 베이징을 방문한 홍콩 대표단과 만난 자리에서 재차 베이징의 정책은 변하지 않을 것이라고 보증했다.[87] 1984년 12월 18일 대처가 베이징을 방문하여 그다음 날 간소하게 환영식을 마치고 자오쯔양과 함께 양국 정부를 대표하여 공동 성명에 서명했다.[88]

공동 성명이 정식으로 조인되자 중국은 기본법을 제정하는 쪽으로 관심을 돌렸다. 그것은 실질적으로 1997년 이후 홍콩특별행정구의 헌법이나 다를 바 없었다. 향후 베이징과 특구 간의 관계를 규정하는 기본적인 법률은 중국 측 위원회에서 초안을 마련하기로 했다. 위원회는 대륙에서 서른여섯 명, 홍콩 현지에서 스물세 명으로 구성되었다. 쉬자툰은 홍콩 대표를 선발하는 일을 맡았다. 그는 중공 통치를 반대할 가능성이 있는 이들을 설득하기 위해 홍콩 주류 사회에서 서로 다른 단체나 다양한 관점을 대표하는 주요 인사들을 선발했다. 기초(起草)위원회의 제1차 전체회의가 끝난 당일 덩샤오핑은 그들에 대한 지지를 표명하며 다른 고위급 관리들과 함께 단체 사진을 찍었다.[89]

이후 몇 년 동안 기본법 초안 마련을 위해 개최된 열 차례의 전체회의를 통해, 특구 최고 책임자의 성질과 보고 대상, 입법국 형태, 종심(終審) 법원 존치 여부, 법원과 행정부의 관계 등 여러 가지 중요 문제들이 토론되었다. 기초위원회 위원들은 각기 다양한 분야 사람들로 서로 다른 관점을 지니고 있었지만 홍콩의 안정과 번영을 유지하는 것이 그들 모두의 공동 이익이라고 확신하고 있었기 때문에 서로 협력하고 함께 노력했다. 홍콩의 수많은 중국인 사업가는 서구식 민주주의보다 베이징의 당 지도자들에게 더 많은 관심과 열정을 가졌다. 하지만 홍콩 민중은 여전히 중공이 과연 홍콩을 어떻게 다스릴 것인가에 대해 우려하고 있었다. 그래서 홍콩의 기초위원회 위원들은 모두 거침없는 언행으로 잘 알려진 홍콩의 변호사 출신 마틴 리(Martin Lee, 리주밍(李柱銘))를 적극 지지했다. 그가 홍콩을 위해 더 많은 법률 보장을 쟁취할 수 있을 것이라고 믿었기 때문이다. 홍콩의 기초위원회 위원들은 특히 홍콩에서 공정성으로 최고의 권위를 인정받고 있는 홍콩 고등 법원의 재판 결정이 베이징의 정치 영도자들에 의해 뒤집히지 않기를 희망했다. 이러저러한 결정 결과에 대해 홍콩 사람들에게 믿음을 사기 위해 중국 영도자들은 매번 전체회의가 끝난 후 대륙과 홍콩의 기자들에게 구체적인 상황을 통보하기로 결정했다.[90]

쉬자툰은 덩샤오핑과 베이징의 다른 고위급 영도자들에게 홍콩 민중이 중공 통치에 대해 의심을 거두지 않고 있음을 상기시킨 적이 있었다. 그러나 1986년 12월 5일 총독 에드워드 유드의 사망 이후, 몇 주 동안 영국 통치를 옹호하는 홍콩 민중의 함성이 엄청나게 터져 나오자 베이징의 영도자들은 깜짝 놀랐다. 유드는 근면하고 민중에게 친근한 총독이었다. 그는 죽음을 통해 홍콩 총독부에서 가장 우수한 공직자의 상징이 되었다. 국경 저편에서 잔혹한 살해와 기아로 사람들이 죽어 가는 격변의 시기에 그는 홍콩의 안녕을 유지했다. 그렇기 때문에 그는 식민지 홍콩에 번영을 가져온 공정한 통치 제도를 제공한 영국의 관리를 대표하고 있었던 것이다. 홍콩에서 수십 만의 인파가 길가로 몰려나와 유드를 추모하고, 아울러 이전에 봉직했던 영국 관리들에게 경의를 표했다. 수많은 홍콩 시민이 1997년 이후 홍콩을 통치할 관리들이 과연 현임 정부의 수준을 유지할 수 있을지 의심하고 있었던 것이다.

덩샤오핑은 홍콩 시민들의 분위기가 불안정하다는 것을 알았다. 1987년 홍콩 시민들의 두려움이 최고조에 달했을 때 그는 민심을 안정시키기 위해 별도의 원고 준비 없이 기본법 기초위원회 제4차 전체회의에 직접 참석하여 연설을 했다. 수행원들이 타구를 회의장으로 미리 가져다 놓았다. "나는 세 가지 나쁜 버릇이 있어요. 음주와 가래 뱉는 것, 그리고 흡연이지요."[91] 그는 연설 첫머리에서 이렇게 말한 후, 중국은 사회주의와 공산당 영도에 대한 믿음에 동요가 있을 수 없고, 그렇지 않으면 현재의 경제 발전 추세를 보장할 수 없을 것이며, 이는 역으로 홍콩에도 좋은 일이 될 수 없다고 말했다. 그리고 이어서 중국은 여전히 개혁 개방에 최선을 다할 것이며, 홍콩의 기본적인 정치와 관리 제도는 50년 동안 불변할 것이라고 강조했다. 그는 아울러 홍콩이 지금까지 유지해온 제도는 영국이나 미국과도 다르기 때문에 완전히 서구식 제도를 채용하여 삼권 분립을 시도하는 것은 적합하지 않다고 말했다. 그런 다음 홍콩 사람들이 기대하는 개인의 자유에 대해 구체적으로 설명했다. "1997년 이후에도 홍콩 사람들의 공산당 비판을 허용할 것이지만 그러한 말이 행동으로 옮겨져 민주를 핑계로 대륙에 저항한다면 베이징은 간섭을 하지 않을 수 없을 것입니다. 그러나 심각한 소요가 발생할 경우만 군대를 동원할 것입니다."[92] 덩샤오핑은 이렇듯 홍콩 사람들이 듣고자 하는 내용을 단도직입적으로 말했다. 그 연설로 사람들의 걱정이 수그러들었으며, 심지어 삼권 분립에 관한 모든 논의도 끝이 나고 말았다.[93]

1989년 2월 16일 광저우에서 개최된 기초위원회 제8차 전체회의에서 곧 공포될 기본법 초안에 대한 마지막 표결이 이루어졌다. 모든 위원은 기본법 159개 조항마다 투표를 실시했다. 당시 위원 중에 이미 사망한 이들도 있었는데 회의에 출석한 쉰한 명 가운데 최소 마흔한 명이 초안 각 조항에 친필로 서명했다. 그다음 날 덩샤오핑은 기초위원회 위원들을 만나 회의가 성공적으로 마무리된 것을 축하했다. 그는 그들이 마련한 문건을 "창조성이 풍부한 걸작"이라고 말했다.[94] 1989년 2월 21일 기본법 초고가 세상에 공개되었다.[95]

토론 과정에서 기초위원회의 친민주주의파(親民主主義派)에 속하는 리주밍과 쓰투화(司徒華)가 행정 장관과 입법국 위원을 공개 투표로 선출하자고 주장했으나 받아들여지지 않았다. 그러나 마지막에 가서 전국인민대표대회 상무위원회는 기본법의 최종 해석권을 보류하고, 베이징이 행정 장관 임명이나 군대 파견, 그리고 외교나 국방에 영향을 주는 사안에 대해 권한이 있다고 결정했다. 홍콩은 향후 자체 정치 제도를 50년 동안 유지할 수 있는 권한을 지니게 되었다. 홍콩은 개방된 자유항으로 자체 화폐를 발행하고, 공산당을 비판할 자유를 포함한 언론 자유를 구가하며, 자체 법원 체계와 현지 법률을 보유하고, 중국의 안전과 외교에 영향을 주지 않는 범위 내에서 종심 판결을 내릴 수 있는 권한도 함께 부여받았다. 홍콩에서의 전면적인 민주주의의 실시를 주장했던 리주밍과 쓰투화는 기본법이 홍콩 인민들에 대한 배반이라고 주장했다. 일국양제 정책에 따라 홍콩에 부여된 자치권은 서구에서 한 나라의 중앙 정부가 지방 정부에 부여한 권력보다 훨씬 막강했다.[96] 기본법이 공포된 후 중국 대륙과 홍콩은 모두 열정적으로 환영했다.

그러나 표결이 끝나고 4개월이 흐른 뒤 홍콩의 낙관적인 분위기는 톈안먼 비극으로 인해 철저하게 깨지고 말았다. 홍콩이 머지않아 도심 한복판에서 자신의 인민을 향해 총격을 가한 정권에 의해 통치될 것이라는 악몽이 홍콩 전체 사회를 뒤덮었다. 1989년 6월 4일, 자유를 쟁취하려는 베이징의 시위 학생들에 대한 동정, 자신의 미래 운명에 대한 걱정 등으로 인해 전체 500만에 달하는 홍콩 거주민 가운데 100만이 넘는 인파가 거리로 뛰쳐나와 홍콩 유사 이래 가장 큰 시위 행렬을 이루었다. 경제적으로 여유가 있는 수천수만의 홍콩 사람들은 해외 자산 구입에 열을 올리는 한편 자녀들을 해외로 유학 보내고 외국 영주권을 얻기 위해 분주했다. 6·4 이전까지 순조롭게 진행되던 중국과 영국의 관계도 금세 악화일로로 치달았다.[97] 심지어 신화사 홍콩 지사의 직원들도 항의 대열에 참가했으나, 쉬자툰은 그들을 처벌하지 않았다.[98] 홍콩 재계의 영수 격인 바오위강과 리자청(李嘉誠)이 6·4 이후 덩샤오핑을 만났는데, 덩샤오핑은 여전히 강경한 태도로 전혀 양보하지 않았다. 덩샤오핑은 영국 정부가 강경하게

나온다면 중국도 강경하게 대처할 수밖에 없다고 말했다.[99]

쉬자툰은 1990년 1월 저우난으로 대체되었다. 그는 이미 일흔 살의 고령으로 정상적인 퇴직 연령이 넘은 상태였다. 하지만 보다 중요한 원인은 그가 베이징의 톈안먼 시위 운동 진압을 비판한 홍콩 사람들을 변호했으며, 당시 누구나 알고 있다시피 톈안먼 진압 이후 가택 연금된 자오쯔양과 밀접한 관계를 유지하고 있다는 점 때문이었다. 그는 베이징과 홍콩의 상호 소통에 탁월한 능력을 발휘했지만 톈안먼 비극 이후 베이징 관리들과 홍콩 간의 거대한 간극을 더이상 봉합할 수 없었다.

영어에 능통하여 외교부 관리로 홍콩 사무를 처리한 적이 있는 저우난은 훨씬 심한 제약을 받았다. 그는 융통성 없고 형편없는 매너로 베이징의 의견을 충실하게 전달하는 데 주력했다. 그래서 그는 쉬자툰이 홍콩에서 두터운 명성과 신망을 얻은 것과 달리 인심을 얻을 수 없었다. 몇 주 후 쉬자툰은 미국으로 도피하여 그곳에서 망명을 요청하고 회고록을 집필했다. 쉬자툰이 자리에서 내려온 후 항의 운동에 동정적이었던 신화사의 많은 직원도 대륙에서 새롭게 파견된 외사(外事) 간부들로 대체되었다.

6・4 이후 중국과 영국의 관계에서 뛰어난 문제 해결사인 퍼시 크래덕이 양국 관계의 파국을 막기 위해 비밀리에 베이징을 방문했다. 이는 브렌트 스코크로프트가 시기적절하게 베이징을 비밀리에 방문하여 미중 관계에 끼칠 손해를 줄이려고 한 것과 같은 맥락이었다. 비록 톈안먼 비극으로 긴장 국면이 조성되었지만 중국 외교부장이자 정치국 위원인 첸치천과 영국 외무 장관 더글러스 허드(Douglas Hurd)는 여전히 밀접한 접촉을 지속하면서 기본법에서 쟁점이 되고 있는 난제들을 해결하기 위해 노력하고 있었다. 특히 핵심적인 부분은 공개적으로 선출하는 홍콩 입법회 위원의 인원수에 관한 것이었다. 톈안먼 비극이 발생하고 수개월이 지난 1990년 2월 13일부터 17일까지 기본법 기초위원회 제9차, 10차(마지막 회의) 전체회의가 기본법에 대한 마지막 표결에 들어갔다. 그리고 그해 4월 4일 전국인민대표대회에서 기본법이 통과되었다.[100]

텐안먼 비극이 발생하기 전 영국과 중국은 공동으로 이른바 '직통 열차(直通車, through train)'라고 부르는 방안, 즉 순조롭게 1997년 이후까지 연속 가능한 정치 구조를 구축하고자 노력했다. 덩샤오핑이 정계 무대에서 물러난 1992년 영국은 홍콩 총독으로 뛰어난 정치가인 크리스 패튼(Chris Patten)을 임명했다. 그 이전인 1987년부터 1992년까지 총독을 맡았던 데이비드 윌슨은 그의 전임자들과 마찬가지로 중국에 친숙한 전문 외교관 출신이었다. 텐안먼 비극으로 인해 소요가 발생하자 데이비드 윌슨은 중국 관리들의 비판을 받고 있던 홍콩 신공항 사업에 전력투구하는 한편 선거 범위를 조용히 확대하여 더욱 많은 자유를 요구하는 이들을 지지했다. 긴장된 분위기 속에서도 그는 전문가답게 자신의 중국 측 상대와 사업 관계를 유지했다.

크리스 패튼은 전혀 다른 방식을 취했다.[101] 그는 취임하기 전 베이징을 방문하지 않았으며, 총독으로서 자유 확대를 지지하며 선거를 통한 관리 선출 숫자를 늘리겠다고 거침없이 공언했다. 그는 크래덕처럼 노련한 외무부 관리의 의견을 전혀 받아들이지 않았다. 크래덕은 패튼이 영국과 중국 간의 모종의 묵계를 간과하고 있다고 여겼다. 패튼은 임기 내내 중국 관리들과 극히 대립적인 관계에 있었다. 1997년 중국 측은 홍콩을 접수한 후 패튼의 개혁을 부정했고, 영국 정부가 통치 기간이 끝날 무렵 패튼을 통해 민주개혁을 시도한 것은 영국조차 홍콩을 통치하던 150년 동안 실행하지 못했던 정책을 중국이 수용하도록 강요한 것이라고 비난했다. 패튼을 좋아하는 이들은, 그가 홍콩 사람들의 소망을 최대한 반영하기 위해 노력하고, 자유를 위해 용감하게 싸워 그 과정 속에서 그들이 민주주의를 경험할 수 있도록 하여 1997년 이후에도 여전히 전진할 수 있도록 이끈 횃불이 되었다고 말했다. 그러나 홍콩이나 베이징에서 그를 비난하는 이들은, 그가 영국으로 돌아간 후 자유를 위해 싸운 인물이라는 명성, 즉 사리사욕을 도모했기 때문에 홍콩에 남은 이들은 오히려 그가 홍콩과 중국 사이에 저질러 놓은 혼란을 수습해야만 했다고 말했다.

일부 홍콩 거주민들은 그가 '직통 열차'를 끊어 놓았다고 여겼다. 왜냐하면 홍콩에서 그가 벌여 놓은 민주개혁이 1977년 이후까지 지속되지 않았기 때문이다. 하지만 보다 넓은 시각에서 본다면, 크리스 패튼이 총독으로 재임할 당시 논쟁이 있긴 했으나 '직통 열차'는 여전히 존재했다. 공동 성명과 기본법을 통해 덩샤오핑이 마련한 제도는 그가 말한 바대로 확실하게 시행되었다. 중국은 덩샤오핑이 홍콩의 자본주의와 법률 제도는 추호도 변함없이 계속 이어질 것이라는 발언과 '홍콩인의 홍콩 통치(港人治港)' 약속을 변함없이 준수했다. 대륙의 도시들은 홍콩처럼 발전을 거듭하여 전혀 상반된 쪽으로 가지 않았다. 홍콩 거주민들은 공개적으로 중국공산당을 비판할 수 있으며, 대륙에서 판금된 신문, 잡지나 서적도 출판할 수 있다. 홍콩의 민선 관리들은 늘어나면 늘어났지 줄어들지 않았다. 홍콩은 자유와 법치를 위한 높은 수준을 유지하여 그곳에서 계속 생활하는 이들의 보호막이 되었으며, 대륙에 사는 이들에게는 기준점이 되었다. 주권이 이양된 후 홍콩은 과거와 마찬가지로 국제적인 대도시이자 언론 자유를 숭상하고 법치를 존중하는 대도시로 남아 있다.

덩샤오핑은 때로 자신이 홍콩이 회귀할 때까지 살 수 있기를 바란다고 말하곤 했다. 하지만 그는 1997년 2월 19일, 중국이 주권을 회복하여 본격적으로 행사할 날을 몇 달 남기고 세상을 떠났다. 만약 그가 1997년 6월 30일에도 여전히 살아 있었다면, 분명 일국양제 정책을 창안하고 시행했던 자신의 역할에 큰 자부심을 느꼈을 터였다. 일국양제를 통해 홍콩은 비록 대륙과 다른 제도를 보유했으나 다시 중국의 일부가 되었다. 덩샤오핑도 첸치천 외교부장이 그날 했던 말에 동의할 것이다. "주권 이양 의식이 행해지던 날에 온종일 비가 내렸다. 하지만 나는 하늘 아래 모든 중국인이, 이는 중국인들의 치욕을 씻어 주는 비라고 느낄 것이라고 확신한다."[102]

티베트의 자치 요구를 억누르다

1978년 말 최고 영도자가 된 후 덩샤오핑은 베이징 영도층과 티베트인의 관계를 개선할 수 있는 방법을 마련하고자 애썼다. 이를 위해 그는 자신이 생각하기에 이러한 목표를 실현하는 데 도움을 줄 수 있는 인물과 새롭게 관계를 맺고자 했다. 그가 바로 당시 8만 명의 유랑 티베트인들을 이끌고 인도 다람살라에 살고 있는 달라이 라마였다. 덩샤오핑은 관계 개선을 위해 최소한의 조건을 제시했다. 1978년 11월 28일, 중앙공작회의에서 분위기를 일신하여 화귀펑을 굴복시키고 사흘이 지났을 때 덩샤오핑은 오랫동안 중국공산당의 관점을 대외에 알려 온 저명한 기자 아크 스틸(Arch Steele)을 만나 이렇게 말했다. "달라이 라마는 돌아올 수 있어요. 다만 그 역시 중국 공민(公民)이 되어야 합니다. …… 대만과 티베트의 상류층에게 우리가 요구하는 것은 단 한 가지, 애국(愛國)입니다."[103] 그달 덩샤오핑은 달라이 라마와 접촉하기 위해 성의를 표시하는 뜻에서 일부 티베트의 수감자들을 석방시켜 주었다.

덩샤오핑은 티베트와 중국의 대립을 완전히 해소하는 것은 불가능함을 알고 있었다. 하지만 그는 1956년 이전 베이징과 티베트 간의 비교적 평화로운 관계를 회복하고 싶었다. 1956년은 전환점이 되는 해였다. 그해에 쓰촨 티베트인들이 사는 지역에서 불기 시작한 '민주개혁'의 불씨는 티베트인들의 저항의 불꽃이 되어 1958년 티베트 지역까지 널리 퍼져 나갔으며, 1959년에야 겨우 끝났다. 당시 가장 호전적이던 티베트인들은 산을 넘어 인도 북부 다람살라에 정착지를 마련했다.

마오쩌둥은 1950년대 티베트인들과 서로 양호한 관계를 수립하여 1951년만 열여섯 살의 달라이 라마가 티베트를 통치하는 데 상당한 자유를 향유할 수 있도록 했다. 마오쩌둥은 한인들이 거주하는 중국의 다른 지역과 달리 인구의 7퍼센트에 달하는 소수 민족 거주지의 통제권 장악을 잠시 늦추고 있었다. 또한 마오쩌둥은 다른 소수 민족과 비교하여 특히 티베트인들에 대해 더욱 인내심을 갖고 달라이 라마를 비롯한 티베트 영도자들과 적극적인 협력 관계를 맺어 사회주의 제도를 수립할 수 있기를 원했다. 달라이 라마와 그의 추종자들이 1959년 인도로 도피할 때도 마오쩌둥은 끝까지 달라이 라마의 마음을 돌리고자 중국 군대에게 발포하지 말라고 명령을 내릴 정도였다.

1950년 5월 중국 군대가 티베트(나중에 시짱 자치구로 바뀌었다.) 동부를 점령한 후 마오쩌둥은 티베트 영도자를 베이징에 초청하여 한족 관리들과 티베트 '17조 협의(十七條協議)'를 체결했다. 이 협정에 근거하여 티베트는 중국의 정치적 통제를 수용하되, 일정한 자치를 부여하여 종교 활동과 사원 보유 등이 허용되는 한편 민족 언어를 사용하고 자신들의 풍속을 유지할 수 있게 되었다.[104] 이 협정이 하나의 틀이 되어 티베트인들이 중국의 주권을 수용하되 중국은 달라이 라마가 티베트 본토(티베트 자치구)를 정해진 기한 없이 다스리고, 대략 400만 명에 달하는 티베트인 가운데 절반이 그곳에 거주하는 데 동의했다. 마오쩌둥은 티베트 지구의 종교와 귀족 엘리트가 동의해야만 자치구의 사회와 종교에 대한 개혁이 진행될 수 있다는 점에 동의했다. 티베트 '17조 협의' 이후 달라이 라마가 이끄는 티베트인들은 자체적으로 세금을 징수하고 분쟁을 조정하며, 자체 화폐를 사용하고 심지어 자신들의 군대까지 보유할 수 있게 되었다. 대신 중국공산당은 외교와 군사, 그리고 국방을 통제하기로 했다. 사회주의 개조가 진행되기 전까지 1950년대 티베트는 청나라를 종주로 삼을 때의 특징을 다분히 지니고 있었으며, 기본적으로 티베트족이 티베트를 다스리고 중국 정부는 외교만 간여했다.

1954년부터 1955년까지 달라이 라마는 베이징에서 열리는 제1기 전국인민대표대회에 참석하고, 마오쩌둥을 비롯한 당시 영도자들과 만나 회담하는 등 친밀한 관계를 유지했다. 마오쩌둥 등 중국의 영도자들도 달라이 라마에게 경의를 표하고 최선의 대우를 마다하지 않았다. 그가 위대한 종교 지도자일뿐더러 베이징에서 공식적으로 협정을 맺은 티베트 정부의 대표자였기 때문이다. 당시 달라이 라마는 자신을 수반으로 하는 자치구 준비위원회 성립에 동의하는 한편 군대를 1000명으로 감축하며, 더 이상 자체 화폐를 사용하지 않는 것에 동의했다. 하지만 실제로 티베트의 군대 규모는 줄어들지 않았고, 마오쩌둥은 티베트 내에서 자체 화폐의 사용을 허락했다. 1948년부터 1950년까지 중국공산당은 중국 대부분 지역에서 과도 정부를 수립하고, 1~2년 후에 정식 정부를 수립토록 했다. 1956년 4월 16일 이미 베이징에서 라싸(拉薩)로 돌아온 달라이 라마는 라싸를 방문하는 베이징 대표단을 융숭한 의식을 갖추어 맞이했

다. 그들은 장차 임시 정부의 틀을 만들어, 2~3년 내에 정식 정부를 수립할 계획이었다.[105]

중국 정부와 티베트인들 간의 문제는 1955년 이후 전국 각 성의 영도자들이 농업 집체화(집단화)를 보다 빨리 달성하라는 요구를 받으면서 폭발했다. 마오쩌둥은 여건이 성숙한 소수 민족 지역도 집체화 개혁을 포함한 '민주개혁'을 실시하라고 말했지만 티베트에서는 아직 시행되지 않고 있었다. 티베트 지역 이외에 200만 명의 티베트인들이 쓰촨, 윈난, 칭하이, 간쑤 등지에 거주했다. 쓰촨의 영도자는 계획을 수립하여 농업 집체화 실현을 가속화하는 한편 쓰촨의 티베트인 거주지에서도 일부 사원 몰수를 포함한 집체화 개혁을 실시하기 시작했다. 이로 인해 쓰촨의 티베트인 거주 지역, 특히 쓰촨의 대다수 티베트인들이 모여 사는 캉바(康巴) 지역에서 심각한 유혈 사태가 발생했다. 당시 피비린내 나는 보복과 약탈이 끊임없이 일어나는 캉바 지역의 티베트인들은 총을 소유하고, 그 사용법을 숙지하고 있었기 때문에 소요가 금방 심각한 유혈 사태로 번지고 만 것이다. 처음에는 캉바의 티베트인들이 승리를 거두었지만 곧이어 막강한 인민해방군에 의해 격퇴당하고 말았다. 그래서 그들은 1957년부터 1958년까지 무기를 들고 티베트 본토로 도망치고 말았다. 1957년 냉전이 고조되면서 미국중앙정보국(CIA)은 콜로라도에서 소규모 캉바 티베트인들을 훈련시켜 정보 수집을 위해 티베트로 파견했다.[106] 베이징은 달라이 라마에게 캉바인들을 쓰촨으로 돌려보낼 것을 요청했지만 달라이 라마는 거절했다. 인도에서 먼저 달라이 라마에게 자신의 나라에 정주해 줄 것을 요청하자 달라이 라마는 1959년 3월 호전적인 티베트인들을 이끌고 산을 넘어 인도로 도피했다. 이후 3년 동안 수많은 티베트인이 그를 따라 인도로 넘어갔다.

1979년 최고 영도자가 된 덩샤오핑이 티베트인의 적극적인 협조를 얻고자 하면서 직면한 난관은 1950년대 마오쩌둥이 직면했던 것보다 훨씬 심각했다. 1959년 이후 베이징은 통제를 더욱 강화하여 티베트에 대규모 중공 간부를 파견했는데, 그것이 또다시 현지의 저항을 불러일으켰다. 문화 대혁명 시절 홍위병들은 중국 대부분의 지역에서 젊은 혁명가로 간주되었지만, 티베트에서는 사원과 라마 수도원을 파괴하고 예술품을 훼손시켰기 때문에 그저 티베트의 문화를 훼멸시킨 한족 청년으로 보일 뿐이었다.

1979년 이후 덩샤오핑은 다른 곳과 마찬가지로 티베트에서도 문화 대혁명 시절 저질러진 피해의 상처를 치유하기 위해 애썼다. 그는 티베트인들이 자신들의 종교 지도자인 달라이 라마를 지극히 경건하게 숭배한다는 것을 이해했다. 그들에게 달라이 라마는 관세음보살의 화신으로 여겨지고 있기 때문에 신처럼 받들어졌다. 열세 살의 달라이 라마가 세상을 뜬 후 1937년에 두 살 어린 나이에 전세불이 된 이가 바로 열네 살의 달라이 라마였다. 그는 티베트 문화를 깊이 연구하고 학문에 심취하여 이후 지극히 경건하면서도 박학다식한 인물로 성장했다. 덩샤오핑은 1978년 티베트인 중개자를 통해 달라이 라마와 관례를 맺고 어느 정도 화해를 이루어 중공 간부들과 티베트인 간의 대립과 갈등을 해소할 수 있기를 희망했다.

덩샤오핑은 개인적으로 1950년과 1960년대에 티베트 문제에 깊이 간여한 적이 있었다. 1951년 티베트에 파견되어 군사적 통제권을 확보한 중공 군대는 덩샤오핑 휘하의 시난 군구와 시베이 군구였다. 당시 티베트의 군사력은 극히 취약했기 때문에 무장 저항을 거의 할 수 없었다. 1950년대 총서기로 있으면서 덩샤오핑은 티베트 본토에 대해 비교적 '관대'했던 마오쩌둥의 정책을 관철하는 한편 쓰촨 등지의 티베트인들에 대해서는 강제로 집체화 정책을 집행했다.

1978년 덩샤오핑이 한인과 티베트 소수 민족 간의 대립을 줄이기 위해 노력한 것은 나름의 많은 이유가 있었다. 우선 보다 안정적인 민족 관계로 중국과 티베트의 유대를 강화시키면, 이를 통해 티베트에 침투하려는 소련에 대항하는 보루를 만들 수 있었다. 또한 티베트인이 한인에 저항함으로써 다른 소수 민족들이 연쇄적으로 이에 반응하는 위험을 줄일 수도 있었다. 끊임없는 티베트인과의 충돌로 인한 국가 재원의 소모 또한 줄일 수 있었다. 이러한 이유 외에 가장 중요한 것은 역시 대외적인 부분이었다. 덩샤오핑은 현대화를 실현하면서 서방 세계와 우호적인 관계를 수립해야 했다. 이를 위해서는 티베트인과의 관계 개선을 통해 중국 티베트 문제 처리 방식에 대한 서방 세계의 비난을 완화시킬 필요가 있었다. 그렇기 때문에 그는 티베트 문제를 보다 완만하게 해결하고 싶었던 것이다. 1975년 12월 덩샤오핑과 미국 대통령 제럴드 포드가 회견할 당시 포드는 달라이 라마에 대해 물은 적이 있었다. 또한 1977년 9월 27일 조지 부시는 덩샤오핑과 회견하면서 특별히 티베트와 달라이 라마의 운명에 관심을 표명했으며, 티베트를 방문하고 싶다고 요청했다. 부시는 중국의 '오랜 친구'였기 때문에 덩샤오핑이 그의 방문을 허락했다.[107]

1978년 말 덩샤오핑은 달라이 라마의 중개인과 연락하기 시작했다. 인도 다람살라에 거주하는 8만여 명의 티베트인들은 중국의 통치를 인정하지 않았다. 그들은 쉽게 의견 일치를 볼 수 없을 정도로 다양한 그룹으로 나뉘어져 있었으며, 중국에 잔류하고 있던 대다수 티베트인들에 비해 중요 문제에 관한 타협을 원치 않았다. 이외에도 한인들은 중국 경내에서 티베트인들이 자신들의 이익을 대변할 조직의 결성을 허용하지 않았기 때문에 인도 북부 다람살라의 망명 단체는 전체 티베트인을 위한 대변인 역할을 맡았고, 강경한 반중국 입장을 견지했다.

덩샤오핑이 달라이 라마와 소통할 수 있는 가장 좋은 통로는 달라이 라마의 친형으로 한어를 할 줄 아는 걀로 톤둡(Gyalo Thondup)이었다. 두 사람의 만남은 신화사 홍콩 지사의 제2대 사장인 리쥐성(李菊生)이 주선했다. 리쥐성은 이전에 홍콩에서 걀로 톤둡과 몇 주 동안 만난 적이 있었다. 덩샤오핑은 걀로 톤둡과 만나 달라이 라마가 돌아와서 티베트를 한번 돌아보기를 희망한다고 하면서, 만약 원한다면 머물러도 좋다고 말했다. 이어서 달라이 라마가 먼저 대표단을 파견하여 국내 상황을 살펴보는 것도 좋을 것이라고 말했다. 덩샤오핑은 걀로 톤둡에게 달라이 라마가 돌아오기 전에 중국은 몇 가지 정치 공작을 취할 것이라고 말했다.[108]

1979년 3월 17일 덩샤오핑이 걀로 톤둡과 회견하고 며칠이 지난 후 신화사는 "티베트 자치구 사법 기관이 티베트 폭동(1959년)에 참가한 적이 있는 이들을 관대하게 처리하도록 결정했다."라고 보도했다.[109] 같은 날 티베트 네 개 지역에서 개최된 회의가 끝난 후 문화 대혁명 기간에 잘못된 판결로 고통을 받은 티베트 간부들에 대한 복권이 선포되었다. 하지만 덩샤오핑이 화해를 추진하면서 주로 의존한 것은 티베트 중공 간부들의 보고였다. 그렇기 때문에 티베트인들의 반항이 얼마나 심각한 정도며 달라이 라마가 세계적으로 얼마나 큰 영향을 끼치고 있는지 정확하게 알지 못했다. 1979년 8월 미국 부통령 먼데일과 회견하면서 덩샤오핑은 이렇게 말했다. "달라이 라마에 관한 것은 작은 일이에요. …… 달라이 라마는 대수롭지 않은 인물이란 말이지요." 덩샤오핑은 이외에도 달라이 라마가 독립 국가를 건립하고자 하는 것은 공상에 불과하다고 말하기도 했다.[110]

당시 덩샤오핑이 티베트의 상황이 개선될 것이라고 기대한 데에는 나름 이유가 있었다. 걀로 톤둡과 회견한 후 그는 곧 달라이 라마가 다람살라의 대표단을 보내 지역 형편을 살피고 현지 간부들을 만날 수 있도록 주선했다. 그리고 몇 개월 후 다시 다람살라의 두 개 대표단이 중국을 방문했다. 그러나 덩샤오핑에게 이런 제안을 했던 한족 간부는 한인에 대한 티베트인의 소외감과 다람살라 대표단의 중국 방문이 초래할 한인 통치에 대한 저항을 지나치게 과소평가했다. 망명 티베트인의 대표단이 칭하이 성을 방문하자 달라이 라마를 지지하는 현지 티베트인의 대대적인 환영을 받았다. 이에 베이징 관리들은 크게 놀라는 한편 난처한 입장에 처했다. 전혀 예상치 못한 불쾌한 일이 발생하지 않도록 한족 간부들은 즉시 티베트 자치구 당위원회 제1서기이자 전직 장군 출신인 런룽(任榮)에게 달려가 다람살라 대표단이 라싸를 방문할 경우 무슨 일이 발생할지도 모른다고 보고했다. 런룽은 아무 문제도 일어나지 않을 것이라고 예측했다. 하지만 라싸에서 결국 달라이 라마를 지지하는 이들의 엄청난 감정 폭발이 일어났다.

판단 착오로 인해 그는 옷을 벗어야만 했다. 후야오방은 짱족과 우호적인 관계를 유지하려는 노력에 영향을 주지 않도록 런룽에게 즉각 티베트를 떠날 것을 지시했다. 런룽의 뒤를 이어 제1서기가 된 사람은 역시 장군 출신의 한인 인파탕(陰法唐)이었다. 그는 얼마 후 티베트에서 덩샤오핑이 가장 신뢰하는 인물이 되었다. 인파탕은 티베트에서 20년 동안 근무하면서 티베트 건설에 특별한 관심이 있었다. 나중에 당위 서기에서 물러난 후에도 여전히 그곳에 남아 학교 건설 등을 도왔다.

다람살라 티베트인의 중국 방문은 오히려 역효과를 내고 말았다. 덩샤오핑은 중공의 영도하에 티베트가 1959년 이래로 상당한 수준의 안정과 경제 발전을 이룩했기 때문에 인도로 망명한 티베트 대표단도 직접 티베트에서 보고 들으면서 긍정적인 인상을 받을 것이라고 생각했다. 그러나 그의 예상과 달리 정반대 결과가 나타났다. 그들은 중국이 티베트인들을 대하는 방식에 대해 매섭게 비난했다.

비록 세 개 대표단 방문이 심각한 문제를 노출시키는 결과를 낳았지만 덩샤오핑은 여전히 한인과 티베트인 간의 관계 개선을 위해 노력했다. 그는 티베트 사원과 기타 문화 시설을 복구하는 정책을 지속적으로 시행했다. 그는 한인과 티베트인의 관계 회복을 위해 신임 총서기 후야오방과 부총리 완리에게 대표단을 이끌고 티베트를 방문하도록 했다.

한두 달간의 준비를 마치고 1980년 5월 22일 후야오방이 800명의 대표단을 이끌고 티베트에 도착했다. 이튿날 거행되는, 1951년 마오쩌둥이 회유 정책의 일환으로 제시한 티베트 '17조 협의' 체결 29주년 기념 행사에 참가할 준비를 마쳤다. 후야오방은 일주일 동안 그곳에 체류하면서 전체 상황을 인지하고 현지 간부들과 좌담회를 가졌다. 그리고 5000여 명이 모인 대회에서 감동적인 연설을 행했다. 당시 모인 이들은 대부분 티베트족 간부들이었다. 그는 '단결, 번영, 문명의 새로운 티베트를 건설하도록 노력하자.'라는 제목의 연설에서 이렇게 말했다. "우리 당은 시짱 인민들에게 고통을 주었습니다. 우리도 정말 괴롭습니다. …… 시짱 인민의 생활은 아직까지 현저하게 개선되지 않고 있습니다. 우리는 비난을 피하기 어려울 것입니다." 그는 다음과 같은 여섯 개 항의 임무를 제시했다. 첫째, 시짱 인민들이 자기 생활의 주인이 되도록 하겠다. 둘째, 경제적 부담을 덜어 주고 3년이나 5년 동안 세금을 면제해 주겠다. 셋째, 농업 생산에 승포도조(承包到組)를 실시하겠다. 넷째, 농업과 목축업을 발전시키기 위해 노력하겠다. 다섯째, 교육을 촉진시켜 시짱대학 건립에 착수하겠다.

여섯째, 한짱(漢藏) 단결을 강화하기 위해 대다수 한족 간부를 시짱에서 전출시키고, 더욱 많은 현지 짱족(티베트족) 간부를 육성하겠다.[11]

후야오방의 연설은 베이징과 티베트 관계를 개선하기 위한 대담한 노력이었다. 후야오방의 연설이 끝나자 회의장에는 티베트의 새로운 영웅 후야오방을 향한 열렬한 박수 소리가 울려 퍼졌다. 후야오방은 분명 진지했다. 그는 진실한 마음으로 티베트가 받은 아픔을 받아들였고, 중공을 대표하여 티베트가 겪은 고난에 대해 책임졌다. 그리고 미래에 보다 나은 삶을 영위할 수 있는 방식을 설명했다. 1987년 물러나기 전까지 그는 티베트와 화해하는 정책을 일관되게 유지했다.

후야오방이 티베트로 가기 전에는 각 성(省)의 티베트족 거주지에 분포되어 있는 인민해방군 공장에서 티베트인들이 애호하는 펠트 모자(전모(氈帽))와 가죽신 등의 물건 생산을 독점하고 있었다. 후야오방은 티베트에 갔다 온 후 군대의 독점 생산을 타파하고 티베트 정부에 속한 공장에서도 동일한 물품을 생산할 수 있도록 허용했다. 후야오방이 1980년 티베트를 방문한 후 몇 년 동안에는 티베트족 출신의 간부를 선발하거나 티베트족의 생활 수준을 개선하는 측면에서 상당한 진전이 있었다. 1978년 티베트의 간부 가운데 티베트족은 44.5퍼센트였는데, 1981년에는 54.4퍼센트로 수치가 올랐고, 1986년에는 60.3퍼센트가 되었다.[12] 사원은 소수의 승려를 받아들일 수 있었으며, 티베트어(藏語)도 공식적으로 사용이 허락되었다. 기도나 아침 예배를 비롯한 각종 종교 의식에 대한 억압도 줄어들었다.

후야오방은 이렇듯 진실한 태도로 티베트 문제를 해결하기 위해 애썼지만 1년 후 그의 노력은 물거품이 되고 말았다. 한편으로 티베트 현지와 베이징의 한족 간부들의 저항을 불러일으키고, 다른 한편으로 그의 노력이 여전히 티베트족을 만족시킬 만한 수준에 이르지 못했기 때문이다. 덩샤오핑은 한족 간부들에게서 자유롭지 못했고, 달라이 라마는 다람살라의 호전적인 망명 단체에게서 자유롭지 못했다. 그래서 그 두 사람은 소통할 수 있는 가교를 만들기 어려웠던 것이다.

티베트의 질서를 유지하고자 노력하는 한족 간부들이 보기에 후야오방의 정책은 그들이 티베트족에게 지나치게 엄격하다는 비판처럼 보였다. 현지 티베트족 간부들에게 길을 터주기 위해 일부 한족 간부들은 다른 지역으로 전출되었으며, 티베트에 계속 남아 있는 한인 대다수는 후야오방의 정책에 반대했다. 한족 간부들은 티베트족의 언어를 배우고, 그들의 의견을 경청할 것을 지시받았다. 이러한 조치는 질서 유지를 위한 권위를 유지하기 힘들게 만들었다. 티베트의 치안을 책임지고 있는 한족 간부들은 특히 티베트족의 사원인 라마묘(喇嘛廟)에 대해 특히 경계하고 있었다. 만약 그들이 더욱 많은 자유를 얻게 된다면 그곳은 티베트 민족주의의 온상이자 티베트족의 저항을 조직화하는 중심지가 될 것이 분명했다.(1950년대 말, 티베트 자치구 전체 200만 인구 가운데 15만 명이 승려였다.) 베이징의 조심성 있는 간부들도 티베트의 한족 간부들과 마찬가지로, 후야오방이 외국인들이 지지하고 있는 티베트의 '분리주의자'들의 위험을 제대로 인식하지 못하고 있다고 노골적으로 비판했다.[113]

다람살라의 망명 티베트인들이 요구하는 자치권의 수준은 대만에게 부여한 조건보다 훨씬 큰 것이기 때문에 긴장 관계를 더욱 가열시키는 또 다른 요인이기도 했다. 그들은 티베트에서 중국의 다른 지역과 다른 정치 제도를 시행하기를 요구했다. 그들은 '대티베트(大西藏)'를 건설하여 중국의 모든 티베트족의 거주지를 하나로 합치는 새로운 자치구로 만들기를 요구했다. 아무리 진보적인 베이징 간부라 할지라도 이러한 요구는 그들이 합리적이라고 생각하는 범위에서 크게 벗어난 것이었다. 그래서 협상은 아무런 결과도 없이 끝나고 말았다.

중국공산당은 1980년대에 1950년대보다 훨씬 많은 자치권을 티베트인에게 부여했다. 그중에는 자신들의 언어와 복식을 사용하고, 인민대표대회에 대표를 파견하는 것 등이 포함되어 있었다. 이외에도 공산당은 한인에 비해 티베트인에게 더 많은 아이를 낳을 수 있도록 허용했다. 또한 티베트인은 한인보다 낮은 점수로도 고등학교나 대학에 진학할 수 있도록 조치했다. 하지만 중요한 정책을 결정하는 실제 권력은 베이징의 지시에 따라 움직이는 라싸의 공산당

한족 간부들의 수중에 있었다.

또 하나의 극복하기 힘든 차이는 티베트인들이 티베트의 영역을 다른 성에 있는 티베트족 거주 지역까지 확대할 것을 요구했다는 점이었다. 7세기만 해도 티베트인들은 거의 당시 중국과 맞먹을 정도의 방대한 지역을 통제했으며, 이후 비교적 작은 티베트족 지역 사회가 쓰촨, 칭하이, 간쑤, 윈난 등지에 두루 분포되어 있었다. 진보적인 한족 간부도 이러한 티베트인들의 영역 확장은 찬성할 수 없었다.

달라이 라마는 중국 티베트인들의 상황을 시찰하기 위해 보낸 세 개 대표단의 보고서를 읽은 후 후야오방이 티베트에 가기 전인 1981년 3월 23일 덩샤오핑에게 서신을 보내 이렇게 말했다. "우리는 보다 나은 상호 이해를 통해 티베트인과 한인의 우의를 발전시켜야만 할 것입니다." 그는 이어서 이렇게 말했다. "실제로 90퍼센트 이상의 티베트인들이 신체적, 정신적 학대를 받으며 초조한 마음으로 생활하고 있습니다. 이러한 상황은 자연재해로 인한 것이 아니라 인위적인 것입니다."[114] 베이징은 이에 대한 답신을 보내기 전까지 얼마 동안의 시간이 필요했다.

베이징 관리들은 대략 4개월 동안 기다리다가 1981년 7월 27일 후야오방이 베이징에서 걀로 톤둡과 만난 자리에서 자신들의 관점을 표명했다. 후야오방이 1980년 티베트에 갔을 때 상당히 큰 폭의 자유를 부여하여 그들의 호의를 얻었다. 하지만 이번 만남은 상황이 달랐다. 그는 이미 티베트의 분열 책동에 대한 통제를 강화할 것이라는 중국의 새로운 정책을 걀로 톤둡에게 전달하라는 지시를 받은 상태였다. 후야오방은 그에게 달라이 라마의 귀국을 환영하는 베이징의 구체적인 조건에 대해 다음과 같이 언급했다. 달라이 라마는 1959년 이전의 정치적 지위와 생활 수준을 보장받을 것이며, 티베트가 아닌 베이징에 머물되 티베트를 방문할 수는 있다. 그리고 전국인민대표대회 부위원장과 정협(政協, 정치협상회의) 부주석을 맡을 수 있다.

티베트인들은 이러한 조건을 받아들인다면 달라이 라마는 영예로운 지위와 일정 정도의 종교적 자유를 얻을 수 있지만 정치권력은 여전히 한인들이 장악할 것이라고 보았다. 그래서 그들은 거절하고, 달라이 라마도 돌아가지 않기로 결정했다. 쌍방이 더욱 친밀하고 보다 긍정적인 관계를 촉진하려던 덩샤오핑의 노력은 수포로 돌아갔다. 하지만 그와 달라이 라마는 관계가 더욱 경색되지 않기를 원했다. 달라이 라마는 1981년 10월 베이징으로 소규모 협상 인원을 보냈다. 비록 서로의 차이를 메꿀 수는 없었지만 달라이 라마와 베이징 영도자 간의 공개적인 결별은 막을 수 있었다.[115]

1981년부터 1982년까지 상호 소통하려는 노력이 실패로 돌아가자 덩샤오핑은 티베트 문제를 일단 한쪽으로 밀어 놓고, 1984년 중국의 시장화에 대한 민중의 지지가 확대된 이후에야 비로소 티베트 문제에 새로운 비전을 제시했다. 그것은 경제 성장과 티베트와 다른 지역의 연계를 새로운 착안점으로 삼는다는 것이었다. 그 안에는 시장 연계도 포함되어 있었다. 제1차 티베트 공작 좌담회가 끝나고 4년이 흐른 뒤인 1984년 2월 27일부터 3월 6일까지 베이징에서 개최된 제2차 티베트 공작 좌담회(덩샤오핑이 광둥에서 경제특구 정책이 정확하다고 선포했던 바로 그 시기에 개최되었다.)에서 티베트를 좀 더 개방하는 정책을 시행하기로 단언했다. 그 이전에 티베트 여행이 허용된 관광객이나 외지 상인들은 거의 없었다. 그러나 당시 회의 이후로 상인들은 거의 제한 없이 티베트에서 장사를 할 수 있었다. 덩샤오핑은 티베트와 전국의 경제를 연계시킴으로써 티베트의 경제 발전을 가속화하여 다른 지역과 마찬가지로 티베트족의 정부에 대한 지지가 높아지기를 희망했다. 그는 실제로 티베트 경제 발전을 전국의 중점 사업 중에서도 우선 대상으로 올려놓았다. 중앙은 부유한 성(省)에서 티베트에 대한 재정 원조를 제공하도록 적극 권유했고, 간부 중에서 경제통을 파견하여 티베트의 발전을 돕고, 이를 통해 티베트와 각 성 정부의 연계를 강화할 수 있도록 조치했다.

분리주의자를 줄이려는 노력의 일환으로, 1985년 4000명의 티베트 출신 우수 중학생들에게 보다 좋은 교육 기회를 부여하고, 다른 성과의 연계를 강화한다는 이유로 다른 성에 있는 학교로 전학 조치시켰다. 1984년 베이징과 티베트 망명 단체 간에도 몇 차례 회담이 열렸지만 진전은 없었다.

몇 차례 회담이 실패로 끝나자 달라이 라마는 베이징과 경색된 관계를 타파하기 위해 서구 사회에 지지를 호소하기로 했다. 그는 티베트의 상황을 설명하기 위해 각국에 믿을 만한 젊은이들을 파견했다. 예를 들어 로디 걀리(洛地嘉日, Lodi Gyari)는 워싱턴에 파견되어 수십 년 동안 그곳에서 티베트인의 사업을 추진하는 일을 맡았다. 하지만 이런 젊은이들은 달라이 라마의 영향력과 비교할 수 없었다. 달라이 라마는 영어를 할 줄 알았기 때문에 자신의 심오한 영성(靈性)으로 서구인들을 감동시킬 수 있었다. 서구인들은 그것이 자신들의 물질화된 일상생활에서 잃어버린 자질이라고 느꼈다. 그들은 달라이 라마를 민족의 자유를 쟁취하기 위해 중국의 압제자들과 쉼 없는 투쟁을 벌여 온 평화주의자로 보았다. 아시아의 지도자 중에서 그처럼 경건한 서구 추종자를 거느린 인물은 찾아보기 힘들다. 달라이 라마의 명성으로 인해 중국 전체 인구의 0.3퍼센트에 불과한 티베트족은 그들보다 훨씬 많은 인구로 이루어진 중국 내 그 어떤 소수 민족보다 서구 세계의 특별한 주목을 받기 시작했다. 하지만 많은 외국인이 달라이 라마를 보편적으로 지지했지만, 티베트를 공식적으로 인정하지 않는 외국 정부도 있었다. 중국 정부가 볼 때 달라이 라마는 가끔씩 중국의 주권을 받아들일 용의가 있다고 소리를 치다가도 구속력을 갖춘 협상은 마다하는 인물로 보였다. 중국은 그가 인도로 망명한 8만 명의 다루기 힘든 극렬 분자의 제약으로 인해 더 이상 협상할 수 있는 여지를 확보할 수 없음을 감지했다. 중공의 선전(宣傳) 기관을 통해 티베트에 대한 정보를 얻는 중국의 한족 인민들은 중국 정부가 이미 넉넉하게 재정 지원을 하고 있음에도 불구하고 티베트인들이 전혀 감사할 줄 모른다고 여겼다. 모순이 가열되고 티베트의 한족 간부들이 통제를 강화하자, 티베트족들도 한족을 자신들을 압제하고 반대하는 이들로 간주했다.

　　달라이 라마가 유럽인들과 미국 의회, 인권 활동가, 그리고 외국의 비정부 기구의 지지를 얻는 데 성공하자 티베트의 승려들도 더욱 들떠 대담하게 더 많은 자치를 요구하기 시작했다. 1987년 9월 27일 달라이 라마가 미국 의회 인권위원회 청문회에 참석하여 연설을 했다. 그리고 얼마 안 있어 라싸의 라마교 승려들이 시위를 벌이더니 금세 폭동으로 변질되었다. 티베트인들은 서구인들의 지지를 통해 중국 정부의 양보를 얻어 낼 수 있을 것이라고 낙관적으로 생각했다. 그러나 이와는 상반되게 베이징의 관리들은 통제를 더욱 강화하기 시작했다. 1988년 6월 달라이 라마는 스트라스부르에 있는 유럽 의회에서 연설하면서 티베트인들은 티베트와 관련한 모든 사무를 결정할 마땅한 권리가 있다고 거듭 밝혔다. 그리고 채 몇 달이 되기도 전인 12월 라싸에서 또다시 심각한 폭동이 일어났다. 1989년 노벨 평화상이 달라이 라마에게 돌아가자 티베트의 승려들은 크게 고무되어 저항이 다시 거세졌다. 이에 중공 영도자들은 통제를 더욱 강화했다.

달라이 라마가 국외에서 거듭 성공을 거두면서 티베트 승려들의 반항이 줄어들지 않자 중국 영도자들은 외국 단체를 이용하여 달라이 라마를 고립시키는 방책을 활용했다. 그래서 일부 단체에서 중국에 대한 압력을 거두는 성과를 얻기는 했지만 전체적으로 볼 때 중국의 방식은 오히려 달라이 라마에 대한 외국인의 관심을 증폭시키고, 중국에 대한 비판을 가일층 심화시키는 결과를 낳았다. 티베트에서 날로 커져 가는 승려들의 반항에 중국 관리들은 티베트의 치안 능력을 강화하는 쪽으로 나아가 사원에 보다 엄격한 통제를 실시했다.

중국 관리들은 외국 인권 단체의 원조는 중국을 약화시키려는 동기에서 비롯된 것이라고 비난했다. 중국이 티베트인들에게 더욱 많은 자치권을 주지 않는다고 외국인들이 비난할 때, 일부 중국 관리들은 자신들의 정책은 미국이 그 옛날 북미 원주민들을 내쫓던 방법보다 훨씬 인도주의적이라고 비꼬았다.

덩샤오핑과 달라이 라마는 양자 간의 차이를 해결할 방법을 찾지 못했지만 쌍방 모두 전면적인 충돌은 원치 않았다. 1988년 초 베이징은 정치 활동을 했다는 이유로 체포된 몇 명의 승려를 석방했다. 1988년 4월 달라이 라마가 독립을 쟁취하겠다는 생각을 버린다면 티베트로 돌아와 거주할 수 있을 것이라고 선포했다. 달라이 라마는 계속해서 자신은 중국의 주권을 받아들일 용의가 있으며, 평화로운 방식으로 티베트인들이 더 많은 자유를 얻을 수 있기를 바란다고 말했다.

1989년 1월 덩샤오핑은 폭동을 진압하기 위해 티베트에 새로운 당위 서기 후진타오를 보냈다. 후진타오는 티베트의 다양한 지도자들과 대화를 나누었지만 기본적인 목표는 경제를 발전시키고 한어 교육을 확대하며, 외부와 연계를 강화하고 일부 티베트인들과 협력하며, 일부 극렬 분리주의자들의 활동을 엄격하게 통제한다는 덩샤오핑의 정책을 반영하는 것이었다. 1989년 봄, 베이징에서 학생 시위가 일어남과 동시에 티베트에서도 또다시 폭동이 일어나자 후진타오는 계엄령을 선포했다.

1989년 초 티베트의 또 한 명의 종교 지도자이자 신도 수가 두 번째로 많은 판첸 라마(班禪喇嘛, Panchen Lama)가 세상을 떠났을 때 또 한 번 일말의 희망이 보였다. 달라이 라마는 종교 지도자 신분으로 베이징에서 거행되는 장례식에 참가해 달라는 요청을 받았다. 베이징은 달라이 라마가 티베트인 망명 단체보다 훨씬 유연한 태도를 취하고 있기 때문에 덩샤오핑이 그와 보다 유익한 회담을 가질 수 있을 것이라고 판단했다. 하지만 다람살라의 망명 단체는 베이징의 영도자가 달라이 라마를 회유하기 위해 부른 것이라고 여기고, 달라이 라마에게 가지 말 것을 권유했다. 초청을 거절하자, 덩샤오핑과 그의 뒤를 잇는 영도자는 그 즉시 달라이 라마와 협력하려는 노력을 접었다. 결국 난국을 타개하려는 노력은 또다시 무기한 연기되고 말았다. 일부 관측통은 달라이 라마가 양자 간의 차이를 해소하는 데 진전을 얻을 수 있는 좋은 기회를 놓친 것이라고 생각했다. 이후 달라이 라마가 수차례 중국에 대표를 파견하여 협상을 벌였지만 쌍방 모두 기본적인 입장에서 한걸음도 양보하지 않았다.

1980년대 중반 이후 지금까지 비극의 악순환이 지속되고 있다. 달라이 라마가 국외에서 명성을 얻게 되자 현지 티베트인들은 이에 더욱 고무되어 계속 저항했고, 이에 베이징의 진압이 뒤를 이었다. 외국인들은 진압 상황에 대해 듣고 베이징을 비난했으며, 이는 또다시 티베트인들의 반항을 고무시켰다. 이처럼 악순환이 그치질 않았다. 하지만 티베트족이나 한인 모두 1980년대 중반부터 시작된 대외 시장 개방과 티베트에 대한 경제 원조의 결과가 서서히 나타나고 있음을 감지했다. 그것은 생활 수준의 향상과 경제 독립성의 저하였다.

1950년대 라싸에 살고 있는 외지인들은 주로 베이징에서 파견된 중공 한족 간부나 군인들이었다. 그러나 1980년대 중반 이후로 라싸의 외지인들은 대개 상인들이었다. 그들은 중국의 티베트에 대한 경제 원조를 통해 경제적 이익을 얻고자 했다. 그들은 주로 인근의 가난한 성에서 온 후이족(回族)이나 기타 다른 소수 민족 출신이었다. 예전에는 외지인들이 티베트의 농촌까지 들어와 살 수 없었다. 하지만 1990년대 후반에는 외지인들이 수적으로 티베트족을 위협할 정도였다.[116] 날이 갈수록 수많은 티베트족 청년들이 자신들의 앞날을 위해 한어를 배우고 한족 교육을 받게 되었다. 사정이 이러하자 티베트족이나 한인들은 설사 티베트족 출신이라는 신분과 티베트족으로서 충성을 포기하지 않는다 할지라도 장기적으로 더욱 많은 티베트족들이 한어를 배우고, 한족 학교에 진학하며, 한족의 문화를 수용하고, 외부 경제에 통합될 것이라는 사실을 인지하기 시작했다.

덩샤오핑이 1980년 후야오방을 티베트에 파견한 이래로, 중공은 티베트인들과 베이징의 화해를 이루기 위한 노력을 더 이상 하지 않았다. 망명 티베트인들과 베이징 영도자들 간의 교착 상태는 이후로도 줄곧 지속되었다. 티베트인들은 진정한 자치권을 확보한 대티베트의 건설을 결심했으며, 베이징의 영도자들은 경제 발전을 통해 티베트족들도 한족의 교육과 문화를 수용하여 티베트를 전국의 경제와 문화 속에 융합시켜야 한다고 믿었다. 일부 외국인들 역시 베이징의 영도자들과 여전히 대립하고 있었다. 그들은 티베트인들이 더욱 많은 자치를 얻을 수 있도록 도울 생각이고, 베이징의 영도자들은 중국이 굴기(崛起)하고 있기 때문에 외국인들의 이러한 방법을 저지시킬 능력이 충분히 있다고 낙관적으로 생각하기 시작했다.

18

군사 현대화를 위한 준비

1977년 중반 덩샤오핑은 복귀 후 예젠잉 등 원로 간부들과 함께 중국 군대 현대화를 위한 준비 작업에 착수했다. 그러나 1년이 채 안 되어 작업은 지연되었다. 국가 안보에 심각한 위협이 있다고 판단하고 즉각 베트남에 대한 군사 행동을 준비했기 때문이다. 1979년 3월 베트남 전쟁이 끝난 후 그는 당분간은 군사 충돌이 일어날 가능성이 낮다고 생각하고 현대화 군사 장비에 대한 대규모 투입은 계속 미루고, 대신 민간 경제에 역량을 집중시키기로 했다. 그러나 덩샤오핑은 1975년 시작한 군대 개선 업무, 즉 군대 감원, 양질의 교육을 받은 군인 모병, 전면적인 기율 및 훈련 강화 등을 다시 진행하기 시작했다. 이렇게 해서 그가 자리에서 물러난 후 중국은 더욱 막강한 경제적 기초뿐 아니라 더욱 정예화되고 소양을 갖춘 군대를 보유하게 되었다. 이러한 군대는 그가 무대 뒤로 물러난 후 도입된 현대 무기를 더욱 효과적으로 운용할 수 있었다.[1]

1977년, 덩샤오핑은 형식적으로는 중앙군사위원회 주석인 화궈펑의 지시를 받고 있었지만, 실질적으로 군대를 장악하고 있는 이는 중앙군사위원회 부주석을 맡고 있는 그와 예젠잉이었다. 공안부장을 지낸 바 있던 화궈펑은 제2차 세계 대전 동안 유격대에 참가한 것과 린뱌오 사건 이후 광저우 군구 정치위원을 맡은 것 이외에 군대에서 일한 적이 없기 때문에 군 통솔력이 부족했다. 군사 경험이나 지식, 군대 고위층 내의 명망으로 볼 때 화궈펑은 덩샤오핑이나 예젠잉을 따라갈 수 없었다. 때문에 1981년 6월 화궈펑이 공식적으로 물러나고, 덩샤오핑이 중앙군사위원회 주석이 되었지만, 이는 1977년 이후 덩샤오핑과 예젠잉이 군대를 이끌고 있었다는 사실을 공식적으로 인정한 것일 뿐이었다.[2] 당연히 군사 정책에 아무런 변화도 일어나지 않았다.

덩샤오핑은 중국군의 문제를 회피하지 않았다. "나를 포함한 원로 동지들은 현대화된 전쟁을 이끌 능력이 부족하다. 우리는 이 점을 인정해야 한다."[3] 그는 중국이 군사 기술 면에 크게 낙후되어 있으므로 주요 상대국인 소련에 대응하기 위해 전략을 조정해야 한다고 했다. 그는 린뱌오 시절 군대 간부를 지방으로 전근시켜 군사 문제에 대한 주의력을 흩어 놓았다는 것을 알고 있었다.

덩샤오핑이 권력에서 물러난 18개월 동안 군대에 대한 그의 우려는 결코 사인방이 안정적인 세력을 확보하는 것 때문이 아니었다. 왜냐하면 그들은 장춘차오가 지도하는 인민해방군 총정치부에 약간의 기반을 확보할 정도였기 때문이다. 당시 그를 불안하게 만든 것은 원래 군대 정돈과 개선을 계획했던 2년이라는 소중한 시간이 낭비되고 있다는 점이었다. 1975년 덩샤오핑과 예젠잉이 임명한 군대 지도자들은 그들이 사전에 확정한 감축 목표를 달성하지 못했다. 원래 계획은 1976년 말 전까지 26퍼센트를 감축하기로 했지만 실제로는 13.6퍼센트만 감축했을 뿐이었다.[4] 마오쩌둥 사후 덩샤오핑은 잘못을 모두 린뱌오의 탓으로 돌리긴 했지만 마오쩌둥 시절에 군대에서 발생한 문제에 대해 직언을 서슴지 않았다.

1977년, 덩샤오핑이 분담한 업무는 군사, 과학 기술, 교육 및 외교였다. 그는 당연히 군대의 과학 기술 수준 향상을 중시했다. 2년 전 그는 교육과 훈련을 전략적 중요성을 가진 분야로 인식했다. 그러나 당시에는 이를 실천에 옮길 기회가 없었다. 1977년 8월 23일, 중앙군사위원회 좌담회에서 그는 이러한 관점을 거듭 설명하고 그 중요성을 강조했다. 그가 지적한 교육 및 훈련 향상은 기율과 정치 교육 강화뿐 아니라 군대 지도자들이 그들이 어떻게 해야 전문적 기술 지식을 개선하고 군사 훈련을 실시하여 현대 기술을 보유한 적과 전쟁을 치를 것인지 인식하도록 하는 것이었다.[5]

1977년 덩샤오핑과 예젠잉은 펑더화이가 이끌던 군대 지도부의 유지를 받들었다. 그들은 1950년대 더욱 전문화된 군대를 건설하고자 시도한 바 있었다. 그러나 이 목표는 마오쩌둥의 승인을 받지 못했다.[6] 펑더화이는 과거 소련의 기술 원조를 받고자 했다. 덩샤오핑은 1977년 서양이 첨단 군사 기술을 내주지 않을 거라는 사실을 잘 알고 있었다. 그러나 그는 적어도 서양에서 민간 기술의 도움은 받을 수 있을 것이라는 희망을 품고 있었다. 이렇게 하면 간접적으로나마 군대 현대화에 도움을 줄 수 있었고 심지어 독립을 포기하지 않은 상태에서 일부 군사 기술을 얻을 수 있었다.

전문화된 군대를 조직하고 점차 현대화 장비로 무장한다는 목표를 실천하기 위해 덩샤오핑과 예젠잉은 먼저 "느슨하고, 산만하고, 오만하고, 나태한(軟, 散, 驕, 懶)"자들을 파면하고, 원로 간부들을 위한 퇴직 제도를 만들어 감축에 대한 틀을 제공했다. 또한 군사 훈련과 연습을 강화하여 정예화 이후의 군대 전투력을 보장했다.[7]

덩샤오핑과 예젠잉은 각 군사 단위에 지도부를 선발하여 인민해방군을 더욱 현대화된 군대로 만들어 가는 데 최선을 다했다. 덩샤오핑은 신기술이 발전하는 시기에 대학에서 수학한 이들을 포함해 수준 높은 젊은이들을 모집하고자 했다. 능력 있는 청년을 선발하기 위해 그는 필기시험을 포함한 채용 기준을 마련했다.

군사 학교는 훈련 수준을 높이는 구심점이 될 터였다. 덩샤오핑은 군사 학교는 우수한 교사를 초빙해야 하고, 그들은 높은 학술적 소양뿐 아니라 실제 작전 상황에 익숙해지고자 하는 마음을 지님으로써 학생들에게 모범이 될 만한 업무 정신을 지니고 있어야 한다고 말했다.[8] 1977년 8월 23일, 덩샤오핑은 중앙군사위원회에게 예전에 부대는 전투를 통해 훈련을 실시했고 전쟁터에서의 성과에 따라 간부를 선발했다고 말했다. "지금은 전쟁을 하지 않는데 뭘 기준으로 간부들을 시험하고, 뭘 기준으로 간부들을 발탁하며, 군대의 소양과 군대의 전투력을 높일 것인가?"[9]

메이지 시대 일본 지도자들은 현대화란 기술 습득뿐 아니라 '계몽'도 시켜야 한다고 생각했다. 덩샤오핑 역시 효과적인 군사 현대화를 위해서는 새로운 안목과 전반적인 지식이 토대가 되어야 한다고 생각했다. 때문에 군대는 재능 있는 입대 청년에게 외국어를 가르치고, 국내 첫 번째 유학생을 해외로 파견했다. 그들은 군사 관련 과목을 공부하는 대신 광범위한 교육 과정, 예를 들어 관리, 과학 기술, 국제 관계 등을 배웠다.

또한 비대하고 낙후된 군대의 감축이 무엇보다 시급했다. 1977년 12월, 군대 감축을 위한 새로운 방안이 준비되었다. 중앙군사위원회는 「군대 편제 체제에 대한 조정 방안」을 통과시켰다. 그중에는 현대 군대에 필요한 체제가 언급되어 있었다. 1978년 3월 29일 인민해방군 총정치부가 주재한 좌담회에서 덩샤오핑은 50만 부대 간부의 전업(轉業) 계획을 선포했다.[10]

3중전회에서 최고의 지도자가 된 후, 덩샤오핑은 1979년 1월 2일 처음으로 군대에서 연설했다. 그는 중앙군사위원회에서 열린 고위급 간부 좌담회에서 솔직하게 다음과 같이 말했다.

우리 군대에는 문제가 엄청 많습니다. …… 특정한 일부 사람들의 문제가 아닙니다. 조직이 비대하고, 일보다 사람이 많습니다. 이것이 바로 근본적인 문제입니다. 현재 군대는 매우 비대하기 때문에 일을 처리하기에 매우 불편합니다. 한 지도 기관에 마작을 하는 테이블이 5, 6개이니 어떻게 일을 하겠습니까? …… 우리 군대의 명예 역시 조금 실추되었습니다. …… 나는 지금 고문이 되고 싶습니다. …… 그러나 지금은 불가능합니다. 1985년에는 고문을 하고 싶습니다. 정말이며 거짓이 아닙니다. 나쁠 것이 뭐 있겠습니까? 몇 년 더 살 수도 있습니다. 단지 비서만 없을 뿐, 그래도 타고 다닐 차도 있습니다. …… 간부의 연소화(年少化)에 대해 일부 원로 동지들은 우선 원칙적으로 옹호를 하겠지만 구체적으로는 반대할 것입니다.[11]

덩샤오핑은 비대한 군대를 정리하는 데 확실한 성공을 거두었다. 1975년 그가 군대 감축을 시작했을 당시 610만 명이었던 중국 군인 수는 1979년 520만, 1982년 다시 420만 명으로 줄어들었으며, 1988년에는 320만 명밖에 되지 않았다.[12] 군축 업무는 1978년 말 베트남 공격 준비로 중단되었으며, 전쟁이 끝난 후 몇 년 동안 다시 이루어지지 않았다. 계속 중국과 베트남 변경 지대에서 발생한 소규모 군사 충돌에 군대를 파견했기 때문이었다.

베트남 공격: 1979년 2월 17일~3월 16일

1978년 여름, 소련과 베트남이 협력을 강화하자 중국 관리들은 베트남의 차량화 부대가 건기를 이용하여 캄보디아를 공격하지 않을까 걱정이었다. 베트남은 1977년 7월 이미 라오스를 점령했고, 건기가 12월에 시작되었다.

덩샤오핑은 미국인들에게 소련의 확장을 막기 위해서는 전쟁도 불사할 결심을 해야 한다고 말했다. 캄보디아는 이미 중국의 의존국이다. 중국이 캄보디아 침입에 강경한 태도를 취하지 않는다면 소련과 베트남은 자신들이 태국과 말라카 해협까지 확장할 수 있다고 자신할 터이므로 서쪽으로는 인도양, 동쪽으로는 태평양까지 진출하도록 방관하는 것이었다. 베트남이 캄보디아를 공격한다면 소련은 더욱 많은 사람과 군사 장비를 보태 그들의 침략을 도울 것이다. 덩샤오핑은 캄보디아를 공격한 베트남에 대해 중국이 강경한 태도를 취해야 한다고 생각했다.

1978년 여름, 캄보디아 지도자 폴 포트는 베트남 위협의 심각성을 깨닫고 덩샤오핑에게 베트남 공격에 저항할 수 있도록 '지원군'을 파견해 달라고 요청했다. 이는 마오쩌둥이 한국 전쟁 당시 한국과 미국에 대항해 북한을 지원한 것이나 마찬가지였다. 폴 포트의 폭정에 서구 세계는 강력하게 비난을 퍼붓고 있었지만 그래도 덩샤오핑은 그와 협력할 준비를 했다. 덩샤오핑은 폴 포트가 베트남에 효과적으로 저항할 유일한 캄보디아 지도자라고 생각했다.

그러나 덩샤오핑은 캄보디아에 출병할 생각은 없었다. 그는 그렇게 될 경우 중국은 도저히 빠져나올 수 없는 비싼 대가를 치를 것이며 그 지역 상황에 통제력을 잃을 것이라 생각했다. 덩샤오핑은 1962년 중국 군대가 인도 접경 지대에서 성과를 얻었을 때처럼 '속전속결' 전투를 벌이고자 했다. 그는 단시간에 베트남을 공격해, 베트남과 소련이 계속 세력을 확장할 경우 감당하기 힘든 대가를 치를 것임을 보여 주고자 했다.

중국의 많은 군부 고위층과 일반 간부들은 베트남 공격이 현명한 행동인지에 대해 회의를 품었다. 그중 일부는 중국이 이제 막 현대화를 시작했는데 현대 공업 건설에 필요한 얼마 되지 않은 자원을 그곳에 유용하는 것은 현명하지 않다고 생각했다. 또한 중국 군대는 아직 적당한 준비가 되어 있지 않다고 생각했고, 원칙적으로 공산주의 우방에 대한 공격에 반대하는 이도 있었다. 또한 군사 공력으로 인해 베트남이 오랫동안 중국을 적대시할 수도 있다고 생각하는 사람도 있었다.

일부 관리들은 또한 이러한 행동이 소련의 방대한 군사력을 충돌로 끌어들일 수 있다고 우려하기도 했다. 덩샤오핑 자신은 소련이 당시 미국과 '전략무기제한협정 II(SALT II)' 마지막 단계이기 때문에 아시아 지역 전쟁에 말려들어 회담이 결렬되도록 하진 않을 것이라 생각했다.[13] 그러나 행여 거대한 위험을 몰고 올 수도 있는 일이기에 소련 개입의 가능성에 대한 나머지 원로 간부들의 생각을 물어보았다. 천원은 이를 자세히 따져 본 후 소련이 가장 공격할 가능성이 많은 중소 국경 지대는 병력 부족이 심각하기 때문에 중국을 침략할 경우 유럽 쪽 군대를 이동시켜야 한다고 말했다. 그럴 경우 한 달 정도의 시간이 필요했다. 천원은 이에 작전 시간이 짧을 경우, 소련이 개입할 기회는 극히 적다고 했다.

천원의 이야기를 들은 덩샤오핑은 작전 시간을 1962년 인도를 공격했을 때보다(33일) 길어서는 안 된다고 선언했다. 그리고 지상전만 가능하며 공군은 동원하지 않기로 했다.[14] 덩샤오핑은 당시 베트남 파일럿의 기량이 중국보다 월등하다는 것을 알고 있었다. 게다가 중국은 베트남 가까이 비행장이 없었다.

또한 공중전을 피하면 소련의 개입 기회를 줄일 수 있었다. 덩샤오핑은 여전히 소련의 반응이 걱정이었다. 그는 중소 북부 국경 지대에 인접한 이리(伊犁) 지역에서 30만 명의 중국인들을 이주시키고 정보원들에게 국경 지대 소련군의 일거수일투족을 철저히 감시하도록 지시했다.[15]

덩샤오핑은 중앙군사위원회 기타 성원 대부분의 반대에 부딪쳤다. 그들은 중국 군대가 전쟁을 하기에 충분한 준비가 되어 있지 않다고 생각했다. 인민해방군은 문화 대혁명의 파괴로부터 여전히 회복되지 않은 상태로 기율이 무너지고 훈련도 부족했다. 1978년 중국과 인도의 국경 지대에서 1100차례 작은 마찰이 있었던 것을 제외하면 중국 군대는 1962년 인도와 국경 충돌 이후 전쟁을 치러 본 적이 없었다. 그러나 베트남 군대는 프랑스, 월남, 미국과 수십 차례 전쟁을 치른 경험이 있었다. 그들은 또한 소련제 현대 장비를 갖추고 있는 데다 1975년 미국의 베트남전 패배 이후 소련은 계속해서 베트남에 대량의 경제 원조를 해 주고 있었다.[16]

결국 덩샤오핑은 자신의 권위와, 소련과 베트남의 위협에 강경한 태도를 보여 주어야 한다는 신념으로 베트남 공격을 우려하던 다른 모든 이의 생각을 누를 수 있었다. 베이징의 일부 간부들은 덩샤오핑이 당시 전쟁을 이끈 이유는 집권 이후 군대에 대한 개인의 통제력을 강화하기 위해서라고 믿었다. 또 한편에서는, 미국이 동맹국인 한국과 일본에게 무상으로 기술을 제공한 것을 의식한 덩샤오핑이 베트남 공격을 통해 중국은 소련과 경계를 분명히 했으며 소련과 우호 관계를 형성할 가능성이 전혀 없다는 것을 미국에게 보여 주고 싶어 한 것이라 생각했다. 비록 덩샤오핑이 이처럼 다양한 생각 사이에서 어떻게 득실을 따지고 균형을 잡았는지 증명할 수 있는 믿을 만한 자료는 없지만 한 가지 분명한 사실은 덩샤오핑이 베트남의 야심에 분노했고, 베트남 내 소련의 확장에 깊이 우려하고 있었다는 것이다.

광저우와 쿤밍 두 군구와 총참모부는 변경 지대 주둔군의 확장 필요성에 대해 토론을 벌였다. 그러나 대베트남 작전 계획이 시작된 것은 1978년 9월 중앙군사위원회 회의가 열린 후부터다.[17] 중앙군사위원회 회의에서 먼저 총참모부 정보부에서 중국과 베트남 국경 지대에서 잦은 군사 충돌 상황을 통보했고, 두 인근 군구인 광저우 군구와 쿤밍 군구에서 병력 집결 명령을 받고 베트남 침략을 준비했다. 11월 23일부터, 공군, 해군, 총참모부 작전부와 정보부의 고위 장령들이 일주일 동안 회의를 열었다. 회의 이후 둥베이와 화베이, 그리고 시베이 군구가 모두 일급 전투 준비 태세에 돌입해 발생할지 모르는 소련의 군사 반응에 촉각을 곤두세웠다.

11월, 열한 개의 대군구 가운데 열 개 군구의 군대가 베트남 가까운 국경 지대로 집결하기 시작했다. 대부분이 광저우와 쿤밍 군구에서 모인 군대였다. 중국과 베트남의 국경선은 1300킬로미터, 대략 그 가운데 절반은 윈난 지역에 해당되며 쿤밍 군구 관할 구역이다. 나머지 절반은 광시 지역으로, 광저우 군구가 관할하고 있다. 중국 군대는 전체 국경선상에 배치되었다. 마치 국공 내전과 한국 전쟁 당시처럼 베트남 국경 지대를 향한 중국 군대의 이동은 예측이 어렵도록 야간에 실시되었다. 미국은 중국 국경 지내 내 후방 지원을 제공할 사람을 포함하여 45만 명이 참전했을 것이며, 베트남은 60만 명쯤일 것이라고 예상했다.[18]

12월 8일, 중앙군사위원회는 광저우와 쿤밍 군구에 명령을 내려 1979년 1월 10일 전까지 베트남 공격 준비를 마치도록 했다. 광저우 군구 쉬스유 사령관은 12월 11일에 부대를 배치하기 시작했다. 얼마 후 12월 21일, 쉬스유는 베트남 인근 광시좡족 자치구 난닝에 총지휘부를 설치하고, 그곳에서 부하들과 구체적인 진격 계획을 세웠다.[19]

그와 동시에 중앙군사위원회는 베트남이 곧 캄보디아를 공격할 것이라 예상하고 12월 20일 좌담회를 열어 군대 지도자가 베트남의 동향을 자세히 평가하는 한편 진격 계획을 심사했다. 예상대로 12월 25일, 베트남의 12만 대군이 캄보디아를 공격했고 12일 후 프놈펜을 점령했다.

베트남 공격을 위한 준비 이외에도 덩샤오핑은 외교적 노력에 힘썼다. 그는 1978년 11월과 1979년 1월, 리콴유와 카터에게 베트남 공격 계획을 통보했다. 1979년 2월 초, 미국 방문을 마치고 귀국하는 중에 일본에 체류하면서 베트남 공격 계획을 일본에 알린 후 베트남에 재정 또는 기타 다른 지원을 제공하지 말도록 권고했다. 덩샤오핑은 도쿄에 있을 때 주일 미국 대사 마이크 맨스필드를 만났다. 덩샤오핑은 그가 미국 국회의 입장에 영향을 줄 수 있다고 생각하고 일본과 카터에게 한 말을 다시 한 번 그에게 되풀이했다. 즉 베트남과 소련이 중국을 포위하려고 계획하고 있으며, 그들에게 교훈을 주려는 의도에서 중국은 베트남을 공격하는 것이라고 말했다.[20]

베트남 공격을 준비하던 기간에 덩샤오핑은 중앙공작회의, 3중전회, 미국과의 관계 정상화 및 최고 지도자로서의 책임을 맡기 위한 준비를 하느라 분주했다. 그러나 그는 틈틈이 시간을 내 베트남 전투와 관련하여 외교와 군사 준비 업무를 이끌었다. 전쟁이 시작되자 그는 매일 군사 지휘에 깊이 관여했다. 존 루이스(John Lewis)와 쉐리타이(薛立泰)는 이후 베트남 전투에서 덩샤오핑의 역할에 대해 다음과 같이 결론을 내렸다. "당시 공격 전략 또는 전쟁 목적이나 규모에 대해 모두 덩샤오핑 본인이 결정을 내렸다. 그는 자신을 최고위급 장군으로 생각해 전쟁 사령관을 맡았으며, 이에 관련된 각 성의 지원 전투를 동원하고, 작전의 세부 사항을 승인하고, 작전 명령을 하달했다. 이는 덩샤오핑의 전쟁이었다."[21] 전쟁 동안 덩샤오핑은 전면적으로 전투를 이끌었으며, 누군가 말한 바대로 그는 소대급까지 중국 군대의 이동을 훤히 꿰뚫고 있었다.[22]

중국의 수많은 사령관과 마찬가지로 덩샤오핑 역시 섬멸전을 펼치고자 했다. 화이하이 전투 당시 국민당 군대를 창 강 이북에서 섬멸하는 것이 목표였던 것과 마찬가지로 덩샤오핑은 베트남에 속공을 펼쳐 속전속결 방식으로 베트남 군대의 주력 부대를 섬멸하고자 했다. 당시 결정적인 전투로 중국에 대한 베트남의 위협 능력을 수년간 뒤로 물릴 수 있었다. 베트남의 군관은 중국과 긴밀한 협조로 미국에 대항한 경험이 있었기 때문에 이런 전략에 매우 익숙했다. 그들은 재빨리 주력 부대를 중국과 베트남 국경에서 하노이 부근으로 철수시켜 캄보디아 내에 군대를 배치한 채 중국인과의 교전을 그 지역 지형과 주민을 잘 알고 있는 지방 부대와 민병에게 맡겼다.

중국 군대는 베트남이 건기로 들어서고, 중소 북부 국경 지대인 우쑤리 강 위얼음이 녹기 시작한 후에 베트남을 공격했기 때문에 소련 군대는 북부에서 결빙된 강을 통해 중국을 공격할 수 없게 되었다.[23] 2월 9일에서 12일까지 열린 중앙군사위원회 회의에서 진격 명령이 내려졌다. 2월 13일, 덩샤오핑은 그의 캄보디아 맹우인 시아누크를 만났다. 2월 16일, 공격 개시 불과 17시간 전에 화궈펑이 회의를 주재하고, 덩샤오핑이 중앙 고위급 간부에게 작전 계획을 통보했다.[24] 화궈펑은 작전 준비 과정에 참여한 관계로 심각한 문제가 발생해도 덩샤오핑을 비판할 수 없었다.

2월 17일 동틀 무렵, 전 국경 지대 스물여섯 곳에 흩어져 있던 20만 중국 군대가 동시에 베트남 국경을 향해 공격을 개시했다. 공격 전, 중국은 여러 국경 지점에서 습격을 실시해 베트남 병력을 분산시켰다. 중국은 우위 병력을 이용해 베트남 성회 도시 다섯 곳, 즉 랑송, 까오방, 라오까이, 하우장, 라이쩌우를 굽어볼 수 있는 산을 집중 공격하도록 했다. 그들은 며칠 안에 이 지역을 점령할 수 있을 것이라 예상했다.

덩샤오핑의 당시 공격은 전략적 시기에 이루어졌다. 채 3주도 되기 전 그는 성공적으로 미국을 방문했고 일본에 잠시 체류했다. 덩샤오핑의 출국으로 소련은 미국이 중국에 정보를 제공할 수도 있다고 걱정했다. 소련이 행동을 취한다면 미국은 중국을 지지할 가능성도 있었다. 브레즈네프는 심지어 카터에게 전화를 걸어 미국이 몰래 중국을 도와주지 말 것을 보장하도록 했다. 그러나 카터가 약속을 했음에도 불구하고 브레즈네프는 걱정이 가시지 않았다.[25]

베트남을 침략한 후에야 중국 군대는 베트남인들이 예상보다 더욱 효과적으로 방어하고 있다는 사실을 발견했다. 중국 군관은 준비가 부족한 상태였기 때문에 혼란에 빠져들었다. 침략한 중국 군대는 구체적인 임무가 배정되었지만 정보가 부족하고, 상급 부대와 통신이 원활하지 않았기 때문에 신속하게 행동을 취할 수 없었다. 부대 간 협력도 부족한 데다 공급선이 지나치게 길었기 때문에 중국으로 보낼 물자 공급을 위해 일부 군인을 중국으로 보낼 수밖에 없었다. 중국군은 포병으로 부대의 진격을 지원하고, 지역 저항 세력보다 수적으로 우세한 곳에 병력을 집중시켰다. 그러나 중일 전쟁이나 국공 내전 당시에는 공산당 군대가 지역민들의 도움을 받을 수 있었지만, 베트남 전쟁에서 베트남 현지인들은 베트남 군대에 정보와 후방 지원을 제공했다.

중국은 일주일 내에 다섯 개 성회 도시를 모두 공략할 것이라 생각했지만 개전 3주가 지난 후에야 겨우 랑송을 함락할 수 있었다. 가장 처참한 전투는 랑송 부근에서 발생했다. 중국 군대는 그곳에 병력을 집중하고 남쪽 하노이로 가는 통로의 통제권을 장악하여 베트남인들에게 베트남의 수도를 위협할 수 있다는 것을 보여 주고 싶었다. 중국 군대는 수적 우세와 굳건한 의지로 다섯 개 도시를 함락시켰다. 그러나 사망자와 부상자 수는 베트남보다 훨씬 많았다. 통계에 따르면, 중국 측은 당시 전투에서 2만 5000명이 전사하고 3만 7000명이 부상을 당했다.[26]

3월 6일, 랑송을 함락시킨 후 중국군은 즉시 승리를 선포하고 철군하기 시작했다. 철군하는 도중 가능한 많이 베트남의 기반 시설을 파괴했다. 덩샤오핑은 1962년 33일 동안 치렀던 인도와의 전쟁 기간을 넘기지 않을 것이라 보장했다. 중국 군대가 베트남에서 철군하기 시작한 것이 3월 6일이며 3월 16일 철군을 끝마쳤으니 베트남을 침략한 날로부터 29일이 되는 날이었다.[27]

베트남 침략 후 국내외 선전을 통해 중국 측은 당시 전쟁을 '자위 반격전'이라고 불렀다. 중국 측은 이 전쟁이 1978년 베트남이 여러 차례 국경을 습격한 것에 대한 대응전이었다고 설명했다. 국경 지대에 살면서 베트남인들의 습격에 대응했던 군관 및 그들의 상급자들은 모두 '반격전'의 필요성을 쉽게 이해했다. 또한 일부 중국 관리 역시 덩샤오핑과 마찬가지로 베트남이 중국 측 경고를 무시하고 중국인을 박해하고 축출한 데 대해 분노하고 있었다. 그러나 일부 중국 고위층 군 장령들은 당시 전쟁을 지지한 적이 없었다.

덩샤오핑은 중국이 베트남에 교훈을 주었다고 선언했지만, 서방 측 군사 분석가들은 당시 전쟁 후 사실 오랫동안 전쟁을 겪어 왔던 베트남인들이 중국에 교훈을 준 것이라고 평가했다.[28] 군사 분석가들의 지적처럼, 당시 전쟁은 중국 군대가 현대적 무기 부족 이외에도 여러 가지 약점이 있다는 것을 드러냈다. 중국 군대는 11월부터 이듬해 2월까지 황급히 전투를 벌였다. 이는 그들이 충분한 준비가 되어 있지 않다는 것을 의미했다. 중국 측은 지휘와 통제력이 약한 데다 정확한 정보도 부족했다. 구체적으로 말하면, 양대 군구의 지휘부가 베트남에서 작전을 펼칠 때 상호 협조가 부족하여 서로 상대방의 행동을 이해할 수 없었다. 그들은 각기 하급 부대에 임무를 하달하면서도 다른 쪽 하급 부대가 무엇을 하는지 파악하지 못했다. 인민해방군은 자신의 성과를 자랑스럽게 생각하기가 쉽지 않았다. 일부 사령관은 그들이 하노이까지 쳐들어가 전면적인 승리를 거두었어야 했다고 불만을 털어놓았다. 예젠잉과 쑤위를 포함한 군대의 수많은 장령이 공개적으로 자신의 생각을 말하진 않았지만 그들은 당시 전투를 반대했으며 중국이 침공을 강행할 정도까지 위협을 받은 것은 아니라고 생각했다.[29] 일반 대중 역시 회의를 품고 있었다. 베이징 민주의 벽 대자보에는 중국 군대의 부정적 행동이 적혀 있었고 심지어 덩샤오핑의 당시 전쟁을 비판하는 글까지 실렸다.[30]

그러나 당내에서든, 외빈을 만난 자리에서든 덩샤오핑은 중국이 자신들이 선포한 다섯 군데 주요 도시 함락이라는 군사적 목표를 이루었다고 자랑했다. 더욱 중요한 것은 전체 전략 목표, 즉 소련과 베트남에, 소련이 이 지역에서 더 이상 세력을 확장하려 할 경우 감당할 수 없는 대가를 치르도록 하겠다는 뜻을 분명하게 밝혔다는 점이다. 리콴유는 "서양 매체는 중국의 처벌 행동이 실패했다고 생각했다. 그러나 나는 당시 전쟁이 동아시아 역사를 바꾸었다고 믿는다. 베트남인들은 자신들이 캄보디아를 넘어 태국으로 진격할 경우 중국이 공격을 감행할 것임을 알게 되었다."[31]라고 했다. 사실 9개월 후 소련의 아프가니스탄 침공은 소련에게 막중한 부담을 안겨 주었다. 이에 설사 중국이 베트남을 공격하지 않았다 해도 그 후 동아시아에서 소련의 확장 위험 역시 낮아졌을 것이다.

중국 군 간부들은 전쟁 비용을 감추려 했다. 그러나 1979년 국방비 지출이 223억 위안으로 1978년과 1980년보다 현저하게 높았다. 베트남과 국경을 나란히 하고 있는 성(省)의 비용 부담은 말할 것도 없었다. 서구 분석가들은 전쟁 물자 비용만 해도 55억 위안에 달한다고 했다.[32] 외교 관련 인사들은 또 다른 비용에 관심을 가지고 있었다. 바로 당시 침략으로 중국이 원칙적인 입장에 있어서 서구 사회가 다른 국가 내정에 간섭하는 일을 비판하기 힘들게 되었다는 것이었다. 베트남 전쟁에 대한 중국 국내의 비판적 의견은 비밀에 부쳤으며, 1990년대 중국과 베트남이 관계를 회복했을 때 그들 두 나라는 더 이상 과거의 충돌을 문제 삼지 않기로 합의했다.[33] 정부 측에서 출간한 세 권짜리 『덩샤오핑 군사 문집』에는 1978년에서 1979년까지 덩샤오핑의 연설 스물여섯 편이 실려 있다. 그중에 이따금 중국의 대베트남 전쟁에 대한 이야기가 언급되었지만 전쟁과 직접적인 관련이 있었던 연설은 단 하나도 없다.[34] 일부 중국인들은 베트남 침략을 '중국 최후의 전쟁'이라고 부른다. 그러나 중국이 당시 전쟁에 대해 공개적인 토론을 하지 않은 점을 감안하면 이를 '중국의 잊어진 전쟁'이라고 부르는 것도 무방할 것 같다.

덩샤오핑이 베트남 침략이 현명한 처사였던가에 대한 회의를 보였다는 증거는 없다. 그러나 전쟁 이후, 덩샤오핑은 베트남 전쟁에서 보여 준 군의 부진한 모습을 통해 1975년부터 일련의 작업을 강화했다. 즉 무능한 군관을 퇴직시키고 기율을 엄격하게 하고, 군사 훈련을 강화했으며 교육 수준이 높은 군관을 선발했다. 그는 인민해방군에 지시를 내려 전쟁 중 드러난 약점을 분석하도록 했다. 중국 군대는 마침내 미국 군사 분석가가 지적한 바 있던 여러 가지 문제를 직시하기 시작했다. 전쟁 전후 정보 및 장비의 열세, 각 부서별 통신 불량, 장비 낙후, 전면적인 상호 협조가 불가능한 군대 지도자의 능력 부족 등이다.[35]

전쟁 이후, 덩샤오핑은 베트남인들과 소규모 충돌이 잦은 중국과 베트남 접경 지대에 대규모 군대를 주둔시키도록 중국 군대에 지시를 내렸다. 덩샤오핑은 중국을 방문한 헨리 잭슨(스쿠프(Scoop)라는 애칭이 있다.) 미 상원 의원에게 베트남인들의 기를 죽여 팽창을 향한 야심에 교훈을 줘야 한다고 말한 적이 있다.[36] 그 후 몇 년 동안 중국과 베트남 변경 부근 라오산(老山)의 중국 쪽 지역에 적어도 열네 개 사단급 병력을 보내 돌아가며 주둔하도록 했다.[37] 베트남은 북부 변경 지대에 80만 군대를 보내 중국의 침략에 방어하도록 했다. 대략 중국 인구의 20분의 1에 불과한 베트남은 이후 10년 동안 변경 지대를 지키기 위해 대량의 자원을 소모했다.

그 기간 동안 중국은 자국과 베트남 변경 지대에서 계속되는 소규모 충돌로 인해 군대를 훈련시켰다. 때로 일개 사단 병력이 충돌할 정도로 규모가 큰 경우도 있었다. 1980년대, 중국의 대다수 보병 부대는 돌아가며 변경 지역의 소규모 충돌에 투입되었다. 군사 분석가들은 세계에서 가장 용맹한 지상 부대와 벌이는 전투가 중국 군대에 매우 뛰어난 훈련 기회를 제공했다고 지적했다. 대규모 중국 군대가 주둔하자 소련 역시 베트남에 원조를 제공할 때 더욱 신중한 태도를 취하게 되었다.

베트남의 위협으로 인해 약소한 동남아시아 국가들은 이후 중국과 협력하여 이러한 위협에 대항하고자 하는 희망을 키워 갔다. 베트남의 공격적인 행동으로 인해 동남아시아 각국은 아세안의 협력 강화를 적극적으로 도모하기 시작했다.[38] 1984년, 베트남이 태국으로 가는 캄보디아의 요로를 차지하기 위해 태국의 안보에 위협을 가했을 때, 중국은 1979년 이후 최대의 국경 지대 공격을 실시하여 베트남인들을 철수시켰다.[39] 덩샤오핑은 1979년 베트남 및 중국, 베트남 국경 지대에서 계속된 군사 행동으로 베트남에 저항하고자 하는 다른 동남아시아 국가의 믿음을 키워 주었다. 그들은 중국이 캄보디아와 태국을 돕듯이 자신들도 도와줄 것이라고 생각했다.

바둑을 둘 때처럼 덩샤오핑은 소련과 베트남이 중국을 둘러싸기에 유리한 공간을 차지하지 못하도록 하는 한편 핵심 지역을 보위했다. 그는 1984년 핵심 지역 안보에 주력하면서 베트남이 태국으로 들어와 중요한 말라카 해협까지 세력을 뻗치지 않도록 주의했다. 덩샤오핑은 1980년대 초 중국을 둘러싸고 있던 위협이 제거되었다고 생각했다.

캄보디아 점령, 중국과의 국경 지대에서 군사 충돌로 베트남은 버거운 부담을 느낄 수밖에 없었다. 1979년 8월, 덩샤오핑은 미국 부통령 월터 먼데일이 베이징을 방문했을 때 이런 가능성을 엿볼 수 있었다. 그는 먼데일에게 이렇게 말했다. "베트남은 그래도 지금은 그리 힘들지 않으니 정치적 해결을 받아들이려 하지 않을 겁니다. 하지만 도저히 견딜 수 없을 정도로 어려운 일이 겹치면 받아들일 겁니다."[40] 그는 먼데일에게 베트남이 두 가지 막중한 부담을 안고 있다고 말했다. 하나는 캄보디아 점령이고, 다른 하나는 중국과 접경 지대에 60만에서 100만의 대군을 유지시켜야 한다는 것이었다. 아마도 베트남인들은 조만간 소련이 그들이 하는 부탁을 만족시킬 수 없을 것이란 사실을 인식하게 될 것이라고 했다.

덩샤오핑은 선견지명이 있었다. 1988년 베트남은 캄보디아에서 군대의 절반을 철수시켰고, 이듬해 다시 나머지 군대를 철수시켰다. 베트남은 동남아시아를 제패하려는 야심을 실현시킬 수 없었다. 덩샤오핑이 자리에서 물러날 당시 베트남은 더 이상 동남아시아 각국을 위협하지 않았다. 베트남은 오히려 여러 나라와 우호 관계를 도모하기 시작했다. 1980년대 초, 이 지역에 대한 베트남의 위협으로 동남아시아 각국이 아세안 협력을 강화하기 시작했다. 재미있는 사실은 1990년대 베트남 역시 아세안과 관계를 개선하기 위해 노력하기 시작했으며, 1995년 아세안 회원국이 되었다는 점이다.

소련의 위협을 줄이다

마오쩌둥은 전쟁은 불가피한 것이라 말한 적이 있다. 덩샤오핑 역시 때로 이러한 마오쩌둥의 말을 되풀이했다. 그러나 인민해방군이 베트남에서 철군한 후 그는 좀 더 낙관적으로 변할 수 있었다. 원래 중소 전쟁의 위험이 그리 크지 않았던 상태에서 그의 노력으로 이러한 위험이 더 줄어들었기 때문이다. 1977년 12월, 덩샤오핑은 중앙군사위원회 전체회의에서 소련이 전략적 배치에 분주한 반면 미국은 수세에 있기 때문에 "전쟁 발발을 연기시킬 수 있다."[41]라고 말했다. 베트남을 공격할 때는 좀 더 확실하게 상황이 변해 있었다. 중국이 동남아시아 지역에서 자국의 이익을 보호하기로 결심했기 때문에 동남아시아 지역에서 소련이 무모하게 중국에 대항할 수 없다는 것이었다. 동구 문제, 길고 긴 중소 국경선, 게다가 덩샤오핑의 베트남 공격 이후 9개월이 지나 이루어진 소련의 아프가니스탄 공격 등이 겹치면서 소련 국민들은 매우 지쳐 있는 상태였다. 더구나 중국이 미국과 외교 정상화를 실현하면서 소련 지도자들은, 만약 그들이 중국을 공격하면 미국이 수수방관할 것인가에 대한 확신을 가질 수 없었다.

덩샤오핑은 중국의 결의를 보여 줌으로써 베트남에 군사 기지를 세우려는 소련의 생각을 저지시켰다. 덩샤오핑은 이어 경제 발전에 집중하기 위해 소련과의 긴장 관계를 한걸음 더 완화했다.[42] 길지 않은 대베트남 전쟁이 끝난 후 덩샤오핑은 외교부장 황화를 불러 지시를 내렸다. "미해결 문제에 대해 소련과 회담을 열고 양국 관계를 개선하고, 관련 문서를 채택하시오."[43] 중국이 베트남에서 철군한 지 2주가 지났을 때 황화는 베이징에서 주중 소련 대사 유리 셰르바코프(Yuri Scherbakov)를 만나 양국 관계 정상화에 대한 새로운 회담을 제안했다.[44] 1979년 4월에서 10월 중순까지 중소 양국은 두 나라 관계를 개선하기 위해 차관급 외무부 장관 회의를 다섯 차례 개최했다. 중국 측은 당시 회의에서 두 나라 관계 정상화와 무역, 과학 문화 교류에 걸림돌이 되는 문제에 대해 토론하길 희망했다.[45]

1979년 8월 29일, 첫 번째 중국 대표단이 소련으로 출발하기 전, 덩샤오핑은 대표단을 만나 소련에게 중소 관계 개선을 위해 전달할 두 가지 조건에 대해 말해 주었다. 첫째, 소련은 외몽골 지역에서 철군할 것, 둘째, 베트남의 캄보디아 점령에 도움을 주지 말 것이었다. 덩샤오핑은 또한 양측이 국경 지대에 군대를 주둔하지 말 것을 건의했다. 그는 왕요우핑(王幼平)에게 중국 대표단은 절대 약한 태도를 보여서는 안 되며, 조급하게 합의에 달성할 필요가 없다고 말했다. 그는 마라톤식 회의도 상관없다고 했다.[46]

1979년 9월 25일에서 12월 3일까지, 중국 대표단은 모스크바 쪽과 수차례 회담을 가졌다. 중국 측이 고집하는 두 가지 조건에 대해 소련 역시 아무런 흔들림이 없었다. 그러나 두 나라가 20년 만에 처음으로 개최한 회담은 우호적인 분위기 속에 이루어졌다. 소련은 그들을 성심성의껏 접대했다. 양측은 소련이 베이징에 대표단을 파견해 다음 회담을 여는 데 합의했다.[47]

모스크바 회담이 열리고 몇 주 후, 소련이 아프가니스탄을 침략했다. 이에 소련 대표단의 베이징 방문이 연기되었다. 그러나 또한 소련이 중국을 침략할 가능성도 한층 더 낮아졌다. 소련이 아프가니스탄을 침공한 후 얼마 되지 않아, 덩샤오핑은 중소 관계 정상화를 위한 세 번째 조건을 덧붙였다. 바로 소련 군의 아프가니스탄 철수였다. 장장 10년 후에야 소련은 이 세 번째 관계 정상화 조건에 동의한 셈이 되었지만 덩샤오핑은 조급해하지 않았다. 그는 자신의 단기 목표를 달성한 상태였다. 그가 생각하기에 가장 위험한 초강대국과 충돌할 위험성을 줄임으로써 중국은 민간 경제 발전에 집중할 수 있었다.⁴⁸ 덩샤오핑은 1980년 3월 중요한 연설을 통해 "냉정하게 국제 형세를 판단하면 전쟁을 하지 않아도 되는 시간을 벌 수 있다."라고 말했다.⁴⁹ 얼마 후 덩샤오핑은 좀 더 구체적으로 중국이 앞으로 10년에서 20년 사이 전쟁의 위험성을 피할 수 있을 것이라고 말했다.⁵⁰

　　덩샤오핑이 중소 관계 긴장 완화를 위해 기울인 노력 덕분에 소련도 더욱 수월하게 똑같은 자세로 대답할 수 있었다. 1982년 3월 24일, 브레즈네프는 타슈켄트 연설에서 중국은 사회주의 국가임을 인정하고, 그와 관계 개선을 희망한다고 말했다. 덩샤오핑은 이러한 분위기 변화에 즉각 반응을 보였다. 그는 첸치천에게 이 말에 대해 긍정적인 회답을 보내도록 했다.⁵¹ 덩샤오핑은 소련이 미국의 군사력 발전을 뒤쫓는 동시에 아프가니스탄 점령 상태를 유지하기 위해 중소 관계를 완화하는 것이 그들의 전략적 이익에 부합한다고 느꼈을 것이라 단정했다. 그로부터 얼마 후인 1982년 11월 10일, 브레즈네프가 사망했다. 덩샤오핑은 장례식에 황화를 파견했다. 소련과 우호 관계를 위해 보여 준 또 하나의 제스처였다.⁵²

　　소련과의 회담 이외에 덩샤오핑은 미국을 끌어들여 소련과 베트남의 확장 위험을 낮추려 했다. 그는 미국이 당시 아시아의 지상전에 말려들 생각이 없다는 것을 알고 있었다. 소련이 베트남 부근 해역에서 패권을 행사할 수 없도록 하기 위해 만일 미국 석유 회사가 그곳에서 석유를 시추하도록 할 수 있다면 그것이야말로 좋은 생각이 아닌가? 1979년 1월 이후 경제 조정 정책의 일환으로 중국은 국제 석유 공사와 합작 계획을 축소했다. 1979년 3월 19일 미국을 방문한 중국 석유 대표단은 단지 한 건의 계약만 체결했는데, 합작 회사는 유일하게 하이난과 베트남 사이에서 석유 시추를 제안한 미국의 아르코(ARCO)였다. 중국은 베트남에서 비행기로 30분도 채 걸리지 않는 남중국해의 일부 지역에 대한 독점 시굴권을 아르코에게 부여했다. 덩샤오핑은 미국의 대기업이 근해에서 석유 시추를 하고 있으니 소련도 베트남의 항구를 사용하는 데 더욱 신중을 기할 것이라고 예상했다. 중국은 베트남에서 군대를 철수시킨 지 3일 만에 협정에 조인했다.

덩샤오핑은 또한 중미 안보 협정이 소련의 주의를 끌도록 했다. 소련의 핵무기 동향을 감시하는 장비를 탑재한 미국 비행기가 베이징 공항 계류장에 도착하자 중국 측은 비행기를 소련 항공사 소속 비행기 옆에 두도록 했다. 소련이 무슨 설비인지 정확하게 알게 하려는 의도였다. 그 설비를 소련과 국경을 접하고 있는 신장(新疆)으로 운반할 때도 중국 측은 의도적으로 숨기지 않았다. 이 역시 소련이 중국에 대해 무모하게 미국의 개입을 초래하는 공격을 하지 못하게 하기 위함이었다.

미국과 군사 협력

덩샤오핑은 자신이 미국과 동맹을 고려하고 있다는 표시를 한 번도 보인 적이 없었다. 그 이전의 마오쩌둥과 마찬가지로 그 역시 안보적으로 중국이 완전히 독립할 수 있기를 희망했다. 하지만 그는 중미 협력을 통해 더욱 현대적인 군사 기술을 확보할 생각이었다. 사실 1979년 1월 덩샤오핑은 카터 대통령과 회담하면서 미국으로부터 군사 기술을 이전받는 문제를 거론한 적이 있었다. 당시 중국은 베트남 침공을 준비하거나 실제 작전을 실시하고 있었기 때문에 카터는 그다지 환영하지 않았다. 그러나 덩샤오핑이 베트남에서 군대를 철수시킨 후 협력과 관련한 회담이 무르익었다. 덩샤오핑은 조급한 모습을 보이지는 않았지만 매번 기회가 있을 때마다 군사 기술을 공유하는 문제를 거론했다. 덩샤오핑은 1979년 8월 말 미국 부통령 먼데일과 회견할 당시, 미국이 중국에 초고속 컴퓨터를 제공할 수 없다고 결정한 것에 대해 실망감을 표시했다. 이에 먼데일은 미국이 소련에게는 불가능하지만 중국에는 이전 가능한 기술 목록을 준비하고 있다고 말했다. 미국은 이 점에 유의하고 있었다.[53]

먼데일 부통령이 성공적으로 중국 방문을 마친 후 미국은 국방 장관 해럴드 브라운을 베이징으로 보내 안보 문제를 논의하도록 했다. 이번 방문 계획은 기술 이전에 관한 의제를 진전시키는 데 도움을 주었다. 미국은 여전히 중국에 첨단 무기 판매를 팔 수 없지만 개별 사안에 따라 약간의 군사 설비 판매를 고려하고 있었다. 1979년 12월 소련이 아프가니스탄을 침공하자 중미 협력을 강화하여 소련을 압박하기를 원하는 이들을 지지하는 목소리가 커졌다. 1980년 1월 브라운이 베이징에 도착하자 중국 측은 이미 미국의 무기 판매에 관한 정책 결정 과정을 숙지했으며, 미국이 중국에 판매하려는 기술의 범위를 정확하게 파악하고 있었다. 중국은 자신들이 얻고자 하는 기술 목록을 미국 측에 제시하고, 아울러 구체적인 사안에 대해 상업 방식을 도입하는 데 동의했다. 브라운은 미국의 지구 자원 탐사 위성인 랜드샛 디(Landsat-D)를 예로 제시했다. 나중에 미국은 중국에 이를 제공했지만 소련에는 제공하지 않았다. 당시 회담을 통해 양자 협력의 진전이 있기는 했지만 중국 측은 미국의 안보 우산에 기댈 마음이 없었다. 그들은 여전히 미국 측의 추가 회담과 군함의 상호 방문 제의를 거절했으며, 양국 간의 긴급 직통 전화 개설도 받아들이지 않았다.[54]

해럴드 브라운은 소련이 과거 1년 동안 보여 준 행동으로 인해 미국 국민들은 소련을 부정적으로 보고 있으며, 미국은 현재 국방에 더 많은 투자를 하여 태평양 함대를 강화시키고 중동에 더 많은 병력을 투입하고 있다고 설명했다. 덩샤오핑은 1978년 5월 브레진스키에게 미국이 소련의 움직임에 대해 충분히 대처하지 않고 있다고 불평한 적이 있었다. 1980년 1월, 그는 브라운에게 소련의 위협에 대한 미국의 적극적인 대응에 찬성한다고 말했다. 하지만 그는 "만약 이런 일이 좀 더 일찍 이루어졌으면 더 좋았을 것"이라고 하면서 "개인적 판단이지만, 오랫동안 서방 세계는 소련의 행동에 대해 효과적인 대응을 한 적이 없다."라고 말했다. 아울러 그는 미국이 소련과의 조약 체결을 반대하지는 않으나 그저 "소련에 대처하는 한 가지 방식일 뿐" 그것이 소련을 제한하는 데 전혀 효과가 없을 것이며, 지금 필요한 것은 무력 시위라고 말했다. 덩샤오핑은 회견 중에 또 다른 문제도 거론했다. 그는 미국이 파키스탄에 원조를 제공하기 시작한 것에 대해 기쁘게 생각했다. 이는 그가 일찍부터 주장한 것이었다. 그는 다른 나라들도 아프가니스탄을 원조하여 자신이 국경에서 베트남인들을 견제하고 있는 것과 마찬가지로 그곳이 소련의 수렁이 될 수 있도록 해야 한다고 믿었다. 덩샤오핑은 넌지시 브라운에게 중국이 전투기 구매에 관심이 있다는 점을 상기시키면서 이렇게 말했다. "나는 F-15나 F-16 전투기 구매에 관해 더 이상 언급하지 않으려 합니다." 하지만 그는 "기술 이전 범위가 너무 좁다."라고 덧붙였다.[55]

부총리이자 중앙군사위원회 비서장인 겅뱌오가 워싱턴 답방자로 인선되었다. 겅뱌오는 장시 소비에트, 장정, 제2차 세계 대전, 국공 내전 때 군인으로 복무했으며, 1950년부터 1965년까지 스칸디나비아, 파키스탄, 미얀마에서 그 어느 외교관보다 오래도록 중국 대사를 지냈다. 그는 1980년 5월 워싱턴에서 카터 대통령과 밴스 국무 장관의 후임자인 에드먼드 머스키(Edmund Muskie)와 회견했다. 그러나 그를 초대한 주최 측은 국방 장관인 해럴드 브라운이었다. 겅뱌오와 브라운은 만약 소련이 중동에서 인도양이나 동남아시아 쪽으로 세력을 확장할 경우 미국과 중국 두 나라가 소련의 위협에 효과적으로 대처하기 위한 구체적인 방안에 대해 논의했다. 겅뱌오는 중국이 국경에서 60만에 달하는 베트남 군대를 성공적으로 견제하여 캄보디아를 통제하려는 베트남의 능력을 감소시키고 베트남의 말라카 해협 통제를 제지시켰다고 말했다.

겅뱌오의 미국 방문이 성공리에 끝나자 양국 기술 교류의 첫걸음을 내딛게 되었으며, 전략 문제에서도 광범위한 협력 토대가 마련되었다. 또한 이번 회담을 통해 중국은 군사원교(軍事院校, 군사 관련 단과 대학과 종합 대학) 대표단과 군사 병참 전문가들을 미국으로 연수를 보낼 수 있게 되었다. 미국 육군과 해군 고위급 장교들도 중국을 방문하고 돌아왔다.[56] 한편 1980년대에 들어와 중미 양국의 군사 교류가 급속히 증대했다. 중미 양국의 국방 수뇌부의 상호 방문과 학술 전문가와 시찰 대표단의 상호 방문이 줄을 이었고, 중국에 대한 미국의 기술 이전과 무기 판매도 증가했다. 비록 이러한 상호 작용으로 인해 미국이 한국이나 일본과 맺은 군사 교류 수준과는 비교할 수 없지만 쌍방이 양호한 업무 관계를 만들어 가고 있다는 것은 분명했다. 이러한 교류는 1989년 톈안먼의 비극으로 인해 돌연 중단되면서 20년 후까지도 완전히 회복되지 않았다.

군사 현대화를 연기하다

덩샤오핑은 소련과 교전 가능성이 줄어들었다는 믿음이 들자 더는 국가 자원을 군사 현대화에 투자하지 말고, 다른 세 가지 현대화, 특히 천원이 선도하고 있는 우선 영역, 즉 농업과 경공업에 투자할 것을 지시했다. 군사 현대화는 잠시 보류되었다. 1979년 3월 19일, 중국은 베트남에서 철군하고 사흘이 지났을 때 덩샤오핑은 중앙군사위원회의 과학기술장비위원회(科學技術裝備委員會)에서 이렇게 말했다. "보기에 적어도 10년 내에 세계 대전이 일어나지는 않을 것이니 그리 조급할 필요는 없습니다. 현재 군대의 병력이 너무 많으니, 우선 규모를 축소하고 …… 항목마다 모든 것을 다 하려 하지 말고 몇 가지에 집중해야 할 것입니다."[57] 덩샤오핑은 확실히 장기적인 안목을 지니고 있었다. 그러나 비록 중국의 발전 속도가 빠르긴 하나 중국의 현대화에 필요한 시간에 대해 너무 과소평가했던 것 같다. 그는 2000년까지 현대화를 실현해야 한다고 말했다.

하지만 군대 고위층은 그렇게 오랫동안 기다릴 수 없었다. 1950년대 이래로 현대적인 군사 장비 마련에 목말랐던 이들은 여러 차례 실망을 맛봐야만 했다. 이전에는 대약진 운동과 문화 대혁명 때문이었지만 지금은 덩샤오핑이 민간 경제에 집중하고 있기 때문이었다. 덩샤오핑은 실망한 장교들에게 우선 민간 경제를 발전시킨 다음에 군사 현대화를 시행하는 것이 국가 이익에 부합한다고 거듭 설명해야 했다. 덩샤오핑은 풍부한 군대 경험을 지닌 이였다. 그렇기 때문에 당시 장교들이 정책에 대해 심하게 항의하지 못하도록 나름의 권위와 결정, 그리고 정치적 수완을 확보한 이는 유일하게 덩샤오핑뿐이었을 것이다.

1979년과 1980년 초반, 지극히 중요한 시기에 덩샤오핑은 여전히 총참모장직을 맡고 있었다. 그래서 그의 주변에는 조기 퇴직의 가능성으로 인해 불쾌하고, 또한 새로운 무기 개발이 연기되었다는 소식에 불만을 품은 장군들이 적지 않았다. 덩샤오핑의 뒤를 이어 총참모장 자리에 오른 양더즈는 민간 경제의 우선 발전을 위해 군사 현대화가 연기된 사유에 대해 설명해야 할 책임도 같이 맡게 되었다. "대다수 장병들이 …… 우리의 경제와 낙후된 군사 기술과 장비를 한시라도 빨리 바꾸기를 희망하고 있습니다. …… 이런 감정은 전적으로 이해할 수 있습니다. 하지만 …… 국방 현대화를 신속하게 이룩하여 더욱 큰 진전을 성취하기란 불가능합니다."[58] 잠시 국방부장을 맡은 적이 있는 겅뱌오와 1982년 덩샤오핑에 의해 국방부장으로 임명된 장아이핑(1975년 이래로 군사 과학 분야를 주관했다.)도 불만 가득한 군대 간부들에게 덩샤오핑의 전략을 설명해야 했다. 장아이핑은 1983년 3월 단도직입적으로 이렇게 말했다. "군대는 다른 부문의 수요를 고려해야 합니다. …… 제한된 자금이 허락하는 범위 내에서 예산을 엄격하게 통제해야 합니다."[59]

그렇기 때문에 1980년대 내내 중국 정부는 전체 예산에서 군비가 차지하는 비율을 줄곧 줄여 나갔다. 중국 관방의 통계는 군사 공업 수입과 예산 외 수입을 포함하지 않기 때문에 완전하다고 말할 수 없지만, 여하간 공식적 통계에 따르면, 군비 지출은 1979년 개혁이 시작되던 해에 국민 총생산의 4.6퍼센트를 차지하고 있었는데, 이후 꾸준하게 하락하여 1991년 1.4퍼센트까지 내려갔다.[60] 중국 인구가 베트남의 스무 배, 대만의 쉰 배임에도 1980년대 중국이 외국 무기를 구매하는 데 쓴 비용은 베트남의 6분의 1, 대만의 절반 정도였다.[61]

이외에 미국 분석가들의 추산에 따르면, 1980년부터 1989년까지 인플레이션이 거의 100퍼센트에 달했다는 것을 고려해 볼 때, 그 기간에 중국의 국방 예산은 명목상으로 30퍼센트 증가했지만 실제로 군대가 사용할 수 있는 자금은 줄어들었다.[62]

덩샤오핑의 군대 영도 집단(領導班子)

중국공산당 영도자들은 너 나 할 것 없이 "당이 총을 지휘한다.(黨指揮槍)"* 라고 끊임없이 이야기하고 있지만, 마오쩌둥이나 덩샤오핑은 심각한 권력 투쟁이 벌어졌을 경우 군부 내 주요 영도자의 충성이 가장 중요하다고 여겼다. 그렇기 때문에 덩샤오핑은 공식적인 제도를 통해 군대를 통제했을 뿐 아니라 개인적 통제도 중시했다. 그는 자신이 총리에 임명되지 않은 것에 대해 크게 반대하지 않았지만 군대에 대한 제도적 통제권에 대해서는 대단히 중요하게 생각했다. 1980년 화궈펑이 밀려 나간 후 덩샤오핑은 중앙군사위원회 주석이 되었다. 그는 그 자리를 차지함으로써 군대 업무에 관한 한 아무도 도전할 수 없는 통제권을 장악할 수 있었다. 1987년 덩샤오핑은 당 부주석과 부총리 직함을 내려놓았지만 중앙군사위원회 주석 자리만은 계속 유지하다가 1989년 가을에야 장쩌민에게 넘겼다.

덩샤오핑은 당과 정부의 고위급 관리를 선발할 때, 출신 성분이나 친소 관계 또는 누구의 추천인가와 상관없이 뛰어난 인재를 선발하고자 노력했다. 군대 고위급 직책의 경우도 마찬가지였지만 특히 개인적 충성을 중시했다. 군대에서 가장 믿을 만한 인간관계는 내전 시기에 같은 야전 부대에서 근무했던 전우들과 맺은 것이었다. 린뱌오가 자신의 제4야전군 출신 인사들을 군부 최고

---

* 중국공산당의 인민 군대에 대한 절대적인 영도 원칙을 말한다. 「중국 인민해방군 정치공작조례(中國人民解放軍政治工作條例)」(2010) 1장 4조에 따르면, 중국 인민해방군은 중국공산당의 절대 영도하에 있으며, 최고 영도권과 지휘권은 중국공산당 중앙위원회와 군사위원회에 있다.

직책에 임명한 것과 마찬가지로 덩샤오핑도 1980년 각 군, 각 병과의 주요 직책을 임명하면서 열한 개 대군구(大軍區) 가운데 다섯 군데 사령관을 자신과 함께 근무했던 제2야전군 출신으로 채웠다. 그 가운데 가장 중요한 베이징 군구 사령관은 친지웨이(秦基偉)였다.[63] 덩샤오핑은 최고 군사 수뇌부를 맡을 당시 자신의 이전 부하들에게 주로 의지했다. 1980년대 후반 중앙군사위원회 위원 가운데 문관을 뺀 무관 여섯 명 가운데 절반이 제2야전군 출신이었다. 그 중에는 국방부장 친지웨이와 총정치부 주임 양바이빙(楊白冰)이 포함되어 있었다. 나머지 세 자리는 제3야전군과 제4야전군이 각각 한자리씩 차지했다.[64] 1988년 덩샤오핑에게 직함을 수여받은 열일곱 명의 장군 가운데 열 명이 제2야전군 출신이었다.

군부 내에서 요직은 제2야전군 출신이 아니면 그에게 충성을 다하는 인물로 채워졌다. 화궈펑이 공식적으로 중앙군사위원회 주석직에서 물러난 후(1980년 12월) 덩샤오핑은 양상쿤을 중앙군사위원회 비서장으로 임명했다. 그는 쓰촨 출신으로 덩샤오핑보다 세 살 어렸는데, 1956년부터 1966년까지 덩샤오핑이 총서기로 재직할 당시 중앙판공청 주임을 지냈다. 그는 1982년 9월 일상 공작을 책임지는 중앙군사위원회 제1부주석으로 발탁되었다. 양상쿤은 뛰어난 관리자로서 중앙군사위원회에서 실질적인 덩샤오핑의 대변인을 맡아 덩샤오핑의 관점을 대표했으며, 그에게 중앙군사위원회 다른 위원들의 관점을 보고했다. 덩샤오핑은 양상쿤이 군대를 잘 관리할 것이라고 믿었기 때문에, 그에게 군사 업무를 맡기고 자신은 다른 일에 전념할 수 있었다.

1980년 2월 덩샤오핑은 권력 과도기를 끝내고 자신의 사람들을 임명한 후 총참모장 자리에서 물러나 군대의 일상 공작을 양더즈에게 넘겼다. 양더즈는 베트남 침공 당시 쿤밍 군구의 부대를 지휘한 적이 있었는데, 무엇보다 덩샤오핑에게 충성하는 인물이었다. 1982년 덩샤오핑은 장아이핑을 국방부장에 임명했다. 그리고 린뱌오의 비행기 추락 사건 이후 국방부장의 권력이 많이 약화되었기 때문에 장아이핑에게 중앙군사위원회 부비서장이라는 직함을 더 얹어 주었다. 1975년 장아이핑은 덩샤오핑 휘하에서 근무할 당시 군사 과학 기술 계획을 마련하는 데 탁월한 공적을 쌓았다. 그가 첨단 무기 개발에 전략적 감각과 뛰어난 관리 능력을 갖추었기 때문에 군대 인선 작업과 같은 주요 사업이나 첨단 기술 연구 등에 토대를 마련할 수 있다는 점에서 최상의 인선이라고 할 수 있었다.

방어 전략을 확대하다

덩샤오핑이 마오쩌둥에게 이어받은 방어 전략은 주로 두 가지 극단적인 방식, 즉 '인민 전쟁'과 핵무기의 결합에 의존하는 것이었다. 인민 전쟁이란 지역민을 동원하여 첨단의 군사 장비로 무장한 침략군을 괴롭혀 내쫓아낸다는 것으로 제2차 세계 대전 동안 일본군의 장기 점령에 대처하여 효과적으로 활용한 적이 있었다. 또한 이는 소련이 1969년 중국에 쳐들어왔을 때 장기간 점령하지 못하도록 했으며, 이후에도 소련이 감히 재침략을 하지 못하도록 만든 효과적인 방식이었다. 그래서 소련의 침공 가능성도 더욱 낮아졌다. 폭넓은 경제적 기반이 부족했기 때문에 마오쩌둥은 군사 현대화를 모든 영역에서 실현하기를 기대할 수 없었다. 그래서 그는 자신이 가장 중요하다고 생각했던 영역, 즉 로켓과 핵무기에 모든 자원을 집중했다.(중국은 1964년 1차 원자 폭탄 실험을 했으며, 1967년에 1차 수소 폭탄 실험을 마쳤다.)[65] 마오쩌둥은 자신의 후계자에게 수량이나 기술 면에서 미국이나 소련과는 도저히 비교가 안 되는 작은 핵 무기고와 약간의 중거리 미사일, 그리고 위성 기술을 남겨 주었다.(중국은 1970년 제1호 위성을 발사했다.)[66] 유도탄과 위성, 그리고 잠수함에 대한 연구는 문화 대혁명 시절에도 차질 없이 진행되었다.[67] 그렇지만 중국의 군사 기술 발전은 문화 대혁명 동안에 제한적일 수밖에 없었기 때문에 서로 경쟁적으로 막대한 군사비를 투자한 미국이나 소련에 비해 크게 낙후될 수밖에 없었다.

덩샤오핑이 정권을 장악했을 당시 소련은 이미 장거리 전투기나 유도탄 개발에 큰 진전을 보이고 있었기 때문에 마오쩌둥이 국경에서 내륙으로 이전했던 '삼선 공장(三線工廠)'*도 공격에 취약한 처지였다. 하지만 이전의 마오쩌둥과 달리 덩샤오핑은 적군이 군사 기술 면에서 우세를 점하고 있다 할지라도 인민 전쟁과 핵무기의 위협으로 중국이 공격당할 가능성을 축소시킬 수 있을 것이라고 믿었다. 하지만 중국도 소련의 기술 진보에 맞출 필요가 있었다.[68] 덩샤오핑은 중국 군대가 '현대적인 조건하의 인민 전쟁'을 수행할 수 있는 준비를 해야 한다고 지시했다. '현대적인 조건하의 인민 전쟁'이란 개념은 화이하이 전투의 주역으로 이후 선진 무기 개발 연구를 이끈 쑤위가 1977년에 제기한 것이다. 1980년 가을 중국의 군사 영도자들은 중국의 전략적 지도 노선, 즉 적군을 내륙 깊은 곳까지 유인하는 수동적인 전략에서 탈피하여 보다 적극적으로 방어할 수 있는 전략에 대한 합의를 전개하기 시작했다.[69] 군사과학원 원장인 쑹스룬(宋時輪)은 1981년 6월 '현대적인 조건'의 함의에 대해 비교적 구체적으로 설명했다. 전면적인 무력 침공을 당할 경우 중국은 마오쩌둥 시대처럼 인민 전쟁을 이용하여 적을 소탕할 수 있을 것이다. 그러나 쑹스룬은 또 다른 대책이 있어야 한다고 말했다. 왜냐하면 중국이 도시를 포기할 수 없기 때문이며, 또한 현대 기술에 더욱 긴 보급선과 더불어 산업 단지 방어, 육군과 공군 등 서로 다른 병과의 협조, 그리고 보다 강화된 전문성이 필요하기 때문이다. 그래서 그는 다음 몇 가지 새로운 전략을 제시했다. 첫째, 인민해방군은 진지전을 통해 적을 타격하여 그들이 중국 내륙으로 깊이 들어오지 못하도록 한다. 둘째, 보병뿐 아니라 공군을 포함한 여러 병과를 종합적으로 활용해야 한다. 셋째, 전쟁터에 있는 것보다 더 긴 병참 보급선을 보호할 준비를 한다. 넷째, 군대는 마오쩌둥 시대에 정위(政委, 정치위원회)가 맡고 있던 정치 공작을 포기하여 민간에 이양하고 오로지 군사 임무를 완수하는 데 정력을 집중한다. 덩샤오핑은 이러한 분석을 직접 제시하지는 않았지만 인민해방군이 이러한 '현대적인 조건'에 적응하기 위해 기존의 지도 사상과 체제, 훈련, 징병 방안 등을 조정해야 한다는 주장을 적극 지지했다.[70]

* 연해에서 멀리 떨어진 시난과 중난 일대에 위치한 군수품 공장.

개혁 개방 초기 중국은 미국과 소련의 전문가들을 몰두하게 만든, 어떻게 하면 핵전쟁을 저지할 것인가에 대한 토론과 계획에 참가하지 않았다. 하지만 1980년대 중반 해외에서 서방의 전략 사상을 공부한 대학원생이나 젊은 학자들이 속속 귀국하면서 국내에 보다 복잡하고 새로운 지식을 소개하기 시작했다. 핵무기 개발 이후 중국도 2차 타격 능력을 확보할 계획에 돌입했다. 새로운 지식이 유입되면서 새로운 사고방식이 확대되었다. 중국은 더 이상 인민 전쟁과 핵 타격을 강조하지 않고, 전쟁 대신 전면적인 핵 충돌의 확산을 방지하는 제한된 핵 공격과 전술 핵무기의 가능성에 대해 고려하기 시작했다.[71]

덩샤오핑이 마오쩌둥에게 이어받은 해군은 규모 면에서 작았을 뿐 아니라 완전히 구시대적인 낡은 군대였다. 1975년 덩샤오핑이 마오쩌둥 휘하에서 정무를 볼 당시 쑤전화가 지휘하는 해군은 새로운 발전 계획을 제출했다. 1978년 이후 대외 무역, 특히 석유와 무연탄, 철광석 수입이 급증하면서, 계획 부문의 중국 관리들은 중국의 해상 보급선의 안전 보장에 더욱 많은 관심을 기울이기 시작했다. 중국은 보하이 만과 난하이에 해상 에너지 탐사를 시작했고, 이로 인해 논쟁의 여지가 있는 해역 탐사 보호의 필요성이 제기되었다.[72] 하지만 중국이 이러한 새로운 도전에 응대할 수 있는 능력을 개발하는 문제를 고려하기 시작했을 때, 덩샤오핑은 오히려 자제할 것을 요구했다. 그는 1979년 7월 해군 간부들에게 행한 연설에서 해군 발전 계획을 제한하면서, 해군의 역할은 방어를 위한 것으로 중국 근해를 보호하는 데 있다고 말했다. 그리고 중국은 어떤 패권의 야심도 갖고 있지 않다고 밝혔다.[73]

심지어 최우선순위의 군사 영역, 다시 말해 유도탄, 위성, 잠수함 등에서도 대량 생산보다는 기술 개발에 중요성을 두고 있으며, 다만 유사시 필요에 따라 신속하게 무기를 대량 생산할 수 있도록 할 뿐이라고 말했다. 1980년 중국은 처음으로 대륙간 탄도 미사일을 시험 발사하고 얼마 후 배치에 들어갔다. 중국은 1958년 핵 잠수함에 대한 연구와 개발을 시작했으며, 1982년 잠수함 탄도 미사일 발사에 성공했다.[74] 덩샤오핑 시대에 이러한 무기 시스템의 개발과 배치는 줄곧 적당한 규모에서 이루어졌다.[75] 그러나 덩샤오핑 시대가 끝난 후

1995년 리덩후이(李登輝) 총통이 대만의 독립을 주장하자, 이러한 일련의 무기 시스템 개발과 생산의 발걸음이 더욱 빨라졌다.

1984년 이후 소련은 아프가니스탄에서 점점 더 깊은 수렁에 빠지면서 미국과의 군비 경쟁도 더 이상 감당할 수 없을 지경에 이르렀다. 이에 중앙군사위원회는 덩샤오핑이 훨씬 이전에 제시한 바 있는, 소련과 전면전을 치를 위험성이 대단히 낮다는 결론을 공식적으로 발표했다. 1985년 덩샤오핑은 중앙군사위원회 연설에서 전 세계적 위협에 대한 자신의 관점을 밝힌 바 있다. 그는 그 자리에서 이렇게 말했다. "과거 우리의 관점은 전쟁이 불가피하며, 또한 급박한 상황이라는 것이었습니다." 그는 계속해서 오직 초강대국 두 나라만이 대전(大戰, 세계 대전)을 일으킬 능력이 있으나 걱정할 필요가 없다고 하면서 그들 또한 "좌절하여 완성할 수 없으며, 그렇기 때문에 감히 움직일 수 없습니다."[76]라고 말했다. 그래서 덩샤오핑은 계속해서 군비 지출을 억제하고 자원을 민간 경제 발전에 사용할 수 있었다.

비록 초강대국과 전면전의 위험이 줄어든 것은 사실이지만 덩샤오핑과 그의 동료들은 양극화된 세계가 다극화 세계로 변화함에 따라 소규모 전쟁의 위험은 오히려 증가하고 있음을 걱정했다. 일본과 인도, 베트남, 한국, 그리고 유럽 여러 나라가 각기 세계 무대에서 자신들의 경제와 군사적 지위를 강화하고 있었다. 그렇기 때문에 인민해방군은 군사 계획과 훈련을 주로 중국 주변 지역의 소규모 충돌에 대처하는 쪽으로 진행했으며, 중국의 군사력을 초강대국과의 전면전보다는 이러한 소규모 충돌에 부합하는 쪽으로 강화했다. 인원 축소를 통해 열한 개에서 일곱 개로 줄어든 대군구는 국경 지역의 지리와 기후 및 가상 적국의 성격에 대한 전투 계획과 준비에 초점을 맞췄다. 군대는 이를 위해 해당 지역 전투에 필요한 기술이나 탱크, 대포, 항공 전자 설비, 지휘 통제 시스템을 연구 개발할 자금을 요청했다. 군사 전략가들은 덩샤오핑의 속전속결을 염두에 두고 군사 지도사상을 계획했다. 그들은 다른 나라에서 이러한 전략을 운영한 경험을 세밀하게 검토했으며, 특히 영국의 포클랜드 침공이나 이스라엘의 레바논 침공에 대해 연구했다. 속전속결은 다른 나라나 세계 여론이

그 결과에 대해 반응할 만한 시간을 주지 않을 수 있었다.[77]

군대의 정예화를 향하여

덩샤오핑은 자신이 영도 지위를 확립하고 얼마 되지 않은 1980년 3월 12일, 중앙군사위원회 상무위원회에서 군대 문제에 관한 포괄적인 관점을 제시했다. 그는 현재 군대가 직면한 네 가지 문제에 대해 이렇게 말했다. 첫째, 비대한 조직을 줄여라. 둘째, 체제를 개혁하라. 셋째, 훈련을 개선하라. 넷째, 정치사상 공작을 강화하라. "군대는 전투력을 향상시키고 업무의 효율을 향상시켜야 하기 때문에 비대해진 조직을 줄이지 않으면 안 됩니다. …… 군대 인원을 줄이고, 남은 돈은 새로운 장비에 사용해야 합니다. 이것이 우리의 방침입니다. 만약 좀 더 절약하여 경제 건설에 활용할 수 있다면 더욱 좋겠지요. …… 우리의 이번 정예화는 주로 불필요한 비전투 인원을 감소시키는 데 있습니다. 통솔 기구나 지휘 기구의 인원을 줄여야 합니다. 가장 중요한 것은 간부를 줄이는 것입니다."[78]

중공 영도자들은 이미 일찍부터 군부와 정계의 고위급 간부들에게 강제적으로 퇴직 연령을 규정하는 문제를 고려하고 있었지만 아직까지 제도를 마련한 상태는 아니었다. 덩샤오핑은 이에 대해 이렇게 언급한 적이 있다. "퇴직 제도를 마련하려면 …… 군대 간부들의 퇴직 연령을 지방 간부보다 조금 낮게 잡아야 할 것이오. 군대는 아무래도 전투를 해야 하니까요."[79] 퇴직은 참으로 껄끄러운 문제였다. 간부들은 임기 제한이 없었으며, 그들 또한 '혁명에 대한 공헌'으로 자신들이 응당 그만큼의 대우를 받아야 한다고 생각했다. 비록 중요한 군사 정책 결정은 모두 덩샤오핑이 주관했지만, 그가 가장 많은 시간과 정력을 소비한 것은 역시 군대 원로 간부들을 감축하는 문제였다. 군비(軍費)에 대해 덩샤오핑은 이렇게 말한 적이 있다. "세계 각국은 군비를 개인에게 사용하는 것은 많지 않고 주로 장비에 사용하오. 그런데 우리는 좋지 않은 상황에 처해 있소. 주로 사람에게 쓰는 돈이 많다는 것이오. 우린 지휘 기구에 사람이 너무 많고 전투 부대에는 오히려 그다지 많지 않소."[80] 실제로 덩샤오핑이 최고 영도자로 재임할 당시 거의 모든 군대 간부 회의에서 퇴직 문제가 논의되었다.

1980년대 내내 덩샤오핑은 1975년부터 인원 감축을 위한 새로운 편제표를 작성하는 작업을 계속 진행했으며, 완성된 후 구체적인 정책을 시행하면서 일부 창의적인 간부들이 정책을 피하기 위해 만들어 놓은 구멍을 막는 데 주력했다. 그는 군대 퇴직 간부들과 병역을 정상적으로 마친 퇴역 군인들에게 일자리를 주선하도록 지방의 여러 단위(單位)를 독려했다. 또한 그는 퇴직을 유도하기 위해 원로 간부들이 퇴직할 경우 군대에서 누렸던 여러 가지 특권, 예를 들어 주택, 승용차, 의료, 심지어 상당한 봉급을 제공하는 것까지 허용했다. 덩샤오핑이 1982년 중앙고문위원회를 결성한 후 군대의 적지 않은 원로 영도자들이 위원으로 위촉되었으며, 이후 퇴직했다.

1985년 6월에 개최된 중앙군사위원회 확대회의에서 인민해방군 100만 감축안이 제출되었다. 혹자는 이 감축안이 군대의 전투력을 약화시켜 중국이 외국과 전쟁을 치를 경우 열세에 처할 수 있을 것이라고 생각했다. 그러나 덩샤오핑은 전쟁이 발발할 경우 부대가 효율적으로 작전을 하기 위해 규모를 축소하는 것이 필요하다고 대답했다.[81] 하지만 그는 물리적인 충돌이 있을 경우 곧바로 소집할 수 있는 예비역을 보유할 것이라고 말하기도 했다. 대규모 군대 인원 감축은 1985년부터 시작되어 1988년 기본적으로 완성되었다. 1980년부터 1989년까지 지방의 여러 단위는 상급의 요구에 따라 전체 154만 명에 달하는 퇴역 군인들에게 일자리를 제공했다.[82] 1982년 농촌 공사 제도가 폐지되자 과거 제대 군인들에게 기회를 제공할 수 있었던 수많은 일자리도 따라서 없어졌다.[83] 제대 군인의 취업을 돕기 위해 덩샤오핑은 군대 내부에서 보다 많은 직업 훈련을 실시하여 군인들이 퇴역 후에 지방 경제에 나름의 역할을 할 수 있도록 하라고 지시했다.[84]

제대 군인들에게 새로운 취업 기회를 주기 위해 덩샤오핑은 특별한 훈련 과정을 제시했다. 1980년 3월 중앙군사위원회 상무위원회에서 그는 이렇게 말했다. "각종 훈련반을 조직하여 훈련을 실시하기를 건의합니다. 무엇을 훈련하는가? 바로 취업 준비를 하면서 그 직업에 맞는 업무를 전문적으로 학습하는 것입니다."[85] 덩샤오핑은 자신이 1975년에 시작한 군사원교 복원 및 확대 작업을 계속 추진했다. 그 가운데 최고 원교는 1985년 9월에 세워진 중국국방대학으로 주로 전도유망한 군관을 육성하는 곳이다. 1980년 3월 덩샤오핑은 중앙군사위원회 확대회의에서 중요 연설을 통해 이렇게 말했다. "전투하지 않을 때 부대의 군사적 자질을 향상하려면 훈련에 의존할 수밖에 없습니다." 하지만 미국이나 소련의 군대와 비교할 때 첨단 기술이 필요한 전쟁을 수행할 부대를 훈련시키는 계획은 여전히 초기 발전 단계에 머물러 있었다.[86]

군수 기업의 '군전민(軍轉民, 군수 공업에서 민용 공업으로 전환)'

덩샤오핑은 최고 영도자가 된 후, 대부분의 군용 장비를 생산하는 지방 공장이나 직접 군대의 통제를 받고 있는 군수 기업이 모두 정부 재정만 축내고 있음을 통절히 인식했다. 그런 기업들은 효율성이 크게 떨어져 선진적인 군사 대국과 서로 자웅을 견줄 만한 무장 장비를 생산할 수 없었다. 그래서 그는 효율성이 떨어지는 공장을 폐쇄하고, 아울러 다른 공장에 대한 감독을 강화하여 효율을 향상시키도록 지시했다.

이러한 목적을 달성하기 위해 덩샤오핑은 지방 군수 기업과 군대 공장에서 시장 경쟁력을 갖춘 민간용 제품을 생산하도록 장려했다. 그는 이미 3중전회 이전에 이러한 전략을 제시한 바 있다. 그는 중국이 군수 및 민간용 제품을 엄격하게 구분하는 이러한 비효율적인 소련 방식에서 벗어나야 한다고 역설했다.[87] 새로운 정책은 기본적인 소비품에 대한 억눌린 소비자의 요구를 만족시키고, 정부의 재정 부담을 줄이는 데 주력했다. 그래서 만약 그렇지 않았다면 그냥 퇴직할 수밖에 없는 이들에게 계속해서 일할 수 있는 일자리를 제공하기 위함이었다.

이러한 기업들이 받는 경쟁 압력은 수많은 공장 폐쇄로 이어졌다. 1979년부터 1982년까지 거의 절반에 가까운 군수 기업이 문을 닫거나 공장 가동률이 크게 떨어졌다.[88] 1980년대 후반까지 계속 가동된 기업들은 성공적으로 민간 상품, 특히 전자 소비품 생산으로 전환했으며, 또한 피아노, 세탁기, 냉장고, 유모차, 엽총, 심지어 여객기 등 다양한 제품을 생산하기 시작했다.[89] 군수 기업이 시장에서 더 좋은 반응을 얻을 수 있도록, 많은 기업이 정부의 통제를 받지 않는 영리 목적의 기업으로 탈바꿈할 수 있도록 허용했다.[90] 1978년 군수 산업과 관련된 국영 기업에서 생산한 군용 물자는 전체 생산품의 92퍼센트를 차지하고, 민간용은 8퍼센트에 불과했지만 1982년에는 전체 군용 물자 생산 비중이 66퍼센트로 내려갔고, 1992년 덩샤오핑이 은퇴했을 때는 더욱더 낮아져 20퍼센트밖에 되지 않았다.[91]

이외에도 덩샤오핑은 군대의 일부 설비와 기술을 민간 경제 발전에 활용할 것을 요구했다. 예를 들어 1984년 11월 1일 덩샤오핑은 중앙군사위원회 좌담회에서 군용 비행장을 사회에 개방하고, 해군의 항구도 군민이 함께 사용할 것을 제안했다. 새로운 정책이 순조롭게 진행됨에 따라 부대 식당이 상업 목적의 음식점으로 바뀌었다. 초대소(招待所, 관공서나 공장, 기업의 숙박 시설)는 주점(酒店, 호텔), 배급소는 상점으로 바뀌었으며, 군대 병원은 지방에 개방되어 일반 인민들이 돈을 내고 진료를 받는 일반 병원으로 바뀌었다. 1985년부터 1990년까지 군대 기업의 생산액은 700퍼센트나 증가했다.[92]

단일 군수품 생산을 다양화하는 데 기회를 제공한 또 다른 영역은 농업이었다. 경영 다각화를 주문받은 군대의 국영 농장은 시장을 형성한 후 일부 생산물을 지방 식품 시장에 내다 팔았다. 당시 군대는 상당한 토지를 점용하고 있었기 때문에 자신들 소유의 토지를 개발업자나 기타 정부 단위, 또는 기업에 빌려 줄 수 있었으며, 심지어 그것으로 기업의 주주가 될 수도 있었다. 외국 회사가 마땅한 공장 부지를 찾을 때 부대는 자신이 소유한 제법 가치가 나가는 부동산을 이용하여 서구 기술을 확보할 수 있는 합작 회사에 필요한 자본에 투입했다.[93]

군수 기업에서 민간 기업으로 전환하면서 다양한 상업 활동을 할 수 있게 되자 부대 간부들은 주택이나 의료, 그리고 오락 시설을 개선할 수 있는 기회를 얻었으며, 퇴역 군인들은 주택 보조금과 그 밖의 이익을 얻을 수 있었다. 군대가 돈을 벌자 일반 병사들의 생활 여건도 덩달아 개선되었다.[94] 새로운 수입원을 통해 군인들도 덩샤오핑 개혁의 수혜자가 된 것이다.

덩샤오핑이 직면한 가장 큰 난제 가운데 하나는 내륙에 자리한 군수 기업과 군대 공장을 새로운 시장 경제에 적응시키는 일이었다. 중국 오지에 자리한 공장들은 수송 원가가 너무 높아 이미 개방된 시장에서 연해 기업과 경쟁할 수 있는 영리 목적의 기업으로 탈바꿈한다는 것이 거의 불가능했다. 1978년 절반 이상의 국방 공업은 내륙의 삼선 공장에서 이루어졌다. 이는 당시 마오쩌둥이 외부의 공격 위협에 대처하기 위해 공장을 이전한 결과다. 하지만 지금은 중국이 여러 나라와 평화적인 관계를 유지하고 있기 때문에 공장 전체는 물론이고, 적어도 공장의 일부를 연해 지역으로 이전할 수 있었다. 이렇게 함으로써 운송 원가를 줄일 수 있을뿐더러 보다 많은 상업 기회를 확보하고 외국의 기술과 관리 방식을 활용할 수 있었다.[95] 예를 들어 전자 제품을 생산하는 내륙의 군대 공장은 선전에 지사를 설립하여 녹음기나 텔레비전, 계산기 및 기타 내수나 해외 판매용 전자 제품을 생산했다. 이렇게 해서 더욱 빠르게 외국의 기술을 도입하고 민간용품 시장에 진입하여 새로운 기술을 기존의 내륙 공장으로 이전할 수 있었다.

1978년 중국의 군사 기술은 민간 기술보다 훨씬 발달한 상태였다. 하지만 덩샤오핑은 이러한 군사 기술을 민간용으로 전환할 때 어떤 파급 효과(spun off)를 줄 것이며, 국외의 발달된 민간용 기술이 어떻게 중국의 군수 산업에 파급 효과를 가져올 것인가에 관심이 많았다. 예를 들어, 덩샤오핑은 일본이 제2차 세계 대전 이후에 어떻게 그처럼 신속하게 군사 공업을 민수 공업으로 전환했는가를 배우는 데 관심이 많았다.[96] 하지만 또한 일본의 경험에서 파급 효과를 이용하는 것을 배웠다. 1978년 6월 28일부터 29일까지 그는 일본이 제2차 세계 대전에서 조선 기술을 이용한 것에 대해 학습할 것을 건의했다. 일본은 생산 과정 전환을 통해 민간용 선박 제작에 큰 진전을 보았다. 이는 이후 일본의 조선 능력을 향상시켰을 뿐 아니라 해군이 현대적인 군함을 건조하는 데도 큰 역할을 했다.[97]

1982년 중국공산당 제12차 전국대표대회 이후 수많은 군수 기업이 민간 기업 신분으로 탈바꿈하여 시장에서 돈을 벌 수 있는 기회를 얻었다. 이러한 변화는 1985년 이후 군대의 규모를 축소하는 데 도움을 주었다. 예를 들어 많은 수의 철도병(鐵道兵)이나 공병이 철도부나 수도 건설 회사 산하 기업에 투입되었다. 10년 동안 선전이 작은 마을에서 대도시로 탈바꿈하는 과정에서 중요한 역할을 담당한 지방의 건축 회사들은 주로 과거에 군대에서 건축을 담당하던 병사들이 퇴역 후에 설립한 회사들이었다.

이러한 변화가 일어나기 전에는 과학 기술 계획을 세우는 것이 비교적 수월했다. 그러나 국제적으로 민간용 기술이 개방되자 이에 따른 복잡한 문제로 전면적이고 새롭고 더욱 광범위한 협조 능력이 필요했다. 1982년 새로운 기구인 '중화인민공화국 국방과학기술공업위원회'가 설립되어 민수용과 군용 기술의 신속한 발전을 위해 전면적인 협조를 제공할 수 있게 되었다. 1986년에는 이른바 '863계획'*이 제정되어 민수용과 군수용 선진 기술 발전에 협조했다.[98]

1980년대 군대에서 이루어진 상업화는 그 일련의 과정을 조직화하려는 관료들에게 악몽으로 간주될 만큼 혼란스럽고 무질서한 것이었다. 한마디로 말해 엉망이었다는 뜻이다. 하지만 최종적으로 덩샤오핑이 생각했던 많은 혜택을 가져왔다. 그것은 정부 재정을 필요로 하는 군대의 수요를 줄이는 데 도움을 주었으며, 억눌린 소비 수요를 만족시켰고, 기업을 더욱 효율적으로 변화시키고, 군관과 일반 병사들의 생활 여건을 개선시켰다. 그리고 퇴역 군인들에게는 취업 기회를 제공했으며, 민간용 기술의 발전과 생산 효율성 향상을 통해 군수품 생산을 개선하는 데 크게 활용할 수 있었다. 비록 그렇기는 하지만 이

---

* 1986년 3월 덩샤오핑이 왕다헝(王大珩) 등 네 명의 과학자들이 제안한 「외국의 전략적 첨단 기술 발전을 추적 연구하는 것에 관한 건의」를 신속하게 실시하라는 지시에 따라 그해 11월에 본격적으로 시행된 「고급 기술 연구 발전 계획(高技術研究發展計劃)」을 말한다. 연월일을 따서 863계획이라고 일컫는다.

는 여전히 시작에 불과했다. 1980년 덩샤오핑이 국방 산업과 군대 기업을 조정하는 데 나름의 진전을 가져왔지만 군대 기업을 내륙에서 연해 지역으로 이전하는 문제나 관료주의를 극복하고 개개인의 수준을 향상시키는 과정은 완성을 이루기까지 향후 더 많은 세월을 필요로 했다.

군대 상업화에 이점이 있음에도 불구하고, 군대와 사적인 이익을 섞어 놓음으로써 부패와 탐욕의 기회가 생겨났다. 이는 국가와 인민을 위한 헌신이라는 군대의 사명과 정신에 위배되는 것이었다. 많은 군부대 영도자는 불법적인 축재 행위와 애국적인 전투 정신의 타락을 심각하게 걱정했다. 이러한 여러 가지 문제로 수년간 시달린 끝에 하급 부대는 상업 활동 참여가 금지되었다. 하지만 비교적 상급 부대는 전문화된 상업 활동을 계속 유지할 수 있었다. 비록 수많은 인민해방군 기업이 실패로 인해 문을 닫았지만 일부 개혁 개방 초기에 설립된 합자 회사들은 대단한 성공을 거두었으며, 그중에서 몇몇 기업은 이후 세계적인 기업으로 발돋움했다.

군대 현대화의 토대

1991년 페르시아 걸프 전쟁이 발발하자 중국 영도자들은 외국의 군사 기술이 1980년대 얼마나 발전했으며, 반대로 중국은 얼마나 낙후했는지를 똑똑히 보았다. 그러나 덩샤오핑은 그 시기에 오히려 군사 예산을 제한하고, 자원을 민간 경제로 전용했다. 하지만 군사 충돌의 위험을 낮은 수준으로 유지함으로써 덩샤오핑은 국가 안전을 희생하는 일 없이 경제의 신속한 발전을 성공적으로 추진했다.

그러나 1995년 리덩후이 총통이 대만 독립을 선언할 수도 있다는 현실적 가능성에 직면하게 된 덩샤오핑의 후계자들은 이러한 위험으로 말미암아 중국이 대만을 무력으로 공격하고, 충돌 와중에 미국이 대만을 지지하려는 시도를 억제하기 위해 군사 준비를 보다 철저하게 할 필요성이 충분하다고 결정했다. 중국은 미국이 대만을 방어하기 위해 군함과 전투기, 그리고 군대를 대만에 접근시키는 것을 거부하여 미국이 무력으로 간섭할 수 있는 비용을 높일 필요가 있었다. 1995년부터 장쩌민이 군 현대화에 많은 노력을 기울였기 때문에 군비 증강이 국민 총생산의 증가보다 훨씬 앞질렀다. 중국의 군사 현대화는 곧 미국이 대만에 접근하는 것을 거부할 수 있는 능력을 훨씬 넘어섰다. 중국의 에너지는 주로 해상 교통로에 의존하고 있기 때문에 중국도 해군을 강화하기 시작하면서 전면적인 군사 대국으로 부상하는 데 온 힘을 기울였다. 이러한 일련의 과정에 덩샤오핑은 발동을 걸지 않았다. 또한 후계자들을 위해 군대를 현대화하기 위한 계획을 세우지도 않았다. 그렇지만 그는 자신의 후계자들에게 작은 규모이기는 하나 교육 수준이 더욱 향상되고, 현대 전쟁이 필요로 하는 것을 보다 깊이 이해하고 있는 군대를 남겨 주었다. 그리고 더욱 강대한 민간 경제와 기술을 토대로 하여 후계자들이 군사 현대화에 계속 힘을 쏟을 수 있도록 만들었다.

19

정치의 성쇠

1980년 8월 18일 중국의 한 시민이 덩샤오핑 시대를 통틀어 가장 신랄하고 전면적으로 중공 간부들을 심하게 비난했다. 그가 비난한 내용은 다음과 같다. "권력 남용, 현실과 대중에게서 벗어남, 체면치레, 공리공담, 사상 경직, 낡은 규범 고수, 기구 비대, 행정 조직의 인원 과잉, 일처리 지연, 비효율성, 책임 회피, 약속 불이행, 공문 및 책임 전가, 관료 근성, 걸핏하면 훈계하기, 자기 잘못을 폭로한 이에게 보복하기, 민주주의 억압, 윗사람을 기만하고 아랫사람을 속이기, 전횡을 일삼고 제멋대로 날뛰기, 사욕으로 뇌물 먹기, 뇌물 먹고 법 어기기 등등." 그렇다면 이렇게 대담한 비난을 서슴지 않은 시민은 누구인가? 바로 덩샤오핑이다.[1] 그는 마오쩌둥과 마찬가지로 중공 간부들이 지난날과 마찬가지로 인민의 지지를 확보하기를 희망했다.

덩샤오핑이 이런 비판을 가했던 1980년 8월 동유럽공산당은 인민의 지지를 잃어 가고 있었다. 그가 연설하기 1개월 전 폴란드 노동조합은 규모나 기간 면에서 가장 크고 긴 파업에 돌입했다. 처음에는 중공 영도자들도 동정적인 연대 의식 속에서 노동자들도 당연히 자신의 조직을 가질 수 있다고 생각했다.

하지만 그들은 다른 한편으로 만약 중국의 노동자들이 파업을 한다면 어떤 상황이 벌어질 것인가에 대해 우려하고 있었다. 덩샤오핑과 후야오방은 이와 유사한 혼란이 발생할지도 모른다는 간부들의 염려를 불식시키기 위해 중국의 영도층은 동유럽과 다르기 때문에 인심을 얻지 못하는 소련의 요구에 굴복할 필요가 없다고 말했다. 게다가 11기 3중전회부터 시작된 개혁 또한 일반 노동 인민들에게 환영받고 있었다.[2] 그러나 덩샤오핑이나 후야오방 역시 걱정되기는 마찬가지였다. 그들은 중국에서 이러한 문제가 발생할 위험을 미연에 방지하기로 다짐했다. 그래서 보다 자유를 확대하여 간부들에게 합리적인 의견을 제시할 수 있는 기회를 인민들에게 주어 군중이 불만을 갖고 있는 문제를 해결할 수 있도록 했다.

덩샤오핑의 8월 18일 연설은 더욱 많은 자유를 허용하겠다는 그의 의지를 한껏 드높인 것이었다. 연설에서 그는 민주주의를 긍정적으로 평가했다. 하지만 투표를 통한 선거를 지지하거나 중공의 역할 변화를 제시한 정도는 아니었다. 실제로 그는 '부르주아 사상'이나 '극단적인 개인주의', 그리고 '무정부주의'와 같은 상투적인 어휘를 동원하여 서구 민주주의를 비판했다. 하지만 비난의 칼끝은 주로 극좌 사상의 대명사라고 할 수 있는 '봉건주의'를 향하고 있었으며, 지목당한 이들에 대한 격렬한 공격을 염두에 둔 것이었다. 그가 자유를 확대하고 당의 영도자들에게 비판적인 의견을 경청할 것을 주장하자, 당시 지식인들은 큰 기대를 품었으며, 이후 상당 기간 동안 그의 연설을 희망의 등불로 보았다.

그가 연설하고 몇 주가 지난 후에도 폴란드 사태는 여전히 풀릴 기미가 보이지 않았다. 중국 고위급 지도자의 분위기도 점차 변화하기 시작했다. 영도층은 덩샤오핑이 항의자들을 지나치게 고무시켜 중국도 폴란드처럼 통제 불가능한 상황이 될지도 모른다고 걱정했다. 덩샤오핑의 연설 후 1개월이 지났을 때 후차오무가 후야오방에게 장문의 서신을 한 통 보냈다. 혼란에 대한 보다 확고한 대응을 분명히 지지하기를 희망한다는 내용이었다. 후차오무의 서신은 천윈의 생각을 그대로 반영하고 있었다. 천윈은 예전에 상하이 노동조합을 이끌었던 적이 있지만 장시 소비에트에서 노동자들에게 지금은 무산 계급이 정권을 장악하고 있으니 노동조합의 주요 임무 가운데 하나는 증산이라고 말한 적이 있었다. 후차오무는 서신에서 독립된 노동조합은 반체제 분자들을 단결시켜 큰 말썽을 일으킬 수도 있다고 경고했다.

후야오방은 중국에서 독립적인 노동조합 발전에 공감하고 있었기 때문에 후차오무에게 별다른 답변을 하지 않았다. 그는 여전히 폴란드를 통해 중국이 얻을 수 있는 교훈은 바로 개혁 개방을 보다 가속화시키는 일이라고 생각했다.[3] 하지만 바람의 방향은 이미 바뀌었다. 10월 9일 후차오무가 서신을 보내고 2주가 흐른 뒤 중앙서기처는 그 서신을 약간 수정한 후 각 단위로 발송했다. 보수적인 중앙선전부 부장 왕런중은 더 이상 덩샤오핑의 8월 연설에 대해 토론하지 말 것을 지시했다. 1980년 12월 25일 중앙공작회의 폐막식에서 덩샤오핑은 기존의 생각과 달리 정치 개혁은 신중하게 진행해야 한다고 말했다.[4]

1980년 폴란드 사태에 대한 덩샤오핑의 반응은 1956년 헝가리와 폴란드 폭동에 대한 마오쩌둥의 반응과 유사한 면이 있다. 무엇보다 언로를 개방하여 관료 체제에서 가장 심각한 폐단을 교정하고 변화가 필요하다고 느끼는 비판자들을 자기편으로 끌어들이려 했다는 점에서 그러하다. 또한 일단 당에 대해 적의를 품고 당의 영도를 위협한다는 판단이 들 경우 그 즉시 탄압했다는 점도 유사한 부분이다. 덩샤오핑은 마오쩌둥이 1957년 매서운 반우파 투쟁을 전개하여 지식인들의 지지를 끊고 말았다는 사실을 잘 알고 있었다. 그래서 그는 1980년 완화 정책을 시도하여 한편으로 언론의 자유를 제한하면서도 지식인들이 계속해서 현대화를 긍정적으로 지지할 수 있도록 꾀한 것이다.

덩샤오핑은 1957년의 마오쩌둥과 달리(당시 덩샤오핑은 마오쩌둥을 도왔다.) 지식인들을 전면적으로 공격하는 운동을 벌이지는 않았다. 하지만 그가 그들을 억압한 것은 분명하다. 1980년 12월 연설에서 그는 직접적으로 자신의 8월 연설을 부정하지 않았으며, 계속해서 긍정적인 의미로 '민주'라는 말을 사용했다. 하지만 그는 여전히 '민주 집중제(民主集中制)'를 견지했다. 일단 당이 결정하면 모든 당원은 이를 집행해야 한다는 것이다. 이외에도 후차오무의 서신이 발송된 후 덩샤오핑은 조심스럽게 지난 8월처럼 관대한 태도를 드러내지 않고 '4개 기본 원칙'의 중요성을 거듭 주장했을 뿐이었다. 덩샤오핑은 정치 체제 개혁 구상을 포기하지 않았다. 다만 그는 스스로 시기가 성숙했다고 판단했을 때 비로소 다시 그 사안을 꺼냈다. 1986년에서야 비로소 그 시기가 왔다.

원로 간부의 퇴직

1980년 8월 18일 연설에서 덩샤오핑은 또 하나의 분열을 초래할지도 모를 문제를 거론했다. "(원로 동지들의) 현재 첫 번째 임무는 당이 후계자를 정확하게 선택하는 데 도움을 주어야 한다는 것입니다. …… 비교적 젊은 동지들이 제일선으로 나가도록 하고 원로 동지들은 그들의 참모 역할을 잘해 주자는 것이지요."[5] 당시에는 퇴직 연령에 관한 규정이 아직 없었기 때문에 대부분의 원로 간부들은 후계자를 찾는 문제를 차일피일 미루고 있었다. 그들은 자신의 경력에서 최고봉에 있을 때 문화 대혁명으로 인해 거의 10년간 파직되었기 때문에 스스로 당의 사업을 위해 자신들이 희생된 것이라고 여겼다. 이제 마침내 자신들이 그토록 오랫동안 갈망해 오던 역할을 발휘할 때가 되었으나 시간이 몇 년 남지 않았다. 그래서 그들은 더욱더 권력을 놓을 생각이 없었다. 게다가 일부 원로 간부들은 주택이나 기사 딸린 승용차, 참모들, 그리고 주요 회의에서 좌석 배치나 화려한 연회 등 고급 관부로서 누릴 수 있는 특권을 버릴 마음이 없었다.

당시 당내에서는 아직 고위급 간부들에 대한 전면적인 퇴직 정책을 세우지 않았다. 그렇기 때문에 하급 간부들의 퇴직 업무를 어떻게 처리할 것인가는 사실 문제가 아니었다. 상급 간부에 대한 규정이 마련되면 아래쪽은 그에 따라 집행하면 그뿐이기 때문이다. 문제는 베이징의 최고위급 영도자에 관한 것이었다. 퇴직에 관한 일반 원칙을 제정할 필요가 있다는 점에서 당의 영도자들도 모두 일치된 의견을 공유했다. 하지만 골치 아픈 문제는 구체적인 문제, 예를 들어 중국이 중차대한 시기에 진입하면서 일부 원로 간부들이 새로운 후계자들을 훈련시키고 육성하는 것이 필요한데, 수백 명에 달하는 원로 간부의 퇴직 문제를 어떻게 처리할 것인가 등이었다.

8월 18일 연설에서 덩샤오핑은 자신의 계획을 설명했다. 위상이 상당한 중앙고문위원회를 설치하여 원로 간부들이 명예 직책을 맡도록 하여 기존의 직무와 관련한 각종 특권을 계속 누릴 수 있도록 하자는 것이었다. 원로 간부들은 덩샤오핑이 자신들에게 '권력 없는 명예직'을 주겠다는 뜻임을 쉽게 알아챘다. 1975년 7월 군대의 퇴직 문제를 다루면서 이미 이와 유사한 방안이 제시되었기 때문이다. 이후 정치국 원로 간부들은 중앙고문위원회의 핵심 위원으로 옮겨 갔다.

당시 덩샤오핑도 몇 년 내에 퇴직할 생각이었다. 8월 연설이 끝나고 며칠 후 언론인 오리아나 팔라치가 그에게 부총리 직책을 사퇴할 생각이 있느냐고 묻자 덩샤오핑은 이렇게 대답했다. "나도 당연히 사직해야지, 우리 원로 1세대는 모두 겸직하지 않을 거예요. …… 과거에는 …… 실제로 영도자의 직책은 종신제였어요. …… 60년대에는 (이런) 제도의 결함을 볼 수 없었어요. 그때는 우리들이 젊었고 …… 그래서 우리 원로 동지들이 앞장서서 좀 더 '개명(開明)'할 수 있도록 해야 한다는 것이오."[6]

몇 주 후 덩샤오핑은 원로 1세대가 여전히 '개명'하지 못한 것에 대해 분노를 드러냈다. 12월 25일 6중전회와 중국공산당 제11차 전국대표대회를 준비하기 위해 10일간 개최된 회의가 끝난 후 덩샤오핑은 회의 참석자들에게 이렇게 말했다. "중앙은 최근 1년간 여러 차례 원로 간부들이 중년 또는 청년 간부를 선발, 육성하는 것이야말로 가장 우선적이고 엄숙한 책무라고 강조한 바 있소이다. 다른 업무를 제대로 하지 못하면 자아비판을 하면 되겠지만, 이 사업을 제대로 하지 못하면 역사에 큰 과오를 저지르게 될 것이오."[7]

1982년 2월 중앙고문위원회가 정식으로 만들어졌다. 덩샤오핑은 그 구성원들이 당과 정부의 공식 직책에서 사퇴하기를 희망했다. 중앙고문위원회는 40년 이상의 당 경력과 영도 경력을 지녀야 위원이 될 수 있으며, 덩샤오핑이

제1주임으로 정치국 상무위원회에 참가할 수 있는 특권을 갖는 것으로 규정했다.[8] 중앙고문위원회의 전체 172명은 봉급 전액과 직급에 따른 각종 우대를 유지할 수 있으나 공식적인 정책 결정 부서에서 직책을 맡을 수는 없었다.[9] 덩샤오핑은 중앙고문위원회는 10년이나 15년 동안 한시적으로 유지될 것이라고 말하고, 이는 중앙고문위원회의 설립 목적이 위원들이 과도기에 필요한 특수한 혁명적 경험을 확보하고 있기 때문이라고 말했다.

덩샤오핑이 원로 간부들에게 권력 없는 명예직을 갖도록 노력한 것은 단지 부분적으로 성공했을 따름이다. 천윈, 왕전, 쑹런충 등 여러 원로 간부가 중앙고문위원회 위원이 되기는 했지만 여전히 과거의 직책을 유지하고 있었기 때문이다. 그들이 퇴직한 후 자오쯔양은 1980년대 그와 후야오방이 총서기 직무를 맡고 있기는 했으나 사실은 큰 비서(大祕書)였을 뿐이라고 말한 적이 있다. 그 10년 동안 정치적 실권은 여전히 덩샤오핑, 천윈, 리셴녠, 그리고 보이보, 펑전, 덩잉차오, 쑹런충, 양상쿤, 왕전 등 6인 소조(小組)의 수중에 있었기 때문이다. 덩샤오핑은 최고의 자리에서 권력 또한 막강했지만 그들을 모두 퇴직시킬 만한 절대 권력을 가진 것은 아니었다. 실제로 1982년 3월 원로 간부들의 압력으로 인해 당 기관지 《홍기》는 당과 국가의 규모가 방대하기 때문에 "20, 30명의 원로 동지들이 당과 국가의 영도 부서에 잔류하는 것"이 필요하다고 발표한 적도 있다.[10] 하지만 덩샤오핑은 이러한 원로 혁명 세대들이 퇴직 후에 중앙고문위원회를 해산한다는 원칙만큼은 정확하게 확립했다. 이후 모든 직책은 임기제로 바뀌었다. 원로 간부들에게 명예 직위를 부여하고 그들의 권력을 축소하도록 계획된 중앙고문위원회는 원래 계획대로 1992년에 해산되었다. 그러나 그들은 1992년 덩샤오핑이 완전히 자리에서 물러날 때까지 자신들의 권력을 완전히 포기한 것은 아니었다.

「고련」과 문화적 제한

1981년 7월 후차오무는 이제 막 완성된 영화 「고련(苦戀, 짝사랑)」 상영 여부를 결정해 줄 것을 덩샤오핑에게 요청했다. 덩샤오핑의 주목을 끈 것은 「고련」이 최근 가장 인기 있는 영화 가운데 하나고, 무엇보다 내용 면에서 논쟁적인 부분이 있다는 점이었다. 그 영화는 동명의 극본을 영화화한 것으로 1979년 9월에 발간된 《시월(十月)》에 실렸다. 일본 점령기에 해외로 도피한 예술가가 외국에서 살다가 1949년 조국에 보답하기 위해 귀국했는데, 해외에서 살았다는 이유로 의심과 박해를 받았지만 끝내 국가에 충성을 다했다는 내용이었다. 예술가의 딸이 출국하려 하자 아버지는 그녀를 가지 못하게 한다. 그러자 실망한 딸이 아버지에게 이렇게 말한다. "아버지는 이 나라를 사랑하시지요. 고통스럽게 이 나라를 잊지 못해 연연해하면서요. 하지만 이 나라가 과연 아버지를 사랑하고 있나요?" 두 사람의 대화가 끝나고 얼마 후 예술가는 홍위병의 박해를 피해 달아나다가 결국 죽고 만다. 덩샤오핑이 본 영화 속에서는 주인공인 아버지가 딸자식의 문제를 생각하면서 눈 속을 헤매다가 결국 쓰러져 죽는 것으로 나온다. 그리고 그의 시신은 눈 덮인 땅 위에 큰 물음표를 남긴다.

덩샤오핑은 영화를 본 후 이렇게 말했다. "사람들에게 공산당은 좋지 않고 사회주의 제도도 좋지 않다는 인상을 줄 뿐이야." 또한 그는 비록 영화는 잘 만들었지만 오히려 그것이 더 위험하다고 하면서 이렇게 비판했다. "이처럼 사회주의 제도를 부정적으로 묘사하다니 도대체 작가의 당성(黨性)은 어디로 간 거야?" 덩샤오핑이 이렇게 결론 내리자, 그렇지 않아도 문화 대혁명에서 고통받았던 기억을 되살리는 수난(受難) 문학에 대해 어려운 구분 작업을 진행하고 있던 선전부는 이를 지도 원칙으로 삼았다.[12] 그리고 당의 명예에 먹칠을 하는 작품은 모두 금지시키고 개인적 과오만을 반영하는 작품만 허용했다.

덩샤오핑은 마오쩌둥 시대보다 훨씬 자유로운 분위기를 만들고 싶었다. 그래서 극본가인 바이화(白樺)를 비판하기는 했으나 당적은 그대로 유지할 수 있도록 허락했다. 당시 저명한 보고 문학(報告文學, 르포르타주, 탐사 보도 문학) 작가인 류빈옌이 생동적인 1차 자료를 바탕으로 부패한 간부들에 대한 소설을 썼을 때도 덩샤오핑은 그의 당적을 박탈하지 않았다. 심지어 정통 마르크스 · 레닌주의 및 마오쩌둥 사상의 옹호자인 후차오무조차 중앙 문건에서 "문학은 정치를 위해 복무한다."처럼 많은 지식인에게 반감을 일으키는 표현을 삭제해야 한다고 말하고, 대신 수용할 수 있는 작품의 범위를 확대할 수 있도록 "문학은 인민과 사회주의를 위해 복무한다."로 바꾸어야 한다고 말했다.[13]

하지만 과거를 묘사하는 소설은 그야말로 수를 셀 수 없을 정도로 많았기 때문에 허가할 수 있는 작품과 그렇지 않은 작품을 확연하게 구분한다는 것은 거의 불가능에 가까웠다. 의견 충돌은 여전히 심각한 수준이었다. 덩샤오핑이 「고련」을 비판하고 10여 일이 지난 후 중앙선전부가 개최한 사상 전선(思想戰線) 문제 좌담회에서 덩리췬과 후차오무는 「고련」에 대한 덩샤오핑의 평어를 인용하여 공산주의와 공산당을 비판하는 문학 작품에 대항하기 위한 강력한 방어선을 구축하고자 노력했다. 하지만 바로 그 회의에서 1950년대 '문예계의 차르'로 널리 알려진 저우양이 오히려 문예의 다양화에 찬성하는 내용의 연설을 했다. 그의 연설은 참석자들을 고무시켰으며 열렬한 환영을 받았다. 문화 대혁명 시절 개인적으로 고통을 받은 후 저우양은 25년 전 문예계의 차르로서 자신이 비판했던 문학을 부각시키고 있는 것이었다. 좌담회에서 그는 이렇게 물었다. 문예를 죽은 물 가득한 작은 호수로 만드는 것이 좋은가? 아니면 세차게 넘실대는 창 강처럼 만드는 것이 좋은가? 그리고 스스로 이렇게 답했다. 당연히 세차게 넘실대는 창 강이 좋다. 설사 진흙이 조금 섞여 있다 할지라도.

참석자들이 저우양의 발언을 열렬하게 지지하자, 난감해진 것은 후차오무였다. 그는 여러 동지가 각기 다른 관점을 가질 수 있다고 인정했다. 하지만 그는 자신을 포함하여 덩리췬과 덩샤오핑 등이 1980년 내내 지나치게 서구식 자유에 미련을 두고 있다고 평가한 영도자들을 비판할 때 사용했던 '자산 계급(부르주아)의 자유화'를 반대하는 것이야말로 가장 중요한 임무라는 말을 잊지 않았다.[14]

왕전, 중앙당교에 대한 통제를 강화하다:
1982~1983년

중국의 젊은이와 지식인들에게 1978년 이후 서구에서 불어오는 자유의 바람은 즐겁고 흥분시키는 것이었다. 하지만 고위급 간부들은 민중이 얼마만 한 자유를 향유하도록 할 것인가에 대해 내부적으로 이견이 있었다. 그들 중에는 이전에 정치적 박해를 받은 이도 있었기 때문에 사실 누구도 1949년 이전 또는 문화 대혁명 시절의 혼란한 상태로 돌아갈 생각은 하지 않았다. 고위급 관리들 가운데 후야오방은 더 많은 자유를 얻고자 하는 지식인들이나 더 유연하기를 희망하는 지방 간부들에게 동정적이었다. 하지만 그는 이러한 관용이 몰고 올지도 모를 결과를 걱정하는 보수파의 압력에 끊임없이 시달려야만 했다. 덩샤오핑은 자신이 필요하다고 생각할 경우 언제든지 기율을 강화할 준비가 되어 있었지만, 후야오방이 보수파들에게 비판을 받고 있음에도 불구하고 여전히 그를 지지했다.

중요한 전쟁터는 중앙당교였다. 1978년 12월 이후 중앙당교의 실제 교장인 후야오방은 그곳 업무를 간여할 만한 시간이 거의 없었다. 하지만 그가 지지하는 교원들이나 그가 주창한 중앙당교의 자유로운 탐색 정신은 전도유망한 젊은 간부들을 계속 육성하는 데 자양분이 되었다. 중앙당교 이론 분야의 학자들은 「실천은 진리를 점검하는 유일한 표준이다」라는 글을 통해 양개범시를 비판하는 데 영향력을 발휘하여 크게 명성을 떨쳤다. 그 가운데 우장, 쑨창장, 롼밍 등 세 명의 학자가 부교장 펑원빈(馮文彬)의 지지를 받으며 계속해서 언론 자유를 추진하자 당의 기율과 원칙이 훼손되는 것을 걱정하던 당내 원로 간부들은 불안감을 떨칠 수 없었다. 중앙당교에서 강의를 하고 돌아온 덩리췬이 왕전과 천윈에게 중앙당교의 상황을 보고하자, 그들은 관대한 분위기에서 계속 늘어나고 있는 당내에 대한 비판에 불만이 깊어졌다. 1981년 8월 중조부(中組部)에서 직원들을 중앙당교로 보내 우장, 쑨창장, 롼밍 등 세 명의 학자를 조사하도록 했다. 천윈 또한 중앙당교 배훈부(培訓部) 주임에게 서신을 보내, 황푸

군관학교는 기율이 엄격한 청년 군관을 배양했다고 하면서 중앙당교 역시 기율이 엄정한 당원 간부를 육성하고 당을 비판하는 이들을 격려하지 말 것을 요청한다고 말했다.

1981년 중앙당교에서 새로운 교장이 필요하자 후야오방은 사상이 진보적이고 훌륭한 교육을 받았으며, 나중에 푸젠성위 서기를 맡게 되는 샹난을 적극 추천했다. 하지만 천원은 왕전을 임명할 것을 지지하여 학교의 관대한 분위기에 제한을 가하려 했다.[15] 왕전처럼 외부 세계에 대해 아는 것이 별로 없고 우악스러우며 시골티가 나는 이에게 국가에서 가장 개명한 학자들을 이끌도록 한다는 것에 대해 진보적인 당원들은 격분을 금할 수가 없었다.[16] 하지만 덩샤오핑은 왕전 임명을 비준했고, 그는 1982년 중앙당교로 부임했다.

왕전은 부임하자마자 펑원빈, 롼밍, 쑨창장 등을 즉각 물러나도록 했다. 롼밍은 미국 이민을 허락받아 그곳에서 자신이 사직할 수밖에 없었던 이유를 상세하게 기록했다.[17] 쑨창장은 조금 떨어져 있는 수도사범대학에서 교직을 맡았다.(언젠가 쑨창장은 왕전이 자신을 가장 큰 소학(小學, 초등학교)으로 보내지 않고 가장 작은 대학으로 보낸 것에 대해 감사해야 할 것이라고 농담 삼아 말한 적이 있다.[18]) 그리고 우장은 중국사회과학원으로 전보 조치되었다.

왕전은 자신이 생각하기에 사상이 지나치게 관대한 교원들을 제거한 후 중앙당교에서 별다른 역할을 하지 않았다. 천원은 비록 정치적으로 보수파에 속했지만 교육 수준을 중시하여 양호한 교육을 받은 지식인 가운데 한 명인 장난샹(蔣南翔)을 중앙당교의 실질적 책임자로 임명했다. 장난샹은 중앙당교의 지적 수준을 향상시키는 한편 사상 표현의 자유에 제한을 가했다. 많은 이가 중앙당교 교원에 대한 숙정(肅整)과 사상 노선의 전향은 곧 후야오방에 대한 간접적인 비판이라고 생각했다. 후야오방이 바로 그러한 관대한 분위기를 처음으로 만들었기 때문이다.

왕전과 천원은 중앙선전부의 통제 강화를 지지했다. 천원은 경제 공작과 선전 공작 두 가지를 제대로 하지 않으면 당의 영도를 유지하기 어려울 것이라고 말했다. 왕전과 천원은 후야오방 대신 중앙선전부 부장이 된 왕런중을 보수파에 적합한 인물이라고 여겼다. 하지만 왕런중은 자신이 능력 있는 영도자라는 것을 증명하지 못했다. 결국 덩샤오핑은 1982년 덩리췬을 임명하여 왕런중을 대신하도록 했다.

마오쩌둥은 1975년 사인방의 엄격한 사상 통제를 지지함과 동시에 덩샤오핑에게 정부의 업무 전반을 주관토록 했다. 이와 마찬가지로 덩샤오핑은 1982년 덩리췬에게 당에 대한 비판을 억제하도록 하는 한편 후야오방에게는 계속 당의 업무를 주관토록 했다.[19] 비록 덩샤오핑이 조금도 빈틈없이 이데올로기의 정통성을 견지하려고 애쓴 것은 아니지만 자유방임적인 분위기로 인해 당의 역할을 폄하하는 글이나 소설을 제멋대로 발표하는 상황은 피하려고 했다.

후야오방에 대한 천윈의 비판

또 다른 전쟁터는 지방 간부들에게 융통성을 부여한 후야오방의 방식과 관련이 있다. 싸움은 천윈이 1983년 3월 17일 후야오방을 비판하면서 절정에 이르렀다. 1983년 1월 자오쯔양이 1개월 예정으로 아프리카 순방에 나서자, 후야오방이 그의 정부 관련 일부 업무를 대신했다. 후야오방의 일처리 방식은 자오쯔양에 비해 자유분방했다. 예를 들어 석탄이 부족하다는 것을 알게 되면 곧바로 탄광으로 달려가 최선을 다해 증산에 힘쓸 수 있도록 광부들을 독려했다. 그는 석탄을 캘 때 발생할 수 있는 문제들, 예컨대 심각한 환경 파괴와 같은 문제를 전혀 고려하지 않았으며, 개인 탄광주가 기본적인 안전 조치도 하지 않아 수많은 탄광 사고를 초래한다는 것도 예상하지 않았다. 신중한 계획 분야 간부들이 볼 때 후야오방은 기율을 준수하지 않는 선동가로, 자기 행동의 결과를 충분히 고려하지 않을뿐더러 자신들이 세심하게 마련한 경제 계획을 신중하게 생각하지 않았다.

천윈은 후야오방이 경제 계획에 대한 고려가 부족하다는 보고를 받은 후 상당히 기분이 언짢았다. 그는 3월 14일 덩샤오핑을 만나 자신의 견해를 보고

했다.[20] 이튿날 덩샤오핑은 후야오방과 자오쯔양, 그리고 후차오무를 불러 후야오방의 느슨한 영도 방식을 비판했다.[21] 1983년 3월 17일 중앙정치국 상임위원회와 서기처에서 주최한 연석회의에서 자오쯔양은 구체적으로 후야오방을 지목하지는 않았지만 상당히 매섭게 후야오방이 제대로 운영되고 있는 경제 관리를 방해하는 활동을 하고 있다고 비난했다. 후야오방의 지인들은 자오쯔양이 나중에 부인하기는 했지만 당시 필요 이상으로 비난에 열을 올리고 있다는 느낌을 받았다.[22]

3월 17일 회의에서 천윈은 다음과 같은 열 가지 문제를 언급했다.

1. 1980년에 제기된 경제 조정 정책은 성공적이었으며, 조정이 없었다면 지금과 같은 형세도 있을 수 없다.
2. 2000년 이전 시기는 10년씩 두 부분으로 나눌 수 있다. 전반 10년은 토대를 닦는 시기고, 후반 10년은 진흥의 시기다. 만약 전반 10년 동안 신중하게 접근하지 않는다면 이후 10년은 힘들어질 것이다.
3. 은행 대출이나 금 판매를 통해 잠시 예산 적자를 보존할 수 있으나 매년 적자를 볼 수는 없다.
4. 경제 상황에 관한 종합적인 의견을 제시하는 각 부처와 위원회(部委)의 보고를 신중하게 대해야 한다.
5. 제1차 5개년 계획 기간에 156개 항목에 시행착오가 있다고 말하는 것은 맞지 않다.
6. 리셴녠과 상의한 후에 1973년부터 1974년까지 금을 구입한 것은 필요한 일이었으며, 많다고 말할 수 없다.(천윈이 그해 연초에 금을 구매하도록 한 것은 대단히 현명한 결정이었다. 이후 10년 동안 금 가격이 폭등했기 때문이다.)
7. 국가계획위원회는 각 부위와 지방에서 자금을 조달하여 최우선 사업에 투자해야 한다.
8. 중앙서기처와 국무원은 재정 업무를 관장하지만 핵심적인 사업은 중앙재경(財經) 영도소조에게 맡겨야 한다.

9. 지나치게 많은 사업을 벌이거나 기반 시설에 투자하는 현상은 반드시 억제해야 한다.

10. 중앙서기처(당시 후야오방이 영도)는 경제 문제를 연구해야 하지만 방법을 개선하고 특히 종합적인 상황을 이해할 수 있도록 해야 한다.

여전히 후야오방을 지지하고 있던 덩샤오핑은 후야오방에 대한 천원의 비판에 불안감이 들었다. 회의가 끝난 후 덩샤오핑은 이후 자오쯔양이 영도하는 중앙재경 영도소조가 경제 업무를 전반적으로 책임지도록 하고 나머지 사람들은 끼어들지 말라고 말했다.[23]

비록 천원의 열 가지 의견은 주로 경제에 대한 통제를 염두에 두고 제안한 것이지만 마지막 몇 가지는 후야오방에 대한 강력한 비판이자 경제의 보다 빠른 발전을 추진하던 덩샤오핑 정책에 대한 간접 비판이기도 했다. 덩리췬은 허락을 받지 않은 상태에서 천원의 연설 내용을 신문사로 유출시켰다. 덩샤오핑이 덩리췬을 불러 당기(黨紀)를 위반한 행동에 대해 비판했다. 하지만 이미 피해를 입은 후였다. 후야오방의 당내 권위가 떨어지고, 일부 간부들은 후야오방이 자신의 위치에서 얼마나 버틸 수 있을지 의심하기 시작했다.[24] 일부 후야오방과 함께 작업하거나 언론 자유 확대에 찬성하고 있던 간부들은 덩리췬에게 분노를 표했다.

후야오방은 실로 난관에 처했다. 베이징에는 '시어머니'가 너무 많아 사사건건 시비를 걸었기 때문에 후야오방은 당 조직을 실질적으로 통제하기가 어려웠다. 그는 명목상의 권력을 지닌 채 덩샤오핑의 지지에 기대어 회의를 주재하고 일상 공작을 영도했다. 하지만 그는 대부분의 시간을 베이징 밖에서 보냈다. 그는 전국 각지를 시찰하고 현대화의 여러 가지 장애를 극복하기 위해 애쓰는 현지 간부들을 격려했다. 후야오방은 자신이 현업에 있던 몇 년 동안 전국 현의 80퍼센트에 달하는 1703개의 현을 방문했고, 전국 183개 지구 가운데 173곳을 시찰했다. 1987년 1월 파직되기 전 그가 시찰하지 않은 지구는 열 곳뿐이었다.[25]

그 기간에 천원과 덩샤오핑은 두 사람 간의 심각한 이견을 드러내지 않으려 애썼으나 직속 직원들까지 모를 수는 없는 일이었다. 두 사람의 불화설은 홍콩의 대중 매체까지 전해졌다. 자기 휘하의 유능한 간부가 통렬하게 비판을 받아 업무 수행에 불가결한 권위가 약화되자 덩샤오핑 또한 불쾌하지 않을 수 없었다.[26] 천원은 원래 후야오방의 총서기직 임명을 지지했는데, 후야오방이 오히려 자신보다는 덩샤오핑과 그의 정책에 더욱 민감하게 반응하는 것을 보면서 또한 즐거울 리가 없었다. 하지만 당의 고위급 영도자로서 그 두 사람은 공개적인 분열이 외부 세계의 강력한 공격을 초래할 것이고, 결국 당을 파국으로 몰고 갈 것임을 잘 알았다. 그래서 그들은 서로 절제하면서 자신들의 이견이 공개되지 않도록 막았던 것이다.

정신 오염에 대한 공격과 반격

1983년 초 거리낌 없는 발언을 마다하지 않는 자유파 이론가들이 또다시 철학적 측면에서 사상 자유의 범위를 확대할 것을 주장하자, 보수파들은 공산당의 권위가 당에 대한 충성을 최고의 신앙으로 받들지 않는 이들에 의해 도전을 받고 있다고 걱정했다. 《인민일보》 부총편 왕뤄수이가 1983년 1월 다음과 같이 썼다. "사회주의는 인도주의다. …… 10년 내란 기간(문화 대혁명)의 '전면적인 독재 정치'와 잔혹한 투쟁을 확고하게 포기한다는 것을 의미하며, 개인을 신격화하고, 인민을 폄하하는 개인숭배 포기를 의미하고, 진리와 법률 앞에서 모든 이가 평등하며, 공민의 인신 자유와 인격의 존엄은 결코 침범할 수 없음을 견지하는 것이다."[27] 얼마 후인 3월 7일 마르크스 서거 100주년을 기념하는 중앙당교의 회의석상에서 저우양이 자본주의 사회에만 소외가 존재하는 것이 아니라 민주와 법제가 손상되고 간부들이 권력을 남용하는 사회주의 사회에서도 마찬가지로 소외가 존재한다는 내용의 연설을 했다. 후차오무와 덩리췬이 저우양의 연설 내용이 밖으로 새 나가는 것을 극력 막았지만 3월 16일

《인민일보》에 게재되어 거대한 반향을 불러일으켰다.[28] 인도주의와 소외를 보편적인 원칙으로 간주하는 관점은 덩샤오핑을 위시로 한 중공 영도자들이 보기에 당의 최고 권위에 대한 근본적인 도전이었다. 선험적인 신을 통해 세속의 통치자를 비판하는 것은 서구의 관점에서 볼 때 능히 가능한 부분이다. 하지만 이는 중국의 전통이 아니었다.

덩샤오핑은 인도주의나 소외에 관한 토론을 성급하게 중지시키지는 않았다. 하지만 1983년 9월 그간의 관대한 분위기를 제한하기로 결정했다. 덩샤오핑은 자신이 '정신 오염'이라고 불렀던 견해에 대해 더욱 강경한 노선을 취하고자 후차오무에게 연설 원고를 준비시켰다.[29] 그는 사회주의 사회에도 여러 가지 문제가 있음을 인정했다. 하지만 마르크스 이론에 따르면 '소외'는 노동자가 이윤을 추구하는 자본가에게 착취를 받아 생겨나는 일종의 느낌이라고 하면서, 사회주의 사회에는 이런 문제가 존재할 수 없다고 말했다. 덩샤오핑이 주된 표적으로 삼은 것은 공산당의 권위를 공격하는 이들이었다.[30]

덩리췬은 후야오방이 애국주의를 공산당 위에 놓았다고 비판했지만 덩샤오핑은 사실 양자의 선후를 구분하지 않았다. 예를 들어 덩샤오핑이 자신의 견해를 이야기할 때 때로 수백 년 오랜 시간에 걸쳐 애국주의가 면면이 지속되었으나, 적어도 근 10년 동안은 공산당을 대체할 수 있는 것이 존재하지 않았기 때문에 당에 대한 완전한 지지가 절대적으로 필요하다고 말한 적이 있다.

덩샤오핑은 문화 대혁명 시절 고난을 당한 청년 지식인들이 몰래 숨어 은밀한 행동을 하고 있으며 일부는 과대망상적인 야심을 가지고 있다고 말하면서, 그러한 이들은 직책을 빼앗고 당에서 내쫓아야 한다고 단언했다. 근본적인 문제는 무엇인가? "당의 기율이 느슨해져 심지어 못된 이들까지 보호하고 있기 때문이다." 덩샤오핑은 이를 해결하기 위해 사상 공작자들이 직접 나서서, 사람들이 "정확하게 과거를 보고, 현재를 이해하며 사회주의와 당의 영도에 대한 신념을 갖도록" 교육해야 한다고 강조했다.[31] 베이징의 간부들은 천원의 3월 연설과 마찬가지로 덩샤오핑의 연설에도 후야오방에 대한 함축적인 비난이 포함되어 있다는 것을 알아챘다. 그동안 지식인들에게 자유의 범위를 확대해야 한다고 주장한 것이 바로 후야오방이기 때문이다.

1983년 10월 12일 12기 2중전회에서 덩샤오핑은 비판을 정신 오염에 대한 전국적 규모의 정치 운동으로 확대했다. 덩샤오핑은 사실 정상적인 업무를 어지럽히고 모든 비판 대상자에게 적대감을 심어 준다는 이유로 정치 운동을 원치 않았다. 하지만 그는 정치 운동 이외에 정신 오염을 제거할 수 있는 방법을 찾을 수 없었다. 덩샤오핑은 1978년 정계에 복귀한 이후 처음으로 정치 운동을 일으켰다. 하지만 과거 정치 운동의 극단화 전철을 밟지 않기 위해 처음부터 이렇게 경고했다. "과거처럼 단순하고 일방적이며, 지나치게 폭력적인 모든 비판과 잔혹한 투쟁, 그리고 무자비한 공격 등의 처리 방식은 절대로 반복되면 안 된다."[32]

덩샤오핑이 경고했음에도 불구하고 일부 명령에 따라 정치 운동을 시작한 간부들은 여전히 자신들에게 익숙한 협박성 비판을 가했다. 하지만 일부 동정심 있는 간부들은 비판을 희석화하기 위해 노력했다. 국장급 책임자들이 회의를 열어 어떻게 하면 '인도주의'를 반박하고, 사회주의 사회에도 자본주의와 마찬가지로 '소외'가 존재한다는 관점을 비판할 것인가에 대해 토론할 당시, 농촌 문제에 관한 주요 고문 가운데 한 명인 두룬성이 '소외'가 무엇인지 아느냐고 물었다. 대다수 회의 참석자들은 사실 정확하게 모르고 있었다. 그러자 두룬성이 그들에게 자신들도 모르는데 어떻게 농민들에게 소외를 이해하도록 만들 수 있겠느냐고 반문했다. 그는 농촌에서 이런 비판 운동을 벌이는 것은 황당한 일이 아닐 수 없다고 말했다. 완리 역시 농촌에서 이런 운동을 해서는 안 된다고 생각했다. 또한 자오쯔양은 선전이 경제를 간섭해서는 안 된다고 했고, 팡이는 정치 운동이 과학 기술 영역까지 침범해서는 안 된다고 주장했다. 당시 총정치부 주임을 맡고 있던 위추리는 즉시 군대가 정치 운동을 전개하지 못하도록 조치했다. 이렇게 일부 간부에 의해 정치 운동의 범위를 성공적으로 제한할 수 있었다. 덩샤오핑은 당에 대한 비판을 제한해야 한다고 느꼈지만 다른 한편으로 정치 운동에 대한 보편적인 반감을 무시할 수 없었다. 그는 양자 간의 평형을 유지할 생각이었다. 그래서 한 달이 채 되기도 전에 정치 운동을 서서히 끝냈다. 1984년 1월 3일 후차오무가 소외 문제에 관한 권위 있는 장문의 글을 발표하면서 정치 운동은 기본적으로 끝이 났다. 하지만 그 글은 언론 자유에 분명한 한계를 설정했다.[33]

많은 지식인은 덩리췬이 이번 정치 운동에 책임이 있다고 생각했다. 결국 그는 수세에 몰려 반우파 운동을 재개한 도발자로 지목받아 자아비판을 할 수밖에 없었다.[34] 대부분의 지식인과 마찬가지로 후야오방의 큰아들인 후더핑이나 덩샤오핑의 큰아들인 덩푸팡 역시 덩리췬이 당시 정치 운동을 덩샤오핑의 본래 의도를 훨씬 벗어나도록 했다고 비판했다. 덩리췬은 정치 운동을 발동한 사람은 덩샤오핑이라고 명확하게 밝혔다. 그가 상급 영도자의 행위를 보호하길 거절했다는 사실은 그리 금세 잊히지 않았다. 15년 후 덩샤오핑 추도회가 열렸을 때 덩푸팡은 덩리췬의 참석을 환영하지 않겠다고 명확하게 표명한 바 있다. 심지어 후차오무는 거침없이 말하는 지식인들의 압력을 받아 정신 오염을 반대하는 정치 운동은 착오였다고 인정하기도 했다. 사실 덩리췬도 반(反)정신 오염 투쟁의 목표를 달성하지 못했다고 생각했다. 1984년 3월 14일 그는 후차오무에게 정신 오염을 반대하는 것은 장기적인 투쟁이라고 말했다.[35]

실패로 끝난 운동에 상처 입은 지식인들의 부담을 덜어 주기 위해 덩샤오핑은 1984년부터 1985년까지 비교적 관대한 태도를 취했다. 확고한 신념과 용기로 인해 많은 지식인에게 존경받는 왕뤄수이는 계속해서 인도주의에 관한 글을 쓸 수 있었으며, 심지어 1984년 1월 비판을 받은 후에도 여전히 홍콩에 자신의 입장을 변호하는 글을 발표하기도 했다. 그는 1987년 여름까지 당에서 축출되지 않았다.

덩샤오핑이 반정신 오염 운동을 제한하는 관대한 태도를 보이자 작가들은 크게 고무되어 또다시 믿음이 커져 갔다. 1984년 12월 29일부터 1985년 1월 5일까지 중국작가협회에서 제4기 전국대표대회를 개최했다. 회의 조직 위원들은 과감하게 후차오무와 당시 중앙선전부 부장으로 있는 덩리췬을 회의에 초청하지 않았다. 후야오방이 회의에서 언론 자유를 제한해야 한다는 당의 관점을 충실하게 반영하여 연설했다. 하지만 그가 참석했다는 사실만으로도 회의 참석자들은 확신을 가질 수 있었다. 아니나 다를까. 후야오방이 회의에 참석했음에도 불구하고 제멋대로 무모한 발언을 일삼는 이들의 비판을 제지하지 않았다는 사실을 알고 보수파들은 격분했다. 대담한 작가들은 1930년대부터 이미 명성을 날렸으나 후차오무와 덩리췬이 비판했던 바진(巴金)을 작가협회 주석으로 선출했다. 그리고 저명한 보고 문학 작가이자 과거의 우파이며, 당의 지식 분자(지식인) 정책에 대해 가장 과감하게 비판했던 소설가 류빈옌을 부주석으로 선출했다. 류빈옌은 회의 발언을 통해 반정신 오염 운동에서 자신을 공격한 이들을 비난했다.

샤옌(夏衍)은 이번 회의의 중요성을 평가하면서 이번 대회는 실로 작가들의 쭌이회의라고 칭했다. 마오쩌둥이 1935년 1월 쭌이회의에서 소련의 통제에서 벗어난 것처럼 중국 작가들도 이번 회의를 통해 속박에서 벗어나 자신들의 독립을 선언했다는 뜻이다.[36] 이러한 발언은 보수파를 격분시키기에 충분했다. 회의에 참가한 이들은 대부분 당원이었다. 하지만 리셴녠은 자신의 사위이자 회의에 참가했던 부대(部隊) 작가 류야저우(劉亞洲)에게 회의 상황을 전해 듣고 반당(反黨) 회의라고 규정지었다. 후차오무와 덩리췬 역시 작가들의 반역 정신에 분노했다. 덩리췬은 당시 회의를 "악마들이 날뛰는(群魔亂舞)" 회의라고 말했다. 1985년 1월 2일 여전히 회의가 속개되고 있을 때 회의 진전 상황을 알게 된 덩샤오핑이 후야오방을 불러 사적인 대화를 나누며, 그에게 분위기를 통제할 것을 요구했다.[37]

작가협회가 당의 권위에 제멋대로 도전하자 덩샤오핑은 대단히 화가 났다. 덩샤오핑이 볼 때, 후야오방은 지식인들의 인심을 얻기 위해 지나치게 관대하여 오히려 당의 기율을 무너뜨리고 말았다. 후야오방의 관대한 태도는 덩샤오핑에게 독단적이고 지나치게 엄격한 권위주의자처럼 보였다.[38]

한편 보수파와 지식인들의 의견에 균형을 이루기 위해 후차오무는 후야오방을 도와 연설 원고(「당의 신문 공작에 관하여(關於黨的新聞工作)」)를 작성했다. 이는 1985년 2월 8일 중앙서기처의 신문, 잡지 등 간행물(報刊) 공작회의에서 발언할 내용이었다.[39] 연설 원고의 기조는 보수적이었지만 후차오무는 보수파와 지식인들 간에 평형을 유지하려고 애썼다. 그는 정신 오염은 반대하는 것이 당연하지만 가능한 '정신 오염'과 같은 표현은 아예 사용하지 않거나 적게 사용해야 한다고 썼다.[40] 전하는 바에 따르면, 덩샤오핑은 후차오무가 기조를 바꾸어 당의 권위에 대한 도전을 제한하는 데 양보한 것에 대해 불만이었다.[41]

더욱 자유로워진 분위기 속에서 30년 전 우파로 몰려 고통을 받았던 저명한 보고 문학 작가 류빈옌이 1985년 3월 「두 번째 종류의 충성(第二種忠誠)」*이라는 글을 발표했다. 그는 글에서 두 부류의 당원을 대비시키면서, 한 명은 상급 영도자의 주문에 자동으로 응답하는 당원, 다른 한 명은 양심을 갖고 당의 이상에 헌신하는 당원으로 묘사했다. 류빈옌의 글은 일찍이 대약진 운동과 문화 대혁명 시절에 당의 정책을 시행해야 할 것인가 말 것인가를 두고 고심했던 이들을 깊이 감동시켰다. 또한 공산당으로 독립하기를 원하는 이상주의적인 중국 청년들에게 큰 영향을 끼쳤다. 일관되게 당의 기율을 가장 중요하게 생각하고 있는 덩샤오핑에게 류빈옌의 관점은 당의 영도에 대한 도전이나 다를 바 없었다. 결국 류빈옌은 1987년 당에서 제명되고 말았다. 하지만 마오쩌둥과 달리 덩샤오핑은 보복을 좋아하는 이가 아니었다. 그는 1988년 류빈옌과 왕뤄수이의 출국을 허락했다. 동시에 덩리췬의 작태가 얼마나 지식인들과 소원하게 만들었는가를 제대로 깨달은 덩샤오핑은 1985년 7월 덩리췬의 중앙선전부 부장직을 박탈하고 대신 당시 고향인 구이저우에서 성위 서기를 맡고 있던 주허우쩌에게 부장 자리를 맡겼다.[42]

주허우쩌는 중앙선전부를 완전히 통제할 수 없었다. 무엇보다 그곳은 여전히 보수파가 다수였기 때문이다. 하지만 그가 중앙선전부 부장에 임명되었다는 사실은 더욱 많은 자유를 추구하던 이들에게 중대한 승리가 아닐 수 없었다. 중앙선전부를 잘 아는 간부의 말에 따르면, 일단 중앙선전부 부장이 되면 보수파로 변할 수밖에 없다. 그의 책무가 바로 당의 정통 사상을 유지, 보호

---

* 중국 보고 문학의 경전으로 받아들여지고 있다.

하는 것이기 때문이다. 그러나 주허우쩌는 예외였다. 그는 관송(寬鬆, 느슨함), 관용(寬容, 아량), 관후(寬厚, 도량) 등 새로운 '삼관 정책(三寬政策)'을 선포했다. 이는 다른 의견을 표명하고 싶어 하는 당원들을 진작시켰다.

주허우쩌는 문화 대혁명 이전과 문화 대혁명 기간에 두 차례나 당의 비판을 받은 적이 있었다. 하지만 중국에서 상당히 낙후된 성인 구이저우에서 뛰어난 성과를 올림으로써 전도유망한 성급 영도자로 승진할 수 있었다. 1978년 중앙 당교가 다시 개교하자 그는 제2기로 1년짜리 배훈반에 등록했다. 당시 중앙당교를 영도한 이가 바로 후야오방이다.(2002년 중국 최고 영도자에 오른 후진타오는 주허쩌우의 중앙당교 동기다.) 주허우쩌가 베이징으로 올라온 후 개방적이고 창조적인 저명 작가 왕멍(王蒙)이 문화부 부장을 맡았다.[43] 덩리췬을 비롯한 보수파 이론가들은 주허우쩌가 팡리즈, 왕뤄왕(王若望), 왕뤄수이 등에게 많은 자유를 허용하여 일을 더욱 그르쳤다고 생각했다.[44] 그들은 그러한 행동이 결국 혼란을 초래할 것이라고 걱정했다. 주허우쩌의 방식은 대담하고 거리낌 없이 발언하는 지식인들에게는 환희였지만 덩리췬과 그의 지지자들에게는 낙담이었다.

덩샤오핑은 계속해서 거의 불가능에 가까운 일을 추진했다. 당의 기율을 견지하면서 또한 지식인들과 철저하게 소원해지지 않도록 하는 일이었다. 1985년 9월 18일부터 23일까지 개최된 당대표대회에서 덩샤오핑은 사회주의의 긍정적인 역량과 자본주의의 사리사욕을 비교했다.[45] 그는 토지 공유제와 기업 국유제를 계속 유지함으로써 중국이 "자본주의를 청산하고 …… 필연적으로 생겨나는 갖가지 탐욕과 부패, 그리고 불공정한 현상 …… 자산 계급의 자유화 선전은 곧 자본주의 길로 가자는 선전이니 반드시 확고하게 반대해야 한다."라고 말했다.[46] 그렇지만 그는 여전히 지식인들에 대한 전면적인 비판은 하지 않았다. "우리는 계속해서 '쌍백(雙百)' 방침을 견지하고, 헌법과 법률이 보장하는 각종 자유를 견지해야 하며, 사상 면에서 부정확한 경향에 대해 설득과 교육을 위주로 해야 한다는 방침을 견지하여 어떤 운동이나 '대비판(大批判)'을 해서는 안 됩니다."[47]

승계를 준비하다: 1985년

1985년 덩샤오핑은 한동안 미루어 두었던 고위급 승계 문제를 해결하기 위해 제13차 전국대표대회 개최를 제안했다. 규정에 따르면 1987년에 개최될 대표대회를 2년 앞당긴 것이었다. 다른 사람들이 당대회의 정상적 회기를 바꾸는 것에 대해 강력하게 반대하자 덩샤오핑은 대신에 1985년 9월 18일부터 23일까지 특별한 '전국대표회의'를 소집하고 퇴직과 잠재적 후임자들에 대한 주요 임명을 선언했다. 992명의 간부들이 출석한 대표회의는 당대회와 거의 맞먹는 규모였다.[48] 하지만 중앙위원을 선출하는 공식적인 권한이 없었기 때문에 9월 16일 대표회의 개막 전에 중앙 4중전회를 열어 사직서를 받고, 다시 대표회의 폐막 후인 9월 24일 5중전회를 열어 새로운 인원을 임명했다. 덩샤오핑의 승계 문제에 대해 아무도 공개적으로 논의하지 않았지만 후야오방은 4개월 전인 5월 10일 과거 우파 경력을 지닌 홍콩 반월간지 《백성(百姓)》의 부편집장 루껑(陸鏗)의 취재에 응했을 때부터 이미 여러 소문이 떠돌고 있었다.

인터뷰 기사가 나오자 덩샤오핑은 차오스를 통해 불쾌한 심사를 후야오방에게 전달했다. 그는 차오스에게 후야오방이 진보적인 영도자 티를 내려 한다고 말했다.[49] 또한 루껑이 후야오방에게 "덩샤오핑은 왜 아직 자신이 건강할 때 중앙군사위원회 주석 자리를 당신에게 넘겨주지 않는 건가요?"라고 묻자, 후야오방은 덩샤오핑에게 자신이 제3대 영도자가 될 수 있는 핵심적인 직책을 넘겨받고자 한다는 것을 확실하게 부인하지 않고, 다만 덩샤오핑은 한마디면 군대 문제를 해결할 수 있지만 자신은 다섯 마디나 필요하다고 대답했다.[50]

덩샤오핑은 후야오방에게 자신이 퇴직을 고려하고 있음을 인지하도록 했다. 하지만 그는 다른 사람들이 자신의 퇴직을 재촉하길 원치 않았다. 그는 자신의 방식에 따라 퇴직할 생각이었다. 그는 후야오방이 전반적인 계획의 균형을 충분하게 고려하지 않고 지나치게 자기 방식을 고집하는 바람에 천윈 등 보수파의 지지를 잃었다는 것을 알고 있었다. 그들이 보기에 후야오방은 지나친 관용으로 지식인들의 인심을 얻고 지식인들을 통제해야 하는 자신의 임무는 오히려 다른 이들에게 넘겼다. 후야오방의 반대파들은 사사로이 그를 "작고 기민하며 언제나 여기저기 날뛰는" '귀뚜라미'라고 얕잡아 불렀다.[51] 후야오방의 지지자들은 이번 전국대표회의에서 중앙군사위원회 주석에 임명될 것이 확실하지만 그가 즉각 수락하지는 않을 것이라고 생각했다.[52] 덩샤오핑은 나중에 양상쿤에게 이렇게 말했다. "내게 뭔 잘못이 있다면 그 잘못은 바로 후야오방을 잘못 본 것일세."[53]

전국대표회의에서 승계 문제에 대한 명쾌한 토론은 없었지만 회의에 참석한 많은 이는 덩샤오핑이 당시 이미 자신보다 열다섯 살 어린(후야오방은 열한 살이 어리다.) 자오쯔양을 주요 후계자로 내정했다는 것을 눈치챌 수 있었다. 자오쯔양은 도시 경제 개혁에 탁월한 성과를 보였고 보수파 영도자들과도 소원하지 않았으며, 영도자로서 기질도 갖추고 있었다. 덩샤오핑은 공개적으로 특정 간부를 칭찬하는 일이 거의 없었는데, 회의 기간에 몇몇 작가를 접견한 자리에서 공개적으로 자오쯔양이 4개 기본 원칙을 적극 옹호하고 있다는 말을 꺼내며 그를 칭찬했다.[54]

전국대표회의 이전에 열린 4중전회에서 예순네 명의 중앙위원과 후보위원을 맡고 있던 원로 간부들의 퇴직이 선언되었다. 이는 전체 위원의 5분의 1에 해당하는 숫자였는데, 그 가운데 아홉 명의 정치국 위원이 포함되어 있었다. 예순네 명 가운데 예순한 명은 이미 예순일곱 살이 넘은 고령이었다. 그 가운데 한 명이 정치국 상무위원인 예젠잉이다. 그를 대신할 만한 인물이 거명되지 않았기 때문에 정치국 상무위원회의 인원은 전체 여섯 명에서 다섯 명으로 줄었다. 그들은 덩샤오핑을 제외하고 천윈, 리셴녠, 후야오방, 자오쯔양이다.

새로운 고위급 관리를 선출하면서 가장 중요하게 고려한 것은 연령이고, 그다음이 교육 수준이었다. 정치국과 서기처에서 진행된 선발 과정은 대단히 신중하여 1985년 5월에 시작하여 수개월 동안 지속되었다. 중앙위원회에 새로 당선된 예순네 명의 위원 가운데 76퍼센트가 대학을 졸업하고, 평균 연령은 쉰살 전후였다. 정치국은 원로 간부들에 비해 더 젊고 교육 수준이 높은 그들의 추종자로 대체되었다. 야오이린은 천윈과 관계가 밀접했고, 후치리는 후야오방과 관계가 좋았다. 톈지윈(田紀雲)은 자오쯔양 사람이고, 차오스는 펑전 사람이며, 리펑은 덩잉차오의 양자다.[55]

이들 젊고 새로운 고위급 간부 중에 쉰여덟 살의 리펑과 쉰일곱 살의 후치리가 총리와 총서기 물망에 올랐다. 수리공정(水利工程)을 전공한 리펑은 실제로 1987년 11월 총리 서리가 되었다가 나중에 총리로 정식 취임하여 1998년 3월까지 재직했다. 후치리는 베이징대학 물리과 출신으로 1980년부터 1982년까지 톈진시위원회 서기로 봉직했으며, 베이징으로 돌아와 중앙판공청 주임, 중앙서기처 서기를 맡았다. 그는 영어에 능숙하고 안목이 넓은 사람이었다.[56] 그는 1951년 졸업 후 베이징대학에서 5년간 중국공산주의청년단 서기를 맡았으며, 1977년 칭화대학에서 학생들을 가르치다가 대학 공산당위원회 부서기로 있었다.

후보위원에 당선된 젊은 간부 중에는 장쩌민과 후진타오가 있었다. 그들은 1985년 이후에야 정치국 회의에 참석할 수 있었다. 당에서 그들의 전도가 유망하다고 판단하고 개인적으로 큰 잘못을 저지르지 않는다면 더욱 높은 자리까지 오를 가능성이 많았다.

덩샤오핑은 새로 당선된 중앙정치국 후보위원의 젊은 간부들과 그 밖의 다른 영도자에게 당을 건설하고 국가를 단결시켰으며 지금도 여전히 4개 현대화에서 열심히 노력하고 있는 원로들의 정신을 배우라고 격려했다. 또한 그는 그들이 인민을 위해 복무하고 실사구시 정신을 구현하며, 공과 사를 구분하고 마르크스·레닌주의를 학습하며, 끊임없이 변하는 새로운 정세를 연구하고 적응할 것을 요구했다.[57] 실제로 새로 선발된 영도자들은 원로 간부들의 학생이 되어 더욱 배양되고 시험을 거치면서 장차 더욱 높은 직책을 담당하게 될 터였다.

이번에 가장 큰 패배의 아픔을 겪은 이는 덩리췬이었다. 지식인들은 반정신 오염 운동의 죄과를 모두 그에게 돌렸다.(비록 운동을 발동한 이는 덩리췬이 아니라 덩샤오핑 본인이라고 생각하는 이들도 있었지만 말이다.) 전국대표회의가 있고 얼마 후 덩샤오핑은 덩리췬이 더 이상 중앙서기처 연구실 주임을 맡지 못하도록 해야 한다는 후야오방의 통지(通知)를 비준했다. 통지는 1985년 9월

28일 배포되었다. 정치에 민감한 후각을 지닌 지식인들의 추론에 따르면, 이는 그에게 인심을 얻지 못한 운동의 책임을 전가한 것이었다. 관례에 따르면, 이러한 인사이동은 먼저 정치국 상무위원회에 통지하는 것이 일반적이었다. 그러나 이번에는 전혀 통지하지 않았다.[58] 하지만 아마도 천원 때문인지 통지가 배포되고 30분 만에 철회되었다. 실제로 덩리췬의 연구실은 이후 2년이 지나서야 완전히 해산되었으며, 그 기간까지 덩리췬은 그 자리에 그대로 있었다.

정치 개혁: 1986~1987년

1986년 6월 10일 자오쯔양과 위추리, 그리고 완리 등이 회의를 하고 있을 때 덩샤오핑이 세 가지 반드시 처리해야 할 중요 문제를 언급했다. 바로 농업과 외화, 그리고 정치 개혁이었다. 이는 1980년 이래로 그가 처음 꺼낸 정치 개혁 문제였다. 덩샤오핑은 이렇게 말했다. "1980년 정치 체제 개혁 문제를 꺼냈지만 아직 구체화되지 않고 있는데, 지금이야말로 구체적인 일정을 언급해야 할 때요. 그렇지 않으면 기구가 방대해지고 일은 적은데 사람은 넘쳐 나며, 관료주의가 팽배해져 일 처리가 늦어지고 서로 미루며 책임을 지지 않으니 이쪽에서는 하급 기관에 권한을 내주고, 저쪽에서는 상부 기관에서 권한을 부여받게 되어 필연적으로 경제 체제 개혁에 저해를 가져오고 경제 발전을 후퇴시키게 될 것이오." 그는 계속해서 반드시 정부 기구와 인원을 정선하여 국가 재정의 심각한 부담을 줄이도록 하라고 말했다.[59]

마침내 시기가 무르익었다. 1985년 바산룬 회의는 경제 체제 개혁의 토대 연구가 끝났으며, 새로운 경제 체제의 발전에 부합하는 정치 체제의 변혁을 진행해야 한다는 것을 상징했다. 1980년 덩샤오핑과 그의 휘하 간부들은 동유럽을 석권하고 있는 시위가 중국에도 발생할지 모른다는 우려를 금할 수 없었다. 1986년 그들은 필리핀의 마르코스 대통령을 자리에서 끌어내린 '피플 파워' 운동의 여파로 아시아에서 새롭게 일기 시작한 민주화 시위와 이에 영향을 받아 덩샤오핑이 6월 대표회의를 소집하기 3개월 전에 이미 정치 체제 개혁을 연구하겠다고 공포한 장징궈 대만 총통의 발언에 촉각을 곤두세웠다. 이런 시기에 국내외에 대륙도 대만과 마찬가지로 개방을 하겠다고 공포하는 것이 과연 현명한 일일까?

항의 시위에 대처하면서 덩샤오핑은 다른 중공 영도자들과 마찬가지로 엄격한 통제를 실시함과 동시에 민원의 근원을 제거하고자 노력했다. 시위 활동에 관한 소식이 사방으로 널리 퍼져 나가자 덩샤오핑은 계속해서 중국 민중에게 사회주의 공유제는 자산 계급의 민주주의보다 월등하다는 점을 주지시켰다. 그는 자본가들이 노동자를 착취하는 것에 대해 지적하면서 삼권 분립을 실행하고 있는 나라들은 제때에 정책 결정을 내리기 어렵다고 말했다. 그러나 그는 거기서 멈추지 않고 군중 운동의 전면에 나서서 제때에 정치 개혁을 진행하기로 마음먹었다. 그렇기 때문에 그는 여러 가지 정치 체제를 진지하게 연구하여 어떤 체제가 오랫동안 지속될 수 있었고, 어떤 체제가 붕괴되었으며, 그 원인은 무엇인가에 대해 분명하게 살펴보도록 지시했다.

정치 체제 개혁 연구소조의 책임자는 미래에 정치 체제 개혁을 시행하는 데 중임을 맡을 사람으로 선택하는 것이 이치에 맞는 일이었다. 만약 후야오방이 덩샤오핑의 후계자라면 그가 자연스럽게 연구소조의 영도 인물이 되는 것이 합리적인 인선일 것이다. 그러나 덩샤오핑은 1986년 5월 후야오방에게 1987년 가을에 개최되는 중국공산당 제13차 전국대표대회 이후에 중앙군사위원회 주석에서 물러나겠다고 말했다. 덩샤오핑의 예상대로 후야오방은 자신도 총서기 자리에서 물러나겠다고 대답했다. 덩샤오핑은 후야오방은 계속 일할 수 있을 것이며, 다만 발휘할 수 있는 영향력이 조금 줄어들 것이라고 말했다. 아울러 후야오방이 중앙군사위원회 주석이나 국가주석을 맡는 문제는 시간을 두고 다시 이야기하자고 말했다.[60]

당시 자오쯔양은 이미 당의 제13차 전국대표대회 준비 문건에 대한 전체 책임자로 지명되었다. 많은 이가 자오쯔양이 제13차 전국대표대회에 일상 공작을 주관하는 최고 영도자가 될 기회라고 예측했다. 덩샤오핑은 1986년 9월 다시 자오쯔양에게 정치 체제 개혁 연구 책임을 맡겼다. 사람들은 그가 향후 정치 개혁을 영도할 책임을 질 것이라고 짐작했다. 자오쯔양은 이미 자신의 두뇌 집단과 함께 다양한 경제 체제에 대해 연구한 바가 있기 때문에 적합한 인선이었다. 그는 경제 체제에 대해 연구를 영도한 경험이 있었기 때문에 경제 변화에 부합하는 정치 개혁을 고려하는 데 적절한 인물이었다.

1986년 6월 28일 덩샤오핑은 정치국 상무위원회 회의에서 1년 후 개최될 제13차 전국대표대회를 준비하면서 중앙서기처에서 반드시 계획을 마련하고 1년 동안 정치 체제 개혁을 연구하여 행동 강령을 제출할 수 있도록 하라고 지시했다. 그는 "정치 체제 개혁을 하지 못하면 경제 체제 개혁도 제대로 할 수 없다."[61]라고 다시 일깨웠다. 자오쯔양과 그의 부하들은 1987년 7월 문건 초안을 마련하여 그해 8월이나 9월에 개최될 예정인 7중전회에서 토론하여 최종 원고를 10월에 개최되는 중국공산당 제13차 전국대표대회에서 공포할 생각이었다.[62]

정치 개혁을 연구하기 위한 일정을 설정할 때 덩샤오핑은 당과 정부의 직능을 분리할 필요성을 강조했다. 이는 그가 이미 1941년에 찬성했던 관점이다.[63] 사실 1980년대 당시 당과 정부가 중첩되는 제도는 1950년대에 다음과 같은 현실적인 문제를 해결하기 위해 만든 것이었다. 중국공산당이 정권을 잡은 후 정부에는 당원이 아닌 고위급 간부들이 여전히 남아 있었다. 그렇기 때문에 모든 정부 기관에 당 조직을 만들어 당의 통제를 확보할 필요가 있었던 것이다. 하지만 1980년대에는 중요 직책을 맡고 있는 정부의 거의 모든 관리가 당원이기 때문에 많은 이가 굳이 당의 감독이 필요하지 않다고 느끼고 있었다. 이외에도 많은 이가 느끼는 바와 같이 당의 감독이 켜켜이 놓여 있어 부위(部委)나 각 성의 영도자들이 제때에 융통성 있는 방식으로 각 부서의 업무를 협조하는 데 지장을 주는 경우가 많았다. 그렇기 때문에 이제 정치 체제를 조정할 시기가 되었던 것이다.[64]

그래서 자오쯔양은 덩샤오핑의 지시에 따라 1986년 9월 중순 중앙정치체제개혁연구토론소조(中央政治體制改革研討小組)를 설립하고 후치리, 톈지윈, 보이보, 그리고 펑충을 주요 성원으로 임명했다. 일단 진용이 갖추어지자 아래 정치 체제 개혁 판공실을 설치하고 자오쯔양이 정치국 상무위원회 위원인 덩샤오핑과 천원, 리셴녠, 후야오방에게 인선 명단을 서신으로 보냈다. 덩샤오핑의 지시에 따라 자오쯔양은 서신에서 현대화를 위해 복무하며, 장기적인 치안을 보장한다는 것을 정치 체제 개혁의 목표로 삼았다. 1980년 중앙조직부에서 자오쯔양의 업무를 보조하기 위해 파견되어 이미 능력을 검증받은 바오퉁이 판공실 주임으로 임명되었다.[65]

　비록 덩샤오핑이 희망하고 있는 정치 개혁의 목표 범위가 상당히 제한적이긴 했으나 그는 자오쯔양에게 상당한 권력을 부여하여 각종 정치 체제를 연구하고 국내 여러 전문가 단체의 의견을 청취할 수 있도록 했다.《인민일보》기자 출신인 우궈광(吳國光)은 당시 판공실 직원 가운데 한 명이었는데, 나중에 프린스턴대학에서 1986년부터 1987년까지 중국 정치 개혁을 주제로 쓴 박사 학위 논문에서 덩샤오핑과 자오쯔양의 정치 개혁에 관한 관점에 상당히 중요한 차이가 있었다고 주장했다. 덩샤오핑은 직원들에게 더욱 많은 동기 부여를 통해 효과적인 관리를 달성할 수 있기를 희망했는 데 비해 자오쯔양은 경제와 사회 단위에 대한 당의 역할을 훨씬 더 축소시키려 했다는 것이다. 하지만 설사 덩샤오핑이 비교적 협소한 목표를 제시했다 할지라도 정치 개혁을 연구하는 이들은 직원들의 사기를 끌어올릴 수 있는 방법을 고민하지 않을 수 없었다. 이러한 문제를 연구, 토론하는 소조의 일원으로서 그들은 자연스럽게 어떤 메커니즘을 만들어야 아랫사람들이 자신들의 의견을 표현할 수 있도록 할 것인가에 대해 고민하기 시작했다.[66]

　1986년 11월부터 1987년 4월까지 정치 체제 개혁 판공실과 각기 다른 부서의 간부와 전문가들이 함께 모여 서른여 차례에 걸친 연구 토론회를 가졌다.[67] 비록 보고서의 내용은 덩샤오핑의 비준이 필요했지만 자오쯔양과 바오퉁은 회의에 참가하는 전문가를 인선할 권한이 있었다. 그들이 선발한 전문가 중에는 동유럽 국가의 정치 개혁과 서구 정치사, 그리고 1949년 전후 중국의 정치 체제를 연구한 이들로 두루 포진되었다. 판공실은 당과 정부, 그리고 전국인민대표대회의 역할을 평가하고, 각기 다른 지역에서 현실적 문제를 처리하고 있는 지방 간부들의 의견도 청취했다. 정치 개혁 소조는 해외 주재 중국대사관에 전보를 보내 각기 다른 정치 체제에 관한 정보를 수집하도록 했다. 신화사와 홍콩 주재 중국공산당 기구에도 세계 각국의 정치 행태에 관한 정보를 수집해 줄 것을 요청했다. 이전에 경제 체제 개혁을 토론하기 위해 많은 외국 전문가가 초청되었지만 상당히 민감한 정치 체제 개혁 문제를 토론하기 위해 초청된 적은 없었다.

연토회(研討會, 연구 토론회, 세미나)에서 발언자들은 '정치 개혁'에 대한 범위와 관련한 문제에 다른 의견을 갖고 있었다. '정치 개혁'이란 말은 자연스럽게 희망을 품고 있는 지식인들이나 학생들에게 흡인력이 있었다. 그들은 덩샤오핑의 호소에 응대하여 이에 대한 광범위한 토론을 진행했다. 그들은 신중하게 효율에 대한 덩샤오핑의 강조를 거듭 언급했다. 하지만 일부 지식인들은 행정 효율과 동떨어진 문제를 제기하기도 했다. 예를 들어 중국사회과학원 정치학연구소 소장인 옌자치가 그런 인물이었다. 바오퉁은 공개 연설에서 의식적으로 덩샤오핑의 말을 인용하면서 자신이 명령에 따라 일을 처리하고 있음을 드러냈다. 하지만 자오쯔양과 바오퉁은 당이 정부와 기업, 그리고 학술 기구에 대한 엄격한 감독을 포기해야 한다고 굳게 믿었다. 그들은 이렇게 해야만 당이 더욱 강력하게 전면적인 영도를 할 수 있다고 생각했다.[68] 정부가 거시적인 조정을 통해 간접적으로 경제를 이끄는 것처럼 당도 일상적인 관리에서 물러나 총체적인 지도만 제공하면 된다는 뜻이었다.

1987년 1월 학생 시위가 진압되고 후야오방이 하야했으며, 자산 계급 자유화 반대 운동이 시작되자 베이징의 정치 분위기가 급격히 보수화되었다. 이러한 차가운 기류에 대응하기 위해 자오쯔양은 후차오무와 덩리췬을 정치체제개혁연구토론소조회의에 초청하여, 사상의 정통성을 강조하는 원로 동지들도 토론회에서 충분히 의견을 발표해 달라고 말했다.[69] 새로운 분위기로 인해 정치 체제 개혁에 관한 토론이 제한되긴 했으나 그렇다고 완전히 정체된 것은 아니었다. 자오쯔양은 1987년 2월 4일 노동자들의 이익을 대변하기 위해 보다 큰 활동 공간을 제공할 수 있도록 노동조합의 독립적인 역할을 확대해야 한다고 제안했다. 보이보는 1949년 전후에 자본주의 추세를 막기 위해 노동조합이 훨썬 더 큰 역량을 발휘할 수 있도록 장려되었다는 것을 기억했다. 그래서 그는 당이 머지않은 장래에 독립적인 노동조합을 새롭게 장려하여 새로운 자유 시장 경제에서 기업주를 제한할 수 있도록 할 것이라고 예견했다. 연구자들은 전국인민대표대회를 변화시킬 수 있는 가능성에 대해서도 토론했다. 그들은 전국인민대표대회가 그저 형식만 있고 권한이 없는 고무도장에서 각기 다른 관점을 대표하여 의미 있는 토론을 진행할 수 있는 권력 기관으로 변신할 수 있기를 희망했다.[70]

덩샤오핑은 1987년 3월 카메룬 대통령 폴 비야(Paul Biya)와 회담하면서 정치 체제가 건강한가 여부는 정국이 안정되어 있는가, 국가의 단결과 인민 생활 수준의 향상에 도움이 되는가, 생산 능력이 지속적으로 발전할 수 있는가에 달려 있다고 말했다.[71] 그는 자유 확대와 민중의 소리를 경청하는 것에 대해서는 전혀 언급하지 않았다. 하지만 1987년 4월 28일 자오쯔양과 만난 자리에서 비록 자산 계급의 자유화에 대해 계속 비판해야지만 정치 개혁에 대해서도 계속 고민하길 바란다고 말했다. 자오쯔양은 엄중하게 죄어 들어오는 정치 분위기에 압박감을 느끼고 덩샤오핑에게 1980년 8월 정치 개혁을 지지한다는 덩샤오핑 자신의 연설을 다시 한 번 인쇄하여 배포하는 것에 동의해 줄 것을 요청했다. 덩샤오핑은 그의 요구를 받아들였다.

덩샤오핑은 자오쯔양이 준비한 제13차 전국대표대회에서 보고할 원고를 살펴본 후 지식인들이 제기하고 있는 자유 확대에 대한 요구를 보다 명확하게 거절했다. "우리가 개혁하려는 주요 목표는 행정 기구가 보다 효율적으로 일하고 외부의 지나친 간섭을 받지 않도록 보장하려는 것이오. …… 민주주의는 감정적으로 처리하면 안 되오. …… 민주주의는 단지 수단에 불과하며, 민주주의는 법제와 반드시 결합해야 하오. 법률에 의지한다면 우리도 안정된 환경을 확보할 수 있을 것이오."[72] 1986년 말부터 수많은 지식인은 오로지 정치 체제 개혁에서 하나의 돌파구를 얻을 수 있다는 자극적인 희망에 사로잡혀 있었다. 하지만 그들의 희망은 1987년 끝내 실현되지 않았다. 덩샤오핑의 의견을 듣고 난 후 자오쯔양은 5월 13일 중국공산당 제13차 전국대표대회 준비 업무에 관한 연설을 했다. 당시 연설은 자산 계급 자유화 반대 운동의 종식을 의미했으며, 제13차 전국대표대회에서 정치 개혁 계획이 회의 내용에 포함된다는 것을 뜻했다. 하지만 적어도 당시만 해도 정치 개혁 안에 민주적 실천을 확대하는 단계까지는 포함되어 있지 않았다.

학생 운동과 후야오방의 몰락

1986년 봄 필리핀의 '피플 파워' 운동이 부패한 마르코스 대통령과 부인 이멜다를 하야시키면서 동아시아 각국의 학생 시위를 촉발시켰고, 텔레비전을 통해 이러한 뉴스가 전 세계로 전파되자 중국의 학생 시위에도 기름을 부은 격이 되었다. 중국은 1980년 초 이미 350만여 대의 텔레비전이 보급되었으며, 텔레비전 생산이 폭발적으로 성장하면서 1985년 초 4000만 대를 돌파했다.[73] 1986년 중국의 텔레비전 시청자들은 국내외 크고 작은 일을 텔레비전을 통해 접했으며, 그중에는 장징궈가 1986년 야당의 합법적 존재를 허용한 내용도 포함되어 있었다. 국외 학생 운동과 대만 대선(大選)이 대중의 마음을 격동시켰으며, 중국 학생들도 '피플 파워'를 부르짖으며 서구식 민주주의 실행을 요구하기 시작했다.

1986년 학생 시위 활동은 1976년 4·5 시위 이래로 가장 큰 규모의 학생 시위였다. 1987년 5월 29일 학생 시위가 점차 가라앉은 후 자오쯔양은 싱가포르 부총리 고촉통을 만난 자리에서, 중국이 대외 개방 이후 이전까지 외부 세계와 거의 접촉해 보지 못했기 때문에 학생들의 시비 판단 능력이 부족하다고 말했다. 또한 그는 그들이 미국과 일본의 발전상을 보면서 그릇된 결론에 도달하여 중국도 전반적인 서구화를 실시해야 한다고 주장하고 있는데, 이는 여건이 전혀 다른 중국의 경우 전혀 불가능하다는 것을 모르고 하는 소리라고 일축했다. 자오쯔양은 일부 학생들이 그러한 결론을 얻게 된 것은 1978년 이전 사회주의 제도에 일부 잘못이 있기 때문에 그리 놀랄 만한 일이 아니라고 말하기도 했다. 그는 가두시위에 대한 당의 통제를 완화해야 한다는 일부 사람들의 주장을 비난했다.[74] 하지만 그것에 대한 책임자로 후야오방을 지목하지는 않았다.

20세기를 통틀어 중국의 학생 시위는 대부분 베이징에서 시작되었다. 하지만 1986년 시위는 베이징이 아닌 안후이 성 허페이와 인근의 난징과 상하이에서 처음 시작되었다. 기인은 국제적인 지명도를 얻고 있는 천체 물리학자로 당시 중국과학기술대학(허페이에 있다.) 부학장이었던 팡리즈가 그곳에서 행한 연설에 있었다. 팡리즈는 정력적이고 영향력 있는 연설가로 어디서든지 과격한 언설로 청중을 휘감아 사람들이 구름처럼 모여들었다. 예를 들어 1986년 11월 18일 상하이 통지(同濟)대학에서 그는 이렇게 말했다. "제2차 세계 대전이 끝난 이후로 어떤 사회주의 국가도 성공한 적이 없습니다." 그는 계속해서 현재 중국 정부는 현대판 봉건주의라고 말했다. 그는 청중에게 서구 중세기 과학자들이 어떻게 교조적인 전통의 속박에서 벗어났는가를 설명하면서, 마오쩌둥이 교육을 받지 않은 이들의 풍부한 지혜를 찬양한 것을 비꼬았다. 그는 후차오무를 비판하면서 만약 그가 천체 물리학을 이해한다면 과학자들도 그의 연설을 적극 환영할 것이나 그렇지 않다면 연설을 삼가는 것이 좋을 것이라고 말했다. 안후이에서 열린 공개회의석상에서 안후이 성의 전 성위 서기이자 가장 진보적인 고위급 영도자 가운데 한 사람인 완리는 팡리즈를 제한할 필요가 있다는 생각에서 이미 충분한 민주주의를 팡리즈에게 주었다고 말했다. 그러자 팡리즈는 완리가 부총리가 된 것은 인민의 선출에 따른 것이 아니니 어느 정도의 민주주의를 허용할 것인가에 대해 결정할 권한이 없다고 맞받아쳤다.

만약 팡리즈가 보통의 지식인이었다면 적시에 그를 제압하는 것이 그리 어렵지 않았을 것이다. 하지만 그는 대단히 걸출한 과학자로 중국에서 육성하려는 지식인의 모범이었다. 그는 열여섯 살에 베이징대학 물리학과에 들어가 중국에서 가장 어린 나이에 정교수가 되었다. 그가 프린스턴대학 고등학술연구원의 방문학자로 몇 달간 체류하고 돌아온 것은 바로 1986년 늦여름이었다. 그가 어디를 가든지 열정적인 추종자들이 생겨났다. 당시는 아직 인터넷이 널리 보급되지 않았음에도 청중은 그의 연설을 녹음하거나 강연 원고를 구해 각지의 친구들에게 전파했다. 1986년 12월 4일 팡리즈가 중국 과학기술대학에서 연설한 후 대규모 학생 시위가 폭발했다.

12월 8일 후야오방이 주재하는 중앙서기처 회의에서 후야오방은 학생들을 달래기 위해 대학의 여건을 개선할 필요가 있음을 인정했다. 이는 나중에 보수파들이 그가 시위 학생들에 대해 너무 유연하게 대했다는 비판의 이유가 되었다. 이튿날은 1935년 12 · 9 학생 애국 운동 기념일이었다. 우한과 시안, 그리고 허페이의 학생들이 다시 길거리로 나섰다. 비록 중국 방송국에서는 소식을 일절 방송하지 않았지만 학생들은 미국의 소리나 BBC의 시위 관련 뉴스를 열렬히 청취했다.

덩샤오핑은 4개 현대화에 착수하면서 일부 사람들이 먼저 부자가 될 수 있다고 미리 주의를 준 적이 있다. 하지만 대다수 학생들이 보기에 먼저 부자가 된 사람들은 가장 부자가 되어서는 안 되는 이들, 즉 탐욕스러운 개인 기업 사장이나 부패한 관리였지 몇 년 동안 열심히 공부한 다음 국가의 이익을 위해 일하는 올바른 관리들이 아니었다. 학생들의 생활 여건도 열악하여 여덟 명의 학생이 비좁은 숙소에서 끼어 살아야만 했다. 그들은 합격률이 지극히 낮은 대학 입학시험을 통과하기 위해 수년 동안 힘들게 공부했다. 시험에 합격한 대학의 우수한 학생들은 '관시(關系)'를 통해 더욱 좋은 기회를 얻거나 부유한 생활을 하는 고위급 간부들의 자녀에 대해 불평불만을 가졌다.[75] 이외에도 당시 대학 졸업생들은 자유롭게 직업을 선택할 수 없었으며, 학생들과 함께 살고 있는 정공(政工, 공산당의 영도에 따른 정치사상공작) 간부들이 작성하는 평가서에 따라 직업을 할당받았다. 많은 학생은 자신들에게 어떤 선택권도 없기 때문에 어쩔 수 없이 정공들에게 잘 보일 수밖에 없었다. 게다가 학생들이 보기에 그들은 제멋대로고 거만하며 무식한 이들이었다.[76]

팡리즈가 학생들을 일깨우는 불꽃을 일으키자 시위가 베이징과 그 밖의 150여 개 도시로 퍼져 나갔다. 각 지역의 영도자들은 학생 운동을 통제할 책임이 있었다. 12월 18일 시위가 상하이로 번지자 장쩌민 상하이 시장이 학생들 앞에 나섰다. 그가 입을 열기가 무섭게 학생들이 질문을 던졌다. 학생들은 그를 전혀 아랑곳하지 않았다. 그가 잠시 말을 멈추고 학생 중에 일부를 단상에 올라오도록 하여 의견을 발표하도록 했다. 학생들이 자신의 주장을 이야기한 후 장쩌민은 이렇게 말했다. "동학들은 서방 세계와 중국의 차이에 대해 충분하게 이해하지 못하고 있습니다. 여러분들이 서구 민주주의를 이해하는 것은 주로 번역서에 의한 것입니다. 여러분은 직접 원서를 통해 민주주의에 대해 더 많은 것을 배워야 합니다." 이렇게 말한 후 그는 유명한 링컨의 게티즈버그 연설을 영어로 암송했다. 많은 학생을 감동시킨 뛰어난 솜씨였다. 며칠 후 학생들은 기말고사로 바쁘고, 동시에 상하이 시정부에서 어떤 시위도 먼저 허락을 받아야 한다고 선포했기 때문에 아무런 사고도 없이 시위가 끝나고 말았다.[77] 장쩌민은 이를 통해 베이징의 고위층 영도자들에게 높은 점수를 받았다. 그들은 장쩌민이 아무런 충돌 없이 시위를 마무리한 것에 대해 찬사를 늘어놓았다.

12월 27일 덩리췬, 왕전, 후차오무, 펑전, 보이보, 위추리, 그리고 양상쿤 등이 소집되어 덩샤오핑의 집에서 학생 운동에 대한 상황을 보고했다. 그들은 상황이 대단히 심각하다고 보고했다.[78] 덩샤오핑을 비롯한 일부 원로 간부들은 후야오방이 심각한 약점을 가지고 있고, 학생 운동을 통제할 만한 능력이 없다는 것이 최후의 결정타가 되었다고 생각했다. 덩샤오핑이 보기에 학생 운동이든 후야오방에 대한 영도 직무든 당장 조치를 취하는 것이 급선무였다. 과거에 그는 화궈펑을 권좌에서 물러나게 하기 위해 제12차 전국대표대회까지 기다리지 않았다. 이번에도 그는 후야오방을 자리에서 몰아내기 위해 제13차 전국대표대회까지 기다릴 생각이 아니었다.

덩샤오핑은 후야오방이 대중의 적극적인 지지를 받고 있기 때문에 그를 하야시키면 적지 않은 문제가 발생할 것이라고 생각했다. 후야오방 해직으로 인해 사람들은 덩샤오핑이 처음에 그를 선택한 것이 과연 올바른 것이었는지 의심할 것이 분명했다. 그것은 마오쩌둥이 린뱌오와 반목하자, 마오쩌둥이 처음에 그처럼 린뱌오를 믿었던 것이 과연 올바른 판단이었는가를 사람들이 의심했던 것과 마찬가지였다. 덩샤오핑은 또한 개혁에 헌신하고 지식인들이나 지방 간부들의 열정적인 지지를 얻었다는 점에서 후야오방과 비교할 사람이 아무도 없다는 것도 잘 알고 있었다. 1986년 5월 덩샤오핑은 덩리췬에게 후야오 방과 자오쯔양에 대해 어떻게 생각하는지 물어본 적이 있었다. 아마도 그때부 터 그는 후야오방을 교체하는 문제를 고민했을 것이다. 하지만 덩샤오핑은 후 야오방이 면직되고 겨우 2년 후에 그의 사망으로 인해 그처럼 엄청난 소요 사 태가 일어날 줄은 전혀 예상하지 못했다.

1986년 12월 30일 덩샤오핑은 후야오방, 자오쯔양, 완리, 후치리, 리펑 등을 불러 학생 운동에 대한 관대한 태도를 그만두어야 한다고 단언했다. 그는 그들 에게 이렇게 말했다. "대개 시끄러워지는 곳은 모두 그곳의 영도 기치가 선명치 않고 태도가 확고하지 않기 때문이오. …… 기치를 선명하게 하여 4개 기본 원 칙을 견지해야만 할 것이오. 그렇지 않으면 자산 계급의 자유화를 방임하게 되 오." 후야오방은 자신이 '태도가 확고하지 않음'에 대한 책임을 져야 한다는 것 을 인지하고 있었다. 이제 사직서를 제출해야 할 시간이 되었다는 것도 알았다.

덩샤오핑은 팡리즈를 비난하면서 이렇게 말했다.

팡리즈의 연설을 읽었는데 근본적으로 공산당원이 이야기할 것이 아니더군. 그런 사람은 …… 제명해야 하오. …… 민주주의에 신경을 써야 하지만 그렇다고 자산 계급의 민주주의를 그대로 옮겨 올 수는 없소. …… 미국의 집권자들은 실 제로 세 개 정부를 가지고 있소. …… 그래서 내적으로 자기들도 싸워 성가신 문 제를 조성하고 있단 말이오. …… 이런 방법을 우리는 채용할 수 없어요. …… 자 산 계급의 자유화를 반대하는 것은 적어도 20년은 더 유지되어야 할 것이오. 민 주주의는 점차적으로 발전시켜야지 서방 체제를 그대로 옮겨 올 수는 없다는 말 씀이오. …… 자산 계급의 자유화를 한다는 것은 당의 영도를 부정하는 것이니 10억 인민을 응집시킬 중심이 없게 될 것이오.[79]

1987년 1월 1일자 《인민일보》는 사설에서 4개 기본 원칙의 중요성을 다시 강조하면서 자산 계급의 자유화를 공격했다. 군중은 얼마 후 이 두 가지 문제 에 대해 후야오방이 비판받게 될 것이라고 마음의 준비를 했다. 다음 날 후야오방이 정식으로 총서기직에 대한 사직서를 제출했다. 덩샤오핑은 자오쯔양, 보이보, 양상쿤, 완리, 후치리 등 몇몇 고위급 간부의 의견을 구했다. 그들은 모두 후야오방의 사직 수리에 동의했다. 그런 다음 덩샤오핑은 그들에게 위원회를 하나 조직하여 제13차 전국대표대회를 준비하는 영도 집단을 만들도록 한 다음 그들에게 후야오방에 대한 공개 비판을 시작하기 전에 1월 8일까지 '당내생활회(黨內生活會, 실질적인 비공개 투쟁회)'를 조직하도록 했다.[80] 후야오방의 지지자들이 나중에 말한 바에 따르면, 당내생활회를 이용하여 후야오방을 비판한 것은 당서기의 직무를 해제하는 정상적인 절차를 위반한 것이었다. 왜냐하면 그처럼 고위직에 있는 이를 해직시키려면 먼저 정치국의 비준을 얻어야 하고, 그다음에 중앙위원회 전체회의의 비준을 얻고 마지막으로 당의 대표대회에서 비준을 얻어야 하기 때문이다. 덩샤오핑은 후야오방의 문제를 정치국 확대회의로 넘기기 전에 당내생활회를 이용하여 확정짓고 말았다.

1982년부터 1986년까지 매년 발표되는 중앙 1호 문건은 대부분 농업과 관련된 내용이었다. 하지만 1987년 1월 6일에 발표되어 전당(全黨)에 배포된 1호 문건은 학생 시위 처리에 관한 덩샤오핑의 지시로 이루어진 내용이었다. 덩샤오핑은 자산 계급 자유화를 반대하는 투쟁은 국가의 미래와 관련이 있다고 하면서 반드시 확고한 태도를 지녀야 한다고 말했다. '교육'을 받지 않으려 하는 이는 엄격하게 처리될 것이었다.[81] 며칠 내에 시위가 끝났고, 시위와 관련된 사망 소식은 없었다.[82]

덩샤오핑은 1월 6일 후야오방을 만나 그를 비판하기 위한 당내생활회가 개최된다고 처음 알려 주었다. 회의 조직 기간에 덩샤오핑은 당내 간부들에게 '가볍게 처리할' 것을 요구했다.[83] 그는 노선 투쟁이 되어서는 안 되며 '단파(團派, 공산주의청년단)'를 거론해서도 안 되고, 회의가 개인적인 보복을 위한 것이 되어서도 안 된다고 말했다.[84] 하지만 후야오방은 상부의 자유파 간부들과 지방 간부들, 그리고 지식인들 사이에 여전히 많은 추종자를 거느리고 있었다. 그래서 덩샤오핑은 후야오방의 상당한 영향력에 대응하기 위해서는 반드시 그의 문제에 대한 상세하고 전면적인 설명이 필요하다고 생각했다. 후야오방을 비판하는 데 가장 단호한 인물이 덩리췬이었기 때문에 그가 후야오방을 비판하는 문건의 초안을 작성하게 되었다. 자오쯔양도 후야오방을 만나 그에게 정치국 상임위원직은 유지하도록 허용될 것이라고 통지하면서 다음 날 개최되는 비판 모임에 대해 정신적인 준비를 잘해야 할 것이라고 말했다. 자오쯔양은 그에게 만약 또다시 학생 시위가 발생한다면 반드시 확고하게 공개적으로 반대 입장을 표명하라고 권유했다.[85]

1월 10일부터 15일까지 보이보가 주재하고 덩샤오핑의 요구에 의해 개최된 당내생활회에서 20~30명의 고위층 간부들이 후야오방에 대한 비판을 진행했다. 덩샤오핑과 천윈 두 사람은 지위가 높아 회의에 참석하여 비판하기에 적합하지 않았기 때문에 빠졌고, 후야오방 해직에 찬성하지 않은 리셴녠도 참가하지 않고 상하이에 머물렀다. 혹자는 만약 예젠잉이 살아 있었다면(그는 1986년 10월 22일에 사망했다.), 후야오방을 보호할 수 있었을 것이며, 그런 비판 모임이 열리는 것을 허락하지 않았을 것이라고 말했다.

후야오방은 회의 서두에서 자아비판을 했다. 그는 자신이 덩샤오핑의 지시에 따라 학생 시위를 저지해야 할 책임을 제대로 완수하지 못했음을 인정했다. "1986년 11월 이래로 샤오핑 동지께서 10년 이래 가장 큰 학생 운동(學潮)에 대해 세 차례에 걸쳐 지시를 내린 바 있습니다." 이외에도 그는 자신이 구체적으로 어떤 문제에 대해 비판을 받고 있는지 알고 있었으며, 모든 문제에 대해 진지하게 설명했다. 그리고 자신에게 잘못이 있음을 인정하고 아울러 다음과 같이 자신을 변호했다.

- 4개 기본 원칙을 견지하지 못한 것에 관하여: "나는 확실히 그런 말을 했고, 그러한 일에 매진했습니다. 하지만 그러한 기본 원칙을 엄격하게 파악하지 못했습니다."
- 자산 계급의 자유화에 관하여: "나는 이 문제가 대단히 엄중함을 알지 못했으며, 나는 다만 열심히 일하면 문제가 자연히 해결될 것이라고 생각했습니다."
- 정신 오염에 관하여: "샤오핑 동지가 말씀하신 후 나는 적시에 정확한 조치를

취하여 잘못된 언행을 억제하지 못했습니다."

- 간부 후계자 육성에 관하여: "당 중앙, 특히 일부 혁명 원로들께서 재차 나에게 덕과 재주를 겸비하고 경험이 있는 동지들을 과감하게 선발하여 후계자로 잘 육성하라고 요구하셨습니다. 이에 대해 나는 확고하게 지지하는 바입니다. 나는 간부를 선발하고 안배하는 면에서 한 번도 자신을 중심으로 삼은 적이 없으며, 언제나 집체 회의를 열어 토론했습니다. 나는 개인적인 관계가 있는 이를 선발하거나 소집단을 지지한 적이 없습니다. …… 하지만 나 역시 일부 잘못을 저질렀습니다."

- 외사 활동에 관하여: "반드시 특별히 신중해야 합니다. 외빈 접대를 책임지고 있는 부서에서 나에게 루겅을 만나도록 했는데 내가 거절하지 않은 것은 잘못입니다. 나는 그와 이야기할 때 …… 그의 일부 발언에 대해 확고하게 부정하지 않았습니다."

- '사상'에 관하여: "내가 잘못을 범한 주요 원인은 문화 대혁명 이후로 사상 투쟁에서 줄곧 안정을 유지하고 소란이 일어나는 것을 걱정했다는 것입니다. 나는 모든 정력을 좌파를 막는 데 사용했고, 우파에는 사용하지 않았습니다. …… 일부 부차적인 일을 너무 심각하게 보았습니다. …… 오랫동안 재직하면서 나는 지나치게 흥분하고 조급한 쪽으로 변했습니다. …… 냉정하게 다른 사람의 의견을 들을 수 없었습니다."

- 하부에 지나치게 많은 일을 허용한 것에 관하여: "나는 지금까지 저의 직권 범위에서 벗어나는 이외의 일을 비준한 적이 없습니다.[86]

후야오방은 이후 지속된 맹렬한 비판에 전혀 준비가 되어 있지 않았다. 그는 나중에 만약 사전에 당내생활회가 그런 것인 줄 알았다면 사직서를 내지도 않았을 것이고, 그러한 전면적인 자아비판도 하지 않았을 것이라고 말했다.[87]

덩리췬은 후야오방에 대해 1월 12일 오전 내내와 이틀날 오전 절반 등 전체 다섯 시간 동안이나 면밀하게 비판했다. 덩리췬은 후야오방의 '착오'를 일일이 열거했다. 그는 후야오방의 가장 큰 착오는 4개 기본 원칙과 정신 오염 반대 투쟁에 집중하지 않았다는 점이라고 말했다. 아울러 그는 후야오방이 당을 단결시키는 데 실패했고, 자신과 관점이 같은 사람들만 주로 활용했고, 중요한 인사(人事) 임면을 할 때도 원로 영도자들과 충분히 협의하지 않았다고 비판했다.[88]

자오쯔양은 1월 15일에도 후야오방에게 비판을 가했다. 이후 1989년 자오쯔양이 체포되어 자택에 연금된 상태에서 인터뷰 녹음을 하면서, 비록 자신과 후야오방의 의견이 다르긴 하지만 후야오방에 대한 자신의 비판은 지나친 것이 아니었다고 통절히 이야기했다. 또한 자신은 후야오방과 개혁에 관한 한 의견을 같이했으며, 함께 협력하며 일했다고 말했다. 그는 자신은 "후야오방을 우물에 빠뜨려 돌을 던진 적이 없다."[89]라고 말했다. 1월 15일 당내생활회 회의석상에서 자오쯔양은 후야오방이 비록 대공무사(大公無私, 사심 없이 국가와 인민의 이익을 생각한다.)했으나 약점도 가지고 있다고 말했다. "그는 사람들과 다른 주장을 내세우고 술책을 꾸미기를 좋아했다. 그는 기율에 복종하지 않았다. …… 만약 그가 더 큰 권력을 가졌다면 문제는 더 커졌을 것이다. …… 왜 그는 류빈옌이나 왕뤄왕과 같은 방자한 이들에게 그처럼 관대했는가? 아마도 국내외에 진보적인 모습을 보여 주기 위함이었을 것이다." 자오쯔양은 또한 이렇게 말하기도 했다. "후야오방 동지는 기율을 준수하지 않았다. 만약 조건이 달라져 샤오핑 동지나 천윈 동지가 계시지 않았더라면 나는 계속 그와 함께 일할 수 없어 결국 사직하고 말았을 것이다."[90] 후야오방은 그의 말을 듣고 그야말로 깜짝 놀랐다. 자오쯔양이 자신을 그렇게 비판할 줄 전혀 몰랐던 것이다. 후야오방의 지인들도 자오쯔양이 분명 "우물에 빠진 사람에게 돌을 던진 것(落井下石)"*이 분명하다고 느꼈다.[91]

1월 15일 오전 당내생활회가 끝나기 전 후야오방은 최후 자아비판을 하면서 자신이 모든 과오를 책임지겠다고 말했다. 하지만 또한 그는 조직에서 자신이 과연 진정 야심을 가졌으며, 파벌을 조성했는지 조사해 줄 것을 요구했다.

---

* 남의 어려움을 틈타 해를 끼친다는 뜻이다.

당내생활회가 끝난 후 누군가 후야오방이 회의실 계단에서 침통한 모습으로 눈물을 흘리고 있는 것을 지켜보았다.[92]

1월 16일 정치국은 보다 공식적인 확대회의를 열었다. 참석자 중에는 중앙 고문위원회 열일곱 명의 원로 간부들도 포함되어 있었는데, 당내생활회에 참가하지 않은 천원도 자신의 의견을 표명했다. 그는 1980년 후야오방에게 총서기를 맡긴다는 결정을 전적으로 지지했지만 1980년부터 1981년까지 후야오방이 영도하는 서기처를 관찰하면서 제대로 일을 하지 못하고 있음을 알았다고 했다. 그는 계속해서 이렇게 말했다. 후야오방은 100여 개에 달하는 부급 단위(部級單位, 행정부처)에게 보고서를 제출하라고 했지만 핵심적인 문제를 해결하지 못했다. 이외에도 그는 하급 기관을 어지럽게 돌아다녀 일주일에 스물두 개 현을 방문한 적도 있었다. 그러다 보니 결국 자신이 깊이 연구해야 할 중요 문제에는 집중할 수 없었다. 그는 정기적으로 정치국 회의와 상임위원회 회의를 개최하지 않았다. 당내 민주주의를 위해서라도 반드시 정기적으로 회의를 개최해야만 했다. 천원은 또한 1983년 자신이 후야오방을 비판한 후에 그가 착오를 시정할 수 있을 것이라고 생각했지만 후야오방은 오히려 전혀 자신의 의견을 이해하지 못했다고 말했다. 또한 간부를 선발할 경우 사방에서 가장 능력 있는 이를 선발해야 함에도 불구하고 후야오방은 자신의 울타리 안에 있는 사람들만 등용했다고 말했다. 그는 간부를 선발할 때 '덕망과 재능 겸비'를 고려하지만 그중에서도 '덕(德, 당에 대한 충성)'이 우선이라고 말한 후, 후야오방의 직무를 해제하는 데 당내 절차를 준수하는 것이 무엇보다 중요하다고 강조했다.[93]

후야오방은 정식 절차가 무시된 채 총서기직에서 쫓겨났다. 자오쯔양은 계속 총리를 맡고 있었지만 후야오방을 대신해서 총서기 서리까지 맡아야 했다. 자오쯔양은 자신은 총서기를 맡을 생각이 없으며, 자신은 총리가 더 적합하다고 말했다. 하지만 일부 내부 사정에 정통한 관측통들은 덩샤오핑 사람 중에 총서기 자리에 적합하면서도 다른 영도자들이 모두 찬성할 수 있는 인물은 없다고 입을 모았다. 회의 참석자들은 보편적으로 자오쯔양이 경제 업무에 나름대로 출중한 성과를 이룩했다고 여겼기 때문에 큰 이견 없이 그를 총서기 서리로 임명하는 안이 통과되었다. 이러한 결정은 나중에 중앙위원회 전체회의와 중국공산당 제13차 전국대표대회에서 공식적으로 인준되었다. 후야오방은 여전히 당원과 중앙위원 신분을 유지하고 명목상 잠시 정치국 상임위원으로 남아 있었지만 실질적으로는 완전히 권좌에서 물러난 셈이었다.

일부 진보적인 당원들은 후야오방이 물러나면서 보수파가 통제권을 장악하여 개혁 개방의 속도가 늦춰질지도 모른다고 걱정했다. 하지만 당의 일상 공작을 계속 영도하는 '오인소조(五人小組)', 즉 자오쯔양, 양상쿤, 보이보, 완리, 후치리는 모두 덩샤오핑과 가까워 기꺼이 그의 영도를 따르는 이들이었다.[94] 그렇기 때문에 덩샤오핑과 자오쯔양은 개혁 개방을 변함없이 유지할 수 있었다.[95]

후야오방의 비서는 1월 17일 후야오방의 집안 식구들에게 후야오방이 신체적으로나 정신적으로 기진맥진하여 중난하이 근정전(勤政殿)에서 잠시 휴식하고 있으니 그를 찾아가지 말아 달라고 부탁했다. 2주 후 후야오방은 전용 통로를 이용하여 중난하이에서 도보로 몇 분 걸리지 않는 자신의 집으로 돌아왔다. 그는 조수에게 자신이 과거 10년 동안 행했던 연설과 보고서를 포함한 여러 가지 문건을 정리하여 가져오라고 했다. 그리고 집에서 3개월 동안 그 문건들을 모두 읽은 후 최종적으로 자신이 원칙적인 착오를 범한 적이 없다고 단정했다. 그는 집에서 텔레비전을 보거나 마르크스·레닌 전집을 읽으면서 소일했다. 거의 손님을 만나는 일도 없었고, 당의 활동에 참여하지도 않았다. 다만 인민해방군 8·1 건군절(建軍節) 경축 행사와 7중전회, 그리고 제13차 전국대표대회는 참석했다.

1월 19일 당 중앙은 3호 문건을 발표했다. 주로 후야오방 직무 해제에 관한 내용이었는데, 그 원인을 다음과 같이 열거했다.[96] 첫째, 후야오방은 정신 오염과 자산 계급 자유화를 반대하기 위한 당의 노력을 억제하고 전반적인 서구화의 요구를 방임하여 학생 시위를 초래했다. 둘째, 4개 기본 원칙을 충분히 견지하지 못하고 좌파만 비판하고 우파는 비판하지 않았다. 셋째, 경제 공작에서 경제의 지나치게 빠른 성장과 소비를 촉진하여 경제의 통제력 상실을 조성했다. 넷째, 정치 공작에서 항상 절차를 위반했다. 다섯째, 외사(外事, 외교 업무)

활동에서 일부 하지 말아야 할 말을 했다. 예를 들어, 전혀 준비가 없는 상황에서 3000명의 일본 청년들을 초청했다. 여섯째, 항상 당의 결의를 준수하지 않고 중앙의 재가를 얻지 않고 연설했다.[97]

3호 문건에는 후야오방 자신의 자아비판에 대한 간단한 개요가 첨부되었다. 그는 자아비판에서 자신이 엄중한 착오를 저질렀으며, 당과 국가, 그리고 인민에게 중대한 손실을 입혔음을 인정했다. 하지만 그는 사상에 대한 관용적인 태도로 인해 정신 오염이나 자산 계급 자유화, 또는 학생 시위를 초래했다는 말은 하지 않았다. 3호 문건에는 또한 덩샤오핑과 천윈, 그리고 리셴녠 등 원로 간부들이 건강하기만 하면 이후 다른 간부(여기서는 총서기와 총리를 지칭한다.)를 위해 지도를 제공할 것이라고 적었다. 3월과 5월에 인쇄 배포된 3호 문건 보충 자료에는 후야오방이 영도하던 시절에 있었던 문제에 대한 구체적인 설명이 적혀 있었다.[98]

많은 자유파 간부가 보기에 이는 불공정한 비극이었다. 이는 후야오방처럼 국가를 위해 근면하게 일하고 사심 없이 나라와 인민의 이익만 생각했던 인물이 정책을 실행하여 성과가 있었음에도 불구하고 그가 진심으로 충성을 바친 이들에 의해 쫓겨났다는 점에서 더욱 그러했다.[99] 하지만 덩샤오핑과 함께 일했던 또 다른 간부의 생각은 달랐다. 그들이 생각하기에 만약 후야오방이 계속 자리에 남아 있었다면 사회 질서가 붕괴될 것이 분명했다. 왜냐하면 후야오방에게는 당과 국가의 권위를 유지하는 데 필요한 확고한 입장이 부족했기 때문이다. 그들은 덩샤오핑이 당에 큰 손해를 끼치지 않으면서 후야오방을 제거하고, 당내 고위층의 단결을 확보함으로써 덩샤오핑의 개혁이 계속 유지될 수 있도록 세심하게 처리한 것에 대해 감사를 표했다. 2년 후 후야오방이 사망했을 때 이러한 두 가지 관점의 심각한 불일치가 다시 맞붙으면서 비극적인 결과를 초래하게 된다.

후야오방이 자리에서 쫓겨난 후, 덩샤오핑은 수차례 그에게 자신의 집에서 브리지 게임이나 하자고 초대했지만 후야오방은 완곡히 거절했다. 하지만 예외인 경우가 한 번 있었다. 1987년 12월 30일 후야오방이 자신의 해직을 알게 되고 만 1년이 지나고 나서 그는 덩샤오핑의 초대에 응했다. 덩샤오핑이 그에게 자신의 문제에 대해 깨달았냐고 묻자 그는 아무 대답도 하지 않았다.[100] 1989년 4월 후야오방 장례식에서 덩샤오핑이 후야오방의 미망인 리자오(李昭)와 악수하려고 손을 내밀자 그녀는 거절하면서 이렇게 말했다. "이건 모두 당신들 때문이에요."[101]

자산 계급 자유화에 대한 반대: 1987년

후야오방이 자리에서 쫓겨난 후 덩샤오핑은 자신이 생각하기에 후야오방 영도 시절부터 느슨해지기 시작한 당내 기율을 강화하는 일에 착수했다. 우선 후야오방의 영향력을 줄이기 위해 그는 공개적으로 후야오방의 '착오'를 선전하는 한편 당을 비판했음에도 불구하고 후야오방의 보호를 받고 있던 일부 추종자를 해직시켰다. 또한 그는 날로 광범위하게 유포되고 있는 인도주의, 자유, 민주주의 등 서구 관념에 대한 갈망을 억제할 생각이었다. 그는 몇몇 사람이 이러한 관념을 통해 당의 최고 권위에 도전하고 있다고 생각했다.

덩샤오핑이 친히 주재한 1월 16일 정치국 확대회의에서 자산 계급(부르주아) 자유화를 반대하는 운동을 전개할 것을 선포했다. 그리고 동시에 전면적인 개혁과 대외 개방을 계속 실행해 나갈 것을 천명했다. 1월 28일 춘절 전날 반포된 중앙 4호 문건 「당면한 자산 계급 자유화 반대와 관련된 약간의 문제에 대한 통지(關于當前反對資産階級自由化若干問題的通知)」는 향후 전개될 운동에 대한 설명이었다.[102]

후야오방의 보호를 받았던 지식인들, 즉 팡리즈, 류빈옌, 왕뤄왕 등은 모두 직위 해제 또는 출당되었다. 주허우쩌도 3월에 중앙선전부 부장직에서 쫓겨났다. 류빈옌은 자신을 변론하면서, 자신의 보고 문학이 비판하고 있는 것은 일부 당 간부이며 당을 공격한 것이 아니라고 항변했다. 하지만 고위급 간부들은 그의 비판과 인도주의 이상에 대한 '보다 높은 충성' 호소가 사람들에게 당에 대한 부정적인 인상을 주기에 충분하다고 생각했다.[103] 적지 않은 이들이 비록 매체를 통해 비판을 받지는 않았지만 내부 비판을 받아야 했다. 그중에는 중국 사회과학원 정치학연구소 소장 옌자치와 대학 행정 간부로 있는 몇몇 간부도 포함되어 있었다.[104] 지식인들 내부에서 당에 대한 심각한 부정적 반응이 일어나지 않도록 덩샤오핑은 운동을 당내로 제한한다고 선언했다.

후야오방 휘하에서 일했던 수많은 경험 있는 당내 고위급 관리들, 예를 들어 주허우쩌, 우밍위, 위광위안, 런중이 등은 팡리즈, 왕뤄왕, 류빈옌 등이 사회 안정을 해치지 않았으며, 시위 행동은 협상을 통해 해결할 수 있었다고 말했다. 또한 개방 확대는 국력을 강화시킬 뿐 약화시키는 것이 아니었음에도 불구하고 덩샤오핑이 이를 국가 안정을 위협하는 것으로 간주하여 지나치게 반응했다는 주장을 굽히지 않았다.

덩샤오핑은 선전 공작을 주관하는 고위급 간부들의 기율을 강화하고 그들이 사회주의 이상을 유지, 보호할 수 있도록 애썼다. 3월 29일 당 중앙은 신문, 잡지 및 출판 업무를 조정하기 위한 문건을 배포했다. 이후 자산 계급 자유화를 비판하는 글들이 계속해서 발표되었고, 똑같은 내용이 방송을 통해 계속 선전되었다. 그 안에는 개인주의와 퇴락한 서구 사상을 비판하는 내용이 주를 이루었다.[105] 대중 매체는 끊임없이 애국주의를 찬양하고, 중국 인민의 창조 정신과 과학적 성취에 찬사를 보냈다.[106]

덩리췬은 자산 계급 자유화 반대 운동에서 핵심적인 역할을 맡았다. 이와 반대로 자오쯔양은 이 운동이 경제 분야에 끼칠 부정적인 영향을 막기 위해 부심했다. 그는 자산 계급 자유화에 대한 비판이 경제까지 간여해서는 안 된다고 말하고, 군중은 이미 정치 운동에 대해 진저리를 친다고 말했다. 이 운동을 촉진하기 위해 개최된 4월 6일부터 12일까지 선전 공작회의에서 덩리췬은 자산 계급 자유화에 대해 지나치게 포괄적으로 비판하여 회의 참가자들에게 공분을 샀다. 자오쯔양의 참모인 바오퉁이 덩리췬의 연설 원고를 건네주자 자오쯔양은 다시 덩샤오핑에게 보냈다. 덩샤오핑은 자오쯔양과 바오퉁이 기대하고 있는 반응을 보였다. 덩리췬이 분수 넘게 앞질러 나가 수많은 지식인이나 자유파 간부들을 소원하게 만들었다는 것이다. 그러잖아도 일부 자유파 당원들은 덩샤오핑이 덩리췬을 후야오방의 후계자로 고려할지도 모른다고 걱정하고 있었다. 덩샤오핑의 시기적절한 반응은 이 운동의 전환점을 상징하는 것이자 덩샤오핑이 더 이상 덩리췬을 지지하지 않음을 보여 주는 것이었다.

자신에 대한 덩샤오핑의 지지를 재확인한 후 자오쯔양은 1987년 5월 13일 연설을 통해 덩리췬을 완곡하게 비판했다. 이는 실질적으로 자산 계급 자유화 반대 운동의 종식을 의미했다. 몇 주 후인 7월 7일 자오쯔양은 정통 사상을 옹호해 왔던 덩리췬의 근거지인 중앙서기처 연구실을 해산시켜 덩리췬의 영향력을 약화시켰다. 그리고 이를 통해 그는 제13차 전국대표대회에서 더욱 개명된 공작 계획을 제출하기 위한 준비 작업을 마쳤다.[107]

7월 10일 일찍이 1950년대 잠시 마오쩌둥의 비서를 지낸 적이 있는 리루이가 덩샤오핑에게 한 통의 서신을 보냈다. 서신은 덩리췬을 비난하는 상세한 내용이 담겨 있었다. 서신에서 그는 덩리췬이 옌안 시절 자신의 아내를 좋아하여 그녀와 자주 만나 이야기하려고 직권을 남용하여 자신을 조사했다고 말했다. 아울러 덩리췬이 일부 훌륭한 간부들을 공격했다고 비난했다.[108]

덩리췬이 공격을 받게 되자 자오쯔양도 보수파의 압력에서 자유롭지 못했다. 보수파들은 자오쯔양을 보수파의 경제, 정치 방침에 위협을 가하는 인물로 여겼다. 나중에 자오쯔양은 이전까지만 해도 보수파와 비교적 우호적인 관계를 유지하고 있었는데, 그가 덩리췬의 근거지를 해산시킨 이후로 자신과 천윈, 리셴녠의 관계가 악화되었다고 말했다.[109] 자오쯔양은 또한 제13차 전국대표대회 이후 보수파 영도자들이 그가 자신의 영도 지위를 이용하여 당 대표대회에서 '정치 체제 개혁'을 추진할까 봐 걱정하고 있었다고 말했다.[110]

중국공산당 제13차 전국대표대회와 자오쯔양의 정무 주관

덩샤오핑은 마오쩌둥이 수많은 이전 황제처럼 죽을 때까지 현직에서 물러나지 않음으로써 큰 피해를 야기했다고 보았다. 그래서 그는 고위급 영도자들의 임기를 제한하여 때가 되면 퇴임하는 새로운 형식의 제도를 만들 생각이었다. 하지만 덩샤오핑 자신의 퇴임은 일부 조건이 붙어 있었다. 자오쯔양은 1989년 5월 고르바초프를 만난 자리에서, 중국공산당 제13차 전국대표대회(중공 13대)에서 만약 덩샤오핑이 중앙위원회와 정치국 상임위원회에서 퇴임하더라도 중요한 사안에 관한 최후 결정 권한을 보유한다는 내부 약정이 있었다고 말했다.

덩샤오핑과 동년배인 원로 간부들은 덩샤오핑이 퇴임을 결정한다면 자신들도 따라서 물러나야 한다는 것을 잘 알고 있었다. 1985년 덩샤오핑이 자신의 퇴직 문제를 거론하기 시작하자 일부 원로 간부들이 계속 유임해 줄 것을 요청했다. 권력 이양의 시간과 절차에 대한 명확한 규정이 없는 다른 나라의 집권 통치자들과 마찬가지로 덩샤오핑이나 그의 동료들은 일부 인내심 없는 젊은 간부들이 아직 퇴임할 생각이 없는 원로 간부들의 퇴직 준비를 하고 있거나 적어도 퇴직을 간절히 바라고 있다고 의심할 나름의 이유가 있었다. 1986년 11월 11일 1년 후에 개최될 예정인 중공 13대를 준비하기 위한 작은 회의에서 후치리가 덩샤오핑과 대다수 원로 간부들의 퇴임 문제를 거론했다. 보이보가 그의 말을 듣더니 얼굴이 벌겋게 상기될 정도로 화를 냈다. "자네는 우리가 빨리 죽기를 바라는 건가?"[111] 후치리가 공손하게 계속 일하시길 바란다고 대답했다. 자신의 감정을 잘 드러내지 않던 왕전도 중앙당교에서 후야오방이 원로 간부들의 퇴임을 준비하고 있다고 크게 화를 낸 적이 있었다. 사실 그의 발언은 다른 원로 간부들의 속마음을 그대로 드러낸 것이었다.[112]

1987년 10월 25일부터 11월 1일까지 개최된 중공 13대에서 덩샤오핑은 당과 정부의 모든 직무에서 사퇴하고, 중앙위원회와 정치국, 그리고 정치국 상무위원회에서도 물러났다. 하지만 중앙군사위원회 주석과 국가군사위원회 주석 자리만은 그대로 유지했다.[113] 다른 간부들은 선택의 여지 없이 공식적인 직무에서 물러나는 수밖에 없었다. 천윈은 덩샤오핑을 대신하여 중앙고문위원회 주임을 맡았으며, 제1선 공작은 자오쯔양에게 넘어갔다.

중공 13대는 자오쯔양의 대회였다. 덩샤오핑은 후계자가 효과적으로 영도권을 행사하기 위해서는 반드시 상당한 활동 공간이 필요하다는 것을 잘 알고 있었다. 덩샤오핑이 긴급 사태라고 생각하지 않는 한 자오쯔양이 책임자가 될 것이 분명했다. 후야오방을 물러나게 한 후 덩샤오핑은 자오쯔양에게 중공 13대를 준비하고 영도하도록 했다. 자오쯔양의 5월 13일 보고는 자산 계급 자유화 반대 운동의 종식을 의미하는 것이자, 자오쯔양이 향후 6개월 동안 전력을 다해 중공 13대 준비 작업을 영도하게 된다는 것을 상징했다.[114] 서방 세계에 이러한 변화를 미리 준비하도록 하기 위해 자오쯔양은 미국 텔레비전 방송국의 앵커인 톰 브로코(Tom Brokaw)의 인터뷰 요청을 받아들였다. 자오쯔양은 장차 1개월 후에 있을 당대회에서 정식으로 새로운 제1선 영도자로서 주목을 받으면서 편안한 모습을 선보였다.[115]

자오쯔양이 책임자가 된 것은 분명하나 여전히 덩샤오핑이 정해 놓은 범위 내에서만 일을 했다. 그는 4개 기본 원칙, 자산 계급 자유화 반대를 그대로 유지했으며, 대외 개방과 경제 개혁을 보다 확실히 추진하겠다는 자신의 신념을 표명했다. 덩샤오핑은 오랫동안 당과 정부의 분리에 찬성해 왔다. 자오쯔양 역시 그 노선을 바짝 따랐다. 그렇지만 자오쯔양은 이전에 비해 훨씬 큰 활동 공간을 얻었다. 덩샤오핑이나 심지어 천윈까지 자오쯔양이 영도하는 동안 경제나 정치 체제에 끊임없이 변화가 일어날 것임을 알고 있었기 때문이다.

1987년 5월 29일 청신호가 켜진 2주 이후 자오쯔양은 싱가포르 총리 고촉통을 만난 자리에서, 자신은 중공 13대에서 정치 개혁 강령을 준비하고 있으며, 개혁의 장기적인 목표는 '고도의 민주화된 사회주의를 건설하는 것'이라고 말했다. 아울러 그는 이러한 과정은 정치적 안정이 필수적이며, 오랜 시간이 걸려야만 성공할 수 있다고 하면서, 개혁은 순서에 따라 점진적으로 한 성(省), 한 성씩 진행될 것이라고 말했다. 자오쯔양은 앞으로 당은 더 이상 정부의 업무에 간여하지 않을 것이며, 당내에도 고도의 민주주의가 이루어질 것이라고 덧붙였다.[116]

각급 간부들의 의견을 반영하기 위해 문건은 모두 여덟 차례나 수정되었다. 9월 27일 덩샤오핑은 문건을 본 후 더 이상 고치지 말 것을 지시했다. 그리고 간단하게 이렇게 적었다. "다 봤습니다. 이견 없습니다. 잘 썼군요.(看了, 沒意見, 寫得好)" 자오쯔양의 지시에 따라, 문건은 「건전한 사회주의 민주 정치를 건립함」이란 제목으로 중공 13대에 상정되었다. 덩샤오핑은 대회 전날 간단한 연설문을 발표하여 보고서 내용을 전적으로 지지한다는 의견을 표명했다.[117]

덩샤오핑과 마찬가지로 자오쯔양 역시 쟁론을 일으킬 만한 논점은 애써 피했다. 중공 13대 문건은 개혁 개방을 계속 지지하면서 쟁의를 일으키기 쉬운 구체적인 문제는 피했다. 자오쯔양은 '사회주의 초급 단계'를 주제로 삼았다. 이 개념은 이번 당 대표대회에서 처음으로 채용되었다. 이 개념은 사회주의 이데올로기를 옹호하는 이들에게 중국이 최종적으로 사회주의로 향해 간다는 신념을 견지할 수 있도록 하는 한편 시장 경제를 확신하는 이들에게는 생산력 발전에 필요한 자유 공간을 부여한다는 점에서 큰 장점이 있었다. 누군가 이러한 초급 단계가 얼마나 오래 지속될 것이냐고 묻자 자오쯔양은 이렇게 대답했다. "사회주의 현대화의 대체적인 실현은 …… 적어도 100년 넘는 시간이 필요할 것입니다."[118]

실제로 자오쯔양은 사회주의 고급 단계를 무기한 연기시켰다. 그는 단기적인 정돈을 거친 후에 당이 다시 사회주의 고급 단계로 매진하기를 희망하는 이들을 단념케 만들었다. 중공 13대는 경제 체제에 관해 '계획적인 시장 경제'라는 새로운 관점을 제시했다. 과거 계획 우선을 공언하던 당의 문건과 정반대로 커져 가는 시장의 중요성을 반영한 것이었다. 국가가 시장을 조절하고, 시장이 기업을 인도했다. 구체적이고 경직된 계획의 역할은 계속 하강세를 탔다. 시장은 노동력, 기술, 정보, 그리고 부동산 등에서 크게 성장할 것이다. 자오쯔양은 장기 목표는 "고도의 민주화되고 법제가 완비되며 효율적이고 활력이 충만한 사회주의 정치 체제 건설"이라고 말했다. 보고서는 진일보한 개혁을 위해 다음과 같은 몇 가지 방향을 제시했다.

1. 당과 정부의 역할을 분리하고, 정부의 사무에 대한 당의 역할을 줄여 나간다.

각급 당위는 더 이상 정부의 직무를 맡지 않고 단지 정부 업무를 관리하는 전
담 서기를 설립하지 않는다.

2. 더욱 많은 권력을 하부 기관으로 이관한다.

3. 정부 각 단위는 직책을 명확하게 하고 직권의 중첩을 줄인다.

4. 승진 · 강등 · 상벌 등은 업무 성과를 근거로 삼고, 훈련 · 봉급 · 복지 · 퇴직
등의 권리는 모두 법률로 보장한다.

5. 지방 집단과 관계된 문제에서 정부는 지방 간부들과 협의하고 대중에게 결과
를 고지한다.

6. '사회주의 민주'를 강화하고, 부녀, 노동조합 및 기타 단체 등 여러 군중 조직을
허용하여 그들이 대표하는 군중의 의견을 표명할 수 있도록 한다. 민족 구역의
자치를 강화하고 소수 민족 간부를 양성하는 데 총력을 기울인다.

7. 사회주의 법적 체제를 강화한다.[119]

대회는 일부 절차상의 개혁을 비준했다. 시기적절하게 정황을 통지하기 위
해 중앙위원회 전체회의를 1년에 한 차례에서 두 차례로 바꾸었다. 정치국 회
의의 주요 결정은 더 이상 대외비가 아니라 대중 매체를 통해 공포하기로 했
다. 공장, 학교, 병원, 기업의 당 조직을 축소하여 해당 단위에서 자신의 업무에
관한 결정을 보다 자주적으로 할 수 있도록 했다.

중공 13대가 개최되기 전 몇 개월 동안 자오쯔양은 인사 변동을 전적으로
책임졌지만 원로 간부들은 선발 과정에서 여전히 중요한 역할을 맡았다. 정치
국의 새로운 상무위원이 된 자오쯔양, 리펑, 후치리, 차오스, 야오이린 등은 모
두 극단주의자가 아니었다. 이미 능력을 인정받은 행정가 야오이린은 천원의
강력한 지지를 받았다. 다행히 후치리와 차오스도 모두 개혁을 확고하게 지지
했다. 이로써 자오쯔양은 개혁을 지지하는 다수파로 상무위원회를 구성할 수
있었다. 2년 전 당 대표대회와 마찬가지로 선발 기준은 교육 배경과 영도 업적,
그리고 비교적 젊은 연령에 따랐다. 몇 차례 인사 변동을 거친 후에 확정된 정
치국 위원들의 평균 연령은 이전보다 다섯 살이나 어려졌다.

이외에도 중공 13대 중앙위원회 위원들은 당 역사상 처음으로 차액(差額) 선거*를 통해 선발되었다. 그래서 가장 인기가 없는 후보자는 배제하고 당선 자는 적어도 이미 정해진 최소한의 지지를 확보할 수 있었다. 대회 1차 투표에 서 후보자는 실제 당선 인원보다 열 명이 많았다. 그래서 적어도 열 명이 낙선 될 수밖에 없었다. 덩리췬은 낙선자 열 명 가운데 포함되었다.[120] 이는 덩리췬 이 대다수 사람들에게 묵살당하고 있으며, 여전히 후야오방에 대한 보편적인 동정심이 존재하고 있음을 반영한 것이다.[121] 덩리췬이 중앙위원회를 떠남에 따라 그가 겸직하고 있는 주요 공작 단위인 서기처 연구실도 해산되었다. 자오 쯔양은 후야오방의 경우와 달리 중국에서 가장 집요한 보수파에 의한 괴롭힘 을 모면할 수 있었다.

중공 13대는 개혁을 두려워하는 보수파와 침체를 우려하는 개혁파 사이에 첨예한 불화를 피했다. 가장 논쟁적이고 대립적인 양 파의 대표 간부인 총서기 후야오방과 그의 비판자 덩리췬이 모두 면직되자 중간파들은 보다 용이하게 함께 협력하여 시장 개혁과 완만한 정치 체제 개혁을 계속 추진할 수 있었다. 실제로 보수파와 개혁파가 논쟁했던 핵심 문제는 중공 13대 이전 몇 년 동안 이미 보다 많은 개방과 보다 많은 언론 자유, 그리고 보다 많은 시장 개혁 쪽으 로 바뀌었다. 자오쯔양은 중공 13대에서 비록 투쟁이 여전히 계속되고 있었지 만 한 걸음 더 나아가 이러한 변화를 적극 추진했다. 이로써 덩샤오핑은 지나 치게 관대하다고 여겼던 후야오방을 물러나게 하면서도 당 상층부의 단결에 전혀 해가 없도록 하는 데 성공했다. 자오쯔양은 덩샤오핑의 4개 기본 원칙을 유지하면서 그의 경제와 정치 구상을 추진할 것이 분명했다. 덩샤오핑은 자신 이 물러난 이후에도 자오쯔양이 중국을 개혁의 다음 단계로 효과적으로 이끌 어 나갈 것이라는 희망을 가질 이유가 있었다.

---

* 입후보자가 당선자보다 많은 선거를 말한다.

5부 | 덩샤오핑 시대에의 도전 1989~1992년

20

베이징의 봄 1989년 4월 15일~5월 17일

1989년 4월 15일부터 6월 4일까지 세상의 이목이 쏠리는 가운데 수천수만의 중국 젊은이들이 베이징과 다른 도시 거리로 쏟아져 나왔다.[1] 4월 15일 후야오방의 급작스러운 서거 후 며칠 동안 시위에 나선 대다수는 엊그제 세상을 떠난 영웅과 그가 지지했던 민주주의에 경의를 표하기 위해 나선 순진한 젊은이들이었다. 처음 집회를 가졌을 때 그들은 중국공산당에 대해 존경을 표시했고, 시위 과정도 질서 정연하여 교통에 지장을 주지도 않았다. 정치적 강령 같은 것도 없었다. 그러나 시위가 날로 확대되면서 요구도 점차 커지고 내용도 더욱더 과격해지자 시위자들과 당국 간의 긴장이 고조되기 시작했다. 양자 간의 충돌은 군대가 출동하여 베이징 시내에서 비무장 시민들을 향해 총격을 가해 질서를 회복한 1989년 6월 4일에 최고조에 달했다.

당시 덩샤오핑은 여든네 살의 고령으로, 직접 거리로 나가 시위 학생들을 만나거나 당의 대응에 관한 세부적인 일정을 관리하지도 않았다. 그러나 막후에서 사태의 변화를 주시한 최종적인 정책 결정자임에 틀림없었다. 그는 시위자들에게 전혀 동정심이 없었다. 시위자들은 덩샤오핑이 추진해 온 개혁 개방과 경제 발전이 토대가 된 정치적 안정의 수혜자였으나 이제는 오히려 그러한 안정을 위협하고 있었다.

덩샤오핑은 동유럽에서 국가 영도자가 민중의 요구에 굴복하여 통제력을 잃게 된 일련의 사태가 중국에서 재연되지 않기를 바랐다. 덩샤오핑은 유혈 사태를 피하고자 애썼다. 그것이 오히려 시위자들을 격앙시킬 뿐이라는 사실을 잘 알고 있었기 때문이다. 그러나 사건 초기부터 단호하게 대처할 필요는 있다고 생각했다. 특히 후야오방의 장례식이 끝난 후 그는 시위자들에 대한 당의 대응에 직접 간여하여 통제를 가하기 시작했다. 질서를 회복하기 위해 필요하다고 생각하는 조치를 간부들이 실행에 옮길 수 있도록 준비시켰다.

6월 4일 이전까지 당 영도자와 지식인, 학생 대표를 포함한 그 누구도 한층 격렬해지는 혼란을 타개할 방법이 없었다. 당내 영도층 내부의 분열, 얼마나 많은 자유를 허용할 것인가에 대한 이견, 중국 혁명을 위해 싸웠던 원로 간부들과 편안한 삶에 익숙한 학생들 간의 서로 다른 관점, 인플레이션과 일자리를 걱정하는 도시민들의 불안감, 거대한 규모의 시위대, 학생 운동을 통제하기에 벅찬 학생 지도자들, 국내외 대중의 시위자들에 대한 동정, 대중 시위에 대한 통제 경험이 부족한 중국군의 상황 등 여러 가지 복합적 이유로 인해 사태를 통제하려는 당 영도자들의 노력은 결국 무산되고 말았다.

당의 원로 1세대 영도자들이 1949년 이전에 참가했던 학생 운동은 조직이 잘되고 주도면밀한 계획과 의제를 지니고 있었으며, 1949년까지 학생 운동 대표들은 이미 수년간 함께 싸워 왔다. 또한 1960년대 후반의 학생들은 홍위병에 참가했던 경험이 있었다. 그러나 1989년까지 십수 년에 걸친 엄격한 통제로 인해 독립적으로 조직된 학생 운동이 성장할 수 없었다. 1989년에 모여든 학생들은 어떤 조직 경험도 없었다. 연설에 능한 이가 영도자로 떠올랐지만 그 역시 조직이나 지침은 물론이고 규정 준수 절차 등에 대한 경험이 전무했기 때문에 다른 학생들을 대표하여 정치 영도자들과 담판을 벌일 만한 토대가 부족했다.

시민들은 학생들의 비판에 동조하고 있었기 때문에 정부 편에서 시위자들을 제지하는 데 동참하지 않았다. 이전에 정치적으로 탄압을 받은 적이 있던 일부 나이 든 지식인들은 학생들에게 과격한 행동을 자제하도록 했으나, 사실은 자신들이 감히 표출하지 못했던 주장을 대담하게 표현하는 학생들을 감탄의 눈길로 바라보았다. 처음에는 자발적이고 평화롭게 진행되던 후야오방 추모 행사가 시위로 변하면서, 정치적 변론과 천막 농성, 단식으로 이어져 날로 통제 불능한 충돌로 확산되었다.

시위 학생들은 생활 조건 개선을 요구했다. 그들은 자신들이 능력에 비해 훨씬 적은 보수를 받고 있으며, 교육받지 못한 기업가들보다 훨씬 힘들게 일한다고 불만을 터뜨렸다. 그러나 그들은 1986년 학생 운동이 대중의 폭넓은 지지를 얻지 못해 결국 대의명분에서 실패하고 말았다는 교훈을 받아들였다. 그래서 자신들의 비참한 생활 조건에 대해 더는 불만을 터뜨리지 않고, 대신 대중에게 공명을 일으킬 수 있는 민주와 자유, 인도적이고 책임감 있는 당, 공익에 헌신하는 강직한 간부 등을 요구하는 구호를 내걸었다.

전 세계 텔레비전 시청자들은 중국 청년들의 내심에서 우러나오는 온건한 호소에 감동했고, 그들의 감동은 시위자들에게 원동력으로 되돌아왔다. 중국 주재 기자들은 오랫동안 자신들의 활동을 감시하는 중국 관리들에게 시달려 왔고, 문제를 제기한 취재원이 체포되는 일도 있었기 때문에 누구보다 열정적으로 학생들의 요구를 청취하고 기록했다. 4월 15일 이전까지만 해도 대다수 학생들은 외국 기자들과 공개적으로 대화하는 것을 두려워했지만 1989년 봄날의 사건을 경험하면서 점차 대담해지기 시작했다. 외국 기자들은 민주 사회를 동경하는 그들의 목소리를 전달하여 전 세계인들의 동정을 이끌어 냈다.

학생들이 그들 나름으로 기분이 들뜬 것은 국내외로 엄청난 지지를 얻고 있다는 사실 이외에도 정부의 시위 제한 조치가 실패로 돌아가 결국 정부도 자신들의 이상에 양보할 것이라는 믿음이 있었기 때문이다. 당시 학생들은 중국의 정치 영도자들이 무력을 동원하리라고는, 그것도 베이징 시내에서 인민해방군이 비무장 시민들을 향해 방아쇠를 당길 것이라고는 꿈에서조차 생각하지 못했다.

중국 영도층은 그들 나름대로 외국인의 관심과 지지가 학생들의 저항을 고무시키고 있다고 보았다. 그들은 중국 민중이 자신의 영도자들에게 그처럼 분노하리라고 믿기 어려웠다. 그렇기 때문에 시위가 국내외 '막후의 검은 손(幕後黑手)'에 의해 조종되고 있다고 믿기 쉬웠다. 이처럼 '막후의 검은 손'에 관한 소문이 고위층 간부들 사이에 널리 퍼지자 보수파들은 이를 이용하여 덩샤오핑에게 보다 강경한 조치를 취할 것을 촉구했다.

후야오방의 죽음

남부 지방에서 겨울 휴가를 보내고 베이징으로 돌아온 지 얼마 되지 않아 후야오방은 1989년 4월 8일 소집된 정치국 회의에 참석했다. 회의가 시작되고 한 시간이 되기도 전에 그가 갑자기 심장 발작을 일으키더니 바닥에 쓰러지고 말았다. 병원으로 긴급 후송된 후 잠시 차도가 있는 듯했으나 끝내 소생하지 못하고 4월 15일 새벽에 눈을 감았다. 저녁 7시 텔레비전 뉴스를 통해 그의 사망 소식이 전해졌고, 다음 날 텔레비전과 신문에 공식 사망 기사가 나왔다. 그의 사망 소식은 전 세계를 놀라게 했다. 전혀 예상하지 못한 그의 죽음은 많은 이의 동정을 불러일으켰고, 심지어 강경파들도 예외가 아니었다.[2] 덩리췬은 후야오방의 가장 강경한 비판자이자 1987년 1월 후야오방 비판을 이끈 사람이었지만, 그 역시 후야오방을 찬양했다. 후에 그는 후야오방은 한 번도 음모를 꾸민 적이 없으며, 공명정대하고 그 누구에게도 악의를 품지 않았다고 회고했다. 아울러 그는 후야오방과 비교할 때 자오쯔양이 오히려 음모에 능하고 다른 이들을 괴롭혔다고 말했다.[3]

중국인들은 오랫동안 후야오방의 열정과 개인적인 따뜻함에 고무되었을 뿐 아니라 그의 진실성과 당에 대한 헌신에 감동을 받았다. 그는 지식인들을 위해 용감한 투쟁을 마다하지 않았기 때문에 중국인들에게는 희망과 같은 존재였다. 그는 또한 중국인들의 마음속에서 어떤 부패의 흔적도 찾아볼 수 없는 숭고한 이상의 소유자로서 훌륭한 간부의 표상이기도 했다. 그는 오랫동안 공산주의청년단의 총서기를 맡아 자신이 육성하고 관심을 도모했던 젊은 이들과 동질감을 나눌 수 있었다. 그러나 1986년 학생 시위에 대해 지나치게 유화적이었다는 이유로 비난을 받으면서 결국 1987년 냉정하게 자리에서 쫓겨나고 말았다.

1989년 시위는 민주주의를 도모하지 않고 후야오방의 노력을 지지하지 않는 덩샤오핑에 대한 암묵적인 비판이었다. 후야오방의 친구들은 그가 부당한 비판을 받았다고 느꼈다. 그들의 말에 따르면, 후야오방은 덩샤오핑을 위해 충성을 다했기 때문에 특히 덩샤오핑의 비판에 깊은 상처를 입었다. 1987년 면직된 후 그는 텔레비전도 시청하지 않았으며, 몸은 날로 여위어 갔다.[4] 많은 이가 그의 죽음은 철저한 실망에서 비롯된 것이며, 그야말로 자유와 민주주의를 위한 순교자라고 생각했다. 그러나 시위에 참가한 대다수 사람들의 관심은 후야오방 개인에게 있는 것이 아니었다. 그는 자유와 민주주의를 확대하려는 그들의 노력을 전개하기 위한 하나의 계기였다. 실제로 많은 지식인은 자신들이 1986년에 지나치게 순종적이어서 학생 운동이 쉽게 끝나고 말았다고 후회하고 있었다. 이제 그들은 더욱 굳건하게 설 결심을 했다.

학생들은 후야오방의 추모를 들먹이며 자유와 민주주의의 이상을 도모하려 했다. 이때 1976년 4월 5일의 시위(저우언라이 추도)와 1989년 4월의 시위(후야오방 추도)의 공통점이 학생들을 고무시켰으며, 중국 영도자들에게는 반대로 우려를 자아냈다. 1976년 시위는 '톈안먼 사건'으로 불렸는데, 1989년 시위 역시 똑같이 톈안먼 광장에서 일어났다. 또한 후야오방은 저우언라이와 마찬가지로 인민을 보호하기 위해 애쓰다가 비극적인 죽음을 맞았다. 1976년이든 1989년이든 대중은 자신들이 추대하는 인물이 제대로 존중받지 못하는 것에 격분했다. 1976년 시위자들은 추도회를 사인방 공격의 기회로 삼았다. 그렇다면 지금은 덩샤오핑과 총리 리펑을 비난할 기회가 아니겠는가? 1976년 봄에 체포된 사람들은 1978년 가을에 복권되고 애국자로 칭해졌다. 그렇다면 똑같은 방식으로 1989년 시위자들도 나중에는 애국자로 칭해질 수 있지 않겠는가? 보다 인간적인 정부를 바라는 사람들 사이에서 후야오방은 당시의 위대한 영웅으로 저우언라이를 대체하고 있었다.

불만의 근원

1989년 봄, 고위층 영도자들, 특히 자오쯔양과 리펑 간의 정치적 이견은, 덩샤오핑이 일상 공작을 영도하는 일에서 점차 벗어나면서 더욱더 상호 투쟁의 신호로서 혼란을 초래했다. 이처럼 불확실한 환경 속에서 사회적 불만의 심각한 문제가 하부에서 점차 곪기 시작하여 금방이라도 터질 것만 같은 지경에 이르렀다. 1980년대 말 대다수 학생들은 정치적 자유를 추구하기보다 자신의 직업을 스스로 선택하거나 '정치 보도원(輔導員)'으로부터 벗어날 수 있는 권리를 포함한 개인적 자유에 더 많은 관심이 있었다. 대학생들은 어렵고 힘든 대학 입시(高考)를 통해 능력과 노력을 입증해 보였기 때문에 원하는 직업을 얻을 자격이 있다고 느꼈다. 그러나 1989년에도 주요 산업 및 정부 기관에 훈련받은 대학 졸업생들이 부족한 상황이었기 때문에 정부는 대학 졸업생의 직업을 할당하는 정책을 그대로 유지했다. 모든 학생의 공작 분배(직업 안배)는 부분적으로 학생들과 함께 지내는 정치 보도원이 학생 기록부에 쓴 '작은 보고(小報告)'를 토대로 결정되었으며, 그런 이유로 정치 보도원은 정부 통제의 상징이 되었다. 학생들에 관한 보고서를 쓰는 정치 보도원들은 일반 학생들보다 교육 수준이 떨어졌다. 편파적인 정치 보도원도 있었으며, 심지어 학생들의 미래에 영향을 줄 수 있는 자신의 권위를 자랑하는 정치 보도원도 있었다. 안목 있고 독립심 강한 학생들은 끊임없이 그들의 비위를 맞춰야 하는 처지를 혐오스럽게 생각했다. 그들에게 '자유'란 정치 보도원들을 없애고, 자신이 직접 직업을 선택할 수 있도록 하는 것이었다. 실제로 당시 톈안먼의 학생들은 민주주의의 꽃이라고 할 수 있는 선거 제도에 대한 토론에는 거의 시간을 할애하지 않았다.

지식인들은 젊었거나 늙었거나 간에 1983년의 정신 오염에 대한 반대 운동이나 1987년의 자산 계급 자유화에 대한 반대 운동에 대해 여전히 분노하고 있었다. 1980년대 말 잠시 방영되어(이후 보수파들에 의해 종영되었다.) 인기를 끌었던 텔레비전 시리즈 「하상」이 전통 중국을 상징하는 황하를 비판하고 중국에 들어온 새로운 사상과 현대적인 행동 방식을 뜻하는 푸른색 해양 문명을 찬양하자 수많은 지식인들이 공감을 표했다.[5]

일반 민중에게 가장 큰 걱정거리는 인플레이션이었다. 당과 정부의 직원이나 국영 기업 노동자처럼 고정된 봉급을 받는 이들은 돈 많은 개인 사업가가 자신의 물질적 풍요를 자랑하는 것을 보거나, 시장 가격이 올라 봉급으로 기본적인 생활을 유지하는 자신들의 능력조차 위협받고 있음을 알고는 분노를 느낄 수밖에 없었다. 이러한 문제는 부패로 인해 더욱 가열되었다. 향진 기업의 노동자들은 정부나 국영 기업에서 부족한 원료와 자금을 얻어다 자기 배를 불리고 있었으며, 자영 기업가들이 번 돈 가운데 적어도 일부는 정부의 허점을 노려 빼낸 것이었다. '부당 이익을 취하는 관리(官倒)'들은 사회의 재부를 자신의 돈주머니에 넣을 방도를 찾느라 분주한데 법을 준수하는 간부들의 수입은 정체되어 더 이상 오르지 않았다.[6] 농민공(農民工, 농민 출신 노동자)들은 너 나 할 것 없이 도시로 몰려들었고, 이 또한 인플레이션 문제를 더욱 악화시켰다.

관방의 통계가 실제보다 낮기는 하지만, 1987년부터 1988년까지 베이징의 소비자 물가는 30퍼센트나 뛰었다. 이는 고정된 봉급에 의존하면서 과거 30년 동안 물가의 안정을 기대하고 있던 서민들이 공포감을 갖기에 충분했다. 이전까지 노후 생활이나 질병에 대처하기 위해 돈을 모으며 절약해 온 서민들도 자신들이 저금한 돈의 가치가 속절없이 하락하는 것을 고통 속에 바라봐야만 했다. 물가가 계속 올라 정부가 또다시 가격 통제를 풀자 대중의 분노는 공황 상태로 치달았다.

고정된 봉급에 의지해 살아가던 정부 간부들은 줄곧 사회 이익을 위해 일한다는 교육을 받아 왔다. 그들이 분노하는 것은 중국 사회에서 가장 부도덕한 이들, 즉 오로지 자신만을 위해 일하거나 사리사욕을 채우기 위해 공공의 자원을 편취하는 이들이 이제 고급 음식점을 출입하고, 호화스러운 저택에 살며,

유행하는 옷을 입고 오토바이나 심지어 승용차까지 살 수 있다는 사실이었다. 베이징만큼 월급을 많이 받는 기관 간부나 졸업 후 고정된 월급으로 생활하는 대학생들이 집중되어 있는 도시는 없었다. 그들은 국영 기업이 마땅히 초과 수입을 직공의 월급을 올려 주거나 적어도 더 많은 복지를 제공하는 데 사용해야 한다고 믿었다. 1989년 봄, 군중의 흥분이 고조된 가운데 심지어 일부 기관의 분노한 간부들조차 자신이 속한 기관의 깃발을 높이 들고 시위에 참가하기도 했다. 그러나 일반 인민의 경우에도 인플레이션을 반대하고 탐관오리를 처벌하자는 학생들의 구호는 역시 자신들에게 오랫동안 축적되어 온 분노의 표출이었다.

중국 민중이 '탐관(貪官, 부패 관리)'이라고 말할 때, 이는 법을 어긴 자를 뜻하는 것이라기보다 다른 사람에게는 없는 직무나 개인적 관계를 이용하여 사리사욕을 챙기는 인물을 뜻했다. 부패한 관리에 대해 참을 수 없는 분노를 느끼던 학생들은 그러한 관리들의 수입과 그들이 소유하고 있는 별장 수, 그리고 그들의 자녀들이 가지고 있는 돈의 출처를 공개적으로 밝히라고 요구했다.[7] 1966년에는 수많은 고위급 자녀가 적극적으로 홍위병에 참가하여 주자파를 반대했지만, 1989년에는 항의 활동에 참가하는 이들이 극히 적었다. 반대로 그들은 자신들의 부모와 함께 특권을 누리고 있다는 이유로 공격을 받았다. 그들이 권력 지위를 새로운 시장 경제에서 이익을 도모하는 자본으로 삼았기 때문이다.

국영 기업의 노동자들에게는 기업이 시장으로 강제 진입하면서 기존의 보장된 일자리와 복지, 즉 '톄판완(鐵飯碗, 철밥통)'을 잃을지도 모른다는 사실이 인플레이션보다 더욱 두려웠다. 정부는 이미 적자에 허덕이는 국영 기업에 비용 절감을 압박하기 시작했다. 심지어 일부 기업은 끝내 파산하여 노동자들을 공황으로 몰고 갔다. 이는 노동자의 중차대한 이해관계와 맞물려 있었다. 당시 중국에 전국적 규모의 사회 보장이나 의료 제도가 아직 형성되어 있지 않았기 때문이다. 당시 대형 국영 기업은 마치 미국의 군사 기지처럼 경제 단위이자 하나의 완전한 사회였다. 국영 기업은 노동자들에게 주택과 의료를 제공하고,

심지어 자녀들의 교육도 책임졌다. 국영 기업의 노동자들에게 일자리를 잃는다는 것은 곧 모든 것을 상실함을 의미했다. 그렇기 때문에 국영 기업의 도태를 초래할 수 있는 자유 시장의 앞날은 실로 무서운 일이 아닐 수 없었다.

1980년대 중반 경제가 발전함에 따라 수많은 농민공이 베이징이나 기타 큰 도시로 몰려들었다. 그들은 특히 기계 사용이 아직 보편화되어 있지 않아 대량의 인력이 필요한 건축 현장에서 일자리를 구했다. 하지만 1988년 말 인플레이션을 억제하기 위해 긴축 정책이 취해지자 그들 또한 일자리를 잃고 말았다. 일자리는 없지만 여전히 도시에서 힘들게 생활하고 있던 이들은 탐관이나 돈 많은 부자들이 재물을 뽐내는 것을 직접 두 눈으로 목격했다. 결국 많은 이에게 시장의 역량으로 인해 벌어진 거대한 변화는 심각한 불평으로 이어졌던 것이다.

이러한 불만의 근원에 덧붙여 수많은 이가 자유로운 이동의 자유보다 더한 것을 얻고자 했다. 그들은 '정치적 과오'로 인해 박해받고 처벌받는 공포의 삶에 지칠 대로 지쳤다. 자유와 민주에 대한 함성과 후야오방에 대한 찬미가 한데 어우러지면서 자신들에게 거슬리는 국가의 감시 감독과 비판에서 벗어나고 싶다는 욕망이 서서히 불붙고 있었다.

추도에서 항의로: 4월 15~22일

4월 15일 저녁 무렵, 후야오방의 죽음을 발표하고 몇 시간 후 베이징대학 담벼락에 그의 죽음을 추모하는 대자보가 붙었다.[8] 그다음 날 대략 800여 명의 학생들이 학교에서 톈안먼 광장까지 행진하여 광장 중앙에 있는 인민영웅기념비 앞에서 후야오방에게 헌화했다. 경찰은 추도를 위해 대학에서 출발하여 가두 행진한 이들을 막지 않았다.

광장으로 몰려드는 이들이 점점 많아지자 추도 행렬이 점차 정치적 색깔을 띠기 시작했다. 4월 18일 이른 아침 수백 명의 학생이 톈안먼 광장을 가로질러 인민대회당으로 몰려가 전국인민대표대회 상무위원회에 몇 가지 요구 사항을 제출했다. 그 안에는 민주와 자유의 확대 허용을 비롯하여 무산 계급 자유화를 반대하는 운동을 중지하고, 1986년 시위자들에 대한 처벌 결정을 번복하며, 영도자와 그들 자녀의 재산을 공개하라는 내용 등이 들어 있었다. 그날 밤 11시쯤 수천 명의 분노한 항의자들이 톈안먼 광장에서 수백 미터 넘게 떨어진 당과 정부의 기관들이 모여 있는 중난하이 신화먼(新華門) 앞으로 몰려갔다. 그들은 계속해서 구호를 외치며 중난하이 진입을 요구했다. 경찰은 그들에게 그 자리에서 즉각 떠나 줄 것을 요구했으나 거절당했다. 군중이 다음 날 새벽 4시까지 계속 그 상태를 유지하자 마침내 경찰이 그들을 해산시키기 시작했다. 공산당이 1949년 정권을 잡은 이래로 시위 군중이 중난하이 진입을 요구한 것은 그때가 처음이었다. 리펑이 말한 것처럼 4월 18일 그날부터 시위 분위기는 추도에서 항의로 바뀌었다.[9]

신화먼 밖에서 군중이 떠드는 소리는 중난하이 안에서도 들을 수 있었다. 이에 고위층 영도자들도 곧 사태의 심각성을 깨달았다. 후야오방이 세상을 떠났다는 소식을 듣고 황망히 일본에서 귀국한 리펑은 어떤 조치를 취할 것인가를 두고 자오쯔양과 의견이 갈라졌다. 리펑은 자오쯔양에게 강경한 대응을 해야 한다고 주장했지만 책임 당사자인 총서기 자오쯔양은 학생들을 더 이상 격분시키지 않는 것이 좋으며, 구타나 파괴, 약탈만 일어나지 않는다면 강경한 행동을 취하지 않는 것이 현명한 일이라고 생각했다.[10]

4월 21일 시위 규모가 점차 확대되고 광장의 연설자들도 더 많은 민주를 요구하기 시작했다.[11] 학생들을 진정시키기 위해 국가교육위원회 주임 리톄잉(李鐵映)이 대학 간부들에게 학교 내에서 정상적인 학내 활동을 유지하고 학생들의 시위를 저지하라고 지시했다. 중난하이에 연대 병력이 증강되어 학생들이 대문 안으로 들어오지 못하도록 막았다. 《인민일보》는 가두시위 금지를 선포했고, 아울러 학생들에게 "정부가 약해서 용인하고 있다고 오인하지 말라."라고 경고했다. 하지만 영도층 내부의 인사들은 학생들이 자신들의 역량을 과시하기 위해 평정 상태로 돌아가는 것을 거부했다고 크게 잘못 판단하고 있었다. 4월 22일 후야오방 추도회 당일, 대략 20만 명이 넘는 군중이 톈안먼 광장에 운집하여 대형 스피커를 통해 20분에 걸친 추도사에 귀를 기울였다. 후야오방의 추도회는 인민대회당에서 장중하게 거행되었으며, 그의 유체는 고위급 간부들이 사후 안장되는 바바오 산으로 운송되었다. 추도회가 끝난 후 세 명의 학생 대표가 인민대회당 계단에 꿇어앉아 거의 세 시간 동안 리펑과의 면담을 기다렸다. 그들은 나중에 자신들이 리펑이나 그 밖의 고위급 간부들이 직접 나와서 자신들을 만나 줄 것이라고 믿게끔 꼬드김을 당했다고 불만을 털어놓았다. 하지만 리펑과 그 밖의 관리들은 그러한 사실을 전혀 몰랐다고 밝혔다.[12] 당시 리펑은 어떤 학생 단체와도 접견하는 데 동의하지 않았다. 자신이 만나 줄 경우 그러한 단체에 자신이 부여하길 거절한 합법성을 줄 수도 있음을 걱정했기 때문이었다. 그는 또한 그것이 당에서 지지하고 강력하게 통제하고 있는 공식적인 학생 조직을 약화할까 봐 염려했다.

리펑과 덩샤오핑의 4월 26일 사설(四二六社論)

학생들이 후야오방을 추모할 당시 덩샤오핑은 그들에게 어떤 제재도 가하지 않았다. 후야오방이 재직했던 마지막 10년 동안 덩샤오핑이 그에 대해 어떤 비판을 했을지라도 덩샤오핑에게 후야오방은 여전히 개혁 개방을 위해 헌신한 충성스러운 간부로 각인되어 있었다. 덩샤오핑은 학생들의 추모 활동을 억제하는 것은 1976년 4월 저우언라이의 추모 활동을 막다가 결국 항의자들의 분노를 격발한 것처럼 그들을 격분시킬 뿐이라는 사실을 잘 알고 있었다. 하지만 추모 활동이 끝난 후 덩샤오핑은 이미 학생들에게 경고할 생각을 굳히고 있었다. 공교롭게도 당시 강경책을 주장하던 리펑이 임시로 자오쯔양을 대신하여 시위 활동을 처리할 업무를 맡게 되었다.

이미 사전에 확정된 일정에 따라 자오쯔양은 추도회 이후인 4월 23일에 북한을 방문할 예정이었다. 자오쯔양의 말에 따르면, 출국 전 만난 자리에서 덩샤오핑은 자오쯔양에게 당연히 정해진 일정에 따라 북한을 방문하라고 지시했으며 돌아오면 중앙군사위원회 주석으로 발탁할 것이라고 말했다. 이는 당시 덩샤오핑이 여전히 자오쯔양을 자신의 후계자로 여기고 있었음을 의미한다. 그래서 자오쯔양은 일정에 따라 4월 23일 베이징 역에서 평양으로 출발했다.[13] 리펑은 자오쯔양과 의견 충돌이 있었다는 소문을 불식하기 위해 직접 베이징 역까지 그를 환송하러 나갔다. 자오쯔양은 리펑에게 자신이 없을 때 필요하면 리펑이 직접 정치국 회의를 소집해도 좋다고 말했다.

자오쯔양과 다른 관리들은 후야오방 추도회가 끝난 후 군중이 해산하기를 기대했다. 하지만 그들은 흩어지지 않았다. 자오쯔양이 베이징을 떠난 그날, 학생들의 조직 결성을 허용하지 않는다는 금지령에도 불구하고 스물한 개 고등학교 학생들이 회의를 열어 '베이징 고등학생 자치연합회'를 결성했다. 그들은 1986년 학생들처럼 그리 쉽게 시위를 끝내지 않을 것이라고 다짐했으며, 이번 학생 단체는 더욱 굳건할 것이라고 주장했다. 학생 대표들은 처음에 5월 4일 이후에 수업을 재개할 것이라고 공언했지만 다시 결정을 번복하여 무기한 수업 거부에 돌입한다고 선언했다.[14]

자오쯔양이 출국한 후 임시로 업무를 맡게 된 리펑은 자신의 책임이 막중하다는 것을 알고 양상쿤에게 자문을 구했다. 양상쿤은 사태의 심각성에 비춰 볼 때 덩샤오핑에게 보고하는 것이 좋겠다고 말했다. 그날 저녁 리펑과 양상쿤이 함께 덩샤오핑을 방문하여 시위 활동에 대해 확고하고 과감한 행동이 필요하다는 자신들의 견해를 보고했다. 리펑은 학생들이 이미 덩샤오핑을 비난하기 시작했으며, 점차 불안한 조짐이 엿보인다고 말하면서, 신화먼 앞에서 몸싸움을 하고 6만 명의 학생들이 수업을 거부하고 있다는 보고가 있으며, 교통을 방해하고 심지어 공산당과 사회주의 제도를 전복시키려는 '막후의 검은 손'이 있다는 보고도 있다고 하면서 이러한 모든 것이 사태의 심각성을 보여 주는 것이라고 보고했다.[15] 덩샤오핑은 학생들에게 자신들의 행동이 얼마나 심각한 문제인지 설명할 수 있도록 경고하는 데 동의했다. 이후 덩샤오핑은 시위자들에 어떻게 대응할 것인가에 관한 정책 결정에 깊이 관여했다.

리펑은 이튿날 정치국 회의를 소집해 수도의 제반 상황을 감시, 감독하는 책임을 지고 있는 베이징 시 영도자 천시퉁(陳希同)과 리시밍(李錫銘)의 보고를 받았다. 참석자의 말에 따르면, 그 두 사람은 혹시 있을지도 모를 문제에 대한 책임 부담을 두려워하여 시위의 심각한 정도를 과장해서 보고함으로써 덩샤오핑이 실제 정황을 오해하도록 만들었다고 한다. 하지만 다른 간부들은 전개되고 있는 국면의 심각성을 인정하고, 톈안먼 광장에서 일어나고 있는 상황에 대한 천시퉁과 리시밍의 보고가 정확하다고 보았다.

4월 25일 오전 10시, 덩샤오핑은 자신의 집에서 리펑과 양상쿤의 보고를 들었다. 리펑은 일기에 덩샤오핑이 4월 23일 단호한 경고가 필요하다고 결정했다고 적었다.[16] 보고를 들은 덩샤오핑은 반드시 동란(動亂)을 끝내야 한다고 말했다. 폴란드 경우처럼 시위 활동을 방임했던 다른 공산 국가들은 결국 당의 권력을 잃고 말았기 때문에 중국 영도자들은 명확하고 확고하게 동란을 끝내고 국면을 통제해야 한다는 말이었다. 덩샤오핑은 계속해서 즉각 권위 있는 사설(社說)을 통해 학생들에게 경고하라고 지시했다. 지역의 당 영도자들은 확고한 자세를 취할 것을 지시받았고, 고등학교의 당정 영도자들 역시 사태를 진정시키라는 지시를 받았다.[17]

덩샤오핑은 평상시 중요한 정책을 결정하거나 진지하게 자신의 의견을 준비할 때처럼 사설 내용에 대해 직접 지시를 내렸다. 후치리가 사설 초안을 작성하고, 후차오무가 마지막 교정을 보았다. 사설은 그날 저녁 텔레비전을 통해 방송되었고, 이튿날인 4월 26일《인민일보》에 실렸다.[18] 사설은 대다수 후야오방을 추모하는 이들을 찬양하면서 아울러 일부 추모자들의 부당한 언행을 비난했다. 사설 내용은 이랬다. "일부 시위자들은 당의 영도와 사회주의 제도를 공격했고, 심지어 불법 조직을 만들어 정부의 비준을 얻은 학생 조직에서 권력을 빼앗았다. 그들은 수업 거부에 동조하여 공산당의 영도를 전복하는 '동란'을 유발했다. 그들은 민주주의라는 명목하에 중국식 민주주의를 파괴하려 했다. 이러한 동란을 제지하지 않는다면 사회적 혼란을 야기할 것이다. 투쟁은 엄숙한 것이니, 즉각 일체의 불법 조직을 해산시키고, 불법적인 시위를 금지해야 할 것이다. 유언비어를 날조하여 군중을 현혹하는 이들은 끝까지 쫓아 형사적 책임을 물을 것이다."[19]

리펑과 그의 지지자들은 사설에서 언급하고 있는 단호한 질책은 곧 정부가 학생 지도자 대부분을 체포할 것이라고 위협하는 것이나 다를 바 없기 때문에 학생들이 겁을 먹고 곧 진정하게 될 것이라고 기대했다. 하지만 실망스럽게도 결과는 정반대로 나타났다. 학생 지도자들은 전혀 위축되지 않았으며, 오히려 더욱 강경해지고 더욱더 많은 학생을 동원하여 자신들의 행렬에 가담시켰다. 리펑은 당시 일기에서 "4월 26일 사설이 성공을 거두기는 했지만 광장에서 들려오는 보고는 그것이 학생들을 격분시켰다는 내용이었다."라고 썼다. 리펑보다 학생들의 정서를 잘 이해하고 있던 대학 교장(총장)이나 관리 직원들은 사설이 학생들의 불만을 평화롭게 해소할 수 있는 대화의 토대마저 무너뜨리고 말았다고 느꼈다. 그들이 보기에는 사설의 어조가 지나치게 강경했다.[20] 당시 여든네 살의 덩샤오핑은 대문 밖을 나서는 일이 드물었고, 그만큼 함께 이야기를 나눌 이들이 없었다. 그렇기 때문에 더 이상 민중의 정서에 보다 예민한 감각을 기대할 수 없었다. 만약 저우언라이가 살아 있었다면 학생들에게 양해를 얻을 수 있었을 것이라고 생각하는 간부도 있었다. 하지만 1989년 4월 당시 영도자 중에 해결 방안을 제출할 만한 권위 있는 원로 혁명 간부와 청년들 사이에 대화 채널을 만들 능력을 갖춘 이는 없었다. 자오쯔양이 나중에 학생들과 대화하고, '4월 26일 사설'을 철회할 것을 주장했지만, 당시 그 역시 거리를 두고 있어 학생들에게 자신들과 공감하는 동맹자로 보이지 않았다. 게다가 학생들은 그의 아들이 부패를 저질렀다고 비난했으며, 그가 골프를 친 것에 대해서도 비판했다.

4월 26일 《인민일보》 사설이 발표되면서 전선이 갈라졌다. 시위 지도자들은 덩샤오핑과 리펑을 적으로 규정했다. 시위 규모가 날로 확대되면서 경찰이 쳐 놓은 경계선도 쉽게 무너뜨릴 수 있었다. 경찰은 반응을 자제하라는 지시를 받았기 때문에 유혈 사태는 일어나지 않았다.[21] 하지만 영도자들도 전혀 동요하지 않았다. 덩샤오핑은 4월 26일의 사설을 취소할 경우 당의 권위가 약화된다는 이유로 전혀 움직이지 않았다. 비록 리펑과 관리들이 학생들과 대화하지 않겠다는 처음 태도를 버리긴 했지만 학생들과 만났을 때에도 여전히 방어하는 데 급급하여 상황을 완화하는 데 실패했다. 예를 들어 국무원 대변인 위안무(袁木)와 교육부 부부장 허둥창(何東昌)이 4월 29일 오후 마흔다섯 명의 학생들을 만났을 때 위안무는 부패가 심각한 문제라는 사실을 인정하지 않았고, 신문에 대한 사전 검열 제도가 있다는 것도 부인했다. 학생들은 그 자리를 떠나면서 더욱더 격분했다.[22]

학생들이 한층 광범위하게 동정을 얻자 리펑은 하급 관리들에게조차 진압에 관한 지지를 얻기 힘들어졌다. 선전 공작을 책임지고 있는 정치국 상임위원 후치리는 자신의 동료에게 많은 신문 기자들이 광장에서 일어나고 있는 사태의 정황을 진실하게 보도한 기사를 발표할 수 없도록 한 조치에 불만을 가지고 있다고 말했다. 시위를 저지하라는 통지를 받은 고등학교 간부들도 요구에 따라 상부의 지시를 학생들에게 전달했지만 내심으로는 그다지 찬성하지 않았다.[23] 리펑은 심지어 관방 매체의 지지조차 바랄 수 없는 처지가 되었다. 며칠 동안 신문 인쇄나 배송도 영향을 받았다. 국영 텔레비전 방송국은 광장의 상황을 보도하는 방송을 갑자기 중단하기도 했고, 방송 중에 잠시 검은 화면에 아무런 소리가 들리지 않는 경우도 있었다. 어떤 날은 아나운서가 "오늘은 아무런 뉴스도 없습니다."라고 말하기도 했다.[24] 6월 4일 이후 중앙선전부장과《인민일보》편집장이 면직되었다. 시위 기간에 지나치게 학생들에게 동정적이었다는 이유였다.

리펑과 자오쯔양의 분열: 4월 29일~5월 12일

규모가 날로 확대되고 있는 군중 시위로 인해 정부와 당에 가해지는 압력이 거세지면서 고위층 내부에서 분열 조짐이 보이기 시작했다. 혼란을 두려워하는 쪽은 한층 통제를 강화해야 한다고 주장했고, 다른 한쪽은 학생들의 요구에 보다 관대한 태도를 취해야 한다고 주장했다. 리펑은 전자의 상징이자 중심 인물이었고, 자오쯔양은 후자를 대표했다. 당시 리펑의 일기를 보면 매일 자오 쯔양을 비난하는 글이 나온다. 그는 덩샤오핑이 1988년 가을 이미 경제 업무에 관한 자오쯔양의 일처리에 만족하지 않았다고 하면서, 자오쯔양이 정치적으로 너무 유약하고, 자산 계급 자유화를 반대하는 운동을 확고하게 지지하지 않았으며, 악성 인플레이션과 가격 통제 완화에 대한 군중의 반응에 대해 전적인 책임을 지지 않은 것에 덩샤오핑이 불만을 품고 있다고 썼다.[25] 이와 달리 자오 쯔양은 자신이 북한을 방문하고 리펑이 덩샤오핑에게 시위로 인한 불길한 위협을 보고한 후에 상황이 악화되었다고 말했다.[26] 덩샤오핑과 당내 원로, 그리고 공안부는 리펑을 지지했다. 북한에서 돌아온 후 4월 26일 사설을 철회할 것을 주장한 자오쯔양은 지식인들과 개혁파, 그리고 학생과 대다수 군중의 지지를 얻었다.

리펑과 자오쯔양은 자신들의 불화가 드러나지 않도록 애썼다. 리펑은 4월 23일 자오쯔양이 출국할 때 역까지 나가 환송했고, 관례에 따라 4월 30일 귀국하는 그를 영접했다. 그러나 두 사람의 개인적 차이와 경쟁의식, 그리고 각자 진영의 영향력이 맞물리면서 서로 협력한다는 그들의 바람은 이미 물 건너간 것처럼 보였다. 1988년 여름 이래로 두 사람의 모순은 경제 문제가 누적되고 자오쯔양이 고도의 인플레이션에 대한 책임을 지면서 더욱 가열되었다. 당시 자오쯔양은 명목상 재정 영도소조의 조장이었으나 정부 경제 부문의 통제권은 이미 리펑에게 이양된 상태였다. 책임이 중첩된 곳은 개혁파인 자오쯔양과 리펑을 비롯한 신중한 계획파 간의 전쟁터로 변했다.

리펑은 냉철한 간부로서 수리 공학을 전공했으며 책임감 있고 효율적인 관리로 명성을 얻었다. 그는 혁명 열사의 후대이자 저우언라이와 덩잉차오 부부의 많은 양자 가운데 한 명으로 특별한 신분의 소유자였다. 사실 그는 소련에서 선진 과학을 연구하기 위해 엄격한 선발 프로그램에 참여할 정도로 탁월한 능력을 지녔지만, 영도자 속에서 자신의 재능을 드러내지 않았다. 그는 자신의 견해를 표명할 때 언제나 겸손한 태도를 보였고, 당에 대한 충성에 변함이 없었으며, 성실하게 업무에 임했다. 또한 원로 간부들의 지시가 아무리 환영받지 못하는 것일지라도 기꺼이 그들이 원하는 것을 수행할 준비가 되어 있었다. 그의 고집스럽고 사려 깊은 성격은 열정적이고 동정심 많은 후야오방이나 초연하면서도 신사적이고 분석 능력이 뛰어난 자오쯔양과 선명하게 대비되었다. 리펑은 시위자들에게 경멸을 숨길 수 없었다. 그래서 시위 학생들과 만났을 때도 그들의 분노를 가라앉히기보다 오히려 격화시켰다.

4월 25일 덩샤오핑은 리펑에게 자신이 반드시 발표할 필요가 있다고 생각하는 논설에 대해 설명하면서 자신이 말한 요지를 평양에 있는 자오쯔양에게도 보내라고 말했다. 자오쯔양은 검은 커튼이 드리워진 밀실에서 덩샤오핑이 보낸 글을 읽어 보았다. 그리고 즉각 회신 전보를 보냈다. "저는 덩샤오핑 동지께서 현재의 동란 문제에 대해 내린 결정에 전적으로 동의합니다."[27] 리펑은 일기에서 자오쯔양이 사설에 동의했다고 강조했다. 하지만 사실 자오쯔양이 동의한 것은 4월 25일 덩샤오핑이 말한 내용이지 이에 근거하여 작성한《인민일보》4월 26일자 사설이 아니었다.

북한을 방문하고 돌아온 후 자오쯔양은 당과 학생들 사이에 전선이 확고하게 그어져 사설을 취소하지 않는 한 화해의 희망은 거의 없다는 결론에 도달했다. 그는 심지어 만약 사설을 철회한다면 자신이 모든 책임을 질 의향이 있다고 말한 적도 있다.[28] 덩샤오핑을 잘 알고 있던 자오쯔양은 덩샤오핑이 사설을 철회할 가망이 거의 없다는 것을 알아챘어야만 했다. 실제로 덩샤오핑은 우유부단하게 굴거나 결정을 번복하는 것은 당의 권위를 약화시킬 것이라고 생각했기 때문에 사설 철회를 거절했다. 학생들에 대해서 자오쯔양은 최선을 다해 모순을 완화하고자 노력했다. 그는 절대 다수 학생들은 애국자라고 강조하는 한편 그들에게 벌을 받지 않도록 조치할 것이라고 말하면서, 그들이 광장을 떠나 교실로 돌아갈 수 있도록 격려했다.

자오쯔양은 평양에서 돌아오고 이틀이 지난 5월 1일, 정치국 상무위원회를 개최하여 5·4 운동 70주년 기념 행사 때 발생할지도 모를 시위에 어떻게 대처할 것인가에 대해 논의했다. 그는 당이 민주주의의 강화를 지지하고 정치의 투

명성을 높여 시대의 변화에 적응할 것이라는 내용의 성명을 발표하자고 주장했다. 그러나 리펑은 정부가 가장 근본적으로 추구해야 할 것은 안정이라고 하면서 불법 조직과 유언비어 살포를 비난했다. 그는 만약 그런 젊은이들을 방임한다면 중국은 엄청나게 퇴보할 것이라고 단언했다. 그러자 자오쯔양이 그의 주장을 반박하면서, 물론 중국에 안정이 필요한 것은 틀림없지만 헌법을 수호하고 민주주의를 고취하며 부패에 반대한다는 학생들의 구호는 당과 정부의 생각과 일치하는 것이라고 맞섰다.[29]

리펑의 생경하고 매서우며 교조적인 어조와 달리 자오쯔양의 태도는 너그러운 부모가 자질이 괜찮은 자식에게 권고하는 모습이었다. 5월 3일과 4일 이틀간에 걸쳐 공개적인 연설을 하면서 자오쯔양은 학생들의 요구를 긍정적으로 대해야 하는 이유에 대해 설명했다. 그리고 5월 3일 5·4 운동 기념식에서 70년 전 시위자들은 과학과 민주를 추구했고, 지금의 시위자들 역시 중국의 현대화를 실현하는 과정에서 과학과 민주의 중요한 역할에 대해 강조하고 있다고 말했다. 그는 안정과 덩샤오핑의 4개 기본 원칙의 중요성을 강조하는 한편 "대학생들을 포함한 대다수 군중은 민주 정치 추진을 희망하고 부패한 관리 처벌을 요구하고 있습니다. …… 이는 바로 우리 당의 주장입니다."라고 말했다.[30] 통상적으로 당의 영도층은 자신들이 일치하고 있음을 보여 주고자 했다. 자오쯔양의 연설은 꼼꼼하게 교정을 본 것이라 보수파들도 꼬투리를 잡기 어려웠다.

5월 4일 아시아개발은행 연례회의에서 자오쯔양은 외국 투자자들에게 중국의 사회와 경제 질서는 절대로 혼란에 빠지지 않을 것이며, 학생 시위 또한 조만간 통제될 것이라고 단언했다. 자오쯔양은 다른 고위 영도자들에게 연설 내용을 미리 회람시킨 5월 3일 연설과 달리 이번 연설에 대해서는 다른 영도자들의 심사를 받지 않았다. 아시아개발은행과 같은 경제 기구에서 연설할 경우 사전에 허가를 받을 필요가 없었기 때문이다. 그럼에도 불구하고 그는 나중에 연설 내용을 사전에 원로들에게 회람하지 않았다는 이유로 비판을 받았다.[31] 바오퉁이 세심하게 작성한 연설 내용은 학생들에게도 그대로 방송되었다. 자오쯔양은 연설에서 당내 부패 문제가 분명히 존재하고 있다고 인정하고, 그것은 사회주의 법제가 완전하지 못하고, 개방성과 민주적 감시가 부족하기 때문이라고 말했다. 그는 거듭 학생들이 애국적이라고 말했다.[32] 자오쯔양의 연설로 학생들도 점차 안정을 되찾으며 톈안먼 광장의 시위대 숫자도 눈에 띄게 줄어들었다.

그 시각 홍콩의 매체들은 자오쯔양의 담화와, 리펑과 학생들 간의 대화 차이를 대서특필하면서 두 사람의 불화를 추측하기 시작했다. 고위층에 시위 상황을 보고하는 책임을 맡은 베이징시위 서기 천시퉁은 리펑 쪽 사람이었는데, 7월 6일 전국인민대표대회에서 '반혁명 폭란(反革命暴亂)'에 대해 보고하면서 리펑이 보다 강경한 대책을 준비하고 있을 때 자오쯔양은 오히려 양해하는 듯한 태도를 보였다고 말했다. 천시퉁은 리펑과 덩샤오핑의 편에 서서 자오쯔양의 5월 4일 연설은 4월 26일 《인민일보》 사설 정신과 배치된다고 비판했다. 그는 불법 난동을 벌이고 있는 학생들을 통제하기 위해 노력하는 자신과 같은 기층 간부들이 자오쯔양의 연설을 들으면서 배신감을 느꼈다고 말하기도 했다. 또한 그는 수많은 지식인이 자오쯔양의 연설에 고무되어 더욱 제멋대로 발언하기 시작했으며, 결국 그것이 또 다른 시위를 불러일으키면서 더욱 큰 동란을 조성한 것이라고 말했다.[33] 하지만 자오쯔양의 추종자들은 리펑 일파가 학생들의 협조를 얻으려는 자신들의 작업을 더욱 곤란하게 만들었다고 생각했다.

고르바초프 방중 준비와 단식 투쟁: 5월 13~24일

덩샤오핑에게 5월 15일부터 18일까지 고르바초프가 베이징을 방문한다는 것은 중소 관계의 커다란 역사적 전환점이자 그 자신의 승리를 의미했다. 사회주의 양 대국 중국과 소련이 지난 30년간 소원했던 관계를 끝내고 관계 정상화의 서광이 비추고 있었다. 일찍이 1980년대 초 덩샤오핑은 중소 관계 회복을 위해 세 가지 조건을 제시한 바 있다. 아프가니스탄에서 소련군 철수, 중국 동북 변경 부근의 소련군 철수, 베트남의 캄보디아 철수가 그것이다. 덩샤오핑은 이전에 소련이 지나치게 확장하고 있어 자신들의 외교 정책을 조정해야 할 것이라고 예측한 적이 있었는데, 그 예측은 정확했다. 고르바초프는 세 가지 조건을 모두 동의하여 덩샤오핑의 초청으로 베이징을 방문할 수 있었다. 이는 덩샤오핑 일생일대의 가장 큰 성취였다. 자신의 승리를 위해 그는 품위 있는 주최자가 되기로 마음먹고, 세계 각지에서 몰려든 기자들의 성찬 참석을 환영했다.

고르바초프의 방문 일자가 점점 가까워지자 전 세계의 기자들과 사진 기자들이 오로지 그 사건을 취재하기 위해 대거 베이징을 찾았다. 거의 외국에 나가지 않던 미국의 텔레비전 앵커맨 댄 래더(Dan Rather)도 다른 나라의 저명한 아나운서들과 마찬가지로 직접 베이징으로 날아왔다. 이런 상황에서 덩샤오핑이 고르바초프가 도착하기 전에 어떤 수단을 쓰든 톈안먼 광장을 깨끗이 청소하겠다고 결심한 것은 전혀 놀라운 일이 아니다. 자오쯔양의 5월 4일 연설 이후 학생들은 학교로 돌아가기 시작했다. 그렇기 때문에 사태가 장차 호전될 것이라고 기대할 만한 충분한 이유가 있었다. 베이징 지역에 사는 비교적 온건한 학생들은 스스로 학교로 복귀함으로써 자신의 의사를 표시했다. 하지만 일부 과격한 베이징 학생들과 다른 지역 학생들은 여전히 광장에 남아 진을 치고 있었다.

5월 13일 아침 고르바초프가 방문하기 이틀 전, 과격한 학생 대표들은 소강 상태에 빠져 있는 운동에 활력을 불어넣기 위해 필사적으로 애쓰는 한편 고르바초프 방문 중에는 정부도 자신들을 잡아넣을 수 없을 것이라고 믿고 있었다. 그래서 그들은 중국의 시위 전통에서 일찍이 볼 수 없었던 전혀 새로운 행동을 더하기로 마음먹었다. 그것은 바로 그날 오후부터 단식을 시작한다는 것이었다. 1000여 명의 학생들이 톈안먼까지 걸어와 정부가 만약 자신들의 요구에 응답하지 않는다면 단식을 하겠다고 선언했다. "우리는 죽고 싶지 않다. 우리도 살기를, 그것도 충실하게 살기를 희망한다. ······ 하지만 만약 한 사람 또는 몇 사람의 죽음이 더욱 많은 사람을 더욱 잘살게 할 수 있다면, 또는 그들의 죽음이 조국을 더욱 번영하고 부강하게 만든다면 우리는 구차하게 살아갈 권리가 없다."[34]

대다수 단식자들은 물이나 음료수만 마셨다. 물론 단식을 가장하고 여전히 음식을 먹는 이들도 있었다. 음식은 물론이고 물도 마시지 않고 버티다가 얼마 가지 못해 혼절하는 사람도 있었다. 죽음을 무릅쓴 단식자들의 투쟁은 현실 정치에서 벗어나 민중에게 도덕적 우위를 확보할 수 있었다. 단식자들을 비추는 텔레비전 화면에 국내외 많은 이가 동정심을 가졌다. 학생들이 베이징 교통을 방해한다고 비난하던 방관자들도 생명을 희생하겠다고 결심한 학생들을 동정하기 시작하면서, 그들을 말썽꾼이 아닌 영웅적 희생자로 보았다. 정부 관리들은 처음부터 만약 단식자 가운데 사망자가 발생하면 군중이 걷잡을 수 없을 정도로 격분할 것임을 분명히 인지하고 있었기 때문에 단식자들에 대한 행동을 자제했다. 학생들은 공격당하거나 체포되지 않았으며, 비 오는 날에는 정부에서 지원해 준 대형 버스에서 비를 피했다. 또한 그들을 위해 임시 공중화장실을 설치하고 사람들을 보내 광장을 청소하도록 했다. 시위자들을 동정하는 의료진들이 광장에서 실신한 학생들을 치료해 주고 정도가 심한 학생은 병원으로 후송했다. 공식적인 통계에 따르면, 5월 13일부터 24일까지 전체 8205명의 단식자들이 병원으로 후송되어 치료를 받았다.[35] 극진한 치료와 보살핌 덕분에 사망자는 나오지 않았다. 하지만 사망 위험이 시위의 극적인 분위기를 돋우었다.

단식 투쟁을 전혀 생각하지 못한 당 영도자들은 깜짝 놀랐다. 5월 13일 단식이 시작된 바로 그날, 이에 대해 깊이 우려하고 있던 덩샤오핑이 자오쯔양과 양상쿤을 만났다. 그는 이번 운동(시위 운동)이 지나치게 오래 지속되고 있다고 말했다. 그는 고르바초프가 도착하기 전에 광장을 깨끗이 정리할 것을 요구했다. 덩샤오핑이 군중의 분위기에 대해 묻자 자오쯔양은 대다수 학생들은 국가의 영예를 아이들 장난처럼 여길 수 없다는 것을 알고 있으니 환영식을 방해할 가능성은 거의 없을 것이라고 말했다. 자오쯔양은 고르바초프가 방문하는 동안 베이징에서 아무 일도 없을 것임을 보장하라는 압력을 받았다. 또한 그는 광장을 정리하기 위해 필요한 어떤 조치도 취할 수 있는 상당한 자유를 부여받았다.

5월 14일 몇 명의 저명한 지식인은 고르바초프가 방문하기 전까지 광장을 비운다는 것이 얼마나 중요한 것인지 인지하는 한편 유혈 충돌이 발생할 것을 염려했다. 그래서 그들은 가능한 한 최선을 다해 분쟁을 중재하고자 노력했다. 다이칭(戴晴), 류자이푸(劉再復), 옌자치 등 열두 명의 저명한 작가와 평론가들이 학생들을 대하는 정부의 방식과 사건의 진상을 공포하지 않는 잘못을 비판하는 성명을 발표했다. 그들은 화해를 이끌어 내기 위해 정부 측에 독립된 학생 조직을 인정할 것을 호소하는 한편 광장에 남아 있는 학생들에게도 학교로 돌아갈 것을 간곡히 부탁했다.[36] 그들은 학생들에게 이렇게 권고했다. "민주는 점진적으로 세워 나가는 것입니다. …… 맑은 정신을 가져야 합니다. …… 우리는 간절하게 여러분들이 학생 운동의 가장 고귀한 정신과 이성의 정신을 충분히 살려 잠시 광장에서 떠나 줄 것을 요청합니다."[37]

자오쯔양은 자신이 직접 학생들 전면에 나서지 않고 통전부장 옌밍푸(閻明復)를 대신 광장으로 보냈다. 옌밍푸는 비록 중앙서기처 서기 신분이었으나 학생들의 요구에 대해 상당히 동정적이었다. 시급하게 의견 일치를 얻어야만 했기에 그는 아주 솔직하게 학생들에게 당내 의견이 갈라져 있다는 사실까지 이야기하면서 자오쯔양을 보호하기 위해서라도 광장에서 떠나 줄 것을 재촉했다. 그는 다음 날 다시 학생들과 만나기로 약속하고 만약 그들이 학교로 돌아간다면 어떤 처벌도 내리지 않을 것이라고 말했다. 옌밍푸는 심지어 학생들이 보호를 받을 수 있도록 자신이 인질이 될 수도 있다고까지 말했다.[38] 그러나 그의 노력은 수포로 돌아갔다.

단식 투쟁에 참가하고 있는 학생들은 민주주의를 쟁취하기 위함이라고 말했지만 정작 자신들은 민주주의의 다수결 원칙을 따르지 않았다. 대담한 학생 지도자 우얼카이시(吾爾開希)는 단 한 명의 학생이라도 광장에 남아 있다면 운동을 계속할 것을 다짐했다고 말했다.[39] 학생들은 줄곧 자신들의 신분에 맞게 행동했다. 국기 게양식을 할 때면 모두들 정중하게 일어나 국가를 제창했다. 하지만 일반 시민들로부터 엄청난 동정심을 얻으면서 절대로 물러서지 않겠다는 그들의 결심은 더욱 확고해졌다. 학생들이 결코 광장을 떠나지 않을 것이라는 사실이 확실시되자, 그것이 자오쯔양의 정치 생애에 어떤 의미이며, 또한 그것이 국가에 끼칠 영향이 무엇을 시사하는지 알고 있는 옌밍푸의 눈가에 이슬이 맺혔다.[40]

고르바초프, 베이징을 방문하다: 5월 15~18일

5월 15일 고르바초프가 베이징에 도착한 그날 학생들을 지지하는 군중이 다시 늘어났다. 덩샤오핑이 고르바초프와 회견하기로 되어 있는 5월 16일 새벽 1시, 정부는 광장을 정리하려고 마지막 애를 썼다. 광장의 대형 스피커를 통해 정부가 학생 대표와 대화를 하고 있다고 말했다. '학생들은 국가의 이익을 고려하여 단식을 중지하고 학교로 돌아가라.'는 정부의 메시지가 스피커를 통해 계속 흘러나왔다. 학생들은 자신들이 직접 제작한 고르바초프 환영 현수막 아래에서 방송을 들었다. 그들은 고르바초프를 중국이 본받아야 할 정치 개혁가로 간주했다. "민주주의의 사자(使者)에게 경의를 표한다."[41]라는 글귀가 적힌 현수막도 있었다. 하지만 그들은 여전히 광장을 떠나지 않았을뿐더러 더 많은 군중이 모여들어 학생들을 지지했다. 정부는 별 다른 선택의 여지가 없었다. 어쩔 수 없이 원래 톈안먼 광장에서 거행될 예정인 환영식을 취소하고 중무장한 병사들의 호위 아래 비행장에서 규모가 작은 의식을 거행할 수밖에 없었다. 덩샤오핑과 고르바초프의 회견 장소는 인민대회당이었다. 시위 군중은 인민대회당 진입을 시도했고, 그 과정에서 창문이 박살났다.

단식 투쟁으로 야기된 혼란으로 인해 환영식 장소까지 바뀌게 되자 덩샤오핑과 다른 원로 간부들은 수도에서조차 질서를 유지하지 못했다는 굴욕감을 느끼지 않을 수 없었다. 하지만 덩샤오핑과 고르바초프의 회담은 순조롭게 진행되었다. 중국의 영도자 가운데 덩샤오핑처럼 중소 분쟁에서 핵심적인 역할을 맡은 사람은 찾아보기 힘들다. 그는 일찍이 1960년대에 소련공산당 중앙을 비판하는 아홉 통의 공개 서신 초안을 작성하는 데 책임을 졌고, 1963년에는 모스크바를 직접 방문해 미하일 수슬로프(Mikhail Suslov)와 설전을 벌이기도 했다. 하지만 덩샤오핑은 두 번이나 양국 관계 개선에 토대를 만들기도 했다. 한 번은 1979년 베트남을 침공하고 얼마 되지 않았을 때였고, 다른 한 번은 1985년 자신이 초청하여 중국을 방문한 루마니아의 니콜라에 차우셰스쿠(Nicolae Ceaucescu)를 통해 소련 영도자에게 중소 관계 정상화를 위한 조건을 전달한 때였다. 중소 양국의 외교관들은 이후 1989년 2월까지 지속적으로 협상하면서 마침내 쌍방이 베트남의 캄보디아 점령을 중지하는 공동 성명에 합의하고, 고르바초프의 베이징 방문을 성사시켜 양국 우호 관계의 새로운 시대를 열었던 것이다.[42]

덩샤오핑은 조심스럽게 미국 관리들과 정보를 주고받으면서 중소 관계 개선이 중미 관계에 피해를 주지 않도록 했다. 중국과 소련 쌍방이 합의에 도달하자 덩샤오핑은 1989년 2월 26일 일본 천황의 장례식에 참석한 후 중국을 잠시 방문한 미국 대통령 조지 부시를 만났다. 덩샤오핑은 부시에게 중소 관계 개선이 중미 양국의 우호 관계에 영향을 주지는 않을 것이라고 장담했다. 그는 우선 중소 관계사를 회고하면서 중국이 소련과 1950년대처럼 친밀한 관계로 발전할 수는 없을 것이라고 말했다. 중국은 계속해서 미국과의 관계를 강화해 나갈 것이며, 이는 중국의 전략적 이익과 부합한다고 했다.[43] 5월 고르바초프가 방문하기 전날 그는 완리를 보내 미국과 캐나다 관리들이 자신과 고르바초프의 회담이 중국과 미국 및 캐나다의 관계에 피해를 줄 수 있다는 우려를 불식시키도록 했다. 그가 부시를 만난 것도 같은 차원이었다. 중소 회담 이후 그는 첸치천 외교부장을 미국으로 보내 회담 내용을 통보했다.

5월 16일 덩샤오핑과 고르바초프는 두 시간 반 동안 회담했다. 당시 동석했던 첸치천의 말에 따르면, 덩샤오핑은 회담 내내 흥미진진해했으며 심지어 의기양양한 모습을 보이기도 했다. 무엇보다 자신의 조건에 따라 소련과 화해할 수 있었기 때문이었다. 덩샤오핑과 고르바초프 두 사람 모두 개혁가였다. 여든 네 살의 덩샤오핑은 이제 곧 자신의 정치 생애를 마감할 때였고 쉰여덟 살의 고르바초프는 이제 막 시작할 때였다. 덩샤오핑은 전혀 악의 없이 과거 소련과의 모순에 대해 이야기했다. 그는 자신이 직접 중소 이데올로기 논쟁에 참여했음을 인정하면서도 논쟁 당시 쌍방이 이야기했던 것은 "전부 빈말(空話)"이라고 말했다.⁴⁴ "우리도 당시 우리가 말한 내용이 모두 옳다고 생각하지는 않습니다." 덩샤오핑은 솔직하게 자신의 심정을 토로했다. 그는 자료에 의존하지 않고 오로지 기억만으로 중소 관계의 성쇠와 부침을 자세하게 이야기했다. 그는 문제의 원인은 소련이 중국을 평등하게 대하지 않은 것이라고 말하면서, 그러나 중국은 소련의 원조가 신중국(新中國)의 공업 발전에 토대가 되었음을 절대로 잊지 않을 것이라고 덧붙였다. 그는 과거의 논쟁은 접어 두고 미래로 눈을 돌려야 중국도 여러 이웃 나라들과 선린 관계를 유지할 수 있다는 점에 동의했다. 고르바초프는 역사 배경에 대해 이미 잘 이해하고 있었다. 그는 신중한 언사로 덩샤오핑의 관점에 동의를 표하면서 중소 양국이 이웃 나라로서 당연히 우호적 관계로 발전할 수 있도록 노력하자고 말했다.⁴⁵

덩샤오핑은 고르바초프에게 전반적이고 미래 지향적인 이야기를 주로 했다. 하지만 그는 이미 고령인지라, 혹자의 말에 따르면 당시 약간 긴장한 듯 고르바초프를 환영하는 연회에서 손이 조금 떨리고 만두를 집을 때 자꾸만 젓가락에서 만두가 빠져나오는 모습이 카메라에 잡혔다.⁴⁶ 바로 그날 대략 200여 명의 단식자가 졸도하여 병원으로 긴급 후송되었고, 광장에는 대략 3100여 명의 단식자들이 남아 있었다.⁴⁷ 덩샤오핑은 계속 악화되는 상황을 쉽게 잊을 수 없었다.

고르바초프는 5월 16일 자오쯔양을 만났다. 이미 덩샤오핑을 만났지만 자오쯔양 총서기를 만나야 비로소 모든 협의가 공식적으로 인정될 수 있었다. 자오쯔양은 덩샤오핑이 지금도 업무를 보고 있으며, 중국은 여전히 덩샤오핑의 지혜와 경험이 필요하다고 하면서 "그래서 1987년 13기 1중전회에서 가장 중요한 문제는 여전히 덩샤오핑 동지가 방향을 잡는 것으로 정중히 결정했다."⁴⁸

라고 말했다. 나중에 자오쯔양의 발언을 듣게 된 덩샤오핑은 별로 유쾌하지 않았다. 이후 자오쯔양의 지지자들은 당시 덩샤오핑과 고르바초프가 만난 것도 사실상 공식적인 회담이기 때문에 당시 총서기 자오쯔양이 고르바초프의 오해를 불식시키기 위함이었다고 해명했다. 또한 자오쯔양 자신도 그것은 덩샤오핑의 형상(이미지)을 보호하기 위함이었지 해를 끼치려고 한 것은 아니라고 말했다.[49] 하지만 리펑은 일기에서 전혀 다른 관점을 보여 주었다. 그는 자오쯔양의 발언이 옳기는 하지만 굳이 자오쯔양이 그 자리에서 그런 발언을 한 것은 1988년 경제 문제와 학생들의 시위 운동을 악화시킨 정책 결정의 책임을 모두 덩샤오핑에게 돌리기 위함이라고 생각했다.[50] 실제로 리펑과 마찬가지로 덩샤오핑 역시 자오쯔양의 발언이 당시 문제에 대해 자신을 비난하기 위함이라고 해석했다.[51]

전 세계 기자들이 베이징에 운집한 것은 원래 중소 화해의 과정을 취재하기 위함이었다. 그런데 우연히 학생 운동의 현장을 목격하면서 완전히 그 사건에 사로잡히고 말았다. 확실히 광장에서 벌어지고 있는 극적인 사건은 고르바초프의 중국 방문을 금세 희석시켜 더 이상 관심의 초점이 되지 못했다. 외국 기자들은 이전 중국인들이라면 감히 말할 수 없는 이야기를 대담하게 발언하는 학생들의 이상과 열정에 감동받지 않을 수 없었다. 국제 사회가 관심을 갖고 주목하자 학생들은 인민해방군이 절대로 무력을 동원할 수 없을 것이라고 더욱 확신했다. 일부 학생들은 이것이 전 세계에 자신들이 시위하는 이유를 설명할 수 있는 좋은 기회라고 여기고, 영어를 할 줄 아는 시위자들을 시위 대열 바깥쪽에 배치하여 전 세계에 민주와 자유에 대한 자신들의 갈망과 고위층 부패 척결의 필요성을 역설토록 했다. 사건을 연속 보도하는 일부 기자들은 최대한 균형을 유지하려고 애썼다. 그들은 대다수 학생들이 민주와 자유에 대해 거의 아는 것이 없으며, 그러한 목표를 어떻게 실현할 것인가에 대해서도 전혀 생각이 없다고 말했다.[52]

고르바초프 방문 중에도 광장으로 몰려드는 학생들의 숫자가 날로 늘어났다. 5월 18일 비가 왔음에도 불구하고 국가안전부의 통계에 따르면 대략 120

만여 명의 군중이 톈안먼 광장에 운집했다.[53] 항의 시위는 지방 대도시로 확산되었고, 별도로 대략 20만여 명에 달하는 외지 학생들이 베이징으로 몰려들었다. 먼 곳에 있는 학생들은 심지어 며칠 동안 기차를 타고 상경하기도 했다. 자신들은 정의를 위해 가는 것이라며 문화 대혁명 시절의 홍위병처럼 무임승차를 요구하는 학생들도 있었다. 고르바초프의 기자 회견은 원래 인민대회당에서 하기로 예정되었으나 차량 행렬이 광장을 통과할 수 없는 상황이었기 때문에 어쩔 수 없이 댜오위타이 국빈관으로 변경해서 진행되었다.[54] 하지만 대다수 기자는 기자 회견장으로 가지 않고 여전히 톈안먼 광장에 남아 있었다.

고르바초프의 중국 방문은 중소 관계뿐 아니라 학생 운동의 전환점을 상징하기도 했다. 그때까지 덩샤오핑은 학생들이 자신들의 애국주의적인 호소에 귀를 기울여 고르바초프가 베이징에 도착하기 전에 톈안먼 광장을 떠나기를 희망했다. 덩샤오핑에게는 중국이 제시한 조건에 따라 중소 분열을 종식시키는 일이야말로 대단히 크고 중요한 일이었기 때문에 환영식 장소로 톈안먼 광장을 포기할 수 없었다. 하지만 학생들은 양보를 달가워하지 않았다. 당시 덩샤오핑은 군대를 동원하여 학생들과 충돌함으로써 고르바초프의 중국 방문을 망치고 싶지 않았다. 하지만 학생들이 고르바초프 방문 중에도 여전히 톈안먼 광장에서 떠나지 않겠다고 고집하자 결국 덩샤오핑은 그들이 너무 나갔다고 결론지었다. 그리고 군대 동원을 준비했다.

21

톈안먼의 비극 1989년 5월 17일~6월 4일

덩샤오핑이 군대 동원과 계엄령 선포를 준비하자, 자오쯔양 등 일부 자유파 관리들 역시 무력 진압을 피하기 위해 절망적인 최후의 노력을 하고 있었다. 5월 16일 고르바초프를 만난 후, 자오쯔양은 밤 10시에 정치국 상임위원회 긴급회의를 열고 당이 4월 26일 사설을 철회하지 않는 한 문제를 평화적으로 해결할 수 없다는 견해를 다시 한 번 밝혔다. 그러나 이 의견에 지지한 사람은 후치리 한 사람뿐이었다. 정치국 밖에서는 일부 퇴직한 중앙고문위원회 자유파 인사, 즉 리창(李昌), 리루이, 위광위안, 두룬성이 함께 모여 학생 운동을 애국주의로 선언하기 위한 마지막 성명서를 준비하고 있었다. 다음 날 아침, 더는 물러날 길이 없었던 자오쯔양은 덩샤오핑 사무실로 전화를 걸어 개인 면담을 요청했다. 덩샤오핑이 군대를 동원하지 않도록 설득할 수도 있을 것이라는 생각에서였다. 자오쯔양은 오후에 와도 좋다는 통지를 받았다. 그러나 그는 사무실에 간 후에야 다른 정치국 상임위원들도 함께 있으며 덩샤오핑과 단독으로 면담할 수 없다는 사실을 알았다. 덩샤오핑은 그의 의견을 받아들이지 않을 것이 분명했다.[1]

계엄과 자오쯔양의 사직: 5월 17~20일

고르바초프가 베이징에 도착하기 전, 덩샤오핑은 이미 시위자들이 광장에서 철수하지 않을 경우 응급 방안을 염두에 두고 있었다. 4월 25일, 덩샤오핑이 시위자들에게 경고하는 사설을 발표하기로 결정한 당일 인민해방군에게 전시 대비 태세를 갖추라는 명령을 내렸다. 5월 초 군인들의 외출과 휴가가 모두 취소되었다.[2] 이후 고르바초프 방문이 끝나고 해외 언론 매체의 주요 인사들이 떠난 후 덩샤오핑은 행동을 취할 준비를 했다. 5월 17일 오후 4시, 덩샤오핑은 정치국 상임위원회(자오쯔양, 리펑, 차오스, 후치리, 야오이린) 및 중앙군사위원회 연락자 양상쿤과 다음 행동을 결정했다. 회의 참석자들은 모두 자신의 견해를 말할 수 있었다. 자오쯔양은 사태가 매우 심각하며 매일 30만 명에서 40만 명이 시위를 벌이고 있다고 설명했다. 그는 가혹한 4월 26일 《인민일보》 사설을 철회하지 않는 한 학생들은 자진해서 광장을 떠나지 않을 것이라고 확신했다.[3]

다른 이의 의견을 들은 후 덩샤오핑은, 수도의 소란은 전국에 영향을 주기 때문에 전국적인 문제를 해결할 때는 반드시 베이징에서 시작해야 하며 반드시 입장이 확고해야 한다고 말했다. 국가 영도자의 양보가 더 큰 요구를 불러온 헝가리의 예를 들면서 만약 중국 영도자 역시 양보를 한다면 중국은 끝이라고 했다. 덩샤오핑은, 상하이의 장쩌민이 강경한 상명 하달식 조치로 지시를 듣지 않는 《세계경제도보(世界經濟導報)》를 폐쇄함으로써 질서를 회복하는 데 성공했다고 덧붙였다.(그곳 학생 시위를 진압하는 데 매우 효과적이었다.) 덩샤오핑은 이러한 강경한 조치가 필요하다는 결론을 내렸다. 그러나 당시 베이징의 경찰로는 질서를 회복하는 데 역부족이므로 군대를 동원해야 한다고 말했다. 또한 군대 이동은 신속하고 과감하게 이루어져야 하며, 행동 전의 군대 배치 계획은 잠시 비밀에 부쳐야 한다고 했다.[4] 회의에서 누군가 무력 동원에 대해 외국인들이 부정적인 반응을 보일 것이라고 말하자, 덩샤오핑은 행동은 신속하게 이루어져야 하며, "서양인들은 곧 이 일을 잊을 것"이라고 답했다.[5]

리펑과 야오이린은 즉시 덩샤오핑의 의견을 지지했다. 후치리는 약간의 우려를 표명했고 자오쯔양만 분명하게 이에 반대했다. 자오쯔양이 발언하자 누군가 소수는 다수에게 복종해야 한다고 그에게 주의를 주었다. 자오쯔양은 당원의 한 사람으로 이를 받아들이겠지만 개인적 의견은 유보하겠다고 말했다.[6] 자오쯔양은 총서기로서 계엄을 선포하고 이에 대한 집행을 감독해야 함을 깨달았다. 그는 설사 무기를 지니지 않은 군대라 해도 군대 동원 결정은 충돌을 더욱 악화시킬 뿐일 것이라고 우려했다.

회의가 끝나자마자 자오쯔양은 비서 바오퉁에게 자신의 사직서를 준비시켰다. 자오쯔양은 자신이 결코 계엄을 시행할 수 없을 것임을 잘 알고 있었다. 이러한 그의 결정은 그의 정치 인생이 끝난다는 것을 의미했다. 그러나 그는 이러한 결정으로 역사의 올바른 편에 서게 되리라고 굳게 믿었다. 가족들과 저녁을 먹는 자리에서 그는 아내인 량보치(梁伯琪)와 딸 왕옌난에게 사직 결정을 알리며 이러한 결정이 가족 모두를 힘들게 할 것이라고 말했다. 그 후 가족들은 마카오와 하이난에 있는 아들들에게 전화를 걸어 사정을 전했다. 그들은 모두 아버지의 결정을 이해하고 받아들였다.[7]

그날 밤 자오쯔양은 곤혹스러운 마음으로 정치국 상임위원회를 주관했다. 덩샤오핑이 없는 자리에서 그는 계엄에 대한 덩샤오핑의 결정을 어떻게 시행할 것인지 토론해야 했다. 자오쯔양은 회의에서 자신은 계엄 결정을 시행할 수 없다고 말했다. 그는 자신의 정치 생애가 끝났음을 잘 알고 있었으며, 떠날 시기가 왔다고 말했다.

다음 날 새벽 5시, 자오쯔양은 톈안먼 광장에 도착해 학생들에 대한 자신의 관심을 보여 주었다. 그에 대한 감시 책임을 맡은 리펑이 함께한 가운데 자오쯔양은 확성기를 들고 다음과 같이 말했다. "우리가 너무 늦게 왔습니다. …… 여러분들이 우리를 비판하는 것은 당연한 것입니다." 전 세계인들이 모두 텔레비전을 통해 눈물이 그렁그렁한 채 떨리는 목소리로 말하는 자오쯔양의 모습을 지켜보았다. 그는 자신도 젊은 시절이 있었고, 시위에 참가한 적도 있었는데 결과가 어떻게 되리라 생각한 적은 없었다고 말했다. 그러나 그는 학생들에게 단식을 그만두고 건강을 생각하여 4개 현대화에 힘쓰도록 하라고 말했다.[8] 일부 청중은 자오쯔양의 말을 마지막 경고로 해석하고, 그가 더 이상 학생들을 보호할 수 없다고 말하는 것이라 생각했다. 그날이 자오쯔양이 외부에 마지막으로 모습을 드러낸 때였다.

5월 17일 이후 자오쯔양은 계엄계획회의 내용에 대해 더 이상 알 수 없었으며 그 역시 군중을 향한 계엄 포고를 거부했다. 5월 19일, 비록 이제는 거의 성공할 가능성이 없다는 것을 알고 있었지만 자오쯔양은 덩샤오핑에게 서한을 보내 다시 한 번 4·26 사설의 입장을 완화해 주길 부탁했다. 이후 그는 아무런 답신도 받지 못했다.

양상쿤은 처음 자오쯔양이 사직서를 냈다는 소식을 들었을 때 이를 다시 철회하라고 권고했다. 대중에게 지도층 내부에 이미 공개적인 분열이 일어나고 있다는 것을 알리고 싶지 않았기 때문이다. 하지만 자오쯔양이 광장에서 보여 준 모습에 심히 불만을 가지고 있던 덩샤오핑은 분열이 분명해졌다는 것을 이미 알고 있었다. 자오쯔양은 계엄 선포를 위한 회의를 주재하지 않겠다고 했지만 사직서 철회에 동의한 것은 확실하다. 사직하지는 않았지만 그는 피곤하다는 이유로 3일 병가를 신청했다.[9] 바로 그 3일 동안 계엄이 실시되었다.

5월 28일, 자오쯔양은 다시 덩샤오핑에게 편지를 보냈다. 편지에서 덩샤오핑을 불쾌하게 만들었던, 그가 고르바초프에게 했던 말에 대해 해명했다. 그날 그는 가택 연금되었다. 비서 바오퉁은 체포되어 고위급 죄수들을 가두는 친청(秦城) 교도소에 수감되었다. 덩샤오핑은 그 후로 8년을 더 살았지만 자오쯔양의 편지에 회답하지 않았으며 그 두 사람은 다시는 서로 얼굴을 보지 않았다.

5월 24일부터 26일까지, 베이징의 당 중앙은 각 성의 당위원회 서기와 성장 및 홍콩, 마카오의 책임자를 베이징으로 불러들여 그들에게 계엄 실시 이유를 설명하고 지지를 구했다.[10] 자오쯔양 정식 처리 절차는 6월 4일 이후에야 시작되었다. 자오쯔양은 후야오방이 1987년 잘못을 인정함으로써 그 결과가 어떠했는지 알고 있기 때문에 잘못을 인정하지 않았다. 그는 아무것도 잘못을 하지 않았다고 말했다. 가택 연금 동안 그는 비교적 편안한 생활을 누렸지만 2005년 세상을 뜰 때까지 그를 방문하는 사람은 엄격하게 제한되었으며, 본인 역시 외출할 때 엄격한 감시와 통제를 받았다.[11]

5월 17일, 덩샤오핑은 정치국 상임위원과 만난 후 계엄 계획을 신속하게 시행하도록 했다. 이튿날 오전, 중앙군사위원회는 확대회의를 열었고 양상쿤은 계엄 시행 결정을 선포했다. 그날 오후 중앙군사위원회는 다시 공작회의를 열고 계엄 실시 세부 사항을 확정했다. 고르바초프는 5월 19일 오전 베이징을 떠나기로 되어 있었다. 그날 밤, 5만 명의 군인이 신속히 출동하여 5월 20일 토요일 새벽에 톈안먼 광장에 도착하기로 했다.[12] 19일 밤 10시, 리펑은 고위층 당정군 간부가 참석한 대회에서 발언을 통해 군대 이동 상황을 설명했다. 다음 날 오전 9시 30분, 리펑은 10시부터 계엄을 실시하겠다고 선포했다.[13] 양상쿤은 군부 지휘관에게 지시해 시위대가 도발해도 발포해서는 안 된다는 명령을 내렸다. 대다수 병사들은 심지어 무기도 휴대하지 않은 상태였다.

계엄 실패: 5월 19~22일

덩샤오핑과 군대 영도자는 별 사건 없이 군대가 신속하게 목적지에 도착할 것이라 확신했다. 이에 병사들에게 저항에 부딪힐 경우 대응 방법에 대해서도 고지하지 않았고, 도로가 봉쇄되었을 때 선회할 다른 경로도 제공하지 않았다. 반면 학생들은 5월 19일 오후 군인의 탱크, 트럭, 장갑차가 베이징 근교에 진입했다는 소식을 접수했다. 광장의 학생들은 군대가 여명 전에 도착할 것이라 예측했기 때문에 긴장이 고조되는 가운데 두려움까지 엄습했다. 일부 베이징의 학생들은 캠퍼스로 돌아갔지만 그보다 더 많은 수의 급진적인 학생들과 외지 학생들은(철도부 보고에 따르면, 5월 16일 오후 6시에서 19일 오전 8시까지 모두 5만 6000명의 학생이 기차를 타고 베이징에 도착했다.) 여전히 톈안먼 광장에 남아 최악의 상황에 대비하고 있었다.[14]

텐안먼 광장에 있던 학생들이나 고위급 간부들은 연이어 벌어지는 상황에 대해 전혀 예상하지 못했다. 돌연 베이징 시민들이 대거 거리로 쏟아져 나오기 시작한 것이다. 그들은 동서남북 각 방향에서 베이징으로 진입하는 군인 5만 명을 차단했고 주요 도로 여섯 곳과 다른 조그만 길도 예외는 아니었다. 리펑은 5월 20일 일기에 간단하게 이렇게 적었다. "우리는 큰 저항이 있으리라고 예상하지 못했다." 그는 또한 각처의 부대가 모두 차단되었다고 기술했다. 일부 군인들은 지하철로 텐안먼 광장에 진입하려 했지만 지하철 입구도 봉쇄되었다. 교외 철로를 이용해 들어가려는 부대도 있었지만 시민들이 철도 위에 드러누워 있었다. 한 부대원 2000명은 외지에서 기차를 타고 왔는데 역에 도착하여 기차에서 내리자마자 사람들에게 겹겹이 에워싸여 꼼짝달싹할 수 없었다.[15] 당시는 아직 이동 전화가 없었기에 사람들은 일반 전화로 지인에게 연락을 했고, 무전기가 있는 사람이 주요 교차로를 지키고 있다가 군대가 접근한다고 경고를 보내면 사람들이 떼로 몰려와 그들을 막았다. 사람들은 오토바이 부대를 조직해 즉각 군대의 베이징 입성 소식을 전했다. 일부 관리들은 자오쯔양의 비서인 바오퉁이 시위 학생들에게 부대 이동 경로와 목적지 정보를 흘렸다고 비난했다. 그러나 설사 바오퉁이 아무리 조직력이 뛰어난 사람이라 해도 거리에 쏟아져 나온 사람들에게 경고를 보내거나 그들을 조직할 수는 없는 일이었다.

그날 밤, 보름달이 휘영청 베이징 시를 비추고 있었다. 외국 기자들은 사방팔방에서 거리로 쏟아져 나오는 사람들을 목격했다. 그 수가 수십만 명에 달했다. 기자들의 보도에 따르면 전체 도시가 시위에 가담하여 베이징 성 유사 이래 처음 보는 광경을 연출하고 있었다. 학생들에 대한 동정뿐 아니라 대다수 사람들이 계엄에 반대했다.[16] 다음 날 새벽 4시 30분, 학생들이 장악한 텐안먼 광장의 확성기에서 광장 진입이 불가능하도록 각 방향의 부대를 모두 봉쇄했다는 소식이 떠들썩하게 울려 퍼졌다. 광장의 시위대가 환호성을 질러 댔다.

베이징에 들어온 병사들은 대부분 농촌 청년들이었다. 도시 대학생에 비해 별로 교육을 받지 못했기 때문에 보고 들은 것이 적었고 자신들의 상황에 대해 전혀 준비가 되어 있지 않았다. 외국 기자들은 그들 중 많은 이가 갈피를 잡지 못하고 있는 것 같다고 보도했다. 그들은 욕설에 반응해서 유혈 사태가 벌어지는 일이 없도록 하라는 명령을 받았고, 명령을 준수했다. 병사들은 거의 대부분 무기를 휴대하지 않았다. 학생들은 순식간에 조직적으로, 봉쇄당한 트럭 위 병사들과 이야기를 나누면서 자신들이 정의로운 일, 즉 더 많은 자유를 쟁취하고 부패를 척결하려 노력하고 있다는 것을 알리고자 했다. 인쇄기를 사용할 수 있는 사람들은 발 빠르게 계엄을 반대하는 전단지를 만들어 도처에 뿌려 댔다. 일부 병사들은 상황을 이해할 수도 없고 준비도 부족한 상태로 학생들의 호소에 동정심을 드러냈다.[17]

리펑은 5월 22일 일기에서 군대가 쉰 시간 동안 이동을 할 수 없었다고 인정했다. 그는 덩샤오핑이 "군인들의 사기가 떨어지지 않을까 걱정이다.(軍心不穩)"라고 우려했다고 말했다. 실제로 덩샤오핑에게 이는 매우 심각한 문제였다. 이렇게 많은 청년이 반대하는데 군대가 질서를 유지할 수 있겠는가? 병사들이 학생들에게서 영향을 받지는 않을까? 기율을 준수하고자 하는 결심이 약해지지는 않을까? 몇몇 병사는 매우 피곤하고 허기져 보였다.[18]

5월 22일 월요일 아침 7시, 부대는 철수 명령을 받았다. 그런데 철수를 시작하자 혼란이 벌어졌다. 일부 시민은 군대가 다만 경로를 바꾸었을 뿐 시내로 진입하려 한다고 생각했기 때문에 그들의 이동을 막았다. 그러나 5월 24일, 부대는 이미 교외 지역까지 철수했다. 계엄은 정식으로 해제되지 않았지만 부대가 떠남에 따라 시위 군중은 승리를 자축하기 시작했다.[19] 1949년 이후, 심지어 문화 대혁명 시절에도 베이징에 이처럼 많은 사람이 자발적으로 모여 당의 지도에 반대하는 시위를 벌인 적이 없었다. 덩샤오핑은 시위의 창끝이 그들 공산당을 겨냥하지 않았다면, 마오쩌둥이 매우 자랑스럽게 생각했을 만한 민중 운동에 직면해 있었다.

덩샤오핑, 무력 진압을 준비하다: 5월 22일~6월 3일

5월 20일 이후 덩샤오핑은 군대를 잠시 철수하는 동시에 즉시 양상쿤에게 지시를 내려 모든 저항에 맞설 수 있도록 탱크, 장갑차, 트럭과 충분한 무장 부대를 준비시켰다. 당시 베이징의 최고 지도부는 군대와 고위층이 시민들의 반응에 직면했을 때 견고한 입장을 유지할 수 있을 것인지를 매우 걱정했다. 5월 20일, 계엄 시행 때 의견을 묻지 않았던 퇴직 장군 여덟 명이 덩샤오핑에게 무력 동원 반대 성명을 제출했다. 덩샤오핑과 양상쿤은 이들 장군에게 최고위층 군사 영도자 두 명을 보내 계엄을 시행한 이유를 설명해 주었다.[20]

그후 며칠 동안, 리펑은 전국 고위층 간부들의 지지를 얻기 위해 노력했다. 5월 20일 이후 며칠간 리펑은 일기에 전국 각지 영도자들과 전화로 나눈 대화 내용을 기록했다. 그는 전화를 걸어 발생한 일을 설명하고 그들의 찬성을 얻고자 했다. 또한 베이징 지도층의 결정에 대한 그들의 지지 성명을 기록했다. 리펑의 기록에 의하면, 5월 21일에 이미 스물두 명의 성급 영도자가 계엄 지지 입장을 밝혔다.[21] 덩샤오핑은 고위급 영도자들과 협의하면서 그들의 지지를 이끌어 내기에 분주했다. 천윈은 당시 위기에서도 덩샤오핑을 지지했다. 그는 확고한 입장으로 절대 후퇴하지 않는 것이 중요하다고 말했다.[22] 덩샤오핑은 리셴녠, 차오스, 펑전 등 원로 간부들을 만나 고위층에서 분열이 일어나지 않도록 했다.

5월 중순, 완리는 북아메리카를 방문 중이었다. 그가 자오쯔양을 지지할지도 모른다는 우려 때문에 중앙의 당 영도자들은 그에게 직접 베이징으로 돌아오지 말고 우선 상하이로 들어오라고 통지했다. 5월 26일 새벽 3시, 상하이 공항에 도착한 그를 장쩌민과 딩관건(丁關根)이 영접했다. 딩관건은 정치국 후보위원이었다. 그는 완리에게 상황을 통보했다. 다음 날 딩관건은 베이징의 지시에 따라 완리에게 아주 구체적이고 전반적인 내용을 보고했다. 장쩌민은 완리에게 베이징에서 준비한 문서를 건네고 왜 자오쯔양을 사퇴시켰는지를 설명했다.[23] 완리는 북아메리카에서 민주를 찬양하는 발언을 하긴 했지만 상하이로 돌아온 후, 충성스러운 중국공산당 당원으로서 덩샤오핑의 정책을 지지하겠다고 선언했다.[24] 그는 그제야 베이징으로 돌아와도 좋다는 허락을 받았다.

새로운 영도 집단 체제를 준비하다

5월 20일 계엄 실시 전, 덩샤오핑은 이미 새로운 영도 집단을 구성하느라 분주했다. 그는 질서를 회복한 후 곧바로 대중에게 이를 공포할 계획이었다. 자오쯔양 직무 해지를 선포하기 전, 덩샤오핑은 먼저 1987년 중국공산당 제13차 전국대표대회 결정을 거듭 표명하는 시간을 가졌다. 그는 대중에게 자오쯔양이 시행했던 정책, 즉 시장 개방은 계속될 것이며 한층 더 확대될 것이라는 점을 표명하고자 했다. 외국 회사들이 실시하는 사업, 심지어 큰 논쟁을 불러일으켰던 하이난 양푸 프로젝트(海南洋浦, 일본 회사 구마가이구미(熊谷組)가 이끌던 건설 부문)도 계속 이어진다는 것이었다. 그는 이외에 정계의 부패 문제 해결에도 힘을 기울이겠다고 선포했다.[25]

다시 민중의 지지를 얻기 위해 덩샤오핑은 톈안먼 진압과 무관한 새로운 영도자가 필요했으며 또한 군대가 톈안먼을 점령한 후 이를 대중에 공포하고자 했다. 계엄 시행 하루 전인 5월 19일, 덩샤오핑과 천윈, 그리고 리셴넨은 장쩌민을 총서기로 선발했다. 그들은 4중전회 이후 그에 대한 임명을 선포하기로 했다.[26] 덩샤오핑은 요령 있게 《세계경제도보》를 폐쇄하여 과격한 반응을 막았던 장쩌민의 과감한 행동을 칭찬했다. 장쩌민은 1983년부터 1985년까지 전자공업부 부장을 지냈으며, 1985년 덩샤오핑에게 업무 보고를 했다. 덩샤오핑과 천윈, 그리고 리셴넨이 겨울에 상하이로 휴가를 갔을 때, 장쩌민은 시위원회 서기로 그들을 접대했기 때문에 덩샤오핑은 그에 대해 잘 알고 있었다. 장쩌민은 비교적 젊은 정치국 위원으로 이미 3년 동안 일했기 때문에 중앙 사무에 익숙했다. 이 밖에 그는 입장이 확고하고 개혁에 힘쓰며, 과학 기술을 이해하고 외교 사무를 처리한 경험이 있었다. 이는 덩샤오핑이 국가를 이끄는 데 필요한 중요한 자격이라고 생각하는 요소였다.

덩샤오핑과 천윈, 그리고 리셴녠은 새로운 정치국 상임위원회 위원들도 구상 중이었다. 톈진시위원회 서기 리루이환(李瑞環) 역시 매우 능력 있는 개혁파 영도자였다. 그는 정치국 상임위원회에 들어와 선전을 담당하여, 자오쯔양과 아주 밀접한 후치리를 대신하게 되었다. 쑹핑은 경험도 있고, 인맥도 좋아 곤란한 조직 문제를 처리하는 데 능하므로 천윈의 건의에 따라 정치국에 들어올 수 있도록 했다. 리펑은 덩샤오핑의 뜻을 굳건하게 관철할 수 있음이 증명되었기에 계속해서 총리를 맡도록 하고, 야오이린은 계속 부총리를 맡도록 했다. 새로운 명단이 곧바로 선포되어 다음 중앙위원회 전체회의에서 공식화될 예정이었다.²⁷ 자오쯔양은 정치국을 떠나게 되었다. 덩샤오핑은 자오쯔양의 파벌성을 비난하지 않았다. 그러나 덩샤오핑은 자오쯔양이 후야오방과 마찬가지로 소집단 중심으로 일을 도모했다고 말했다.²⁸

새로운 영도 집단을 결정한 후 덩샤오핑은 정치국 상임위원으로 유임된 리펑과 야오이린을 만났다. 그들이 최고 지위인 총서기 자리를 다른 이에게 넘긴 데 불만을 표한다면 그 역시 이해할 수 있는 일이었다. 이에 덩샤오핑은 인내심을 가지고 그들에게 국가 질서를 위해서는 새로운 얼굴이 필요하다고 설명했다. 그는 그들이 실질적인 조치를 통해 부패를 처리하여 민중에게 당의 영도자들이 이 문제를 엄숙하게 처리하고 있다는 것을 보여 주도록 격려했다. 덩샤오핑은 장쩌민 등 새로운 영도자들이 자리에 오른 처음 몇 개월 동안 적극적인 행동을 통해 개혁에 힘쓰고 있다는 모습을 보여 줄 필요가 있다고 말했다. 또 장쩌민이 상하이 시절의 사람들을 데리고 새로운 자리에 올라서는 안 된다고 말했다. 대신 그는 장쩌민 주위에 모두 단결하여 강한 영도 집단을 만들어 달라고 요청했다.²⁹ 새로운 영도자들이 자리에 오르면 자신은 완전히 물러나겠다고 마음먹었다. 설사 직함이 없다 하더라도 덩샤오핑은 여전히 어느 정도의 영향력을 발휘할 수 있었다. 그러나 장쩌민은 그와 달리 혁명 영도자로서의 개인적 위엄이 부족했기 때문에 정식 직함으로 국가를 지도할 권위가 주어져야 했다.

장쩌민은 자신의 미래 역할에 대한 이러한 고위층의 담론을 모르고 있었다. 5월 31일, 리펑은 장쩌민에게 전화를 걸어 즉각 베이징으로 오라고 말했다. 그러나 이유는 설명하지 않았다. 장쩌민이 베이징에 도착하자 리펑은 덩샤오핑이 만나자고 한다고 전했다. 다음 날, 덩샤오핑은 장쩌민이 최고 영도자로 정식 임명되었다고 통지했다. 장쩌민은 베이징에서 다른 두 원로 영도자인 천윈과 리셴녠을 개인적으로 만났으며 즉시 새로운 임무를 위한 준비에 들어갔다.

장쩌민의 배경은 차세대 영도자 후보자가 되기에 충분했다. 그는 1926년에 태어나 시험을 통해 양저우중고등학교를 졸업한 후 상하이교통대학에서 수학했다. 상하이교통대학은 당시 중국에서 이공계로 이름난 학교 가운데 한 곳이었다. 이는 장쩌민이 머리가 좋은 사람이라는 것을 입증한다. 그는 재학 시절 영어와 러시아어를 배웠고, 교류 학생으로 소련에서 2년 동안 지냈으며 루마니아어도 배운 적이 있다. 장쩌민은 열세 살 되던 해에 아버지가 세상을 뜨자 중국공산당 혁명 열사인 숙부의 양자가 되었다. 이러한 변화로 장쩌민은 혁명적 배경을 갖게 되었다. 그는 1949년 이전에 중국공산당 지하당에 가입했다. 1980년 후에는 구무 아래에서 외국 투자 지도소조 서기직을 맡아 개혁 개방 분야의 경험을 쌓았다. 그는 창춘 제1자동차 제조공장(중국 최대 공장 가운데 하나)에서 6년 동안 당위원회 서기로 지내며, 중공업 분야에 든든한 기반을 마련했다. 1985년에는 상하이 시장을 지냈으며, 이듬해 시위원회 서기가 되었고, 1987년 중앙정치국 위원이 되었다.

중국공산당 최고 지도층은 후계자를 선발할 때 공산당 혁명가의 가문, 특히 열사 가정의 인물을 선호했다. 그들은 중요한 순간에 믿음을 주며 절대적으로 당에 충성하기 때문이다. 덩샤오핑에게는 완벽하게 개혁을 위해 일하며 개혁을 이해하는 사람이 필요했다. 장쩌민이 바로 그랬다. 덩샤오핑이 필요로 하는 사람은 또한 과감하게 능수능란하게 위기에 대처해야 했다. 장쩌민은 학생 시위와 《세계경제도보》를 폐쇄할 때 이러한 모습을 보여 주었다. 덩샤오핑이 찾는 사람은 또한 다양한 계층의 사람과 관계가 원만해야 했다. 장쩌민은 상하이와 베이징의 생활을 통해 다른 간부들과 잘 지낼 수 있음을 입증했다. 쾌활한 성격과 번듯한 외모를 지닌 장쩌민은 기실 총명하고 원숙한 정치적 인물이었다. 비록 베이징의 당 권력 구조 안에서 일을 한 적은 없었지만 정치국에서 3년 동안 일한 경험으로 당의 영도자와 중앙 사무에 대해 잘 알고 있었기에 그는 효과적으로 정치적 문제를 해결할 수 있는 인물이라는 평가를 받았다.[30]

완강한 강경파 학생들: 5월 20일∼6월 2일

5월 20일, 군대가 베이징에서 계엄에 실패한 후 점점 더 많은 사람이 광장으로 몰려들었다. 군중의 지지와 계엄 선포에 대한 분노가 그들의 사기를 고양했다. 일부 학생들은 피곤함 또는 두려움으로 인해 캠퍼스로 돌아갔지만 끊임없이 밀려오는 외부 지역 학생들이 그들의 빈자리를 채웠다.

5월 29일 밤, 미국의 자유의 여신상을 모방해 석고로 제작한 민주 여신상이 톈안먼의 마오쩌둥 초상화를 마주해 세워졌다.[31] 학생들은 간단한 의식도 거행했으며 이는 국내외의 폭넓은 관심을 이끌었다. 중앙미술학원 학생들은 조각상을 3일 만에 다급히 완성하여 분해한 다음, 삼륜차(일설에는 인력거)를 이용해 광장으로 운반했다. 원래 중국 민주 역사의 영원한 기념물로 삼을 생각이었지만 6월 4일 광장이 정리된 후 부수어졌다.

동시에 운동에도 변화가 일어나기 시작했다. 철로 관리의 통계에 따르면 이 기간 동안 대략 40만 명의 학생이 기차를 타고 베이징에 도착하거나 베이징을 떠났다. 그러나 5월 30일이 되자 베이징을 떠나는 사람이 베이징에 도착하는 사람보다 많았다.[32] 많은 시위자가 처벌을 받을까 두려워했으며 회담을 통해 당국의 입장을 완화할 수 있기를 바랐다. 5월 말이 되자 학생 지도자는 그들이 반대하는 선전부와 마찬가지로 군중이 얻을 수 있는 소식을 쉽게 통제할 수 있도록 기자들의 일반 시위자 접촉을 제한하기 시작했다. 그러나 소식을 막기가 힘들었다. 학생들 자체가 단결되어 있지 않았기 때문이다. 두각을 나타낸 학생 지도자들은 대담한 연설가로서 대중의 호응을 이끌어 낼 수는 있었지만 장기적이며 통일된 계획을 세우는 전략가는 되지 못했다. 학생들은 행동을 통일시키기가 쉽지 않았다. 최소한의 단결을 위해 광장에 남은 학생들은 다음과 같이 선언했다. "나는 내 모든 생명과 충성을 다해 결사코 톈안먼을 보위하고, 수도 베이징을 보위하고, 공화국을 보위하겠습니다."[33]

진압: 6월 3∼4일

덩샤오핑이 톈안먼 광장을 향해 무장 부대를 파견하면서 주저했음을 말해주는 증거는 아무것도 없다. 6월 3일 새벽 2시 50분, 그는 츠하오톈(遲浩田)에게 "일체의 수단을 동원해(用一切的手段)" 질서를 회복하도록 명령했다. 당시 베이징에 있던 서양의 학자로 뛰어난 통찰력을 지닌 멜러니 매니언(Melanie Manion)은 덩샤오핑의 논리를 다음과 같이 설명했다. "소란을 통제하기 위해 6월 3일, 거리를 소탕했지만 항의 운동을 끝내는 것은 거의 불가능해 보였다. …… 시위자들은 하는 수 없이 잠시 후퇴하여 다시 더욱 큰 역량을 모을 수 있었다. …… 6월 4일 무력을 동원해 확실하고 즉각적으로 단 한 번에 운동을 끝냈다."[34] 덩샤오핑 가족들의 말에 의하면, 덩샤오핑은 많은 비난에도 불구하고 자신의 결정이 옳았음을 한 번도 의심한 적이 없었다.[35] 목격자들은 5월 말, 광장의 사람들이 점차 줄어드는 것을 보면서 폭력을 동원하지 않아도 광장을 정리할 수 있으리라 생각했다. 그러나 덩샤오핑은 광장의 학생들뿐 아니라 국가 권위의 전반적인 추락도 걱정스러웠다. 그는 정부의 권위를 회복하기 위해 반드시 강경한 행동을 취해야 한다는 결론을 내렸다.[36]

당시는 소련 붕괴 2년 전이었다. 그러나 덩샤오핑은 1989년 소련과 동구 영도자들이 당과 국가 권력을 유지하기 위해 충분한 노력을 하지 않고 있다고 확신했다. 폴란드는 1989년 4월 4일 원탁회의를 통해 노조 연대가 정치적 통제권을 확보했고, 선거를 통해 대통령을 선출하면서 곧바로 공산당이 해산되었다. 공교롭게도 폴란드에서 대선이 시행된 6월 4일, 중국 군대는 톈안먼 광장을 점령했다. 소련에서 유학했던 장쩌민은 이후 덩샤오핑의 과감한 행동으로 중국이 소련처럼 산산이 부서지지 않았다고 찬사를 보냈다.[37]

대략 15만 명의 부대가 베이징 근교에 집결해 명령을 기다렸다.[38] 대부분기차를 타고 왔지만 일부 병사들은 6월 1일 청두와 광저우 군사 지역에서 비행기 열 대를 타고 베이징에 왔다. 군대가 더 필요할 것에 대비해서 광저우 공항에서는 5월 31일부터 6일 동안 표를 발매하지 않았다. 군대는 7대 군구 중 다섯곳에서 동원되었지만 모든 군구의 사령관이 군대를 동원해 광장을 통제하는데 찬성했다. 이에 사후 학생 진압을 반대하는 군구가 발생할 위험은 없었다. 결과야 어떻든지 간에 그들은 모두 의견을 함께했다.

진압 과정에서 군사 전략가들은 도로가 봉쇄되지 않도록 5월 26일 일부 병사들을 베이징 시내로 잠입시켰다. 비밀 유지가 관건이었다. 일부 부대는 표지판이 없는 트럭을 탔고 무기도 은닉했다. 또한 타인의 주의를 끌지 않기 위해평상복을 입고 도보로, 혹은 자전거를 타고 삼삼오오 짝을 지어 베이징으로 들어선 부대도 있었다. 일부 병사는 선글라스에 건달패 같은 복장으로 교통 요지를 지켰다. 또한 군복 차림이 허가된 병사들은 정규 훈련병들처럼 행동했다. 며칠 동안 그들은 끊임없이 소규모로 나누어 베이징에 입성했다.[39] 그러나 6월 2일 토요일, 베이징에 입성한 병사 수가 크게 늘었다. 특히 수많은 병사가 톈안먼 광장 서쪽으로 약 1.6킬로미터 거리에 위치한 군사박물관에 차례로 집결했다. 이곳은 부대와 장비의 주요 집결지 가운데 한 곳이 되었다. 특별 훈련을 받은 수많은 부대가 지하 통로를 통해 톈안먼 광장 옆 인민대회당 안으로 들어서기 시작했다. 그들은 훈련된 군사 기술로 톈안먼 소탕 작업을 도왔다. 또한 일부 평상복 차림의 병사들은 시내 주요 지점에 배치되어 도로 봉쇄 상황과 시위자들의 동태에 관한 정보를 제공했다.

5월 19일, 첫 번째 군대의 계엄 시도는 야간에 이루어졌다. 그들은 사람들이 모두 자고 있을 것이라고 생각했지만 뜻밖에도 베이징 시민들은 밝은 달빛아래 거리로 쏟아져 나왔다. 군대 영도자는 두 번째 거사로 6월 3일 밤을 선택했다. 음력으로 계산해 가장 어두운 그믐날 밤이었다. 또한 6월 4일이 일요일이라 당일 질서를 회복할 수 있다면, 평소 작업일이 아닌 주말에 혼란을 수습할 수 있다는 장점이 있었다.

덩샤오핑은 6월 3일, 설사 톈안먼 광장과 베이징 시 전체의 질서가 대충 회복된다 하더라도 사람들의 생각을 바꾸는 데는 몇 개월, 심지어 몇 년이 필요하다는 것을 인정했다. 그는 조급해하지 않았으며 단식과 시위, 청원에 참가한 사람들 모두 체포해야 한다고 생각하지 않았다. 그는 범법자와 국가 전복을 시도한 사람만 목표로 삼으라고 군대에 명령했다. 덩샤오핑은 그들에게 진압의 이유는 중국이 개혁 개방을 지속하고 국가의 현대화를 실현하기 위해 평화롭고 안정적인 환경이 필요하기 때문이라고 알려 주었다.

군대 동원의 이유를 설명하면서 덩샤오핑은 정치적 개혁이 필요하다는 점을 인정했다. 그러나 그 역시 4개 기본 원칙, 즉 사회주의 노선, 무산 계급 전제 정치, 공산당의 영도, 마르크스·레닌주의와 마오쩌둥 사상을 견지해야 한다고 말했다. 그는 시위와 대자보 게시가 계속 이어진다면 중차대한 일을 처리할 여력이 남지 않을 것이라고 말했다. 그는 당의 영도자들이 질서 회복의 결정을 설명하고 각급 간부들에게 시위자들에 대해 행동을 취하는 것이 옳았음을 납득시켜야 한다고 말했다.[40]

6월 3일 이전 며칠 동안, 학생들은 군대 이동의 조짐을 발견했지만 병사들이 어느 정도 시 중심에 투입되어 있는지 정확하게 알 수 없었다. 그 밖에 대다수 학생들은 그들의 항의에 발포가 이루어지리라고는 상상조차 할 수 없었다. 6월 3일 전, 학생들은 계속해서 톈안먼 광장을 점령할 것인가에 대해 몇 차례 투표를 실시했다. 대다수가 계속 광장에 남는다는 데 찬성했다. 광장을 떠나겠다는 사람은 이미 떠남으로써 표를 대신했기 때문이다. 그러나 6월 4일 전 며칠 동안 처벌이 두려웠던 일부 학생 지도자들은 정부와 대화를 시도했다. 그들은 광장을 떠나는 대신 자신들의 안전을 보장해 줄 것과 학생 조직을 정식으로 인정해 줄 것을 요구했다.[41] 그러나 그들은 이러한 보장을 받지 못했다.

6월 2일 밤, 군대가 베이징으로 들어오고 있다는 소문이 거리에 퍼져 나갔다. 시위자와 지지자들이 도처에서 말을 전했다. 그 결과 베이징 진입을 시도하던 많은 부대는 길이 차단되거나 차가 전복되고 방화 위험에 처하게 되었다. 정부 관리들은 진압을 강행할 것을 요구했다. 6월 3일 오후, 차오스는 긴급회의를 열고 소탕 작전의 최후 방안을 논의했다. 양상쿤이 이 방안을 보여 주자 덩샤오핑은 즉시 허락했다.[42] 영도자들은 6월 2일, 시위자의 저항을 예상하긴 했지만 저항의 정도를 과소평가했다. 천시통에 의하면 사람들은 "해방군을 에워싸고 구타했다. …… 총과 탄약, 그리고 기타 군수 물자를 강탈하는 폭도도 있었다. 중앙 기관과 일부 주요 부서가 포위 공격을 받았다." 저항의 규모와 의지에 리펑은 매우 초조했다. 그는 처음으로 '반혁명 폭동'이라는 표현을 썼다. 이는 적을 대하듯 저항자들을 대하겠다는 것을 의미했다. 그는 이렇게 말했다. "우리는 반드시 이번 수도에서 벌어진 반혁명 폭동을 진압해야 한다. 우리는 작은 무리의 폭도들이라 해도 가차 없이 대응해야 한다. 인민해방군 계엄 부대, 무장 경찰, 공안에게 모든 수단과 방법을 동원해 임무를 방해하는 자들에게 대항할 수 있는 권한을 주어야 한다."[43]

6월 3일, 각 집단군 사령관들 역시 베이징 군구 사령부에서 회의를 열고 진압 계획의 세부 사항을 논의했다. 병력을 셋으로 나누어 자동차로 베이징에 진입하며, 각 부대마다 동서남북 네 방향에서 동시에 행동을 개시하기로 했다. 제1군은 오후 5시에서 6시 30분 사이에 싼환(三環)과 쓰환(四環)에서 출발하고, 제2군은 7시에서 8시 사이, 제3군은 9시에서 10시 30분 사이에 출발했다. 일찍 도착한 트럭 중 일부는 아직 무장하지 않은 경우도 있었다. 그러나 세 부대가 모두 도착한 후 이어 무장 군인 2개 부대가 도착했다. 한쪽은 10시 30분에 출발했고, 다른 한쪽은 자정이 지난 후 출발했다.[44] 사병들은 여명이 오기 전에 광장을 소탕해야 했다.

계획에 따라 행동이 취해졌다. 6월 3일 오후 6시 30분, 라디오와 텔레비전에서 긴급 통보가 발표되었다. 생명의 안전을 위해 노동자들은 자리를 지키고 시민들은 집에 머물도록 했다. 중국중앙TV는 계속해서 통보를 내보냈고, 광장의 확성기에서도 마찬가지로 이 내용을 전했다.[45] 그러나 통보 내용에 부대가 베이징에 입성한다는 구체적인 설명은 들어 있지 않았다. 정부는 이미 여러 차례 경고를 내보냈기 때문에 많은 이가 '생명의 안전을 위해'라는 말에 별로 주의를 기울이지 않았다.

6월 2일과 3일, 항의 학생들은 5월 19일 이후 배운 전략을 동원했다. 무전기가 거의 없었기 때문에 그들은 오토바이를 이용해 부대 이동 소식을 전했다. '비호대(飛虎隊)'라는 이름의 오토바이 주자 수백 명이 각 장소에 소식을 전하여 부대 동향을 알렸고, 사람들은 즉시 장애물을 설치했다. 장애물로 인해 앞서 오던 트럭이 멈췄을 때 사람들이 우르르 달려들어 타이어를 칼로 베거나 바람을 빼내 전진을 방해했다. 이어 선을 자르거나 부속품을 빼내 차에 앉아 있는 사병들을 조롱하는 한편 그들에게 벽돌과 돌을 던졌다. 때로 트럭 뒤에 앉아 있는 병사들을 공격하기도 했다. 장애물은 일부 지역에서 매우 효과적이었다. 일군의 트럭을 막을 수 있을 뿐 아니라 뒤에 출발한 트럭 역시 앞이 가로막혀 옴짝달싹하지 못하고 돌아갈 수도 없었다.[46]

가장 격렬한 저항과 폭력은 6월 3일 밤에서 4일 새벽, 톈안먼 광장 서쪽 약 6, 7킬로미터 떨어진 곳에서 발생했다. 무시디(木樨地) 교차로에서 얼마 떨어지지 않은 곳이었다. 부근 고층 아파트에는 퇴직한 고위 간부들이 많이 살고 있었다. 38군 부대가 저녁 9시 30분에 무시디에 도착하자 수천 명의 시민이 집결해 그들의 전진을 막아섰다. 시민들은 버스를 무시디 교차로 중앙에 두어 장갑차 전진을 방해했다. 인민해방군은 먼저 최루탄 가스와 고무 탄환을 발사했지만 별 효과가 없었다. 사람들은 대담하게 부대를 향해 돌과 쓰레기를 던졌다. 군관 한 사람이 확성기로 시위자들에게 해산을 명령했지만 효과가 없었다. 38군 쉬친셴(徐勤先) 군단장은 몸이 불편하다는 이유로 군대 통솔을 거절했다. 서쪽에서 출동한 그의 부대는 마치 국공 내전 중 인민해방군에게 투항한 국민당 군대처럼 자신의 충성을 증명할 특별한 압박을 견뎌야 했다. 대략 10시 30분을 전후하여 무시디 부근의 부대가 허공에 총을 발사하고 섬광 수류탄을 투척했지만 사망한 사람은 없었다.

밤 11시, 여전히 전진이 불가능했던 부대는 직접 시위자들에게 발포하기 시작했다. 1분당 90발을 발사할 수 있는 AK-47 자동 소총이었다. 총에 맞은 사람이 발생하자 사람들은 부상자를 위험한 지역에서 옮긴 다음 구급차나 자전거, 인력거에 싣고 신속하게 가장 가까운 푸싱(復興) 의원으로 향했다. 인민해방군의 트럭과 장갑차 역시 전속력으로 전진하며 길을 가로막는 자들을 압사시켜 버렸다.[47] 부대가 실탄이 장착된 치명적 무기로 동족을 응대하기 시작한 지 대략 네 시간 정도 지났을 때에야 무시디에서 톈안먼까지 6, 7킬로미터를 전진할 수 있었다.[48]

자정 전에 톈안먼 광장에 도착한 부대원은 그리 많지 않았지만 일상복 차림의 경찰 일부는 이미 수시간 전에 그곳에 도착해 있었다. 저녁 8시, 불빛이 광장과 동쪽 창안제(長安街)를 환하게 비추었다. 밤 9시가 되자 창안제에는 거의 사람이 다니지 않았다. 장갑차와 탱크가 병사들을 싣고 광장으로 진입했다. 수킬로미터 떨어진 곳에서 군대가 동쪽에서 광장을 향해 진격하자, 외국인 촬영 기자와 기자들이 자리하고 있는 건물 창문을 향해 소총 몇 발이 발사되었다. 창문에서 떨어지라는 군대의 경고 조치였다. 그곳에서 광장 부근의 살육 장면을 촬영할 수 있었기 때문이다. 평복을 입은 군관 몇 사람이 외국인을 가로막으며 다치지 않으려면 당장 그곳에서 떨어지라고 말한 다음 군사 행동에 관한 사진이나 촬영을 하지 말도록 경고했다. 많은 이가 사진기와 필름을 몰수당했다.[49]

부대가 광장에 진입하기 전, 광장에는 대략 10만 명의 시위자가 있었다. 6월 4일, 즉 일요일 새벽 1시, 군대는 각기 다른 방향에서 톈안먼 광장에 도착했다. 광장 주위, 창안제와 인민대회당 앞에서 병사들이 욕을 퍼붓고 벽돌을 던지며 해산을 거부하는 일반인들을 향해 발포하기 시작했다. 시위자들은 병사들이 실탄을 발사하리라고는 예상하지 못했다. 총에 맞아 죽거나 다친 항의자들이 실려 나갈 때가 되어서야 사람들은 공포에 휩싸이기 시작했다.

새벽 2시가 되자 광장에는 수천 명밖에 남아 있지 않았다. 학생 지도자 차이링(柴玲)은 떠날 사람은 떠나고 남을 사람은 남으라고 선포했다. 대만 가수 허우더젠(侯德健)과 류샤오보(劉曉波) 등 몇몇 유명 지식인은 6월 2일에 이미 톈안먼 광장에 도착한 상태였다. 당시 그들은 학생들이 광장을 점령할 수 있는 마지막 며칠이 될 것이라고 생각했다. 허우더젠은 마이크를 잡고 광장에 남아 있는 사람들에게 무장 부대가 이미 광장을 향해 진격하고 있다고 경고했다.[50] 그는 현재 자신의 말을 듣고 있는 사람은 이미 죽음을 두려워하지 않음을 증명한 셈이라고 말했다. 그러나 이미 피를 많이 흘렸으니 여기에 남아 있는 사람은 평화롭게 철수하고 무기가 될 수 있는 어떤 물건도 남겨서는 안 된다고 말했다.

부대가 가까이 접근한 새벽 3시 40분, 허우더젠과 나머지 세 사람은 계엄군과 평화적인 톈안먼 광장 철수에 대해 협상했다. 간단하게 이야기를 나눈 후 인민해방군 군관이 이에 동의했다. 새벽 4시, 광장의 불이 꺼졌다. 허우더젠이 돌아온 후 얼마 있다가 마이크에 대고 그들의 협상 내용을 알리며 광장에 남아 있는 학생들에게 철수하도록 했다. 대략 3000명의 시위자가 허우더젠을 따라 광장을 떠났다. 아침 5시 20분에는 두려움을 모르는 대략 200여 명의 시위자만 남았다. 부대가 그들을 강제로 내쫓은 것은 여명 전인 5시 40분, 소탕 명령대로 광장에는 단 한 명의 시위자도 남아 있지 않았다.[51]

일부 목격자에 따르면 광장에서 총에 맞은 사람도 있었다. 그러나 정부 대변인은 새벽 4시 30분에서 5시 30분 사이에는 아무도 총을 맞지 않았다고 했다. 이는 함축적으로, 이전과 이후에는 사살된 사람이 있었다는 것을 인정하는 셈이었다.[52] 정부 역시 광장 부근 창안제에서 피살당한 사람이 있었다는 것을 부인하지 않았다. 많은 이가 그날 저녁 사상자 수를 정확하게 알고 싶어 했다. 그러나 여러 예상치가 매우 큰 차이를 보였다. 중국 정부는 6월 4일 후 며칠이 지난 뒤 보고를 통해 군인 스무 명, 학생 스물세 명을 포함해 200여 명이 죽었으며, 대략 2000명이 부상당했다고 말했다.[53] 리펑은 7월 2일, 브렌트 스코크로프트에게 310명이 죽었으며 그 가운데 일부 인민해방군 전사와 학생 서른여섯 명이 포함되어 있다고 말했다.[54] 희생자 중 한 사람의 어머니인 딩즈린(丁子林)은 이후 그날 저녁 희생자들의 이름을 모두 조사한 결과 2008년까지 모두 200명 가까운 사람의 명단을 작성했다. 38군정위원회 리즈위안(李志遠)의 보고에 따르면, 사망자와 부상자 이외에 트럭 65대, 장갑차 47대, 군용차 485대가 파손되었다.[55] 이 사건을 진지하게 연구한 한 외국 관찰자가 내린 가장 믿을 만한 통계에 따르면, 희생된 시위자는 대략 300~2600명 사이로, 수천 명이 부상을 입었다. 처음에 일부 외국 신문 방송 매체에 의하면 1만 명 이상이 사망했다고 했지만 이후 모두 이는 지나치게 과장된 숫자라고 인정했다. 당시 베이징에 있던 캐나다 학자 티머시 브룩(Timothy Brook)은 외국 무관의 추측과 베이징 11개 병원의 데이터 보고를 근거로, 당시 이들 병원에서 적어도 478명이 사망하고 920명이 부상을 당했다고 말했다.[56] 물론 사망자 수가 병원 기록보다 훨씬 더 많다고 믿는 사람들도 있었다. 일부 가정에서 부상자 또는 가족이 오랫동안 정치적 박해를 받지나 않을까 두려워 개인적으로 치료를 하거나 사망자의 시신을 처리했을 것이라 생각했기 때문이다.[57]

인민해방군과 경찰은 소탕 이후 며칠 동안 시위 기간에 쓰레기가 널려 있던 광장을 청소하고 민주 여신상을 부수었다. 지역 시민들과 사소한 다툼이 있었지만 그날 밤, 유혈 진압 이후 베이징과 톈안먼 광장은 불안한 평정 상태로 돌아갔다.

시위에 참여한 학생 지도자는 모두 체포되었다. 일부는 단기 구류, 일부는 투옥되기도 했다. 심지어 일부 유명 지식인, 예를 들어 광장에서 학생들의 철수를 권장했던 다이칭도 체포되어 감금되었다. 덩샤오핑은 직접 자오쯔양의 비서 바오퉁에게 7년을 구형했는데, 그는 만기 후에도 계속해서 엄격한 감시를 받았다. 자오쯔양의 또 다른 부하들 역시 감금되었다. 일부 시위자들은 20년 후에도 석방되지 않았다. '지하 통로'를 통해 은신처를 제공받거나 용감한 친구의 도움을 받은 이들, 예를 들어 차이링과 우얼카이시를 포함한 일부 학생 지도자들, 옌자치와 천이쯔(陳一諮) 같은 지식인 지도자는 해외로 망명하는 데 성공했다. 왕단은 몇 년간 감금된 후 석방되어 서구로 망명하여 그곳에서 학업을 계속했다.

온실 속 세대와 유예된 희망

1989년 시위에 참가한 학생과 원로 지식인은 중국 역사 속 문인과 마찬가지로 국가의 운명에 깊은 책임감을 지니고 있었다. 그러나 이들 학생은 온실 속에서 자란 세대로 캠퍼스 밖 사회 경험이 없었다. 그들은 1940년대 후반 학생들처럼 수년 동안 정권 탈취를 위한 조직을 만들지 않았으며, 1980년 초반 학생들처럼 정치 운동과 문화 대혁명의 투쟁을 거친 적도 없었고, 산촌이나 시골로 하방되어 시련을 겪지도 않았다. 그들은 같은 세대 중 가장 재능이 뛰어난 학생들이었지만 그저 시험을 위한 훈련만 받았을 뿐, 인생 경륜이 부족했다.

이 밖에도 이 학생들이 성장한 시기에는 자신의 생각을 조직하고 시험할 수 있는, 독립적인 정치 활동가를 위한 공간도 제공되지 않았다. 시위자들은 정치 조직의 성원이 아니라 군중 속의 일부였을 뿐이다. 영도자는 끊임없이 바뀌었고 참여자는 흩어졌다 다시 모였다. 몇몇 사람이 시위에서 두각을 나타낸 것은 그들이 뛰어난 판단력과 전략적 계획 능력을 갖추고 있어서가 아니라 즉흥적인 언변과 과감한 행동 때문이었다. 광장에 남은 사람들은 계속해서 일종의 환상을 품고 있었다. 그들은 국가 영도자들이 자신들의 애국적 열정과 고상한 생각을 인정해 줄 것이라고 생각했다. 영도자들과 이야기하면 국가에 대한 자신들의 관심이 정당하다고 동감하고 자신들이 제시하는 문제를 해결해 줄 것이라고 생각했다.[58]

온실 속에서 자란 이들 학생 세대는 쑨중산이 묘사한 1920년대 중국과 마찬가지로 흩어진 모래알 같았다. 자오쯔양의 적수들은 그가 학생들을 화나게 만들어 창끝을 덩샤오핑에게 돌리게 했다고 비난했다. 이와 반대로 자오쯔양의 지지자들은 상대방이 학생들을 분노하게 만들어 자오쯔양이 난처한 입장에 빠지게 했다고 비난했다. 자오쯔양의 지지자들과 적수들은 혹여 시위 학생들을 인도하고 싶었을지 모르나 사실 그들은 그럴 능력이 없었다. 중국 학생들은 자신의 리듬에 따라 전진했다. 심지어 학생들 자신의 지도자들도 선동할 수만 있을 뿐, 통제할 수는 없었다.

6·4 이후 학생과 그 가족들은 사상자를 생각하며 슬퍼했으며 또한 가까운 장래에 중국이 더욱 개방적이며 문명적인 나라가 될 수 있으리라는 희망을 잃었다는 생각에 더욱 큰 슬픔에 빠졌다. 학생 지도자들은 6·4 이후 어디로 가야 할지 생각하면서 그들이 국가 영도자에게 도전하여 영도자들이 권력을 포기하길 기대했던 것 자체가 유치한 발상이었다는 점을 인정했다. 당시 세대와 그 이후 학생들 모두 이런 비극적인 경험을 통해 한 가지 교훈을 얻을 수 있었다. 그것은 국가 영도자들에게 직접 대항할 경우 폭력적 반응을 불러일으켜 불필요한 대가를 치러야 한다는 것이었다.

이에 소련과 동구의 시위 학생들과 달리 중국 학생들은 6·4 이후 더는 공산당에 맞서지 않았다. 많은 학생이 서서히 기반을 다져 가면서 경제생활을 개선하고, 공공 사무에 대한 이해가 깊어짐으로써 점차 민주와 자유에 대한 경험이 이루어져야 진보할 수 있다고 믿게 되었다. 심지어 당원이 아닌 학생 다수 역시 당시 국가가 통제 상실이라는 위험에 직면해 있었고, 공산당만이 경제 발전 촉진에 필수적인 안정을 유지할 수 있다고 인정했다. 부패하고 이기적인 간부가 있을지언정 공산당 지도하에 개혁 개방을 실시하고 이러한 개혁 개방을 통해 국민 생활이 개선되는 것이 다른 선택보다 더 바람직하다고 많은 이가 생각했다. 그들은 이어 수십 년 동안의 안정과 경제 발전이 자유로운 사회를 위해 더욱 견고한 기초를 형성해 줄 것이라고 희망했다. 또한 절대 다수의 학생 운동가 역시 집단 운동을 포기하고 개인의 미래를 추구하는 데 몰두했다.

많은 지식인, 심지어 당의 일부 고위 간부조차도 무고한 사람들에 대한 발포 결정은 용서받을 수 없는 행위이며, 당은 조만간 이 운동에 대한 평가를 뒤집어야 한다고 생각했다. 무력 동원을 결정하는 데 적극적인 역할을 했던 사람이 아직 살아 있는 동안은 6·4에 대한 평가를 번복하기 어려울 테지만 정부의 입장은 이미 너그러워진 상태다. 진압 이후 20년 동안 투옥된 이들 중 많은 이가 석방되었고, 이 사건에 대한 정부의 표현도 점차 부드러워져, 처음에는 '반혁명 폭란'이었다가 '폭동'으로, 이어 다시 '정치적 소요(政治動亂)'에서 '팔구

풍파(八九風波, 1989년의 풍파)'로 바뀌었다.

톈안먼 이미지의 힘

인류 복지에 관심 있는 모든 이가 1989년 6월 4일에 이루어진 잔혹한 진압에 경악했다. 톈안먼 광장 비극이 서구 사회에 일으킨 항의의 물결은 과거 아시아에서 거의 엇비슷한 규모로 이루어진 비극보다 훨씬 더 거셌다.[59] 예를 들어, 1947년 2월 28일, 이미 대만을 접수한 국민당은 저항의 기미가 보이는 모든 지방 영도자를 없애기 위해 국민당 천이(陳儀)를 앞세워 수천 명의 지역 주요 인사를 살해했다. 이 사건으로 인해 수십 년 동안 줄곧 '본성인(本省人)'과 '외성인(外省人)' 사이에 원한이 자리했지만 대만 밖에서는 그다지 큰 주의를 끌지 못했다. 한국의 대통령 전두환이 1980년 광주의 저항 세력을 진압할 때도 피비린내 나는 탄압을 가했고 사망자 수도 1989년 톈안먼 사건보다 훨씬 더 많았지만 서구 방송 매체는 광주 사건을 보도하지 않았으며, 한국 지도자에 대한 국제 사회의 비난 역시 톈안먼 비극 후 중국 지도자들이 받았던 비난과는 비교가 되지 못했다.

미국 학자 리처드 매드센은 이들 사건을 비교 분석한 후 한 가지 문제를 제기했다. 서구인들은 왜 톈안먼 비극에 대해 그처럼 격한 정서적 반응을 보일까? 그가 내놓은 답은 텔레비전에서 이 사건을 극적으로 실시간 관중 앞에 보여 준 것과 관련이 있을 뿐 아니라 학생들이 서구의 이상을 인정한 것과 관련이 있다. 간단히 말해서 리처드 매드센은 베이징의 진압이 사람들의 신경을 거슬렀다는 것이다. 왜냐하면 사람들이 이를 경제적, 사상적, 정치적 자유가 결국 승리한다는 미국의 신화를 공격한 것으로 해석했기 때문이다. 많은 외국인은 이로써 덩샤오핑을 자유의 적으로 간주했다. 그가 자신들의 신념을 수호하는 용감한 학생들을 진압했기 때문이다.[60]

문화 대혁명 시절 야만적인 행동으로 피해를 입은 사람의 수는 6·4 사건

보다 훨씬 더 많았지만 당시 중국에 취재를 갈 수 있었던 외국 언론 매체의 수는 이후와 비교할 수 없이 적었다. 그러나 아이러니하게도 덩샤오핑이 중국을 외국 매체에 개방함으로써 외국 기자들은 톈안먼 광장의 진압 상황을 전 세계에 보도할 수 있었다.

1989년 봄 이전까지, 외국 기자들은 중국 내 활동과 중국인 접촉에 심한 제약을 받았다. 간부들은 '국가 기밀'을 발설하지 못하도록 압박을 받았기 때문에 매체와 접촉하는 일이 매우 드물었다. 설사 대화를 한다 해도 경계를 늦추지 않았다. 1989년 4월 전까지 기자들은 반체제 인사를 만나 이야기를 들을 때면 상대가 곤란하지 않도록 비밀리에 접촉할 수밖에 없었다.

그래서 장막 뒤에 가려진 진상을 보도하고자 하는 외국 기자들에게 베이징의 봄은 특별한 기회였다. 확실히 대다수 베이징 주재 외국 기자들에게, 1989년 4월 15일에서 6월까지의 학생 시위 보도는 그들의 직업 경력에서 가장 흥분되던 시기였다. 그 기간 동안 그들은 불리한 환경 속에서 체력적으로 극한 상황에 몰린 가운데 열심히 취재하여 자유 민주에 대한 학생들의 갈망을 포착하고, 본국의 텔레비전과 지면에 감동적인 드라마를 내보냈다.

또한 기자들이 학생들을 보도하는 데 열중하는 사이, 학생들 역시 자신들의 관점을 더 많은 사람이 알 수 있기를 간절히 소망했다. 학생들에 대한 베이징 시민들의 아낌없는 지지에 기자와 학생들은 정부가 동족에게 총을 발포할 것이라고는 상상하기 어려웠다. 많은 기자는 이후 자신들이 보도한 학생들과 마찬가지로 흥분하는 바람에 잠재된 위험을 보지 못해 서구의 시청자들에게 그 결과에 대한 준비를 시키지 못했다고 스스로를 비판했다.

5월 말이 되자 서구의 텔레비전 시청자들과 신문 독자들은 민주를 위해 싸운 학생들과 완벽하게 인식을 같이했다. 그들은 피비린내 나는 결말을 '우리'의 학생을 진압한 것으로 파악하고, 학생의 입장이 바로 '우리'의 입장이라고 생각했다. 미국인들은 특히 민주 여신상을 매우 친근하게 생각했다. 이는 자유 여신상이 대표하는 모든 것에 대한 갈망이었기 때문이다. 서구 시청자들이 볼 때 용감한 청년 시위자들은 독재자에 의해 사살된 것과 다를 바 없었다. 기자들은 조금 전 취재 현장에서 알게 된 학생들이 구타를 당하고 총살을 당하자 가슴에 분노가 가득 차오르면서 자신도 모르게 더 큰 공포심에 사로잡혔다. 살해당한 시위자 수가 5000명, 심지어 1만 명이라고 보도한 사람도 있었다. 6월 4일 이후, 서구 매체는 중국이 이미 내전 직전에 처했다는 내용을 빈번하게 보도했다. 심지어 6월 9일 덩샤오핑이 각 대군구 영도자들을 만날 때까지도 그랬다. 그러나 객관적인 관찰자들이 보기에 이때는 이미 상황이 안정을 찾고 있었다.[61]

최대한 사태를 통제하려 했던 중국 영도자들이 보기에, 외국 언론 매체는 소란을 조장하는 '검은 손'이었다. 중국의 호텔 종사자들, 홍콩에 가까운 남부 도시의 주민과 해외 화교들도 모두 관련 보도를 시청할 수 있었기 때문이다. 확실히 많은 중국인이 미국의 소리, BBC, CNN 보도를 열심히 듣거나 보았다. 중국 기자들은 이처럼 자유롭게 자신들이 보고 들은 것을 보도할 수 있는 서양 기자들을 부러워했다. 또한 자신이 기사를 작성할 때도 자유의 폭을 넓히고자 애썼다.

톈안먼 사건 이후 국가적 이익의 필요에 의해 미국이 중국 정부와 협력해야 한다고 믿는 사업가와 학자, 그리고 미국 정부 관리들은 베이징의 '사악한 독재자'와 한통속이 되려 한다고 비난받기 십상이었다. 냉전이 끝나 갈 무렵, 기탄 없이 발언하는 미국 자유파 인사 중 많은 이가 미국의 정책에는 미국의 가치관이 반영되어야 하며, 독재자를 종용하지 말고 민주와 인권 편에 서야 한다고 주장했다. 이러한 이상에 대한 서양인들의 신념을 표현하는 데 톈안먼 진압의 책임자를 비난하는 것보다 더 좋은 방법이 있을까? 이에 6·4 이후 울분에 가득 찬 중국 청년과 시민뿐 아니라 시위자들과 동일한 가치관을 지닌 서구의 관리들은 덩샤오핑에게 적의를 품게 되었다.

만약에?

이처럼 심각한 인도적 재난으로 전 세계 모든 이가 증인이 된 대비극 앞에서, 인류 복지에 관심 있는 사람들은 저마다 이런 대재난을 피할 수 있을까라는 문제를 제기했다. 비극의 직접적인 원인을 찾는 사람들은 그 잘못을 톈안먼 광장을 소탕하기 위해 필요한 모든 수단을 동원한 덩샤오핑의 결정 탓으로 돌렸다. 덩샤오핑을 비판하는 사람들은 만약 그가 1989년 4월 26일, 그처럼 강경한 태도로 '난동'에 대응하지 않았다면, 만약 그가 학생들의 의견을 더 듣고자 했다면, 또는 그가 모든 비폭력 수단을 이용할 수 있었다면, 톈안먼 소탕에 그처럼 심각한 폭력이 동원되어 생명을 잃게 만들지는 않았을 것이라고 생각했다. 자오쯔양을 비판하는 사람들은 만약 그가 학생들을 덜 부추기고, 더욱 단호하게 그들을 대했다면, 만약 그가 '개명한 영도자'라는 자신의 이미지를 구축하는 데 그렇게 관심을 기울이지 않았다면 최후의 비극 역시 피할 수 있지 않았을까라고 생각했다. 또한 리펑을 비난하는 사람들은 만약 그가 그처럼 완고하게 학생들과 대화를 거절하지 않고 그들의 관심사를 이해하고, 그처럼 급박하게 그들을 비난하지 않았다면, 만약 그처럼 단호하게 4·26 사설을 내놓으며 학생들에게 '난동' 분자라는 이름을 붙이지 않았다면, 또한 그처럼 고집스럽게 학생들을 무시하고 최소한의 동정심도 지니지 않는 모습이 아니었더라면 비극은 발생하지 않았을 것이라고 생각했다. 천시퉁과 리시밍을 비판하는 사람들은 만약 그들이 덩샤오핑 등 원로 간부에게 보고를 올릴 때 사태의 심각성과 외국 세력의 개입 등을 과장하지 않았다면 덩샤오핑 등 원로 간부들도 그처럼 강경한 반응을 취해야 한다고 느끼지 않았을 것이라 말했다.

학생 지도자를 비판하는 사람들은 만약 그들이 그처럼 허영심이 강하지 않고 스스로를 그렇게 높이 평가하지 않았다면, 또한 그들이 만들어 놓은 위험에 대해 그렇게 무지하지 않았다면, 비극은 발생하지 않았을 것이라고 했다. 그리고 만약 학생과 베이징 시민이 5월 20일, 평화적인 방식으로 질서를 회복하려는 부대를 막지 않았다면 정부 역시 2주 후에 발포하지 않았을 수도 있었다고 말하는 이들도 있다. 서양인들을 비판하는 중국인들은 만약 서양인들이 학생들의 항의에 불을 붙이지 않았다면, 외국의 '검은 손'이 중국공산당과 사회주의 제도를 전복시키려 시도하지 않았다면 시위는 절대 통제력을 상실하지 않았을 것이라고 했다.

심층적인 원인을 찾는 사람들은 군중이 창끝을 덩샤오핑과 자오쯔양에게 돌린 것은 1988년 인플레이션 악화를 방치한 것과 소비자 물가에 대한 제재를 풀었던 그들의 결정에 분노하고 우려했기 때문이라고 했다. 또한 고위층 간부들이 권력과 특권을 남용하여 군중을 위협하고, 쓸데없이 사생활을 엄밀히 감시하면서도 자신의 친구와 친척들은 부당한 재물을 벌어들이도록 했기 때문이라고 비난하는 사람들도 있었다. 일부 보수파들은 시장 개혁이 너무 빨리 이루어졌기 때문에 탐욕을 조장하여 정부의 부패를 몰고 왔다고 질책했다. 이 밖에도 덩샤오핑이 국가를 좀 더 빨리 민주화하지 않고, 1986년 후야오방을 지지하지 않았던 것이 충돌의 최종 원인이라고 믿는 사람들도 있었다. 덩샤오핑은 최고위층에 속하는 간부들은 결정을 내릴 책임이 있으며, 설사 건설적인 의견에 귀를 기울이더라도 최종적으로 국가의 장기적인 이익에 도움이 되는 일을 해야 한다고 확신했다. 어떤 사람들은 만약 덩샤오핑이 더욱 많은 선거 실험을 통해 집권주의 지도 체제의 족쇄를 풀고 법치로써 탐욕스러운 관리들을 처벌했다면 국가 역시 발전을 거듭하여 학생들로부터 도전을 받지 않았을 것이라고 말하기도 했다.

이 밖에 덩샤오핑의 톈안먼 시위 처리 방식에 찬사를 보내는 간부들도 있었다. 그들은 1989년 5월 말, 톈안먼 광장에 대해 통제력을 상실했을 때 덩샤오핑이 취한 강경한 조치는 중국 인민들이 국가 단결을 유지, 보호할 수 있는 유일한 선택이었다고 여겼다. 많은 간부가 발포 없이 더 이상 질서를 회복할 수 없는 상황에서 덩샤오핑에게 다른 선택의 여지가 없었으며, 최후의 방법으로 국가의 통일을 유지할 수밖에 없었다고 여겼다. 중국인 가운데 많은 이가 베이징 학생 시위에 대한 덩샤오핑의 대처를 고르바초프 및 동구 영도자들의 대응과 비교하면서, 중국 인민과 중화 민족의 현재 상황이 월등히 낫다고 생각했다. 그들은 중국이 여전히 초기 발전 단계에 있기 때문에 만약 영도자가 지식인들에게 그들이 추구하는 자유를 누리도록 한다면 중국은 통일을 유지할 수 없을 것이라고 확신했다. 그들은 1989년 비극의 심각성을 인정하지만 만약 덩샤오핑이 1989년 6월, 2개월간의 혼란을 끝내지 않았다면 중국은 더 큰 비극을 맞이했을 것이라고 믿었다.

학자로서 우리들은 인류의 삶에 관심 있는 다른 사람들과 마찬가지로 이 비극의 명확한 원인을 찾기를 원한다. 그러나 사실, 만약 다른 행동을 취했다면 어떤 일이 발생했을지 우리 중 어느 누구도 단정 지을 수 없다. 어쨌거나 이제 겨우 20년이 지났다. 이렇게 짧은 시간 속에서 덩샤오핑의 정책이 끼친 장기적인 영향에 대해 결론을 내린다는 것은 불가능하다. 만약 중국 인민이 앞으로 수십 년간 더 많은 자유를 얻어 나간다면 그러한 자유로 가는 길이 구소련이 겪었던 우여곡절에 비해 순탄할 수 있을 것인가? 1989년 봄 사건이 중요한 요인이 될 수 있을 것인가? 우리는 이에 대한 답을 모른다고 인정해야 한다.

우리가 확실히 알고 있는 것은 톈안먼 사건 이후 20년 동안 중국인이 상대적으로 안정된 사회, 빠른 경제 성장, 심지어 기적 같은 성장을 누리고 있다는 점이다. 물론 지금도 소규모 항의는 부지기수이며 지도층은 더 큰 항의가 발생할 위험에 신경을 곤두세우고 있다. 그러나 중국에서는 6·4 이후 20년 동안 대규모 폭동이나 소란이 일어나지 않았다. 오늘날 수십억 중국인들의 삶은 1989년보다 훨씬 더 안락해졌다. 중국 역사상 어떤 시기와 비교해도 그들은 넘치는 국제 정보와 사상을 접하고 있다. 교육 수준과 평균 수명 역시 계속 빠르게 향상되고 있다. 이런저런 이유로 인해 중국인들은 중국의 성취에 대해 지난 세기보다 훨씬 더 큰 자부심을 가지고 있다.

우리는 또한 보다 많은 개인의 자유와 보다 확고한 대의 정치(代議政治)에 대한 중국인들의 갈망이 여전히 깊이 남아 있음을 알고 있다. 정부의 부패로 인한 대중의 불만도 오히려 1989년 이후 더욱 높아지고 있다. 많은 중국인은 보다 독립적인 매체나 사법 제도가 없는 한 부패를 통제하는 데 전혀 진전이 없을 것임을 우려하고 있다. 그리고 덩샤오핑이 급속도의 경제 발전과 대중의 지지 확보를 연계시킨 것을 옳은 판단이라고 여기는 대다수 중국의 영도자들은 최종적인 문제, 즉 '만약에' 그들이 성장 속도를 늦추기 전에 여러 가지 문제를 해결하는 데 진전을 얻지 못했다면 어떻게 되었을까를 걱정하고 있다.

22

역풍에 버티다 1989~1992년

1989년 6월 4일 이후 베이징의 분위기는 암울했다. 덩샤오핑은 공산당 통치 이래로 그 어떤 시기보다 당에 소원해진 대중을 만나야 했다. 5월 20일이 되자 상황은 분명하게 바뀌었다. 정부는 도시 거주민들과 젊은이들의 지지를 잃었고, 영도자들은 정권 유지가 어렵다고 걱정했다. 6월 4일 무렵으로 군중을 위협하여 굴복시켰지만 이는 당과 인민 사이의 골만 깊게 판 꼴이었다. 군대의 사기도 떨어졌다. 그들은 당의 권력 유지를 위해 무고한 시민을 죽였기 때문에 영웅적인 쾌거라는 느낌을 가질 수 없었다. 신병 모집도 저조했다. 1988년 인플레이션과 후야오방의 죽음, 그리고 군대를 동원하여 톈안먼 광장을 깨끗이 쓸어버린 사건을 겪은 후로 덩샤오핑과 중국공산당에 대한 대중의 지지는 저 밑바닥으로 곤두박질쳤다. 이는 1984년 고조되었던 민의와 비교할 때 그야말로 천양지차였다.

덩샤오핑은 대중의 지지를 다시 얻으려면 당이 필사적으로 보다 빠른 경제 성장을 도모할 수밖에 없다고 믿었다. 하지만 1988년 인플레이션 이후 경제 정책을 통제하고 있던 신중한 보수파들은 오히려 성장 속도를 억제하는 데 주력했다. 게다가 소련과 동유럽 공산당이 적지 않은 도전을 받고 있기 때문에 대다수의 중국인은 공산주의가 중국에서 과연 미래가 있는가에 대해 회의를 품고 있었다.

동시에 서구의 인권 단체와 해외에 있는 중국 유학생들도 모두 중국의 반체제 인사들을 지지했고, 서구 정치가들도 중국 정부에 제재를 가했다. 서양인들이 볼 때, 베이징에서 자유와 민주를 위해 시위하던 죄 없는 학생들을 무참하게 살해한 행위는 베트남과 캄보디아 등지에서 더 많은 시민의 죽음을 초래한 그들 정부의 결정보다 더 악랄한 범죄로 비춰졌다. 서구의 인권 단체들은 중국을 향해 자유와 생명 존중에 대해 설교하기 시작했다. 서구의 고위 관리들은 중국 방문을 취소했고, 기술, 특히 군사 기술 수출에 제한을 가했다. 중국의 대외 무역과 관광업은 큰 손실을 입었다. 서구인들은 톈안먼의 비극에 관한 극적인 장면에 빠져들었다. 서구의 텔레비전 방송국은 민주 여신상을 깨부수고 선혈이 낭자한 시신을 옮기며, 혈혈단신으로 탱크를 막고 있는 젊은이의 모습을 계속 내보냈다. 이러한 모든 것은 외국 정부의 반중(反中) 정서를 강화했다. 반체제 인사에 대한 외국인들의 지지와 중국에 대한 제재는 쉽게 사라지지 않았다.

덩샤오핑은 다른 나라의 시위자들에 대한 지지와 중국 제재로 인해 중국 내 통제를 유지하는 데 어려움이 가중될 것이라고 생각했다. 그는 외국인들의 비판으로 인해 국내에서 일부 추종자가 생길 것임을 알고 있었다. 그렇지만 이처럼 중요한 시점에 덩샤오핑은 강력하게 단속할 뿐 아니라 외국의 제재 충격에 대비하면서도 대외 개방의 중요성을 재차 강조했다. 6월 4일 며칠 전 그는 인민해방군에게 질서 회복을 위해 필요하다고 여기는 조치를 취하도록 하면서 이렇게 말했다. "우리는 개방해야 하며 거둬들여서는 안 됩니다. 과거보다 더 많이 개방해야 합니다." 그는 다시 새롭게 사람들의 신임을 얻으려면, 반드시 사실에 의거한 성과를 달성해야 하며, 중대한 부패 사안을 신속하게 조사하고 처벌해야 한다고 말했다. 또한 제3대 영도자들은 반드시 개혁 개방 정책을 지속적으로 유지해야 한다고 거듭 밝혔다.[2]

수도 계엄 부대 장성급 간부들을 향한 연설:
1989년 6월 9일

6·4 사건이 끝나고 며칠 후 덩샤오핑과 그 외 영도자들은 '동란'의 주모자로 주목한 이들을 체포하고, 질서를 유지하며 도시를 정리하느라 분주했다. 덩샤오핑은 아직 공개적인 장소에 나타나지 않았기 때문에 영도층 내부에 심각한 분열이 발생했으며 정부가 해체 위기에 직면했다는 소문이 급속히 퍼졌다. 덩샤오핑은 6월 9일 침묵을 깨고 진압 행동을 이끈 장성급 간부들을 상대로 연설했다. 연설의 일부 내용이 텔레비전을 통해 전국에 방송되었기 때문에 대중은 진압 후 처음으로 최고 영도자의 모습을 보았다. 덩샤오핑은 질서 회복에 중요한 역할을 담당한 장군들에게 감사의 뜻을 전했다. 그는 그 기회를 통해 국민들에게 그들 역시 인민해방군의 공헌에 감사해야 할 것이며, 정부는 안정적이고 정책 또한 변함이 없을 것임을 분명히 밝혔다.

덩샤오핑은 우선 이번 투쟁에서 용감하게 당과 인민의 이익을 보위하다 희생된 장병들과 공안 간부, 그리고 경찰 등에게 애도를 표했다. 이어서 그는 세계적인 분위기와 국내 상황을 감안할 때 이번 충돌은 불가피한 것이었다고 하면서도 다행스러운 일은 충돌이 발생했을 때 문제 해결 능력을 갖추고 용기 있는 경험 많은 군부 내 원로 동지들이 건재하다는 사실이라고 말했다. 그는 이번 행동의 필요성을 이해하지 못하는 일부 동지들이 존재함을 인정했다. 그러나 그는 그들도 언젠가는 이러한 행동을 지지할 것을 믿는다고 말했다. 덩샤오핑은 일부 불순분자들이 학생과 주변 군중 사이에 끼어들어 말썽을 일으킨 것이라고 하면서, 그들의 최종 목적은 공산당을 거꾸러뜨리고 사회주의 제도를 뒤집어엎어 자산 계급 공화국을 세워 서구에 종속되기 위함이라고 주장했다. "그렇다면 이후 우리는 어떻게 해야 하는가? 나는 분명히 말합니다. 우리는 이미 정해진 기본 노선과 방침, 정책을 변함없이 해 나갈 것이며, 확고부동하여 조금도 흔들림 없이 해 나갈 것입니다."[3] 그는 이렇듯 사회주의 노선, 무산 계급 전정(專政), 공산당의 영도, 마르크스·레닌주의와 마오쩌둥 사상 등 4개

기본 원칙의 중요성을 다시 한 번 반복했다.[4]

당 영도자들과의 담화

일주일 후인 6월 16일 덩샤오핑은 중앙위원회 영도 위원들이 모인 자리에서 자신은 일상 공작에서 물러날 것이며, 새로운 제3세대 영도자들이 '폭란(暴亂)'를 평정할 임무를 완수해야 할 것이라고 말했다. 이번 폭란을 잘 활용하여 과거의 착오에 주의를 기울여 바로잡아야 할 것이나 기본 원칙은 바꿀 수 없다는 것이었다. 그는 계속해서 이렇게 말했다. "사회주의만이 중국을 구원할 수 있으며, 사회주의만이 중국을 발전시킬 수 있소. 경제 발전은 결코 내리막길로 떨어져서는 안 되오. …… 우리는 행동으로 증명해야 할 것이오. 우리의 개혁 개방 정책은 불변일뿐더러 진일보하여 집행을 관철해야 할 것이오."[5] 덩샤오핑은 재차 당의 전략 목표가 옳다고 단언했다. 1980년부터 2000년까지 경제를 네 배 발전시켜 다음 세기 중엽까지 중국을 중등의 선진국으로 만들어야 한다는 것이었다.

베이징에서 덩샤오핑의 연설을 지켜본 외국인들의 말에 따르면, 그의 어조는 침착하고 자신감이 넘쳤으며, 자신이 취한 행동에 전혀 후회가 없었고, 발생할지도 모를 상황에 대해 당황하는 모습이 아니었다.[6] 그는 6월 4일 무력을 통해 이미 반대 세력들이 진압되었고, 당과 인민해방군이 공고한 통제력을 확립했다고 믿는 것 같았다. 그는 군사 행동으로 인해 중국은 10년 내지 20년 동안 안정을 확보했다고 단언했다. 그의 완강하고 확고한 모습에 중국이 내란으로 빠질지도 모른다고 걱정하던 이들은 안도의 숨을 내쉴 수 있었다.

덩샤오핑은 중국이 1950년대와 1960년대에 거의 외부와 단절된 경험이 있기 때문에 1989년 이후 외국의 제재를 너끈히 견딜 수 있을 것이라고 자신감을 내비쳤다. 또한 민주주의 국가는 정치 변화가 빠르기 때문에 심각한 제재도 기껏해야 몇 년간 지속될 뿐이라고 말했다. 그는 외국 기업가들이 중국 시장에 진출할 수 있도록 자신의 정부에 중국과의 관계를 개선하라고 압력을 넣을 것이고, 외국 정부도 중국의 협력이 필요하다는 것을 새삼 느끼게 될 것이라고 말했다. 또한 중국이 확고한 입장을 견지하고 외국 친구들을 격려하여 제재를 풀 수 있도록 하면서 향후 모든 기회를 제대로 활용하기 위해 준비를 잘 해야 할 것이라고 말하기도 했다.

덩샤오핑의 예측은 정확했다. 미 국무 장관 제임스 베이커(James Baker)는 1990년 11월 이라크가 쿠웨이트에서 철군하도록 하는 결의안을 유엔 안전보장이사회에서 통과시키기 위해 중국의 협력이 필요했다. 그래서 그는 미 대통령 부시가 첸치천 외교부장과 만나는 것을 조건으로 중국의 지지를 얻기로 협상했다.[7] 비록 협상 이후에도 대부분의 제재 조치가 계속 유지되긴 했으나 이번 일은 중국과 미국의 업무 관계를 회복하는 데 중요한 일보를 뗀 것이었다.

6월에 있었던 두 차례 공개 연설 이후 덩샤오핑은 더 이상 공개적으로 얼굴을 내밀지 않았다. 그러자 그가 병이 걸렸다거나 심지어 세상을 떠났다는 유언비어가 끊이질 않아 신문에서 때로 이를 부인하는 성명을 내야만 했다. 사실 덩샤오핑은 6월 중순 4중전회에 참석했고, 7월 초에는 부시 대통령의 특사인 브렌트 스코크로프트를 접견했으며, 이후 고위층 관리들의 여름 요양지인 베이다이허에서 휴식을 취했다.[8]

4중전회: 1989년 6월 23~24일

텐안먼 사건이 끝나고 3주가 지난 후 중앙위원회에서 13기 4중전회를 개최했다. 회의는 과거 2개월 동안 동란을 제압하기 위한 조치는 필요한 것이자 합당한 것이라고 긍정했다. 전체회의의 공보(公報)는 덩샤오핑 등 원로 간부들이 동란에 직면해 보여 준 역할을 찬양하고 군대와 경찰의 공헌에 찬사를 보냈다. 4중전회는 정식으로 고위층 인사 이동을 비준했다. 자오쯔양은 모든 직무에서 면직되고 장쩌민이 당의 총서기로 임명되었다. 쑹핑과 리루이환은 승진했고,

장쩌민과 리펑, 그리고 차오스가 공동으로 정치국 상무위원회를 맡았다. 새로운 영도 집단은 덩샤오핑과 그의 동료들이 개척한 길을 따라 계속 전진할 것이라고 맹세했다. 장쩌민은 4중전회 연설에서 1978년 12월 11기 3중전회에서 확립한 개혁 개방 실행과 경제 발전 추진이라는 목표를 확고하게 견지할 것임을 재차 확언했다.[9]

하지만 여전히 큰 문제가 남아 있었다. 수많은 중국인이 더 큰 자유를 갈망했으나 당내 원로들은 전혀 꿈쩍도 하지 않았으며 질서를 유지하기 위해서는 통제를 보다 엄격하게 하는 것이 중요하다고 생각했다. 쌍방의 깊고 깊은 간극을 어떻게 메꿀 것인가? 덩샤오핑을 이해하고 있는 이들이 볼 때, 그가 취한 전략은 전혀 의외의 것이 아니었다. 그는 경제 발전을 추진하는 한편 '사상 교육'을 강화했다. 이는 다시 말해 서구식 민주 개혁을 실시하라는 지식인들의 호소에 전혀 아랑곳하지 않으며, 오히려 현행 제도가 현재 중국에 가장 적합한 것임을 군중에게 믿도록 했다는 것이다.

장쩌민에게 바통을 넘기다

어떻게 하면 후계자가 단결을 유지하면서 개혁 개방을 계속 실행할 수 있도록 할 것인가? 덩샤오핑은 이에 대해 한참을 고민했다. 6·4 비극에 대한 인민의 반응을 보면서 그는 인민의 기호에 맞게 진압에 참여하지 않은 이를 후계자로 선택했다. 이를 통해 인민이 새로운 시작의 느낌을 가질 수 있기를 희망했다. 비록 장쩌민이 6월 4일 이전에 베이징에 왔지만, 덩샤오핑은 장쩌민의 명예가 톈안먼 비극으로 인해 손상되지 않도록 조치했다. 이를 위해 덩샤오핑은 베이징의 질서를 회복하는 책임을 맡고 6월 24일 장쩌민이 4중전회에서 정식으로 총서기에 선출되고 나서야 비로소 그의 임명을 선포했다.[10] 덩샤오핑은 자신의 후계자를 선포하면서 당과 인민에게 자신이 정상적인 절차에 따라 결단력 있게 권력을 이양했으며, 결코 황급하게 서둘러 시행한 것이 아님을 보여 주고자 했다. 당의 원로 간부들도 강력한 권한을 가진 중심인물이 있어야 한다는 데 동의한 것 같았다. 비록 그들이 1978년 권력의 과도한 집중을 꺼려 덩샤오핑에게 최고의 직함을 부여하는 것을 원치 않았지만 1989년에는 장쩌민에게 최고 직함을 부여하여 그가 효율적으로 국가 영도자에게 필요한 권위를 얻을 수 있기를 원했다는 뜻이다.

6·4 이후 몇 주 동안 덩샤오핑은 장쩌민에게 만족을 느낄 충분한 이유가 있었다. 우선 장쩌민은 자신을 추천한 당내 원로들, 덩샤오핑 이외에 천윈이나 리셴녠 등과 좋은 관계를 유지해야 한다는 것을 금세 배웠다. 그는 뛰어난 정치적 직감을 보여 주었고, 쩡칭훙(曾慶紅)의 계책을 적극 활용했다. 쩡칭훙은 당내 정치에 가장 인맥이 넓은 사람 가운데 하나로, 과거 장쩌민 밑에서 상하이시위원회 부서기를 지냈다가 장쩌민을 따라 베이징으로 와서 중공중앙판공청 부주임을 맡았다. 쩡칭훙의 부친 쩡산(曾山)은 당내에서 다년간 조직과 안정 업무를 담당했기 때문에 쩡칭훙은 그를 통해 당내 인사의 내막을 잘 알고 있었다. 그의 어머니 덩류진(鄧六金)은 옌안 시절 유아원 원장을 지냈는데, 현임 영도자 가운데 많은 이가 바로 그곳 출신이었다. 쩡칭훙은 자신의 개인적 인맥을 활용하여 장쩌민이 베이징 정계에서 여러 사람과 교제할 수 있도록 도와주었다. 장쩌민은 기반이 넓고 깊은 덩샤오핑과 비교할 수 없었다. 덩샤오핑은 베이징에서만 수십 년간 경험을 쌓으면서 동료들에 대해 넓고 깊게 알고 있었다. 그렇기 때문에 장쩌민은 쩡칭훙과 같은 총명한 부하에 의지하여 이런 관계를 쌓아야 했다.

1989년 8월 17일 오전, 베이다이허에서 휴양 중인 덩샤오핑이 양상쿤과 왕전을 불러 11월 5중전회에서 자신이 맡고 있는 중앙군사위원회 주석 자리를 장쩌민에게 넘길 예정이라고 말했다.[11] 당내 영도자들은 그것이 군대의 통제권을 장쩌민에게 넘긴다는 의미이자, 결국 중국에 대한 전반적인 책임을 그에게 이양한다는 뜻임을 알았다.

베이다이허에서 돌아온 후 덩샤오핑은 1989년 9월 4일 장쩌민, 리펑, 차오스, 야오이린, 쑹핑, 리루이환, 양상쿤, 완리 등 당대 고위층 영도자들을 모두 자신의 집으로 불러들여 자신의 퇴직 계획에 대해 상의했다. 회의를 시작하자마자 그가 사람들에게 다시 한 번 자신이 여러 차례 언급했던 말을 상기시켰다. 자신의 마지막 책임 가운데 하나는 엄격한 퇴직 제도를 확립하여 원로 간부들이 자동으로 권력을 보다 젊은 영도자들에게 넘겨주도록 하는 것이라는 말이었다. 덩샤오핑은 동료들에게 퇴직 연령에 강제 규정이 없다는 것은 제도상의 큰 결점이라고 하면서, 이는 마오쩌둥 만년에도 그러했을 뿐 아니라 봉건 군주제 시절의 폐단이기도 하다고 말했다.(덩샤오핑을 비판하는 이들은 아마도 덩샤오핑의 퇴직 결정을 칭찬하면서도 만약 좀 더 일찍 퇴직했으면 더 좋았을 것이라고 덧붙였을지도 모른다.) 덩샤오핑은 만약 자리에 있다가 죽으면 국제적 문제를 일으킬 수도 있다고 하면서 역시 살아 있을 때 자리를 넘겨주는 것이 가장 좋을 것이라고 말했다. 그렇기는 하지만 그는 자신이 잘 알고 있는 외국인들과 만나 일정한 역할을 할 수 있을 것이라고 생각했다.

덩샤오핑은 1992년 개최될 예정인 차기 당대회에서 중앙고문위원회를 해산하라고 지시했다. 천윈이 주임을 맡고 있는 중앙고문위원회는 단지 '1세대 혁명가들의 지혜를 활용하는' 임시 기구로 설립된 것이었다. 덩샤오핑은 자신이 11월 5중전회에서 퇴직을 선포할 때 정부 부서의 일반적인 퇴직 절차와 마찬가지로 간단할수록 좋을 것이라고 말했다.[12] 그다음 그는 몇 마디 당부의 말을 잊지 않았다. "중국 영도자들이 대외 개방을 확고하게 견지하고 있음을 일반 대중과 외국인들에게 반드시 알려야 한다. 이는 대단히 중요한 일이다. 후계자는 당 중앙과 국무원의 권위를 유지해야 한다. 만약 이런 권위가 없다면 중국은 곤란에 직면했을 때 문제를 해결할 수 없을 것이다."[13]

덩샤오핑은 또한 자신의 후계자가 당시까지 지속되고 있던 외국의 제재와 가능한 공격에 어떻게 대처할 것인가에 대해 지침을 내렸다. "다음 세 마디 말로 개괄할 수 있소. 첫째, 냉정하게 관찰하시오. 둘째, 내부 진영을 공고히 하시오. 셋째, 침착하게 응대하시오. 서둘지 말고, 절대로 조급하면 안 되오. 냉정하고, 냉정하고 또 냉정하시오. 전심전력으로 실천하시오. 우리들 자신의 일(중국을 위한 일)을 잘 실천하시오."[14]

같은 날 덩샤오핑은 중앙의 책임 간부들을 만난 다음 전체 정치국원들에게 한 통의 서신을 보냈다.

장쩌민 동지를 수반으로 한 핵심적인 영도자들이 이미 탁월한 성과를 내며 사업을 진행하고 있습니다. 신중한 고려 끝에 나는 아직 내 몸이 건강할 때 현임 직무에서 사퇴하여 오랜 숙원을 실현하고자 합니다. 이는 당과 국가, 그리고 군대의 사업에 유익한 것입니다. …… 공산주의 사업과 국가의 독립, 통일, 건설, 개혁 사업을 위해 수십 년 동안 분투해 온 원로 당원이자 연로한 국민의 한 사람으로서 나의 생명은 당과 국가에 속해 있습니다. 물러난 이후에도 나는 계속해서 당과 국가 사업에 충성을 다할 것입니다. …… 우리의 개혁 개방 정책은 이제 막 첫걸음을 떼었기에 임무는 막중하고, 갈 길은 멉니다. 앞길에는 여러 가지 우여곡절도 있을 것입니다. 하지만 나는 우리들이 반드시 여러 곤란한 일을 싸워 이겨 선배들이 창건한 사업을 대대로 한층 더 진전시킬 것임을 확고하게 믿습니다.[15]

덩샤오핑은 과학 기술의 대외 교류와 새로운 기술 도입을 계속 진행하기로 마음먹었다. 그는 중국계 미국인들이 강렬한 애국심을 지니고 있기 때문에 비록 톈안먼 비극 이후에 외국의 제재가 있을지라도 그들만큼은 여전히 중국과 관계를 맺기를 원한다는 것을 알고 있었다. 그래서 그는 노벨상 수상자인 리정다오를 베이징으로 초청했다. 대중 매체는 9월 16일 덩샤오핑과 리정다오의 회담을 보도하면서 덩샤오핑의 퇴임 결정을 선포했다. 덩샤오핑은 6·4 이후 인민이 불안해하며 국가의 운명을 걱정하고 있다고 생각했다. 그는 마오쩌둥이 대약진 운동으로 난관에 부딪쳐 잠시 물러난 후 병에 걸렸다거나 사망했다는 등의 유언비어가 걷잡을 수 없이 퍼져 나가자 창 강에서 수영하는 사진을 신문에 일부러 게재한 적이 있었음을 상기했다. 그래서 그때와 마찬가지로 비록 6·4 이후 중국의 어려움에 대해 많은 걱정은 하고 있었으되 리정다오와 함께 찍은 사진에서는 태연자약한 모습을 드러냈다. 대중에게 공포된 사진에서 덩샤오핑은 베이다이허 바닷가에서 수영을 하고 있었다. 대중에게 이미 충분히 선전된 회담에서 덩샤오핑은 리정다오에게 이렇게 말했다. "요즘에는 베이다이허에서 매일 한 시간씩 수영을 합니다. 나는 실내 수영장을 별로 좋아하지 않아요. 이렇게 대자연에서 수영하는 것을 좋아하지요." 그는 최근 중국에서 일어난 사건이 많은 이에게 충격을 주었다는 사실을 인정하면서도 이어서 이렇게 말했다. "현재 나는 동란을 통해 중국의 4개 현대화와 개혁 개방 정책이 더욱 좋아지리라고 확신합니다."[16] 덩샤오핑의 기본적인 생각은 전혀 틀리지 않았다. 그는 중국의 앞날을 여전히 낙관적으로 보고 있으며, 설사 외국의 정치인들이 비난할지라도 외국의 과학 기술을 중국으로 도입하는 대문은 지금도 활짝 열려 있다는 것이다.

11월 7일 5중전회에서 덩샤오핑은 중앙군사위원회 주석직을 장쩌민에게 넘겨주었다. 양상쿤은 부주석이 되었으며, 그의 동생인 양바이빙(楊白冰)은 형을 대신하여 중앙군사위원회 비서장이 되었다. 정치국은 덩샤오핑이 제2대 영도자로서 위대한 공헌을 한 점을 치하했다.[17] 11월 8일 5중전회가 끝난 후 덩샤오핑은 인민대회당에서 과거 동료들과 함께 기념 사진을 찍었다. 사람들은 한 명씩 그에게 다가가 악수를 나누었다. 집으로 돌아온 그는 식구들과 함께 퇴직 기념 연회를 열었다. 음식은 지난 30년간 그를 위해 요리를 해 온 주방장이 준비했다. 이틀 후 《인민일보》는 덩샤오핑이 중앙위원회에 보낸 편지를 공개했다. "나는 동지들의 이해와 지지에 감사드립니다. 나는 여러분들이 나의 사직 요청을 받아 주신 것에 대해 충심으로 감사드리며, 아울러 전체 동지들에게도 충심 어린 감사의 말씀을 전합니다."[18] 덩샤오핑이 퇴직한 바로 그날 베를린 장벽이 무너졌다. 하지만 그의 퇴직에는 아무런 문제도 일으키지 않았다.

덩샤오핑이 장쩌민에게 권력을 이양하고 1년이 지난 후 싱가포르 총리 리콴유도 자신의 후계자로 고촉통을 지명했다. 이후 리콴유는 후계자 업무를 간섭하지 않겠다는 자신의 약속을 지키기 위해 최선을 다했다. 하지만 그는 여전히 문지기 역할을 자임했으며, 만약 문제가 생길 경우 싱가포르가 이룩한 업적을 유지하기 위해 필요한 일이라면 어떤 것이라도 책임질 것이라고 말했다. 덩샤오핑 역시 리정다오에게 비슷한 말을 했다. "나는 물론 완전히 물러나길 희망하지만 동란이 일어난다면 간여하게 될 것입니다."[19]

덩샤오핑은 장쩌민에게 권력을 넘긴 후 더 이상 중요한 일에 대한 최종 결정의 책임을 지지 않았다. 그는 이미 여든다섯 살의 고령으로 행동이 불편하고 청력 또한 날로 떨어졌다. 그래서 그는 대부분의 시간을 휴양하며 보냈다. 2, 3년 전만 해도 어떤 일에든 정신을 잘 집중했으나 이제는 그럴 수 없었다.[20] 1989년 11월 이후 덩샤오핑은 더 이상 정치 무대를 주도하지 않았으며, 주요 문제를 확정짓는 데 참석하지도, 정책을 마련하거나 최종 결정을 내리지도, 대중 매체를 통제하지도 않았다. 하지만 그는 여전히 주요 외빈을 접견하거나 전반적인 국가 전략 문제 등에 영향력을 발휘했다. 만약 필요하다면 그는 자신의 이러한 역량을 충분히 사용할 수 있었던 것이다.

중미 교류를 유지하다

6·4 시위가 발발한 후 즉시 조지 부시는 과거에 어떤 미국 대통령도 중국 공산당 영도자에게 취해 본 적이 없는 행동을 했다. 바로 덩샤오핑과 전화 통화를 시도한 것이었다. 그는 또한 즉각 중국에 대한 군사 설비 판매와 고위층의 왕래를 잠정 중단시키고, 아울러 톈안먼 비극으로 인해 부상을 입은 중국인들에게 인도주의적 원조와 의료 지원을 제공했다. 그는 6월 5일 미국에 있는 중국인 유학생들에게 정치적 망명을 지원하기 위해 그들을 만났으며, 중국에서 박해받는 그들의 친구들에게도 지지를 보냈다. 그러나 미국의 여론, 특히 중국에 대한 엄격한 제재를 주장하는 신문 매체와 달리 부시는 중국 정부의 행동 때문에 중국인들에게 징벌을 가할 생각이 없다고 말했다. 부시는 중미 관계의 험난했던 역정을 이해했기 때문에 향후 중미 관계를 회복하는 데 더욱 큰 곤란을 조성하는 어떤 대립도 피할 수 있기를 희망했다. 그는 장기적으로 볼 때 지속적인 접촉이 있어야만 중국 내부에서 더욱 많은 자유를 쟁취할 수 있도록 압력을 강화할 수 있을 것이라고 말했다. 몇 년 후 그는 1989년 사건을 회고하면

서 이렇게 말했다. "만약 내가 그 사람(덩샤오핑)과 만난 적이 없었다면, 나 역시 톈안먼 사건 후에도 그들과 마땅히 관계를 유지해야 한다고 자신 있게 생각할 수 없었을지 모른다."[21] 부시는 1974년 9월 26일부터 1975년 12월 7일까지 중국 주재 미국 연락사무소 소장으로 있었는데 시기적으로 타이밍이 참 좋았다. 그는 덩샤오핑이 저우언라이를 대신하여 외국 영도자와 회견하는 임무를 맡고 얼마 후에 부임했으며, 베이징을 떠난 시기는 공교롭게도 마오쩌둥이 다시 덩샤오핑을 물러나게 한 때였다. 부시의 중국 문제 전문가이자 대통령 당선 후 베이징 주재 대사로 파견되었던 제임스 릴리는 부시와 덩샤오핑이 "1970년대에 이미 흔치 않은 친밀한 관계를 맺었는데, 부분적으로 그들이 모두 상대방이 각자의 나라에서 미래의 영도자가 될 것이라고 예감했기 때문이다."[22]라고 말한 적이 있다. 제임스 릴리는 실제로 마오쩌둥, 저우언라이, 닉슨, 키신저 등이 정계에서 은퇴하면 덩샤오핑과 부시가 계속해서 과거의 영도자들이 만들어 놓은 양국의 업무 관계를 유지하게 될 것이라고 생각했다. 그 두 사람의 관계는 여유가 있고 우호적이었다. 1975년 12월 6일 부시가 CIA 국장으로 전보되어 베이징을 떠나게 되자 그를 위한 고별 만찬회에서 덩샤오핑은 농담 삼아이렇게 말했다. "당신은 이곳에서 계속 스파이 활동을 한 것 아니시오?"[23] 부시는 개인적 외교를 선호했다. 그래서 때로 덩샤오핑에게 개인적으로 서신을 보내기도 했다. 덩샤오핑은 이러한 개인적 왕래 방식에 일절 대응하지 않았지만 언제든지 부시와 만날 준비가 되어 있었다.[24]

덩샤오핑이 최고 영도자가 된 후 두 사람은 여전히 관계를 유지하고 있었다. 덩샤오핑은 1979년 1월 미국을 방문했을 때, 휴스턴에서 부시와 개인적 회담을 요구했다. 그 자리에서 덩샤오핑은 부시에게 당시 대외비였던 베트남 침공 계획을 알려 주었다. 덩샤오핑이 텍사스를 방문했을 때 부시는 자신의 어머니 집으로 그를 초대하기도 했다. 나중에 레이건 대통령이 대만과 정상적인 국교 관계를 맺으려 할 때 덩샤오핑과 당시 부통령이던 부시가 함께 노력하여 중미 관계가 정상적인 궤도에서 이탈하지 않도록 했다. 확실히 양국의 관계가지극히 긴장 상태가 될 때마다 덩샤오핑과 부시가 함께 의견을 나누어 어려운 고비를 넘겼으며, 이로써 양국 관계를 안정화시킨 1982년 8월의 공동 성명을 위한 길을 닦은 것이라고 말할 수 있다.[25] 나중에 부시가 대통령에 당선되었을 때 그의 부인 바버라가 아시아 방문길에 베이징에 들러 남편 부시의 생각을 덩샤오핑에게 전해 주었다. 1989년 2월 덩샤오핑은 부시에게 중소 관계를 개선시키기 위해 고르바초프의 중국 방문을 추진하고 있다고 솔직하게 말해 주었다.[26] 몇 년 후 부시는 텔레비전에 출연하여 자신이 만났던 가장 위대한 영도자가 누구냐는 질문을 받은 적이 있었는데, 당시 그는 특별히 생각나는 인물이 없다고 말한 다음 보충해서 말하길, 덩샤오핑은 분명 비범한 영도자라고 답했다.

그러나 1989년 6월 부시가 덩샤오핑에게 전화 통화를 시도했을 때 덩샤오핑은 이에 응하지 않았다. 외국 영도자의 전화에 응답하는 것은 중국 영도자의 관례가 아니었기 때문이다. 그래서 부시는 1989년 6월 21일 덩샤오핑에게 친필 서한을 보냈다.

나는 참으로 무거운 마음으로 이 서신을 씁니다. 나는 귀하와 친히 이번 일에 대해 논의하려 했으나 애석하게도 그렇게 하지 못했습니다. 우선 나는 진실한 우정의 마음으로 서신을 쓰고 있습니다. 귀하께서도 분명 이 서신을 쓰는 이가 미국과 중국 간의 양호한 관계가 양국의 근본적인 이익에 부합한다고 열정적으로 믿고 있음을 알고 계시리라 확신합니다. 내가 이 서신을 쓰는 것은 귀하께서 우리 쌍방이 모두 대단히 중요하다고 생각하는 관계를 유지할 수 있도록 도와주실 것을 요청하기 위함입니다. …… 나는 귀하에게 …… 아직 젊은 우리나라의 건국 원칙을 기억해 주시길 요청드립니다. 그 원칙은 바로 민주와 자유이지요. …… 이러한 원칙은 불가피하게 미국인이 다른 나라에서 일어난 일에 대해 반응하는 방식에 영향을 줍니다. 이는 오만한 반응이거나 다른 이들이 우리의 신념을 수용하기를 강압하기 위함이 아닙니다. 이는 다만 그러한 원칙을 유지할 가치와 보편적 적용에 대한 신앙일 뿐입니다.[27]

이어서 부시는 미국 대통령으로서 제재를 취하지 않을 수 없다고 해명했다. "지금의 경우처럼 친구 사이에 어려운 일이 생겼을 때 우리는 그것에 대해 분명하게 이야기할 수 있는 방법을 찾아야 합니다. …… 우리처럼 개방된 제도에서는 어떤 일이든 기밀을 유지할 수 없는 경우가 허다합니다. 하지만 이 편지는 복사본이 없는 특별한 서신입니다. 나의 개인적인 파일 이외에 어떤 복사본도 없습니다."[28] 부시는 서신에서 베이징에 개인 특사를 보내겠다고 제의했다.

부시는 서신을 보낸 다음 날 덩샤오핑의 회신을 받았다. 파견할 특사를 접대할 준비를 하겠다는 내용이었다. 부시는 6·4 시위가 발생하자마자 특사를 파견하게 되면 미국인들의 분노를 초래할 가능성이 있음을 알고 있었기 때문에 특사 파견에 대해 베이징 주재 미국 대사관도 사전에 통지를 받지 못할 정도로 비밀리에 진행했다.(중국 측은 이에 관한 한 아무런 문제가 없었다.) 국가 안보 보좌관인 브렌트 스코크로프트와 로런스 이글버거(Lawrence Eagleburger)가 베이징으로 날아가 7월 2일 덩샤오핑을 만났다. 그들과 회견하기 전에 덩샤오핑은 리펑과 첸치천에게 오늘 미국인들과 회담할 때 원칙만 이야기하고 구체적인 문제는 언급하지 말라고 지시하고, 아울러 중국은 미국과의 관계 개선을 원하지만 중국 영도자는 미국인이나 그 어떤 제재도 두려워하지 않는다는 것을 반드시 마음속에 새겨 넣어야 한다고 말했다.[29]

브렌트 스코크로프트를 수행한 미국인의 말에 따르면, 덩샤오핑은 브렌트 스코크로프트와 로런스 이글버거에게 친절하게 안부를 묻고 "내가 부시 대통령을 친구로 생각하는 것은 오랫동안 서로 왕래하면서 그가 말을 하면 꼭 지키는 사람이라고 생각했기 때문이에요. …… 그는 빈말이나 거짓말을 거의 하지 않았어요."[30]라고 말했다. 하지만 중미 관계를 평가할 때 그의 태도는 대단히 강경했으며, 심지어 엄숙하기까지 했다. 6·4 시위를 언급하면서 그는 이렇게 말했다. "그 사건은 한차례 지진입니다. 다만 미국인들이 너무 깊게 간섭하고 있는 것은 대단히 불행한 일이지요. 반혁명적 폭동의 목적은 중화인민공화국과 우리의 사회주의 제도를 전복하는 것입니다. 만약 그들을 통제하지 못한다면 천하에 큰 난리가 날 것입니다. 솔직히 말해서 전쟁을 초래할지도 모른다는 말씀이오." 덩샤오핑은 이어서 미국이 중국 정부를 전복하려는 일부 사람들을 돕고 있다고 비난하면서 미국의 대중 매체가 폭력 정도를 지나치게 과장하면서 중국의 내정을 간섭하고 있다고 말했다.

덩샤오핑은 부시가 중국에 두 명의 특사를 파견하기로 한 결정을 바람직한 일로 여겼다. "보건대 여전히 원래 우리들이 가지고 있던 바람직한 관계를 유지하길 희망하고 있는 것 같군요. …… 나는 이것이 부시 대통령이 원하는 것이라고 믿습니다. 나도 같은 희망을 가지고 있어요. 하지만 이런 성질의 문제는 친구인 두 사람만으로 해결할 수 있는 것이 아닙니다." 덩샤오핑은 이어 양국의 불화는 미국이 일으킨 것이라고 말했다. "(미국은) 아주 심할 정도로 중국의 이익을 침범했어요. …… 방울을 풀 사람은 당연히 방울을 매단 사람이지요. 이 문제는 미국이 더 이상 불에 기름을 붓지 않아야 한다는 것에 달려 있습니다." 덩샤오핑은 또한 중화인민공화국은 22년 동안 전쟁을 치르면서 2000만 명의 죽음을 대가로 세워진 국가이기 때문에, 어떤 역량으로도 중국공산당의 중국 통치를 대체할 수 없다고 말했다. 이는 자기 나라의 운명이 위험에 처해 있으며, 중국 내 시위자들에 대한 미국의 지속적인 지지는 이러한 위험을 가중할 뿐이라고 믿는 이의 엄중한 메시지나 다를 바 없었다.

스코크로프트는 답변하면서 부시 대통령이 당연히 중국과 바람직한 관계를 유지할 것이며, 그것이 미국의 국가 이익에 부합한다고 확신하고 있음을 거듭 밝혔다. 부시는 또한 덩샤오핑이 미국 대통령이 당시 감내할 수밖에 없는 정치적 제한을 이해해 주길 희망했다.[31] 이에 덩샤오핑은 부시에게 이렇게 전해 달라고 답했다. "나는 내 친구인 부시 대통령의 우정에 대해서 …… 우리 양국 정부 사이에서 이 문제에 대해 이야기한 것이 어떤 것이든 그가 계속해서 내 친구로 남아 있을 것이라면 나 역시 똑같이 그를 대할 것입니다."[32] 스코크로프트는 미국이 왜 개인의 자유에 대해 그처럼 깊이 생각하는지에 대해 설명하려 했으나 더 이상 깊이 언급하지는 않았다. 덩샤오핑은 회담이 끝난 후 자신은 스코크로프트가 언급한 여러 가지 내용에 동의하지 않는다고 하면서 이렇게 말했다. "중미 관계에서 불행한 에피소드를 끝내기 위해 미국이 어떤 행동을 취할 것인지 봐야겠어요."[33] 스코크로프트의 말에 따르면, 덩샤오핑은 이 말을 끝으로 그와 헤어졌다.

당시 미국과 중국 관계에서 가장 피해가 막심한 것 가운데 하나는 미국이 중국에 군사 장비를 공급한다는 협정의 이행에 관한 것이다. 1983년부터 1989년까지 반소(反蘇) 동맹을 맺으면서 중국과 미국은 항공 전자 설비, 유도탄, 어뢰 등을 중국에 수출하는 문제를 협의해 왔다. 그 가운데 가장 큰 개별 항목은 F-8 전투기의 레이더 시스템이었으며, 중국은 이미 미국 시코르스키 항공사에서 제작한 블랙 호크 헬리콥터(Black Hawk helicopter)를 구매한 상태였다. 당시 경제 발전 초기 단계에 있던 중국의 처지에서 이는 지출이 상당히 큰 거래였다. 1989년 이후 미국의 경제 제재로 인해 블랙 호크 헬리콥터의 부속을 포함한 모든 부속품의 중국 판매가 허용되지 않았기 때문에 중국은 이미 구매한 수많은 장비를 사용할 방법이 없었다.

1989년부터 1993년까지 중국과 미국 양측의 군사 관리들은 어떤 형태의 고위급 접촉도 갖지 못했다. 쌍방의 교류는 1993년 회복되었지만 1983년부터 1989년까지 쌍방이 두터운 신뢰를 유지하던 수준까지 이르지는 못했다. 사실 1989년 이후 중국은 구매처를 바꾸어 소련에서 SU-27 전투기를 구매했고, 이스라엘에서 군사 설비와 물자를 구매했다. 중국은 더 이상 미국에서 그 어떤 주요한 군사 설비도 구매할 뜻이 없었던 것이다.[34]

톈안먼 비극이 발생하고 1개월여가 지난 1989년 7월 14일 프랑스에서 개최된 7개국 경제 정상 회담(G-7 economic summit)의 주된 의제는 중국을 제재할 것인가 여부가 아니라 얼마나 강력한 제재를 가할 것인가였다. 다른 정상에 비해 부시와 일본 총리 우노 소스케(宇野宗佑)는 비교적 완화된 제재를 주장했다. 부시는 중국에 대한 세계은행의 새로운 차관 취소를 지지하고, 미국에 있는 중국 유학생들에게 영구 거주권을 제공하는 데 동의했으나 자신이 생각하기에 미중 관계를 철저하게 붕괴시킬 수 있는 보다 강력한 제재 수단을 동원하는 데는 반대했다.[35]

부시는 1989년 7월 28일 재차 덩샤오핑에게 서신을 보내 양국의 업무 관계를 유지할 수 있기를 바란다고 거듭 천명했다. "방울을 단 사람이 방울을 풀어야 한다."라는 덩샤오핑의 발언에 부시는 중국의 행동 때문에 문제가 발생했다고 믿는다고 했다. 덩샤오핑은 8월 11일 부시에게 진심 어린 답장을 썼다. 그는 부시가 양국 관계를 유지하고 발전시키려 노력하는 것에 대해 감사의 뜻을 전하고 아울러 미국이 중국을 제재하는 것은 중국의 이익과 존엄에 해를 끼치는 것이라고 말했다. 그는 이러한 국면을 가능한 빨리 개선하길 희망한다고 덧붙였다.[36] 부시는 덩샤오핑이 미국이 소련과 왕래하는 것에 대단히 민감하다는 것을 알고 있었다. 그래서 덩샤오핑에게 답변을 보내면서 12월 1일 부시와 고르바초프가 몰타에서 정상 회담을 한 후 스코크로프트를 특사로 보내 덩샤오핑과 장쩌민에게 회담 결과를 통보하겠다고 제의했다.

　그 기간 동안 미국과 일본은 현직 고위급 관리를 중국에 파견하지 않기로 결정했기 때문에 덩샤오핑은 미국의 전 관료들을 만났다. 그는 미국 민주당 특사인 레너드 우드콕을 만났고, 전 미국 대통령 리처드 닉슨과 전 국무 장관 헨리 키신저와 회견했다. 특히 닉슨과 키신저는 부시 행정부에서 중재자 역할을 했다. 일본의 경우 강력한 야당이 존재하지 않고 또한 특사로 보낼 만한 전임 정치가가 충분하지 않았기 때문에 주로 일본 정부와 밀접한 관계를 맺고 있는 일본 재계의 영수들을 만났다. 외빈들이 베이징을 방문하면 덩샤오핑은 그들과 자신의 후계자인 장쩌민과 함께 협력할 것을 적극 권고했지만 여전히 핵심적인 회담은 자신이 직접 주관했다.

　1989년 10월 덩샤오핑은 리처드 닉슨과 그와 함께 방문한 카터 행정부의 중국 문제 전문가 미셸 옥센버그와 회견했다. 닉슨은 미국이 왜 6·4 진압에 대해 그렇게 격렬하게 반응하는지 설명하면서 그럼에도 불구하고 쌍방은 경색 국면을 타파할 길을 찾아야 한다고 강조했다. 그러자 덩샤오핑은 중국이 약자의 위치에 있기 때문에 주도적으로 행동을 취할 수 없다고 하면서, 강자의 위치에 있는 미국이 먼저 한발 양보해야 한다고 말했다.[37]

　2주가 채 되기도 전인 11월 10일, 덩샤오핑이 정식으로 퇴임하고 베를린 장벽이 무너진 그다음 날, 그는 헨리 키신저와 회견했다. 덩샤오핑은 키신저에게 중국의 개혁 개방 정책은 앞으로도 계속될 것이라도 단언한 후 자신의 외교 구상을 부시에게 전달해 달라고 요청했다. 그 내용은 다음과 같다. 첫째, 중국은 미국 대사관에 피난 중인 반체제 인사(이견인사(異見人士))이자 천체 물리학자인 팡리즈의 미국행을 허용한다. 둘째, 미국은 일부 중국에 대한 제재를 취소한다. 셋째, 쌍방은 한두 가지 중요한 경제 협력 계획에 서명할 수 있도록 노력한다. 넷째, 장쩌민이 미국을 방문한다.[38] 몇 개월 후인 1990년 5월 부시는 중국을 무역 최혜국으로 대우하는 법안을 비준했으며, 중국은 이미 팡리즈가 중국 주재 미국 대사관을 떠나 출국할 것을 결정했다고 발표했다.[39]

브렌트 스코크로프트와 로런스 이글버거가 12월 10일 두 번째로 덩샤오핑을 만났을 때는 이미 상당한 진전을 이룬 상태였다. 지시에 따라 스코크로프트는 특사 자격으로 베이징을 방문했다는 사실을 언론에 공개했다. 하지만 미국의 케이블 방송인 CNN은 12월 18일 그들이 그 이전에 비밀리에 베이징을 방문했다고 폭로했다.[40] 6·4 시위를 비통하게 여기고 있던 수많은 미국인은 길거리에서 무고한 민주 인사들에게 총탄을 퍼부은 공산당이 이끄는 국가를 미국 정부의 대표가 비밀리에 방문했다는 사실을 알고 도의적인 격분에 휩싸였다. 특히 그 일은 부시가 고위층의 왕래를 중지시킨 이후에 일어났기 때문에 더욱더 그러했다.[41] 하지만 양국의 미래와 양국 영도자의 밀접한 개인 관계에 관해 생각하고 있던 부시와 스코크로프트는 이번 방문이 중국과의 관계 균열을 막을 수 있는 좋은 기회였으며, 이는 미국의 전략과 문화, 그리고 경제적 이익에 부합한다고 생각했다.[42]

두 번째 방문에서 덩샤오핑은 스코크로프트와 이글버거에게 그들이 베이징을 방문한 것은 좋은 일이라고 하면서 만약 중미 관계가 견고하지 못하다면 세계의 평화와 안정을 유지하기 힘들기 때문이라고 말했다. 그는 또한 중국이 미국을 위협하고 있는 것이 아니라 미국의 정책이 중국을 위협하고 있다고 말했다. 이외에도 중국에서 더욱 많은 동란이 발생한다면 전 세계에 큰 위협이 될 것이라고 말하기도 했다. 덩샤오핑은 부드러운 목소리로 스코크로프트에게 중국의 퇴직한 한 노인네는 중미 관계가 대단히 중요하며, 쌍방이 문제 해결의 방도를 생각해 봐야 할 것이라고 믿고 있다고 전해 달라고 했다.[43] 방문이 끝난 후 미국은 중국에 세 대의 통신 위성을 판매하기로 동의했고, 세계은행이 중국에 인도주의적 목적의 차관 제공을 지지했다. 얼마 후 중국은 베이징의 계엄령을 해제하고 1989년 봄에 체포된 573명을 석방한다고 발표했다.[44]

이러한 초기의 변화 조짐에도 불구하고 미국과 중국의 대화는 또다시 경색 국면으로 접어들어 1년 넘게 지속되었다. 첸치천 외교부장은 미국이 이미 중국과의 회담에 흥미를 잃었다고 불만을 토로했다. 반면 스코크로프트는 중국 영도자들이 더 이상 유연하지 않다고 말했다. 하지만 쌍방은 모두 이러한 경색 국면의 근본 원인이 바로 동유럽과 소련의 혼란에서 초래되었음을 잘 알고 있었다.

동유럽과 소련 공산주의 제도의 붕괴

1989년부터 1991년까지 소련과 동유럽에서 정치적 격변이 발생하고, 1989년 봄 베이징에서 대규모 시위가 발생하자 외국인은 물론이고 수많은 중국인조차 중국공산당이 과연 계속 존재할 수 있을 것인가에 대해 의구심을 갖기 시작했다. 베를린 장벽이 무너지고 동유럽 국가의 공산당 통치가 종식되고 소련이 해체되자 서구는 큰 박수를 보냈다. 그들은 중국의 민주파도 공산당 통치 종식에 성공할 수 있기를 바랐다. 한편 중국의 영도자들은 국내의 문제를 통제하기 위해 온갖 책동을 마다하지 않았으나 자신들의 대중 매체가 보도하는 내용이 동유럽과 소련에서 발생한 전혀 예상치 못한 사건에 의해 압도되면서 점점 난감한 지경에 봉착하게 되었다. 매일매일 서방 매체의 소식을 번역한 자료를 게재하는 《참고자료》를 통해 중국 관리들은 일반 대중보다 정확한 진상을 파악하고 있었다.

중국인은 물론이고 덩샤오핑 본인 또한 엄청난 충격을 받았는데, 그것은 루마니아에서 중국의 오랜 친구인 니콜라에 차우셰스쿠 대통령과 그의 부인에 저항하는 대규모 군중 시위가 날로 확대되다가 1989년 12월 25일 발포 명령과 함께 정점으로 치달았기 때문이었다. 차우셰스쿠는 동유럽 영도자 가운데 유일하게 군대에 시민들을 향해 발포하라는 명령을 내린 이였다. 중국 영도자들은 7개월 전 베이징에서 일어난 유사한 군사 행동을 떠올리지 않을 수 없었다. 실제로 루마니아 사태가 급박하게 돌아가면서 차우셰스쿠 처형까지 이르게 되자 6월 4일 베이징 진압을 찬성했던 중국의 영도자들은 자신들도 차우셰스쿠와 같은 운명에 처하는 것은 아닌지 걱정했다.

이러한 우려의 정도는 당시 중국 정부가 인민들에게 루마니아 사태를 숨긴 것에서도 엿볼 수 있다. 12월 17일 차우셰스쿠가 군대에 민간인에 대한 발포 명령을 내렸을 때 중국 매체들은 일절 보도하지 않았으며, 4일 후에야 차우셰스쿠가 테러리스트들의 행동으로부터 사회주의 체제를 보호하기 위해 국가 긴급 사태를 선포했다고 간략하게 보도했다. 루마니아에서 대규모 충돌에 대한 보도를 피할 수 없게 되자 중국 매체들은 어쩔 수 없이 루마니아 주재 신화사 사무실 창문이 총탄에 맞아 깨졌다는 정도만 인정했을 따름이다. 12월 27일 차우셰스쿠가 총살되고 이틀이 지난 후《인민일보》는 제4면에서 간략하게, 그것도 단 한 번 다음과 같이 언급했다. "루마니아 텔레비전 방송국은 12월 25일 루마니아 특별 군사 법정에서 차우셰스쿠와 그의 부인에게 사형을 선고했으며, 판결이 이미 집행되었다."[45] 당시 베이징에 머물던 스코크로프트의 말에 따르면, 이전까지 차우셰스쿠가 자유파의 맹렬한 공격을 막아 낼 수 있음을 증명한 인물이라고 찬사를 아끼지 않았던 중국의 영도자들은 루마니아 사태를 목격하면서 거의 공황 상태에 빠지고 말았다.[46]

차우셰스쿠가 처형되자 특히 덩샤오핑은 불안감에 빠졌다. 차우셰스쿠는 1985년 10월 베이징을 방문하여 덩샤오핑에게 루마니아 최고 훈장인 루마니아 사회주의 공화국의 금별 훈장을 수여한 적이 있었다. 일찍이 1965년 7월 중국이 바르샤바 조약 회원국들과 협력할 때, 소련과 바르샤바 조약국으로부터 어떻게 하면 더욱 많은 독립을 쟁취할 수 있는가라는 문제에서 덩샤오핑과 차우셰스쿠는 같은 의견을 공유했다. 차우셰스쿠는 1982년과 1985년 중국을 방문해 군중 대회에서 연설하기도 했다. 또한 1985년 방문 때는 덩샤오핑이 그에게 중소 관계를 개선하기 위한 조건을 고르바초프에게 전달해 달라고 요청하기도 했다. 그것이 1989년 고르바초프가 중국을 방문하는 길을 터 준 셈이었다.[47] 《인민일보》는 1989년 9월 차우셰스쿠의 인터뷰 내용을 인용하면서 "공산당과 사회주의 국가는 마땅히 과거보다 더욱 긴밀하게 협조해야 한다."라는 당시 그의 발언 내용을 게재했다.[48] 동시에 《참고자료》는 당시 서방에서 차우셰스쿠에 반대하는 세력들이 연일 보도하는 내용을 상세하게 번역하여 게재했는데, 일반 대중은 그러한 내용을 전혀 접할 수 없었다.[49]

12월 루마니아 반대파 운동이 이미 심각한 정도에서 벗어났다는 사실이 세상에 그대로 드러나자 덩샤오핑은 잠시 공개적인 모임을 중지했다. 관방의 『덩샤오핑 연보(年譜)』에 따르면, 12월 중순까지 그는 여섯 차례 외부 인사와 회견했다. 그러나 12월 17일, 차우셰스쿠가 군중을 향해 발포 명령을 내린 바로 그날부터 이듬해 1월 18일(그날 그는 홍콩 재계의 영수인 리자청을 만났다.) 이전까지 어떤 회견 기록도 남아 있지 않다.[50] 그래서 루마니아 위기가 고조되던 12월 21일, 6·4 이래로 홍콩이 대륙으로 회귀하는 8년 뒤 과연 어떤 일이 발생할 것인가에 대해 깊이 걱정하고 있던 홍콩 거주민들의 우려를 씻기 위해 홍콩 기자들을 접견하는 일은 장쩌민에게 돌아갔다. 덩샤오핑과 마찬가지로 장쩌민 역시 긴장 국면에서 애써 진정하면서 왜 중국의 상황이 동유럽과 근본적으로 다른가에 대해 설명했다. 그는 중국공산당이 1949년 정권을 수립한 것은 소련 군대가 승리한 결과가 아니라 중국 자체 군대의 역량에 힘입었기 때문이라고 말했다. 또한 중국은 자본주의 국가에게 포위된 적이 없으며, 지금까지 줄곧 인민의 생활을 개선해 왔다고 강조했다. 장쩌민은 중국에서 계엄을 시행한 것은 일부 규율을 지키지 않는 학생들에게 대응하기 위함이 아니라 질서를 유지하기 위함이라고 말했다. 1957년 당시의 덩샤오핑과 마찬가지로 장쩌민도 민주주의는 가치 있는 목표지만 얼마나 많은 민주주의를 실행할 것인가는 중국의 정국 안정에 달려 있다고 단언했다.[51]

1989년부터 1991년 말까지 소련이 완전히 해체되자 베이징의 선전 담당 간부들은 동유럽과 소련에서 전해져 오는 소식을 어떻게 처리할 것인지 난감했다. 가능한 숨기고 희석시키며 지연하거나 심지어 뉴스를 왜곡하는 일까지 벌어졌지만 사건 자체가 그들에게는 골칫거리였다. 왜냐하면 그런 일이 많아질수록 대중에게 신뢰를 얻을 수 없다는 것을 잘 알고 있었기 때문이다. 1989년 6월 4일 덩샤오핑의 군대가 톈안먼 광장의 시위자들을 진압했던 바로 그날 폴란드 시민들은 민주적인 투표 방식을 통해 의회를 구성했다. 이는 제2차 세계대전 이후 소련이 동유럽을 점령한 이래로 동유럽 국가에서 처음 시행된 선거였다. 하지만 《인민일보》는 6월 10일까지, 즉 덩샤오핑이 계엄 부대 간부들에게 연설을 한 후에야 대중에게 선거 소식을 보도했다. 게다가 반대 당의 후보자가 공산당의 후보자에 압승했다는 소식은 한 글자도 내보내지 않았다. 일찍이 1980년 중반 보이치에흐 야루젤스키(Wojciech Jaruzelski)가 민심을 얻은 자유 노조 연대를 강제로 해산하자 베이징의 매체들은 손뼉을 치며 갈채를 보냈다. 그러나 1989년 11월 야루젤스키가 자리에서 쫓겨나자, 이에 놀란 베이징의 관리들은 중국인들에게 그러한 소식을 적시에 보도하지 않았다.[52]

1989년 9월 말부터 10월 초까지 수천수만의 동독인들이 서독으로 망명할 때 중국 매체들은 오히려 계속해서 동독을 찬양했다. 예를 들어 10월 7일(동독공산당 통치 40주년 기념일) 동독에서 대규모 항의 시위가 발생했을 때도 《인민일보》는 전혀 한 글자도 언급하지 않았으며, 오히려 "동독의 인민들이 당의 영도하에 지금도 단결을 강화하고 있다."라고 오해를 불러일으켰다. 하지만 이처럼 중국인들에게 동유럽 사태의 진상을 숨기는 방식은 오히려 베이징의 영도자들에게 좋지 않은 영향을 끼칠 뿐이었다. 11월 11일 베를린 장벽이 무너지자 《인민일보》는 그 소식을 더 이상 숨길 수 없었다.[53]

1990년 2월 소련공산당 전체회의에서 당의 정치적 권력 독점을 포기하는 문제를 토론했을 때도 《인민일보》는 아무런 소식도 전하지 않았다. 전체회의가 끝난 날에도 《인민일보》는 아예 소련이라는 말조차 꺼내지 않고 "중국에서 중국공산당의 강력한 영도가 없다면 틀림없이 새로운 동란과 전쟁이 발발할 것이며, 국가가 분열되고 인민들이 고난을 당할 것이니 국가 건설은 말할 것도 없다."라고 보도했다. 이튿날 신문에서야 비로소 모스크바에서 열린 소련공산당 전체회의에서 권력 독점을 포기하는 데 동의했다는 소식이 실렸다.[54] 소련이 해체된 후 중국의 지식인들은 서구인들과 마찬가지로 크게 기뻐했다. 심지어 어떤 이들은 가까운 친구에게 1950년대 중국이 소련식 공업화를 채용했을 당시 유명한 구호인 "소련의 오늘은 바로 우리의 내일이다."를 언급하기도 했다. 물론 함의가 다르기는 하지만 말이다.

덩샤오핑은 1989년 사직한 후 더 이상 동유럽이나 소련 문제를 처리하는 데 적극적으로 참여하지 않았다. 하지만 그 역시 이런 사태의 발전이 가져올 결과를 회피할 수만은 없었다. 1989년부터 1992년까지 그는 중국공산당이 동유럽이나 소련공산당과 달리 잘 견뎌 낼 수 있을 것이라며 군중의 믿음을 강화하는 데 총력을 기울였다. 그는 소련이나 동유럽에서 어떤 일이 발생했는지 언급하지는 않았지만 1989년 말부터 시작하여 '동유럽이나 소련에서 무슨 일이 발생하든지 간에'라는 말로 서두를 떼면서 중국과 상황이 다르다는 점을 부각시켰다. 덩샤오핑은 경제 발전을 가속화해야만 대중의 지지를 받을 수 있다고 확신했다. 그래서 그는 경제를 부단히 발전시키는 정책의 중요성을 거듭 강조했다.

특별히 민감한 날인 1991년 8월 20일, 소련의 보수파들이 정변을 일으켜 고르바초프를 크리미아에 있는 다차(dacha, 소련의 시골 저택)에 연금시킨 그 다음 날, 덩샤오핑은 고위층 영도자들, 즉 얼마 전 모스크바에서 돌아온 장쩌민, 그리고 양상쿤과 리펑 등을 불렀다. 그리고 그들에게 일치단결하여 함께 일하고 분열을 피하도록 결심을 강화하라고 지시했다. 덩샤오핑은 설사 동란이 일어난다 할지라도 개혁 개방에 성공한다면 중국은 능히 외부 압력을 견딜 수 있을 것이라고 말했다. 그는 중국이 앞으로 나아갈 때 기복이 있을 것이며, 빠른 진보 이후에는 조정기에 진입할 수 있음을 인정했다. 그는 또한 세계 형세의 거대한 변화가 중국이 앞으로 나아가는 기회를 제공할 것이나 만약 그 기회를 잡지 못한다면 다른 나라가 선두에 서게 되고 중국은 뒤처지게 될 것이라고 말했다. 마지막으로 덩샤오핑은 그들 동료들에게 경제 성장을 강조한다고 해서 중국이 마르크스와 레닌, 마오쩌둥을 잊어도 된다는 것을 의미하지는 않는다고 말했다.[55]

1991년 10월 5일 에스토니아, 라트비아, 리투아니아 등이 소련에서 이탈하면서 소련 해체의 마지막 과정이 시작되고 몇 주일 후 덩샤오핑은 몇 나라 남지 않은 공산 국가 가운데 한 곳인 북한의 영도자 김일성을 만났다. 그는 김일성에게 중국은 여전히 경제적으로 개혁 개방을 견지할 것이며, 동시에 4개 기본 원칙을 준수할 것이라고 말했다. 또 중국에 공산주의 체제가 필요하다는 것을 설명하기 위해 그해 수재(水災)가 발생했을 때 어떤 나라도 중국을 위해 문제를 해결할 수 없었으며 중국이 효과적으로 수재에 대응할 수 있었던 것은 공산당의 영도 때문이라고 말했다.[56] 1989년 10월 26일 덩샤오핑은 당의 체계에 대한 신념을 다시 천명하면서 자신을 방문한 태국 총리 차티차이 춘하반(Chatichai Choonhavan)에게 이렇게 말했다. "중국이 사회주의를 하는 것은 누구도 흔들 수 없어요. 우리가 하는 것은 중국 특색의 사회주의입니다."[57]

중국 영도자들이 소련의 거대한 변화에 대해 민중에게 보도하는 것이 늦기는 했지만 새로운 현실에 맞추어 중국의 외교 정책을 조정하는 일은 대단히 신속했다. 발칸 반도의 여러 공화국이 독립을 선포하자 중국은 즉각 승인했다. 1991년 12월 25일 소련 대통령 고르바초프가 사임을 선언하고 러시아 국기가 크렘린궁의 소련 국기를 대체했을 때도 중국은 재빨리 외교적으로 러시아와 기타 독립 국가들을 승인했다.[58]

덩샤오핑은 소련의 실책을 설명하면서 이렇게 말했다. 소련은 적시에 경제 개혁을 실시하지 않았고, 고위층 영도자들이 확고하게 공산당을 보위하지 않았다. 오히려 소련 영도자들은 미국과 군비 경쟁에 돌입하면서 많은 돈을 낭비하여 일반 민중의 생활을 개선하는 데 활용하지 않았다. 소련의 영도층은 부유한 생활을 향유했지만 소련 인민들은 그러지 못했다. 톈안먼 비극으로 인해 난관에 부딪히고 소련이 해체되면서 고통이 가중되는 시기에 덩샤오핑은 끊임없이 구두선(口頭禪)을 반복했다. "냉정하게 관찰하라, 내부 진영을 공고히 하라, 침착하게 응대하라, 적극적으로 참여하여 하고 싶은 대로 하라.(冷靜觀察, 穩住陣脚, 沈着應待, 有所作爲)"59

덩샤오핑 본인이 6·4 이후 중국의 앞날에 대해 어떤 우려를 했든지 간에, 그가 중국공산당이 동유럽과 소련 공산 체제 붕괴로 인한 곤란을 극복할 수 있는 능력이 있는가에 대해 의심했음을 증명할 만한 기록은 보이지 않는다. 그는 공개적인 장소에서 언제나 침착하고 안정된 모습을 보였으며, 중국공산당이 능히 극복해 나갈 수 있으며, 최종적으로 승리를 얻을 것이며, 경제 또한 계속 성장할 것이라고 확신했다. 그는 자신이 세 차례나 비판을 받고 관직에서 쫓겨났지만 언제나 다시 돌아왔다는 것을 누구보다 잘 기억하고 있었다. 그는 자신의 부대가 싸움에 졌다가 결국 승리를 얻었음을 스스로 증명해 냈다. 또한 그는 중국이 대약진 운동과 문화 대혁명 이후에 다시 복원된 것도 증명했다. 덩샤오핑은 1989년 6·4 이후 3년 동안 대중에게 자신의 의지력과 강인함, 그리고 온전한 신뢰를 보여 주었다. 전 세계 영도자 가운데 이런 환경에서 그처럼 보여 줄 수 있는 이는 그리 많지 않다.

보수파의 경제 정책에 대한 조바심: 1989~1991년

당내 분위기는 덩샤오핑이 1988년 물가 통제를 완화한 후 인플레이션과 민중의 공황 상태를 해소하기 위해 실행했던 보수파의 경제 정책을 되돌리는 것을 허락하지 않았다. 하지만 덩샤오핑은 진심으로 신속한 경제 발전만이 민중의 지지를 유지하면서 동유럽과 소련의 운명에서 비껴갈 수 있다고 생각했다. 1988년 9월 26일 13기 3중전회에서 공식적으로 시행되기 시작한 긴축 경제는 천원의 뛰어난 작품이었다. 인플레이션을 억제하기 위해 정부는 성장 목표와 지출을 줄였고, 화폐 공급을 감소시키는 한편 재정 통제를 집중하고 강화하면서 재정 적자를 줄이기 위해 애썼다. 이외에도 부패에 대한 민중의 원망을 해소하기 위해 정부 대변인 위안무는 긴축 계획에는 정부의 호화스러운 사무실

건물이나 강당, 숙소 건설 금지도 포함된다고 발표했다.[60]

경험이 풍부한 경제 고문 쉐무차오는 긴축 계획의 '조정(調整)' 정책에 대해 전반적으로 설명했다. 그는 1984년 이후 새로운 체제와 거시적 통제 수단이 아직 자리를 잡지 않았기 때문에 가격과 세수(稅收), 신용 대출로 경제를 통제하는 행정 수단이 약화되었다고 말했다. 그는 계속해서 권력을 분산시켜 통제를 집중화할 수 없었기 때문에 지방 정부나 향진 기업을 포함한 다양한 기업이 지나치게 서둘러 투자를 확대함에 따라 원료와 에너지가 부족해지고 기반 시설 미비 사태가 한꺼번에 병목 현상을 일으켰다고 설명했다.[61] 리펑 총리는 1989년 말 계획공작회의에서 긴축 계획을 충실하게 추진할 것이라고 하면서 당은 역량을 집중하여 품질 표준을 향상시키고 상품의 유통을 개선하며 정치와 이데올로기에 대한 당의 영도를 강화할 것이라고 말했다. 그는 비록 긴축 방안을 실행하지만 당은 계속해서 개혁을 추진할 것이라고 말하고, 공장 관리자들은 관련 기술과 생산의 핵심적인 정책 결정을 해야 하며 중국은 대외 개방 정책을 확고하게 시행해 나갈 것이라고 덧붙였다.[62]

6·4 이후 중국 정부 영도자들에 대한 서방 국가의 비난과 공격은 서방 '자본주의 국가'와 '자산 계급 사상'에 대한, 나아가 시장 개방에 대한 일부 사람들의 반발을 불러왔다.[63] 이미 1987년에 자리에서 물러난 보수파의 이데올로기 선전가 덩리췬은 또다시 자산 계급 자유화와 정신 오염을 비판하기 시작했다. 천윈의 부하들은 지나친 시장 개방이 기율 해이와 학생들의 시위를 불러왔다. 장쩌민은 정통 사상 옹호자인 후차오무에게 1991년 7월 중국공산당 창당 70주년을 기념하는 연설의 초안을 작성토록 했다.[64]

1988년 실행된 보수파 정책은 인플레이션을 완화하고 투자 통제를 강화하며 예산 균형을 이루는 데 도움이 되었다. 당시만 해도 사람들은 1989년부터 1992년까지 일정 기간을 거치면서 일단 조정이 끝나고 비교적 완만한 속도로 물가 개혁이나 기업의 소유권과 경영권 분리, 세제 개혁과 은행 개혁 등 다양한 개혁을 새로 시작할 수 있을 것으로 예측했다.[65] 하지만 1989년 6·4 이후 서방 국가들의 제재가 중국 경제 발전을 더욱 제한하고 있는 상황에서 경제 관리들은 계속해서 신중한 경제 정책을 시행했다. 당시 덩샤오핑과 좋은 개인적 관계를 유지하고자 했던 장쩌민도 당시 천원과 그의 신중한 접근 방식과 보조를 같이하는 주도적인 분위기에 따라 경제 정책을 실행해야 한다고 느끼고 있었다. 결국 국민 총생산의 성장률은 1988년 11.2퍼센트에서 1989년 3.9퍼센트로 떨어졌고, 이러한 급격한 하락으로 인한 정치적 혼란을 막기 위해 대도시 국영 기업 노동자들의 일자리를 계속 유지하고, 임금도 전혀 손대지 않았다. 하지만 작은 향진(鄕鎭)이나 행정촌((行政村, 향진 정부 아래에 있는 기층 농촌 행정 단위)의 경우는 사정이 달랐다. 1989년부터 1990년까지 거의 2000만 명이 일자리를 잃었다.[66] 당시 덩샤오핑은 여하간에 발전을 가속화해 인민의 지지를 유지할 수 있어야 한다고 생각했지만 당내에서 충분한 지지를 얻지 못했다.

애국주의 교육

6·4 이후 몇 주 동안 고조되던 위기가 지나고 덩샤오핑을 포함한 영도자들은 더욱 큰 문제를 처리하기 시작했다. 그것은 젊은이들이 정부와 공산당에 소원해지고 있다는 문제였다. 6·4 시위를 초래하게 된 근본 문제를 논의하면서 덩샤오핑은 청년들에 대한 '교육'의 부재를 언급했다. 그가 말한 교육이란 마오쩌둥과 마찬가지로 정치 교육을 의미했다. 하지만 덩샤오핑의 교육관은 스스로 지나치게 엄격하다고 생각하고 있는 '이데올로기'에만 초점을 맞춘 것이 아니었다. 오히려 그는 공민(公民, 국민)과 도덕 교육을 강조했다. 그렇다면 1989년 6월 4일 이후 그것은 무엇을 의미하는가?

동유럽과 소련에서 공산 체제가 붕괴했다는 사실은 공산주의 국가에 살고 있는 젊은이들이 마르크스·레닌주의와 사회주의 경제 및 공산당의 정통 학설에 대한 믿음을 잃었다는 것을 보여 주었다. 덩샤오핑과 당내 원로들은 더 이상 마르크스·레닌주의와 마오쩌둥 사상을 활용한 정치 교육만으로는 중국 젊은이들의 마음을 움직일 수 없음을 인지했다. 비록 덩샤오핑 본인은 지주나 자본가에 반대하는 계급 투쟁을 지지했지만 그것은 더 이상 마오쩌둥 시대처럼 젊은이들의 공명을 일으킬 수 없었다.

중국 젊은이들의 마음을 얻기 위해 무엇으로 마르크스 · 레닌주의나 마오쩌둥 사상을 대체할 것인가? 답은 분명한 것처럼 보였다. 애국주의다.[67] 서구 제국주의자들에 의해 저질러진 백 년 굴욕의 역사를 강조하는 애국주의 교육은 1940년대에 이미 선전의 주요 주제가 되었으며, 아직까지 사라지지 않고 남아 있다. 그러나 1950년대에 시작된 사회주의 건설에서 애국주의는 부차적인 역할에 만족해야 했고, 덩샤오핑이 1980년대 서방 세계와 관계를 강화하기 시작하자 거의 몰락 수준에 이르렀다. 그러나 1989년 이후 서방 국가들의 제재에 직면하게 되자 외국의 제재에 맞선 보편적 애국주의 반응이 등장하기 시작했다. 많은 서구인이 보기에 중국에 대한 제재는 6 · 4에서 무력을 사용한 중국 영도자들을 공격하는 수단이었다. 하지만 중국인들의 입장에서 볼 때 제재로 피해를 입는 것은 전체 중국인들이었다. 제2차 세계 대전 동안 공산당은 애국주의와 민족주의에 호소하여 일본의 침략에 공동으로 저항한 것과 마찬가지로 당시 애국주의 '교육'은 민족주의 및 공산당과 연계되었다. 바꿔 말하자면, 공산당을 비판하는 것은 곧 애국이 아니라는 뜻이다.[68]

이러한 이데올로기의 전환은 시기적으로 적절했다. 미국의 중국학 전문가 벤저민 슈워츠(Benjamin Schwartz)가 지적한 대로, 덩샤오핑 시대에는 "중국 역사에 대한 점진적인 복원"이 이루어졌다. 마오쩌둥에 의해 지주와 자산 계급으로 지목되어 착취자로 비판받은 역사적 인물들은 덩샤오핑 시대로 들어와 점차 '당시 진보적인 역량'으로 새롭게 해석되었다. 다시 말해 덩샤오핑 시대는 비교적 객관적인 방식으로 중국 역사를 연구하는 것이 용이해졌다는 뜻이다. 과거에 계급의 적으로 규정된 역사 인물도 우수하거나 적어도 이해할 수 있으며, 나름의 인품을 지닌 인물로 받아들여졌다. 1980년대 말에는 심지어 국공 내전 당시 적의 괴수로 알려진 장제스조차 훨씬 동정적인 대우를 받기 시작했다. 비록 마오쩌둥이 그의 업적을 무색하게 만들기는 했지만,[69] 1989년 이후 중앙선전부는 이러한 추세를 이용하여 젊은이들이 중국의 역사를 자랑스럽게

여기도록 적극 고무했다.[70]

한 중국 지식인이 중국의 사상에 관해 언급하면서 말한 것처럼, 1980년대 중국인들이 자신의 전통을 비판하고 서양을 숭배할 때 "그러한 반역적인 언사 배후에는…… 새로운 세대인 열혈 청년들의 조급하고 불안한 마음이 꿈틀대고 있었다. 그들은 중국인의 자존심을 다시 찾아야 한다는 급박한 사명감이 있었다."[71] 설사 애국주의 교육이 없었다 할지라도 1980년대 말 수많은 중국인은 1978년부터 시작된 대외 개방 이후 일부 중국인들이 지나치게 서방 세계를 미화하고 있다고 느꼈다.(일부 선전 간부의 말에 따르면, 몇몇 젊은이들이 "서구의 달은 중국보다 둥글다."라고 말하는 정도였다고 한다.) 하지만 중국 경제가 고속 성장을 거듭하고 현대화를 이룩하면서 중국인들도 자연스럽게 자국에 대해 큰 자부심을 갖기 시작했다.

6·4 이후 외국인들의 제재와 비난은 덩샤오핑과 그의 동료들에게 애국주의를 강화하는 효과적인 수단을 제공했다. 톈안먼 사건이 있고 몇 주 후 덩샤오핑은 본격적으로 애국주의 교육을 강조하기 시작했다. 중앙선전부는 교묘하게 외국인의 반중국 언론을 선전하여 중국인들, 심지어 민주주의를 주장하던 학생들까지 격분토록 만들었다. 서방 국가들에 의해 중국의 '관세 및 무역에 관한 일반 협정(GATT)' 가입이 무산되었다는 식의 선전이 확대되자, 민중은 중국에 대한 외국인의 편견에 격분했다. 또한 외국이 중국에 현대적인 기술 제공을 거절하자 중국이 현대화의 성과를 향유할 수 없도록 불공평하게 방해하고 있다는 식으로 선전했다. 또한 외국인들이 티베트인과 위구르인 및 다른 소수 민족에 대한 중국의 방식을 비판하자 외국 열강이 중국을 약화하려는 음모라고 선전했다. 서방 국가들이 대만을 지지하고, 중국의 남중국해와 동중국해 도서에 대한 영유권 주장을 묵살하자 정부는 중국 민중에게 이러한 사실을 알리면서 중국을 억압하려는 예증으로 삼았다. 이러한 선전은 소기의 성과를 거두었다. 1989년 이후 몇 년 동안 처음에는 정부의 부패를 반대하고 더욱 많은 민주와 자유를 쟁취하자고 소리 높여 외치던 학생들도 당과 정부를 지지하기 시작했다. 그들이 외국인을 반대하는 구호를 외쳤던 것은 외국인들이 불공

정하게 중국을 비난한다고 여겼기 때문이었다.

청년들의 애국심을 고취하는 데 특히 성공적이었던 사건 가운데 하나는 외국인들이 6·4 사건으로 인해 베이징 하계 올림픽 개최를 반대하고 있다는 국영 매체의 교묘한 언론 플레이였다. 국가주석 양상쿤은 1990년 국제올림픽위원회에 중국이 올림픽 개최 신청을 하자 외국에서 이를 억제하려는 움직임이 있었다고 발표했다. 중국의 젊은이들이 격분한 것은 불을 보듯 뻔한 일이었다. 1989년 정부에 반대하던 젊은이들은 이제 중국이 다른 나라에게 부당한 대우를 받고 있다는 정부의 주장을 열렬하게 지지했다.

이러한 애국주의를 교육하는 노력의 일환으로 제2차 세계 대전 당시(중국 항전 시기) 중국의 애국주의를 고취했던 반일(反日) 선전을 재탕하는 것만큼 효과적인 것은 없었다. 일본 정부 요인들이 제2차 세계 대전에서 희생된 일본인 전몰자가 합사된 야스쿠니 신사(靖國神社)를 참배하거나 극우 정객이 난징 대학살(南京大虐殺)을 부인하는 발언을 할 때마다, 사실 일본에서는 거의 주목하지 않는 일임에도 불구하고 여전히 그들의 발언이 중국 매체에 실리면서 거센 반일 정서와 더불어 중국 영도자에 대한 지지를 끌어냈다.

1991년 말 중앙선전부는 교과서나 연설 및 매체를 이용해 보다 체계적인 애국주의 교육 방식을 만들어 냈다. 1991년 11월 「문화유산을 충분히 이용하여 애국주의와 혁명 전통 교육을 진행하자(充分利用文化遺産進行愛國主義和革命傳統敎育)」라는 문건을 발표하고, 다시 「전국 소학교, 중학교에서 애국주의 교육을 전개하는 것에 관한 통지(關于在全國中小學開展愛國主義敎育的通知)」를 하달했다. 이 두 가지 문건은 모두 항일 전쟁이나 내전을 경험한 적이 없는 청소년들을 교육하는 데 중점을 두고 있다.

덩샤오핑은 톈안먼 비극의 여파로 외국이 중국에 제재를 가하는 것에 대해 비판했으며, 그가 1992년 정치 무대에서 퇴장하기 전까지 선전부에서 애국주의를 고취하면서 설사 외국을 배척하는 경향이 포함되어도 그것에 반대했다는 기록은 보이지 않는다. 중국은 동유럽이나 소련처럼 분열의 함정에 빠질 위험이 존재하기 때문에 무엇보다 젊은이들의 지지를 확보하기 위해 진지하게 노력할 필요가 있었다. 경제가 발전하고 경제적 기회가 많아짐에 따라 애국주의는 이러한 문제를 해결하는 수단이 되었다. 하지만 배외(排外) 정서를 고취하는 일은 처음 덩샤오핑이 생각하는 정도에서 크게 벗어났으며, 그가 정계에서 물러난 후에는 더욱 극렬해졌다. 1990년대에 들어와 외국의 제재가 점차 줄어들자 중국은 외국을 배척하는 애국주의와 덩샤오핑이 1977년 이후 건립한 대외 우호 관계 회복을 위한 노력 사이에서 균형을 취해야 했다.

23

덩샤오핑 시대의 피날레, 남순강화 ^{1992년}

한 세대 이전인 1965년, 마오쩌둥은 자신이 완벽한 통제를 할 수 없었던 베이징의 '자산 계급' 정책에 기분이 좋지 않았다. 그는 중앙당 기관지인 《인민일보》에 자신의 관점을 실을 수 없자, 상하이 《문회보》에 「신편 역사극 해서파관(海瑞罷官)을 논하다」를 발표했다. 다음 날, 상하이 시 당 기관지 《해방일보(解放日報)》에서 이 글을 전재했다. 이후 일흔한 살의 마오쩌둥은 전용 열차를 타고 남부 도시 항저우, 사오산(韶山), 우한 등의 도시를 방문하면서, 1966년 문화 대혁명의 불을 밝혔다.

이러한 상황은 1991년에 다시 한 번 재현되었다. 당시 덩샤오핑은 베이징의 보수적인 경제 정책에 기분이 언짢았지만 이러한 정책을 완전히 통제할 수 없었다. 그는 《인민일보》에 자신의 관점을 발표하고, 이를 또 다른 신문인 《해방일보》에 실었다. 1991년에는 불이 붙지 않았다. 그러나 이미 결심을 굳힌 덩샤오핑은 1992년 더 큰 불을 지폈다. 그는 여든일곱 살의 고령으로 전용 열차를 타고 남하하여 우한, 선전, 주하이와 상하이를 방문했다. 그는 그곳에서 시장 개방 확대와 발전 가속화에 불을 지피는 데 성공했다.

1988년 인플레이션으로 인한 공황, 1989년 5월 군사 계엄 실패 후 거의 붕괴에 가까운 상황, 계속되는 소련 및 동유럽 정권의 붕괴 소식 등 일련의 사건으로 인해 베이징은 거의 절망적인 상태로 긴장 분위기가 지배적이었다. 천원은 여전히 신중한 계획자들의 중심에 있었고, 덩샤오핑은 대담하게 개방 확대와 발전 가속화를 주장하는 이들의 핵심에 있었다. 1970년대 말과 1980년대 초, '건설파' 대부분은 새로운 공장과 새로운 기술을 도입하는 중앙 간부들로 이루어졌으며, 1980년대 말에 이르러 연해 지역의 정부는 이미 자신들의 부를 축적하고 더욱 강력한 세력 기반을 형성했다. 덩샤오핑은 이러한 지지를 기반으로 신중한 계획주의 간부들에게 대항할 수 있었다.

천원 휘하의 신중한 계획주의자들은 1989년 비극이 1988년 인플레이션을 통제하지 못했기 때문이라고 생각했다. 이에 그들은 자신들이 유일하게 안전한 길이라고 생각하는 방법으로 국가를 통제해야 한다는 생각이 더욱 강해졌다. 덩샤오핑 역시 마찬가지로 국가 발전을 가속화시켜야 민중의 계속적인 지지 속에 중국이 생존할 수 있다고 굳게 믿었다. 정권의 갑작스러운 붕괴에 대한 우려로 인해 양측의 긴장은 더욱 고조되었다.[1]

덩샤오핑의 좌절: 1990~1991년

1990년 1월 21일에서 2월 13일까지 덩샤오핑은 상하이에서 휴가를 보냈다. 당시 그는 보수파의 경제 정책을 압도할 만한 정치적 힘을 가지고 있었다. 그는 상하이에서 지역 책임자와 푸둥(浦東) 개발 프로젝트에 대해 토론했다.[2] 그는 상하이 영도자들이 푸둥 개발을 염원하고 있다는 사실을 잘 알고 있었다. 그러나 이는 반드시 베이징의 허가를 받아야 가능한 일이었다. 푸둥은 상하이 역내 500여 제곱킬로미터에 해당하는 지역으로, 지리적으로 창 강 입구에 자리하고 있었다. 당시 이 지역은 대부분 농촌 지역이었기 때문에 개발이 용이했다. 심지어 20세기 초에 쑨중산은 푸둥에 거대한 항구를 건설할 구상을 하기도 했다. 상하이 지역 관리들은 푸둥을 중국의 금융 중심지로 만들고자 했다.[3] 상하이가 계속 중앙 정부의 통제를 받고 있긴 했지만 창 강 삼각주 일대는 상하이뿐 아니라 인근의 장쑤, 저장 지역까지 이미 실질적인 산업 성장이 이루어진 상태였다.

덩샤오핑은 경제 발전 가속화 방식에 전략적인 구상을 하고 있었다. 그는 상하이의 거대한 규모와 축적된 인재를 감안할 때 상하이의 발전이 전국 발전에 직접적이며 긍정적인 영향을 끼칠 것으로, 인근의 장쑤와 저장 두 성뿐 아니라 창 강 유역에 거주하는 수억 명의 주민에게도 혜택을 가져다줄 것이라 생각했다.[4] 1920년대 덩샤오핑은 프랑스에 가는 도중 상하이에서 일주일 동안 체류하면서 당시 상하이의 활력을 처음으로 체험했다. 10년 후 그는 다시 수개월 동안 상하이에서 지하공작에 참여했고, 1949년 잠시 동안 중국공산당의 상하이 이양 업무에 참여했다. 1980년 말, 상하이에서 겨울 '휴가'를 보낼 때 그는 활기찬 상하이 사람들을 보고 그들에게서 넘치는 에너지를 발산할 준비가 되어 있음을 느낄 수 있었다. 덩샤오핑처럼 영민하지 않은 간부들조차도 상하이 영도자들이 1930년대, 아직 홍콩이 보잘것없는 소도시였던 당시, 상업 대도시로서 상하이의 우월적 지위에 긍지를 지니고 있다는 사실을 충분히 알 수 있었다. 1980년대 중앙에서 상하이를 제쳐 둔 채 광둥과 푸젠에 먼저 시험적 녹색 불을 밝혀 주었을 때 상하이 영도자들은 기분이 그다지 좋지 않았다. 상하이 영도자들은 상하이가 광둥이나 푸젠의 어느 도시보다 교육, 과학 기술, 산업 수준이 높다고 말하는 데 거리낌이 없었다. 상하이 영도자들은 대중의 적극적인 지지를 얻었고, 그들은 경제 발전을 가속화하는 데 덩샤오핑과 강력한 동맹을 맺었다.

1984년, 개방된 열네 개 연해 도시의 한곳으로 상하이 역시 발전에 재량을 얻을 수 있었다. 그러나 1984년부터 1990년까지 상하이는 베이징으로부터 별 다른 도움을 받을 수 없었고 잠재력을 거의 발휘하지 못했다. 광둥은 손쉽게 외자를 얻었다. 미개발 지역에 새로운 공장을 세우는 일은 초기 비용이 들기는 하지만, 언제든지 가능한 일이었다. 그러나 상하이는 다르다. 그곳의 거대한 기존의 낡은 산업을 개조하기 위해서는 정부만이 제공할 수 있는 초기 자금을 얻어야 한다. 상하이는 국가 재정을 위해 막중한 짐을 지고 있었지만 그들에 대한 지원은 매우 미비했다. 상하이 영도자들은 이에 대해 불만을 느끼고 있었다. 그들은 계속해서 베이징에 정책을 변경해 줄 것을 요구했다. 베이징 일부 부처의 영도자들 역시 상하이에 대한 투자를 원했다. 광둥에 대한 통제력 상실이 걱정되기 시작했기 때문이다. 광둥의 재정 수입은 주로 중앙 정부가 아닌 외부에서 유입되었다. 만약 베이징이 상하이에 자본을 제공한다면 국가 계획 관리들은 광둥 지역에 비해 상하이에 대해 더 큰 통제 권한을 발휘할 수 있었다.

1988년과 1989년 상하이에서 겨울을 보내고 있을 당시 덩샤오핑은 장쩌민을 대신해 상하이시위원회 서기를 맡고 있던 주룽지와 이야기를 나눈 적이 있었다. 덩샤오핑은 베이징에서 주룽지가 국가경제위원회 부주임을 지낼 때 그를 처음 알았다. 덩샤오핑은 그를 귀한 인재라 생각했다. 자신감 넘치는 지도력에다 경제 발전에 대한 전략적 안목과 보기 드물게 개혁에 대한 확신을 가지고 있었다. 1990년 2월, 덩샤오핑은 주룽지와 상하이 기타 당정군 간부들을 만나 지역 발전에 어떻게 불을 붙일 것인지 논의했다.[5]

1990년 2월, 베이징으로 돌아온 직후 덩샤오핑은 리펑 총리를 불러 말했다. "난 이미 물러났지만 한 가지 말할 것이 있소. 상하이 푸둥의 발전에 더 관심을 가져야 한다는 것이지요."[6] 2주 후 3월 3일, 덩샤오핑은 장쩌민과 양상쿤, 그리고 리펑을 불러 국제 정세와 국내 경제에 대해 설교를 늘어놓았다. "인민들이 왜 지금 우리를 지지합니까? 10년 동안 이룬 발전 때문이오. …… 만일 5년간 발전이 없거나 속도가 저하되어 1년에 4퍼센트, 5퍼센트 심지어 2퍼센트, 3퍼센트 성장한다면 어떤 일이 일어나겠소? 이는 경제 문제뿐 아니라 정치 문제입니다." 그가 계속해서 말했다.

"거시적인 안목으로 문제를 분석하고 구체적인 조치를 내시오. …… 어느 지방의 조건이 더 좋고 재원을 늘릴 수 있는지 연구하시오. …… 상하이 발전에 주력하는 것도 일대 조치입니다. 상하이는 우리가 지닌 조커란 말이오."[7]

유감스럽게도 1990년, 베이징의 영도자들은 덩샤오핑의 설교나 경제 발전 가속화에 대한 상하이 영도자들의 염원에 관심이 없었다. 그들은 당시 오히려 신중한 계획파 천원을 따랐다. 천원은 상하이 교외 지역인 칭푸(青浦)에서 자라났다. 그는 자주 상하이에 돌아가 지역 상황을 시찰했다. 당내에서 그는 상하이에 관계된 문제에 특별한 권위를 누렸다. 천원은 상하이 경제특구 건설을 반대했다. 기존의 중공업과 세수 기반에 위험을 가져다줄 수 있다고 생각했기 때문이다. 또한 그는 1920년대와 1930년대 그곳에서 일했던 사람으로서, 자본주의 죄악과 자신이 보기에 서양인들에게 지나치게 비굴한 상하이 상인들의 '매판 습성'을 잘 알고 있었기 때문이다. 그는 이러한 외국 조계가 다시 살아나지 않을까 우려했다. 그러나 천원의 망설임에 덩샤오핑은 더 이상 참을 수 없었다. 비록 천원의 이름을 직접 거론하진 않았지만 그는 1990년 2월, 상하이 발전이 광둥에 뒤처졌다고 말했다. 내부 인사들은 이러한 덩샤오핑의 발언이 상하이 개방을 반대한 천원에 대한 불만의 표시라는 것을 알고 있었다.[8]

1990년 12월 25일부터 30일까지 개최 예정인 7중전회에서는 5개년 계획과 10개년 규획 초안에 대한 연구가 예정되어 있었다. 회의 전날인 12월 24일, 덩샤오핑은 장쩌민과 양상쿤, 그리고 리펑을 다시 불러 발전 가속화에 대한 이치를 설명했다. 그는 2000년 이전에 경제 성장을 배가하는 것이 얼마나 중요한지 강조했으며, 계승자가 위험을 두려워하지 말도록 적극 격려했다.[9] 덩샤오핑은 중국의 경제 발전이 가속화되지 않을 경우 경기 침체는 정치 문제가 될 것이라고 하면서, 그럼에도 불구하고 긴축 정책과 외국 제재에 따른 부작용이 경제 성장 속도를 늦추고 있다고 거듭 말했다. 덩샤오핑은 보수적인 경제 정책을 포기해야만 소련과 동유럽의 전철을 밟지 않을 것이라고 열을 올렸다. 그러나 그의 강의는 별반 효력이 없었다.[10] 덩샤오핑이 그토록 여러 번 촉구했는데도 7중전회는 여전히 신중한 보수파의 영향을 받았다. 그들이 심히 걱정하고 있었던 것은 성장 속도의 둔화가 아니라 경제 과열이었다.

덩샤오핑은 1991년 1월 28일 전용 열차를 타고 상하이를 갔는데, 그곳에서 2월 20일까지 머물렀다. 그는 겨울 휴양지에서 휴식을 취하면서 다시금 경제 성장에 불을 붙일 생각이었다. 주룽지의 보고를 들은 후 그는 항공과 자동차 공장, 그리고 곧 세계 제3대 현수교가 될 난푸(南浦) 대교 건설 현장을 둘러보았다.[11] 덩샤오핑은 1990년에 자신이 한 말을 또다시 반복했다. 1979년 경제특구 네 곳을 개방할 때 상하이를 개방하지 않았던 것은 자신의 실책이며, 마땅히 상하이의 인적 우위를 이용했어야 했다고 말했다. 그는 푸둥 개발은 상하이 시뿐 아니라 창 강 유역 전체에 매우 중요하다고 강조했다. 그는 금융(그는 일부러 불만을 일으키기 쉬운 '자본'이란 말을 피해)은 현재 경제의 핵심으로 중국이 금융 부문에서 국제적 지위를 얻기 위해서는 전국 모두 상하이에 의지해야 한다고 말했다.[12]

1991년 덩샤오핑은 작은 불씨를 거센 들불로 확대시키지 못했다. 섣달그믐날 그가 양상쿤, 리셴녠과 함께 상하이 영도자들과 새해 인사를 나누는 장면이 전국 방송을 탔다. 그러나 상하이 발전을 가속화하기 위한 그의 노력은 다루어지지 않았다.[13] 그의 의견은 심지어 《인민일보》에도 실리지 않았다. 그러나 1991년 작은 성과 두 개는 거둘 수 있었다. 하나는 사람들의 충분한 지지를 얻어 주룽지를 베이징으로 불러 부총리직을 맡도록 한 것이며, 다른 하나는 비록 가명이긴 하지만 상하이 신문에 몇 편의 글을 발표한 일이다. 1991년 3월과 4월, 상하이 간부는 《해방일보》에 얼마 전 덩샤오핑의 상하이 발언을 정리해 연속으로 네 편의 글을 신도록 했다. 이 문장은 물론 덩샤오핑과의 관계를 드러내지 않은 채 '황푸핑(皇甫平, '황'은 상하이를 가로지르는 황푸 강을 의미하며, '푸핑'은 '덩샤오핑을 보조한다.'라는 뜻을 지니고 있다.)'이란 필명을 사용했다.[14] 첫 번째 3월 3일에 발표된 황푸핑의 글은 시장을 자본주의라고 말한 '일부 동지'를 비판했다. 글에서는 계획과 시장은 자원을 이용하는 두 가지 서로 다른 방식일 뿐, 사회주의 또는 자본주의의 꼬리표가 아니라고 했다. 정치권에 있는 사람들은 '황푸핑' 배후에 누가 있는지를 나름대로 추측해 보았지만, 주인공이 바로 덩샤오핑이란 사실을 아는 사람은 극소수에 불과했다.

중앙선전부는 《인민일보》와 《광명일보》를 통해 황푸핑의 글을 반박했다. 1991년 11월, 웅장한 상하이 난푸 대교 개통식에서 베이징 보수파 영도자를 대신해 발언한 리펑 총리는 공개적으로 황푸핑의 글을 비판했다. 그는 이러한 글로 인해 사람들이 베이징의 정치적 기류에 변화가 일어났다는 오해를 하게 된다고 말했다.[15]

1991년, 당 간부들은 이듬해 연말에 열릴 중국공산당 제14차 전국대표대회를 준비하기 시작했다. 덩샤오핑은 만약 장쩌민이 발전 가속화와 개방 확대를 위해 노력한다면 그를 지지할 것이며 그렇지 않다면 다른 영도자를 지지하겠다는 자신의 입장을 분명하게 밝혔다. 그러나 다른 영도자들 역시 당시 주된 기류에 의해 제약을 받고 있었다. 예를 들면, 주룽지가 베이징에서 부총리직을 맡은 후에도 원로들의 보수적인 정책을 충실히 집행하던 리펑 총리는 그를 대신해 주룽지에게 경제를 이끌도록 하려는 덩샤오핑으로 인해 압박을 느끼고 있었다. 그러나 리펑은 이런 압박에도 굴하지 않았다. 결국 주룽지는 1991년 다른 선택의 여지 없이 그저 당시 신중한 정책을 그대로 집행할 수밖에 없었다.

천원과 덩샤오핑은 모두 공개적인 투쟁을 회피했다. 그러나 그들의 지지자들은 공개적인 발언을 마다하지 않았다. 1991년 10월, 양상쿤 국가주석은 신해혁명 80주년 기념식에서 더욱 대담한 개혁 개방 정책을 지지했다.[16] 또 다른 측 발언자인 덩리췬은 1991년 10월 23일《인민일보》에 글을 실어 계급 투쟁이 매우 첨예하여 '평화적인 변화'가 이루어지고 있다고 경고했다. 즉 자본주의가 점차 사회주의를 대체할 위험이 있으며 이는 바로 자유파가 꿈에도 그리는 일이라 했다.[17] 1991년 말, 간부들이 대표대회를 준비하고 있을 때 전선은 더욱 분명해졌다. 11월 25일에서 29일까지 열린 8중전회에서 여전히 우위를 차지하고 있는 보수파에 대해 덩샤오핑은 자신이 잘 쓰는 방법, 즉 논쟁에 시간을 허비하지 않고 바로 행동에 들어가 지지를 이끌어 내는 방법을 동원했다.

덩샤오핑의 남순강화: 1992년 1~2월

덩샤오핑의 전용 열차가 1992년 1월 17일 베이징 역을 출발할 때 베이징의 다른 중앙 영도자들은 이에 대한 통지를 받지 못했다. 심지어 장쩌민도 예외는 아니었다. 이번 여행은 모두 인민해방군 무장 경찰 부대에서 전적으로 준비했다. 베이징의 다른 영도자들과 덩샤오핑의 접대를 맡은 남부 지역 간부들은 그저 덩샤오핑 부부, 그의 네 자녀(둘째 아들인 덩즈팡 제외)와 배우자, 아이들까지 일행 열일곱 명이 '가족 휴가'로 여행에 나섰다는 것만 알고 있을 뿐이었다. 누가 이 원로 영도자의 가족 여행에 반대할 수 있겠는가?

덩샤오핑 남부 여행의 첫 번째 장소는 우한이었다. 이곳은 화중 지역 철도 요충지이자 1911년 신해혁명이 발발한 곳이다. 덩샤오핑은 1월 18일 오전, 난창 기차역에 도착했다. 가족 여행이긴 하나 덩샤오핑 같은 고위 영도자를 맞이하는 일이라 관광푸(關廣富) 후베이성위원회 서기와 궈수옌(郭樹言)이 역으로 마중을 나왔다. 덩샤오핑이 플랫폼에 머문 시간은 단 20분. 비록 짧은 시간이었지만 그가 울화통을 터뜨리는 데는 충분한 시간이었다. 덩샤오핑이 말했다. "텔레비전을 틀자마자 온통 회의더군요. 회의는 많고 글은 또 너무 길고, 말도 너무 길어. 게다가 내용은 중복되고…… 일을 많이 하고 말은 적게 하시오. …… 저우언라이 총리의 제4기 전국인민대표대회(1975년) 보고서에 대해 마오쩌둥 주석이 내게 초안을 작성하라고 하면서 5000자를 넘지 않도록 요구했소. 나는 그 요구에 맞춰 보고서를 썼지. …… 요즘은 마치 소털처럼 문서가 너무 많아." 그는 성위원회 서기가 농촌을 일주일 동안 시찰하고 돌아오면 문서가 산더미같이 쌓여 머리가 아프다는 말을 꺼냈다.[18] 덩샤오핑은 줄곧 빈말, 장편의 보고서, 준비가 미비한 회의에 반대했다. 그는 "할 말이 없으면 입을 닫아…… 회의와 발언은 문제를 해결하기 위한 것이야."라고 말한 적이 있었다.[19] 한바탕 분통을 터뜨린 후 덩샤오핑이 요점을 말했다. "개혁에 반대하는 사람은 물러나게 할 것이오." 이는 우한 지역 사람들에게 한 말로 언론에 공개되지 않았지만 곧바로 장쩌민의 주의를 끌었다. 이틀 후 장쩌민은 수하 간부

들에게 개방 속도를 높이고 대외 개방 정책을 회복하고 회의 횟수를 줄이도록 했다.[20]

그날 오후 열차는 창사 기차역에 도착했다. 덩샤오핑은 10분 동안 슝칭취안 (熊淸泉) 후난성위원회 제1서기 등 성 간부들을 접견했다. 덩샤오핑은 1991년 자연재해에도 불구하고 후난 성이 거둔 대풍에 매우 흡족해했다. 그러나 영도자 덩샤오핑은 그들에게 가르침을 잊지 않았다. 그는 슝칭취안에게 후난의 "개혁 개방의 배포를 좀 더 키워 …… 경제 발전을 더욱 가속화해야 하오."라고 지시했다.[21]

1월 19일 월요일 아침, 덩샤오핑은 광저우에 잠시 체류한 후 그를 접대한 성 영도자들과 함께 11일 동안 가장 활력이 넘치는 특구, 즉 선전과 주하이 시찰을 시작했다. 지역 간부는 일주일 전에 겨우 덩샤오핑의 방문 소식을 듣고 준비했다. 그들은 덩샤오핑이 방문할 모든 곳에 대한 보안을 점검하고, 타구를 포함한 필요한 모든 기물을 준비했다. 그들은 덩샤오핑 일가족의 휴가를 준비하라는 보고만 받았지만 덩샤오핑이 선전에 도착했을 때 그들은 이미 우한과 창사에서 덩샤오핑을 만난 간부들에게서 상세한 보고를 받았기 때문에 이번 여행이 단순히 가족 여행은 아니란 사실을 눈치챘다.[22]

셰페이(謝非) 광둥성위원회 서기, 천카이즈(陳開枝) 성위원회 부비서장과 기타 성 간부들은 지역 간부들과 함께 선전에서 덩샤오핑의 안내를 맡았다. 덩샤오핑을 접대한 간부 중에는 1984년 그를 접대했던 경험이 있는 자들도 있었다. 당시 덩샤오핑은 경제특구의 성과를 긍정적으로 평가했다. 덩샤오핑은 호텔에 도착하여 약 10분 정도 휴식을 취한 후 셰페이 등과 함께 호텔 뜰을 산책했다. 덩샤오핑의 딸 덩난은 아버지에게 8년 전 그가 이곳에 글을 남긴 적이 있다고 말했다. 덩샤오핑은 당시 자신이 쓴 글을 암송했다. "선전의 발전과 경험은 우리의 경제특구 설립 정책이 정확하다는 것을 증명한다." 기분이 좋아진 접대자들이 박수갈채를 보냈다. 그들은 덩샤오핑을 자신들의 투자를 제한하는 베이징 관리들과 달리 자신들의 가장 강력한 지지자라고 생각했다.

덩샤오핑은 체력을 유지하기 위해 매일 오전 세 시간만 돌아본 다음 이후에는 가족들과 식사 후 낮잠을 자고 오후에는 휴식을 취했다. 지역 구경에 나섰을 때였다. 가족은 덩샤오핑의 '선전' 필적을 복사해 만든 표지판을 발견했다. 딸 덩난이 말했다. "이자를 받으셔야겠어요. 아버지에게 지적 재산권이 있잖아요." 덩샤오핑이 웃었다.[23] 이후 셴후(仙湖) 식물원을 방문한 덩샤오핑은 그곳에서 청두에서 가져온 대나무를 보고 지역 가이드에게 그들도 쓰촨에 지적 재산권 비용을 지불해야 한다고 농담을 던졌다.[24] 덩샤오핑의 농담에는 깊은 의미가 있었다. 모두가 알다시피, 덩샤오핑은 서구 사회에서 중국이 거액의 지적 재산권 비용을 지불해야 한다고 비난했을 때 그들에게 다른 국가가 중국의 화약과 인쇄술 같은 발명품을 모방했지만 중국은 이에 대해 돈을 받은 적이 없다고 말한 적이 있었다. 그러나 덩샤오핑 역시 중국이 새로운 국제 질서에 적응해야 된다는 사실을 알고 있었다. 그는 선전의 콤팩트디스크(CD) 생산 공장을 시찰할 때 그들에게 외국에서 판권을 구입했는지 물어보며 그곳 공장 책임자에게 주의를 환기시킨 적이 있었다. "반드시 지적 재산권에 대한 국제 규칙을 준수해야 합니다."[25]

광둥에서 덩샤오핑은 가는 곳마다 그를 좋아하고 그에게 감동하는 사람들에게 겹겹이 에워싸였다. 1982년에서 1983년, 그는 처음에는 특구를 변호하지 않았다. 그러나 1984년 베이징 보수파가 특구를 혹독하게 비난할 때 그는 특구를 찬양했다. 광둥인들은 초록등을 보면 앞으로 가고, 노란등은 빨리 가고, 빨간등은 돌아서 가라고 말하곤 했다. 그러나 1992년 광둥인들은 여전히 베이징의 노란등과 빨간등을 두려워하며 초록등을 볼 수 있기를 갈망했다. 덩샤오핑은 그들의 사업을 지지하고 대외 개방 확대와 경제 발전 가속화를 지지하고 있었다. 반대로 그들은 덩샤오핑 남부 여행 계획의 응원 부대가 되었다.

'가족 휴가'에 대한 베이징 정부의 원칙에 따라 덩샤오핑은 기자 한 명과 촬영 기자 한 명만 데리고 갈 수 있었으며 기자 간담회도 열지 않았다. 그러나 그가 선전을 시찰하기 시작했을 때 대략 50, 60명의 촬영 기자가 그의 '가족 휴가'에 따라붙었다. 심지어 카세트테이프 녹음기를 사서 덩샤오핑의 말 한 마디, 한 마디를 모두 녹음하는 이들도 적지 않았다.[26]

덩샤오핑은 잔뜩 흥분하여 당시 중국에서 보기 드문 고층 빌딩을 구경했다. 그는 새로운 기술을 세세히 시찰하고 지역 간부에게 상황을 보고받았다. 지역 간부는 그에게 1984년 600위안에 불과했던 선전의 1인당 국민 소득이 1992년 2000위안이 되었다고 알려 주었다. 덩샤오핑은 발전 가속화에 대한 자신의 꿈이 현실이 될 수 있다는 생각에 크게 기뻐했다. 발전 가속화를 장려하던 남부 여행에서 덩샤오핑은 고층 빌딩을 보며 그 역시 개혁 개방이 뿌린 씨앗의 성과를 즐기고 있었다.

덩샤오핑의 방문 소식은 순식간에 퍼져 나갔다. 그가 공장과 사무실을 시찰하고 나올 때마다 일반 시민들이 대거 그를 기다리고 있었다. 53층짜리 세계무역센터의 회전 식당에서 도시의 새로운 건축물을 내려다보고 건물을 나서자 수많은 군중이 그를 향해 박수를 치고 환호성을 보냈다.[27] 덩샤오핑은 수다스러운 사람이 아니었지만, 딸 덩난이 계속 귓가에 대고 귀가 어두워 잘 들리지 않는 말을 큰 소리로 알려 준 덕분에 지역 간부를 비롯해 감격에 겨운 군중과 이야기를 나누는 데 흠뻑 빠져들었다. 베이징의 수많은 간부 눈에 덩샤오핑은 엄격한 사령관이었지만 선전의 군중은 친근하게 그에게 "삼촌, 안녕하세요.", "할아버지, 안녕하세요."라고 인사했다. 그들에게 덩샤오핑은 따뜻하고 지혜롭고 사교적인 사람, 새로운 것에 흥미를 가진 사람이었다.

그러나 그는 사람의 이목이 없는 차 안과 같은 개인적 장소에서는 격분하여 베이징의 보수파들을 비판했다. 그는 자신을 수행한 지역 간부들에게 사적으로 나눈 이야기를 발설하지 못하도록 했다. 그들은 덩샤오핑의 의견에 지지하는 자들이었다. 그러나 그는 공개적인 장소에서도 자신의 우려를 드러냈다. 그는 좌파 정책은 무서운 결과를 낳을 수 있으며 심지어 사회주의를 파괴할 수도 있다고 말했다.[28] 그는 다음과 같이 경고했다. "우를 경계해야 하지만 주로 '좌'를 막아야 한다."[29] 지역 간부들과 나눈 솔직한 이야기에서 특구가 자본주의적 행태로 외국의 통제를 받는다고 비판한 사람들을 향해 그는 다만 투자의 4분의 1만이 외국인에게서 비롯된 것이라고 말했다. 그는 또한 중국은 정치적으로 모든 외국 회사를 통제하고 있으며 그들이 중국에 이익이 될 수 있도록 할 수 있다고 말했다. 그는 당시 외자 수준은 우려할 만한 수준이 아니며 외자를 더욱 늘리고 더 많은 합자 기업을 세워야 한다고 주장했다. 외국 기업은 세금을 낼 뿐 아니라 노동자에게 취업 기회와 임금을 제공할 수 있다고 했다.[30]

베이징에서 당내 회의에 참가할 때의 덩샤오핑과 달리 이미 퇴직한 덩샤오핑 '아저씨'는 지역 간부들과 더욱 편하고 스스럼없이 이야기를 나눌 수 있었다. 덩샤오핑은 가벼운 기분으로 격식에 얽매이지 않고 유머 있는 말솜씨로 지역 영도자들의 공감을 끌어냈다. 덩샤오핑은 마지막 수업을 했다. 그는 간부들에게 대담하게 일하고 열심히 실험에 임할 것을 촉구했다. 그는 각지에서 했던 말을 되풀이했다. 즉 개혁 개방 정책을 견지하고, 유능한 정부를 유지하며, 청년을 육성하고, 말을 적게 행동은 많이 하도록 했다. 세계무역센터를 참관한 후 덩샤오핑은 호텔로 돌아오는 버스 안에서 다시 여러 가지 기본 관점에 대해 이야기했다. 계획은 사회주의와 같은 개념이 아니며, 시장 역시 자본주의와 같은 개념이 아니다. 빈곤은 사회주의가 아니다. 공동의 부로 나아가는 것이 사회주의의 길이다. 이러한 목표를 달성하기 위해 먼저 부자가 된 지역이 세금을 많이 내 낙후한 지역을 도와야 한다. 그러나 각 지역의 상황이 순식간에 똑같아질 수 없으며 '큰 솥 밥'을 실시할 수 없다. 이는 사람들의 열정에 타격을 가져다줄 것이다. 덩샤오핑은 간부들이 실험하고, 과감하게 모험에 뛰어들어 잘못을 저지를까 봐 두려워해서는 안 된다고 말했다. 그는 잘못이 있으면 고치면 된다고 했다.[31]

덩샤오핑은 선전이 20년 내에 아시아의 작은 네 마리 용인 한국, 홍콩, 싱가포르, 대만을 따라잡도록 격려했다. 그는 말했다. "싱가포르 사회는 매우 질서 정연해요. 그들은 엄격하게 통제합니다. 우리는 그들의 경험을 귀감으로 삼아야 하고, 그들보다 더 엄격하게 관리해야 해요." 선전의 뇌물 수수와 부패 문제에 대해 보고를 받은 후 덩샤오핑은 "여러분은 두 손으로 잡아야 합니다. 한 손은 개혁 개방을, 한 손은 각종 범죄를 단속해야 합니다. 두 손 모두 단단히 잡아야 합니다."라고 말했다.[32]

선전에서 닷새를 지낸 후, 1월 23일 리하오(李灝) 선전시위원회 서기가 덩샤오핑에게 사법 체제에 대한 개조와 규범, 그리고 확충 계획을 소개했다. 덩샤오핑은 마치 여전히 국가 영도자 자리에 있는 것처럼 이러한 생각에 완전한 동의를 표하고, 리하오에게 이를 대담하게 실천하도록 장려했다. 베이징의 많은 간부가 선전의 속도가 너무 빠르다고 비판했다. 그러나 덩샤오핑은 리하오와 헤어질 때 "좀 더 빨리 실시해야 하오."라고 말했다. 이에 리하오는 "우리는 반드시 속도를 높일 것입니다."[33]라고 대답했다. 덩샤오핑의 다음 도착지는 주하이였다. 량광다이(梁光大) 주하이시위원회 서기는 선전에 와서 덩샤오핑 일가와 성 관리들을 모시고 한 시간 동안 배를 타고 드넓은 주장 강 삼각주를 건너 주하이에 도착했다. 배를 타고 청대 세관 옛 터를 지나며 덩샤오핑은 재차 자신이 이별할 때 당부한 말의 요점을 꺼냈다. 중국은 과거 외국 제국주의로부터 시달림을 받았지만 이제 그 시대는 지나갔다는 것이다. "낙후되면 얻어맞아야 합니다. 우리는 이미 천 년 넘게 가난했어요. 이제 가난해질 수 없습니다. 만약 과학 기술과 교육을 중시하지 않으면 또다시 얻어맞을 겁니다."[34]

셰페이 광둥 성 서기와 량광다이는 덩샤오핑 역시 날로 심해지는 경제 불평등 현상을 걱정하고 있다는 것을 잘 알고 있었으며, 먼저 부자가 된 사람이 나중에 부자가 될 사람을 도와주도록 격려하고 있음을 알고 있었다. 그들은 배에서 덩샤오핑에게 번영한 주장 강 삼각주 지역에서 광둥 북부와 서부의 빈곤한 산간 지역을 대대적으로 돕고 있다고 알려 주었다. 덩샤오핑은 개혁 개방 정책 이후 이룩한 발전은 실험을 원하는 각 지역 사람들의 창조성과 효과적인 방법을 선전하고, 각종 새로운 사상을 전국에 보급한 정부의 능력 덕분이라고 대답했다.[35]

마카오는 홍콩보다 훨씬 작을뿐더러 그만큼 번화하지도 않다. 이와 비교하면 마카오에 인근한 주하이는 선전보다 작고 또한 선전처럼 번화하지 않다. 주하이의 29층짜리 무역센터 스카이라운지 회전 식당에서 덩샤오핑은 가족들과 건설 중인 고층 건물을 바라보았다. 선전에서처럼 덩샤오핑은 일반인들과 다정한 시간을 보냈다. 주하이의 한 공장에서는 덩샤오핑이 수백 명의 사람들과 악수를 나누었다고 말하는 이도 있었다. 거리에서는 사람들 틈에 뒤섞여 많은 이와 악수를 나누었기에, 덩샤오핑을 보호하기 위해 경찰이 사람들을 통제할 수밖에 없었다.

덩샤오핑은 지역 주민들에게 질문할 때 연해 도시의 경제 발전이 얼마나 빠른 속도로 외진 지역까지 확대되고 있는지, 미래의 발전이 사람들에게 무엇을 의미하는지 알고 싶었다. 그는 이미 여러 가지 징후를 볼 수 있었다. 각종 소비재, 즉 자전거, 세탁기, 라디오, 손목시계나 기타 공산품들이 농촌 지역으로 들어가고 있었다.[36] 그는 빈곤 지역의 농민공들이 연해 지역에서 취업의 기회를 찾았다는 이야기를 듣고는 기뻐했다. 또한 해외 청년 유학생들이 조국에 봉사하기 위해 돌아왔다는 보고를 듣고 크게 고무되었다. 그는 중국인 기업가가 경영하는 공장이 이미 세계적 기술 수준에 가까이 접근했다는 이야기도 들었다. 그리고 그는 시장을 통해 사회주의 사업이 이룬 성과를 추진하고 그로부터 도움을 받은 사회주의 체제가 다시 시장을 더욱 성공적으로 이끌 수 있도록 한 지역 영도자에게 찬사를 보냈다. 그는 인력을 집중적으로 배치해 일이 진행되는 분야는 자본주의가 사회주의를 따라오지 못한다고 말했다. 또한 그는 1984년에서 1988년까지의 발전이 없었다면 1989년에서 1992년까지 험난한 시기를 순조롭게 보낼 수 없었을 것이라고 지적했다.

차를 타고 주하이에서 광저우로 가는 도중 덩샤오핑은 주하이 북쪽에 위치한 중산과 순더 두 현에 잠시 멈춰 섰다. 인근 지역으로 확산되는 경제특구의 활력으로 이 두 지역 역시 활기에 차 있었다. 광저우에서 성 영도자들과 한 시간가량 이야기를 나눈 후 덩샤오핑은 열차를 타고 상하이로 향했다. 중간에 그는 장시 동부 잉탄(鷹潭)에서 잠시 정차했다.[37]

덩샤오핑은 잉탄 역에서도 지역 간부들을 만났다. 그들은 덩샤오핑에게 작년 대풍작과 홍수에 대한 성공적인 대처 성과를 보고했다. 덩샤오핑은 그들의 업무를 칭찬함과 동시에 나무를 더욱 많이 심어 홍수가 발생했을 때 토사 유실을 막을 수 있도록 하라고 지시했다. 덩샤오핑은 또한 간부들이 좀 더 빨리, 좀 더 과감하게 개방의 폭을 넓혀야 한다고 말했다. 덩난이 끼어들어, 그는 아버지가 여정 내내 이러한 말들을 반복했다고 말했다. 또한 아버지는 장시 지역에 관심이 많은데 60년 전 장시 소비에트 지구에서 일한 적이 있으며 문화 대혁명 시절에도 장시에서 3년 6개월 동안 생활했다고 말했다. 사실 덩샤오핑은 여정 내내 1931년 루이진과 후이창에서의 기억을 회고했다.[38] 덩난은 아버지에게 1973년 2월 19일, 문화 대혁명 때 농촌에 하방되었던 시기가 끝나고 그들 일가가 잉탄에서 베이징으로 돌아가는 열차를 탄 적이 있다고 상기시켜 주었다. 이제 그들은 잉탄에서 열차를 타고 상하이로 가고 있었다. 그들이 상하이에 도착했을 때 덩샤오핑이 광둥에 뿌린 대외 개방 확대의 씨앗은 벌써 결실을 맺기 시작하고 있었다.

돌파구

덩샤오핑은 1990년과 1991년, 중국을 다시 개혁 개방의 빠른 궤도 위에 올려놓는 데는 실패했지만, 홍콩 매체와 주하이에서 열린 회의 덕분에 1992년 극적인 발전을 이룰 수 있었다.

의례에 따라 덩샤오핑은 기자 회견을 열지 않았지만 그가 선전에 머물고 있다는 소식이 전해지자마자 열성적인 홍콩 기자들이 변경 지역으로 몰려와 그의 여행을 취재했다. 1월 22일, 덩샤오핑이 선전에 도착하고 사흘이 지난 후, 홍콩의 《명보(明報)》는 그의 여행 소식과 함께 개방 가속화에 대한 의견을 터뜨렸다. 보도에서는 또한 양상쿤 역시 선전에서 덩샤오핑을 수행했다고 전했다. 민감한 홍콩 독자들은 그 즉시 덩샤오핑의 여행이 결코 일상적인 가족 휴가 여행은 아니라는 것을 감지할 수 있었다.

홍콩 좌파 신문의 편집자는 여전히 많은 동료가 6·4 시위를 지지하다 해고된 사실을 기억하면서 덩샤오핑의 여정과 발언을 보도하기가 불안했다. 그럼에도 불구하고 1월 23일 그들은 홍콩 텔레비전과 함께 덩샤오핑의 선전 방문 소식을 전했다. 중국의 선전부서에서는 홍콩 인근 대륙 지역의 홍콩 텔레비전 신호를 막을 수 없었기 때문에, 광둥 남부 수백만 명의 사람들은 선전에 있는 덩샤오핑의 모습을 홍콩 텔레비전의 일부 화면을 통해 볼 수 있었다.

베이징의 신중한 계획 관리 입장을 지지하는 선전 간부들은 어려운 선택에 직면했다. 덩샤오핑의 남부행 소식이 이미 남부 지역 각지에 퍼져 나가고 있음에도 그대로 계속 입을 닫고 있든지, 아니면 이번 남부 여행 소식을 인정하면서 될 수 있는 한 개혁 개방에 대해 더욱 보수적인 입장을 가진 사람들에 대한 덩샤오핑의 공격을 약화시키는 것이었다.[39] 한편 덩샤오핑의 지지자, 즉 그들의 발전 가속화를 허가해 주길 원하는 남부 지역 간부들은 위험을 무릅쓰고 덩샤오핑의 의견을 전파하길 희망했다.

덩샤오핑의 선전과 주하이 여행이 이목을 집중시켰기 때문에 보수적인 언론 매체 책임자들은 그의 남부 여행을 모른 척하기 어려웠지만 그래도 그렇게 하려고 노력했다. 2월 3일, 베이징 텔레비전은 덩샤오핑과 양상쿤이 상하이 영도자들이 주최한 춘절 행사에 참석한 소식은 보도했지만, 그의 선전과 주하이 여행이나 개혁을 향한 노력은 단 한 자도 보도하지 않았다. 같은 날, 영문판《차이나 데일리(China Daily)》에 양상쿤과 덩샤오핑이 선전에서 찍은 사진이 올라왔지만 사진에 날짜를 명기하지 않았다. 2월 4일, 상하이시위원회 소속《해방일보》편집자가 영리하게도 덩샤오핑의 남부 여행에 대해서는 언급하지 않았지만 1면에 덩샤오핑의 사상 해방 노력을 찬양하는 글을 실었다. 이는 3중전회의 승인을 받은 것으로 상하이가 곧 착수할 거대한 프로젝트에 큰 힘이 되었다.[40] 그러나 당시 광둥과 상하이의 지역 매체는 덩샤오핑의 남부행 소식을 알리고 싶었다. 게다가 남부 지역의 경우 덩샤오핑의 남부행은 이미 모든 사람이 알고 있는 소식이었다. 베이징의 선전부는 외부 세계가 덩샤오핑의 남부행 목적을 알지 못하도록 막을 방법이 없었다.

주하이에서 덩샤오핑은 형식적으로는 장쩌민의 영도하에 다시 열기를 뿜기 시작한 군사 계획과 관련한 회의를 열었다. 덩샤오핑은 그가 우한에서 한 말을 되풀이했다. "누구든 개혁하지 않으면 자리에서 물러나야 합니다. …… 우리들의 영도자는 마치 무슨 일을 하고 있는 것처럼 보이지만 쓸모 있는 일은 아무것도 하고 있지 않습니다"[41] 덩샤오핑이 주하이에서 출석한 '군사 규획'과 관련된 당시 회의는 정치국 상임위원 여섯 명 중의 한 사람인 차오스가 진행했다. 차오스는 국내 치안을 맡고 있었기 때문에 회의 진행은 자연스러운 일처럼 보였다. 그러나 차오스는 최고 영도자의 소양을 지닌 사람이라 여겨지는 인물이었다. 그는 장쩌민의 잠재적인 경쟁자였다. 따라서 당시 회의 역시 중국 지도층의 인사 배치와 관련이 있을 수 있었다. 또한 장쩌민 입장에서 더욱 우려되는 것은 회의에 국가주석 겸 중앙군사위원회 부주석 양상쿤과 또 다른 중앙군사위원회 부주석 류화칭(劉華淸) 장군도 참석했다는 것이다. 그 외에도 양상쿤의 남동생인 인민해방군 총정치부 주임 겸 중앙군사위원회 비서장 양바이빙이 참석했다. 이 간부들은 안보 문제와 관련이 있었으나 개혁 가속화의 필요성에 대해서는 덩샤오핑과 같은 의견을 가지고 있었다.[42]

덩샤오핑의 남부 여행과 관련하여 중국에서 출판된 책에는 주하이 회의에 대한 내용이 들어 있지 않다. 정부 측 『덩샤오핑 연보』에도 역시 관련 기록이 빠져 있다. 이는 이해할 만한 일이다. 중국공산당 영도자들은 대중에게 당내 갈등을 보여 주길 원하지 않기 때문이다. 그러나 회의 참석자와 주하이의 관찰자들이 소식을 유출한 상황은 회의 직후 몇 주가 끝난 후 장쩌민의 반응을 통해 증명되었다. 회의에 출석한 군대 영도자들의 강력한 진용으로부터 필요하다면 군대 고위층이 새로운 영도자를 옹호하려 한다는 것을 보여 주었다.

장쩌민의 응수

주하이 회의에 대한 정확한 내용을 알고 싶었던 장쩌민은 자칭린(賈慶林) 푸젠성위원회 제1서기를 설득해 회의 녹음을 보내도록 했다. 얼마 후 정부는 자칭린이 정치국에 합류했다고 선포했다. 장쩌민은 춘절에 덩샤오핑에게 전화를 거는 일이 없었다. 그러나 1992년 2월 3일, 덩샤오핑이 주하이를 떠난 지 5일이 지난 후 장쩌민은 덩샤오핑에게 전화를 걸어 새해 인사를 했다. 후에 그는 당시 통화가 그냥 우연한 행동이 아니었다고 인정했다.[43] 그 후 장쩌민은 더욱 대담한 개혁파가 되었다.

덩샤오핑은 1월 31일에 상하이에 도착하여 그곳에서 3주 이상 휴식을 취했다. 특구에서와 비교하면 그는 더욱 여유로운 걸음으로 푸둥의 개발을 시찰하고 선전과 주하이의 발언 원고를 검열했다.[44] 그는 또한 얼마 전 완공된 푸둥 대교와 양푸 대교의 건설 현장을 둘러보았다.[45] 그는 자아비판을 통해 과거 상하이를 특구로 건설하지 않은 것은 착오라고 말했다. 그러나 현재 상하이는 시작부터 이러한 상황을 후발 주자로서의 우위로 활용하여 광둥의 경험에서 학습함으로써 더욱 훌륭하게 일을 할 수 있다고 덧붙였다.

동시에 화궈펑과 후야오방의 비서를 지낸 정비젠이 이끄는 기안자들은 덩샤오핑의 선전과 주하이 발언을 체계적으로 정리했다. 그들은 먼저 광둥 간부가 준비한 2, 3만 자 정도의 덩샤오핑 남부 여행 발언 기록을 얻은 다음 덩샤오핑과 함께 수차례에 걸쳐 이를 수정하여 7000자짜리 보고서로 정리했다. 생동감 넘치는 덩샤오핑 여정 중의 발언과 비교하면 이 보고서는 정부 보고서 분위기가 강했다. 이는 덩샤오핑이 상하이를 떠나기 전에 완성되었다.[46]

덩샤오핑이 상하이에 체류하는 동안 천윈 역시 상하이에 있었다. 그러나 덩샤오핑은 그와 만남을 준비하지 않았다. 이에 비해 양상쿤 주석과 상하이시위원회 서기 우방궈(吳邦國)는 직접 천윈에게 새해 인사를 하러 갔다.[47] 천윈 같은 노련한 영도자는 세심하게 준비한 덩샤오핑의 행동이 갖는 정치적 의미를 쉽게 이해할 수 있었다. 또한 개혁 강화를 향한 덩샤오핑의 노력의 결과, 군부의 강력한 지지를 얻었다는 것과 푸둥 개발 계획이 상하이시위원회의 열렬한 호응을 얻었다는 것도 잘 알고 있었다.

덩샤오핑은 10년 동안 줄곧 업무에 매달리느라 상점에 가 본 적이 없었다. 어느 날 오전, 그는 당시 중국 최대의 소매 상점인 상하이 제일백화공사에 갔다. 그는 그곳에서 다양한 상품에 대한 판매가 활발하게 이루어지고 있는 모습을 볼 수 있었다. 14년 전, 개혁 개방이 시작되었을 때 소비자가 가판대에서 보던 빈약하기 그지없는 공급 상황과 확연하게 다른 모습이었다. 그는 중국의 발전에 더욱 큰 자긍심을 갖게 되었다.[48] 덩샤오핑은 딸 덩룽의 도움을 받아 손주들에게 줄 선물로 연필 몇 자루를 구입했다.

덩샤오핑은 베이징으로 돌아오는 열차 안에서 자신의 남부 여행이 목적을 이룰 것이란 기대를 할 수 있었다. 이제 장쩌민이 발전과 개혁을 가속화하려 하고 있다.[49] 확실히 2월 20일부터 덩샤오핑이 상하이를 떠나 베이징으로 돌아온 3월 6일까지 《선전특구보(深圳特區報)》 사람들은 덩샤오핑이 최후의 승리를 거둘 것이라는 점에 상당히 낙관적이었다. 그들은 매우 대담하게 덩샤오핑의 남부 여행에 대한 여덟 꼭지의 기사를 발표했다.[50] 베이징 선전부의 영도자들은 이 글의 베이징 유입을 막으려 했지만 베이징을 포함한 전국의 독자들이 모두 이 글을 보게 되었다.

2월 중순, 덩샤오핑이 베이징으로 돌아오기 며칠 전, 장쩌민은 이미 공개적으로 개혁 확대에 대한 덩샤오핑의 호소를 지지한다고 말했다.[51] 장쩌민은 주하이에서 받은 보고를 통해 자신이 대담하게 개혁 개방 정책을 추진하지 않을 경우 자신을 해임시키려는 덩샤오핑의 결의를 느낄 수 있었다. 장쩌민은 덩샤오핑의 남부 여행에서 그가 베이징과 지방 주요 영도자들로부터 많은 지지를 받고 있음을 알았다. 이후 장쩌민은 당시 덩샤오핑의 관점이 우세할 것이라고 생각해 이러한 관점을 지지하는 것이 현명한 행동이라고 판단했다는 점을 인정했다.[52]

정비젠이 덩샤오핑의 특구 연설문을 요약한 후 장쩌민은 정치국 승인을 거쳐 몇몇 최고위층 간부에게 원고를 보냈다. 덩샤오핑의 즉흥 발언과 비교할 때 이렇게 정리된 원고는 그다지 공격적이지는 않았지만 여전히 강력하고 직접적이었다. 당내 지도층은 덩샤오핑의 남부 여행에 대한 대중의 관심을 의식함과 동시에 보고서를 읽은 후 덩샤오핑이 연로한 나이에도 불구하고 결연한 의지로 행동을 개시했으며, 급속도로 그의 지지자들이 늘어나고 있다는 것을 느낄 수 있었다.[53] 상하이와 광둥 등지의 영도자들은 시장 개방을 가속화하길 원했고 그 결과에 낙관적이었기 때문에 덩샤오핑의 편에 서 있었다. 설사 덩샤오핑이 남부 여행을 하지 않았다 해도 외국의 제재가 점차 줄어들고 보수파가 통화 압박을 낮추는 데 거둔 성과를 통해 중국 지도층은 발전 목표를 높일 수 있었다. 그러나 덩샤오핑의 남부 여행 그리고 그 여행이 이끌어 낸 장쩌민의 입장 전환에 따라 변화는 더욱 일찍, 더욱 빠른 속도로 이루어졌다.

장쩌민이 덩샤오핑의 관점으로 돌아서긴 했지만 전국적 매체들은 여전히 덩샤오핑의 남부 여행과 발언 내용을 선전하지 않았다. 2월 20일, 덩샤오핑이 베이징으로 돌아오기 하루 전, 보수파 진영의 격월간지 《당대사조(當代思潮)》는 계획 관리들의 신중한 관점을 옹호하기 위해 최후 저항을 했다. 그들은 천원의 관점을 반영한 것이 분명한 덩리췬의 글을 발표했다. 그 글에서는 중요한 위험은 '좌'에서 오는 것이 아니라 '우'에서 온다고 했다. "자유주의를 신봉하며 집착하는 사람은 반(反)좌파의 깃발을 들고 당의 지도와 사회주의 제도에 반대한다. …… 이에 대해 반격하지 않으면 그 결과 각종 반공 사상이 범람하게 될 것이다."[54]

그러나 이미 흐름이 변하고 있었다. 글이 실린 후, 보수파의 목소리는 점점 약해졌다. 장쩌민과 그의 동료들이 민중에게 발전 가속화에 대한 덩샤오핑의 요구를 지지할 준비를 시켰기 때문이다. 2월 21일, 즉 덩샤오핑이 베이징으로 돌아온 날, 《인민일보》에 정비젠이 정리한 발언 원고를 바탕으로 「더욱 대담하게 개혁을 진행하자(更大膽地進行改革)」라는 사설이 실렸다.[55] 사설은 홍콩 매체가 한 달 동안 이루어진 덩샤오핑의 남부 여행을 대대적으로 다루고 있다는 내용은 언급하지 않았다. 그러나 일주일 후인 2월 28일, 베이징 영도자들은 덩샤오핑의 일주일 전 발언에 따른 중앙 2호 문건을 하달했고, 많은 수의 고위급 간부가 이를 열람했다. 대다수 당의 문건처럼 이 문건 역시 표현이 신중하고 정리가 잘되어 있었지만 덩샤오핑의 최초 발언 당시 활력은 부족했다. 문건의 제목은 「덩샤오핑 동지의 주요 발언 전달 및 학습에 관한 통지」였다. 이는 전체 중앙위원과 2000명의 중앙당교 학생과 교사 등 개별 단체에 배포되었다.[56]

3월 9일에서 10일까지 열린 정치국 회의에서 전체 정치국 위원 열다섯 명은 2호 문건에 대해 토론을 벌여 문건 내용을 모두 지지했다. 덩샤오핑은 지방 간부들의 지지를 뒷받침으로 하여 강력하게 움직였다. 그는 홍콩 매체들을 이용하고 군대의 지지를 동원했다. 그러나 경제 영역에서 전해지는 희소식도 이용했다. 천윈의 노력으로 인플레이션도 억제되었고 산업도 성장하여 수출이 증가하고 외국은 제재를 완화하기 시작했다. 경제 확장의 분위기가 대대적으로 개선되었다.

정치국 회의에서 양상쿤 주석이 먼저 대대적으로 문건을 지지한 데 이어 장쩌민 역시 덩샤오핑의 의견에 완전한 지지를 선언하며 개혁 추진에서 자신의 행동이 미력했음을 인정했다.[57] 정치국은 덩샤오핑의 남부 여행 발언 가운데 개혁 가속화와 개방 확대에 대한 관점을 모두 긍정적으로 평가하며 이를 연말에 개최할 중국공산당 제14차 전국대표대회의 핵심 내용으로 삼는 데 동의했다. 덩샤오핑의 언행에 익숙한 사람들은 그의 기본 사상, 즉 더욱 대담하게 개혁과 대외 개방을 실행한다는 것을 의외로 생각하지 않았다.

3월 정치국 회의 이후, 덩샤오핑이 남부 여행에서 한 발언의 요점이 정부 정책의 지도 방침이 되었다. 3월 11일, 정치국 회의가 열린 두 번째 날이자 덩샤오핑이 남부 여행을 시작한 날로부터 2개월 이후 신화사는 마침내 공식적으로 덩샤오핑의 남부 여행에 관한 뉴스를 내보냈다. 또한 관련 사설을 통해 더욱 대담하게 개혁 개방을 실행해야 한다는 의견을 내놓았다. 그러나 《인민일보》는 3월 31일이 되어서야 이에 보조를 맞춰 덩샤오핑의 선전 시찰에 대한 상세한 보도를 하기 시작했다.

분위기의 변화

덩샤오핑의 남부 여행 소식이 전국적으로 보도되고 정책에 변화가 일기 시작함에 따라 덩샤오핑의 발언은 유명한 '남순강화(南巡講話)'라는 이름으로 불리게 되었다. '남순'이란 군주 시대에 황제가 남부 지역을 순시할 때(그때는 창강 유역을 순시했다. 덩샤오핑처럼 먼 곳까지 순시하진 않았다.) 사용했던 표현이다. 덩샤오핑이 황제같다는 인상을 주지 않기 위해 정부 측에서는 좀 더 중성적인 표현으로 '남방담화'라는 말로 바꿔 사용했다.

보수파 간부들은 덩샤오핑의 발언이 보편적인 지지를 얻고 있다고 느끼면서 그 발언의 정신을 반영한 문건에 어쩔 수 없이 동의를 표했다. 3월 20일 전국인민대표대회 연차회의에서 인민 대표들의 정치적 분위기에는 덩샤오핑의 남부 여행이 가져온 힘을 느낄 수 있었다.[58] 지식인과 군대 간부들은 이미 변화된 분위기를 이용해 각자 속한 기관에서 좌경 사상에 대한 공격을 시작했다. 양바이빙은 3월 23일, 군대는 '개혁 개방을 보호, 지지할 것'이라고 선포했다. 이는 발목을 잡는 사람들에 대한 명확한 경고였다.

5월 말, 당 중앙은 덩샤오핑 정책을 관철하는 데 취지를 둔 4호 문건을 발행했다. 문건은 창 강 연안의 다섯 개 내륙 도시와 아홉 개 변경 도시를 개방하며, 서른 개 성회 도시가 일률적으로 경제특구와 동일한 특별한 정책을 누릴 것이라고 선포했다.[59]

남부 여행 이후 수개월 동안 덩샤오핑은 장쩌민을 만나 그가 어떻게 개혁 개방을 한층 더 실천해야 하는가에 대해 말하지 않았으며, 장쩌민을 지지한다고 명확한 태도를 보여 주지도 않았다. 실제로 장쩌민은 덩샤오핑이 계속 자신을 시험하고 있으며, 잠재적인 위협이 남아 있음을 느꼈다고 했다. 만약 장쩌민이 개혁을 적극 지지하지 않을 경우 군대의 지지를 받던 덩샤오핑이 차오스로 그를 대체할 가능성이 있었다.

장쩌민은 덩샤오핑의 마지막 시험을 통과하기로 결심했다. 봄날, 공개적인 장소에서 그는 개혁 개방 확대에 대한 적극적인 지지자로 변신했다. 그는 6월 9일 중앙당교 성부급(省部級) 학생 졸업식 발언을 세심하게 작성했다.[60] 「덩샤오핑 동지 연설 내용의 중요한 정신을 깊이 깨닫고 전면적으로 실천한다」라는 연설에서 덩샤오핑 남순강화 정신을 관철하는 데 무엇이 필요한가를 전면적으로 설명하고 1978년 3중전회 이후 덩샤오핑의 공헌을 총괄했다. 장쩌민은 개혁의 발걸음을 가속화하기 위해서는 성장 목표를 매년 9~10퍼센트까지(당시 5개년 계획의 정부 목표는 여전히 리펑이 전국인민대표대회에서 말한 6퍼센트였다.) 올려야 한다고 말했다. 장쩌민은 자본주의 국가의 선진 경험을 대담하게 학습해야 하며, 개혁의 성씨가 '자(資, 자본주의)'인지, '사(社, 사회주의)'인지 논할 필요는 없다고 말했다. 그는 나아가 이러한 생각을 덩샤오핑의 찬성을 얻을 만한 '사회주의 시장 경제'라는 말로 개괄했다.[61]

6월 12일, 당시 중요한 발언을 한 후 3일이 지나 희망에 찬 젊은 영도자 장쩌민은 자신의 사부를 찾아가 천원의 '계획적인 사회주의 시장 경제'를 대체할 '사회주의 시장 경제'라는 말에 동의하는지 물어보았다. 덩샤오핑은 장쩌민의 발언을 좋아한다고 말했다. 이에 장쩌민은 무거운 짐을 덜은 것 같았다. 덩샤오핑이 다시 말했다. "사실 선전이 바로 사회주의 시장 경제지." 장쩌민은 관문을 통과했다. 이후 덩샤오핑은 마치 여전히 최후의 정책 결정자인 것처럼 장쩌민에게 중앙당교에서의 발언을 내부에 돌려 읽도록 했다. 반응이 좋으면 중국공산당 제14차 전국대표대회 주제로 삼으려 했다. 그 결과 예상대로 좋은 반응을 얻었다.

천원은 신중한 원로 보수주의자였지만 중앙 정책을 옹호하며 기율을 엄수하는 당원이었다. 그는 개혁 개방 가속화에 대한 정치국의 만장일치 결정을 조건 없이 받아들였다. 1992년 초, 그는 상하이에서 몇 개월 동안 겨울 휴가를 보냈다. 그는 푸둥의 발전을 목격했고, 푸둥 개발을 책임진 상하이 간부들과 이야기를 나누었다. 4월 26일, 베이징으로 돌아오기 하루 전날, 천원은 우방궈 상하이시위원회 서기와 황쥐(黃菊) 시장의 보고를 받았다. 그는 상하이에 활기를 불어넣은 그들의 노력에 찬사를 보냈을 뿐 아니라 더욱 대담하게 일하도록 했다.

약 3개월 후인 7월 21일, 천원은 그의 오랜 동료로, 한 달 전에 세상을 떠난 리셴녠을 추도하는 글에서 자신과 리셴녠은 특구에 가 본 적이 없지만 두 사람 모두 이런 실험이 필요하다고 느꼈다고 적었다. "우리는 특구의 경험을 배우고 이를 성공시켜야 합니다." 그는 선전의 현대적 건축과 수입 증가율보다 훨씬 높은 수출 성장률을 달성했다는 데 깊은 인상을 받았다고 말했다. 그가 말했다. "중국의 경제 발전은 규모가 더 커졌습니다. 과거보다 더 복잡합니다. 예전에는 효과적이던 수많은 방법이 현재 개혁 개방 상황에는 맞지 않습니다. 새로운 상황은 우리에게 계속해서 학습하고 탐색해서 새로운 문제를 해결하도록 요구하고 있습니다."[62] 천윈은 계획 체제가 안정적으로 유지될 수 있도록 인플레이션을 억제하기 위해 계속 노력했다. 1992년, 다행히 1988년 시작한 긴축 정책으로 인플레이션을 통제할 수 있었고 수출은 외국 제재의 영향을 극복하고 성장하기 시작했다. 천윈은 그의 필생의 사업이 끝나 갈 무렵 중국이 더욱더 복잡한 새로운 시기로 접어들고 있다고 인정했다. 실제로 그는 다음 영도자 세대에게 신뢰라는 표를 던진 것이다. 그들은 중국을 또 다른 길로 인도할 것이며, 이는 과거 그가 분투했던 길과 전혀 다른 길이었다.

여름이 되자 덩샤오핑은 이미 자신의 승리를 굳힌 상태였다. 지방 간부들은 투자 비율을 높여도 된다는 허가를 받아 대외 무역을 확대할 수 있게 되었다. 연해 지역의 실험 역시 내지까지 확대되었다. 덩샤오핑은 이후 수십 년 동안 국가가 직면할 다른 문제에 주의하기 시작했다. 7월 24일, 덩샤오핑은 얼마 후 열릴 예정인 제14차 전국대표대회 준비를 위한 초고를 본 후 몇 가지 생각해야 할 문제들을 제기했다. 즉 농촌 체제, 중국 발전에서 본인의 역할, 통치 제도, 국가 안보에 관한 문제였다.

농촌 정책에서 덩샤오핑은 포산도호와 공사(公社) 취소를 통해 농민과 기타 농민공들의 적극성을 유발할 필요가 있다고 인정했다. 그러나 새로운 농업 기술의 개발과 발전으로 소규모 경작을 하는 농가의 경우 자신의 힘만으로 기술을 향상시킬 수 없었다. 일정한 시기가 되면 규모가 큰 집단 조직이 필요했다. 덩샤오핑은 영도자들에게 이 일을 너무 조급하게 생각하지 말고 농가들이 자발적으로 체제 개편을 요구하길 기다려야 한다고 말했다.

자신의 유산을 생각할 때 덩샤오핑은, 영도자란 본인의 역할을 과장해서는 안 되며, 있는 그대로 말해야 한다고 했다. 개혁 개방의 추진은 거대하고 복잡한 과정으로, 한 사람 또는 몇 사람의 영도자가 모든 것을 생각할 수 있는 것이 아니다. 예를 들어 아무도 사전에 향진 기업에 의존할 수 있을 것이라고 깊이 생각해 본 적이 없지만 향진 기업은 중국 발전의 중요한 요소가 되었다.

1978년 이후 중국이 거둔 성공은 거대한 인민 대중의 경험에서 비롯된 것이다. 덩샤오핑 본인의 역할은 다만 이런 발전을 종합하여 더 많은 사람에게 보급한 것이다.

통치와 자유의 문제에 대해 덩샤오핑은 '민주 집중제'가 여전히 '가장 합리적인 제도'이며 치국의 기본 원칙으로 견지해야 한다고 말했다. 영도자는 사람들이 자신의 관점을 표현하도록 격려하는 방법을 생각해야 하지만 일단 결정이 내려지면 집단 결정에 복종해야 한다.

덩샤오핑은 중국의 안보 문제에 대해서도 언급했다. 그는 각 나라 간 세력 균형에 중대한 변화가 발생하고 있으며, 이러한 변화를 자세히 연구하는 것이 중요하다고 했다. 당시 상황에서 그는 중국이 계속 군대 규모를 축소할 수 있지만 마찬가지로 군대 성원의 소양을 높이고 전투력을 증강시켜 필요시 국가를 보위할 수 있도록 준비해야 한다고 말했다.[63]

덩샤오핑은 제14차 전국대표대회에서 연설할 장쩌민의 보고를 심사, 비준했다. 보고의 핵심적인 내용은 그가 남순강화 때 표명한 개혁 개방의 가속화였다.

중국공산당 제14차 전국대표대회: 1992년 10월 12~18일

중국공산당 제14차 전국대표대회는 과거와 마찬가지로 현재와 미래 정책에 관한 문서에 대해 진지하게 토론했다. 그러나 덩샤오핑 및 그의 성공적 정책에 대한 공개적 찬양이 우선됨으로써 사실상 그의 퇴직 기념식이 되어 버렸다. 대회의 주요 발언, 즉 장쩌민의 정치 보고는 덩샤오핑과 그의 정책에 대한 찬양 일색이었다. 그의 정책, 즉 '사회주의 시장 경제' 건설은 미래 5년 동안 중국을 이끌어 나갈 지도 노선이 되었다. 물론 장쩌민의 발언에는 보수파와의 타협 역시 반영되었다. 덩샤오핑이 원래 제기한 목표 성장률은 10퍼센트였으나 장쩌민은 보고에서 8퍼센트 혹은 9퍼센트로 건의했다. 그러나 리펑이 초기에 제안한 6퍼센트보다는 훨씬 높은 수치였다.[64]

장쩌민은 덩샤오핑을 중국 개혁 개방의 총 설계사라고 찬양했을 뿐 아니라 그의 관점을 '덩샤오핑 이론'이라고 격상시켰다. 잘 아는 사람들은 덩샤오핑이 다른 공산당 국가의 영도자들과는 달리 실천가이지 이데올로기 선전가가 아니라는 것을 인지하고 있었다. 그는 최고 영도자가 반드시 이론가가 되어야 할 필요는 없다고 생각했다. 그러나 장쩌민은 덩샤오핑의 관점을 이론의 수준까지 끌어올려 그 중요성을 강화함으로써 '마오쩌둥 사상'과 나란히 자리하도록 하여 마치 혁명을 실천하는 것처럼, 인민이 집중적으로 4개 현대화를 추진하도록 했다.

덩샤오핑의 공적은 '중국 특색의 사회주의' 이론을 내놓고, '사회주의 초급 단계'라는 표현을 사용했다는 것이다. 덩샤오핑 '이론'은 그가 희망하는 모습으로 완성되었다. 이는 지속적인 시장 확대라는 실용주의 정책을 지지하는데 이데올로기적 합법성을 제공했다. 장쩌민은 또한 어떤 일이든지 간에 성이 '사' 씨든, '자' 씨든 상관없다는 덩샤오핑의 관점을 되풀이했다. 공유제는 여전히 주요한 소유제 형식이지만 계속해서 국영 기업을 더욱 독립적인 경제 단위로 변화시켜야 한다. 실험적으로 주주 제도를 끌어들이려면 상품 시장을 확대해야 할 뿐 아니라 자본, 기술, 노동력, 정보, 주택 시장을 발전시켜야 한다. 과학, 기술은 단순한 생산력이 아니라 제1의 생산력으로 여겨져야 한다.[65] 요컨대 당시 전국대표대회는 덩샤오핑의 기본 관점에 분명히 긍정적이었다. 마오쩌둥의 기본 신념인 계급 투쟁과 지속적인 혁명은 그가 죽기 전에 이미 쇠락하여 그의 죽음과 함께 사라져 버렸다. 이와 달리 덩샤오핑의 기본 정책은 인민의 경제적 수요, 소망과 공감대를 형성하여 이후 10, 20년 동안 계속해서 정부의 정책 결정을 이끌었다.

톈안먼 비극이 일어난 후 3년밖에 지나지 않아 열린 대회에서 장쩌민은 덩샤오핑과 마찬가지로 정치 개혁이 아닌 안정을 더욱 강조했다. 제14차 전국대표대회에서 그는 지난 대회에서 자오쯔양이 제기한 당정 분리, 당과 기업의 분리를 다시 언급하지 않았다. 덩샤오핑과 마찬가지로 장쩌민은 살벌한 표현까지 써 가며 1989년 '반혁명 폭동'을 비난했다. 그러나 그는 여전히 주요 위협이 '우'가 아닌 '좌'에서 온다는 입장을 고수했다.[66]

덩샤오핑의 정신이 중국공산당 제14차 전국대표대회를 주도했지만 그는 대회가 끝날 무렵에야 장내에 들어왔다. 덩샤오핑이 회의장에 들어와 장쩌민 옆에 약 20분 정도 서서 텔레비전 카메라가 그들의 모습을 함께 담을 수 있도록 했다. 덩샤오핑이 장쩌민에게 권력을 넘겨주었다. 뉴스는 중국 전역과 전 세계로 전해졌다.[67] 장쩌민은 이미 확고히 개혁 개방의 실행을 표명했고, 덩샤오핑은 자신이 완전히 장쩌민을 지지한다는 것을 보여 주고 있었다. 그 순간부터 장쩌민은 더 이상 덩샤오핑이 동의하는지 고개를 돌려 볼 필요가 없었다. 권력은 이미 그의 손으로 넘어왔고 덩샤오핑을 비롯한 다른 이들은 이제 그를 당의 제3세대 '핵심'이라고 불렀다.[68]

중국공산당 제14차 전국대표대회가 열리기 얼마 전, 덩샤오핑은 그의 오랜 맹우이자 남부 여행을 함께했던 양상쿤과 양바이빙 형제를 물러나게 했다.[69] 덩샤오핑은 장쩌민의 지도를 잘 따를 만한 일흔일곱 살의 류화칭과 장쩌민의 측근인 쩡칭훙에게 그들을 대신하도록 했다.[70] 장쩌민은 오랫동안 그보다 원로인 양씨 형제를 자신의 행동에 방해가 되는 적수라고 생각했다. 덩샤오핑은 언젠가 장쩌민에게 이렇게 말한 적이 있다. "마오쩌둥 주석이 집권할 때는 그가 말하면 그걸로 끝이었고, 내가 집권할 때는 내가 말하면 그만이었소. 그대가 집권한 후에도 그대가 말하면 그만일 수 있어야 안심이 되겠소."[71] 덩샤오핑은 양상쿤, 양바이빙 형제와 절친했지만 그에게는 국가 영도자들의 강력한 단결이 개인적 우정보다 더 중요했다. 그는 자신이 할 수 있는 한 힘껏 장쩌민이 영도자들을 지휘해 국가를 효과적으로 이끌어 나가는 데 필요한 모든 권위를 얻도록 했다.

마오쩌둥이 사망한 후 그가 선출한 후계자들은 체포되거나 옆으로 물러나야만 했다. 그러나 덩샤오핑이 물러난 후 그가 선출했던 후계자는 계속해서 20여 년 동안 국가를 이끌었다. 1997년, 중국공산당 제15차 전국대표대회에서 장쩌민은 다시 신임 영도자로 선출되어 10년 임기를 마쳤고 자오쯔양이 다시 그에게 2년을 더 넘겨주었다. 1992년 봄이 되기 전, 덩샤오핑은 다소 우려하긴 했지만 장쩌민은 톈안먼 비극 이후 힘든 시기에 세인의 의혹과 외국의 제재 속에서도 성공적으로 단결을 유지하며 국가를 지도했다. 그는 덩샤오핑의 개혁 개방 정책을 굳건하게 실행하며 뛰어난 정치적 재능을 보여 주었다. 톈안먼 비극과 소련, 동구 공산 정권의 붕괴 이후 다양한 불확정적인 요소를 감안할 때 장쩌민이 성공적으로 안정적인 지도력을 발휘했다는 것은 대단한 성과라 할 수 있다.

1992년 6월, 덩샤오핑에 의해 1991년 베이징에 입성한 입증된 경제 영도자 주룽지 부총리는 새로운 경제무역판공실 주임이 되었다. 이 부서는 경제 업무 관리 감독의 최대 권력 기구가 되었다.[72] 이후 1993년 3월 제8기 전국인민대표대회에서 새로운 정부 인사 임명이 발표되었다. 리펑이 총리에 재선되고 주룽지가 제1부총리가 되었다. 6·4 시위 진압 과정에서 중요한 역할을 발휘한 리펑이 총리가 되었으니 덩샤오핑은 6·4에 대한 정치적 판결 번복을 걱정할 필요가 없었다. 주룽지는 경제 관리에 대한 성과가 탁월했다. 특히 그는 통화 압박을 극복했으며 1988년에서 1989년까지 당시처럼 경제가 경착륙을 하도록 만들지도 않았다. 주룽지는 1997년 중국공산당 제15차 전국대표대회에서 국무원 총리가 되었다.

제14차 전국대표대회에서 선정한 정치국 상임위원 가운데 가장 젊은 사람은 후진타오로, 장쩌민에 이어 후계자가 되었다. 당시 그는 쉰 살에 불과했다. 다른 성원들의 평균 나이보다 여덟 살이나 어렸다. 후진타오는 다른 원로 영도자들의 지지를 얻기 위해 노력했고, 중국공산당 제16차 전국대표대회와 제17차 전국대표대회를 통해 제4대 핵심 영도자로 총서기직을 맡았다. 이렇게 덩샤오핑이 선택한 후계자는 1992년 이후 세 차례나 중국공산당 전국대표대회의 인가를 받았다.

덩샤오핑이 계획했던 것처럼 중국공산당 제14차 전국대표대회는 또한 임기 종신제의 종말을 의미했다. 구세대 혁명가들이 의견을 내놓을 수 있도록(또한 일선에서 물러난 후 그들의 심정을 달래기 위해) 제공한 정식 루트인 중앙고문위원회도 정식으로 해산했다. 그후 최고 영도자를 포함한 모든 임명에는 임기가 제한되었다. 1992년 당선된 다른 주요 직책의 간부들은 모두 덩샤오핑의 인사 정책(원래의 위치에서 성과가 탁월한 사람이 한 단계씩 높은 자리로 승진하는)에 따라 선발되었다.

1992년 당선된 정치국 위원은 모두 덩샤오핑의 정책과 완전히 보조를 같이하는 사람들이었다. 정치국에 들어온 두 명의 정부 장관인 외교부장 쳰치천과 외교무역부장 리란칭(李嵐清)은 외교 사무와 대외 개방 확대가 본 업무가 되었다. 1992년 전 정치국 위원 가운데 내륙에 위치한 성을 대표하는 성원이 하나 있었다. 그러나 그는 1992년에 낙선했다. 새로 추가된 다섯 성급 직무를 맡은 다섯 명의 정치국 성원들은 모두 덩샤오핑의 개혁 개방 정책하에 비약적으로 번창한 연해 성이나 시 출신이었다. 광둥의 셰페이, 베이징의 천시퉁, 상하이의 우방궈, 톈진의 탄사오원(譚紹文), 산둥의 장춘윈(姜春雲)이다. 여전히 정치국에 남아 있는 베이징의 간부들, 즉 차오스, 양바이빙과 류화칭 모두 연해 지역 출신이었다. 그들은 일찍이 덩샤오핑의 남순강화 때 주하이에서 그와 함께 전략을 세웠다. 이러한 중견 영도자들은 대약진 운동의 실패를 잊지 못할 연령대의 사람들이었다. 그들 대부분은 1960년대 초 주요 직책을 맡았으며 문화 대혁명 당시 타격을 받았다. 1978년 후 그들은 견실한 개혁파가 되었으며, 그들의 말년을 잘못된 정책을 극복하고 중국의 현대화를 추진하는 데 바치기로 결심했다.

이들과 비교하면 장쩌민 수하의 이후 제4세대 영도자가 된 사람들은 모두 혁명 영웅이 아니었다. 그들은 덩샤오핑 세대의 영도자들이 구축한 체제에서 성장한 훌륭한 학생들이었다. 그들은 전시에 태어나 1949년 후 공산당 지도 아래 교육을 받았다. 그들은 나이가 너무 어렸기 때문에 소련이나 동구에서 학습할 기회가 없었다. 또한 나이가 너무 많았기 때문에 서양에 유학 갈 시기를 놓쳤다. 그들이 한참 학교에서 공부할 시기에는 아직 중국에 서양의 법학이나 경제학, 상업 관리 같은 학문이 들어오지 않았다. 그러나 그들은 재직 기간 동안 문건이나 회의 단기 양성반을 통해 이 분야의 지식을 공부했다. 그들은 능력 있고 시야가 넓은 기술 관료들이었다. 대다수가 공정 기술 학습자 출신으로 기존의 체제를 받아들이며 이러한 체제가 계속해서 효과적으로 운영되길 희망했다. 하나의 집단으로 그들의 장점은 책임감이 강하며 동료나 하급자와 좋은 관계를 유지하며 상급자에게 도전하지 않았다는 점이다. 그들은 심각한 위기를 겪은 경험이 없으며 현행 체제에 도전할 준비도 하지 않았다. 그들은 다만 덩샤오핑 시대의 사람들이 세운 틀 안에서 실무적으로 부지런하게 일을 할 뿐이었다.

남순강화의 성과

중국공산당 제14차 전국대표대회와 1993년 3월 전국인민대표대회에서 정한 8퍼센트 또는 9퍼센트 성장률 정책에 따라 더 많은 지방 투자와 건설 프로젝트 허가가 내려졌다. 1992년 덩샤오핑의 남순강화 후 몇 년 동안 중국은 전 세계적으로 전례 없는 성장률을 기록했다. 그 규모 역시 공전의 성과였다. 실제 1992년에서 1999년까지 매년 경제 성장률은 10퍼센트를 넘었다.

톈안먼 비극 후 1989년에서 1991년까지 외국의 대중국 직접 투자가 정체되면서 매년 평균 40억 달러에 그치고 말았다. 그러나 1992년에서 1999년까지 중국의 대외 개방 정책이 확대되고 외국 제재가 점차 약해지면서 매년 외자 유입이 350억 달러에 이르렀다. 고속 성장은 또다시 경기 과열과 통화 압력을 가져왔지만 1995년 주룽지는 연착륙으로 이러한 압력을 통제했다.

연도	1991	1992	1993	1994	1995
GDP 성장률(%)	9.2	14.2	13.5	12.6	10.5
소비자 가격 지수(%)	3.4	6.4	14.7	24.1	17.1

출처: Jinglian Wu, *Understanding and Interpreting Chinese Economic Reform* (Mason, Ohio: Thomson/ South-Western, 2005), p. 373.

일부 기업에 외국 회사와의 직접 거래 지정이 허용되면서 대외 무역은 급속도로 성장했다. 그전까지 수출입에 종사하던 기업은 모두 국영 대외무역공사를 통해 거래해야 했기 때문에 제때 해외 시장을 잡을 수 없었다. 이외에 국영 대외무역기업 또한 대외 무역의 신속한 확장에 대응할 수 없었다. 그러나 점차 지정을 받은 기업에서 먼저 외국 기업과 거래가 허용되고 이어 그 수가 계속해서 늘어났다. 개혁파들이 새로운 정책을 실행한 후 주택 건설 역시 비약적인 발전을 이룩하기 시작했다. 1995년 이전까지 주택은 모두 직장이나 도시 간부들이 분배했는데, 이후 정부는 주택 시장을 개방하여 국가 고용 공무원들이 보조금 지급 가격에 따라 자신의 집을 구입할 수 있도록 했다. 개인 부동산 시장 건설과 주택 건설에서 이익을 얻을 수 있는 기회가 주어지자 엄청난 속도로 새로운 주택 건설이 이루어졌다.[73]

덩샤오핑의 남순강화에 대해 신중한 계획파와 보수적인 이데올로기 선전가들이 침묵하지는 않았다. 그러나 수용할 수 있는 목표가 무엇인지에 대한 논쟁은 다시 방향을 바꿨다. 마지못해 이루어진 부분이 있긴 하나 가장 경계심이 많은 계획파까지도 점차 시장과 대외 무역이 한층 더 역할을 발휘할 수 있도록 했다. 수많은 중국인이 국내외 시장에서 수익을 얻음에 따라 개혁 개방은 돌이킬 수 없는 정책이 되었고 1978년 이후 열린 문을 다시 닫는다는 것이 불가능해졌다.

덩샤오핑을 기억하며

20세기 후반 수십 년 동안, 중국은 계속되는 혁명으로 수많은 영웅을 잃었다. 덩샤오핑 자신도 '삼기삼락(三起三落)'을 거쳤지만 말년의 그는 그 어떤 동료보다 운이 좋았다. 그들 중 많은 사람의 최후가 비참했고 비극적이었다. 1976년 4·5 시위 이후 마오쩌둥은 생전 마지막 몇 달 동안 베이징의 대중이 그의 문화 대혁명과 계급 투쟁을 거부하고 저우언라이의 4개 현대화를 더 지지한다는 현실에 직면했다. 저우언라이는 죽기 전 자신이 여전히 마오쩌둥과 평생을 받들고 충성했던 당의 비판을 받고 있다는 것을 알고 있었다. 류사오치는 문화 대혁명에서 비판을 받고 적절한 치료를 받지 못한 채 가택 연금 상태에서 사망했다. 후야오방은 무자비하게 파면당한 후 죽기 전 2년 동안 그동안 함께 일했던 영도자에게 냉대를 받았다. 자오쯔양은 연금 도중 세상을 떠났다. 생전에 정부 측에서는 그에 대해 입을 다물고 다만 선별한 몇몇 손님과의 만남만을 허락했다. 화궈펑은 자리에서 밀려난 후 모욕을 당했다. 예젠잉은 적절하게 은퇴한 후 고향에서 말년을 보냈다. 그러나 베이징의 변화를 편안한 마음으로 지켜본 것은 아니었다.

덩샤오핑은 많은 사람이 1989년 톈안먼 시위에 대한 자신의 처리 방식을 자신의 일생에 거대한 오점이라 여기고 있다는 것을 알고 있었다. 국내외를 막론하고 많은 이가, 덩샤오핑이 1989년 6월 지나치게 사회 질서 유지에만 신경을 쓴 나머지 거리의 무고한 사람들에게 총을 발포하는 데 동의한 것은 용서받을 수 없는 행위라고 생각했다. 그들은 덩샤오핑이 민주 사업을 추진할 기회가 있었지만 이를 위해 충분한 노력을 하지 않았으며 부패와 불평등이라는 근본적인 문제를 해결하지 않았다고 여겼다. 이와 달리 덩샤오핑을 변호하는 사람들은 그가 과감히 책임을 짊어질 용기를 냈으며 국가의 통일을 유지하기 위해 할 수밖에 없는 일을 했다고 찬양했다.

그러나 톈안먼 비극에 대한 견해가 어떻든지 간에 여든일곱 살의 고령임에도 불구하고 중국의 개혁 개방 가속화가 계속해서 이루어질 수 있도록 의연하게 남부 여행에 나선 덩샤오핑의 대담한 행동을 많은 이가 높이 평가했다. 확실히, 덩샤오핑은 죽기 전 몇 년 동안 자신이 선정한 후계자가 계속해서 자신이 만든 정책을 따르고 이러한 정책이 중국의 발전을 추동하고 있음을 볼 수 있었다. 그는 마지막 몇 년 동안을 가족과 함께 보내며 당과 인민의 사랑을 받았다. 그는 낙후되고, 폐쇄적이며, 경직된 사회주의 제도에서 국제적 영향력을 지닌 현대화된 경제 강국으로 향하는 험난한 과정 속에 중국을 이끌었다. 만약 중국인이 자신들의 일상생활을 개선한 영도자 한 명에게 감사를 표해야 한다면 그가 바로 덩샤오핑일 것이다. 이처럼 대중의 삶을 향상시키는 데 공헌한 부분에서 그와 비교할 만한 20세기 영도자가 또 있을 수 있을까? 20세기 세계사에 이처럼 거대하고 지속적인 영향을 끼친 영도자가 또 있을까?

덩샤오핑은 사람들이 있는 그대로의 자신을 기억해 주길 원한다고 말한 적이 있다. 그는 사람들이 자신을 기억해 주길 희망했지만 마오쩌둥처럼 과장되게 찬양하는 것은 원하지 않았다. 마오쩌둥은 자신을 위대한 황제에 비유했지만 덩샤오핑은 한 번도 자신을 '천자(天子)'라고 생각한 적이 없었다. 그는 다만 사람들이 자신을 평범한 '중국 인민의 아들'이라 기억해 주길 바랄 뿐이었다.

덩샤오핑이 마지막으로 모습을 드러낸 것은 1994년 춘절이었다. 이후 건강이 악화된 그는 더 이상 회의에 참석하지 않았다. 1997년 2월 19일 자정 직후 세상을 떠났다. 향년 아흔두 살이었다. 사인은 파킨슨병 후유증과 폐부 감염증이었다.[74] 그는 생전에 자신의 장례를 검소하고 간단하게 치르도록 지시했다. 마오쩌둥의 시신은 방부 처리된 후 마오주석기념당에 안치되었지만 덩샤오핑은 기념당이 없다. 2월 25일, 선발을 거쳐 대략 1만 명의 당원이 인민대회당에서 덩샤오핑 추도회에 참석했다. 장쩌민이 눈물을 삼키며 추도사를 읽었다.[75] 추도회는 텔레비전을 통해 중계방송되었다. 그 후 며칠 동안 덩샤오핑의 생평에 관한 보도가 매체의 주요 내용을 장식했다. 덩샤오핑의 유언에 따라 각막은 안과 연구용으로, 장기는 의학 연구용으로 기증되었다. 시신은 화장되었고 유골함 위에는 중국공산당 당기가 덮어졌다. 1997년 3월 2일, 그의 유골은 바다에 뿌려졌다.

6부 | 덩샤오핑의 역사적 위치

24

탈바꿈한 중국

1992년 덩샤오핑은 정치 무대에서 퇴장하면서 지난 150년 동안 중국을 지배한 모든 영도자가 끝내 이루지 못한 사명을 완수했다. 그와 동료들이 중국 인민을 부유하게 만들고 나라를 부강하게 만드는 길을 찾았다는 뜻이다. 이러한 목표를 달성하는 과정에서 덩샤오핑은 중국을 근본적으로 탈바꿈시켰다. 외부 세계와의 관계는 물론이고 그 자체의 통치 구조나 사회 면에서도 그러했다. 덩샤오핑이 이끌어 낸 이러한 구조적 변화는 2000여 년 전 한(漢) 제국이 건국한 이래로 중국에서 가장 근본적인 변화라고 할 수 있다.

덩샤오핑 시대에 일어난 전환은 다양하고 복합적인 요인에 따른 것이다. 고도로 발달된 중국의 전통, 중국 사회의 규모와 다양성, 당시 세계 구조의 성격, 기술과 관리 방식을 공동으로 향유하는 세계 체계의 개방성, 중국공산당의 성격, 창조적이고 근면한 수많은 이들의 공헌 등이 그 예다. 하지만 이러한 전환이 과도기에 발생했기 때문에 당시 최고 영도자는 정치적 과정을 이끌거나 최종 결정을 내리는 데 상당한 자유가 있었다. 물론 이런 거대한 변화의 사상적 토대는 수많은 이의 머리에서 나온 것이며, 향후 상황이 어떻게 전개될 것인가 완벽하게 예견한 이는 아무도 없었다. 개혁 개방 정책은 덩샤오핑 개인이 처음 시작한 것이 아니라 그가 복권되기 전에 화궈펑이 첫걸음을 뗀 것이다. 덩샤오핑은 위대한 청사진을 손에 들고 변혁을 주재한 설계사가 아니며, 사실 그 변혁의 시대에는 전반적이고 완벽하게 이미 갖추어진 설계도가 존재하지도 않았다.

차라리 덩샤오핑은 전환 과정에서 전면적인 영도력을 발휘한 총지배인이라고 표현하는 것이 나을 것이다. 그는 다양한 생각을 정리하고 종합하여 자신의 동료와 대중이 받아들일 수 있는 방식과 속도로 보여 주었다. 일반 사람들이 거대한 변혁을 겪으면서 확신을 가질 수 있도록 그는 최고위층에서 안정적인 통치를 위해 최선을 다했다. 그의 임무는 한마음으로 협력하여 각종 개혁을 실천해 나갈 사람을 선발하고 지도하는 것이었다. 그는 국내외 쌍방에게 서로 이로운 해결 방안을 찾는 문제 해결사였다. 그는 강력한 통치 기구를 육성하기 위해 애썼고, 이를 통해 중국인들이 빠르게 변화하는 새로운 환경에 적응할 때 적절하게 통제할 수 있도록 만들었다. 그는 문제의 경중과 완급을 결정하고 가장 중요한 목표를 실현시키기 위한 전략을 세우는 과정에서 영도 역할을 발휘했다. 그는 인민에게 정책을 설명하면서, 전반적인 상황과 대응이 필요한 구체적인 조치에 대해 솔직하게 말했다. 만약 논쟁이 벌어지면 그는 최종 결정자로서, 국가의 분열을 초래할 수 있는 불화와 이견을 최소화하는 데 최선을 다했다. 그는 인민에게 적극적인 격려를 마다하지 않았고, 나중에 그들이 실망하지 않도록 실제적으로 실현 가능한 목표에 기반을 둔 희망을 심어 주려고 애썼다. 그는 다양한 전문가, 예를 들어 과학자나 경제학자, 관리자, 그리고 지식인들에게 충분한 자유를 부여하여 그들이 자신이 맡은 임무를 잘 해낼 수 있도록 도왔다. 하지만 취약한 사회 질서가 무너질 수 있다고 우려될 경우 그들의 자유를 일부 제한했다. 다른 큰 나라들과 관계를 개선하고 그 나라의 영도자들과 실현 가능한 관계를 수립하는 과정에서 덩샤오핑은 핵심적인 역할을 도맡았다. 덩샤오핑은 자신이 맡은 모든 일을 확고한 신념을 통해 이루고자 했다. 그것은 세계에서 가장 선진적인 과학과 기술, 그리고 가장 효율적인 관리 방식을 채용하여 중국을 최대한 발전시키겠다는 의지였다. 외국의 과학과 기술, 그리고 관리 방식을 받아들이는 과정에서 기존의 중국 체제에 몰고 올 파장은 통제 가능한 것이자 전 국민의 복지를 위해 추진할 만한 가치가 있는 것이었다.

중국과 외국을 막론하고 덩샤오핑이 자리에서 물러난 이후에 성장한 이들은 덩샤오핑이 이러한 여정을 밟아 가면서 얼마나 심각한 문제에 직면했는가를 이해하기 어려울 것이다. 전혀 다른 새로운 사고방식이라면 아예 문을 닫아 버리는 국가, 문화 대혁명을 거치면서 피해자와 가해자 간의 심각한 갈등, 자부심 강한 군부 관리들의 인원 감축과 군비 축소에 대한 저항, 제국주의와 외국 자본가에 대한 민중의 적대감, 도시와 농촌 사회의 보수적인 사회주의 구조, 2억 농민공의 수용을 거부하는 도시민들, 그리고 여전히 궁핍한 이들과 일부 먼저 부자가 된 이들 간의 갈등. 이 모든 것이 덩샤오핑이 직면해야 했던 심각한 문제들이었다.

하지만 덩샤오핑이 중국을 탈바꿈시키기 위한 임무를 전면적으로 받아들였을 때 상당히 유리한 여건이 존재했던 것 또한 사실이다. 우선 그는 마오쩌둥이 통일시켜 효율적으로 운영되는 정당과 정부를 이어받았다. 그리고 그에게는 경험이 풍부할뿐더러 자신과 마찬가지로 변혁에 동참하여 함께 일할 수 있는 원로 간부들이 있었다. 그가 정치 무대에 복귀했을 때 세계는 개방된 무역 체제로 움직이고 있었고, 다른 나라들은 기꺼이 중국과 자본과 기술, 그리고 관리 방식을 함께 나누기를 원했으며, 중국이 국제 체제 속으로 편입하기를 환영했다.

덩샤오핑은 중국의 전환기를 이끌 수 있는 개인적 자질을 갖춘 인상적인 인물이다. 덩샤오핑을 제외하고 그 어떤 인물도 권위와 풍부한 경험, 전략적 감각, 자신감, 인맥 관계, 그리고 중국을 탈바꿈시키는 데 무엇보다 필요한 정치적 판단력 등 다양한 일련의 특질을 성공적으로 하나로 묶어 낼 수 있다고 말하기 어려울 것이다. 그렇다면 덩샤오핑이 이끈 전환기의 성격은 도대체 무엇인가?

아시아 문명의 중심에서 세계 속의 한 나라로

봉건 제국 시대의 중국은 전 세계적으로 볼 때 대국이 아니었으며, 세계적인 임무에 적극 참여한 것도 아니었다. 그저 아시아의 한 지역에 자리하고 있는 거대한 나라였을 뿐이다. 아편 전쟁 이전까지만 해도 중국의 대외 관계는 자신이 주도하는 '천하 질서'에서 주변의 작은 독립국들이 '중앙 제국'의 황제에게 진공(進貢)하는 것이 대부분이었다. 중국은 이러한 방식을 통해 주변 지역에서 우월한 지위를 인정받은 대신 주변 지역의 독립국들에게 자치와 평화를 허용했다.[1]

중국 황제는 아시아 대륙 너머의 지역에까지 세력 확장에는 흥미가 없었다. 하지만 15세기 내내 중국 황제가 원양(遠洋) 선박 건조를 허용한 적은 있었다. 당시 영락제(永樂帝)는 태감 정화(鄭和)를 원양으로 일곱 차례 파견했는데, 그는 멀리 중동과 아프리카 동쪽 해안까지 항해한 적이 있었다. 하지만 이후 황제들은 원양 항해를 금지시켰을뿐더러 아예 원양 항해가 가능한 선박 건조조차 금지시켰다. 그들에게는 중국의 길고 긴 변경을 관리하는 것만으로도 충분히 어렵고 성가신 일이었기 때문에 굳이 바다 멀리 다른 나라와 관계를 맺을 이유가 없었다. 1793년 영국 특사 매카트니(McCartney)가 중국에 와서 통상을 제의하자 당시 건륭제(乾隆帝)는 이렇게 말했다. "천조(天朝, 청조)는 물산이 풍부하여 없는 것이 없기 때문에 외이(外夷, 외국)의 화물을 사용할 것이 없소."[2]

1839년부터 1842년, 그리고 1856년부터 1860년까지 두 차례에 걸친 아편 전쟁 이후 유럽 열강의 강요로 인해 중국도 어쩔 수 없이 일부 연해 항구를 개방했지만 중국 정부는 자신들이 주도적으로 아시아의 영역 밖으로 나가려고 생각해 본 적이 없었다. 산업 혁명으로 서구 각국이 발전하고 있을 당시 중국은 하나의 국가로서 효율적으로 도전에 응대하지 않았다. 중국의 대응이 연약했기 때문에 서방 제국주의 열강들은 중국과의 관계를 주도해 나갔고, 심지어 중국 연해의 산업과 무역까지 도맡았다.

마오쩌둥은 한국 전쟁 당시 서구 국가들과 교류를 끊어 제국주의자들의 역할을 끝냈다. 이후 중국은 공산주의 국가들 사이에서 일정한 역할을 했고, 1950년대와 1960년대 내내 제3세계에서 일정한 영향력을 발휘했다. 1960년대 소련과의 관계가 악화되자 중국은 공산주의 세계에서 영향력이 크게 떨어졌다. 1978년까지 중국 정부의 대외적인 참여는 극히 제한적이었다. 예를 들어 문화 대혁명 시절 중국이 해외에 파견한 대사관은 이집트가 유일할 정도였다.

비록 마오쩌둥이 1969년 중소 국경 분쟁 이후 서방 세계를 향해 문호를 개방하고, 1971년 새롭게 유엔에서 자리를 차지했지만 마오쩌둥 살아생전 중국의 대문은 거의 작은 틈만 열린 상태였다. 마오쩌둥이 죽자 화궈펑은 대외 개방을 위한 노력을 받아들였다. 하지만 덩샤오핑이 들어선 후에야 비로소 진정으로 문호를 개방하고 국제적 사안에 적극적으로 참여하기 시작했다. 덩샤오핑 시대에 이르러서야 비로소 중국의 영도자들은 충분한 정치적 안목과 제국주의 시대의 고통스러운 기억에서 벗어날 수 있는 기백을 갖추고 다른 나라와 지속적이고 적극적인 새로운 협력 관계를 발전시킬 수 있었으며, 이를 통해 중국은 제2차 세계 대전 이후 형성된 세계의 새로운 질서의 일원이 되었다.

덩샤오핑의 영도에 따라 중국은 진정으로 국제 사회의 일원이 되어 각종 국제 조직과 무역, 금융 및 민간으로 구성된 세계 기구 등에서 활발하게 활동했으며, 또한 세계은행과 국제통화기금(IMF)의 회원국이 되었다. 이외에도 세계보건기구와 다른 영역의 중요한 국제 조직에도 가입하여 적극적인 역할을 맡았다. 세계무역기구(WTO)에 가입한 것은 덩샤오핑이 물러난 이후지만 가입 신청은 덩샤오핑이 권력을 쥐고 있을 때 이미 시작했다.

중국이 국제 조직에 참여한 초기에는 주로 조직이 어떻게 운영되는가를 배우는 것이 주된 임무였다. 당시 중국은 여전히 빈국이었으며, 자신의 이익을 유지, 보호하기에 급급했다. 덩샤오핑이 퇴임하고 그의 뒤를 이은 중국 영도자들은 비로소 국제 체제가 중국에 유리하다는 것을 인식하고, 중국이 국제 체제와 세계 기구에 참여하는 성원으로서 조직을 강화하기 위해 무엇을 해야 하는가를 생각하기 시작했다. 중국이 세계은행과 국제통화기금에 가입하기 전 일부 회원국들은 중국의 가입이 다른 나라들에게 지장을 주어 조직 운영에 문제가 생길지도 모른다고 걱정했다. 하지만 중국의 가입은 오히려 조직을 강화하는 데 큰 힘이 되었으며, 비록 자신의 이익을 대변한다는 점에는 변함이 없었으나 조직의 규율을 준수하는 데 문제가 있는 것은 결코 아니었다.

덩샤오핑이 1978년 최고 영도자가 되었을 때, 중국의 대외 무역 총액은 100억 달러가 채 되지 않았다. 그러나 30년 후 총액이 거의 100배나 뛰었다. 1978년 중국은 미국에게 수백 명의 중국 유학생들을 받아 줄 것을 요청한 바 있다. 덩샤오핑이 죽고 10년이 지난 후 해외 유학생은 140만 명에 달했으며, 대략 39만 명이 학업을 마치고 귀국했다.[3] 1992년 중국은 이미 전 세계 학술 모임이나 무역 기구에서 적극적인 역할을 맡았다. 지금의 이러한 모습은 덩샤오핑이 최고 영도자로 있을 때 기본적으로 토대를 만든 것이라고 할 수 있다.

덩샤오핑 시대에 새로운 국제적 역할에 적응하기 위해 중국도 내부 변화를 겪어야 했다. 중국 영도자들은 이를 '제구이(接軌)'라고 부른다. 이는 1930년대 중국에서 궤도가 서로 다른 철로를 연결하는 것을 뜻한다. 1980년대 중국은 각종 국제 조직과 국제 체제에 참여하기 위해 진행했던 일련의 조정(調整)을 이 말로 표현했다.

1978년 이후 최초 몇 년간 중국은 국제적인 조직 기구와 관계를 맺으면서 여러 가지 전문적 기구를 확충하여 대외 교류를 처리하는 데 완충 작용을 할 수 있도록 했다. 중국의 외국 기업들은 경제특구와 같은 특정한 구역에 배치되었고, 정부는 외국 기업의 문제를 처리하기 위한 전반적인 체계를 갖추기 시작했다. 이렇게 인위적으로 일종의 담장을 설치함으로써 외국인이 중국 전역과 긴밀하게 접촉하는 것을 차단했다. 중국에 거주하는 외국인들은 오직 현지 정부와 대학, 또는 대기업의 외사판공실(外事辦公室)과 관련을 맺을 수 있었다. 예를 들어 외사복무국(外事服務局)은 외자 기업에서 일하는 국내 노동자들의 관리를 책임졌다. 중국은 외화가 심히 부족했기 때문에 외국인들은 자신들의 화폐를 '와이후이첸(外匯券)'으로 바꿔야만 했고, 지정된 '우의상점(友誼商店)'에서만 물건을 살 수 있었다. 그곳은 일반 중국인들이 살 수 없는 외국 물건을 살 수 있는 곳이었다. 국영 외국무역공사가 외국인들과의 무역 대부분을 관리했고, 대다수 외국인들은 6개월에 한 번 열리는 광저우교역회(廣州交易會, 광둥성 광저우 시에서 개최된다.)에서 중국 상품을 구입할 수 있었다. 중국의 외교무역부는 이처럼 전문적으로 외국 관련 업무를 처리하는 '외사' 기구와 정부에서 외국인과의 교류 활동을 감독하는 데 중요한 역할을 맡았으며, 주로 외국어에 능통하고 외국 관습에 익숙한 관리들이 배치되었다.

1980년대 말 중국의 대외 교류는 신속하게 확대되기 시작하여 전문 기구에서 다룰 수 있는 범위를 훨씬 벗어났다. 외국인의 여행은 더 이상 일정 지역에 국한되지 않았고, 많은 중국 기업이 외국 기업과 직접 거래를 하기 시작했다. 경제특구를 기점으로 1984년까지 열네 개 연해 도시로 확대되었고, 이후 전국적으로 뻗어 나가기 시작했다. 수많은 외국인이 중국으로 몰려들자 외국과의 관계를 전문적으로 처리하는 '외사판공실'만으로는 전체 관련 업무를 모두 처리할 수 없게 되었다. 결국 외사 관련 부서는 계속 유지되었으나 주된 임무는 공식적인 수치를 수집하는 업무에 국한되었다.

덩샤오핑이 퇴직한 후 중국의 기관이나 기구는 외국의 관례에 맞추기 위해 나름의 '제구이'를 진행했다. 무역 회사들은 외국의 법률이나 회계 및 조직 방법을 배우기 시작했다.[4] 대학이나 고등학교에서는 외국 대학에 입학하려는 학생들을 위해 입학시험과 입학 허가를 얻기 위한 과정 준비를 위한 교육 프로그램을 운영하기 시작했다. 또한 국내외 여행객을 접대할 수 있고 국제적 수준을 갖춘 관광 시설을 지었다. 국내 소비자들도 점차 국내에서 생산한 수출용품 등을 구입할 수 있게 되었다. 제2차 세계 대전 이후 미국이 학술과 연구 기구를 확대하여 전 세계적인 대국으로서의 역량을 강화한 것과 마찬가지로 덩샤오핑 시대의 중국 역시 학술과 연구 기구 등을 크게 발전시켜 세계에 대한 중국의 이해를 보다 깊게 했다.

덩샤오핑은 중국의 세계화를 추진하는 과정에서 인도나 러시아, 브라질 등 다른 큰 나라의 영도자들보다 훨씬 대담하고 철저했다. 이러한 과정은 덩샤오핑 시대 이후에도 지속되었지만 역시 기본적인 실마리는 덩샤오핑이 물러났을 때 이미 마련된 상태였다.

당의 집체 영도

중국공산당은 1956년 혁명당에서 집권 정당으로 전환하기 시작했으나 마오쩌둥은 곧 다시 공산당을 혁명으로 이끌었다. 이와 달리 덩샤오핑은 1978년 이후 원로 간부들이 다시 등장하고 국가 경영에 적절치 않은 혁명가들이 물러나고 새로운 영도자들이 진입하는 과정을 통해 중국공산당을 국가 경영을 핵심적인 업무로 삼는 정당으로 탈바꿈시켰다.

미국의 행정, 입법, 사법을 근간으로 하는 삼권 분립제는 권력의 과도한 집중을 우려하는 영도자들에 의해 설계된 것이다. 그러나 마오쩌둥이 설계하고 덩샤오핑과 여러 동료에 의해 근본적으로 수정된 체제는 상반된 문제, 즉 혼란이 그치지 않고 교착 상태에서 제대로 운영되지 않으며, 지역적으로 큰 차이가 있는 중국에 통합적인 영도를 제공하기 위함이었다. 미국인들과 달리 덩샤오핑과 동료들은 최종적인 정책 결정은 마땅히 최고 영도층의 전반적인 정치적 판단을 토대로 삼아야 하며, 그것이 법률로 정부의 행위를 규제하는 독립적 사법 제도를 바탕으로 한 것에 비해 훨씬 국가에 이롭다고 믿었다. 그들은 입법 기관에서 법률을 제정하지만 법률 집행을 책임질 수 없는 체제보다는 입법과 집행을 하나로 집중시키는 체제가 훨씬 효율적이라고 생각했다.

미국은 독립적인 권력을 보유하고 있는 각각의 주(州)로 구성되어 있다. 하지만 오랜 세월 동안 중국은 지방을 통제하는 중앙 정부를 유지해 왔다. 마오쩌둥은 중앙 집권제를 더욱 강화시켜 전국적으로 깊이 확대했다. 하지만 덩샤오핑은 전국적으로 관통하고 있는 통치 구조에서 한발 물러났다. 그는 지방이 반드시 준수해야 할 엄격한 규율을 제정하지 않았으며, 오히려 별도의 체제를 만들었다. 그것은 상급에서 영도 집단을 선발하여 그들이 신속하게 경제 성장을 추진하는 한 그들에게 상당한 독립성을 부여하는 형태였다.

마오쩌둥 시대와 마찬가지로 덩샤오핑이 베이징에 설치한 핵심적인 영도 조직은 정치국과 서기처였다. 그곳은 영도 집단의 네트워크를 통해 지방과 연계했고, 영도 집단은 정부 각 부서와 각 지구(地區)의 모든 주요 기구에 포진했다. 각각의 영도 집단은 각급 공산당의 업무를 책임질뿐더러 아래 모든 정부 기관(경제 또는 문화 단위)을 감독했다. 이러한 집단은 국가적 문제를 판단하고, 아울러 관할 구역 내의 사업이 4개 현대화 건설에 전적으로 공헌할 수 있도록 만들었다.

공산당의 상급 부서는 영도 집단이 자신의 업무를 어떻게 전개할 것인가에 관한 규정을 하달하고, 끊임없이 각급으로 지시 사항을 통지했다. 그들 역시 하급 부서와 회의를 진행하거나 때로 하급 영도자가 상급 회의에 참가하는 경우도 있었으며, 상급 간부를 하급 기관에 파견하여 시찰토록 하는 경우도 있었다. 만약 상급 간부가 어떤 문제에 대해 중요하다고 생각할 경우 그들은 당연히 간섭할 수 있다. 하지만 하급 단위의 모든 것을 관리, 감독하는 것은 쉬운 일이 아니었다. 그렇기 때문에 영도 집단은 자체 사업을 영도할 때 일반적으로 상당히 큰 자유를 누릴 수 있었다.

베이징이 각 성을 통제할 수 있는 가장 관건이 되는 수단은 영도 집단 구성원의 권력을 좌지우지할 수 있다는 점이었다. 통상 영도 집단 구성원의 임기는 몇 년 정도 되었지만 때로 바로 위에 있는 상급 영도자에 의해 언제든지 바뀔 수 있었다. 당의 영도 집단 내부의 구성원은 각기 다른 부문의 업무를 책임졌다. 그들에 대한 평가의 근거는 관련 분야의 사업을 제대로 관리했는가 여부뿐 아니라 전체 영도 집단과 하급 단위의 업무 수행을 제대로 관리했는가도 중요했다. 덩샤오핑 시대와 이후 20년 동안 이러한 평가는 주로 영도 집단이 중국 전역의 경제 성장에 얼마나 많은 공헌을 했는가에 토대를 두었다. 하지만 근년에 들어와 다음 세대 간부 육성이나 환경 보호, 사회적 혼란 대처, 돌발적인 사태에 대한 대응 등 부차적인 표준도 점차 중요한 것으로 여겨지고 있다.[5]

덩샤오핑과 마찬가지로 후계자들 역시 간부 선발과 육성, 그리고 관리, 감독을 제대로 해야만 간부들 스스로 국가의 전체 목표에 헌신한다는 각오를 다질 수 있을 것이라고 생각했다. 하급 간부들은 자신의 사업을 어떻게 진행할 것인가에 대해 상당한 자주권을 행사할 수 있기 때문에 영도 집단의 구성원 선발과 육성에 상당히 신중할 수밖에 없었다. 각급의 젊은 간부들은 전반적인 지적 능력, 긴장 상황에서의 신뢰성, 빈틈없는 판단력, 동료들과의 협동 능력, 그리고 당과 국가를 위해 복무하는 헌신 등에서 탁월함이 엿보인다는 평가를 받을 경우 특별한 육성과 지도 및 검증을 위해 선발되었다.

각급 간부 육성에는 확실히 많은 시간이 소요되었다. 지도자에게 가장 중요한 임무는 하급 간부들이 자신의 성과와 기술을 향상시킬 수 있도록 제안하는 것이다. 전도가 유망한 젊은 간부들은 상급 간부를 따라 상급 회의나 당내 비공식 모임에 참가할 수 있었다. 그들은 또한 당교(黨校) 연수반에 참석할 수도 있다. 그들 가운데 조직에 의해 향후 국가 영도자를 맡길 수 있는 간부로 인정받은 이들은 베이징 중앙당교의 과정을 밟게 된다. 성이나 시급(市級) 영도직을 맡을 만한 인물은 현지의 당교에서 학습하게 된다. 덩샤오핑이 퇴임하기 전까지 중국공산당은 3700만 당원을 보유하고 있었다. 하지만 그들이 모두 상급 간부들과 연수를 함께할 수 있거나 당교에서 교육을 받음으로써 동지애를 공유할 수 있었던 것은 아니다. 당교에 입학할 수 있는 이들은 함께 공부하는 동기들이나 위아래 기수들과 서로 친하게 지낼 수 있을뿐더러 당교를 방문하는 고위급 간부들과도 안면을 익힐 수 있었다. 그들은 당교 간부들의 학생 평가에 영향을 줄 수도 있고, 또한 미래의 자리를 추천할 수도 있다. 물론 조직부 간부들은 개인의 인사 당안(檔案, 공문서, 파일)으로 추천할 수 있지만 자신의 관할 구역에서 승진 예정자를 최종 확정하는 것은 각급 영도 집단의 구성원들이다.

하지만 지방 간부들에게 비교적 많은 자유를 허용하는 것도 위험성이 전혀 없는 것은 아니다. 덩샤오핑이 수립하여 지금까지 지속되고 있는 체제는 규칙을 준수하는 것보다 결과를 더 중시하는 시스템이다. 또한 이는 문제를 평가할 때 보다 전반적인 사고와 창업 정신을 갖추고, 보다 빠른 성장을 적극 지지하는 간부들을 육성하는 데 도움을 줄 수 있다. 하지만 상부의 엄격한 감시, 감독이 없기 때문에 수많은 간부는 국가의 부강을 위해 최선의 방안을 마련하기 위해 노력하면서도 다른 한편으로 그들 자신, 또는 자신들의 집단을 위해 다른 세력을 배제할 수도 있다.

이러한 당의 영도 집단 체제는 덩샤오핑이 창안한 것이 아니다. 하지만 그는 그 체제를 안착시켰고, 더욱 전문화시켰으며, 간부를 평가하는 기본적인 표준을 정치 운동에 대한 공헌에서 경제 성장에 대한 공헌으로 전환시켰다. 이러한 기본 체제는 그의 후계자들에 의해 지금까지 계속 유지되고 있다.

현대의 실력주의

덩샤오핑이 물러날 때쯤 젊은 중공의 간부들은 무엇보다 명문 고등학교와 대학을 졸업해야만 자신의 능력을 증명할 수 있었다. 실력을 중시한 덩샤오핑 방식은 중국의 오랜 전통과 맞물려 있다. 중국은 역사상 처음으로 시험 성적을 통해 관리를 선발한 나라다. 서기 605년 수(隋)나라는 과거 제도를, 포부를 지닌 경쟁자들 가운데 누가 조정의 관리가 될 수 있는 자격을 갖추었는가를 결정하기 위한 최우선의 표준으로 삼았다. 하지만 덩샤오핑이 태어난 그다음 해에 과거 제도는 폐지되었다. 그때 이후로 그가 다시 정치 무대에 오를 때까지 중국은 안정성을 확보하지 못했고, 영도자들 역시 관리를 선발하기 위한 전 국가적인 실력주의 기준을 새로 수립할 정치적 결심을 하지 못했다. 마오쩌둥 시대 교육 성적은 간부 선발의 주요 표준이 될 수 없었다. 중국공산당 조직에 헌신하여 고위직에 오른 대다수의 공산당원은 1930년대와 1940년대까지 전쟁이 그치질 않았던 혁명 시기에 근본적으로 대학을 다닐 기회를 얻을 수 없었다. 이외에도 마오쩌둥은 '전(專, 분야별 능력)'보다 '홍(紅, 혁명, 공산주의 사상)'을 중요하게 생각하고, 비교적 좋은 교육을 받았으나 '계급 출신 성분이 좋지 않은' 이들(지주나 자본가의 자녀)보다 노동자나 농민들을 더 선호했다. 그렇기 때문에 시험은 아예 간부를 선발하거나 승진하는 주요 표준이 될 수 없었다. 실제로 1949년 이후 대다수 간부들은 주로 공산당 군대나 유격대 출신으로 거의 교육을 받지 못한 퇴역 군인들이었다. 만약 시험을 시행했다면 그들 또는 그들의 자녀들은 '계급 출신 성분이 좋지 않지만' 정식 교육을 받은 이들을 이길 수 없었을 것이다. 마오쩌둥이 사망한 후 덩샤오핑은 간부 선발에서 '양호한 계급 출신'이라는 표준을 과감하게 채택하지 않았다. 그리고 엄격하게 입학시험을 통한 측정 방식을 채택했다. 덩샤오핑이 1977년 채택한 새로운 노선에 따라 '계급 출신 성분이 좋지 않은' 가정의 자녀들도 입학시험을 통해 좋은 대학에 입학할 수 있을뿐더러 간부가 될 수도 있었다.

실제로 덩샤오핑은 초등학교에서 대학, 그리고 관계(官界)에 이르기까지 각급마다 고도로 경쟁적인 실력 위주의 시험 제도를 수립했다. 덩샤오핑의 목표는 평등 사회를 구현하기 위함이 아니라 가장 능력 있는 사람을 선발하여, 그에게 최상의 교육 기회를 부여하는 것에 있었다. 초등학교와 중고등학교, 그리고 대학까지 입학시험이 실시되었고, 경쟁이 가장 심한 학교의 학생들은 최상의 교육 시설에서 가장 훌륭한 교사의 가르침을 받을 수 있었다.

덩샤오핑이 1977년 부활시킨 통합 대학 입학 고사는 미래의 전문적인 간부를 양성하기 위해 마련한 것이 아니었다. 그것은 다양한 직종을 필요로 하는 다양한 조직에 가장 재능이 뛰어난 젊은이를 선발하기 위한 제도였다. 하지만 간부로 선발되는 이들 역시 무엇보다 각급 학교의 시험 성적을 통해 자신의 능력을 증명해야 했다. 심지어 이제 막 간부가 된 이들 가운데 유명 대학에서 최우수 성적으로 졸업한 이들은 중앙 기관에 취업할 수 있었으며, 그보다 낮은 대학을 졸업한 이들은 비교적 낮은 급의 기관부터 시작해야 했다. 1980년대 말에 이르자 대학 졸업생의 숫자가 크게 늘어났으며, 대학 졸업생 중에서 정부기관의 공무원을 선발할 때도 새로운 시험을 통과해야만 했다. 그러나 일단 시험을 통해 간부가 된 사람은 승진할 때 별도의 시험을 치를 필요가 없었다. 그보다는 업무 성과가 승진의 근거가 되었다. 이러한 제도는 덩샤오핑의 후계자들에게 그대로 이어져 지금도 유지되고 있다.

1980년대 중반 포부가 넘치고 능력을 갖춘 젊은이들이 '샤하이(下海)'*를 통해 사업에서 성공하고자 했다. 비록 그것이 매력적인 직업 선택이기는 하나

---

* 거친 바다로 뛰어든다는 뜻으로, 기존의 안정된 직업을 버리고 사업에 참여하는 것을 말한다.

'간부' 신분은 여전히 많은 이가 선망하는 자리였다. 이는 단순히 간부라는 직책이 권력과 경제적 보장을 제공하기 때문만이 아니라 중국인들 스스로 능력을 갖추고 사회를 위해 헌신하는 이들을 존중했기 때문이다. 이상에서 볼 수 있듯이 덩샤오핑은 자신의 후계자들에게 봉건 제국 시대와 마찬가지로 시험을 통해 간부를 선발하는 원칙에 따라 일종의 엘리트주의적 간부 선발제를 남겨 주었다. 하지만 이러한 제도는 내용이나 구조 면에서 과거 제도와 완전히 다르다. 또한 이러한 체제는 또한 실력주의 치국 원칙을 간부 선발 체계까지 확대시킨 것 이외에도 각종 업종의 인재 선발이나 훈련 체계까지 깊은 영향을 끼쳤다.

개방적이고 도시화된 국민 사회

중국은 유사 이래 1990년대까지 기본적으로 방언과 문화 면에서 거대한 차이가 있는 농업 사회였다. 1949년 이전까지 낙후한 교통 체계로 인해 대부분의 상품은 단지 현지 향진 시장에서 걸어갈 수 있는 지역 안에서 생산, 소비되었으며, 대다수 사람들은 평생 그 인근에서 생활했다.[6] 마오쩌둥은 인구 이동을 엄격하게 통제하여 1949년 이전까지 여전히 제한적이던 인구 이동이 더욱 완만해졌다. 1976년 마오쩌둥이 사망한 후 농촌 인구는 여전히 전체 인구의 80퍼센트 이상을 차지하고 있었으며, 농민은 마을과 가정, 그리고 집체의 통제를 받아 외부와 거의 왕래하지 않았다. 마오쩌둥 시대에는 도시의 단위(單位), 예를 들어 정부 기관이나 학교, 공장, 군부대 등도 모두 상대적으로 자족할 수 있는 거대한 울안(大院)이었다. 대다수 단위에 전달실(傳達室, 접수처)이 설치되어 방문자는 들어가기 전에 수위에게 보고해야만 했다. 이처럼 폐쇄적인 사구(社區, 지역 공동체)는 노동자와 그들의 가족에게 필수품, 예를 들어 주택, 식품, 유아원, 학교, 병원과 복지 등을 제공했다. 거주자들은 자신이 속한 단위 밖에서 별도의 일을 얻을 수 없었다. 농촌 주민들과 마찬가지로 대다수 도시 주민들도 직업이나 일자리를 바꿀 기회가 거의 없었으며, 선택의 여지없이 자신이 속한 단위의 영도자에게 복종해야만 했다. 이동의 제한, 농촌과 도시 단위 내부에서 상급에 대한 의존, 그리고 외부 세계와의 소통 부재로 인해 사람들의 생활은 정체를 면할 수 없었다. 마오쩌둥은 혁명 이데올로기를 고취시켰지만, 인구 이동을 통제하여 오히려 폐쇄적인 '봉건' 사회를 공고하게 만들었던 것이다.

덩샤오핑이 물러난 후 경제 성장에 따른 새로운 경제 위기와 새롭게 허용된 인구 이동으로 인해 중국은 농업 사회에서 도시 사회로 변화하기 시작했다. 덩샤오핑 시대에 대략 2억 명이 도시로 이주했고, 그 과정은 이후에도 계속해서 빠른 속도로 진행되었다. 덩샤오핑이 은퇴한 지 20년이 되는 2015년까지 전체 인구의 51퍼센트에 달하는 7억 명이 도시에서 거주할 것으로 예상된다. 덩샤오핑의 은퇴 이후 전체 가정의 텔레비전 보급률은 90퍼센트에 달했고, 도시 문화가 급속도로 농촌으로 유입되었다. 연해 지역의 젊은 농민공들은 가족과 친지를 만나기 위한 고향 방문길에 도시의 최신 유행복이나 가전제품, 일용품, 그리고 그들이 도시에서 처음 본 식품 등을 사 가지고 갔다.[7] 그리하여 농촌도 문화적으로 도시화가 되기 시작했다.

1978년 개혁 개방 이후 중국 도시부의 영도자들은 대량으로 도시로 유입된 농민들이 도시의 기반 시설이나 식품 공급에 차질을 줄 것을 우려하여 주택이나 고용, 그리고 자녀 교육 등 도시의 다양한 복지 혜택을 지속적으로 받을 수 있는 기회를 제한하는 호적 제도를 계속 유지했다. 식량과 식용유 배급량이 인민들의 기본적인 요구만 겨우 충족시켰던 1980년대에는 친척이나 친구가 사는 도시로 몰래 들어온 이들의 식품 수요를 감당할 수 없었다. 하지만 1983년 이후 식품 공급이 늘어나면서 정부는 도시 호구(戶口)가 없는 농민들도 도시로 들어올 수 있도록 허용하기 시작했다. 당시 연해 지역의 수출 산업이 크게 발전하면서 도시에서 일하면서 보다 나은 생활을 꿈꾸는 농촌 청년들도 자연스럽게 수용할 수 있었다. 중국 역사상 전란과 기아로 인해 수백만 명이 이주하거나 이동하는 현상은 있었지만 그 규모 또한 1978년 이후에 비할 수 없었다.

마오쩌둥 시대에 사회적 이동이 쉬운 일은 아니었지만 점차 중국 인민들 대다수가 공통적으로 인지하는, 이른바 일반적인 국가 문화의 심층을 공유하기 시작했다. 1960년대 말 대다수 도시 가구는 녹음기를 보유하고 있었고, 녹음기가 없는 도시 가구나 농촌 가구도 확성기를 통해 국가 대사에 관한 뉴스나 음악을 들을 수 있었다. 이전에 비해 훨씬 많은 이가 영화를 볼 수 있었으며, 이를 통해 공통된 국가 문화를 공유할 수 있었고, 사람들마다 정치 운동을 통해 똑같은 구호나 노래를 배웠다. 초등학교 숫자가 급속도로 늘어나자 마오쩌둥이 세상을 뜬 후에는 약 80퍼센트가 넘는 젊은이들이 글을 읽거나 쓸 줄 알았다.

덩샤오핑 시대에 교육 체계는 계속 확장되었다. 1980년대 대다수 젊은이들은 초등학교를 졸업했고, 중학교에 진학하는 이들도 점차 많아졌다. 1980년대 후반 텔레비전이 급속도로 보급되면서 보통화로 관방의 뉴스를 진행하는 전국 채널이 생겼고, 덕분에 민중의 공통된 정보 토대가 크게 확대되었다. 덩샤오핑이 퇴임한 후 학교와 정부 기관뿐 아니라 국영 기업이나 상점에서도 보편적으로 보통화를 사용했으며, 대다수 사람들이 표준적인 보통화로 서로 교류할 수 있게 되었다. 덩샤오핑 시대의 교통, 운수 체계의 발전으로 광범위한 유통망을 통해 공업 제품을 확보할 수 있었고, 이로 인해 대외 무역과 내수의 생산 규모가 확대되었다. 1980년대 이전까지 중국은 내놓을 만한 상표가 거의 없었지만 덩샤오핑이 퇴임할 즈음에는 국내외에 인가를 받은 상표의 공산품이 전국 각지에서 판매되었다.

도시의 폐쇄적인 울안이 개방되고 각지 사람들이 서로 교류하면서 지역 간의 차이도 점차 공통적으로 향유하는 국가 문화로 대체되었다. 1978년 이전까지 사람들은 자신이 살고 있는 현지 음식만 먹고 사는 것을 당연한 일로 여겼다. 하지만 20세기 후반 서방 세계에서 원래 일부 국가에서 유행하던 식품, 예를 들어 피자, 도넛, 베이글, 스시(壽司) 등이 국제적인 식품이 된 것과 마찬가지로 1980년대와 1990년대 중국에서도 수많은 지방 식품이 전국적으로 유행하기 시작했다. 남방 사람들은 북방의 기본적인 주식 가운데 하나인 만두(饅頭)를 먹을 수 있었고, 북방 사람들은 남방의 주식인 쌀밥을 먹기 시작했다. 마찬가지로 과거에는 일부 현지인들만 감상하던 지방극(地方劇)이 전국적으로 관중을 모았다. 덩샤오핑이 퇴임한 후 인구 이동은 규모 면에서 더욱 커져 갔고, 휴대 전화와 컴퓨터, 그리고 인터넷이 보급되면서 국가 문화가 계속 확장되었다. 세상 다른 지역의 사람들과 마찬가지로 중국인들도 자신들이 속해 있는 마을이나 현, 방언 집단(사투리를 공유하는 집단) 또는 성(省)에 대한 동질감을 지니고 있었으며, 소수 민족 구성원들도 다른 민족과 구분되는 자신들만의 독자성을 중시했다. 하지만 덩샤오핑 시대에 진정한 국가 문화가 성장하고 다른 지역 문화에 대한 이해의 폭이 넓어지면서 전체 국가에 대한 정체성이 한층 강화되었다.

덩샤오핑이 정계를 은퇴할 즈음, 연해 지역에서 수년간 일했던 젊은이들이 고향으로 돌아가면서 손에 쥐고 간 것은 그 지역의 상품만이 아니었다. 그들은 스스로 기업을 운영할 수 있으며, 내륙에서 새로운 표준을 만들어 낼 수 있다는 새로운 생각과 생활 태도도 지니게 되었다. 이러한 과정을 통해 전국적인 도시 문화의 전파 속도가 더욱 빨라졌다. 비록 내륙의 주민들은 돈이 많지 않았지만 그들도 연해 지역의 거주민들을 따라 일부 상품을 구입할 수 있었다. 물론 헐값에 생산된 모조품인 경우도 적지 않았다. 내륙의 경우, 자동차처럼 비교적 값비싼 제품은 일반 소비품에 비해 확산 속도가 더뎠다. 하지만 덩샤오핑 시대가 끝나면서 이러한 제품이 본격적으로 중국 내륙으로 들어오기 시작했다. 그러나 덩샤오핑이 은퇴한 후인 1992년에야 비로소 국제 표준에 부합하는 농촌 주택 건설이 시작되었고, 이전까지 농촌 지역의 초등학교 시설이나 여건은 여전히 도시의 학교에 비해 크게 낙후된 상황이었다.

농업 사회에서 도시 사회로 탈바꿈하고, 더욱 강대한 국가 문화가 발전하게 된 것이 반드시 덩샤오핑이나 그의 동료들에 의해 계획된 것이라고 말할 수는 없다. 물론 덩샤오핑은 군대 내 사병들이 다른 지역 출신의 사령관에게 복종하도록 군대 내부의 지역 관념을 타파할 확고한 생각을 가지고 있었다. 또한 학교에서 보통화 교육의 확대를 장려했으며, 이에 따라 각지의 주민들이 외지인들과 교류하기가 수월해졌다. 하지만 도시화와 국가 문화의 성장은 의도된 계획에 따라 이루어진 것이 아니었다. 그것은 오히려 도시에 새로운 기회가 많아지면서 수많은 농촌 젊은이가 도시 생활에 매력을 느꼈기 때문이었다. 그러나 일단 이러한 변화가 생기자 관리들도 변화하는 현실에 적응할 수 있도록 조정하기 시작했다. 그들은 지역의 행정구를 새롭게 조직하면서 도시 인근의 농촌 지역을 관리 범위에 포함시켰으며, 향진이나 현성을 도시로 승격할 수 있도록 조정했다.

흥미로운 점은 덩샤오핑 시대에 시작된 개방적인 인구 이동이 사회적 구조 측면에서 여러 가지 사회적 장애를 만들었던, 이른바 마오쩌둥식 혁명에 비해 훨씬 혁명적인 영향력을 끼쳤다는 점이다. 농촌 위주의 사회가 도시 위주의 사회로 향하는 과도기를 접하고, 공동의 국가 문화가 전국적으로 전파된 것은 중국이 기원전 221년 전국을 통일한 이래 발생한 가장 근본적인 사회 변화 가운데 하나다.

무법 사회

1980년대 개방 당시 중국은 식품, 의약, 제품, 시설 안전, 노동 환경, 최저 임금, 건축 규제 등 다양한 영역에서 거의 아무런 법적 규제가 없었다.[8] 1980년대 초반 만약 누군가가 코카콜라 빈 병에 색깔이 비슷한 액체를 다시 집어넣고, 그것을 코카콜라나 또는 유사한 음료라고 판매해도 이를 금지할 수 있는 관련 법률이 없었다. 미국과 유럽은 19세기에 들어와 대중을 보호하고, 회사의 영리 행위에 제한을 가하는 규칙이나 법률을 점차적으로 마련했다. 덩샤오핑이 통치하던 중국은 19세기 미국이나 유럽과 유사한 탐욕스러운 자본주의를 겪는 중이었다. 당시에는 반독점법도 없었고, 노동자를 보호하는 법률도 존재하지 않았다. 1980년대 중국은 시장이 폭발적으로 성장하여 중국 상황에 맞는 법규나 법률을 즉각 제정할 수 없었으며, 또한 이러한 법률이나 법규를 집행할 수 있는 관리를 즉각 훈련시킬 수도 없었다. 어떤 면에서 덩샤오핑 시대의 중국은 아직 지방 법이나 법원이 존재하지 않았던 19세기 미국 서부와 유사했다. 먼지가 휘날리는 외딴 마을에서 장총으로 무장한 지방 보안관처럼 중국의 관리들은 지역 시장을 관리했다. 건전한 사법 체계가 마련된 상태가 아니었기 때문에 그들의 말이 곧 법이었다.

지방 관리나 상인들의 입장에서 볼 때, 이런 무법천지도 나름 좋은 점이 있었다. 무엇보다 지역의 소수 영도자들은 '법정 소송 절차'를 요구하는 세밀한 법률 체계를 갖춘 국가 영도자들에 비해 보다 빠른 정책 결정을 할 수 있다는 점이다. 덩샤오핑이 은퇴했을 때 서구에서 공부한 젊은 법률가들이 중국으로 돌아오면서 거의 모든 주요 경제 영역에서 법규와 법률을 제정하기 시작했다. 하지만 지방 관리들의 집행은 여전히 크게 뒤떨어진 상태다. 왜냐하면 제정된 규칙이나 법률이 지나치게 복잡하고 무엇보다 자신들의 개인 이익에 부합하지 않았기 때문이다. 중국은 외부의 밀접한 협력이 필요한 대외 무역과 같은 경우 시급하게 국제 규격과 법률을 도입했다. 경제 관계가 기존의 서로 아는 사람들끼리 주고받는 소규모 집단에서 점차 지역이나 국가는 물론이고 전 세계에서 동업자를 구하는 대규모 집단으로 확대되자, 계약을 이행하고 관련 사업가나 업체 간에 상호 신뢰를 도모하기 위해 보다 구체적인 법률과 규칙이 필요하게 되었다.

문화 대혁명 이후에도 여전히 많은 이가 자본주의를 따르면 박해를 당한다는 피해 의식이 있었기 때문에, 덩샤오핑의 신축성 있는 경제 활성화 정책 시행은 결코 쉽지 않았다. 덩샤오핑은 만약 간부들이 지나치게 엄격하게 법규를 집행한다면 중국 경제를 비약시키기 어려울 것이라고 생각했다. 그는 줄곧 성과에 관심을 보였지, 규정에 따른 일처리에 집착한 것은 아니었다. 그는 어느 정도의 부패는 피할 수 없을 것이라고 생각했다. "창문을 열면 파리나 모기가 날아드는 것을 피할 수 없다."라는 그의 말에 바로 그러한 뜻이 담겨 있다. 그가 필요로 한 것은 거리낌 없이 대담하게 실천하는 간부였으며, 일부 파리나 모기가 날아드는 대가쯤은 기꺼이 감당할 생각이었다. 일부 덩샤오핑의 자녀들이 개인적인 친분 관계로 자신의 이익을 챙겼다는 비난을 받았지만 덩샤오핑이 자신 또는 자신의 가족을 위해 축재를 했다는 확실한 증거는 보이지 않는다.

덩샤오핑도 지방 간부들이 개혁과 창업을 적극적으로 지지하도록 하기 위해서는 그들도 자신의 생활 여건을 개선할 수 있는 일정한 기회를 얻어야 한다고 생각했다. 소련과 동유럽의 관리들이 개혁을 저지하거나 심지어 중도에 포기한 것은 그들이 개혁을 통해 자신에게 어떤 좋은 점이 있는가를 보지 못했기 때문이었다. 덩샤오핑은 간부들이 개혁에 전념하고, 인민이 이익을 도모하기를 원했다. 그래서 그는 일부 지방 간부들이 현지에서 경제적으로 성공만 한다면 그들이 먼저 부자가 되는 것도 허용했다. 덩샤오핑은 당을 옹호하는 지방 간부들이 인민에게 신망과 권위가 있어야 함을 중시했다. 그가 보기에, 현대화 과정에서 적지 않은 성과를 남긴 간부가 범한 잘못을 공개적으로 폭로한다면 더는 그들이 사업을 수행하기 어려울 것이 분명했다. 하지만 그렇다고 덩샤오핑은 공분을 일으킬 정도의 간부의 비리를 묵과하거나 보호할 생각은 없었다. 그는 때로 공공의 이익을 무시하여 현지 인민에게 비판을 받는 간부들에 대한 엄격한 조사를 지시했다. 중국에서 사형이 다른 나라에 비해 훨씬 빈번하게 집행되는 것은 유사 범죄에 대한 경고였다.

이처럼 무법 사회였기 때문에 사사롭게 폭리를 취할 기회가 그야말로 무궁무진했다. 토지 사용 허가권을 장악하고 있는 간부는 사용권을 허가해 주면서 자신의 이익을 취할 수 있었다. 또한 국영 기업을 '사유화'할 때 기존의 노동자들은 때로 시장 가격에 크게 못 미치는 가격으로 지분을 확보할 수도 있었다. 국영 기업의 책임자는 국가에서 정해 준 지표를 완수하고 남은 제품을 시장에 내다 팔 수 있었다. 그래서 그들은 항상 이런 쪽에 더 많은 힘을 쏟았다. 관공서의 트럭은 해당 단위에서 필요한 업무가 끝난 후 별도의 영업용으로 활용되어 단위 노동자의 생활을 개선하는 데 도움을 주기도 했다. 당시 유행어처럼 마오쩌둥 시대는 모든 이가 '샹첸칸(向前看, 앞을 보다.)'했지만 덩샤오핑 시대에는 너 나 할 것 없이 '샹첸칸(向錢看, 돈을 보다.)'했다고 말해도 과언이 아니었다.

덩샤오핑이 그의 후계 집단에 남겨 준 체제 안에는 공사(公私) 이익에 대한 엄격한 구분이 없었다. 지방 간부들이 관할하는 기업에서 그들이 얼마의 혜택을 받을 수 있는지도 정확하게 규정되어 있지 않았다. 춘절 선물은 받아도 되는가? 친척이나 친구의 일자리 부탁은? 훙바오는 받아도 되는가? 받을 수 있다면 현금으로 얼마면 적당한가? 자녀들을 좋은 학교에 보내거나 유학할 기회를 얻는 것은 어떠한가? 관용차를 개인적으로 이용해도 되는가? 등등 관점에 따라 그야말로 천차만별이었다. 사법 기관이 아직 독립적이지 않았기 때문에 인민은 자신의 이익을 챙기는 실권자에게 도전할 생각이 없었다. 새로운 건설 사업을 위해 강제적으로 이주해야만 하는 주민들에 대한 중국 정부의 보상책은 미약한 수준이었다. 개발 사업자는 정부 관리와 짜고 신속하게 토지를 손에 넣을 수 있었으며, 철거민이나 기존의 토지 사용자에 대한 보상은 아무리 많아야 절반 수준을 넘지 않았다. 중국 영도자의 관점에서 볼 때 지방 정부와 건축 업자의 결탁이 반드시 부당한 것만은 아니었다. 오히려 이를 통해 기업은 보다 빠르게 건물을 착공할 수 있었고, 이로 인해 보다 빠르게 현지 주민들을 위해 일자리를 제공할 수 있을 것이라고 보았기 때문이다.

관시(關系)나 특권 등을 이용하여 축재한 관리나 가족들은 공개적으로 자신들의 재부를 자랑했다. 고급 양주를 마시거나 값비싼 승용차를 타고 다녔으며, 고급 양복을 입고 호화 주택에서 살았다. 이러한 부자들의 돈 자랑에 부패를 반대하는 이들은 불평불만이 가득했다. 힘들게 공부하고 어려운 시험에 통과하여 승진 자격을 갖춘 이들도 무능한 이들이 그저 실권자와 특별한 관계를 맺고 있다는 이유만으로 발탁 또는 승진 기회를 얻거나 더 많은 특권을 누리는 것을 직접 보면서 심히 분개하지 않을 수 없었다.

중국의 도시 건설과 공공 건축물의 건설 속도는 대다수 다른 나라보다 훨씬 빠르다. 예를 들어 광저우나 란저우와 같은 도시의 경우 강 인근 수십 킬로미터에 달하는 지역을 개발하면서, 정부는 수년 만에 모든 낡은 건물을 모조리 철거하고 새로운 공원을 조성했다. 지하철 건설이 최고조에 이르던 때 광저우나 베이징과 같은 대도시는 연평균 한 개 노선을 완성하는 식으로 몇 년 만에 전체 지하철 공사를 모두 끝냈다. 대학 건설도 마찬가지였다. 학생 수가 1만 명이 넘는 난창(南昌)대학이나 화둥사범대학의 경우 5년 만에 전체 캠퍼스를 완전히 새롭게 건설했다. 그 안에는 행정동과 강의동은 물론이고 대강당, 학생 및 교직원 기숙사, 체육관, 공원 등 캠퍼스 내 휴식 공간이 모두 포함되어 있다. 이처럼 놀랄 만한 성공 사례가 있었기 때문에 덩샤오핑이나 그의 후계자 집단이 볼 때 아무리 기존 토지 사용자의 합법적인 권리가 있다 할지라도 최대 다수의 이익에 부합한다고 여겨지는 일에 장애가 될 수는 없었던 것이다.

외국의 특허나 저작권에 대한 보호 소홀이 중국 특유의 현상만은 아니다. 이와 유사한 문제가 일본이나 한국, 대만 등 외국의 최신 기술을 활용하려는 나라나 지역에서도 공히 일어났다. 드물게 서방 국가의 특허나 저작권을 존중하여 비용을 지불하거나 동업자의 이익을 침해하지 않는 방식으로 외국 기술을 사용하는 중국 기업도 있다. 하지만 대다수의 중국 기업은 이런 면에서 그다지 진지하지 않다. 중국인 중에는 외국 기업에 고용된 후 자신의 회사를 차려 외국 기업에서 배운 기술을 불법으로 사용하는 사람도 있다. 심지어 대륙에 비해 법률이 보다 엄격하다는 홍콩에서도 음악이나 영화 해적판을 근절하기가 쉽지 않다. 복제 시디나 디브이디 등의 판매 가격은 원본 가격에 비해 터무니없이 싸기 때문에 이런 불법 행위로 인해 상인들은 막대한 이윤을 챙기고 있다. 외국 회사나 정부에서 중국의 저작권 침해 행위에 대해 항의하거나 압력을 넣을 경우 중국 관리들은 그 즉시 이러한 제품을 생산, 판매하는 기업을 찾아 폐쇄시키고 복제 기기를 압수한다. 하지만 얼마 지나지 않아 두려움이라곤 전혀 없는 또 다른 회사가 또 다른 장소에서 똑같은 장사를 시작한다.

중국 노동자의 노동 시간, 작업장 환경, 안전 표준 등을 모두 포함한 노동 조건은 서구 19세기 산업 혁명 초기의 가혹한 노동 조건과 비교해서 별반 다르지 않다. 노동 관계 법률이 미비한 점을 악용하여 노동자들을 비좁은 기숙사에 몰아넣기도 하는 악덕 기업도 있는데, 노동자들의 노동 환경 또한 안전이나 품질 표준은 말할 수 없을 정도로 취약하기 이를 데 없다.[9] 수천만 명에 달하는 젊은 농민공의 입장에서 볼 때, 연해 지역의 공장에서 생활하며 일하는 것이 비록 힘들고 보수도 적지만 아무런 희망도 없는 농촌의 빈곤한 생활보다는 훨씬 낫다. 그래서 그들은 초과 근무도 마다하지 않고 해고될까 두려워 아무런 불평도 하지 않는다.

서구나 일본 자본으로 건설하여 외국인들이 관리하는 공장은 비록 저임금의 노동력을 활용하는 것이긴 하지만 일반적으로 현지 기업보다 훨씬 나은 노동 조건을 제공하고 있다. 외자 기업의 공장은 공간이 넓고 통풍도 잘되며, 더운 여름철에도 실내는 실외 온도보다 낮게 유지되어 비교적 쾌적한 환경을 제공하고 있다. 이런 공장에서 평일 일과 시간에 대한 규정이나 노동 조건 및 노동자의 안전에 관한 표준 등이 보편적으로 채용되면서 가장 심각한 초과 근무에 따른 문제를 극복하는 데 가시적인 성과가 있었다. 또한 이러한 공장에서 일하는 일부 빈곤한 지역 출신의 젊은이들도 시간 엄수나 위생 청결, 기율 엄수 등 현대 생활에 대한 기본적인 습관을 익히게 되었다.[10]

수많은 외국 기업이 중국에 공장을 세우고 있다. 2000년 현재 미국 상공회의소의 해외 지사 가운데 가장 큰 지사가 상하이에 있다. 일본의 해외 최대 상공회의소 역시 상하이에 있으며, 그 규모는 미국의 두 배에 달한다. 하지만 상하이의 미국인이나 일본인, 유럽인들의 숫자는 대만 상인과 비교하면 참으로 무색해진다. 그렇다면 왜 이처럼 수많은 해외 기업가와 상인들이 법규도 완비되어 있지 않고 특허 보호도 취약하기 이를 데 없는 나라로 몰려드는 것일까? 바로 그곳의 순수한 활력이 그들을 매혹시키는 것이 아닌가 싶다. 그것은 신속한 결정과 복잡한 법률 절차에 따른 지연 없는 시행, 그리고 거대한 시장의 빠른 성장이 만들어 내는 것이다. 중국의 동업자나 현지 정부에 이용만 당하고 있다고 불만을 털어놓는 외국 기업가도 있지만 일정한 법률적 보호, 문제 해결에 도움을 줄 수 있는 지방 관리와의 신뢰 관계, 상급 부서에 호소할 수 있는 가능성 등 특이한 여건을 잘 활용만 하면 충분히 유망한 기회를 얻을 수 있음을 발견하고는, 있을지도 모를 풍파를 기꺼이 감내하려는 외국 기업가도 있다.

덩샤오핑 후계자들이 직면한 도전

덩샤오핑이 몰고 온 변화의 결과로, 그가 권력 무대에서 떠나고 수십 년 동안 그의 후계자들은 향후 지속적으로 남아 있을 일련의 심각한 도전에 직면해야 했다. 그러한 도전은 다음과 같다.

모든 국민을 위한 사회 보장과 공공 의료 제공

덩샤오핑 시대에 대형 국영 기업의 노동자를 포함한 정부 고용인들은 단위에서 제공하는 국비 의료와 복지를 향유할 수 있었다. 하지만 이러한 노동자들은 전체 인구의 미미한 부분에 지나지 않았다.[11] 정부 예산은 모든 이에게 퇴직 연금을 비롯해 의료와 그 밖의 복지를 제공하기에 턱없이 부족했다. 1980년대 말 시장의 역할이 늘어나면서 일부 고수입자는 돈으로 보다 훌륭한 의료 서비스를 받고, 자신들이 직접 복지 문제를 해결할 수 있게 되었다. 하지만 대다수 인민은 의료를 포함한 복지 혜택을 누릴 수 없었다.

덩샤오핑 후계자들이 직면한 문제는 이러한 복지 혜택을 받지 못하는 이들의 원성이 날로 커져 간다는 사실이다. 인구 이동이 날로 확대되면서 개별 단위는 더 이상 보장 조치를 제공할 수 없었으며, 정부 예산과 숙련된 의료인의 숫자 역시 날로 증가하는 의료 수요를 만족시키기에 부족했다. 농촌공사가 해체되자 농촌에는 적시에 응급 구조나 기본적인 공공 의료를 제공할 수 있는 단위가 사라졌다. 주택 사유화와 개방된 시장 경쟁에서 국영 기업이 직면할 수밖에 없는 압력에 시달리면서 비교적 규모가 큰 단위조차 만족할 만한 복지를 제공할 수 없었다. 그렇기 때문에 중국 영도자들은 전문 의료인의 양적 확대와 새로운 시설의 확충, 그리고 궁핍한 벽지의 가난한 사람들까지 포함한 모든 국민에게 의료와 사회 보장을 제공할 수 있는 체계를 확립해야 한다는 심각한 도전에 직면했다. 이 모든 것이 국가 예산의 제한을 받았다.[12] 이러한 목적을 달성하기 위해서는 적어도 수십 년의 시간이 필요할 것이다. 따라서 이에 따른 도전은 어떻게 하면 사람들이 보다 공평하고 합리적인 방식으로 현재의 자원

과 시설을 분배할 것인가와 관련이 있다.[13]

자유 한계의 재정립과 고수

덩샤오핑이 직면한 가장 성가신 문제는 아마도 자유에 대한 한계선을 설정하는 일이었을 것이다. 이는 지식인들이나 일반 대중의 요구를 만족시키면서 아울러 영도자들이 사회 질서를 유지할 수 있는 선에서 이루어져야만 했다. 톈안먼 비극 이후 민중은 더 많은 자유를 요구하는 데에 두려움을 갖기 시작했다. 하지만 이러한 협박은 오래갈 수 없었다. 출판물이 양적으로 증가하고 인터넷이나 휴대 전화가 놀라울 정도로 확산되면서 중국공산당은 관방에서 불허하는 위험한 사상의 전파를 통제하는 데 어려움을 겪고 있다.

덩샤오핑과 마찬가지로 그의 후계자들 역시 만약 서로 다른 관점의 자유로운 표현을 용인할 경우 대중의 반대의 목소리가 물밀듯 터져 나와 1989년처럼 또다시 사회 질서를 무너뜨리는 시위가 벌어질지도 모른다고 걱정하고 있다. 그들이 직면하고 있는 도전은 대중이 느끼기에 합리적이고 받아들일 만한 경계선을 찾은 다음 허용할 수 있는 한계선을 고수해야 한다는 점이다. 지금처럼 첨단 통신 기술이 날로 복잡해지고 통제를 피하려는 이들의 창조력이 발휘되고 있는 상황에서, 과연 정치 지도자들이 대중의 여론을 적절하게 통제하면서 혼란을 방지할 수 있을 것인가?

부패 억제

덩샤오핑은 재임 기간 내내 부패 방지를 위한 안건에 찬성했지만, 현지 간부들이 4개 현대화를 촉진하고 경제 발전 가속화를 위해 애쓰다가 일부 법을 위반한 경우 보고도 못 본 척 지나치기도 했다. 덩샤오핑 후계자들이 직면한 문제는 각급 간부들이 너 나 할 것 없이 부수입을 올리기 위해 열을 올리고 있다는 점이었다. 정부 관리는 물론이고 의사나 국영 기업 간부들조차 뇌물을 받는 데 아무런 거리낌이 없다. 토지나 건축 허가권을 가지고 있는 간부들은 직접 수수료를 챙기는 것으로도 부족해 시장보다 낮은 가격으로 주식이나 자산을 구매하고, 호화스러운 연회나 값비싼 승용차를 공짜로 제공받기도 한다. 지방이나 군대 간부들은 간부 선발권이 있는 이들에게 뇌물을 준다. 입대하려는 젊은이들조차 돈을 줘야만 군대에 들어갈 수 있다. 고위층 간부들이 직면한 도전은 이러한 일들이 이미 도처에서 범람하고 있으며, 수많은 간부 또는 자신의 가족들까지 연루되어 문제 해결이 더욱더 힘들다는 점이다.

환경 보호

덩샤오핑은 조림 사업이나 녹지 확대에 관심이 적지 않았다. 하지만 빈곤이 만연한 상황에서 경제 발전에 대한 요구가 강해지면서 경제 성장에 대한 갈망이 오염 방지에 대한 신념을 완전히 압도해 버렸다. 덩샤오핑 시대 이래로 공업화가 가속화되자 매연과 수자원 부족, 하천이나 강물 오염, 산성비, 환경 오염에 따른 건강 피해, 식품 오염 등 여러 가지 문제가 날로 드러났으며, 이에 대한 대중의 관심도 함께 늘어났다. 관리들은 어떻게 하면 심각한 환경 파괴를 초래하는 여러 가지 관행을 바꿀 것인가 하는 문제에 직면했다. 보다 엄중한 문제는 광산을 개발하여 석탄과 같은 자원을 채굴하고 사용함으로써 더욱 심각한 환경 파괴가 빈곤한 지역에서 일어나고 있다는 점이다. 하지만 이러한 관행을 지속적으로 유지하게 만드는 경제적 압력 또한 마찬가지로 거대했다. 중국은 현재 온실가스 최대 배출국으로 지목받고 있다. 전국 도로에는 매년 새롭게 수백만 대의 자동차가 늘어나고 있으며, 중공업 발전은 석탄 사용의 증가를 더욱 부채질할 것이 분명하다. 그렇다면 중국은 다른 나라들의 비난에 어떻게 대응할 것인가?

통치의 합법성 유지

마오쩌둥은 국공 내전에 승리하고 외국의 제국주의자들을 몰아내 중국 전역을 통일함으로써 통치의 합법성을 확보했다. 덩샤오핑이 합법성을 갖추게 된 것은 문화 대혁명의 혼란 이후 사회 질서를 회복하고 실용주의 방식으로 국가가 직면한 심각한 문제를 해결했으며, 경제의 고도성장을 실현했기 때문이다. 이러한 새로운 시대에 덩샤오핑의 후계자들은 과연 자신들의 합법성을 어떻게 수립할 수 있을 것인가?

덩샤오핑 후계자들이 압력을 받는 이유는 그들이 만연한 부패를 성공적으로 저지하지 못했고, 사회적 불평등 문제를 해결하기 위해 적절한 조치를 취하지 못했기 때문이다. 이러한 문제를 해결하는 일은 앞으로 더욱더 어려워질 것이다. 세계적인 경제 위기가 지속되는 가운데 중국 역시 대다수 사람들이 앞선 경제 고도성장 시기의 혜택을 향유할 수 있는 기회를 얻기도 전에 경제 하락의 잠재적 가능성에 직면하고 있다는 점에서 특히 그러하다. 이러한 잠재적 가능성에 대처하기 위해 중국 영도자들은 빠른 경제 성장의 건너편을 바라보면서 대중이 가장 관심 있는 문제를 해결하는 데 진전을 이룰 필요가 있다. 그것은 부패와 불평등을 줄여 나가고, 합리적 수준의 보편적 의료와 복지를 제공하며, 관리 선발에 민의를 존중하고 있음을 보여 줄 방법을 찾는 일일 것이다.

초강대국으로서의 중국 그리고 덩샤오핑의 유산

덩샤오핑의 영도하에 중국은 고도성장을 이룩했다. 그가 마지막으로 보여 준 노력이라고 할 수 있는 남순강화는 경제 발전을 더욱 가속화시켰다. 이러한 성장은 중국의 경제 규모가 미국과 필적하게 되었을 때 과연 중국은 어떻게 할 것인가라는 의문을 제기한다. 그렇다면 만약 덩샤오핑이 살아 있다면 무엇을 할 것인가?

영토 분쟁에 관해 덩샤오핑은 일단 한쪽으로 미루어 놓고 보다 현명한 후대인들이 평화로운 방식으로 풀어 나갈 수 있을 것이라고 믿었다. 그에게 보다 큰 그림은 국경 문제로 흥분하는 것이 아니었다. 오히려 다른 나라와 전반적으로 선린 관계를 유지하는 것이 더욱 중요했다.

덩샤오핑은 이웃 나라들과 화목한 관계를 유지하고 평화로운 발전에 집중하는 것이 중국의 이익에 부합한다고 믿었다. 그는 1974년 프랑스에 잠시 체류하고 이듬해 국빈 방문을 하면서 유럽과 관계 강화에 나섰다. 그는 1978년 중일 관계를 개선하여 일본을 방문한 최초의 중국 영도자였으며, 문화 교류 추진을 적극 지지하여 양국 관계를 전면적으로 강화했다. 그는 중미 관계 정상화를 실현하고 미국 방문을 성공적으로 마쳐 중미 관계를 강화했다. 또한 그는 한국과 무역 개방을 시행하여 남순강화 이후 양국 관계 정상화를 위한 길을 닦았다. 그의 최대 성과 가운데 하나는 30년간의 긴장 관계를 완화하여 1989년 소련과 정상적인 교류를 회복한 것이다. 결론적으로 그는 중국과 거의 모든 주요 국가의 관계를 개선했다고 말할 수 있다.

1974년 덩샤오핑은 중국 영도자로서는 최초로 유엔에서 연설했다. 당시 그는 중국은 절대 패권을 차지하지 않을 것이라고 하면서, 만약 중국이 다른 나라를 압박하고 착취한다면 전 세계, 특히 발전 도상국의 여러 나라가 중국을 '사회 제국주의'로 여길 것이며, 중국 인민과 더불어 중국 정부를 전복시킬 것이라고 말했다. 1991년 8월 소련 영도자 겐나디 야나예프(Gennady Yanayev, 당시 부통령)가 고르바초프에 대항하여 구소련의 해체를 부른 쿠데타를 일으켰다. 이에 왕전이 당 중앙에 전보를 보내 야나예프의 정변을 지지해야 한다는 의견을 제시하자 덩샤오핑은 이렇게 대답했다. "재능을 감추고 드러내지 말고 절대로 앞장서지 말 것이며, 해야 할 일은 적극적으로 하라.(韜光養晦, 絕不當頭, 有所作爲)"[14] 그가 보기에 중국은 굳이 다른 나라의 내부 사정에 끼어들 필요가 없었던 것이다.

덩샤오핑 이후 중국이 더욱 강대해지면서 중국의 일부 안보 전문가들은 미국의 안보 전문가들과 마찬가지로 중국이 강력해진 이후에도 계속해서 자신의 능력을 감추고 드러내지 않을 것인가, 아니면 보다 강경한 입장을 취할 것인가에 대해 논쟁을 시작했다. 2010년부터 2011년까지 몇 개월에 걸친 논쟁에서 일부 중국 영도자들은 더욱 공세를 취할 것으로 주장하기도 했다. 결국 논쟁은 계속 여러 나라와 화목하고 우호적인 관계를 유지하는 것에 동의하는 것으로 끝났다. 향후 중국 미래의 영도자가 과연 이 문제에 대해 어떻게 대답할 것인지는 아무도 장담할 수 없다. 하지만 만약 덩샤오핑이 살아 있다면 그는 분명 이렇게 말했을 것이다. 중국은 절대로 패권을 다투지 않을 것이며, 다른 나라의 내부 사정에 간섭하지 않을 것이다. 중국은 각국과 화목한 관계를 유지하고 국내의 평화로운 발전에 모든 역량을 집중할 것이다.

덩샤오핑이 어린 시절을 보낸 고향 집.
(『덩샤오핑 화보 전기(鄧小平畫傳)』(成都: 四川人民出版社, 2004), 상, 4쪽)

1921년 3월, 프랑스에서 근공검학 프로그램에 참여한, 열여섯 살의 덩샤오핑.(『덩샤오핑(鄧小平)』(北京: 中央文獻
出版社, 1988), 12쪽)

1924년, 파리에서 재유럽 중국공산주의청년단 제5차 대표대회에 참석한 대표자들.
맨 뒷줄 오른쪽에서 세 번째에 있는 이가 덩샤오핑이다. 맨 앞줄 왼쪽 끝에 있는 이가 녜룽전, 네 번째에 있는 이가
저우언라이, 여섯 번째에 있는 이가 리푸춘이다.(『덩샤오핑 화보 전기』, 상, 29쪽)

1948년, 화이하이 전투의 전선 사령관들.
왼쪽부터 쑤위, 덩샤오핑, 류보청, 천이, 탄전린이다.(『덩샤오핑』, 146쪽)

1949년, 중국공산당 정권 수립 당시의 덩샤오핑.(『덩샤오핑 화보 전기』, 상, 147쪽)

1965년, 덩샤오핑 총서기가 베트남 대통령 호찌민을 환영하고 있다.(『덩샤오핑』, 200쪽)

1960년대 초,
마오쩌둥 주석에게 보고 중인
덩샤오핑.(『덩샤오핑』, 108쪽)

1960년 1월, 광저우에서 열린 중앙군사위원회. 왼쪽부터 녜룽전, 린뱌오, 허룽,
저우언라이, 뤄루이칭, 펑전, 마오쩌둥, 덩샤오핑이다. 린뱌오는 1971년 비행기 추락 사고로 죽었으며,
저우언라이를 제외한 나머지 사람들은 모두 문화 대혁명 시절 박해를 받았다.(『덩샤오핑』, 158쪽)

1974년 5월, 덩샤오핑은 뉴욕에서 헨리 키신저를 처음 만났다.
외교부장 차오관화도 배석했다.(ⓒ Bettmann/CORBIS)

1974년 4월, 덩샤오핑은 유엔 총회에서 연설한 최초의 중국공산당 영도자가 되었다.(『덩샤오핑』, 25쪽)

1978년 1월, 화궈펑 체제하에 있던 시절
화궈펑 주석과 함께한 덩샤오핑.
(ⓒ AFP/Getty Images)

1978년 10월, 신일본제철 사장 이나야마 요시히로와 함께 기미쓰 제철소를 방문한 덩샤오핑.
기미쓰 제철소는 중국 최초의 현대 제철소인 바오산 제철소의 모델이 되었다.
(『덩샤오핑 화보 전기(鄧小平畫傳)』(成都: 四川人民出版社, 2004), 하, 345쪽)

1978년 11월, 리콴유 총리가 싱가포르에 도착한 덩샤오핑을 환영하고 있다.(『덩샤오핑』, 207쪽)

1978년 9월, 중국의 동북 지역에서 개혁 개방을 위한 불꽃을 일으켰다.(『덩샤오핑 화보 전기』, 하, 327쪽)

1978년 12월, 3중전회에서 천윈과 덩샤오핑이 개혁 개방을 착수했다.(『덩샤오핑』, 104쪽)

1952년 가을, 천윈과
덩샤오핑.(『덩샤오핑』, 271쪽)

1978년 12월, 미중 관계 정상화 협상 체결에 너무 일찍 축배를 든 레너드 우드콕 대사와 덩샤오핑.
(『덩샤오핑 화보 전기』, 하, 357쪽)

1979년 1월, 회담을 시작한 카터 대통령과 덩샤오핑, 그리고 통역사 지차오주.
(『중미 관계 30년(中美關係30年)』(北京: 西苑出版社, 2002), 49쪽)

1979년 1월, 워터게이트 사건 이후 덩샤오핑의 유일한 방미 기간 중
국빈 만찬에서 카터 대통령, 닉슨 전 대통령과 함께.(ⓒ CORBIS)

1979년 2월, 텍사스 로데오에서 카우보이모자를 쓴 덩샤오핑.(ⓒ Bettmann/CORBIS)

1979년, 포드 자동차 회사의 생산 설비를 참관한 덩샤오핑.(© Bettmann/CORBIS)

1984년 2월, 농촌 개혁을 이끈
완리와 함께 나무를 심고 있다.
(『덩샤오핑』, 111쪽)

1981년, 중국 서부의 광활한 평원을 바라보고 있다.(『덩샤오핑 화보 전기』, 하, 427쪽)

1980년대 초, 후야오방 총서기에게 지시를 내리고 있다.(ⓒ China Features/Sygma/Corbis)

1979년 1월, 홍콩 총독 맥클레호스와 홍콩의 미래에 관한 논의를 시작했다.(『덩샤오핑 화보 전기』, 하, 472쪽)

1984년 12월, 대처 총리와 함께 홍콩의 미래에 관한 공동 선언에 조인했다.(『덩샤오핑 화보 전기』, 하, 478쪽)

1980년대 중반, 해변에서.(© China Features/Sygma/Corbis)

1974년 8월, 일흔 살 생일을 맞이하여 가족들과 함께.
앞줄 왼쪽부터 덩푸팡, 쥐린, 샤보건. 뒷줄 왼쪽부터 덩즈팡, 덩난, 덩룽, 덩린.(『덩샤오핑』, 290쪽)

1986년 여름, 손자에게 뽀뽀를 받는 덩샤오핑.(『덩샤오핑』, 295쪽)

1980년대 후반, 브리지 게임을 하고 있다.
(『덩샤오핑 화보 전기』, 하, 612쪽)

1984년 1월, 광둥 성 성장 량링광과 함께 첫 번째 경제특구인 선전을 시찰하고 있다.
(『덩샤오핑 화보 전기』, 하, 501쪽)

1984년 4월, 대만과의 국교 정상화 노력을 포기한 레이건 대통령과 함께.(『중미 관계 30년』, 64쪽)

1989년 2월, 팡리즈가 리셉션에 참석하려다 불발되었을 당시 부시 대통령과의 만남.
통역사 양제츠(楊潔箎)는 후에 주미 대사와 외교부장을 지냈다.(『덩샤오핑 화보 전기』, 하, 612쪽)

1989년 5월, 톈안먼 광장에서 시위가 벌어졌지만 베이징을 방문한 고르바초프 부부를 맞이했다.
(ⓒ Jacques Langevin/Sygma/Corbis)

1989년 5월, 자오쯔양 총서기가 톈안먼 광장에서 작별을 고하고 있다.
덩샤오핑은 시위 기간 내내 한 번도 광장으로 나가 보지 않았다.(ⓒ AFP/Getty Images)

1992년 1월, '가족 휴가'를 위해 남부 여행을 하고 있는 덩샤오핑을 보러 몰려든 인파.("덩샤오핑 화보 전기』, 하, 633쪽)

1989년 11월, 13기 5중전회에서 덩샤오핑이 장쩌민 총서기를 자신의 후계자로 최종 승인했다.
(『덩샤오핑 화보 전기』, 하, 578쪽)

1992년 10월, 중국공산당 제14차 전국대표대회에서 자신의 공직 생활에 작별을 고하고 있다.
(© Jacques Langevin/Sygma/Corbis)

1997년 2월, 유엔 안전보장이사회 회의석상에서 덩샤오핑의 죽음에 묵념하고 있다.(『덩샤오핑 화보 전기』, 하, 649쪽)

덩샤오핑 시대의 핵심 인물

덩리췬(鄧力群)

덩리췬은 1980년 이후 중앙서기처 연구실 책임자, 1982년부터 1985년까지 중앙선전부 부장을 지냈다. 덩리췬은 비록 중국공산당의 최고위급 관리는 아니었지만 영향력은 자신의 지위를 훨씬 능가했다. 이는 그가 중앙서기처에서 최고 지도자까지 하루 두 번 올리는 중요한 상황 보고를 관장했고, 덩샤오핑의 수많은 발언을 기초했으며, 마오쩌둥의 딸인 리나(李訥), 천원의 아내 위뤄무(宇若木)와 천원의 비서 중 한 사람을 휘하에 두었기 때문만이 아니다. 그의 영향력은 자신의 관점을 드러내는 데 두려움이 없고, 이론에 정통했으며, 늘 그의 의견을 대변하는 천원과 왕전이 그를 뒷받침해 주었기 때문이었다. 자신이 확신만 하면 끝까지 입장을 고수하여, 그 때문에 관직에서 물러나거나, 형을 살거나 노동 교육을 받지나 않을까 걱정하지 않았다. 그는 매우 조리 정연하고, 전략 구상에 뛰어났으며 부하를 사랑하고 아꼈기 때문에 부하들은 그에게 감동하여 충실한 추종자가 되었다.

덩샤오핑은 당에 대한 지식인들의 비판을 억제하는 데 덩리췬이 매우 쓸모 있는 인재라고 생각했다. 덩리췬은 머리가 좋고, 두려움이 없으며, 직설적이고, 글이나 연설에도 뛰어났다. 그러면서도 일선 업무를 책임지는 간부가 아니었기 때문에 덩샤오핑과 그의 교류는 일선 업무를 책임지고 있는 간부들보다 자유롭게 이루어졌다. 덩샤오핑은 덩리췬보다 높은 지위에 있는 관리들보다 그에게 더 많이 의견을 구했다. 강력한 보수파의 지지를 받고 있었기 때문에 그는 후야오방의 주요 비판자가 되어, 후야오방이 지나치게 많은 자유를 허락하고, 최선을 다해 당의 권위를 보호하고 유지하려 하지 않았다고 여기는 중견 보수파 간부들의 대변인이 되었다. 덩리췬은 당의 기율 유지에 대한 중요성을 대대적으로 제창했으며, 당에 비판적인 의견이 있는 지식인과 간부들을 공격할 때는 매우 가혹했다. 자유를 제창한 지식인들은 덩리췬이 전혀 쓸데없이 자유를 억압하도록 원로 간부들을 부추기는 데 매우 부정적인 역할을 했다고 여겼다. 비밀스럽고 정직하지 못한 캉성이 죽은 이후, 지식인과 자유파 관리들이 가장 증오한 사람이 바로 덩리췬이다.

덩리췬은 1915년 후난 성 구이둥 현에서 태어났다. 부농 출신으로, 300년 역사를 지닌 집안 고택은 방이 20여 칸이나 되었다. 덩리췬의 아버지는 과거에 급제한 적이 있으나 관리는 하지 않았다. 1898년 무술변법이 실패로 돌아가자 아버지는 고향에 최초의 신식 학당을 세웠다. 덩리췬의 형은 국민당 통치하에 후난 성 정부 민정청 청장과 국민당 중앙위원을 지냈다. 덩리췬은 베이핑(이후 수도가 된 후 다시 베이징으로 개칭되었다.)에 있는 미국 선교사가 운영하는 학교에서 공부했으며, 1935년 베이징대학에 입학하여 경제학을 전공했다. 그러나 1학년을 마치기도 전에 12·9 반일 시위가 일어났고 얼마 후 그는 학교를 떠나 옌안으로 갔다.[1]

1936년 옌안에서 덩리췬은 공산당에 입당한 후 다시 마르크스·레닌 학원에 들어가 비밀 조사 업무에 종사했다. 덩리췬은 옌안 정풍에서 비판을 받은 리루이를 비밀리에 조사할 때 리루이의 아내를 직접 찾아가 이야기를 나누었다. 표면적으로는 계속 조사를 한 것처럼 보였지만 사실은 그녀에게 구애를 했고, 두 사람은 마침내 잠시 동거 생활을 했다. 덩리췬은 후에 이 일로 자아비판서를 쓰기도 했다.

내전 시기, 덩리췬은 둥베이에 파견되었다. 그는 그곳에서 천원을 만나 랴오둥성위원회 정치연구실 주임 등 여러 가지 직무를 맡았다. 1949년 여름, 그는 신장으로 파견되어 선전부 부장과 자치구 당위원회 비서장직을 맡았다.[2] 그는 신장 평정을 위해 파견된 왕전과 비밀리에 협력했다. 당시 소수 민족의 협력을 구하고자 했던 마오쩌둥은 왕전이 지나치게 일찍 민족 개혁을 시행하여 신장 위구르족을 대량 학살했다는 것을 알고 분노했다. 덩리췬은 마오쩌둥에게 왕전이 아니라 자신이 중국공산당 통치에 반항할 수도 있는 지역민을 대량 숙청하는 결정을 내렸다고 말했다. 덩리췬은 대담하게 왕전을 보호하여 자신이 죄를 뒤집어썼다. 이로 인해 해임당한 후, 한참이 지나서야 복직되었다. 그러나 그는 그와 마찬가지로 의리를 중요하게 생각하던 왕전의 강력한 지지를 얻었다. 덩리췬은 『수호전』을 비롯한 고대 의협 소설을 읽으며 의리가 중요하다는 신념과 평생 믿음을 지키는 습관을 길렀다.[3]

신장을 평정한 후 베이징으로 돌아온 덩리췬은 먼저 류사오치 아래 중공중앙판공청에서 일한 후 다시 양상쿤의 지도를 받았다. 그는 당의 문건을 기초하는 데 협력했고, 이후 다시 당 기관지 《훙기》의 일을 맡았다. 류사오치가 문화대혁명 동안 비판을 받을 때 류사오치의 고급 비서 두 명은 그 즉시 그에게 반목했지만, 세 번째 비서였던 덩리췬은 다시 의리를 앞세워 류샤오치에 대한 비판을 거부했다. 그는 이로 인해 비판을 받고 57간부학교로 하방되어 재교육을 받은 후 노동 개조에 참가했다. 하방에서 풀려난 후 그는 마르크스·레닌주의 이론을 학습하기 위해 57간부학교에 남겠다고 자원했다. 그곳에서 다시 1년간 지낸 후 베이징으로 돌아왔다.

베이징으로 돌아온 후 덩리췬은 1975년, 후차오무의 요청에 따라 덩샤오핑의 정치연구실의 일곱 번째이자 마지막 요원이 되었다. 그해 말, 덩샤오핑이 비판을 받을 때 덩샤오핑의 최측근 조수까지 모두 덩샤오핑 비판 대열에 참여할 것을 강요받았다. 그들은 모두 명령을 따랐지만 오직 덩리췬만 이를 거절했다. 덩리췬은 이러한 입장을 고수하기 위해 감옥살이도 불사했지만 그저 자리를 잃었을 뿐이었다. 덩샤오핑이 1977년 복권된 후 얼마되지 않아, 덩리췬은 그의 연설 원고 작성자 중 한 명이 되었다.[4] 1980년 6월, 덩리췬은 중앙서기처 연구실 책임자가 되어 매일 고위층이 돌아가며 열람하는 브리핑을 작성하고, 지도자를 위해 조사 연구 자료를 수집했다. 그는 자신의 연구와 함께 잡지 네 종의 편집장을 맡았고 동시에 이론서도 집필했다.[5]

덩리췬과 같은 원고 작성조 일원들은 덩샤오핑과 천윈 등의 지시를 따라야 했지만 당사와 이론에 정통한 전문가들이기 때문에 문건 내용에 영향을 줄 기회도 있었다. 후차오무와 덩리췬은 중국공산당 정통 사상의 수구주의자로 존중받았기 때문에 고위층 간부들은 감히 그 두 사람이 주관하는 문건과 연설문이 당의 이론과 선례를 위반했다고 말하지 못했다.

덩리췬은 '머리 없이 반사적으로 행동하는' 보수파도, 충동적인 민족주의자도 아니었다. 그와 그의 아들 덩잉타오는 베이징대학에서 농업 경제학을 전공한, 농촌 개혁 초기 지지자였다. 덩리췬은 농촌 개혁 초기 단계에서는 시장이 큰 역할을 발휘해야 한다고 주장했다. 덩샤오핑이 1978년 10월 일본을 방문하고 돌아온 후 얼마 되지 않아 그 역시 일본을 시찰했다. 그는 귀국 후 일본의 효율성과 품질 기준, 그리고 일본인의 정신 및 조직 방식을 적극적으로 찬양했다. 그러나 덩리췬은 또한 계획 경제를 위주로 하는 천윈의 신중한 태도를 지지했다. 1980년 덩리췬은 중앙당교에서 천윈의 경제 사상과 관련한 연속 강좌를 맡았는데 얼핏 듣기에는 천윈에 대한 개인숭배를 장려하는 것처럼 들렸다. 이후 천윈은 언제나 덩리췬을 적극 지지했다.

중국공산당은 수십 년 동안 계속 노동자와 농민을 찬미하도록 선전했다. 그러나 이러한 선전에도 불구하고 후야오방 같은 이들에 대한 덩리췬의 멸시를 완전히 사라지게 할 수는 없었다. 덩리췬은 베이징대학에서 수학한 바 있으며 명문 집안 출신이었다. 그러나 후야오방은 열네 살에 학교를 그만두었으며 일을 처리하는 데 있어 신중함이 부족했다. 천윈과 왕전 등 보수파는 덩리췬이 총서기직을 맡을 수 있다고 믿었고, 자유파 간부들 역시 그에게 야심이 있다는

것을 의심하지 않았다. 덩리췬은 이런 지위에 대한 욕심이 있음을 부인하면서
도 후야오방에 대한 멸시를 숨기지 않았다. 이러한 강한 멸시감은 객관적 분석
을 통해 얻어진 것이 아닌 것처럼 보인다.

런중이 (任仲夷)

런중이는 1980년 이전까지 광둥에 살지 않았다. 이전에 단 한 번 광둥을 가
본 적이 있을 뿐이었다. 그러나 광둥 지역 지도에 필요한 특별한 역할과 새로
운 체제를 실험하는 데 그는 핵심적인 역할을 발휘했다. 그는 1985년 퇴직한
후 광둥에 거주하다 2005년 세상을 떠났다. 그는 확고한 개혁파이자 뛰어난 성
급 지도자로, 광둥을 이끈 유일한 인물이었다. 1978년부터 1980년까지 런중이
는 랴오닝성위원회 제1서기를 맡았다. 당시 랴오닝 성은 중국에서 공업이 가
장 발달한 성 가운데 하나로, 광둥과 비교 대상이 되지 않았다. 그는 1980년에
도 랴오닝을 경제특구로 만들어야 한다고 말한 적이 있다. 그가 처음으로 덩
샤오핑을 만난 것은 1977년 랴오닝에 부임하러 가기 전이었다. 1978년 9월, 덩
샤오핑이 둥베이에서 개혁을 위한 '불을 붙였을 때' 그 역시 그 자리에 있었다.
1978년 가을, 랴오닝 성의 당 간행물에 발표한 글을 통해 런중이가 최초로 덩
샤오핑의 개혁 목표를 찬성하고, '양개범시(兩個凡是, 마오쩌둥이 결정한 정책과
지시는 무조건 옳다.)'를 비판한 성급 지도자 가운데 한 사람이었음을 알 수 있
다. 그해 연말에 열린 중앙공작회의에서 런중이는 둥베이 조장을 맡았다. 천
윈은 바로 런중이의 소조회의에서 화궈펑이 미루어 두었던 역사 문제를 제출
했다.[6]

런중이가 광둥 성에 부임하게 된 것은 자오쯔양의 추천에 의한 것이었다.
자오쯔양은 두 사람이 동시에 성위원회 서기를 맡았던 시절에 런중이를 알게
되었는데, 개혁의 필요성에 대해 런중이와 자신의 견해가 일치한다는 사실을
알았다. 자오쯔양은 오랫동안 광둥에서 일을 했기 때문에 그 지역 발전에 특별

한 관심이 있었다.

런중이는 매우 매력적인 지도자였다. 그가 얼굴을 내밀기만 하면 분위기는 이내 활발해졌다. 말년에 암 수술을 몇 차례 받고 난 후 지팡이 신세를 져야 했지만 그는 언제나 뛰어난 유머 감각으로 주변 사람들을 즐겁게 해 주었다. 위 절제 수술을 받은 후 그는 자신은 '위가 없는 사람(중국어의 두려움이 없다는 '無畏'와 위가 없다는 '無胃'는 발음이 '우웨이'로 동일하다.)'이라고 농담을 건넸고, 한쪽 눈이 실명한 후에도 스스로 한눈에 상황을 파악하게 되었으니 '일목요연'한 사람이라고 자조했다.

1914년 톈진 부근의 허베이 성 웨이 현(魏縣)에서 태어난 런중이는 젊었을 때 이미 당의 지도적 위치에 올랐다. 그는 베이핑의 중국대학에서 3년 동안 정치 경제학을 공부했고, 애국 청년으로 1935년 12·9 반일 시위에 참가했다. 그는 1936년 입당하여 쉰 명의 당원을 이끄는 지부 서기가 되었다. 그는 줄곧 당내 진보적 지식인이라는 명성을 누렸다. 그가 숭상하는 이론은 각 사회 계급이 서로 협력하는 신민주주의였다. 이에 옌안 시절 헌신적인 청년 지식인에게 가해진 비판은 그를 곤혹스럽게 만들기도 했다.[7]

제2차 세계 대전 동안 런중이는 일본이 점거한 철로선 일대에서 활동하는 유격대에 참가했다. 이후 다시 산둥 서부 타이시(泰西)의 팔로군 제6종대 정치학교 교장이 되었다. 1949년에는 다롄 시장이 되었으며, 1953년 서른여덟 살의 나이로 하얼빈시위원회 제1서기가 되었다. 그를 우경이라고 비판하는 사람도 있었지만 그는 언제나 그의 뛰어난 지도자적 재능을 아끼는 상급자의 보호를 받았다. 문화 대혁명 이전 몇 년 동안에는 하얼빈시위원회 서기뿐 아니라 헤이룽장성위원회 상무 서기를 지냈다. 문화 대혁명 시절 그는 '끌려 나와' 우파 분자, 하얼빈에서 가장 회개를 하려 들지 않는 '주자파'로 비판을 받고 고깔모자를 쓴 채 조리돌림을 당했으며, 500여 차례나 비판 투쟁의 대상이 되었다. 한 번에 여섯 시간 넘게 비판 투쟁을 받은 적도 있었다. 그는 농촌으로 하방되어 소 우리에서 2년을 살았고, 육체노동에 참가하기도 했다.

문화 대혁명이 점차 말미로 접어들면서 그의 운명에도 다시 변화가 일었다. 그는 헤이룽장성위원회 서기 겸 성 혁명위원회 부주임으로 임명되었고, 1978년 개혁파가 고위층에 자리를 잡은 후 다시 랴오닝성위원회 제1서기가 되었다. 그에게 주어진 임무는 천시롄과 마오쩌둥의 조카 마오위안신이 권력을 잡았을 때 랴오닝 성에 남긴 극좌 사조를 퇴치하라는 것이었다.

타오주는 1951년 광둥으로 남하해 성 지도자가 되었을 당시 지역 사람들과 전혀 어울리지 못하는 북방 사람들을 수천 명 데리고 간 적이 있었다. 하지만 런중이는 1980년 광둥에 갈 때 조수인 레이위(雷宇) 한 사람만 데리고 갔다. 1980년, 지방주의는 더 이상 중앙에 위협이 되지 않았다. 런중이는 예젠잉의 건의에 따라 얼마 전 시중쉰에 의해 석방된 광둥 지역 간부를 충분히 활용했으며 그들은 자신에게 일할 기회를 준 런중이에게 감격했다. 런중이는 후야오방과 친밀한 관계를 유지하며 당내 지식인들을 보호했다. 그는 퇴직한 후 대담하게도 당을 향해 공공연하게 경제특구를 실천했던 것처럼 정치특구를 시험하지 않는지 묻곤 했다.

런중이는 전략적 정책 구상 능력이 뛰어난 인물로 평가받고 있다. 그는 기존에 따를 만한 규율이 마련되어 있지 않은 경우, 예컨대 상급이 허락하는 기준에서 판단을 내려야 할 경우 더더욱 이러한 자신의 능력을 발휘했다. 어려운 상황에서 런중이는 개혁과 경제 발전을 추진하기 위해 최선을 다했으며, 어떠한 비판도 감수했다. 그는 새로운 정책 실천을 책임진 수하의 부하를 보호함으로써 그들에게 존중을 받았다. 광둥에 도착한 런중이는 먼저 수개월 동안 성 전체를 관찰하며 상황을 파악했다. 지역 간부들과 이야기를 나누고 각종 보고서를 읽었으며, 경제 발전을 가속화하기 위해 교량과 도로, 그리고 발전소 건설에 집중했다. 그는 수하의 간부들이 유연하게 일을 처리하고, 대담하게 투자를 유치하도록 격려했다. 그는 베이징으로부터 비판을 듣지 않을까 걱정하는 부하들에게 이렇게 말했다. "금지 명령이 떨어지지 않은 일은 일단 추진해 보고, 허가받은 일은 최선을 다해야 하네."[8]

리셴녠(李先念)

11기 3중전회 이후 중국의 권력 구조에서 리셴녠은 덩샤오핑과 예젠잉 바로 다음이었다. 그는 범상치 않은 능력의 소유자였다. 그는 동시에 서로 다른, 심지어 서로 대립하는 많은 지도자, 예를 들어 마오쩌둥과 그의 적수 장궈타오(張國燾), 마오쩌둥과 저우언라이, 화궈펑과 덩샤오핑, 덩샤오핑과 천윈 같은 사람들과 동시에 좋은 관계를 유지하는 능력이 있었다. 1954년 베이징에 온 후, 리셴녠은 계속 경제 업무를 맡았다.[9] 그는 후베이 성 동부의 한 가난한 농민 가정에서 태어나 1927년 공산당에 입당했다. 국공 합작이 결렬된 후 그는 어위환(鄂豫皖, 후베이, 허난, 안후이 지역) 근거지에서 유격 활동에 참여했고, 이후 당시 마오쩌둥보다 인원수가 훨씬 많았던 장궈타오의 부대에 들어갔다. 장궈타오는 리셴녠의 능력을 높이 평가하여 그를 홍4군 단정위(團政委)로 발탁했다.[10] 장정 기간 동안 장궈타오는 홍4군을 이끌고 마오쩌둥의 군대와 달리 서진하여 지역 군벌, 특히 마부팡(馬步芳)의 기병과 싸워 처절하게 참패했다. 리셴녠이 그중 기진맥진한 약 1500명의 병사를 이끌고 시베이 지역을 통과해 신장에 도착하니, 병사가 겨우 400명밖에 남지 않았다. 그곳에서 그들은 천윈을 만나 식량과 의료 기회를 제공받고 원기를 회복했다. 리셴녠은 이어 옌안으로 갔다. 마오쩌둥과 장궈타오가 대립하자, 리셴녠은 매우 조심스럽게 마오쩌둥에게 충성을 표하고, 의심을 불러일으킬 만한 행동을 피했다.

국공 내전 말 리셴녠은 수하 부대를 이끌고 지중(冀中, 허베이 중부) 평원에 이르렀다. 그의 고향 마을에서 멀지 않은 곳이었다. 당시 류·덩 대군(류보청과 덩샤오핑이 수장이던 대군)이 다볘 산에 이르러 심각한 어려움에 빠져 있었다. 리셴녠은 자신의 지역적 관계를 이용해서 그들을 지원했다. 이 일로 인해 그는 류·덩 대군의 부사령원으로 발탁되었다. 1949년, 중국공산당이 승리를 거둔 후 리셴녠은 후베이에 남아 성위원회 서기가 되었다. 그 후 수년 동안 그는 우한 시, 후베이 성, 중난국(中南局, 중국 중앙 동남국)에서 다양한 고위층 직무 등을 맡았다. 중난국에 있을 때는 린뱌오와 함께 일을 하기도 했다.

리셴녠은 우한에 있을 당시 경제 문제에 대한 책임을 맡았고, 1954년 덩샤오핑이 재정부장직에서 물러난 후 베이징으로 돌아가 덩샤오핑을 대신해 그 직책을 맡았다. 1956년, 중국공산당 제8차 전국대표대회 이후 열린 중앙전체회의에서 그는 열일곱 명의 정치국 성원 가운데 한 명이 되었다. 그는 천원과 달리 외교 분야에서 매우 적극적인 역할을 했다. 그는 외국 대표단을 접대하기도 하고, 수차례나 외국을 다녀오기도 했다. 예를 들어 그는 1972년, 닉슨 대통령의 만리장성 방문에 배석했다. 외국인들에게 리셴녠은 매우 친절하고 상냥한 사람, 자신의 직책에 열정적인 사람이라는 기억을 남겼다. 그 밖에도 그는 자신의 의견을 강력하게 표현하는 일이 없었고, 한 지도자를 옹호하여 다른 지도자의 정치적 입장을 반박하지 않았다. 리셴녠은 생존에 능한 사람으로 언제나 정치적 풍향에 따라 움직였다.

문화 대혁명 시절, 저우언라이는 그에게 업무조에 남아 전면적으로 경제 업무를 책임지도록 했다. 1966년에서 1970년까지 경제가 심각한 타격을 받아 심지어 향후 1년 또는 수년 동안의 경제 계획을 세울 당내 회의조차 소집할 수 없는 상황이 되었다. 리셴녠의 임무는 각종 정치적 간섭을 받는 상황에서 경제를 움직이는 것이었다. 1970년 이후, 리셴녠은 경제 계획 사업을 회복시켰다. 여러 고위층 간부가 그를 받아들인 이유는 문화 대혁명으로 인해 입신양명했기 때문이 아니라 원래 저우언라이 수하의 중견 간부였기 때문이었다. 문화 대혁명 시절 출세한 사람들 역시 그를 기꺼이 받아들였는데 이는 그가 업무조에 있을 당시 그들과 원활하게 협력했기 때문이었다. 덩샤오핑은 1975년 권력을 잡았지만 여전히 마오쩌둥의 통제를 받았다. 리셴녠은 덩샤오핑이 철로와 철강 산업에 대한 통제권을 얻는 데 중요한 역할을 했다. 1975년 말, 마오쩌둥이 덩샤오핑을 의심하기 시작했을 때, 리셴녠 역시 적극 덩샤오핑을 비판했다. 그러나 1976년 덩샤오핑에 대한 비판이 확대되었을 때는 그 자신 역시 비판을 받았다. 마오쩌둥이 사망하기 몇 달 전인 1976년 2월에서 9월 사이, 리셴녠 역시 권력의 가장자리로 밀려났다.

마오쩌둥이 사망하자마자 화궈펑은 리셴녠을 예젠잉에게 보내 사인방을 대적할 방법을 의논하도록 했다. 덩샤오핑이 1976년 권력에서 물러난 후 1978년까지 리셴녠은 화궈펑의 지도 아래 부총리를 맡아 국무원 일상 업무를 책임졌다. 당시 2년 동안 그는 화학 섬유와 화학 비료 공장 도입 결정에 핵심적인 역할을 했다. 1978년부터 그는 다시 '석유방(石油幇, 중국에서 국무원 석유부 또는 석유 학원 출신의 권부 인맥)' 구성원들과 함께 더 많은 외국 공장 설비 도입을 준비했다. 1978년 여름, 화궈펑의 지도 아래 리셴녠은 10년 규획 제정, 대표단 출국, 대량의 외국 공장 설비 도입, 생산 라인 도입 업무에도 핵심적인 역할을 했다. 1978년 여름 경제 무허회에서 천원은 회의에 참여할 권한이 없었지만 리셴녠은 즉시 천원에게 회의 상황을 보고했다.

3중전회 이후, 천원이 지나치게 낙관적이며 신속한 화궈펑의 대규모 계획을 비판했을 때 리셴녠은 화궈펑 수하의 책임 간부로서 함께 연루되었다. 그는 자신의 직위를 유지하기 위해 노력했지만 어쩔 수 없이 밀려나 수세 입장이 될 수밖에 없었다. 그는 지나치게 낙관적인 예측에 대해 비판하고, 전반적으로 중국 경제를 이끌어 가는 업무를 40년 전, 신장에서 그가 건강을 회복하도록 도와주었던 스승 천원에게 넘겼다. 1979년 3월, 리셴녠과 천원은 연명하여 당 중앙에 서신을 보내 천원이 이끌고, 리셴녠이 그를 보좌하는 새로운 재경위원회의 성립을 요구했다.

리셴녠은 덩샤오핑과 어떻게 협력하든 간에 과거 그의 사상 및 그 자신과 문화 대혁명 시절 권력을 유지했던 지도자와의 관계에서 완전히 벗어날 수 없었다. 1978년 이후 실행된 여러 가지 개혁은 그가 문화 대혁명 당시 자신이 옹호했던 정책, 이를 위해 일했던 조직에 대해 비판적일 수밖에 없었다. 예를 들어, 그는 다자이, 다칭 모델을 지지했다. 그러나 덩샤오핑 등 개혁파들은 이러한 모델이 이미 새로운 시대의 요구에 적합하지 않다고 여겼다. 그와 개방 확대를 추진하는 자오쯔양의 관계 역시 기껏해야 아쉬운 대로 겨우겨우 맞추어 가는 식이었다. 그러나 그는 천원이나 덩샤오핑과 특별한 관계를 유지했다. 천원은 1930년대 그의 은인이었고, 덩샤오핑은 다볘 산에서의 힘든 시기에 도움을 받았다. 게다가 그의 자격과 적응 능력, 재능은 고위층 자리를 계속 유지하는 데 도움이 되었다. 1978년 이후 개혁파 중에 리셴녠은 비교적 보수적이었다. 그 밖에도 리셴녠은 덩샤오핑을 찬양하면서도 화궈펑을 배척하지 않았다. 그의 관점은 덩샤오핑이 아니라 옛 상급자인 천윈에게 더 가까웠다. 리셴녠은 서커우(蛇口)에 선박 해체 공장 설립을 지지하긴 했지만 천윈과 마찬가지로 경제특구에 가 본 적이 없었다. 서커우는 이후 선전 경제특구의 일부가 되었다.

리셴녠은 매우 유연한 사람이었다. 그는 이러한 성향으로 인해 덩샤오핑의 개혁 집단에 들어갈 수 있었지만 철저한 개혁가는 아니었다. 그렇긴 하지만 그의 능력과 지식, 그리고 경험은 덩샤오핑과 다른 단호한 개혁파들에게 매우 유용했다. 그 역시 그들의 지도자 위치에 도전한 적이 없었다.

마오위안신(毛遠新)

1976년 초, 겨우 서른여섯 살의 마오쩌둥의 조카 마오위안신은 이미 랴오닝성혁명위원회 주임이 되었다. 그는 지역 급진파(그러나 사인방과 관계는 없었다.)와 친근한 관계를 유지했다. 그는 아마도 마오쩌둥의 아래 세대 가운데 가장 영특하고, 견식과 경험이 풍부한 친족이었을 것이다. 그는 강력하고 자신감이 넘쳤다. 마오쩌둥은 일찍부터 그와 친밀한 관계를 유지했다.[1]

마오위안신의 아버지 마오쩌민(毛澤民)은 마오쩌둥의 친동생이자 확고한 공산당원으로 1943년 신장 군벌 성스차이(盛世才)에게 살해되었다. 마오쩌둥의 둘째 아들 마오안칭(毛岸靑)은 정신 질환을 앓았고, 큰아들인 마오안잉(毛岸英)은 한국 전쟁 당시 사망했기 때문에 곁에 아들이 없어 외로웠던 마오쩌둥은 고등학교에 다니던 조카 마오위안신을 데려다 함께 살았다. 이때부터 마오위안신은 큰아버지 집에서 수년을 지냈는데 마오쩌둥과는 정치가 아닌, 중국 역사와 고대 문학에 대한 이야기를 나누곤 했다. 마오위안신은 점차 큰아버지에게 애틋한 정을 느끼게 되었지만 장칭과는 사이가 좋지 않았다. 그는 장칭이 변덕스럽고 제멋대로라고 생각하여 여러 해 동안 말조차 하지 않았다. 마오위안신은 칭화대학교에 합격했지만 곧바로 부대 간부 자제들이 동경하는 하얼빈군 사공정학원으로 학교를 옮겼다. 문화 대혁명이 발발했을 당시 그는 대학생이었고, 이후 조반파의 수장이 되었다.

마오위안신은 문화 대혁명이 막 시작될 당시 노간부들에게 동정심을 지니고 있었다. 하지만 마오위안신은 마오쩌둥에게 노간부들의 문제에 관한 이야기를 들은 후로 점차 급진적인 성향을 띠게 되었다. 마오쩌둥이 처음으로 정치 문제에 대해 마오위안신의 견해를 들은 것은 1968년이었다. 당시 마오쩌둥은 문제를 상세하게 이해하고 있는 조카에게 깊은 인상을 받았다. 1969년 후, 인민해방군은 여러 조반파 조직의 대연합을 실현하고자 했다. 마오위안신은 당시 이 업무를 책임지고 있던 저우언라이와 좋은 업무 관계를 유지했다. 사실, 둥베이에서 가장 큰 세력을 지니고 있던 두 지도자, 즉 천시롄과 쑹런충 간의 불화로 인해 마오위안신은 핵심적인 역할을 발휘할 수 있었다.

1973년, 장톄성(張鐵生)이라는 수험생이 대학 입시 답안지를 백지로 제출했다. 그는 밭에 나가 일을 해야 하기 때문에 공부할 시간이 없었다고 말했다. 이때 이미 랴오닝성혁명위원회 주임을 맡고 있던 마오위안신은 이 일이 상징적인 의미가 있다고 생각했고, 노동자들을 지원할 기회라고 생각했다. 이에 그는 장톄성을 지지했고, 이 일은 전국적인 관심을 모았다. 마오쩌둥이 그를 베이징으로 불러 자신과 외부 세계를 잇는 연락원 역할을 맡겼을 때 그는 이미 유명한 급진파가 되어 있었다.

시중쉰(習仲勳)

1934년 시중쉰은 겨우 스물한 살에 이미 규모가 작은 산시(陝西)의 한 중국 공산당 근거지에서 가오강과 류즈단(劉志丹) 휘하 고위층 간부로 있었다. 그들은 이곳에서 대장정 이후 기진맥진한 마오쩌둥의 인솔 부대를 맞이했다. 마오쩌둥은 시중쉰이 전도가 유망한 간부라고 생각하고, 그를 서북국 당위원회 서기로 임명했다. 항전과 내전 시기에 시중쉰은 계속 서북 지역에서 일했다.

1950년, 서북국 최고 책임자였던 펑더화이가 군대를 이끌고 한국 전쟁에 참전하자 시중쉰은 잠시 서북국의 실질적인 일인자가 되었다. 당시 덩샤오핑은 서남국의 최고 지도자였다. 같은 해 시중쉰은 베이징으로 발령을 받아 중앙 선전부 부장을 맡았고, 1953년에는 이후 국무원으로 개칭한 정무원 비서장에 임명되었다. 1959년 그는 부총리 겸 국무원 비서장을 맡았다.

류즈단의 제수 리젠퉁(李建彤)이 1962년에 류즈단에 관한 소설을 한 편 발표하여 류즈단의 공적을 찬양하며, 그가 어떻게 그릇된 평가를 받았는지 묘사했다. 마오쩌둥은 이 소설을 출판하는 데 시중쉰이 뒤에서 술수를 부린 것이라고 생각하고 그를 뤄양의 한 공장 부공장장으로 좌천시켰다. 당시 이 일로 시중쉰은 마음에 큰 상처를 받았고, 1978년이 되어서야 억울함을 벗고 뤄양을 떠나 광둥으로 자리를 옮겼다. 그곳에서 그는 광둥을 전국의 실험 지구로 건설했고, 베이징 관리와 협상하는 데 핵심적인 역할을 했다. 그의 아들 시진핑은 2007년 최연소 정치국 상임위원에 선출되었으며 2013년 국가주석에 발탁될 정도로 높은 평가를 받았다.

예젠잉(葉劍英)

1971년 린뱌오 사건 이후, 마오쩌둥은 예젠잉의 힘을 얻으면 군대를 단결시킬 수 있음을 알게 되었다. 예젠잉은 전체를 파악하는 능력과 뛰어난 판단력을 지니고 있었으며, 개인적 야심이 없는 충성스러운 인물이었기 때문이다.[12] 대장정 동안 예젠잉은 마오쩌둥의 적수인 장궈타오에 대한 충성을 버리고 마오쩌둥에게 돌아섰다. 그 후, 예젠잉은 마오쩌둥의 신임을 계속 유지했다. 마오쩌둥은 예젠잉에 대해 "큰일에 어리석은 행동을 하지 않는다.(大事不糊涂)"라고 말한 적이 있었다. 그는 린뱌오의 비행기 추락 사건 후 군대를 바로잡을 때나 마오쩌둥이 사망한 후 화궈펑을 도와 사인방을 체포하고, 1973년과 1977년 덩샤오핑의 복권에 중요한 역할을 했다. 예젠잉은 구체적인 일에 손을 대지 않고, 오히려 책임을 다른 사람에게 맡도록 했다. 그는 평소 명확한 의견을 표현하지 않았지만 때에 따라 자신의 의견을 제시했다.

예젠잉은 사교적인 인물이었다. 그는 배경이 서로 판이하게 다른 사람의 신임을 얻고, 이를 유지할 수 있는 인물이었다. 이런 그의 능력은 모든 이가 알고 있었다. 문화 대혁명 시절 그는 스스로 한쪽으로 물러서 시비에 말려들지 않았으며, 또한 요직을 맡지 않았기 때문에 심각한 처벌 대상이 되지 않았다. 예젠잉은 늘 "군주를 모시는 일이 호랑이를 곁에 둔 것과 같다.(伴君如伴虎)"라고 했다. 그는 정치에 발을 들여놓는다는 것이 얼마나 위험한지 잘 알고 있었고, 저자세를 유지하고자 했다.

예젠잉은 1897년에 태어나 윈난군사학원을 졸업했다. 그는 일찍이 저우언라이와 함께 황푸군관학교에서 재직했는데 당시 린뱌오는 황푸군관학교 학생이었다. 그는 1927년, 우창과 광저우 봉기에 참가했지만 장군에 임명된 군대 지도자 열 명 가운데 유일하게 전투에서 병사들을 이끌어 본 경험이 없는 인물이었다. 전쟁에 참여한 사령관들은 그를 자신들과 같은 사람으로 여기진 않았지만 예젠잉이 오랫동안 군대 고위 지도자로서 보여 준 협상가적 자질과 고문의 역할을 존중했다. 1937년에서 1949년까지 이어진 전쟁 동안 예젠잉은 저우언라이와 긴밀하게 협조하여, 군사 환경의 구체적인 지식을 국민당 또는 외국인과의 회담에 운용했다.

예젠잉은 광둥 북부 산간 지역인 메이 현(梅縣)에서 태어났다. 그곳은 커자인(客家人)의 비공식 수도로 많은 장군과 화교를 배출한 곳이다. 예젠잉의 할아버지는 말레이시아에서 광산 일을 했고, 많은 가족이 그곳에서 상업에 종사했다. 예젠잉은 가족과 말레이시아에서 몇 달 동안 거주한 적이 있기 때문에 다른 대다수 군대 지도자들에 비해 안목이 넓었다. 1949년에서 1952년까지, 예젠잉은 화남 분국(광시와 그의 고향인 광둥 두 성을 관할)에서 제1서기로 있을 당시 화남국은 린뱌오가 이끄는 중남국의 지도를 받았다. 이에 그는 린뱌오 수하의 많은 고위층 간부를 잘 알고 있었다. 예젠잉의 이러한 특별한 관계는 린뱌오 비행기 추락 사건 이후 린뱌오의 측근이 여전히 충성을 다하도록 하는 데 긍정적인 역할을 했다. 1971년 10월 3일, 린뱌오의 망명이 실패로 끝난 지 2주가 지난 후, 마오쩌둥은 예젠잉과 '중앙군사위원회 판공회의'라는 새로운 부서를 만들어 마오쩌둥에게 충성한다고 여기는 사람으로 린뱌오의 추종자들을 대체했다. 마오쩌둥은 다음 날 중앙군사위원회 판공회의를 소집하고 인민해방군 지도층에 남아 있을지 모르는 린뱌오의 잔여 세력을 숙청하기 시작했다.[13] 1972년 2월, 예젠잉은 회의를 주재해 린뱌오의 착오를 청산하고 군대에 새로운 지시를 내렸다. 며칠에 걸친 회의가 끝난 후, 예젠잉의 지시에 따라 문건이 하나 발표되었다. 그중에는 린뱌오가 군대를 이끌었던 12년 동안의 착오, 군대 정돈 운동의 내용과 절차가 들어 있었다.[14]

예젠잉은 마오쩌둥에게 좋은 대우를 받았고, 마오쩌둥이 사망한 후 또한 사인방을 체포하는 데 중요한 역할을 했다. 그는 이후 새로운 지도자를 세우고, 화궈펑을 위해 정책을 제시하는 존경할 만한 원로가 되었다. 1977년 덩샤오핑의 복권을 위한 길을 닦는 데도 중요한 역할을 했다. 그러나 그는 이후 화궈펑을 배제한 덩샤오핑의 행동을 지지하지 않았다. 화궈펑이 밀려 난 후 예젠잉도 퇴직하여 고향인 광둥에서 말년을 보냈다.

완리(萬里)

자오쯔양과 마찬가지로, 완리가 처음 덩샤오핑의 주의를 끈 것 역시 1946년의 일이었다. 당시 덩샤오핑은 진지루위(晋冀魯豫, 산시, 허베이, 산둥, 허난)의 산이 많은 주변 지역에서 중국공산당 활동을 지도하고 있었다.[15] 덩샤오핑은 일부 지방 부대의 식량과 기타 필수품 공급이 다른 지역보다 훨씬 양호하다는 점에 주의했다. 덩샤오핑이 조사를 한 결과, 완리가 지역 주민들에게 협조를 구해 식량과 기타 물품을 수매하여 이를 전선에서 전투를 하고 있는 류 · 덩 대군에게 운송하고 있다는 것을 알아챘다. 국공 내전 시기에는 정상적인 철로와 트럭 운송이 부족했기 때문에 완리는 대략 140만 명을 동원해 무기와 기타 물품을 운송했다. 일부 운송은 나귀가 끄는 마차나 우마차에 의존할 수밖에 없었고, 대량의 물품을 사람들이 직접 지고 메고 실어 날랐다. 완리는 실무적이며, 솔직하고, 강인한 사람이었다. 그는 언제나 인민을 위해 좋은 일을 하고 싶어 했다.

완리는 덩샤오핑보다 열두 살이 어렸다. 그는 산둥 성 서부 둥핑 현(東平縣) 산간 지역의 한 농민 가정에서 태어났다. 이 지역은 소설 『수호전』의 녹림호걸(綠林豪傑)이 출몰하는 곳으로 유명했다. 1933년 완리의 아버지가 사망한 후, 그의 어머니는 온갖 고생을 참고 견뎌 냈다. 어머니는 완리를 지역 소학교에 보내 졸업시킨 후 다시 취푸(曲阜) 제2사범학교에 보냈다. 1936년 그는 이 학교에서 중국공산당에 입당했다.[16] 졸업 후, 그는 현대화된 종합 소학교에서 교편을 잡는 동시에 비밀리에 애국 청년들을 입당시켰다. 수년 후, 완리는 자기 고향의 공위서기(工委書記)가 되었다. 그는 이웃한 허베이 성의 현위원회 서기를 지냈던 자오쯔양보다 다소 나이가 많았다. 허베이 성과 산둥 성은 동일한 접경 지역에 속했다. 완리의 현에는 스물네 명의 당원이 있었는데, 완리가 부서기이자 인민해방군 분구 정치위원을 겸하고 있었다. 내전 시기, 완리는 이후 제2야전군이 된 류·덩 대군을 위한 후방 병참 보급을 맡았다. 중국공산당 군대가 서진할 때 간부들 역시 각 지역으로 파견되어 중국공산당의 권력 이양 작업을 책임졌다. 완리는 단기간 난징에 파견되어 재경위원회 부주임과 건설위원 주임을 맡았다.

1950년, 덩샤오핑이 서남국 서기를 맡았을 때 완리는 시난 지역 공업부 부부장이 되어 지역의 공업 생산을 책임졌다. 당시 시난 지역에는 공업이 낙후되어 있었다. 새로운 공업 건설은 대부분 둥베이와 연해 지역에서 이루어졌기 때문이다. 완리의 업무는 시난 지역의 얼마 되지 않는 설비를 계속 가동하여 공장에서 필요한 공급에 차질이 없도록 하는 것이었다. 완리는 건설 사업을 완성하기 위해 필요한 것을 제대로 파악하고 있었다. 그는 자신이 기율을 엄하게 따르는 사람이라는 것을 증명했고, 사람들을 동원해 임무를 완성할 때 매우 뛰어난 성과를 보여 주었다. 1952년 11월 베이징으로 이동한 후, 그는 건설부 부 부장직을 맡았고, 1956년 또한 베이징 시 부시장과 시위원회 부서기를 맡아 베 이징 시의 주요한 건설 사업과 톈안먼 광장 주위의 유명한 인민대회당과 중국 역사박물관 같은 건축 프로젝트를 책임졌다. 그는 이러한 건축물을 완성함으 로써 마오쩌둥에게 높은 찬사를 받았다.

완리는 사범학교를 다닌 적도 있었고, 짧지만 교사 경력도 있었기 때문에 지식인과의 교류를 즐겼다. 심지어 자신과 이견이 있는 지식인과도 친분을 유 지했다. 고위층 지도자들 가운데 그는 지식인에게 비교적 많은 자유를 주는 데 찬성하는 인물에 속했다.

덩샤오핑은 중대한 사업을 조직하고 완성하는 완리의 능력을 매우 중히 여 겼다. 그는 1975년에 완리를 철도부장에 임명했다. 이후 그는 완리가 원활한 운송 확보를 위해 철로 운송의 고질적 문제를 성공적으로 해결한 모습을 보며 만족해했다. 1977년 6월, 화궈펑은 다시 완리를 안후이성위원회 서기에 임명 했다. 그곳은 기근이 가장 심한 지역 중 하나였다. 완리는 인민의 고통을 슬퍼 했으며 각지 시찰을 통해 직접 상황을 파악했다. 덩샤오핑은 최고 지도자가 된 후, 완리에게 가장 효과적인 정책을 통해 기근 문제를 해결하라고 격려했다.

완리는 외국 지도자 접견 업무에도 능했다. 그는 테니스를 잘 쳤기 때문 에 외국 귀빈, 예를 들어 호주 총리 로버트 호크나 한때 베이징 주재 미국 연 락사무소 소장이었던 부시와 테니스를 즐겼다. 그는 브리지 게임도 좋아했다. 1952년 이전에, 쓰촨에서 덩샤오핑과 이웃해 살 때 덩샤오핑은 완리를 불러 카 드를 즐겼고, 1952년 베이징으로 돌아온 후에도 함께 자주 카드를 하며 어울렸 다. 보통 그들은 각자 전문가 한 명씩을 콤비 겸 비공식적인 코치로 불러 카드 를 즐겼다. 완리 쪽이 이길 때도 있었지만 전체적으로 덩샤오핑이 이긴 경우가 많았다. 그래서 그는 덩샤오핑이 자신보다 브리지 게임을 더 잘한다고 인정했 다. 그들은 1980년대에도 계속 게임을 즐겼다. 그러나 카드를 할 때 그들은 인 사 문제에 대해서는 이야기를 나누지 않았다. 덩샤오핑은 완리의 상급자였고, 완리는 덩샤오핑을 단 한 번도 자신의 친구라고 여긴 적이 없었다.[17]

왕훙원(王洪文)

왕훙원이 처음으로 마오쩌둥에게 주목을 받은 것은 1967년 7월, 마오쩌둥이 텔레비전에서 왕훙원이 3000명의 노동자를 이끌고 비판 투쟁 대회를 개최하는 모습을 봤을 때였다. 이보다 1년 전 상하이의 국영 면방직 공장 보위 간부였던 서른한 살의 왕훙원은 공장에서 주자파에 대한 비판 투쟁을 벌인 바 있었다.[18] 1966년 11월 9일, 그는 상하이 노동자 혁명 조반 총사령부 우두머리로 선발되었고, 그로부터 몇 주가 지난 후 상하이 시 탈권 투쟁의 대인물이 되었다. 1967년 2월, 그는 상하이시혁명위원회 부주임직을 맡았다.[19] 이 위원회는 이후 새롭게 조직된 상하이 시의 핵심이었다. 마오쩌둥이 텔레비전에서 본 왕훙원은 침착하고, 노련하며, 체격이 건장해 보였다. 당시 그는 상하이 최대 노동자 조반파 조직을 지도하고 있었다. 마오쩌둥은 상하이시당위원회 지도자 장춘차오에게 왕훙원에 대해 물어봤다. 장춘차오가 마오쩌둥에게 간단하게 소개하자 마오쩌둥은 자신이 들은 것에 매우 만족스러워했다.

왕훙원은 마오쩌둥이 생각하는 간부의 기준에 적합했다. 그는 젊고, 확고부동한 조반파 지도자였으며, 농민 가정 출신으로 한국 전쟁에도 참전한 데다 정통 노동자 출신이었다. 장춘차오는 마오쩌둥이 왕훙원을 마음에 들어 한다는 것을 간파하고, 그에게 상하이 대표단을 이끌고 1969년 4월 중국공산당 제9차 전국대표대회에 참석하도록 했다. 1969년 10월 1일 국경절 기간 동안 왕훙원은 상하이 대표단을 이끌고 베이징으로 들어와 회의에 참가했다. 마오쩌둥은 그때 처음으로 그를 접견했다.[20]

1971년 9월 13일, 린뱌오가 탄 비행기가 추락하자 즉시 베이징으로 불려간 왕훙원은 상하이로 가서 린뱌오의 잔당을 체포하라는 임무를 맡았다.[21] 왕훙원이 당시 임무를 아주 잘 처리하여 그에 대한 마오쩌둥의 호감이 한층 더 깊어졌다.[22] 1년 후인 1972년 9월 7일, 마오쩌둥은 왕훙원을 베이징으로 자리를 옮기도록 한 후, 직접 그를 만났다. 마오쩌둥은 왕훙원의 학력 수준이 좋지 않다는 것을 잘 알고 있었기에 그에게 마르크스, 레닌을 포함한 이론서를 많이 보도록 했으며, 그에게 『후한서』에 나오는 유분자(劉盆子)의 이야기를 읽어 보도록 했다. 유분자는 어린 목동이었다. 열다섯 살에 전격적으로 황제가 된 그는, 이에 대한 준비가 전혀 없었기 때문에 순식간에 사람들에게 버림을 받았다. 마오쩌둥이 전하는 메시지는 분명했다. 왕훙원에게 유분자처럼 굴지 말고 열심히 공부해서 준비를 하라는 뜻이었고, 마오쩌둥이 그의 행동을 지켜보겠다는 뜻을 담고 있었다.[23] 1972년 12월 28일, 베이징 군구의 당위원회 회의에서 왕훙원은 요직에 임명되었다. 저우언라이와 예젠잉은 회의에서 왕훙원이 지도자적 역할을 할 수 있도록 준비를 도와줘야 한다고 말했다.[24] 그 후 왕훙원은 마오쩌둥의 지시에 따라 매일 최소 두 시간씩 마르크스, 레닌과 마오쩌둥 사상을 공부했다.

1973년 3월, 당시 상하이 시정부라 할 수 있는 상하이시혁명위원회 주임을 맡은 왕훙원은 화궈펑, 우더와 함께 정치국 회의에 출석했다. 그들은 모두 마오쩌둥 눈에 든 잠재력 있는 지도자였다.[25] 5월, 왕훙원은 명령에 따라 1973년 8월에 열릴 중국공산당 제10차 전국대표대회를 준비했다. 당시 대회에서 지명도도 높지 않았던 왕훙원이라는 젊은이가 순식간에 당 부주석에 임명되었다. 캉성과 예젠잉보다도 서열이 앞섰다. 왕훙원은 마오쩌둥이 그에게 맡긴 역할에 최선을 다했지만 고위층 간부들은 그를 존중하지 않았다. 마오쩌둥은 1975년 중반 그를 요직에서 물러나게 했다.

위추리(余秋里)

위추리는 대장정 시절 벌어졌던 전투에서 왼쪽 팔에 중상을 입은 채 192일을 행군한 후 마침내 의무대에 도착하여 팔 절제 수술을 받았다. 그는 강인하고, 과감하며, 지혜롭고, 지략이 뛰어났다.[26] 덩샤오핑은 이미 위추리를 알고 있었고, 그가 역경 속에서도 임무를 완성할 수 있는 인물이라는 명성도 익히 듣고 있었다. 1949년, 위추리는 제1야전군을 따라 쓰촨으로 들어가 먼저 그해 연말, 쓰촨 서부로 파견되었다가 이후 시난 군구 후방 지원부의 부장을 맡았다. 당시 덩샤오핑은 서남국 당위원회 서기 겸 시난 군구 사령관을 맡고 있었다. 위추리는 부대에서 계속 후방 임무를 맡았다. 1952년, 덩샤오핑이 베이징으로 돌아온 후 그는 곧바로 베이징으로 발령을 받았다. 1961년 4월, 덩샤오핑이 다칭 유전을 시찰할 때 위추리는 이미 유전 현장을 떠나 그곳에 없었다. 그러나 과거 조수였던 캉스언이 덩샤오핑에게 위추리의 공적을 소개했다. '삼선(三線)' 작업을 규획할 때(시난 내지의 공업, 국방 산업 발전을 통해 외부 군사 공격을 피할 수 있도록 한다.) 덩샤오핑 역시 위추리와 긴밀하게 협력했다. 덩샤오핑은 일하는 시간과 쉬는 시간이 규칙적이었다. 반면 위추리는 먹고 자는 일도 잊고 구체적인 일을 서두르는 사람이었다. 그는 조수와 함께 계획을 제정하고 임무 완성에 최선을 다했다. 문제가 발생하면 문제가 해결될 때까지 철야 업무도 마다하지 않았다.

1960년대 초 위추리는 다칭 유전 개발에 거둔 성과로 인해 1963년 12월, 마오쩌둥이 그를 공개적으로 국가의 영웅이라 칭하면서 전국적인 유명 인사가 되었다. 유전은 일반적으로 군대의 보호를 받았다. 또한 석유는 군대 운송에 매우 중요하기 때문에 군부가 석유 발굴과 생산에 핵심적인 역할을 했다. 군대에서 공급을 책임지고 있던 위추리는 1958년에 석유 공업부 부장으로 임명되었다. 1960년 소련이 전문가를 철수하고, 석유 공급을 중지하자 무엇보다 유전 개발이 급선무가 되었다. 그 과정에서 가장 전도가 유망해 보이는 유전은 바로 헤이룽장 성에 있는 다칭 유전이었다. 당시 중국에는 다칭을 개발하는 데 필수 불가결한 설비, 도로, 운송 도구, 전력, 숙련된 기술 인력이 부족했다. 간부와 노동자 모두 건설 현장의 작업 천막에서 지내다가 이후에는 인부들 스스로 점토와 자갈로 숙소를 지어 생활했다. 석유 공업부 부장인 위추리는 직접 다칭에 가서 당위원회 서기를 맡아 실제 공사 책임자가 되었다. 그는 어떻게 해서든지 석유 생산 임무를 완성할 생각으로 엄청난 열정과 결단력 있는 정신을 보여 주었다. 1960년 위추리가 다칭에 갔을 때 다칭에서 생산하는 유전은 겨우 전국 생산량의 9퍼센트에 지나지 않았다. 위추리의 노력으로 1963년 다칭의 생산량

은 전국 생산량의 46퍼센트까지 상승했다.[27]

마오쩌둥은 계획 사업을 이끌며 평소 지나치게 신중한 균형파에게 염증을 느꼈다. 그는 1964년 12월, 위추리를 국가계획위원회 부주임 겸 비서장으로 임명했다. 하지만 위추리가 이를 고사했을 뿐 아니라 그를 비판하던 신중한 계획파 관리들도 반대를 표명했다. 위추리가 전면적인 계획 사업을 이끌어 갈 배경이 없다고 생각했기 때문이다. 마오쩌둥이 이렇게 말했다. "누가 그 사람을 그저 맹장, 돌격대장일 뿐이라고 하지? 석유부에도 계획 업무가 있지 않은가!"[28] 위추리는 또한 '작은 계획위원회'도 주관하고 있었다. 이는 국가계획위원회 내부의 지도소조 중 하나였다. 신중한 계획파들이 결코 마오쩌둥처럼 위추리를 중시한 것은 아니지만 위추리는 그곳에서 제3차 5개년 계획을 세웠다. 1965년 베트남 전쟁이 발발한 후 마오쩌둥은, 계획은 국방과 관련된 공업을 좀 더 내지로 이동시키는 안건을 포함해 국방의 수요를 위주로 해야 한다고 지시했다. 위추리와 그의 사업 관리단은 역경 속에서 삼선 공장의 이주 작업을 완성했다. 위추리가 홍위병의 비판 투쟁 대상이 되었을 때 저우언라이는 위추리가 중난하이에 거주하도록 하여 더 이상 홍위병의 위협을 받지 않도록 조치했다. 그러나 그 역시 가족과 헤어져야 했다. 1970년 다시 국가계획위원회 주임으로 발탁되었다.

1971년 9월 린뱌오가 사망한 후, 위추리는 인민해방군 총후방 부대에서 높은 명성을 누렸다. 그는 중앙을 도와 부대로 돌아가 후방 지원 부대 내부의 린뱌오와 깊은 관계가 있는 간부들을 숙청했다. 1972년 신기술 도입의 전망이 좋아짐에 따라, 위추리는 중국이 신기술을 도입하는 데 일익을 담당했다. 1975년 위추리는 일본을 방문하여 일본 철강 기술 도입을 위한 기반을 다졌다. 덩샤오핑은 1975년 1월 제1부총리가 된 후 위추리와 긴밀하게 협조했다. 위추리는 계속해서 국가계획위원회 주임을 맡았을 뿐 아니라 부총리직에도 올랐다. 1977년 8월 덩샤오핑이 복권된 후, 위추리는 다시 화궈펑에 의해 정치국 위원으로 발탁되었다. 비록 천윈과 신중한 계획파 관리들이 보하이 만 드릴링 플랫폼 붕괴 사고로 인해 위추리를 국가계획위원회 주임에서 물러나게 했지만 덩샤오핑은 다시 그를 군대로 돌려보내 정치부 주임을 맡도록 했다.

자오쯔양(趙紫陽)

1989년 자오쯔양은 톈안먼 광장의 시위를 진압하기 위해 군대를 동원하느니 차라리 처벌을 받겠다고 하여 세상에 널리 이름을 알렸다.[29] 그는 1986년 고위층 정치 개혁에 관한 연구를 영도한 적이 있지만 1989년 이전까지 자유와 민주를 적극 주창하여 이름을 날린 적은 없었다. 외국 지도자들의 눈에 자오쯔양은 국제 경제 문제에 대한 지식이 해박한 인물이었다. 덩샤오핑이 그를 총리에 임명한 것도 그가 확고하고 뛰어난 개혁가이자 경험이 풍부한 간부였고, 예리한 분석 능력으로 자신이 대담하게 추진하는 경제 개혁을 이끌 수 있었기 때문이었다. 1980년, 중앙 정부의 간부들은 관례대로 일을 처리하는 데 익숙하여 자발적으로 개혁을 실시하지 않았다. 이에 비해 자오쯔양은 일찍부터 새로운 방법을 시험하는 성급 지도자였다. 쓰촨에 있을 당시 그는 베이징이 허락하는 범위 내에서 공업 기업에 자주권을 내주었고, 농촌 생산대에도 분산 경영을 허가해 주었다. 기타 다른 성급 지도자들은 이러한 점에서 자오쯔양과 비교할 만한 인물이 없었다.

공산당이 1949년 중국 전역을 통제한 후에 덩샤오핑은 자오쯔양과 직접 함께 일을 한 적이 없었지만 일찍부터 자오쯔양이 뛰어난 성급 지도자의 명성을 누리고 있다는 사실을 알고 있었다. 덩샤오핑이 처음으로 자오쯔양을 만난 것은 1946년의 일이다. 당시 겨우 스물일곱 살이었던 자오쯔양은 허난 성 화 현(滑縣)의 현위원회 서기이자 주변 몇 개 현의 구위원회 서기를 맡고 있었다. 화 현은 당시 덩샤오핑이 이끄는 진지루위의 경계 지역 관할이었다. 1952년 베이징으로 돌아온 덩샤오핑은 이제 갓 서른 살로 광둥에서 성위원회 부서기를 맡고 있던 자오쯔양의 능력을 알아보기 시작했으며, 이후 자오쯔양의 발전상을 눈여겨봤다. 자오쯔양은 1965년 광둥성위원회 서기로 발탁되었다. 1975년에 덩샤오핑은 자오쯔양을 쓰촨성위원회 제1서기로 임명했다. 쓰촨 성은 중국에서 인구가 가장 많은 성이자 덩샤오핑이 항상 마음에 두던 지역이었다. 그곳은 덩샤오핑의 고향이자 1949년에서 1952년까지 덩샤오핑이 책임자로 있던 곳이었다.

덩샤오핑은 1977년 업무에 복귀하고 다음 세대 지도자를 진지하기 고려하기 시작했을 때 정치국 후보위원으로 자오쯔양을 지지했다. 당시 정치국 정식 성원은 열일곱 명이었다. 후보위원이 되면 자오쯔양은 정치국 회의에 참가하여 중앙 사무를 익힐 수 있는 자격을 갖출 수 있었다. 그러나 정치국원이 되려면 좀 더 설득력 있는 일을 할 필요가 있었다. 1978년 1월, 덩샤오핑은 쓰촨에서 네팔 방문길에 올랐을 때 자오쯔양과 개혁에 관한 의견을 나눌 기회가 있었다. 자오쯔양은 '호랑이를 타고' 권력의 중심에 가까이 가는 것은 흥분되는 일이지만 매우 위험한 것 같다고 말했다. 그는 많은 간부들, 즉 린뱌오와 류사오치, 그리고 그가 광둥에 있을 당시 오랫동안 그의 지도 교사이자 후원자였던 타오주가 이러한 과정에서 무너졌다는 사실을 알고 있었다. 문화 대혁명 전, 타오주는 마오쩌둥에 의해 베이징에 입성하여 권력 서열 4위에 오를 뻔했다. 그러나 이후 문화 대혁명이라는 거대한 물결에 휩쓸려 비판을 받고 감금된 후 적절한 치료조차 받지 못한 채 1969년 사망했다. 이후 덩샤오핑은 계속 자오쯔양에게 베이징으로 돌아와 새로운 시대의 개혁에 동참하도록 했고, 자오쯔양은 1980년 초, 마침내 이러한 덩샤오핑의 제안을 받아들였다.

자오쯔양은 1919년 허난 성의 한 부유한 지주 가정에서 태어났다. 그는 타고난 지도자로, 대단한 안목과 식견을 갖추고 있었으며 언제나 자신 있고 침착한 매력을 발산했다. 그는 카이펑(開封)과 우한(武漢)에서 중고등학교를 졸업했다. 만약 그가 미국에 있었더라면 사립 고등학교를 거쳐 아이비리그 대학에 들어갔을지도 모르며(그의 두 손자는 이후 이 길을 걸었다.) 그랬다면 그리 큰 힘을 들이지 않고 우등생이자 학생 지도자가 되었을 것이다. 자오쯔양은 1938년 이미 고향인 허난 성 화 현의 현위원회 서기가 되었다. 내전이 끝난 후, 서른두 살의 자오쯔양은 광둥성위원회 제1서기에 새로 부임한 타오주의 눈에 들어 그의 측근 비서가 되었다. 1951년, 시난에서 가장 전도유망한 관리 중 하나였던 후야오방이 쓰촨 북부에서 토지 개혁을 추진하고 있을 때 자오쯔양 역시 광둥 북부의 토지 개혁을 이끌었다.

1951년부터 1965년까지, 타오주는 자오쯔양에게 각기 다양한 영도 직무를 부여했다. 1965년에는 중남국 서기인 타오주의 업무가 지나치게 과다했기 때문에 자오쯔양이 광둥성위원회 제1서기를 맡았다. 동일 지위에 오른 전국 최연소 간부였다. 그는 또한 문화 대혁명 당시 비판을 받았던 간부 가운데 가장 빨리 업무에 복귀한 사람 중 하나였다. 그는 1972년 내몽골 자치구 혁명위원회 서기가 되었으며, 1974년에는 다시 광둥성위원회 제1서기가 되었다. 야심 있는 지방 지도자들은 자신의 승진을 위해 일반적으로 상급자와의 '관계를 동원'하지만 자오쯔양은 과거 타오주의 전폭적인 지지가 있었으므로 정치적 책략으로 승진을 도모할 필요가 없었다. 또한 정치적 수완에 능한 지도자로 변질된 적도 없었다. 만약 후야오방이 진심과 양심 덕분에 발탁되었다고 한다면, 자오쯔양은 두뇌와 해외 경험, 그리고 새로운 방안에 대한 구상 능력 등 순전히 자신의 능력으로 승진했다고 할 수 있다.

비록 후야오방처럼 열정적이지는 않았지만 자오쯔양 역시 아랫사람들에게 사랑을 받았다. 그는 격식에 얽매이지 않고 대중과 가까이 했으며, 지위 고하에 상관없이 다른 사람의 의견에 귀를 기울였다. 그리고 매우 신속하게 전략적 의미를 깨닫는 데 탁월했다. 그는 정계의 인파이터는 아니지만 국가를 위해 온 힘을 다해 충성하는 숭고한 이념을 지녔다. 그는 개인적으로 특권을 누렸지만 가난한 이와 학생, 지식인의 이익을 돌보기 위해 열심히 일했다. 예를 들어, 그는 대약진 운동 당시 식량 부족에 관한 전국적인 정책의 초안을 마련했다.[30] 자본주의 대국의 전 노조 지도자였던 미국 대사 레너드 우드콕은 처음으로 공산 중국의 무산 계급 대표인 자오쯔양을 만난 후 비서에게 이렇게 말했다. "그 사람 손 봤나? 평생 하루도 일을 해 본 적이 없는 것 같더군!"[31]

자오쯔양은 다정하고 예의 바른 사람이었지만 일부 동료들은 그가 사람들과 잘 어울리지 못하고 자신에게만 관심이 있는 사람이라고 생각했다. 문화 대혁명이 시작되었을 때, 자오쯔양은 부하들에게는 홍위병에 대항하도록 명을 내렸지만 정작 본인은 자기 사무실 열쇠를 저항 없이 홍위병에게 내주어 부하들이 이에 분통을 터뜨렸다.

1950년대, 모든 성급 지도자들은 농촌 사업에 깊이 참여했다. 마오쩌둥 역시 자오쯔양이 농업을 잘 아는 간부라고 인정했다. 그러나 이후 개혁 시기에 보여 준 자오쯔양의 업무에서 큰 의미가 있는 것은 그가 초기에 홍콩의 시장 경제 환경에서 일하는 공산당 조직을 이끈 경험이 있다는 점이다. 이 조직에는 중국 은행, 화룬 집단, 신화사, '애국 학교'와 노조 등이 포함되어 있다. 이들 조직은 베이징에 업무를 보고했지만 또한 광둥에도 보고를 해야 했다. 그들과 접촉을 통해 자오쯔양은 홍콩의 시장 분위기를 이해할 수 있었다. 1957년부터 광둥에서는 매년 6개월에 한 번씩 광저우교역회를 개최했고, 이로 인해 자오쯔양은 기타 성위원회 서기보다 해외의 상공인에 대해 더욱 깊이 이해할 수 있었다.

1980년 자오쯔양은 뭇사람들의 존경을 받는 성급 지도자로 베이징에 입성했다. 그러나 그는 뿌리 깊은 베이징 정계 사람은 아니었다. 1977년 8월 그는 정치국 후보위원이 된 후 점차 베이징의 상황에 익숙해졌다. 그러나 1979년에야 정치국 정식위원이 되었다. 베이징에서 여러 해 동안 일한 간부들과 달리 그는 중난하이 안팎에서 일하는 사람들과 오랜 교분이 없었다. 그는 또한 베이징 정계와 각종 계략에 적극적으로 참여하지도 않았다. 그의 자녀들은 모두 성(省)에서 자랐기 때문에 학교를 다닐 때나 사교 모임에서 다른 고위급 간부들의 자녀들과 교제할 기회가 없었다. 그의 가족들은 자오쯔양으로 인해 문화 대혁명 10년 동안 고통을 받았고 1989년 이후에도 여전히 곤경에 처했다. 자오쯔양이 톈안먼 비극이 일어나기 전날 밤 숙청 대상으로 지목되어 연금을 당한 후 베이징의 최고위층 정치가 집안에서는 어느 누구도 그를 지원하지 않았다.

1980년 총리를 맡은 후 자오쯔양은, 정부 각 부서의 일상 업무를 이끌고 외국 관리들을 접견하는 업무 이외에도 정부 정책과 기구 조정에 대한 책임을 맡았다. 과거 저우언라이는 정부 업무 관리에 두각을 나타냈으며, 수많은 정보를 정확하게 파악하고 있었지만 당시 정책은 모두 마오쩌둥으로부터 나왔으며,

저우언라이는 정부 지도에 근본적인 방향을 조정할 필요가 없었다. 이와 달리 자오쯔양은 중국의 현행 체제에 도입할 국외의 관념과 방법을 확정하기 위해 고문단과 관료 체제 밖의 사람들, 예를 들면 경제체제개혁위원회와 농촌발전 연구소 등과 더불어 일을 하는 데 많은 시간을 할애했다. 자오쯔양은 새로운 체제 구상에 대한 책임을 맡았고, 이러한 업무는 일부 관료에게 영향을 주었다. 그들은 자오쯔양의 개혁이 그들의 자리를 위태롭게 하지 않을까 걱정했다.

지덩쿠이(紀登奎)

1975년 쉰두 살의 지덩쿠이는 최연소 부총리 가운데 한 명이 되었고, 더 높은 지위로 오를 수 있는 인물이 되었다.[32] 1952년 허난 성을 시찰하던 마오쩌둥은 처음에 애매모호하기 짝이 없는 지방 간부의 대답이 불만스러웠다. 이러한 불만은 지덩쿠이와 이야기를 나누면서 비로소 해소되었다. 당시 지덩쿠이의 나이 겨우 스물아홉 살이었다. 그는 한 석탄 기계 공장의 당위원회 서기였다. 지덩쿠이는 매우 구체적으로 보고를 올렸다. 상황을 잘 파악하고 있는 것이 분명했다. 대다수 간부들은 마오쩌둥이 말을 할 때 전전긍긍 불안한 태도를 보였지만 지덩쿠이는 단도직입적으로 대답했다. 마오쩌둥은 지덩쿠이에게 연속적으로 질문을 던졌다. 다른 사람에 대한 가혹한 비판에 참여한 적이 있는가? 다른 사람으로부터 심하게 비판을 받은 적이 있는가? 사람을 죽인 적이 있는가? 살인을 할 때 잘못을 저지른 적은 있는가? 지덩쿠이는 모든 문제에 대해 일괄적으로 "네."라고 대답하면서 여러 가지 예를 들었다. 마오쩌둥은 원래 그와 10분에서 15분 정도 이야기를 나눌 생각이었다. 그러나 그의 대답에 호감을 갖게 된 마오쩌둥은 지덩쿠이를 기차에 동행시켜 우한까지 가는 사이 장장 네 시간 동안 이야기를 나누었다. 지덩쿠이는 능력 있는 간부였다. 그는 허난 성 당 조직에서 안정적으로 승진했다. 사람들은 그의 업무 능력이 후난에서 그의 맞수이자 나이 또한 비슷한 화궈펑보다 한 수 위라고 생각했다. 마오쩌둥은 허난 성에 갈 때마다 지덩쿠이를 불러 이야기를 나누었다. 누군가는 마오쩌둥이 지덩쿠이와 모두 쉰여 차례 이야기를 나누었다고 말했다. 대약진 운동이 끝나 갈무렵, 마오쩌둥은 지덩쿠이에게 문제의 심각성을 물었다. 지덩쿠이는 정책의 착오로 그의 가족 몇몇도 영양 상태가 안 좋아졌다고 말했다. 마오쩌둥은 다시 그에게 대약진 운동의 실패를 회복하는 데 시간이 얼마나 걸리겠는가 하고 물어봤다. 지덩쿠이는 정책이 들어맞으면 3년, 그렇지 못하면 3년에서 5년 정도가 소요될 것이라고 답했다. 마오쩌둥은 사람들 앞에서 지덩쿠이와 10년이 필요하다고 말한 천윈의 관점을 비교한 적이 있었고(후에 지덩쿠이의 관점이 정확한 것으로 판명되었다.), 그 후 지덩쿠이와 천윈의 관계가 나빠졌다. 지덩쿠이는 문화 대혁명이 시작될 때 박해를 받았지만 금세 위기를 극복했다. 1970년, 마오쩌둥은 그를 국무원으로 불러들였다.

덩샤오핑은 국공 내전이 시작하기 얼마 전인 1946년에 지덩쿠이와 자오쯔양을 만난 적이 있었다. 당시 두 사람 모두 덩샤오핑 인솔 아래 있던 지루위(冀魯豫, 허베이, 산둥, 허난)에 있는 허난 성의 간부였다. 이후 지덩쿠이는 모스크바에서 1년 동안 유학한 후 다시 허난 성의 제1기계공업부 부속 단위에서 일했다. 덩샤오핑은 지덩쿠이의 능력을 잘 알고 있었고, 그를 저장 성으로 보내 일을 하도록 했다. 지덩쿠이는 파벌이 심한 성급 정부 업무를 지도하는 데 필요한 자격, 즉 경험과 기교를 갖추고 있었으며, 고위층 지도자들의 지지도 얻고 있었다.

천윈(陳雲)

덩샤오핑과 천윈은 1930년대부터 깊은 인연을 맺었다. 당시 그들은 모두 상하이에서 저우언라이가 이끄는 중국공산당 지하당에서 활동했다.[33] 그로부터 1980년대까지 그들은 당 내부 투쟁에서 한편에 섰다. 두 사람은 1953년, 1950년대 중국공산당의 심각한 분열을 막기 위해 마오쩌둥에게 가오강을 고발했다. 1960년대 중반 두 사람은 마오쩌둥에게 배척을 당했지만 치명적인 재난을 피할 수 있었다. 그러나 1981년에서 1982년까지 이 두 지도자의 장기적인 관계에 분열이 생기기 시작했다. 그들은 발전 속도에 대해 의견이 갈렸다. 1984년 이후, 덩샤오핑이 도시 개혁을 추진하고 발전을 가속화시켰을 때 그들의 분열은 더욱 첨예화되었다. 그들은 각기 중국공산당 고위층 간부 중 더욱 광범위한 단체의 대변인으로, '일산이호(一山二虎)'가 되었다.

천윈과 덩샤오핑은 당의 이익을 위해 계속 협력했으며, 될 수 있는 한 외부에서 그들 사이의 분열을 눈치채지 못하도록 했다. 그러나 1980년대 특히 1984년 이후, 이러한 분열은 당내 정치 노선의 분계선이 되었다. 천윈은 계속 무모한 전진에 우려를 표명했다. 그는 무턱대고 돌진하는 것을 원하지 않았으며 인플레이션 억제에 더욱 단호한 모습을 보였다. 그는 소련에 비교적 호감을 가졌다. 자본주의 국가와 관계를 강화하고 싶어 하지 않았으며 시장의 역할 확대를 원하지 않았다. 그는 당내 절차에 따라 일을 처리하고자 했다. 반면 덩샤오핑은 실험을 더 많이 즐겼다. 틀에서 벗어나 서방 국가에 대문을 활짝 열고 과감하게 뛰어들어 대담하게 행동하고 싶어 했다. 천윈과 덩샤오핑은 모두 돌다리를 두드려 보고 강을 건넜다. 그러나 천윈은 발을 내딛기 전에 각각의 돌이 모두 안전한지 정확하게 알고자 했다.

천윈은 당내에서 높은 명망을 얻고 있었다. 이는 경제 부문에 대한 그의 뛰어난 성과뿐 아니라 고위직에서 보여 준 오랜 경력 때문이었다. 1930년대 그는 소련이 마오쩌둥을 받아들이는 과정에 큰 역할을 했고, 옌안에 중국공산당 조직 체계를 수립했다. 그는 중국공산당이 전국을 점령하는 과정에서 도시 관리 체제를 수립했으며, 대약진 운동에서 마오쩌둥이 극단적인 노선을 걷지 않도록 노력했다. 일부 사람들은 그가 지나치게 신중하고 조심스럽다고 여기지만, 대다수의 사람들은 일반적으로 그의 정치적 판단력과 독립적 분석 능력, 원칙을 고수하여 당에 공헌하고자 하는 정신을 존경했다. 덩샤오핑이 다른 지도자의 의견을 고려하지 않고 과감하게 행동하는 것을 우려하는 고위층 간부들은 천윈에게서 이에 대한 지지를 구하고자 했다. 그러나 1980년대 후기, 대담하게 시장화를 실험하고자 했던 사람들은 천원을 반대 세력으로 간주했다. 설사 덩샤오핑이 천원을 밀어내려 했다 해도 그것이 가능한 일이었을까에 대해서는 회의적이다. 1984년 이후, 그들은 엇갈리는 노선에 마음이 아팠지만 그래도 될 수 있는 한 평화롭게 지내려 했다.

천원은 가난한 집안 출신이다. 이는 지주 집안 출신의 덩샤오핑과 선명한 대조를 이룬다. 천원은 두 살에 아버지를, 네 살에 어머니를 여읜 후 외할머니의 손에서 자랐다. 일곱 살에 외할머니마저 세상을 떠나 외삼촌과 열네 살까지 살았다. 그해에 천원은 상하이 상무인서관에서 견습생으로 일하게 되었으며, 이후 인쇄소에서 일하다가 점원이 되었다.

상무인서관은 중국의 최대 학술 출판사로, 중국 학술의 중심지 역할을 했다. 천원은 그 기회를 이용해 혼자 공부했다. 그는 책을 읽고 수업을 들으며 외부 세계에 대한 토론에 참가했다. 그는 상무인서관의 최고위급 자본가의 수입이 얼마인지 계산한 적이 있었는데, 이를 통해 노동자에 대한 자본가의 착취를 생각하게 되었다. 그의 계산은 제국주의에 대한 공산당의 해석과 일치했다. 그는 세계관이 형성되던 시기에 상하이의 한 출판사의 점원으로 일했으며, 그의 반제국주의적 열정은 한 번도 사그라진 적이 없었다. 그는 언제나 상하이에서 목격한 극악한 자본주의가 언젠가 다시 찾아올 것이라고 걱정했다. 1925년 5월 30일, 영국 조계의 경찰이 상하이 군중을 향해 발포하여 중국인 몇 사람이 사망하자 천원은 시위에 참가했다. 같은 해 연말, 그는 중국공산당에 가입했다. 그때 나이 스무 살이었다. 그는 연설과 글을 통해 제국주의가 어떻게 중국을 기만하는지, 자본가가 노동자에게 어떻게 고난을 가져다주는지 설명했다.

1927년 국공 합작이 결렬된 후 천원은 지하공작에 참여하라는 지시를 받았고 늘 이름과 주소를 바꿨다. 그는 저우언라이의 지도 아래 중국 공산당원을 암살했을 가능성이 있는 국민당 관리에 대한 암살 책임을 맡았다. 자본주의 국가에서 5년간 생활했던 덩샤오핑과 달리 천원은 1920년대 상하이에서 목격한 자본주의를 증오했기 때문에 자본주의 국가를 방문한 적이 없었다. 이후 서방 지도자들과의 회담에도 참석하지 않았다.

국공 합작이 결렬되자 1928년 소련에서 온 코민테른 대표는 중국공산당이 노동자에 의존해야 한다고 지시했다. 지식인은 대부분 지주와 자산 계급 가정 출신으로 혁명 운동의 믿을 만한 기반이 될 수 없다고 했다. 당시 중국에는 공장이 극히 적었으며 충분한 교육을 받고 지도 책임을 맡을 만한 노동자도 없었다. 중국공산당으로서는 지도층에 들어올 똑똑한 '노동자'가 절실했다. 천원은 상무인서관에 있을 당시 노동자 지도자였으며, 그곳 환경에서 좋은 교육을 받았기 때문에 대번에 발탁되었다. 사실 그는 덩샤오핑보다 한 살 어리긴 했지만 1931년 중앙위원회에 당선된 후 20년 동안 당내 순위는 항상 덩샤오핑보다 높았다.

1933년 장시에서 천원은 유일하게 '노동자 배경'을 지닌 고위 간부로 정치국 상임위원으로 발탁되었다. 그로부터 그는 중국공산당 최고 지도자 가운데 한 사람이 되었다. 1935년 대장정 중에 열린 유명한 쭌이회의의 전날 밤, 천원은 리핑(黎平)회의에 참가했다. 회의에서는 쭌이회의의 인원수를 확대하기로 결정했는데 그중에는 마오쩌둥을 옹호하는 많은 이가 포함되었고, 이는 마오쩌둥이 쭌이에서 우위를 점하는 데 기반을 닦는 역할을 했다. 쭌이회의 이후 세력이 빈약한 중국공산당은 코민테른의 지지를 유지하기 위해 상하이 코민테른과 새롭게 연계하여 그곳에 중국공산당 지도층의 변동을 보고할 사람이 필요했다. 천원은 상하이 말을 할 줄 아는 지역 상인으로 변장할 수 있었기 때문에 당 지도부는 그를 상하이에 보내 코민테른에서 업무 보고를 올리도록 했다. 그러나 상하이에 도착한 천원은 위태로운 상황에 직면했다. 국민당에 투항한 전 중국공산당 당원 가운데 그를 알아보는 사람이 많았기 때문이다. 그는 다른 이의 건의에 따라 화물차를 타고 블라디보스토크에 가서 그곳에서 다시 모스크바 코민테른에 도착하여 소련 지도자들에게 쭌이회의의 상황, 특히 마오쩌둥의 굴기에 대해 보고했다. 그 후 천원은 모스크바에 2년간 체류했다.

덩샤오핑이 모스크바에 있을 당시는 소련에서 '신경제 정책'이 실행되고 있을 때였다. 이와 달리 천원이 있을 때는 스탈린이 이미 사회주의 체제를 수립하고 소련의 5개년 계획이 수립되었을 때였다. 소련 체류 당시 덩샤오핑은 학생 신분이었지만 천원은 중국공산당 고위층 간부 신분으로 소련에 갔기 때문에 소련 지도자들과 교류할 수 있었다. 심지어 스탈린을 만나기도 했다. 모스크바를 떠난 후 그는 신장에 6개월 동안 머물며 그곳에 중국과 소련을 연결하는 운송 통로를 마련하려 했다. 그러나 이 사업은 지방 군벌 마부팡과 그의 기병대의 방해로 실패하고 말았다.

그 후 천원은 1950년대 초 중국의 경제 계획 수립에 지도적 역할을 했다. 그는 소련 고문과 좋은 관계를 유지했고, 그들의 도움 아래 중국의 제1차 5개년 계획을 수립했다. 1960년대 초, 중소 논쟁을 이끌었던 덩샤오핑과 달리 천원은 계속 소련 지도자와 좋은 관계를 유지했다. 그는 1937년 말 옌안으로 돌아와 마오쩌둥 대오의 일원이 된 후, 조직부 업무를 책임졌다. 옌안의 상황은 잠시 소비에트 지구보다 안정적이었기 때문에 그는 당원의 인사 문건을 만들수 있었다. 당시 조직부는 그들의 가족 관계와 혼인 문제 등 당원들의 개인 생활까지 관여했기 때문에 천원은 모든 중국공산당 주요 지도자들을 잘 파악했다. 천원은 적극적으로 도시에서 온 청년 지식인들을 입당하도록 했다. 그는 국민당 스파이를 제거해야 한다는 점은 인정했지만 정풍 운동에서 자신의 소개로 입당한 수많은 사람을 숙청하기는 어려운 문제였다. 이에 그는 몇 개월 동안 병가를 내고 대신 그 업무를 운동에 열심히 참가한 펑전에게 미루었다. 천원은 상무인서관에서의 경력으로 장부도 처리하고 사방을 돌며 판매원 역할을 한 적도 있었기 때문에 후에 경제 업무에 배정되었다. 그의 중요한 임무 중 하나는 국민당의 경제 봉쇄를 타파하는 것으로, 그가 취한 방법은 봉쇄 지역 외부의 상인들이 아편과 공산당의 기타 생산품을 돈을 주고 사서 이득을 취하는 것이었다. 성공적으로 봉쇄를 돌파한 후 그는 다시 전체 시베이 지역(옌안 소재지)의 경제 발전 사업에 대한 책임을 맡도록 파견되었다.

제2차 세계 대전 이후, 마오쩌둥은 천원 등 중국공산당 고위 간부를 둥베이(당시에는 '만저우(滿洲)'라고 했다.)에 보냈다. 그들은 이 지역이 소련과 근접한 지역이라는 장점을 활용하고 일본인이 남긴 공업 설비를 이용해 국내 전쟁을 위한 토대를 다졌다. 둥베이 근거지가 확대됨에 따라 천원은 이 지역의 경제 발전을 이끌었다. 중국공산당이 둥베이에서 군사적 승리를 거둔 후, 천원은 식량과 기타 물자의 공급망을 확립해 중국공산당의 남하를 지원했다.

처음으로 하얼빈을 쟁취한 중국공산당에게 급선무는 경제 안정이었다. 경험이 풍부한 천원은 중국 통치 방식의 과도적 업무를 맡았다. 업무 중에는 지역의 각종 설비를 계속 가동시키는 일도 포함되었다. 그로 인해 천원은 과거 국민당 통치하에서 일했던 많은 관리와 협력할 필요가 있었다. 중국공산당이 더 큰 도시 선양(瀋陽)을 인수했을 때 천원은 다시 중국공산당 원칙에 따라 도시 관리에 대한 임무를 맡았다. 그는 이러한 힘든 임무를 성공적으로 이끌었고, 이로써 선양의 이양 작업은 중국공산당이 남부 지역과 서부를 점령하고, 전국을 통일하는 과정에 기타 도시를 이양, 관리하는 본보기가 되었다.

중국공산당이 베이징에 수도를 정했을 때 천원은 이미 둥베이의 경제 질서를 확립해 놓았다. 그 후 그는 전국의 경제 업무를 주관하기 시작했다. 그가 직면한 가장 절박한 문제는 마치 고삐 풀린 망아지 같은 인플레이션이었다. 군벌 혼전의 시기에도 인플레이션은 잠잠해지지 않았으며, 제2차 세계 대전 후에는 완전히 통제력을 잃었다. 천원은 엄격한 행정 처벌 수단을 이용해 상인들을 압박해 가격 상승을 중지하도록 했다. 그러나 그들이 이를 따르려 하지 않았기 때문에 천원은 방향을 전환해 시장을 이용하기로 했다. 그는 시장에 재고 물품을 대량 투입하여 가격을 수직 하강시킴으로써 상인들의 저항에 일격을 가했다. 행정적 통제와 시장이라는 수단을 함께 병용하여 중국공산당은 천원의 지도 아래 1952년 국민당과 군벌이 수년간 해결할 수 없었던 인플레이션을 통제했다.

천원의 이어진 임무는 사회주의 경제 계획 체제 건립(이는 필연적으로 주요 물자 공급을 통제할 수밖에 없었다.)과 1955년에서 1956년까지 대기업의 국유화와 소기업과 농촌의 집단화였다. 그의 노력으로 모든 경제가 사회주의 계획에 편입되었다. 1950년대 초기부터 대약진 운동 이전까지 천원은 전국의 식량 수매 체계를 통일하여 농촌에서 충분한 식량을 수매하여 도시에 공급하도록 했다. 이러한 발전에다 소련에서 들여온 공업 프로젝트를 통해 중국 경제는 급속도로 성장했다. 1958년 대약진 운동 때 마오쩌둥은 신중한 천원을 한쪽으로 밀어 놓아 계획 부서가 기능하지 못하도록 함으로써 경제에 큰 타격을 입혔다. 재난이 계속되자 마오쩌둥은 천원을 다시 불러 경제 회복을 이끌어 가도록 했다. 천원은 1960년대 초, 다시 경제 질서를 회복시켰다. 마오쩌둥은 언젠가 왜 천원이 있어야만 경제 활성화가 가능한 것 같냐는 질문을 던진 적이 있었다.

천원은 성품이 매우 예민하고 냉철했기 때문에 매우 차분하게 일을 처리했다. 그는 일단 압박, 특히 마오쩌둥으로부터 비판을 받을 때면 심장이 안 좋다고 말하면서 몇 주 심지어 몇 달 동안 문을 닫고 휴식에 들어갔다. 1962년, 포산도호 실행 가능성을 언급했다가 마오쩌둥의 비판을 받은 적이 있었는데, 그는 이 일로 낙담하여 2주 동안 입을 열지 않았고, 한참 시간이 지나고 나서야 회복할 수 있었다. 마오쩌둥은 일찍이 천원은 지나치게 겁이 많아 나뭇잎 하나가 떨어져도 자기 머리에 부딪칠까 봐 걱정하는 사람이라고 말한 적이 있었다. 천원은 또한 사람들과 잘 어울리지 못했다. 손님을 만나는 적이 극히 드물었고 종종 혼자 식사를 했다.

덩샤오핑은 매일 열다섯 종의 신문과 수많은 보고서를 읽어야 했다. 그러나 천원은 《인민일보》만 반복해 읽었다. 그의 비서는 매일 그에게 가장 중요한 보고서 다섯 부만 전달했다. 그는 아주 꼼꼼하게 읽었다. 그는 회계를 맡던 점원이었고, 모든 일을 정식으로 처리하고, 체제가 정상적으로 운영되도록 감독하는 계획 관리였다. 이러한 경력은 천성적으로 세심한 그의 특징을 더욱 심화시켰다. 덩샤오핑은 만약 군대가 매사 모든 것을 정확하게 하고, 필요한 모든 정보를 수집한 후에야 행동한다면 전쟁 기회를 놓칠 것이라고 생각했다. 천원은 '교환, 비교, 반복'이라고 말하길 좋아했다. 중국 계획 경제의 아버지로서 천원은 오랫동안 모든 일을 질서 정연하게 처리하기 위해 노력했기 때문에 과거에 효과가 있었던 체제를 이해하는 마음으로, 절대 어느 누구도 그가 고심하며 이끌어 온 작품을 망가뜨리는 일을 허용하지 않았다. 그런데 바로 그러한 작품이 대약진 운동 시절에 이르러 하루아침에 무너진 것이다.

천원은 덩샤오핑보다 능력이 있었지만 당내 최고 자리에 오를 인물로 단한 번도 진지하게 거론된 적이 없었다. 그는 실제 군사 경험이 없었고, 새로운 시대에 중요한 역할을 할 서구와 아무런 교류도 없었다. 그는 병약했다. 천원은 그를 비판했던 사람들이 인정한 것보다 훨씬 더 상상력이 풍부하고 영민했다. 그러나 그는 덩샤오핑처럼 사람들을 자기편으로 결집시킬 수 있는 지도자적 자질이 부족했다. 천원은 또한 독립적인 부서 또는 지방을 지도한 경험이 부족했다. 마오쩌둥이 사망한 후, 천원은 덩샤오핑이야말로 당의 최고 지도자에 적합한 유일한 인물이라고 말했다.

덩샤오핑과 천원은 모두 혁명 영웅주의 시대의 서사시와 같은 투쟁 속에 요행히 살아남은 사람들이다. 그들은 자신들이 이루어 낸 업적에 자부심을 느꼈고, 이러한 자부심은 안정된 조직에서 최고에 올랐던 보통 관리보다 훨씬 더 강했다. 그렇지 않다면 오히려 이상한 일이다. 1979년 이후, 덩샤오핑이《타임》의 '올해의 인물'로 선정되어 표지 인물에 장식되자 천원은 덩리췬이 중앙 당교에서 연속으로 천원을 추켜세우는 연설을 해도 좋다고 허락했다. 덩리췬은 경제 영역에서 천원의 공적이 정치 영역에서 마오쩌둥의 공적과 견줄 수 있을 정도라고 말했지만 덩샤오핑에 대해서는 찬미의 발언을 하지 않았다. 심지어『천원 문선』이『덩샤오핑 문선』보다 먼저 출판되었다. 덩샤오핑과 천원은 공개적으로 관계가 틀어진 적은 없지만 두 사람 관계에 날카로운 대립이 내재되어 있었음을 알 수 있다. 이로써 그들은 중국 현대화에 대해 대담한 전진을 주장하는 쪽과 모험을 피해야 한다고 주장하는 두 가지 대립적 관점을 대표하게 되었다.

화궈펑(華國鋒)

화궈펑은 당대 대다수 지도자 간부와 마찬가지로 반일 애국 청년으로 입당했다. 그는 초등학교를 마친 후 다시 3년 동안 현 소재지 상업 중학교에 다녔다. 본명은 쑤주(蘇鑄)다. 1938년 열일곱 살에 입당한 후 '나라를 보호하는 중화의 선봉에 서다.'라는 의미의 '화궈펑'으로 이름을 바꾸었다. 그가 입당하기 얼마 전, 중국공산당 팔로군이 그의 고향인 산시(山西)에 총본부를 세웠다. 입당 후 그에게 배분된 업무는 부대원 징병이었다. 그는 지역 유격대에서부터 당원을 찾기 시작했고 또한 젊은 당원을 모집하고 교육시키는 책임을 맡았다. 화궈펑은 1937년에서 1949년까지 전투 중에 유격 활동에 참가한 적이 있으며, 또한 정규군과 함께 일을 한 적도 있었다. 그러나 정규군에 가입한 것은 아니었다. 내전이 끝났을 때, 자오쯔양과 완리가 각자 성에서 직무를 맡은 것처럼 그 지역의 현위원회 서기가 되었다.

1949년 중국공산당 군대가 전국을 장악한 후, 화궈펑은 후난 성으로 파견되어 먼저 샹인(湘陰)현위원회 서기가 되었고, 이후 1952년 마오쩌둥의 고향인 샹탄 현에서 그곳 현위원회 서기가 되었다. 1952년, 그는 열두 개 현을 관할하는 샹탄 지역의 행정공서전원(行政公署專員, 과거 지급(地級) 시나 지역의 최고 행정 장관으로, 지금의 시장에 해당한다.), 당위원회 부서기로 발탁되었고, 1955년에는 샹탄지역당위원회 서기가 되었다. 그는 샹탄에서 집체화를 대대적으로 추진했는데, 언젠가 고향에 돌아온 마오쩌둥이 이런 그를 주목하게 되었다. 1956년 화궈펑에게 성(省) 업무가 맡겨졌다. 그는 먼저 문화 교육일을 하다가 이후에 성위원회 통일전략부 부장을 맡았다. 1958년, 후난 성 부성장이 되어 농촌 업무를 주관했고, 1959년 가을에 후난성위원회 부서기가 되었다. 그는 외국의 공격에 대비하여 일부 공업 기업을 연해 지역에서 후난 성으로 이주시켰고, 1964년에는 이러한 공업 기업의 발전을 촉진하는 데 어느 정도 역할을 발휘했다.

1959년 여름, 화궈펑은 고향인 샹탄 현으로 돌아온 마오쩌둥을 맞이했다. 당시 중국은 에어컨 시설이 없던 때였다. 소문에 의하면, 화궈펑은 더운 날씨와 마오쩌둥의 안전이 염려되어 마오쩌둥이 침실 창문을 열어 놓고 잠잘 수 있도록 침실 밖에서 밤새도록 보초를 섰다. 화궈펑의 지도 아래 샹탄의 마오쩌둥 고택은 실제로 전국적인 성지가 되었다. 화궈펑은 주변 일대를 관광지로 탈바꿈시켰다. 또한 그는 마오쩌둥의 고향인 사오산(韶山)에 수리 관계 시설을 건설했다.

화궈펑은 1967년 초 이미 후난 성의 2인자가 되었고, 1969년 4월 중국공산당 제9차 전국대표대회에서 중앙위원으로 선출되었다. 1970년에는 성위원회 제1서기가 되었다. 요컨대 화궈펑은 만능인으로, 정계에서 승승장구하여 농업, 공업, 재정, 문교, 과학 기술 등 모든 주요 부서의 업무 경험을 쌓았다.[34]

1971년 린뱌오의 비행기 추락 사고가 있고 한 달 후에 마오쩌둥은 린뱌오의 추종자들이 이 지역의 군권을 장악하지 못하도록 8월 27일, 화궈펑에게 광저우 군구 제1정치위원직을 맡겼다. 1973년에서 1976년까지 정치국 내 업무 경력을 통해 화궈펑은 전국적인 정책 문제를 광범위하게 이해하게 되었고, 동시에 기타 고위층 간부들과 교류하는 기회를 얻었다. 그는 외교 경험이 없었고, 정규군에서 일을 한 적도 없었다. 1975년 1월 열린 제4기 전국인민대표대회에서 그는 부총리 겸 공안부 부장에 당선되었다. 화궈펑은 뛰어난 지도자는 아니었지만 마오쩌둥이 보기에 자신의 정치 운동의 믿을 만한 옹호자였다. 그러나 마오쩌둥이라는 낭만주의 혁명가와 달리 화궈펑의 명성은 자신이 직접 조사 연구하고, 문제를 해결하는 실질적인 업무 태도에 의한 것이었다.

후야오방(胡耀邦)

후야오방은 열네 살에 공산주의청년단과 홍군에 가입했다.[35] 그는 헌신적이며 솔직하고 열정적이었다. 일을 할 때는 최선을 다했고, 박해를 받은 동지를 열과 성을 다해 도와주었기 때문에 1980년대 후반 아마도 후야오방만큼 충실한 숭배자가 따르는 고위 지도자는 없었을 것이다. 확실히 후야오방은 대중의 사랑을 받았으며 중국공산당의 양심으로 평가되었다. 1987년, 그가 정계에서 물러났을 때 수많은 당원, 심지어 그와 가깝지 않았던 사람들조차 그가 저우언라이처럼 불공정한 대접을 받았다고 생각했다. 후야오방은 발언할 때면 생기가 넘쳤고, 매우 솔직하고 열정적이었다. 다른 어떤 중국 지도자들도 그처럼 청중을 감동시킬 수 없었다. 예를 들어, 그는 문화 대혁명 시절 자신이 비판당했을 당시의 상황과 1932년 사형을 언도받았을 때의(동료인 펑원빈의 간곡한 청원으로 겨우 액운을 면했다.) 감회를 회고할 때도 모두 청중을 깊이 감동시켰다.[36]

하지만 후야오방을 숭배하는 일부 사람들조차 그에게는 최고 지도자로서 지녀야 할 침착함이나 위엄이 부족했다고 인정했다.[37] 그는 말을 할 때 제스처가 매우 요란했기 때문에 듣는 이에게 마치 경험 없는 청년이란 느낌을 주었다. 그의 비판자들은 그를 '귀뚜라미'라는 말로 얕잡아 불렀다. 자오쯔양은 후야오방이 개혁에 최선을 다하는 이상주의자이긴 했으나, 독자적으로 한 지역을 맡은 적이 없기 때문에 정치적 안정과 단결의 중요성을 충분히 인지할 수 없었다고 회고했다. 실제로 후야오방은 잠시 산시성위원회 서기(1964년 11월에서 1965년 6월까지)를 맡은 적이 있었는데, 그곳에서 일할 때 보수 간부의 비판을 받은 적이 있었다. 당시 보수 간부는 후야오방이 지나치게 생산을 강조하고, 간부를 보호하여 계급 투쟁을 확실하게 시행하지 않았다고 비판했다. 후야오방은 군대 사령관을 지낸 적은 없었지만 일부 간부들은 그가 사령관이 되었다면, 모든 이해 득실의 균형을 맞추고 주도면밀한 계획을 세우는 뛰어난 전략가가 아니라 언제든지 군대를 이끌고 적진에 뛰어들 준비가 되어 있는 장군이 되었을 것이라고 했다.

1952년에서 1966년까지 후야오방이 공산주의청년당 중앙 서기를 맡았을 때 그의 임무는 청년들을 동원하고 그들이 정치 공작을 인식하여 당과 국가 사업에 기꺼이 헌신할 수 있도록 돕는 것이었다. 그는 덩샤오핑처럼 국가를 위한 전체 결정을 내리고, 질서를 유지하고, 외부 위협을 막는 등 중임을 맡은 적이 없었다. 심지어 후야오방을 존경하는 부하조차 그는 조직적 능력을 갖춘 행정 관리자가 아니며, 부하들이 다른 사람들의 공격을 받지 않도록 보호하는 데도 서툴렀다고 평했다. 후야오방을 심하게 비판하는 이들은 그가 영향은 충분히 생각하지도 않은 채 끊임없이 입에서 나오는 대로 주절거린다고 말했다. 그의 예전 부하는 후야오방이 정성껏 정책을 숙지하고, 정책에 따라 일을 처리하는 데 있어 비판자들이 말하는 것보다 훨씬 유능했지만, 지식인들에게 더 많은 자유를 주고자 했으며, 하급 관리들이 자신의 방식으로 문제를 해결하도록 허락했다고 말했다. 호주 총리 로버트 호크가 후야오방의 보좌 격인 후치리에게 후야오방의 연설을 정리할 때 어떤 느낌이냐고 묻자 후치리는 "끔찍하다."라고 말했다.[38]

후야오방은 1915년, 후난 성 류양 현(瀏陽縣)에서 태어났다. 좌경화된 교사의 격려 속에 그는 애국 활동에 참가했다. 열네 살 되던 해에 학교를 떠나 동부 지역의 성 경계를 넘어 장시 소비에트 지구를 찾아갔다. 그는 '홍소귀(紅小鬼, 어린 홍위병)'로서 대장정에 참여했으며 노병을 위한 업무를 맡았다. 옌안에서 그는 마오쩌둥의 총아 가운데 하나였다. 청년단 일을 떠난 후 마오쩌둥은 그를 인민해방군 정치부로 보냈다. 내전 시기에는 허룽(賀龍)의 제2방면군(이후 제1야전군)에서 급이 낮은 정치 위원이 되어 부대를 따라 북로를 통해 쓰촨으로 들어갔다. 1950년 후야오방은 쓰촨 북부에서 당위원회 서기로 있을 때 상급자였던 덩샤오핑과 알게 되었다.(당시 덩샤오핑이 당위원회 서기였던 서남국 본부가 쓰촨에 있었다.) 1952년 둥베이 지역의 간부들이 인사 이동에 따라 베이징으로 돌아올 때 덩샤오핑 역시 중앙으로 돌아와 임무를 맡았다. 후야오방은 당시 공산주의청년당 중앙 제1서기를 맡았다.

후야오방은 언젠가 방문객에게 덩샤오핑이 자신을 마음에 들어 한 이유는 자신의 키가 150센티미터로, 유일하게 덩샤오핑보다 작았기 때문이라고 농담을 한 적이 있었다.[39] 사실 덩샤오핑이 후야오방을 선택한 이유는 여러 가지다. 그는 장시와 옌안 소비에트 지구에서 다년간 일을 했고, 다른 고위층 지도자들과 관계가 좋았다. 이 밖에도 덩샤오핑은 후야오방이 빠른 학습 능력에 매우 열심히 노력한다는 것을 잘 알고 있었다. 그는 왕성한 정력으로 개혁을 위해 헌신했다. 국가 발전을 도모할 수 있는 일이라면 전력을 다해 매진했다. 그가 그 시대 가장 능력 있는 간부라는 것은 공인된 사실이다. 그는 1952년부터 1966년까지 계속 공산주의청년단 제1서기를 맡았다. 그중 10년간(1956~1966년), 덩샤오핑은 우연히도 계속 당의 총서기직에 있었다. 후야오방은 1960년대 초 직책을 그대로 유지한 채 후난 성 샹탄 시로 하방되어 당위원회 서기직을 맡았고 그 후 다시 산시성위원회 서기가 되었다. 그 기간 동안에도 역시 매우 탁월한 업무 능력을 보여 주었다. 1967년 초 홍위병이 덩샤오핑의 지지자들을 비판할 때 첫 번째 인물로 거론된 자가 바로 후야오방이었다.[40]

1975년 7월, 후야오방은 업무에 복귀한 후 냉대받고 낙담한 과학자들을 동원하기 시작했다. 현대화를 추진하기 위해서는 그들의 도움이 절실하게 필요했기 때문이다. 1977년부터 1978년까지 그는 중앙당교에서 간부들을 독려하며 문화 대혁명 이후 당과 정부에 활력을 불어넣기 위한 준비를 하도록 했다. 1977년 12월 조직부장에 임명된 후, 후야오방은 쉴 사이도 없이 문화 대혁명 동안 허위로 조작된 안건에 대한 명예 회복 작업에 들어갔다. 그는 또한 이론 작업을 이끌며 「실천은 진리를 점검하는 유일한 표준이다」라는 글을 내놓았다. 1978년 12월 3중전회 전에 열린 중앙공작회의에서 후야오방은 여러 단체의 이견을 좁히는 데 중요한 역할을 함으로써 인사 임명에 대한 공동의 인식을 이끌어 냈다. 또한 화궈펑, 예젠잉과 덩샤오핑 등 주요 발언자들의 연설 원고 초안 작성을 도왔다.[41] 이로써 후야오방이 당의 여러 업무에 폭넓은 지식이 있음을 알 수 있다. 그는 군대에서도 일했으며, 당의 선전과 조직 부서 지도자를 맡기도 했다.

총서기를 맡은 후, 후야오방은 처음으로 주요 지도자들의 지지를 얻었다. 1962년에서 1964년까지 그는 화궈펑과 함께 후난 성의 영도 간부가 되었고, 이후 계속해서 좋은 관계를 유지했다. 그는 또한 예젠잉의 적극적인 지지를 얻었다. 그들은 모두 커자인으로 옌안 시절에 알게 되었다. 천원 역시 옌안 시절에 후야오방을 알았다. 당시 후야오방은 인민해방군 정치부 조직부장이었고, 천원은 중앙조직부 부장이었다. 1978년 천원은 후야오방과 긴밀히 협조하여 오심 사건에 대한 명예 회복 업무를 한 적이 있었다. 그는 1980년 후야오방의 당 주석 임명을 지지하기도 했다.[42] 1982년 중국공산당 제12차 전국대표대회에서 '당 주석'이란 지위가 취소된 후 후야오방은 총서기가 되었다.

마오쩌둥은 저우언라이와 캉성 같은 인물을 충분히 이용했다. 그들은 비판에 취약했다. 그들은 비판을 피하기 위해 거의 모든 일을 할 수 있을 정도였다.

후야오방은 이런 약점이 없었다. 그러나 언제나 자신 있고 침착하며, 권위적인 덩샤오핑과 달리, 그는 자신감이 부족해서 언제나 자신이 당의 최고 지도층이 될 만한 자격이 있다는 사실을 증명하려 했다.[43] 그는 독서를 즐겼다. 특히 역사와 이론, 문학 작품을 매우 깊이 읽고, 자신이 고위 지도자 지위와 어울리는 이론적 소양을 갖추고 있다는 것을 증명하고자 애썼다. 일이 많아 바쁠 때는 그는 걸어서 돌아갈 수 있는데도 집에 가지 않고, 중난하이 사무실에서 잠을 잤다.[44]

후차오무(胡喬木)

후차오무는 마오쩌둥의 비서를 지냈으며 정부 문서를 기초한 '대필간자(大筆杆子, 글솜씨가 뛰어난 사람)'이자 가장 권위 있는 당사(黨史) 전문가로서 덩리췬보다 더 높은 직함과 명망을 누렸다.[45] 후차오무는 해박한 지식을 가진 뛰어난 학자였다. 중국공산당 간부로서 그는 당의 권위와 당의 언론에 대한 정통성을 유지할 책임이 있다고 생각했다. 학자로서 폭넓은 독서를 통해 끊임없이 지식을 추구했으며, 친구로서 각기 다양한 관점을 표현하고자 하는 이들을 매우 사려 깊은 태도로 받아들였다. 그는 최고 지도자가 그들의 관점을 받아들일 수 있도록 건의했다. 그러나 정통 사상의 수호자로서 그는 당을 비판하는 지식인을 공격했고, 경쟁자로서 당의 정통 사상을 위한 가장 권위 있는 대변인이자 대필간자의 신분으로 상대방을 압박했다.

그는 당의 수많은 고위층 지도자와 사적으로 교류했다. 이는 옌안 시절 그가 마오쩌둥의 비서를 지냈던 시기로 거슬러 올라간다. 그는 초년에 공산주의 청년당에 가입하여, 1936년 자동으로 중국공산당 당원이 되었다. 1949년 후 처음 몇 년 동안, 마오쩌둥은 그를 중국공산당 관점의 수호자로 생각하고, 그에게 《인민일보》를 이끌어 가도록 했다. 그는 마오쩌둥의 글과 중국공산당 문건을 잘 알고 있다는 장점을 활용하여 1951년에 『중국공산당 30년』이란 책을 써

당사 대가로서의 자신의 위치를 확고히 했다. 그는 또한 『마오쩌둥 선집』 편집자 중 한 사람이었다.

후차오무는 다른 고위층 지도자들보다 이론과 당의 역사를 잘 알고 있었지만 자신의 관점을 드러낼 때는 덩리췬보다 훨씬 신중했다. 그렇긴 해도 지도자의 즉흥 연설을 기록할 때는 때로 매우 영민하게 그들의 발언이 당의 이론과 역사, 용어와 일치되도록 했다. 고위층 지도자들은 그의 재능과 당사에 대한 해박한 지식, 사람들의 의중을 잘 헤아리는 선한 마음을 잘 알고 있었기 때문에 모두 자신의 언행이 명분이 설 수 있도록 그의 도움을 요청했다. 예를 들어 덩샤오핑은 후차오무의 재능을 빌려 자신의 정치연구실을 이끌고, 그에게 이데올로기 문제에 대한 심사를 맡겨 그의 발언과 문건이 자신의 관점을 드러냄과 동시에 마오쩌둥 생전, 그리고 사후에 중국공산당의 정통 사상에 위배된다는 비판을 받지 않도록 했다.

애증이 분명하고, 의리를 위해서라면 처벌도 마다하지 않은 덩리췬에 비해 후차오무는 매우 유연한 모습을 통해 언제나 모든 권력자와 좋은 관계를 유지하려 했다. 그는 대권을 잡은 사람에게 서둘러 충성심을 표현했다. 그러나 정치에 대한 후각이 언제나 예민한 편은 아니었다. 1975년, 그는 덩샤오핑을 옹호했지만 1976년 우경번안풍 반대 운동에서는 다시 덩샤오핑 비판 대열에 합류했다. 덩샤오핑이 다시 지위를 회복한 후, 후차오무는 덩리췬을 통해 덩샤오핑에게 사죄의 서한을 전달했다. 그러나 덩샤오핑은 그가 기밀을 판 것은 아니니 문제 될 것이 없다고 말한 후 후차오무의 편지는 보지도 않은 채 돌려보냈다.[46] 이후 자오쯔양이 총리가 된 후 후차오무는 곧바로 그를 방문했을 뿐 아니라 심지어 4개 기본 원칙에 대한 덩샤오핑의 발언에 대해 회의적인 반응을 보였다. 그런데 당시 발언은 자신이 덩샤오핑에게 초안을 마련해 준 것이었다.

후차오무는 베이징대학 물리학과에 입학했지만 후에 역사로 전공을 바꿨다. 그는 저장대학교에서 영어와 기타 유럽 언어, 그리고 유럽의 문학과 역사를 공부했다. 그는 또한 정당사, 과학, 경제학, 철학에 대한 자신의 해박한 지식을 운용했는데, 그중 일부 지식은 중국어, 러시아어, 서구 언어로 된 문헌을 통해 습득한 것이다. 그는 옌안 시절 「건국 이래 당의 약간의 역사 문제에 관한 결의」 첫 번째 글을 기초하는 데 협조했기 때문에 덩샤오핑이 1980년부터 1981년까지 왜 그에게 마오쩌둥 시대의 당사에 대한 두 번째 평가인 「건국 이래 당의 약간의 역사 문제에 대한 결의」 초안 작성을 책임지도록 했는지 쉽게 이해할 수 있다. 당의 정통 사상의 수호자로서 이상한 점은, 그가 자신이 읽은 여러 가지 모순 있는 저서에서 가치를 발견할 수 있었음에도 그 자신은 앞뒤가 일치하는 체계적인 관점을 구축하지 않았다는 것이다. 사적인 장소에서 그는 때로 자신을 비판하는 많은 이보다 더 자유로운 입장을 드러내기도 했다. 그는 문화 대혁명 시절 급진파의 공격을 받았고, 이후 다시 사인방의 비판을 받았다. 그러나 공개적인 장소에서 그는 여전히 정통 사상의 수호자로, 당의 권위를 유지하는 중대한 책임을 지고 있었기 때문에 자유파를 공격하는 대열에 자주 참여했다.

후차오무는 압박을 받으면서도 매우 빨리 글을 쓸 수 있었다. 그의 수하에는 글을 쓰고, 연구를 진행하는 사람들이 대거 포진하여 그를 위해 역사 문헌을 찾고, 선례를 대조하고, 과거의 정보를 수집하고, 초고를 작성했다. 그러나 그는 일반적으로 중요한 문서와 발언에 대한 최종 편집을 맡아 글의 앞뒤 관점이 일관되도록 함으로써 서로 다른 관점의 균형을 잡아 권위 있는 소리를 낼 수 있도록 했다.

당의 역사에 대해 깊은 지식이 있었기 때문에 어떤 일이 당의 전통과 일치되는가 여부에 대해 그가 내린 판단은 질의를 받는 일이 드물었다. 후차오무는 집중적으로 일에 몰두했다. 하지만 비교적 감정적이었다. 그는 상대방을 반박하고, 당의 정통 사상을 옹호할 때는 매우 교조주의적이었으며, 당내 최고의 대필간자인 자신의 위치에 도전하는 사람에 대해서는 가차 없이 반격을 가했다.

중국공산당 전국대표대회와 중앙위원회 전체회의 1956~1992년

제8차 전국대표대회:
1956년 9월 15~27일

1중전회: 1956년 9월 28일

2중전회: 1956년 11월 10~15일

3중전회: 1957년 9월 20일~10월 9일

4중전회: 1958년 5월 3일

제8차 전국대표대회 제2차 회의:
1958년 5월 5~23일

5중전회: 1958년 5월 25일

6중전회: 1958년 11월 28~12월 10일

7중전회: 1959년 4월 2~5일

8중전회: 1959년 8월 2~16일

9중전회: 1961년 1월 14~18일

10중전회: 1962년 9월 24~27일

11중전회: 1966년 8월 1~12일

12중전회: 1968년 10월 13~31일

제9차 전국대표대회:
1969년 4월 1~14일

1중전회: 1969년 4월 28일

2중전회: 1970년 8월 23~9월 6일

제10차 전국대표대회:
1973년 4월 24~28일

1중전회: 1973년 8월 30일

2중전회: 1975년 1월 8~10일

3중전회: 1977년 7월 16일~21일

제11차 전국대표대회:
1977년 8월 12~18일

1중전회: 1977년 8월 19일

2중전회: 1978년 2월 18~23일

3중전회: 1978년 12월 18~22일

4중전회: 1979년 9월 25일~28일

5중전회: 1980년 2월 23~29일

6중전회: 1981년 6월 27~29일

7중전회: 1982년 8월 6일

제12차 전국대표대회:
1982년 9월 1~11일

1중전회: 1982년 9월 12~13일

2중전회: 1983년 10월 11~12일

3중전회: 1984년 10월 20일

4중전회: 1985년 9월 16일

전국대표회의: 1985년 9월 18~23일

5중전회: 1985년 9월 24일

6중전회: 1986년 9월 28일

7중전회: 1987년 10월 20일

제13차 전국대표대회:
1987년 10월 25~11월 1일

1중전회: 1987년 11월 2일

2중전회: 1988년 3월 15~19일

3중전회: 1988년 9월 26~30일

4중전회: 1989년 6월 23~24일

5중전회: 1989년 11월 6~9일

6중전회: 1990년 3월 9~12일

7중전회: 1990년 12월 25~30일

8중전회: 1991년 11월 25~29일

9중전회: 1992년 10월 5~9일

제14차 전국대표대회:
1992년 10월 12~18일

주

영문 문헌 약칭 대조표

DNSA Digital National Security Archive (Proquest in cooperation with the National Security Archive) 『미국 국가안전기록보관소』, The George Washington University, Washington, D. C.

DXPCR Rong Deng, *Deng Xiaoping and the Cultural Revolution: A Daughter Recalls the Critical Years*, 『鄧小平與文化大革命: 一個女兒的回憶』(Beijing: Foreign Languages Press, 2002)

DXPSTW Yu Guangyuan, *Deng Xiaoping Shakes the World: An Eyewitness Account of China's Party Work Conference and the Third Plenum* (*November-December* 1978) 『鄧小平震動世界: 三中全會親歷記』(Norwalk, Conn.: EastBridge, 2004)

FBIS Foreign Broadcast Information Service(외국방송정보청취기관)

JPRS Joint Publications Research Service(합동출판연구서비스기관)

LWMOT Carter Administration China Policy Oral History Project, Leonard Woodcock and Michel Oksenberg Tapes, 「카터 행정부 대중국 정책 구술사 프로젝트」, Walter P. Reuther Library Archives, Wayne State University

Memcon Memorandum of Conversation(회담 비망록)

SWCY   Chen Yun, *Selected Works of Chen Yun*,『陳雲文選』, 3 vols. (1926-1949, 1949-1956, 1956-1994) (Beijing: Foreign Languages Press, 1988, 1997, 1999)

SWDXP-2 Deng Xiaoping, *Selected Works of Deng Xiaoping, 1975-1982*,『鄧小平文選, 1975-1982』(Beijing: Foreign Languages Press, 1984; 2nd ed., 1995)

SWDXP-3 Deng Xiaoping, *Selected Works of Deng Xiaoping 1982-1992*,『鄧小平文選, 1982-1992』(Beijing: Foreign Languages Press, 1994)

TP   Liang Zhang, comp., and Andrew J. Nathan and Perry Link, eds., *The Tiananmen Papers*,『天安門文件』(New York: PublicAffairs, 2001)

머리말   덩샤오핑을 찾아서

1   *SWDXP-3*, p. 307.

들어가면서   시대의 유산 그리고 사명

1   1931년부터 1997년 세상을 뜰 때까지 덩샤오핑은 줄곧 이 이름을 사용했다. 아버지가 지어준 이름은 덩셴성(鄧先聖)이었는데, 사숙 선생님의 건의로 덩시셴(鄧希賢)으로 바꾸었다. 이 이름은 그가 소학교 다닐 때와 프랑스 유학 시절 사용했던 이름이다. 소련에 머물 때는 크레조프(Krezov)라는 이름을, 모스크바 중산대학에 다닐 때는 이반 세르게예비치 도조로프(Ivan Sergeevich Dozorov)라는 이름을 사용했다. 1927년 귀국 후부터 덩샤오핑이라는 이름을 사용했다. 누군가는 덩샤오핑이 작고 왜소한 몸에 상고머리를 하고 있기 때문에 매우 잘 어울리는 이름이라고 여겼다. 덩샤오핑은 1927년부터 1931년까지 지하공작을 할 당시, 때에 따라 몇 가지 가명을 사용하기도 했다.

2   2001년 3월 머리 맥클레호스 휘하 외교관을 인터뷰한 내용이다.

3   덩샤오핑의 이름과 관련된 수많은 격언과 마찬가지로 이 이야기 역시 그가 처음 말한 것은 아니다. 덩샤오핑이 이런 말을 한 최초의 기록은 1966년 3월 22일이다. 中共中央文獻研究室 編,『鄧小平年譜(1904-1974)』(상·중·하)(北京: 中央文獻出版社, 2009), 하, 1902쪽.

4   中共中央文獻研究室 編,『毛澤東傳(1949-1976)』(상·하)(北京: 中央文獻出版社), 하, 1674쪽.

5   Benjamin I. Schwartz, *In Search of Wealth and Power: Yen Fu and the West* (Cambridge: Belknap Press of Harvard University Press, 1964). 중국 봉건 전제 시대의 역사 및 관련 문헌은 다음을 참조. John King Fairbank, ed., *The Chinese World Order: Traditional China's Foreign Relations* (Cambridge: Harvard University Press,

1968). John King Fairbank and Merle Goldman, *China: A New History*, 2nd exp. ed. (Cambridge: Harvard University Press, 2006). Jonathan D. Spence, *The Search for Modern China* (New York: W. W. Norton, 1990). Paul A. Cohen, *China Unbound: Evolving Perspectives on the Chinese Past* (Stanford, Calif.: Stanford University Press, 2002). Denis Twitchett and John King Fairbank, eds., *The Cambridge History of China* (New York: Cambridge University Press, 1978-). Gungwu Wang, *To Act Is to Know: Chinese Dilemmas* (Singapore: Times Academic Press, 2002). 최근 청대 연구 성과는 다음을 참조. Mark C. Elliott, *Emperor Qianlong: Son of Heaven, Man of the World* (New York: Longman, 2009). R. Kent Guy, *Qing Governors and Their Provinces: The Evolution of Territorial Administration in China, 1644-1796* (Seattle: University of Washington Press, 2010). William T. Rowe, *China's Last Empire: The Great Qing* (Cambridge: Belknap Press of Harvard University Press, 2009). 쑨중산에 관해서는 다음 문헌을 참조. Marie-Claire Bergère, *Sun Yat-sen* (Stanford, Calif.: Stanford University Press, 1998). 장제스에 대해서는 다음 문헌을 참조. Jay Taylor, *The Generalissimo: Chiang Kai-shek and the Struggle for Modern China* (Cambridge: Belknap Press of Harvard University Press, 2009). 중국 혁명에 관해서는 다음 문헌을 참조. Lucian Bianco, *Origins of the Chinese Revolution, 1915-1949* (Stanford, Calif.: Stanford University Press, 1971). 마오쩌둥의 전기에 대해서는 다음 문헌을 참조. Philip Short, *Mao: A life* (New York: Henry Holt and Co., 1999). 마오쩌둥의 저작과 강연은 다음을 참조. Stuart R. Schram, ed., *Mao's Road to Power: Revolutionary Writings, 1912-1949* (Armonk, N.Y.: M.E. Sharpe, 1992-2005). 이 책은 전 10권으로 출간될 예정이며, 현재 1912년부터 1941년까지 문건을 포괄한 제7권이 출간되어 있는 상태다.

6   당시 대표단의 일원이었던 멀 골드먼이 저자에게 제공한 필기에 근거했다.

1 혁명가에서 건설자, 개혁가로: 1904~1969년

1   덩샤오핑 출생 당시 파이팡은 '姚坪里'라고 불렸으며, 좀 더 큰 행정 구역인 왕시 향(望溪鄉)에 속해 있었다. 그곳은 나중에 '파이팡 촌(牌坊村)'과 '시싱 진(協興鎮)'으로 분리되었다. 中共中央文獻研究室 編, 『鄧小平年譜(1904-1974)』, 1904년 8월 22일, 1쪽.

2   덩샤오핑의 딸 덩룽(아명 毛毛)은 *Deng Xiaoping: My Father* (New York: Basic Books, 1995)에서 자신의 가족 배경을 기술하고 있다. 상기한 내용은 저자가 두 차례에 걸쳐 광안 현을 방문했을 때의 기록을 바탕으로 하고 있다. 한 번은 덩샤오핑의 생가와 현지 박물관을 방문했고, 다른 한 번은 현지 역사학자와 덩룽을 만나 대담을 나누었다. 기간은 2002년부터 2006년까지다.

3   『鄧小平年譜(1904-1974)』, 1915년, 5쪽.

4   같은 책, 1919년 11월 17~18일, 7쪽.

5   Geneviève Barman and Nicole Dulioust, "Les années Françaises de Deng Xiaoping," *Vingtième Siècle: Revue d'histoire*, no. 20 (October-December 1988), p. 19. Deng Rong, *Deng Xiaoping: My Father*, pp. 58~79.

6   『鄧小平年譜(1904-1974)』, 1921년 1월 12일, 11쪽.

7   같은 책, 1921년 4월 2일, 12쪽.

8   같은 책, 1923년 2월 17~19일, 17쪽.

9   같은 책, 1923년 3월 7일, 17~18쪽.

10 같은 책, 1923년 6월 11일, 18쪽. 1924년 2월 1일 19쪽.

11 같은 책, 1924년 7월 13~16일, 19쪽.

12 Marilyn Levine, *The Guomingdang in Europe: A Sourcebook of Documents* (Berkeley, Calif.: Institute of East Asian Studies, University of California, 2000), pp. 90~93. Barman and Dulioust, "Les années Françaises de Deng Xiaoping," p. 30. 메릴린 러바인과의 인터뷰.

13 Barman and Dulioust, "Les années Françaises de Deng Xiaoping," p. 34.

14 중국 학생들의 프랑스 생활과 활동에 대한 기록은 다음을 참조. Marilyn A. Levine, *The Found Generation: Chinese Communists in Europe during the Twenties* (Seattle: University of Washington Press, 1993). Geneière Barman and Nicole Dulioust, "The Communists in the Work and Study Movement in France," *Republican China* 13, no. 2 (April 1988), pp. 24~39. Deng Rong, *Deng Xiaoping: My Father*.

15 Alexander V. Pantsov and Daria Alexandrovna Spuchnik, "Deng Xiaoping in Moscow: Lessons from Bolshevism," trans. Steven I. Levine. 영어 번역 원고는 다음을 참조. 하버드대학 페어뱅크 컬렉션 평한주 도서관 소장. 알렉산드르 판초프와 스푸크니크는 소련에 유학한 중국 학생들에 관한 소련공산당의 모든 문서를 볼 수 있었다. 이외에 판초프와의 인터뷰참조.

16 Pantsov and Spuchnik, "Deng Xiaoping in Moscow."

17 같은 책, p. 12.

18 같은 책, p. 11.

19 같은 책.

20 Deng Rong, *Deng Xiaoping: My Father*.

21 Teng Hsiao-píng(Deng Xiaoping), "Economic Reconstruction in the Taihang Region," in Stuart Gelder, ed., *The Chinese Communists* (Westport, Conn.: Hyperion Press, 1946), p. 201.

22 저자는 타이항 산 지역의 당사(黨史) 전문가를 인터뷰했다. 날짜는 기재되어 있지 않다.

23 Jay Taylor, *The Generalissimo: Chiang Kai-shek and the Struggle for Modern China* (Cambridge: Belknap Press of Harvard University, 2009).

24 中共中央文獻硏究室 鄧小平硏究組 編,『鄧小平自述』(北京: 解放軍出版社, 2005), 1쪽.

25 상세한 과정은 다음 책을 참조. Ezra F. Vogel, *Canton under Communism* (Cambridge: Harvard University Press, 1969).

26 『鄧小平年譜(1904-1974)』, 1065쪽.

27 같은 책, 1953년 9월 16일, 1133쪽 참조.

28 Vladislav M. Zubok, "Deng Xiaoping and the Sino-Soviet Split, 1956-63," *Cold War International History Project Bulletin*, no. 10 (1997), pp. 152~162. Jian Chen, "Deng Xiaoping and Mao's 'Continuous Revolution' and the Path toward the Sino-Soviet Split: A Rejoinder," *Cold War International History Project Bulletin*, no. 10 (1997), pp. 162~182.

29 덩샤오핑이 중국공산당 제8차 전국대표대회에서 활약한 내용은 『鄧小平年譜(1904-1974)』, 1955년 8월 17일, 1249~1250쪽, 1955년 10월 14일, 1261쪽, 1956년 2월 6일, 1272쪽, 1956년 8월 10일~9월 28일, 1303~1318쪽 참조. 대회 문건은 다음을 참조. *Eighth National Congress of the Communist Party of China* (Peking: Foreign Languages Press, 1956), pp. 1~390.

30 *Khrushchev Remembers: The Last Testament*, trans. and ed. Strobe Talbott (Boston: Little, Brown, 1974), p. 253.

31 같은 책, p. 281.

32 Jasper Becker, *Hungry Ghosts: Mao's Secret Famine* (New York: Free Press, 1996). Frank Dikötter, *Mao's Great Famine: The History of China's Most Devastating Catastrophe, 1958-1962* (New York: Walker, 2010). 楊繼繩,『墓碑: 中國六十年代大饑荒紀實』(상·하)(香港: 天地圖書有限公司, 2008).

33 2002~2006년 덩룽과의 인터뷰.

34 Zubok, "Deng Xiaoping and the Sino-Split, 1956-63," pp. 152~162. Chen, "Deng Xiaoping and Mao's 'Continuous Revolution' and the Path toward the Sino-Soviet Split," pp. 162~182.

35 Roderick MacFarquhar and Michael Schoenhals, *Mao's Last Revolution* (Cambridge: Belknap Press of Harvard University Press, 2006).

2 추방과 귀환: 1969~1974년

1 *DXPCR*, p. 108, p. 117.

2 같은 책, pp. 106~155. 이외에 2008년 11월 현지 공장을 방문하여 현지인과의 인터뷰 내용에 근거한다.

3 *DXPCR*, pp. 133~147.

4 같은 책, pp. 148~154.

5 같은 책, p. 185.

6 덩샤오핑과 천이(陳毅)를 위해 통역을 맡았던 지차오주의 덩샤오핑과 천이 비교 논평. 저자는 2002년 4월, 2006년 11월, 2009년 4월에 지차오주를 인터뷰했다.

7 2001년 3월, 2002년 1월 리선즈와의 인터뷰.

8 *DXPCR*, pp. 120~132. 巫猛, 熊誠, 李小川,「鄧小平在江西新建縣的日子」,《百年潮》, 2003년 1기, 나중에 양톈스가 편집한『鄧小平寫眞』(上海: 上海辭書出版社, 2005) 55쪽에 수록되었다. 이외에 2002~2006년 덩룽과의 인터뷰 참조.

9 *DXPCR*, p. 179.

10 2007년 7월 덩린과의 인터뷰.

11 2002~2008년 덩룽과의 인터뷰.

12 *DXPCR*, p. 103.

13 같은 책, p. 181.

14 같은 책, pp. 140~145.

15 같은 책, pp. 191~194. 2007년 12월 선자이왕(申再望)과의 인터뷰에 근거한다. 그는 덩씨 집안을 돌보았던 리징촨(李井泉)의 세 자녀 가운데 하나다.

16 2007년 7월 덩린과의 인터뷰.

17 毛毛,『我的父親鄧小平: 文革歲月』(北京: 中央文獻出版社, 2000), 223쪽.

18 Benjamin Yang, *Deng: A Political Biography* (Armonk, N.Y.: M. E. Sharpe, 1998), p. 215, p. 267. 벤저민 양(Benjamin Yang, 중국명 楊炳章)은 덩푸팡의 베이징대학 동학이다.

19 2002~2006년 덩룽과의 인터뷰.

20 *DXPCR*, p. 244.

21 史云·李丹慧,『中華人民共和國史, 難以繼續的繼續革命-從批林到批鄧, 1972-1976』(香港: 香港中文大學當代中國文化研究中心, 2008), 第8卷, 197쪽.

22 中共中央文獻研究室 鄧小平 研究組 編,『鄧小平 自述』(北京: 解放軍出版社, 2005), 125쪽.

23 *DXPCR*, p. 192.

24 Philip Short, *Mao: A Life* (New York: Henry Holt, 2000), pp. 588~599.

25 덩샤오핑이 더 이상 서신을 쓸 수 없다고 통지받은 일에 대해서는 *DXPCR*, p. 187 참조. 그가 보낸 서신은 *DXPCR*, pp. 182~184 참조. 린뱌오의 비행기 추락 사고 전후에 관한 기록은 다음을 참조. Harrison E. Salisbury, *The New Emperors: China in the Era of Mao and Deng* (Boston: Little, Brown, 1992), pp. 275~306. Frederick C. Teiwes and Warren Sun, *The Tragedy of Lin Biao: Riding the Tiger during the Cultural Revolution, 1966-1971*

(Honolulu: University of Hawaii Press, 1996). 티위스와 워런 순(중국명 孫萬國)의 주장에 따르면, 린뱌오는 정치를 멀리하고자 했으나 마오쩌둥이 그를 정치에 끌어들였다. 린뱌오는 마오쩌둥의 정책에서 벗어난 적이 없었으며, 린뱌오가 죽기 전후해서 1년간의 긴장 관계는 마오쩌둥이 린뱌오의 세력을 꺾기 위해 의도적으로 조성한 것이다.

26 *DXPCR*, p. 184.

27 마오쩌둥의 주치의 리즈수이(李志綏)의 말에 따르면, 마오쩌둥은 "린뱌오 사건 후 갑자기 몸이 안 좋아졌다. 그는 하루 종일 침상에 누워 있었으며 …… 거의 2개월 동안 누워 있었다." Zhisui Li, with the editorial assistance of Anne F. Thurston, *The Private Life of Chairman Mao: The Memoirs of Mao's Personal Physician* (New York: Random House, 1994), pp. 542~543. 린뱌오가 비행기 추락 사고로 사망하기 전 1년간 그에 대한 마오쩌둥의 의심이 날로 심해졌다. 이에 관해서는 다음을 참조. Short *Mao: A Life* (Henry Holt, 1999), pp. 588~599.

28 中共中央文獻研究室 編, 『毛澤東傳(1949-1976)』(상 · 하)(北京: 中央文獻出版社, 2003), 하, 1610쪽, 1616~1618쪽. 마오쩌둥의 의료 상황은 다음을 참조. Li, with the editorial assistance of Thurston, *The Private Life of Chairman Mao*.

29 高文謙, 『晚年周恩來』(Carle Place, N.Y.: 明鏡出版社, 2003), 356~357쪽. 마오쩌둥의 주치의 말에 따르면, "마오쩌둥이 모종의 역경으로 인해 병석에 눕게 되면 언제나 일련의 새로운 정치 노선을 생각해 냈다." 이에 관해서는 다음을 참조. Li, with the editorial assistance of Thurston, *The Private Life of Chairman Mao*, p. 543.

30 2002년 4월, 2006년 11월, 2009년 4월 저우언라이의 통역사 지차오주와의 인터뷰.

31 *DXPCR*, pp. 191~192.

32 같은 책.

33 高文謙, 『晚年周恩來』, 363~364쪽.

34 *DXPCR*, p. 242.

35 中共中央文獻研究室 編, 『毛澤東傳(1949-1976)』, 하, 1621쪽.

36 高文謙, 『晚年周恩來』, 362쪽.

37 같은 책, 356~357쪽.

38 같은 책, 359~368쪽.

39 Frederick Teiwes and Warren Sun, *The End of the Maoist Era: Chinese Politics during the Twilight of the Cultural Revolution, 1972-1976* (Armonk, N.Y.: M. E. Sharpe, 2007), p. 59.

40 프레더릭 티위스와 워런 순에 따르면, 저우언라이는 자신과 닉슨이 함께 찍은 사진을 수정하고자 했다. 그는 사진에서 자신을 통역한 지차오주 대신 왕하이룽을 넣으려고 했다. 왕하이룽은 마오쩌둥이 신뢰하는 조카로 탁월한 통역 실력을 갖춘 것은 아니었다. Teiwes and Sun, *The End of the Maoist Era*, pp. 29~30.

41 高文謙, 『晩年周恩來』, 356~358쪽.

42 존 홀드리지와 주고받은 개인 서신. 날짜가 적혀 있지 않다.

43 *DXPCR*, pp. 192~193. 高文謙, 『晩年周恩來』, 364~368쪽.

44 毛毛, 『我的父親鄧小平: 文革歲月』, 222쪽.

45 *DXPCR*, pp. 198~200.

46 같은 책, pp. 201~202.

47 『鄧小平同志的信: 1972年 8月 3日』, 미공개이나 현재 하버드대학 페어뱅크 컬렉션 평한주 도
서관에 소장되어 있다.

48 *DXPCR*, pp. 209~210.

49 史云·李丹慧, 『中華人民共和國史』第8卷, 202쪽.

50 中共中央文獻研究室 編, 『毛澤東傳(1949-1976)』, 하, 1650쪽.

51 史云·李丹慧, 『中華人民共和國史』, 第8卷, 202쪽.

52 *DXPCR*, pp. 214~239.

53 舒惠國, 「紅色大地偉人行」, 中共中央文獻研究室 編, 『回憶鄧小平』(상·중·하)(北京: 中央文
獻出版社, 1998), 하, 199쪽. 덩샤오핑은 이렇게 말했다. "나는 아직도 20년을 활동할 수 있다."

54 *DXPCR*, pp. 242~243. 장칭의 말에 따르면, 그녀는 덩샤오핑의 복귀를 반대하지 않았으며
오히려 그를 지지했다. Teiwes and Sun, *The End of the Maoist Era*, p. 180, p. 202. 하지만
당사 전문가들은 장칭이 덩샤오핑의 복귀를 반대했다는 덩룽의 관점에 동의하고 있다. 中共
中央文獻研究室 編, 『毛澤東傳(1949-1976)』, 하, 1650쪽 참조.

55 高文謙, 『晩年周恩來』, 504~505쪽. *DXPCR*, pp. 246~247.

56 *DXPCR*, pp. 242~243.

57 『鄧小平年譜(1904-1974)』, 1973년 3월 28~29일, 1973쪽.

58 같은 책, 1973년 3월 29일, 1973쪽.

59 *DXPCR*, pp. 244~246. 시아누크를 환영하는 만찬에 관한 내용은 外交部檔案館 編, 『偉人的
足迹: 鄧小平外交活動大事記』(北京: 世界知識出版社, 1998)에 보인다.

60 『偉人的足迹: 鄧小平外交活動大事記』, 71~81쪽. 『鄧小平年譜(1904-1974)』, 1974~1990쪽.

61 高文謙, 『晩年周恩來』. 영역 축약본은 다음과 같다. Wenqian Gao, *Zhou Enlai: The Last
Perfect Revolutionary: A Biography* (New York: PublicAffairs, 2007).

62 2006년 10월, 12월 장한즈(章含之)와의 인터뷰. 그녀는 마오쩌둥의 영어 교사이자 통역관 가
운데 한 명이다. 그녀가 마오쩌둥을 처음 만난 것은 1963년이다. 이외에 Gao, *Zhou Enlai*,
pp. 237~240 참조.

63 2006년 10월 장한즈와의 인터뷰.

64 『晩年周恩來』와 영역본을 참조했다. 가오원첸은 중앙문헌연구실에서 10년 동안 부주임으로
재직했다. 그의 일부 해석은 사실과 어긋나지만 합리적으로 해석한 부분도 적지 않다는 평가
를 받고 있다. 예를 들어 가오원첸은 마오쩌둥이 저우언라이의 죽음을 경축하는 폭죽을 터뜨

렸다고 말했다. 하지만 중국인들은 춘절에 보통 폭죽을 터뜨린다. 마오쩌둥이 폭죽을 터뜨린 것은 바로 이 때문이다.

65 高文謙,『晚年周恩來』.

66 *DXPCR*, p. 210.

67 中共中央文獻硏究室 編,『毛澤東傳(1949-1976)』, 하, 1655쪽 참조.

68 Barbara Barnouin and Changgen Yu, *Ten Years of Turbulence* (New York: Kegan Paul International, 1993), pp. 248~249.

69 *DXPCR*, pp. 252~254. Richard Evans, *Deng Xiaoping and the Making of Mordern China* (New York: Viking, 1994), pp. 196~197.

70 中共中央文獻硏究室 編,『毛澤東傳(1949-1976)』, 하, 1661쪽.

71 Teiwes and Sun, *The End of the Maoist Era*, p. 97.

72 中共中央文獻硏究室 編,『毛澤東傳(1949-1976)』, 하, 1654쪽. 당시 대회의 완전한 기록은 같은 책 93~109쪽 참조.

73 『鄧小平年譜(1904-1974)』, 1973년 3월 28~29일, 1973쪽.

74 中共中央文獻硏究室 編,『毛澤東傳(1949-1976)』, 하, 1661쪽.

75 Evans, *Deng Xiaoping and the Making of Modern China*, p. 197.

76 Patrick Tyler, *A Great Wall: Six Presidents and China: An Investigative History* (New York: PublicAffairs, 1999), pp. 159~164. William Burr, ed., *The Kissinger Transcripts: The Top Secret Talks with Beijing and Moscow* (New York: New Press, 1998), pp. 124~128.

77 Tyler, *A Great Wall*, pp. 168~169. Burr, *The Kissinger Transcripts*, pp. 166~169. 키신저와 마오쩌둥의 회담 내용은 같은 책, 179~199쪽 참조.

78 *DNSA*, CH00277, Kissinger and Zhou Enlai, November 14, 1973. 회의 기록은 Burr, *The Kissinger Transcripts*에도 보인다.

79 *DNSA*, CH00278, Kissinger and Zhou Enlai, November 12, 1973. *DNSA*, CH00284, November 14, 1973.

80 키신저의 방문 기록은 다음 문건에 보인다. Kissinger, *Year of Renewal* (New York: Simon and Schuster, 1999), pp. 136~166. 주석이 달린 문건은 나중에 Burr, *The Kissinger Transcripts*에 수록되었다.

81 高文謙,『晚年周恩來』, 461쪽.

82 같은 책, 502쪽.

83 문화 대혁명 시절에 박해받은 간부들은 저우언라이를 포함하여 마오쩌둥과 함께 일했던 이들에 대해 마음 깊이 원한을 품었다. 덩샤오핑은 키신저에게 이렇게 말한 적이 있다. "저우언라이가 많은 이의 운명을 좋은 쪽으로 바꾼 것은 사실이지만 한번도 그처럼 고통스럽게 만든 정책을 바꿀 생각은 하지 않았다." Kissinger, *Year of Renewal*, p. 160.

84 高文謙,『晩年周恩來』, 472쪽. Gao, *Zhou Enlai*, pp. 242~247.

85 高文謙,『晩年周恩來』, 505~506쪽. Gao, *Zhou Enlai*, p. 247. 워런 순은 당시 또는 1년 후에 덩샤오핑이 중앙군사위원회에 합류했는지에 대해 의문을 표하고 있다.

86 『鄧小平年譜(1904-1974)』.

87 Salisbury, *The New Emperors*, p. 296.

88 Evans, Deng *Xiaoping and the Making of Modern China*, p. 197.

89 高文謙,『晩年周恩來』, 473~474쪽.

90 Teiwes and Sun, *The End of the Maoist Era*, pp. 131~139. 같은 책, 473~474쪽, 531~533쪽.

91 Gao, *Zhou Enlai*, pp. 256~259, p. 262.

92 高文謙,『晩年周恩來』, 531~533쪽.

93 같은 책, 506~507쪽, 527~528쪽.

94 *DXPCR*, pp. 264~265.

95 2006년 12월 장한즈와의 인터뷰. 그녀는 외교부장 차오관화의 첫째 부인이 사망한 후인 1973년에 그와 결혼했다.

96 *DXPCR*, pp. 264~265.

97 같은 책, pp. 266~268.

98 2002년 1월 중앙당교에서 장창빈(姜長斌)과의 인터뷰.

99 Kissinger, *Years of Renewal*, p. 164.

100 같은 책, pp. 869~886.

101 같은 책, p. 868.

102 같은 책, p. 164.

103 같은 책, pp. 163~164.

104 같은 책, p. 163.

105 2007년 12월, 저자는 이번 방문을 위해 덩샤오핑의 수행 통역인 스옌화를 인터뷰했다.

106 2006년 10월과 12월, 차오관화의 부인 장한즈를 인터뷰했다. 그녀는 대표단 통역으로 활동했다.

107 *DXPCR*, pp. 268~270.

108 『偉人的足迹: 鄧小平外交活動大事記』, 88~117쪽.

109 1974년 11월 4일 덩샤오핑과 워싱턴에 있는 아메리칸대학 총장 대표단의 대담. 당시 대표단의 일원이었던 멜 골드먼이 자신이 필기한 내용을 보여 주었는데, 이에 감사한다.

110 程中原 · 夏杏珍,『歷史轉折的前奏: 鄧小平在1975』(北京: 中國靑年出版社, 2003), 1쪽.

111 같은 책, 1~16쪽.

112 *DXPCR*, p. 274.

113 Short, *Mao: A life*, p. 618.

114 高文謙,『晚年周恩來』, 528~530쪽.

115 같은 책, 이외에 *DXPCP*, pp. 276~277. 史云 · 李丹慧,『中華人民共和國史』第8卷, 377~409쪽 참조.

116 *DXPCR*, p. 281.

117 Evans, *Deng Xiaoping and the Making of Modern China*, pp. 202~203.

118 *DXPCR*, pp. 275~280.

119 高文謙,『晚年周恩來』, 501~509쪽.

3 마오쩌둥 밑에서 질서를 세우다: 1974~1975년

1 程中原 · 夏杏珍,『歷史轉折的前奏』, 25쪽. 張化,『鄧小平與1975年的中國』(北京: 中共黨史出版社, 2004).

2 高文謙,『晚年周恩來』.

3 같은 책.

4 마오쩌둥과 장칭의 서신 왕래를 볼 수 있는 당사 전문가와의 인터뷰.

5 程中原 · 夏杏珍,『歷史轉折的前奏』, 178쪽.

6 周恩來,『政府工作報告』, 1975년 1월 13일. *Documents of the First Session of the Fourth National People's Congress of the People's Republic of China* (Peking: Foreign Languages Press, 1975).

7 程中原 · 夏杏珍,『歷史轉折的前奏』, 44~45쪽. 2002년 4월 탕원성과의 인터뷰.

8 中共中央文獻硏究室 編,『鄧小平年譜(1975-1997)』(상 · 중 · 하)(北京: 中央文獻出版社, 2004), 1975년 2월 1일, 14~16쪽.

9 『鄧小平年譜(1975-1997)』 1975년 5월 29일, 50~51쪽. 程中原 · 夏杏珍,『歷史轉折的前奏』, 45~47쪽.

10 張化,『鄧小平與1975年的中國』, 70~74쪽.

11 『鄧小平年譜(1975-1997)』, 1975년 1월 25일, 10~11쪽. *SWDXP-2*, pp. 11~13.

12 Jonathan D. Pollack, "Rebuilding China's Great Wall: Chinese Security in the 1980s," in Paul H. B. Godwin, ed., *The Chinese Defense Establishment: Continuity and Change in the 1980s* (Boulder, Colo.: Westview, 1983), pp. 3~20. Paul H. B. Godwin, "Mao Zedong Revised: Deterrence and Defense in the 1980s," in Godwin, ed., *The Chinese Defense Establishment*, pp. 21~40. June Teufel Dreyer, "Deng Xiaoping: The Soldier," *The China Quarterly*, no. 135 (September 1993), pp. 536~550.

13 『鄧小平年譜(1975-1997)』, 1975년 5월 29일.

14 程中原 · 夏杏珍,『歷史轉折的前奏』, 424~425쪽.『鄧小平年譜(1975-1997)』, 1975년 1월

12일, 4~5쪽.

15 中共中央文獻硏究室 · 中國人民解放軍軍事科學院 編, 『鄧小平軍事文集』(北京: 軍事科學出版社 · 中央文獻出版社, 2004), 第3卷, 1~3쪽.

16 鄧小平, 「當前軍事工作的幾個問題」. 이 글은 덩샤오핑이 총참모부 관계자의 보고를 받은 후 회답한 내용이다. 같은 책, 1~3쪽. 鄧小平, 「國防工業和軍隊裝備工作的幾點意見」. 이 글은 1975년 5월 4일 중앙군사위원회 상임위원회 보고에 대한 회답이다. 같은 책, 20~25쪽. 鄧小平, 「要建立嚴格的科學管理和科硏生產制度」. 이 글은 1975년 5월 19일 과학기술위원회와 7기부(七機部, 주로 미사일 연구 개발을 주관하는 부서)의 보고를 들은 후 중앙군사위원회 상임위원회에서 연설한 내용이다. 같은 책, 26~27쪽.

17 William Burr, ed., *The Kissinger Transcripts: The Top Secret Talks with Beijing and Moscow* (New York: New Press, 1998), p. 308. 회담의 배경과 대담 비망록은 같은 책, pp. 265~321 참조.

18 程中原 · 夏杏珍, 『歷史轉折的前奏』, 398쪽.

19 예를 들어 총참모부 좌담회에서 덩샤오핑은 조급하게 전쟁 준비를 할 필요가 없다고 명확하게 말한 바 있다. 『鄧小平軍事文集』, 第3卷, 9쪽.

20 같은 책, 9~13쪽.

21 程中原 · 夏杏珍, 『歷史轉折的前奏』, 404~405쪽. 『鄧小平年譜(1975-1997)』, 1975년 1월 19일, 25일, 8~11쪽. 『鄧小平軍事文集』, 第3卷, 6~8쪽. *SWDXP-2*, pp. 27~28.

22 『鄧小平軍事文集』, 第3卷, 1~3쪽.

23 程中原 · 夏杏珍, 『歷史轉折的前奏』, 407~408쪽.

24 같은 책, 415~417쪽.

25 같은 책, 416쪽.

26 『鄧小平軍事文集』, 第3卷, 1975년 5월 19일, 26~27쪽.

27 程中原 · 夏杏珍, 『歷史轉折的前奏』, 408쪽, 412~415쪽.

28 같은 책, 94쪽.

29 같은 책, 107~108쪽. 『鄧小平年譜(1975-1997)』, 1975년 5월 19일, 46~47쪽.

30 2006년 당대중국연구소(當代中國硏究所) 부소장 장싱싱(張星星)과의 인터뷰.

31 Harrison E. Salisbury, *The New Emperors: China in the Era of Mao and Deng* (Boston: Little, Brown, 1992), p. 334.

32 程中原 · 夏杏珍, 『歷史轉折的前奏』, 55~56쪽.

33 Salisbury, *The New Emperors*, pp. 333~334. 솔즈베리는 1987 10월 7일 완리를 인터뷰했다.

34 王立新, 『要吃米找萬里: 安徽農村改革實錄』(北京: 北京圖書館出版社, 2000), 22쪽.

35 程中原 · 夏杏珍, 『歷史轉折的前奏』, 57~59쪽.

36 같은 책, 54~56쪽.

37 같은 책, 57~61쪽.

38 중국 각 성의 성위원회 서기(성 1급 당의 최고 직위)의 칭호는 변동이 심했으며, 각 성마다 모두 같지 않았다. 일반적으로 1982년 이전까지 각 성에는 여러 명의 성위원회 서기가 있었는데, 그 가운데 하나는 '제1서기(第一書記)'였다. 때로 다른 서기들도 나름대로 순서가 있었는데, 때로 '부서기'로 부르거나 '서기처 서기'라고 부르기도 했다. 서기는 각기 하나의 '계통(系統)'을 분담했다. 예를 들어 정법(政法), 공업 운수, 상업, 문화 교육 등이 그것이다. 직함이 변한다고 해서 반드시 사업 책임의 변화를 반영하는 것은 아니었다. 중국 작가들도 항상 정확한 호칭을 사용하는 것은 아니다. 1982년 중공 제12차 전국대표대회에서 집체 영도를 새롭게 강조한 이후로 대다수 성(省)에서 '제1서기'라는 칭호가 사라지기 시작했으며, 1985년 이후로는 사용하지 않았다. 하지만 한 명의 서기가 전체적인 책임을 맡는 곳도 여전히 있었다. 저자는 이 책에서 시간적 요소를 고려하지 않고, 직위가 가장 높은 서기는 '제1서기', 그리고 나머지 서기는 '성위 서기(省委書記, 성위원회 서기)'라고 줄여서 불렀다.

39 程中原·夏杏珍, 『歷史轉折的前奏』, 62쪽.

40 *SWDXP-2*, pp. 14~17. 쩌우당(鄒讜)은 『鄧小平文選』을 평론하면서 1차 자료와 거의 차이가 없다고 말했다. Tang Tsou, "Review: The Historic Change in Direction and Continuity with the Past," *The China Quarterly*, no 98 (April 1984), pp. 320~347.

41 程中原·夏杏珍, 『歷史轉折的前奏』, 58쪽, 67~69쪽.

42 같은 책, 64쪽, 68쪽.

43 *DXPCR*, pp. 298~299.

44 程中原·夏杏珍, 『歷史轉折的前奏』, 68~69쪽.

45 같은 책, 69~70쪽.

46 같은 책, 70쪽.

47 *DXPCR*, p. 299.

48 程中原·夏杏珍, 『歷史轉折的前奏』, 70~71쪽.

49 같은 책, 71쪽, 77쪽.

50 『鄧小平年譜(1975-1997)』, 1975년 3월 22일, 28~29쪽. 程中原·夏杏珍, 『歷史轉折的前奏』, 73~74쪽.

51 『鄧小平年譜(1975-1997)』, 1975년 4월 18일~26일, 36~37쪽.

52 程中原·夏杏珍, 『歷史轉折的前奏』, 81~84쪽.

53 같은 책, 429~445쪽, 465쪽.

54 같은 책, 456쪽.

55 같은 책, 76쪽, 82쪽, 126쪽.

56 같은 책, 113~114쪽.

57 같은 책, 125쪽.

58 같은 책, 118~120쪽.

59 같은 책, 126~133쪽.

60 같은 책, 142~153쪽.

61 같은 책, 125쪽.

62 같은 책, 147~149쪽.

63 같은 책, 150~152쪽.

64 『鄧小平年譜(1975-1997)』, 1975년 5월 21일, 47~48쪽.

65 같은 책, 1975년 5월 29일, 50~51쪽.

66 程中原·夏杏珍, 『歷史轉折的前奏』, 163~166쪽.

67 같은 책, 166쪽.

68 같은 책, 169쪽.

69 같은 책, 169~170쪽.

70 같은 책, 443~465쪽. Frederick Teiwes and Warren Sun, *The End of the Maoist Era: Chinese Politics during the Twilight of the Cultural Revolution, 1972-1976* (Armonk, N.Y.: M. E. Sharpe, 2007), pp. 245~251, pp. 274~282. Keith Forster, *Rebellion and Factionalism in a Chinese Povince: Zhejiang, 1966-1976* (Armonk, N.Y.: M. E. Sharpe, 1990). 2007년 10월 지덩쿠이의 아들 지후민과의 인터뷰.

71 程中原·夏杏珍, 『歷史轉折的前奏』, 445쪽.

72 같은 책, 445~446쪽.

73 같은 책, 446쪽.

74 청중위안과의 인터뷰. 程中原·夏杏珍, 『歷史轉折的前奏』, 454쪽.

75 같은 책, 465쪽.

76 『鄧小平年譜(1975-1997)』, 1975년 4월 18~26일, 36~37쪽.

77 같은 책, 1975년 4월 18일, 35쪽.

78 같은 책, 1975년 4월 27일, 38~39쪽.

79 같은 책, 1975년 5월 3일, 40~41쪽.

80 같은 책, 1975년 5월 27일, 6월 3일, 49~50쪽.

81 같은 책, 1975년 5월 12~18일, 42~46쪽. 外交部檔案館 編, 『偉人的足迹: 鄧小平外交活動大事記』, 1975년 5월 12~18일.

82 2004년 8월 23일《차이나 데일리》의 자크 시라크와의 인터뷰.

4 마오쩌둥 밑에서 미래를 계획하다: 1975년

1 程中原·夏杏珍, 『歷史轉折的前奏』, 202~203쪽. 于光遠, 『我憶鄧小平』(香港: 時代國際出版有限公司, 2005), 5쪽.

2 *SWDXP-2*, pp. 24~26.

3 　程中原 · 夏杏珍, 『歷史轉折的前奏』, 537~540쪽.

4 　같은 책, 208쪽.

5 　정치연구실 자료는 내가 연구실의 베테랑 연구원인 위광위안과 정치연구실 이론 소조 서기 주자무 등과 인터뷰한 내용에 근거한다. 于光遠, 『我憶鄧小平』 참조. 후차오무의 생평에 관해서는 '덩샤오핑 시대의 핵심 인물' 참조.

6 　程中原 · 夏杏珍, 『歷史轉折的前奏』, 213쪽.

7 　같은 책, 204~208쪽.

8 　같은 책, 212~213쪽.

9 　『鄧小平年譜(1975-1997)』, 1975년 7월 13일, 18일, 8월 8일, 69쪽 각주. 같은 책, 213~215쪽.

10 　당시 회의는 1975년 6월 29일, 7월 23일, 8월 26일, 9월 13일, 19일, 25~26일, 10월 10일, 14일, 24일, 11월 10일, 15일, 그리고 1976년 1월 17일에 나누어 열렸다.

11 　程中原 · 夏杏珍, 『歷史轉折的前奏』, 233~272쪽. Frederick Teiwes and Warren Sun, *The End of the Maoist Era: Chinese Politics during the Twilight of the Cultural Revolution, 1972-1976* (Armonk, N.Y.: M.E. Sharpe, 2007), pp. 324~339.

12 　程中原 · 夏杏珍, 『歷史轉折的前奏』, 241~243쪽.

13 　『鄧小平年譜(1975-1997)』, 1975년 9월 20일, 102쪽.

14 　*SWDXP-2*, pp. 41~44.

15 　초안 두 권의 차이에 관해서는 程中原 · 夏杏珍, 『歷史轉折的前奏』, 265~266쪽 참조.

16 　같은 책, 252~256쪽.

17 　『鄧小平年譜(1975-1997)』, 1975년 12월 25일, 138쪽.

18 　程中原 · 夏杏珍, 『歷史轉折的前奏』, 242~243쪽. 수입이 비교적 높은 지방에 대해 약간 양보하여 더 많이 지출할 수 있도록 허락했다. 239~241쪽 참조.

19 　같은 책, 353~357쪽.

20 　같은 책, 353쪽.

21 　같은 책, 353~357쪽.

22 　같은 책, 222~224쪽.

23 　같은 책, 367쪽.

24 　같은 책, 364~365쪽.

25 　같은 책, 366~367쪽.

26 　같은 책, 374~380쪽. 于光遠, 『我憶鄧小平』, 68~70쪽.

27 　程中原 · 夏杏珍, 『歷史轉折的前奏』, 371~374쪽.

28 　같은 책, 381~386쪽.

29 　같은 책, 390쪽.

30 　같은 책.

31 　같은 책, 389~392쪽.

32　같은 책, 390~392쪽.

33　같은 책, 392~394쪽. 吳德, 『吳德口述: 十年風雨紀事, 我在北京工作的一些經歷』(北京: 當代中國出版社, 2004), 166~173쪽. 于光遠, 『我憶鄧小平』, 94~97쪽.

34　程中原 · 夏杏珍, 『歷史轉折的前奏』, 226~232쪽.

35　같은 책, 275쪽.

36　같은 책, 282~286쪽.

37　같은 책, 274~282쪽, 341쪽. 장칭의 대화 녹음 내용은 이후 마오쩌둥이 일부 수정했으며, 1975년 11월 15일 발표한 담화에 수록되어 있다. 『建國以來毛澤東文稿』(北京: 中央文獻出版社, 1987-1998), 第13冊, 447~449쪽.

38　程中原 · 夏杏珍, 『歷史轉折的前奏』, 343~346쪽.

39　같은 책, 291~298쪽. 서신 원문 내용은 같은 책 295~296쪽에 수록되어 있다.

40　마오쩌둥의 주치의 리즈수이는 마오쩌둥의 안과 수술 배경에 대해 언급한 적이 있는데, 관련 내용은 다음을 참조. Li, with the editorial assistance of Anne F. Thurston, *The Private Life of Chairman Mao: The Memoirs of Mao's Personal Physician* (New York: Random House, 1994), pp. 604~605.

41　程中原 · 夏杏珍, 『歷史轉折的前奏』, 296~298쪽.

42　같은 책, 329~339쪽.

43　같은 책, 273쪽.

44　같은 책, 339~341쪽.

45　같은 책, 471~473쪽.

46　이는 미국 국가과학원 대표단 과학자들이 내린 결론인데, 저자 또한 대표단 성원 가운데 하나였다.

47　中央文獻硏究室, 湖南省委員會, 후난텔레비전에서 제작한 대형 텔레비전 제작물 『鄧小平十章』(후난텔레비전방송국, 2004), 第3回, 「破氷」.

48　程中原 · 夏杏珍, 『歷史轉折的前奏』, 473~474쪽.

49　같은 책, 447~478쪽, 495쪽.

50　같은 책, 478~480쪽.

51　같은 책, 480~482쪽, 488~490쪽.

52　같은 책, 490~496쪽.

53　중국 문제 전문가 멀 골드먼과 대표단이 함께 회견에 참가했다. 우호적이었던 그는 저자에게 회담 기록을 볼 수 있도록 해 주었다.

54　程中原 · 夏杏珍, 『歷史轉折的前奏』, 498쪽. *SWDXP-2*, pp. 45~47.

55　程中原 · 夏杏珍, 『歷史轉折的前奏』, 581~582쪽.

56　같은 책, 499~502쪽.

57　같은 책, 499~502쪽, 506쪽.

58 『수호전』에 대한 보다 구체적인 서술은 다음을 참조. Merle Goldman, *Chinese Intellectuals: Advise and Dissent* (Cambridge: Harvard University Press, 1981).

59 程中原・夏杏珍,『歷史轉折的前奏』, 577~580쪽. 史云・李丹慧,『中華人民共和國史』. 이 책에 따르면, 마오쩌둥이 일부러 토론을 유발시키기 위해 루디에게 자신의 관점을 기록하도록 한 것이 아니며, 공개적인 변론을 발동한 것 역시 마오쩌둥이 아니라 야오원위안과 장칭이다. 하지만 공개적인 변론을 허락한 이는 분명 마오쩌둥이고, 그 역시 그것이 정치적 함의를 내재하고 있음을 모르지는 않았다.

60 程中原・夏杏珍,『歷史轉折的前奏』, 512~517쪽.

61 高文謙,『晚年周恩來』, 565쪽.

62 『수호전』 운동에 관한 기록은 다음을 참조. Teiwes and Warren Sun, *The End of the Maoist Era*, pp. 363~374. Merle Goldman, "The Media Campaign as a Weapon in Political Struggle: The Dictatorship of the Proletariat and Water Margin Campaign," in Godwin C. Chu and Francis L. K. Hsu, eds., *Moving a Mountain: Cultural Change in China* (Honolulu: University Press of Hawaii, 1979), pp. 191~202. Barbara Barnouin and Changgen Yu, *Ten Years of Turbulence: The Chinese Cultural Revolution* (New York: Kegan Paul International, 1993), pp. 283~285.

63 Wenqian Gao, *Zhou Enlai: The Last Perfect Revolutionary* (New York: PublicAffairs, 2007), p. 166.

64 程中原・夏杏珍,『歷史轉折的前奏』, 512~517쪽.

65 2006년 1월, 저자는 마오위안신의 관점을 이해하고 있는 간부에게서 그것이 마오위안신의 견해라는 것을 알았다.

66 당시 투쟁에 대한 다양한 논술은 中共中央文獻研究室 編,『毛澤東傳(1949-1976)』(상・하)(北京: 中央文獻出版社, 2003), 하, 1753~1755쪽 참조. *DXPCR*, pp. 350~351. Teiwes and Warren Sun, *The End of the Maoist Era*, pp. 388~399. Jiaqi Yan and Gao Gao, *Turbulent Decade: A History of the Cultural Revolution* (Honolulu: University of Hawaii Press, 1996), pp. 471~473. Roderick MacFarquhar and Michael Schoenhals, *Mao's Last Revolution* (Cambridge: Belknap Press of Harvard University Press, 2006), pp. 404~407. 程中原・夏杏珍,『歷史轉折的前奏』, 560~563쪽.

67 史云・李丹慧,『中華人民共和國史』, 第8卷, 406쪽.

68 中共中央文獻研究室 編,『毛澤東傳(1949-1976)』, 하, 1754쪽.

69 같은 책.

70 관련 내용은 저자가 2006년 1월 마오위안신의 관점을 이해하고 있는 간부를 인터뷰한 기록 및 中共中央文獻研究室 編,『毛澤東傳(1949-1976)』, 하, 1752~1758쪽에 근거한다. *DXPCR*, pp. 350~355. Teiwes and Warren Sun, *The End of the Maoist Era*, pp. 374~381, pp. 399~410. 程中原・夏杏珍,『歷史轉折的前奏』, 560~579쪽. 史云・李丹慧,

『中華人民共和國史』, 第8卷, 592~598쪽. 『鄧小平年譜(1975-1997)』, 1975년 11월 1~28일, 125~134쪽.

71 Teiwes and Warren Sun, *The End of the Maoist Era*, p. 517.

72 *DXPCR*, p. 361.

73 『鄧小平年譜(1975-1997)』, 1976년 1월 1~2일, 139~140쪽. Teiwes and Warren Sun, *The End of the Maoist Era*, p. 516.

74 1980년 역사 문제를 평가할 당시 천윈과 예젠잉 등은 만약 마오위안신이 단지 마오쩌둥의 의견을 전달했을 뿐이라는 결론에 도달할 경우 마오쩌둥의 위신과 명성에 손상을 줄 수도 있다고 염려했다. 결국 마오위안신이 마오쩌둥에게 영향을 끼친 책임을 지는 것에 동의하고, 이로 인해 비교적 좋은 대우를 받게 되었다. 2008년 12월 당내 문건을 잘 알고 있는 당사 전문가와의 인터뷰 참조.

75 '차오양 모델'에 대한 토론은 다음을 참조. Teiwes and Warren Sun, *The End of the Maoist Era*, p. 340.

76 관련 내용은 2006년 1월 관련 문건을 본 적이 있는 당사 전문가를 인터뷰한 기록에 근거했다.

77 *DXPCR*, p. 351.

78 2006년 1월 마오위안신의 입장을 잘 알고 있는 간부와의 인터뷰. 中共中央文獻研究室 編, 『毛澤東傳(1949-1976)』, 하, 1754~1755쪽. *DXPCR*, pp. 352~353.

79 *DXPCR*, p. 362. 『鄧小平年譜(1975-1997)』는 이번 방문이 11월 초에 이루어졌다고 간단하게 언급하고 있다.

80 *DXPCR*, p. 352.

81 『鄧小平年譜(1975-1997)』, 1975년 11월 1~2일, 1쪽. 中共中央文獻研究室 編, 『毛澤東傳(1975-1976)』, 하, 1755쪽.

82 中共中央文獻研究室 編, 『毛澤東傳(1949-1976)』, 하, 1755~1756쪽.

83 같은 책, 하, 1756쪽.

84 David S. Zwig, "The Peita Debate on Education and the Fall of Teng Hsiao-píng," *The China Quarterly*, no. 73 (March 1978), pp. 140~159.

85 『鄧小平年譜(1975-1997)』, 1975년 11월 17일, 31쪽.

86 같은 책, 1975년 11월 20일, 131~132쪽. *DXPCR*, p. 361.

87 薄一波, 『若干重大決策與事件的回顧』 (상 · 하) (北京: 中共中央黨校出版社, 1991), 하, 1249쪽.

88 *DXPCR*, p. 366.

89 Patrick Tyler, *A Great Wall: Six Presidents and China: An Investigative History* (New York: PublicAffairs, 1999), p. 226.

90 Henry Kissinger, *Years of Renewal* (New York: Simon and Schuster, 1999), pp. 890~891.

91 程中原 · 夏杏珍, 『歷史轉折的前奏』, 574쪽.

92 *DXPCR*, pp. 364~365. 程中原·夏杏珍,『歷史轉折的前奏』, 575~576쪽.『鄧小平年譜 (1975-1997)』, 1975년 11월 24일, 132~134쪽. 2002년 4월 탕원성과의 인터뷰.

93 程中原·夏杏珍,『歷史轉折的前奏』, 576~577쪽. *DXPCR*, p. 365.

94 程中原·夏杏珍,『歷史轉折的前奏』, 583~586쪽.

95 같은 책, 579~580쪽. 吳德,『吳德口述』, 194~199쪽.

96 程中原·夏杏珍,『歷史轉折的前奏』, 579~582쪽.

97 덩샤오핑의 연설 녹음은 중앙당안관에 보관되어 있다. 본문은 청중위안의 개괄에 근거한 것인데, 청중위안이 개괄한 내용은 녹음에 근거한 정리 원고다.『鄧小平年譜(1975-1997)』, 1976년 12월 20일.(중문판 편집자는『鄧小平年譜』에 이에 관한 기록이 나오지 않는다고 말했다.)

98 *DXPCR*, pp. 367~368.

99 程中原·夏杏珍,『歷史轉折的前奏』, 571~579쪽.

100 덩샤오핑과 키신저의 회담 비망록, *DNSA*, CH00366, CH00367, CH00369, CH00373, October 20~22, 1975.

101 키신저 국무 장관과 마오쩌둥의 회담 분석과 요점, *DNSA*, CH00368, October 22, 1975. *DNSA*, CH00372, October 17, 1975. 키신저와 마오쩌둥의 회담 비망록, *DNSA*, CH00398, December 3, 1975.

102 같은 책.

103 제럴드 포드와 헨리 키신저, 덩샤오핑의 회담 비망록, *DNSA*, CH00398, December 3, 1975.

104 마오쩌둥과 포드의 회담 비망록, *DNSA*, CH00395, December 2, 1975. 제럴드 포드와 헨리 키신저, 덩샤오핑의 회담 비망록, *DNSA*, CH00396, December 2, 1975. *DNSA*, CH00398, December 3, 1975. *DNSA*, CH00399, December 4, 1975.『鄧小平年譜(1975-1997)』, 1975년 12월 1일~5일, 134~135쪽. Kissinger, *Years of Renewal*, pp. 886~894. Tyler, *A Great Wall*, pp. 215~219.

105 조지 부시의 보고, *DNSA*, CH00402, December 9, 1975.

106 *DNSA*, CH00402, December 9, 1975.

107 『鄧小平年譜(1975-1997)』, 1976년 1월 1~2일, 139~140쪽.

108 程中原·夏杏珍,『歷史轉折的前奏』, 420~422쪽.

5 실각 그리고 마오쩌둥 시대의 종언: 1976년

1 『鄧小平年譜(1975-1997)』, 1976년 1월 8일, 141쪽.

2 마오쩌둥의 왕둥싱에 대한 평가, 高文謙,『晩年周恩來』, 7~8쪽, 602~604쪽.

3 Jiaqi Yan and Gao Gao, *Turbulent Decade: A History of the Cultural Revolution*, p. 482.

4   『鄧小平年譜(1975-1997)』, 1976년 1월 5일, 140~141쪽.

5   같은 책, 1976년 1월 9일, 141~142쪽.

6   저우언라이 만년의 마오쩌둥과의 관계는 『晚年周恩來』 참조.

7   吳德, 『吳德口述』, 203~204쪽.

8   로저 가사이드는 1976년부터 1979년까지 중국 주재 외교관을 지냈고, 데이비드 즈웨이그
    는 캐나다 교류 학생이다. 두 사람은 모두 중국어에 능통했으며, 며칠 동안 대부분의 시간
    을 톈안먼 광장에서 보냈다. Roger Garside, *Coming Alive: China after Mao* (New York:
    McGraw-Hill, 1981).

9   吳德, 『吳德口述』, 203쪽.

10 검은 완장 패용 금지에 관한 내용은 같은 책, 204쪽 참조.

11 Garside, *Coming Alive*, pp. 10~13.

12 『鄧小平年譜(1975-1997)』, 1976년 1월 12일, 142~143쪽.

13 Chaozhu Ji, *The Man on Mao's Right: From Harvard Yard to Tiananmen Square, My
    Life Inside China's Foreign Ministry* (New York: Random House, 2008), p. 285. 2002년
    4월 지차오주와의 인터뷰.

14 『鄧小平年譜(1975-1997)』, 1976년 1월 15일, 143~144쪽. Ji, *The Man on Mao's Right*,
    p. 285.

15 Garside, *Coming Alive*, pp. 12~13.

16 『鄧小平年譜(1975-1997)』, 1976년 1월 14일, 143쪽.

17 *DXPCR*, p. 372.

18 『鄧小平年譜(1975-1997)』, 1976년 1월 20일.

19 당사 학자와의 인터뷰. 날짜 기록이 없다.

20 *DXPCR*, p. 372, pp. 380~388. Teiwes and Warren Sun, *The End of the Maoist Era:
    Chinese Politics during the Twilight of the Cultural Revolution, 1972-1976* (Armonk,
    N.Y.: M.E. Sharpe, 2007), pp. 414~415.

21 『鄧小平年譜(1975-1997)』, 1976년 1월 20일, 145쪽.

22 같은 책, 1976년 1월 21일, 145~146쪽.

23 같은 책, 1976년 1월 21일, 1~4월, 146쪽.

24 《人民日報》, 1976년 1월 26일.

25 『鄧小平年譜(1975-1997)』, 1976년 1월 21일, 146쪽.

26 같은 책, 1976년 2월 2일, 147쪽.

27 *DXPCR*, pp. 380~388. 『鄧小平年譜(1975-1997)』, 1976년 1월 15일, 21일, 2월 2일,
    143~147쪽.

28 Teiwes and Warren Sun, *The End of the Maoist Era*, pp. 443~447.

29 程中原·夏杏珍, 『歷史轉折的前奏』, 584쪽.

30 『鄧小平年譜(1975-1997)』, 1976년 2월 2일, 147쪽.

31 같은 책, 1976년 2월 25일~3월 초, 147~148쪽.

32 Garside, *Coming Alive*, pp. 18~24.

33 같은 책, pp. 110~115. David S. Zweig, "The Peita Debate on Education and the Fall of Teng Hsiao-píng," *The China Quarterly*, no. 73 (March 1978), p. 154.

34 『鄧小平年譜(1975-1997)』, 1976년 3월 26일, 148쪽.

35 吳德, 『吳德口述』, 204~206쪽.

36 Garside, *Coming Alive*, p. 115.

37 덩샤오핑이 집안 식구들에게 톈안먼 광장에 나가지 말라고 말한 것은 『鄧小平年譜(1975-1997)』, 1976년 3월 하순에서 4월 초순, 148~149쪽.

38 Zweig, "The Peita Debate on Education and the Fall of Teng Hsiao-píng," pp. 154~158. Garside, *Coming Alive*, pp. 125~128.

39 Garside, *Coming Alive*, pp. 125~126.

40 吳德, 『吳德口述』, 207~211쪽.

41 『鄧小平年譜(1975-1997)』, 1975년 4월 5일, 149쪽.

42 吳德, 『吳德口述』, 210~214쪽. 로저 가사이드의 말에 따르면, 방송은 오후 6시 30분에 시작되었으며, 9시 35분 탐조등이 켜지면서 자금성에 집결하여 대기하고 있던 민병이 광장으로 출동했다. Garside, *Coming Alive*, pp. 128~135. 사인방이 체포된 후 우더는 덩샤오핑을 비방한 것과 관련하여 조사를 받았다. 하지만 그는 4월 5일 자신은 선택할 여지 없이 오직 마오쩌둥과 정치국의 결정에 따를 수밖에 없었다고 변명했다. 4월 5일 대량의 유혈 사태가 벌어졌다고 말하는 이들도 있었으나 병원, 화장장 등 세 군데 조사 보고에 따르면, 진압 과정에서 인명 사고의 흔적은 찾아볼 수 없었다. 우더는 중공 중앙당사연구실에서 편찬한 『중국당사대사연표』(北京: 人民出版社, 1987)의 일부 기록에 혼란이 빚어진 것은 중앙정치국이 4월 4일과 5일 회의를 하나로 합쳐 놓아 사람들이 4월 4일 개최된 것으로 여기게 되었기 때문이자 사인방에 대한 비판이 기록되지 않았기 때문이라고 말했다. 吳德, 『吳德口述』, 218~221쪽.

43 2006년 10월 21일 장한즈와의 인터뷰.

44 2006년 1월 마오위안신의 새로운 견해에 정통한 간부와의 인터뷰.

45 『鄧小平年譜(1975-1997)』, 1976년 4월 6일, 149쪽.

46 高文謙, 『晚年周恩來』, 308쪽.

47 고위층 간부들도 덩샤오핑의 향방을 모르고 있었다. 그래서 외국인들 사이에 덩샤오핑이 광저우로 도피하여, 1974년 1월부터 1980년 2월까지 광저우 군구 사령관으로 있던 그의 지지자 쉬스유 장군의 보호를 받았다는 이야기가 떠돌았다. 홍콩의 신문이나 일부 서방 분석가들 역시 이러한 이야기를 보도했다. Garside, *Coming Alive*, p. 140. Harrison E. Salisbury, *The New Emperors: China in the Era of Mao and Deng* (Boston: Little, Brown 1992), p. 367. 덩샤오핑의 딸이 나중에 이러한 오해를 불식시켜 주었다.

48 『鄧小平年譜(1975-1997)』, 1976년 4월 7일, 150쪽. 吳德, 『吳德口述』, 216~218쪽.

49 Zweig, "The Peita Debate on Education and the Fall of Teng Hsiao-píng," p. 158.

50 中共中央文獻研究室, 『毛澤東傳(1949-1976)』, 하, 1778쪽.

51 마오쩌둥의 주치의 리즈수이는 마오쩌둥이 4월 30일 화궈펑에게 이런 말을 써 주었다고 말했다. Zhisui Li, with the editorial assistance of Anne F. Thurston, *The Private Life of Chairman Mao: The Memoirs of Mao's Personal Physician* (New York: Random House, 1994), p. 5.

52 『鄧小平年譜(1975-1997)』, 1976년 4월 7일, 9일, 150쪽.

53 같은 책, 1976년 7월 7일, 9월 9일, 151쪽.

54 같은 책, 1976년 9월 9일, 151쪽.

55 吳德, 『吳德口述』, 197쪽.

56 Teiwes and Sun, *The End of the Maoist Era*, p. 390.

57 『鄧小平年譜(1975-1997)』, 1976년 9월 9일, 151쪽.

58 Roxane Witke, *Comrade Chiang Ch'ing* (Boston: Little, Brown, 1977), p. 449. 사인방 체포 배경과 과정에 관한 내용은 다음을 참조. 史云 · 李丹慧, 『中華人民共和國史』, 647~716쪽. 武健華, 「粉碎四人幫策劃實施過程」, 《中華兒女》, 2001년 제10, 11기. 李海文, 『中共重大歷史事件親歷記: (1949-1980)』(상 · 하)(成都: 四川人民出版社, 2006), 하, 248~281쪽. 范碩, 『葉劍英在關鍵時刻』(沈陽: 遼寧人民出版社, 2001). 吳德, 『吳德口述』. 이외에 참고할 만한 영문 서적은 다음과 같다. Yan and Gao, *Turbulent Decade*, pp. 519~528. Teiwes and Sun, *The End of the Maoist Era*, pp. 536~594. Richard Baum, *Burying Mao: Chinese Politics in the Age of Deng Xiaoping* (Princeton, N.J.: Princeton University Press, 1994), pp. 40~45.

59 范碩, 『葉劍英在關鍵時刻』, 363~364쪽. Li, with the editorial assistance of Thurston, *The Private Life of Chairman Mao*, pp. 3~30, pp. 615~625. 2007년 10월 지덩쿠이의 아들인 지후민과의 인터뷰.

60 范碩, 『葉劍英在關鍵時刻』, 367쪽.

61 같은 책, 369~370쪽.

62 Yan and Gao, *Turbulent Decade*, p. 524. 程中原 · 王玉祥 · 李正華, 『1976-1981年的中國』(北京: 中央文獻出版社, 2008), 4~5쪽. Teiwes and Sun, *The End of the Maoist Era*, pp. 551~594.

63 范碩, 『葉劍英在關鍵時刻』, 368쪽. 화궈펑과 예젠잉 가운데 누가 먼저 의견을 제시하고 행동을 취했는가? 양자 중에 누가 더 중요한 역할을 했는가? 중국과 외국 학자들 사이에 이에 대한 이견이 있다. 화궈펑이 정권을 잡고 있을 당시 중국 매체는 화궈펑의 역할이 더 컸음을 강조했지만 그가 하야한 뒤에는 예젠잉의 역할이 더 중요했음을 강조했다. 여하간 두 사람의 역할이 상당히 중요했다는 것은 분명하다. 이 문제에 관한 논의는 다음을 참조. Teiwes and

Sun, *The End of the Maoist Era*, pp. 536~594.

64 范碩, 『葉劍英在關鍵時刻』, 377~380쪽.

65 Garside, *Coming Alive*, p. 154. Salisbury, *The New Emperors*, p. 274. 이상 두 권 모두 확인되지 않은 보도를 통해 마오위안신이 도피하기 위해 둥베이행 비행기를 타려다 체포되었다고 전했다. 하지만 당내 문건을 적잖이 열람한 판쉬(范碩)는 그런 이야기를 한 적이 없다. 홍콩의 《명보(明報)》와 《쟁명(爭鳴)》은 이러한 소문과 장칭 체포와 관련된 희극적인 기사를 동시에 보도했다. 이와 관련된 내용은 다음을 참조. Garside, *Coming Alive*, pp. 152~167. 당사 전문가들도 이러한 소문에 대한 확실한 증거를 제시한 바 없다. Teiwes and Sun, *The End of the Maoist Era*, p. 580 참조.

66 Teiwes and Sun, *The End of the Maoist Era*, p. 582.

67 Roderick MacFarquhar, *The Politics of China: The Eras of Mao and Deng*, 2nd ed. (New York: Cambridge University Press, 1997), p. 312.

68 노동자 민병의 배경에 관한 내용은 다음 참조. Elizabeth J. Perry, *Patrolling the Revolution: Worker Militias, Citizenship, and the Modern Chinese State* (Lanham, Md.: Rowman and Littlefield, 2006).

69 程中原 · 王玉祥 · 李正華, 『1976-1981年的中國』, 11~14쪽. Teiwes and Sun, *The End of the Maoist Era*, pp. 582~590.

70 Garside, *Coming Alive*, pp. 154~167.

71 『鄧小平年譜(1975-1997)』, 1976년 10월 21일, 152쪽. Garside, *Coming Alive*, pp. 156~166.

72 Teiwes and Sun, *The End of the Maoist Era*, pp. 586~587.

73 『鄧小平年譜(1975-1997)』, 1976년 10월 26일, 152~153쪽.

74 같은 책, 1976년 10월, 사인방 분쇄 이후, 153쪽.

75 *DXPCR*, pp. 440~441.

76 『鄧小平年譜(1975-1997)』, 1976년 10월 7일, 10일, 152쪽. Baum, *Burying Mao*, p. 43에서 재인용.

77 같은 책, 1976년 12월 7일, 12~14일, 24일, 153~154쪽.

78 같은 책, 154쪽.

6 화궈펑 체제하에 돌아오다: 1977~1978년

1 U.S. Dept. of State, "Ambassador Gates' Discussion in Peking, " *DNSA*, doc. CH00407, Secret, Action Memorandum, April 22, 1976.

2 화궈펑이 집권했던 2년 동안의 깊이 있는 분석은 다음을 참조. 程美東, 「1976-1978年中

國社會的演化: 兼論華國鋒時期政治環境的變動與十一屆三中全會的召開」,《學習與探索》, 2008년 제6기, 32~41쪽. 워런 순이 저자에게 화궈펑이 개혁을 지지한 것에 관한 증거 자료를 제공해 주었는데, 이에 감사의 뜻을 표한다.

3   경제 부서처럼 일부 부서나 등급의 경우 여전히 개인의 권력이 막강했다. 이에 관해서는 다음을 참조. Andrew G. Walder, *Communist Neo-Traditionalism: Work and Authority in Chinese Industry* (Berkeley: University of California, 1986).

4   예젠잉의 전기 작가는 예젠잉이 사인방 체포 계획에 중요한 역할을 했다고 기록하고 있다. 일부 당사 연구자들 역시 이에 동의하고 있다. 하지만 일부 화궈펑의 역할이 더 컸다고 주장하는 이들도 있다. 티위스와 워런 순은 이러한 상이한 주장을 심도 있게 연구하여 화궈펑의 역할이 더 컸다고 말한 바 있다. 당시 화궈펑이 영도자로서 주도적인 역할을 했다는 뜻이다. Teiwes and Sun, *The End of the Maoist Era*, pp. 591~594. 이와 유사한 결론은 다카하라 아키오(高原明生)의 다음 글 참조.「현대 중국사의 재검토-화궈펑과 덩샤오핑, 그리고 1978년의 획기적인 의의에 대해서(現代中國史の再檢討-華國鋒と鄧小平, そして1978年の劃期性について)」,《東亞》, 2008년 9월 제495기, 32~40쪽.

5   于光遠,「我對華國鋒的印象」,《領導文萃》, 2008년 제16기, 68~70쪽.

6   '양개범시'의 영역은 여러 가지가 있는데, 본문은 *SWDXP-2*, p. 137에 나오는 것을 취한다.

7   2005년 10월 청중위안과의 인터뷰.

8   『鄧小平年譜(1975-1997)』, 1976년 10월 사인방 체포 이후.

9   Richard Baum, *Burying Mao*, p. 43.

10   中國人民解放軍軍事科學院 編,『葉劍英年譜(1897-1986)』(상・하)(北京: 中央文獻出版社, 2007), 1976년 12월 12일.

11   沈寶祥,『眞理標準問題討論始末』(北京: 中國靑年出版社, 1997), 331~332쪽.

12   2005년 10월 청중위안과의 인터뷰.

13   中共中央文獻硏究室 編,『陳雲傳』(상・하)(北京: 中央文獻出版社, 2005), 하, 1447~1450쪽.

14   Teiwes and Sun, *The End of the Maoist Era*, pp. 238~240.

15   程美東,「1976-1978年中國社會的演化」, 34쪽.

16   程中原・王玉祥・李正華,『1976-1981年的中國』, 43쪽.

17   같은 책, 44쪽.

18   中共中央文獻硏究室 編,『陳雲傳』, 하, 1447~1448쪽. 中共中央文獻硏究室 編,『陳雲年譜(1905-1995)』(상・중・하)(北京: 中央文獻出版社, 2000), 1977년 3월 17일.

19   程中原・王玉祥・李正華,『1976-1981年的中國』, 44~45쪽.『鄧小平年譜(1975-1977)』, 1977년 3월 10~20일.

20   『陳雲年譜(1905-1995)』, 1977년 3월 17일.

21   『鄧小平年譜(1975-1977)』, 1977년 3월 10~20일. 156쪽. 程中原・王玉祥・李正華,『1976-1981年的中國』, 45~46쪽.

22 『鄧小平年譜(1975-1977)』, 1977년 4월 7일, 156~157쪽.

23 덩샤오핑은 1977년 7월 21일 3중전회에서 이러한 관점을 전면적으로 천명했다. 그의 「完整地準確地理解毛澤東思想」 참조. *SWDXP-2*, pp. 55~60.

24 『鄧小平年譜(1975-1977)』, 1976년 4월 10일, 157쪽.

25 같은 책, 1976년 4월 10일, 157쪽.

26 李德生, 「偉大的轉折, 歷史的必然: 回憶十一届三中全會的召開」, 于光遠 編, 『改變中國命運的41天: 中央工作會議, 十一届三中全會親歷記』(深圳: 海天出版社, 1998), 230쪽에 수록되어 있다.

27 程中原 · 王玉祥 · 李正華, 『1976-1981年的中國』, 46쪽.

28 『鄧小平年譜(1975-1977)』, 1977년 5월 24일, 159~160쪽. *SWDXP-2*, pp. 51~52.

29 「重發十五號-鄧小平致華國鋒的兩封信(1)」, 미출간, 하버드대학 페어뱅크 컬렉션 평한주 도서관에 소장되어 있다.

30 『鄧小平年譜(1975-1977)』, 1977년 4월 10일, 157쪽.

31 程中原 · 王玉祥 · 李正華, 『1976-1981年的中國』, 44~45쪽. 『鄧小平年譜(1975-1977)』, 1977년 3월 10~20일, 156쪽.

32 『鄧小平年譜(1975-1977)』, 1977년 5월 12일, 157~159쪽.

33 같은 책.

34 中共中央文獻研究室 · 中國人民解放軍軍事科學院 編, 『鄧小平軍事文集』, 第3卷, 53~87쪽.

35 『鄧小平年譜(1975-1977)』, 1977년 5월 24일, 159~161쪽. *SWDXP-2*, pp. 53~54.

36 鄧力群, 『十二個春秋(1975-1987): 鄧力群自述』(香港: 博智出版社, 2006), 86~96쪽.

37 『鄧小平年譜(1975-1977)』, 1977년 7월 16~21일, 162~163쪽. 程中原 · 王玉祥 · 李正華, 『1976-1981年的中國』, 47쪽.

38 程中原 · 王玉祥 · 李正華, 『1976-1981年的中國』, 47~48쪽. 『鄧小平年譜(1975-1977)』, 1977년 7월 16~21일. *SWDXP-2*, pp. 55~60.

39 程中原 · 王玉祥 · 李正華, 『1976-1981年的中國』, 47~48쪽. 『鄧小平年譜(1975-1977)』, 1977년 7월 16~21일, 162~163쪽.

40 『鄧小平年譜(1975-1977)』, 1977년 7월 30일. 일부는 당시 현장에 있던 이들에 대한 취재 기록이다.

41 沈寶祥, 『眞理標準問題討論始末』, 10쪽.

42 "Closing Address at the 11th National Congress of the Communist Party of China", in *The Eleventh National Congress of the Communist Party of China* (Peking: Foreign Languages Press, 1977), pp. 189~195.

43 『鄧小平年譜(1975-1977)』, 1977년 7월 23일, 164쪽.

44 *SWDXP-2*, p. 82.

45 『鄧小平年譜(1975-1977)』, 1977년 10월 10일, 220~221쪽.

46 *SWDXP-2*, p. 61.

47 같은 책, 54쪽. 『鄧小平年譜(1975-1977)』, 1977년 5월 24일, 160~161쪽.

48 『鄧小平年譜(1975-1977)』, 1977년 7월 23일, 165쪽.

49 吉偉靑, 「敎育戰線推飜四人幫兩個估計前後」*《炎黃春秋》, 2003년 제5기, 40~42쪽. 덩샤오
    핑의 1977년 교육 정책 토론에 대해서는 다음을 참조. 夏杏珍, 「鄧小平與敎育戰線的撥亂反
    正」, 《當代中國史硏究》, 2004년 제4기, 50~58쪽.

50 *SWDXP-2*, p. 84.

51 『鄧小平年譜(1975-1977)』, 1977년 7월 27일, 166쪽.

52 같은 책, 1977년 8월 1일, 169쪽.

53 같은 책, 1977년 7월 29일, 167쪽.

54 같은 책, 1977년 8월 4일, 172~173쪽. 1977년 8월 8일의 연설 내용은 *SWDXP-2*, pp. 61~
    72에 보인다.

55 *SWDXP-2*, pp. 82~83.

56 *SWDXP-2*, p. 83.

57 程中原 · 王玉祥 · 李正華, 『1976-1981年的中國』, 55~56쪽. 中央文獻硏究室, 湖南省委員會,
    후난텔레비전 연속극 『鄧小平十章』 (후난텔레비전방송국, 2004), 第3回, 「破氷」.

58 *SWDXP-2*, p. 82.

59 『鄧小平十章』, 第3回, 「破氷」.

60 程中原 · 王玉祥 · 李正華, 『1976-1981年的中國』, 56~57쪽.

61 같은 책, 57쪽.

62 한국, 일본, 대만, 동아시아 여러 나라의 사회 모델을 따른 것이다. 그곳의 통합 입학시험 역시
    유사한 작용을 했다. Ezra F. Vogel, *Japan's New Middle Class: The Salary Man and His
    Family in a Tokyo Suburb* (Berkeley: University of California Press, 1963), pp. 40~67.
    Thomas P. Rohlen, *Japan's High Schools* (Berkeley: University of California Press,
    1983). Denise Potrzeba Lett, *In Pursuit of Status: The Making of South Korea's "New"
    Urban Middle Class* (Cambridge, Mass.: Asia Center, Harvard University, 1998).

63 *SWDXP-2*, pp. 64~65.

64 『鄧小平年譜(1975-1977)』, 1977년 9월 19일, 204쪽.

65 *SWDXP-2*, pp. 61~72.

66 程中原 · 夏杏珍, 『歷史轉折的前奏』, 223~230쪽.

67 *SWDXP-2*, pp. 101~106.

68 『鄧小平年譜(1975-1977)』, 1977년 7월 23일, 164~165쪽.

---

* 兩個估計(양개고계): 해방 이후 17년 동안 마오쩌둥의 무산 계급 교육 노선이 기본적으로 관철되지 않
았으며, 대다수 교사나 해방 이후 배출된 학생들의 세계관이 기본적으로 자산 계급의 것이라는 추론.

69 중앙당교와 기타 당교에 대한 개괄적인 언급은 다음을 참조. David Shambaugh, "Training China's Political Elite," *The China Quarterly*, no. 196 (December 2008), pp. 827~844.

70 2006년 8월 쑨창장과의 인터뷰. 凌志軍・馬立誠, 『交鋒: 當代中國三次思想解放實錄』(北京: 今日中國出版社, 1998), 49~61쪽.

71 저자는 본문에서 "Practice is the sole criterion for judging truth."라고 번역했지만 직역하면 "Experience is the sole criterion for testing truth."이다.

72 2006년 8월 쑨창장과의 인터뷰. 沈寶祥, 『眞理標準問題討論始末』 참조. Michael Schoenhals, "The 1978 Truth Criterion Controversy," *The China Quarterly*, no. 126 (June 1991), pp. 243~268.

73 沈寶祥, 『眞理標準問題討論始末』, 107~108쪽. Party History Research Center, comp., *History of the Chinese Communist Party: A Chronology of Events, 1919-1990* (Beijing: Foreign Languages Press, 1991), May 11, 1978.

74 Schoenhals, "The 1978 Truth Criterion Controversy," pp. 252~260. 沈寶祥, 『眞理標準問題討論始末』.

75 沈寶祥, 『眞理標準問題討論始末』, 122쪽.

76 같은 책, 127~129쪽. 『鄧小平年譜(1975-1997)』, 1978년 7월 22일, 345~346쪽.

77 凌志軍・馬立誠, 『交鋒: 當代中國三次思想解放實錄』, 41쪽.

7 세 가지 전환점: 1978년

1 Paul A. Cohen, *Between Tradition and Modernity: Wang T'ao and Reform in Late Ch'ing China* (Cambridge: Council on East Asian Studies, Harvard University, 1987).

2 李先念傳 編寫組 編, 『李先念傳(1949-1992)』(上・下)(北京: 中央文獻出版社, 2009), 하, 1049쪽. Nina P. Halpern, "Learning from Abroad: Chinese Views of the East European Economic Experience, January 1977-June 1981," *Modern China* 11, no 1 (January 1985), pp. 77~109.

3 Deng Xiaoping, *South China Elites Weekly*, August 19, 2004, 林重庚, 「序言: 中國改革開放過程中的對外思想開放」에서 재인용. 吳敬璉 編, 『中國經濟50人看三十年: 回顧與反思』(北京: 中國經濟出版社, 2008)에 수록되어 있다.

4 李向前・韓鋼, 「新發見鄧小平與胡耀邦等三次談話記錄」, 《百年潮》, 1999년 제3기, 4~11쪽, 楊天石 編, 『鄧小平寫眞』(上海: 上海辭書出版社, 2005), 192쪽에 수록되어 있다.

5 *DXPSTW*, pp. 55~56.

6 중국 경제학자들의 동구 개혁에 관한 관점은 다음을 참조. Jinglian Wu, *Understanding and Interpreting Chinese Economic Reform* (Mason, Ohio: Thomson/South-Western,

2005), pp. 17~30.

7 Xinhua General Overseas News Service, March 9 to April 6, 1978.

8 谷牧, 「小平同志領導我們抓對外開放」, 中共中央文獻研究室 編, 『回憶鄧小平』(상·중·하) (北京: 中央文獻出版社, 1988), 상, 155~156쪽. 이외에 谷牧, 「小平領導我們抓開放」, 《百年潮》, 1998년 제1기, 4~11쪽 참조. 나중에 楊天石 編, 『鄧小平寫眞』(上海: 上海辭書出版社, 2005), 203~204쪽에 수록되었다.

9 張根生, 「聽谷牧談親歷的幾件大事」, 《炎黃春秋》, 2004년 제1기, 3~5쪽.

10 徐瑗, 「不看不知道: 訪原國家輕工部部長楊波」, 宋曉明·劉蔚 編, 『追尋 1978: 中國改革開放紀元放談錄』(福州: 福建敎育出版社, 1998), 539쪽에 수록되어 있다.

11 Xinhua General Overseas News Service, May 2 to June 7, 1978.

12 徐瑗, 「不看不知道: 訪原國家輕工部部長楊波」, 540쪽.

13 『李先念傳(1949-1992)』, 1050~1054쪽.

14 谷牧, 「小平領導我們抓開放」, 203~204쪽.

15 Xinhua General Overseas News Service, May 2 to June 7, 1978.

16 程中原·王玉祥·李正華, 『1976-1981年的中國』, 263~266쪽.

17 崔榮慧, 「改革開放, 先行一步: 訪原廣東省省委書記王全國」, 宋曉明·劉蔚 編, 『追尋 1978: 中國改革開放紀元放談錄』(福州: 福建敎育出版社, 1998), 558쪽에 수록되어 있다.

18 徐瑗, 「不看不知道: 訪原國家輕工部部長楊波」, 541쪽.

19 같은 책, 541쪽. 崔榮慧, 「改革開放, 先行一步: 訪原廣東省省委書記王全國」, 558쪽.

20 崔榮慧, 「改革開放, 先行一步: 訪原廣東省省委書記王全國」, 559쪽.

21 谷牧, 「小平同志領導我們抓對外開放」, 156쪽.

22 張根生, 「聽谷牧談親歷的幾件大事」, 3쪽.

23 程中原·王玉祥·李正華, 『1976-1981年的中國』, 70쪽. 蕭冬連, 「1979年國民經濟調整方針的提出與爭論: 大轉折紀實之一」, 《黨史博覽》, 2004년 제10기, 4~10쪽.

24 蕭冬連, 「1979年國民經濟調整方針的提出與爭論: 大轉折紀實之一」.

25 谷牧, 「小平同志領導我們抓對外開放」, 156~157쪽.

26 『鄧小平年譜(1975-1997)』, 1978년 9월 20일, 387~388쪽.

27 蕭冬連, 「1978-1984年中國經濟體制改革思路的演進: 決策與實施」, 《當代中國史研究》, 2004년 제4기, 59~70쪽. DXPSTW, pp. 53~61.

28 『鄧小平年譜(1975-1997)』, 1978년 9월 20일, 388쪽.

29 SWCY, 3: 235.

30 SWCY, 3: 252.

31 蘇臺仁 編, 『鄧小平生平全紀錄: 一個偉人和他的一個世紀』(상·하)(北京: 中央文獻出版社, 2004), 625쪽.

32 당시 많은 지방에 '革委會(혁명위원회)'가 남아 있었다. 군부 직책을 갖고 있는 지방 간부와

군부 직책을 수여받은 지방 간부를 포괄하는 정부 기관이다.

33 蘇臺仁 編, 『鄧小平生平全紀錄』, 하, 623~624쪽.

34 王恩茂(당시 지린 성 성위 제1서기), 「決定中國命運的'工作重點轉移'」, 于光遠 編, 『改變中國命運的41天: 中央工作會議, 十一屆三中全會親歷記』(深圳: 海天出版社, 1998), 204~206쪽. *SWDXP-2*, pp. 141~144.

35 李德生, 「偉大的轉折, 歷史的必然: 回憶十一屆三中全會的召開」, 于光遠 編, 같은 책, 231~235쪽.

36 *DXPSTW*, p. 131. 위광위안의 저서는 『1978: 我親歷的那次歷史大轉折: 十一屆三中全會的臺前幕後』(北京: 中央編譯出版社, 1998) 참조. 李向前 · 韓鋼, 「新發見鄧小平與胡耀邦等三次談話記錄」, 190~200쪽.

37 *DXPSTW*, p. 131. 이외에 朱佳木, 『我所知道的十一屆三中全會』(北京: 中央文獻出版社, 1998), 46~181쪽 참조.

38 『鄧小平年譜(1975-1997)』, 10월 말, 415쪽. 蘇臺仁 編, 『鄧小平生平全紀錄』, 하, 625쪽.

39 李向前 · 韓鋼, 「新發見鄧小平與胡耀邦等三次談話記錄」, 129~148쪽. *DXPSTW*, pp. 128~148.

40 *DXPSTW*, pp. 167~168.

41 같은 책, pp. 18~22.

42 같은 책, pp. 29~32.

43 이는 저자가 동남아시아 관리들과 대담하면서 얻은 것이다. 덩샤오핑이 해당 지역을 방문했을 당시 그들과 회담했다.

44 朱佳木, 「胡喬木在十一屆三中全會上」, 于光遠 編, 『改變中國命運的41天』, 304쪽. *DXPSTW*, p. 21.

45 *DXPSTW*, pp. 65~72.

46 같은 책, p. 24.

47 같은 책, pp. 23~28.

48 같은 책, pp. 51~53.

49 于光遠 編, 『改變中國命運的41天』. *DXPSTW*, pp. 39~42.

50 王全國, 「十一屆三中全會與廣東的改革開放」, 于光遠 編, 『改變中國命運的41天』, 198~203쪽에 수록되어 있다.

51 이는 예쉬안지와 대담하면서 얻은 정보다. 당시 그는 자신의 숙부인 예젠잉과 함께 일했다. 그의 글 「葉帥第十一屆三中全會前後: 讀于光遠 '1978: 我親歷的那次歷史大轉折' 有感」은 《南方週末》, 2008년 10월 30일, D23면에 게재되어 있다. 위광위안은 덩샤오핑 연설 초안자 가운데 한 명이다. 대화 내용은 모두 기록했으나, 그는 11월 11일 회의를 모르고 있었다.

52 錢江, 「張聞天冤案是怎樣平反的」, 《縱橫》, 2001년 제2기, 4~6쪽. 6월 25일 덩샤오핑은 예순한 명에 관한 사건 보고서를 읽은 후 관련 사안은 반드시 해결해야 한다고 말했다. 하지만 사

건은 6개월이 지난 후에야 중앙공작회의에서 해결되었다. 예순한 명의 석방은 국민당에게 얼마나 협력했는가라는 문제와 관련이 있었다. 중앙 영도자들은 1936년 4월에 이미 그들은 결백하다는 결론을 내린 바 있었다. 하지만 린뱌오와 캉성, 장칭 등은 1967년 3월 재차 그들을 반도 집단으로 단정 지었다.

53 *DXPSTW*, pp. 63~65. 于光遠, 『1978: 我親歷的那次歷史大轉折』, 77~79쪽.

54 *DXPSTW*, p. 70.

55 *DXPSTW*, pp. 71~72.

56 于光遠, 『1978: 我親歷的那次歷史大轉折』, 85~86쪽.

57 같은 책, 90~91쪽.

58 中國人民解放軍軍事科學院 編, 『葉劍英年譜(1897-1986)』(상 · 하)(北京: 中央文獻出版社, 2003), 1978년 11월 10~15일, 1155~1156쪽, 1978년 11월 12~13일, 1156쪽.

59 *DXPSTW*, pp. 72~76.

60 *DXPSTW*, pp. 46~51, pp. 74~76, pp. 78~79, p. 166.

61 于光遠, 『1978: 我親歷的那次歷史大轉折』, 86쪽.

62 *DXPSTW*, pp. 80~90, p. 108. 같은 책, pp. 115~125.

63 *DXPSTW*, pp. 163~165.

64 『鄧小平年譜(1975-1997)』, 1978년 12월 28일, 457쪽.

65 *DXPSTW*, pp. 39~46.

66 吳象 等, 「萬里談三中全會前後的農村改革」. 于光遠 編, 『改變中國命運的41天: 中央工作會議, 十一屆三中全會親歷記』, 286~287쪽에 수록되어 있다.

67 梁靈光, 「一次劃時代的中央會議」, 于光遠 編, 『改變中國命運的41天』, 273~274쪽에 수록되어 있다.

68 任仲夷, 「追尋1978年的歷史轉軌」, 于光遠 編, 『改變中國命運的41天』, 216쪽에 수록되어 있다.

69 *DXPSTW*, p. 127.

70 朱學勤, 「30年來的中國改革, 有兩個階段」, 《南方都市報》, 2007년 12월 16일.

71 『葉劍英年譜(1897-1986)』, 1157쪽, 1978년 11월 중순.

72 같은 책, 1978년 11월 27일.

73 같은 책, 1978년 11월 25일. *DXPSTW*, pp. 76~78. 덩샤오핑의 평론 원문이 실려 있다.

74 *DXPSTW*, p. 78.

75 덩샤오핑 연설 원고 준비 작업에 대한 토론 및 인용하고 있는 덩샤오핑 연설은 같은 책 129~148쪽 참조. 저자는 위광위안과의 인터뷰 내용을 인용했다. 于光遠, 『我憶鄧小平』, 韓鋼, 「一份鄧小平珍貴手稿的發現」, 《百年潮》, 1997년 제4기, 4~6쪽. 楊天石, 『鄧小平寫眞』, 186~189쪽에 실려 있다. 李向前 · 韓鋼, 「新發見鄧小平與胡耀邦等三次談話記錄」, 190~200쪽.

76 *DXPSTW*, pp. 185~190.

77 *DXPSTW*, pp. 129~143.

78 『解放思想, 實事求是, 團結一致向前看』, *SWDXP-2*, pp. 151~165.

79 *DXPSTW*, pp. 132~139.

80 *DXPSTW*, pp. 168~172. 梁靈光, 「一次劃時代的中央會議」, 175쪽.

81 Robert D. Novak, *The Prince of Darkness: 50 Years Reporting in Washington* (New York: Crown Forum, 2007), p. 324, p. 326.

82 任仲夷, 「追尋1978年的歷史轉軌」, 215~216쪽.

83 *DXPSTW*, pp. 205~207.

8 자유의 한계를 정하다: 1978~1979년

1   Roger Garside, *Coming Alive: China after Mao* (New York: McGraw-Hill, 1981).

2   같은 책.

3   같은 책, p. 237, pp. 243~244.

4   같은 책, p. 241.

5   같은 책.

6   같은 책, pp. 196~197. Robert D. Novak, *The Prince of Darkness: 50 Years Reporting in Washington* (New York: Crown Forum, 2007). Merle Goldman, "Hu Yaobang's Intellectual Network and the Theory Conference of 1979," *The China Quarterly*, no. 126 (June 1991), p. 223.

7   Goldman, "Hu Yaobang's Intellectual Network," pp. 223~225, p. 237, pp. 243~244.

8   같은 책, pp. 220~221.

9   胡績偉, 「胡耀邦與西單民主墙」, http://www.shufa.org/bbs/viewthread. php?tid=85030(2010년 8월 6일 검색).

10 2001년 1월 위광위안과의 인터뷰.

11 Garside, *Coming Alive*, p. 247에 수록되어 있다.

12 같은 책, p. 255.

13 같은 책, pp. 431~434.

14 2001년 1월 위광위안과의 인터뷰.

15 Garside, *Coming Alive*, pp. 231~233, pp. 263~284.

16 같은 책, p. 257.

17 같은 책, pp. 257~259.

18 서방 학자의 관찰 기록에 따른다.

19 Garside, *Coming Alive*, p. 259.

20　朱佳木,「胡喬木在十一屆三中全會上」, 于光遠 編,『改變中國命運的41天』, 308쪽.

21　2001년 1월 위광위안과의 인터뷰.

22　鄧力群,『十二個春秋(1975-1987): 鄧力群自述』, 133쪽.

23　沈寶祥,『眞理標準問題討論始末』, 321~325쪽. 이론공작무허회에 대한 기록은 盛平 編, 『胡耀邦思想年譜(1975-1989)』(상·하)(香港: 泰德時代出版社, 2007), 상, 293~315쪽, 341~347쪽. 鄭仲兵 編,『胡耀邦年譜資料長編』(상·하)(香港: 時代國際出版有限公司, 2005), 상, 355~367쪽, 385~387쪽. 蕭冬連,『中華人民共和國史: 歷史的轉軌, 從撥亂反正 到改革開放』, 第10卷(香港: 香港中文大學當代中國文化硏究中心, 2008), 69~82쪽. Merle Goldman, *Sowing the Seeds of Democracy in China: Political Reform in the Deng Xiaoping Era* (Cambridge: Harvard University Press, 1994), pp. 47~61.

24　沈寶祥,『眞理標準問題討論始末』, 328쪽.

25　발언 전문은 鄭仲兵 編,『胡耀邦年譜資料長編』, 상, 355~367쪽 참조.

26　Goldman, "Hu Yaobang's Intellectual Network," pp. 229~237. 沈寶祥,『眞理標準問題討論始末』, 323~327쪽.

27　沈寶祥,『眞理標準問題討論始末』, 370~371쪽.

28　盛平 編,『胡耀邦思想年譜(1975-1989)』, 상, 306쪽.『中華人民共和國史』, 第10卷, 67쪽. 2001년 왕뤄수이와의 인터뷰.

29　盛平 編,『胡耀邦思想年譜(1975-1989)』, 상, 306쪽.『中華人民共和國史』, 第10卷, 67쪽.

30　沈寶祥,『眞理標準問題討論始末』, 342~347쪽.

31　같은 책, 321~333쪽. 그의 연설 일부가 321~323쪽에 실려 있다.

32　Goldman, *Sowing the Seeds of Democracy in China*, pp. 50~54.

33　Goldman, "Hu Yaobang's Intellectual Network," pp. 229~235.

34　沈寶祥,『眞理標準問題討論始末』, 367~370쪽.

35　『中華人民共和國史』, 第10卷, 65~74쪽.

36　盛平 編,『胡耀邦思想年譜(1975-1989)』, 상, 322~324쪽.

37　『鄧小平年譜(1975-1997)』, 1979년 3월 16일, 493쪽.

38　Ming Ruan, *Deng Xiaoping: Chronicle of an Empire* (Boulder, Colo.: Westview, 1994), p. 56.

39　『鄧小平年譜(1975-1997)』, 1979년 3월 27일, 498~500쪽.

40　*SWDXP-2*, p. 177.

41　*SWDXP-2*, pp. 179~181.

42　鄧力群,『十二個春秋(1975-1987)』, 136~139쪽.

43　「胡耀邦同志在黨的理論工作務虛會上的結束語」, 1979년 4월 3일. 연설 요약문은 盛平 編,『胡耀邦思想年譜(1975-1989)』, 345~347쪽에 보인다.

44　鄧力群,『十二個春秋(1975-1987)』, 138~139쪽.

45 Goldman, " Hu Yaobang's Intellectual Network," pp. 236～237.

46 『中華人民共和國史』, 第10卷, 165～247쪽.

47 鄧力群, 『十二個春秋(1975～1987)』, 135～137쪽.

48 같은 책, 155～156쪽.

49 Goldman, *Sowing the Seeds of Democracy in China*. Merle Goldman, *From Comrade to Citizen: The Struggle for Political Rights in China* (Cambridge: Harvard University Press, 2005).

9 소련과 베트남의 위협: 1978~1979년

1 덩샤오핑은 1978년 3월 10일부터 정식으로 외교 업무를 맡기 시작했다. 그가 업무에 복귀하고 얼마 후에 밴스와 회담하고, 미국과 관련 업무를 주관했다. 이는 당시 중국에서 가장 중요한 대외 정책 관련 사안이었다.

2 Hua Huang, *Huang Hua Memoirs* (Beijing: Foreign Languages Press, 2008).

3 George Bush and Brent Scowcroft, *A World Transformed* (New York: Knopf, 1998), p. 93.

4 Huang Hua, *Huang Hua Memoirs*, p. 289.

5 Nayan Chanda, *Brother Enemy: The War after the War* (San Diego: Harcourt Brace Jovanovich, 1986), p. 259.

6 Robert S. Ross, *The Indochina Tangle: China's Vietnam Policy, 1975-1979* (New York: Columbia University Press, 1988), p. 67. Jian Chen, " China and the First Indo-China War, 1950-54," *The China Quarterly*, no. 133 (March 1993), pp. 85～110.

7 Henry J. Kenny, "Vietnamese Perceptions of the 1979 War with China," in Mark A. Ryan, David M. Finkelstein, and Michael A. McDevitt, eds., *Chinese Warfighting: The PLA Experience since 1949* (Armonk, N. Y.: M. E. Sharpe, 2003), p. 218.

8 外交部檔案館 編, 『偉人的足迹: 鄧小平外交活動大事記』, 1965년 4월 18～19일, 22～23일.

9 Kuan Yew Lee, *From Third World to First: The Singapore Story, 1965-2000* (New York: HarperCollins, 2000), p. 661. 원조 계획 전반에 관한 내용은 군사과학원 군사역사연구소, 『中華人民共和國軍事史要』(北京: 軍事科學出版社, 2005), 549～570쪽 참조. 미국 문헌은 보편적으로 베트남과 중국 전쟁 동안에 중국이 파견한 병력 숫자를 적게 평가하고 있다. 예를 들어 대략 5만 명 정도라는 식이다. 다음을 참조. Kenny, "Vietnamese Perceptions of the 1979 War with China," p. 217. Donald S. Zagoria and Sheldon W. Simon, "Soviet Policy in Southeast Asia," in Zagoria, ed., *Soviet Policy in East Asia* (New Haven, Conn.: Yale University Press, 1982), pp. 153～173.

10 Chen Jian, *Mao's China and the Cold War* (Chapel Hill: University of North Carolina Press, 2001), pp. 221~229.

11 William J. Duiker, *Ho Chi Minh* (New York: Hyperion, 2000), p. 541, p. 550.

12 Chen Jian, *Mao's China and the Cold War*, pp. 229~237.

13 M. Taylor Fravel, *Strong Borders, Secure Nation: Cooperation and Conflict in China's Territorial Disputes* (Princeton, N.J.: Princeton University Press, 2008), pp. 276~287.

14 Chanda, *Brother Enemy*, pp. 13~18. Ross, *The Indochina Tangle*, pp. 64~65.

15 『偉人的足迹: 鄧小平外交活動大事記』, 1975년 9월 22~25일.

16 같은 책, 1975년 9월 25일.

17 Ross, *The Indochina Tangle*, pp. 67~68.

18 Chanda, *Brother Enemy*, pp. 134~135. Kenney, "Vietnamese Perceptions of the 1979 War with China," pp. 26~28, pp. 222~223. Ross, *The Indochina Tangle*, p. 67.

19 Chanda, *Brother Enemy*, p. 68.

20 Ross, *The Indochina Tangle*, p. 75.

21 1976년 5월 리콴유와 화궈펑의 일곱 시간에 걸친 회담 기록 참조. Lee, *From Third World to First*, pp. 642~650.

22 Chanda, *Brother Enemy*, pp. 27~28.

23 Ross, *The Indochina Tangle*, p. 68.

24 같은 책, p. 127. Chanda, *Brother Enemy*, pp. 88~89.

25 Ross, *The Indochina Tangle*, pp. 128~129.

26 Chanda, *Brother Enemy*, pp. 187~188, pp. 240~245.

27 Ross, *The Indochina Tangle*, pp. 130~131.

28 Chanda, *Brother Enemy*, p. 189.

29 Lee, *From Third World to First*, p. 661.

30 范宏偉, 「周恩來與緬甸華僑」,《當代中國史研究》, 2008년 제1기, 31~37쪽.

31 Wayne Berr, "Chinese Policy toward Burma and Indonesia: A Post-Mao Perspective," *Asian Survey* 25, no. 9 (September 1985), pp. 963~980. Bertil Lintner, "Burma and Its Neighbors," in Surgit Mansingh, ed., *Indian and Chinese Foreign Policies in Comparative Perspective* (New Delhi: Radiant Publishers, 1998). 田曾佩, 『改革開放以來的中國外交』(北京: 世界知識出版社, 2005), 70~72쪽. 『偉人的足迹: 鄧小平外交活動大事記』, 1978년 1월 26~31일. W. R. Heaton, "China and Southeast Asian Communist Movements: The Decline of Dual Track Diplomacy," *Asian Survey* 22, no. 8 (August 1982), pp. 779~800.

32 Xinhua News Service, February 4, 6, 1978.

33 Xinhua News Service, February 6, 1978.

34 『鄧小平年譜(1975-1997)』, 1975년 4월 18~26일, 36~37쪽.

35 Don Oberdorfer, *The Two Koreas* (New York: Basic Books, 1997), p. 96.

36 Dae-Sook Suh, *Kim Il Sung: The North Korean Leader* (New York: Columbia University Press, 1988), p. 262, p. 391, p. 426.

37 『偉人的足迹: 鄧小平外交活動大事記』, 1977년 8월 7일.

38 같은 책, 1978년 9월 8~13일. 『鄧小平年譜(1975-1997)』, 1978년 9월 8~13일, 370~373쪽.

39 『鄧小平年譜(1975-1997)』, 1978년 9월 12일, 372~373쪽.

40 潘敬國, 『共和國外交風雲中的鄧小平』(哈爾濱: 黑龍江出版社, 2004), 379쪽.

41 Chanda, *Brother Enemy*, p. 318. Ross, *The Indochina Tangle*, p. 208.

42 Ross, *The Indochina Tangle*, pp. 207~208.

43 같은 책, p. 208.

44 『偉人的足迹: 鄧小平外交活動大事記』, 1978년 10월 3일.

45 같은 책, 1978년 3월 29일~4월 1일.

46 Xinhua News Service, March 30, 1978.

47 *Facts on File World News Digest*, July 21, 1978.

48 Chanda, *Brother Enemy*, p. 325.

49 Xinhua News Service, November 9, 1978.

50 『偉人的足迹: 鄧小平外交活動大事記』, 1978년 11월 5~9일. Xinhua News Service, November 9, 1978. Chanda, *Brother Enemy*, pp. 325~326. Lee, *From Third World to First*, p. 662.

51 Heaton, "China and Southeast Asian Communist Movements," p. 785.

52 Xinhua News Service, November 9, 1978.

53 Lucian W. Pye, *Guerrilla Communism in Malaya: Its Social and Political Meaning* (Princeton, N. J.: Princeton University Press, 1956).

54 Heaton, "China and Southeast Asian Communist Movements," pp. 786~790.

55 *Facts on File World News Digest*, November 24, 1978.

56 Xinhua News Service, November 10, 11, 1978.

57 Xinhua News Service, November 12, 1978.

58 Chanda, *Brother Enemy*, p. 325.

59 Stephen Leong, "Malaysia and the People's Republic of China in the 1980s: Political Vigilance and Economic Pragmatism," *Asian Survey* 27, no. 10 (October 1987), pp. 1109~1126.

60 Xinhua News Service, November 12, 1978.

61 Lee, *From Third World to First*, pp. 662~665. 이외에 2004년 11월 싱가포르 관리와 대담 기록 참조.

62 Lee, *From Third World to First*, pp. 660~662. 이외에 2004년 11월 싱가포르 관리와 대담

기록 참조.

63 2004년 11월 싱가포르 관리와 대담 기록 참조.

64 Lee, *From Third World to First*, p. 667.

65 같은 책, p. 668.

66 같은 책.

67 2004년 11월 덩샤오핑 회담에 배석한 싱가포르 관리와 대담 기록.

68 Lee, *From Third World to First*, pp. 668~669.

69 Ross, *The Indochina Tangle*, p. 154.

10 일본을 향한 개방: 1978년

1 중국이 흔히 제기하던 '반패권(反覇權, 패권 반대)'은 키신저가 저우언라이와 회담하면서 처음 제기한 말이다. Henry Kissinger, "The China Connection," *Time*, October 1, 1979.

2 裴華 編, 『中日外交風雲中的鄧小平』(北京: 中央文獻出版社, 2002), 50~54쪽.

3 같은 책, 47~50쪽.

4 소노다 스나오의 회상은 園田直, 『世界, 日本, 愛』(東京: 第三政經硏究會, 1981), 174~185쪽.

5 황화의 중일 관계 협상에 관한 기록은 다음을 참조. Hua Huang, *Huang Hua Memoirs* (Beijing: Foreign Languages Press, 2008), pp. 308~342.

6 브레진스키의 말에 따르면, 1978년 5월 베이징을 방문한 후 도쿄에 체류하면서 일본인들에게 미국이 "신속하게 조약에 서명했다."라는 인상을 남기고자 했다. 그는 이후 일본도 조속하게 "조약에 동의했다."라고 말했다. Zbigniew Brzezinski, *Power and Principle: Memoirs of the National Security Advisor, 1977-1981*, rev. ed. (New York: Farrar, Straus, Giroux, 1985), p. 218. 일본은 3월 가급적 빠른 시일 내에 조약을 체결하기로 결정했다. 하지만 7월이 되어서야 문제가 해결되었다. 5월 2일과 3일 후쿠다 다케오는 워싱턴에서 지미 카터와 밴스를 만나 이러한 문제를 토론한 적이 있다. 裴華, 『中日外交風雲中的鄧小平』, 65~66쪽.

7 Kazuhiko Togo, *Japan's Foreign Policy 1945~2003: The Quest for a Proactive Policy*, 2nd ed. (Leiden: Brill, 2005), pp. 134~135. 裴華, 『中日外交風雲中的鄧小平』, 80쪽.

8 Chae-Jin Lee, *China and Japan: New Economic Diplomacy* (Stanford, Calif.: Hoover Institution Press, 1984), pp. 26~27.

9 Togo, *Japan's Foreign Policy*, pp. 134~135.

10 George R. Packard, *Edwin O. Reischauer and the American Discovery of Japan* (New York: Columbia University Press, 2010).

11 덩샤오핑이 일본 천황을 알현한 것에 관해 쓴 일본 저작물은 이에 대해 상당히 자세하게 기록하고 있다. 永野信利, 『天皇と鄧小平の握手: 實錄·日中交涉秘史』(東京: 行政問題經濟所出

版局, 1983).

12 덩샤오핑의 일본 방문에 관한 서술 가운데 가장 권위 있는 중문 문헌은 페이화(裴華)의『中日外交風雲中的鄧小平』이며, 관련 내용은 115~209쪽에 실려 있다.

13 같은 책, 120쪽.

14 같은 책, 121~122쪽.

15 같은 책, 122쪽.

16 같은 책, 125쪽.

17 Huang, *Huang Hua Memoirs*, pp. 137~140, pp. 333~334.

18 Huang, *Huang Hua Memoirs*, pp. 334~335.

19 裴華,『中日外交風雲中的鄧小平』, 126쪽.

20 같은 책, 147~148쪽.

21 같은 책, 182쪽.

22 같은 책, 151쪽.

23 같은 책, 150~153쪽.

24 같은 책, 154~155쪽.

25 같은 책, 150~155쪽.

26 같은 책, 156~159쪽.

27 같은 책, 202쪽.

28 같은 책, 165~174쪽.

29 같은 책, 165~172쪽.

30 같은 책, 165~174쪽.

31 1979년 6월 마쓰시타 고노스케와의 인터뷰.

32 松下幸之助,『松下幸之助は語る: 情熱がなければ人は動かん』(東京: 講談社, 1985), 137쪽. 裴華,『中日外交風雲中的鄧小平』, 194~197쪽.

33 2004년 10월 하나이 미츠유(華井滿)와 지하야 아키라(千速晃, 당시 신일본제철 회장과 경제단체연합회 중국부 부장)와의 인터뷰. 제2차 세계 대전이 끝날 당시 하나이 미츠유는 중국 동북 지역에 살고 있었다. 당시 열세 살이었던 그는 집을 떠나 지린 성 북부 인민해방군에 들어가, 1949년 이후 인민해방군에서 제대하여 베이징에 있는 런민대학에 진학했다. 하나이 미츠유는 1957년 일본으로 돌아간 후 1962년 야하타 제철에 취직하여 주로 통역을 맡았다. 나중에 야하타 제철이 신일본제철과 합병한 후에도 계속 근무했다.

34 2004년 10월 하나이 미츠유와 지하야 아키라와의 인터뷰.

35 2004년 10월 하나이 미츠유와 지하야 아키라, 그리고 스기모토 다카시(杉本貴志)와의 인터뷰. 1980년 바오산 제철소에 관한 협상에서 스기모토 다카시는 신일본제철 중국어 통역 및 협상 대표를 맡았다. 裴華,『中日外交風雲中的鄧小平』, 174~178쪽 참조.

36 裴華,『中日外交風雲中的鄧小平』, 164쪽.

37 鄧力群, 『十二個春秋(1975-1987)』, 190~195쪽. 鄧力群, 「訪日歸來的思索」,《經濟管理》, 1979년 제3기, 7~14쪽.

38 「第一回日中閣僚會議」, 日本 外務省 亞洲局 中國課 미공개 문건. 제2차 내각 회의는 1981년 12월 14일부터 17일까지 열렸다.

39 Langing Li, *Breaking Through: The Birth of China's Opening-Up Policy* (New York: Oxford University Press, 2009), pp. 318~324.

11 미국에 문을 열다: 1978~1979년

1 Memcon, Carter with Huang Zhen, 2/8/77, vertical file, China, box 40, Jimmy Carter Library, Atlanta. Memo, Michel Oksenberg to Zbigniew Brzezinski, no. 17, "The Road to Normalization"(협상이 끝난 후 작성한 9쪽짜리 회담 결과서). vertical file, China, Jimmy Carter Library, the Fairbank Collection, Fung Library, Harvard University.

2 Memcon, Secretary Vance's meeting with Huang Hua 8/24/77, vertical file, China, Jimmy Carter Library. 협상 인도와 관계 정상화 협상에 관한 각기 다른 논술은 다음을 참조. Cyrus Vance, *Hard Choices: Critical Years in America's Foreign Policy* (New York: Simon and Schuster, 1983), pp. 75~83. Jimmy Carter, *Keeping Faith: Memoirs of a President* (Fayetteville: University of Arkansas Press, 1995), pp. 190~197. Zbigniew Brzezinski, *Power and Principle: Memoirs of the National Security Advisor, 1977-1981* (New York: Farrar, Straus, Giroux, 1983). Robert S. Ross, *Negotiating Cooperation: The United States and China, 1969-1989* (Stanford, Calif.: Stanford University Press, 1995). Patrick C. Tyler, *A Great Wall: Six Presidents and China: An Investigative History* (New York: PublicAffairs, 1999). Jimmy Carter, Zbigniew Brzezinski, and Richard N. Gardner, "Being There," *Foreign Affairs* 78, no. 6 (November-December 1999), pp. 164~167. Brent Scowcroft and Patrick Tyler, "Safe Keeping," *Foreign Affairs* 79, no. 1 (January-February 2000), pp. 192~194. James Mann, *About Face: A History of America's Curious Relationship with China from Nixon to Clinton* (New York: Alfred Knopf, 1999). Richard H. Solomon, *U.S.-PRC Political Negotiations, 1967-1984: An Annotated Chronology* (Santa Monica, Calif.: Rand, 1985). 이 문건은 원래 대외비였으나 나중에 해제되었다. Richard H. Solomon, *Chinese Negotiating Behavior: Pursuing Interests through "Old Friends"* (Washington, D.C.: United States Institute of Peace Press, 1999). Nicholas Platt, *China Boys: How U.S. Relations with the PRC Began and Grew* (Washington, D.C.: New Academia, 2009). Jeffrey T. Richelson, project director, *China and the United States: From Hostility to Engagement, 1960-1998* (Alexandria,

Va.: Chadwyck-Healey, 1999). 대만 문제에 관한 논술은 다음을 참조. Nancy Bernkopf Tucker, *Strait Talk: United States-Taiwan Relations and the Crisis with China* (Cambridge: Harvard University Press, 2009). Alan D. Romberg, *Rein in at the Brink of the Precipice: American Policy toward Taiwan and U.S.-PRC Relations* (Washington, D. C.: Henry L. Stimson Center, 2003). 이 장을 서술하면서 저자는 카터 미국 대통령과 먼데일 부통령을 비롯하여 브레진스키, 스테이플턴 로이, 차스 프리먼, 리처드 솔로몬, 윈 로드, 미셸 옥센버그, 니컬러스 플랫 등과 대담한 바 있다. 또한 중국 외교관 황화를 비롯한 통역사 지차오주, 탕원성, 장한즈, 스옌화 등과 대화를 나눈 바 있다. 이외에도 저자는 「카터 행정부 대중국 정책 구술사 프로젝트(Carter Administration China Policy Oral History Project, 약칭 LWMOT)」를 활용했다. 이 프로젝트는 옥센버그와 레너드 우드콕이 퇴임한 후에 그들이 참여했던 중미 관계 정상화 과정을 기록한 것으로 1981년 가을부터 1982년 여름까지 진행된 39차 회담의 녹음을 채록한 것이다. 당시 녹음 내용은 현재 웨인주립대학 도서관에 소장되어 있으며, 일부 우드콕 본인의 개인 문건은 미망인 샤론 우드콕이 소장하고 있는데, 흔쾌히 열람할 기회를 주었다.

3   Memcon, Meeting of Teng Xiaoping and Secretary Vance, 8/24/77, vertical file, China, Jimmy Carter Library. Vance, *Hard Choices*, p. 82.

4   Solomon, *Chinese Negotiating Behavior.*

5   『偉人的足迹: 鄧小平外交活動大事記』, 1977년 8월 24일.

6   『鄧小平年譜(1975-1997)』, 1977년 8월 24일, 188~189쪽.

7   Vance, *Hard Choices*, p. 82. Solomon, *U.S.-PRC Political Negotiations, 1967-1984*, p. 62.

8   『偉人的足迹: 鄧小平外交活動大事記』, 1977년 8월 24일.

9   Vance, *Hard Choices*, pp. 82~83. Ross, *Negotiating Cooperation*, pp. 110~111.

10   『鄧小平年譜(1975-1997)』, 1977년 8월 24일, 188~189쪽.

11   Robert S. Ross, *Indochina Tangle: China's Vietnam Policy, 1975-1979* (New York: Columbia University Press, 1988). 《人民日報》, 1975년 11월 26일.

12   Momcon, Meeting of Teng Xiaoping and Secretary Vance, 8/24/77, vertical file, China, Jimmy Carter Library. 『偉人的足迹: 鄧小平外交活動大事記』, 1977년 9월 17일.

13   Tyler, *A Great Wall*, pp. 249~250.

14   1977년 11월 18일 브레진스키가 우드콕에게 보낸 전문, Brzezinski Collection, Geo file, "Brzezinski's Trip," box 9, Jimmy Carter Library.

15   2009년 4월 지미 카터와의 인터뷰 및 스테이플턴 로이와 우드콕의 미망인 샤론 우드콕과의 인터뷰. 이 사건에 관한 내용은 Ross, *Negotiating Cooperation*, pp. 126~132 참조. 브레진스키와 밴스의 대립에 관한 논의는 Tyler, *A Great Wall*, pp. 237~239 참조.

16   Memo, Michel Oksenberg to Zbigniew Brzezinski, "Impressions on our China Policy

to Date," 8/23/78, Jimmy Carter Library, the Fairbank Collection, Fung Library, Harvard University. Michel Oksenberg, "A Decade of Sino-American Relations," *Foreign Affairs* 61, no. 11 (Fall 1982), p. 184.

17 2008년 10월 스테이플턴 로이와의 인터뷰. 당시 그는 국회의장에게 상황을 보고하는 책임을 맡았다.

18 Memcon, Meeting of Brzezinski Collection and Vice Premier Teng Hsiao-Píng, 5/25/78, vertical file, China, Jimmy Carter Library.

19 Memo, Cyrus Vance to the President on "Next Moves on China" Woodcock's Approach, 6/13/78, NSA Staff Material, Far East-Armacost, "Armacost Chron. File [6/14~6/30/78]," box 7, Jimmy Carter Library.

20 미국이 엄격한 보안 조치를 취했지만 워싱턴 소수 정부 관리들 역시 몇 차례 토론에 참석한 바 있다. 참석자들은 리처드 홀브룩, 해리 세이어, 로저 설리번, 제임스 릴리, 찰스 노이하우저, 데이비드 샘보 등이다.

21 Memcon, Dr. Brzezinski meeting with Foreign Minister Huang Hua, May 21, 1978, 9:52 a.m. to 1:20 p.m., vertical file, China, Jimmy Carter Library. Solomon, *U.S.-PRC Political Negotiations, 1967-1984*, p. 64. Brzezinski, *Power and Principle*, p. 212. 브레진스키는 황화에게 극동의 평화는 미국이 지속적으로 신뢰를 유지하는 데 달려 있다고 말했다. 이는 완곡하게 미국이 대만 무기 수출 권리를 계속 유지하겠다는 의지를 표명한 것이다. 12월 당시 중국은 미국이 대만에 무기를 수출하고자 하는 것에 대해 이해할 수 없다는 입장이었다. 그들의 대담 내용은 Tyler, *A Great Wall*, pp. 254~255 참조.

22 Carter, *Keeping Faith*, p. 200.

23 Brzezinski, *Power and Principle*, pp. 213~214.

24 『偉人的足迹: 鄧小平外交活動大事記』, 1978년 5월 21일.

25 Oksenberg to Brzezinski, "The Road to Normalization."

26 Memcon, Meeting of Zbigniew Brzezinski and Vice Premier Teng Hsiao-Píng, 5/25/78 에서 재인용.

27 Brzezinski, *Power and Principle*, p. 215.

28 『偉人的足迹: 鄧小平外交活動大事記』, 1977년 5월 22일.

29 같은 책, 2005년 8월 6일.

30 Solomon, *U.S.-PRC Political Negotiations, 1967-1984*, pp. 65~69.

31 *SWDXP-2*, pp. 98~111.

32 『鄧小平年譜(1975-1997)』, 1978년 7월 10일, 339~340쪽.

33 Kathlin Smith, "The Role of Scientists in Normalizing U.S.-China Relations: 1965-1979," in Allison L. C. de Cerreno and Alexander Keynan, eds., "The Role of Scientists in Mitigating International Discord," *Annals of the New York Academy of Scientists* 866

(December 1988), p. 120. 저자는 2005년 12월 앤 키틀리 솔로몬을 인터뷰했다. 그녀는 당시 중국 방문 일정의 책임을 맡았던 미국 국가과학원 회원이다. Richard C. Atkinson(당시 신문 방송계 대표단의 일원), "Recollection of Events Leading to the First Exchange of Students, Scholars, and Scientists between the United States and the People's Repubilc of China," at http://www.rca.ucsd.edu/speeches/Recollections_China_student_exchange.pdf(2011년 3월 22일 검색). 저자는 다년간 중국 학술교류위원회 회원으로 있으면서 1973년 5월 중국을 최초 방문한 과학자 대표단에 참석한 적이 있다. 당시 중국 과학자들은 문화 대혁명 시절에 탄압을 받았지만 중미 관계에 상당히 희망적이었다. 학자들을 파견하겠다는 덩샤오핑의 요청에 부응하여 1978년 10월 중순 베이징대학 총장 저우페이위안이 중국 학자 대표단을 이끌고 미국을 방문했다. 문화 대혁명 시절 열악한 교육 상황으로 인해 첫해 파견 숫자는 700명에 불과했으며, 영어 실력이 부족하여 어려움이 있었다. 미국 정부는 정부 프로젝트를 통해 쌍방의 교류를 관리한다는 계획을 세웠다. 이는 미국과 소련의 교류와 같은 방식이었다. 하지만 조지아대학에서 박사 학위를 받은 저우페이위안은 워싱턴에 가기 전에 서부 연안 지역의 일부 학자들과 개인적으로 접촉하여 공식적인 정부 관계가 없어도 개인적 차원에서 인력을 파견할 수 있다는 것을 알게 되었다. 2005년 앤 키틀리 솔로몬과의 인터뷰. Atkinson, "Recollection of Events." Memo, Frank Press to the President, 10/16/78, Staff Offices Collection: Science and Technology Adviser, Jimmy Carter Library.

34 2009년 4월 지미 카터와의 인터뷰.

35 LWMOT, tape 15, p. 25.

36 Ross, *Negotiating Cooperation*, p. 159.

37 Vance to Woodcock, 6/28/78, Brzezinski Collection, box 9, doc. 4, China, Alpha Channel [2/72~11/78], Jimmy Carter Library.

38 Woodcock to the White House, 7/25/78, Brzezinski Collection, box 9, doc. 4, China, Alpha Channel [2/72~11/78], Jimmy Carter Library.

39 황화 자서전『親歷與見聞』(北京: 世界知識出版社, 2007), 영역본 Hua Hunag, *Huang Hua Memoirs* (Beijing: Foreign Languages Press, 2008) 참조.

40 Vance, *Hard Choices*, p. 117.

41 Memcon, USLO Peking, "Transcript of CODEL Wolff Meeting with Teng Hsiao-píng," 7/10/78, vertical file, China, box 40, Jimmy Carter Library.

42 2008년 10월 스테이플턴 로이와의 인터뷰.

43 Richard Holbrooke and Michel Oksenberg to Ambassador Woodcock, 9/7/78, vertical file, China, box 40, doc. 24, Jimmy Carter Library.

44 Memcon, Summary of the President's Meeting with Ambassador Ch'ai Tsemin, 9/19/78, vertical file, China, box 41, Jimmy Carter Library.

45 Memcon, Summary of Secretary Vance's Meeting with Foreign Minister Huang Hua,

10/3/78, vertical file, China, Jimmy Carter Library.

46 Ross, *Negotiating Cooperation*, pp. 134~136.

47 스테이플턴 로이와의 인터뷰.

48 Robert D. Novak, *The Prince of Darkness: 50 Years Reporting in Washington* (New York: Crown Forum, 2007), pp. 324~332. 『偉人的足迹: 鄧小平外交活動大事記』, 1978년 11월 27일.

49 Leonard Woodcock to Cyrus Vance and Zbigniew Brzezinski, "Sixth Session: December 4 Meeting with Han Nianlong," Brzezinski Collection, Alpha box 9 cont. [12/78~1/79], docs. 3A, 4A, 5, and 6, Jimmy Carter Library.

50 Ross, *Negotiating Cooperation*, pp. 136~137.

51 Solomon, *U.S.-PRC Political Negotiations, 1967-1984*, p. 71. 같은 책, pp. 136~137.

52 Leonard Woodcock to Cyrus Vance and Zbigniew Brzezinski, "My Meeting with Teng Xiaoping December 13," vertical file, China, box 40, Jimmy Carter Library.

53 같은 책.

54 LWMOT, tape 19, p. 8.

55 Leonard Woodcock to Cyrus Vance and Zbigniew Brzezinski, "To the White House Immediate," 12/14/78, vertical file, China, box 40, Jimmy Carter Library.

56 같은 책.

57 LWMOT, tape 18, p. 28.

58 Cable, Woodcock to Vance and Brzezinski, "Full Transcript of December 15 Meeting with Teng," 12/15/78, vertical file, China, box 40, Jimmy Carter Library.

59 같은 책.

60 당시 회담에서 인용된 내용은 다음을 참조. Leonard Woodcock to Cyrus Vance and Zbigniew Brzezinski, "Full Transcript of December 15 meeting with Teng," 12/15/78, vertical file, China, box 40, Jimmy Carter Library.

61 Carter, *Keeping Faith*, p. 205.

62 Telephone Record, Peking to Secretary of State, 1/11/79, vertical file, China, Jimmy Carter Library.

63 Memo, Vance to Carter, 1/26/79, Scope Paper for the Visit of Vice Premier Deng Xiaoping of the People's Republic of China, January 29–February 5, 1979, vertical file, China, Jimmy Carter Library.

64 당시 환영식에 참석했던 리처드 솔로몬이 말한 내용이다. 저자는 2010년 10월 그와 대담을 나눈 바 있다.

65 Don Oberdorfer, "Teng and Khrushchev," *The Washington Post*, Feb. 5, 1979, A1.

66 Chaozhu Ji, *The Man on Mao's Right: From Harvard Yard to Tiananmen Square, My*

Life inside China's Foreign Ministry (New York: Random House, 2008).

67 Orville Schell, "*Watch Out for the Foreign Guests!*" *China Encounters the West* (New York: Pantheon Books, 1980).

68 Carter, *Keeping Faith*, p. 214.

69 Michel Oksenberg, "I Remember Deng," *Far Eastern Economic Review*, March 6, 1977, 35. Brzezinski, *Power and Principle*, pp. 405~406.

70 Brzezinski, *Power and Principle*, p. 406.

71 Carter, *Keeping Faith*, p. 207.

72 같은 책, pp. 209~210.

73 『鄧小平年譜(1975-1997)』, 1979년 1월 24일, 473~474쪽.

74 Letter, Carter to Deng, Brzezinski Collection, China, Pres. Meeting with Deng Xiaoping, box 9, Jimmy Carter Library.

75 Carter, *Keeping Faith*, pp. 211~213. Brzezinski, *Power and Principle*, pp. 409~410.

76 Brzezinski, *Power and Principle*, pp. 412~415.

77 Solomon, *U.S.-PRC Political Negotiation, 1967-1984*, p. 76.

78 Carter, *Keeping Faith*, p. 211. Brzezinski, *Power and Principle*, p. 407. *New York Times*, January 30, 1979.

79 Carter, *Keeping Faith*, p. 213.

80 같은 책, p. 212. *The Washington Post*, Nov. 1, 1979. *New York Times*, January 30, 1979.

81 "Staff Office on Chinese Normalization" Collection, box 34A, Jimmy Carter Library.

82 LWMOT, tape 21, p. 7.

83 Brzezinski, *Power and Principle*, p. 407. Tyler, *A Great Wall*, p. 275.

84 Memcon, Mondale and Deng in Beijing, 8/28/79, vertical file, China, box 41, Jimmy Carter Library.

85 Solomon, *U.S.-PRC Political Negotiations, 1967-1984*, p. 76.

86 Tip O'Neill, *Man of the House: The Life and Political Memoirs of Speaker Tip O'Neill* (New York: Random House, 1987), pp. 306~307.

87 Arthur Hummel and David Reuther in Nancy Bernkopf Tucker, ed., *China Confidential: American Diplomats and Sino-American Relations, 1945-1996* (New York: Columbia University Press, 2001), p. 329. Carter, *Keeping Faith*, p. 213.

88 저자 역시 당시 현장에 있었다. 미중 관계 전국위원회 부주석 얀 베리스는 우호적으로 관련 문건과 기억을 함께 나눌 수 있도록 배려했다.

89 Don Oberdorfer, "Teng Tried But Satisfied, Leaves U.S.," *The Washington Post*, February 6, 1979, A12.

90 Karen Elliott House, "Teng to Return to China with Assurances of U.S. Economic,

Political Cooperation," *Wall Street Journal*, February 5, 1979, 6.

91 중국어를 할 줄 아는 국무원 관리 도널드 앤더슨(Donald Anderson)이 덩샤오핑 일행의 각지 시찰에 동행했다. Tucker, ed., *China Confidential*, p. 330. *New York Post*, January 29, 1979.

92 Fox Butterfield, "Teng Inspects Boeing 747 Factory," *New York Times*, February 6, 1979, A1.

93 Don Oberdorfer, "Teng and Khrushchev."

94 Richard L. Strout, *Christian Science Monitor*, February 5, 1979.

95 Harry F. Rosenthal, *Associated Press*, Atlanta, February 1, 1979.

96 *Atlanta Constitution and Atlanta Journal*, February 1, 2, 1979.

97 LWMOT, tape 22, p. 6.

98 Schell, *Watch Out for the Foreign Guests*, p. 124.

99 *Houston Post*, February 3, 1979.

100 Oberdorfer, "Teng and Khrushchev."

101 *Associated Press*, Seattle, February 5, 1979.

102 LWMOT, tape 22, p. 14.

103 Carter, *Keeping Faith*, p. 207. 이후 내용이 충실한 일기가 출간되었다. Jimmy Carter, *White House Diary* (New York: Farrar, Straus, and Giroux, 2010).

104 Carter, *Keeping Faith*, p. 207.

105 같은 책, p. 216.

106 돈 오버도퍼에 따르면, 그는 기자 신분으로 흐루쇼프와 덩샤오핑 방문 당시 전 일정을 수행했다. 다음을 참조. Oberdorfer, "Teng and Khrushchev." Richard L. Strout, *Christian Science Monitor*, February 5, 1979.

107 Smith, "The Role of Scientists in Normalizing U.S.-China Relations."

108 David M. Lampton, *A Relationship Restored: Trends in U.S.-China Educational Exchanges, 1978-1984* (Washington D.C.: National Academy Press, 1986), pp. 30~32.

109 Harry Thayer and Arthur Hummel, in Tucker, *China Confidential*, pp. 326~328. 이러한 문제 및 중국 인권에 관한 내용도 1979년 1월 29일자 《크리스천 사이언스 모니터》 사설에 제기되었다.

110 2008년 2월 덩샤오핑의 영어 통역관 가운데 한 명인 스옌화(나중에 룩셈부르크 주재 중국 대사를 역임했다.)와의 인터뷰. 2006년 11월, 2009년 4월, 덩샤오핑 방미 수행 통역관 지차오주와의 인터뷰.

12 덩샤오핑 정권의 출범: 1979~1980년

1 　蕭冬連,『中華人民共和國史: 歷史的轉軌, 從撥亂反正到改革開放』, 第10卷, 194~204쪽.

2 　『鄧小平年譜(1975-1997)』(상·하), 1979년 7월 12~15일, 535쪽.

3 　학자들 가운데 덩샤오핑이 황산을 등정한 정치적 의미를 간파한 첫 번째 인물은 워런 순이다.

4 　*SWDXP-2*, pp. 197~201.

5 　예를 들면, 鄧力群,『十二個春秋(1975-1987)』, 157쪽.

6 　2002~2006년 덩샤오핑의 딸 덩룽 탐방 취재 기록.

7 　*SWDXP-2*, p. 200.

8 　『鄧小平年譜(1975-1997)』, 1979년 9월 5일~10월 7일, 553쪽. 1979년 10월 5일 좌담회가 끝날 무렵 후야오방의 마지막 연설은 鄭仲兵,『胡耀邦年譜資料長編』, 상, 412~421쪽 참조.

9 　鄧力群,『十二個春秋(1975-1987)』, 150~152쪽.

10 　LWMOT, tape 29, pp. 7~8.

11 　Xinhua General Overseas News Service, September 30, 1979, pp. 1~22.

12 　같은 책, pp. 6~7.

13 　같은 책, p. 2.

14 　같은 책, p. 6.

15 　鄧力群,『十二個春秋(1975-1987)』, 160쪽.

16 　당사 보고 준비를 위한 구체적인 토론은 蕭冬連,『中華人民共和國史』, 第10卷, 249~258쪽 참조.

17 　鄧力群,『十二個春秋(1975-1987)』, 160쪽.

18 　LWMOT, tape 31, pp. 16~17.

19 　『鄧小平年譜(1975-1997)』, 1979년 10월 하순, 574쪽.

20 　같은 책, 1979년 10월 12일, 566쪽, 1979년 11월 10일, 578쪽.

21 　*SWDXP-2*, pp. 225~226.

22 　같은 책, p. 251.

23 　같은 책, pp. 241~242.

24 　같은 책, p. 242.

25 　같은 책, p. 233.

26 　같은 책, pp. 253~254.

27 　같은 책, pp. 252~257.

28 　2009년 8월 에드윈 림(林重庚)과의 인터뷰. 그는 1980년대 초반 세계은행 중국부에서 일했으며, 세계은행이 베이징에 사무실을 개설했을 당시 책임자로 있었다.

29 　*SWDXP-2*, pp. 260~261.

30 　같은 책, pp. 260~265.

31 같은 책, pp. 280~281.

32 같은 책, pp. 273~283.

33 『鄧小平年譜(1975-1997)』, 1980년 2월 28일, 604쪽. 1980년 5월 17일, 634~635쪽. 억울한 누명을 벗겨 주게 된 배경에 관해서는 蕭冬連, 『中華人民共和國史』, 第10卷, 258~267쪽 참조.

34 일본 회담에 관한 기밀 해제 문건은 『華國鋒總理訪日: 主腦會談等における發言』, 1980년 5월 27일, 일본 외무성 기밀 해제 문건.

35 문건은 최종적으로 『關于建國以來黨的若干歷史問題的決議』로 확정되었다. 1981년 6월 27일. 다음을 참조. "Resolution on Certain Questions in the History of Our Party since the Founding of the People's Republic of China," June 27, 1981, *Beijing Review*, no. 27 (July 6, 1981).

36 Oriana Fallaci, "Deng: Cleaning Up Mao's Feudal Mistakes," *Washington Post*, August 31, 1980. *SWDXP-2*, August 21, 23, 1980, pp. 326~334.

37 『鄧小平年譜(1975-1997)』, 1980년 10월 25일, 684~685쪽.

38 *SWDXP-2*, pp. 290~292. 鄧力群, 『十二個春秋(1975-1987)』, 160~162쪽.

39 *SWDXP-2*, p. 295.

40 같은 책, pp. 295~297. 鄧力群, 『十二個春秋(1975-1987)』, 164~166쪽.

41 당시 간부들의 의견에 관한 상세한 내용은 『中直機關討論歷史決議(草案)簡報』. 미공개 문건으로, 하버드대학 페어뱅크 컬렉션 평한주 도서관에 소장되어 있다.

42 鄧力群, 『十二個春秋(1975-1987)』, 103~104쪽. *SWDXP-2*, pp. 289~290.

43 *Resolution on CPC History (1949-81)* (Beijing: Foreign Languages Press, 1981), p. 28, p. 32.

44 鄧力群, 『十二個春秋(1975-1987)』, 165쪽.

45 덩샤오핑은 이처럼 일반적인 방식으로 자신의 잘못을 인정했다. 하지만 그는 압력을 받았을 때를 제외하고 자신의 착오에 대해 구체적인 사례를 거론한 적이 없다.

46 *SWDXP-2*, pp. 342~349.

47 錢其琛, 「一次極不尋常的談話」, 中共中央文獻研究室 編, 『回憶鄧小平』(北京: 中央文獻出版社, 1998), 상, 35~41쪽.

48 「政府工作報告」, 中共中央文獻研究室 編, 『三中全會以來重要文件滙編』(北京: 人民出版社, 1982), 1979년 6월 18일, 상, 198~222쪽.

49 鄧力群, 『十二個春秋(1975-1987)』, 166~169쪽. 日本 外務省 亞洲局 中國課, 1980년 5월 27~29일. 일본 외무성 기밀 해제 문건.

50 *SWDXP-2*, June 22, 1981, pp. 306~308.

51 鄧力群, 『十二個春秋(1975-1987)』, 169쪽. 같은 책, p. 297.

52 *SWDXP-2*, pp. 304~305. 鄧力群, 『十二個春秋(1975-1987)』, 196쪽.

53 「胡耀邦在中央政治局會議上的發言」, 1982년 11월 19일, 中共中央文獻研究室 編, 『三中全會以來重要文件滙編』, 하, 735~747쪽.

54 2006년 1월 마오위안신 측근과의 인터뷰.

55 鄧力群, 『十二個春秋(1975-1987)』, 169~171쪽.

56 같은 책.

57 Richard Baum, *Burying Mao*, pp. 116~117.

13 덩샤오핑의 통치술

1 *SWDXP-2*, p. 329.

2 이비인후과 전문의 새뮤얼 로젠의 진단에 근거했다. 이는 2010년 11월 데이비드 샘보에게 얻은 자료다.

3 Carol Lee Hamrin, "The Party Leadership System," in Kenneth G. Lieberthal and David M. Lampton, eds., B*ureaucracy, Politics, and Decision Making in Post-Mao China* (Berkeley: University of California Press, 1992), pp. 95~124. 중공중앙위원회, 정치국, 정치국 상무위원회 명단은 매년 *China Directory, in Pinyin and Chinese* (Tokyo: Radiopress, 1979-현재)에서 볼 수 있다. 이러한 기관의 기능에 관한 개괄은 Kenneth Lieberthal, *Governing China: From Revolution through Reform*, 2nd ed. (New York: W. W. Norton, 2004) 참조. 최근 발전 정황에 관한 것은 Richard McGregor, *The Party: The Secret World of China's Communist Rulers* (New York: Harper, 2010) 참조.

4 '계통(系統)' 개념, 즉 '수직 기능적 등급 체계(vertical functional hierarchy)'는 A. Doak Barnett, with a contribution by Ezra F. Vogel, *Cadres, Bureaucracy, and Political Power in Communist China* (New York: Columbia University Press, 1967) 참조. 이외에도 Lieberthal, *Governing China* 참조.

5 Hamrin, "The Party Leadership System," pp. 95~124.

6 2006년 8월, 2007년 7월 우밍위와의 인터뷰. 그는 덩샤오핑의 트럼프 친구 가운데 하나였다.

7 2002~2006년 덩샤오핑 딸 덩룽과의 인터뷰.

8 덩샤오핑 아랫사람과의 인터뷰. Ezra F. Vogel, "From Friendship to Comradeship: The Change in Personal Relations in Communist China," *The China Quarterly*, no. 21 (January-March 1965), pp. 46~60.

9 汪文慶·劉一丁, 「改革開放初期的人事制度改革: 訪原國家人事局局長焦善民」, 《百年潮》, 2007년 제5기, 42~47쪽. 자오샨민(焦善民)은 당시 국가인사국 국장을 맡고 있었다.

10 이는 레너드 우드콕의 관찰에 따른다. LWMOT 참조.

11 *SWDXP-2*, p. 97.

14 광둥과 푸젠의 실험: 1979~1984년

1   蕭冬連, 『中華人民共和國史』, 第10卷, 760쪽.

2   『鄧小平年譜(1975-1997)』, 1977년 11월 8일, 18일, 20일. 蕭冬連, 『中華人民共和國史』, 第10
    卷, 760쪽.

3   蕭冬連, 『中華人民共和國史』, 第10卷, 760쪽.

4   같은 책.

5   Ezra F. Vogel, *Canton under Communism: Programs and Politics in a Provincial Capital, 1949-1968* (Cambridge: Harvard University Press, 1969).

6   楊尙昆, 『楊尙昆回憶錄』(北京: 中央文獻出版社, 2001). 楊尙昆, 『楊尙昆日記』(상·하) (北京: 中央文獻出版社, 2001).

7   楊繼繩, 『中國改革年代的政治鬪爭』(香港: 卓越文化出版社, 2004), 235~236쪽. 習仲勳主政廣東編委會, 『習仲勳主政廣東』(北京: 中共黨史出版社, 2007).

8   구무의 특구 건설 과정의 중요한 사건에 관한 개설은 谷牧, 「小平同志領導我們抓對外開放」, 4~11쪽 참조. 이 문장은 이후 楊天石 編, 『鄧小平寫眞』, 204~211쪽에 수록되었다.

9   蕭冬連, 『中華人民共和國史』, 第10卷, 764쪽.

10 中共中央文獻硏究室 編, 『回憶鄧小平』, 중, 383쪽. 『鄧小平年譜(1975-1997)』, 510쪽.

11 1987년 12월 양리(楊立)와의 인터뷰. 그는 나중에 광둥 성 부성장을 지냈으며, 당시 대표단의 일원이었다.

12 1979년 7월 15일 50호 문건이 공포된 후 국무원과 중앙은 광둥과 푸젠, 그리고 특구와 관련된 일련의 문건을 공포했다. 1981년 7월 19일에 이론 문제 해석을 위한 27호 문건이 공포되었고, 1982년 3월 1일 범죄와 밀수에 관한 17호 문건이 공포되었다. 1982년 12월 3일 특구의 작용을 긍정하는 별도의 문건이 공포되었다. 이러한 문건 발표는 구무의 지도하에 이루어졌다. 다음을 참조. Lawrence Reardon, ed., "China's Coastal Development Strategy, 1979-1984 (I)," *Chinese Law and Government* 27, no. 3 (May-June 1994) and "China's Coastal Development Strategy, 1979-1984 (I)," *Chinese Law and Government* 27, no. 3. (May-June 1994) and "China's Coastal Development Strategy, 1979-1984 (II)," *Chinese Law and Government* 27, no. 4 (July-August 1994).

13 『鄧小平年譜(1975-1997)』, 1979년 4월 17일, 506쪽. 中共中央文獻硏究室 編, 『回憶鄧小平』, 상, 157~158쪽. 이 사건에 대한 덩샤오핑의 설명은 *SWDXP-3*, June 12, 1987, pp. 236~237 참조.

14 Reardon, ed., "China's Coastal Development Strategy, 1979-1984 (I)," pp. 19~44.

15 같은 책, pp. 45~58.

16 Sebastian Heilmann, "From Local Experiments to National Policy: The Origins of China's Distinctive Policy Process," *China Journal*, no. 59 (January 2008), pp. 1~30.

17 歐大軍·梁釗,「鄧小平經濟特區理論」,《當代中國史研究》, 2004년 제4기, 41~49쪽.

18 高伯文,「20世紀80年代沿海地區經濟發展戰略的選擇及其效應」,《當代中國史研究》, 2005년 제4기, 92~100쪽.

19 余茂輝·余維生,「鄧小平區域經濟協調發展思想形成的條件」,《當代中國史研究》, 2004년 제4기, 80~85쪽.

20 China Data Center, *National and Provincial Statistics* (Ann Arbor: University of Michigan, various years).

21 谷牧,『谷牧回憶錄』(北京: 中央文獻出版社, 2009), 256쪽.

22 Reardon, ed., "China's Coastal Development Strategy, 1979-1984 (I)," pp. 21~32.

23 中共中央文獻研究室 編,『回憶鄧小平』, 중, 383쪽.

24 王碩,「特事特辦: 胡耀邦與經濟特區」,《炎黃春秋》, 2008년 제4기, 37쪽.

25 Christine Loh, *Underground Front: The Chinese Communist Party in Hong Kong* (Hong Kong: Hong Kong University Press, 2010), pp. 152~153.

26 Reardon, ed., "China's Coastal Development Strategy, 1979-1984 (I)," p. 22.

27 이상은 저자가 1980년대부터 1990년대까지 광둥 지역을 직접 시찰한 내용에 따른다. 저자는 1980년 광둥에서 2개월간 체류했으며, 1980년대 초반 현지를 수차례 방문했으며, 1985년부터 1990년대 내내 적어도 매년 한차례씩 현지를 방문했다. 1986년 광둥에서 6개월간 머물면서 각지를 여행할 기회가 있었으며, 대략 서른 개 현의 기업을 방문한 바 있다.

28 Reardon, ed., "China's Coastal Development Strategy, 1979-1984 (II)," pp. 32~33.

29 蘆薖,「偉人的膽識和胸懷: 記任仲夷回憶鄧小平」,《百年潮》, 2008년 제10기, 18~19쪽. 蕭冬連,『中華人民共和國史』, 第10卷, 771~772쪽.

30 나날이 늘어나는 재부의 가정에 대한 영향(새로운 소비 모델을 포함하여)은 다음을 참조. Charlotte Ikels, *The Return of the God of Wealth: The Transition to a Market Economy in Urban China* (Stanford, Calif.: Stanford University Press, 1996).

31 Rachel Murphy, *How Migrant Labor Is Changing Rural China* (New York: Cambridge University Press, 2002). Leslie T. Chang, *Factory Girls: From Village to City in Changing China* (New York: Spiegel and Grau, 2008).

32 中共中央文獻研究室 編,『陳雲年譜(1905-1995)』, 1981년 12월 22일, 284~285쪽.

33 *SWCY*, 3:303.

34 같은 책, 3:307.

35 같은 책, 3:303.

36 王碩,「特事特辦: 胡耀邦與經濟特區」, 36~37쪽.

37 關山,「任仲夷談鄧小平與廣東的改革開放」,《炎黃春秋》, 2004년 제8기, 8~17쪽. 저자는 2006년 7월 17일부터 11월 11일까지 두룬성을 인터뷰했다. 두룬성은 당시 광둥성위 위원으로 런중이와 함께 광둥과 베이징 회의에 참가했다.

38 關山, 「任仲夷談鄧小平與廣東的改革開放」, 8~17쪽.

39 Reardon, ed., "China's Coastal Development Strategy, 1979-1984 (I)," pp. 46~58. 저자
    는 문건의 번역자이자 편집자인 로런스 리어든(Lawrence Reardon)과 대담을 나누었다.

40 『陳雲年譜(1905-1995)』, 1982년 1월 5일, 287쪽. 『鄧小平年譜(1975-1997)』, 1982년 1월
    5일, 796쪽.

41 『鄧小平年譜(1975-1997)』, 1982년 1월 18일, 799쪽.

42 關山, 「任仲夷談鄧小平與廣東的改革開放」, 10쪽.

43 王碩, 「特事特辦: 胡耀邦與經濟特區」, 38쪽. 蘆荻, 「偉人的膽識和胸懷: 記任仲夷回憶鄧小平」,
    16~22쪽.

44 『陳雲年譜(1905-1995)』, 1982년 1월 25일, 289~290쪽.

45 그래서 14장 해당 절의 제목에 '이진궁(二進宮)'을 넣은 것이다. 이 말은 경극에서 유래했다.

46 『陳雲年譜(1905-1995)』, 1982년 2월 11~13일, 291쪽. 런중이는 퇴직 후 저자와 수차례 대
    화를 나눈 적이 있다. 하지만 그는 끝내 베이징 회의에 대해 언급하지 않았으며, 베이징에서
    자신에게 압력을 넣은 것에 대해서도 원망하지 않았다. 다만 그는 당의 의견을 관철하여 밀수
    와 부패 문제를 해결하기 위해 최선의 노력을 다했다고 말했을 따름이다. 런중이가 베이징 중
    앙의 호출에 응한 것에 대해서는 기타 간부들이 발표한 문장에 근거했다.

47 關山, 「任仲夷談鄧小平與廣東的改革開放」, 14쪽. 2006년 7월, 11월 두루이즈(杜瑞芝)와의
    인터뷰.

48 楊繼繩, 『中國改革年代的政治鬪爭』, 238~239쪽. 關山, 「任仲夷談鄧小平與廣東的改革開放」,
    11~12쪽.

49 谷牧, 「小平同志領導我們抓對外開放」, 206쪽.

50 關山, 「任仲夷談鄧小平與廣東的改革開放」, 39쪽.

51 당시 많은 관심을 끌었던 하이난 자동차 밀수 사건에 관한 개요는 다음을 참조. Ezra F. Vogel,
    One Step Ahead in China: Guangdong under Reform (Cambridge: Harvard University
    Press, 1989).

52 蘆荻, 「偉人的膽識和胸懷: 記任仲夷回憶鄧小平」, 20쪽.

53 같은 책.

54 董輔礽 編, 『中華人民共和國經濟史』(상·하)(北京: 經濟科學出版社, 1999), 138쪽.

55 『鄧小平年譜(1975-1997)』, 1984년 1월 22일~2월 17일, 954~961쪽. SWDXP-3, February
    24, 1984, p. 61.

56 『鄧小平年譜(1975-1997)』, 1984년 1월 22~2월 24일, 954~964쪽.

57 같은 책, 1984년 2월 14일, 960쪽.

58 같은 책, 1984년 2월 24일, 963~964쪽. SWDXP-3, p. 61, pp. 64~65.

59 Reardon, ed., "China's Coastal Development Strategy, 1979-1984 (II)," pp. 49~66.

60 같은 책, pp. 49~66.

61 谷牧,「小平同志領導我們抓對外開放」, 152~174쪽.

62 저자가 직접 관찰한 전국 체전에 관한 노트에 근거한다.

15 경제 조정과 농촌 개혁: 1978~1982년

1 이는 1990년 말 덩즈팡이 베이징 주재 미국 대사관 무역 참사(1989~1992년) 티머시 스트래트퍼드(Timothy Stratford)에게 한 말이다.

2 균형파와 건설파 간의 의견 차이는 陳志凌,「姚依林」, 中國黨史人物傳研究會 編,『中共黨史人物傳』(北京: 中央文獻出版社, 2000), 제72집, 1~120쪽에 실려 있다.

3 Kenneth Lieberthal and Michel Oksenberg, *Policy Making in China: Leaders, Structures, and Processes* (Princeton, N.J.: Princeton University Press, 1988), p. 45.

4 Dorothy J. Solinger, "The Fifth National People's Congress and the Process of Policy Making: Reform, Readjustment, and the Opposition," *Asian Survey* 22, no. 12 (December 1982), pp. 1238~1275. Hua Kuo-Feng, "Unite and Strive to Build a Modern Powerful Socialist Country!" *Peking Review* 21, no. (March 10, 1978), pp. 24~26.

5 Jinglian Wu, *Understanding and Interpreting Chinese Economic Reform* (Mason, Ohio: Thomson/South-Western, 2005). 武力 主編,『中華人民共和國經濟史 (1949-1999)』(北京: 中國經濟出版社, 1999), 상, 773쪽. Barry Naughton, *Growing Out of the Plan: Chinese Economic Reform, 1978-1993* (New York: Cambridge University Press, 1995), p. 67. Thomas Rawski, "Reforming China's Economy: What Have We Learned?" *China Journal*, no. 41 (January 1999), pp. 139~156.

6 중국어에서 '규획(規劃)'은 '계획(計劃)'과 다른 말이다. 비록 양자가 일반적으로 영어 'plan'으로 번역되기는 하지만, '규획'은 목표를 제기하는 것으로 일본 통상성에서 주로 말하는 '규획'과 유사하다. 5년 계획이나 연도 계획이라고 말할 때 '계획'은 '규획'과 다르다. 그것은 투입 재원이나 자금, 자원에 대한 구체적인 용도를 구체적으로 규정한 것을 말한다. 10년 규획은 국가계획위원회 단독 부서에서 제정한다.

7 Naughton, *Growing Out of the Plan*, pp. 70~71.

8 『陳雲年譜(1905-1995)』, 1978년 12월 10일, 228~230쪽. *SWCY*, 3:237~239.

9 『鄧小平年譜(1975-1997)』, 1979년 1월 6일, 465~467쪽. 蕭冬連,「1979年國民經濟調整方針的提出與爭論」, 2004년 제10기, 4~10쪽.

10 Denis Fred Simon, "China's Capacity to Assimilate Foreign Technology: An Assessment," in U.S. Congress, Joint Economic Committee, *China under the Four Modernizations: Selected Papers*, 2 vols. (Washington, D.C.: Government Printing

Office, 1982), 1:523. Chae-Jin Lee, *China and Japan: New Economic Diplomacy* (Stanford, Calif.: Hoover Institution Press, 1984), pp. 47~49.

11 『陳雲年譜(1905-1995)』, 1979년 3월 14일, 21~23일, 240~243쪽. *SWCY*, 3:248~254. 전문은 中共中央文獻研究室 編, 『三中全會以來重要文件滙編』(상·하)(北京: 人民出版社, 1982), 상, 109~147쪽에 보인다.

12 董輔礽 編, 『中華人民共和國經濟史』 하, 8쪽. Barry Naugton, *The Chinese Economy: Transitions and Growth* (Cambridge: MIT Press, 2007).

13 Gene Tidrick and Chen Jiyuan, eds., *China's Industrial Reform* (New York: Oxford University Press, 1987), p. 2.

14 鄧力群, 『十二個春秋(1975-1987)』, 143쪽. 덩리췬은 이번 회의에 출석했으며, 회의 보고 초안자 가운데 한 명이었다. 우시(無錫) 회의 기록은 다음을 참조. Joseph Fewsmith, *Dilemmas of Reform in China: Political Conflict and Economic Debate* (Armonk, N.Y.: M. E. Sharpe, 1994), pp. 62~68.

15 鄧力群, 『十二個春秋(1975-1987)』, 144쪽.

16 董輔礽 編, 『中華人民共和國經濟史』 하, 8~9쪽.

17 각 성에서 '분조흘반(分竈吃飯, 부모가 죽은 후 형제들이 분가하여 각자 생활하는 것을 말한다.)'을 허용하는 과정에 대해서는 다음을 참조. Susan L. Shirk, *The Political Logic of Economic Reform in China* (Berkeley: University of California Press, 1993), pp. 162~175.

18 Fewsmith, *Dilemmas of Reform*, pp. 92~96.

19 容生, 「鄧力群談陳雲經濟思想」, 《爭鳴》, 1981년 5월 1일, 제32기, 43~44쪽. 영역본은 다음과 같다. JPRS: *China Report, Political, Sociological and Military Affairs*, no. 200 (JPRS 78410), June 29, 1981, pp. 35~40.

20 武力 主編, 『中華人民共和國經濟史(1949-1999)』, 상, 776쪽.

21 잡지 특약 기자, 「改革初期的工業學大慶活動: 訪袁寶華同志」, 《百年潮》, 2002년 제8기, 9쪽. 캉성언에 관한 상황은 溫厚文, 『康世恩傳』(北京: 當代中國出版社, 1988) 참조.

22 Fewsmith, *Dilemmas of Reform*, pp. 100~109.

23 全國人大常委會辦公研究室, 『中華人民共和國人民代表大會文獻資料滙編(1949~1990)』(北京: 中國民主法制出版社, 1991), 785쪽.

24 Fewsmith, *Dilemmas of Reform*, p. 100.

25 『陳雲傳』(상·하), 1561쪽, 1600쪽.

26 『陳雲年譜(1905-1995)』, 1980년 11월 28일, 262~263쪽. 덩샤오핑은 1979년 10월 4일 경제공작에 대한 지시에서 천원의 의견에 동의했다. 『鄧小平年譜(1975-1977)』, 1979년 10월 4일, 563~564쪽에 보인다. Deng Xiaoping, *Selected Works of Deng Xiaoping, 1975-1982* (Beijing: Foreign Languages Press, 1994. 2nd ed., 1995), pp. 201~208.

27 『陳雲年譜(1905-1995)』, 1980년 12월 16일, 263~265쪽. *SWCY*, 3:275~280. 董輔礽 編, 『中華人民共和國經濟史』, 하, 25쪽.

28 *SWDXP-2*, pp. 335~339. 덩샤오핑은 11월 28일 연설에서 천원의 조정 정책을 강력하게 지지했다.『陳雲年譜(1905-1995)』, 1980년 11월 28일, 262~263쪽 참조.『鄧小平年譜(1975-1997)』, 1980년 11월 28일, 695~696쪽.

29 Lee, *China and Japan*, pp. 49~50.

30 『鄧小平年譜(1975-1997)』, 1980년 9월 4일, 670쪽.

31 Lee, *China and Japan*, p. 62. Ryosei Kokubun, "The Politics of Foreign Economic Policy-Making in China: The Case of Plant Cancellations with Japan," *The China Quarterly*, no. 105 (March 1986), pp. 19~44.『鄧小平年譜(1975-1997)』, 1981년 2월 12일, 712쪽. 저자 역시 1983년 8월 오키타 사부로와 회담 내용을 활용했다.

32 Okada Takahiro, "Interview with Okita Saburo," *Chuo Koron* (April 1981), pp. 116~121. Saburo Okita, *Saburo Okita: A Life in Economic Diplomacy* (Canberra: Australia-Japan Research Centre, Australian National University, 1993), pp. 118~121.

33 Lee, *China and Japan*, p. 64.《人民日報》, 1981년 3월 13~15일.『鄧小平年譜(1975-1997)』, 1981년 3월 18일, 722쪽.

34 『鄧小平年譜(1975-1997)』, 1981년 4월 4일.

35 같은 책, 1981년 4월 14일.

36 바오산 제철소 발전에 관한 내용은 Lee, *China and Japan*, pp. 30~75 참조.

37 2004년 11월 스기모토 다카시와 회담했다. 그는 중국어에 능숙한 신일본제철 관리였다. 그래서 중국 측과 제철소 관련 회담을 위해 수년간 중국에 머물렀다.

38 World Steel Association, "World Steel in Figures, 2009." www. worldsteel. org(2011년 4월 13일 검색).

39 Roger Garside, *Coming Alive*, p. 366.

40 Susan Greenhalgh, *Just One Child: Science and Policy in Deng's China* (Berkeley: University of California Press, 2008), p. 229.

41 『鄧小平年譜(1975-1997)』, 1979년 3월 23일, 497쪽.

42 *SWDXP-2*, March 30, 1979, p. 173. 같은 책, July 28, 1979, pp. 539~540. Greenhalgh, *Just One Child*, p. 357 n 6.

43 凌志軍 · 馬立誠,『呼喊: 當今中國的五種聲音』(廣州: 廣州出版社, 1999), 72쪽, 78쪽.

44 王立新,『要吃米找萬里: 安徽農村改革實錄』, 28쪽.

45 吳象 等,『萬里談三中全會前後的農村改革』, 于光遠 編,『改變中國命運的41天: 中央工作會議, 十一屆三中全會親歷記』, 281쪽. Dali L. Yang, *Calamity and Reform in China: State, Rural Society, and Institutional Changes since the Great Leap Famine* (Stanford, Calif.: Stanford University Press, 1996). William L. Parish, ed., *Chinese Rural Development:*

The Great Transformation (Armonk, N.Y.: M. E. Sharpe, 1985). 농촌 정책 변화에 대한 전면적인 서술, 특히 연구 부문의 활동에 대해서는 다음을 참조. Fewsmith, *Dilemmas of Reform*, pp. 19~56.

46 완리의 딸 완수펑(萬叔鵬)은 아버지를 따라 안후이 성의 가장 빈곤한 농촌 지역을 방문했다. 그녀는 몇 년이 지난 후에도 당시 자신이 보고 들은 것을 말할 때 심리적으로 불안해했다. 2003년 10월 그녀는 나의 취재에 응했다. 吳象 等, 같은 책, 281~289쪽. 이외에 劉長根·季飛, 『萬里在安徽』(香港: 開益出版社, 2001). 萬里, 『萬里文選』(北京: 人民出版社, 1995). 中共安徽省委員會黨史研究室 編, 『安徽農村改革口述史』(北京: 中共黨史出版社, 2006) 참조.

47 吳象 等, 같은 책, 283쪽.

48 劉長根·季飛, 『萬里在安徽』, 80~82쪽.

49 같은 책, 83쪽.

50 같은 책, 80쪽.

51 吳象 等, 『萬里談三中全會前後的農村改革』, 284~286쪽.

52 『鄧小平年譜(1975-1997)』, 1978년 2월 1일, 261~262쪽.

53 두싱위안(杜星垣)은 자오쯔양이 쓰촨에 있을 당시 보좌관으로 있었다. 『民意如潮, 歷史巨變』, 于光遠, 『改變中國命運的41天』, 218~223쪽. 劉長根·季飛, 『萬里在安徽』, 83쪽에 실려 있다.

54 《人民日報》, 1979년 1월 31일, *China News Analysis*, no. 1149 (March 2, 1979), in Jürgen Domes, *Socialism in the Chinese Countryside: Rural Societal Policies in the People' Republic of China, 1949-1979* (London: C. Hurst, 1980), p. 102.

55 劉長根·季飛, 『萬里在安徽』, 89쪽.

56 凌志軍·馬立誠, 『呼喊: 當今中國的五種聲音』, 81쪽.

57 Domes, *Socialism in the Chinese Countryside*, pp. 81~106.

58 劉長根·季飛, 『萬里在安徽』, 96~97쪽.

59 같은 책, 144쪽, 155쪽, 163쪽.

60 같은 책.

61 2009년 4월 야오지안푸(姚監復)와의 인터뷰. 그는 당시 회의에 참석했다.

62 童懷平·李成關, 『鄧小平八次南巡紀實』(北京: 解放軍文藝出版社, 2002), 281쪽.

63 吳象 等, 『萬里談三中全會前後的農村改革』, 288쪽.

64 Mao Zedong, *The Question of Agricultural Cooperation* (Peking: Foreign Languages Press, 1956).

65 *SWDXP-2*, pp. 297~299. 『鄧小平年譜(1975-1997)』, 1980년 5월 30일, 641~642쪽.

66 2009년 4월 야오지안푸와의 인터뷰. 그는 두룬성 휘하에서 일했다. 이 체제는 '승포제(承包制)'라고 부르기도 한다. 1960년대 중반 헝가리에서도 이와 유사한 제도를 시행했다.

67 吳象 等, 『萬里談三中全會前後的農村改革』, 289쪽. 劉長根·季飛, 『萬里在安徽』, 178~179

쪽. 楊繼繩, 『鄧小平時代: 中國改革開放二十年紀實』(상·하)(北京: 中央編譯出版社, 1998), 상, 187~188쪽.

68 武力, 『中華人民共和國經濟史』, 하, 838~840쪽.

69 화학 비료 생산에 관한 내용은 다음을 참조. State Statistical Bureau, *Statistical Yearbook of China 1985* (Oxford: Oxford University Press, 1985), p. 339. 1979년 식량 수매가가 20 퍼센트 상승한 것에 대해서는 다음을 참조. Zhang-Yue Zhou, *Effects of Grain Marketing Systems on Grain Production: A Comparative Study of China and India* (New York: Food Products Press, 1997), p. 33.

70 楊繼繩, 『鄧小平時代: 中國改革開放二十年紀實』, 상, 188쪽. Parish, *Chinese Rural Development*.

71 吳象, 『萬里談三中全會前後的農村改革』, 287~288쪽.

72 State Statistical Bureau of the People's Republic of China, *Statistical Yearbook of China, 1987* (Beijing: China Statistical Information & Consultancy, 1986). Ross Garnaut and Ma Guonan, "China's Grain Demand: Recent Experience and Prospects to the Year 2000," in Ross Garnaut, Guo Shutian, and Ma Guonan, eds., *The Third Revolution in the Chinese Countryside* (New York: Cambridge University Press, 1996), pp. 38~62.

73 董輔礽 編, 『中華人民共和國經濟史』, 하, 116쪽. 武力, 『中華人民共和國經濟史(1949-1999)』, 하, 1506쪽.

74 2006년 9월 두룬성과의 인터뷰. 그는 1950년대 농업 정책 영도자 가운데 한 명으로 자오쯔양 휘하에서 국가농업위원회 부주임을 맡았다.

75 *SWDXP*-3, June 12, 1987, p. 236. 향진 기업에 관한 토론은 다음을 참조. Naughton, *Growing Out of the Plan*, pp. 137~169. Wu, U*nderstanding and Interpreting Chinese Reform*, pp. 118~138.

76 공사(公社) 취소 전날 농촌 공업에 대한 소개는 다음을 참조. American Rural Small-Scale Industry Delegation, *Rural Small-Scale Industry in the People's Republic of China* (Berkeley: University of California Press, 1977). Jon Sigurdson, "Rural Industrialization in China," in U.S. Congress Joint Economic Committee, *China, a Reassessment of the Economy: A Compendium of Papers Submitted to the Joint Economic Committee, Congress of the United States, July 10, 1975* (Washington, D.C.: Government Printing Office, 1975), pp. 411~435. 저자는 광둥성경제위원회 초청으로 1987년부터 1988년까지 광둥 여러 지역의 향진 기업을 방문할 기회가 있었다. 마오쩌둥은 1960년 농촌 지역에 다섯 가지 공업이 필요하다고 지시했다. 작은 강철(小鋼鐵), 작은 수력 발전(小水電), 작은 농기계(小農機), 작은 시멘트(小水泥), 작은 화학 비료(小化肥) 등이다. 그러나 대약진 운동이 퇴조된 후에도 향진 기업에 작은 강철 공장이 남아 있었다.

77 Justin Yifu Lin, Fang Cai, and Zhou Li, *The China Miracle: Development Strategy and*

Economic Reform (Hong Kong: Published for the Hong Kong Centre for Economic Research and the International Center for Economic Growth by the Chinese University Press, 1996), p. 190.

78 武力, 『中華人民共和國經濟史』, 하, 1520~1521쪽.

79 Lin, Cai, Li, *The China Miracle*, p. 189.

80 Naughton, *Growing Out of the Plan*, p. 90.

81 Charlotte Ikels, *The Return of the God of Wealth: The Transition to a Market Economy in Urban China* (Stanford, Calif.: Stanford University Press, 1996). Willy Kraus, *Private Business in China: Revival between Ideology and Pragmatism* (Honolulu: University of Hawaii Press, 1991).

82 鄧力群, 『十二個春秋(1975-1987)』, 558~587쪽.

16 경제 발전과 개방 가속화: 1982~1989년

1 Barry Naughton, *Growing Out of the Plan: Chinese Economic Reform, 1978–1993* (New York: Cambridge University Press, 1995).

2 기록에 따르면, 회의 일시는 8월 26일이다. 盛平 編, 『胡耀邦思想年譜(1975-1989)』(香港: 泰德時代出版社, 2007), 하, 537~538쪽.

3 『鄧小平年譜(1975-1997)』, 1980년 7월 17일, 656~657쪽. 盛平 編, 같은 책, 537~538쪽.

4 Yizi Chen, "The Decision Process behind the 1986-1989 Political Reforms," in Carol Hamrin and Suisheng Zhao, ed., *Decision-Making in Deng's China: Perspectives from Insiders* (Armonk, N.Y.: M.E. Sharpe, 1995), p. 138.

5 朱佳木・遲愛萍・趙士剛, 『陳雲』(北京: 中央文獻出版社, 1999), 186쪽.

6 鄧力群, 『向陳雲同志學習做經濟工作』(廣東: 中共中央黨校出版社, 1981), 93쪽.

7 中華人民共和國史稿編輯委員會 編, 『鄧力群國史講談錄』, 제7책, 204~205쪽.

8 『陳雲年譜(1905-1995)』, 1982년 11월 4일, 309쪽.

9 中華人民共和國史稿編輯委員會 編, 『鄧力群國史講談錄』, 제7책, 247쪽.

10 에드윈 림(2008년 8월), 로스 가노트(2011년 6월), 로런스 라우(중국명 劉遵義, 2007년 3월)와의 인터뷰. 세계은행 소속 에드윈 림은 자오쯔양과 친밀한 관계를 유지했다. 로스 가노트는 1985년부터 1988년까지 오스트레일리아 주중국 대사를 지냈으며, 로버트 호크 총리와 함께 오스트레일리아에서 경제 자유화를 추진한 전문 경제학자다. 로런스 라우는 스탠퍼드대학 경제학 교수로 나중에 홍콩 중문대학 총장을 지냈다.

11 Milton and Rose D. Friedman, *Two Lucky People: Memoirs* (Chicago: The University of Chicago Press, 1999), p. 543.

12   Joseph Fewsmith, *Dilemmas of Reform in China: Political Conflict and Economic Debate* (Armonk, N.Y.: M.E. Sharpe, 1994), pp. 34~41.

13   두뇌 집단의 토론에 대한 내용은 같은 책 참조. 두룬성(2006년 9월), 루마이(盧邁, 2006년 8월), 야오지안푸(2006년 8월), 그리고 덩잉타오(2003년 10월)와의 인터뷰.

14   中共中央黨史研究室 編, 『中國共産黨新時期歷史大事記(1978.12~2002.5)』(수정판)(北京: 中共黨史出版社, 2002), 1982년 3월 18일.

15   孟禎, 「出國留學三十年」, 《人民日報》(海外版), 2008년 6월 26일, 제6판.

16   덩샤오핑은 중국이 국제통화기금에 가입하여 중국과 국제 금융계의 관계를 강화할 것을 지지했다. 1981년 10월 25일 덩샤오핑은 국제통화기금 총재 자크 라로시르를 만나 쌍방 합작에 동의했다. 『鄧小平年譜(1975-1997)』, 1981년 10월 25일, 780쪽 참조.

17   Edwin Lim, "Learning and Working with the Giants," in Indermit S. Gill and Todd Pugatch, *At the Frontlines of Development: Reflections from the World Bank* (Washington, D.C.: World Bank, 2005), pp. 89~119. 林重庚, 「序言: 中國改革開放過程中的對外思想開放」. 吳敬璉 編, 『中國經濟50人看三十年: 回顧與分析』에 수록되어 있다. Pieter Bottelier, "China and the World Bank: How the Partnership Was Built," working paper 277, Stanford Center for International Development, April 2006. Robert McNamara, *Oral History Recording*, October 3, 1991, pp. 16~18. 그 가운데 에드윈 림과 관련 있는 부분은 2009년 8월 인터뷰 기록에 따른다. 중국이 국제통화기금과 관세 및 무역에 관한 일반 협정(GATT)에 가입한 것과 세계은행 총재와 협의한 배경에 관해서는 다음을 참조. Harold K. Jacobson and Michel Oksenberg, *China's Participation in the IMF, the World Bank, and GATT: Toward a Global Economic Order* (Ann Arbor: University of Michigan Press, 1990).

18   단체의 공식적인 대표는 세계은행 동아시아 업무를 맡고 있는 부주임 샤히드 후사인(Shahid Husain)이었다. 하지만 중국 단체를 포함한 중국 관계 업무는 모두 에드윈 림이 통솔했다. Jacobson and Oksenberg, *China's Participation in the IMF, the World Bank, and GATT* 참조.

19   Fewsmith, *Dilemmas of Reform*, p. 130.

20   Edwin Lim et al., *China: Long-Term Development Issues and Options: The Report of a Mission Sent to China by the World Bank* (Baltimore: Published for the World Bank by the Johns Hopkins University Press, 1985). 보고서는 교육, 농업, 에너지, 교통 운수, 경제 프로젝트, 경제 구조 등 몇 가지로 나뉘어 출간되었다.

21   Fewsmith, *Dilemmas of Reform*, p. 137. 모간산 회의는 1984년 9월 3일부터 10일까지 개최되었다.

22   Saburo Okita, *Saburo Okita: A Life in Economic Diplomacy* (Canberra: Australia-Japan Research Centre, Australian National University, 1993), pp. 112~123.

23 鄧力群, 『十二個春秋(1975-1987)』, 125~126쪽. 1987년부터 1988년까지 중국 공장을 참관할 당시 저자는 공장 내부에 여러 가지 포고문이 붙어 있는 것을 보았다. 주로 기본 관리 원칙과 일본의 범례를 준수하는 것에 근거한 등급 판정 등이었다.

24 같은 책, 125~126쪽, 156쪽.

25 Chae-Jin Lee, *China and Japan: New Economic Diplomacy* (Stanford, Calif.: Hoover Institution Press, 1984), p. 138. Okita, *Saburo Okita: A Life in Economic Diplomacy*.

26 董輔礽 編, 『中華人民共和國經濟史』, 하, 152~153쪽.

27 『陳雲年譜(1905-1995)』, 1983년 6월 30일, 328~329쪽. 『鄧小平年譜(1975-1997)』, 1983년 6월 30일, 918~919쪽.

28 『鄧小平年譜(1975-1997)』, 1983년 12월 22일, 949~950쪽.

29 같은 책, 1984년 6월 30일, 987쪽. *SWDXP-3*, pp. 72~75.

30 Naughton, *Growing Out of the Plan*.

31 中共中央文獻研究室 編, 『十二大以來重要文獻選編』(상·중·하)(北京: 人民出版社, 1986), 중, 610~619쪽. 鄧力群, 『十二個春秋(1975-1987)』, 545~557쪽. Fewsmith, *Dilemmas of Reform*, pp. 137~138.

32 Xiakang Su and Luxiang Wang, *Deathsong of the River: A Reader's Guide to the Chinese TV Series "Heshang"* (Ithaca, N.Y.: East Asia Program, Cornell University, 1991).

33 *SWDXP-3*, pp. 90~99.

34 Jinglian Wu, *Understanding and Interpreting Chinese Economic Reform* (Mason, Ohio: Thomson/South-Western, 2005), pp. 357~369. 董輔礽 編, 『中華人民共和國經濟史』, 하, 310~311쪽.

35 Wu, *Understanding and Interpreting Chinese Economic Reform*, p. 357.

36 Barry Naughton, "False Starts and Second Wind: Financial Reforms in China's Industrial System," in Elizabeth J. Perry and Christine Wong, eds., *The Political Economy of Reform in Post-Mao China* (Cambridge, Mass.: Council on East Asian Studies, Harvard University, 1985), pp. 223~252. David Bachman, "Implementing Chinese Tax Policy," in David M. Lampton, ed., *Policy Implementation in Post-Mao China* (Berkeley: University of California Press, 1987), pp. 119~153. Penelope B. Prime, "Taxation Reform in China's Public Finance," in U.S. Congress, Joint Economic Committee, *China's Economic Dilemmas in the 1990s: The Problems of Reforms, Modernization and Interdependence* (Washington, D.C.: Government Printing Office, 1991. and Armonk, N.Y.: M. E. Sharpe, 1992), pp. 167~185.

37 『陳雲年譜(1905-1995)』, 1985년 2월 18일, 375~376쪽.

38 董輔礽 編, 『中華人民共和國經濟史』, 하, 311~312쪽. Wu, *Understanding and Interpreting Chinese Economic Reform*, p. 363, pp. 949~952.

39   『鄧小平年譜(1975-1997)』, 1985년 1월 23일, 1027~1028쪽.

40   광둥 성 간부와의 인터뷰.

41   Fewsmith, *Dilemmas of Reform*, p. 152. Richard Baum, *Burying Mao*, pp. 181~182.

42   Ezra F. Vogel, *One Step Ahead in China: Guangdong under Reform* (Cambridge: Harvard University Press, 1989), pp. 291~294.

43   Fewsmith, *Dilemmas of Reform*, p. 153.

44   『鄧小平年譜(1975-1997)』, 1985년 6월 29일, 8월 1일, 1055~1056쪽, 1063~1065쪽.

45   *SWCY*, 3:341~344. 『陳雲年譜(1905-1995)』, 하, 383~384쪽.

46   *SWDXP-3*, pp. 144~150.

47   같은 책, p. 203.

48   Ziyang Zhao, *Prisoner of the State: The Secret Journal of Zhao Ziyang*, tras, and ed. Bao Pu, Renee Chiang, and Adi Ignatius (New York: Simon and Schuster, 2009), pp. 122~123.

49   *SWDXP-3*, May 19, 1988, pp. 257~258.

50   같은 책.

51   董輔礽 編, 『中華人民共和國經濟史』, 하, 316쪽.

52   吳國光, 『趙紫陽與政治改革』(香港: 太平洋世紀研究所, 1997), 526~531쪽.

53   *SWDXP-3*, pp. 271~272. 『鄧小平年譜(1975-1997)』, 1988년 9월 12일, 1247~1248쪽.

54   Wu, *Understanding and Interpreting Chinese Economic Reform*, p. 368.

55   Fewsmith, *Dilemmas of Reform*, p. 228.

56   『陳雲年譜(1905-1995)』, 1988년 10월 8일, 416~417쪽.

57   中共中央文獻研究室 編, 『十三大以來重要文獻選編』, 상, 253~255쪽.

58   董輔礽 編, 『中華人民共和國經濟史』, 하, 321~322쪽. Wu, *Understanding and Interpreting Chinese Economic Reform*, p. 369.

59   각기 다른 선택에 대한 보다 전면적인 소개는 다음을 참조. William H. Overholt, *The Rise of China: How Economic Reform Is Creating a New Superpower* (New York: W. W. Norton, 1993), pp. 32~45.

17 한 나라 두 체제(一國兩制): 대만, 홍콩, 티베트

1   중국 영토 분쟁에 관한 설명은 다음을 참조. M. Taylor Fravel, *Strong Borders, Secure Nation: Cooperation and Conflict in China's Territorial Disputes* (Princeton, N.J.: Princeton University Press, 2008).

2   Ralph Clough, *Island China* (Cambridge: Harvard University Press, 1978). Nancy

Bernkopf Tucker, *Taiwan, Hong Kong and the United States, 1945-1992: Uncertain Friendships* (New York: Twayne, 1994). Robert S. Ross, *Negotiating Cooperation: The United States and China, 1969-1989* (Stanford, Calif.: Stanford University Press, 1995). Richard C. Bush, *Untying the Knot: Making Peace in the Taiwan Strait* (Washington, D.C.: Brookings Institution Press, 2005). Michel Oksenberg, "Taiwan, Tibet, and Hong Kong in Sino-American Relations," in Ezra F. Vogel, ed., *Living with China: U.S.-China Relations in the Twenty-first Century* (New York: W. W. Norton, 1997), pp. 53~96. Alan D. Romberg, *Rein in at the Brink of the Precipice: American Policy toward Taiwan and U.S.-PRC Relations* (Washington, D.C.: Henry L. Stimson Center, 2003). Nancy Bernkopf Tucker, *Strait Talk: United States-Taiwan Relations and the Crisis with China* (Cambridge: Harvard University Press, 2009).

3   中共中央文獻研究室, 中國人民解放軍軍事科學院 編, 『鄧小平軍事文集』(北京: 軍事科學出版社, 中央文獻出版社, 2004), 第3卷, 1979년 1월 1일, 141쪽.

4   같은 책, 1979년 1월 9일, 151쪽.

5   같은 책, 1979년 1월 16일, 164~166쪽.

6   『鄧小平年譜(1975-1997)』, 1979년 1월 9일, 467~468쪽. Robert Cottrell, *The End of Hong Kong: The Secret Diplomacy of Imperial Retreat* (London: John Murray, 1993). LWMOT, tape 19, p. 21. 미셸 옥센버그와 레너드 우드콕은 퇴임 후 1981년 가을부터 1982년 여름까지 서른아홉 차례나 만나 자신들이 미국과 중국의 정상화 과정에서 겪었던 일들을 기록했다.

7   Robert A. Madsen, "Chinese Chess: U.S. China Policy and Taiwan, 1969-1979," Ph.D. thesis, Trinity College, Oxford University, 1999, pp. 274~275.

8   Tucker, *Strait Talk*, p. 108.

9   영국 전 총리 에드워드 히스와의 대화 내용은 『鄧小平年譜(1975-1997)』, 1983년 9월 10일, 931~932쪽 참조.

10   Tucker, *Strait Talk*, pp. 132~133.

11   James Lilley, with Jeffrey Lilley, *China Hands: Nine Decades of Adventure, Espionage, and Diplomacy in Asia* (New York: PublicAffairs, 2004), pp. 218~220. John H. Holdridge, *Crossing the Divide: An Insider's Account of Normalization of U.S.-China Relations* (Lanham, Md.: Rowman and Littlefield, 1997), pp. 197~198.

12   *SWDXP-2*, pp. 371~372. 『鄧小平軍事文集』, 第3卷, 181~185쪽.

13   Holdridge, *Crossing the Divide*, pp. 199~201.

14   신화사, 1981년 9월 30일.

15   『鄧小平年譜(1975-1997)』, 1981년 6월 16일, 748~749쪽.

16   Ross, *Negotiating Cooperation*, p. 182.

17 Kuan Yew Lee, *From Third World to First: The Singapore Story, 1965-2000* (New York: HarperCollins, 2000), pp. 527~531.

18 Ross, *Negotiating Cooperation*, pp. 184~185. Holdridge, *Crossing the Divide*, pp. 211~215. Alexander M. Haig, Jr., *Caveat: Realism, Reagan, and Foreign Policy* (New York: Macmillan, 1984). Patrick Tyler, *A Great Wall: Six Presidents and China: An Investigative History* (New York: PublicAffairs, 1999).

19 Holdridge, *Crossing the Divide*, pp. 211~215. Ross, *Negotiating Cooperation*, pp. 186~187.

20 Holdridge, *Crossing the Divide*, pp. 215~222.

21 같은 책, pp. 222~226. 홀드리지는 부시가 중국을 방문할 당시 수행했다.

22 이와 유사한 해석은 다음을 참조. Ross, *Negotiating Cooperation*, pp. 190~258.

23 협의의 구체적인 내용에 대한 협상은 아서 험멜 대사와 중국 측 관리 간에 진행되었으며, 중국 측은 협상 결과를 덩샤오핑에게 보고하여 비준을 받았다.

24 Holdridge, *Crossing the Divide*, pp. 230~241. Ross, *Negotiating Cooperation*, pp. 189~200. 세 개 공동 성명은 Ross, *Negotiating Cooperation*, pp. 265~272, Holdridge, *Crossing the Divide*, pp. 263~279에 수록되어 있다.

25 『鄧小平年譜(1975-1997)』, 1984년 4월 28일, 971쪽.

26 2008년 12월 미국 국방부 관리 에덴 운(Eden Woon)과의 인터뷰.

27 Lee, *From Third World to First*, pp. 677~679.

28 齊鵬飛, 『鄧小平與香港回歸』(北京: 華夏出版社, 2004), 66쪽.

29 같은 책, 66쪽. 홍콩 문제에 관한 일반적인 소개는 宗道一 等編, 『周南口述: 身在疾風驟雨中』(香港: 三聯書店, 2007), 265~267쪽 참조. 홍콩 문제에 관한 저자의 논의는 데이비드 윌슨, 사오산보, 달레나 라이트 등의 홍콩에 대한 심오한 견해에서 도움을 얻었다.

30 齊鵬飛, 『鄧小平與香港回歸』, 56쪽.

31 Christine Loh, *Underground Front: The Chinese Communist Party in Hong Kong* (Hong Kong: Hong Kong University Press, 2010).

32 Sin Por Shiu, "The Macao Formula and an Assessment of the Sino-British Negotiations over Hong Kong," unpublished paper, Kennedy School of Government, Harvard University, May 2006. Steve Shipp, *Macao, China: A Political History of the Portuguese Colony's Transition to Chinese Rule* (Jefferson, N.C.: McFarland, 1997).

33 齊鵬飛, 『鄧小平與香港回歸』, 56~57쪽.

34 같은 책, 248쪽.

35 저자는 2008년 11월 에드거 청을 인터뷰했다. 그는 바오위강의 사위로 덩샤오핑을 방문할 때 항상 수행했다.

36 나중에 쓴 문건은 덩샤오핑 정책의 일치성과 연속성을 강조하여, 심지어 그가 이미 홍콩 회귀

를 결정했다고 적기도 했다. 하지만 당시 공포된 문건은 이런 관점을 지지하지 않고 있다. 당시에는 이에 대해 아직 결정하지 않은 상태였다.

37 Cottrell, *The End of Hong Kong*, pp. 38~40.

38 齊鵬飛, 『鄧小平與香港回歸』, 65~66쪽.

39 홍콩 주재 중국공산당 최고위급 관리인 쉬자툰은 1983년 홍콩에 대략 6000명가량의 중국 공산당원이 있다고 말했다. Jiatun Xu, "Selections from Serialized Memoirs," *Lianhebao*, translated in JPRS-CAR, 93-050, 93-070, 93-073, 93-091, 94-001, 94-010, 94-106, 94-107, 199-1994. 이상의 문건은 이후에 한 권의 책으로 묶여 출간되었다. 許家屯, 『許家屯香港回憶錄』 (상 · 하)(臺北: 聯經出版公司, 1993).

40 이는 쉬자툰의 책에 분명하게 언급되어 있다. 그는 1983년 베이징에서 홍콩으로 파견되었으며, 홍콩의 1980년대 여론, 정세에 관한 가장 정확한 내용을 베이징에 보고했다. 같은 책 참조.

41 Sin Por Shiu, "The Macao Formula," pp. 14~15.

42 Cottrell, *The End of Hong Kong*, pp. 54~55.

43 Percy Cradock, *Experiences of China* (London: John Murray, 1994).

44 Cottrell, *The End of Hong Kong*, p. 56.

45 같은 책, p. 57.

46 『鄧小平年譜(1975-1997)』, 1981년 4월 3일, 729쪽.

47 Xu, "Selections from Serialized Memoirs."

48 齊鵬飛, 『鄧小平與香港回歸』, 70쪽. Sin Por Shiu, "The Macao Formula," p. 21.

49 Cottrell, *The End of Hong Kong*, pp. 66~67.

50 같은 책, pp. 67~68.

51 Sin Por Shiu, "The Macao Formula," p. 22. 『鄧小平年譜(1975-1997)』, 1982년 5월 21일, 6월 2일, 9월 24일, 824쪽, 826쪽, 854~855쪽.

52 齊鵬飛, 「鄧小平與香港'後過渡時期'的中英外交鬪爭」, 《當代中國史硏究》, 2004년 제4기, 59~71쪽.

53 『鄧小平年譜(1975-1997)』, 1982년 4월 6일, 812~813쪽.

54 55 2007년 11월 앨런 도널드와의 인터뷰. 그는 1974년부터 1977년까지 홍콩 총독부 고문을 지냈으며, 1988년부터 1991년까지 중국 주재 영국 대사를 역임하면서 마거릿 대처의 중국 방문을 준비했다.

56 Frank Ching, *Hong Kong and China: "One Country, Two Systems"* (New York: Foreign Policy Association, 1996), pp. 11~12. Cottrell, *The End of Hong Kong*, pp. 85~86.

57 Cradock, *Experience of China*, p. 179. 그녀의 기억에 따르면, 대처는 덩샤오핑과 만남을 극적인 대면으로 묘사했다. Margaret Thatcher, *The Downing Street Years* (New York: HaperCollins, 1993). 그렇기는 하지만 당시 외교관들은 쌍방이 모두 정상적인 외교 회담의 범위 내에서 신중하고 이성적으로 표현했다고 말했다.

58 Cottrell, *The End of Hong Kong*, pp. 87~88.

59 같은 책, p. 88. 앨런 도널드와의 인터뷰.

60 *SWDXP-3*, pp. 23~25.

61 Cottrell, *The End of Hong Kong*, p. 89.

62 같은 책, p. 87.

63 Ching, *Hong Kong and China*, p. 11. 앨런 도널드와의 인터뷰.

64 Cottrell, *The End of Hong Kong*, pp. 91~92.

65 같은 책, p. 89.

66 같은 책, p. 94, p. 97.

67 같은 책, pp. 99~102.

68 같은 책, pp. 101~107. Mark Roberti, *The Fall of Hong Kong: China's Triumph and Britain's Betrayal* (New York: J. Wiley, 1994), p. 64. 앨런 도널드와의 인터뷰.

69 許家屯, 『許家屯香港回憶錄』, 상, 1~12쪽.

70 Cottrell, *The End of Hong Kong*, pp. 113~114.

71 許家屯, 『許家屯香港回憶錄』, 상, 3쪽. 許家屯, 『許家屯回憶與隨想錄』(Brampton, Ont.: 明鏡出版社, 1998).

72 Cottrell, *The End of Hong Kong*, pp. 113~114.

73 Roberti, *The Fall of Hong Kong*, p. 155.

74 Xu, "Selections from Serialized Memoirs," *Lianhebao*, May 14, 1993, translated in JPRS-CARS, 93-056, July 16, 1993.

75 같은 책, May 27, 1993, translated in JPRS-CAR, 93-050, July 16, 1993. 현지 우스갯소리로 사영 기업을 '연합국(聯合國, UN)'이라고 불렀다. 연합, 합병, 국유화, 또는 몰수할 수도 있기 때문이다.

76 許家屯, 『許家屯香港回憶錄』, 상, 12~28쪽.

77 『鄧小平年譜(1975-1997)』, 1983년 9월 10일, 931~932쪽.

78 Cottrell, *The End of Hong Kong*, pp. 129~132. Ching, *Hong Kong and China*, pp. 19~20.

79 Cottrell, *The End of Hong Kong*, pp. 132~146.

80 『鄧小平年譜(1975-1997)』, 1984년 4월 18일, 970~971쪽.

81 Cottrell, *The End of Hong Kong*, pp. 148~153.

82 Xu, "Selections from Serialized Memoirs," *Lianhebao*, June 1, 1993, translated in JPRS-CARS, 93-070, September 21, 1993. Roberti, *The Fall of Hong Kong*, pp. 92~93. 『鄧小平年譜(1975-1997)』, 1984년 5월 25일, 978쪽.

83 宗道一 等編, 『周南口述』, 263~269쪽. *SWDXP-3*, June 22~23, 1984, pp. 68~71.

84 Cottrell, *The End of Hong Kong*, p. 154~174.

85 같은 책, pp. 163~174. Ching, *Hong Kong and China*, p. 27.

86 공동 성명의 본문과 부속 문건은 Ching, *Hong Kong and China*, pp. 81~96와 Cottrell, *The End of Hong Kong*, pp. 205~223 참조.

87 『鄧小平年譜(1975-1997)』, 1984년 10월 3일, 998~999쪽. *SWDXP-3*, October 3, 1984, pp. 80~84.

88 Cottrell, *The End of Hong Kong*, pp. 106~109, pp. 199~204. Roberti, *The Fall of Hong Kong*, pp. 125~126.

89 『鄧小平年譜(1975-1997)』, 1985년 7월 5일, 1058쪽. Roberti, *The Fall of Hong Kong*, pp. 145~148.

90 李后, 『百年屈辱史的終結: 香港問題始末』(北京: 中央文獻出版社, 1999), 170~171쪽.

91 Roberti, *The Fall of Hong Kong*, pp. 191~192.

92 *SWDXP-3*, pp. 241~220. 李后, 『百年屈辱史的終結: 香港問題始末』, 172~173쪽.

93 李后, 『百年屈辱史的終結: 香港問題始末』, 185쪽.

94 *SWDXP-3*, p. 340.

95 李后, 『百年屈辱史的終結: 香港問題始末』, 198쪽.

96 Roberti, *The Fall of Hong Kong*, pp. 280~291. 같은 책, 166~207쪽.

97 Qichen Qian, *Ten Episodes in China's Diplomacy*, foreword by Ezra F. Vogel (New York: HarperCollins, 2005), pp. 254~255.

98 Xu, "Selections from Serialized Memoirs," *Lianhebao*, September 3, 1993, translated in JPRS-CAR, 94-015, March 8, 1994.

99 『鄧小平年譜(1975-1997)』, 1990년 1월 18일, 1306~1307쪽.

100 Qian, *Ten Episodes in China's Diplomacy*, pp. 257~260. 李后, 『百年屈辱史的終結: 香港問題始末』, 205~207쪽.

101 크리스 패튼의 견해는 다음 참조. Chris Patten, *East and West: China, Power, and the Future of Asia* (New York: Times Books, 1998).

102 Qian, *Ten Episodes in China's Diplomacy*, p. 279.

103 『鄧小平年譜(1975-1997)』, 1978년 11월 28일, 442쪽. 당시 티베트 공작에 관해 저자는 다음 저작물에서 큰 도움을 받았다. Goldstein, *The Snow Lion and the Dragon: China, Tibet, and the Dalai Lama* (Berkeley: University of California Press, 1997). Tashi Rabgey and Tseten Wangchuk Sharlho, *Sino-Tibetan Dialogue in the Post-Mao Era: Lessons and Prospects* (Washington, D.C.: East-West Center, 2004). 丹曾 編, 『當代西藏簡史』(北京: 當代中國出版社, 1996). Tsering Shakya, *The Dragon in the Land of Snows: A History of Modern Tibet since 1947* (New York: Columbia University Press, 1999). 저자는 또한 여러 차례 대담을 허락해 준 골드스타인에게 감사드린다. 그는 사심 없이 중국 문제 전문가들에게 티베트에 관한 지식을 전해 주었다. 이외에도 陳爲人, 「胡耀邦與西藏」은 蘇紹智 · 陳一

諮·高文謙 編,『人民心中的胡耀邦』(Carle Place, N.Y.: 明鏡出版社, 2006), 166~185쪽에 수록되어 있다. 王力雄,『天葬: 西藏的命運』(Mississauga, Ont.: 明鏡出版社, 2006). Barry Sautman and June Teufel Dreyer, eds., *Contemporary Tibet: Politics, Development, and a Disputed Region* (Armonk, N.Y.: M.E. Sharpe, 2006). Robert Barnett and Shirin Akiner, eds., *Resistance and Reform in Tibet* (Bloomington: Indiana University Press, 1994). 달라이 라마는 1992년 9월 11일 덩샤오핑과 장쩌민에게 보낸 편지에서 티베트와 중국의 관계에 관한 자신의 관점을 개술한 바 있다. 그 편지 내용은 다음 책에 수록되어 있다. Andy Zhang, *Hu Jintao: Facing China's Challenged Ahead* (San Jose, Calif.: Writer's Club Press, 2002), appendix 5, pp. 133~148. 티베트에 대한 서구의 시각은 다음을 참조. Orville Schell, *Virtual Tibet: Searching for Shangri-la from the Himalayas to Hollywood* (New York: Metropolitan Books, 2000).

104 Melvyn C. Goldstein, *The History of Modern Tibet*, vol. 2: *The Calm before the Storm, 1951-1955* (Berkeley: University of California Press, 2007), pp. 98~99.

105 丹曾 編,『當代西藏簡史』, 132~146쪽.

106 미국중앙정보국 관리인 존 케네스 크나우스(John Kenneth Knaus)가 언급한 내용은 다음을 참조. *Orphans of the Cold War: America and the Tibetan Struggle for Survival* (New York: PublicAffairs, 1999).

107 『鄧小平年譜(1975-1997)』, 1975년 12월 1~5일, 1977년 9월 27일, 134~135쪽, 207~208쪽.

108 같은 책, 1979년 3월 12일.

109 같은 책, 1979년 3월 17일.

110 Memcon, Summary of the Vice President's Meeting with People's Republic of China Vice Premier Deng Xiaoping, 8/27/79, vertical file, China, Jimmy Carter Library, Atlanta.

111 鄭仲兵,『胡耀邦年譜資料長編』, 1980년 5월 21~22일, 상, 482~483쪽.

112 Shakya, *The Dragon in the Land of Snows*, p. 126.

113 鄧力群,『十二個春秋(1975-1987)』, 207~208쪽.

114 Goldstein, *The Snow Lion and the Dragon*, p. 67.

115 같은 책, pp. 69~71.

116 Xiaojiang Hu and Miguel A. Salazar, "Market Formation and Transformation: Private Business in Lhasa," in Sautman and Dreyer, *Contemporary Tibet*, pp. 166~190. June Teufel Dreyer, "Economic Development in Tibet under the People's Republic of China," in Sautman and Dreyer, *Contemporary Tibet*, pp. 128~151. Xiaojiang Hu, "The Little Shops of Lhasa, Tibet: Migrant Businesses and the Formation of Markets in a Transitional Economy," Ph.D. thesis, Department of Sociology, Harvard University, 2003.

1   이하 중국 군사에 관한 전문가들의 의견에 감사드린다. 케네스 앨런(Kenneth Allen), 데니스 블라스코(Dennis Blasko), 존 코빗(John Corbett), 앤드루 에릭슨(Andrew Erickson), 데이비드 핀클스타인(David Finklestein), 테일러 프래블(Taylor Fravel), 폴 고드윈(Paul Godwin), 엘리스 조페(Ellis Joffe, 작고), 존 루이스(John Lewis), 낸 리(Nan Li), 데이비드 샘보, 에덴 운, 래리 웨첼(Larry Wortzel), 쉐리타이(薛理泰). 중국 군대의 일반적인 소개는 다음을 참조. James C. Mulvenon and Andrew N. D. Tang, *The People's Liberation Army as Organization* (Santa Monica, Calif.: Rand, 2002). 중국의 군사 전략 사상에 대한 전면적인 평가는 다음을 참조. Michael D. Swaine and Ashley J. Tellis, *Interpreting China's Grand Strategy: Past, Present, and Future* (Santa Monica, Calif.: Rand, 2000). 1980년대 중국 국방에 관한 일반적 소개는 다음을 참조. Paul H. B. Godwin, ed., *The Chinese Defense Establishment: Continuity and Changes in the 1980s* (Boulder, Colo.: Westview Press, 1983). 중국 군대에 관한 개론적인 저작물은 다음과 같다. David Shambaugh, *Modernizing China's Military: Progress, Problems, and Prospects* (Berkeley: University of California Press, 2002). Andrew Scobell, *China's Use of Military Force beyond the Great Wall and the Long March* (New York: Cambridge University Press, 2003).

2   『鄧小平年譜(1975-1997)』, 1977년 7월 23일, 164~165쪽. 支紹曾 · 雷淵深, 中央軍事委員會, 中國軍事百科全書編審委員會 編, 『中國軍事百科全書』(北京: 軍事科學出版社, 1997).

3   *SWDXP-2*, p. 75.

4   『鄧小平軍事文集』, 第3卷, 1977년 8월 23일, 62~69쪽. 程中原 · 夏杏珍, 『歷史轉折的前奏』, 417~419쪽.

5   『鄧小平軍事文集』, 第3卷, 1977년 8월 23일, 53~72쪽.

6   Ellis Joffe, *The Chinese Army after Mao* (Cambridge: Harvard University Press, 1987). Harlan W. Jencks, *From Muskets to Missiles: Politics and Professionalism in the Chinese Army, 1945-1981* (Boulder, Colo.: Westview, 1982).

7   劉華淸, 『劉華淸回憶錄』(北京: 解放軍出版社, 2004).

8   *SWDXP-2*, pp. 75~79.

9   같은 책, p. 74.

10   『鄧小平軍事文集』, 第3卷, 1978년 3월 20일, 95쪽.

11   같은 책, 第3卷, 1979년 1월 2일, 144~145쪽.

12   Ji You, *The Armed Forces of China* (London: I.B. Taurus, 1999), http://www.chinatoday.com/arm/index.htm, accessed September 30, 2010. "The 'Inside Story' on the Reduction in the Size of the PLA," 《文匯報》(Hong Kong), April 29, 1987. Ellis Joffe,

"Radical Reforms Underway," *Financial Times*, December 9, 1985. John D. Friske, ed., *China Facts and Figures Annual*, vol. 17 (1993) (Gulf Breeze, Fla.: Academic International Press, 1993), p. 61.

13   Harlan W. Jencks, "China's 'Punitive' War on Vietnam: A Military Assessment," *Asian Survey* 20, no. 10 (October 1980), pp. 965~989. 베트남인들의 이번 전쟁에 관한 관점은 다음을 참조. Henry J. Kenny, "Vietnamese Perceptions of the 1979 War with China," in Mark A. Ryan, David M. Finkelstein, and Michael A. MacDevitt, eds., *Chinese Warfighting: The PLA Experience since 1949* (Armonk, N.Y.: M.E. Sharpe, 2003), pp. 217~240. Edward C. O'Dowd, ed., "People's Liberation Army Documents on the Sino-Vietnamese Conflict, 1979 (I)," *Chinese Law and Government* 42, no. 5 (September-October 2009), pp. 3~100. Edward C. O'Dowd, ed., "People's Liberation Army Documents on the Third Indochina Conflict, 1979 (II)," *Chinese Law and Government* 42, no. 6 (November-December 2009), pp. 3~116. 이번 전쟁에 대한 정치적 시각 비교는 다음을 참조. Scobell, *China's Use of Military Force*, pp. 119~143.

14   Edward C. O'Dowd, "The Last Maoist War: Chinese Cadres and Conscripts in the Third Indochina War, 1978-1981," Ph.D. thesis, Princeton University, 1994, p. 132.

15   이번 전쟁을 종결하는 덩샤오핑의 연설에 따르면, 그들이 전쟁을 준비하면서 가장 걱정했던 문제는 소련의 반응이었다. 그들의 판단에 따르면 소련이 개입할 가능성은 극히 적었다. 「鄧小平在中越邊境作戰情況報告會上的講話」, 1979년 3월 16일. 미공개 연설문으로 하버드대학 페어뱅크 컬렉션 평한주 도서관에 소장되어 있다.

16   John, Wilson Lewis, and Litai Xue, *Imagined Enemies: China Prepares for Uncertain War* (Stanford, Calif.: Stanford University Press, 2006), pp. 127~133.

17   Xiaoming Zhang, "Deng Xiaoping and China's Decision to Go to War with Vietnam," *Journal of Cold War Studies* 12, no. 3 (Summer 2010), pp. 3~29.

18   O'Dowd, "The Last Maoist War," p. 99, pp. 106~109, p. 171.

19   같은 책. 이번 전쟁에 관한 개관은 다음을 참조. O'Dowd and John F. Corbett, Jr., "The 1979 Chinese Campaign in Vietnam: Lessons Learned," in Laurie Burkitt, Andrew Scobell, and Larry M. Wortzel, eds., *The Lessons of History: The Chinese People's Liberation Army at 75* (Carlisle, Penn.: Strategic Studies Institute, U.S. Army War College, 2003), pp. 353~378.

20   2007년 10월 마크 모어(Mark Mohr)와 개인적으로 의견을 교환한 내용에 따른다. 그는 당시 국무원에 재직하고 있었으며, 마이크 맨스필드와 덩샤오핑 회견 당시 황화 외교부장과 통역인 지차오주 외에 유일하게 현장에 있었던 사람이다.

21   Lewis and Xue, *Imagined Enemies*, p. 127.

22   『鄧小平年譜(1975-1997)』, 1978년 12월 말, 1979년 1월 2일, 459~460쪽, 462~464쪽.

23 Michael Leifer, "Kampuchia, 1979: From Dry Season to Dry Season," *Asian Survey* 20, no. 1 (January 1980), pp. 33~41.

24 King Chen, "China's War against Vietnam, 1979: A Military Analysis," occasional paper, University of Maryland School of Law, 1983, pp. 1~33. Kenny, "Vietnamese Perceptions of the 1979 War with China."

25 Elizabeth Wishnick, *Mending Fences: The Evolution of Moscow's China Policy from Brezhnev to Yeltsin* (Seattle: University of Washington Press, 2001), p. 63.

26 Xiangming Zhang, "China's 1979 War with Vietnam: A Reassessment," *The China Quarterly*, no. 184 (December 2005), pp. 866~867.

27 Kenny, " Vietnamese Perceptions of the 1979 War with China," p. 228. O'Dowd, "The Last Maoist War," pp. 114~132.

28 O'Dowd, "The Last Maoist War," pp. 165~166. 약점에 대해서는 다음을 참조. Lewis and Xue, *Imagined Enemies*, pp. 132~133. Zhang, "China's 1979 War with Vietnam," pp. 869~874.

29 2006년 가을 베이징에서의 인터뷰.

30 마이클 램프턴(Michael Lampton)에게 감사드린다. 이는 당시 그가 베이징에서 관찰한 것이다.

31 Lee, *From Third World to First*, pp. 669~670.

32 James C. Mulvenon, *Soldiers of Fortune: The Rise and Fall of the Chinese Military-Business Complex, 1978-1998* (Armonk, N.Y.: M.E. Sharpe, 2001), p. 53. 국방비 지출은 매년 10퍼센트 정도씩 상승했다. 하지만 1979년 베트남과 전쟁을 하면서 559억 위안으로 증가하여 연평균 지출보다 400억 위안이나 더 많았다. 559억 위안은 전체 군비 예산의 4분의 1에 해당하는 액수다. 1978년 국방비 지출은 1678억 위안, 1979년은 2227억 위안, 1980년은 1933억 위안이었다. 베트남 전쟁을 수행하기 위한 예산외 지출은 남부 광둥과 광시, 그리고 윈난 성에서 부담했다. 구체적인 수치는 재정부장 장징푸(張勁夫)가 1979년 6월 21일 제5기 전국인민대표대회 상무위원회 제2차 회의에서 1978년 결산 및 1979년 예산안 보고서 내용에 따른다. "Quarterly Chronicle and Documentation," *The China Quarterly*, no. 79 (September 1979), pp. 661~663. 이외에도 재정부 부장 왕빙첸이 1980년 8월 30일 제5기 전국인민대표대회 상무위원회 제3차 회의에서 보고한 재정보고서에도 보인다. "Quarterly Chronicle and Documentation," *The China Quarterly*, no. 84 (December 1980), pp. 799~802.

33 M. Taylor Fravel, *Strong Borders, Secure Nation: Cooperation and Conflict in China's Territorial Disputes* (Princeton, N.J.: Princeton University Press, 2008), p. 217.

34 『鄧小平軍事文集』, 第3卷.

35 인민해방군이 배운 교훈에 관한 설명은 다음을 참조. O'Dowd and Corbett, Jr. "The 1979

Chinese Campaign in Vietnam: Lessons Learned," pp. 353~378.

36 헨리 잭슨 상원 의원은 1978년 2월 16일 덩샤오핑과 회견했다. 2010년 10월 드와이트 퍼킨스(Dwight Perkins)와 연락한 내용에 따른다. 당시 그는 대표단의 일원이었다.

37 O'Dowd, "The Last Maoist War," p. 101.

38 Zhang, "China's 1979 War with Vietnam," pp. 867~888.

39 O'Dowd, "The Last Maoist War," pp. 179~184.

40 Meeting with Vice President Mondale, August 27, 1979. Memcon, Summary of the Vice President's Meeting with People's Republic of China Vice Premier Deng Xiaoping, 8/27/79, vertical file, China, Jimmy Carter Library, Atlanta.

41 *SWDXP-2*, pp. 92~93.

42 그는 여러 장소에서 똑같은 말을 했다. 예를 들어 1980년 1월 16일 1차 중앙간부공작회의에서도 동일한 발언을 했다. 『鄧小平軍事文集』, 第3卷, 165쪽.

43 Huang Hua, *Huang Hua Memoirs* (Beijing: Foreign Languages Press, 2008), p. 294.

44 沈志華 編, 『中蘇關係史綱(1917-1991)』 (北京: 新華出版社, 2007), 406~407쪽.

45 Robert S. Ross, *Negotiating Cooperation: The United States and China, 1969-1989* (Stanford, Calif.: Stanford University Press, 1995), p. 172.

46 沈志華 編, 『中蘇關係史綱(1917-1991)』, 408쪽.

47 같은 책, 408~411쪽.

48 *SWDXP-2*, pp. 224~226, January 16, 1980.

49 같은 책, p. 270, March 12, 1980.

50 張星星, 「中國軍隊大裁軍與新時期經濟建設」, 《當代中國史研究》, 2006년 제1기, 21~28쪽. Huang Hua, *Huang Hua Memoirs*, p. 291.

51 앞서 언급한 바와 같이 덩샤오핑은 충돌의 위험을 가급적 줄이고 싶었다. 그는 전면적으로 관계 정상화를 위해서는 소련이 먼저 아프가니스탄과 중소 국경 지역에서 군대를 철수시키고, 베트남 역시 캄보디아에서 병력을 철수시켜야 한다고 못 박았다. 하지만 1980년대까지 아직 여건이 성숙되지 않은 상태였다. Qichen Qian, *Ten Episodes in China's Diplomacy*, foreword by Ezra Vogel (New York: HarperCollins, 2005), pp. 1~31.

52 같은 책, pp. 13~14.

53 Memcon, Summary of the Vice President's Meeting with People's Republic of China Vice Premier Deng Xiaoping, 8/27/79, vertical file, China, Jimmy Carter Library.

54 Memcon, Secretary of Defense Harold Brown to the President, 1/8/80, National Security Archive, Brzezinski Material, Far East, Brown (Harold) Trip file, box 69, Jimmy Carter Library.

55 같은 책.

56 Memcon, Meeting between Secretary of Defense and Vice Premier Geng Biao, 5/29/80,

National Security Archive, Brzezinski Material, Far East, Geng Biao Visit file box, 70, Jimmy Carter Library. Memcon, Meeting between Secretary of Defense Dr. Harold Brown and Vice Premier of People's Republic of China, Geng Biao, 5/27/80, National Security Archive, Brzezinski Material, Far East, Geng Biao Visit file box, 70, Jimmy Carter Library. Memo, Brzezinski to Carter, Summary of Dr. Brzezinski's Conversation with Vice Premier Geng Biao of the People's Republic of China, 5/29/80, National Security Archive, Brzezinski Material, Far East, Geng Biao Visit file box 70, Jimmy Carter Library.

57 『鄧小平軍事文集』, 第3卷, 154～155쪽, 168～174쪽.

58 Joffe, *The Chinese Army after Mao*, pp. 58～59.

59 같은 책, pp. 60～61.

60 國務院新聞辦公室, 『2008年中國的國防』, 부록 5, 다음 사이트 참조. http://www.gov.cn/jrzg/2009-01/201content_1210075.htm(2011년 4월 9일 검색).

61 William H. Overholt, *The Rise of China: How Economic Reform Is Creating a New Superpower* (New York: W.W. Norton, 1993), pp. 340～344.

62 Robert J. Skebo, Gregory K. S. Man, and George H. Stevens, "Chinese Military Capabilities: Problems and Prospects," in U.S. Congress, Joint Economic Committee, *China's Economic Dilemmas in the 1990s: The Problems of Reforms, Modernization and Interdependence* (Washington D.C.: Government Printing Office, 1991 and Armonk, N.Y.: M.E. Sharpe, 1992), p. 665.

63 Cheng Li and Scott Harold, "China's New Military Elite," *China Security* 3, no. 4 (Autumn 2007), p. 79. 정치 권력 계승에 관한 일반적인 개술은 다음을 참조. Michael D. Swaine, *The Military and Political Succession in China: Leadership, Institutions, Beliefs* (Santa Monica, Calif.: Rand, 1992). 야전군 인사 배경의 중요성에 관한 소개는 다음을 참조. William W. Whitson, with Chen-hsia Huang, *The Chinese High Command: A History of Communist Military Politics, 1927-71* (New York: Praeger, 1973).

64 Cheng Li and Lynn White, "The Army in the Succession of Deng Xiaoping: Familiar Fealties and Technocratic Trends," *Asian Survey* 33, no. 8 (August 1993), p. 772.

65 Morton H. Halperin, *China and the Bomb* (New York: Praeger, 1965).

66 Evan A. Feigenbaum, *China's Techno-Warriors: National Security and Strategic Competition form the Nuclear Age to the Information Age* (Stanford, Calif.: Stanford University Press, 2003).

67 하지만 덩샤오핑은 1975년 미사일과 위성을 책임지던 7기부 파벌 투쟁을 해결해야만 했다. 程中原 · 夏杏珍, 『歷史轉折的前奏』, 87～112쪽.

68 Feigenbaum, *China's Techno-Warriors*. 국경 지역에서 중국의 행동에 관한 논의는 다음을

참조. Fravel, *Strong Border, Secure Nation*.

69   M. Taylor Fravel, *Active Defense: Exploring the Evolution of China's Military Strategy* (Princeton, N.J.: Princeton University Press, forthcoming).

70   Ellis Joffe, "People's War under Modern Conditions: A Doctrine for Modern War," *The China Quarterly*, no. 112 (December 1987), pp. 555~571. Harlan W. Jencks, "People's War under Modern Conditions: Wishful Thinking, National Suicide or Effective Deterrent?" *The China Quarterly*, no. 98 (June 1984), pp. 305~319. Paul H. B. Godwin, "Mao Zedong Revisited: Deterrence and Defense in the 1980s," in Godwin, *The Chinese Defense Establishment: Continuity and Change in the 1980s*, pp. 21~40. U.S. Department of State, Bureau of Intelligence and Research, "Chinese Military Reforms: Social and Political Implications," Confidential Intelligence Report 1205-AR, December 6, 1985, available in *DNSA*.

71   Joffe, *The Chinese Army after Mao*, pp. 85~86. Godwin, "Mao Zedong Revisited."

72   Joffe, "People's War under Modern Conditions," pp. 568~569. John Wilson Lewis and Litai Xue, *China's Strategic Seapower: The Politics of Force Modernization in the Nuclear Age* (Stanford, Calif.: Stanford University Press, 1994). Alexander C. Huang, "The PLA Navy at War, 1949-1999: From Coastal Defense to Distant Operations," in Ryan, Finkelstein, and McDevitt, *Chinese Warfighting*, pp. 241~269.

73   『鄧小平軍事文集』, 第3卷, 1979년 7월 29일, 161쪽.

74   Joffe, "People's War under Modern Conditions," p. 565.

75   핵 잠수함과 핵탄두 미사일 발전 계획에 관한 구체적인 내용은 다음을 참조. Lewis and Xue, *China's Strategic Seapower*.

76   *SWDXP-2*, p. 284.

77   Skebo, Man, and Stevens, "Chinese Military Capabilities: Problems and Prospects," pp. 663~675.

78   *SWDXP-2*, pp. 269~275.

79   같은 책.

80   『鄧小平軍事文集』, 第3卷, 1980년 10월 15일, 179쪽.

81   *SWDXP-2*, p. 284.

82   張星星, 「中國軍隊大裁軍與新時期經濟建設」, 7쪽.

83   Richard Baum, *Burying Mao*, pp. 121~124.

84   *SWDXP-3*, pp. 104~105, November 1, 1984. 『鄧小平年譜(1975-1997)』, 1984년 11월 1일, 1012쪽.

85   *SWDXP-2*, p. 271, March 12, 1980.

86   같은 책. 1980년대 군대 교육에 관한 일반적인 소개글은 다음을 참조. William R. Heaton,

"Professional Military Education in the People's Republic of China," in Godwin, *The Chinese Defense Establishment*, pp. 121~137. Dennis J. Blasko, Philip T. Klapakis, and John F. Corbett, Jr., "Training Tomorrow's PLA: A Mixed Bag of Tricks," *The China Quarterly*, no. 146 (June 1996), pp. 488~524.

87 『鄧小平軍事文集』, 第3卷, 130쪽.

88 Lewis and Xue, *China's Strategic Seapower*, p. 100.

89 Mulvenon, *Soldiers of Fortune*, pp. 91~104.

90 John Frankenstein and Bates Gill, "Current and Future Challenges Facing Chinese Defence Industries," *The China Quarterly*, no. 146 (June 1996), pp. 394~427.

91 Tai Ming Cheung, *Fortifying China: The Struggle to Build a Modern Defense Economy* (Ithaca, N.Y.: Cornell University Press, 2009), p. 76. Frankenstein and Gill, "Current and Future Challenges Facing Chinese Defence Industries," pp. 394~427 참조.

92 Cheung, *Fortifying China*, p. 57. 당시 추세는 pp. 50~77 참조. 사실 이러한 모든 활동을 감시할 수는 없었다. 특히 기층 단위는 더욱 그러했다. 그렇기 때문에 정확한 숫자는 존재하지 않는다.

93 Ezra F. Vogel, *One Step Ahead in China: Guangdong under Reform* (Cambridge: Harvard University Press, 1989).

94 Mulvenon, *Soldiers of Fortune*, pp. 59~63.

95 Barry Naughton, "The Third Front: Defense Industrialization in China's Interior," *The China Quarterly*, no. 115 (September 1988), p. 382.

96 같은 책. Cheung, *Fortifying China*, pp. 60~63.

97 『鄧小平年譜(1975-1997)』, 1978년 6월 28~29일, 334~335쪽.

98 Cheung, *Fortifying China*, pp. 52~100.

19 정치의 성쇠

1 *SWDXP-2*, p. 310.

2 Ming Ruan, *Deng Xiaoping: Chronicle of an Empire* (Boulder, Colo.: Westview, 1994), pp. 93~94.

3 鄭仲兵 編, 『胡耀邦年譜資料長編』, 1980년 9월 24일, 상, 497쪽.

4 Ruan, *Deng Xiaoping*, pp. 91~103. "Implement the Policy of Readjustment, Ensure Stability and Unity," *SWDXP-2*, pp. 335~355.

5 *SWDXP-2*, p. 303. 이 문제의 배경과 해결 과정은 다음을 참조. Melanie Manion, *Retirement of Revolutionaries in China: Public Policies, Social Norms, and Private Interests*

(Princeton N.J.: Princeton University Press, 1993), pp. 48~49.

6   *SWDXP-2*, p. 332.

7   같은 책, pp. 341~342.

8   Richard Baum, *Burying Mao*, p. 145.

9   Manion, *Retirement of Revolutionaries in China*, pp. 55~56, pp. 144~145.

10   《紅旗》, 1982년 제6기, 5쪽. Wolfgang Bartke and Peter Scheier, *China's New Party Leadership: Biographies and Analyses of the Twelfth Central Committee of the Chinese Communist Party* (Armonk, N.Y.: M.E. Sharpe, 1985), p. 26에서 재인용.

11   鄧力群, 『十二個春秋(1975-1987)』, 208쪽. 楊繼繩, 『鄧小平時代: 中國改革開放二十年紀實』, 479~480쪽. *SWDXP-2*, pp. 368~369. Richard Kraus, "Bai Hua: The Political Authority of a Writer," in Carol Lee Hamrin and Timothy Cheek, eds., *China's Establishment Intellectuals* (Armonk, N.Y.: M.E. Sharpe, 1986), pp. 185~211. 극본 내용은 다음을 참조. Michael S. Duke, *Blooming and Contending: Chinese Literature in the Post-Mao Era* (Bloomington: Indiana University Press, 1985). Merle Goldman, *Sowing the Seeds of Democracy in China: Political Reform in the Deng Xiaoping Era* (Cambridge: Harvard University Press, 1994), pp. 88~112. W. J. F. Jenner, "1979: A New Start for Literature in China?" *The China Quarterly*, no. 86 (June 1981), pp. 274~303.

12   문학 분야 작품은 다음을 참조. Jinhua Lu et al., *The Wounded: New Stories of the Cultural Revolution, 77-78* (Hong Kong: Joint Publishing, 1979). Perry Link, ed., *Stubborn Weeds: Popular and Controversial Chinese Literature after the Cultural Revolution* (Bloomington: Indiana University Press, 1983). Perry Link, ed., *Roses and Thorns: The Second Blooming of the Hundred Flowers in Chinese Fiction, 1979-80* (Berkeley: University of California Press, 1984). Binyan Liu, *People or Monsters? And Other Stories and Reportage from China after Mao* (Bloomington: Indiana University Press, 1983). 이러한 작품의 배경 설명은 페리 링크의 서문과 다음을 참조. Merle Goldman, *Chinese Intellectuals: Advise and Dissent* (Cambridge: Harvard University Press, 1981). Goldman, *Sowing the Seeds of Democracy in China*. 작가의 역할과 창작 배경에 관한 설명은 다음을 참조. Perry Link, *The Uses of Literature: Life in the Socialist Chinese Literary System* (Princeton N.J.: Princeton University Press, 2000).

13   Link, *Stubborn Weeds*, pp. 21~23.

14   Ruan, *Deng Xiaoping*, pp. 116~117.

15   같은 책, pp. 120~121.

16   같은 책.

17   같은 책. 이외에도 1993년부터 1994년까지 롼밍을 인터뷰한 적이 있다.

18   楊繼繩, 『鄧小平時代: 中國改革開放二十年紀實』, 177~179쪽. 2006년 8월 쑨창장과의 인터뷰.

19 Ruan, *Deng Xiaoping*, pp. 121~130.

20 『鄧小平年譜(1975-1997)』, 1983년 3월 14일, 859쪽.

21 같은 책, 1983년 3월 15일, 859쪽. Ziyang Zhao, *Prisoner of the State*, pp. 115~116.

22 Ruan, *Deng Xiaoping*, pp. 129~130. 鄧力群, 『十二個春秋(1975-1987)』, 256~258쪽. 『陳雲年譜(1905-1995)』, 1983년 3월 17일, 하, 322~323쪽.

23 『陳雲年譜(1905-1995)』, 1983년 3월 17일, 하, 322~323쪽.

24 鄧力群, 『十二個春秋(1975-1987)』, 258~259쪽.

25 盛平 編, 『胡耀邦思想年譜(1975-1989)』, 1986년 11월, 하, 1293쪽.

26 같은 책, 1215쪽.

27 Goldman, *Sowing the Seeds of Democracy in China*, p. 117에서 재인용.

28 같은 책, pp. 119~120.

29 같은 책, pp. 270~272.

30 *SWDXP-3*, pp. 47~58. Goldman, *Sowing the Seeds of Democracy in China*, pp. 122~127.

31 *SWDXP-3*, pp. 47~58.

32 같은 책, p. 47. 鄧力群, 『十二個春秋(1975-1987)』, 274~275쪽.

33 Ruan, *Deng Xiaoping*, p. 135. Binyan Liu, *A Higher Kind of Loyalty: A Memoir by China's Foremost Journalist* (New York: Pantheon, 1990), p. 173. Goldman, *Sowing the Seeds of Democracy in China*, pp. 121~128. 鄧力群, 『十二個春秋(1975-1987)』, 269~312쪽.

34 鄧力群, 『十二個春秋(1975-1987)』, 338쪽.

35 같은 책, 315쪽, 336~343쪽.

36 Goldman, *Sowing the Seeds of Democracy in China*, pp. 137~165. 鄧力群, 『十二個春秋(1975-1987)』, 320~322쪽.

37 『鄧小平年譜(1975-1997)』, 1985년 1월 2일, 1023쪽. Goldman, *Sowing the Seeds of Democracy in China*, p. 138.

38 盛平 編, 『胡耀邦思想年譜(1975-1989)』, 하, 1310쪽.

39 같은 책, 하, 1080~1086쪽.

40 鄧力群, 『十二個春秋(1975-1987)』, 320~322쪽, 346~347쪽.

41 같은 책.

42 같은 책, 336~343쪽.

43 2006년 8월과 9월 주허우쩌와의 인터뷰.

44 鄧力群, 『十二個春秋(1975-1987)』, 370쪽.

45 같은 책. 덩리췬은 덩샤오핑이 후차오무에게 연설을 준비시켰다고 말했다. 하지만 문건을 편집한 후야오방의 친구 말에 따르면, 덩샤오핑은 후차오무가 정신 오염을 반대하면서 착오를 저질

렀다고 말했다. 그는 자신이 연설 원고를 수정했으며, 후차오무에게 부탁하지 않았다. 盛平 編, 『胡耀邦思想年譜(1975-1989)』, 하, 1085쪽.

46   *SWDXP-3*, p. 146, p. 148.

47   같은 책, p. 148.

48   鄭仲兵 編, 『胡耀邦年譜資料長編』, 1985년 9월 18일, 하, 1042~1045쪽.

49   盛平 編, 『胡耀邦思想年譜(1975-1989)』, 하, 1310쪽.

50   같은 책, 하, 1113쪽, 1303~1310쪽. 전문은 1110~1116쪽에 수록되어 있다. 鄧力群, 『十二個春秋(1975-1987)』, 445~446쪽.

51   돈 카이저 보고서, 2010년 2월. 그는 당시 중국 주재 미국 대사관 직원이었다.

52   Richard Baum, *Burying Mao*, pp. 187~188.

53   盛平 編, 『胡耀邦思想年譜(1975-1989)』, 1987년 1월 16일, 하, 1310쪽.

54   鄧力群, 『十二個春秋(1975~1987)』, 347쪽.

55   "Younger People Elected to Party Central Committee," Xinhua, September 22, 1985. Daniel Southerland, "China Replaces 91 in Party Committee: Move Seen Strengthening Deng's Control," *The Washington Post*, September 22, 1985, A17.

56   2001년 6월과 2002년 11월 오스트레일리아 총리와 대담한 내용에 따른다. 후치리는 오스트레일리아를 방문했을 당시 그를 만났다.

57   『鄧小平年譜(1975-1997)』, 1985년 9월 18일, 1078~1080쪽.

58   鄧力群, 『十二個春秋(1975-1987)』, 365쪽.

59   *SWDXP-3*, p. 163. 『鄧小平年譜(1975-1997)』, 1986년 6월 10일, 1120~1121쪽.

60   盛平 編, 『胡耀邦思想年譜(1975-1989)』, 1986년 5월, 하, 1212쪽. 1987년 1월 16일, 하, 1311쪽.

61   *SWDXP-3*, p. 167. 『鄧小平年譜(1975-1997)』, 1986년 6월 28일, 1125~1126쪽.

62   吳國光, 『趙紫陽與政治改革』, 21쪽, 27~35쪽.

63   Yizi Chen, "The Decision Process behind the 1986-1989 Political Reforms," in Carol Lee Hamrin and Suisheng Zhao, eds., *Decision-Making in Deng's China: Perspectives from Insiders* (Armonk, N.Y.: M.E. Sharpe, 1995), p. 135. Guoguang Wu, "Hard Politics with Soft Institutions: China's Political Reform, 1986-1989," Ph.D. thesis, Department of Politics, Princeton University, 1995, ch. 2. 우궈광은 정치연구실 성원으로 1989년 봄 미국을 방문했다. 연구실 성원으로는 옌자치와 천이쯔 등이 있다. Guoguang Wu and Helen Lansdowne, eds., *Zhao Ziyang and China's Political Future* (London: Routledge, 2008).

64   1986년 9월 13일 덩샤오핑은 재정 영도소조의 주요 성원인 자오쯔양, 야오이린, 톈지윈 등과 경제 문제를 논의하고 제13차 전국대표대회를 준비하기 위해 만났다. 그 자리에서 그는 재차 당정 분리와 권력 하강, 정부 직능 조정 등에 대해 이야기했다. 당은 마땅히 당원의 기율을 관

리하고, 법률 문제는 정부에서 담당해야 한다고 말했다. 『鄧小平年譜(1975-1997)』, 1986년 9월 13일, 137쪽. *SWDXP-3*, p. 179. 中共中央文獻硏究室 鄧小平硏究組 編, 『鄧小平自述』, 200~201쪽.

65 Wu, "Hard Politics with Soft Institutions," ch. 2.

66 같은 책. 吳國光, 『趙紫陽與政治改革』.

67 같은 책.

68 吳國光, 『趙紫陽與政治改革』.

69 鄧力群, 『十二個春秋(1975-1987)』, 480쪽.

70 David Bachman, "Differing Visions of China's Post-Mao Economy: The Ideas of Chen Yun, Deng Xiaoping, and Zhao Ziyang," *Asian Survey* 26, no. 3 (March 1986), pp. 292~321.

71 *SWDXP-3*, p. 213.

72 Wu, "Hard Politics with Soft Institutions," ch. 2, n100.

73 텔레비전 보급 대수는 다음 자료에 따른다. Link, *The Uses of Literature*, p. 35. Robin Munro, "Political Reform, Student Demonstrations and the Conservative Backlash," in Robert Benewick and Paul Wingrove, eds., *Reforming the Revolution: China in Transition* (Chicago: Dorsey, 1988), p. 71. 먼로는 당시 중국 주재 기자였다.

74 2004년 10월 싱가포르 관리와의 인터뷰. 이외에 楊繼繩, 『中國改革年代的政治鬪爭』, 317~326쪽.

75 Wu, "Hard Politics with Soft Institutions." 吳國光, 『趙紫陽與政治改革』. 당시 사회 상황에 대한 연구는 Deborah Davis, Thomas B. Gold, Gail Henderson, Charlotte Ikels, Richard Madsen, Andrew Walder 등의 논문 참조. 이상 논문은 Deborah Davis and Ezra F. Vogel, eds., *Chinese Society on the Eve of Tiananmen: The Impact of Reform* (Cambridge: Harvard University Press, 1990). Ezra F. Vogel, *One Step Ahead in China: Guangdong under Reform* (Cambridge: Harvard University Press, 1989), p. 403에 수록되어 있다.

76 Stanley Rosen, "The Impact of Reform Policies on Youth Attitudes," in Davis and Vogel, *Chinese Society on the Eve of Tiananmen*, p. 292.

77 Benedict Stavis, *China's Political Reforms: An Interim Report* (New York: Praeger, 1988), pp. 89~107. 스태비스는 1986년 9월부터 1987년 1월까지 상하이에 있는 푸단대학에 있을 당시 일련의 사건을 겪었다.

78 盛平 編, 『胡耀邦思想年譜(1975-1989)』, 1986년 12월 27일, 하, 1297쪽. 鄭仲兵 編, 『胡耀邦年譜資料長編』, 하, 1179쪽.

79 *SWDXP-3*, pp. 194~196. 『鄧小平年譜(1975-1997)』, 1986년 12월 30일, 1160~1162쪽.

80 鄭仲兵 編, 『胡耀邦年譜資料長編』, 1987년 1월 2일, 하, 1182쪽. 盛平 編, 『胡耀邦思想年譜(1975-1989)』, 1987년 1월 2일, 하, 1302쪽.

81 盛平 編,『胡耀邦思想年譜(1975-1989)』, 1987년 1월 6일, 하, 1302쪽.

82 Stavis, *China's Political Reforms*, pp. 90~96. Goldman, *Sowing the Seeds of Democracy in China*, pp. 194~203. 盛平 編,『胡耀邦思想年譜(1975-1989)』, 하, 1279쪽, 1301쪽.

83 『鄧小平年譜(1975-1997)』, 1987년 1월 13일, 하, 1165쪽.

84 鄭仲兵 編,『胡耀邦年譜資料長編』, 하, 1182쪽.

85 같은 책, 1987년 1월 9일, 하, 1182쪽.

86 盛平 編,『胡耀邦思想年譜(1975-1989)』, 1987년 1월 10일, 하, 1303~1304쪽.

87 鄭仲兵 編,『胡耀邦年譜資料長編』, 하, 1195~1196쪽.

88 덩리췬이 후야오방을 비판한 문장 전문은 鄧力群,『十二個春秋(1975-1987)』, 417~445쪽에 수록되어 있다.

89 楊繼繩,『中國改革年代的政治鬪爭』, 568~622쪽. 일부 번역 내용은 다음에 수록되어 있다. Qiren Mei, ed., "Three Interviews with Zhao Ziyang," *Chinese Law and Government* 38, no. 3 (May-June 2005). 宗鳳鳴,『趙紫陽: 軟禁中的談話』(香港: 開放出版社, 2007). Ziyang Zhao, *Prisoner of the State*, pp. 176~182.

90 鄭仲兵 編,『胡耀邦年譜資料長編』, 1987년 1월 15일, 하, 1185쪽.

91 鄧力群,『十二個春秋(1975-1987)』, 447~448쪽.

92 鄭仲兵 編,『胡耀邦年譜資料長編』, 1987년 1월 16일, 하, 1186쪽.

93 盛平 編,『胡耀邦思想年譜(1975-1989)』, 1986년 1월 16일, 하, 1307~1309쪽.

94 Wu, "Hard Politics with Soft Institutions," ch.2, n 101.

95 鄭仲兵 編,『胡耀邦年譜資料長編』, 1987년 1월 16일, 하, 1187~1188쪽. 中共中央黨史硏究室 編,『中國共産黨新時期歷史大事記(1978.12~2002.5)』, 1987년 1월 16일, 224쪽.

96 盛平 編,『胡耀邦思想年譜(1975-1989)』, 하, 1313~1314쪽.

97 같은 책, 1986년 1월 19일, 하, 1313~1314쪽.

98 鄭仲兵 編,『胡耀邦年譜資料長編』, 하, 1189~1190쪽. 盛平 編,『胡耀邦思想年譜(1975-1989)』하, 1313~1314쪽, 1319~1320쪽.

99 주허우쩌(2006년 8, 9월), 우밍위(2006년 8월, 2007년 7월), 위광위안(2003년 2월, 10월, 2005년 6월), 리루이(2006년 2월, 8월, 2007년 7월)와의 인터뷰.

100 滿妹,『思念依然無盡: 回憶父親胡耀邦』(北京: 北京出版社, 2005), 473쪽. 鄭仲兵 編,『胡耀邦年譜資料長編』, 하, 1190~1195쪽.

101 杜導正,『杜導正日記: 趙紫陽還說過什麼』(香港: 天地圖書公司, 2010), 151쪽.

102 James Tong, ed., "Party Documents on Anti-Bourgeois Liberalization and Hu Yaobang's Resignation," *Chinese Law and Government* 21, no. 1 (Spring 1988), pp. 29~38.

103 『中國共産黨新時期歷史大事記(1978.12~2002.5)』, 1987년 1월 13일, 224쪽.

104 Stavis, *China's Political Reforms*, pp. 111~128. Goldman, *Sowing the Seeds of*

Democracy in China, pp. 214~215. Richard Baum, *Burying Mao*, p. 209.

105 盛平 編, 『胡耀邦思想年譜(1975-1989)』, 1987년 3월 29일, 하, 1319쪽.

106 Goldman, *Sowing the Seeds of Democracy in China*, pp. 204~214.

107 Richard Baum, *Burying Mao*, pp. 211~215. 같은 책, pp. 225~232.

108 鄧力群, 『十二個春秋(1975-1987)』, 467~468쪽. 2006년 2월, 8월, 그리고 2007년 7월 리루 이와의 인터뷰.

109 杜導正, 『杜導正日記』, 160쪽.

110 같은 책, 173~174쪽.

111 盛平 編, 『胡耀邦思想年譜(1975-1989)』, 1986년 11월 11일, 하, 1290쪽.

112 같은 책, 1987년 1월 16일, 하, 1306쪽.

113 *SWDXP-3*, p. 395, n 117.

114 덩리췬의 5월 13일 연설의 관점은 鄧力群, 『十二個春秋(1975-1987)』, 459~460쪽 참조.

115 Anthony J. Kane, "1987: Politics Back in Command," in Anthony J. Kane, ed., *China Briefing, 1988* (New York: Asia Society, 1988), p. 11.

116 2004년 10월 싱가포르 관리와의 인터뷰. 『鄧小平年譜(1975-1997)』, 1987년 5월 29일, 1191쪽.

117 Chi Huang, "Deng's Ideas on Political Restructuring," *Beijing Review* 30, no. 39. (September 29, 1987), pp. 14~15.

118 Ziyang Zhao, "Advance along the Road of Socialism with Chinese Characteristics," *Beijing Review* 30, no. 45 (November 9-15, 1987), pp. xv~xxi. 사건이 있고 얼마 후 작성 된 정치 개혁 관련 기록은 다음을 참조. Tony Saich, "Reforming the Political Structure," in Benewick and Wingrove, *Reforming the Revolution*, pp. 27~47.

119 Saich, "Reforming the Political Structure," pp. 27~47.

120 Wu, "Hard Politics with Soft Institutions," ch. 2. 鄧力群, 『十二個春秋(1975-1987)』, 472~473쪽.

121 덩리췬이 피해를 입은 것은 확실하다. 그는 『十二個春秋(1975-1987)』에서 이번 사건의 배경 에 대해 상세하게 언급하고 있다. 같은 책, 467~478쪽 참조.

20 베이징의 봄: 1989년 4월 15일~5월 17일

1 고위급 인사에 관한 두 권의 저작물은 다음과 같다. Ziyang Zhao, *Prisoner of the State: the Secret Journal of Zhao Ziyang*, trans. and ed. Bao Pu, Renee Chiang, and Adi Ignatius (New York: Simon and Schuster, 2009). 이는 그가 연금당했을 당시 녹음 내용을 번역한 문헌이다. 리펑의 당시 일기인 『李鵬六四日記』는 하버드대학 페어뱅크 컬렉션 평한주 도

서관에 소장되어 있다. 1989년 봄 베이징 시위 운동에 관한 가장 유용한 문헌은 다음과 같다. Michel Oksenberg, Lawrence R. Sullivan, and Mark Lambert, eds., *Beijing Spring, 1989, Confrontation and Conflict: The Basic Documents* (Armonk, N.Y.: M.E. Sharpe, 1990). Melanie Manion: "Introduction: Reluctant Duelists," pp. xiii~xlii. Suzanne Ogden et al., eds., *China's Search for Democracy: The Student and the Mass Movement of 1989* (Armonk, N.Y.: M.E. Sharpe, 1992). Minzhu Han, ed., *Cries for Democracy: Writings and Speeches from the 1989 Chinese Democracy Movement* (Princeton N.J.: Princeton University Press, 1990). Orville Schell, *Mandate of Heaven: A Generation of Entrepreneurs, Dissidents, Bohemians, and Technocrats Lays Claim to China's Future* (New York: Simon and Schuster, 1994). Binyan Liu, with Ming Ruan and Gang Xu, *Tell the World: What Happened in China and Why* (New York: Pantheon, 1989). Tony Saich, ed., *The Chinese People's Movement: Perspectives on Spring 1989* (Armonk, N.Y.: M.E. Sharpe, 1990). Long Bow Group, *The Gate of Heavenly Peace*, video recording produced and directed by Richard Gordon and Carma Hinton (San Francisco: NAATA/ CrossCurrent Media, 1996). Mike Chinoy, *China Live: Two Decades in the Heart of the Dragon* (Atlanta: Turner Publishing, 1997). Tang Tsou, "The Tiananmen Tragedy," in Brantly Womack, ed., *Contemporary Chinese Politics in Historical Perspective* (New York: Cambridge University Press, 1991). Richard Buam, *Burying Mao: Chinese Politics in the Age of Deng Xiaoping* (Princeton N.J.: Princeton University Press, 1994). Melinda Liu, "Beijing Spring: Loss of the Mandate of Heaven," in David and Peter Turnley, *Beijing Spring* (New York: Stewart, Tabori & Chang, 1989), pp. 44~172. Jonathan Unger, ed., *The Pro-Democracy Protests in China: Reports from the Provinces* (Armonk, N.Y.: M.E. Sharpe, 1991). Dingxin Zhao, *The Power of Tiananmen: State-Society Relations and the 1989 Beijing Student Movement* (Chicago: University of Chicago Press, 2001). James Lilley, with Jeffrey Lilley, *China Hands: Nine Decades of Adventure, Espionage, and Diplomacy in Asia*, pp. 297~392. 제임스 릴리(중국명 李潔明)는 1989년 5월 2일 중국 주재 미국 대사로 부임하여 1991년 5월까지 재직했다. 관련 문헌에 대한 자세한 분석은 다음 저서 참조. Robert L. Suettinger, *Beyond Tiananmen: The Politics of U.S.-China Relations, 1989-2000* (Washington, D.C.: Brookings Institution Press, 2003). 미국 정부의 「톈안먼 문건」에는 현재 국가안전국에 소장되어 있는 정부 기밀 해제 문건이 포함되어 있으며, 안내서가 달려 있다. 수록된 곳은 다음과 같다. Michael L. Evans, ed., "The U.S. 'Tiananmen Papers': New Documents Reveal U.S. Perceptions of 1989 Chinese Political Crisis," a National Security Archive Electronic Briefing Book, June 4, 2001, http://www.gwu.edu/~nsarchiv/NSAEBB/NSAEBB47(2010년 3월 16일 검색). 토니 사이치와 낸시 허스트가 펴낸 1989년 6월 4일 이후 1년간 문헌 목록은 Saich,

The Chinese People's Movement, pp. 190~196 참조. 연표가 포함된 가장 전반적인 문헌 집은 다음과 같다. Liang Zhang, comp., and Andrew J. Nathan and Perry Link, eds., *The Tiananmen Papers* (New York: PublicAffairs, 2001). 이들 문건은 중국의 개혁파가 수집하여 편집자에게 보낸 것을 토대로 서구에서 출간한 것이다. 물론 진실을 담은 문건도 있지만 일부 문건, 특히 중국 8대 원로(八老: 鄧小平, 陳雲, 楊尙昆, 薄一波, 彭眞, 鄧穎超, 李先念, 王震)의 회의(八老會議)나 전화 통화 내용에 대한 기록은 진실성을 의심받고 있다. 예를 들어, 덩샤오핑의 딸 덩룽에 따르면, 덩샤오핑은 인사 문제를 논의할 경우 항상 당사자와 직접 만나 의견을 교환했으며, 일부 문건에서 묘사하고 있는 것처럼 여러 사람과 함께 논의하지 않았다. 영문판에 비해 중문판(張良 編, 『中國六四眞相』(상·하, 香港: 明鏡出版社, 2001)이 훨씬 낫다. 하지만 중문판도 문제가 없는 것은 아니다. 중문판 988쪽을 보면, '南朝鮮' 대신 '韓國'이라고 썼는데, 이 말은 1992년 한국과 중국이 관계 정상화를 이룬 후에야 대륙에서 사용하기 시작했다. 과거에는 대부분 남조선이라고 썼다. 다만 대만과 홍콩은 1989년에도 '韓國'이란 국명을 쓰고 있었기 때문에 적어도 일부 문건의 진실성에 의문이 들 수밖에 없다. 사실 리펑이나 자오쯔양 등이 고위층의 정치 상황에 대해 기록한 내용이나 관방의 공식 연감 문헌에도 '팔로회의'에 대한 언급이 전혀 보이지 않는다. 과연 이런 회의가 있었는지조차 의심스러울 정도다. 하지만 이런 회의에 관한 기밀 문건은 외부에 전혀 알려지지 않았기 때문에 리펑이나 자오쯔양이 모를 수도 있다. 이에 관한 내용은 다음을 참조. Alfred L. Chan and Andrew J. Nathan, "The Tiananmen Papers Revisited," *The China Quarterly*, no. 177 (March 2004), pp. 190~214. 네이선과 링크는 번역문을 대단히 세밀하게 편집, 교정했다. 이처럼 여러모로 편리한 총집이 있었기에 저자 역시 수록된 다양한 문건을 활용할 수 있었다. 하지만 그 안에 나오는 팔로회의나 전화 기록 등은 자료의 신빙성 문제로 인해 참고하지 않았다.

2   *TP*, p. 21.

3   鄧力群, 『十二個春秋(1975-1987)』, 466~467쪽.

4   李銳, 「胡耀邦去世前的談話」, 張黎群 等編, 『懷念耀邦』(4집)(香港, 1·2집, 凌天出版社, 1999; 3·4집, 亞太國際出版有限公司, 2001), 제4집, 277~278쪽.

5   당시 지식 분자에 대한 깊이 있는 토론은 다음을 참조. Perry Link(중국명 林培瑞), *Evening Chats in Beijing: Probing China's Predicament* (New York: Norton, 1992). 페리 링크는 중국어 능력이 뛰어났다. 그는 1988년부터 이듬해까지 베이징에 거주했으며, 당시 중국 내 지식인들과 다양하게 교류했다. 그 어떤 외국인도 그와 비교할 수 없을 정도였다. 당시 일반 대중의 관점에 관한 논의는 다음을 참조. Perry Link, Richard Madsen, and Paul G. Pickowicz, eds., *Unofficial China: Popular Culture and Thought in the People's Republic* (Boulder, Colo.: Westview, 1989). 중국 주재 미국 대사 윈스턴 로드(중국명 洛德)의 부인 역시 민주를 고취하는 여러 지식인과 교류했다. 2009년 1월 중미 관계 정상화 30주년을 기념하는 경축 모임에서 윈스턴 로드는 저자에게 이렇게 말했다. 학생들은 당시 중국 대중 매체 관계자를 비롯한 여러 계층의 폭넓은 지지를 받았다. 그렇기 때문에 공산당 정

권이 생각을 바꿔 보다 많은 민주를 허락할 것이라는 희망을 가지지 않을 수 없었다. 윈스턴 로드는 지난 일을 회고하면서, 당시 그들은 최고 영도자가 진압을 감행할 수 있다는 사실을 너무 과소평가했다고 말했다.

6 董輔礽 編, 『中華人民共和國經濟史』, 하, 348쪽.

7 Ogden et al., *China's Search for Democracy*, pp. 57~59, pp. 87~88.

8 Nicholas D. Kristof and Sheryl WuDunn, *China Wakes: The Struggle for the Soul of a Rising Power* (New York: Times Books, 1994), p. 78.

9 『李鵬六四日記』, 1989년 4월 18일.

10 같은 책, 1989년 4월 18~20일.

11 Liu, Ruan, and Xu, *Tell the World What Happened in China and Why*, p. 9.

12 2006년 야오지안푸와의 인터뷰. Ogden et al., *China's Search for Democracy*, pp. 95~96. Oksenberg, Sullivan and Lambert, eds., *Beijing Spring, 1989*, pp. 27~28. 이상의 내용은 모두 전국인민대표대회 위원이 청원자들과 만났다는 사실을 모르는 학생들의 의견에 근거한 것이다. Richard Baum, *Burying Mao*, pp. 248~249. Saich, *The Chinese People's Movement*, pp. 165~166.

13 1993년 12월 16일 자오쯔양과 면담한 양지성의 견해다. 楊繼繩, 『中國改革年代的政治鬪爭』, 영역본 Qiren Mei, ed., "Three Interviews with Zhao Ziyang," *Chinese Law and Government* 38, no. 3 (May-June 2005)에서 재인용. 이외에 자오쯔양과 밀접한 관계를 유지한 쑨창장의 글, 「趙紫陽口述與胡耀邦關係」, 《動向》, 2006년 제5기, 28~32쪽 참조. Ziyang Zhao, *Prisoner of the State*, pp. 6~7 참조.

14 *TP*, p. 55. Oksenberg, Sullivan and Lambert, eds., *Beijing Spring, 1989*, p. xvi. 각기 다른 시간에 광장에 모인 사람들의 숫자에 관한 공식 기록은 보이지 않는다. 군중 규모에 대한 평가와 당일 사건 발생의 정확한 시간 및 학생 대표들의 숫자 역시 각기 차이가 있다. 저자의 어림수는 몇몇 목격자의 숫자와 거의 일치한다.

15 『李鵬六四日記』, 1989년 4월 23일.

16 같은 책.

17 같은 책, 1989년 4월 24일.

18 같은 책, 1989년 4월 25일. *TP*, pp. 78~79. Larry M. Wortzel, "Review: Quelling the People," *Australian Journal of Chinese Affairs*, no. 31 (January 1994), p. 125. Timothy Brook, *Quelling the People: The Military Suppression of the Beijing Democracy Movement* (Stanford, Calif.: Stanford University Press, 1998), pp. 39~40. Kristof and WuDunn, *China Wakes*, p. 79.

19 1989년 4월 26일자 《人民日報》 사설. Domestic Radio 0930 GMT, FBIS, April 25, pp. 23~24.

20 *TP*, p. 76, pp. 80~81.

21 Saich, *The Chinese People's Movement*, p. 167. Long Bow Group, *The Gate of Heavenly Peace*.

22 *TP*, pp. 95~96.

23 같은 책, pp. 86~95.

24 1989년 6월 류빈옌과의 인터뷰.

25 『李鵬六四日記』, 1989년 4월 23일.

26 Ziyang Zhao, *Prisoner of the State*, pp. 5~9.

27 *TP*, p. 74.

28 Ziyang Zhao, *Prisoner of the State*, pp. 8~14.

29 같은 책, p. 100, pp. 107~108.

30 관련 연설은 Oksenberg, Sullivan and Lambert, eds., *Beijing Spring, 1989*, pp. 244~251에 수록되어 있다.

31 외국인에 대한 연설은 다른 영도자들의 검토를 거칠 필요가 없었다. 하지만 당시 긴장된 국면에서 자오쯔양이 다른 이들과 의견을 나누지 않은 것은 다른 이들에게 그가 정치국 상무위원회 위원들의 의향에 따라 일하지 않고 있다는 인상을 주기에 충분했다. *TP*, p. 108 참조. 자오쯔양은 사실 5월 1일 이미 연설 원고를 정치국 상무위원회 다른 위원들에게 보냈다.

32 Oksenberg, Sullivan and Lambert, eds., *Beijing Spring, 1989*, pp. 254~256.

33 같은 책, pp. 69~70.

34 *TP*, p. 154.

35 Brook, *Quelling the People*, p. 37.

36 Ogden et al., *China's Search for Democracy*, pp. 215~217.

37 당시 성명과 서명자는 Han, *Cries for Democracy*, pp. 207~208 참조. 관련 분석은 Tsou, "The Tiananmen Tragedy," p. 308 참조.

38 David Zweig, "The Hunger Strike: From Protest to Uprising," in Ogden, et al., *China's Search for Democracy*, pp. 194~195. 특히 n 29. *TP*, p. 176.

39 *TP*, p. 202.

40 2006년 11월 야오지안푸와의 인터뷰.

41 Lilley, *China Hands*, p. 301.

42 Qichen Qian, *Ten Episodes in China's Diplomacy*, foreword by Ezra Vogel (New York: HarperCollins, 2005), pp. 1~31.

43 George Bush and Brent Scowcroft, *A World Transformed* (New York: Knopf, 1998), pp. 91~96. 『鄧小平年譜(1975-1997)』, 1989년 2월 26일, 1266~1267쪽.

44 선즈화는 이들의 회담을 자세히 평가한 바 있는데, 덩샤오핑이 고르바초프에게 이런 말을 한 것이 분명하다고 말했다. 공식적인 관방의 회담 기록에 따르면, 덩샤오핑은 처음 논쟁에 '일부 빈말'이 포함되어 있다고 말했다.

45 Qichen Qian, *Ten Episodes in China's Diplomacy*, pp. 29~31.

46 Tsou, "The Tiananmen Tragedy," p. 306.

47 *TP*, p. 173.

48 Oksenberg, Sullivan and Lambert, eds., *Beijing Spring, 1989*, p. 261.

49 Ziyang Zhao, *Prisoner of the State*, pp. 35~44.

50 『李鵬六四日記』, 1989년 5월 16일.

51 Ziyang Zhao, *Prisoner of the State*, p. 48.

52 2007년 8월 왕단을 비롯한 일부 학생 지도자들과의 대화 내용이다.

53 *TP*, p. 194.

54 같은 책, pp. 163~175.

21 톈안먼의 비극: 1989년 5월 17일~6월 4일

1 Ziyang Zhao, *Prisoner of the State*, p. 27.

2 Timothy Brook, *Quelling the People: The Military Suppression of the Beijing Democracy Movement*, p. 34.

3 Ziyang Zhao, *Prisoner of the State*, pp. 27~28.

4 『李鵬六四日記』, 1989년 5월 17일. 하버드대학 페어뱅크 컬렉션 평한주 도서관에 소장되어 있다.

5 James Lilley with Jeffrey Lilley, *China Hands: Nine Decades of Adventure, Espionage, and Diplomacy in Asia*, p. 309.

6 Ziyang Zhao, *Prisoner of the State*, pp. 28~29. 리펑은 자오쯔양이 질서를 회복하기 위해 필요한 조치를 취하지 않은 것에 대해 비판하는 관점에서 서술하고 있다. 『李鵬六四日記』, 1989년 5월 17~19일.

7 Ziyang Zhao, *Prisoner of the State*, pp. 25~34. 2006년 10월, 2007년 7월 자오쯔양의 딸 왕옌난과의 인터뷰.

8 Beijing TV Service, reported in FBIS, May 19, pp. 13~14, reprinted in Michel Oksenberg, Lawrence R. Sullivan and Mark Lambert, eds., *Beijing Spring, 1989, Confrontation and Conflict: The Basic Documents* (Armonk, N.Y.: M.E. Sharpe, 1990), pp. 288~290. Mike Chinoy, *China Live: Two Decades in the Heart of the Dragon* (Atlanta: Turner Publishing, 1997), p. 217. Brook, *Quelling the People*, pp. 42~43.

9 Ziyang Zhao, *Prisoner of the State*, pp. 27~34.

10 *TP*, p. 277.

11 Ziyang Zhao, *Prisoner of the State*, pp. 48~87.

12 『李鵬六四日記』, 1989년 5월 18일.

13 같은 책, 1989년 5월 19~20일.

14 *TP*, p. 222.

15 『李鵬六四日記』, 1989년 5월 20일.

16 샌드라 버턴(Sandra Burton)이 에이미 지거트(Amy Zegert)의 인터뷰 요청에 응했을 때 한 말이다. 에이미 지거트는 자신이 하버드대학 케네디스쿨 존 쇼렌스타인 언론, 정치, 공공 정책 센터에서 행한 스물세 차례 인터뷰 내용을 열람할 수 있도록 허락해 주었다. 인터뷰 대상은 1989년 베이징에서 취재를 맡은 기자들이었다. 특별히 그녀에게 감사의 말을 전한다.

17 Brook, *Quelling the People*, pp. 48~78. 티머시 브룩(중국명 卜正民)은 6월 4일 이전부터 베이징에 거주했으며, 이후 톈안먼 사건에서 군대가 취했던 행동에 대해 다양하게 탐방 취재했다. 당시 베이징 주재 미국 군인이 그의 책에 대해 평론한 내용은 Larry Wortzel, "Review: Quelling the People," *Australian Journal of Chinese Affairs*, no. 31 (January, 1994), pp. 123~126 참조.

18 『李鵬六四日記』, 1989년 5월 22일.

19 Brook, *Quelling the People*, pp. 43~77.

20 *TP*, p. 265.

21 『李鵬六四日記』, 1989년 5월 21일.

22 같은 책, 1989년 5월 19일, 25일.

23 *TP*, pp. 277~279, p. 291.

24 같은 책, p. 305.

25 『李鵬六四日記』, 1989년 5월 31일.

26 같은 책, 1989년 5월 19일.

27 *TP*, p. 297, pp. 308~314.

28 『李鵬六四日記』, 1989년 5월 31일.

29 *TP*, pp. 323~328. 덩샤오핑이 리펑과 야오이린에게 말한 내용에 관한 대역문은 Oksenberg, Sullivan and Lambert, eds., *Beijing Spring, 1989*, pp. 333~338 참조.

30 Robert Lawrence Kuhn, *The Man Who Changed China: The Life and Legacy of Jiang Zemin* (New York: Crown, 2004). 이 책은 비록 학술서는 아니지만 내용은 대체적으로 정확하다.

31 Brook, *Quelling the People*, pp. 87~88.

32 *TP*, p. 319.

33 같은 책, pp. 288~289.

34 Melanie Manion, "Introduction: Reluctant Duelists," in Oksenberg, Sullivan and Lambert, eds., *Beijing Spring, 1989*, p. xl.

35 2007년 7월 덩샤오핑 딸 덩린과의 인터뷰.

36 저자가 5월 마지막 주에 류빈옌을 만났을 당시 그는 유혈 사태를 예견했다. 덩샤오핑이 군중을 위협할 것이라고 생각했기 때문이다.

37 2006년 11월 장쩌민과의 인터뷰.

38 Brook, *Quelling the People*, pp. 73~74, p. 80.

39 같은 책, pp. 89~91.

40 *TP*, pp. 359~362.

41 같은 책, pp. 353~354.

42 『李鵬六四日記』, 1989년 6월 3일.

43 *TP*, pp. 368~369.

44 Brook, *Quelling the People*, pp. 108~113.

45 *TP*, pp. 368~371. Andrew Scobell, *China's Use of Military Force: Beyond the Great Wall and the Long March* (New York: Cambridge University Press, 2003), pp. 150~151.

46 *TP*, p. 365. Brook, *Quelling the People*, pp. 114~120.

47 Brook, *Quelling the People*, pp. 121~122.

48 같은 책, pp. 114~130. *TP*, pp. 372~377.

49 Brook, *Quelling the People*, pp. 118~120.

50 같은 책, p. 94.

51 Long Bow Group, *The Gate of Heavenly Peace*, video recording, produced and directed by Richard Gordon and Carma Hinton (San Francisco: Distributed by NAATA/CrossCurrent Media, 1996). 같은 책, p. 145. *TP*, pp. 377~382, pp. 389~391. 여러 가지 문헌 기록은 대체적으로 일치하나 사건 발생 시간은 각기 다르다.

52 Brook, *Quelling the People*, pp. 133~148.

53 *TP*, pp. 383~385.

54 George Bush and Brent Scowcroft, *A World Transformed* (New York: Knopf, 1998), p. 109.

55 Brook, *Quelling the People*, p. 130.

56 같은 책, p. 161.

57 같은 책, pp. 151~169.

58 당시 지도자급 인물들은 롱 보 그룹(Long Bow Group)의 영화 「천안문(The Gate of Heavenly Peace)」에 출연했다. 이 영화는 다년간 여러 사람의 진지한 연구 대상이 되었다.

59 저자는 에이미 지거트가 당시 기자들을 인터뷰한 내용을 인용했다. 미국 CNN 보도는 Chinoy, *China Live* 참조.

60 Richard Madsen, *China and the American Dream: A Moral Inquiry* (Berkeley: University of California Press, 1995), pp. 1~27.

61 예를 들어 《뉴욕 타임스》 기자 니컬러스 크리스토프와 셰릴 우던은 이렇게 보도했다. "6월 4일의 학살은 중국공산당 통치가 마감되는 기점을 표시하는 것일 수 있다." Nicholas D. Kristof and Sheryl WuDunn, *China Wakes: The Struggle for the Soul of a Rising Power* (New York: Times Books, 1994).

22 역풍에 버티다: 1989~1992년

1 *SWDXP-3*, 1989년 5월 31일, p. 289.

2 같은 책, p. 291.

3 같은 책, 1989년 6월 9일, p. 299.

4 같은 책, pp. 294~299.

5 같은 책, 1989년 6월 16일, pp. 302~303.

6 Timothy Brook, *Quelling the People:* pp. 196~197.

7 Qichen Qian, *Ten Episodes in China's Diplomacy*, foreword by Ezra Vogel (New York: HarperCollins, 2005), pp. 143~146. George Bush and Brent Scowcroft, *A World Transformed* (New York: Knopf, 1998), p. 414.

8 『鄧小平年譜(1975-1997)』, 1989년 7월 16일, 1285쪽.

9 같은 책, 1989년 6월 23~24일.

10 Robert Lawrence Kuhn, *The Man Who Changed China: The Life and Legacy of Jiang Zemin* (New York: Crown, 2004), p. 173.

11 『鄧小平年譜(1975-1997)』, 1989년 8월 17일, 1286쪽.

12 같은 책, 1989년 9월 4일, 1286~1287쪽. *SWDXP-3*, pp. 305~311. 그는 거듭 자신의 장례를 간단하게 치르라고 말했다.

13 『鄧小平年譜(1975-1997)』, 1989년 9월 4일, 1287쪽. *SWDXP-3*, pp. 305~311.

14 *SWDXP-3*, p. 311.

15 같은 책, pp. 312~313.

16 『鄧小平年譜(1975-1997)』, 1989년 9월 16일, 1289~1290쪽.

17 같은 책, 1989년 11월 6~9일, 1295~1296쪽.

18 Rong Deng, *Deng Xiaoping: My Father* (New York: Basic Books, 1995), pp. 1~5.

19 *SWDXP-3*, p. 315.

20 1989년 10월 미셸 옥센버그는 닉슨 대통령을 수행하여 덩샤오핑을 만났는데, 그것이 그와 열네 번째이자 마지막 만남이었다. Michel Oksenberg, "I Remember Deng," *Far Eastern Economic Review*, March 6, 1997, p. 35.

21 George Bush, *The China Diary of George H. W. Bush: The Making of a Global*

President (Princeton N.J.: Princeton University Press, 2008), p. 461.

22 James Lilley, with Jeffrey Lilley, *China Hands: Nine Decades of Adventure, Espionage, and Diplomacy in Asia*, p. 378.

23 Bush and Scowcroft, *A World Transformed*, p. 93.

24 2010년 11월 제임스 릴리 중국 주재 미국 대사와 개인 면담 기록.

25 John H. Holdridge, *Crossing the Divide: An Insider's Account of Normalization of U.S.-China Relations* (Lanham, Md.: Rowman and Littlefield, 1997), pp. 225~226. Lilley, *China Hands*, pp. 222~223, p. 378.

26 Bush and Scowcroft, *A World Transformed*, pp. 91~99. Perry Link, *Evening Chats in Beijing: Probing China's Predicament* (New York: Norton, 1992), pp. 29~38. Robert L. Suettinger, *Beyond Tiananmen: The Politics of U.S.-China Relations, 1989-2000* (Washington D.C.: Brookings Institution Press, 2003), pp. 24~28.

27 Bush and Scowcroft, *A World Transformed*, pp. 98~102. Bush, *China Diary of George H. W. Bush*. Lilley, *China Hands*.

28 Bush and Scowcroft, *A World Transformed*, p. 102.

29 Qichen Qian, *Ten Episodes in China's Diplomacy*, pp. 131~146.

30 Bush and Scowcroft, *A World Transformed*, p. 106.

31 같은 책, pp. 106~111. 『鄧小平年譜(1975-1997)』, 1989년 7월 2일, 1284쪽. Qichen Qian, *Ten Episodes in China's Diplomacy*, pp. 131~139. 톈안먼 비극이 미국과 중국 양국 관계에 끼친 영향에 관해서는 Robert L. Suettinger, *Beyond Tiananmen* 참조.

32 Bush and Scowcroft, *A World Transformed*, pp. 106~107.

33 같은 책, p. 109. Suettinger, *Beyond Tiananmen* 가운데 방문 보고서 내용, pp. 79~83.

34 2008년 12월 에덴 운과의 인터뷰. 그는 국방부 관리로 당시 협상에서 중요한 역할을 했다.

35 Bush and Scowcroft, *A World Transformed*, p. 128.

36 같은 책, p. 157.

37 『鄧小平年譜(1975-1997)』, 1989년 10월 31일, 1293~1294쪽. "The United States Should Take the Initiative in Putting an End to the Strains in Sino-American Relations," *SWDXP-3*, p. 321. Suettinger, *Beyond Tiananmen*, p. 81.

38 『鄧小平年譜(1975-1997)』, 1989년 11월 10일, 1297쪽.

39 Lilley, *China Hands*, pp. 358~362.

40 Suettinger, *Beyond Tiananmen*, p. 100.

41 Richard Madsen, *China and the American Dream: A Moral Inquiry* (Berkeley: University of California Press, 1995).

42 Bush and Scowcroft, *A World Transformed*, p. 157.

43 『鄧小平年譜(1975-1997)』, 1989년 12월 10일, 1304쪽. "Sino-U.S. Relations Must Be

Improved,” *SWDXP-3*, pp. 338~339.

44 Suettinger, *Beyond Tiananmen*, pp. 100~101.

45 같은 책, p. 51에서 재인용.

46 Bush and Scowcroft, *A World Transformed*, p. 179.

47 Qichen Qian, *Ten Episodes in China's Diplomacy*, p. 179. 『鄧小平年譜(1975-1997)』, 1985년 10월 9일, 1085~1086쪽. James A. R. Miles, *The Legacy of Tiananmen: China in Disarray* (Ann Arbor: University of Michigan Press, 1996), pp. 46~48.

48 周榮子, 「齊奧塞斯庫和蒙博托表示支持中國平息反革命暴亂」, 《人民日報》, 1989년 9월 23일.

49 Miles, *Legacy of Tiananmen*, pp. 47~48.

50 『鄧小平年譜(1975-1997)』, 1303~1306쪽.

51 “Jiang Zemin and Li Ruihuan Interviewed by Hong Kong Journalists,” BBC *Summary of World Broadcasts*, FE/0650/B2/1, December 30, 1989.

52 Miles, *Legacy of Tiananmen*, p. 41. 관련 내용은 주로 이 책에 근거한다. 저자는 당시 베이징에서 소련과 동유럽의 변화에 대한 중국의 반응을 면밀히 관찰한 바 있다. 당시 동유럽과 소련의 변화에 대해 비교적 냉정하게 기술한 중국인의 책은 다음을 참조. 黃宏 主編, 『硬道理: 南方談話回眸』 (濟南: 山東人民出版社, 2002), 3~38쪽.

53 黃宏 主編, 『硬道理: 南方談話回眸』, 44~46쪽.

54 Miles, *Legacy of Tiananmen*, pp. 59~60.

55 『鄧小平年譜(1975-1997)』, 1991년 8월 20일, 1330~1331쪽. *SWDXP-3*, pp. 356~357. Kuhn, *The Man Who Changed China*, pp. 206~207.

56 『鄧小平年譜(1975-1997)』, 1991년 10월 5일, 1332쪽.

57 *SWDXP-3*, p. 318.

58 Qichen Qian, *Ten Episodes in China's Diplomacy*, pp. 170~171, pp. 174~177.

59 陳國焱, 「鄧小平對東歐的戰略方針及其意義」, 『鄧小平外交思想研究論文集』 (北京: 世界知識出版社, 1996), 270~275쪽. Qichen Qian, *Ten Episodes in China's Diplomacy*, pp. 172~174.

60 “Regulations on Construction of Expensive Buildings Issued,” Xinhua General Overseas Service, September 25, 1988. 관방의 조치와 긴축 정책 지지에 대한 분석적 평론은 武力 主編, 『中華人民共和國經濟史(1949-1999)』 (상 · 하) (北京: 中國經濟出版社, 1999), 하, 983~1010쪽 참조.

61 薛暮橋, 「牢記歷史經驗, 堅決執行治理整頓的方針」, 《人民日報》, 1989년 12월 18일.

62 「新華社內參」, 1989년 12월 26일, FBIS, January 3, 1990, pp. 12~18.

63 Suettinger, *Beyond Tiananmen*, pp. 120~125.

64 Richard Baum, *Burying Mao*, p. 337.

65 《光明日報》, 1989년 12월 9일, FBIS, January 4, 1990, pp. 27~28.

66 Simon Long in the Economist Intelligence Unit, May 1992, Miles, *Legacy of Tiananmen*, p. 62, p. 326.

67 중국에서 '愛國主義'는 '愛國家'의 뜻이다. 중국은 여러 민족으로 구성되어 있기 때문에 '民族主義'라는 말은 사용하지 않는다. 영어로는 'nationalism'으로 번역하지만 '자신의 민족을 사랑한다.'라는 뜻이다.

68 Suisheng Zhao, "A State-Led Nationalism: The Patriotic Education Campaign in Post-Tiananmen China," *Communist and Post Communist Studies* 31, no. 3 (September 1998), pp. 287~302. Paul A. Cohen, *China Unbound: Evolving Perspectives on the Chinese Past* (New York: Routledge Curzon, 2003), pp. 166~169, n 181, n 182. Parks Coble, "China's 'New Remembering' of the Anti-Japanese War of Resistance, 1937-1945," *The China Quarterly*, no. 190 (June 2007), pp. 394~410. Suisheng Zhao, *A Nation-State by Construction: Dynamics of Modern Chinese Nationalism* (Stanford, Calif.: Stanford University Press, 2004), pp. 213~247.

69 Coble, "China's 'New Remembering,'" pp. 400~402.

70 이에 대한 중국 작가들의 반응에는 미세한 차이가 있다. 이에 관한 내용은 다음을 참조. Perry Link, *The Uses of Literature: Life in the Socialist Chinese Literary System* (Princeton N.J.: Princeton University Press, 2000), pp. 68~81.

71 Shuqing Zhang, "Marxism, Confucianism, and Cultural Nationalism," in Zhiling Lin and Thomas W. Robinson, eds., *The Chinese and Their Future: Beijing, Taipei, and Hong Kong* (Washington, D.C.: The AEI Press, 1994), pp. 82~109.

23 덩샤오핑 시대의 피날레, 남순강화: 1992년

1 Joseph Fewsmith, *China since Tiananmen: Form Deng Xiaoping to Hu Jintao*, 2nd ed. (New York: Cambridge University Press, 2008).

2 『鄧小平年譜(1975-1997)』, 1990년 1월 20일, 26일, 2월 13일, 1307~1308쪽.

3 Victoria Wu, "The Pudong Development Zone and China's Economic Reforms," *Planning Perspectives* 13, no. 2 (April 1998), pp. 133~165. 中央文獻研究室科硏部圖書館 編, 『鄧小平人生紀實』(南京: 鳳凰出版社, 2004), 第3卷, 2019~2052쪽.

4 童懷平 · 李成關, 『鄧小平八次南巡紀實』(北京: 解放軍文藝出版社, 2002), 214~216쪽, 220쪽. 『鄧小平人生紀實』에도 관련 내용이 나온다.

5 『鄧小平年譜(1975-1997)』, 1990년 1월 26일, 1307쪽.

6 童懷平 · 李成關, 『鄧小平八次南巡紀實』, 216쪽.

7 *SWDXP-3*, pp. 342~343. 『鄧小平年譜(1975-1997)』, 1990년 3월 3일, 1309~1311쪽.

8   『鄧小平年譜(1975-1997)』, 1990년 2월 13일, 1308쪽.

9   *SWDXP-3*, December 24, 1990, pp. 350~352.

10   Robert Lawrence Kuhn, *The Man Who Changed China: The Life and Legacy of Jiang Zemin* (New York: Crown, 2004), p. 205.

11   童懷平 · 李成關, 『鄧小平八次南巡紀實』, 204~222쪽. 黃宏 主編, 『硬道理: 南方談話回眸』, 127~149쪽.

12   *SWDXP-3*, pp. 353~355.

13   『鄧小平年譜(1975~1997)』, 1991년 2월 10일, 12일, 14일, 1327~1328쪽.

14   같은 책, 1991년 2월 15일, 3월 2일, 3월 22일, 4월 12일, 130~136쪽. 黃宏 主編, 『硬道理: 南方談話回眸』, 130~136쪽.

15   James A. R. Miles, *The Legacy of Tiananmen: China in Disarray* (Ann Arbor: University of Michigan Press, 1996), pp. 78~83. Suisheng Zhao, "Deng Xiaoping's Southern Tour: Elite Politics in Post-Tiananmen China," *Asian Survey* 33, no. 8 (August 1993), pp. 748~749.

16   Fewsmith, *China since Tiananmen*, p. 54.

17   같은 책, p. 55.

18   童懷平 · 李成關, 『鄧小平八次南巡紀實』, 226쪽.

19   같은 책, 226쪽. 1980년 2월 29일에 한 말이다.

20   같은 책, 227~228쪽.

21   같은 책, 228~229쪽.

22   2003년 10월 천카이즈와 일부 현지 간부와의 인터뷰. 천카이즈는 덩샤오핑 시찰 당시 수행한 인물 가운데 하나다.

23   童懷平 · 李成關, 『鄧小平八次南巡紀實』, 231~232쪽.

24   같은 책, 243쪽.

25   Miles, *Legacy of Tiananmen*, pp. 96~97.

26   2003년 10월 천카이즈와의 인터뷰. 덩샤오핑 남순강화 당시 그는 광둥성위원회 부비서장으로 덩샤오핑의 일정을 책임졌다. 이외에 岑隆業 編, 『閏愛無價』(北京: 作家出版社, 2001), 182~190쪽 참조. 사진 기자와 녹음에 관한 기술은 다음을 참조. Zhao, "Deng Xiaoping's Southern Tour," p. 750. 당시 시찰에 관한 또 다른 기록은 黃宏 主編, 『硬道理: 南方談話回眸』, 150~190쪽 참조.

27   童懷平 · 李成關, 『鄧小平八次南巡紀實』, 234~235쪽.

28   2003년 11월 광저우에서 덩샤오핑을 수행했던 간부와의 인터뷰.

29   *SWDXP-3*, pp. 362~363.

30   童懷平 · 李成關, 『鄧小平八次南巡紀實』, 232쪽. Kuhn, *The Man Who Changed China*, p. 212.

31 童懷平 · 李成關, 『鄧小平八次南巡紀實』, 240쪽, 245~246쪽.

32 같은 책, 232~233쪽.

33 같은 책, 246~248쪽.

34 岑隆業 編, 『關愛無價』, 186쪽.

35 童懷平 · 李成關, 『鄧小平八次南巡紀實』, 248~249쪽.

36 같은 책, 251~253쪽.

37 『鄧小平年譜(1975-1997)』, 1992년 1월 29일, 1338쪽.

38 童懷平 · 李成關, 『鄧小平八次南巡紀實』, 279~282쪽.

39 Miles, *Legacy of Tiananmen*, p. 95.

40 같은 책, p. 98. Zhao, "Deng Xiaoping's Southern Tour," p. 749. 童懷平 · 李成關, 『鄧小平八次南巡紀實』, 286쪽.

41 Kuhn, *The Man Who Changed China*, pp. 212~213.

42 Miles, *Legacy of Tiananmen*, pp. 95~96. Zhao, "Deng Xiaoping's Southen Tour," p. 749. 같은 책, p. 213.

43 Kuhn, *The Man Who Changed China*, p. 214.

44 덩샤오핑은 1984년 상하이를 방문하여 열네 개 연안 도시를 개방하기로 결정한 적이 있는데, 다음 해 그 성과를 직접 볼 기회가 있었다. 하지만 1986년 겨울에는 상하이 대신 구이린과 충칭을 방문했다. 1987년 그는 후야오방을 면직시키면서 발생한 여러 가지 성가신 일로 베이징으로 떠날 수 없었다. 『鄧小平年譜(1975-1997)』, 1985년 1월 31일, 1986년 1월 24일, 1986년 1월 31일, 1988년 2월 10일, 1988년 2월 23일, 1989년 1월 21일, 1989년 2월 16일, 1990년 1월 20일, 1990년 2월 13일.

45 같은 책, 1992년 2월 7일, 1339쪽.

46 2003년 10월 천카이즈와의 인터뷰.

47 『陳雲年譜(1905-1995)』, 1992년 2월 3일, 441쪽.

48 1973년 저자 역시 그곳을 방문한 적이 있다. 당시 그 상점 안에는 소박한 면포와 보온병이 진열되어 있었다.

49 童懷平 · 李成關, 『鄧小平八次南巡紀實』, 285~294쪽. 『鄧小平年譜(1975-1997)』, 1992년 2월 21일, 1341쪽.

50 홍콩과 선전의 외국 보도 자료 목록은 黃宏 主編, 『硬道理: 南方談話回眸』, 192~200쪽 참조. Fewsmith, *China since Tiananmen*, p. 242, n 65.

51 陳毛弟, 「江澤民考察上海時强調全黨要始終不移全面貫徹黨的基本路線進一步解放思想加快改革開放步伐」, 《人民日報》, 1992년 1월 20일. Kuhn, *The Man Who Changed China*, pp. 214~215.

52 Kuhn, 같은 책, p. 214.

53 같은 책, pp. 213~214.

54 1992년 2월 20일. Miles, *Legacy of Tiananmen*, p. 101에서 재인용.

55 Zhao, "Deng Xiaoping's Southern Tour," p. 750. Miles, *Legacy of Tiananmen*, pp. 100~101. 黃宏 主編, 『硬道理: 南方談話回眸』, 195쪽.

56 이 문건에 관한 가장 권위 있는 전적은 『鄧小平年譜(1975-1997)』, 1992년 2월 28일, 1341쪽 참조. 덩샤오핑의 선전과 주하이에서 행한 연설 원고는 *SWDXP*-3, pp. 358~370에 수록되어 있다.

57 Miles, *Legacy of Tiananmen*, pp. 99~100, n 50.

58 같은 책, p. 102.

59 黃宏 主編, 『硬道理: 南方談話回眸』, 237쪽. Fewsmith, *China since Tiananmen*, p. 62.

60 Kuhn, *The Man Who Changed China*, pp. 219~220.

61 中共中央文獻硏究室 編, 『十三大以來重要文獻選編』(상 · 중 · 하)(北京: 人民出版社, 1991-1993), 하, 2055~2089쪽.

62 *SWCY*, 3:370.

63 『鄧小平年譜(1975-1997)』, 1992년 7월 23~24일, 1349~1351쪽.

64 Tony Saich, "The Fourteenth Party Congress: A Programme for Authoritarian Rule," *The China Quarterly*, no. 132 (December 1992), pp. 1141~1142. Richard Baum, *Burying Mao*, pp. 364~368.

65 Tony Saich, "The Fourteenth Party Congress," pp. 1142~1146.

66 같은 책, pp. 1146~1148.

67 Kuhn, *The Man Who Changed China*, p. 222.

68 『鄧小平年譜(1975-1997)』, 1993년 1월 22일, 1359쪽.

69 吳國光, 『逐鹿十五大: 中國權力棋局』(香港: 太平洋世紀硏究所, 1997).

70 Kuhn, *The Man Who Changed China*, p. 223. Fewsmith, *China since Tiananmen*, pp. 67~68.

71 朱健國, 「李銳談'焦國標討伐': 痛感始皇難絶緣」, http://www.newcenturynews.com/Article/gd/200710/20071005150035.html(2010년 8월 16일 검색).

72 Tony Saich, "The Fourteenth Party Congress," p. 1154.

73 Ding Lu, "China's Institution Development for a Market Economy since Deng Xiaoping's 1992 Nanxun," in John Wong and Yongnian Zheng, eds., *The Nanxun Legacy and China's Development in the Post-Deng Era* (Singapore: World Scientific, 2001), pp. 51~73.

74 『鄧小平年譜(1975-1997)』, 1997년 2월 19일, 1375쪽.

75 같은 책, 1997년 2월 25일. Jim Lehrer, host, "Transcript on Deng's Legacy, February 25, 1997," *On Line Focus*, at http://www.pbs.org/newshour/bb/asia/february97/deng_2-25.html(2010년 3월 5일 검색).

1 John K. Fairbank, ed., *The Chinese World Order: Traditional China's Foreign Relations*. Thomas J. Barfield, *Perilous Frontier: Nomadic Empires and China* (Cambridge, Eng.: Basil Blackwell, 1989). Paul Cohen, *China Unbound: Evolving Perspectives on the Chinese Past* (New York: Routledge Curzon, 2003).

2 Backhouse and J. O. P. Bland, *Annals and Memoirs of the Court of Peking* (Boston: Houghton Mifflin, 1914)에서 재인용.

3 Linda Jacobson and Dean Knox, "New Foreign Policy Actors in China," SIPRI (Stockholm International Peace Research Institute) Policy Paper no. 26 (September 2010), p. 22.

4 국제 무역 체계에 관한 내용은 다음을 참조. Edward S. Steinfeld, *Playing Our Game: Why China's Rise Doesn't Threaten the West* (New York: Oxford University Press, 2010).

5 중국공산당에 관한 개론서는 다음을 참조. Richard McGregor, *The Party: The Secret World of China's Communist Ruelrs* (New York: HarperCollins, 2010). Yongnian Zheng, *The Chinese Communist Party as Organizational Emperor* (London and New York: Routledge, 2010).

6 William Skinner, "Marketing and Social Structure in Rural China," parts 1, 2 and 3, *Journal of Asian Studies* 24, no. 1 (November 1964), pp. 3~44; 24, no. 2 (February 1965), pp. 195~228; 24, no.3 (May 1965), pp. 363~399.

7 도시의 선진 물자를 농촌으로 보내는 것에 관한 내용은 다음을 참조. Rachel Murphy, *How Migrant Labor Is Changing Rural China* (New York: Cambridge University Press, 2002). Leslie T. Chang, *Factory Girls: From Village to City in a Changing China* (New York: Spiegel and Grau, 2008).

8 법률에 관한 저작은 다음을 참조. Stanley B. Lubman, *Bird in a Cage: Legal Reform in China after Mao* (Stanford, Calif.: Stanford University Press, 1999). Randall Peerenboom, *China's Long March toward Rule of Law* (New York: Cambridge University Press, 2002). Jianfu Chen, *Chinese Law: Context and Transformation* (Boston: Martinus Nijhoff, 2008).

9 Anita Chan, *China's Workers under Assault: The Exploitation of Labor in a Globalizing Economy* (Armonk, N.Y.: M.E. Sharpe, 2001). Chang, *Factory Girls* 참조.

10 Ezra F. Vogel, *One Step Ahead in China: Guangdong under Reform* (Cambridge: Harvard University Press, 1989). Chan, *China's Workers under Assault*.

11 Martin King Whyte, *Small Groups and Political Rituals in China* (Berkeley: University of California Press, 1974). Gail E. Henderson and Myron S. Cohen, *The Chinese*

Hospital: A Socialist Work Unit (New Haven: Yale University Press, 1984). Andrew G. Walder, *Communist Neo-Traditionalism: Work and Authority in Chinese Industry* (Berkeley: University of California Press, 1986).

12 Deborah S. Davis, *The Consumer Revolution in Urban China* (Berkeley: University of California Press, 2000). Scott Rozelle and Jikun Huang, "The Marketization of Rural China: Gain or Pain for China's Two Hundred Million Farm Families?" in Jean C. Oi, Scott Rozelle, and Xueguang Zhou, ed., *Growing Pains: Tensions and Opportunity in China's Transformation* (Stanford, Calif.: Walter H. Shorenstein Asia-Pacific Research Center, Stanford University, 2010), pp. 57~85.

13 Martin King Whyte, *Myth of the Social Volcano: Perceptions of Inequality and Distributive Justice in Contemporary China* (Stanford, Calif.: Stanford University Press, 2010).

14 2010년 12월 중앙당사 전문가 선즈화와의 인터뷰.

덩샤오핑 시대의 핵심 인물

1 鄧力群,『十二個春秋(1975-1987)』, 540~552쪽.

2 儲峰·盧文華,「蘇聯與新疆的和平解放」,《黨史縱覽》, 2005년 제3기, 53~55쪽.

3 2006년 7월 청중위안과의 인터뷰. 그는 덩리췬 휘하에서 문건 정리 및 전기 기술을 책임졌다.

4 1978년 3중전회가 끝나고 얼마 되지 않아 후차오무는 당의 문건을 기초하는 사업 책임자로 파견되었다. 덩리췬은 정치연구실에서 후차오무 휘하에서 일했다. 鄧力群,『十二個春秋(1975-1987)』참조.

5 같은 책, 213~215쪽.

6 關山,「任仲夷談鄧小平與廣東的改革開放」, 8쪽. 여기서 런중이에 관한 내용은 그가 퇴직한 후 그와 그의 주변 간부들을 몇 차례 인터뷰한 기록에 따른다. 런중이는 자신의 업적에 대해 아주 겸손했으며, 그의 업적에 관한 평가는 휘하 사람들이 발언한 내용이다. 심지어 그는 퇴직한 후 당이나 다른 간부들을 비판한 적이 한번도 없었다. 런중이를 비방했던 이들에 대한 비난은 모두 그의 휘하 사람들이 발언한 내용이다.

7 李銳,「李昌和'一二·九'那代人」,《炎黃春秋》, 2008년 제4기, 1~4쪽.

8 2003년 런중이와의 인터뷰.

9 리셴녠의 생평에 관한 구체적인 관방 기록은 다음과 같다.『李先念傳, 1949-1992』.

10 Chang Kuo-t'ao(Zhang Goutao), *The Rise of the Chinese Communist Party: The Autobiography of Chang Kuo-t'ao*, 2 vols. (Lawrence: University Press of Kansas, 1971-1972), pp. 188~189.

11 관련 자료는 2006년 1월 마오위안신의 생각을 잘 이해하고 있는 관리와 인터뷰한 내용에 따른다.

12 예젠잉의 배경에 관한 소개는 范碩·丁家琪,『葉劍英傳』(北京: 當代中國出版社, 1995) 참조. 예젠잉의 1965년 이전 생평 및 새로운 사료 발표 이전 그의 배경에 관한 소개는 다음을 참조. Donald W. Klein and Anne B. Clark, *Biographic Dictionary of Chinese Communism, 1921-1965*, 2 vols.(Cambridge: Harvard University Press, 1971), 2: 1004~1009. 이외 자료는 2002년 4월 예젠잉의 아들 예쉬안롄을 인터뷰한 기록과 2008년 12월, 2009년 9월 예젠잉의 조카인 예쉬안지를 인터뷰한 기록에 따른다.

13 *DXPCR*, p. 190. 范碩·丁家琪,『葉劍英傳』, 605~606쪽.

14 范碩·丁家琪,『葉劍英傳』, 608쪽.

15 완리 생평에 관한 자료는 劉長根·季飛,『萬里在安徽』(香港: 開益出版社, 2001)에 따른다. Harrison E. Salisbury, *The New Emperors: China in the Era of Mao and Deng* (Boston: Little, Brown, 1992). 2003년 10월 완리의 딸 완수펑을 인터뷰했고, 2001년 6월, 2002년 11월에 호주 총리 로버트 제임스 리 호크를 인터뷰했다.

16 2003년 완수펑과의 인터뷰.

17 2003년 완수펑과의 인터뷰.

18 Elizabeth J. Perry, *Shanghai on Strike: The Politics of Chinese Labor* (Stanford, Calif.: Stanford University Press, 1993), pp. 256~257.

19 Barbara Barnouin and Yu Changgen, *Ten Years of Turbulence: The Chinese Cultural Revolution* (New York: Kegan Paul International, 1993), p. 248.

20 史云·李丹慧,『中華人民共和國史』, 95쪽.

21 徐景賢,『十年一夢, 前上海市委書記徐景賢文革回憶錄』(香港: 時代國際出版有限公司, 2003), 276~282쪽. Frederick C. Teiwes and Warren Sun, *The End of the Maoist Era: Chinese Politics during the Twilight of the Cultural Revolution, 1972-1976* (Armonk, N.Y.: M.E. Sharpe, 2007), p. 95에서 재인용.

22 史云·李丹慧,『中華人民共和國史』, 206쪽.

23 같은 책, 206~207쪽.

24 Barnouin and Yu, *Ten Years of Turbulence*, pp. 248~249.

25 Richard Evans, *Deng Xiaoping and the Making of Modern China* (New York: Viking, 1994). Parris H. Chang, "Political Profiles: Wang Hung-wen and Li Tehsheng," *The China Quarterly*, no. 57 (March 1974), pp. 124~128. Philip Short, *Mao: A Life* (New York: Henry Holt, 2000), pp. 608~609.

26 관련 내용은 雷厲,『歷史風雲中的余秋里』(北京: 中央文獻出版社, 2008) 참조. 2008년 12월 위추리의 딸 위샤오샤(余小霞)를 인터뷰한 기록에 따른다. Teiwes and Sun, *The End of the Maoist Era*. 程中原·夏杏珍,『歷史轉折的前奏』.

27　Kenneth Lieberthal and Michel Oksenberg, *Policy Making in China* (Princeton N.J.: Princeton University Press, 1988), pp. 175~181. 당시 중앙 정부는 다칭에서 발생한 일에 대해 왜곡 선전하여, 영웅과 같은 일반 노동자가 어떻게 유전을 발견하고 채굴했는지에 초점을 맞추었을 뿐 캉스언 등 전문적인 연구자들의 역할에 관해서는 언급하지 않았다. 그러나 위 추리가 현장을 직접 방문하여 유전 개발을 감독한 일은 나중에 다자이 대대(大寨大隊)의 성공 신화를 파헤친 학자들에 의해 사실로 증명되었다.

28　雷廬,『歷史風雲中的余秋里』, 15쪽.

29　앞서 언급한 저작 이외에 저자는 2006년 10월, 2007년 7월 자오쯔양의 딸 왕옌난을 인터뷰한 기록을 참조했다. 그녀는 자오쯔양이 16년 동안 연금 생활을 할 당시 아버지와 함께 생활했다. 또한 저자는 2006년 8월 두다오정을 인터뷰한 바 있다. 그는 광둥에서 자오쯔양을 알게 되었으며, 자오쯔양의 음성 녹화 테이프를 홍콩으로 반출하는 데 결정적인 도움을 주었다. 저자는 2006년 12월 중펑밍을 방문하여 취재했다. 그는 자오쯔양과 젊은 시절부터 친구로 지냈으며, 『趙紫陽: 軟禁中的談話』(香港: 開放出版社, 2007)을 집필했다. 자오쯔양의 연금 시절 그보다 많이 자오쯔양을 방문한 사람은 없다.

30　Ezra F. Vogel, *Canton under Communism: Programs and Politics in a Provincial Capital, 1949-1968* (Cambridge, Mass.: Harvard University Press, 1969) (the Wade-Giles transliteration is used; see index entries under Chao Tzu-yang). David L. Shambaugh, *The Making of a Premier: Zhao Ziyang's Provincial Career* (Boulder, Colo.: Westview, 1984).

31　2003년 10월 레너드 우드콕의 참모이자 미국 대사관 직원이었던 윌리엄 맥카일을 인터뷰했다. 전하는 말에 따르면, 문화 대혁명 시절 자오쯔양은 후난 성의 샹중(湘中) 기계 공장에서 조립공으로 수년간 노동자로 일했다.

32　관련 내용은 2007년 10월 지덩쿠이의 아들 지후민을 인터뷰한 기록에 따른다.

33　천윈의 생평에 관한 다양하고 완벽한 문헌은 다음을 참조. Ezra F. Vogel, "Chen Yun: His Life," *Journal of Contemporary China* 24, no. 45 (November 2005), pp. 751~759.

34　Michel Oksenberg and Sai-cheung Yeung, "Hua Kuo-feng's Pre-Cultural Revolution Hunan Years, 1949-66: The Making of a Political Generalist," *The China Quarterly*, no. 69 (March 1977), pp. 3~53.

35　盛平 編,『胡耀邦思想年譜(1975-1989)』, 鄭仲兵 編,『胡耀邦年譜資料長編』. 張黎群 等編,『胡耀邦傳』(2권) 미출판, 하버드대학 페어뱅크 컬렉션 평한주 도서관에서 열람할 수 있다. 후야오방 친구들의 회억록은 張黎群 等編,『懷念耀邦』(4집)(香港: 1·2집, 凌天出版社, 1999, 1999, 3·4집, 亞太國際出版有限公司, 2001) 참조.

36　그의 딸 만메이는 의사였는데 당사 전문가들의 도움으로 아버지의 생평을 기록했다. 滿妹,『思念依然無盡: 回憶父親胡耀邦』(北京: 北京出版社, 2005). Zhong Mei Yang, *Hu Yao Bang: A Chinese Biography* (Armonk, N.Y.: M.E. Sharpe, 1988). 2007년 7월 후야오방

의 자녀인 후더펑과 후더화(胡德華)를 개별 인터뷰했다. 盛平 編, 『胡耀邦思想年譜(1975-1989)』, 鄭仲兵 編, 『胡耀邦年譜資料長編』, 張黎群 等編, 『胡耀邦傳』, 張黎群 等編, 『懷念耀邦』 참조.

37 Ziyang Zhao, *Prisoner of the State*.

38 2002년 11월 로버트 제임스 리 호크와의 인터뷰.

39 2005년 11월 프랭크 기브니와의 인터뷰.

40 Printing Committee of the Canton Area Workers Revolutionary Committee, Thirty-three "*Leading Counterrevolutionary Revisionists*," March 1968, translated into English in Current Background, no. 874 (March 17, 1969). "Disclosure of Teng Hsiao-píng's Dark Scheme to Form a 'Petofi Club,'" *Tung Fang Hung* (Dong Fang Hong), no. 20 (February 18, 1967), translated into English in *Survey of China Mainland Press*, no. 3903 (March 21, 1967), pp. 1~6. 淸華大學井岡山兵團 '梅花笑' 戰鬪組 編, 『觸目驚心: 鄧小平言行錄』(北京: 淸華大學井岡山兵團 '梅花笑' 總隊印, 1967), 21쪽.

41 *DXPSTW*, pp. 105~112, pp. 207~208.

42 程中原·夏杏珍, 『歷史轉折的前奏』, 359~361쪽.

43 2007년 7월 중난하이 부근 후야오방 자택에서 아들 후더화와의 인터뷰.

44 2007년 7월 후더화와의 인터뷰.

45 후차오무에 관한 내용은 부분적으로 劉中海·鄭惠·程中原 編, 『回憶胡喬木』(北京: 當代中國出版社, 1994). 胡喬木, 『中國共産黨的三十年』(北京: 人民出版社, 1951)에 근거했다.

46 후차오무가 1976년 덩샤오핑에 대해 비판한 내용은 그의 동료가 쓴 글에 수록되어 있다. 馮蘭瑞, 『別有人間行路難: 1980年代前後中國思想理論風雲及其他』(香港: 時代國際出版有限公司, 2005), 38~83쪽.

옮긴이의 말

이 책의 저자인 에즈라 보걸은 주로 일본과 중국, 그리고 미국과 동아시아의 관계에 관한 연구에 몰두해 온 학자다. 그는 일본에 2년간 거주하면서 일본에 관한 책『일본의 새로운 중산층(*Japan's New Middle Class: The Salary Man and His Family in a Tokyo Suburb*)』(1963)을 썼으며, 1979년에는『넘버원 일본(*Japan As Number One*)』을 출간하여 외국인이 쓴 책으로 드물게 일본에서 장기 베스트셀러가 되기도 했다. 2000년에 이를 보완한『일본은 아직도 넘버원인가?(*Is Japan Still Number One?*)』를 출간했다.

에즈라 보걸이 중국에 관심을 갖기 시작한 것은 1961년부터 1964년까지 하버드대학에서 박사후 연구원(post-doctoral fellow)으로 중국어와 중국사를 배우면서부터였던 듯하다. 이후『공산주의 치하의 광저우(*Canton under Communism: Programs and Politics in a Provincial Capital, 1949-1968*)』(1969)를 쓴 그는 1987년 중국 광둥 성 정부의 초청으로 8개월 동안 중국에 머물면서 1978년 경제 개혁이 실시된 이후 광둥 성의 변화 발전을 연구한 바 있다. 그 결과물이 바로『중국의 일보 전진(*One Step Ahead in China: Guangdong under*

Reform)』(1989)이다.

이외에도 『네 마리의 작은 용(*The Four Little Dragons: The Spread of Industrialization in East Asia)』*(1991), 『중국과 함께 살기(*Living with China: U.S.-China Relations in the Twenty-first Century)』*(1997) 등 중국과 일본 및 미중, 미일 관계에 관한 다양한 책을 저술했으며, 가장 최근에 출간한 책은 흥미롭게도 우리나라에 관한 책 『박정희 시대(*The Park Chung Hee Era: The Transformation of South Korea)』*(2011)다. 그의 저작은 이미 전 세계 12개국에서 번역 출간될 정도로 널리 알려져 있다.

이 책은 바로 이러한 에즈라 보걸의 탁월한 연구 성과와 오랜 경험을 바탕으로 한 만년의 대표작이라고 할 수 있다. 그는 퇴직 후 서구인들이 중국을 더욱 잘 이해할 수 있도록 최선의 노력을 다하고자 했다. "나는 당시 중국의 개혁 개방 시기의 변화가 얼마나 거대한가를 감지하고 있었으며, 마땅히 미국인들도 그 변화가 얼마나 큰 것인지 이해해야 한다고 생각했다." 그의 말대로 이 책은 미국인에게 소개하기 위한 중국의 개혁 개방사라고 할 수 있다. 중국의 개혁 개방을 논의하면서 덩샤오핑을 선두에 두는 것은 어쩌면 당연한 일이다. 중국의 개혁 개방을 처음 선언한 이가 덩샤오핑이 아니라 화궈펑이라고 할지라도 덩샤오핑을 빼놓고는 중국의 개혁 개방을 생각조차 할 수 없기 때문이다. 이런 점에서 이 책은 덩샤오핑이란 인물의 전기이기도 하다.

이 책은 전체 24장으로 구성되어 있는데, 구체적으로 덩샤오핑의 인생 경력, 정상에 오르기까지의 험난한 여정, 덩샤오핑 시대 개막, 덩샤오핑 시대, 덩샤오핑 시대에의 도전, 덩샤오핑의 역사적 위치 등 여섯 부분으로 나누어져 있다. 하지만 본격적으로 덩샤오핑의 주도하에 개혁 개방이 시작된 1978년 전후 두 부분으로 나누는 것도 의미가 있을 듯하다. 무엇보다 이 책이 덩샤오핑에 대한 단순한 평전이나 전기가 아니라 중국 전체 역사에서 한 번도 경험하지 못했던 거대한 변혁기를 단 한 명의 위대한 지도자의 형상을 중심으로 서술하는 데 목적을 두었기 때문이다. 바로 이것이 덩샤오핑에 대한 기록이면서도 기존의 덩샤오핑 평전 또는 전기에 관한 저작물과 크게 다른 점이다.

이 책을 읽는 독자들은 아주 상세한 설명을 통해 마치 현장에 함께 있었던 것 같은 느낌을 받을 수 있을 것이다. 이는 저자의 방대한 자료 수집과 관련이 깊다. 번역을 하는 내내 저자의 자료 수집에 관한 성실성에 탄복하곤 했다. 적절한 인물에 대한 직접 인터뷰와 다양한 경로를 통한 자료 수집, 장기간에 걸친 조사와 충분한 집필 기간이 있었기에 이처럼 방대한 역저(力著)가 탄생할 수 있었을 것이다. 이 점에서 이 책을 번역한 사람으로서 경의를 표하지 않을 수 없다.

2011년 미국에서 이 책이 출간된 후, 2012년 홍콩 중문대학출판사에서 중문 번역본이 번체자로 출간되었으며 2013년 1월에는 베이징 삼련서점에서 간체자 중문판이 출간되었다. 중국에서 출간되기가 무섭게 초판 50만 부가 전부 판매될 정도로 관심이 집중되었는데, 이는 저자 자신도 예상치 못한 일이었다고 한다. 그러나 다른 한편으로 저자와 책의 내용에 대한 비판도 적지 않았다.

사실 이 책을 읽다 보면 덩샤오핑의 공덕에 대한 송가나 찬양이 조금 과하다는 느낌을 받기도 한다. 독자에 따라서는 이로 인해 비위가 상할 수도 있을 것이다. 또한 덩샤오핑으로 상징되는 강권에 대한 맹목적 숭배라는 비난에서도 자유롭지 못하고, 그 배후에 아시아인에 대한 에즈라 보걸의 관념에 문제가 있다는 지적도 있을 수 있다. 또 한 가지 그는 주로 한 국가의 발전 척도를 주로 경제에 두고 있는데, 만약 한 국가의 발전을 오로지 경제 발전에만 둔다면 이에 따른 인권 침해나 자유주의, 민본주의의 발전은 도외시할 수밖에 없다. 실제로 그의 책 어느 곳에서도 '인권'에 대한 상세한 접근을 찾아볼 수 없다. 또한 중국 톈안먼 비극에 대해 언급하면서, 1948년 대만에서는 2·28 사건이 일어나고 나중에는 한국에서 5·18 광주 민주화 운동이 일어났는데 왜 유독 서구 매체는 중국 톈안먼 비극만 가지고 물고 늘어지는가 라고 신경질적으로 발언하는 것을 보면서, 뭔가 기이하다는 느낌이 들기도 할 것이다.

그러나 현명한 독자라면 때로 불공정하다거나 편견에 사로잡힌 내용이 있다고 할지라도 전체 내용에서 유익한 참고 자료와 또 다른 시각을 찾아낼 수 있을 것이다. 더군다나 한 권의 책에서 모든 것을 요구할 수는 없는 일이니, 저자의 장점만을 적절하게 섭취하면 그뿐일 터이다.

제법 오래 걸렸다. 작년에 민음사에서 처음 번역 의뢰를 받고 선뜻 받아든 것은 간만에 나온 영문으로 된 중국 관계 서적이기 때문이 아니라 덩샤오핑, 그것도 개혁 개방 시기에 그가 생각하고 실천한 이야기를 주조로 삼고 있기 때문이었다. 다행히 번역이 끝나 갈 무렵 중문 번역본이 출간되어 큰 도움을 받았다. 중문판과 대조하면서 원서의 일부 내용을 수정했고, 반대로 번역본의 일부 내용을 수정한 경우도 있었다.

이 책이 덩샤오핑에 관한 결정판이라고 말할 수는 없다. 하지만 다양하고 방대한 자료 수집을 통해 되도록 객관성을 유지하고, 수많은 이들을 직접 인터뷰하여 실제 이야기를 담고자 했다는 점에서 이 책을 능가하는 책은 당분간 보기 힘들 것이다. 이것이 번역자로서 한국의 독자들에게 일독을 적극 권하는 이유다. 민음사의 적극적인 도움과 격려가 항상 큰 힘이 된다. 이에 감사드린다. 또한 쾌히 번역을 허락하고 한국어판 서문을 보내 주신 에즈라 보걸 교수께도 감사의 인사를 전한다.

월두 마을에서

심규호 · 유소영

찾아보기